六譯先生選集

上

廖平 著
楊世文 編

巴蜀書社

圖書在版編目(CIP)數據

六譯先生選集/廖平著,楊世文編.—成都:巴蜀書社,
2019.1
(巴蜀文叢)
ISBN 978-7-5531-1011-0

Ⅰ.①六…　Ⅱ.①廖…　Ⅲ.①廖平(1852-1932)
—經學—文集　Ⅳ.①Z126-53

中國版本圖書館 CIP 數據核字(2018)第 160264 號

六 譯 先 生 選 集
LIUYI XIANSHENG XUANJI

廖 平 著
楊世文 編

策　　劃　王承軍
責任編輯　王承軍
出版發行　巴蜀書社(成都市槐樹街 2 號　郵編 610031)
電　　話　總編室:(028)86259397
　　　　　發行科:(028)86259422　86259423
網　　址　www.bsbook.com
排　　版　成都完美科技有限責任公司
印　　刷　北京虎彩文化傳播有限公司
版　　次　2019 年 1 月第 1 版
印　　次　2019 年 1 月第 1 次印刷
成品尺寸　240mm×170mm
印　　張　68
字　　數　980 千字
書　　號　ISBN 978-7-5531-1011-0
定　　價　340.00 圓

民國十五年秋留影

民國七年與四川國學院諸生攝于國學院花廳前

前排左起第四人蒙文通、第八人廖宗澤；後排左一彭芸生

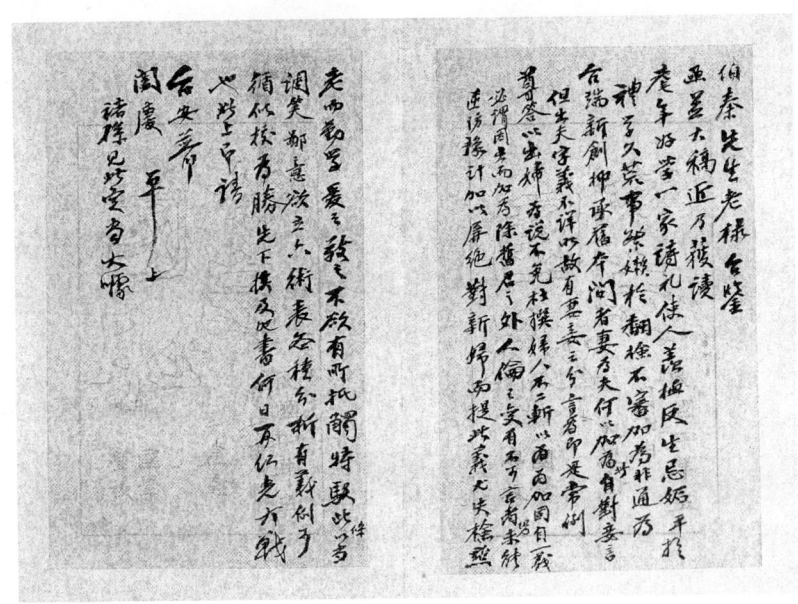

伯秦先生老棣台鉴
惠書大稿近乃獲讀
尊年將學一家讀礼使人喜極度生忌妒 平於
神學久荒事繁懶於翻檢不審加為非通為
台端新創抑承舊本閱者要為夫何以加為自斷妄言
但出夫字義不詳此數有要妻之分言者即是常例
尊答以出婦 為說不免杜撰婦人本二斬以而自加同自一嫁
必謂同是而加為除舊君之外人倫之變有不方言者余終
速防豫計加以屏絕對新婦而提此義尤失檢點

老而勤學 愛之敬之不敢有所抵觸 時駁此等
調笑 鄙意欲立六術表忿種分析育義例予
循倣於為勝先下撰及此書何日有仁老方戟
也 然上印請
台安 并
閬慶 平上
諸徐兄此室有大嚎

書札手迹

編選説明

廖平（一八五二—一九三二），原名登廷，字旭陔，後改名平，字季平。號四益，更號四譯、五譯、六譯。四川井研人，近代著名經學家，國學大師，蜀學杰出代表人物。

廖平出身農家，自幼勤學善思。同治十三年（一八七四）院試第一，次年又應科試，深受四川學政張之洞賞識，光緒二年（一八七六）將其調入尊經書院肄業。廖平入尊經書院後，先從事博覽考據之學（所謂紀、阮兩文達之學），爲此後從事經學研究打下了堅實的基礎。光緒四年（一八七八）四川總督丁寶楨聘請著名學者湘潭王闓運入蜀擔任尊經書院山長。王治今文經學，重視經典大義，尤善辭章，蜚聲晚清學界。尊經書院原來重視乾嘉漢學，講求博覽考據、文字訓詁之學。王闓運在治學方法上主張先通文理，講求大義，給書院帶來了一股新鮮空氣。尊經書院學生紛紛改治今文經學，廖平也『厭棄破碎，專事大義』，治學由重視考據的『小學』轉向重視『大義』的今文經學研究。

尊經書院肄業後，廖平考中進士，但他以母親年高爲由，不願做官，回到四川從事教育活動，並進行經學研究。他先後在樂山、資中、射洪、安岳、江油、青神等地講學，後來主要在成都尊經書院等學校任教。戊戌（一八九八）年間，受時代感召，與宋育仁、吴之英等宣傳變法，任《蜀學報》主筆；辛亥革命前夕又參加保路運動，擔任《鐵路月刊》主筆；四川光復後，任四川軍政府樞密院長。一九一三年赴北京參加全國讀音統一會。一九一四年任四川國學專門學校校長。後來做過華西大學、成都高等師範學校等校教授，積極宣傳孔經哲學，保存民族文化，培養了大批國學人才。

一九三二年廖平在樂山去世，享年八十又一。四川大學舉行了隆重的追悼會。國民政府行政院一一八次會議通過議決案明令褒揚，稱其爲『曠代經師』。與廖平學術主張大異其趣的古文經學大師章太炎應其孫廖宗澤之請，寫了《清故龍安府教授廖君墓志銘》，贊揚廖平：『以君學不純德，而行乎純儒。』『斯心燔經，不可以罪孫卿；慮也劫後，不可以誣高密。廖君之言多揚詡，末流敗俗君不與。』評價較爲公允。

廖平的成就主要在經學。他一生經學思想凡六變：一變平分今古，二變尊今抑古，三變小統大統，四變天學人學，五變天人小大，六變以《内經》《素問》五運六氣解《詩》《易》。其今古學提出以禮制分今古，解決經學史上的分派問題，學術影響極大，與顧炎武的古音學、閻若璩的《古文尚書》辯僞並稱爲清代學術史上三大發明。劉師培稱其『長于《春秋》，善説禮制』。

晚清民初，無論講今文經學還是古文經學，大都受到廖平『以禮制分今古』的思想影響。如皮錫瑞《經學歷史》《經學通論》，章太炎、劉師培的《周禮》《左傳》研究，周予同、顧頡剛的經學史研究。廖平門人蒙文通、李源澄則發揚光大廖氏之學，由經學入史學。廖平提出的劉歆僞纂古文經説、孔子素王改制説，又爲康有爲所吸納，康氏在此基礎上寫成《新學僞經考》《孔子改制考》，廖平的學説被改造成戊戌變法的理論基礎。張之洞、梁啓超、錢穆等人都認爲康氏學説來自廖平。

馮友蘭著兩卷本《中國哲學史》，把廖平作爲經學時代的殿軍人物。廖平一生著作宏富，達三四百種之多，現在保存下來的尚有一百四五十種，其中《今古學考》《知聖編》《經話》《經學初程》《穀梁古義疏》等書，在近代經學史上堪稱經典，影響極大。廖平的著作，目前已有多种整理本问世。爲方便讀者，我們從廖平衆多著述中選編出二十餘種具有代表性者，以反映廖氏學術思想的概貌。

目録

群經總義講義……五三三

倫理約編

尊孔篇

楚詞新解……八八九

尚有繁文，不如《禮記》方言其禮，即詳其義，密疏相間，經緯代宣，方讀其禮而罔罔者，旋讀其義而昭昭。治禮者于讀《禮》之始，自審《儀禮》《禮記》孰晦孰明，性所近焉，工可決矣。要之能治三傳、三禮，已非疏譾之人，當知自求其安，不容以扞格者相强也。

不博遂求約，不可也。然其所以博覽者，正爲博觀以視性之所近，便于擇術，以定指歸耳。夫深造之詣，惟專乃精。苟欲兼營，必無深入。若徒欲兼包，以市鴻博，剛經柔史，朝子暮文，無所不習，必至一無所長。夫宏通之誼，代不數人，必是專門，乃能自立。心思既分，課程必懈。若此之流，初欲兼長，終歸一無所長而已。

注疏無論矣，近來撰述諸家，莫不天資卓越，學力精勤。當其自負，亦自不可一時，非獨自負，實亦如此。凡欲知其得失，必須究其底藴。若先立成見，志在攻駁，則全是客氣，無復細心，求異既不自安，前後亦或相反。總之，入門務在恂謹，苟或狂肆，未能有得。

學問之道，天下公同，外求合人，内必自治，乃可信今傳後，垂法無窮。而治經家每多客氣，或者自知依託，辯給不改，苟立異端，便生間隙。夫泰山之高，積由壓土。若欲以護短飾非，矜求名譽，一人之手，豈盡掩天下之目？若此之倫，不怒其戇，乃哀其愚矣。

禮學繁難，入手專治一經，已爲躐等，乃又好大喜誇，兼治三禮，此必敗之道也。況近派多不守舊，徒肆更張，治絲而棼，愈以霿亂。使如此用功，無論中材，即使天分過人，終亦勞苦無得。或欲以勢力辯給，徒鉗人口，趙賓説《易》，其明驗矣。

躐等意在求速效，豈知循序則易悦而有功，躐等則扞格而不入。世有好爲苟難，用功五六年，全無所得者。此譬如登山，一人安步，一人飛行，安步者不勞而上，飛行者半途而蹶。蹶者困乏，又安有登臨之樂？故升高自卑，一定之式也。

古人先入小學，後入大學，原有等次。今失學過時，自謂成人，便鄙棄小學，此非法也。夫治經之道，不能離聲音、訓詁。學雖二名，實本一事。近來風尚，好高務遠，謂童蒙佔畢，成學所羞，便欲超遷，横通絶域。若此之流，不惟學有未全，亦心先失練矣。

初學最宜信古，既有遵守，不必遽用苦思，遲之三年，便能記誦，俟其精熟，然後審其得失，可以小出新意，略爲改修。昔北朝大儒世代遵用鄭學，皓首研精，疏櫛注説。若旁皇門外，便發難端，撿校未終，痛詆何、鄭，使先師果如所呵，則所注早經毁棄。或不能誦習循繹，乃抄襲淺説以相易，割裂經文以爲類，人人自爲著作之才，罔用心力，可不惜哉！

目録校勘，爲初學入門必由之道。特目録所以識流别，爲深造之初基。校勘袪舛誤，本爲精孯之首事。不謂風氣所移，竟以二事爲末，知其目而不知其藴，校其字而不習其編，遂使初學之功，再無續效。若此之派，亦非深詣。

本經未熟，而好求新異，此躐等凌次、志欲横通者也。王霞舉先生教人先誦讀，朱肯夫先生立課亦重章句，皆學者所當遵守。若未熟經傳，新解已張，不屑注疏，異文自炫，使經學如此便易，則其道已屬不尊。況學業須有本末，故南人之巧，不如北學之拙矣。

耻躬不逮，昔人慎言。一近勦襲，行同販儈。若不守本分，徒炫新奇，采拾荒唐之言，以聳庸愚之耳，聞者震其玄遠，未及反唇，久假不歸，自忘菲薄。夫好爲深語，本爲淺人之技，倡者既已失言，和者尤爲取噱。若此之輩，既以自欺，更後何云！特願後賢，可稍自省，屏除張皇之習，以歸朴實之途。凡事無幸獲，何況治經！迂緩自悟，乃稱心得。不謂學人全圖便捷，窺伺觀望，延擱歲時。豈知易成不能耐久，取巧未必萬全，非宏毅自奮，别無捷徑也。

三《禮》之服飾器物，《詩》之鳥獸草木，《書》之山水官職，《春秋》之日月爵名，近來學人最好言此，一事數説，迄無折中。苟欲研精，雖數月求通一説，亦有不能，破碎支離，最爲大害。近今經學，少深入之士，皆浮沉于此之誤。此當先急其大者，而小者自不能外。若專説瑣細，必失宏綱，而小者亦不能通矣。

讀書不貴一見能記，十行俱下，而貴能推究尋繹。又不貴博覽、泛涉、矜奇，而貴能深入詳考。苟不力求精深，而惟以泛濫自炫，縱讀破萬卷，仍無一字得力也。凡進鋭貪多，好奇喜遷者，終無成就。

學問之道，出門有功，縱使異途，猶有啓悟。況繫同道，乃乏觀摩。乃學者耻于下問，推其所由，非有不屑下人之志，則以質疑，恐貽輕侮，無寧閉户自求。人欲治經，先須化氣。好問美行，葑菲尚采，彼有咨詢之效，此抱孤陋之傷，名實並加，何憚不爲乎？或者聲譽虚張，名過其實，倘遇高明，恐致敗露，杜門養拙，藉以自全耳。

學者治經，每因難自阻。無論何經，皆有深奥難通處。如天文、地志、草木、禽獸，必求其精微，初非淺識所能。學者每欲求深，以此自阻。不知學問之道，如臨戰陣，先其所易，後其所難。今當專力于其易者，凡屬所難，以俟徐通，姑闕所疑，不爲規避。苟必欲争明此類，則無論何門，有非皓首不能精通者。因小失大，固無一經可通矣。

初學《説文》，先要認得篆字，又要分得六書，事頗繁難。今立定章程，凡初看者，先抄部首五百四十字篆文並注，意有未明者，可摘録段注于下，每日鈔十字，要認得清，記得確，講得明，即以六書名目注于篆旁。二月畢工，可參看《文字蒙求》《六書淺説》。即鈔部首，則須將全書過筆一次，以認得清爲主。過筆時須訂十數鈔本，將部中象形、指事、會意、形聲字分四本鈔之，鈔傳不鈔注。又將其中古文、附奇字。籀文、附大篆。篆文分別鈔出。其有闕者及引經者及博采通人者，可漸次依類鈔而考之。

初學首習《説文》，須有等級。今以所聞于南皮太夫子者著之于此，學者不可以近而忽之。篆文或體，通人説之重文，分作數本鈔之，一日二百字，二月可畢。可以參看《新附考》《逸字》之類，看時可照《釋例》門目，擇其要者十數門，就所看者依類鈔之，不必求合。俟鈔畢，以《釋例》所鈔校正，既將全書鈔過一遍，則漸熟矣。然後看段注一遍，篤信其言，不旁看別家，八月可以畢。看段注多不解其《音韻表》，此音學專門之功。看段注畢，然後考音學，看顧氏《唐韻正》、姚氏《音系表》、苗氏《聲讀表》、戚氏《漢學諧聲》。可以參看金石、鐘鼎、篆隸諸書，以盡文字之變，用半年功考此門可也。

下則將《説文釋例》爲主，照其門類分考各門，然後看《轉注假借表》，以窮用字之例。每例當推至百餘事。再看訓詁書，如《爾雅》《廣雅》，並覽《方言》《玉篇》《廣韻》《經籍籑詁》等篇。分象形爲一册，指事爲一册，會意爲一册，形聲爲一册，不依《説文》舊部，各從其類。凡虚字獨體者，皆講還實字，補以近人新説。倘有不知者，便可闕疑，以歸《説文》本派。高深之言，因人而發，而近來風習，未有初工，竟菲前賢。教人之事最難，高下皆有所蔽，故略定資格，以示程限，庶無陵節躐等之病，漸有邇遠卑高之效。

近人韓紫汀先生講算學，其教人不喜看書，而貴衍草，衍熟一法，然後改衍，用力少，成效多。今人苦算書難看，皆無下學之功，遂究高妙之説，故厭苦而無所得。使初看入門之書，則至爲易解。但須記熟衍熟，方可再看。有一定程限，不可躐等躁進也。

予幼篤好宋五子書、八家文。丙子從事訓詁、文字之學，用功甚勤，博覽考據諸書，冬閑偶讀唐宋人文，不覺嫌其空滑無實，不如訓詁書字字有意。蓋聰明心思，于此一變矣。庚辰以後，厭棄破碎，專事求大義，以視考據諸書，則又以爲糟粕而無精華，枝葉而非根本。取《莊子》《管》《列》《墨》讀之，則乃喜其義實，是心思聰明至此又一變矣。初學看考據書，當以自驗，倘未變移性情，其功猶甚淺也。

學者初治經，莫妙于看《王制輯證》。篇帙少，無煩難之苦，一也。皆一家言，無參差不齊之患，二也。自爲制度，綱領具在，有經營制作之用，三也。經少而義多，尋繹無窮，有條不紊，四也。有《春秋》以爲之證，皆有實據，無泛濫無歸及隱虛無主之失，五也。且統屬今學，諸家綱領具在，于治今學諸經甚易，六也。知此爲經學大宗，以此推之六藝，則《易》《書》《詩》《禮》皆在所包，諸經可由此而推，七也。既明今學，則古學家襲用今學者可知，其變易今學者更易明，八也。今學異説多，既以此爲主，然後以推異例，巨綱在手，足以駁變，九也。秦漢以來，經、傳、注、記、子、緯、史、集皆本此立義，今習其宗，則群書易讀，十也。有此十效，又易于成功，不過期月，端委皆通，故願初治經者從此入手也。至于古學入手之書，則別輯《古學禮制考》，取《左傳》《周禮》與今學不同專條，分類輯爲此書，以配《王制》。此亦爲綱領矣。

教者好以《公羊》、三《禮》教人，學者多無成效。去塾投贄，便言三《禮》《公羊》，正如遇魅所行，不出尋丈之間，往反曲折，履韈皆穿。竊以三《禮》《公羊》皆初學之迷道，又如八門陣，《公羊》、三《禮》爲死門，初學治之，如從死門入也。

金石有益于文學，如同學『時邁其邦』，『邁』爲『萬』羨文；『金曰從革』，『革』爲『黄』誤，『革』即從横；『甯考』『甯人』羨文，皆從金石中考出，足以爲釋經之助。專門之學，其精粹全在于此。

近來學者頗有淩躐之習，輕譏何、鄭。豈知治經如修屋，何、鄭作室已成，可避風雨，其中苟有不合，是必將其廊廳、牕櫺、門户，下至一瓦一石，皆悉周覽，知其命意所在。其有未安處，或所未經意處，仍用其法補之，必深知其甘苦，歷其淺深，乃可以言改作。今之駁者直如初至一人家，見其大門曰：『此門不善，宜拆使更營。』至二門如此，至廳堂如此，至宫、至室亦如此。外而閑廳客舍，内而沐厨牏厠，莫不毁壞，破瓦殘磚，離然滿目，甚至隨拆隨修，向背左右，莫不迷亂。以其胸無成室，無所摹仿，材料不具，基址難定。吾見有拆室一生，直無片椽可以避風雨者。毁瓦畫墁者尚不得食，何况治經！苟欲改作，務須深求作者苦心，此非專功十年者不能委曲周到，何未入門，先發難也？

《魏略》云：人有從董遇學者，不肯教人，而云：『先讀百遍。』言讀書百遍，而義自見。從學者云苦渴無日，遇云：『當以三餘。』或問『三餘』之意，遇言：『冬者歲之餘，夜者日之餘，陰雨者時之餘也。』前説可以醫經本不熟之病，記誦而不論説，爲初學要道；後説可以警推卸之弊，若勤三餘，則無人不有餘暇矣。

講音學，初宜看顧寧人《音學五書》，就中尤以《唐韻正》爲要。學海堂未刻此種，蜀中頗難得。古音大明，全賴顧君。其書彙集韻證，標舉誤讀，初學讀之，最易明了。後來江、錢、段、王諸家之説最本原顧作，因顧既有此書，故所言多後半功夫，非初學所宜，閲之不能遽解也。今蜀中諸書盛行，顧甚少，閲諸書不能解，且有不能讀者，皆緣先未讀《唐韻正》也。欲講古音者須先求顧書讀之。

教人最忌以己所心得使初學行之，己所疑難使初學考之。在己不過欲因人之力以成己之事，而初學作此，耗消歲月，浮沉迷津，亦何忍心！在師之學力不拘深淺，總較弟子爲優。師當初學時，識見深淺與教人時迴不相同，苦思彌久，乃有此境，而欲使初學亦爲能人，豈有此理！苟爲借人之力，則其心不恭；若欲躐等凌次，使初學飛渡，則所見更爲顢頇。總之，教人之法，《學記》言之已詳。昔人譏陸王言學以己律人，不知高下之别，予則云此其失又在不能以己律人；使能推己及物，則可即己昔日之甘苦，以爲初學今日之程式，又何至于好爲苟難以困頓後生哉！

《孝經》一書，其書少，易于通習。近來博雅者厭其平淡，故不以教人。今特新注二本，以復今、古二派。其中立國制度，五等尊卑儀制，今學用《王制》，古學用《左傳》《周禮》，因端竟委，頗爲詳備。又取《禮記·祭義》《内則》《少儀》《曾子事父母》《保傅》《弟子職》諸篇附于其後，更剌取子、史、漢儒引説《孝經》者，别爲外傳、決事二事，既可以端正倫常，簡要明備，尤可爲經學先導之助。《孝經》不入六藝，孔子雖與《春秋》並重，今則若有若無，不過如《急就篇》僮蒙記誦而已。今欲大明之，使與《春秋》略相軒輊，以其事近行習，故以爲初學首基。

超何軼鄭，談何容易！統古今學人計之，恐億萬中無有一二。教者于弟子贄見，便高言玄渺，初有一長，便以何、鄭相許，不惟無此事實，亦無此理。無如淺近不知獎誘之義，真以爲古人實出己下，究其歸宿，不惟學問不成，甚且氣質亦壞。須知古今自大自高，同此覆轍者不知凡幾，若以一日之暴，竟謂千古無人，是聰明睿智當在百千萬億人才之上，自顧何修，乃能得此！且數千年不能一出之才，乃一地一時而至于數十見，猶復不悟身在迷鄉，是下愚也，又何足與何、鄭同年語乎？

《説文》爲古學之淵海，最爲有用。其有功古學，不在賈、馬之下。今欲解《左傳》、《周禮》、古《書》、《毛詩》，取之《説文》而有餘，其説都爲先師相傳之舊，並非臆解。其引據今學説，皆有標目，抄之便可爲今古不同立一表。《白虎通》爲今學之準則，其録今文説，頗與《説文》録古文説相同。其中有古文説，然甚少，亦如《説文》之今文説而已。

博文約禮，孔門遺教，治經貴專是也。然極聰明之才，亦須涉獵三四年，然後可言專經，未有初入門治專經而能通者也。揚子雲謂作賦宜多讀，南皮師以八股非記得三四千篇不能工。余以爲非熟看注疏、《學海堂經解》亦未有便可爲經生者。蓋不見諸書，則見聞陋、心思鄙。人莫不自寶敝帚，雖燕石亦愛惜之而不忍棄。據此以爲根柢，安見其枝葉之能敷榮乎？《輶軒語》《書目答問》，學者之金科玉律也。經學在于得師；無師，雖勤無益也。然師不過指示程向，至于高深，全由自造，非一覽驛程記便能飛越關河。故無師而憤者，每有獨得之境；有師而自畫者，終無咫尺之效。道聽途説記問之學，乃欲鄙薄篤志潛修之士，不知一虛一實，一內一外，不能相過也。

經學有古時童子知之，至今則老師宿儒猶不能通者。如《禹貢》山川，《周禮》名物，《詩》之鳥獸草木是也。試以《詩》言，孔子教小子以多識鳥獸草木之名，就當時目見以示初學，宜無不解。如即今之目睹之飛走動植以教童蒙，其名號既所素習，其形象又爲所就見，何有不知！至于《詩》之所言，則方隅不同，北有或南無，即有而或形體變異，名號紛歧，一難也。又或古今異致，古有是物，今乃無之，今有是名，乃非古物者，名實參差，沿變不一，二難也。今欲考究，又不能據目見，全憑古書。若專據一書，猶易爲力。乃書多言殊，苟欲考清一草一木，無論是與不是，非用數日之力不能。且以尊經考課之事説之，如課題『雎鳩』『荇菜』，以數百人三四日之心力，課試已畢，試問果爲何物？皆不能明。故予謂學不宜從此用工，以其枉勞心力，如欲求便易之法，則請專信一書，如陸氏《草木鳥獸》之類。人雖指其謬誤，篤信不改，以此爲《詩》中之小事，尚有大者在。今欲明此小事，遂致陷没終身，豈非目見飛塵，不睹泰山之大？況即使專心致志，皓首于此，亦終無是處，故初學最忌從此用功。苟將此工夫用之于興觀群怨，其有益身心爲何如！鳥獸草木，不過傳聞之細事，經學總以有益身心爲大綱，舍大循細，不可也。程子所謂『玩物喪志』

者，蓋謂此矣。《尚書》之山川，《周禮》之名物，同此一例。前人皆望而生畏，今爲後學一筆删之，以惜精力，爲别事之用，可謂便切矣。

講此名物象數之專書，《爾雅》是也。古人蓋小時讀此書，即證以目見，故童子能知其形狀。今則無是物而空有其名，如欲求實，是捫盤指燭之見，叩虚索影，有何歸宿！故講《爾雅》不可求指實，一求指實，則雖老農、老圃、山工、藥師不能盡識所見之草木。何况枯坐一室，欲盡窮名物之變哉？

人之讀書，不能如洋藥之上癮；苟能上癮，則將有終焉之志，其學必有大成。然其所以至此資格，殊不易到，必有精心堅力，膠固纏綿，遲之又久，乃能至此。當初亦如讀書，淺嘗無味，倦而思去，久而其味乃出，又久而後不能相離，此非旦夕之效也。今人治一書，非小有理會便自足，即稍有齟齬便自還，安得有上癮者而與之語經哉！

諸上所列治經之始事，而成學之理寓焉。蓋神明變化，不過精熟規矩之名，偭規矩而稱神明，其説經必多乖謬矣。如欲分彙考訂，輯録成帙者，目録具在，自可任占一題。若信而好古，不嫌成書之少遲，或即可采擇此編，立爲常課，深造有得，將來自然左右逢原，蓋成書遲而悔者瘉少耳。此編與題紙名異實同，皆月課也。道通爲一，同學諸君子擇可從而從之，記其所疑，以時會講，要以月，會以歲，各鞭厥後，以底大成，則此編蹏筌之力，正未可忘爾。

經話[1]

經話甲編卷一

釋道入門，均有戒律；儒林恣肆，無所折守。思窺精微，先立章教。

一戒不得本原，務循支派。

凡經皆有大綱巨領，爲其本根，而後支流餘裔，因緣而生。立説須得大主腦，探驪得珠，以下迎刃而解；如不得要領，縱極尋枝節，終歸無用。今之治經者多沿細碎，不尋根原，所以破碎支離，少所成就。如何邵公之日月，有可謂勞碎，然枝枝節節，徒費心力，不惟人不能明，既己亦心無主見，特不能不立一説，以敷衍門面，此大謬也。

二戒以古亂今，不分家法。

東漢以前十四博士皆爲今學，同祖《王制》，道一風同，與經神形俱肖。古學本于劉歆作僞，以與今爲敵，然其初門户甚嚴，各尊所聞，不相羼雜。鄭康成思集衆成，乃舉群經今、古不同之義，悉一律

① 《經話》甲、乙二編，作于廖平經學初變、二變期間，約歷時十年。光緒二十三年（一八九七）尊經書局刊入《四益館經學叢書》，民國十年（一九二一）收入四川存古書局印行《六譯館叢書》。

解之，合胡越爲一家，聯南北爲一轍，遂使今古蒙蔽千古。鄭雖勉强敷衍，非經宗旨，故不能自圓其説。

三戒自恃才辯，口給禦人。

治經須謹嚴，不可輕肆，《公羊傳》好權詞酬答，自矜不窮，口辯雖雄，經例遂混。董子與江公議，以口給取勝，所謂辭勝于理者也。此爲先師精絶之弊。至于晚學，恣口衍説，欲以才辯服人，則謭陋荒謬，不在此品。

四戒支離衍説，游蕩無根。

説經須明白顯易，如土委地，其思而得之也最難，與而言之甚易，原不以影響囫圇爲高。何注《公羊》，每儻恍無據。以下諸家，至于巨難，率皆自欺欺人，敷衍了事，多以艱深，文其固陋。學者當務精深平實，不可作誑語也。

以上四端，高材所忌，中賢以下，其敝可陳。

不守古訓，師心自用，非也；泥古襲舊，罔知裁擇，尤爲蒙昧。何邵公之誤用董説，劉申受之鈔襲何注是也。

不識堂奥，依傍門户，非也；略知本原，未能瑩澈，是爲自畫。陳卓人、陳左海是也。

違背傳注，好作新解，非也；株守陳言，牽就附會，是曰瞽蒙。六朝禮學諸家，株守鄭説是也。

不通音訓，罔識古義，非也；鋪張通假，主持偏僻，更爲俗癖。

如國朝諸家是也。

以上中材流弊，世所襲用，略爲敷陳；至于平常所知，都不陳列。

治經如做酒，穀米麴蘗，柴炭水火，漢學派也；抉取精華，盡棄糟粕，宋學派也。宋人鄙漢學爲糟粕，然其造釀不從糟粕而出，明水涚齊，不堪尊罍。故治經始于繁難，終歸簡易，然其泓澈樽甕，莫不由糟粕而來。此漢宋之兼長也。治經當遵此法，不純乎漢，亦不流于宋。滄州釀法，其傳固尚在人間也。

經説舊本明暢，至于誤説，展轉蒙蔽，其道迂歧，欲復大明，其事甚苦。故嘗謂經如九曲珠，解者用心，須有蟻穿之妙。東漢以來，用心甚淺，非但無七八，甚或不能三四，膚末初階，便矜妙諦。譬如古鏡本明也，塵土蝕翳，經千百年，乃徐致其蒙銹，其翳之非日月之事，其磨之也自非旦夕之功。今以旦夕之力與千百年争，固不能敵已，故雖有小效，不能大明。史公云：『非好學深思，心知其意，固難爲淺見寡聞道。』經學之要訣，其在斯乎！

國朝經學，喜言聲音訓詁，增華踵事，門户一新，固非宋明所及，然微言大義，猶尚未聞。嘉道諸君，雖云通博，觀其撰述，多近骨董，喜新好僻，凌割六經，寸度銖量，自矜淵博，其實門内之觀，固猶未啓也。國朝經學，初近于空疏，繼近于骨董，終近于鈔胥。高者如陳左海、陳卓人，然一偏之長，未贍美富。子夫謂道咸以來著書多爲《經籍纂詁》《五禮通考》子孫，可謂善謔矣。

古人之學者如牛毛，成者如麐角。經學習者雖多，成者實少，特惜不能如弈手之高下可定耳。嘗欲繪海岱圖以喻經學，以岱爲今學，海爲古學。如游岱有躋其巔者，有歷其半者，有僅至其麓者，有徬徨山下者，有左右互趨者，有反背而馳者，各題其名字，以識所學。然必高才博學，乃能入此品。其餘置身闤闠嵩華，便自以爲游歷泰渤者，不知去題尚遠也。

予思而不學，終歲不聞誦聲，而夢寐亦相縈繞，積習已久，不能改，有神無迹，所以班白少自樹立者，亦以是故也。再加涵詠之功，庶有自然之妙乎！

子夫常言，説經須有一定。予推衍其説云：醒時如此，醉夢亦如此；率爾如此，沉思亦如此；千百人攻之而不能破，衾影之間循之而不能改。若此境界，其于古人中求之乎！

古人言通經致用，舊以爲將經中所言施于政事，非也。無論古今，時勢不同，泥經敗績。試問古來經生，何曾有以功業見者？不流于迂疏，則入于庸懦。然則經果無益于治乎？蓋通之難也。從來建勛業者，非由閲歷深，則本見幾審舉，盤根錯節，決斷裕如。儒生平居，何曾得假手以歷試諸艱？而以經喻天下，則一極亂之天下也。其中義例文句，精粗微顯，參雜紛煩，萬有不齊，與國家政事同也。其巨疑大難，百思不通，則國家之盤根錯節，以一人之心思，窮幽極渺，攬目振綱，積以年月，參以師友，然後雜亂有序，變幻歸則，終始相貫，彼此不淆。從開宗以至絶筆，無一字一句不血脉貫通。以此治經之法治天下，然後大小并包，難易合律，舉王公以至匹夫匹婦，從大政以至一草一木，莫不得其性情，措施無弊。此乃通經致用之法也。經如陶範，心如金土，以經範心，心與經化。然後其心耐勞知幾，包大含細，原始要終，舉天下之大不足以亂其神，舉事務之繁不足以擾其慮。周公所以致太平者，以其有制作之才；孔子所以言神化之效者，以其收博約之效。吁，難矣哉！

治經如種田，後人享先人之福，惠、戴、阮、王非不自勤時爲之也。譬如闢草燒山，畫疆耕耨之事，以次而成，而後來食穀者，皆前人之功也。莫爲之前，雖美不彰。今日之事，固不敢没諸先達之勤勞也。

讀經傳當因所言，知所不説；因其一端，知其全體；因其簡説，知其詳旨；因其不言，知所宜言。卮言別義，不足以亂其聰明；精旨微言，不能當其校索。所謂目無全牛者也。

子夫云：『無論注疏及諸家成説，一到課期均無所用；著書必須到考課時服其精到，乃爲完善。蓋考課以數日之力解一義，以數十百人之力共一題，用心久而合力多，誠有平日成説，至此莫不罅漏百出者。』其論蓋有爲之言。余反其説云：『以著書論之，若必如考課之法，則百年不能成一書。且考課之所以衆説紛紛，新解層出者，多未能融會全經，僅就偶爾聰明，穿鑿附會，以求新奇。若平日全未經心之事，固可因此一考而明，或義本平常、事兼疑闕者，經此立異，反致瞀亂。治經如作室，其前後左右、梁棟門户，所宜熟思籌畫者也。至于一牕一桷，所關甚微，不必苦心經營。以牕桷而論，即至精之室，使人盡力推敲，未必不有所以易之者。總之，室之美惡不在于此，徒盡心于牕桷，而棟梁門户之事反失宜焉，此豈足爲美室哉？舍大而謀細，棘端刺猴，泰山不睹，此古今之大弊也。考課之法不可移以治經，以其用心不同也。』子夫笑而不答。

古來學問，起初莫不精美，後則每況愈下。正以始難後易，始拙後巧；始有勤苦之心，後漸歸于偷惰；始心震驚，既成之後乃視爲平常。大似今洋貨，當其初來，莫不精美，人亦不辭價昂而購之；後乃以爲常物，其物亦遂脆薄粗惡，大遜從前。今得一百年前鐘表，視如拱璧，即以十年計之，亦不啻三變。人心淺薄，日趨苟安，于貨物且然，則固不必疑經學之日下矣。高雲程大令嘗論鹽局事，謂鹽局初立，上下委員莫不精明能幹；至于中間，雖不及前，猶有能手；後則守成敷衍，尚形絀支。夫豈沃土之不材，亦或運會爲之也。予以爲上而國家，下至書院，亦莫不然，而經學其尤者也。

千古學問，真者不能傳，而僞者不能絶。釋老、醫卜、雜技古法，莫不皆絶。傳習之書，有莫知所由者，又何疑于經學？《藝文志》《公羊》著録之書皆不存，而行漢末之何君；《穀梁》著述之書皆不存，而行東晉之范氏。學問始難而終易，人情好易而避難。今有難易二事于此，命十人治之，則趨易者十之八九，就難者不過一二人。以一二人與八九爭，其勢已不敵；況由八九可化作千百，由千百可化爲億萬，此一二人者或一再傳而遂澌滅焉。幽蘭空谷，誰甘寂寥？難者或且不欲示人，而易者一倡百和，天下風靡。後來作疏，又視傳習之多寡以定去取，則安得不取晚近而廢本初哉？天下喜鄭過于雅，天下喜紫過于朱，阮生窮途，痛哭而返，此亦有心人之不忍聞者也。照像之法，因影留像，必須先定形體，留影鏡中。當其方照之時，稍一小動，移步换形，精神全變。竊意修改舊説，當用此法，一指一動，一目之瞬，精神迥然不同，不可説一節改一節，致其精神脉絡壅滯齟齬。然此非稿成數年後，精神閑暇，按日將成稿另鈔一過，不能如此通貫。然以《春秋》而論，每日一年，亦須終年方及一部，安得三年餘暇，通改三傳？況到改鈔時，又未必別無見解，所以此事斷難畫一。《孟子》云：『立其大者，而小者不能奪。』然則此事亦惟務其大而已。

宋儒言『中』字，謂凡事求『中』，義近惝恍，不切實。其實經學奥妙，聖人精微，總而言之，不過一『中』字。所謂『中』者，『中的』也。至求『中』之法，則又不出『智』『聖』二字。孟子云：『智，譬則巧也；聖，譬則力也。猶射于百步之外也，其至，爾力也；其中，非爾力也。』孔子，一善射人也。其巧聖，其力大，其持弓審固之法，全在于經，知之明，守之固，便爲通人。其巧妙至于貫虱穿楊，百發百中。百變之中，有一定之準。先有征鵠以爲標準，其事甚明；非謂既已持弓挾矢，尚不識準，則必東西左右測量審度，而後發矢，但知其處，皆能自至，與孟子『時中』『智』『力』之説相反也。

古之聖賢，皆在北方。經傳所言，多取喻于『射』『車』。欲仿程侍御書例，作《釋射》《釋車》二篇，凡經傳史子、中古語謡諺説二門者依類編次，不惟諸書可明，而經亦愈以大顯也。

古人傳經難，今人傳經易。惟其難也，故不能立新説，墨守舊訓；苟一求新，則全不可通，故守而不變。後人治經便易，因其易也，則以墨守爲無奇。且以歷來承襲舊説無深入之妙，明敏之士稍加綜覽，便已通曉，故鄙薄求新。蓋人心喜變，如織坊初得一新樣，勉力學之，猶恨不能，不敢改易；行之既久，人人所能，以爲無奇，則别出新式。從古無積久不變之事，職是故也。經學之真本微妙難習，學者舍難趨易，後遂因其易也，而思變之。變者又不能通，其難者愈趨簡便，故其壞無所底止。今欲反之于難，然遲之又久，恐不免終流于淺易也。

友人欲爲禮學三大表，曾與商酌條例，粗舉巨綱數條相告，且云若其細目新解，非用工之後，陸續補修不能。此説甚善。予撰《穀梁古義凡例》，修改近十次，乃成今本。此事務須隨時添改，不能先立限制，謂以後必如此用工也。又有治《論語》者欲商酌條例，予以此告之，蓋不可從門外説門内話也。

治經有數大例，前人未能暢發者，今當仿《古書疑義舉例》，作爲一書以明之。如詳略隱見例，以《春秋》爲主；三統禮制異同循環例，以《王制》爲主；四代無沿革，以《尚書》爲主；參用方言例，以《公羊》爲主；譯改古語例，以《尚書》爲主；記識入經例，以《禮記》爲主；媘文互見例，以《儀禮》爲主；舉小數以起例，以《周禮》爲主；因事見義例，以《左傳》爲主。略舉其目，當詳推之也。

史公云，百家言黄帝『不雅馴』，『皆折中于孔子』。當時古書尚多，史公唯以孔子爲歸，此巨識也。今所傳秦以前書皆合于孔子，以外皆不傳。如莊、墨、申、韓諸家皆主孔子，所言禮制皆同《王制》，其人皆師法孔子者也。太史公所言『不雅馴』者，大約如《山海經》《竹書》之類，不與經説合者。當日此類書必多，今傳者絶少。至于諸子百家，皆孔子之徒，用孔子之説。

西漢以前，言經學皆主孔子，不繫于周公。漢明帝于學校並祀周孔。鄭君以先聖爲周公，先師爲孔子。議者以周公爲先聖作經，孔子爲先師傳經。此乃古學盛行之後，援周公以與孔子爲敵。其意以周爲古，孔爲今，古早于今。如《學考》今古平重，則此説可存；若考其實，有今無古。古學萌芽劉歆，諸説皆其緣飾，則周公之祀不當在庠序間。今古之辨，至今未明，而學宫不祀周公，其來已久。此其中固暗有主之者，不然，何以人皆不明古學之僞，而能去周公之祀也？

《管子》，《學考》列入古學。初以爲在孔前，必古學；繼乃知此書皆今學。《管子》立制，多改《周禮》，蘇子瞻所論是也，正孔子改制前事之師。又其書非管子手訂，多春秋以後名法之言，故多可爲《王制》之注，當細推而考之。

西人補牙，窮極巧妙。夫取金石與骨肉相聯，既爲地無多，又須有言、食，苟非親見，亦必斥爲荒唐。乃積思細審，卒使聯合，有如生成。夫血氣之事猶且如此，何况經學？苟用心能如西人，則何爲不成？惜乎務博淺嘗，不能深細，因以無成耳。

予立三統循環例，以收傳説相歧不能畫一之制。以《論語》『社樹』、《孟子》『學校』、《考工記》『明堂』爲起例。如《祭法》與《王制》廟制不同，然皆爲七廟，以爲此循環變易之例。凡經中彼此參差、大同小異之事，皆包括無遺矣。又立互見例。禮制門目繁多，統集諸經所有，乃成全備制度。今一經所言，每門不過數條、數十條，前人不知此爲互見，各就一端言之，執此攻彼，久成聚訟。今以此爲一大例，收集諸不同之條而錯綜之，穿插之，同歸一致。如時祭，《王制》言四時，《孝經》言春秋，《左傳》言秋冬，而《祭法》《國語》乃有歲時月日之全文。此詳略不同之例也。若此之類，只得從同而分别之，豈可復爲立異，以致頭目添多，不能料理耶？

前代之書有後代官名、地名、人事，舊説多據以爲僞作；不然，則以爲古人已有此官、此地：二者過猶不及。如《月令》言『大尉』，或以爲秦官而疑非古書；或又據緯書『舜爲大尉』之文，謂古有『大尉』官。此皆不知譯改之例者也。《堯典》《禹貢》當時之文，豈能平易如此？皆譯改之故。《内經》其明證也。『皇』字從王得聲，本爲王後字。三皇之世，文字未立，稱王而已；春秋以後乃有皇帝之説。本朝稱王，以『皇』加古帝，凡書之古『王』，皆改爲『皇』。後人不知此意，乃疑『王』『皇』先後矣。《穀梁》二伯，漢人書説當有以二伯稱者，今有五伯，無二伯，以凡言二伯者皆改作五伯矣。《左傳》以齊桓、晉文、楚莊、吴王、越王爲五伯，而傳文初年有五伯之文，則亦如陳桓公未薨而稱謚，後來之稱，非當時已如此，文偶未檢耳。

古書傳寫，文字往往異同，能得别本相參，爲益無窮。嘗讀孫本《孔子集語》，凡互見别書而有異同詳略者，皆並列之，于是乃無不可解之書。蓋一本所言，皆有失檢，佚文脱句，動成疑難，苟列異同以相互證，是較釋文之功尤巨也。《月令》言四大廟，鄭君以爲十二室。考《大傳》云：『自冬日至數四十六日，迎春于東堂，距邦八里，堂高八尺，堂階八等。』『仲春之月，御青陽正室。』又云：『自春分數四十六日，迎夏于南堂，距邦七里，堂高七尺，堂階七等。』『仲夏之月，御明堂正室。』又云：『迎中氣于中室。』又云：『自夏日至數四十六日，迎秋于西堂，距邦九里，堂高九尺，堂階九等。』『仲秋之月，御總章正室。』『自秋分數四十六日，迎冬于北堂，距邦六里，堂高六尺，堂階六等。』『仲冬之月，御玄堂正室。』案：天子于城門外立四堂，以順時令。然則東堂即青陽，南堂即明堂，西堂即總章，北堂即玄堂，或六里、七里、八里、九里不等，非一廟十二室明矣。又不云『大廟』，而云『正室』，然則『大廟』，『正室』之變文，非如宗廟之大廟矣。何以見四堂與明堂不異？曰：既于東方迎春，則不于南方布令可知，推之西北當復然，一也。既立四堂以順時令，棄而不御，而攢擠于南方，必非情理。若惟四迎，在其地則不必建堂，二也。南方有南堂，又有明堂，重復不例，三也。其四迎略言方向，十二御則言堂名者，彼此互見，非有異地異名之例也。其説較《月令》爲詳，其名較常典爲正。不然，則四大廟中何以又頒令？不幾于倍祖宗耶？故知正文不作大廟也。『御』字亦較『居』字爲近。又四堂下字皆叠韻，恐本一名，口音流變，如《公羊》《穀梁》之異也。

予于錯綜例外，又得隱見例。著述之事有二：以言傳者，文字是也；以形傳者，圖畫是也。二門雖異，而其以隱見爲例，則靡不同。畫家畫宫闕，設景而見者千百分之一二耳。即單畫一室，見陽不見陰，露左必隱右，牕牖門户，不過見十分之一，非不欲鋪寫，勢不能也。讀畫者皆知爲隱見例，以其所圖者形，形有未備，人所易知。至于著書，其甘苦實如作畫，詳則傷瑣，且有筆墨不能盡者，必待施行之時，然後相機審酌潤色。孟子所云『大略』『潤澤』是也。天下雖至瑣碎之書，亦有不能盡者，何况經文古質簡略，經有一語，非數千百言説之不能詳者。如《王制》言選舉事，數十言耳，苟欲施行，則草注設科條例盈匧，猶恐不備。其言爵禄，數百言耳，然其法至簡，亦當倍蓰于今搢紳。若吏户案牘，猶不必言也。古人文字簡質，意中之事十未及一，今人乃不能如讀畫者之考求其陽陰、右左、隱見、露藏，以爲言在此，意已盡于此，及到施行，有東無西，具前闕後，乃又嘆書不可行，豈不誤哉！書之陰陽鱗爪，本如畫之可以踪迹求，惟積久不懈，用心習成風氣，不知當因所見以求所不見，不可守所見以蔽所未見也。畫家苦不見全形，讀書亦苦不見全義。予因《春秋》隱見推之《王制》，因《王制》推之群經，更因群經推之載籍，以讀畫之法讀書，則隱見之例張矣。

學以專經爲貴。然非遍覽諸經，則一經亦不能通；唯群經熟，然後專經有所借證。如欲通《穀梁》，非通《公羊》，不知《公》《穀》大同小異，借證者多也；非通《左傳》，不能知二家互文見義，有所補證也；不通《禮經》，不能知《穀梁》與《禮》之曲折相合也；非通《詩》《書》，無以悟素王制作與《詩》《書》重規叠矩也；非通《論語》，無以見《春秋》師説也。故必遍通群經，然後能通一經；未有獨抱一經，不務旁證而能通者。

六經同出一源，其宗旨、大義、禮制皆相同；而其體例、文字，則諸經各自不同。西人《全體新論》謂人之骨節因地而異。竊謂經之體例，意亦如此。經猶人也，此經之骨節與他經不同，如有不察，以《春秋》之法施之《詩》《書》，必有不合。亦如人各異地，妄以爲同爲人，即同此骨節，拘于其貌而未知神理，且其貌亦有不相似處。

郢書燕説之事，不惟漢初先師有之，即先秦諸子亦然，如以鄭聲爲鄭國之聲是也。董子號爲《春秋》大師，《繁露》多不得傳意。學者須知此意，然後不爲舊説所誤。

識古今之異語，通華夏之方言，古人翻譯，三代所重也。自漢以來，唯辨中外，不達古今，釋藏、洋書，同文盛典，而古書則皆用漢本，不敢改字，其故何也？箋注之興，起于漢代，周秦以上，通用翻譯，凡在古語，都易今言，改寫原文，不别記識，意同于箋注，事等之譯通。上而典章，下而醫卜，莫不同然，事既簡易，語便通曉。故《靈樞》《素問》語雖淺近，而實爲黄帝之書。先師世守，口傳積變，語有今古之分，意無彼此之别。博士所傳《尚書》已多變易，刊定石經，經本乃定。史公本用今學，而所録《尚書》文多易字，或以爲以注改經，不知此古者翻譯之踪迹、改寫之模準也。伏生《尚書》與古文不合，則由伏生所改也。後來《古文尚書》不能讀，則以漢不識周語也。隸古定寫本以今文準古文，是以今文翻譯古文。使非由今文翻譯，則不知作何語也。今文以外所多之篇，或以爲漢人不識古字故不傳，或以爲無師説，皆不然。既識其字，均通其語，何待師説，乃可相習乎？《尚書》唐虞之文，平易過于殷周，歷時既遠，而文同一時，或且難易相反者。古人讀書，不如今全篇巨帙，木札竹簡，每以一篇爲終始，《論語》之言《周南》《召南》，《禮記》之言傳《士喪禮》是也。凡名篇要義，則習者多；僻文瑣典，則習者少。習者多則改本數變，故文最平常；僻篇則習者少，少則未經改動，即改而未至大變，故文多難讀。《尚書》文之難易，不拘前後，而以篇之有名、無名爲斷，正以習者有多少之分也。漢以後經尊，經尊則不敢改其字，而別爲箋注。自箋注既盛，後人其心，讀《堯典》則以爲字字皆堯史官之手訂，《禹貢》則以爲字字皆大禹所校閱，人心囿于所習，不能推見古昔事，宜經術之日下乎！此説最爲有功，不惟有益于《尚書》，凡漢以前書皆當以此法視之，可省無數贅説。

今古本之異同，翻譯也；三傳之異文，四家《詩》之異文，翻譯也；今文與今文異，古文與古文異，翻譯也；引用經字，隨意改寫，翻譯也；同説一事，語句不同，翻譯也；詳略不同，大同小異，翻譯也；重文疏解，稱意述義，翻譯也。苟能盡翻譯之道，則又何書之不可讀哉！

《漢書》云：『《尚書》讀近《爾雅》，通古今語而可知。』《爾雅》者，翻譯之書也。所列者古今之異語，華夏之方言，全爲六書轉注、假借之事。其書始于先秦，緯書子夏已引『初、哉、首、基』，《尸子》又引其文。而漢師叠有增益，隨時所加，初非子夏所撰，無論周孔。以説《詩》語入，此亦翻譯之類也。讀近《爾雅》，謂改寫之讀合于《爾雅》。

人情莫不好辨喜新，是己非人。孔安國得古文而寫定，劉子駿得《左傳》而争立，苟非勢窮才詘，未有俯首聽人而自甘墨守者也。漢儒傳經，株守師法，蓋由勢使，非本性生。漢人經本難得，掌于學官，其事頗似今欽天監、機器局，皆由官辦，窮鄉貧士，力不能造此儀器，又屠龍之技無所用之。故欲治經，必到京師就讀官本，難于自治。到學之時，都由師講授，限于時日，拘于程式，墨守强記，猶懼弗任。苟欲求新改舊，不惟官法所禁，亦且勢力交窮，先師守舊不變，職是故也。又古書簡札，最爲笨重，一經之册，多可載車，大似今刊刻板片。《後漢書》洛陽有書肆，亦有賣售之事，特一書則盈車累篋，大似今賣書板也。惟資記識，艱于誦讀，初學憑之以講授，成材難資乎翻檢，不能不篤守家法者，勢使然也。今人動云漢儒重家法，有經無師不敢習；然則《周禮》《左氏》當時皆無始師，何以劉子駿能傳習之？至謂《尚書》亦因無師説，故聽其餘篇之佚，則以所佚實皆孔子删棄之餘，知其僞也。不然，《泰誓》一篇何以又傳？豈以人謹于今學，而勇于古學哉？

爲學須善變。十年一大變，三年一小變，每變愈上，不可限量，所謂『士别三日，當刮目相待』者也。變不貴在枝葉，而貴在主宰。但修飾整齊，無益也。若三年不變，已屬庸才；至十年不變，則更爲棄才矣。然非苦心經營，力求上進者，固不能一變也。

解經非文字安適不加字，迂曲非真解也。然就文敷義，雖明白如話，亦有非真解者。如《公羊》『上無天子，下無方伯』，何注可謂明白矣，豈知傳意卸去上下二層，專責中間二伯乎？此非但求老嫗可解，便爲真諦也。其餘如『貴賤不嫌同號』二語，何注亦似明快，而實亦非。大抵文句不大詳明，當别求義證以申明之。

解經實義有證佐難，虚字有精神尤難。然虚字精神實出于實義明確之後。詩人得一好句，有所言，有所不言；言在此，意在彼；所言者少，所包者衆；神悟景態，超然言表。解經亦如此，須讀經如讀詩，能知作者苦心佳處，然後爲得。《春秋》虚字，説者尚知用心；至于《禮記》，凡一切虚字皆若爲累文者，即直爲删節，亦無不可。以此知《禮記》之精藴，尚蓄而未發也。

治經不惟當理會虚字，并當玩味虚神。壬秋師謂作時文爲治經之要法，蓋習經不如作時文之專而久且衆也。《禮記》文多，號爲大經，門户繁賾，較《左傳》尤難治。學者讀之，摘記其明文定説，已不勝其難，何况能推考其虚字虚神？然其中之《大學》《中庸》二書，則文義頗詳盡，則以合在四子，治之者多也。今取士之法，四子陳文太多，誠能略采《大》《中》之義，以五經作考試正場，改《四書》文于後，如能有方樸山、王廥東諸家聽題之法，則于此必別開無數法門，惜不能如八股專精。

觀人一節，能知長短，此治經之切法。經傳所陳義理，多不具録，舉一反三，因端竟委，是在善學者。若見一節，僅就一節言之，不能推到全體，此非善學者。須有西人《全體新論》心思乃可。治經如墾闢，諸經皆有田畝可以耕穫，若《禮記》則如深山大壑，怪木叢草，荒穢不治，且多人迹未到之處。若欲成沃壤，則其待人力墾治者，較他經爲多也。

《經解》所言諸經利弊，各主一意，不相貫通，足見以一經之法推説諸經之非。余説諸經，先注《經解》一篇，以爲叙意，此即經學要旨也。以此足見《禮記》所包者廣，故余于《戴記》立『經學』一門，以《經解》《學記》《勸學》爲主，輔以《坊記》《表記》《緇衣》諸篇，以爲經學程式。《學記》一篇，先師治經之法也，亦當詳注，證以今事，甘苦備嘗，癥瘕立見，其斯爲學人指南與！

今本《穀》《公》二傳，亦如小學之《倉頡》《凡將》等編，非始初之本也。當時先師各有存本，詳略不同，有始初本，有晚近本，同時又有各本。今所存者一本，正所謂九牛之一毛。故《穀梁傳》有引『傳曰』者，《公羊》雖無『傳曰』明文，然其例可推。乃始初之本也。董、劉所引，有爲今本所無者，同時異本也。又所引師説稱『子』者，亦别本也。大約稱『傳曰』者爲大例，最初之本；稱『子』者爲小例，中間之師。不可以今傳本爲足以盡經，又不可以今傳本爲一人之言。《韓詩外傳》有稱『傳曰』者，此亦如二傳引傳之例，皆先師説，非韓氏一人之言、《内傳》之説也；使爲《内傳》之言，則亦不稱傳，又如董子所引傳也。

凡立一説，類于作畫，初爲朽影，繼爲勾勒，然後再加綵色。予之著書，莫非新説，其始也偶然得閑，有朽影之底本。或加探索，或經歲月，然後首尾具備，本末皆全。又積之久，而後精神虚實備到。其中有由推索得者，有由感觸得者，有由終悟始者，有由始要終者，有修潤已成者，有草創初具者。

初據三統之説，以《春秋》爲救周敝而已，非百王之通典。救周之敝，作反文從質之《春秋》，行之數百年，又當作一反質從文之《春秋》，則舊説傎矣。繼乃知三統爲先師救敝循環之變例，《春秋》乃斟酌百王通行之大法。何以言之？繼周不能再用夏禮，此一定之明説，而先師乃有三統循環之説者，此指春秋以後法夏、法商、法周而王之三代，非古之夏、商、周。古者三代歷時久遠，由質而文，至周略備。孔子專取周文，故云用周以文。實則孔子定于周，文所未備，尚有增加，安得預防其敝而反欲從質與？傳記所謂三代，有指真三代者，有指法三代而王者，何以别之？大抵可以循環制度無大分别者，爲法三代而王之三代；制度迥異不能循環者，爲真正古之三代。如《明堂位》，虞官五十、夏官百、殷官二百、周官三百，既有三百之周制，萬萬不能再返于五十、一百之制，此不能循環者也。至于社樹之三木、明堂之三形、學校之三名，此制度無大異。古之三代，文質懸殊，必不如此，此又可以隨便推行，故此爲後世法三代而王，託名之三代，非古之三代也。擬將經傳三代制度作爲二表：一，三代沿革表，録真三代沿革不能循環之事；一，三統循環表，凡可循環者皆入之。又舉經傳所不同之制，依文質之意而補之。蓋孔子制作，垂法萬世，《春秋》所言，皆不能改者也。至于後王易代，不能不有因革，則造此三統之變以通之，使之循而改作，此三統所以濟一定之窮者也。《春秋》非從質一時之旨也，故《王制》篇中循用周禮。孔子答顔子參用四代，此因革定章之言，與三統專用一家之説不同。《孟子》謂孔子賢于堯舜，以《王制》制度非唐虞所及。孔子斟酌四代之禮，著爲《春秋》，行之萬世，此爲大綱。其三統損益，亦但就大關有三等之變通，大端不能改，不謂三綱五常不可改；制度可改不可改者，即指制度而言。《王制》千七百國，秦之郡縣大小似之，漢之郡國即其遺意，今州縣即《王制》意也。選舉之制，秦漢以來皆用《王制》説。漢最近制科，意稍失，然其大旨同也。秦漢建官，多用三公之説；至蘇綽六官之制，乃同《周禮》。戰國秦漢之間，今學最盛，所有制度多本此意，此即《春秋》定章，爲後世永行之典。其中有所變通，即因革可知者也。《春秋緯》云：『孔子曰：「丘作《春秋》，王道成。」』《孝經緯》：『志在《春秋》，行在《孝經》。』凡此義不下數十見也。

《左氏》及諸傳記言春秋時事，其與經傳禮制不同者，乃真周制也。所言禮皆主于孔子。孔子不以作自居，故託于三王，而六經禮制皆同，無沿革彼此之殊，此不指爲素王之制作，不能也。古書傳者皆主孔子，故其説同。西漢經師據《王制》以説六經，十四博士莫不相同。故當時同以《王制》爲經説，而無三代不同之分。故于先秦則孟、荀言制度全本《王制》，乃當時不以爲孔子《春秋》改制之意，而全以爲《周禮》。他如墨子、韓非、司馬、班氏，莫不誤襲其説，此當力反者也。

《王制》書較《周禮》少，然《王制》之説易明，而《周禮》專條之説轉甚晦。蓋秦漢以來，子史先儒全用《王制》説，多則易明。又其書爲先師所祖，遺説甚多，故最明晰。至于《周禮》所有未備，則全出劉歆。如周爵五等，千里之地僅能封四公，即封侯只能七、封伯只能十、子只能二十五、男只能百，不審其制。蓋劉意圖變亂今説，至其能行不能行，所①

近人所著四家《詩》、三傳異文，此非古法也。《隸釋》所載石經，每經之後，只刊同學異文，不遠及別家。如《公羊》嚴氏，異文只録顔氏；《詩》用魯，異文只言韓、齊；此見洪氏跋語中。《論語》今文，則録盍、周、包。三經如此，推之餘經皆同，不引古經以相證。今經學廢墜，不能備徵同學，而但引異家以爲比較矣。

---

① 『所』字之後尚有數字，原刻本不清。

石經用嚴氏《公羊》，所録顔氏異文有四條可考，多屬傳文有無，不僅文字異同小故。顔、嚴在武、昭之後，同師而傳異，是今本《公羊傳》有嚴氏所補羼，編纂不盡出于先秦。大約先秦之傳别爲一書，此嚴氏手訂之故。《白虎通》引傳，有爲今本所無者，至《穀梁》亦然。故今二傳本不足以盡其學也。

二王後得用其故國禮制，亦指封國諸侯而言，非封君不用此例也。孔子世居魯，已爲魯人，又仕魯，爲周人。且大夫不得祖諸侯，宋公之禮，非孔子所敢議也。《檀弓》：孔子夢奠兩楹之間，用殷禮。君子正終，大失尊王從周之意。此蓋素王之説。《詩》以《商頌》終，亦此意。《莊子》以周公、孔子爲元聖、素王，《荀子・大儒篇》以周、孔爲主，故《孟子》屢以周、孔並言。《春秋》以故宋爲説，若就常義説之，孔子不得用殷禮，不得爲殷人。凡此皆改制，故宋遺説，不可以常解解者也。

傳記所言三代異禮，有細節瑣目，必非夏、殷所有者，此甚可疑。古禮簡質，何以及此？周時又不應遠徵夏、殷之禮。《論語》以杞、宋皆不足徵，《中庸》又云『杞不足徵』，殷禮有宋存。由此推之，是傳記所謂夏禮謂法夏而王者，殷禮謂法商而王者。孔子必託二國爲説者，當時夏、殷典章故籍，皆杞、宋所掌，故必徵之二國。既入周朝，文章大備，所用制度亦不能純用古禮。如夏制桐棺而宋、周厚葬，此當時禮臣必定斟酌損益，從時王制中略加從忠、從敬之意而已。孔子雖本自作，亦多取于二國，故三統之説託于二國以行，亦如言周公而託于觀禮取則于文武之方策。故讀者不可以爲實出二國，亦不必以爲全與二國不相干。此説本原于《論語》《中庸》，特後人不識耳。

改正朔，易服色，是異姓興王之事，中興之主不能如是。孔子使見用當時，必不能全改周制，所謂從周是也。縱有陋弊，不便大改，惟天以夫子爲木鐸，制禮作樂，託于素王，乃可自我作故，託于興王之事。《論語》云：『殷因于夏禮，所損益可知；周因于殷禮，所損益可知；其或繼周者，雖百世可知。』又云：『如有王者作，必世而後仁。』《檀弓》云：『明王不作，天下其孰能宗予。』《論語》云：『久矣吾衰，吾不復夢見周公。』又云：『鳳鳥不至，河不出圖，吾已矣夫！』《孟子》云：『《春秋》，天子之事也。』凡此皆明異姓興王之事。何邵公『《春秋》爲漢制作』，古實有此義。先師附會于漢，微失其旨耳。

萬乘、千乘、百乘之説，是《戴記》通行之語，自緣禮制而生。天子方千里，大國方百里，只得百乘，其諸侯云千乘者，指閒田言之耳。統計一州，方百里者國三十，方百里得百里者三十；方七十里得百里之半六十國，又得百里者三十；方五十里得方百里四分之一，百二十國，亦得百里者三十。是封三等，國各百里者三十，三三而九，餘方百里者十，以爲閒田，正出千乘。經傳所云千乘之國，正指方伯而言。八州千乘之國，不過以萬比千，得十分之一。故天子云萬乘，諸侯得云千乘也。《孟子》云『大國百里』，指本封；云『千乘』者，指閒田；其謂『千乘之家』『百乘之家』，皆謂是也。方千里者十，開方得三百一十六里。《管子》從《刑法志》所言是也。實計則爲三百一十六里，舉成數則爲四百。《史記》言魯、衛封四百里，《漢書》言齊封四百里，皆以其千乘言之。故《明堂位》之『方七百里』，『七』當爲『四』字之誤。東漢經師以百里不能得千乘，于是改爲十井一乘之説，以求合諸侯千乘之稱；不知千乘出于閒田，不出本封百里之内。博士雖改易乘數，仍不可通。何以言之？今學只能添百里乘數，不能減千里乘數。萬乘、千乘，十分得一，此定制也。今添百里爲千乘，則千里當爲十萬乘。諸侯數少，天子數多，萬、千終不能合。由此觀之，則不明閒田之制，千乘、百乘之言不能解也。

《司馬法》爲今學説。鄭注所引同方百里，萬井三萬家，革車百乘，士三百人，徒三千人，方百里出革車三百乘，甲士三千人，徒萬千人者，此今學之《司馬法》也。服注《左傳》引《司馬法》云：一丘出牛三頭、馬一匹，一甸出車一乘者，此《周禮》之《司馬法》方三百一十六里出車千乘之制也。文義異同與古書合。《前漢・刑法志》云：方千里得千乘，方百里得百乘，方三百一十六里得千乘，則千乘出于方三百一十六里，本有明文可據，班説本于《管子》，蓋古經師舊説也。東漢今學説，如包注《論語》、何注《公羊》，皆以百里出百乘，與萬乘説自相矛盾。凡經説古多不如今，惟此則今不如古。然古學家但言百里不能出千乘，而所以得千乘之地，未能實指。今學則堅守大國百里，欲闢《周禮》地五等之説，故就百里中穿鑿言之。大抵此東漢以後經師失據之言。至于西漢博士，則係《班志》之説，以爲方三百一十六里所出，不出于百里，而《管子》亦以齊方三百一十六里也。

劉歆竄改《周禮》以迎合王莽，莽舉其改易之條，皆見施行，《莽傳》之文可考也。予初以今古并重，誤于歆説頗重。王莽雖漢之蟊賊，而實爲千古一大經師。今學西漢盛，至莽而終；古學東漢盛，自莽而始。欲講經意，在將《王制》《周禮》之説求其細例，可以見諸施行，而莽則已先我爲之，凡經中制度皆悉規摹舉辦一過。當時五經博士外，復立六經祭酒，大約皆古學。其講封建、地圖至于數年之久，蓋其審矣。今以王莽爲一禮學大師，凡當時之事皆以歸之；實則其説皆孔光、劉歆與博士祭酒之言，非莽所自作。今既不見名氏，則凡當時之説統目之爲王莽説云云，經同學考校數年，乃知其説之誤也。

莽制有主今者，有主古者，有今古合并者。本傳謂莽以《周官》《王制》之文置卒正云云，此即今古合并之法也。其封建、井田、置官、分爵諸大政，皆詳悉可尋。《王制》之説散見于諸書，可以旁證者多。《周禮》師説不如《王制》之詳，東漢之説又多有出入。然考《莽傳》，其説固已不能通，又何以行遠哉！

鄭注《周禮》，以鄉爲近郊百里，遂爲遠郊百里外，有都、縣、家削三等。是鄉遂僅只二百里以內，而以下三等無明文；六鄉六遂又不應如此之小。而《莽傳》則不然，王莽只以鄉、遂爲等，西都爲鄉，東都爲隊，不分五等。今其文曰：『分長安城旁六鄉，置帥各一人，六帥；分三輔爲六尉郡。』顔注引《三輔黄圖》注其事云：『渭城安陵以西北至栒邑、義渠十縣屬京尉大夫府，居故長安寺；高陵以北十縣屬師尉大夫府，居故廷尉府；新豐以東至湖十縣屬翊尉大夫府，居城東；霸陵、杜陵東至藍田，西至武功、郁夷十縣，屬光尉大夫府，居城南；茂陵、槐里以西至汧十縣，屬扶尉大夫府，居城西；長陵、池陽以北至雲陽、祋祤十縣，屬列尉大夫府，居城北。』考《地理志》，三輔共五十七縣，今曰六十縣，舉成數，或有分并也。莽又以河南爲東都，曰保信鄉，分爲六隊。《地理志》南陽前隊，河内後隊，潁川左隊，弘農右隊，河東無明文，則除河南居中，河東附隸，前後左右以隊名者四見，此莽斟酌損益而爲之者也。大約《周禮》之六鄉，即莽之六尉，六遂即莽之六隊。莽于西都以城旁爲鄉，衆縣爲尉；東都爲州，衆縣爲隊，亦變通潤色之意。故東都之制與西都不盡合，而以鄉、遂分東、西州，則一定之制也。此皆爲内郡。千里以外乃曰近郡，有障蔽者曰邊郡。故隴西、天水、張掖、敦煌等不入畿内之數，因時制義，其意可見。據此，是古《周禮》先師説不以鄉、遂、家削、縣、都分五等，可據莽以説之矣。莽説雖不能通，然鄭變其説而仍不通，則不如莽之爲得也。

《書》堯舜制度全與《王制》符同。據《孟子》『神農』章所言，當時必無此等制度。如五玉、三帛、二牲、度律、量衡及巡狩、貢賦、甸服之類，此承平數百年乃有之事，豈獸蹄鳥迹方交于中國，人方得平土而居，遂能如此詳盡文備？此當爲序《書》時潤色譯改之言，所謂『祖述堯舜』之事。古時制度大簡略，不足以立教，故孔子以此託之帝王，當時不能有此制度也。

孔子六藝非但鈔録舊文，别有新意，然既以六藝託之帝王，遂以新義亦歸之帝王，此述者之事也。如孟、荀以《王制》爲周禮，漢初經師莫不同之。孔子于堯時已云『三年，四海遏密八音』，故《禮記》以夏、殷皆爲三年喪也。

今古之分，東漢初已啓其端。班書《志》《表》多臚列今古之説，今當悉取而分隸之。如《百官表》言《周禮》建官，又云或曰司徒、司馬、司空爲三公。《地理志》言職方之説，下又云『周爵五等，而土三等』云云。此皆今古説之有明文可考者。

子夫云：『近來小學最盛，段、嚴、桂、朱專門名家，皓首成書，或校正異同，或摭拾訓故。要其用意，在明文義，字詁既通，方可治經。末流之弊，小學未通，年已衰晚，叩其經義，茫乎未聞。金石專門，復爲接踵，銅器古泉，搜采具備，既費貲財，且傷精力。本志所存，偏旁孳乳，藉證六書，贋鼎虹梁，每多僞贋，淺見倦士，侈爲古本，得其一字，兼攻洨長。假金石以證《説文》，借字畫以證經義，畢生株守，不知變遷。譬如農織，原爲飢寒；議耒耜，計隴畝，終未得一餐之飽、一縷之被。保氏教國子，八歲之事，十五以後即入大學。今乃以童稚所業，而爲老師宿儒呫嗶而夸張之。況古今所傳，多便俗學，精善之籍，盡皆秘隱。《説文》在漢，已爲俗陋，託命于斯，無亦自薄！至如音均之書，鈔輯之録，尤爲拾墜于敗簏，築室于道旁，隴西之游，越人之射耳。大海蕩蕩，宜江河以道之，微者亦溝渠以澮之，胡爲盂匙以測量、涓滴以蓄儲哉！』按此爲株守小學者發，切中時弊，故取之。癸丑在晉陽，欲作《語上篇》以矯其弊，匆匆無暇。此編所言，頗多曩旨。

西漢博士説，以校東漢固爲精審，然其失本意者亦多。董子號爲大師，然謬者亦十居二三。蓋專門之言，時有過當；且經義玄遠，淺求之不可，過于求深亦不可也。姑即一事以發其例。《白虎通》言京師，謂三代異名，周王城名京師，此當時博士之言，從來無異議，而實乖經義。周原不以王居爲京師，稱京師者，《春秋》之意耳。京師猶《詩》之六師。天子出，六師從；不敢斥言天子，舉王師以爲天子所在之稱，其例正與王所同。又周東西通畿，《春秋》存西京，不使秦主之，故王居稱京師。襄王居于河陽，則以河陽爲京師。河陽稱京師，知京師非王城定名。《公》《穀》皆云：『京，大也。師，衆也。』天子所居，故以衆大言之。傳例：諸侯言師，天子言京師，與諸侯言上，天子言大上相同。傳不以京師爲王城，故以衆、大解之。此微言大義之僅存者，乃爲博士説所蒙蝕。夫傳有明文之説猶如此，其他可知。今雖篤守博士説，至于失解亂真者，亦不曲從之。

緯云：『亂我書者董仲舒。』『亂』字當讀如『予有亂臣』之『亂』。至于『傳我書者公羊高』，則爲東漢人增損圖籍之言，當是戴宏以後人所羼，捏造『公羊』五名，編以世系、傳受淵源，改古書以合于私學。『穀梁』亦以四名見，使以祖、父、孫、子編排，亦如『公羊』之五世矣。有志復古者，當力辨之。

坊間有《公穀合讀》一書，俗本不足譏。然二傳相通，藉此可見。《穀梁》文簡例多，《公羊》文繁例少，彼此互見，可相補證，當以省文互見例讀之。蓋二書皆答問而作，同引《大傳》以告弟子。後來寫本互有詳略，本傳未詳，正可借證別傳。又多文異義同，《公》《穀》之分，在晚師引用寫定，非原本有異。如《公羊》『六羽』傳『天子三公』云云，『城楚丘』傳『春秋上無天子』云云，此《大傳》文也。今《穀梁》闕于引載，而子政説乃有其文，是劉本同有此傳，此當取《公羊》以補之。《穀梁》『葬桓王』傳云『獨陰不生』云云，『夫人孫于齊』傳『人之于天也，以道受命』云云，此《大傳》文也。《公羊》失于采用，而董子説乃有其文，此當用《穀梁》以補《公羊》之缺也。又如詞繁不殺，即詳録伯姬之意。定元年同引沈子説，而文有小異。二傳經説正可互相引證，以見全體。然非精熟文義者不可以持此論，苟不精而好言合併，則治絲而棼之矣。

《穀梁》言正、言禮，《公羊》言禮而不言正。《穀梁》傳『丹楹』『刻桷』，一『非禮』、一『非正』，初不知正與禮之分。嘗欲通考傳例一過，一日偶悟正即中也。天下無一定之中，《春秋》無達例，即示人以緣事求中之意。中非中間之中，中謂射中也；正乃正鵠，亦射中也。程朱言中，謂凡物之中，虚渺無據。今以事如射侯，處事如射者之求中。侯有尊卑大小，又東西遠近轉徙無方，射者必先熟審，然後射之，乃得中的。孔子所謂中，即此意也。皆就實事取象，侯爲標識，取其意明；不如舊説一國之中、一邑之中，必須測量推考，冥索于影響疑似之間，然後能定，求之甚難，操之少據，設此蕩恍之局，以誤學人也。禮爲舊典，有一定之形，正如射中，有隨機之巧。本一侯也，因其東西南北、高下倚側而後定我用矢之道。射由侯生，不能自定，故有合禮而正者，有合禮而非正者，有違禮而不正者，有違禮而得正者，故善惡表中正貴于禮。《穀梁》不言權，正即權也。正無定，權亦無定，一借射爲喻，一借衡爲喻。得此一解，乃知《春秋》言權、言中之義，皆在正字也。願與深于義理者共明之。

或疑《春秋》爲後王法，秦漢實不用之。世無無弊之法，何能以一定之制執定通行？三統之説，豈能使秦如夏、漢如殷、晉復爲周耶？案此疑頗深，然非孔子意。孔子作六經，專言大綱大紀，以爲萬世法，當時即已尊榮，歷久其道愈顯，不如舊説《春秋》專以救弊，不過如書策罪言，補偏救弊，以挽文勝之弊，徒爲一時之書而已。至于後世改制，則别立三統之法于六藝中，一事一物，别爲三等名目以通其變，如社樹、明堂、學校是也。六經定制，斟酌盡善，百世不改，其小有損益變化，乃其中潤色之事。即以封建、選舉、職官論之，由漢至今，可云變極矣！而今乃多與經制相合，雖有小變，不害大同。《論語》云：『其或繼周者，雖百世可知也。』『繼周』即謂繼《春秋》，『百世可知』謂大綱三千年不能出其範圍。《尚書》推本帝王制度如一，後之堯舜三代亦如古之二帝三王，今之視後，亦如古之視今。至于救弊補偏，大略盡于三統之説，通變不倦，固非如先儒所言，欲百世以下株守之也。然則人之學《春秋》，求今之制度以合《王制》，事變日新，終歸圍範，不徒以爲古制，反謂于今有宜、有不宜，或損或益，尚須斟酌。五帝不同樂，三王不同禮，謂使孔子再生，亦不主《春秋》之制，如舊説所云也。《春秋》之學，全在磨鍊智慮，以就今之繩墨。改制之意，則當合二十四史中沿革求之，看其因心之妙，移步换形，不可方物。若以孔子修《春秋》宜古不宜今，今亦不師古，則大非三統循環相救之意矣。六經爲萬世而作，不專主救文，學者但當循此規矩，試觀歷代典制，及近今禮例，何一非《王制》之細注、《春秋》之詳説哉！禮家述古易，知今難，學者判爲二派。述古者鄙言晚近，治今者昧厥本源，皆非也。《儀禮》《官禮》之于《王制》，不過如今之《通禮》《會典》《搢紳》諸書耳，但論大綱，三年可了。然常多變少，文略事簡，若見之施行，殊多缺略，後來因事草創儀注，是爲潤色，故《禮經》十七篇已足。蓋禮家所重，全在禮意，踵事增華，一成不變。殷周既有損益，若欲于數千年後株守《禮》文，非斥近事，是字必用古篆，書必用竹帛，豈非笑柄耶？古無棹几，今用綿絨，衣冠既異于《玉藻》，禮節更詳于淹中。大禹入裸國，先自去衣；泰伯逃句吴，首自被髮。以古法讀今書，正如用碑版于卷摺。聞康長素有《孔子會典》之作，以經包史，于近事尤詳，不泥不違，卓然大備，其有益經濟，尤勝于《三通》也。

漢人引經折獄，除《史》《漢》外，董子有《公羊决事》。今雖亡，頗欲輯之，群經各分門目，采傳記子史之文補之。以傳文言之，則《春秋》事實，案由也；師説，律例也。以《决事》言之，則時事，案由也；傳文，律例也。通經致用，此亦一端也。《春秋》文成數萬，其旨數千。循環見義，變化無方。漢儒引以决事，今可考者不過數十條，多雷同互見。此非經例不熟，則以必取有名之條以爲據，然後人信之，如人臣無將之類是也。

斵輪以古人書爲糟粕，此經學家當頭棒喝。天下六藝、九流、雜技、藝術，其可以言傳者，皆糟粕也。凡徵實之名物、象數，形而下者，猶可即糟粕求之。糟粕不離乎稻粱，形質不能過遠。至于形上之精華，則脱胎换骨，存液去膚，不能即形迹以求之。稻粱猶近于糟粕，糟粕遂大異乎酒。以《春秋》論之，則事實糟粕，筆削精華；以經傳論之，則傳本糟粕，師説精華；以經術言之，則文旨糟粕，運用精華。我之運用之妙，不能告人，所筆于書者皆形迹；知先師運用之妙不能告人，而著于傳者皆形迹；更以知孔子運用之妙不能告人，而著于經者皆形迹。今墨守《春秋》之文，豈遂足知孔子？株守《六藝》之文，又豈足以盡孔子？凡著書，其先精神才力必有十百倍于此，存之心者多，著于編者少。今于《春秋》堂奥猶不能窺，又安能不如隙中觀鬭？更何望其有見于《春秋》之外哉！孔子當日作《春秋》，已使續《春秋》，可也；原《春秋》可也；拾遺《春秋》，可也；以其意託之空言，亦可也；寓之于别經，亦可也；删改此《春秋》，亦可也；且廢此而别作一《春秋》，亦可也。以運用之妙，存乎一心，從心不踰，變化之妙，不可方物也。正如善書者，或大或小，或長或短，或肥或瘦，或剛或柔，或真或草，莫不入妙。父不能傳之于子，子不能學之于父，天下後世師之而不得其仿佛，以其糟粕在此，而精華不傳也。近人得一舊帖，臨摹既久，遂以此帖爲規矩方圓之至，肥瘦、剛柔，毫釐無不入妙，古人當日亦必定出于此，而不能少異。實則使古人當時盡反其所摹之帖而别書之，今之學者亦必以爲盡善而不能稍異。如篤信其臨本之説，不能想見其運用，而拘拘于糟粕，此學人之通弊也。況其所學之本，不知幾經翻摹鈎臨，其長短、肥瘦、剛柔之間，已全失古人之意，或且與其真迹相反；而若人方自以爲如親見古人執筆書此，詳道其經營結構之甘苦，而刺刺不休，若以爲此本乃書家自然入化之妙，古人適偶得之，不得絲毫增損于其間。治經者其弊多同于此，以其心眼力量卑陋狹隘，至此而止，不能别有所見。然治經能如此，學字者久不壹得，而此學字者亦非積月累年、忘餐廢寢不能到此境。經學既乏專力之人，其傳變改異，年久勢異，且千百倍于字帖之壞。孔子筆削真迹，蓋依稀仿佛，毫無存者。既不能少窺其仿佛，又安可遂舍糟粕哉！後人誤會《莊子》之言，乃欲盡去糟粕，而别探精華，流爲心學一派，名爲學古，實則師心自用。今欲求一鑽研糟粕者而不可得，且欲探精華，非羈困糟粕中久而解脱者不能。予之爲此論者，欲爲十年後開此心胸，使不致以尋行數墨終其事，不敢使不求糟粕者聞也。

近于《春秋》尋行數墨之功，有十之六七，至于神悟超然文字之外，其在十年後乎！老子幼壯學《禮》，藤牽葛覃，網羅一身，晚乃奮然舍去。嗚呼！其用功自得之况，不知其在晚年歟？在少壯歟？

《春秋》之善惡，表功罪也；褒貶，表升降也。其中亦須有一部律例，當立吏、刑二衙門專辦此事，凡有功則交吏部，有罪則交刑部，因其功罪之大小，定其刑賞之重輕。袁佑安同年嘗推考捐例，謂其淺深貴賤有一定之則，無論從何項捐起，加捐至某官，貴賤莫不相符。方長孺言薛侍郎精于刑律，見罪名有七八百條輾轉不合者。《春秋》之功罪刑賞，必須如捐例之精，不致如刑律有不合之條，方爲精實。此説先師已有之，如《五經異義》引僖公逆祀，《公羊》以爲大惡，《左氏》以爲小惡，則議處之事，二司員議論不合，固已久矣。

《春秋》所包者廣，以今之六部況之，無不爲其所包：吏部掌其爵禄，禮部掌其禮文，户部掌其分土居民、國入歲計，兵部掌其征討，刑部掌其刑罰，工部掌其工程。實則今學立三公，以九卿兼其事：大司徒禮官兼吏部，大司馬兵官兼刑部，大司空户官兼工部。特《春秋》文案律例不全，唯《王制》與傳文而已。其中瑣細支節不詳，録者不勝録，亦以古今不同，僅發其凡，而一切小事，但就當代時制考之，不必冥索于古。凡欲得《春秋》細微，非熟讀律例掌故不行。在郫與黄緯如兄刑席孫，壽成之妻弟也。言刑名事，頗有啓發，知切實處故在有實用也。

《荀子》云：『法後王。』此治經之要法也。以《春秋》言之，則二百四十年事實，即當今二百卌年之影子也；筆削褒貶，即當今補偏救弊之影子也。要將先王先師影子引之于今，是二是一，然後爲法後王，然後爲好經學。竊欲將天下化成一大洋紙，將《春秋》經意化成一圖，以留影照像之法託照此圖于紙上，今古分明，毫釐俱在，其依稀之間，啓人神悟不少。

小徐《說文·部序》即仿《序卦》爲之，或頗譏其無理，不知此古例也。古書皆有序以說部次，不必有實理。即《逸周書》亦有序。按此說甚佳，禮官序總目見于《曲禮》，《荀子》有《序官篇》。除《易》、除《書》《禮》次序尚易循求，惟《詩》次序無古說，最繁雜。以《國風》言，十五國次無說，一國中各詩先後無說。近人選詩，如王漁洋，其去取前後之旨，學者猶能道之；孔子之《詩》，頗似《千家詩》，全無論次，爲坊間最劣之本。說《書》《禮》要知十七篇、二十八篇爲全，然後其序可得而知。論《詩》則必先將《風》《雅》《頌》與十五國大綱分別已定，然後其中次序可以徐徐清理。必定此說，然後《詩》可治。

《公羊》爲齊學，孔爲素王，故宋從殷，是其所主。《檀弓》篇中多殷禮，如喪禮，謂『與其禮不足而哀有餘』之類，盡屬從質意。又言《春秋》事十餘條，如『仲遂卒于垂』『新宮灾』『齊告王姬之喪』『戰于郎』之類，類次《春秋》禮制、實事之遺說，别篇初無此體。又『邾婁』惟《公羊》乃有是稱，《檀弓》稱『邾婁』者三，是其書確爲齊學所記無疑，其說皆足與《公羊》相發明。初以此爲《左傳》說，《左傳》不稱『邾婁』，又多以孔子新制歸之成、康，以爲《公羊》近是。太史公云『游、夏不能贊一詞』，今《檀弓》記子游、子夏之事甚多，可知爲《春秋》先師說。曾子傳《孝經》，篇中言曾子事亦多，恐不無齊學《孝經》之遺說。按，緯云：『志在《春秋》，行在《孝經》。』以《孝經》屬參，以《春秋》屬商，二書並提。緯爲齊學，故《檀弓》篇中兼有《春秋》《孝經》說，亦勢所必然也。○孝以喪、祭爲重，故篇中多言喪禮。今取其書分注《公羊》，如取《王制》注《春秋》之制，務求推闡比附，毫無遺議。苟《公羊》中不能歸宿者，則以之說《孝經》可也。

《周禮》説始見于《王莽傳》，劉子駿實主其學。方望溪《周禮辨》指《周禮》多劉歆所羼，據《王莽傳》『發得《周禮》，以明因監』之文，知《周禮》撰補于歆也。《移書》不見《周禮》名目，所引《逸禮》即《周禮》原文，争立不得，後因莽將即真，乃改羼今本以爲新因監。《逸禮》原文，實出于秘府，劉氏校書時，與《左傳》同出，蓋今學官職之説。《曲禮》云，天子建天官，先立六大，以下五官、六府、六工説，《逸禮》之總名；《逸禮》乃《曲禮》之實事，亦如《荀子·序官》之類。此爲孔子所定，而弟子潤色之文。惟其書六大、六府、六工皆别自爲書，不統于五官，而五官則五卿之底本也，劉氏因其書世所不傳，故改羼以迎合莽，與今學爲難。《曲禮》六大爲天官，大宰即冢宰，《王制》大史、司會皆屬宰。此如今宗人府、内務府之職，專爲王官，不爲三公所統。劉氏承其文，以冢宰爲天官，所司之職則有改變焉。天子之五官如今之六部、三公所統屬者。司徒、司馬、司空，此三公也；司士、司寇、九卿之二，《王制》所謂三官也。司士文見《周禮》，蓋司馬之屬，掌選舉者也；司寇亦屬司馬。《王制》以爲三官千乘以配四時者。今劉氏于五官去司士，添入冢宰、宗伯以合六卿之數，以司馬爵禄之事歸之天官，如今吏部以司空土地之事歸之司徒，而以司徒之職歸之宗伯，司馬、司寇仍原文，司空所掌之事既歸之司徒，遂以六工之事歸之，此其所以誤也。其以冢宰、司徒、宗伯、司馬、司寇、司空爲六卿者，則由誤襲《盛德篇》之舊名也。

天子之六府曰司土、司木、司水、司草、司器、司貨，《左傳》以爲水、火、金、木、土、穀，金仁山有分配之説。舊本六府連文，亦如《考工記》連叙六工三十人皆掌財物，當爲司會屬員，除大府、王府、内府、外府、泉府以府名官之外，如職幣、甸師、司甲、司戈盾、司弓矢、倉人、廩人，凡主財賄、器用、儲藏者，皆當爲六府之職，大約其數與六工人數相去不遠也。劉氏以分隸五官，鄭氏以爲只六人，皆歸司徒者，誤也。今當詳細考訂，以還六府之舊。

六工之文，今《考工記》是也。劉氏以司空本職屬之司徒，則冬官實無事可掌，故全以考工之事歸之《冬官》，作序以明其事。司空不掌工，古有明説，故後來徐悟其非。馬、鄭乃有《冬官》不全之説，實出于東漢末季，《周禮》初傳無此説也。後人不知其故，以《周禮》缺《冬官》，以《考工記》補之。按，除《周禮》外，無此文體，何緣缺一官即有《考工記》相補？又或以爲文帝命博士作《記》補之，尤不通。博士既補《考工》，何不取古書《冬官》佚文補之，乃但説工事？且《記》亦非博士所能作。此《記》與五官文同出一原，因無冬官職權以相當，而文與五官有小差者，則當其時未能改修一律之故。宋人欲據《王制》及今學家司空説，取五官中上地之官群歸于司空。劉氏以司空之文散之于司徒，今輯諸篇司空之文歸之于《冬官》，返本還原，其説原不爲誤，特宋人尚多不合，必再加考訂耳。《王制》官職以九命爲實職，以九錫爲加銜差使，大國九命，則凡百里之侯皆九命矣。其中所有長、帥、正、牧、伯，差使職事各有等級，共爲五長，皆從加賜而定。錫命相連，合爲十八綬，如今九品官分正、從。今正、從一品爲九、八錫；正、從二品爲七、六錫；正、從三品爲五、四錫；正、從四品爲三、再錫；正五品爲一錫，從五品爲九命；正、從六品爲八、七命；正、從七品爲六、五命；正、從八品爲四、三命；正、從九品爲再、一命。兼舉則錫、命一也，孤文則錫大命小，《王制圖表》中有此表。

《繁露·爵國篇》：天子立一后、一世夫人、中左右夫人、四姬、三良人，共十二人。大國一夫人、一世婦、左右婦、三姬、二良人。次國一夫人、世婦、左右婦、三良人、二孺子。皆九女。小國夫人、世婦，小國之夫人即世婦，小國之君如天子大夫。左右婦、二良人、一孺子。二舊作三，一舊作二，小國當止六女。附庸立一宗婦、二妾。三人。妾當爲妻。又：王后置一太傅、太母、三伯、三丞、世夫人、四姬、三良人，各有師傅。王后御衛者，上下御各五人；世夫人、中左右夫人、四姬上下御各五人；三良人各五人；世子妃姬如公侯之制。王后傅、上下史五人，三伯上下史各五人，少伯史各五人。大國夫人一傅母、三伯、三丞；世婦、左右婦、三姬、二良人，各有師保。夫人衛御者，上下御各五人；世婦、左右婦、上下御各五人。次國夫人一傅母、三伯、三丞；世婦、左右婦、三良人、二孺子各有師保。夫人衛御者，上下御各五人；世婦、左右婦、上下御各五人，二孺子御各五人。小國夫人一傅母、三伯、三丞；世婦、左右婦、三良人、二孺子又各有師保。夫人衛御者，上下御各五人；世婦、左右婦上下御各五人；二孺子各五人。附庸宗婦有師保，御者三人；妾各二人。

戊子年，李進士命三以《昏義》百二十女爲三公、九卿、二十七大夫、八十一元士之妻，證之禮書皆合，可無疑義，惟説《考工記》九卿、九嬪可疑。九卿九室，則百二十官當百二十室，一人一朝房，未免瑣碎。《周語》云：『内官不過九御，外官不過九品。』竊以《考工》之九卿、九嬪，即《周語》之九品、九嬪，非目九卿之夫婦。蓋朝房之制以品級分，王公尚侍以次疊降，非一人一室。又督撫官、廳、司、道一等，府、廳一等，州、縣一等，佐、雜一等，更不能一人一室。然則九卿謂九等之王臣，九嬪乃令婦之九等矣。

《春秋説》：天子娶十二女。考《公羊傳》《白虎通義》，原防再娶，并非同時娶十二女。蓋以國家之亂，多由再娶，故聖人定爲不再娶之禮，以銷弭其禍亂。以人之好色，五十不衰，故當時多以襁褓者隸名，所謂待年于國。以二十嫁娶計之，天子五十之年，其媵女已經年三四十，則媵女之必取年輕者可知。如今填房、續昏之事，有正嫡嫁時媵女尚未生者，不過女家有此名目，將來如嫡薨或老病，則女國乃重送媵女，如《左傳》所稱繼室。如無事故，則婿家不請，女家亦不必再媵，以致徒恣煩擾。經意專在不許再娶二嫡，實非當時已有十二女同行也。一男三女已足相匹，必執定十二人，毋乃乖色荒之戒？又考十二女名目，《繁露》詳之，又各有保姆、師傅、史役人數，如民間之僕婦、使女。其人多選寡居有賢行及良家女子爲之，亦有品俸，是爲内官。雖掌燕寢之事，天子禮不得下淫，不如後世宮女，隨主者所喜，皆得召而御之。

其官既有升降，其人亦隨時放遣，不如後世入宮則不得再出也。考《宋書·后妃列傳》，後宮通尹爲一品，列叙爲二品，司儀、司政、女林爲三品，都掌、治職等爲四品，通關、參事等爲五品，中臺、侍御、執衛爲六品，合堂帥等爲七品。《文獻通考》莊宗時後宮之數尤多，名號不可勝紀。明帝以後又有司寶、司贊、司膳、司飾、司醞、司衣等名，皆封夫人或郡夫人，小者縣君，亦宮官，八品、九品之文不見。其名目、職掌與《繁露》相合。漢晉以下以妃嬪分配品級、俸禄者不在此例。即《周禮》之九御，《考工》之九嬪。《周禮》有内、外命婦之文，歷代史志多有之。九御即内命婦，百二十官之妻即外命婦。内、外命婦皆官，非天子之妾媵，考之宋制猶如此，則經禮更可知矣。

《曲禮》：『天子有后，有夫人，公。有世婦，大夫。有嬪，以《昏義》推之，二字當在世婦之上，九嬪、九卿妻。有妻、士。有妾。』庶人在官者。此有嬪專指王臣言。又云：『公、侯有夫人，有世婦，大夫。二伯如天子之公，則下有卿嬪一等，此無嬪而言世婦，則公、侯指方伯言。有妻，士。有妾。庶人。』又云：『天子之妃曰后，諸侯曰夫人，大夫曰孺人，亦曰宗婦。不言卿曰嬪，略之。士曰婦人，亦曰御妻。庶人曰妻。亦曰妾。』《昏義》以夫人配公，嬪配卿，世婦配大夫，御妻配士，名目不同，蓋由内外異稱。今據《昏義》推之，考《繁露》，天子之妃無嬪，世婦、妻、妾名目，后以外，四夫人、四姬、三良人。諸侯亦無妻、妾名目。夫人外，三世婦、三姬、二良人。又附庸立一宗婦、二妾。是天子、諸侯、大夫嫡媵名目，上皆只包下一等而言。如天子曰后，下一等名同諸侯之夫人；諸侯曰夫人，下一等名同大夫之世婦；附庸曰宗婦，下一等名同士之妻。除一等以下，名皆改變。又后、夫人、姬、良人與夫人、世婦、姬、良人合之，正嫡只四等名目。《曲禮》天子乃有六等，知天子有夫人以下，指助祭公、卿、大夫、士、庶之妻言之；諸侯世婦下之妻、妾，亦指助祭之大夫、士、庶言之，不謂後宮有此名目。縱謂《曲禮》《昏義》《爵國》名異實同，然亦决非以三輔一，兩兩相對之二十七世婦、八十一御妻，不得借此以爲莽、歆百二十女之證也。

百二十女者，百二十官之妻也。鄭君承莽、歆之誤，以爲天子妾媵。曾于《周禮删劉》中詳論其事。西昌吴清渠光源擬《代百二十女訟鄭君表》，亦袁子才『麒麟鳴冤』之意也。《表》云：『三公臣妻三人，九卿臣妻九人，大夫臣妻二十七人，元士臣妻八十一人，由内小臣轉上内宰引奏：臣妾聞：乾坤定位，則尊卑之象已呈；日月相從，則輔佐之義斯起。故《易》嚴天澤，《禮》别嫌疑，《書》戒朋淫，《詩》美有齊，《春秋》譏宗婦覿幣，蓋所以别上下、異内外、順陰陽、成教化也。《昏義》云天子后立六宫、三夫人、九嬪、二十七世婦、八十一御妻妾等百二十人，本三公以下百二十官之妻也，膺從爵之榮，荷錫命之寵，有助祭之勤，佐躬桑之瘁。《祭義》曰卿大夫相君，命婦相夫人。諸侯如是，則天子可知。是以揄闕、鞠展，與鷩毳同輝；《鵲巢》《采蘩》，繼《雎》《葛》而詠。臣妾等雖别尊卑，實皆正嫡，自有家政，體法坤闈。《周禮》明文曰外命婦，西漢已前典禮明著。乃鄭君注經，不從師説，肆爲矯誣，以百二十女統爲王后妾媵，攘竊臣妻，屬之天子。竊考天子十二女：王后一、世夫人一、中左右夫人三、四姬、三良人。禮加九女，媵從三國，名號甚章，人數蓋寡。王莽居攝以前，納女漢平，猶云十一媵家，足見本無百二十女之説。劉歆顛倒經制，迎合王莽，依託《禮》文，創爲邪説。莽當末路，曾見施行，是乃新朝之荒淫，並非先王之舊制。鄭君自號通儒，即當糾正，豈可承譌踵謬，攘臂助奸？不謂祖述僞制，歸獄周王，儕命妻于嬖私，亂君臣于鳥獸；乃又臆造進御之法，一月再周，十五而遍，强爲分夜，據何經典？矧萬幾餘閑，宜益珍養；問夜何其，敢耽淫樂！此固下愚所不道，鄙巷所羞稱者也。上則污滓聖經，下則流毒宫闈。乃儒生堅謂爲師承，後王竊喜其便己，千年沉冤，無從昭雪，切膚之痛，難緩籲呼。且娣侄之禮，專防再娶，長者已衰，少者乃進。《春秋傳》曰：「叔姬歸于紀。」明待年也。是法月之數，先具虚名；繼室之來，尚須更請。何有同時，數逾十倍？又考僞説之與本原，《昏義》全以陰政歸之王宫，不知王、后既爲夫婦，臣下自係匹耦，事定一尊，禮嫌並嫡，婢妾嬖賤，于禮無專。由此推之，則十一女尚須禀命，况合百二十人而聽之！不惟名目巧合，事無可疑；祭饗時主者既爲夫婦，乃以宫妾耦配外官，比例以觀，成何政體？往者新制備和嬪美御百二十人，皆佩印韍、執弓韣篡亂之徒，洵不足論。後世大選良家，掖庭盈軔，多則萬計，少亦數千，禁錮如長夜，怨思變灾祲，點污臣妾，恨已難言，流毒後宫，害更何極！差罪浮于民田，論禍烈于國息，豈止大裘郊夏、麟皮冒鼓之瑣瑣者歟！臣等辱侍褘衣之儀，本主外臣之家，乃以被服之僮僮，下等抱衾之肅肅。雖事君致身，忠臣之義；而臣妻群御，從古未聞。武斷同于指鹿，誨淫幾于聚麀，離經畔道，亂倫敗化，未有如此之甚者也！昔蒙莊非聖，見擯異端；揚雄擬經，甚名太學。而鄭罪甚于擬經，直爲非聖，猶竊食兩廡，垂聲千載，漏彼卯誅，大乖孔法。恭維陛下握陰陽之符，立教化之本，别内外之嫌，嚴上下之分。日月昭灼，雷霆震聾，造言者有誅，亂經者奪祀。更請下鄭諸書，俾博士詳議。其乖聖經、違典禮者，悉令删除。』

《春秋》見經之國百餘，舊説茫無統緒，予乃分州以卒正之目歸之。據《王制》州七卒正，《春秋》魯只見六國，疑不能定者五六年矣。甲午二月，以《易》一卦變七卦，與《春秋》合，始定州一方伯、七卒正。内江陳奎光其昌爲之説，文曰：『六經皆聖人手訂，雖微言奥義，各有宗旨；大制鴻綱，往往一貫。蓋聖人因天地之自然而定其法度，百變而不離其宗。《易》雖得于殷人，然《乾》《坤》由翻改而始定，故規模制度，隱與《春秋》相通。《春秋》統以天子，分以二伯，參以方伯，佐以卒正，而鴻規舉；《易》始太極，分爲陰陽，立爲八卦，錯爲六十四卦，而鉅制垂。名目雖别，理數則同，天子即太極，二伯比陰陽，方伯視正卦，卒正如五十六錯卦，兩兩相當，不爽毫髮。蓋《春秋》與《易》雖有天道、人事之不同，淵源一貫，非偶然相合也。經師各拘家法，往往守本師之言，不觀會通。故《易》就畫明理，以爲通《春秋》則駭矣；《春秋》因事舉例，以爲通《易》則驚矣。别户分門，不能渾一。今考《春秋》之疆境，以九州爲度，四裔必加戎狄之名，錯處内地之夷狄，則言地以繫之，立州、國、氏、人四例，荆、梁、徐三國稱州，英、甲、潞三國稱氏，吴、越、留吁、廧咎如稱國，皆收入版圖，以備卒正之任。其淮夷、山戎、姜戎、北戎、伊洛戎、陸渾戎，不離戎狄者，受其朝貢，不責以伯帥之職。經見國百十餘，傳見國二百餘，惟青州見一州牧、七卒正、二十一連帥、一嘗見之附庸，餘州從略者，蓋備書則書不勝書，故舉内以概其餘也。冀、兖國少，以甲、潞等備卒正之選，不多見國，恐不識諸國，以爲夷擯之也。雍不見國者，王臣舊采也。今本《説卦》震、巽、離、坤、兑、乾、坎、艮之序，分震、離、兑、坎爲四正，而以青、荆、梁、冀配之；分巽、坤、乾、艮爲四隅，而以徐、揚、豫、冀、兖配之。雍爲留都，今以豫代雍，相配爲圖，而聖人作經之旨，瞭如指掌矣。』

言漢學尊許鄭者，固囿于劉歆邪説。然考史傳，雖兩漢經士皆有流弊，謹立二十四目，引史傳以證，然後知學當斬于是，不但尊漢師已也。

增益師説

山陽張無故子儒，信都秦恭延君。無故善修章句，爲廣陵太傅，守小夏侯説文。恭增師法，至百萬言，爲城陽内史。《張山拊傳》。

《夏侯勝傳》：勝從父子建，字長卿，自師事勝及歐陽高，左右采獲，又從五經諸儒問與《尚書》相出入者，牽引以次章句，具文飾説。勝非之曰：『建所謂章句小儒，破碎大道。』建亦非勝爲學疏略，難以應敵。建卒自顓門名經。

東京學者亦各名家，而守文之徒，滯固所禀，異端紛紜，互相詭激，遂令經有數家，家有數説，章句多者或乃百餘萬言，學徒勞而少功，後生迷而莫正。

亂經私作

世所傳《百兩篇》者，出東萊張霸。分析合二十九篇以爲數十，又采《左氏傳》《書叙》爲作首尾，凡百二篇，篇或數簡，文意淺陋。成帝時求其古文者，霸以能爲《百兩》徵，以中書校之，非是。《孔安國》下。

立學勢力

《儒林傳》：韓嬰推詩人之意，而作内、外傳數萬言，其語頗與齊魯閒殊，然歸一也。

霸以能爲《百兩》徵，以中書校之，非是。霸辭受父，父有弟子尉氏樊並，時太中大夫平當、侍御史周敞勸上存之，後樊並謀反，乃黜其書。《孔安國》附。

上使江公與仲舒議，不如仲舒。而丞相公孫弘本爲《公羊》學，比輯其議，卒用董生。于是上因尊《公羊》家，詔太子授《公羊春秋》，于是《公羊》大興。

不通政事，迂疏寡效

博士選有三科，高弟爲尚書，次爲刺史，其不通政事，以久次補諸侯太傅。《漢書·孔光傳》。

昭帝時，選博士通政事補郡國守相。《蕭望之傳》。

陽朔二年詔曰：儒林之官，四海淵源，宜皆明于古今，通達國體，故謂之博士。否則學者無述焉，爲下所輕，非所以尊道德也。《成帝紀》。

粗習師説，以意推衍

山陽張長安幼君先事式，後東平唐長賓、沛褚少孫亦來事式，問經數篇。式謝曰：『聞之于師具是矣，自潤色之。』不肯復授。

苟求利祿，射策取科

《東觀漢記》：徐防上疏曰：『試《論語》本文章句，但通度，勿以射策，冀令學者務本，有所一心，專精師門，思核經意，事得其實，道得其真。』

各異其師，黨同伐異

揚雄曰：『譊譊之學，各習其師。』

劉歆說：『猶欲保殘守闕，挾恐見破之私意，而無從善服義之公心；或懷妒疾，不考情實，雷同相從，隨聲是非。』又：『今則不然，深閉固距而不肯試，猥以不誦絶之，欲以杜塞餘道，絶滅微學。』

班《志》曰：安其所習，毀所不見。

《陳元傳》：今論者沉溺所習，翫守舊聞，固執虚言傳受之辭，以非親見實是之道。

末流遷變，齊不如魯

《儒林傳》：宣帝即位，聞衛太子好《穀梁春秋》，以問丞相韋賢、長信少府夏侯勝及侍中樂陵侯史高，皆魯人也，言《穀梁》本魯學，《公羊》氏乃齊學也，宜興《穀梁》。

《藝文志》：漢興，魯申公爲《詩》訓故，而齊轅固、燕韓生皆爲之傳，或取《春秋》，采雜說，咸非其本義。與不得已，魯爲近之。

別參異說，詐託傳受

京房授《易》梁人焦延壽，延壽云嘗從孟喜問《易》。會喜死，房以爲延壽《易》即孟氏學，翟牧、白生不肯，皆曰非也。至成帝時，劉向校書，考《易》說，以爲諸《易》家說皆祖田何、楊叔元、丁將軍，大誼略同，唯京氏爲異，黨焦延壽獨得隱士之說，託之孟氏，不相與同。

高相治《易》，專説陰陽災異，自言出于丁將軍。

《藝文志》又有毛公之學，自謂子夏所傳，而河間獻王好之。

自矜巧慧，變亂師法

孟喜好自稱譽，得《易》家候陰陽災變書，詐言師田生，且死時枕喜膝，獨傳喜，諸儒以此耀之。同門梁丘賀疏通證明之，曰：『田生絶于施讎手中，時喜歸東海，安得此事？』後博士缺，衆人薦喜。上聞喜改師法，遂不用喜。

蜀人趙賓好小數書，後爲《易》，飾《易》文，以爲『箕子明夷，陰陽氣亡箕子；箕子者，萬物方荄茲也。』賓持論巧慧，《易》家不能難，皆曰『非古法也』。云受孟喜，孟喜爲名之。後賓死，莫能持其説。喜因不肯仞，以此不見信。

徐防疏曰：『伏見太學試弟子，皆以意説，不修家法，私相容隱，開生奸路。每有策試，輒興諍訟，論議紛錯，互相是非。孔子稱「述而不作」，又曰「吾猶及史之闕文」，疾史有所不知而不闕也。今不依章句，妄生穿鑿，以遵師爲非義，意説爲得理，輕侮道術，寖以成俗。』

互持意見，同源異流

眭孟弟子百餘人，唯彭祖、安樂爲明，質問疑義，各持所見。孟曰：『《春秋》之意，在二子矣！』孟死，彭祖、安樂各專門教授。由是《公羊春秋》有嚴、顔之學。《前漢書·儒林傳》。

章帝詔：『漢承暴秦，褒顯儒術，建立五經，爲置博士。其後學者雖曰承師，亦别名家。孝宣皇帝以爲去聖久遠，學不厭博，故遂立大、小夏侯《尚書》，後又立京氏《易》。建武中，復置嚴氏、顔氏《春秋》，大、小戴《禮》博士。此皆所以扶進微學，尊廣道藝也。』建初四年。

分習篇章，不能獨盡

《劉歆傳》：當此之時，一人不能獨盡其經，或爲《雅》，或爲《頌》，相合而成。《泰誓》後得，博士集而讀之，故詔書稱：『禮壞樂崩，書缺簡脱，朕甚閔焉。』

喜談灾異，蒙蝕經誼

高相《易》無章句，專説灾異。

《夏侯勝傳》：勝少孤，好學，從始昌受《尚書》及《洪範五行傳》，説灾異。

《京房傳》：焦延壽其説長于灾變，分六十四卦更直日用事，以風雨寒温爲候，各有占驗。

《李尋傳》：尋治《尚書》，與張儒、鄭寬中同師。寬中等守師法教授，尋獨好《洪範》灾異，又學天文、月令、陰陽。事丞相翟方進，亦善爲星曆。

《眭兩夏侯京翼李傳》贊：察其所言，仿佛一端，假經設誼，依託象類，或不免乎億則屢中。

附會異端，乖離本意

漢興，魯申公爲《詩》訓故，而齊轅固、燕韓生皆爲之傳，或取《春秋》，采雜説，咸非其本義。與不得已，魯最爲近之。

《夏侯勝傳》：勝少孤好學，從始昌受《尚書》及《洪範五行傳》，説灾異。後事蕳卿，又從歐陽氏問。爲學精孰，所問非一師也。

《藝文志》：辟者又隨時抑揚，違離道本，苟以譁衆取寵。後進循之，是以五經乖析，經學寖衰。

畏繁苦多，以求便易

孟卿善爲《禮》《春秋》，授后倉、疏廣。世所傳《后氏禮》《疏氏春秋》，皆出孟卿。孟卿以《禮經》多，《春秋》煩雜，乃使喜從田王孫受《易》。《前漢・儒林傳》。

枝葉繁雜，雕繪競譁

古之學者耕且養，三年而通一藝，存其大體，玩經文而已。是故用日少而畜德多，三十而五經立也。後世經、傳既已乖離，博學者又不思多聞闕疑之義，而務碎義逃難，便辭巧説，破壞形體，説五字之文至于二三萬。後進彌以馳逐，故幼童而守一藝，白首而後能言。

秦近君能説《堯典》，篇目兩字之説至十餘萬言，但説『曰若稽古』三萬言。

《劉歆傳》：往者綴學之士，不思廢絶之闕，苟因陋就寡，分文析字，煩文碎辭，學者罷老且不能究其一藝。

揚雄曰：『今之學者非獨爲之華藻，又從而繡其鞶帨。夫書理無二，義歸有宗，而碩學之徒莫之或從，故通人鄙其固焉。』

口辨自雄，不求理勝

董仲舒通五經，能持論，善屬文，江公吶于口，上使與仲舒議，不如仲舒。于是上因尊《公羊》家。

賓持論巧慧，《易》家不能難，皆曰『非古法也』。

依附圖讖，迎合風習

以爲前世陳元、范升之徒更相非折，而多引圖讖，不據理體。《儒林・李育》。

朱浮五書云：『語曰：「中國失禮，求之于野。」臣浮幸得與講圖讖，故敢越職。』本傳。

蒙混今古，不守家法

鄭康成師事京兆弟五元先，始通《京氏易》《公羊春秋》，又從東郡張恭祖受《周禮》《禮記》《左氏春秋》《韓詩》《古文尚書》。

建初八年詔：『五經剖判，去聖彌遠，章句疑詞，乖離難正，恐先師微言將遂廢絶，非所以重稽古、求道真也。其令群儒選高才生受學《左氏》《穀梁春秋》《古文尚書》《毛詩》，以扶微學，廣異義焉。』

章句漸疏，浮華相尚

自是游學之增盛，至三萬餘生，然章句漸疏，而多以浮華相尚，儒者之風蓋衰矣。《儒林傳》。

樊準疏：『今學者益少，遠方尤甚，博士倚席不講，儒者競論浮麗，忘謇謇之忠，習諓諓之詞。文吏則去法律，而學詆欺，鋭錐刀之鋒，斷刑辟之重。』本傳。

僞撰源流，以冒授受

徐防疏：『伏見太學試博士弟子，皆以意説，不修家法，私相容隱，開生奸路。每有策試，輒興諍訟，論議紛錯，互相是非。孔子稱「述而不作」，又曰「吾猶及史之闕文」，疾史有不知而不肯闕也。今不依章句，妄生穿鑿，以遵師爲非義，意説爲得理，輕侮道術，寖以成俗，非詔書實選本意。改薄從忠，三代常道，專精務本，儒學所先。臣以爲博士及甲乙策試，宜從其家章句，開五十難以試之，解釋多者爲上第，引文明者爲高説。若不依先師，義有相伐，皆正以爲非。五經各取上第六人，《論語》不宜射策。雖失或久，差可矯革。』書上，詔下公卿，皆從防言。

私改經字，以合私文

黨人既誅，其高名善士多坐流廢，後遂至忿争，更相言告，亦有私行金貨，定蘭臺桼書經字，以合其私文。《儒林傳》。

好博兼通，無所裁決

張玄專心經書，方其講問，乃不食終日，及有難者，輒爲張數家之説，令擇所安。諸儒皆伏其多通，著録千餘人。《儒林·張玄》。

刪除章句，以便觀覽

光武召見，問經義，應對甚明。帝善之，拜郎中，稍遷左中郎將。詔令：『《春秋》章句，去其復重，以授皇太子。』《儒林·鍾興傳》。

中元元年詔書，五經章句煩多，議欲減省。至永平元年，長水校尉儵奏言：『先帝大業，當以時施行，欲使諸儒共正經義，頗令學者得以自助。』

王晉卿大令，蓮池書院名手也，著作甚富。壬辰晤于凌雲，敦囑『《今古學考》啓人簡易之心，則經學不足貴』，猶劉介卿所言『經學不可如白香山詩，原貴同異依違，使人鑽仰無盡』之意。然推考既久，門面丕焕，雖似簡捷，實更繁難。既立一法，便有得失通蔽，急須考究。從前之難，門外與門内相紛拏；今日之難，一家之中，務求和協。統括六藝，折中子史，大綱既分，細事毛起，不見其易，反嫌其難。如以三傳合通，即此一事，已不易矣。

前刊《學考》，于康成小有微詞，爲講學者所不喜。友人遺書相戒，乃戲之曰：『劉歆乃爲盜魁，鄭君不過誤于脅從。』今由流溯源，知歆爲罪首，亂臣賊子，人品卑污，誰更爲之作説客？賈、馬以下，可不問矣。説詳《古學考》。

己丑在蘇晤俞蔭甫先生，極蒙獎掖，謂《學考》爲不刊之書。語以已經改易，並三傳合通事，先生不以爲然，曰：『俟書成再議。』蓋舊誤承襲已久，各有先入之言，一旦欲變其門户，雖蔭老亦疑之。乃《闢劉》之議，康長素踰年成書數册，見習俗移人，賢者不免。

廣州康長素奇才博識，精力絶人，平生專以制度説經。戊、己間從沈君子豐處得《學考》，謬引爲知己。及還羊城，同黄季度過廣雅書局相訪，余以《知聖篇》示之，馳書相戒，近萬餘言，斥爲好名騖外，輕變前説，急當焚毁。當時答以面談，再決行止。後訪之城南安徽會館，黄季度病未至，兩心相協，談論移晷。明年，聞江叔海得俞蔭老書，而《新學僞經考》成矣。甲午晤龍濟之大令，聞《孔子會典》已將成，用孔子卒記年，亦學西法耶蘇生紀年之意。然則《王制義證》可以不作矣。生公説法，求之頑石；得此大國，益信不孤。長素刊《長興學記》，大有行教泰西之意，更欲于外洋建立孔廟。《中庸》云：『天之所覆，地之所載，人力所通，日月所照，霜露所墜，凡有血氣者莫不尊親。』于今皆驗。長素或亦儒門之達摩，受命闡教者乎？

王仲孺同年請立國朝十三經，列有書目，未刊行之。《周禮》《左傳》二種亦曾見稿本，大抵不出小學窠臼，多仍古學誤説。初欲群經各著注疏，以張西漢之學。見成三傳，書已及半，《詩》方徵逸説，意在再作《佚禮》《詩》《書》三種，餘皆聽之能者。故刊《群經凡例》以示宗旨，不再事撰述。既以精力有限，務廣者荒，且難者既通，易者固不必書成也。戊子以前，尊經友人撰《王制義證》，稿已及半，後乃散失。蓋課卷不能裝訂，隨手散佚。繼聞長素《會典》即是此意，乃決意不作。亦以《王制》無所不包，難免挂漏；否則《義證》重雜，難于去取。《凡例》已刊，擬但撰《辨疑》《異義》二門，專考其異，以同者太多，不能盡也。

《左傳》舊以爲古學，與二傳異。丙戌曾刊有《凡例》，專主此義。己丑以後，專力治之，五年以來，愈覺其水乳交融，無一不合。舊説異處，多由于杜，非在左傳文。難莫難于『君氏』一條，今將隱五年傳

『王使尹氏、武氏助曲沃』句移于隱三年『君氏、武氏』下，知左氏經本作『尹』，作『君』之聲子乃傳，事不見經者。取五年之『尹氏』以證經，退『君氏』聲子説于傳中，則事迹全同矣。又叔服、王子虎以爲二人，而《穀梁》中已存有二説：『新使』指叔服；『執重以守』則別爲一人，同《左傳》説，非叔服矣。《大事表》中所有異同，今皆一貫，不惟不相歧異，且愈見合通之妙。至于晉欒施與高彊、蔡侯朱與東國爲一人，則由字誤，因而説異，又不在此例矣。

余三傳皆作注疏，三書各爲一家，不能彼此互文見義，全録又嫌重複。如采《史記》之事，《王制》之禮，全經之例，三書不能不重複。每與同學商其并省之法，頃得一説，先作單經本，將三傳事、禮、例相同之文併入此本，三傳本經下不注，但注傳，以存三家門面，而通其説于經，經可通而傳不必盡同。請樂山李子凡光珠、帥秉鈞鎮華纂録，不惟可省刻資，愈見通經之妙。

《禹貢》：『五百里侯服，百里采，二百里男邦，三百里諸侯。』按文例，與下三服不合，『百里采』三字當爲上『五百里米』下三字之衍文，『米』又誤『采』，當作『三百里男邦，二百里諸侯』，方與下文合。《尚書》侯、甸、男邦、采衛之文數見。按甸乃内服，不應數在侯下。《左傳》：『曹伯，甸也。』『鄭伯，男也。』『甸』乃『男』之隸變。力作勹，即爲甸。則《尚書》『甸、男邦』者，『甸』爲隸古，『男』乃先師記識混入者，當作『侯甸、邦甸』，下小注『男』字。采衛，『采』字與『侯』字對，『衛』與『男邦』對，則『采』當即綏服『綏』字，綏亦作『賓』，『賓』古作『宾』，與『采』形亦近。《王制》：『千里之内曰甸，千里之外曰采、『采』當讀爲『綏服』之『綏』，指九州。曰流。指要、荒。』如此則各經皆通矣。

丙子科試時，未見《説文》，正場題『狂』字，余文用『猘犬』之義，得弟一。乃購《説文》讀之，逾四五日覆試，題『不以文害辭』，注：『「文」云作《説文》之「文」解。』乃摭拾《説文》《詩》句爲之，大蒙矜賞，牌調尊經讀書。文不足言，特由此得專心古學，其功有不可没者。姑存于此，以資談笑。文曰：

《詩》無達詁，不求甚解，可也。夫説《詩》自識字始，及識字而《詩》更難説，辭害矣，何以文爲！今夫《周易》無達占，《春秋》無達例，學貴變通，無取執一，于《詩》何獨不然哉？蓋四始興觀，不盡學人之所製；六書精奥，豈僅點畫所能包？文字有限，辭義無窮。以無窮之辭，窮有限之文，此其勢不至于交病而不止。且夫依類而文生，理罪而辭出，文非辭不屬，辭非文不立，固並行而不相害者，然而難言之矣。史籀作篆，文章丕焕中興，而汗簡殘編已改鐘鼎彝盤之舊，經篆所以多異文也。况竹漆尠傳，經師多由于口授，必求通于穿鑿，則郢書燕説，何與于舉燭之文？比興陳辭，篇什最多通轉，而長言永嘆，不同魯史筆削之嚴，傳箋所以少定解也。况《白華》無辭，樂府但紀其鏗鏘，必牽就于形聲，則太史輶軒，已不勝徵文之苦。但曰文也，甚矣害！且夫文有在體者焉，有在音者焉，有在義者焉。文有體，體必精。『靁』改作『靈』，時雨豈由巫玉？『禡』原作『馬』，祭祀别有禂名。『賊』改從『戎』，『賴』乃作『負』。是不但『禘』之譌『禓』，乃爲不辨字形也。其害一也。文有音，音必諧。求福不難，易儺而言語方合；飲食之飫，變軀而義訓始通。燬不諧火，鳳不殊風，是不但好讀爲好，乃爲不識古均也。其害一也。文有義，義必確。參昴稱嘒，小星乃能有聲；鐘鼓歌蹚，樂器乃有行步。『鵅』即是『雅』，『頌』以代『容』，是不但『剪』訓爲『斷』，乃爲有乖古訓也。其害一也。以象形言之而文害：牛象頭角三封，馬象髦尾四足，采象獸爪分别，而西之象則鳥在巢中，創造取飛鳥情態，而式廓、衣服、製句獨不類夫蟲魚。彼夫東爲木日，北爲背人，辨方位之陰陽，無殊營室，而此乃獨取依聲之例也。一字附會，遂使人以西眷、西人之句法，皆爲難字而莫通，是以文害一句之辭矣。且以方言考之，而文更害。朝鮮謂兒泣不止曰咺，楚謂兒泣不止曰咷嗷，宋謂兒泣不止曰喑，秦謂兒泣不止曰唴。豳、岐爲雍州故地，而《斯干》《生民》矢音獨不諧夫土俗。彼夫謂他人罤，及酌我罍，操土音于井鬼，無異楚囚，而此乃獨蹈忘本之愆也。一字舛誤，遂使人疑呱矣喤喤之啼聲，皆爲他州所擬作，是以文害一章之辭矣。害深矣，不塞不可。能爲走獸，于本飛禽。及爾女之爲乃，若古甚而不古者，亦不可泥。穠留彤管，目静女于城隅；繩束白茅，稱吉士于尨吠。甚至緋巾爲處子所服，而聊可與娱；寡慾者亦思踰墻而摟，文字曾可據乎？所以入又多，又不可據，爲指在掌中；惠而愛，而不可定，爲毛在頰上。我觀西河爲説《詩》之主，而素絢存疑，致勞請益，猶覺讀書未免過拘耳。襄爲解衣耕，刑爲刀守井，及威困之爲姑廬，深甚而不深者，亦不可膠。窈窕無與心容，宫閫歌幽閑之女；蒙戎非關草蔻，泥中嘆流離之臣。況乎文昭皆史册所傳，而則百斯男，太姒亦不勝生育之苦，文義果可信哉？所以『菀』爲『宛』，而『麥』爲『來』，諧其聲而義别；『康』爲『苛』，而『苦』爲『快』，反其用而文同。我觀元公著訓詁之篇，必另本單行，不相比附，正恐據注以疑經文耳。中心爲忠，《扶蘇》與《北山》同調；即狂犬、童僕，他説可徵，豈可以别解相繩，遂罪其不倫？以爲擬夫古字，孳生未繁，經典别有通用之例。而書傳六體，保氏亦備載而不删。況本書之訓，多非本義乎？故河上築臺，不妨以黽黿例其父；墻歌掃茨，亦可以鶉鵲比其君也。不然，莫本爲茻中之日，而臣子作歌反用之，終苦其不典。是子所引之《詩》文已難解也，而況其他。老子爲孝，《小弁》與《北山》同情，即不離不屬，省文相苞，豈可以辭旨未詳，遂責其不經而難訓？夫古人煩冗不事，《史記》亦爲錯舉之名。苟極力張皇旁觀，反譏其繁而不殺。況造句之例，不無參差乎？故有周稱顯，詁義未嘗與今聞通；帝命歌時，取義終覺與厥德異也。不然，非本爲飛鳥之形，而臣子歌謡引伸之，轉覺其過晦。是子所引之語文已難通也，而況夫《詩》！亥、豕、皿、蟲，點畫皆存精義，苟字學精貫，則存真正譌，不妨因時作干禄之書。汎、汾、砅、厲，字體未易詳求，苟識見膠粘，即載酒問奇，翻嫌泥古，失史皇之意。子之所害，固不在文。然文辭一也。如曰不然，子何疑《北山》，而不疑《雲漢》也耶？

周公、成王事，爲經學一大疑。武王九十以後乃生子，成王尚有四弟，何以九十以前不一生？繼乃知成王非幼，周公非攝，此《尚書》成周公之意，又有語增耳。武王克殷後，即以天下讓周公，《逸周書》所言是也。當時周公直如魯隱公、宋宣公兄終弟繼，即位正名，故《金縢》稱『余一人』『余小子』，下稱二公，《誥》稱『王曰』。《檀弓》：『文王舍伯邑考而立武王。』蓋商法，兄弟相及。武王老，周公立，常也。當時初得天下，猶用殷法。自周公政成以後，乃立周法，以傳子爲主。周家法度皆始于公，欲改傳子之法，故歸政成王。問何以歸成王，則以初立爲攝；問何以攝位，則以成王幼爲詞。一説成王幼則生出襁褓，不能踐阼，或以爲十歲、以爲二三歲不等，皆《論衡》所謂『語增』，事實不如此也。

《春秋》始于隱公，《左》以爲攝，隱即周公，周公即舜，舜、周公、隱公即孔子，皆從攝字立義。《公羊傳》：『吾立也歟哉？吾攝也。』周公事正如此。本立也，而自以爲攝，實非攝，故成王以魯爲王後，以與商比，成其讓志，故但稱周公，不稱王。《荀子》：『周公有天下而無天下，成王無天下而有天下。』周公立，則成王爲臣；成王立，則周公爲臣。《孟子》所云『堯帥諸侯北面而朝舜』者，由周公之事推之，周公實有朝成王之事。成王已立，周公已退，乃封伯禽。董子《三代改制》篇言殷立弟，周立子，即由周公改定。周公本爲天子，不傳于子，而傳于武王之子，後世乃疑周公不盡臣道，不當稱王，魯不當用天子禮樂。不知周公有天下而不居，王莽無天下而竊取。以王莽擬周公，冤矣！若宋宣、魯隱生稱君，死稱公，何嘗因其有讓志而削奪平日之尊？《尚書》于周公稱王諸條是也。直稱之則曰『周公』者，此成周公之志，《春秋》隱不有正月之意也。然則周公可曰周文公，亦可曰周文王也。

《尚書》末四篇最難，説以爲四岳，是矣。而二『王曰』、二『公曰』，二在西京，二在東遷，不審二『公曰』，果當屬周公、秦公采邑教士之誓？抑或費爲東岳，統南方，屬周公；秦爲西岳，統北方，屬召公？二《誓》即《詩》二《南》之意，二《誓》反統二『王曰』之命刑乎？北曰命，南曰刑，亦中外之分也。《書》王道終于成康，以下詳于《詩》。《書》之終，即《詩》之始。《三頌》周、魯、商，即《春秋》之大綱，《春秋》又繼《詩》而作也。

《詩》《風》《頌》皆以國名繫，唯兩《雅》不繫地、國。今以《大雅》配《三頌》，《小雅》配《風》。風行草上，待治者，《頌》則功成作樂，轉樞作用全在《雅》。《詩》四體當以《南》《風》《雅》《頌》爲主，劉歆加入賦、比、興，改《南》入《風》，而四始以《大雅》《小雅》分爲二矣。《詩》『以《雅》以《南》』，以《雅》包《頌》，以《南》包《風》，如《春秋》錯舉四時之名。《左傳》以《采蘩》《采蘋》爲《風》，與《易》稱《周易》，當是古文家所校改也。

『王魯』之説，非《春秋》説，乃《詩》説是也。亦非以魯爲王，直謂周公天子，魯爲王後耳。殷亡，周公作。周公反政，而後成、康之化行。《周頌》者記成、康事，《尚書》之《顧命》也。以魯繼之，此周公之後，舊爲天子，故與商同稱《頌》。《雒誥》之『王賓』，即指伯禽，一王二公，觀《魯頌》『公車千乘』仍用侯禮可見。《春秋》以魯、宋同在青，魯之滕、薛、邾爲宋役，宋之蕭叔亦來朝公，則二國初皆王後，以王後兼方伯，如齊以太師兼大伯、方伯，此升降黜陟之事，直以魯爲王。説《春秋》不可，即説《詩》亦不可。

四川戊子鄉試，首題『大師摯適齊』一章，題義難解。己丑在粵，陶心雲先生濬宣擬刊廣州闈墨首題，余亦效顰，擬蜀闈題，破云：『使八佾于八州，廣魯樂于天下也。』此題上下無斷語，事又不見經傳，故用

《樂記》『廣魯樂』，與《書》『封四凶以化四裔』意，以爲孔子定樂于魯，若推廣于天下，則當使八人分駐八州，如舜使四凶化四裔故事。齊、蔡、秦、楚，則《春秋》之四岳，蔡當爲晉字之誤，讀如字亦通。四正方，故言適。齊、楚東南，秦、晉西北，中分天下也。先言齊、晉，後言楚、秦者，中外之分也。四隅州以水地記，河當指兖，漢當指雍，徐、揚皆以海爲界，八人分主八州，皆以廣王化。當時無此事，孔子亦未嘗使之，不過心有『廣魯樂』之意，則當使八伶于八州耳。末段點八州處，學董子《山川頌》，頗有點化。欲刊之，而稿爲人所竊，亦不愛惜，今特記于此，以資談笑，非以爲定解也。

王仲章者，壬秋師仲子也。開敏有知略，善承家學，爲壬秋師所喜。嘗語余云：『欲仿《鄭志》作《王志》，將師所有改易舊説者彙輯爲書，爲《家學提要》。』未成而卒。余亦欲自爲此書，將所有改易舊説不得已之故，輯成一篇。然此事非蓋棺不爲定論，又以《古學考》《凡例》等篇皆已言之，不願重複，如繼起有人，聽其爲之可也。

孔子以匹夫制作，與周公同，故《詩》《書》皆以周公爲主，周公即孔子前事之師也。周公本爲天子，立傳子之法，乃讓成王，自託于攝，亦如孔子爲天子事，而託于帝王。《帝典》爲《書》之主，堯爲天子，所詳皆舜攝政之事；成王爲天子，所詳皆周公攝政事。《左傳·隱公元年》：『公不即位，云攝也。』通其意于《書》，實則《書》與《春秋》皆孔子攝爲之也。

《書》于《周書》四篇言文、武、成、康。《戡黎》但見『西伯』二字，並無『文王』一語；《坶誓》僅爲誓師之辭；《顧命》但詳喪葬、即位之事，可云極略；而周公獨占十二篇，典章制度、大經大法皆在于此。蓋周公立爲天子，功成制作，而託言于攝，即《中庸》云『周公成文、武之德』，成、康繼治之休，皆周公成之是也。臣不尸大功，周公本自立，故不可歸于成王。所以如此者，周公本有天子，而託于無位，爲玄聖。孔子庶人，而制禮作樂，故稱素王。此《孟子》所爲周、孔並列，《莊子》所以云『玄聖』『素王』也。

《詩序》之見于經者惟《鴟鴞》。所以必見此者，通《書》之意于《詩》也。《書》《詩》皆周公爲主，故魯爲《頌》。《金縢》『周公居東』一語，爲《詩》主宰。居東非避禍，非討管、蔡，蓋用夏變夷，開南服以成八伯之制。《詩》云：『周公東征，四國是皇。』《孟子》：『東征西怨，南征北怨。』不曰『西北』而曰『東南』，功用專在東南也。由雍州以及梁、荆、徐、揚，皆在南；以東都言，則在東。《詩》言『周南』『召南』『東征』，《書》言『居東』，皆謂周公開平南方，營東都，朝諸侯。文、武天下止于西北，周公乃弼成五服，中天下而立。如以『居東』爲避禍、討管蔡，則小矣。

經傳之言『西周』，指文、武；言『東』者，皆指周公。孔子所云『吾其爲東周乎』，蓋將法周公也。周公封魯，其詩乃繫之《豳》。《左傳》歌《豳》，云：『其周公之東乎？』歌《王》，云：『其周之東乎？』歌《秦》，云：『其周之舊乎？』言周舊者，謂爲周之亡地。《詩》云：『赫赫宗周，褒姒滅之。』周之東指東都。今以《春秋》推《國風》，《豳》爲周公，《王》即成、康。東西通畿，豳爲先王，王爲周京，秦爲留守，鄭爲從行，齊、晉、陳、衛，《春秋》四稱侯之伯爲四伯，邶、鄘爲亡國，魏、唐亦亡國。以衛推之，則魏、唐可以起晉。二公、二卿分開通南服，四州既通之後，存亡繼絕，以邶、鄘、唐、魏封之，爲存國四伯一卒正，亡國四伯一卒正。兩相對比，以北方四國移封外州四伯，故《邶》《鄘》多說南方事。《春秋》初如《國風》，莊以下乃開南服。《周南》《王》《豳》所言『行役』『東征』『歸』，皆謂周公開南服、營洛邑，終歸于西京，與《春秋》存西京相通，不使秦有周舊地也。

《金縢》一篇，爲周公總敘。初言武王崩，周公代立；末言周公卒，成王以天子禮葬之：皆詳記西京事。至于居東，所有行事皆見于十一篇中。至十一篇有有序者，有無序者，其簡編錯亂，必須考訂。

或疑二十八篇不全，不知經貴簡要，如必百篇，則《書》與各經不類。實則《尚書》之義，《帝典》一篇已足，其餘二十七篇不過發明《帝典》，取其詳盡，略備四代之文而已。《禹貢》爲《帝典》分篇，九州、五服，命禹平水土，與四岳、十二州之傳説也。《咎繇謨》直爲《帝典》作傳，君爲典、臣爲謨，二篇盡之。《甘誓》征伐掌于司馬、士師之職，録此篇以爲天子親征之典。《湯誓》《坶誓》紀二代所以興軍禮，亦統《甘誓》。《盤庚》遷都、安民、立國，司空之事，以周公用其法録之。《高宗肜日》，敬天之變，義已包于『欽若』。《洪範》同于《咎繇謨》。《微子》《西伯戡黎》紀殷所以亡、周所以興。《顧命》則即月正元日受終文祖之儀注耳。周公十二篇，凡所爲居中而治，制禮作樂，用賢討罪，其義皆具于典。且周公之攝政，亦舜之代堯也。《甫刑》紀司寇之詳文耳。《費誓》見諸侯三軍之制，與《甘誓》相配。《文侯之命》九錫作伯，即舜之命三公也。《秦誓》教士用人，義不能外于《帝典》。《易》曰：『易簡而天下之理得。』此經之所以爲經也。

經精傳博，聖作賢述，一定之例也。《易》《春秋》簡略，《十翼》、三傳則詳也。《禮經》簡略，而《記》《説》則詳矣。孔子作五經，經皆全在。以爲經秦火有殘缺者，劉歆以後之邪説，西漢所無也。近人言《禮》與《書》《詩》皆全，最爲詳明，足證劉歆之誤。春秋以後，除經以外，古書流傳者甚多，如《戴記》《左》《國》所引，嘗欲輯編爲《三代藝文志》。太史公以爲未經孔子所録者，文不雅馴，然《五帝德》《帝系姓》亦不得爲經。即如『血流漂杵』、文不雅馴之《武成》，孟子亦以爲二三策可取。是有六經以後，不能謂所傳古書遂毫無所取；亦不能因有六經，遂使諸書廢止不行。且孔子暨及門、孟、荀所言，亦多有在六經外者。古書與聖經並行，本不足怪，張霸因其名目相似者采輯成篇，並分析二十八篇以爲『百兩篇』，作僞顯然，當時廢黜。今之百篇《書序》本由霸書而出，流傳至今者，以霸書録文，其僞易見，《書序》不録文，空有序，藏其所短，虚列篇名，使人無從指摘。傳于馬、鄭，又與所謂《連山》《歸藏》《鄒氏》《夾氏》《逸禮》、賦、比、興、豳、雅、頌、《周禮》同出，皆託于古文。《周禮》又實有其書，遂使人疑六經皆有闕文，博士所傳，乃焚毁之餘篇，惟壁中、冢中所藏乃爲全書，遂使聖道不尊，經學蒙混。東晉僞書，汩没聖道，皆古文家之罪也。僞《書》篇數雖多，試問典禮、制度、義理、事實，有能出此二十八篇者乎？

學人是古非今，久爲通病。不知以忠厚古樸言，則今不如古；以文章詳備言，則古不如今。三代以上遠矣，證以近事。改土歸流，諸州縣初誠忠樸，漸摩以久，乃近彬雅。如閩、廣古稱荒狉，士大夫有罪，乃放其地，今則比于内省。論民風純駁，誠不及前，以政化言，則古實遠不及今。川省初遭兵燹，縣不過數十百户，人與鳥獸争地，鬼魅横行，糧食棲野，相率以鷄、布易田土，比今誠爲渾噩，然不知詩書，争械相殺，婚嫁尤爲簡略。今則文教興隆，比于漢、宋，然而斗尺錙銖，争較必盡。制度事理，推考精詳，古今一大比例也。必欲尊古，豈非憤激一偏之論？蓋三代風尚，如泰西諸國，專以興利捍灾、致用便民爲主，事猶有蠻夷風。周之强，土只内四州，吴、越之間，即須文斷。《孟子》以禹、文爲夷，言堯舜之民幾不聊生，可見矣。詳見《知聖》。孔子乃丕變之。如今泰西人興利制器之事已盡，則内附求聖人教化之事。六經雖託之帝王，實爲孔子新制，不惟三代，即春秋時亦無之。如《左傳》所載吴、楚惡事夷俗，地在九州，化由周文，豈宜有此？蓋孔子虚文垂教，兩漢後乃漸發揮，唐宋方極詳。故近來制度典禮，曲折合經，以至今經始盡推闡。《論語》云：『百世可知。』今二千五百餘年，泰西輪車、輪舟、電綫、開河、越海，正《中庸》所謂『人力所通』也。《禹貢》小九州，地球盡闢爲大九州。將來一統，再推廣五服，是孔子藴火尚未發，中外成一統，天覆地載，凡有血氣，莫不尊親，乃爲暢發無餘。三代未有孔教，秦漢初見遵行，至今行而未暢，必俟地球内皆立孔廟、奉六經，回教、耶穌不去自熄，道一風同，專尊聖學，斯爲盡其能事。孔學與此地球相終始，以數千年爲盛衰。今天下較秦漢文備，前人所謂盛衰者，乃以一年一日計，孔經則以千年、百年計。不然則杞人之憂，伊于胡底之説，不知屋上架屋若干重矣。林和靖云『後世當爲不鬼魅』，真爲名言。如婚嫁一事，周以前無論矣，春秋時父納子妾、同姓爲婚者幾爲常事。漢以倡爲后，醮婦歌女，毫無忌諱，唐六宫多穢德。宋以下乃内政修明，至今而大備。同姓爲婚之事，雖鄉曲亦羞爲之；父納子婦，不惟女家不能聽定，即媒妁鄉里亦駭聞聽。可見六禮春秋時猶無之。至今《儀禮》大行，古人醜惡之事，天下遂絶。即此可見，今勝于古。余講《王制》六藝典制，或疑其與今制相似，必非古法。豈知今之典禮無不合于古，不可以爲二帝三王之澤遠，遂湮没也。

近學《公羊》者，以『起文』二字盡《春秋》之學，棄禮廢事，惟言例而已。夫説經不言事過，從何説起？若舍三傳之事、禮，而臆造事、禮，古説與己不合，不能不去之，意之所在，造事禮以自文飾，則可由我去取。其説《春秋》，如《封神》《西遊》，由心而造；又如《奇門》《六壬》，使人射覆；春燈雅謎，割裂牽扯。倡其説者以便于臆造，從之者亦以不須用功考古，初一瀏覽，便可立説，牛鬼蛇神，自矜奇妙，動謂經由孔子筆削。惟其全出孔子，愈當言條理；豈孔子信手塗鴉，毫無論語，一經孔修，便爲夢幻耶？

説《公羊》者以經人事全由孔子所臆造，竊取曾文正『漢高祖不知有是人否』之言，以爲十二公不知有是人否。予笑應之曰：『名謚由孔子筆削，即年歲亦孔子派定。何以言之？隱、桓與定、哀對比，而年恰相同。隱十一、桓十八，共二十九年；定十五、哀十四，亦二十九年。文、宣、成在中，三公均十八年。莊、僖與襄、昭對比，四君皆三十二。惟一三十三年。天下豈有如是巧合之事？至于閔之二年，此如閏月、土季在其中，爲變例。

十二公如《國風》之二南、八伯、二卒正，且應十二月，二百四十二年，一公合得二十，加倍之數，則年歲豈非天造地設乎？』相與一笑而罷。

治《公羊》者莫不攻《左傳》，深惡痛絶不可終日，若有深讎積怨者。然竊以《左傳》之書，何至背理傷教若是？蓋《公羊》流弊，頗有夢幻儻恍之境。《左傳》事迹明白，與《史記》相同；心害其明白，故恨之深。若劉申綬、龔定菴者，實則于《左傳》未嘗用心，畏其繁鉅，不能綜治，惟有駁之，可以鈎銷一部鉅書，且去其害，然後得自由。其攻之者，全以其文多、其事明耳。至于所有諸條與《公羊》不合者，則杜氏誤説，傳初無是也。至于求之深，則《左傳》所言，乃無一不與《公羊》合；即《公羊》之所稱爲微言大義者，莫不具于傳中。有《三傳同例》二卷。且缺義真解，足以補足二傳者不少。有《左傳長義》一卷。實無所見，相率號呼，聾瞽之人，多者狂態，不謂高才亦染此習也。

經話甲編卷二

學《禮》以大綱爲主，須以蘇子瞻讀《漢書》法求之。凡天時、輿地、職官、選舉、禮樂、食貨、喪祭、軍兵諸門，務求詳細，以爲稿子。先立間架，則心胸開闊，再求所以實之，所謂觀大意不求甚解。如此則功少效多，淺深皆有得。先具規模，聞見有歸宿。近今風尚不蔽，文字則求瑣細，一衣一冠，考校累月；一草一木，説以數萬言，夢夢爲之；倘遇喪祭儀節，或考兵農今古，則茫然失措。張盟蓀欲治《周禮》，疑名物難講，周潤民治《爾雅》，于動植求實指，積久無成功。予故以爲經學之要，在制度不在名物，必俟大綱已明，然後講求節目。或以制度爲躐等，初學當先講小節、説細事；不知井田、封建事本易明，非如義理精微，難于領悟。故欲撰《王制義證》，以《王制》爲經，將《通典》及秦氏《通考》所引經傳子史證之。初學觀此，先具規模，不惟經學之本，經濟亦有裨益，與拘于名物者，得失何啻天淵。

名物多識，古爲小學，别有遠大，何必涸者終身？如欲講求，則專守一家，苟欲博通，愈多愈亂，皓首亦無究竟。前人專門之書，熟讀篤守，可省工夫。以爲别用學問，即有效驗，猶當擇術，况無效耶？《周禮》無論其他，即三酒五齊，求之經年，亦不能明。今酒名目不下數百，我所知者幾何？《禹貢》山川多難實指，但就古説，略知大概而已。欲深求，即身居成都，是否古城故址，武擔、摩訶，皆難指實。人生長之地，沿革山川，亦徒傳聞，何况數千年前、數萬里遠哉？經濟之學，總以熟于今圖爲主，非專門名家，不必苦鑽故紙。近人《長江圖説》論古處直如《封神》《西遊》，有何益處！即使確考古迹，亦無所用。古人衣冠，縱能裁縫，亦技藝技倆，爲士夫所鄙。百千年後，以知今之制度爲貴，抑能縫今之冠裳爲貴耶？如以冠裳爲貴，則予將從紗帽街肄業，不入尊經矣。

辨等威，著沿革，禮學總要，不出二端。欲理繁難，莫如立表，將其異同横爲五等，竪爲四代，二表綜稽，巨細無所不包。其有四代、五等不全者，則援例推補，附于其後。至于尊卑通禮，今古所同，别爲一册，不必入表。若夫夷狄之俗，與夫僭越之端，更附二表，以存支節。四代與三統相通，統宗分劃，固勝于《五禮通考》也。表集録猶易，補闕爲難。以一反三，由端見委，别爲説以附于各表之後。禮家類書，近推《五禮通考》，其書博而不精。三表既成，便當分别部居，汰除淺説，更標新旨，整理綱目，庶足爲完書乎！

《祭義》屢言孝，文多與《孝經》同，初疑爲《孝經》説，後閲《大戴》，《祭義》文在《大孝》篇，乃知《曾子》十篇皆《孝經》説，『費隱』至『示諸掌』，皆《孝經》説。舜、文、武、周公，乃『天子章』傳説。所云『春秋禘嘗』皆與《祭義》同。《中庸》前説禮樂，中説孝，後説《易》。篇中『中和』

皆指禮樂。《曲禮》『若夫坐如尸，立如齊』，乃《曾子》篇文。屢言爲子之義，亦以《孝經》爲主。以此相證，殊免割裂牽合之譏乎。

《戴記凡例》有傳記錯簡之説，遠同宋人，近似高郵。然三傳則以義理爲主，不專整比句例。王、俞精粹，説似有理，但學人皆用此法，則改來改去，何所底止？好引用僻書，豈僻書不誤，經傳獨誤？不求本而循末，誤矣。

《王制》有佚文，見《白虎通》。《逸禮》有《王度記》，『度』與『制』對，豈《王制》外別有《王度》，如《坊記》與《表記》、《閒居》與《燕居》與？《別録》以《王度記》爲淳于髡等所撰，未審何據。《王度》有『記』，《王制》有『記』，明矣。豈《王度》即《王制》，偶變其文，『記』即《王制》之『記』與？

諸侯一娶九女，此今文説，爲孔子新制，撥亂反正，大有功于政治。防再娶，鋤亂源，創造新義，不必師古。當時實以續娶爲常，如《左傳》是也。因再娶釀亂，故改制以救之。今人講《左傳》，以再娶爲疑，非也。《春秋》書媵，立不再娶之制，《詩》與三傳有娣侄之説者，緣經言之。

子夫笑宋人説《論語》，半爲鄉曲教學事。蓋鄉僻寒儒，自謂抱道隱居，故不出村學本領，相習成風，似孔子真爲館師傳心法。漢博士乃多説官話，聞見較闊也，然不免儒生氣，不能包攬九流，縱橫六合。説經要略識聖人心胸，置身三代上，漢、宋皆有未盡。

子有益經學，文字、事實外，議論意旨尤要。非兼通九流，豈知聖人作用？九家皆聖人支派，欲治經，先明子。嘗欲就《藝文》舊目存亡繼絶，輯爲成書，各爲之注，並著《子話》以明其意，志在因子明經，不專爲子計。

子家多傳經之士，因其性近，流爲别派。秦漢以來，傳經者皆其後輩，故經學莫古于子。孟、荀無論矣；名家由《春秋》出；墨本從質義；吴起，曾子弟子；《司馬法》乃禮書；《韓非》亦説《春秋》；道家全由《禮》出；儒、法亦本《周禮》。知此，則啓人神智不少。

廿分工夫，寫之簡册不過十分，此謂開創，如孔子經；五分工夫，寫之簡册便有七八分，此謂摹勒，如子夏傳。傳以經爲的，持己審鵠，形迹可尋，不知者可以緣經起意。顔師孔，班學馬，以形求影，可人力爲。開創無所守，勞于擇審，格于形勢，千頭萬緒，著録難于稱心。作謂聖，述謂賢；求賢易，求聖難，求聖不言之意，則尤難矣！誰得未言之隱耶？

辛巳院課，考酒齊所用題最繁難，精思旬日，大得條理。壬秋師以爲鉤心鬥角，考出祭主儀節，足補《禮經》之闕。舊説廟祭惟饗尸，無祭主之儀，至謂祊爲明日之祭。今考《禮記》祊祭諸文，定爲謂迎尸前殺牲薦血，獻齊焚膋，皆祭主求神事。先迎主于堂，然後索祭于堂、于室、于門。三索已畢，反主于室，然後迎尸。此時牲已熟，用酒不用齊，全用人道。祭以主爲重，今人祭主不用尸，是亦古禮。若如鄭説，專饗尸，不以鬼神待之，與《禮》意不合。祭主儀節，可補《禮經》。同時著《轉注説》，旬月專精，五花八門，頭頭是道。子夫謂年中工夫不過長一二次，形迹可驗，若此□□力争而得，非自然通悟也。

《禮記》儀節名目，歧于《周禮》，鄭必求通，牽就附會，不惟《禮記》不明，《周禮》因以大亂。《記》有制度、通論、經記，經師專説異義。今欲合通胡越一家，水陸一轍，必不可通。故説《周禮》，不定求合于《記》。《周禮》禮節多在十七篇外，《儀禮》互文，安知非其傳記？《記》多言遷變，如今各部例文歧出，難于畫一，雖全文具在，非專門不能通。若篇目散佚，僅就一端，欲通全體，此必不可得之勢也。鄙意于諸篇各自立説，不求通貫，苟其意旨難明，則零金碎玉存而不論，不以可疑之文，亂久定之説，如鄭因『王居門中終月』改廟寢之制。各就本經説之，不求相通；義證顯明，乃以相附。本經則必求相通，雖有闕失，所關者小。《禮記》篇各爲説，勤加功力，庶乎禮學有可明之時。

《别録》于《禮記》有『通論』一門，如宋人『語録』，其中贊美咏嘆、説《詩》引《書》，罕喻借證，與典制諸篇不同。大約先須分别制度、記事、議論、訓解四種：如《内則》《玉藻》《雜記》等篇，制度、禮節；《郊特牲》《檀弓》，記事；《儒行》《哀公問》，議論；《坊記》《表記》，説經；《内則》諸篇，訓誡童子，專爲《孝經》説。足證《禮經》者，諸《記》爲要；議論、訓誡、説經、記事諸門皆師説。要在多分門目，然後可通。

《記》篇中多有傳，並有傳中傳。蓋《大傳》在先，弟子傳之，後之弟子又加注解。同在一簡，此簡不盡，或寫别簡，前後不一定。其始當有分别，後來抄録，或傳注在先，或先注後傳，或傳注相失，凌亂如滿屋散錢，加以錯簡、誤奪，彼此錯雜，非釐定本，不能讀也。《王制》定本已刊，《禮運》三篇有定本，當由此推。

記識誤入正文，除《尚書》外，以《禮記》爲多，大約傳注參半。《記》有連用數『故』字者，篇首即『故』字者，不能指爲承上辭。疑『故』即『訓故』，别于本文，故上無所承，而屢言『故』。《喪服》經傳，人能分之，以其易明；《記》非正經，記識不純用傳例，故人多不悟。同學作《釋故》，題以『故』爲書名，備舉《記》中『故』字釋之。大約作承上語不過一半，一俟審定，則天然傳傳，並不勉强，亦如《王制》定本，豈非快事！

《左傳》言『凡』者五十，杜以爲『例』，《隋志》有五十凡。考杜得失不足論，然『凡』可爲書，則定説矣。東漢後，書名『例』者以百計，古無此字。蓋『凡』『例』古今字。内江魏楚珊正湘作《釋凡》一卷，取《禮記》百二十『凡』釋『例』，予易名《禮記百二十凡考》。《左》有十六『凡』，專言禮節，于書法無干，《禮記》『凡』多與出入。《禮記》大繁賾，『凡』『故』二門亦清釐之一法也。

《周禮》四時間祀、追享、朝享，其説不一。《公羊》説禘爲五年大祭，于時祭行之，數年一殷，盛其禮。先鄭以追享、朝享爲禘祫，謂于時祭别行。案，數年一舉大祭，不當目爲間祀。既曰四時間祀，必與時祭相間而出，爲歲行之典。間者，相間而行，與時祭雜出之謂也。追享于遠廟，追遠、追王皆有遠義。朝享每月一祭，後鄭説是也。但以朝爲朝，朔則非朔，但言朝以明受朔，非必行此繁重之禮而後班朔。且受朔在禰廟行事，竊以爲當以《祭法》説之。所言祭祀與諸書不同，而唯與《祭法》《國語》合。《祭法》云：『王立七廟，一壇一墠，曰考廟，曰王考廟，曰皇考廟，曰顯考廟，曰祖考廟，皆月祀之。遠廟爲祧，有二祧，享嘗乃止。去祧爲壇，去壇爲墠。壇、墠有禱焉祭之，無禱乃止。去墠曰鬼。』案：以疏數考之，祧以下主時祭，五親廟皆月祭。『壇、墠有禱焉祭之』，謂一歲一祭也。月祭、歲祭之名與時祭間用雜出，故名之曰四時間祀，非謂禘、祫也，明矣。朝祭五廟，不止禰廟，故知後鄭以爲視朔朝廟者非也。月數于時，時數于歲，以時居中，加月、歲于其上下，所云『凡四時之間祀、追享、朝享』者，舉時祭以包二事也。凡《祭法》《國語》説與《周禮》合，别書少見，是爲《周禮》專證。鄭注不引《祭法》，引《春秋》諸書説之，非也。

先儒言禮，每刻舟按圖，必求一律，少見參差，便生疑難，是不知《禮經》簡略，互文相省，且待傳記補足，不可專執經文，如《左氏》之先配後祖，冠無見母之文是也。朝廷功令、法律頒之天下，當定一尊，以便遵守。然律例時有修改，前後間有不同，又載有邊省專條，是律例中不無歧出齟齬。引者據本事引本條，非律例執一，毫無異同。至于儒生之建言，名臣之獻策，諸侯各君其境，建尚不能無殊。故《曲禮》有從宜、從俗之説。今欲説成一律，豈有此理？唯其必欲求同，故牽强附會，百弊叢生。今分經、傳，經略傳詳，大綱一定，節目不必執一也。

董子《爵國篇》據『四選』之説，以爵爲四等：公、卿、大夫、士是也。初因《王制》言諸侯、卿分三等，欲就此推其禄，不能合；後以二等分之，乃合九十三國之數，而董子則已明言禄八差矣。蓋其法上卿、中卿、上大夫、中大夫、上士、中士，從同下卿、下大夫、下士各降本班一等，故合二四爲八也。天子百二十官，爲國九十三，除二十七下士不封，列入附庸之内，所餘正九十三人，人封一國，數目全合。《孟子》云，天子之元士視子男上士、中士也；《王制》言元士視附庸下士也。秩有參差，各言一面，《孟子》『卿視侯』，謂上卿、中卿；《王制》『視伯』，謂下卿、下大夫，亦仿此推之。此千年未析之義，不知董子固已明言之，可見其書之古。

褚先生曰：『臣爲郎時，與太僕待詔爲郎者同署，言曰：孝武帝時聚會占家問之，某日可取婦乎？五行家曰可，堪輿家曰不可，建除家曰不吉，叢辰家曰大凶，曆家曰小凶，天人家曰小吉，太乙家曰大吉。七家。辨訟不決，以狀聞。制：避諸死吉。以五行爲主。』按一日吉凶至有七説，竊以禮家不同，實亦如此。今就所見標其目焉：曰經文家，經文簡質。傳記家，傳記詳多，爲經所無。經説家，各據本經爲説，與大禮不同。新學家，莽、歆之僞制。陰陽五行家，如明堂、月令爲陰陽家説，近術數占驗。義起家，不必古典，自以義起。沿變家，禮本如此，後來改變，如改制及失禮諸説。今古同家，《周禮》不改之文，今古所同。今學小變家，今學所無之文，見于古學，則説者必變之。如博士以『方十里出十乘』。古學小變家，本是今學相同，必求立異，如《異義》所引，説有小變。混合今古家，馬、鄭牽合，唐、宋調停。内學家，主緯説者。訓誡家，教童子誦讀之書，與子抄相似，但録警句，不詳終始，如《勸學》之類及諸子雜篇是也。子學家，各有宗旨，其原文不無增損。此流派也。至于一家之中，又有歧出，經傳相雜，或互文見義，或詳略脱誤，或傳習偶異，如《公羊》與《穀梁》，《左傳》與《國語》是也。或文異義同，或書史佚文，如《文王官人》《明堂位》皆《逸周書》，《祭法》乃《國語》類是也。除去僞新，皆當力求其合。門目欲其分，不分則不能各盡所長；流派欲其合，不合則支離而歧出。一分一合，皆當依類列表，使其融洽分明也。

漢初治《詩》，一人不能習全經，數人合治一經：或爲《雅》、或爲《頌》。班蓋誤襲劉歆邪説。《詩》本文雖較諸經爲多，然不過三萬餘字。漢人説『堯典曰』三字尚三萬言，豈于《詩》不能全治？爲是説者以見三家雜駁，不及古學。如以《尚書》本文殘缺，伏生老不能見客，晁錯不知齊語，又使女子口授之説，皆以攻擊今學經師耳。然《詩》不必分治，獨于《禮記》爲宜。《禮記》大經，號爲繁難，今別爲目，五六人分治，爲制度，爲六禮，爲通論，爲經説，爲子史、陰陽，爲餘論，各專一門，易于成事。書院資屬習《禮》者多，倘共爲之，三年可成。隋、唐《志》《中庸》《月令》《喪服》皆有單行，此亦古法也。

《月令》一篇，《呂覽》傳其文。蓋《尚書》命羲和、叔仲與視朔班令之傳，《大傳》嘗摘録以説《帝典》。考《大傳》『西成朔易』所引『傳曰』，文見《月令》；『迎寅日出』又以爲天子迎日東郊，非羲仲在嵎夷迎日。近撰《備解》，乃引以爲説。不全録其文，但引據之，以其文過多也。其言天子十二月異居，《禮疏》引《月令書》説明堂四堂十二室，鄭君誤解『終月』句，用先鄭之説，以爲明堂實有十二室，每月居一室，閏月無室可居，故《周禮》『閏月，王居門中終月』，後並改廟寢，亦如明堂十二室，是爲巨謬。《月令書》説明堂十二室者，謂城門外近郊之四堂也。天下豈有一堂爲十二室，而可以居人之事？一月必遷一室，亦非情理所有。且其所居之室共有四名：曰青陽、曰明堂、曰總章、曰玄堂。既異四名，必非一地。且四室之中皆太廟，一地立四太廟，此何所取？且十二室周圍環繞，説有户牖，不言門制，此廟從何而入？不言其室之向背若何，豈皆外向耶？若外向，何以又有太廟、太室？舊注以長夏居太廟、太室，則何以不居門中？若果如此，閏月又何以不居太室？既有四名，以一明堂名之，亦非矣。《考工記》言明堂五室，凡室二筵。《大戴禮·明堂》言明堂九室。其制均不作十二室。雖非説《月令》，亦可見明堂古説各異，非有一定説也。謹案：明堂與玄堂對文，青陽與總章相比，竊以此四堂即《尚書》之暘谷、昧谷、明都、幽都也。《堯典》所言寅賓、寅餞，即《月令》春迎、秋餞之文，專指天子敬天順時，非指四子在荒陬測量天日。此明堂決非以朝諸侯，亦決非屋十二室。《大傳》所言與《月令》相得益彰，乃四門外視朔之屋，南郊曰明堂，北郊曰玄堂，東郊曰青陽，西郊曰總章，四地同制，四方異名。西南隅立之太廟，則曰太廟而已，不别立名。閏月視朔，不出城門，立于門中。《玉藻》所謂之『闔左扉，王立于其中』是也。曰『居太廟太室』，『居』猶『立』也，與閏月王居門中『居』同。天子順時頒令，凡一切服色、車數、器物皆取應時象。故春三月于東郊之廟頒其制，仲在中，孟在左，季在右，一季三易，凡下律命，皆著于廟前。夏如之，秋冬亦如之。閏月言天子不出門，則以前之出門可知。《月令》明言天子還賞于朝，是四廟惟駕車一游，班令而反，非于其閒居一月也。天子尊居九重，一月一遷，又須居門中，果何所爲？況妃嬪、宫儲豈能在門中塞絶出入？且年復一年，是天子終身在明堂十二室中老矣。朝寢宫室，何用以廟爲居，人鬼交雜？又别立七廟，何用一廟之中，又分四太廟或五太廟？長夏又夏太廟。不知所享何人？豈一人四主耶？又或四親廟皆可曰太廟耶？種種不通，不審何以後人不悟，乃并改寢廟爲十二室。試請鄭君仿此明堂，長居其中，並在門中一月，蓋誤。深知其誣，誤以『扆』爲『居』，以四廟爲一廟，□而避之，廓如也。

《左》《國》言禘、郊，禘在郊上。禘主帝，郊主天，禘大郊小。魯禘、郊並見，《春秋》書郊不書禘者，以禘僭天子，不可言，故不書。《大傳》『不王不帝』，即《春秋》書郊不書禘。《論語》『或問禘之説』章，言『知其説者之于天下』云云，即謂不王不禘。治天下者，王之事也。天有五天，帝只一帝。王後降禮，得郊天而不可禘帝，此禮所以不王不禘，《春秋》所以不書禘。《春秋》之禘繫于太廟，皆爲時祭，非大禘。古禮説名同實異者多，後儒以大禘之禘説《春秋》，誤矣。

『祫』字，先儒皆與『禘』字對舉，以爲大祭名，此亦誤也。據《王制》，『祫』與『犆』字對，謂時祭，時或合或特耳。禮：三昭三穆，親廟皆統于太廟，一時一祭，祭于各廟爲犆。合祭，如今之春、秋，故有祫、犆之分。此説唯《王制》《穀梁》最顯，《左》《國》《祭法》之説明堂與親廟異地，其祭疏數以大小爲分，由日月次及時歲，遠則三年一祭，而四時合祭群廟之禮不詳。此當合觀，乃得其通。後來講《左》學者，據《左》《國》以爲各廟有等差，升降一定，祭時各廟用各廟之禮，不相謀，故無祫祭之説，以致與今學小異。《公羊》歧出二者之間，説禘同《左》《國》，説祫同《王制》，竊欲調劑二説，使之合通于一。《公羊》中補日、月、時、歲之説，而于時祭中補用《王制》祫犆之説。蓋日月之祭于各廟分獻，時祭皆合于太廟，有毁廟之主爲祫，無毁廟之主爲犆。時祭如今之春、秋二祭，月享如今之朔、望行香，日祀則爲宗祝酒灑、香火之事。禮緣人情，今不異古，日月行祀則大數，時歲一舉則過疏。案其日期而無疏數之弊，則今人通行之典，即古人行習之事矣。又《孝經》言『春秋祭祀，以時思之』，舉春、秋以包冬、夏，亦如魯史四時具而以『春秋』爲名。《祭義》《中庸》爲《孝經》説，乃專就經文霜露立義，亦若一年只二祭者然。不知四時之中又以春、秋爲重，隆殺略有差等耳。今人用春、秋二祭，似以《孝經》説爲主。然冬、夏二時何遽無祭事？不過儀節差殺。以此見讀書説禮，不可刻舟求劍，尋行數墨也。

明堂古有五説。《大戴·明堂》篇『明堂者，古有之也』至『上圓下方』，此一説也；『明堂者』至『北狄西戎』，此《明堂位》説，周公朝諸侯之明堂也；『明堂月令』至『三十里』，此《月令》明堂之説也；『或以爲明堂者，文王之廟』，此《孝經》『宗祀于明堂』之説也；『朱艸生』至『出其南門』，此《晏子春秋》之説也。此外，《韓詩》《尸子》亦有異同。竊以諸言明堂，皆經説派也。案：

《堯典》之『嵎夷』『南交』『西』『朔』，《方言》：宅者，謂可平土而居，即《禹貢》之『四隩既宅』，非竄放羲和于四裔。所言『暘谷』『明都』『昧谷』『幽都』，則近郊之明堂。《大傳》言之甚詳，即《月令》之青陽、總章、玄堂、幽堂也。《明堂》記《明堂書》説云：『明堂高三丈，東西九仞，南北七筵，上圓下方，四堂十二室，今《記》本誤作九室十二堂，不可解矣。四户、八牖、宫方三百步，在近郊。』此云『《明堂書》説』者，即説《書》之明堂也。四堂立于近郊，各有里數。明此爲《尚書》説，頒朔之明堂，分立于四郊，每方一堂三室，合爲十二室，以頒十二月之令。《月令》《大傳》之説是也。鄭君不知制作本意，妄據《周禮》穿鑿爲一屋十二室之制，四堂即明堂、總章、青陽、玄堂，十二室則兼左右个數之也。如此作室，不能居人。且誤解《周禮》『終月』，謂在門中居一月，必不可通。《尸子》溯明堂歷代異名，黄帝曰合宫，此朝諸侯之稱；唐曰衢室，虞曰總章，即用《月令》之名，此四時頒朔之廟；夏曰世室，此宗祀文王之廟；商曰陽館，此頒朔之名；周曰明堂云云。案：諸書以明堂爲通稱，考頒朔之廟，雖分立四郊，然制同事同，實則四方皆名明堂，因分在四門，故以青陽、總章、玄堂、幽堂異其稱，然字異音近，則仍以明堂爲定稱。《尸子》之説陽館，當即青陽，其曰衢室，不知即玄堂否？其言黄帝、堯、舜有明堂，則是緣經立説，上以通于黄帝，多出後人之譯改也。

《孝經》言『郊祀后稷以配天』，『宗祀文王于明堂以配上帝』，以《祭法》校之，不言禘嚳，不言宗武王，非異禮，乃省文互見之例。又言『春禘秋嘗』，而無夏、冬二祭，今制春、秋二祭，蓋用《孝經》説，特知其原者少耳。以校《王制》，則亦爲省文互見。先師以爲異義者，以禘爲時祭，又有雨露秋霜之説，似不能同于《祭法》。然《春秋》書郊，《左》《國》皆以爲祀后稷祈穀，是《孝經》與《左》《國》《祭法》不異。《孝經》言郊稷而不言禘嚳，言祖文而不言宗武者，亦省文互見之例。《六藝》定制，豈容相歧？以此推之，其義自見。時祭雜于疏數之間，一年二祭，不言夏、冬，亦爲互文。可知此經説家門目之分，初不敢合之，遲之又久，乃得大通，莫不絲絲入扣。又《公羊》説以禘爲大祭，郊以稷配，然以明堂主文王，是宗文王、郊后稷之説，亦同《孝經》，而禘又用《祭法》説，特不以爲禘帝嚳，而以爲禘文王耳。

予言《禮記》文多淩亂，有傳、記，再試徵之《明堂位》。《大戴》：『明堂者，所以明諸侯尊卑。外水曰辟廱，南蠻、東夷、北狄、西戎。』此説《明堂位》而入《明堂》篇者。考《周書》明堂全與《記》同。《記》先言周公朝諸侯，然後言紂脯鬼侯以享諸侯，《周書》則此段在先，然後接『周公朝諸侯』一節，先後不同。文字亦有小異。《明堂位》後段，《周書》所無。按，《明堂位》當是《召誥》之傳，所謂『攻位』『位成』，皆明堂之位，乃《尚書》傳説與《五帝德》《帝繫姓》等篇同，本原傳説，後來又加注解，『今是以魯君』下，皆先師解説之文也。《禮記》凡獨説一事者，多《書》《詩》傳記，當歸還之。《戴記》從別書采入，可考者，《樂記》《勸學》《禮三本》《哀公問五義》出于《荀子》，《月令》出于《吕覽》，《明堂位》《文王官人》見于《周書》，《保傅》出于《賈子》。其中儒家類如《曾子》《子思》書尤不少，特無原書可考耳。以此例推，《荀子》入《記》者不止此數篇，先師偶舉此數篇，非獨精也，于全書當一例視之。

禘祫年數，諸儒所言皆非也。經不言禘年數，諸家所據以爲説者，《公羊》《禮緯》耳。按，《公羊》言祫同《王制》，《緯》亦同。《王制》云：『諸侯礿則不禘，禘則不嘗，嘗則不烝，烝則不礿。』是禘、烝間歲乃一行也。又云：『諸侯礿犆，禘一犆一祫，嘗祫，烝祫。』是禘又一祫一犆。天子禘祫，皆諸侯降于天子，五年乃得再祫禘。以《王制》推之：一、犆禘。二、不禘。三、祫禘。四、不犆。五、犆禘。六、不禘。七、祫禘。八、不禘。九、犆禘。十，不禘。皆連本年起數以爲式。如從三式祫祭數到七式，爲五年而殷祭，是爲再殷祭，合本祫數之也。此《公羊傳》之式也。又從一式至三式爲三年一祫，再數至五爲一犆禘。祫謂祫禘，禘謂犆禘，互文見義，此《禮緯》『三年一祫、五年一禘』之數法也，非謂祫與禘爲二祭之别名也。今以爲天子一年一祫禘，諸侯從祫禘年起數，則五年再殷祭；而祫從犆禘年起數，則三年一祫禘，五年一犆禘，一切講祫禘異同年數之説，皆删之。一説以爲祫于閏年行之，每閏則爲一祫祭，與此説稍異。

《周禮》于專條苦無徵引，《大戴記·朝事》篇全與《周禮》相同。鄭注《周禮》四時朝異名，及十二年巡守、世朝之類，宜當引之，鄭注乃不見引。所疑此爲魏晉下古文家所羼改；不然，則盧注用《周禮》而誤入正文者也。《大戴》六朝以後甚微，今本尤多誤脱，其非原文可知。《藝文志》有《周禮説》四篇，此亦羼改，如鄒、夾《春秋》，不必有此書。或乃以今大、小《戴記》同《周禮》之《玉藻》《深衣》當之，此又誤中誤矣。

四代禮節由質而文，由簡而詳，至周乃少備。孔子曰：『郁郁乎文哉！吾從周。』此以較夏、殷言之，實則經禮由孔子踵事增華，創作者多，又人事變異，禮緣情生，故多新事、新禮。凡歷朝晚季，史册莫不十倍國初，皆事變所致，踵增之效也。素王新作禮樂，大綱已定，細節未詳，聖作賢述，專賴及門補足，以《檀弓》一篇言之，其證不下數十見。故禮家有以意起義之事，如刑名之比例，似書吏之援案。其初但有大綱，節目未詳，如《曾子問》，所問皆變禮，孔子所答，皆從心之言，以意起者。又如曾子、子游裼襲而弔，曾子初非子游而終是之，此亦全由義起，因事變而意乃見。使禮節原有此言，則曾子早見之矣。凡事行之既久，莫不曲折巧妙，百倍于初，皆由習者補苴。故禮家有心造意起一派，在《禮經》之外，仁智異端，各隨所見，變幻曲折，難以言罄。此其數十年行習所得之精華，求佐證則無佐證，求原委則無原委，故予特立意起一派也。禮者原宜從俗，不能方拘。故三王不同，九土異制。即以目前考之，如一婚禮，南北迥然不同，一派中分無數小派，此土俗之異也。成都老成儉朴，不如今日繁華，然相習成風，即爲宜俗。苟欲考《會典》，講古禮，豈不冤誣？故春秋以後，禮家所録，《戴記》所言，有意起、古無此禮，以意相起。有鄉俗、有沿變。《左》《國》所言，諸子所記土地不同，儀節互異，此鄉土之説也。又如家臣事大夫，禮：古大夫不專國命。後來攘奪國權，儀制乃異。禮書所言事大夫禮，皆末流事。孔子就春秋時事爲之，《左傳》言晉、楚制度，亦據侯國典禮而言，並非流變。《記》云某事某爲之也、自某始也，或以此爲《記》失禮之始，非也，此兼記沿變，尊行既久，便爲成例；别書引之，遂爲典要。故禮于定制外，須另立此三門，一收末流歧出之事，不可以定制求之。如今禮不能合《會典》，苟據《會典》以説世俗，豈有合乎？

《禮記》有雜篇一類，體如子鈔、格言，或爲教童蒙，或自作箴銘，故淩雜無叙。又係摘鈔，故語多不詳。緣録時不用全文，但取精語，如《曲禮》《少儀》等篇，其言頗似子書中之雜篇，此類不必有經、傳之别。《曲禮》首數語出《曲禮》，乃作此篇者引之，非此篇名《曲禮》也。

《記》文似史者多爲《尚書》説。如《明堂》《文王官人》之傳《召誥》《立政》，《五帝德》《繫姓》《月令》之傳《堯典》是也，如《踐阼》篇、《文王世子》之傳《無逸》《金縢》。撰《尚書備解》，采古傳説五六十篇，《戴記》《周書》爲最多。

《大戴·保傅》出于賈書；《禮察》篇湯、武、秦定取舍一則，盡出誼疏；《公冠》篇又羼入昭帝冠辭。蓋漢初經説諸書，有傳記、有解詁。傳記出于先秦，乃傳授秘本，非其自作，各篇多有記識語，如《王制》『古者』『今東田』一節，則明爲漢師加入。以此例推，《韓詩外傳》《尚書大傳》《石渠論》《説苑》《新叙》《白虎通》之類，可與《記》文同觀。又《記》文雜存子書、史書二類，以禮實包此二家也。《弟子》《保傅》《胎教》《容經》數篇最要，《記》偶遺之。《内則》《曲禮》《少儀》皆此例也。

《大戴》有《保傳》、昭帝冠辭。《保傳》則以漢師説爲記之例也，冠辭則以漢事附入古書之例也。以此推之，恐不止此，惜不盡可考耳。《禮三本》又見《史記》、《禮察》一篇後半與《漢書》同，當亦如《禮三本》《樂記》之比。

或以《王制》説《公》《穀》。或以此《左傳》所無。不知□□□□□《左氏》天子、伯、侯、牧、小國、附庸十九國，考以明之。

天王 王爲周天王者，天之臣；天子者，天之子。王者事天，有臣子之義。王姬姓，有《本紀》。

右天王一。《春秋》以天統王，以王統二伯，以二伯統八州牧，以八州牧統五十六小侯，而天下諸侯皆在是矣。傳曰『王合諸侯，則伯率侯、牧以見于王』是也。歸權于天，歸正于道，《春秋》之大義也。

齊 太公所封。傳云：太公之後，與周公夾輔周室。蓋周初周公與太公爲二伯，春秋初不爲伯，因舊爲二伯，貴間在宋上，後鄭有亂，因桓有功，乃命牧伯代鄭爲左伯。經二記灾，早見。經：『公早如。』大夫稱子，一不名，禮待較晉爲最優。故傳天子稱伯舅、稱國、高爲二守。又云大國侯伯、元侯。至成二年，因鞌戰，貶爲方伯。故靈公命，傳稱舅氏；公不如齊，如楚。至昭二十七年以後，晉衰，天下分爲四伯，又見公如齊，有從國。《史記》有《世家》。在同盟，言戎狄侵伐。

晉 傳云：『周之東遷，晉鄭焉依。』又云：晉文侯與鄭武公受平王命，夾輔周室。是東遷初，晉與鄭爲二伯，因曲沃之難，失伯，王以虢代之。齊桓受命以後，虢猶爲伯。虢爲晉滅，王因晉文之功，復命之爲伯。晉爲右伯，統夷，禮待不如左伯，故晚見。經不記灾，初用平禮。晉悼以後，乃純用二伯禮。故傳天子稱□□與齊國隆殺不同。襄以後乃稱伯父。傳『文襄之伯也』，又曰『我于姬姓爲伯』。又以爲盟主，大國侯伯，元侯霸主，文世始同盟。昭十三年同盟止，諸侯遂亂，齊、晉争于内，楚、吴争于外，爲吴伯之辭，黄池與吴並叙，皆不叙從國，禮待又不如齊、楚。《史記》有《世家》，在同盟，言戎狄侵伐。

右伯國二，《曲禮》《王制》所謂二伯，亦本傳所謂二公也。本傳無二伯明文，凡單稱伯者，皆謂此也。天子統二伯，二伯統侯牧，侯牧統小國。二伯儀制爲大國，所異于州牧者，會盟通主天下，戰伐通及天下，州牧以朝禮事之，討得爲伯討，不如州牧以下國。二國爲經意之二伯，至于鄭、虢、楚、吴、越，則隨時升降，然經則以齊、晉爲主。

【宋】傳：『宋，先代之後也，于周爲客，天子有事膰焉，有喪拜焉。』經宋子哀稱子，傳以爲蕭封人與蔡仲同是王後，有監，如管蔡三叔之制也。據傳，宋有屬國，經則以王後爲客，不純用臣禮，亦不統諸侯。傳不以宋襄爲伯，故言求合諸侯，天下無伯。經常以書諸侯先，故傳以求霸言之。本傳説五霸，不數宋也。在同盟，言戎狄侵伐。

右王者後大國一，于周爲客，州牧不以禮朝事，二伯不相攝，位次二伯下。

□□□□□□□□四州見八伯之制。《春秋》則實衍其意，用夏變夷，以成三千里九州之制。八伯與《詩》四同四異，二小侯與《詩》一同一異。《春秋》封建八伯，四本封，四異地。魯、陳、楚、吴，中國、夷狄各二，本封；衛、鄭、蔡、秦，中國、夷狄各二，異封。又八伯中四正稱侯，二子二伯。又衛、蔡以遷文異封，鄭、秦以稱伯，從畿内例也。

【魯】《春秋》本魯史，于魯爲内辭。經見湯沐朝宿邑，有監者。傳：天子稱魯君爲叔父，是州牧之證。

有《世家》。在同盟，言戎狄侵伐。

衛衛正稱侯，在豫州，僖公時遷帝丘，在兖州之境，是内早治平。經一記灾，有使聘之文。傳：天子稱衛君爲叔父。又云：『取于有閻之土，以供王職，取于相土之東都，以會王之東蒐。』有湯沐朝宿邑。又傳：『諸侯無伯，天或者欲衛討之乎？』是州牧之證。有《世家》。莊以前無伯，統于鄭。虢、齊爲伯，則衛主兖州；齊爲方伯，則衛主豫州。

陳經二記灾，見二監，稱使言聘，稱侯不言遷，故仍舊爲豫州伯。文以下不言同盟者，外之也。齊爲二伯，則衛爲兖州，陳主豫州。齊失伯，升楚爲伯，則荆牧無人，以陳攝之。故楚伯則同盟不叙，陳公如楚不如齊，定、哀以後本從楚，見經。不如衛、鄭者，以不與中國同盟，外之于荆州也。帝舜之後。傳以陳爲三恪，内方伯四，三國同姓，惟陳異姓，是尊爲三恪之義。有《世家》。

鄭傳云：『周之東遷，晉、鄭焉依。』又云：『受命夾輔周室。』是東遷初同晉爲二伯。傳曰『武、莊爲平王卿士』是也。春秋初，晉有曲沃難，失伯，鄭專爲之。後王以虢代晉，鄭爲左伯，虢爲右伯，故隱、桓傳文言鄭受王命事甚詳。後因齊桓受命復伯，鄭乃退爲侯牧，事在莊十六年。晉未爲伯之先，則晉爲冀州伯，故言滅國；既爲伯以後，則以鄭爲冀州國。故《穀梁》以鄭爲冀州國，例應稱侯，以伯稱者，從天子大夫例，稱字與秦伯同，且以見舊爲伯，鄭伯猶吴伯也。方伯比天子卿，大夫則下等。故傳累以伯、子、男爲説。得爲方伯者，上大夫可攝卿事。傳云『入爲王朝卿士』是也。經一記灾，見監，大夫湯沐邑，稱使聘，是爲州牧次國之證。有《世家》。

右内州四侯牧，青、兖、豫、冀皆《詩·國風》所有之國，二傳皆以爲中國國，是故皆記灾也。

蔡　蔡篤心事楚，《春秋》夷之。故楚盟會，以蔡親楚，常十數年不記一事、不記灾、不言來聘與大夫如蔡、湯沐邑、監者皆外之，同于夷狄。初封在豫州，定公時□□遷州來，晚治夷狄之意。其地當徐州，故經以爲徐州侯牧，與衛遷于帝丘以爲兗州牧同也。有《世家》。

秦　本在雍州，春秋存西京，不使秦有雍，故稱伯，與鄭同，如天子卿在西京留守者然，秦爲居者，鄭爲行者，故王臣仍氏舊采。雍州不見一小國，以爲王畿，天子返蹕，當以食王臣也。又因滅梁之文託之于梁，不記灾，文以後乃卒。有名，不葬，後葬不名，有聘，一見不氏大夫，不卒與盟會。或以秦爲五霸。按傳云：『其不遂霸也，宜哉！』又云：『遂霸西戎。』則不以霸許之，明矣。文以後乃卒、葬，不常會中國。傳云『遂霸西戎』，明爲夷狄之長，此狄之之例。有《本紀》。

楚　芈姓，熊繹所封。傳以爲子男。經稱荆，起州牧也。稱使、言聘，此侯牧之證。經後因齊鞌戰失伯，乃以楚主夷狄，與晉分主天下，故公不言如齊，言如楚，文同齊、晉。因其爲夷，非正伯，故出入皆月，以明非正，故楚爲伯，故以陳代爲牧。中國同盟不言陳、秦、吴，大夫皆不氏。楚有名氏大夫，夷狄中以楚爲大也。三傳皆以吴、楚、秦、徐爲蠻夷，吴、楚稱王。經乃稱之爲子，引而進之，繩以先王之法度，此《春秋》用夏變夷之大例也。有《世家》。

吴　泰伯之後，姬姓。經不記灾，言使聘只一見，不氏大夫，盟殊會，記卒，無謚，不葬。傳：『吴，周之胄也，而棄在海濱，不與姬通。』此吴爲揚州牧之證。與楚同稱子者，《曲禮》：『夷狄雖大曰子。』傳以伯言之者，定以後晉失伯，中外分裂，齊强與晉争，吴强與楚争，故傳屢以二伯爲言。是時無正伯，四國争長，二中國、二夷狄。然中分天下，經以二伯爲正。故襄、昭之世言『公如楚』，而不言『公如吳』。又大楚小吳，如内二伯，隆齊殺晉也。傳只四伯，經之純待以二伯之制者，則惟齊、晉而已。有《世家》。

右外侯牧四，此不見《國風》。國初爲夷狄，《春秋》化之，乃成三千里九州之制。《春秋》夷狄與中國異辭，計卒者，地計爲方伯也。楚因齊失伯，曾攝爲之，經以方伯之劣等待之。不葬者，夷狄也。秦葬者，非真夷也。

許 許，外小侯，本爵侯，太岳之後也。初近鄭，後遷荆，是許間于中外之間，言許而中外之卒正皆舉也。許如《國風》之檜，傳『自檜以下無譏焉』，以此見爲小國也。稱男而叙在伯、子之前者，明伯、子、男號非實爵也。無《世家》，《年表》不列。

右外小侯一國，叙在鄭下，不與内屬小侯溷也。不言來朝，外小國，不朝魯也。卒則書葬者，借以示例，見小侯禮待也。獨號男者，以别于内之小侯。《春秋》小國稱伯子男。經許男、曹伯、莒子三國連叙，即『伯、子、男一也』之定制。地近鄭，與《國風》之檜相同。

曹 曹爲内小侯之首，以下六國皆朝魯。傳云『小國朝之』是也。傳以曹爲伯甸，甸當爲男，與『鄭伯男也』同。本侯爵，稱伯爲託號，爲魯屬國。《詩》有《曹風》，與《檜》相起。以同姓居莒、邾先，爵有定，盟會，大夫稱人，經見不氏大夫，有師。以下國通不記災。有《世家》，列《年表》。同盟十三。

莒 傳以莒爲夷狄。經不葬，無謚者，與吳、楚同，夷狄不葬也。稱子者，夷狄正稱子，大小同也。爵有定，經傳皆有大夫氏名，有師。《春秋》用夏變夷，進之同中國。無《世家》，不列《年表》。同盟七。

邾 傳云『邾爲蠻夷』，故稱子。初未王命，故不書爵。以附庸升小侯，從字升子，有見經，不氏大夫，有師。在魯南，居上等之末，故以小邾附之。八方伯：四中國，四夷狄。六卒正：三中國，三夷狄。用夏變夷，與方伯同意。無《世家》。不列《年表》。同盟十一。

滕 以同姓居魯，屬國下等，薛、杞之上，再見。本爵侯，常號稱子。經傳皆無大夫名氏。傳于大夫會言滕人、滕大夫而已，無師。傳：『滕、薛、郳、宋屬役。』故與上三國別爲一等。《春秋》以王後不爲牧，故以屬魯。無《世家》，不列《年表》。同盟五。

薛 傳以爲庶姓，因後于滕。一見。本爵侯，稱伯，託號明非方伯。經傳皆無大夫。傳于大事言薛人、薛大夫、薛宰而已。無師。魯與宋同爲王後，六卒正，各占三國。《春秋》以魯爲牧，故以屬魯。無《世家》。不列《年表》。同盟四。

杞 傳：『杞，夏餘也。』遷近東夷，故云『即于夷』。《春秋》因其微弱，以子伯殿諸侯之末，與宋稱公。先諸侯者，對文見義。古經有稱侯之文，異號伯子，與紀子伯同，明伯子非爵。經傳皆無大夫，傳于大夫會言杞人、杞大夫而已，無師。有《世家》，不列《年表》。同盟七。

右魯六小侯。《曲禮》：『庶邦小侯。』下于方伯一等，今用其稱，《王制》所謂『卒正』是也。會盟，外州惟叙許男，内録此六國，詳魯而略外也。本州魯統二百一十國，常唯録此六國者，舉小侯以包之也。至襄世乃詳録。三傳或稱小國、微國、卑近國。

附庸一

小邾 曹姓，顓頊之後。本名郳，經稱『黎來』是也。正辭不能以其名通，故附于邾，稱小邾。本爲宋役，《春秋》絀杞，故以杞殿諸侯，而以郳爲附庸。《世本》爲邾別支顏所封，故附邾附庸，不見會盟，常一見小邾，以見起不見。盟會附庸皆來，而經不書，見小邾，則天下附庸皆在是也。不記卒葬者，卑也。事卒正，如卒正事方伯之儀。

《春秋》惟此一天王、十九國獨記事，餘皆不記事。無明文者四條：狄滅邢，狄即晉也；梁亡記秦滅，以州名見；徐侵蕭，爲蔡遷，徐以州名見，與梁亡同。皆在十九國内。惟介人侵蕭，二國皆附庸，特見此例，明附庸經亦特言之，餘不書者，削也。凡外七州，小侯以下通不記事；内一州，連帥以下通不記事；而獨于附庸記一條者，如盟會列小邾之意。此爲一見例。不記此一條，不見諸侯，史皆記事；録此一條，以明《春秋》以此爲斷，凡非十九國之文，皆削之也。

《記》有重出篇名目者，兩《投壺》《哀公問》是也。有重出一正、一附者，《大戴·曾子大孝》篇，《小戴》附于《祭義》；《儀禮·冠義》《昏義》附見《郊特牲》；《諸侯釁廟》附見《雜記》是也。又如《内則》言養老與《王制》同，《大戴·哀公問于孔子》見于《小戴》。蓋當時轉相抄録，字句異同，且或合治，或分治，因而篇目亦改。學者類而叙之，不敢取此删彼。又《儀禮》有《昏記》一篇，與《戴記》同，又別有《昏義》，而《冠禮》記則同，足見取采甚博。

《祭統》《祭義》《禮運》皆言求神祊祭，而文各詳略出入。《大戴》之《投壺》《哀公問》篇亦然，可見誤寫、脱字、省文互見之外，尚有詳略不同之例。若專就文字求，則尋行數墨，望文生訓之弊，必所不免。

《記》有五行陰陽家説，《月令》《夏小正》《易本命》《盛德》《用兵》《誥志》是也。五行本《洪範》，陰陽本《夏小正》，本爲經學。五行流于術數，陰陽入于子家，經學不能缺此門，故于禮外別立二家，本于經、子而推及史、志。同邑胡哲波好是事，因與相約爲之，既有專門，則經中此門有所歸宿矣。

《戴記》皆七十子所記，《夏小正》雖名古書，實孔子緒論，《禮運》『吾得夏時』説是也。然則自六藝外，西漢以前經、傳、子、史皆與《戴記》源流同貫。正如寶山，觸目琳瑯，苟能全通，經學必可重光。然《王制》尚難，何論全書乎？

《戴記》門目繁極矣！以今考之，猶繁雜見端，當舉一反三，充類至盡，其煩尤且倍蓰。市中雜貨，千奇百怪，無不藴藏。初疑其濫，賣時乃嫌其少。欲窮其變，不能簡略也。

《王制》：『天子三公、九卿、二十七大夫、八十一元士。』以三輔一，此定説也。又：『大國三卿，皆命于天子，下大夫五人，上士二十七人。』次國、小國文同。案：當云『大夫九人』，以二十七人參九大夫，以九大夫參三卿。今作五大夫，則上不配三數，下不合二十七數，此必有誤。《董子》作『九大夫』是也。其云五下大夫，有四上大夫也。上下分二等，而下數多上一人。考《董子》，天子于三公屬官以外，別有七通大夫，諸侯則大國、次國、小國皆有通佐大夫五人，諸書所不言。《董子》説本《王制》，無通佐大夫之文，則比附此下大夫以見義者也。諸侯見五人，不見天子七人者，可以相推。此省文例也。至于小國言二卿，下又言二十七大夫，此當云小國三卿，一卿命于天子，二卿命于其君。下大夫九人，上士二十七人。鄭君以『一卿命于其君』句爲脱誤，不知此亦省文例也。

《董子》通佐之官不見職守，初以爲後世冗散之員，借以通補實任者；其有差使，亦其職事正員，如今之實缺；通佐如今之候補。國家不能于正額之外不置一員，此通佐之義，爲制官命職必不可缺之典。古今所同，不得謂今之所必有，在古可全無。近乃以六大當通佐。天子七通佐，云六大者，司會不數也。通佐人數亦定制，若冗散候選之員，不可以數定矣。

《考工》，舊以爲失《冬官》，取以補其缺。按《記》序云：『國有六職，百工居一。』并不以《冬官》爲缺，則此篇不得云補。且漢時古書尚多，何《記》外絶無此體？若博士撰補，何不取司空散見之文，乃别記工事？竊以《周禮》即《佚禮》，其書藏秘府，未通行。歆校書得之，争立不得。莽即真時，迎合莽意，羼改原文，爲今《周禮》，取爲新制作之意。《曲禮》六大、五官、六府、六工，即《周禮》之舊目也。《佚禮》不出周公《王制》職官之傳，如今之《會典》《搢紳》。其書出弟子，皆經制，與周制、周公實不相干。博士説六藝，皆祖孔子六經新制，素王創造，微言不能宣布。歆與博士成仇，思敗之，改《周禮》，亂經制，國史諸説因緣而起。以周公敵孔子，以國史敵賢述，于是群經皆歸周公，國史撏撦孔子殆盡。六朝後甚行，二千年來沉蔽愈甚。道、咸間，大師碩學間發端倪。丁亥作《今古學考》，戊子分爲二篇，述今學爲《知聖》，論古學爲《闢劉》。庚寅晤康長素于廣州，議論相合，逾年《僞經考》出。倚馬成書，真絶倫也。

劉歆羼改五官，與《考工》小異。《考工》全同今説，文筆亦有參差。以《考工》終非《冬官》，疑歆改竄方畢《司寇》，遭功顯君喪，迫不及待，匆遽上進。因《考工》不類《冬官》，乃作《叙》以屬之。五官均有潤色，不及修《冬官》；如修，則必不直録《記》文而已。然因《考工》可見五官之舊，五官則已修之，《考工記》文則五官之原稿也。以《考工》爲《冬官》，終屬破綻。如爲《冬官》，不能不别有添補。《考工》所以全同今學者，所改制度于工無干，故不變改。《太宰》有掌百工明文，則工本屬太宰。在《佚禮》原不以天地四時名官，亦不以司空掌工也。名曰《周禮》，實非周書，亦與經中周制不合。歆但求立異《王制》，與博士爲難，所改新説，不惟孟、荀諸子不見引用，即《左》《國》亦與相反。西漢以前毫無明證，惟古《書》《毛詩》相同。《毛詩》、古《書》乃《周禮》子孫，非《周禮》説與之同也。

鄉保之法有數説：伏生《唐虞傳》：八家爲隣，一井。二十四家爲朋，三井。七十二家爲里。九井。此爲族，五百家爲黨，二千五百家爲州，萬二千五百家爲鄉。《周官》大司徒職云：五家爲比，二十五家爲閭，百家《尚書》先師説也。皆依井田八家分限之制推之。《鶡冠子·王鈇篇》言：楚法五家有長，五十家有里司，二百家扁長，二千家鄉師，萬家縣嗇夫，十萬家郡大夫，與《國語》同。《國語》：管子定民五家有軌長，五十家有里司，二百家有連長，二千家有良人，軍則萬家，制鄙三十家爲邑，三百家爲卒，十卒爲卿，三卿爲縣，居十縣爲卒，此又小變。居民當以井田爲斷，以五起算者，乃營制，不然則以易田之制。每井八夫，大約折半可得五家，故以五家起算。五家方一里，二十五家五井也，百家二十井也，以此推之。

《周禮》鄉、遂有異同。《齊語》《管子》居民鄉鄙制各異。蓋《齊語》即《佚禮》詳説。《周禮》之制多缺，當以《國語》《管子》補證之。如居民有士、工、商之不同，《周禮》但詳農事。《管子》：齊有二十一鄉，《周禮》王只有六鄉。均當以《國語》爲正，據齊推王畿十倍，當得二百一十鄉。

《墨子》書稱三月之喪爲夏制。據此推之，則殷當期，三年乃周制也。高宗三年不言，本有是事，《無佚》録之爲經，故疑之者衆。若古制通行三年，則高宗所行仍是常事，弟子不得設問。喪服四代本有損益，孔子翻譯《詩》《書》，四代若有異同，後人將何遵守？『三載四海遏密八音』，以爲帝時已如此，所謂古之人皆然也。宰予欲短三年喪，本指天子國恤而言。國恤必如《帝典》，三載不用禮樂，真有禮壞樂崩之懼。揆之時勢，亦難通行，天誘其衷，斟酌盡善，乃六經言外之意。漢文以日易月，宰我以天子服三年，天下從服皆得三年，難行，意欲改服期。推諸侯絶旁期之法以尊降，明目張膽改爲期年。天子期，臣民從服亦期，孔子則以期年亦太久。文帝以日易月，至今不改，較期爲少。明知三年難于通行，特不可大聲疾呼。天子期以尊降其父，則諸侯、大夫將援以爲例，且示天下父亦可以尊降。《公羊》實與文不與，正與此同。實則以日易月，不及期十分之一，不必禁其短；喪必三年，特不可明許其短。隄防一開，必至全潰。孔子云『三年天下之通喪』，明指宰我專爲天子，言通則上下同，天子不可以尊降父。且由文帝之制推之，臣民可以短，天子自盡可以不短，如晉武帝是也。若如宰我説，是因臣民而天子自短也。且自孔子定論後，天子不能三年，猶有自歉之心，儒生猶有非禮之論。若開此關防，則變亂不可問矣。然實與文不與之説，不能明言，故孔子不與論禮，而與言情。若非爲天子事，則直據禮以答之足矣，奚爲不正言而游戲之耶？且『子生三年，然後免于父母之懷』，亦爲微言，非實責宰我。夫至親以期斷，既皆有三年之愛矣，何以父在爲母期乎？以鞠育言之，則母過于父；母既可期，則知孔子故留破綻，以示此非正語，庶不至以不仁疑宰我耳。禮樂崩壞，本天子事，非臣下所得言。如宰我自欲短喪，方且矯情飾貌以欺人，此商量制作之言。後人乃以爲宰予自欲短喪，當函丈前爲此病狂語。不惟宰我不堪，且置孔子于何地？宰我身列四科，數見稱許，非喪心病狂，不爲此語也。至孔子答子張，亦是難于措詞，故統曰：『古之人皆然，何必高宗？』其實古人無此事，若三年不止高宗，子張豈獨不知古人皆然耶？

改制爲《春秋》大門，自來先師多不得其意。凡《春秋》所譏非禮，皆周制。《春秋》斟酌四代以定一尊，故即事見譏，以起改制之意。如世卿、父老子代政、喪娶、喪用樂、喪祭、徹而不助、同姓爲婚之類，皆周時通行典禮，諸國所同，其事時見《左》《國》、諸子。孔子改制，譏之以見意，不可勝譏，故擇其輕而介于疑似者以起之。如喪娶譏文納幣，喪用樂譏叔弓去樂卒事，喪祭譏閔吉禘，世卿譏尹、崔氏，代政譏武氏子。事皆輕，譏必于其重者，方爲明著，乃微事見意者。微者譏，重者可知，文省而義愈明。舊説不得其解，以爲譏失周禮，經義遂晦。推之税畝、丘甲、田賦，皆起用助改徹之意，至其事于周禮合否，皆在所輕。

周助託以見義，故書之税畝、田賦、丘甲，皆譏其不合新制，以新制託之先王，故以魯爲不用周法。據《孟子》，周實用徹不用助，故云其事桓、文，義則竊取。傳于諸條不能詳其制，但據經譏其不合。實則周家自有制度，安得據《王制》駁之？此《春秋》所以爲《春秋》，游、夏不贊一辭也。《論語》所譏『雍徹』『旅泰山』諸條，亦見改制之意。舊多以僭説之，人非下愚無耻，何以僭用儀注？市井皆知其非，不待聖言，又何須著録？此皆爲新制。今日以爲常語，當時則如雷霆也。

《周禮》鄉官雖有公、卿、大夫、士之名，與王官貴賤懸殊，故以鄉字冠之也。如舊説，則一鄉不過百里，天子三公、六卿只理附近六百里之事，以下九千四百里皆不詳，未免非情理所有。又鄉大夫職云：『正月之吉，受教法于司徒，退而頒之于其鄉吏。』據鄉大夫爲卿，六卿則雖大司徒亦在數内，何以又受教于司徒？鄉官稱鄉吏，明與王官不同，見屬于司徒。此鄉官之公、卿、大夫、士與王官之公、卿、大夫、士號同而貴賤懸殊也。遂人與鄉老所屬之官皆爲鄉官，因其相屬有七等之别，故假王官七等之名以别之。其稱爲鄉大夫、遂大夫者，以鄉、遂名官，明非真大夫也。博士説有命民，《大傳》《説苑》《外傳》皆詳之，當即指此。漢以後之嗇夫、亭長，秦之民爵是也。《周禮》有官多之嫌，又一家須養官家八九口，萬不能行。今之保甲法，十家有牌首，百家有甲長，大約千家有保正。以《周禮》言，黨正五百家，已爲下大夫。今以牌首、甲長爲官，豈非病民？必不能行之事。王畿鄉、遂官不下數萬人，皆命民，民爵以民級法比之。今新訂官禮，于鄉、遂官皆删出，别爲鄉官，不與正官相淆。《周禮田賦考》以鄉官爲正官，分派食禄，大誤。

東西通畿，周制明條，王莽六鄉、六遂用通畿法。鄭君以鄉、遂皆在西京，與《莽傳》不合。今據莽以長安畿内方八百里統名六鄉。西京方八百里，與《逸周書》説同。鄉不必萬二千家。方八百里，八八六十四，分六鄉，是鄉方百里者十有奇，則鄉豈止萬二千五百家？六遂爲東都畿内方六百里之名，非鄉外爲遂也。莽以十縣爲一尉，推其制，當以十小鄉爲一大鄉。《周禮》四縣爲都，而有大都、小都之名。《周禮》多大小爲說。小鄉爲二萬五千家，大鄉爲二十五萬家。鄉大夫小鄉，率六鄉爲大鄉，二者須細爲分之。六大鄉共六十小鄉，畿内地略于此。以六尉六十縣推之，則是莽以縣爲《周禮》之鄉，十縣爲一尉，即十小鄉爲一大鄉之文也。莽以河南附郡立六隊郡，師古以隊爲遂，弘農縣十一、河東縣二十四、河内十八、河南三十二、潁川二十、南陽三十六，共爲百二十六縣。合計六隊百二十六縣，亦適得方六百里之地。莽于二都之外更割地立八州，可見六鄉、六遂之爲二都，即本古東西通畿之說，非謂遂在鄉外也。

通畿之制，《逸周書》西京方八百里，雒陽方六百里，方千里爲方百里者百。今東、西合計八八六十四，六六三十六，得方百里者百，非雍州方千里也。惟雍州方八百里，故梁州地兼有華山，以華爲梁鎮，則古之梁州兼有今陝西之半也。即夏、殷不以雍通畿，以華當正西，則渭以南皆當屬梁州矣。九州本井字，截長補短，不拘一定，故西方只立雍、梁二州，而于青、揚、豫、荆四州中間別立徐州，以地屬膏腴，故不論里數。又于豫、冀之間截方六百里以爲東京，故東京不占豫州地。《鄭語》以陳、蔡、許、申諸國皆在南方，外四州之南，則在二南中，以方二千里計，二二如四。内四州之東屬青、北屬兖、西屬冀、南屬豫，不數雍州。以王畿通東京，此當爲《詩經》師說，以《國風》專就内四州分四方。《春秋》則不如此。《左傳》齊桓所云東至海，青。西至河，冀。南穆陵，豫。北無棣，兖。東至海、西至河、南穆陵、北無棣。亦爲《詩》說，故與《鄭語》同。《詩》《書》以陳、甫爲南方國，專爲此制，非《春秋》意也。

《天官》九賦，有邦甸、邦縣、邦都之文。《小司徒》云：『四丘爲甸，四甸爲縣，四縣爲都，以任地事而令貢賦，凡税斂之事。』《天官》之邦甸、邦縣、邦都，即《小司徒》之甸、縣、都也；《天官》之九賦斂財賄，即《小司徒》令貢賦税斂之事也。甸爲方四里，縣爲方八里，都爲方十六里，此井牧、井田、埜中之小名，非二百里以内爲甸、四百里以内爲縣、五百里以内爲都也。遠近之分，當用《禹貢》説，五百里一服，内三百里爲近、外二百里爲遠，百里之國亦當三十里爲郊，二十里爲遂。

《費誓》三郊、三遂則與王莽六郊、六遂同，本封當爲三郊，閒田當爲三遂。莽鄉、遂乃東西畿之分名，不關一畿内外。西京爲六鄉，東京爲六遂，各有内外。鄭君以百里爲鄉，二百里爲遂，三百里爲家削，四百里爲縣，五百里爲都，不惟不合古説，并不合莽制。莽説猶師古，鄭説乃真臆造矣。

《管子》：齊方三百餘里，而有二十一鄉。然則方千里當爲二百一十鄉矣。《大司徒》：五州爲鄉，鄉萬二千五百家，六鄉七萬二千五百家。又《大司馬》：萬二千有五百人爲一軍，三軍共四萬餘人。據《爵國篇》言之，此小國五十里之制。五十里小國，軍四萬口，以三分之，每軍萬二千五百人，餘二千五百人不計。天子地四百倍于五十里國，以九軍計之，每軍得百七十七萬七千七百七十七口。故經稱京師方百里國四軍，地四倍五十里，合得十六萬口。次國七十里，得百里之半，合得七萬九千二百一十二口，人數由田畝而出。《周禮》以二萬五千人爲一軍者，據小國以起例。方千里、方三百一十六里、方百里、方七十里，數各不同，舉一小者起數，無待煩言。馬、鄭不知此旨，遂以萬二千人爲軍制定數，無論國之大小，一定如此。天子九軍、六軍，小國三軍、一軍。以地言之，則小國地只天子四百分之一，而出軍則三分之一，少亦六分之一，苦樂不均，莫此爲甚。《爵國篇》明文朗在，以其爲博士説而不之用，馬、鄭至今二千年，無人翻此案者，豈不哀哉！

舊説以六軍爲皆六鄉所出，以家出一人，三軍正合六鄉之數。按王畿千里，不應衹此二方百餘里出兵，而九十七方百里遂皆豁免，以爲王畿内皆出車，則軍數目太少，六鄉與六軍數目巧合，一鄉一軍，不能立異，此舊説所以誤人也。案：東西京通畿，共方千里。使就地考之，《爵國篇》云：『天子地方千里，爲方百里者百，亦三分除其一，定得田方百里者六十六，與方十里六十六定率，得千六百萬口，九分之，一軍各得百七十七萬七千七百七十七口。』大約口數多于小國四百倍，當九軍。今但云六軍者，此就出車言之。天子出，一公守，二公從，二公各統二鄉，共六軍。此兵額也。至于出軍，則多以千乘爲率。蓋軍事十萬人已不爲少，兵多則亂，所費不貲。大約平事十家限出一人，六十鄉出六軍，如今之一成隊。以車馬芻牧既多，而盡出則無備，故常制以千乘爲率，兼制節有數，則十萬人已不爲少。周時兵制頗與漢近，起役若干，皆臨時定數，而詔發之，皆就近起徵。如南方有事，則從南近處起軍，不必遠徵，騷及他方。任兵之人，正副各有名色。故一軍已起，有從後補發徵調之事。其詳見于錢文子《補漢兵制》。漢人皆仿古所爲，不能如俗説拘泥。苟如此，則滯礙太多，不能行。

鄭君説，不拘天子、諸侯、大國、小國，皆萬二千五百人爲一軍。按，天子六軍，諸侯三軍，二百里國便與天子相敵，四國且倍于王師，如此，威令何以能行？考《公》《穀》説京師皆云：『京，大也；師，衆也。』天子之師，當以衆大言之。諸侯稱師，天子稱京師，明與諸侯有別。必如董子所云，天子百七十七萬人爲一軍，乃爲京師，與諸侯有別。經、傳有起數之例，鄭君多誤。《左傳》：魯、鄭待晉六卿以三命之禮。此亦舉小者以起例，非六人同待以三命也。鄭三卿受楚馬八匹、六匹、四匹有差等。鄭三卿有分，豈晉六卿不分？難于詳言，故舉小者以起數。細言之，則下軍佐三命，將四命；上軍佐四命，將五命；中軍佐五命，將六命；天子之卿六命，故二伯卿從之。難于細數，舉下卿之三命示例而已。《周禮》多同《管子》，鄭《注》引內政寓兵于農，又莽爲《周禮》始師，鄭亦引《莽傳》爲證。予説多本二書，鄭已言之，特未盡其妙耳。

經、傳所言大略也，至于施行，必須更有潤色，此大例也。古今講經學而必欲見之施行者，惟王莽一人。如封建之制，《周禮》《王制》言之未嘗不詳，而欲實辨，則須別有補潤。莽定諸國邑采之處，使侍中、講禮大夫孔秉等與州部衆郡曉知地理圖籍者，共校治于壽成朱鳥堂，圖簿至于數年不定，故到臨行之時，其瑣細處，多與大綱相反。一事之細，以天下財力，至于數年不能定。可見儒生一人通全經之難，而治經但能明大略，至于臨行又須別有變通，皆可由此而悟也。

莽諸侯未授封，有月錢之事。《周禮》畿内封國無明文，司禄之制又闕然，當如《王制》所言，沈彤《田禄考》雜用公田説，不足爲信。《大司徒》五等封，指五長而言。又云：諸公其食者半，侯伯參之一，子男四之一。舊注説可疑。先鄭以食爲本封之君所食，餘爲附庸。後鄭以易田説之。按，附庸名不見經，封地爵尊地多，又不應獨得上地。竊以封者爲諸侯，食者爲王臣，畿内不封國，但食其禄。諸侯爲二伯，封方五百里，王臣、公只食方四百里；弱方伯封方四百里，卿食三之一；卒正封方三百里，大夫食其封三之一；連帥封方二百里，上士食方百里者一；屬長封方百里，下士食五十里。以侯比卿，以大夫比伯，下大夫比子，元士比男。其有封而未受地，亦食其禄，如月錢故事。五等説疑原文不指封地，乃説閒田事。公爲二伯，侯爲方伯，伯爲卒正，子爲連帥，男爲屬長，各有閒田，食奉多寡不同，當是原文如此，歆乃少加潤澤，如一州封四公、十一侯之牽拘是也。

公、侯、伯、子、男乃五長正稱。凡經、傳五等之稱，指小國言者，百中不過一二。今以《左傳》『人有十等』證之自明。禮九錫九命，分爲十八，合則爲九。歷代官品皆同于此。由天子至九品，由一品至未入，皆十等也。《左傳》上五等用王、公、卿、大夫、士之名，下五等則用皂、輿、隸、僚、僕、臺之號。初讀《左傳》，疑下五等相臣之説近于誣，輿、臺以下何必細爲分別？細讀《孟子》《王制》，然後知《左傳》爲十等人名目全文，他處皆有假借，遂疑爲創出耳。考《孟子》，天子、公、卿、大夫、士凡五等，下又云君、卿、大夫、上士、中士、下士凡六等。侯視卿，大夫視伯，元士視子男。是以公、侯、伯、子、男爲五長之正稱也。下數之君，即子男亦在內。《孟子》就其本國名曰卿、大夫、士，此下五等借用上五等之號也。若十等必見本稱，不相假借，則必爲《左傳》之皂、輿、隸、僚、僕、臺，全出十號，不可兩見卿、大夫、士之稱矣。以今制言之，大約五品以上爲公、侯、伯、子、男，五品以下爲皂、輿、隸、僚、僕、臺。五等爵禄既已先見于五長，賤者不能與相同，勢不得不更立名目。其所以云皂、隸、僕、臺者，皆就天子言之，爲天子之僕役賤使耳，非爲平人當賤役也。五品爲男，士臣皂，皂即男之隸變。公、卿、大夫、士只四等，皂居五等，即稱爵之男也，名異實同。六品爲輿，七品爲隸，八品爲僚，九品爲僕，未入爲臺。尊卑銜連，有君臣節制之義，馬圉牛牧，不在此例。傳中卿、大夫皆以圉、牧爲稱，是今之尚書爲卿、爲侯，侍郎爲大夫、爲伯，郎中，爲士、爲子，主事爲下士、爲男、爲皂，直隸州爲輿，知縣爲隸，佐雜未入爲僚、爲僕、爲臺。下五等之稱卿、大夫、士，侯、伯、子、男，乃借用上等之稱，非正稱也。如五等封地、五瑞、五贄，諸以五爲節者皆指上五等，非謂下五等也。鄭君注《禮》，不審五爵爲五長，盡以百里、七十里、五十里爲公、侯、伯、子、男，以近事比之，豈非就知縣以下分爲九等乎？如《王制》君食二千八百八十人，此本指方伯以上，如今之督撫。統計君臣所食，當在萬人上下。若百里之國如今一縣，官此地者何能空養此萬餘人哉？一知縣以下，又何有卿、大夫、上中下士五等品級之人哉？九錫、九命本同今制，盡以諸侯歸之，七品以下是詳知縣，從大學士至于道府司官，豈一筆删去，不又詳略失宜哉？又考《太玄》《潛虛》九等圖，以王、公、牧、伯、正下合卿、大夫、士、庶人爲九等，亦詳于五長。大抵鄭君經説，以此第一大誤。以五長禮制盡歸之百里以下，如讀《會典》，道禮七品以上皆不考詳，但就百里、七十里、五十里之知縣爲品官之制，其于典禮豈有絲毫之合哉？

《禮經》十七篇，經略而傳詳，故一篇可以作數篇之用，審是何以有二《射》篇？曰：舉一以示例，而冠、昏、喪、祭在所不舉；舉諸侯、卿、大夫以示例，而天子、公、士不舉。如《春秋》一見例，以發凡也。

即以饗禮而論，《詩經》所言飲酒有天子禮、諸侯禮、公、卿、大夫及士、庶人禮。以近事喻之，如一燕會，上而朝廷，次而行省，下至閭巷，莫不有之，别等差、分貴賤，特在名物，其爲飲酒則一也。禮如求備，則人有十等，必須十篇。故經以一篇示例，非以一篇括盡其事，謂經外别無其禮，不見經者皆非禮也。試即《鄉飲酒》《鄉射》二篇論之，自鄭《注》以後，皆讀爲「鄉」。説者雖疑《饗禮》不當亡，鄉里禮儀、樂章、職事、官司不當與《燕禮》《公食禮》同，然無説以破之，則已耳。因讀《鄉飲酒義》有單舉「鄉」字，與《鷄人》《小司馬》有「饗射」之文，以此疑「鄉」當爲「饗」；因《鄉飲酒義》實爲三卿，《射義》卿、大夫之射，疑二篇首皆宜有「卿相」二字，名本爲「卿相饗禮」，「飲酒」二字所以釋「饗禮」之義，因誤合爲「鄉飲酒」。「鄉射」當爲「卿相饗射」。《禮記》之《鄉飲酒義》當爲《饗義》。凡《禮記》之單言「鄉飲酒」皆爲饗禮。外如「鄉人士」「鄉射」「吾觀于鄉」，《盛德》之「鄉教以敬讓」，《冠義》「鄉飲酒」，《王制》之「鄉相見」，《禮運》之「射鄉」，朝聘諸「鄉」字，皆當讀爲「饗」。餘皆可以此例推之。考《祭義》：「饗者，鄉也。鄉之，然後能饗焉。」是鄉、饗通用之明證。其證尚多，略舉此一條以見例。在嘉州以此課試，樂山羅采臣家彦考證甚明，足備一解。采臣旋而物故，秀而不實，深可傷慟。丁酉仲冬，從敝簏中撿得采臣舊稿，惜其力學早逝，諸稿零散，獨存此篇，因請資中郭君景南加以潤色，刊附卷中。

説曰：

「鄉飲酒」，舊説以「鄉」爲行禮之地，「飲酒」乃其禮節，是舉其篇目，當曰「飲」，或曰「飲酒」，方足與《冠》《昏》《相見》《喪》《祭》相比，不能舍其禮節之「飲酒」，偏以鄉地目之也。乃讀《鄉飲酒義》，其稱禮也，則「觀于鄉」。《王制》《昏義》《祭義》亦皆曰「鄉」，至于本經或曰「鄉」，或曰「鄉樂」，鄭注《聘禮記》：「饗」今文作「鄉」。又云：「饗」古文，或作「鄉」。當移注于「鄉飲酒」「鄉射」之下。「鄉黨」之「鄉」

非禮名，既以『飲酒』爲儀，則不可以『鄉』稱之也，明矣。考《祭義》：『饗者，鄉也。』《說文》：『鄉』與『饗』可通用。又《公食大夫禮》云：『設洗如饗。』注：『古文饗或作鄉。』皆如『饗禮』，注亦同。《聘禮》『壹食再饗』注：『今文饗皆爲鄉。』案：經文三言『饗』皆作『鄉』，鄭君兩引古文、一引今文作『鄉』以證之，是爲經文有以『鄉』爲『饗』而發。此注當移于《鄉》飲酒、《鄉射》下，何于二篇不下此注，乃以『鄉』爲鄉黨之鄉耶？則所謂今文、古文之以『鄉』爲『饗』者，不幾成虛語乎？疑鄭君此語爲舊說《鄉禮》《鄉射》之專訓，鄭君引『饗』以證『鄉』，後因《周禮》『鄉』字乃讀如字，不然則古、今文以『鄉』爲『饗』，三注皆無所施矣。是『鄉』即『饗』，故《義》之『觀于鄉』，當爲『觀于饗』。『鄉射』，《周禮》小司馬、鷄人皆作『饗射』，《緯書》亦多言『饗射』，《王制》《昏義》《祭義》之『鄉射』『射鄉』當從《周禮》作『饗射』『射饗』。《記》之『鄉』當爲『饗』，『鄉樂』當爲『饗樂』。惟其爲『饗』，故可單稱之也。此可以據《周禮》作『饗』，單舉『鄉』名定爲『饗』者也。又《儀禮》經文互省之例，不悉舉其文，但云如某禮、如公食大夫之禮、如燕禮、如士相見之禮。至于細目，言『如賓酬主人之禮』『如賓禮大夫』『如介禮』，凡言『如』者，其儀節皆在經中，篇名皆可考見。考《公食大夫禮》云：『大夫相食，親戒速，迎賓于門外，拜至，皆如饗禮。』案：公食大夫以尊臨卑，戒速迎拜，或以大夫主之，或賓遜不敢當；惟鄉禮賓主皆卿，用平行之禮，故大夫相食與卿相饗同。所云『皆如饗禮』者，即指鄉飲酒、鄉射。主人親戒賓、速賓、迎賓門外，賓主平行答拜之禮。飲食禮惟二篇爲平行，故大夫相食禮用之也。《鄭注》以爲大夫相饗之禮，不知即鄉飲酒、鄉射爲卿相饗，不指大夫相饗也。又《公食大夫禮》云：『設洗如饗。』案：鄉飲酒禮之『設洗于阼階東南，南北以堂深，東西當東榮，水在洗東，篚在洗西』，《鄉射》文同，不如《燕禮》之洗『當東霤』也。又《聘禮》記：『凡致命皆用其饗之加籩豆。」鄭以爲《饗禮》今亡，褚氏因有《饗禮補亡》之作，不知此《記》所言『饗之加籩豆』，即指本篇之八豆、六豆、四豆、四籩而言。考禮家飲食禮以饗、食、燕爲三大綱，而無飲酒之名。《郊特牲》以饗飲與食分陰陽，而饗與燕蓋又以隆殺分。《聘禮》：『公于賓，壹食，再饗燕』，『上介，壹食，壹饗』，『大夫于賓，壹饗，壹食。上介，若食，若饗』。惟公用燕禮，下公則食、饗而無燕，其下有『不受饗食』『不饗食』。又《聘義》言饗、食、燕所以明賓客、君臣之義，而不及飲酒。《周禮·掌客》有『三饗、三食、三燕』『再饗、再食、再燕』『壹饗、壹食、壹燕』，亦無飲酒之名。案：《郊特牲》以飲爲饗，是『飲酒』即『饗』之實事，『饗』爲『飲酒』之禮名。故《周禮》『饗禮九獻』，鄭注：『大饗設盛禮以飲賓也。」《聘禮》『再饗』注：『饗謂饗太牢以飲賓也。」《周語》韋注：『饗，飲也。」《詩箋》：『大飲賓曰饗。」考『饗』字一作『享』，雖不專爲飲酒，而饗禮則以飲酒爲正解。故疏云：『饗用酒醴。」敖氏云：『飲人而用牲焉曰饗。」考《射義》：『諸侯之射也，先行燕禮。卿大夫之射，先行鄉飲酒之禮。」『鄉』即『饗』，當與燕禮對文。《鄉飲酒義》當爲《饗義》，與《冠》《昏》《射》《聘》《燕》六義之文相同。經本單舉一字以爲名，而『飲酒』二字則先師記識，所以訓『饗』之爲飲酒禮。又以見朝廷隆重，故以『飲酒』名『饗』，鄉里簡殺，則名『飲酒』，不名『饗』。惟其如此，故『鄉義』單稱『鄉』者凡二見，如『鄉句人士』『吾觀于鄉，而知王道之易易也』。又《義》云：『合之鄉射，教之鄉飲酒之禮。」是以饗、射爲二禮，合鄉與射。即卿大夫之射，先行鄉飲酒之禮。是此二篇『鄉』當爲『饗』之明證。又考二篇主人、賓皆卿，《儀禮》篇目言《士冠》《士昏》《士相見》《士喪》《士虞》《公食大夫》，士、公是其官爵，冠、昏、相見、食方是禮儀。《禮記》之《冠》《昏》《喪》《祭》《鄉》《相見》，皆舉禮儀爲目，不舉士、公官爵爲目。如『鄉里』之『鄉』，可以名篇，則士、公亦可以名篇。以此相推，則二篇『鄉』

必爲『饗』，乃與冠、昏、喪、祭一律成文，是《饗禮》固未嘗亡也。經目本作『卿相饗』『卿相饗射』，以『鄉』爲禮名，以『飲酒』釋『饗』，後人遂誤以爲『鄉飲酒』而改之。鄭注《儀禮》時，未能校正，後來遂以爲定説耳。或據《燕居》云：『射鄉所以仁鄉黨，食饗所以仁賓客。』『鄉』與『饗』並見。《樂記》亦有『射鄉』，『食饗』之文，以舊説爲長。不知《燕居》上有郊、社、禘、嘗。《禮經》無其目，《樂記》之鐘、鼓、干、戚、昏姻、冠笄與射鄉、食饗皆隨文便稱，不爲典要。如以經果爲『鄉』字，則可言『鄉射』，萬不可稱『射』『射鄉』，此一定之理也。《記》文『射鄉』『食饗』，上字爲經目，下字爲儀節，即由『射』以包『饗』，更由『食』以見『饗』，顧亦無妨也。如必以『鄉』爲鄉，試問『射鄉』成何語乎？惟射、饗皆禮名，可曰『射饗』，亦可曰『饗射』。 或曰：《周禮》六鄉，卿主一鄉，三年大比，行鄉飲酒之禮。每鄉卿爲主，雖其儀文、職官、詩樂有非鄉里所得用者，然以卿主之，則正得其宜。六鄉六卿，言鄉即卿在可知，何必改經以就己説？曰：《周禮》之『鄉老』『鄉大夫』，乃民爵，非實官，故六鄉之公、卿、大夫同受質于司徒，即以爲實官，卿行于鄉則當名鄉，如公行禮于朝可以名朝，士行禮于家可以名家。《禮經》之例，固以所行之禮爲名，不以行禮之地也。《開元禮》以刺史爲主，《明集禮》以郡縣爲主，《鄉飲酒》有工四人，有樂正，有太師，乃『作相爲司正』，鄉射官同司正爲司馬而有司射等官，略同《燕禮》，其樂儀、禮節、官制亦略相等。 鄉射射前行鄉飲酒禮，鄉射節亦仿于大射樂儀，官制亦略相等。然燕禮官數除鄉飲酒所有外，有膳宰、樂人、司宫、射人、小臣、祝史、士射至庶子、甸人、閽人、鍾人，此爲公禮，其官愈備。大射官數，除鄉射所言外，有射人、司士、宰夫、司馬、量人、巾車、庶正、僕人、太師、少司樂、太史、司宫、甸人、閽人、鍾人，亦惟公備此官。 然卿之飲酒猶公之燕禮，卿之射禮猶公之大射，卿大夫射先行鄉飲酒禮，公射先行燕禮，四篇皆言公、卿禮儀，鄉大夫不應取裁于公。 又諸官司皆爲唐明儀注所不敢用。官主之猶不能用，則鄉里更無其制，可知矣。或曰：後世鄉飲酒爲化民巨典，古今通行。《史記》：孔子卒，諸儒習鄉飲、大射禮孔子冢上。《論語》有『鄉人飲酒』，《燕居》有『仁鄉黨』之文，安得謂『鄉』字爲誤？曰：飲酒，上下通禮，自天子至于大夫言饗。《周禮》：大夫介無饗。是士以下無饗之名，直名爲飲酒。鄉人飲酒，自爲鄉人之儀，如《明會典》之里社式，特非經之卿禮。經以卿爲目，別有上下等差之變，是大夫以上名饗，士以下名飲酒。飲食禮者，經莫先于鄉飲酒，故習禮皆以爲名。《漢成帝本紀》：鴻嘉二年三月，『博士行飲酒禮』。初無『鄉』字，有『鄉』字自《續漢書》始。後世因鄉習其禮，遂以飲酒全爲鄉里之式，則殊失本旨耳。考《開元禮·鄉飲酒禮》《明集禮·縣邑飲酒讀律儀注》《明會典·洪武十六年頒行鄉飲酒圖式》，皆以官主之，非純卿禮，然其儀節皆簡于《禮經》。禮之儀節本爲卿制，饗禮上下皆可由此而推。《明會典》里社之式緣經而創儀注，正得經意。今爲此說，意在循名核實，使知明里社式乃爲鄉里而設，與經之卿禮輕重迴別，非敢變亂經文，而有取舍于其間。考由漢至明所行鄉飲酒之禮，或以天子主之，或以侯王主之，或以州縣主之，或以里社主之。由天子以至庶人，因《鄉禮》經文而緣飾之，實則惟洪武十六年頒行鄉飲酒禮，里社每歲春秋社祭會飲畢，行鄉飲酒儀式，乃非官主之，專爲鄉社之飲酒禮。以上皆官主之，別爲一飲酒禮，不可專以鄉名也。《論語》之『鄉人飲酒』與《射義》『孔子射于矍相之圃』，與明里社禮略同，自是鄉人之事，專爲飲酒，不名饗，與經不相干涉也。或曰《鄉飲酒》『明日，賓鄉服以拜賜』，《鄉射》『以告于鄉先生君子可也』，《鄉飲酒》記『鄉朝服而謀賓介』，今讀『鄉』爲『饗』，何以解于此三『鄉』字？鄉服，《鄉射》作朝服；鄉先生，《鄉飲酒》無『鄉』字。二篇本爲一禮，彼此互證，知《鄉飲酒》之『鄉服』爲『朝』字之誤，《鄉射》之『鄉大夫』，其『鄉』字爲衍文也。或曰：既讀『鄉』爲『饗』，何必于篇首加『卿相』二字？不知全篇經目以士名者五，公名者一，而天子、諸侯、大夫禮皆有專篇，獨無卿。自天子以達公、卿、大夫、士，無容獨無卿篇。且以次第考之，《冠》《昏》《士相見》並士大夫禮，自《燕》《飲》至《公食》爲公禮，《覲》則天子禮，二篇居其中，爲卿禮。

疑又飲食禮別篇記舉變禮，或言公、卿，或言卿、大夫，或言公、卿、大夫，公、大夫之間無不言卿者，惟二篇云：若有諸公、大夫賓；若有遵者，諸公、大夫，公三重，大夫再重；無，諸公則大夫辭加席。皆于公、大夫之間不言卿。據二篇全無「卿」字，則卿相饗、卿相饗射，賓主皆卿，可知也。蓋《禮經》賓主之分，有平行、尊卑二例。平行者以「相」字爲名，如經之「士相見」、《記》之「大夫相見」「大夫相食」是也。下行如「公食大夫」，上行如「士見于君」。經例：凡尊卑相同，但稱賓主，不以爵；惟尊卑不同，賓主乃以爵見。又以平行爲經者，以上行、下行爲《記》；以下行爲經者，以平行、上行爲《記》。《士相見禮》正文但稱賓主，不見「士」名，知賓主皆爲士。《鄉飲酒》《鄉射》二篇全不見「卿」字，又但稱賓主，以「士相見」相比，則賓主皆爲卿，更可知矣。《禮經》每以一篇推見五等，如相見以「士」名而言士見大夫、下大夫相見、上大夫相見、士見君、庶人見君、大夫見君，所謂推士禮以至于天子也。二篇以「卿」爲賓主正名；其言「公」則公相饗之禮，言「大夫」則大夫相饗之禮。以「士」名篇，則別見大夫、君、庶人；以「公」名篇，則別見大夫相食禮；以「卿」名篇，則別見公與大夫名。以一等名篇爲正文，而參見上下各等之變禮也。《燕》與《大射》爲公禮，而叠見卿、大夫之文，以客非公，不言「公相射」「公相燕」，其稱「公」者亦以客非公，此全經篇名正變之大例。經「士」「公」名篇，舉「卿」合之，則以官爵爲名者八篇。「鄉里」之「鄉」，即《記》所謂庶人之禮，不當在公、士之間，其儀節又不當與《燕》《大射》大同也。或曰：以「鄉」爲「饗」，所謂「鄉樂」者何也？曰：即《饗禮》《饗射》二篇所言之樂也。《燕禮》爲公燕卿大夫之禮，經正文樂笙奏，唯用《南陔》《白華》《華黍》《由庚》

《崇丘》《由儀》，工歌唯用《魚麗》三篇，《周》《召》六篇，與《饗禮》《饗射》同。以客惟卿爲尊，故用卿相饗之樂。考《記》云：『與卿燕，則大夫爲賓，與大夫燕，亦大夫爲賓。』又云：『公拜受爵而奏《肆夏》，公卒爵，主人升受爵，以下而樂闋，升歌《鹿鳴》，下管新宮，笙入三成，遂合鄉樂。』按經無《肆夏》，《記》言《肆夏》，則以經燕卿，唯用卿相饗。《樂記》言，兩公相燕，賓主皆公，當用公樂。故云拜爵爲奏《肆夏》。除公樂以外，遂用卿相饗樂，故云『遂合鄉樂』。謂『笙入三成』以下，同用饗樂，即《燕禮》正文之『樂』與『饗樂』，非謂鄉人之樂也。考《左傳·襄公四年》：穆叔如晉，晉侯饗之，金奏《肆夏》，辟不敢當，以《肆夏》爲天子享元侯禮。《儀禮》之公即元侯也。『工歌《鹿鳴》之三，三拜』，蓋燕卿惟以《鹿鳴》以下爲正。魯三卿可攝爲卿，《肆夏》則公用之。《左傳》多藉事以明經義，此事全爲《燕禮》，公樂《肆夏》、卿樂《鹿鳴》而發。惟卿乃能用此樂，以樂定禮，則非卿不能用《鹿鳴》以下之樂，可知矣。考《禮》，大夫以下無樂，樂不行于鄉里可知。總而言之，舊説之難通有六：官司儀物同《燕禮》，國君之樂不能下同于里社，一也；以『飲酒』注文奪《饗禮》正文，遂以《饗禮》爲亡，二也；大夫以下無樂，《鹿鳴》乃爲卿樂，三也；『鄉射』猶可言『射鄉』，于義不屬，四也；鄉人本有飲酒禮，如明頒《圖式儀注》，簡略不如經之備物，五也；經例不舉地以名禮，鄉非士與公之比，六也。用今説長義，亦有八饗禮，舊以爲亡。褚氏輯爲《補亡》一書，今以《鄉飲》當之，原本具在，一也。建國立三卿，三賓象三光，《射義》：卿大夫之射，先行鄉飲酒禮，卿爲賓義，有明文二篇，但稱賓主，不稱爵，公與大夫之間全不見『卿』字，是以賓主皆卿，二也。《公食禮》云：『皆如饗禮』，又云『設洗如饗』，舊皆以爲亡佚，是《饗禮》亡而《食禮》亦多缺典。今以『鄉』爲『饗』，則皆有實證，三也。經以爵爲名，士、公與卿合爲八篇，一律相同，四也。讀『鄉』爲『饗』，《儀禮》正名，士以下不名饗，名飲酒，固以『飲酒』二字注『饗』，遂誤爲『鄉飲酒』。『飲酒』非禮名，各篇不引用，又不與饗、食、燕三者對文，五也。考《大射》前半同《燕禮》，《饗射》前半同《饗禮》，單行合行相比，以見『鄉』當爲『饗』，六也。《周禮·掌客》『三饗、三食、三燕』，『饗』在『食』『燕』之前，《郊特牲》以『饗』爲『飲』，使飲酒之目不奪《饗禮》之名，七也。讀『鄉』爲『饗』，名乃可以單稱，所有『鄉』與『鄉相見』『鄉射』『射鄉』『鄉樂』之文皆可通，《周禮》又有『饗射』之文可證，八也。初陳大概如此，其詳宜再加考訂，改注二篇。

經話乙編

《詩》《書》多重言，《春秋》則一字一意。《詩》《書》主文辭，《春秋》主紀事終始。《春秋》意在此，言在此；《詩》《書》言在此，其意多在彼。《詩》《書》必整篇説之，不可不字字解疏；《春秋》又借起文見義，不能不事事全録。故《春秋》有例，《詩》《書》無例；《春秋》必求通，《詩》《書》則不可求通；《春秋》字字有意，《詩》《書》則但求詞華，不皆有意；《春秋》隱見相參，《詩》《書》則意以文見。今人好以《春秋》之例説《詩》《書》，必失其實，此舊説之誤。

緯書，經之衡綫也，假梭而穿插于經綫者也。孔子既著《春秋》《孝經》，學者以經中制度記之以名緯，謂輔經而行者。其于載籍似《王制》、似《儀禮》記文，微言要義，非此不傳。蓋漢以前説經要籍也。惟其書掌于史官，藏在秘府，人所希見。史官所掌，別有占驗符讖之書，言頗奇怪，而又靈應，如今之《燒餅歌》《推背圖》之類。又有數術、物理之書，如今之占經、算術、博物、廣異諸編者。漢初内學盛行，秘府遂將以上各類合寫成册，猶託于經名，以爲巨帙，凡經名以外，多其本書之名，如《雌雄圖》《鈎命訣》，是其本書名而冠以經名者也。常欲將緯候諸篇者抄出另刻，以與經籍相輔，使經緯相貫，名之曰《緯》，還其舊稱。外者推廣其例，凡言天文、地輿、山川、草木者，别爲數術家言；又將言吉凶、禍福、相卜、雜占、符命、禎怪，列爲讖語。大約分爲三種，上者説經，下者亦有濟日用，分門別户，不使人疑爲怪誕晚出附會之書，以掩輔經之作。内學人多畏言之，苟能分别抄出，雖歐陽公不敢鄙之矣。

《藝文志》不載《緯書》，最可疑者，豈中秘未盡見耶？然所載天文類之《五殘雜變星》《五星彗客行事占驗》《日旁氣行事占驗》《日食月暈雜變行事占驗》及曆譜、五行、雜占等類所載之事，文全見《緯》中，豈諸書未亡，雜入于緯中與？又《春秋》類有《公羊外傳》《雜記》，《禮》有《明堂陰陽説》，《詩》有《齊雜記》，《易》有《古五子占》《雜灾異》《神輸》《京房灾異》《灾異孟氏京房》等書，亦與《緯》《讖》相似。豈中興以後，乃《藝文志》所載諸書，經亂殘缺，好事者雜輯以爲緯書，實即《藝文志》之舊典。劉歆所見讖文，則全爲讖書，與《志》所載不同與？然即文義考之，緯書實即所載諸書之言，則以《緯》爲西京舊籍，今所見緯書，則爲東漢以後揉雜之書，未爲不可。

讖爲歷來秘笈，《藝文志》所雜《圖書秘記》十七篇，即其書也。俞理初引《淮南·説山訓》《史記·賈生列傳》《趙世家》以證讖爲舊有，是也。《淮南》及《史》言秦皇挾《圖録》，見其傳曰：『亡秦者，胡也。』『圖録』即《圖書秘記》之流。古凡占驗、方技，通謂之讖，即雜占之禎祥、變怪是也。其書本全見《藝文志》，東漢後拾其殘佚，因時尚統易今古，其書全從中秘出也。俞理初乃以緯爲古史，謂在太史，不在秘書，故不著録，如漢令之比。案：《春秋》類《太史公》以下五家，皆漢近代太史所掌之文而載在《志》。理初謂史通記天、地、人，蓋靈臺所候簿占之藏書在史，比稽之天文，察之地理，知七政、五步、十二次之度、五方、剛柔、習尚、山川、險阻云云，按其所言，史官所掌之事，其書皆見《志》之『術數』類，全爲史官所掌，可覆按也，何得謂其書在太史，故不著録乎？又《緯》中所言解經之人，明爲傳解先師之言，何與于史而裁之？若以爲史無所不言，則又何所區别乎？俞氏好博雅而少貫通，近人多驚其名，故悉爲辨之。

宋人最不喜《公羊》説，及報九世之讎，乃偏篤遵信，不加駁斥。案：此説乃《公羊》之偏蔽，非其精粹之條，宋人駁其粹而專守此者，以其切于宋事者。故經説之偏僻處，正如硝黄薑附，乃真正救病之品，平常之藥不能也。宋人好言大中至正，非薄前賢。夫復九世之讎説，殊爲不中不正，乃篤信之，蓋有病則病受也。

近人解經，喜言貫通，又文人敷藻，多用通假，鋪張鍛鍊，居然修辭。意既無方，辭多過實。苟以《春秋》之例相求，比齊文句，則以無爲有；推考禮制，則化虚成實；莫非附會之言，豈有貫通之樂乎？且一意數闋，是謂長言。本可節删，拘于譜格，句異尾文，都爲均言。調縱複繁，意歸簡要，既已神行，不數官節。注疏家因其重言，滋爲牽混，架床疊屋，强作解人。是當汰除，以反虚澈者也。今小曲中《十杯酒》《哭五更》之類，與《兔罝》《芣苢》之例正同，長言不休，更無他意，苟以同均相異，亦無不可，就此煩説，不嫌生事乎？

孔子曰：『志在《春秋》，行在《孝經》。』《孝經》天德，故詳于門内，而略于治外；《春秋》王道，故詳于制度，而略于躬修。二書從合觀，乃全聖人之量。孔子所自作，首此二經。《尚書》則如近選之古文，《詩》則如近選之詩集。緯説以《孝經》《春秋》相比。至于《禮》，則又如《會典》，有所去取，皆爲今學派矣。治經者須知宗旨。

《易》《詩》二經，修辭逆志，所言名物，半多假託，不如《儀禮》《周禮》徵實之學，最爲精審。故二經亦當以禮制求之，前人于二經中言禮者是也。夫言禮之書，平實如《儀禮》《周禮》，猶不能明，何況二經之鱗爪偶見、首尾不具者乎？故必知爲天學而後可也；若取以爲禮家之證據，則萬不可。秦蕙田《通考》乃虛引二經以爲禮證，支離惝恍，無所憑依，莫非據《注疏》以爲斷。《注疏》之説又豈可據？不惟無益于二經，而且有害于禮説。故予言禮制，不據天學爲説也。

《易經》完備，出一人之手，頗與《春秋》相似。然多用韻語，文亦變異，不如《春秋》綱領節目明備。竊以此爲今之《靈棋經》之比，所畫卦爻亦如甲乙數目。彖、象則吉凶之詞，欲人記誦，則用均語，或取方言，或雜謠諺，不一律也。其初編纂，吉凶亦自有例。至于詞語，隨便録用，無所拘也。孔子因其成書，陳列消長，足以觀玩，亦爲譯改。此則我用我法，非原書之本意，故孔子不以《易》教人。《靈棋經》之類，亦有初本，有加注，有附識，正如《易》之《彖》《象》《文言》之《翼》也。

緯書不獨今學，時有與《左傳》同者，當是《藝文志》所載經籍之殘簡。東漢人輯録，雜以讖説，以取信于人。本爲舊籍，故不主一家。欲輯《藝文志》所亡諸書，于緯書取文義相近，依類爲之，可得十餘部，是緯亦如《永樂大典》矣。

近人言《尚書》，多究心于《禹貢》，如《錐指》諸書是也。一古一今，言人人殊，而實則不能有所折中，如畫鬼神。然又頗似郡縣志書，徒有争辨，并無實用。竊以爲水土既有變遷，名字尤爲淆亂。居今日而欲考明古制，無異癡人説夢。此但當心知其意，如古官名、禮制，不必强今以合古也。苟必長編巨帙，推衍比附，徒勞心神。陳氏父子主經義矣，而未有貫通之才，如滿屋散錢，殊乏貫串，亦可惜矣。

東漢之初，亦無『緯』名，但云讖記、秘記等名而已，所指之書，則《元命包》等亦在其中，名則東漢後來所加也。故除范史所稱外，惟《康成傳》有『緯』字。大約古代本有此名，末師重讖，推以解經，遂于緯外加以讖名，意雖甚是，而名則甚非。經豈可以讖相對？使可名讖，子夏之傳早以讖名矣。又讖中雖雜有師説，然采録甚雜，又豈可與經比？章懷注《樊英傳》，引《七緯》書名，皆以三字爲名。大約下三字爲讖本名，與《赤伏符》《金匱符》相同，上云加以經，皆後師所録。讖既爲《藝文》之殘編，末師因以經説羼入其中，改加經名。東漢之初引讖有加經名者，皆後人所補耳。《七緯》以外，有不加經名之讖，有加以經名而仍不入于緯者，則加録又在後，仿前書而稍後者也。至于曹魏宋注，則入緯不入緯之書一律注之，故章懷名目以外，宋氏均有注也。由此推之，光武引讖以決事，當時實未附以説經之書，故言明堂、辟雍，仍是讖文，則以説經語入讖，又加以緯名者，皆是後師所爲。賈逵以《左傳》有劉氏之文，而《左傳》得立。後之以經説附入讖記者，欲假讖以自行其學，皆以讖爲據，摘經語于其中，以求顯貴，此當時事實也。後人不明此意者，史臣拘于後聞，不能無所修潤。後人囿于前説，未能徵實。豈知東漢初之讖有術數，無經説，有本名，不加經名，但名讖，不名緯哉！初以讖爲東漢得《藝文志》書而誤合之，統以今名，不如此説之得實，存此異解，以俟考定。

今《藝文志》有脱漏者，俞理初以《藝文志》不言《甘石星經》，定讖、緯與《星經》同掌于太史。案：章懷《注》言《星經》見《藝文志》，石氏爲魏人，《注》必不誤。是唐本有《石星經》也，後乃脱去，可藉此爲證。

讀古書不可以求孤證。蓋孤證或爲字誤，或爲羼誤，證以時事，並無其論，此可知也。如《莊子》有『十二經』之説，從古並無此言，必字誤也。緯書，東漢之初猶無此名，而《李尋傳》乃有『五經、六緯』之説，本謂緯星，乃强以爲書名。使當時果有六緯，與經並重，何以時人並不一及，惟李尋一語？東漢尊信讖記，無所不至，使緯名與經對文，何不以緯名讖？蓋緯名之貴，乃東漢末師私尊其學，俾與經對，西漢並無此説也。

張平子以讖緯始于哀、平，其説非也。圖讖自古有之，讖名甚古，在西漢初，緯説亦古，皆《藝文志》所録經説、數術之言。東漢重内學，末師以所學師説羼附讖書以求勝，因與經相關，久乃有『緯』名耳。

近人知遵信緯書，但西漢大師如京、孟、翼、劉之流，皆師用其説，以灾異、神怪爲主，然非取以説經也。哀、平以至建武所言圖讖，何嘗有説經之語？後人以先師之説羼入緯中，乃謂先師私用緯説，亦前後失倫矣。

或云：緯書之名雖起于東漢中，而書實成于宣、元之間。西漢經師皆兼治五行灾異之説。伏生《大傳》無論矣，《繁露》實即緯書之祖。他如《京氏易》以六十四卦更值用事，與《易緯》同。然則《易緯》，京氏之學也。夏侯始昌『明于陰陽』，此《書經·洪範》之故也。翼奉『六情』『十二律』『五際』，則《詩緯》翼氏之學也。翼奉曰：『《春秋》有灾異。』凡董、眭、劉諸家，皆以灾異説之，則《春秋緯》皆西京之書也。其書多行之私家，不盡藏于秘府，故《繁露》之書，《藝文志》亦不載。其書與《天文志》數術類相同，特數術之書不説經，此則以説經爲主，推以及于灾變。故《開元占經》引《海中占驗》《石氏》《甘氏》，凡見于《藝文志》諸書與緯並見，是緯即《藝文志》中書也。成帝時甘忠可詐造《天官曆》《包元太平經》十二卷，後事下劉歆，歆以爲不合五經，不可施行。是其書即讖文，與緯有説經者不同。歆以爲不合五經，不可施行，明是有合五經而施行之事，則緯書出在前明矣。

《中庸》『舜其大孝』以下數章，皆《孝經》天子孝之傳也。春秋祭祀，又言禘嘗，確是《孝經》師説。梁武帝有《孝傳》，不知古亦有此，當輯補諸侯、大夫、士、庶人傳，以見古書之體。大約《中庸》篇從首至『唯聖者能之』爲説『中庸』，從『費而隱』以下至『治國其如示諸掌』皆《孝經》説也。

九家有陰陽，此經學之一小派。《書》言『洪範』，《春秋》言『災異』，必不可缺。自推測家言之，凡日食、星隕皆有定數，不關時政。然《春秋》書之者，《春秋》以天子治諸侯，天子尊無二上，無所畏忌，故以天治之。書天變，亦以天治天子之意，使有敬畏。故事天如父、如君，君父有變，臣子宜修省也。

董子《繁露》爲緯書之祖。昭、宣以後，災異愈盛，治經者莫不兼習陰陽、星曆、天文、月令之術，往往依經設義，依託象類，迎合時尚。故五經之家，全以災異爲主：《易緯》皆京氏學，《詩緯》皆翼氏學，《春秋緯》則董子以後之附益也。董子以前説經義處多，京、翼以後説災異處多。甘忠可僞造《太平經》十二卷，劉歆以其于五經不合，則但説災異，不説經者也。緯書有此三種，皆西漢經師所爲：始則説經兼災異，繼則説災異以附經，後則全説災異不及經。其書不盡藏于秘府，東漢以來續有添補，故至于八十餘種。董子已有《繁露》《玉杯》《竹林》之名，則其名亦成于西漢。其名不見于《藝文志》者，《藝文志》多大名，不載其細目。孟、京氏《災異》《明堂陰陽説》五篇，當亦其書也。

講學以通爲主，然求通之道，最宜審慎。與其變易定説以求通，不如守定説而闕其可疑。不然，則因求通一念，遂使難通者不能通，即通者亦不通，此大蔽也。鄭君言廟寢與明堂異制，此定説也。後因《周禮》『閏月王居門中終月』一節，疑『閏月』何以『居門中』？必因一月一室，明堂只十二室，故閏月無室，乃居門中，遂改説廟寢亦如明堂，雖廟寢十二室，于經傳無徵，特以『王居門中』一語不能通，不能不改舊説。竊以當求通《周禮》以合前説，苟不能通，則寧闕疑，不可因此以改前説。何則？言廟寢與明堂不同之證多，可疑者唯此一句，揆以從衆之義，當以前説爲準。今求通此句而改前説，此句一通，而前説諸據皆不通，是因一小不通，致數十百大不通也。喻之人事，似一孔破堤，此大害也。故定説當守之，可疑當闕之，不可因一以改百，因小以改大也。且于疑義專心求通，未有不可通者。《周禮》『王居門中』，謂王聽朔時不出南門，閏月，闔左扉而立于門中。《周禮》之所謂『居』，即《玉藻》之所謂『立』。『居』古字，從立作㞐。今、古文字小異耳。其言『終月』者，即《左傳》『歸餘于終』之『終』，謂閏在十二月後耳，非謂在門中住一月也。門者往來通衢，無可居之理。以天子之尊，在門中住一月，亦非情理所有。予之説經，唯求通其所疑，苟不通則闕之，萬不敢因小而失大也。

經術如碑帖，經濟如卷摺。以碑帖之法施之卷摺，非也。不用碑帖而能卷摺，亦無是事。此事是一是二，能碑帖而不知卷摺，迂儒也。且將碑帖何用？能卷摺而不知碑帖，俗吏也，其卷摺亦必不工。自漢以來，此事久分爲二途，徹上徹下，夫誰能之？

史公以『實事求是』『好學深思』『心知其意』爲治經之法。所謂『實事求是』者，糟粕也；『心知其意』者，精華也。禮家曰禮意，刑家曰律意，書家曰筆意，儒家曰經意，嗚呼微矣！

人有二十分功夫，寫之簡册不過十分，此謂開創建始之作，如孔子之《春秋》是也。人有五分功夫，寫之簡册便有七八分，此謂守成摹勒之作，如子夏之傳是也。傳以經爲的，持己審鵠，有形迹可尋，心中所無之事，可以緣經起意。顔子之師仲尼，班氏之學司馬，以形求影，可以人力爲也。至于開創之事，無所法守依傍，有擇審之勞，多形勢之格，心中千頭萬緒，著之于編，難于稱心。作者之謂聖，述者之謂賢，求賢人之意易，求聖人之意難，至于求聖人不言之意，則爲尤難矣。何時求得聖人之未言隱耶？

『爾雅』二字，不得名義，竊以此亦如轉注、假借之比，必當時通語。漢人好用此二字，所謂『讀應爾雅』『文章爾雅』。又似即予『譯通』之意。總之以二字爲意，不如俗所謂『近正』之説。《爾雅》一書，專説《説文》之假借、轉注二門。重字同訓，此轉注也；所列無復本義者，假借也。

《詩》稱『尹氏大師』，尹稱氏，與《春秋》同。《春秋》爲孔子貶之，《詩》在先，不應貶，孔子又豈襲《詩》之文而氏之？疑不能通，久之乃悟古經書皆從手寫，先師各從方音而改者多，其中異字，且又多譯改之，故有意改寫，以合私文之事，如《後漢·儒林傳》所言是也。《春秋》經學，稱『尹氏』，謂爲譏世卿，貶。《左傳》一本作『君』，杜以爲有世卿，故不從貶『尹氏』之説，直讀爲『君』字。經書『武氏』亦貶也，杜《注》亦不用其説，以爲以氏稱其常，非貶，故改『尹氏』，不改『武氏』，此隱三年事。于五年傳曰：『王使尹氏、武氏助之。』以經連稱氏、傳連稱氏，同爲貶也。傳故見二氏，以明譏世卿之説。《毛詩》與《左傳》同師，古學皆以稱『氏』爲平文，此之稱『君』必譯改之故。齊、魯《詩》定亦作『氏』也。其爲先秦以前或漢人所改，則不能定矣。

近人喜言《尚書》，南皮謂治《尚書》最難。實則知古今之分者，唯陳氏父子乃有成書。《尚書》如今之《古文淵鑑》耳，故《經解》以爲有『疏通知遠』之益，不可以求通。特先師既專門説此，乃取古今禮制附會之，實皆非本義也。當就三代異禮補救之，其中文義顯明者繹改多，晦塞者繹改少。近來金石家、小學家好以文字通假繁婼説之，豈無千慮之得？然欲以此法通全經，則萬無此理，或從或違，皆以便其私而已。竊以爲好言古字，用功多而得效少，畢生之力不能通一編；縱使能通，亦燕説耳。故余説《尚書》文義，專取《史記》及漢儒説以爲定，凡所疑闕之處，近人成説可取者亦附焉，不敢于金石文字望通《尚書》也。

壬秋師嘗云，欲將《孝經》成數十百卷巨帙。蓋謂其經文少，傳義微也。余治《孝經》，引《禮記·祭義》《本孝》諸篇以爲注，更采緯候，乃以漢人説補之，其詳備當過于注疏本也。

《詩經》不在文辭，唯取逆志。《詩》意有本詩之意，有學者取《詩》之意，誦諷罕喻，大似今童蒙所誦《增廣字訓》。編集古語，由人引用，不必與本意相合。人有好用其語者，一日之内，數十百引其説，此其取用之效。至于涵泳諷誦，使人不急迫，有温柔敦厚之德，則樂之餘意也。孔、孟、荀及《左傳》《禮記》所言《詩》意，則全是《增廣字訓》派頭，又頗似今俗所謂抛文者。

余嘗疑《爾雅》一書，其始如《急就篇》，皆有韻以便初學。後來之師，從其訓詁，加之解釋，如今《急就篇》注本也。既加注文，則一字數義者又當别出，故更分出解之。後師别解，旁注正文，後來寫本，一路鈔之，故訓詁、旁注一同混入經文。然其韻語之迹猶有可考。如『初、哉、首、基、肇、祖、元、胎、俶、落、權、輿』，基、胎、輿爲均是也。《水經注》舊亦如此，得戴校而經、注乃分，安得有戴氏者一定《爾雅》經、注也。

《墨子》亦多《春秋》説。如云『百國春秋』及『觀齊社』之類，不惟多從《王制》説，《非攻篇》所言『嘗藥』『學問』之事，則直《穀梁》許世子傳文之注脚矣。餘者尚多，《穀梁決事》中當引此爲證也。墨子宋人，傳今學者弟子，學于魯，歸以教授之餘派也。《孔叢子》《公孫龍子》論名家，引《春秋》『五石』『六鷁』之說，以爲名家祖《孔叢》深得《穀梁傳》意，所謂君子之于言，無所苟而已矣，先秦以前師説也。晉人不知此義，或以《孔叢》爲僞撰，非也。諸説必有所本，謂王氏有所羼改，可耳。

嘗欲仿阮文達《詩書古訓》之例，統集先秦以前群經之説，以爲博士之先導。此爲最古精粹，當有出博士上者，名曰《周秦群經遺説》，如《經解》《表記》《坊記》諸篇，及《國語》《左傳》《逸周書》《孟》《荀》《列》《莊》《墨》《韓》諸子之類，皆在所必録也。再以博士以後之説爲之輔佐，則又取法乎上之意矣。

今古學考①

題識

案：《藝文志》博士經傳及古經本，溯古學之所以名也；《異義今古名目》，明東漢已今、古並稱也；《異義》條説之不同，先師著書之各異，使知今、古學舊不相雜也。凡此皆從前之舊説也。至于《統宗表》，詳其源也；《宗旨不同表》，説其意也；《損益》《因仍》二表，明今之所以變古也；《流派篇目表》，理其委也；《戴記篇目》《今古書目》二表，嚴其界使不相混也；《改從》《有亡》，辨其出入；《名實》《同異》，究其交互。凡此皆鄙人之新説，求深于古者也。更録《三家經傳》，明齊學之中處；《今古廢絶》，詳鄭君之變法；《今古盛衰》，所以示今學之微；《經傳存佚》，所以傷舊學之墜。至于此，而今、古之説備矣。所有詳論，並見下篇。丙戌六月朔日，編成識此。井研廖平。

---

① 《今古學考》是廖平的成名之作，也是經學『初變』時期最重要的代表作。成書于光緒十一年乙酉（一八八五）至光緒十二年丙戌間，光緒十二年丙戌由成都尊經書局刊入《四益館經學叢書》。後又收入民國十年辛酉（一九二一）《新訂六譯館叢書》，保持初刻原貌，今即以此爲底本。文字錯訛，則從諸家校改。

今古學考卷上

《漢藝文志》今古學經傳師法表

《易》，施、孟、梁丘、京、高。案：此五家，今學也。班于今學皆不加『今』字。

《易》，費。案：此一家，古學也。班不言古經。

班曰：『漢興，田何傳之。訖于宣、元，有施、孟、梁丘、京氏，列于學官，而民間有費、高二家之説。劉向以中古文《易經》校施、孟、梁丘經，師古曰：『中者，天子之書也。言中，以别于外。』或脱去「無咎」「悔亡」。唯費氏經與古文同。』

《尚書經》二十九卷。班注：『大小夏侯二家。歐陽經三十二卷。』師古曰：『此二十九卷，伏生傳授者。』案：此今學。

《尚書古文經》四十六卷。班注：『爲五十七篇。』案：此古學，班言古經。

班曰：『秦燔書禁學，濟南伏生獨壁藏之。漢興亡失，求得二十九篇，以教齊魯之間。訖孝宣世，有歐陽、大小夏侯氏立于學官。《古文尚書》者，出孔子壁中。武帝末，魯共王壞孔子宅，欲以廣其宫，而得《古文尚書》及《禮記》《論語》《孝經》凡數十篇，皆古字也。孔安國者，孔子後也，悉得其書，以考二十九篇，得多十六篇。安國獻之，遭巫蠱事，未列于學官。劉向以中古文校歐陽、大小夏侯三家經文，《酒誥》脱簡一，《召誥》脱簡二。率簡二十五字者，脱亦二十五字；簡二十二字者，脱亦二十二字。文字異者七百有餘，脱字數十。』

《詩經》二十八卷，魯、齊、韓三家。案：此三家，今學。

《毛詩》二十九卷。案：此古學，班不言古經。

班曰：『漢興，魯申公爲《詩》訓故，而齊轅固、燕韓生皆爲之傳。三家皆列于學官。又有毛公之學，自謂子夏所傳，而河間獻王好之，未得立。』

《禮經》七十篇。后氏、戴氏。《記》百三十一篇。七十子後學者所記也。《明堂陰陽》三十三篇。古明堂之遺事。

《王史氏》二十一篇。七十子後學者。劉向《别録》云：『六國時人也。』《曲臺后蒼》九篇。案：此今學。

《古經》五十六卷。《周官經》六篇。王莽時劉歆置博士。師古曰：『即今之《周官禮》也。亡其《冬官》，以《考工記》充之。』案：此古學，班言古經。

班曰：『漢興，魯高堂生傳《士禮》十七篇。訖孝宣世，后蒼最明。戴德、戴聖、慶普皆其弟子，三家立于學官。《禮古經》出于魯淹中。』

《春秋經》十一卷。公羊、穀梁二家。《公羊傳》十一卷。《穀梁傳》十一卷。公羊子，齊人。穀梁子，魯人。案：此今經。

《古經》十二篇。《左氏傳》三十卷。左丘明，魯太史。案：此古學，班言古經。

班曰：『《公羊》《穀梁》立于學官。』

《論語》，《魯》二十篇，《齊》二十二篇。多《問王》《知道》。案：此今經。

《古》二十一篇。出孔子壁中，兩《子張》。案：此古學，班言古經。

班曰：『漢興，有魯、齊之説。傳《齊論》者，昌邑中尉王吉、少府宋畸、御史大夫貢禹、尚書令五鹿充宗、膠東庸生，唯王陽名家。傳《魯論語》者，常山都尉龔奮、長信少府夏侯勝、丞相韋賢、魯扶卿、前將軍蕭望之、安昌侯張禹，皆名家。張氏最後，而行于世。』

《孝經》一篇。十八章。長孫氏、江氏、后氏、翼氏四家。案：此今學。

《古孔氏》一篇。二十二章。劉向云：『古文字也。《庶人章》分爲二也，《曾子敢問章》爲三，又多一章，凡二十二章。』案：此古學。

班曰：『漢興，長孫氏、博士江翁、少府后蒼、諫大夫翼奉、安昌侯張禹傳之，各自名家，經文皆同。唯孔氏壁中古文爲異。「父母生之，續莫大焉」，「故親生之膝下」，諸家説不安處，古文字讀皆異。』

案：此漢人今、古分派之始也。經在先秦前已有二派，一主孔子，一主周公，如三傳是也。齊魯，今學；燕趙，古學。漢初儒生達者皆齊魯，以古學爲異派，抑之，故致微絶。當時今學已立學官，而民間古學間有傳者。如《毛詩》《費易》。後孔壁古經出，好古之士復據此與今學相難，今學亦無以奪之。雖不立學官，隱有相敵之勢。至于劉歆校書得古文，古學愈顯。世以孔壁所出經皆古字，别異于今學，號曰『古經』，與博士本並行。至後漢，而今、古之名立矣。

《五經異義》今古學名目表

今《易》京、孟説	古《周禮》説
今《尚書》夏侯、歐陽説	古《尚書》説

续表

今魯、齊、韓《詩》説	古《毛詩》説
今《春秋》公羊、穀梁説	古《左氏》説
今《禮戴》説	古《孝經》説
今《孝經》説	
今《論語》説	

許氏《説文序》，其稱《易孟氏》《書孔氏》《詩毛氏》《禮周官》《春秋左氏》《論語》《孝經》，皆古文也。案：《漢書·藝文志》，「孟」當作「費」。

案：西漢今學立在學宫，古學傳之民間，當時學者稱古學爲「古文」。蓋博士説通行，惟古爲異，故加號别異，目爲古也。至于東漢，古學甚盛，遂乃加博士説以「今」字。故班氏以前，猶無今號，至許氏《異義》，乃今古並稱。古號得于西京，今號加于東漢，合而觀之，端委可尋矣。

《五經異義》今與今同古與古同表

許君《五經異義》臚列今、古師説，以相折中。今與今同，古與古同，二者不相出入，足見師法之嚴。今就陳本標厥名目，以見本原，條其異同，使知舊本二派，自鄭君以後乃亂之也。

今《易》京氏説　一

《易》孟、京説　一

《易》孟、京，《春秋》公羊説　一
《易》孟氏，《韓詩》説　一
　案：以上今《易》孟、京説，全與古學異，與今學《春秋》《詩》同。
今《尚書》歐陽説　二
今《尚書》歐陽、夏侯説　四
夏侯、歐陽説　一
　案：以上今《尚書》歐陽、夏侯説，全與古學説不同。
今《韓詩》説　一
今《詩》韓、魯説　一
《詩》齊、魯、韓，《春秋》公羊説　一
《韓詩》説　二
《詩》齊説、丞相匡衡説　一
治《魯詩》丞相韋元成説　一
　案：以上今《詩》魯、齊、韓三家説，全與古學異，與今學《春秋公羊》同。
今《春秋》公羊説　七
《春秋》公羊説　四
《春秋》公羊、穀梁説　二

《公羊》説　二十三
《穀梁》説　二
《春秋》公羊董仲舒説　一
《公羊》以爲，《穀梁》亦以爲　一
大鴻臚眭生説　一
議郎尹更始、待詔劉更生等議　一
案：以上今《春秋》穀梁、公羊説，與古學全異。
今《禮》戴説　三
今大戴《禮説》　二
今《禮》戴、《尚書》歐陽説　一
《禮》戴及匡衡説　一
大戴説　一
戴説　一
《戴禮》及《韓詩》説　一
《禮》戴説　一
戴《禮》、《公羊》説　一
案：以上今《禮》戴説，全與古學異，與今《尚書》《詩》同。

今《孝經》說　二
《孝經》說　一
今《論語》說　一
　案：以上今《孝經》《論語》說，與古學全異。
古《尚書》說　九
古《毛詩》說　三
《毛詩》說　六
古《左氏》說　二
古《春秋左氏》說　五
古《春秋左氏傳》說　二
《春秋左氏》說　三
《左氏傳》　四
《左氏說》　二十四
奉德侯陳欽說　一
古《周禮》說　十二
古《周禮》《孝經》說　一
《周禮》說　二

侍中騎都尉賈逵説 一

案：以上古《尚書》《毛詩》《左氏春秋》《周禮》説，全與今《禮》異，而自相同。審此，足見古《禮》自爲古《禮》一派，與今異也。其有誤説三條，一爲《穀梁》《公羊》與《左氏》同，一爲貢禹與《古文尚書》同，駁見下卷。

鄭君以前今古諸書各自爲家不相雜亂表

《尚書》歐陽、夏侯説	《尚書》賈、馬注
三家《詩》故、傳	《毛詩故訓傳》
《韓詩》薛、侯説	《周禮》二鄭、杜、賈、馬注
《春秋》嚴、顏、尹、劉説	《禮記》馬、盧注。
《公羊》何氏《解詁》	《左傳》劉、鄭、賈、馬、服、穎、許注
《孝經》后、張、長孫説	《論語》馬氏《訓説》
《論語》張、包説	《國語》賈注
	《説文解字》
案：以上各家皆今學。所著書除何氏《解詁》以外，見于玉函山房輯本所引用，全本于《王制》，不雜用古學説，不如范氏注《穀梁》據《周禮》古學説以攻傳。可知東漢以前，今學與今學自爲一派，與古別行，不求强同。以古亂今者，皆鄭君以後之派，舊原不如此也。	案：以上皆古學。所著書除《説文解字》外，皆見于馬輯本所引用，全本于古學各書，不用博士説，不如鄭君注《周禮》《毛詩》，雜用今禮。可知秦漢以來，古學獨行，自爲一派，不相混雜。考之古書，證以往事，莫不皆然，非予一人之私言，乃秦漢先師之舊法也。

今古學統宗表

《王制》爲今學之主	《周禮》爲古學之主
《穀梁》全同《王制》	《孝經》爲古學
《儀禮記》爲今學	《儀禮》經爲古學
《戴禮》有今學篇	《戴記》有古學篇
《公羊》時參古學	《左傳》時有緣經異説
《魯詩》	《逸禮》古學
《魯論語》以上魯。	
《楊氏易》	《費氏易》
《施氏易》	
《孟氏易》	
《梁丘氏易》	
《京氏易》	
《高氏易》	

续表

今	《歐陽氏尚書》 《大夏侯氏尚書》 《小夏侯氏尚書》 《齊詩》 《齊論語》以上齊。 《韓氏易》 《韓氏書》 《韓氏詩》以上韓。 《孝經》 案：《公羊》以前皆經本，今學先師依經立説者也。以下十七家則皆據《王制》説推衍比附于諸經者也。今經爲孔子晚年之書，故弟子篤信謹守，欲以遍説群經。此今學統宗之沿變，事詳《王制義證》。
古	《古文尚書》 《毛詩》 《論語》 案：《逸禮》以上皆經本，古學先師依經立説者也。以下四家，則皆據古《禮》説推衍比附以説群經者也。古經出于壁中，較今經多，博士抑之，不得立。好古之士嫉博士如仇，故解四經亦用古説，以與今爲難。故不惟古經用古説，即無今古之分者亦用古説，此後來之變也。至于古經，漢初亦有傳習，其説與今異者，則又好古之士與今學樹敵，在先秦已如此也。

今古學宗旨不同表

今祖孔子	古祖周公
今《王制》爲主	古《周禮》爲主
今主因革參用四代禮。	古主從周專用《周禮》。
今用質家	古用文家
今多本伊尹	古原本周公
今孔子晚年之説	古孔子壯年主之
今經皆孔子所作	古經多學古者潤色史册
今始于魯人，齊附之	古成于燕趙人
今皆受業弟子	古不皆受業
今爲經學派	古爲史學派
今意同《莊》《墨》	古意同史佚
今學意主救文弊	古學意主守時制
今學近于王	古學帥乎伯
今異姓興王之事	古一姓中興之事

续表

今西漢皆立博士	古西漢多行之民間
今經傳立學皆在古前	古經傳立學，皆在今後
今由鄉土分異派	古因經分異派
今禮少，所無皆同古禮	古禮多，所多皆同今學
今所改皆周制流弊	古所傳多禮家節目
今漢初皆有經，本非口受	古漢初皆有師，後有廢絶
今以《春秋》爲正宗餘皆推衍《春秋》之法以説之者。	古惟《周禮》爲正宗即《左傳》亦推衍以説之者，餘經無論矣。
今多主緯候	古多主史册
今學出于春秋時	古學成于戰國時
先秦子書多今學	先秦史册皆古學
今秦以前無雜派	古秦以前已有異説
今無緣經立説之傳	古有緣經立説之傳
今無儀注，皆用周舊儀	古有專説，不通别經
今經唯《王制》無古學餘經皆有，推衍古派。	古經唯《周禮》無今説餘經皆有，推衍今派。
《孝經》本無今説	《春秋》本無古學

续表

今經唯存《公》《穀》，范氏以古疑今	古經皆存，鄭君以今雜古學
注今經，李、何以前不雜古	注古經，馬、許以前不雜今
《戴禮》古多于今，漢儒誤以爲今學	子學皆今學，漢儒誤以爲古
古《儀禮》經，漢初誤以爲今	今《王制》，先師誤以爲周
以上説皆見下卷。	以上説見下卷。

今學改變古學禮制表 此專表今古不同者

古封公方五百里，侯方四百里，伯方三百里，子方二百里，男方一百里。地五等。	今封公、侯方百里，伯方七十里，子、男方五十里。地三等。
古一甸出一車	今十井出一車
古六卿大夫士員無定數	今公、卿大夫、士皆三輔一
古畿内不封國	今畿内封國
古有世卿，無選舉	今無世卿，有選舉
古《周禮》十二年一巡守	今《王制》五年一巡守
古天子下聘，不親迎	今天子不下聘，有親迎

续表

古禘大于郊，無祫祭	今禘爲時祭，有祫祭
古天子無大廟，有明堂	今天子有大廟，無明堂
古刑餘爲閽人	今刑餘不爲閽人
古社稷皆人鬼	今社稷皆天神
古田税以遠近分上下	今皆什一，分遠近
古山澤皆入官家	今山澤無禁
古厚葬	今薄葬
古七廟祭有日、月、時之分	今七廟皆時祭

案：今異于古，皆孔子損因周制之事。擬撰《今古禮制不同表》，姑發其凡，以示義例。

今學因仍古學禮制表 此專表今古相同者

古《曲禮》有二伯、州牧、庶邦小侯	今《王制》有二伯、方伯、卒正
古《周禮》州牧立監	今《王制》方伯有監
古《周禮》天子六軍，大國三軍，次國二軍，小國一軍	今《王制》同

续表

古《周禮》有冢宰、司徒、司馬、司寇、司空官	今《王制》同有。惟冢宰司徒兼職，司寇屬于司馬，不同。
古《内則》養老儀節	今《王制》同
古《儀禮》經五禮儀節	今《儀禮記》同
古《周禮》明堂參用四代禮樂彝器	今《三朝記》四代同
古《左傳》文襄制：諸侯比年小聘，三年大聘，五年一朝	今《王制》同
古《周禮》親耕田獵	今《王制》同
古《祭義》祭廟儀節	今《祭統》同

案：今古相同，此孔子因仍周制不改者也。擬撰《今古禮制通用表》，姑發其凡，以示義例。

今古學流派表

今魯派	古《周禮》派
今齊派	古《國語》派
今韓派	古《左傳》派
今緯派	古《孝經》派

续表

今《易》《尚書》《詩》《孝經》《論語》派 案：今學舊本一派，傳習者因地而異，故流爲齊、韓派。大約齊學多主緯説。至于《易》《尚書》《詩》《孝經》《論語》，本不爲今派，學者推今禮以遍説群經，乃有此流變，則亦如古學之緣經立説也。今派全由鄉土致歧異。	古《易》《尚書》《詩》《論語》派 案：古學舊有四派，皆緣經立説。《周禮》《國語》自爲派。《左傳》《孝經》因經而異，故不能同。至于《易》《尚書》《詩》《論語》，本不爲古派。學者推古禮以遍説群經，乃有此流變，則統爲緣經立説者矣。古學無因鄉土而異之事，各門皆專派。

《兩戴記》今古分篇目表

今	古	今古雜	今古同
《王制》	《玉藻》	《文王世子》小學。	《武王踐阼》
《千乘》	《深衣》	《中庸》	《文王官人》
《四代》	《盛德》	《本命》以上儒家。	《五帝德》
《虞戴德》	《朝事》以上《周禮》。	《樂記》樂。	《帝繫姓》以上史學。
《冠義》	《祭法》	《月令》陰陽家。	《大學》

续表

《昏義》 《鄉飲酒義》 《射義》 《燕義》 《聘禮》 《祭統》 《主言》 《哀公問于孔子》 《禮三本》 《喪服四制》	《曲禮》 《檀弓》 《雜記》以上《左傳》。 《祭義》 《曾子立事》《本孝》《立孝》《大孝》《事父母》《制言》三、《疾病》《天圜》以上《孝經》。 《内則》 《少儀》 《保傅》以上小學。 《禮運》 《禮器》 《郊特牲》以上《詩》《禮》。 《明堂》		《學記》 《勸學》 《衛將軍文子》以上學問。 《經解》 《緇衣》 《坊記》 《表記》以上經學。 《儒行》 《子張問入官》 《哀公問五義》 《仲尼燕居》 《孔子閒居》 《禮察》 《小辨》

續表

	《明堂位》 《諸侯遷廟》 《諸侯釁廟》 《投壺》二篇。 《公冠》以上《逸禮》。 《奔喪》 《曾子問》 《喪大記》 《問喪》以上喪禮。 《喪服小記》 《大傳》 《服問》 《閒傳》 《三年問》以上喪服。		《用兵》 《少閒》 《易本命》 《誥志》 《哀公問》以上儒家。 《夏小正》陰陽家。

今古學專門書目表

今學書目表治今學者祇許據此表書，不得雜古學。	古學書目表治古學者祇許據此表書，不得雜今學。
《王制》	《周禮》
《穀梁春秋》	《左氏春秋》
《公羊春秋》	
《儀禮記》	《儀禮經》
《戴記》今學各篇	《戴記》古學各篇
《孟子》	《逸周書》
《荀子》	《國語》
《墨子》	《説文》以上今存本。
《司馬法》	
《韓非子》	
《吴子》	

续表

《易緯》	
《尚書大傳》	
《春秋繁露》	
《韓詩外傳》	
《公羊何氏解詁》以上今存本。	
《易》	《易》
《子夏易傳》漢韓嬰。	《古五子易傳》
《薛氏記》薛虞。	《費氏易》漢費直。
《蔡氏易説》蔡景居。	《費氏易林》漢費直。
《丁氏易傳》漢丁寬。	《周易分野》漢費直。
《韓氏易傳》漢韓嬰。	《馬氏注》後漢馬融。
《淮南九師道訓》漢劉安。	
《施氏章句》漢施讎。	
《孟氏章句》漢孟喜。	
《梁丘氏章句》漢梁丘賀。	
《京氏章句》漢京房。	

续表

《書》 《今文尚書》 《歐陽章句》漢歐陽和伯。 《大夏侯章句》漢夏侯勝。 《小夏侯章句》漢夏侯建。 《尚書緯六種》馬輯本，鄭注。 《詩》 《魯詩故》漢申培。 《齊詩傳》漢后蒼。 《齊詩翼奉學》漢翼奉。 《韓詩故》漢韓嬰。 《韓詩内傳》漢韓嬰。 《韓詩説》漢韓嬰。 《韓詩薛君章句》漢薛漢。 《韓詩翼要》漢侯苞。 《詩緯三種》馬輯本，宋注。
《書》 《古文尚書》 《古文訓》漢賈逵。 《馬氏傳》漢馬融。 《詩》 《毛詩馬氏傳》後漢馬融。 《周官禮》 《鄭大夫解詁》漢鄭興。 《鄭司農解詁》漢鄭衆。 《杜氏注》漢杜子春。 《賈氏解詁》漢賈逵。

续表

《儀禮》 《大戴喪服變除》漢戴德。 《石渠禮論》同上。 《冠禮約制》漢何休。 《禮記》 《禮傳》後漢荀爽。 《月令章句》後漢蔡邕。 《月令問答》同上。 《禮緯三種》馬輯本，宋注。 附：《樂緯三種》宋注，馬輯本。 《春秋》 《春秋大傳》 《春秋決事》漢董仲舒。 《公羊嚴氏春秋》漢嚴彭祖。
《周官傳》漢馬融。 《儀禮》 《婚禮謁文》漢鄭衆。 《喪服經傳》後漢馬融。 《禮記》 《禮記馬氏注》後漢馬融。 《禮記盧氏注》後漢盧植。 附：《樂經》漢劉歆。 《樂記》同上。 《樂元語》同上。 《鍾緯書》同上。 《春秋》 《左傳劉氏注》漢劉歆。 《春秋牒例章句》後漢鄭衆。 《左氏傳解詁》後漢賈逵。

续表

《公羊顏氏記》漢顏安樂。
《穀梁傳尹氏章句》漢尹更始。
《穀梁傳説》漢劉向。
《解疑論》後漢戴宏。
《公羊文謚例》後漢何休。
《春秋緯十五種》馬輯本，宋注。

《孝經》
《孝經傳》魏文侯。
《后氏説》漢后蒼。
《安昌侯説》漢張禹。
《長孫氏説》漢長孫氏。
《孝經緯九種》宋注，馬輯本。

《論語》
《齊論語》

《左氏長經》後漢賈逵。
《三傳異同説》後漢馬融。
《左傳解誼》後漢服虔。
《春秋成長義》
《左氏膏肓釋痾》並服虔，附《解誼》後。
《春秋釋例》後漢潁容。
《春秋奇説》後漢彭汪。
《左傳許氏注》後漢許淑。

《論語》
古《論語》

续表

《安昌侯論語》漢張禹。 《包氏章句》後漢包咸。 《周氏章句》後漢周氏。 《論語緯一種》宋注，馬輯本。 以上原書皆亡，今據馬、陳輯本補録。今學諸書皆爲《王制》，可以《王制》統諸書也。	《孔氏訓解》漢孔安國。 《馬氏訓説》後漢馬融。 以上原書皆亡，今據馬輯本補録。鄭康成注、箋雜有今學，不録。古學諸書皆爲《周禮》派，可以《周禮》統諸書也。

今古兼用雜同經史子集書目表

今多于古	古多于今	今、古雜	今、古同
《五經通義》	《鄭注周禮》	《鄭注禮記》	《爾雅》
《石渠論》	《鄭箋毛詩》	《鄭駁異義》	《急就章》
《白虎通》	《鄭注周易》	《鄭攻膏肓》	《方言》
《孔子集語》	《鄭注尚書》	《起廢疾》	《博雅》
		《發墨守》	

续表

《訓纂》	《鄭注論語》	《鄭志》	《埤倉》
《古文官書》	《鄭注孝經》	《杜左傳注》	《古今字詁》
《史記》	《五經異義》	《六藝論》	《戰國策》
《漢書》	《三倉》	《魯禘祫義》	《世本》
《列女傳》	《倉頡》	《家語》	《山海經》
《新序》	《凡將》	《孔叢》	《竹書紀年》
《説苑》	《後漢書》	《聖證論》	《穆天子傳》
《公孫龍子》	《三國志》	《僞孔傳》	《越絕書》
《莊子》	《商子》	《釋名》以上經部。	《吴越春秋》
《尹文子》	《鄧析》	《尸子》	《晏子春秋》
《老子》	《鬼谷子》	《鶡冠子》	《虞氏春秋》
《關尹子》	《新語》	《燕丹子》	《古史考》以上史部。
《列子》	《新書》	《吕氏春秋》	《孫子》
《文子》	《論衡》	《淮南子》	《六韜》
《太玄》	《潛夫論》		《管子》
《法言》	《申鑒》	《楚辭》集部。	《慎子》

续表

《鹽鐵論》	《風俗通義》		《素問》
《新論》			《周髀》
《獨斷》以上子部。			

《公羊》改今從古《左傳》改古從今表

《公羊》改今用古表	《左傳》改古從今表
《王制》《穀梁》：禘爲時祭。《公羊》以爲殷祭。	《國語》：禘于圜丘，稱禘郊。《左傳》：禘于太廟，祀文王。
《王制》《穀梁》：妾母不得爲夫人。《公羊》：妾母爲夫人。	《祭法》有祧廟，無世室。《左傳》有世室，無祧廟。
《王制》《穀梁》：葬不爲雨止。《公羊》：雨不克葬，謂天子諸侯。	《祭法》無太廟，祖宗在明堂。《左傳》有太廟，無明堂。
《穀梁》：夫人不歸寧。《公羊》：夫人得歸寧。同《左傳》。	《周禮》：大夫有刑。《左傳》：刑不上大夫。
《王制》《穀梁》：二伯。《公羊》以爲五伯。從《左傳》。	《周禮》：刖者爲閽。《左傳》：刑人不在君側。
《穀梁》言用皆不得禮。《公羊》于用下有合禮不合禮。	《國語》：日祭、月享、時祀。《左傳》用時祭，無日、月祭。

案：《公羊》今學，有改今從古之條；《左傳》古學，有從今改古之條。蓋《公羊》居近燕、

趙，有雜采；《左傳》屈于經，又不能不婉轉求通。二家其事相同，一因平地，一求合于經之故也。姑發其例如此，不詳録也。《王制》《周禮》《國語》《孝經》皆自成一説，不求合于人，故與二傳不同。

今古各經禮制有無表

	今《穀梁》	今《公羊》	古《周禮》	古《左傳》	古《國語》	古《孝經》
同會同。	無	無	有	無	不見	無
祧廟	無	無	有	有	有	無
壇墠	無	無	有	有	有	無
太廟	有	有	無	有	無	不見
明堂	無	無	有	有	有	有
世室	有	有	無	有	無	不見
禘	有	有	無	有	有	有
祫	有	有	無	無	無	無
原廟	無	無	有	有	有	不見
宗	無	無	有	無	有	不見
遇	無	無	有	無	有	不見
祔主	無	無	有	有	有	不見
三公	有	有	有而不同			不見
六卿	無	無	有	有	有	不見
監	有	有	有	無	無	不見

案：以上禮制有無，舊説多牽混言之。今表其有無，無者即可不言此禮。擬通撰定一表，姑發其例如此。

今古各經禮制同名異實表

	今《穀梁》	今《公羊》	古《周禮》	古《左傳》	古《國語》	古《孝經》
禘	夏祭	大祀太廟	不見	大祀太廟	祀天帝	春祭
郊	祀天	祀天配人鬼	不見	祈穀、祀后稷	祀上帝	祀后稷以配天
社	祀地祇	同上	祀人鬼	同上	同上	祀地祇
雩	祈雨	同上	祈雨、祈穀	同上	同上	不見
五等爵名	非實爵	同上	實爵	非實爵	實爵	同上
五爵封地	三等	同上	五等	五等	五等	同上
三公	司徒、司馬、司空	同上	太師、太傅、太保	同上	同上	同上
喪中不祭	群廟皆不祭郊天不廢	同上	惟新附主不祭	同上	同上	不見
喪中祭		同上	群廟皆祭	同上	同上	不見
三軍	方百里所出	同上	方五百里所出	同上	同上	不見
七廟	太祖、三昭、三穆	同上	不見	考廟、四親廟、二祧	同上	不見
服	三服	同上	五服	同上	同上	不見
附庸	不及方五十里	同上	不見	同上	同上	不見

公	執事	同上	不執事	執事	不執事	不見
卿	在古學爲大夫	同上	在今學爲公	同上	同上	不見

案：以上各經同名異實者，此當分別觀之。後儒不知，混爲一説，則名實淆矣。擬撰《群經同名異實表》，姑發其例如此。

今古各經禮制同實異名表

	今《穀梁》	今《公羊》	古《周禮》	古《左傳》	古《國語》	古《孝經》
春祭	祠	礿	同上	郊	不見	禘
夏祭	禘	祠	禴	雩	不見	無
太廟	太廟	同上	郊	太廟	郊	郊
宗廟	世室	同上	明堂	世室	明堂	明堂
禮官	司徒	同上	宗伯	同上	同上	不見
功德祭	因祭	同上	五祀	同上	同上	不見
朝	四時同名	同上	四時異名	四時同名	四時異名	不見
	庶人在官	同上	府史胥徒			不見
方伯	方伯	同上	牧	州牧	牧	不見
井田	一井八家	同上	一井九家	同上	同上	不見

案：以上各經同實異名者，此當分別觀之。後儒不知，混爲一説，則名實淆矣。擬撰《群經同名異實表》，姑發其例如此。

今古學魯齊古三家經傳表

魯	齊	古
《易》亡	《田何易》	《費易》
《書》亡	伏生《尚書》	《古文尚書》
《魯詩》	《齊詩》附《韓詩》。	《毛詩》
《穀梁春秋》	《公羊春秋》	《左傳春秋》
《高堂儀禮》	后倉、大小戴《記》	《周禮》
今《孝經》不分魯、齊	同上	古《孝經》孔氏
《魯論語》	《齊論語》	古《論語》

案：今古之分，魯篤守《王制》，于今學爲純；古學全用《周禮》，于古爲純。南北相馳，辛甘異味。齊學本由魯出，間居兩大之間，不能不小用古學，如《公羊》是也。漢博士唯齊學盛，以伏生、公孫弘皆齊學也。魯學《易》《書》皆不傳，蓋亡在漢初，非舊亡也。今立此表以明三派，以魯、古爲準，齊消息于其中。亦如《春秋》日、月、時例，月在中無正例，三學之齊即《春秋》之月例也。

鄭君以後今古學廢絕表

武帝	楊氏	歐陽氏	魯 齊 韓	后氏
宣帝	施氏 孟氏 梁丘氏	同上 大小夏侯	同上 同上 同上	大小戴氏
元帝	同上 同上 同上 京氏	同上 同上	同上 同上 同上	同上
平帝	同上 同上 同上 同上	同上 同上 《古文》	同上 同上 同上 毛	同上 《逸禮》 《周禮》
光武	施氏 孟氏 梁丘氏 京氏	歐陽氏 大小夏侯 不立	魯 齊 韓 不立	大小戴氏 不立 不立 不立
章帝	同上 同上 同上 同上	同上 同上 《古文》受學。	同上 同上 同上 毛受學。	同上 同上 同上 同上
魏	鄭《易注》 亡 亡	鄭《書注》	 不立 不立 鄭《毛詩箋》	鄭《禮記注》 鄭《儀禮注》 亡 鄭《周禮注》
晉	鄭《易注》 王《易注》	鄭《書注》	亡 亡 同上	同上 同上 同上

续表

公羊				
同上		穀梁		
同上		同上		
同上		同上	左氏	
顏氏	嚴氏	不立	左氏後廢。	
同上	同上	穀梁受學。	左氏受學。	
何注			賈、服注	
同上		范注	賈、服注	杜注

今學盛于西漢古學盛于東漢表

今學	古學
《楊氏易》武帝時立，光武時未立。 《施氏易》孝宣時立，光武時復立。 《孟氏易》孝宣時立，光武時復立。 《梁丘氏易》孝宣時立，光武時復立。 《京氏易》元帝時立，光武時復立。	《費氏易》西漢未立。東漢陳元、鄭衆傳其學，馬融作傳，鄭玄作注。
《歐陽尚書》武帝時立，光武時復立。 《大小夏侯尚書》孝宣時立，光武時復立。	《孔氏古文尚書》平帝時立，光武時未立。肅宗時詔高才生受杜林，傳其學。賈逵作訓，馬融作傳，鄭玄作注。

续表

《魯詩》文帝時立，光武時復立。 《齊詩》孝宣時立，光武時復立。 《韓詩》孝文時立，光武時復立。	《毛詩》平帝時立，光武時復立。肅宗時詔高才生受衛宏，鄭衆好其學。衛宏作序，馬融作傳，鄭玄作箋。
《大戴禮》孝宣時立，光武時復立。 《小戴禮》孝宣時立，光武時復立。 《慶氏禮》未立。	《周官禮》王莽時立。中興，鄭衆傳其學。馬融作傳，鄭玄作注。
《公羊春秋》宣帝時立，光武時復立。 《穀梁春秋》孝宣時立，光武時未立。	《左氏春秋》平帝時立，光武時立，後罷。肅宗時詔高才生受鄭興，陳元傳其學。賈逵作訓，服虔作注。
附： 《高氏易》未立。 今《孝經》 今《論語》趙岐説有博士。	附： 古《孝經》未立。 古《論語》未立。

案：今學盛于西漢，屏斥古學不得顯。古學盛于東漢，今學寖微。二學積爲仇敵，相與參商。馬融指博士爲俗儒，何休詆古文爲俗學。可見鄭君以前，二學自爲水火，不苟同也。

今古學經傳存亡表

《楊氏易》《漢志》不著録。

《施氏易》《隋志》：亡于西晉。

《孟氏易》《隋志》：八卷，殘缺。梁十卷。《舊唐志》有十卷。《宋志》無。

《梁丘氏易》《隋志》：亡于西晉。

《京氏易》《隋志》有十卷。《宋志》無。

《高氏易》《隋志》：亡于西晉。

《歐陽尚書》《隋志》：亡于永嘉之亂。

《大小夏侯尚書》《隋志》：亡于永嘉之亂。

《魯詩》《隋志》：亡于西晉。

《齊詩》《隋志》：魏代已亡。

《韓詩》《隋志》有二十二卷，無傳之者。今存《外傳》。

《大戴禮》今存。

《小戴禮》《禮記》今存。

《慶氏禮》《儀禮》今存。

《費氏易》《隋志》無，《舊唐志》有，《宋志》無。

《孔氏古文尚書》《隋志》《舊唐志》有馬注，《宋志》無。

《毛詩》今存。

《周官禮》今存。

续表

《公羊春秋》今存。	《左氏春秋》今存。
《穀梁春秋》今存。	
今《孝經》張禹注，《隋志》已無。	古《孝經》今存。
今《論語》張禹注，《隋志》已無。	古《論語》今存。
案：今學書，今唯存《韓詩外傳》《大小戴》《慶禮》《公羊》《穀梁春秋》五家，餘十二家亡。	案：古學書，唯《易》《尚書》亡，餘今皆存。蓋今學盛于西漢，至于哀、平，古學乃興，以後皆古學弟子，故今學浸微，魏晉之後，今經遂亡。鄭注古學，兼采今學；今學之亡，鄭氏之過也。

今古學考卷下

舊擬今、古學三十論目，欲條説之，倉卒未能撰述。謹就《經話》中取其論今、古學者以爲此卷。中多未定之説，俟有續解，再從補正。

今、古二派，各自爲家，如水火、陰陽，相妨相濟，原當聽其別行，不必强爲混合。許君《異義》本如《石渠》《白虎》，爲漢制作。欲于今古之中擇其與漢制相同者，以便臨事緣飾經義，故累引漢事爲斷。又言『叔孫通制禮』云云，皆爲行事計耳；至書之並行，兩不相背，則不欲混同之也。鄭君駁《異義》時，猶知今、古不同，各自成家，至于撰述，乃忘斯旨。注古《周禮》用《王制》，箋《毛傳》用《韓詩》，注

《古文尚書》用夏侯、歐陽説。夫説經之道，與議禮不同。議禮可以斟酌古今，擇善而從；説經則當墨守家法，雖有可疑，不能改易，更據别家爲説。今注古學，乃欲兼有今學之長，采今易古，正如相者嫌一人耳目不好，乃割别人耳目補之，不惟無功，而且見過。使鄭君作注時，猶存駁《異義》之見，則分别今、古，先師之法不致盡絶；乃前後異轍，使今、古之派，遂至漢末而絶也，惜哉！

許君雖于今、古互有取舍，不過爲漢制緣飾。至于各經家法，聽其别行，不欲牽合之也。如明堂説，許案云：『今禮、古禮各以其義説，無明文以知之。』又《公羊》《左氏》説朝聘不同，許案云：『《公羊》説，虞夏制；《左氏》説，周禮。傳曰「三代不同物」，明古今異説。』是許以今、古不同，不欲混通也。又諸侯夫人喪，《公羊》《左氏》異説。許案云：『《公羊》説，同盟諸侯薨，君會葬；其夫人薨，又會葬。是不違國政，而常在路。《公羊》《左氏》説，俱不别同姓、異姓。《公羊》言當會，以爲同姓也；《左氏》云不當會，據異姓也。』是許以今、古各有所據，不欲强同也。至其餘條，或云從《左氏》，或云從《周禮》，亦自定一尊，不欲含混。至鄭氏著書，乃全與此意反矣。

《異義》久亡，今就陳氏輯本考之，所存將近百條。今與今同，古與古同，各爲朋黨，互相難詰，以其門户原異，故致相歧也。中惟三條古與今同者。《穀梁》説『葬不爲雨止』，統尊卑而言；《左氏》説：『庶人不爲雨止。』《公羊》説：『雨不克葬，謂天子、諸侯也。卿大夫臣賤，不能以雨止。』此《公羊》參用古學之言也。《公羊》説：『臣子先死，君父名之。』《左氏》説：『既没，稱字而不名。』許以爲《穀梁》同《左氏》。按此皆後師附會之説，于經傳無明文，同異無關于今古禮制者也。又引《魯詩》説，丞相匡衡以爲『宗廟宜毁』；《古文尚書》説『宗廟不毁』。許據《公羊》御史大夫貢禹説，同《古文尚書》不毁。按毁與不毁，經無其證，凡此所同，皆無明據，至于大綱，無或參差也。

孔子初年問禮，有『從周』之言，是尊王命、畏大人之意也。至于晚年，哀道不行，不得假手自行其意，以挽弊補偏；于是以心所欲爲者書之《王制》，寓之《春秋》，當時名流莫不同此議論，所謂因革繼周之事也。後來傳經弟子因爲孔子手訂之文，專學此派，同祖《王制》。其實孔子一人之言，前後不同。予謂『從周』爲孔子少壯之學，『因革』爲孔子晚年之意者，此也。

鄭君注《禮記》，凡遇參差，皆以爲殷、周異制。原今、古之分，實即此義。鄭不以爲今、古派者，蓋兩漢經師已不識《王制》爲今學之祖，故許君以《公羊》『朝聘』爲虞夏制，鄭君以《王制》爲殷禮。但知與《周禮》不合，而不知此爲孔子手訂之書，乃改周救文大法，非一代所專，即今學之本也。今于數千年後得其根源，繼絶扶微，存真去僞，雖清劃繁難，固有不能辭者矣。

《王制》《祭統》，今學；《祭法》，古學。二者廟制、祭時一切不同，且故意相反。兩漢經師言廟制、祭儀，皆牽混説之；特以之注經，則自鄭君始。議禮之事，各有意見，多采輯諸説，以調停其間，不能由一人之意，此議禮之説多不可據也。

今、古經本不同，人知者多。至于學官皆今學，民間皆古學，則知者鮮矣。知今學同爲魯齊派，十四博士同源共貫，不自相異；古學爲燕趙派，群經共爲一家，與今學爲敵，而不自相異，則知者更鮮矣。知今學同祖《王制》，萬變不能離宗；《戴禮》今、古雜有，非一家之説。今、古不當以立學不立學爲斷。古學主《周禮》，隱與今學爲敵。今禮少，古禮多。今禮所異皆改古禮等説，則西漢大儒均不識此義矣，何論許、鄭乎！

魯、齊、古三學分途，以鄉土而異。鄒與魯近，孟子云『去聖人居，若此其近』，蓋以魯學自負也。荀子趙人，而游學于齊，爲齊學。《韓詩》，燕人傳今學而兼用古義，大約游學于齊所傳也。《儒林傳》謂其説頗異，而其歸同。蓋同鄉皆講古學，一齊衆楚，不能自堅，時有改異。此韓之所以變齊也，而齊之所以變魯者，正亦如此。予謂學派由鄉土風氣而變者，蓋謂此也。

群經之中，古多于今，然所以能定其爲今學派者，全據《王制》爲斷。《三朝記》知其爲今學者，以與《王制》合也。《禮記》冠、昏、鄉飲、射義所以知爲今學者，以與《王制》同也。同者從同，異者自應從異，故舊説淵源，皆不足據。蓋兩漢末流，此異遂失，混合古、今，雖大家不免。如劉子政有古禮制，馬融説六宗偶同伏説是也。審淄澠，定宫徵，毫釐之差，千里之失，不亦難哉！

初疑今派多于古，繼乃知古派多于今。古學《周禮》與《左傳》不同，《左傳》又與《國語》不同，至于《書》《詩》所言，更無論矣。蓋《周禮》既與《國語》《周書》不同，《左傳》又多緣經立義之説。且古學皆主史册，周歷年久，掌故事實，多不免歧出，故各就所見立説，不能不多門。至于今學，則全祖孔子改制之意，只有一派，雖後來小有流變，然其大旨相同，不如古學之紛繁也。

《論語》：『周監于二代，郁郁乎文哉！吾從周。』此孔子初年之言，古學所祖也。『行夏之時，乘殷之輅，服周之冕，樂則《韶舞》。』此孔子晚年之言，今學所祖也。又言夏殷因革，繼周者百世可知。按《王制》即所謂繼周之王也，因于《周禮》，即今學所不改而古今同者也，其損益可知。《王制》改周制，皆以救文勝之弊，因其偏勝，知其救藥也。年歲不同，議論遂異。春秋時諸君子皆欲改周文以相救，孔子《王制》即用此意，爲今學之本旨。何君解今禮，以爲《春秋》有改制之文，即此意也，特不知所改之文，全在《王制》耳。

今、古之分，鄭君以前無人不守此界畔。伏《尚書》、三家《詩》無論矣。何君《公羊解詁》不用古説，其解與《周禮》不同者，皆以爲《春秋》有改制之事，不强同《周禮》，此今學之派也。至于許君

《説文》用古義，凡今文家皆以博士説目之，屏爲『異義』。至于杜、鄭、興、衆父子。賈、馬，其注《周禮》《左傳》《尚書》，皆不用博士説片語隻字。《五經異義》焉有以今學長于古義一條目？今説既爲俗儒，不可據以爲用今學也。至于引用諸書，亦惟用古派，從不用《王制》。其分别異同，有如陰陽、水火之不能强同。鄭司農注《大司徒》五等封地，全就本經立説，不牽涉《王制》。其注『諸男方百里』一條云：『諸男食者四之一，適方五十里，獨此與五經家説合耳。』其所謂之『五經家』者，即《王制》『子男五十里』之説也。《異義》謂之今文，《説文》目爲博士，斥爲異説，不求雷同。即此可見東漢分别今、古之嚴。自鄭康成出，乃混合之。可含混者，則含混説之；文義分明者，則臆斷今説以爲殷禮。甚至《曲禮》古文異派，亦以爲殷禮。鄭君受賈、馬之學而兼采今文。今欲删其混合以反杜、馬之舊，須知此非予一人之私言，乃兩京之舊法，試爲考繹，必知不謬矣。

今、古之混亂，始于鄭君，而成于王子雍。大約漢人分别古、今甚嚴，魏晉之間厭其紛争，同思畫一。鄭君既主今、古混合，王子雍苟欲争勝，力返古法，足以摧擊鄭君矣；殊乃尤而效之，更且加厲。《家語》《孔叢》皆其僞撰，乃將群經今古不同之禮，託于孔子説而牽合之。如《王制》廟制，今説也；《祭法》廟制，古説也；各爲規模，萬難强同者也。而《家語》《孔叢》之言廟制者，則揉雜二書爲一説。鄭君之説，猶各自爲書；至于王氏，則並其堤防而全潰之。後人讀其書，愈以迷亂，不能復理舊業，皆王氏之過也。故其混亂之罪，尤在鄭君之上。欲求勝人，而不知擇術，亦愚矣哉！

鄭君以前，古學家著書，不惟不引據《王制》師説，並《公》《穀》二傳、三家《詩》、今文《尚書》、今《易》，凡今學之言，避之如洪水猛獸。惟其書今古雜有，或原無今古派之分者，乃用之。如杜、鄭、賈、馬之引《孟子》《論語》《禮記》是也。引《春秋》，則惟《左氏傳》。至于引二傳『跛者迓跛者』條，則亦但引其文句而不言書名，皆足見其門户之峻厲也。

《禮運》《禮器》《郊特牲》，孔子告子游，皆古學説。此孔子未作《春秋》以前『從周』之言。至于作《春秋》以後，則全主今學，如《大戴》告哀公之《三朝記》，全與《王制》《穀梁》合是也。孔子傳今學派時，受業早歸者未聞，故弟子有專用古學者。又或别爲不受業之隱君子所爲。然大約出于受業者多，因欲與受業之今學分别，故權以古學爲不受業，非弟子遽無古學者也。

《緯》云：『志在《春秋》，行在《孝經》。』《孝經》皆已成之迹，《春秋》則虚託空言。故予意以《孝經》爲古學，《春秋》爲今學，《論語》爲今古雜。以《孝》屬行，行必從周；《春秋》屬志，志有損益；《論語》少壯、晚年之語皆有，故不一律，大約從今者多。至于《孝經》有今學，《春秋》有古學，《論語》有今、古兩派，此皆後來附會流派，孔子當日不如此分别也。

《論語》：因革損益，唯在制度。至于倫常義理，百世可知。故今、古之分，全在制度，不在義理，以義理今古同也。至于弟子之大義，經師之推衍，乃有取舍不同、是非異致之説。揆之于初，無此分别。《異義》所録師説，半皆東漢注解家言，索虚爲實，化無爲有，種種附會，都非原旨。然既欲各立門户，則好惡取舍，亦不能不小有改動。言各異端，亦不必强同，但讀者須知此非今古正義，不蔽錮于許説，可也。近言今古派者皆本原于《異義》，今不盡據之。

今、古之分，或頗駭怪，不知質而言之，沿革耳，損益耳。明之制不能不異于元，元之制不能不異于唐宋。今學多用殷禮，即仲弓『居敬』之意；古學多用周禮，即《中庸》『從周』之意。今制與古不同，古制與今異派，在末流不能不有緣飾附會之説。試考本義，則如斯而已，故不必色駭而走也。

魯爲今學正宗，燕趙爲古學正宗，其支流分派雖小有不同，然大旨一也。魯乃孔子鄉國，弟子多孔子晚年説，學者以爲定論，漢人經學，以先師壽終之傳爲貴，亦如佛家衣鉢真傳之説也。故篤信遵守。初本以解《春秋》，習久不察，各是所長，遂以遍説群經。此魯之今學，爲孔子同鄉宗晚年説以爲宗派者也。燕趙弟子，未修《春秋》以前，辭而先反，惟聞孔子從周之言，已後改制等説未經面領，因與前説相反，遂疑魯弟子僞爲此言，依託孔子，如漢人傳經，別雜異端，乃自託于師終時手授其傳，故弟子不信其書之比。故篤守前説，與魯學相難。一時隱君子習聞周家故事，亦相與佐證，不信今學而攻駁之，乃有《周禮》《左傳》《毛詩》之作。自爲朋黨，樹立異幟，以求合于孔子初年之説。此古學派，爲遠于孔子，兼采時制，流爲別派者也。其實今學改者少，不改者多；今所不改，自當從古。凡解經，苟今學所不足，以古學補之，可也。齊人間于二學之間，爲鄉土聞見所囿，不能不雜采，乃心欲兼善，遂失所繩尺。不惟用今學所無，並今學有明文者，亦皆喜新好異，雜入古説，今不爲今，古不爲古，不能施行。然九家之中有雜家一派，則兼收並蓄，志在包羅，亦學人積習也。昔人云：『仲尼没而微言絶，七十子没而大義乖。』此之紛紜，大約七十子没之後乎！皆不善學者之所致耳。

《易》《書》《詩》《春秋》《儀禮》《周禮》《孝經》《論語》，今、古之分，古人有成説矣；唯《戴記》兩書中諸篇自有今、古，則無人能分別其説。蓋《戴記》所傳八十餘篇，皆漢初求書官私所得，有先師經説，有子史雜鈔，最爲駁雜。其采自今學者，則爲今學家言；采自古學者，則爲古學家言。漢人以其書出在古文之先，立有博士，遂同以爲今學。此今、古所以混淆之始，非鄭康成之過也。然考《異義》，雖以《戴禮》爲今説，而杜、賈諸家注《周禮》《左傳》，于《戴記》有引用之篇，有不引用之篇。是當時雖以《戴禮》爲今學，而古文家未嘗不用其説，足見其書之今、古并存矣。今之分別今、古，得力尤在將《戴禮》中各篇今、古不同者歸還本家，《戴記》今、古定，群經之今、古無不定矣。予以《王制》爲今學之祖，取《祭統》《千乘》《虞戴德》《冠義》《昏義》《射義》《聘義》《鄉飲酒義》《燕義》等篇注之，附于今派。取《祭法》篇爲古《國語》說；又取《玉藻》《盛德》《朝事》等篇爲古《周禮》說；又以《曲禮》《檀弓》《雜記》爲古《春秋左氏》說。詳見《禮記今古篇目表》。至于其餘，或爲《儀禮》說，或爲《詩》《禮》《孝經》說，陰陽五行說，學問派、子史派、陰陽五行派，無今、古之分及今、古雜用者，都爲考訂。每篇各自爲注，以類相從。再不求通別家，牽混異解。《戴記》一明，則群經無不大明。蓋以《記》中諸篇，經說居十之七八，自別入《記》中。經不得記不能明，記不得經無以證，仳儢兩傷，甚至援引異說以相比附，故注解愈多，經意愈晦，經學亦愈亂。今爲合之，如母得子，如石引鍼，瓜分系別，門户改觀，群經因此大明，故云得力處全在解得《戴記》。予以《王制》解《春秋》，無一字不合，自胡、董以來，絕無此說。至以《戴記》分隸諸經，分其今、古，此亦二千年不傳之絕學。微言大義，幸得粗窺，故急欲成之。或以此說爲過奇，不知皆有所本，無自創之條，特初說淺而不深，偏而不全，心有餘而力不足，形近是而實則非；久乃包羅小大，貫穿終始，采花爲蜜，集腋成裘，無一說不本前人，無一義仍襲舊說，積勞苦思，歷數年之久，于盤根錯節，外侮内憂，初得彌縫完善，而其得力尤在分隸《戴記》，觀前表及《兩戴章句凡例》可見。

或問：《王制》制度，孔子全用殷禮，抑亦別有所本？曰：孔子答顏子參用四代，《王制》言巡狩與《堯典》合，則不獨殷禮矣。又《緯》云殷五廟，周七廟，《穀梁》七廟，據周；尹更始說「天子稱崩，劉向說亦云據周」，是《王制》參用四代之證。然《中庸》云：「吾說夏禮，杞不足徵；吾說殷禮，有宋存焉。」是春秋時，夏以前禮制皆殘缺不可考。大約孔子意在改制救弊，而虞樂、夏時以外多不可考，故建國立官，多用殷制，《緯》云「《春秋》用殷禮」是也。《說苑》引伊尹說三公、九卿、二十七大夫事，與董子同，是立官用殷禮也。《緯》云殷爵三等，周爵五等，今爵五而地三，是亦用殷禮也。《春秋》有故宋之説；《穀梁》主王後其先殷人二義；孔子卒，殯用殷禮。故《春秋》見司馬、司城二官，明改制用殷禮三公也。《殷本紀》伊尹説湯以素王之法，與《春秋》「素王」義同。史公「素王」妙論，亦以伊尹爲主，豈「素王」二字亦從伊尹來耶？説者以素爲「從質」之義，史公論范、計，亦質家意，豈「素王」爲伊尹説樸質之教，孔子欲改周文，仿于伊尹從質之意而取「素王」，故《春秋》多用殷禮耶？

或以今、古爲新派。曰：此兩漢經師之舊法也。詳見前卷。以《王制》主今學無據。曰：俞蔭甫先生有成説矣。以《國語》在《左傳》先爲無考。曰：此二書爲二人作，趙甌北等早言之矣。《戴記》有今、有古，鄭、馬注《周禮》《左傳》已有此決擇矣。今、古二家各不相蒙，今、古先師早有此涇渭矣。以今、古分別禮説，陳左海、陳卓人已立此宗旨矣。解經各還家法，不可混亂，則段玉裁、陳奐、王劼注《毛詩》已删去《鄭箋》矣。以《禮記》分篇治之，則《隋志》已有《中庸》《喪服》《月令》單行之解矣。今與今合，古與古合，不相通，許君《異義》早以類相從矣。考訂《戴記》簡篇，則劉子政、鄭康成已有分別矣。今之爲説，無往非因，亦無往非創；舉漢至今家法融會而貫通之，以求得其主宰。舉今、古存佚群經，博覽而會通，務還其門面，並行而不害，一視而同仁。彼群經今、古之亂，不盡由康成一人。今欲探抉懸解，直接卜左，則舉凡經學蒙混之處，皆欲積精累力以通之，此作《今古考》之意也。

今、古之分，于經傳以《王制》《周禮》《三傳》《戴記》爲證，于禮制以宗廟、禘祫、田税、命官、制禄爲證，可謂詳明。然此別其異同，試以「會同」明其意旨。《論語》有會同，是當時本有會同，故公西舉之，此《論語》據古學之證也；《周禮》有會同，合于《論語》，是《周禮》用舊儀典册之證也。《春秋》無同，是孔子不守周禮、自立新制之證也；《左傳》無同，是《左傳》緣經立説、經所無者不能有之證也；《書·禹貢》《詩·車攻》有會同，此夏、周有會同之旁證也；《國語》《孝經》無會同，此別派異于《周禮》之證也。即此一事考之，前後沿革，本原派別，皆可由之而悟。語簡事繁，學者當舉一反三也。

予撰《今古禮制分類鈔》，以徐、秦《通考》爲藍本，分今爲五派，古爲六派，詳見前《流派表》中。以爲正宗。凡古有今無、今古同、今古雜者，別立三門收之，子、緯亦附焉。至《易》《書》《詩》舊皆同列，既無明文，惟據注疏分隸，今盡削落，不以爲據；其有明文者，分爲四代制，以入《沿革表》。《論語》今、古兼有，亦如《禮記》分篇例，各從其類。漢人《易》《書》《詩》《孝經》皆分今、古，誤說也；以《易》《詩》證禮制，亦誤據也。《禮記》兼有今、古，以隸今學，誤也；《論語》今、古雜，今、古二家立二派，各爲家法說之，亦誤也。今盡汰誤說，別立新門，學者據此分鈔分說，禮制涇渭判然，不啻江河，執此治經，庶有澄清之效。

《司馬法》司馬主兵，《王制》之傳也。其言兵制、出師，與《周禮》不合，蓋全主《王制》也。《孔叢子·軍制》篇間于今、古之間，有用《周禮》之文，有用《司馬法》之文。今凡與《王制》《司馬法》同者，則以入《王制》；與《周禮》同者，入古也。又考《司馬》逸文與《王制》同見于孔、賈諸疏所引者，今本乃無之。豈孔、賈所引別一書，今存本乃穰苴書歟？

三統循環，由周而夏，此質家矯枉之言，孔子不主此議。周末名流，競欲救文。老、尹、桑、莊，厭棄文敝，至于排仁義，不衣冠。矯枉者必過其正，此諸賢之苦心，救世之良藥也。然風氣日開，文明漸備，宜俗所安，君子不改，情文交盡，來往爲宜，若欲改周從夏，不惟明備可惜，亦勢所不行。繼周不能用夏制，亦如繼唐虞之不能用羲、軒也。子桑伯子，欲復夏禮者也；《說苑》言孔子往見，論文質之事。《論語》所謂

『簡』，謂夏制也；『敬』，謂殷制也。孔子許伯子之質，仲弓以繼周不能用夏，惟當用殷，小參夏意，深明損益，洞達治體，與孔子語顔子意相合。故夫子以『南面』嘉之，謂可與言繼周之事。《王制》用殷禮，仲弓有啓予之助。又孔子言服周冕，非獨取一冕，凡儀注等威、章服、文藻之事，皆從冕推之，故儀禮以及威儀皆不改也。『乘殷輅』，『輅』取實用，務于致遠，凡制官、爵命，《王制》所改之事，皆其太甚，有害無益者也。至于夏制，所取者少，人事日文，不能復古。惟天道尚質，行時郊祀，大約皆夏正也，假時、輅、冕以示其例而已。四科之中，顔子、仲弓以德行見。制作精意，二子得聞，以下偏才，舍大謀細矣。所改者今，不改者古，觀其因革之原，而今古之事思過半矣。

周制到晚末積弊最多，孔子以繼周當改，故寓其事于《王制》。如因尹、崔世卿之事，乃立選舉之政；因閽弒吴子之事，乃不使刑者守門；因諸侯争戰，乃使二伯統制之；國大易爲亂，乃限以百里；日月祭之瀆祀，乃訂爲四時祫祭；厚葬之致禍，乃專主薄葬。凡其所改，專爲救弊，此今學所以異古之由。至于儀禮節目與一切瑣細威儀，皆仍而不改。以其事文郁足法，非利弊所關，全用周制，故今學《祭統》《祭禮》儀注與古學《祭義》同也。凡今學改者少，其不改者皆今、古同儀。《禮記》雖爲今學，然所言與經不相倍，以此仍用周制之故。通考《分類鈔》，凡今無者别爲一册，入此門者，皆今、古所同者也。

今學祇一派，雖齊、韓參用古學，然其主今學處無異説也。古學則在經已有數派，不能同。故《今古分類鈔》凡專派與所無，皆爲注明。如會同爲《周禮》專派，禘嘗爲《孝經》專派。他家所無者，入之。又《周禮》無禘祫；《左》《國》無祫；《周禮》朝、覲、宗、遇分四時，爲專派；《左》《國》有朝無覲、宗、遇，並爲注明分隸。治古學者當守此界限，亦如今、古之嚴，不可但因其俱爲古學，遂蒙混而説之，如前人之混亂今、古也。

今、古之分，本以禮制爲主。至于先師異解，漢人因其異師，亦以爲有今、古之別，實則非也。如爵制之大小，疊制之異同，六宗之名目，社主之松柏，既無所據，何分古、今？又《尚書》『稽古』有『同天』『順考』之異說，然無關禮制，隨便可也。因『同天』偶爲今學家言，『順考』偶爲古學家言，學者亦遂以爲今、古有所分別，實則不然。今學附庸，古《周禮》無附庸。《異義》古學說有附庸，此亦後師誤說。許氏有從今改古之條，皆此類也。

今學禮，漢以前有《孟》《荀》《墨》《韓》可考。古學則《國語》《周書》外，引用者不少。漢初燕趙之書不盛傳，賈、張以外少所引用，然不能謂其出于晚近也。

今天下分北、南、中三皿，予取以爲今古學，由地而分之，喻古爲北皿，魯爲南皿，齊爲中皿。北人剛强質樸，耐勞食苦，此古派也；南人寬柔敦厚，温文爾雅，此魯派也；中皿間于二者之間，舟車並用，麥稻交儲，習見習聞，漸染中立，此中皿派也。齊學之兼取古今義，正如此。

《孝經》《論語》，《漢志》有今、古之分。今欲復二派之舊，其事頗難。《孝經》爲古派，全書自成首尾。《論語》則采録博雜，有爲今學所祖，有爲古學所祖。欲一律牽合，于今、古說必多削足合履之失。然舊有古、今二派，又不能强合之，竊欲仍分爲二家。《論語》今學詳今，古學詳古，凡異說皆注明，如附解存異之例。至于《孝經》，純以今學說之，則又用《左傳》以古禮說《春秋》之法。好學深思之士，必能成此書也。

今、古經傳，唯存《春秋》。《王制》《周禮》皆三傳所據以爲今、古之分者。四家爲今、古之正宗，同異之原始。二門既別，然後先師各囿所習，推以說《易》《書》《詩》《論語》《孝經》。凡此五經今、古之說，皆後來附會之談，非本義也。說《春秋》得孔子修述之旨者，三傳之中唯《穀梁》。說《易》

《書》《詩》《論語》《孝經》，皆當力求秦漢以前之説。故五經今、古先師之説，多與以前同。今當以秦以前者爲正義，漢以後者爲晚説也。

《藝文志》『孝經』下云：『各家經文皆同，唯孔氏壁中古文爲異。「父母生之，續莫大焉」，「故親生之膝下」，諸家説不安處，古文皆異。』《孝經》古文異今文，不審是先秦原文，抑漢後譯改？然必有不安，其説乃異，是今文自招之也。《左傳》破今學，其所以立異之處，亦如《孝經》，多由今説不安，或弟子主張太過，或義例繁難不能畫一之處，古傳則必别立一説以易之。如何氏《日月例》，何怪唐宋人極詆之？范《注》不知《春秋》用《王制》，何怪其據《周禮》以駁傳？苟能盡明今學，則其事理平實，人亦何苦而思易之？空穴來風，終當自尤也。

今以《穀梁》《左氏》爲今、古學根本，根本已固，然後及《禮》與《易》《書》《詩》等經。蓋古、今起于《春秋》與《王制》《周禮》，餘皆先師推所習以説之者。《統宗表》即此意也。根本已立，然後約集同人以分治群經，人多經少，當易成也。

今、古説，其見《異義》者，多非其實。大約出于本書者爲上，其稱某家説者多附會之談。許君于其互異者，每以有明文、無明文爲説。是有明文爲可據，無明文爲不足據也。而明文之説，又以平實者爲正，如三公、九卿之類是也。推例爲附會，如《易》家以六龍定六馬，《詩》家以譚公爲稱公是也。學者不察，則附會之説最易誤人。凡人説一事，口之所出，多流爲歧異，如明堂、郊禘諸説紛紜是矣。又六宗之説，至二十餘家不同，有何明文？皆意爲之。此不足據也。先師主持一説，末流每至附會。如《公羊》本素王，因素王之義，遂附會以爲王魯是也。有震驚張皇之色，乃過情虚擬之詞。今者細爲分出，務使源流派别，一覽而明。其于《異義》所言，不無千慮一得矣。

《詩》《書》有四代異制，以今、古學説之，皆非也。然先師既主此説，則不能不婉轉以求通，所謂削足適屨之事，每不免焉。如九州之制，《王制》所言共五千里，《周禮》所言則萬里，此今、古禮制之分也。特二學皆就春秋制度言之，不必通説四代也。而《尚書》有五服之文，本與《王制》三服、《周禮》十服不合。而先師欲各合其禮制，故今學之歐陽、大小夏侯説則以五百里爲一服，五五二千五百里，合南北得五千里，減省里數以求合《王制》之説也。古學之杜、馬説，則以爲千里爲一服，五服五千里，合南北爲萬里，加多里數以求合《周禮》之説也。實則《王制》《周禮》之説，皆與《尚書》夏制不相關。而今、古先師乃欲抱其《王制》《周禮》之説以遍説群經，統括沿革。其中左支右絀、朝四暮三之踪迹，班班可考。今誠各知其所據以推考求通之意，則我用我法，得失易明。若不知其所據，震驚其異同，必求有所以折其中，或于其中更欲有左右焉，此豈能合也哉？予確知先師折中求合之説都非本義，故欲以四代沿革補正其誤，使知此皆後師推衍之説。不明此意，經意何由得哉！

三傳著録，皆先秦以前。《穀梁》魯人，《左傳》燕趙人，故《公羊》出入二家，兼收燕魯，特從今學者多耳。今學二伯，古學五伯，《公羊》從五伯之説。他如仲子爲桓母，改蔡侯，東爲朱，凡此皆事實之變異者。至于禮制，則説禘，説郊，時雜古制。蓋以齊居魯與燕之間，又著録稍晚，故其所言如此。好學深思者，當自得之。

《左傳》出于今學方盛之時，故雖有簡編，無人誦習，僅存秘府而已。至于哀、平之間，今學已盛而將微，古學方興而未艾。劉子駿目見此編，遂據以爲今學之敵，倡言求立。至于東漢，遂古盛而今微，此風氣盛衰迭變之所由也。

今學傳孔子，本始于魯。公羊始師齊人，受業于魯，歸以教授，當其始仍《穀梁》派也。如荀子游學于齊，學于公羊，始師其説。《春秋》多同《穀梁》，是齊學初不異于魯學之證。至于歸以教授，齊俗喜夸好辨，又與燕趙近，游士稷下之風最盛，故不肯篤守師説，時加新意，耳濡目染，不能不爲所移。齊學之參雜于今、古之間，職是故也。《儒林傳》言，伏生口授《尚書》，有壁藏書，《公羊》有齊語，故人以爲舊由口授，至漢乃著竹帛。實則群經著録，皆在先秦以前。《公羊》之有齊語，是秦前先師，非漢後晚師。不如舊説孔子畏禍遠言，不著竹帛也。

魯恭王壞宅所得之書，不止古學，即今學亦有，以其書已先行，故不言耳。壁中諸書，皆魯學也。伏生口授《尚書》，世已尊行；魯壁中古文出，孔氏借以寫定，魯《書》遂變爲古學矣。《春秋公羊》由齊傳授，壁中所出，當即《穀梁》。《穀梁》傳，而壁中魯學《尚書》之本文不傳，遂使人疑非其比，豈不可惜哉！

壁中《尚書》出，東漢諸儒以古學説之，亦如《儀禮》古文，而西漢諸儒以今學説之也。二書本無今、古之分，其以今、古分門户，先師附會之説也。

魯人不喜爲漢用，漢家因少抑之，魯學又無顯者。《公羊》之盛，全由公孫弘。《穀梁》經傳皆先秦之遺。史公云：『秦雖焚書，而鄒魯弦誦之聲不絶。』故漢初徵魯生講禮，魯書未亡。漢抑魯學，可由史公之言悟之。其後既久，乃興魯學，而猶假借壞宅得書以爲説者，則又史臣回護之言，不盡事實也。

魯《書》未亡，學猶盛，故《魯詩》《穀梁》，江公能傳之，不然，則江公何以崛起？魯《書》學之亡，則以世無達者，不幸而亡。《穀梁》雖存，終漢乃得立，此魯學之所以微也。魯《尚書》家不傳，班《書》謂伏《書》傳于齊魯，非也。魯自有《尚書》，不傳于世，辨意欲周旋此事耳。

漢初，齊人以經術貴顯者，始于伏生，繼以公孫弘，故齊學盛。魯無顯達，故以寖微。至于重魯輕齊，則宣、元以後風氣改變之言，亦賴當時天子、丞相之力耳。不然，終漢不得立也。

漢初，經學分三派，魯、齊、古是也；分二派，今、古是也。分三派者，《詩》《魯詩》《齊詩》《韓詩》《毛詩》。《春秋》《穀梁》魯，《公羊》齊，《左傳》古。《禮》魯高堂生傳《士禮》，齊后倉，古《周禮》。《論語》《魯論》《齊論》《論語古》也。四經是也。分二派者，《易》《尚書》《孝經》三經是也。《尚書》今學，出于伏生，齊學也；《易》傳于田何，亦齊學也；《孝經》后倉、翼，亦皆齊學也。然則七經中，齊、古學皆全。所缺者，魯之《易》《書》《孝經》三經説也。漢初，齊盛魯微，故失三經之傳。而古學行于民間，乃能與齊學相敵。則以古與今異，齊、魯同道，故存齊而魯佚與。

《毛詩》説田獵，與《穀梁》同文，此古、今學所同之禮制。故予謂今學所不改者，皆用周禮是也，柳氏大義不察，乃以《毛詩》與《穀梁》同師，則合胡越爲一家矣。古、今學所同之禮，當由此推之也。

漢儒著書，初守一家之説；至于宣、元以後，則不能主一家。如劉子政學《穀梁》，而《五經通義》《新序》《説苑》中所載禮制，乃有與古學同、今學異者。是不專主一家之證。

漢初古學不顯，而《公羊》中乃多用古禮，此古學先師在《公羊》著録以前已經大行之證。因《公羊》之録用其説，足知其書出在秦以前矣。

《穀梁傳》言『誓誥不及五帝，盟詛不及三王，交質子不及二伯』，與《荀子》同。據此説，則今説謂周初無盟，桓、文不交質也。《周禮》有盟，《左傳》有交質，此即實事，亦不與今説相妨。《周禮》非周公手定，《左傳》桓、文亦無交質事，疏家乃以《穀梁》爲漢初人著録，不見古籍而然。如此説，則何以解于《荀子》？又《穀梁》爲漢人作，從何得來？憑空臆造，全無實據，然疏家説不足駁斥也。

《春秋》去文從質、因時救弊，意本于老子，而流派爲子桑、惠、莊之流。墨子學于孔子，以其性近，專主此説。用夏禮改周制，本之于《春秋》，如『薄葬』即《王制》『不封不樹』之意。特未免流于偏激，一用夏禮，遂欲全改周禮，與孔子之意相左矣。春秋時有志之士皆欲改周文，正如今之言治，莫不欲改弦更張也。《論語》『禹無間然』一章，全爲《墨子》所祖，所謂崇儉、務農、敬鬼、從質，皆從此出。然孔子美黻冕，墨子則並此亦欲改之。當時如墨説者不下數十家，特惟墨行耳。

禮學之有古、今派，是也。然七十子之徒，文質易見，異同最多。所言之事，有不見于《周禮》《儀禮》《王制》者，此等禮制不能歸入于今，亦不能歸入于古。竊以此類亦有數例。有爲經中未詳之義，補經未備，如《儀禮》諸記之類是也。有爲緣經起義，如《詩》《書》有此説，先師存此義，爲《禮經》所不詳，如《王制》言天子、大夫爲監之類是也。有爲沿革佚文者，《周禮》《儀禮》皆一時之書，一代典禮，每有修改；《禮緯》言周初廟制，與後來不同，此亦修改之例。不知《周禮》爲何時之書，《儀禮》爲何時之書，則其中不無修改刊落之文，如《左氏》言文、襄之禮之類是也。有異説別録者，古人習禮，質文隨意，有既從一家而其異説亦偶存之，如子游、子夏之裼襲不同是也。有爲士君子一人之事不合時制者，如《鄉黨》記孔子之事，張盟生説此皆孔子一人之事，與常不合者，使常義則可不見，又其事爲朝廷所不詳之事，故隨人而改是也。有爲訓誡之事，如《幼儀》《弟子職》之類，並非國家一定典禮，私家編此以訓童蒙，言人人殊，詳略隨意之類是也。有禮家虛存此説，欲改時制，未見施行者。有因緣失本，誤據爲典要，實與禮制不合者。有殘篇斷簡，文義不全者。有經傳混淆，前後失次者。有句讀偶誤，斷續非真者。門目既多，豈能必所言之皆合本義？故説經以《禮記》爲繁雜難通。然既得其大綱，再爲細分節目，有所不解則姑闕疑，就所立門目以求之，想當十得八九矣。

《周禮》之書，疑是燕趙人在六國時因周禮不存，據己意、采簡册摹仿爲之者。其先後大約與《左傳》《毛詩》同，非周初之書也。何以言之？其所言之制與《尚書》典禮不合，又與秦以前子書不同。且《孟子》言：『諸侯惡其害己，而去其籍。』無緣當時復有如此巨帙傳流。故予以爲當時博雅君子所作，以與《王制》相異，亦如《左傳》之意。其書不爲今學所重，故《荀》《孟》皆不引用。其中禮制與《左傳》不同，必非一人之作。但不識二書孰在前，孰在後？孰爲主，孰爲賓也？

《儀禮》經爲古學，《記》爲今學，此一定者也。今不能于二者之中而分之。大約高堂傳經以後，已爲今學。後《古經》雖多廿餘篇，無師不習，是經亦今學之經矣。于此經欲立今、古二派，殊難措手。然細考《記》文，頗有與本經不同者，則經爲古學，《記》爲今學，亦不妨稍分別之，以示源委區別之意。

西漢今學盛，東漢古學盛。後盛者昌，而《易》《尚書》《詩》《禮》之今學全佚，而惟存古學，無以見今學本來面目。猶幸《春秋》今學之二傳獨存，與古相抗，今學全由《春秋》而生，又孔子所手定之書，其所以不亡，或者鬼神爲之呵護。予立今學門户，全據二傳爲主，至今學所亡諸書，皆以二傳與《左傳》相異之例推之，以成存亡繼絶之功，準繩全操于此。此又治經之一大幸也。

《異義》引今、古説，有經傳、師説二例。師説多于經傳十分之七八，非議禮之口説，則章句之繁文，未足爲據。漢廷議禮，視丞相所學。苟與之同，雖屈而可申；倘或異家，即長亦見絀。半以勢力辯訥定優劣，無公道也。又東漢以後，今學與古學争，如《異義》所載是也；西漢以前，則今學自與今學争。夫一家之中，何有長短？乃意氣報復，自生荆棘，如轅固、黄生之論湯武，彭祖、安樂之持所見，必于家室之中，别圖門户之建。蓋諸人貪立太常，邀求博士。漢法：凡弟子傳先師説，苟其同也，則立其師；倘有同異，則分立弟子。故當時恒希變異以求立。嚴、顔因此得並在學官，大小夏侯、大小戴意亦如此，其分門爲利禄也。以此倡導學者，宜乎人思立異。實本一家，而奪席廷争，務欲取巧，遂致同室操戈。後來古學大盛，今學遂不自攻而深相結納，以禦外侮，而已有不敵之勢。無事則相攻，有事乃相結，《唐棣》之詩，何不早誦乎！

予約集同人，撰《王制義證》。以《王制》爲經，取《戴記》九篇，外《公》《穀》傳、《孟》《荀》《墨》《韓》《司馬》，及《尚書大傳》《春秋繁露》《韓詩外傳》、緯候、今學各經舊注，據馬輯本。並及兩漢今學先師舊説，《今文尚書》《三家詩》用陳氏輯本。至于《春秋》《孝經》《論語》《易》《禮》尚須再輯。務使詳備，足以統帥今學諸經，更附録古學之異者，以備參考。此書指日可成，以後凡注今學群經禮制，不必詳説，但云見《義證》足矣。如今《易》《尚書》《春秋》《公》《穀》《詩》魯齊韓、《孝經》《論語》皆統于《王制》，可以省無數疏解。習今學者但先看《王制》，以下便迎刃而解。起視學官注疏，不惟味同嚼蠟，而且膠葛支離，自生荆棘。一俟此書已成，再作《周禮義》以統古學，而其中節目詳細，均見于《經話》中。

地理家有鳥道之説，翦迂斜爲直徑；予分今、古學，意頗似此。然直求徑道，特爲便于再加高深；倘因此簡易，日肆苟安，則尚不如故迂其途之足以使人心存畏敬。然二派之外又有無數小派，稽其數目，不下八九家，苟欲博通周攬，則亦非易事。

鄭君號精通三《禮》，其《王制注》或周或殷，一篇數易。注《王制》采《祭法》，注《祭法》用《王制》，徒勞唇舌，空擲簡札，説愈繁而經以愈亂。大約意在混同江河，歸並華岱，自謂如天之大，無所不通，乃致非類之傷，各失其要也。《後漢書·儒林傳》：中興，鄭衆傳《周官經》。後馬融作《周官傳》，鄭玄作《周官注》。玄本習《小戴禮》，後以《古禮經》校之，取其義長者，故爲鄭氏學。案：此謂鄭君混合今、古也。

今、古不同，鍼鋒相迕，東漢諸儒持此門户猶嚴。許叔重治古學，《五經異義》是古非今，《説文解字》不用今學；杜、鄭、賈、馬所注《周禮》《左傳》等書，不用今説；何君《公羊注》不用《周禮》；

是其證也。鄭君生古盛今微之後，希要博通之名，欲化彼此之界，爲何以箋《詩》？欲以今學入古也。爲何以注《周禮》？欲以今説補古也。爲何以注《尚書》？欲以今文附古也。今、古之分，自鄭君一人而斬，尊奉古學而欲兼收今文，故《禮記》《儀禮》今、古之文，一律解之，皆其集大成一念害之也。魏晉學者尊信其書，今、古舊法遂以斷絶，《晉·儒林》所傳，遂無漢法，且書亦因此佚亡，不能不歸過于鄭君。蓋其書不高不卑，今、古並有，便于誦習，以前今、古分門之書皆可不習，故後學甚便之，而今、古學因之以亡，觀于表説可以見之，不可不急正者也。

鄭君之學，主意在混合今、古。予之治經，力與鄭反，意在將其所誤合之處，悉爲分出。經學至鄭一大變，至今又一大變。鄭變而違古，今變而合古。離之兩美，合之兩傷，得其要領，以御繁難，有識者自能別之。

予創爲今、古二派，以復西京之舊，欲集同人之力，統著《十八經注疏》，今文《尚書》《齊詩》《魯詩》《韓詩》《戴禮》《儀禮記》《公羊》《穀梁》《孝經》《論語》，古文《尚書》《周官》《毛詩》《左傳》《儀禮經》《孝經》《論語》《戴禮》。《易》學不在此數。以成蜀學。見成《穀梁》一種。然心志有餘，時事難就，是以初成一經而止。因舊欲約友人分經合作，故先作《十八經注疏凡例》。既以相約同志，並以求正高明，特多未定之説，一俟纂述，當再加商訂也。昔陳奂、陳立、劉寶楠、胡培翬諸人在金陵貢院中分約治諸經疏，今皆成書。予之所約，則並欲作注耳。

予治經，以分今、古爲大綱，然雅不喜近人專就文字異同言之。二陳雖無主宰，猶承舊説，以禮制爲主。道、咸以來，著作愈多。試以《尚書》一經言之，其言今、古文字不同者，不下千百條。蓋近來金石剽竊之流，好怪喜新，不務師古，專拾怪僻，以矜雅博。夫文人製詞，多用通假，既取辟熟，又或隨文，其中異同，難言家法。兩漢碑文，雜著異字，已難爲據；况乃濫及六朝碑銘，新出殘篇。偶見便欲穿鑿附會，著録簡書，摭其中引用經語異文異説，强分此今文説，此古文説。不知今、古之學，魏、晉已絶，解説雖詳，毛將安附？此大蔽也。石經以前，經多譯改，今、古之分，不在異文，明證在前，無俟臚證。陳左海以異字通假爲今、古之分，亦不得已之舉，所取漢人辭賦之異文，徒取簡編宏富，非正法也。古、今異字，必係不能通假有意改變者，方足爲據。如《左傳》之改「逆」爲「送」，改「尹」爲「君」，改「伯」爲「帛」之類，實義全反，然後爲異。不然則畢録異同，亦但取渲染耳。若詞人之便文，晚近之誤奪，牛毛繭絲，吾所不取。

大小戴《記》九十餘篇，凡《禮經》記文不下十篇，以此推之，則别經之記當亦有編入者。今定《王制》爲《穀梁》《公羊》記；《曲禮》上半小學，下半爲《春秋》；《檀弓》《祭法》《雜記》爲《左傳》記；《玉藻》《深衣》《朝事》《盛德》爲《周禮》記；《祭義》《曾子》十篇爲《孝經》記；《經解》《表記》《坊記》《緇衣》爲經學説之類。詳見《兩戴記今古分篇目表》。經、記互證，合則兩美，離則兩傷，此千年未發之覆也。又《禮運》三篇，有經有傳，當合爲一大傳。《大傳》爲經，《服問》《喪服小記》二篇爲傳，當合爲一。竊意此《禮運》三篇舊本一事，乃記夫子與子游論禮之言。子游習禮，此其授受之證也。後來先師各加注記。後因文多，分爲三篇，經、傳混淆，前後錯雜，使讀者如散錢滿屋，不知端委。今因《王制》例推之，分爲經、傳，便有統制。至于《大傳》爲經，《服問》《小記》爲記，觀其篇目命名，已得其大概矣。

俞蔭甫先生以《王制》爲《公羊》禮，其説是也。壬秋師以其與《大傳》同，不言封禪，非博士所撰之《王制》，亦是也。蓋《王制》孔子所作，以爲《春秋》禮傳。孟、荀著書，已全祖此立説。漢博士之言如《大傳》，特以發明《王制》而已，豈可與《王制》相比？精粹完備，統宗子緯。魯齊博士皆依附其說，決非漢人所作。盧子幹因不能通其說，故以爲博士作，以便其出入，實則非也。

《王制》有經有傳，並有傳文佚在別篇者。至于本篇經傳之外，並有先師加注記之文，如說尺畝，據漢制今田爲説是也。此固爲戴氏所補，至目爲博士手筆，則誤讀《史記》矣。

《王制》無一條不與《穀梁春秋》相同。説詳《義證》。二書皆蝕蒙已久，一旦明澈，可喜何如！不封不樹貳事，鄭以爲庶人禮，不知《穀梁傳》已有明文。譏世卿、非下聘、惡盟，尊齊、晉爲二伯，以曹以下爲卒正，以冢宰、司馬、司城爲三公，亦莫不相合。至于單伯、祭仲、女叔諸人使非爲監之説，則聽《左氏》、何君之互争，不能一斷決。范氏據《周禮》以駁傳，亦無以折之矣。

《春秋》之書以正將來，非以誅已往。《王制》一篇即『爲邦』數語，道不行乃思著書，其意頗與《潛夫》《罪言》相近，憤不得假手以救弊振衰，則欲將此意筆之于書。又以徒托空言，僅如《王制》則不明切，不得已乃借春秋時事以衍《王制》之制度，司馬遷言之詳矣。《王制》所言皆素王新制，改周從質，見于《春秋》者也。凡所不改，一概從周。范氏注《穀梁》，以《周禮》疑《王制》，據周制駁《春秋》，是囈語耳。又孔子所改皆大綱，如爵禄、選舉、建國、職官、食貨、禮樂之類，餘瑣細悉不改。其意全在救弊，故《春秋》説皆以爲從質是也。

今學、古學之分，二陳已知其流别矣。至于以《王制》爲今文所祖，盡括今學，則或疑過于奇。竊《王制》後人疑爲漢人撰，豈不知而好爲奇論？蓋嘗積疑三四年，經七八轉變，然後乃爲此説。疑之久，思之深，至苦矣！辛巳秋，檢《曲禮》『天子不言出』『諸侯不生名』數節，文與《春秋傳》同，又非禮制，因《郊特牲》《樂記》一篇有數篇、數十篇之説，疑此數節爲先師《春秋》説，錯簡入《曲禮》者也。癸未在都，因傳有二伯之言，《白虎通》説五伯首説主兼三代，《穀梁》以同爲尊周外楚，定《穀梁》爲二伯，《公羊》爲五伯。當時不勝歡慶，以爲此千古未發之覆也。又嘗疑曹以下，何以皆山東國稱伯、稱子，又與鄭、秦、吴、楚同制？爵五等，乃許男在曹伯之上？考之書，書無此疑；詢之人，人不能答。日夜焦思，刻無停慮，蓋不啻數十説，而皆不能通，唯闕疑而已。甲申，考大夫制，檢《王制》，見其大國、次國、小國之説主此立論，猶未之奇也；及考其二伯、方伯之制，然後悟《穀梁》二伯及舊制如此，假之于齊、晉耳。考其寰内諸侯稱伯及三監之説，然後悟鄭、秦稱伯，單伯、祭仲、女叔之爲天子大夫，則愈奇之矣，猶未敢以爲《春秋》説也。及録《穀梁》舊稿，悉用其説，苟或未安，沉思即得，然後以此爲素王改制之書，《春秋》之别傳也。乙酉春，將《王制》分經傳寫鈔，欲作《義證》，時不過引《穀梁傳》文以相應證耳。偶抄《異義今古學異同表》，初以爲十四博士必相參雜。乃古與古同，今與今同，雖小有不合，非其巨綱，然後恍然悟博士同爲一家，古學又别爲一家也。遍考諸書，歷歷不爽，始定今、古異同之論。久之，悟孔子作《春秋》、定《王制》爲晚年説，弟子多主此義，推以遍説群經。漢初博士皆弟子之支派，故同主《王制》立説，乃定《王制》爲今學之祖，立表説以明之。蟻穿九曲，予蓋不止九曲，雖數十百曲有矣。當其已明，則數言可了；當其未明，則百思不得。西人製一器，有經數十年父子相繼然後成者。嘗見其石印，轉變數過，然後乃成，不知其始何以奇想至此。予于今、古同異，頗有此況。人聞石印，莫不始疑而終信，猶歸功于藥料；此則並藥料無之，將何以取信天下乎！

史公不見《左傳》，則天漢以前固無其書。然《前漢·儒林傳》謂張蒼、賈誼傳《左傳》學，爲作訓解；《藝文志》無其書，則其説亦誤襲古學家言也。按《國語》蚤出而《左傳》晚興，張、賈所見皆爲《國語》。因其爲左氏所輯，言皆記事，與《虞氏》《吕氏》同有《春秋》之名。其稱《左氏春秋》者，即謂《國語》，不謂《左傳》。《左傳》既出之後，因其全祖《國語》，遂冒『左氏』名爲《左氏傳》。又以其傳《春秋》，遂混《左氏春秋》之名。後人聞傳《左氏春秋》，不以爲《國語》而以爲《左傳》，遂謂張、賈皆習《左傳》，此其冒名混實之所由也。使當時有《左傳》以傳經，又有師說，張、賈貴顯，何不求立學官？縱不立學官，何以劉子駿之前無一人見之？太史公博極群書，只據《國語》。劉子駿《移太常書》，只云臧生等與同，不云其書先見。班書又云，歆校書，見《左傳》而好之。是歆未校書以前不見《左傳》也。觀此，則張、賈不習《左傳》明矣。前亦頗疑《左傳》爲河間人所僞造，有數事可證其爲先秦之書者。其書體大思精，鴻篇巨帙，漢人無此才，一也。劉子駿爲漢人好古之最，猶不能得其意旨所在，則必非近作，二也。使果一人所爲，則既成此書，必不忍棄置；且積久乃成書，力不易，亦必有人治其學、傳其事；書成以後不授學者，而以全部送之秘府；又無別本，使非劉子駿，將與《古文尚書》同亡，至重不忍輕棄，三也。《曲禮》出在漢初，已爲傳記，則原書必不在文、景之後，四也。西漢今學盛，使果西漢人作，必依附二家，不敢如此立異，五也。以舊說論之，駁《左》者謂成于建始，則不若是之遲；尊《左》者謂出于漢初，則不若是之蚤。能知遲蚤成出之原，則庶乎可與談《左》學矣。

漢人今、古之說，出于明文者少，出于推例者多。《白虎通》所引《尚書》說之斂後稱王，《公羊》說之三年稱王，《詩》《春秋》之五不名、五等皆稱公，皆推例之說也。然明文之說，亦多出于推例。如《公羊》之由經推禮，與《左傳》之由經推禮，同一經也，有世卿、無世卿異，譏喪娶、不譏喪娶異，此又明文中推例得之者。然有明文之推例，皆先師說；無明文者之推例，皆後師說。後師推例雖同先師，然附會失解者多于先師，以其學不如先師也。故予今、古禮制，以《王制》《周禮》有明文者爲正宗，以三傳推例有明文者爲輔佐。至于後師無明文之說，則去取參半。若《易》《尚書》《詩》《論語》《孝經》諸先儒說，除《禮記》本記諸篇外，則全由據《王制》《周禮》以推之者。此于今、古學爲異派，其中或同或異，或因或革，則又立《流派表》以統之。

始因《白虎通》臚列各經師説，欲將其説列爲一表，名曰《五經禮制異同表》。後作《群經今古禮制異同表》，以爲足以包括群籍，遂不作《五經表》。今案：此表不能不作。何以言之？諸經異説，有迴不相同，不關今、古之分者，如今《春秋》天子即位三年乃稱王，而《尚書》説則據《顧命》以爲初喪稱子釗，斂後稱王。據經爲説，則無論今、古文《尚書》皆不能立異，與《春秋》三年稱王之説不同。《春秋》據逾年稱公，以爲逾年稱王，此據經也。《尚書》據『王麻冕』，以爲斂後稱王，此亦據經也。諸經如此類者實衆，不立此表，則此類無所歸宿，又必在今、古學中爲難矣。

博士言禮，據禮文者半，推經例者半。大約推例者皆當入《五經表》。何以言之？今學《王制》明文與古學不同者少，凡非明文則半多推例而得者，若以入《古今表》，反是以無爲有，此當入《五經表》。見此異同，非三代之不同，非今、古之異制，皆先師緣飾經義意造之説。又《禮記》中所言異同，有二家異説者，有文義小變者。此二派又足爲《今古表》之陳涉、吴廣，亦必求所以安頓之。二家説異者，立一表附《古今表》後。至于《曲禮》，本古文家説也。然所言六大、五官、六工之事，又全與《周禮》相反。足見古禮學中原有數派，但不用三公九卿，俱爲古學也。大約《今古表》中今學只一派，古學流派多，以其書多人雜，不似今學少而專一也。

《異義》采録今、古説，多非明文，後師附會蓋居其半。夫今、古異同，當以《王制》《周禮》爲綱領，《公》《穀》《左氏》爲輔佐。但據經傳，不録晚説，唯議明文，不徵影響。今許所録，可據者半，不可據者半。大約今、古分别，兩漢皆不能心知其源。至于晚末，其派愈亂，如以今學説聖人皆無父而生，古學説聖人皆有父，豈不可笑！又《公羊》説引《易》『時乘六龍以馭天』，知天子駕六；未逾年君有子則廟，無子則否，皆誤説也，而亦徵録。又引《公羊》以鄭伯伐許爲譏，《左》説鄭伯伐許以王事稱爵，皆非經意，爲余所駁者也。大抵許君身當晚近，有志復古，而囿于俗説，其作此書亦如其《説文解字》，真贋雜采，純駁各半，屈于時勢，莫可如何。然其采雖雜，今猶與今爲一黨，古猶與古爲一黨，不自相攻擊。蓋其始則同有鄉人之義，繼則同爲博士黨同伐異，視古學如讎仇，惟恐其進與爲難，故雖自立異，仍不敢援之以自樹敵，故説猶同也。

《異義》所録《左氏》，亦有異同。大約《左氏》亦有數家，故致歧出。如既言《左氏》説：『麟是中央軒轅大角獸，孔子作《春秋》者，禮修以致其子，故麟來爲孔子瑞。』又采陳欽説：『麟，西方毛蟲。孔子作《春秋》，有立言。西方兑，兑爲口，故麟來。』陳欽，《左氏》先師也。是《左氏》固非止一家，故説不同也。又言《左氏》説：『施于夷狄稱天子，施于諸夏稱天王，施于京師稱王。』載籍不傳此義，此蓋用《曲禮》説《左傳》也，而文、事與《曲禮》小異。此則未必異説之不同，蓋《左氏》舊用《曲禮》説，後久失傳，晚師無知者，而其初傳授之義，猶相墨守，久而訛脱，故與《曲禮》殊異。亦如《公羊》言桓公盟詞及孔子説，較之《孟子》多有訛脱是也。此《曲禮》爲《左氏》説之起文，亦如《孟子》爲魯學《春秋》先師之起文也。

初不得古學原始，疑皆哀、平之際學人所開。不然，何以漢初惟傳今學，不習古文？繼乃知古學漢初與今學並傳，皆有傳授。所以微絶，則以文帝所求伏生，武帝所用公孫弘，皆今文先師，黨同伐異，古學世無顯達，因此不敵。《毛詩》假河間獻王之力，猶存授受。至于《左傳》《周禮》，遂以絶焉。西漢今文甚盛，皆以古學爲怪，惡聞其説，習之何益，故不再傳而絶。觀劉子駿争立，諸儒仇之，可知古學之微，非舊無傳，蓋以非當時所貴爾。

古學微絶，以非時尚，然其書猶陰行于民間。《異義》言叔孫通制禮有日祭，是爲古説。又云叔孫通制禮以爲天子無親迎，從《左氏》義。陸賈著書議禮，實多用其説，特未立學官耳。此爲孤芳，彼有利禄，人孰肯舍此就彼？數傳之後，今學至大師數千。古學之絶也，不亦宜乎！

孔子作《春秋》，無即自作傳之理，故以口授子夏。《左氏傳》則承史文而傳之，亦非魯史自作傳也。今、古二家，孔子與魯史比，子夏與《左氏》比，以爲口説則皆口説，以爲傳記則皆傳記，分别言之，皆未窺其原也。甲申擬博士答劉子駿書，尚未悟此理，尋當改作也。今古諸經，漢初皆有傳本傳授。其中顯晦升沉，存亡行絶，亦如人生命運，傳不傳，有幸不幸。諸説後來或分口説、載籍，或以爲有師、無師，皆謬也。《儀禮》，班氏以爲孔子時已不全，其説是也。

漢初，古文行于民間，其授受不傳。然《尚書》、《史記》所引多古文説，則武帝時有古《尚書》師也。毛公爲河間獻王博士，則古《詩》有師。古《周禮》説多見于《戴記》師説，當時尚多引用，是《周禮》亦有傳也。暇時當輯爲《漢初古文群經先師遺説考》，以明古文之授受非漢人僞作也。

予讀《儒林傳》，未嘗不嘆學人之重利禄也。古、今本同授受，因古文未立學官，不惟當時先師名字遺説不可考，其有無是學，亦幾不能決，豈不可痛惜乎！

《藝文志》有《周禮傳》四篇，不知撰者何人。若在武、宣以後，必傳名氏，豈秦、漢先師遺説之存者歟？《五行志》引《左傳》説，亦不詳爲何人之作。或疑爲劉子駿説。按劉語當著名氏，此亦秦漢先師説之偶存者。《戴記》中有二經師説，又當如今文《春秋》之《王制》，爲先秦以前之書，爲二經祖本矣。

《王制》天子大夫爲監于方伯國，《春秋》之單伯等是也。《左傳》不用其説，而《周禮》云作之牧，立之監。其所云立監者，蓋即與《王制》同，是古《周禮》亦有此説。《左傳》異之者，蓋爲監實非當時故事，《周禮》新撰，偶同《王制》耳。

古説有與今説相反，今説大明，遂足以奪古學之説。縱有明據，解者皆依違不敢主張，顯與今學爲敵。如《左傳》之『元年取元妃，卒哭行祭』是也。今學譏喪娶、喪中祭，此變古禮也。《左傳》禮，元年娶元妃。文二年，公子遂如齊納幣。傳云：『禮也。凡君即位，好舅甥，修婚姻，娶元妃以奉粢盛，孝也。孝，禮之始也。』宣元年，『公子遂如齊逆女』，傳無譏文，此《左傳》即位娶元妃之證也。傳云『娶元妃以奉粢盛』，明婚爲祭，此喪祭之明證也。外如杜氏所引：襄十五年晉悼公卒，十六年晉烝于曲沃。鄭公孫僑云：『溴梁之明年，公孫夏從寡君以朝于君，見于嘗酎，與執膰焉。』皆足爲證。又僖三十三年傳云：葬僖公，復作主，非禮也。凡君葬，卒哭而祔，祔而作主，時祀于主，烝嘗禘于廟。按古禮重祔，今學不言祔；今學言祀主于寢，古學言祀主于廟，二者各異，不相通。古學作主以後，即祔于廟中。凡小祀日祭，則但祀新主祔者，唯烝、嘗、禘大祀乃于廟行事，非不祭也。其譏吉禘莊公者，謂于祔主行禘祭，故譏之，非謂餘廟皆不祭也。特祀于主，烝、嘗、禘于廟，全從禘于莊公出來。後世學者以今混古，各相蒙亂，左右支吾，皆不能通矣。

古學亦用三年不祭之説，特謂新主耳。今學亦有喪不廢祭之事，謂郊天耳。二家各有所據，其分析處甚微。《周禮》亦主喪祭，其説特爲注家所掩耳。如喪中用樂，《周禮》有之，後人皆不敢主其説，亦是也。

魯共王壞宅所得書，各家數目不同。《史記》不詳其事，劉子駿以爲有《左傳》。《漢書·河間獻王傳》言：求得書皆古文先秦舊書，《周官》《尚書》《禮記》《孟子》《老子》之屬，皆經傳説記、七十子之徒所論。立《毛氏詩》《左氏春秋》博士。《魯恭王傳》言得古文經傳，無書名。《藝文志》云：得

《古文尚書》及《禮記》《論語》《孝經》凡數十篇，皆古字也。按以《漢書》證之，恐有《左傳》是劉子駿依附之説。傳古學者燕趙人，多不行于魯，當由今學與之爲難，故託言其書出于魯，以見魯舊傳其學之意，非實事也。

今古學人好言今、古學得失，争辨申難，無所折中。竊以爲雖漢已如此，然皆非也。今學如陸道，古學如水路，各有利害，實皆因地制宜，自然之致，自有陸水，便不能偏廢舟車。今駕車者詆舟船之弊，行舟者鄙車馬之勞，于人則掩善而著惡，于己則蓋短而暴長。自旁觀言之，則莫非門户之見，徒爲紛更而已。

學禮煩難，今、古不足以統之，故表中多立門目。然其中有文字異同一例，本爲一家，傳習既久，文字小異，此當求同，不可求異者也。如《王制》與《孟子》，《祭法》與《國語》，宜無不合矣。其中乃有小異處，後人遂張皇而不爲《孟子》與《王制》、《祭法》與《國語》有合，此則大非也。何以言之？《孟子》言葵丘盟詞，當即《穀梁》所言，乃《孟子》詳而《穀梁》略。《公羊》不在葵丘，所引則又略矣。《孟子》引孔子『其事則齊桓、晉文』一節，當即《公羊》『納北燕伯于陽』傳所引，乃《公羊》與《孟子》互異。又《公羊》定元年引沈子，即《穀梁》定元年所引之沈子也。同引一師，同説一事，而文句不同。又如《左》《國》《禮記》、諸子之記申生事，本一事也，而所記各異。《孔子集語》集孔子之言，同一説也，而文義詳略乃至大相反。此皆當求其同而不當求其異。然此以知其源爲難，苟不知其源而惟求不異，則未有不爲害者矣。鄭君是也。

漢初叔孫通制禮，多用古説。原廟之制，此古禮也。《周禮》祀文王于明堂，而方岳之下亦立明堂，如齊之明堂是也。《左傳》『有先君之廟曰都，無先君之廟曰邑』，此亦原廟明堂之制。惟今學乃不言明堂，立太廟，不立原廟也。古學，天子宗廟中無太廟，惟别立明堂，諸侯不立明堂，曰太廟。今學則天子、諸侯同曰太廟也。今學家間有説古禮者，舊頗難于統屬。今立一法以明之，以爲講今學者時説古學，如《孟子》《荀子》皆言明堂是也。此如《春秋》曲存時制之例。

古學，禘爲祀天地，郊爲祈穀，禘重于郊。禘者，示帝也，故謂魯禘非禮，《穀梁》不言禘非禮。古學無祫祭。《公羊》説禘用古學，説祫用今學。今學不以禘爲大祭。古學每年一禘，亦無三年一祭、五年再祭之説。

講禘祫須先知廟制。今先作《今古學廟制圖》，便知古無祫祭，今無配天禘祫之説，本數言可了，先儒含混言之，遂致糾葛耳。《左傳》不立四時祭之名，《周禮》則有之。《左傳》雩爲祈穀，與《周禮》同，又有求雨之雩。今禮則雩專爲求雨，無祈穀説。《左傳》移動今學時祭，以郊、雩、烝、嘗當之。四者皆爲農事，所謂春祈秋賽，不專在宗廟行事者也。此《周禮》《左傳》所以不同。欲分今、古禮，須先將其名目考清。某禮于古爲某事，于今爲某事；某禮爲今、古學所有，某禮爲今、古學所無；某禮無其事而有名，某禮有其實而異其號。須先考正名實，然後求細目。不先知此，則禮制不能分也。

古禮門目多，今禮儀節少。今禮如建國、爵禄、立官、選舉外，其改動古學者可以計數。至于一切儀節名物，多從古説。故凡所不改者，皆今、古同者也。今爲一表以收今、古不同者，以外有古無今者，則均附此篇之後。所録雖屬古文，實則今禮亦如此也。

《月令》説：脾爲木，肺爲火，心爲土，肝爲金，腎爲水。此古文説也。博士説：肝木，心火，脾土，肺金，腎水。今醫家皆祖博士，而古文無知之者。以高下相生爲序：脾居中主生爲木，次肺火，次心土，次肝金，次腎，腎生脾，又始焉。甚有理。然予説藏府不以配五行。脾胃爲中，肺心在上，肝膽在下。脾與胃對，肺與肝對，心與膽對。脾胃主消納，肺受而爲氣，肝受而爲血，心爲氣精，膽爲血精。肺肝主形質，心膽主精華。氣血已盛，然後腎生；氣血將衰，則腎先死。腎如樹木花實之性，乃五藏之精華，以爲生發之機者，古書當有此説。

《周禮》封建之制，與《王制》相較，一公所封多至二十四倍，此必不能合者。《孟子》以齊魯皆百里，初以爲今學門面語也。然下云『今魯方百里者五』，以爲大，似確是當時實事，繼乃悟周初封國實不如《王制》之小，諸侯封大易爲亂，故《王制》改爲百里。魯舊本大，《詩》有七百里之説是也。至孟子時，多所侵削，所謂『魯之削也滋甚』，非魯多滅小國，乃僅此方百里者五也。周禮本非百里，《孟子》以《王制》爲周禮，皆因主其説久，周禮不可聞，故即以是爲周禮。董子亦以《王制》爲周禮。封建之制，變爲郡縣，郡之大者方廣得四五百里，漢初封國大者亦四五百里，此所本也。《王制》則『衆建諸侯而小其力』之説也。總之，《周禮》之書與《王制》同意，均非周本制，特《周禮》摭拾時事處多，《王制》則于時制多所改變爾。

今學有大廟，古學無大廟。《明堂位記》因《春秋》有大廟，緣經爲説，故曰『大廟，天子明堂』。以明堂、大廟分爲天子、諸侯制，順《春秋》大廟之文也。今學禘在大廟，古學禘不在大廟。鄭曰行于圓丘。《春秋》有『禘于大廟』，當緣經爲説，故《左傳》曰：『季夏六月，以禘禮祀周公于大廟。』言天子禘于圓丘，諸侯則禘于大廟，以順《春秋》『禘于大廟』之文也。此《左氏》緣經立説之事也。

予言今、古，用《異義》説也。然既有許義，而更別有異同者，則予以禮制爲主，許以書人爲據。許以後出古文爲古，先出博士爲今，不知《戴記》今、古並存，以其先出有博士，遂目爲今學，此大誤也。其中篇帙，古説數倍于今，不究其心，但相其面，宜其有此也。《異義》明堂制，今《戴禮》説明堂篇曰云云；又引古《周禮》《孝經》説明堂文王之廟云云。按，今學不言明堂，言明堂皆古學，劉子駿所説是也。《戴記》四説皆古學之流派，非今學也。且其四説有一説以明堂爲文王之廟，即許君所引古《周禮》《孝經》説也。安見其説在《周禮》便爲古，在《戴記》便爲今？大小《戴記》凡合于《周禮》《左傳》《毛詩》者，盡爲古學；合于《王制》者，盡爲今學。一書兼存二家，此不以實義爲主，乃以所傳之先後爲主。使當時《周禮》早出，得立博士，或《戴記》晚出，不得立，不又將以《周禮》爲今，《戴記》爲古乎？蓋漢人今、古紛争，積成仇隙，博士先立，古學之士嫉之如讎。凡未立者引爲一黨，已立者别爲一黨，但問已立未立，不問所説云何。東漢之末，此風猶存。故許右古左今，著爲《異義》，以《戴記》先立，尚挾忿排斥以爲異端。今則無所疑嫌，平心而睹，源流悉見。康成和解兩家，意亦如此。然康成合混，予主分别。合混難而拙，分别易而巧。然既合混之後，又歷數千年之久，則其分之也，乃轉難于康成昔日之合之矣。

《異義》引《左氏》説曰：古者先王日祭于祖、考，月祀于高、曾，時享及二祧，歲祫于壇墠，終禘及郊宗石室。按，此説《左傳》者之言也，其言本于《國語》《祭法》而不盡合。《祭法》言親廟有五，其廟制以考爲總匯，當是日祭考、月祀四親廟，故下有下祭五殤之文。以上祭五代，故下亦得同。今説日祭祖、考，月祀高、曾，此則改五代以爲四代也。至于以歲祫終禘爲説，則更非《左》意矣。《國語》雖有歲、終之文，歲猶可言，終當不能定爲常典。其謂王終耶，抑謂外蕃之終耶？此恐當從外蕃説，事無定，不能言時日也。至于歲一行祫，亦與烝嘗禘于廟不合。大約此言亦誤解緯説，妄附祫禘，而不知《左傳》本義不如此也。

《禮記》《冠義》《婚義》《鄉飲酒》《射義》與《儀禮記》異篇，舊以爲異師重篇，今乃知此《王制》今學六禮記也。以《婚義》言之，内官百二十人，與外官同，此今説。又《儀禮》爲士禮，此獨詳王后事，可知此《王制》説。又《射義》天子射以選諸侯、卿、大夫、士，古者天子之制，諸侯歲獻貢士于天子，試之于射宮，射中多者得與于義云云，及慶讓餘地、削地之説，全與《穀梁》《大傳》《繁露》等書同，此亦今學也。古學則不貢士，皆世官，亦不以射爲選舉，此可知也。又《婚義》云：『夫禮始于冠，本于婚，重于喪祭，尊于朝聘，和于鄉射。』《王制》則云：『六禮：冠、婚、喪、祭、鄉、相見。』按，《王制》之相見，即《婚義》之朝聘也，于士爲相見，于天子爲朝聘。《王制》之鄉，即《婚義》之鄉射也。

予學禮，初欲從《戴記》始，然後反歸于《周禮》《儀禮》。縱觀博考，乃知其書浩博無涯涘，不能由支流以朔原，故以《王制》主今學，《周禮》《儀禮》主古學。先立二幟，然後招集流亡，各歸部屬。其有不歸二派者，別量隙地處之，爲立雜派。再有歧途，則爲各經專説。《易》《詩》《論語》言多寄托，大約可以今、古統之。至《尚書》《左傳》《公羊》《孝經》，則每經各爲一書，專屬一人理之。《尚書》爲史派，有沿革不同，以統《國語》及三代異制等説。庶幾有所統馭，不勞而理也。

《王制》似有佚文在別篇，疑《文王世子》其一也。今觀《千乘篇》，其説四輔全與《王制》文同，此孔子晚年告哀公用《春秋》説也。予初以《王制》後篇分爲三公，今此篇乃以四官分主四時，今用其説主四官，特司寇不入三公數耳。又《王制》言大司徒以教士車甲，《千乘》作司馬是也。上下文同，司馬主兵，知司馬義長。不然，《王制》説司馬主兵者不見矣。今取爲注，則官職之事詳矣。得此輔證，又一字千金也。

《孔子三朝記》皆晚年之説，故多同《王制》《千乘》《四代》《虞戴德》等篇是也。故《虞戴德》多與《穀梁》合。如天子朝日，諸侯相見，卿爲介，以其教士行，使仁守。及射禮、慶讓諸節，此其文義皆同《穀梁傳》。文與今學合者，舊多失引，一俟《王制義證》成，再爲補改也。

《千乘》篇者，《王制》説也。《王制》言三公，而《千乘》多司寇，分主四時。《王制》言司寇事甚詳，既不得謂《千乘》與《王制》不合，又不得謂司寇非秋官，疑當依《千乘》作四官。司寇既掌四時，其不與三公敵體者，乃任德不任刑之意。故其所掌與三公同，而退班在三公後。《王制》：司寇獻獄之成于三公，而三公聽之，然後獻于王，此司寇受制三公之證也。蓋樂正，司徒之副；司寇，司馬之附；市，司空之副。三者爲九卿之首。然樂正猶爲上公佐，司寇乃爲中公佐。一主教，一主刑，刑不先教，雖司寇不敵樂正之尊，此孔子任德不任刑之意也。董子之説，蓋原本于是矣。

人見廬山圖，皆知其只一面，而全山不見也。然習見此圖，目中雖爲一面，而心中遂以爲足以盡廬山，故見其左右及後面之圖，則駭然以爲别山而非廬，此人情也。人日讀《王制》，以爲此正面也。及觀《孟》《荀》《大傳》《繁露》《外傳》、緯候制度，則以爲别山而非廬，此又人情也。故凡《孟》《荀》《書》《詩》《春秋》師説、緯候之文，多各異端，不能得其綱領，不以爲異説，則以爲僞撰，不以爲傳聞，則以爲訛挩，而孰知其即廬山之别面也哉！予故類集而推考之，諸書各説一面，合之乃全，或左或右，或全或後，于是向之匾而不圓者，今乃有楞象，其中曲折，亦俱全備。譬之人身，《王制》其面目四體而已，諸書乃其藏府腸胃、經絡脉理。今但言面目四體，則是木偶；必須得其藏府清和，經絡通鬯，乃知行步飲食，出謀發言。苟不及諸書，則是木偶《王制》而已。

《王制》一篇，以後來書志推之：其言爵禄，則《職官志》也；其言封建九州，則《地理志》也；其言命官、興學，則《選舉志》也；其言巡狩、吉凶、軍賓，則《禮樂志》也；其言國用，則《食貨志》也；其言司馬所掌，則《兵志》也；其言司寇，則《刑法志》也；其言四夷，則《外夷》諸傳也。大約宏綱巨領，皆已具此，宜其爲一王大法歟！

古學六卿，今六部之所仿也。今學則只三公：司徒主教，禮部是也；司空主養，户部是也；其餘吏、兵、刑、工四部，今學皆以司馬一官統之。可見其專力于養教之事。古學分一司馬爲四官，今反重吏、兵、刑爲繁缺，毋怪教養之政膜不相關也。

《王制義證》中當有圖表，如九州圖、建國九十三圖、二百一十國圖、制爵表、制禄表，務使此書隱微曲折，無不備見，又皆可推行，雖耗歲月所不辭也。

或疑古學出于燕趙爲無據，曰：荀子趙人，《韓詩》燕人，皆爲今學，豈能必燕、趙爲古？叔孫通、賈子亦非燕趙人，此可疑者也。然古學秦前無考，漢初不成家，先師姓名俱不傳，又何能定其地？西漢古學，惟《毛詩》早出成家，今據以立説者，特以《毛詩》爲主。毛公趙人，又爲河間博士，且魯無古説，齊則有兼采，以此推之，必在齊北，此可以義起者也。今、古之分，亦非拘墟所能盡，以鄉土立義，取人易明耳。至于實考其源，則書缺有間，除《毛詩》以外，未能實指也。

知聖篇①

測天之術，古有三家，秦漢以來，惟傳渾、蓋。西人創爲地動天虛之説，學者不能難之。或者推本其術，以爲古之宣夜，徵之緯、子，信中國遺法也。六藝之學，原有本真。自微言絶息，異端蜂起，以僞作真，羲轡失馭，妖霧漫空，幽幽千年，積迷不悟，悲夫！援經測聖，正如以管窺天，苟有表見，無妨更端，踵事增華，或可收效錐管。若以重光古法，功同談天，則力小任重，事方伊始，一知半解，何敢謂然！獨是既竭吾才，不能自罷，移山塡海，區區苦心，當亦爲識者所曲諒焉。光緒戊子季冬，四益主人識于黄陵峽舟次。

孔子受命制作，爲生知，爲素王，此經學微言，傳授大義。帝王見諸事實，孔子徒託空言，六藝即其典章制度，與今《六部則例》相同。『素王』一義，爲六經之根株綱領。此義一立，則群經皆有統宗，互相

---

① 《知聖篇》包括正編、續編。正編成于光緒十四年（一八八八），但並未刊印，只以鈔本流傳。今本光緒二十七年（一九〇一）改定，光緒三十年（一九〇四）由綏定府中學堂刻成，已非戊子之舊。續編寫成于光緒二十八年（一九〇二），後與正編合爲《知聖篇》上下卷，收入《四益館經學叢書》《六譯館叢書》。

啓發，箴芥相投。自失此義，則形體分裂，南北背馳，六經無復一家之言。以六經分以屬帝王、周公、史臣，則孔子遂流爲傳述家，不過如許、鄭之比，何以宰我、子貢以爲賢于堯舜，至今天下郡縣立廟，享以天子禮樂，爲古今獨絶之聖人？《孟子》云：「宰我、子貢知足以知聖人。」可見聖不易知。今欲删除末流之失，不得不表章微言，以見本來之真，洵能真知孔子，則晚説自不能惑之矣。

據《易緯》《孟子》《公羊》，以「文王」爲「文家之王」。「文家」即所謂中國，「質家」則爲海外。今案：此先師相傳舊説也。孔子不有天下，又不能不立教，即「天將以爲木鐸」，「天下有道，庶人不議」之意也。而六藝典章，據帝王爲藍本，從四代而改，不便兼主四代，故託之于文王。欲實其人，則以周之文王當之。《中庸》云：「文武之政，布在方策」，「憲章文武」；《論語》云：「文武之政，未墜于地」，「文王既没，文不在兹乎」。除擇善而從之外，不能不取己所新創之事，並以爲古制，以時制爲反古。《論語》之所謂「從周」「周監二代」，與《孟》《荀》之所謂「文王」名異實同。蓋經傳制事，皆有微顯、表裏二意。孔子制作，裏也，微也；託之「文王」，表也，顯也。自喻則爲作，告人則云述。以表者、顯者立教，以改作之意爲微言。故七十子以後，此義遂隱，皆以《王制》《春秋》爲文王西周之政，不復歸之制作。所謂「仲尼卒而微言絶，七十子没而大義乖」也。

「素王」之説，義本《商頌》。蓋謂少昊。《殷本紀》：伊尹説湯以素王之道，「王」當讀爲「皇」，商法少昊，陳素皇之道，《詩》所謂「皇矣上帝」「上帝是皇」，伊尹陳素統，商法之爲王。此一義也。明文始于《莊子》，云：「在下則爲玄聖素王」，所謂「空王」也。《孟》《荀》皆以孔子與堯、舜、禹、湯、文、武、周公並言。漢人固持此説，即宋程、朱亦主此義。或據「非天子不議禮，不制度」，孔子自云「從周」，不應以匹夫改時制。然使實爲天子，則當見諸施行，今但空存其説于六經，即所謂「不敢作」也。孔子惟託空言，故屢辨作、述。蓋天命孔子不能不作，然有德無位，不能實見施行，則以所作者存空言于六經，託之帝王，爲復古反本之説。與局外言，則以爲反古；與弟子商榷，特留制作之意。總之，孔子實作也，不可徑言作，故託于述。所云『述而不作』，自辨于作也；『不知而作，無是』，『天下有道，則庶人不議』，自任乎作也。意有隱顯，故言不一端，且實不作，又何須以述自明乎？

余立意表章微言，一時師友以爲駭俗。不如專詳大義，因之謂董、何爲罪人，子、緯爲訛説，并斥漢師通爲俗儒。然使其言全出于漢師，可駁也。今世所謂精純者，莫如四子書。按《論語》，孔子自言改作者甚詳，如告顔子用四代，與子張論百世，自負『斯文在兹』『庶人不議』，是微言之義實嘗以告門人，不欲自掩其迹。孟子相去已遠，獨傳『知我』『罪我』之言，『其義竊取』之説。蓋『天生』之語，既不可以告途人，故須託于先王以取徵信。而精微之言一絶，則授受無宗旨，異端蜂起，無所折衷。如東漢以來，以六經歸之周史，其説孤行千餘年。今之人才學術，其去孔子之意，奚啻霄壤？不惟無儒學，並且乏通才。明效大驗，亦可睹矣。如當掩蓋，則孔子與諸賢不傳此義，後賢何從而窺？奚必再三申明，見于經記？若先入爲主，則道不同不相爲謀，各尊所聞，各行所知，不辨難駁擊以立門户，亦不敢依阿取悦于世，使微言既申而再晦也。

宰我、子貢以孔子『遠過堯舜』『生民未有』。先儒論其事實，皆以歸之六經。舊説以六經爲帝王陳迹，莊生所謂『芻狗』，孔子删定而行之。竊以作者謂聖，述者謂賢，使皆舊文，則孔子之修六經，不過如今之評文選詩，縱其選擇精審，亦不謂選者遠過于作者。夫述舊文，習典禮，兩漢賢士大夫與夫史官類優爲之，可覆案也，何以天下萬世獨宗孔子？則所謂立來、綏和、過化、存神之迹，全無所見，安得謂『生民未有』耶？説者不能不進一解，以爲孔子繼二帝三王之統，斟酌損益，以爲一王之法，達則獻之王者，窮則傳之後世。纘修六經，實是參用四代，有損益于其間，非但鈔襲舊文而已。執是説也，是即答顏子兼采四代，《中庸》之『祖述』『憲章』，《孟子》之『有王者起，必來取法』也。然先師改制之説，正謂是矣。如謂孔子尊王、從周，則必實得文、武之會典，周公之則例，謹守而奉行之。凡唐、虞、夏、殷先代之事，既隻字不敢闌入，即成、康以下明君賢相變通補救之成案，亦一概删棄，如是乃可謂之尊王、謂之不改。今既明明參用四代，祖述堯舜，集群聖之大成，垂萬世之定制，而猶僅以守府録舊目之，豈有合乎？夫既曰四代，則不能株守周家；既曰損益、折衷，則非僅繕寫成案，亦明矣。蓋改制苟鋪張其事，以爲必如殷之改夏，周之改殷，秦漢之改周，革鼎建物，詔敕施行，徵之實事，非帝王不能行。若託之空言，本著述之常，春秋時禮壞樂崩，未臻美富。孔子道不能行，乃思垂教，取帝王之成法，斟酌一是；其有時勢不合者，間爲損益于其間，著之六藝，託之空言，即明告天下，萬世亦不得加以不臣悖逆之罪也。祖宗之成法，後世有變通之條；君父之言行，臣子有諫諍之義。豈陳利弊，便爲無狀之人？論闕失者，悉有腹誹之罪？且孔子時值衰微，所論述者，雜有前代。乃賈生、董子值漢初興，指斥先帝所施，涕泣慷慨，而請改建，後世不以爲非，反從而賢之。且以今事論之，凡言官之封事，私家之論述，拾遺補闕，思竭愚忱，推類至盡，其與改制之説，不能異也。此説之所以遭詬病者，徒以帝王見諸實事，孔子託諸空言。今欲推求孔子禮樂政德之實迹，不得不以空言爲實事。孔子統集群聖之成，以定六藝之制，則六藝自爲一人之制，而與帝王相殊。故弟子據此以爲『賢于堯舜者遠』，實見六藝美善，非古所有。以六經爲一王之大典，則不能不有素王之説；以孔子爲聖，爲王，此因事推衍，亦實理如此。故南宫适以禹、稷相比，子路使門人爲臣，孟子屢以孔子與堯、舜、禹、湯、文、武、周公並論，直以《春秋》爲天子之事，引『知我』『罪我』之言，則及門當時實有此説，無怪漢唐諸儒之推波助瀾矣。然後説雖表見不虛，非好學深思者，不能心知其意。若改制，則事理平常。今不信古説，而專言著述有損益，亦無不可；至制作之説，亦欲駁之，則先入爲主，過于拘墟矣。

《詩》者，《春秋》之大成；《春秋》者，《詩》之嚆矢。孔子六經，微意具同，《詩》爲天，《書》爲人，《春秋》王伯，《禮》附《書》，《樂》附《詩》，皆取舊文而潤色之，非僅删定而已。故《尚書》所言堯、舜、夏、殷，禮制全與《春秋》相同，《今尚書》《三家詩》諸書可證也。又《書》有四代之文，俗以爲有沿革。乃《大傳》無異同，有大、小之分，無沿革之異。唐虞禮制，下與《春秋》相符，正孔子述作六藝之大例。所謂『其文則史，其義則某竊取之矣』。古《書》《毛詩》出于東漢，本誤讀《周禮》，以『大統』説小康，致與經文相舛，故賈、馬遠不能如伏、董之詳備符合。一真一僞，各不相同也。然《禹貢》『迄于四海』，而『周公篇』與《洪範》則爲『大統』之先聲，所云『皇帝』『上帝』『多方』『多士』『小大』『邦喪』云云者，已爲《詩》『大統』開先路。但中外之分甚嚴，此爲周公明堂朝諸侯之事，非皇帝大九州大同之治也。

經學四教，以《詩》爲宗。孔子先作《詩》，故《詩》統群經，孔子教人亦重《詩》。《詩》者，志也。即『志在《春秋》』之『志』。獲麟以前，意原在《詩》，足包《春秋》《書》《禮》《樂》，故欲治經，必從《詩》始。緯云：『志在《春秋》，行在《孝經》。』行事中庸，志意神化，《春秋》與《詩》對，本行事也。其又云『志』者，則以對《孝經》言之。實則《詩》與《春秋》虚實不同。《詩》乃志之本，蓋《春秋》名分之書，不能任意軒輊；《詩》則言無方物，可以便文起義。《尚書》《春秋》如今人之文，《詩》《易》如今人之詩，體例不同，宗旨自別。《公羊》『主人習其讀而不知其罪』，此本《詩》説，即後世所謂『言者無罪，聞者足戒』。故凡緯説、子書非常可駭之論，皆《易》《詩》專説，故欲明《詩》《易》，須先立此旨。緯云『孔子受命爲黑統』，即玄鳥、玄王；《莊子》所謂『玄聖』『素王』之説，從《商頌》而寓之。《文王》篇『本支百世』，即王魯；『商之孫子』，即素王。故屢言受命、天命，此素王根本也。孟子以周公、仲尼繼帝王之後，荀子以周公、仲尼爲大儒，此從《魯》《殷》二《頌》而出者也。三統之説，本于《三頌》，凡一切舊説，皆當以此統之。董子『王魯』，制寓于《魯頌》。周公及『世及』之『及』。武王制禮作樂，故以王寓之。以其説解《詩》，則有徵信；董、何以説《春秋》，則不免附會矣。緯書『新周』，不可説《春秋》，而《詩》以魯後周，即此意。《詩》明云『其命維新』，是經意直以《周頌》爲繼周之新周，非果述姬周也。先儒改周之文，從殷之質，亦從此出。『魯商』二字即『文質』，『文質』即中外、華洋之替字。中國古無質家，所謂質，皆指海外。一文一質，謂中外互相取法，爲今之天下言之，非古所有。絀杞之例，亦本于《詩》。《春秋》杞不稱公，《三頌》絀杞不言，是其本意。今凡周亡、孔子王，一切駭人聽聞之説，皆以歸附于《詩》。治經者知此意，然後以讀別經，則迎刃而解。他經不復言此，而意已明，方可以收言語、政事、文章之效。《詩》爲志，則《書》爲行；《春秋》爲志，則《孝經》爲行。實則《春秋》與《書》同爲行，《春秋》《尚書》皆分《詩》之一體。《周》《召》伯道，分爲《春秋》；《王》《鄭》《齊》王道，分爲《尚書》。特以較《孝經》，則《春秋》爲志，而《孝經》爲行耳。今本此義，作爲義疏，不拘三家之舊，以孔子之微言爲主。使學者讀《詩》，明本志，而後孟子『以意逆志』之效明，孔子重《詩》之教顯。以此爲經學之總歸，六經之管轄，與《論語》同也。

《孟子》：『王者之迹熄而《詩》亾』，『《詩》亾『亾』當爲乍，乍古『作』字，與『亾』字形似而誤。然後《春秋》作』。《孟子》此意，即『天下有道，則庶人不議』，《説苑》『周道不亡，《春秋》不作』之意。《孟子》言《詩》，以志爲説，又引《詩》與《春秋》以證王迹，明《詩》與《春秋》同也。歷敘帝王，皆言周公、孔子，周公即『王魯』，義本《魯頌》；孔子即『素王』，義本《商頌》。周公實嘗王，故緯説有素王而無王魯。周公及武王，成公讓志，以爲攝政，故言《魯頌》。不如此，則『詩亡』之義不顯。《詩》言皇帝、八王、八監、十六牧事，就大一統言之，此百世以下之制，爲全球法者也。《尚書》言四代之制，由一化四，此三統變通之意也。一竪一横，一内一外，皆治平之教。後以《詩》説百世，未能著明，分《周》《召》伯道，再作《春秋》以實之。六經重規叠矩，以大包小。《禮》以治外，《樂》以養中，《易》詳六合以外，皆自治之事，此外王之學，亦缺一不可。六經之中，三内三外，三天三人，三實三虚，三知三行，而歸本于《孝經》。六經統爲素王，萬世之大法也。

六經皆經孔子筆削，有翻改舊文之處。或頗震驚其言，不知其説雖新，其理至爲平易。夫由堯舜以至成周，初簡陋而後文明，代有沿革，見之載記，人心所同信者也。孔子修六藝以爲後世法，考三王、俟百世，見之載記，亦人心所同信者也。然洪荒初開，禮制實爲簡陋，即茅茨、土階、大羹、玄酒等類，若于文備之世，傳以爲法，不惟宜俗不合，且啓人輕薄古昔之心。是帝典不能實録其事，亦一定之勢也。夫禮家議禮，易滋聚訟，既折衷于聖人，後世猶多齟齬。今使《尚書》實録四代之文，事多沿革，每當廷議，各持一端，則一國三公，何所適從？孔子不能不定一尊以示遵守，亦情勢之所必然也。既文質之迴殊，又沿革之互異，必欲斟酌美善，垂範後王，沉思默會，代爲孔子籌畫，則其筆削之故，有不待辨而自明者矣。

王符云：『聖人天之口，賢者聖之譯。』聖人作，賢者述，聖所不備，賢者補之，交相爲用者也。《春秋》時，三皇五帝之典策尚多可考，其言多神怪不經，與經相歧，實事實也。孔子翻經，增減制度，變易事實，擇其不善而著其善。但制度不合者人難知，行事不合者人易知，故《孟子》所載時人之論古事，孟子皆據經爲説，辭而闢之。實則時人所言、所載，事實也；《孟子》所言，經教也。使孔子作于前，後無繼之者，則六藝何能孤行于後世？故必有賢者出，依經立義，取古人行事，皆緣附六藝，無改作之嫌，並使後人不至援古事以攻駁六藝，此賢者所以爲聖譯。如《國語》之傳《春秋》，傳事實之意輕，附禮制之意重，凡一細事皆鋪寫古事、古禮。經説之文，連篇累牘，當日事實，萬不如此瑣碎，此傳者託事以見禮文經義，亦如孔子假時事以取義也。其于孔子事迹，皆緣六經以説之，合者録之，不合者掩之。古與今合，方免後人據時事以攻六藝，此作者之苦心也。惟其書一意比附，遂足以掩蔽微言。如六藝皆孔子所作，而《左氏》則以爲孔前已有。如季札事，將《詩》《樂》師説衍説一篇，而後人遂以此爲未删之本。《易》文辭爲孔子作，其書所言筮辭，皆就《易》師説衍之，讀者遂以爲此真《周易》，在孔子之先。雖有比附六藝之大功，不無少掩微言之小失。然此不善讀者之流弊，若以微言讀之，乃轉見其發明處不少；心無其義，故書中不見之。賢者于經，如疏家之于注，不敢破之也。或云：自孔子後，諸賢各思改制立教。最爲謬妄！制度之事，惟孔子一人可言之，非諸賢所得言也。

緯云：孔子因道不行，作《春秋》，明王制，專就《春秋》立説。《孟子》云：『《春秋》，天子之事。』先師言制作，多就《春秋》言之。《史記》删《詩》、正《樂》在前，因獲麟作《春秋》。考其説，似《詩》《書》《禮》《樂》爲一書，因獲麟乃變前志而修《春秋》。前後若出兩歧，然實則非也。孔子知命在周游之前，于畏匡引文王，于桓魋言天生，實是受命。故自衛反魯，作《詩》言志，以殷末寓素王之義，明三統之法。特後來以《詩》之空言，未能明切，恐後人失其意，故再作《春秋》，實以行事。《孟子》引《詩》與《春秋》明王迹，《史記》引『空言不如行事』，皆此義也。

制作知命，當從五十爲斷，非因獲麟乃起。《詩》《易》詳天事，言無方物，所謂空言；《春秋》《尚書》乃將天言衍爲人事，空言在後，行事在前，事有早遲，其義一也。諸經惟《春秋》晚成，絶筆獲麟，師説因以明著；實則諸經皆同，特《春秋》説獨顯耳。『《春秋》天子之事』，諸經亦然。一人一心之作，不可判而爲二。《春秋》未修之先，有魯之《春秋》；《書》《詩》《禮》《樂》未修之先，亦有帝王之《書》《詩》《禮》《樂》。修《春秋》，筆削全由孔子；修《詩》《書》《禮》《樂》，筆削亦全由孔子。《春秋》據舊史言，則曰『修』；從取義言之，則曰『作』。『修』即所謂『述』，當日翻定六藝，是爲聖作，人亦稱孔子爲作。其云『述而不作』，言『不作』即作也，言『述』即非述也，與『其文則史，其義則竊取』同意。而作、述之事，即兼指六經，不獨説《春秋》。載記總言孔子事，則云翻定六經、制作六藝，其並稱之文，則多以『作』『修』加《春秋》，于《詩》《書》《禮》《樂》，言『删』『正』，文變而義同，無所分别。因『作』『修』多屬《春秋》，故同稱則六經皆得云『作』『修』，而並舉則惟《春秋》所獨，此爲異名同實。後來不識此意，望文生訓，于《春秋》言『作』『修』，得之；于删《詩》《書》，正《禮》《樂》，『删』則以爲如今删定文籍，『正』則以爲如今鑒正舊本，遂與『作』『修』大異。亦如説殺殛爲死刑，與投四凶、化四裔之義迴乎不同。不知此義一失，大乖聖人本意，爲經學治術之妨害。判《春秋》與諸經爲二，離之兩傷，一也。以諸經爲舊文，非孔子之書，遂卑賤乎《春秋》，二也。諸經失其宗旨，不能自通，三也。離割形氣，無貫通之妙，四也。獨尊《春秋》，使聖教失宏博之旨，五也。今力闢舊説之誤，獨申玄解，務使六經同貫，然後經學宏通，聖教尊隆。

孔子翻經以後，真正周制，實無可考。後世傳習，皆孔子之言。或疑古書不盡亡，今試爲明之。《春秋》諸稱號，出孔子筆削，不必實爵，此定説也。乃經所稱之侯、伯、子、男，非諸國本爵，考之故書、子、緯，所言諸國爵亦與《春秋》同。《史記》據《譜牒》，因《春秋》，書『蔡桓侯葬』。經一稱『侯』，《譜牒》遂以『侯』爲蔡定稱。又時祭烝嘗有明文，春夏無之。時祭異説，如《王制》《公》《穀》《禮記》《左傳》《爾雅》《孝經》互異，春夏異而秋冬不異，豈非據《春秋》爲説，實無遺文可證乎？如以喪服爲舊典，承用已久，同母異父之服，公叔木問子游，狄儀問子夏，子夏曰『無聞乎』。向左、向右有明文，何至不守舊而冒昧是從乎？《曾子問》所言變禮，如有舊文，則自向檢閲可也；不然，告以尋討可也，何必刺刺徒勞唇舌乎？魯行禮自有典册可稽，何行一禮，涉一疑，動向孔子門人請問乎？曾子、子游同習乎禮，何以襲裼始譏而終服乎？典禮皆有明文，時祭自爲典禮，何以傳《孝經》者，僅就經文春秋立義，以爲二祭乎？喪葬有一定之則，何以孔子往觀季札葬？孔子葬，四方來觀乎？聖人之葬人，與人之葬聖人，豈聖人一禮，人又一禮乎？禮有成事，樂爲世掌，孺悲乃奉命而學，太師反待孔子之語乎？三年、親迎，王朝舊典，子張、宰我以爲疑，哀公、子貢以爲問乎？禮樂出乎天子，知政知德，匹夫何有禮樂之可言乎？從可知自夫子一出，而帝王之德皆變爲一人之事，而佚聞實寡；後世所傳習，皆孔子之説，而舊典全無。今欲于禮制指其孰爲舊也，難矣！

六經旨要，以制度爲大綱，而其辨等威，决嫌疑，尤爲緊要。蓋周制，君臣上下尊卑之分，甚爲疏略。大約與今西人相等。諸侯實郊天，大夫實用八佾、反坫、三歸。孔子新制，細爲分别，故禮以定嫌疑、辨同異爲主。《春秋》于大夫、諸侯尊卑儀注，極爲區别。禮家、名家之學，全出于《春秋》。故孔子正名，子路猶以爲疑，非周公已有此制也。使周公已有之，則人所共明，《春秋》與《禮》，斤斤分别儀注不已細乎！子學、名家大有益于治，原出《春秋》《禮經》可見也。孔子既已創制，不得不以魯郊爲成王賜爲失禮；八佾、反坫爲僭，在當日特爲應行之禮。蓋等威一明，上下分絶，故亂臣賊子懼，失爲亂之資。孔子曰：『惟名與器，不可假人。』以此。

《詩》以《魯》爲文、《商》爲質。文主中國，即六歌之《齊》；質主海外，即六歌之《商》。至新周，合文質，乃爲極軌，所謂『文質彬彬』也。孔子因舊文而取新義，其意全見于《詩》。《詩》者，天經之始基也。《中庸》『仲尼祖述堯舜，憲章文武』，以匹夫繼帝王之統，即《論語・堯曰》章、《孟子》『由堯舜至于湯』章之所謂『聞知』『見知』，以繼帝王者是也。其所云『祖述』『憲章』者，謂與帝王無出入，兼有其長，合爲定制，《中庸》之『考而不謬』，《論語》之兼用四代是也。帝王之制由六經而定，謂爲孔子制可，謂爲帝王制亦可。惟兼采四代以酌定一尊，垂法百世，以爲永鑒。因不盡因，革不盡革，既不可分屬四朝，又不能歸併一代，則不得不屬之孔子。《春秋》因魯史加筆削，《詩》與《書》《禮》《樂》，亦本帝王典禮而加筆削。合者留，不合者去，則《詩》《書》乃孔子之《詩》《書》矣。《儀禮》《容經》，則本周之典籍。夏殷簡略，又文獻無徵，以周爲藍本，自然之勢。《論語》『郁郁』『從周』，就簡略言也；《中庸》『今用』『從周』，就無徵言也。由此而加因革，過者抑之，不及加隆，『百世可知』，謂此也。本周禮修爲《儀禮》，容經，亦作亦述，與《春秋》無異也。樂以《韶》爲主，兼用三代，《雅》《頌》得所，正樂亦同于禮。孔子見世卿之害，教學宜開，于是早定師儒選舉之計，預修四教，既行于一時，並欲推萬世。四教中，《詩》雖言志，然與《書》爲一彙，《禮》《樂》爲一彙。《詩》以言志，《書》以述行，《禮》以治外，《樂》以養中，所言不能參異，一定之勢也。四教中以《詩》爲綱，以《書》與《禮》《樂》爲目。然《詩》爲空言，尚未明著，然後乃作《春秋》，以實《詩》意，所謂『深切著明』者也。孔子之意本在于《詩》，後來《春秋》説盛，遂全以《詩》説説《春秋》。言『志在《春秋》』，不言《詩》之志，實則《書》《春秋》皆統于《詩》，特一爲空言，一爲行事。《春秋》與《書》《禮》《樂》，皆主新制，同爲孔子之書，非獨《春秋》爲然。然《春秋》詳人事典制，舊文嚴于遵守，運用無方之道不與焉，故又作《易》以補之。《易》明變化消長，爲天道，與《春秋》全反。一天道，一人事；一循守舊職，一運用無方；一常一變；一内一外。知《春秋》而不知《易》，則拘于成法，無應變之妙。蓋《易》專以『通變』『不倦』爲宗旨，故欲知《易》，必先學《春秋》。既學《春秋》，不可不知《易》。既能窮《易》之精微，則内外交修，于治術方無礙。盡人事以通天道，《易》所以總學之成，而不沾沾名物理數之形迹。二者相反相成，《易》不立教，以其與《春秋》同也。六經之道，以《春秋》爲初功，以《易》爲歸宿。治經者當先治《春秋》，盡明微言，以四經實之，然後歸本于《易》。此孔子作六藝之宗旨也。

孔子『五十知天命』，實有受命之瑞，故動引『天』爲説。使非實有徵據，則不能如此。受命之説，惟孔子一人得言之。以下如顔、曾、孟、荀皆不敢以此自託。以九流派分，四科一體，原同末異，皆祖孔子。其説甚明。故反魯，正《樂》删《詩》，非待獲麟乃然。群經微言皆寓于《詩》，《春秋》已不能全具，特孔子絶筆獲麟，後師以《春秋》爲重，遂以微言附會《春秋》，而《詩》反失其説。世卿，三代所同，欲變世卿，故開選舉；欲開選舉，故立學造士。使非選舉，則亦不立學矣。作《詩》本爲新制，子貢、宰我以孔子賢于堯舜。緣文明之制，由漸而開，自堯舜至于文武，代有聖人爲之經營，至周大備。天既屢生聖人，爲天子以成此局，不能長襲其事，故篤生一匹夫聖人，受命制作，繼往開來，以終其局。而後繼體守文，皆得有所遵守。又開教造士以爲之輔，故百世可以推行。或以秦漢不用《春秋》之制，不知選舉、學校、禮樂、兵刑，無一不本經制。雖井田、封建，禮制儀文，代有改變，然或異名同實，或變通救弊，所有長治久安者，實陰受孔子之惠。且循古今治亂之局，凡合之則安，反之則危。孔廟用天子禮樂，歷代王者北面而拜，較古帝陵廟有加。若非天命，豈人力哉！又豈但鈔録舊文，便致此神聖之績哉！

郡縣一事，秦以後變易經説者也，似乎經學在可遵、不必遵之間。不知秦改郡縣，正合經義，爲『大一統』之先聲。《禮》制王畿不封建，惟八州乃封諸侯。中國于『大統』爲王畿，故其地不封諸侯，如王畿。諸侯不封而食禄，藩鎮部道，又立五長之意。漢制諸侯封國大，易亂之道也。秦之郡縣，漢之衆建諸侯，正師用《王制》。《王制》諸侯世，郡縣不世。雖似相異，然此正用『不世卿』而推廣者也。又如井田，議者動謂不能行，不知《孟子》明云『大略』，潤澤則在臨時。田多則夫百畝，田少則相時酌減可也。平地則畫井，山地則但計畝相授可也。書文簡略，推行別有細章，豈可株泥舊文？今法有甚富甚貧之病，而《王制》無之，案：井田乃百世下大統之法，于古實無徵。今泰西素有齊貧富之議，將來必出于此。此乃殷法，非孔子特改。當時用井田，孔子萬不能改阡陌；今既用阡陌，亦不便强復井田也。此事變之故，不足爲井田病。夫治經貴師其意，遺迹則在所輕。除井田、封建外，亦不能拘守舊文而行。必欲行井田，則亦有變通之法在。若王莽、張横渠，得其迹而遺其意者也。

六經，孔子一人之書；學校，素王特立之政。所謂『道冠百王，師表萬世』也。劉歆以前，皆主此説，故《移書》以六經皆出于孔子。後來欲攻博士，故牽涉周公以敵孔子，遂以《禮》《樂》歸之周公，《詩》《書》歸之帝王，《春秋》因于史文，《移書》云：『制作《春秋》以記帝王之道。』《易傳》僅注前聖。以一人之作，分隸帝王、周公，如此，是六藝不過如選文、選詩。或並删正之説亦欲駁之，則孔子碌碌無所建樹矣。蓋師説浸亡，學者以己律人，亦欲將孔子説成一教授、老儒，不過選本多，門徒衆；語其事業功效，則虚無惝恍，全無實迹。豈知素王事業，與帝王相同，位號與天子相埒。《易》與《春秋》，則如二公也；《詩》《書》《禮》《樂》，則如四輔條例也。欲爲之事，全見六藝。學校之開，當時實能改變風氣。學之者多，用其弟子者亦多，所謂立行和來是也。孔子初立四教，效已大顯，故欲推而行之。凡六藝、學校，古無其事，《國語》《左傳》言以前有之者，皆賢者依經義之説，分仲尼之功，屬之帝王以前，託詞非實事也。蓋自《春秋》以後，學術治法，全宗素王，天心欲變其局，孔子應運而生。漢、宋諸大儒，皆同此義，實理所在，人心相同者也。

古聖皆有神怪實迹，聖與天通，人與鬼謀，故能成平定之功，大禹是也。《山海經》神怪確爲實事，故《左傳》云多著神奸，鑄鼎作象。至孔子時，先聖開創之功已畢，但用文教，已可長治久安，故力絶神怪，以端人心，而正治法。『子不語』，則以前皆語可知。云『不語』，則實有神怪可知。《禹貢》者，孔子本禹事，以己意潤澤者也。禹不必立九州，當時亦無貢篚織縞一切名物。又五服、四岳，與《王制》切合，儼然《王制》傳注，此孔子修《書》，亦如作《春秋》，據史文而筆削之實事也。古聖神怪之事，全經孔子所削，故云『不語』。不得因孔子之言，致疑前人之誤。蓋天人之交，孔子乃隔絶之，以奉法守文，無俟神奇也。

舊以《逸周書》著録《漢書》，爲秦漢先師采綴而成，亦如《戴記》。今有《汲冢》舊名，或以爲實不出于西晉。然序文淺陋，必係僞作。篇中體製不純，間涉殷事，及《王子晉》《職方》《月令》等篇，必非周書。蓋晉人取舊本，而别以己意補足成書。中多《司馬法》與《書》《禮》佚文，而雜采古傳記者亦不少。其出汲冢，雖無明文，自必當時再出，故加此名。近人堅以爲漢出，不知此決非漢本。《竹書》亦同時所得，亦必有舊本。惟其書多蝕脱，各以己意釋補，如郲盟、滅夏陽之類，皆以爲《左傳》之助，至于乖異實事，故《逸周書》非真古書也。

孔子爲素王，知命制作，翻定六經，皆微言也。聖門師弟相傳，常語如此，《論語》是也。而又有隱微其言者，如周喪期，孔子制作定爲三年，三代通同之。《尚書》言『三年』者，非實事，新制也。宰我、子貢疑其事，孔子答以『古人皆然』。『古人』即指《堯典》『三載，四海遏密八音』事，不明言改制也。曾子問喪，亦有『夏后氏三年』之文，實則孔子爲主改帝王以合己，使若帝王實已如此，不過取之爲説。孟、荀以來，微言已不盡傳，又有緣經立義之傳，與之互異。然古師皆傳此義，唐後學者誤解傳義，遂使孔子『作』『述』全爲帝王所奪。《易》《詩》《書》《禮》《樂》皆變爲古書，《春秋》則爲舊史。所不奪者，《論語》《孝經》而已。

六藝本爲孔子新義，特自託之于『述』，《左》《國》則以爲皆出于孔子以前。如韓宣子見《易象》，季札觀樂歌《詩》，與《書》《禮》皆多引用。以六藝當出于孔子前，蓋因『述而不作』語，遂舉六藝盡歸之國史舊文。後人不知此説出于依經立義，指以爲實，微言之説，遂全爲《左》《國》所亂矣。《國語》爲六經作傳，或以左丘明即子夏。『明』與『商』『羊』『梁』同音，『左丘』即『啓予』，所謂『左丘明』，即『啓予商』，左丘喪明，即子夏喪明事。三傳始師，皆爲子夏，爲文學傳經之事，故兼言六藝，不僅傳《春秋》。然以六藝推之舊文，此欲掩改制之迹，即孔子作而不述之微意也。不言孔子改古書，而言古書合孔子，心本尊向孔子，非欲駁之也。而劉歆乘隙而入，襲此説以攻今學，以六藝爲舊文，孔子直未造作，于是素王改制等説全變矣。劉歆之説，實《國語》爲之先路。同此一説，而恩怨各别，皆以當時微詞隱避，致使大義中絶，聖學晦而不彰。今孔廟既封建王號，用天子禮樂，時勢遠異。又更無所避忌，正當急張微言，使其明著。不可再行隱避遷就，使異端得藉口相攻。况此乃漢、宋先儒舊義，非一人私言，《論語》《中庸》《孟子》先有明文，精確不易。史公云：第弗深究，其所表見皆不虛，信然矣。素王以《詩》説爲本根，實即道統之説。先儒誤據『從周』『不議禮、制度、考文』以相駁，篇中已釋其義。然試再爲申之：云『從周』矣，何以答顔子兼用四代？既云『不作』矣，何以獨辨『不知而作』？孔子，周之臣子，從周何待言！居今而言從本朝，豈非夢囈乎？聖人立身出言，爲萬世法，宜何如慎密。今動以天自擬，又云『其或繼周』『如有王者』，興『鳳鳥』『河圖』之嘆；專禮樂征伐之權，斥言『天下無道』；取亡國夏殷與本朝並論，而議其從違；又自負承先皇文王之統。無論道理不合，其有不賈口舌之禍者乎！庸愚皆知畏法，豈有聖人發隴上之嘆，與陳涉、吴廣同科，導人以發難乎？子貢以爲堯舜猶賢，南宫适以禹稷相比，子路使門人爲臣，仲弓許之南面，宰我輕改舊章，孔門弟子豈皆妄希非分、自居不疑乎？孔子，周之臣子，並非宋君，乃敢以殷禮自用？或以爲異書不足信，《孟子》明云「《春秋》天子之事」，「王者之迹熄而《詩》亾，《詩》亾然後《春秋》作」，「仲尼不有天下」，又屢以帝王、周公與孔子並論。孔子受命制作，有不得不改之苦衷。若夫尊君親上，别有明條，並非欲後人學其受命制作，何嫌何疑？必欲將孔子説爲一迂拘老儒乎？孔子教人忠孝，文在别經，許止、趙盾，猶蒙惡名。「人臣無將」，《春秋》名義，若其自處，别有精義。若以此説有乖臣道，則舜、禹、湯、武，爲帝王垂法，豈學舜、禹者務求禪讓，法湯、武者尚力犯上乎？孔子之志與舜、禹、湯、武同符合貫，學之者但當自審所處，不必以己之所必無，都爲古聖之所斷不有。且世之犯刑辟、坐不敬者，又孰爲孔子所誤哉！

聖人一言必有一言之效，乃自今視之，多爲常語。常語則何待言？又何必傳流至今？凡今見爲常語者，在當日皆爲切要之説。蓋言如藥物，當時爲對症，得聖言而病愈，積久成習，遂視爲故常。故學者于常語尤當留意推考，因藥求病，足以見當日時事。又《春秋》常于嫌得者見不得，列國行事失禮，使乖舊制，人人所知，孔子何爲非之？又何以足傳爲經？可見孔子譏貶，皆爲時制，衆人不知，故譏貶之。如魯之舞八佾，射之主皮，喪不三年，同姓婚，皆真周制，孔子欲改，故譏之。若人共知其非禮，又從而議之，則人云亦云，徒勞口舌。聖人吐辭爲經，故凡所言，都爲制作。今立此一例，于《春秋》《論語》諸經，凡所非議，皆爲改制救弊；至當時所共明者，則絶不一語。以此求之，然後聖經可尊，聖功可見也。

三統以《尚書》爲本，乃經學大例，觀《四代禮制沿革表》《三統禮制循環表》可見。先儒雖主此説，于經少所依附，今按其説，當于《詩》《春秋》中求之。四代無沿革，而名號小有異同，此即三統例之大端，至于服色、牲器，猶其小焉者矣。董子云九而易者，大九州、九洛、九主之説也；五而易者，五帝循環、《小雅》五際説也;四而易者,《尚書》説也;以三而易者,《三頌》説也;以二而易者,《魯》《商》中外文質説也。今以三統立爲一專門,先就各經立表,考其同異,更輯傳説之有明文者以補之,以爲一類。然後掇拾群經異義,可以三統説者,歸爲《續表》。而《四代真制之表》,附于其後,總爲一書,名曰《三統》。不惟經學易明,而孔子『百世可知』之意亦見矣。今已改三統不能循環者,爲《三世進化表》矣。

三統立説,孔子時已然,非後儒所附會。如宰我言社樹,《戴記》中所引孔子言四代者是也。《王制》《國語》《祭法》廟制,與《春秋》《詩》《孝經》時祭,皆當以三統説之。既知此非真四代制,又知此爲百世立法,又推本經書爲主,以收傳記之説,更推考異義以化畛域。此例一明,而群經因之以明矣。

禮儀與制度有異。禮爲司徒所掌,如今之儀注,即《儀禮》是也;制度則經營天下、裁成萬類,無所不包,如《王制》是也。制度最大最要,禮儀特其中一門,欲收通經致用之效,急宜從制度一門用功。若沾沾儀節,不惟不能宏通,人亦多至迂腐。劉子政《别録》,制度爲專門,與禮儀别出。至《儀禮經傳通解》《禮經綱目》、秦氏《通考》,皆以禮包制度,大失經意。今特升《王制》爲制度統宗,《禮經》儀注之文,歸于司徒六禮而已。能悟此旨,經學乃爲有用之書。

舊用東漢許、鄭説,以同《王制》者爲今,同《周禮》者爲古。丁酉以來,始以帝、王分門,不用今、古之説。蓋哀、平以前,博士惟傳《王制》,而海外帝德之學,隱而未明。自漢以後,囿于海禁,專詳《禹貢》五千里之制;自明以後,海禁大開,乃知帝德,《詩》《易》之學,始有統宗。至于王道之學,亦各有宗派。魯學居近孔子,《穀梁》《魯詩》專爲魯學。齊學雖與魯小異,然實爲『今學』。弟子各尊所聞,異地傳授,不能皆同。如《公羊》,『今學』也,而禮與《穀梁》不盡同。《國語》,『今學』也,而廟祭與《王制》多反,此中多爲三統異説。孔子既定《禮經》,更于其中立三統之制,以盡其變。弟子各據所聞，以自立説，皆引孔子爲證。《王制》多大綱，故不能盡包群經異義，此爲大宗。他如時制可徵者，《左傳》之世卿、昏同姓、不親迎、喪不三年，與《孟子》之徹法，魯、滕不行三年喪，此皆當時之行事，與六經不同者也。又《王制》統言綱領，文多不具，《春秋》《詩》《書》《儀禮》《禮記》，所言節目，多出其外，實爲《王制》細節佚典，貌異心同，如《明堂》《靈臺》《月令》之類是也。此類經無明文，各以己意相釋，此潤澤之異禮也。又今《禮記》多先師由經文推得之文，如諸書皆言四時祭，當爲定制，而《孝經》先師只言春、秋二祭，則以《孝經》無冬、夏明文也。諸書時祭名，烝、嘗皆同，而春、夏祭名互異，則以嘗、烝經中有明文，而春、夏無明文也。凡此皆先師緣飾經文，别以聞見足成，非經之異説也。今于劉歆以前異禮，統以此四例歸之，不立『古學』名目。

舊專據《王制》以爲『今學』，凡節目小異者，遂歸入『古學』，當入《異義》。如《祭法》廟制、祭期，與《國語》同，而《荀子》亦有此説。《祭法》有祧、有明堂，《王制》無之，而孔子言祧、言明堂者，不一而足，此不能盡指爲《異義》説也。蓋聖人訂制，先立大綱，細節則多備三統之文。大綱之封建、職官、選舉、學校，群書皆同，而細節則小異矣。即以廟制言，大綱之七廟祀天神、人鬼莫不同，而細節則小異。《祭法》有日月之祀，《孝經》只春、秋二祭，配天郊禘説各不同，此三統文質改變之説也。又漢去《春秋》久，今本《王制》爲先師之一本，嚴、顔《公羊》二本，猶自不同，欲以一本括盡『今學』，勢所不能。今欲舉《王制》括『今學』，當以經文爲主。如治《公羊》者欲用《王制》，而本傳説與《王制》説不同者，則先標舉經文，次録傳記，以後再録三統潤澤異説。然後《王制》廣大，足以包括群經，不致小有異同，輒屏爲異説。如《禮記》孔子禮説與《王制》多異，固有依附，然其説多與六藝合，則不能屏爲異説。必有此例，然後《王制》足以包之。此爲專治《王制》者言。如專家，舉一經推合《王制》，則但明本經，不涉異說。若再牽涉，徒滋煩擾。師說參差，莫如《戴記》，今即以治《戴記》之法治《王制》，使歸統制，參觀以求，思過半矣。

或以諸子皆欲傳教，人思改制，以法孔子，此大誤也。今考子書，皆春秋後四科流派，託之古人。案：以言立教，開于孔子。春秋以前，但有藝術、卜筮之書，凡子家皆出于孔子以後，由四科而分九流，皆託名古人，實非古書。又今所傳子書，半由掇拾及雜采古書。如《弟子職》《地員》等篇，乃經傳師說，漢初收書秘府，附《管子》以行。《管子》亦非其自作，乃後人爲其學祖之，故其中多『今學』專家之語，並有明言《春秋》《詩》《書》之教者。今當逐書細考，不能據人、據時爲斷。至于《司馬法》《縱横》等書，出于政事、言語科，亦爲四科流派。苟有會心，所見無非道，不僅于其中摘録足證『今學』，以備考究已也。

欲知《王制》統宗『今學』，觀《輯義》自明；欲實明改制之意，非輯四代古制佚說不能。此書輯成，則改制之說不煩言而解。大約《春秋》所譏者，皆改制事，又別以五經爲主，凡與經不合者，皆周制。今《古制佚存輯》以《左傳》《國語》爲大宗，子史、傳記、緯候皆在所取，與《王制輯證》同。如《孟子》言周人徹，此周人無公田之證；滕、魯不行三年喪，齊宣短喪，公孫丑答以期，皆周喪期之證。俟周制輯全，然後補輯二帝、夏、殷之制，以見《尚書》之譯改。如《墨子》夏喪三月，可見《堯典》『高宗三年』之文，皆非原文。深通此旨，然後知《王制》爲新制，而《周禮》之爲海外會典，與『古文家』之誤說者，亦可見矣。

六經有小大、久暫之分。《春秋》地祇三千里，爲時二百四十年；《尚書》地祇五千里，爲時二千年；《詩》地域至三萬里，爲時百世，所謂『無疆無斁』；《易》則六合以外。《莊子》云：『六合以外，聖人存而不論；六合以内，論而不議』；《春秋》『先王之志』，聖人切磋而不舍。此六藝大小之所以分。飲器有套杯，小大相容，密合無間。以六藝比之：《易》爲大，《詩》爲《易》所包，《書》爲《詩》所包，《春秋》爲《書》所包。《春秋》爲最小、最暫，《易》最大、最久。此層次之分，大小之别，而統歸于《孝經》。《孝經》一以貫之，總括六藝，歸入忠恕：此聖人一貫之學，謂『以孝貫六經』也。

西人《八大帝王傳》，亦如《尚書》之説堯、舜、禹、湯、文、武、周公。文字今古，有埃及、希臘之分。孔子翻經，正如西人用埃及古文説八大帝事，實以古言譯古書，所以謂之疋言通古今語。而今之談西事者，謂耶蘇以前西教實同孔子，耶蘇因其不便，乃改之。此蓋西人入中國，久思欲求勝，遂謂西方古教亦同中國，耶蘇改舊教亦如孔子譯帝王之書以爲經。時人但知今言，不知古語，好古之士，遂可借古文而自行己意。其説雖不足據，然凡立教，翻譯古書以爲説則同也。

舊以《易》爲孔子作，《十翼》爲先師作，或疑此説過創。今案：陳東浦已不敢以《易》爲文王作矣。以《十翼》爲《大傳》，始于《史記》，宋廬陵、慈湖皆云非孔子作，黄東發、陳東浦以《説卦》爲卦影之學，非解經而作，必非孔子所作，尤與予説相合。《十翼》既非孔子作，則經之爲孔子作無疑矣。或疑《十翼》多精語，非先師所能。今按《大傳》最古，當出于七十弟子之手，且多引孔子語，宜其精粹。又或疑《十翼》多孔子釋《易》之語，必不自作自釋。不知《喪服》《春秋》皆孔子作，孔子解釋，不一而足。若孔子一人自作《十翼》，何以《乾》《坤》《彖》《象》《文言》，重複别出，自相解釋，毫無義例乎？人但據《繫辭》『文王與紂之時』一語，遂誤周文王；又因『三易』《周易》，《左傳》引其文，在孔子先，遂酷信俗説經出文、周，孔子但作傳翼。故自古至今，迷而不悟也。《經話乙篇》别有詳説。

先儒以《易經》爲文、周作，皆誤解『三易』之《周易》。考《左》《國》言《周易》，皆一變五爻變。今以『周』爲『周游六虛』之『周』，非代名，則文、周之説自潰敗矣。再以十二證明之：作《易》之人，與文王、紂事相值，故詞多憂患，非以爲文王自作。今據《大傳》不質言文王作，其證一也。《十翼》乃先師記録師説，引孔子語最多，與《公》《穀》《喪服傳》同例，必非孔子自撰。先儒以經歸之文、周，不得不以傳歸之孔子，二也。爻辭有姬文以後事，必不出于姬文，三也。《十翼》乃傳體，注疏之先路，孔子作經，必不爲姬文作注，四也。《郊特牲》『商得《坤乾》』，此未修《易》之原名藍本，孔子本之作《易》，亦如本魯史修《春秋經》，並非文、周作，五也。汲冢本無《十翼》，司馬談稱《繫辭》爲《大傳》，與《尚書》《喪服》同例，即不能謂經文必作于孔子，若《大傳》則必不出孔子，六也。初以經屬文王，東漢乃添入周公，朱子遂謂『四聖人之《易》各不相同』，後人因割裂四分，《提要》比之殺人行劫，一國不止三公，流弊無窮，七也。『三易』分三代，説不確；即使果分三代，孔子得之商人，本傳以爲殷末，亦必非周代之新本，八也。《序卦》《説卦》，皆先師推演之言，諸家傳本各不同。《繫辭》體同外傳，引孔子説而以《易》證之，必非孔子作，九也。六經皆孔子據舊文亦作亦述，以《十翼》歸之孔子，作傳不述經，與五經不一例，十也。必信《左》《國》，《文言》四德，早見穆姜，《十翼》亦多舊文，十一也。《易》與《詩》同爲『大統』，下俟百世之書，重規叠矩，互相起發，必出一手。《繫辭》文辭雜沓，非一人所作，吴氏曾經審訂，十二也。後師反因《繫辭》而附會以爲文王作，蓋誤讀《左》《國》。《周禮》『三易』文多出孔子以前，因而誤爲此説故也。

舊于《儀禮》經、記分爲今、古，非也。按周時禮儀，上下名分不嚴。大約如今西人之制。孔子作《禮》，明尊卑，別同異，以去禍亂之源。凡禮多出于孔子，傳記以爲從周者，託辭也。《儀禮》爲孔子所出，孺悲傳《士喪禮》可證。蓋《儀禮》爲《王制》司徒六禮之教，與《春秋》禮制全同，亦爲經制，非果周之舊文。而《記》乃孔子弟子所記也。今將經、記同爲經制，爲素王所訂之『禮經三百』，先師所云『制禮正樂』者是也。

《論語讖》：『子夏等六十四人，撰孔子微言，以事素王。』今案：孔子作六藝，撰述微意，全在《論語》。《詩》爲五經之凡例，《論語》者，又六藝之凡例也。其中多師弟傳心精微隱秘之言，與夫商酌損益之説，故其言改制及六藝者百餘章。欲知六藝根源，宜從《論語》始。惟漢以後，此義失傳，舊解多誤，不可復見本意耳。

《戴記》《孟》《荀》所記史事，全本六藝爲説，此賢爲聖譯，緣飾經文，以聖爲歸者也。其中有時事一例，間與六藝相反。欲紀行事，不能全失其真，固秉筆一定之勢。然緣飾例足以收合同之效，而時事例更以見改制之功。使必全淹没實迹，反使人疑三代真是如此。聖人制作之功，必全淹没不可見。今人讀《史記》，皆知記《春秋》以前事，全爲經説，不可以史例之。乃欲以《國語》爲史文，左氏爲史官，無論其書非史，其人非史，萬不能以史立説。若果存一當時真史，如《元朝秘史》與《紀年》之比，則誠如史公所言『其文不雅馴，薦紳先生難言之』矣。六藝無傳記，不能孤行；聖經非賢傳，亦難于自立。孔子改舊文以爲經，左、戴假六經以爲傳，經存經義，傳存傳説，故有素王、素臣之稱。素王不專説《春秋》，素臣實亦不可獨以《春秋》説之也。故讀《左》《國》當以經説讀之，不可以爲史文。若《左》《國》之《三墳》《五典》《八索》《九丘》，又爲『大統』師説。蓋史公尊信《尚書》，以唐虞爲斷，又因《大戴·帝德》《帝繫姓》，乃作《五帝紀》，則又『大統』道德之説矣。

孔子雅推桓、文，孟子鄙薄五伯，此時勢不同故。孟子專言王天下，其言『仲尼之徒，無道桓、文之事』，謂鄙薄不屑稱法。或遂疑左氏爲非弟子，故《公》《穀》爲《春秋》作傳例。弟子問及事實，師亦間引答之，不問則不詳，非不見事傳也。荀子稍後于孟，紀《春秋》遺事甚詳，亦《公》《穀》學。史公學《公羊》，《世家》本《春秋》《譜牒》爲説；又云鐸氏、韓非、吕氏，多本《春秋》。賈子用《左氏》尤多，此《左氏》通行之證也。董子云『《春秋》重義不重事』，但謂不重，非全不學。《公》《穀》師説不重事，謂義較事尤重，非先師不傳事也。後人重《左氏》者，輒以《左氏》爲史官，謂《公》《穀》不詳事。果爲史，則一經必有一傳，不應詳略懸殊。考二傳説事多出《左氏》外，凡二傳微文孤義不能詳備者，《左傳》亦皆無説。如『祭伯來』『肆大眚』『郭公』之類是也。不知《春秋》記大事，以明禍福得失，可以史例。如國史所紀。經所紀小事，多詳禮制，闡發微義，其細已甚，史所不詳。且《春秋》有筆、有削：史所有而削之爲『削』，史所無而加之爲『筆』。傳曰『我無加損』，是有『加』例可知。舊無而新創之制，則不得不見。祭伯、祭仲、祭叔、單伯、女叔、原仲，當時諸人，曾否爲監？不可知也。此等事乃欲以史法言之，則難矣。故《左氏》原書，本爲《國語》，惟有大事，不詳瑣屑，不能有一經必有一傳也。總之，《春秋》之功，全在定一王之制以爲萬世法，不徒劉四罵人。『亂臣賊子懼』，謂其改制作、絶亂源、失爲厲之階，非謂褒貶而已。經傳果爲史法，則不足重，南史、董狐之書故不傳。若以爲經學，則不徒以史例責之矣。

《論語》之左丘明，即子夏，所謂『巧言令色足恭，左丘明耻之，某亦耻之；匿怨而友其人，左丘明耻之，某亦耻之』者，蓋倒裝句法，師生一氣，賢爲聖譯，故見解好惡相同。

聖門文學爲傳經，先師以游、夏爲主，即博士之根源，爲儒家之統宗。道家專詳帝道，後來文學詳于王制，自命爲孔子嫡派，道家遂自外而别以黄老爲主，實則皆弟子所傳，爲德行科。蓋德行皆帝學，流爲道家，文學主六經，别爲儒家，學者須知二派皆孔子弟子。實則道家地步高于儒家，以所祖顔、閔、冉、仲，固在游、夏之上，所以《列》《莊》于顔、閔多所推尚，所詬病者，小人儒家之孔子也。

《國語》上始穆王，下終三家分晉，此不傳《春秋》之實據。孔子六藝，由舊文而翻新義；《國語》紀事，亦由史事而加潤色。孔子舉新事託之帝王，賢者舉六藝緣飾于史事，其用心正同。今于《左傳》分出《春秋》説，原書不但傳《春秋》，兼足爲六藝之傳。所言皆佚聞軼節，蓋各經師説，《左》實爲總括，其書當與《戴記》同重。此爲弟子依經立義，非真史文，當時亦絶無此等實事。若當日真史文，則全爲四代禮制佚存，所録與六藝相反者也。今言《左傳》不傳《春秋》，乃尊《左氏》之至，非駁之也。若以爲真史文，專爲《春秋》而作，則反小視之。且其事不見于經，則史文皆在可删之例矣。

泰西八大帝王，平大災，禦大難，與夫開闢疆宇，如華盛頓之類，中國古之帝王，實亦如此。大約孔子未出之先，中國即如今之西人，于保庶兵食之制，詳哉言之。而惟倫教未極修明，孔子乃專以言立教，詳倫理，六經一出，世俗盡變。以今日之中國論，則誠所謂文敝，先師所謂周末文敝者，爲今之天下言也。服習孔教久，則兵食之事多從簡略，故百世以下，則以文質合中爲一大例。合通地球，不能再出孔子，則以海外通中國，沾孔子教化，即如孔子再生。今日西人聞孔子之教，即與春秋時聞孔子之言相同。學者不見孔子未生以前之中國，覿于今之西人，可以悟矣。

《采風記》言：西人希臘教言君臣父子夫婦之綱紀，與中國同，耶蘇出而改之。蓋采之近人之説。竊以此言爲失實。三綱之説，非明備以後不能興，既興以後則不能滅。西人舊法不用三綱，恐中人鄙夷之，則以爲古實有之，非中國所獨有，因其不便，乃改之。則使中國教失所恃，西教乃可專行。中人不察，群然附和，以爲耶蘇大力，足以改孔子之制，此最爲誤謬！六經中如《禹貢》言九州平治矣，周初乃『斷髮文身』『華路藍縷』，以爲由中國而變夷狄，則與耶蘇改三綱之説同。既經立教，則萬無改變之理。緣立教在文明以後，由人情而作，非逼勒强迫。既作之後，人人服習，則亦萬無議改之理。今之西人，如春秋以前之中國，兵食之政方極修明，無緣二千年前已有教化。以中國言之，無論遠近荒徼，土司猺獞，凡一經沾被教化，惟有日深一日，從無翻然改變之事。故至于今，中國五千里皆沾聖教，並無夷狄之可言。以一經教化，則從無由夏變夷之理也。

歷觀前代，聚天下奇才博學，積久必成一絶技，超前絶後，實至名歸。唐之詩歌，明之制義，久爲定論。國朝諸事不及古，惟經學一門，超軼唐、漢，爲一代絶業。漢人雖近古，西漢舊籍，百不存一；東漢囿于古文，賈、馬、許、鄭，别爲新派，不似國朝精心孤詣，直湊單微。由東漢以溯西漢，由西漢以追先秦，人才衆多，著述宏富，群力所趨，數十年風氣一變，每況愈上，燦然明備，與荀、鄒争富美，一掃破碎支離之積習。前人云：神化之事，今不及古，惟算學、弈棋，獨勝古昔。蓋形迹之事，心思日闢日開，前輩所能，後賢可以掇拾，踵事臻華，後來居上。亦如西人格致諸學，日盛一日，其進不已。經學之用心，與算弈同，故風會所趨亦同。西學目前已如此，再數百年後，其休明不知更爲何如！詩歌帖括，體用皆不及經學之尊。留此至詣，以待時賢，百世可知，驗小推大，天意有在，其孤詣獨造，不有默默者爲之引導乎！

歷代科舉專精之業，皆數十年風氣一變。唐、宋詩文無論已，明之制義，相傳有成、弘、正、嘉、隆、萬、天、崇等派，分年畫代，不爲苟同。亦如唐詩之初、盛、中、晚，宋詩之西崑、元祐、江西、四靈、江湖。國朝經學，大約可分爲四派：曰順康，曰雍乾，曰嘉道，曰咸同。國初承明季空陋之弊，顧、黄、胡、姜、王、萬、閻、朱諸老，内宋外漢，考核辨論，不出紫陽窠臼，游心文、周，不知有尼山也。惠、戴挺出，獨標漢幟，收殘拾墜，零璧斷圭，頗近骨董家，名衍漢學，實則宗法莽、歆，與西漢天涯地角，不可同日語。江、段、王、朱諸家，以聲音、訓詁、校勘提倡，天下經傳，遂遭蹂躪，不讀本經，專據《書鈔》《藝文》隱僻諸書，刊寫誤文，據爲古本，改易經字，白首盤旋，不出尋文。諸家勘校，可謂古書忠臣，但畢生勤勞，實未一飽藜藿。二陳著論，漸别今、古，由粗而精，情勢然也。李、張、龔、魏，推尋漢法，訟言攻鄭，比之莽、操，罪浮桀、紂，思欲追踪西漢，尚未能抵隙古文。咸、同以來，由委溯源，始知尊法孟、荀。開創難工，踵事易效，固其宜耳。綜其終始，窮則必通，以横詆縱，後止終勝。廿年以來，讀遺書，詢師友，昔賢構室，我來安居。舊解已融，新機忽闢，平分今、古，不廢江河。初則周聖孔師，無所左右；繼乃探源竟委，若有短長。博綜同學，分類研精，圖窮匕首乃見，附綴不類生成。乃如宋、元辟雍鐘鼓，獨享一人，六藝同原，貫以一孔。斯事重大，豈敢任情。既風會之所趨，又形勢之交迫，營室求安，菟裘乃創。師友藥言，佩領夙夜，事與心違，未得輕改。由衷之言，有如皦日。風疾馬良，時懼背道。

中國譚天家舊法，皆謂天動地静，西人改爲地動天虛。中士初聞，莫不河漢其言，積久相習，以爲定論。搜考古説，乃多與相同。舊説六經，誤據《左》《國》，以爲文、周國史所撰，孔子傳述之。今以爲孔子所作，託之帝王。地静天動，與地動天虛，節氣晝夜，事無二致。其所以斤斤致辯者，亦如西法，得之目驗，積久推測，确有實驗，不能舍實據而談空理。且徵之古書，亦如地有四游，明文朗載。且自東漢以後，皆主文、周。秦火經殘，以孔子爲傳述家，其説孤行二千年，道術分裂，人才困絶，其利弊可數。劉歆《移太常博士書》，于十四博士之外，請更立三事，謂以『廣異聞、尊道術』。今新學持之有故，言之成理，歲月積累，居然别成一家。舊説之外，兼存此義，未爲不可。如必深固閉絶，殊失博采兼收之道。况留此以待後來審定，安知地動天虛，久之不成爲定論？事理無窮，聰明有限，是丹非素，未免不公。先迕後合，事所常有，姑妄言之，何妨妄聽之乎？《勸學篇》以開民智爲主。此編蓋以中法開士智，使不以村學究自畫。

德陽劉介卿子雄舍人心思精鋭，好闢新説。因讀《今古學考》，遂不肯治經，以爲治經不講今、古，是爲野戰；講今、古又不免拾人牙慧，故舍經學，耑工詩辭。又以《周禮删劉》爲閹割之法，于己説相近，指爲竄改，不免武斷，必群經傳記，無一不通，方爲精博。今以『大統』説《周禮》，舊所閹割之條，悉化朽腐爲神奇，惜舍人不及見之也！

國初蔣大鴻言墓宅理氣之學，獨標玄解，宗法古初，力攻明中葉晚出之《玉尺經》。或乃不取其書，詆其以一人臆見，欲盡廢相傳之舊説，謂前人無一是處，殊屬偏執云云。竊以此事當論是非，不當論從違之多寡。如《尚書》三人占則從二人之言，《左傳》乃以一人爲衆，此論是非不計人數之明説。蔣説雖于時術不合，證之古書，實乃相同，則其所欲去者，晚近謬説耳。用備一説，奚不可者？南皮張尚書不喜《今古學考》，謂余但學曾、胡，不必師法虬髯，並謂『洞穴皆各有主，難于自立』。今乃由《春秋》推《尚書》，推《詩》《易》，六合内外，悉歸部屬。然皇帝各有分司，愚不過借箸而籌。淮陰之策楚項，諸葛之論魏吴，功成身退，與曾、胡實出一途。杖履逍遥，退耕畎畝，劉秉忠、劉青田何常不參預秘謀？亦終不失臣節。

《隋志》《陸録》所談各經源流，謬種百出，百無一真，證以《史》《漢》，其説自破。近人言經學，以紀曉嵐爲依歸。當時譚經諸家，融而未明，紀氏專心唐、宋小説雜聞，未能潛研古昔正書，以辭賦之才，改而説經，終非當行。又以《隋志》《陸録》爲宗旨，故所説經籍，不脱小説謏聞，疑誤後學，受患頗深。如説《周禮》，以爲周公舊稿，後來人非周公，隨時修改，久之，當時已不能行云云。是比《政和禮》《開元禮》猶不足，何足以爲經，使人誦習，傳之萬世？《毛詩序傳》出于衛宏，如大小毛公名字、叔侄、官爵等説，皆出范《書》以後，乃誤爲真。其説二人，真如孫悟空、猪八戒，此等游戲，評詩談藝則爲高手，解經則成兒戲。又如書坊僞《端木詩序》《申培詩傳》，其書竄亂刪削，至爲陋劣，既明知其僞，乃又摘論其中數條，以爲義可兼存。似此猶可存，則又何不可存！大抵紀氏喜記雜書，好行小慧，于史學、辭章尚有微長，至于經説，非其素業，故于各經論述，幾不知世間有博士，何論孔子！時賢推尚紀氏，故略發其説于此。大致悠謬者多，不足與細辨也。

國朝雍、乾以後，鄭學盛行，誤信孔氏『疏不破注』之邪説，寧道周、孔錯，不言馬、鄭非。積習移人，牢不可破。嘉、道以後，龔、李諸賢，始昌言攻之。然亦如晉王子雍，一生專與鄭爲難，乃全不得其病痛所在。考鄭學自魏晉以後，盛行千餘年，其人人品高，號爲經師完人。至細考其著作，實不見所長。《詩》《書》二經，推《周禮》以爲説，强四代經文以就其誤解之《周禮》，固無論矣！平生著述，三《禮》爲優，《周禮》又其本中之本。《大行人》注言周之疆域方七千里，天子以方千里者一爲王畿，州牧各得方千里者六，以一州牧大于天子五倍，似此謬妄，婦孺皆知其非。《周禮》以制度爲主，制度以封建爲首綱，根本已失，其餘均不足觀。《王莽傳》莽女爲后，十一媵，是天子一娶十二女。王莽晚自娶，則有百十二女，明係歆等附會誤説。然經無明文，儘可改正，鄭説六鄉、六遂與《王莽傳》不同，是鄭君改其説。乃造十五日進御之説。其注百事多略，惟此條最詳，推考變節，無所不至。經所稱『孤』，本即世子，指《春秋》齊、曹世子而言，乃以爲『三孤』；經所見諸『孤』字，皆非王臣，則又僞造『大國孤一人』之説，誤中又誤，夢中又夢。其注《儀禮》，至以『諸公』爲『即大國之孤』。『孤』何得稱諸公？饗禮即鄉飲酒，明知今、古文『饗』皆作『鄉』，何不注于題下？乃以饗禮爲亡。饗禮與鄉人飲酒禮節隆殺不同，鄭明知漢時所行鄉人飲酒禮儀節簡，爲欲實《周禮》『鄉』字之説，亦遂以爲真鄉黨所行之禮。李氏但詆其破壞家法，不知即以專家論，鄭君于《周禮》《儀禮》已多不能通，又何論其于今、古相亂之旁失！考鄭于各經大綱，雖多不得本旨，舊頗稱其細節，如宮室、衣服儀節，實爲精密，然大端已誤，細節殊無足取。且進而考其細節，亦多因强附《周禮》而誤。余學專欲自明，不喜攻人，但鄭君空負盛名，實多巨誤。後生以之爲天人，望洋而嘆，莫敢考索。故由鄭學入手者，如入迷途，久而迂謬成習，以所注之書，無一明通之條，後人讀之，如飲迷藥。爲後賢祛疑起見，偶一言之，以示其例耳。近來談學校者，力求簡約，爲士人省力，以爲讀西書之地。觀諸家所列諸書，仍無門徑、條理。過簡，則謂日月可完；少繁，則老死不能盡。且所列近人義疏，沉没于聲音訓詁，即使倍誦如流，其于致用，奚啻千里！西人謂海王星光十二年方至地球，從諸賢仰望孔子，恐十二年其光仍不能到，以相去不止海王與地球之遠也。

近賢論述，皆以小學爲治經入手，鄙説乃易以《王制》。通經致用，于政事爲近；綜大綱，略小節，不旬月而可通。推以讀經、讀史，更推之近事，迎刃而解。《勸學篇》言學西藝不如西政，近賢聲訓之學，迂曲不適用，究其所得，一知半解，無濟實用，遠不及西人之語言文字可俾實效。讀《王制》，則學西政之義，政高于藝。如段氏《説文》、王氏《經傳釋辭》《經義述聞》，即使全通其説，不過資談柄，繡槃帨，與帖括之墨調濫套，實爲魯衛之政，語之政事、經濟，仍屬茫昧。國家承平，藉爲文飾休明之具，與吟風嘲月之詩賦，事同一律，未爲不可。若欲由此致用，則炊沙作飯，勢所不行。釋家有文學派，聲訓之訓，正如《龍龕手鑑》《一切經音義》，枝中之枝。從《王制》入手，則如直指心原，立得成果。以救時言，《王制》之易小學，亦如策論之易八比試帖也。非禁人治訓詁文字，特不可淵没終身耳。

阮刻《學海堂經解》，多嘉、道以前之書，篇目雖重，精華甚少。一字之説，盈篇屢牘；一句之義，衆説紛紜。蓋上半無經學，皆不急之考訂；下半亦非經學，皆《經籍籑詁》之子孫。凡事有末有本：典章流別，本也；形聲字體，末也。諸書循末忘本，纖細破碎，牛毛繭絲，棘猴楮葉，皆爲小巧。即《詩經》而論，當考其典章、宗旨，毛、鄭所説相去幾何，而辨論其異同之書，層見叠出。『樂』之爲樂、爲瘵，『永』之爲羕、爲泳，有何關係，必不可苟同？以《尚書》論，今、古二家，宗旨在于制度，文字本可出入。不問辭，專考字；不問篇，專詳句；説《堯典》二字三萬言，詢以羲和是何制度？茫然也。近人集以爲《彙解》，一字每條所收數十説，問其得失異同之故，雖老師宿儒不能舉。又如用其法以課士，一題説者數十百人，納卷以後，詢以本義究竟如何？舊説孰得孰失？論辨異同之關係何在？皆茫然不能對。蓋嘗蹈没其中十數年，身受其困，備知其甘苦利害，以爲此皆不急之辨，無用之學，故決然舍去，别求所以安身立命之術。積久而得《王制》，握綱領，考原流，無不迎刃而解。以之讀群經，乃知康莊大道，都會名區，絶無足音。考求舊游之車轍馬迹，亦不可得，徒見荆棘叢中，窮隘巷港，積屍如麻，非黑暗不見天日，則磨旋不得出路，父子師弟，相繼冤屈，而不自悟其非。蓋得其要領，則枝節自明。且悟其旨歸，文字可以出入；苟循枝委，則治絲而棼。予深入網羅，幸而佚出，舉覆敗以爲後來告，願不似余之再入迷人也。爲今之計，以人才爲主，不願天下再蹈八比之理學，音訓之漢學，以困人才。

初以《王制》説《春秋》，于其中分二伯、八伯、卒正、監者，同學大譁，以爲怪誕；師友譏訕、教戒不一而足。予舉二伯、方伯，《穀》《公》傳有明文。或乃以爲《穀》言二伯，但可言二伯；《公》言方伯，但可言方伯，積久説成，乃不見可怪。近日講《詩》《易》，亦群以爲言。不知實有所見，不如此萬不可通。苟如此，則證據確鑿，形神皆合，因多有後信。《詩》説改名『齊學』，自託于一家，亦以『大統』之説，《齊詩》甚多，非積十數年精力，盡祛群疑，各標精要，不能息衆謗而杜群疑。昌黎爲文，猶不顧非笑，何況千年絶學，敢徇世俗之情？又初得一説，不免圭角崚峋，久之融化鋒鍔，漸歸平易，使能卒業。如三傳則安置平地，任人環攻。世俗可與樂成，難與圖始。自審十年以後，必能如三傳之化險爲夷，藏鋒斂刃，相與雍容揖讓，以共樂其成，不敢因人言而自沮也。

盧、鄭之學，專以《周禮》爲主，因《王制》與之相迕，故盧以爲博士所造，鄭以爲夏殷禮。學者不知爲仇口之言，深信其說，入于骨髓。竊治經以求實用爲歸，違經則雖古書不可用，合經則即近人新作亦可寶貴。鄭君斥《王制》爲古制，本爲祖《周禮》以駁異己，乃其《周禮注》内外封國，本經缺略，反引《王制》以補其說。《左》《國》《孟》《荀》，以周人言周制，莫不同于《王制》，與《周禮》迕。北宮錡明問周制，孟子答與《王制》同，則何得以爲夏、殷制？蓋因畿内封國，二書各舉一端，孟子所舉上中卿、上中大夫、上中士，《王制》則專指下卿、下大夫、下士。互文相起，其義乃全，《王制圖表》中，立表已明。使二書同文，反失其精妙。說者乃謂《王制》誤鈔《孟子》。此等瞽說，流傳已久，雖高明亦頗惑之，此經學所以不明也。且鄭因《王制》異《周禮》而惡排之，不知二書不同，亦如《孟子》之異《王制》。《周禮》《王制》，分主『小』『大』二統，互文相起，妙義環生，亦如《孟子》《王制》，妙在不同，彼此缺文，以互見相起。《周禮》非用《王制》大綱，且多缺略不能備。本骨肉至親，乃視等寇仇，此東漢以下所以無通才。予之所以不敢苟同昔賢者，正以見二書合通之妙。兄弟夫婦，形體相連，同室操戈，互鬬何時了也！

王刻江陰《續經解》，選擇不精，由于曲狥情面與表章同鄉。前半所選，多阮刻不取之書，故精華甚少；後半道、咸諸書，頗稱精要。陳氏父子《詩》《書遺說》，雖未經排纂，頗傷繁冗，然獨取今文，力追西漢，魏晉以來，無此識力。邵《禮經通論》以經本爲全，石破天驚，理至平易，超前絶後，爲二千年未有之奇書。考東漢以來，惟『經殘秦火』一說，爲庠序洪水猛獸，遺害無窮。劉歆《移書》，但請立三事，廣異聞，未嘗倡言六經爲秦火燒殘。古文家報復博士，乃徐造『博士六經不全』之說。詳《古學考》。妄補篇章，虚擬序目，種種流毒，原是而起。且自『經殘』一説盛行，學人平時追憾秦火，視諸經皆爲斷簡殘篇，常有意外得觀全文之想。其視經已在可增可減、可存可亡之例，一遇疑難，不再細考求通，有『秦火』一説可以歸獄。故東漢以下，遂無專心致志，推究遺經之人。殘經在可解不可解之間，安知所疑所考者，不適在亡篇内？故『經殘』一説爲儒門第一魔障！余因邵説，乃持諸經皆全，亦備爲孔修。蓋授初學一經，首飭之曰：經皆全文，責無旁貸。先求經爲全文之所以然，力反殘佚俗説，然後專心致志，精誠所至，金石爲開，專一之餘，鬼神相告。故學者必持經全，札硬營，打死仗，心思一專，靈境忽闢，大義微言，乃可徐引。故予以邵書爲超前絶後，爲東漢下暗室明燈。鄭以饗禮爲亡，不知『饗』即本經之『鄉飲酒禮』。别有《饗禮補釋》二卷。

初刊《今古學考》，説者謂爲以經濟解經之專書，天下名流因本許、何，翕無異議。再撰《古學考》，外間不知心苦，以爲詭激求名。嘗有人持書數千言，力詆改作之非，並要挾以改則削稿，否則入集，一似真有實見，堅不可破者。乃杯酒之間，頓釋前疑，改從新法，非《莊子》所謂是非無定？蓋馬、鄭以孤陋不通之説，獨行二千年，描聲繪影之徒，種種囈夢，如塗塗附。自揣所陳，至爲明通，然我所據，彼方持以自助，何能頓化？彼既入迷已深，化虚成是，舉國皆狂，反以不狂爲狂。然就予所見，海内通人，未嘗相迕。蓋其先飲迷藥，各人所中經絡不同，就彼所持，一爲點化，皆反戈相向。歷考各人受病之方，投之解藥，無不立蘇。但其積年魔障，偶爾神光，何能竟絶根株？一曝十寒，群邪復聚，所持愈堅。又或如昌黎《原毁》，争意見不論是非，聚蚊成雷，先入固閉，自樂其迷，願以終老。當此，惟啜糟自裸，和光同塵。蓋彼既無求化之心，不能與之莊語。萬物浮沉，各有品格，並育並行，何有定解哉！

通經致用，爲儒林之標準。漢儒引《春秋》折獄，立明堂，議辟雍，各舉本經以對，博士明達政體，其官多至宰輔。余既立《王制》，以掃一切支離破碎無用之説、不急之辨。以《王制》爲經，以《典》

《考》諸書爲之傳説。習《王制》者，先考《通典》；《通典》既通，然後再爲推廣，提綱挈領，期年即可畢工。《通典》先經後史，源委分明，經史精華，皆在于是。《典》《考》之學，尤以《輿地》一門爲先務，所有職官、封建、井田、學校、選舉、兵制、食貨，治法大端，輿地在先，而後諸政因輿地而起。古今解經，必先疆域一門，而後諸事隨之而立。説《春秋》《尚書》者，必先考《禹貢圖》；説《詩》《易》者，必先考《車幅圖》。今于上卷附《禹貢圖》，下卷末附《車幅圖》，以示學人入門之捷徑。《春秋》《尚書》，皆所以明五千里内之政事；《詩》《易》，皆所以明方三萬里之政事。《典》《考》既通，如有餘力，各隨所近，推之别門。不能旁及，但明《典》《考》，亦不失爲通儒。

古人讀書，有闕疑、存疑兩條，所以愛惜精力，使得耑心要理。諸葛武侯讀書，但觀大意，政事文章，超前絶後，蓋以此也。近賢不務大綱，喜矜小巧。如孔子生卒考，舊有兩説，參差不同，苟通其意，數言可了。孔氏著爲耑書，海内矜爲秘本，轉相傳刻，學者閲讀已畢，詢其所以然之故，諸説紛紜，迄不能明，是有書如無書也。近人《長江圖説》，以文字説古地名，輾轉附會。苟用其法，雖以《禹貢》全域説在蜀亦可，俗諺所謂『山水遷居』者也。

壽陽祁相國約諸名士，以其先人『祁奚字黄羊』命題，使各撰一篇。諸名士以聲音通假説之，將三字互相改變，至數十説，迄無定解。苟用其法，無論諸人各衍一説，使一人操筆，衍爲數十百説，亦數日可成。此真所謂畫鬼神爲兒戲，在壽陽幾于玩弄其先人，乃互相傳刻，以爲美譚。經傳草木鳥獸，既今古變種異名，又南北方輿同異，專好矜奇炫博，漫衍魚龍。即如九穀養生之原，人所易知，《九穀考》演爲圖説，集成卷帖，説者竟茫然不能指實。邵氏《爾雅》有闕疑不説之條，郝氏乃舉其闕略者悉爲衍説。當時以郝氏晚出，後勝于前，積久考其所補諸條，實恍惚無實用，故近人轉謂邵勝于郝。『行有餘力，則以學文』，使綱舉目張，未爲不可。乃諸家謙讓未遑，以識小自居，謬種流傳，遂以小加大，若天地至要至急之物，無過于此。不知《典》《考》之學，綱領最爲詳明，苟得要領，事半功倍。諸賢所望而生畏者，乃實簡要；所擇居之下流，乃實萬難。此等不急之辨，無用之學，《莊子》比之棘猴楮葉。余于《周禮凡例》標《闕疑》一門，凡一切古有今無及古法失傳之事，皆存而不論。削除荆棘，自顯康莊，不再似前人之説夢鈴癡也。

漢人今、古二派，今作、古述。竊以述爲主《左》《國》，作爲主《列》《莊》。考《公》《穀》説經，直稱『傳説』，以經主孔子，以傳主先師，稱心而譚，自我作古，此博士嵩主孔子制作六經之本旨也，其弊也悍肆游移。《左》《國》立説以矯之，務以各經歸之古人。《易·文言》之『四德』，《春秋》之『義例』，《論語》之『克己復禮』之類，有孔子明文者，皆歸之春秋時人，如穆姜、申須、子産、叔向之類，班氏所謂『不以空言説經』者也。『古學』嵩主此派，舉六藝一概歸之古人。至于《列》《莊》，則以六經爲芻狗，諸書爲糟粕，託辭詆譏。其實所詆，非實孔子，蓋謂《左》《國》所言之孔子。如《左》《國》以孔子爲傳述家，雜取皇、帝、王、伯舊事陳言，收藏傳述，如昭明之《文選》、吕東萊之《文鑑》，拾人牙慧，不得與于作者之林。六藝分崩瓦解，殘脱割裂，如近人經説，于删《詩》、修《春秋》、序《書》，皆攻其説而不信，以六經皆原文，于孔子毫無相干，然其弊也庸昧尠頑。二説鬬分兩門，互有利弊，《莊》《列》之説爲微言，《左》《國》之學爲大義，古文家孤行千餘年，其害于學術、政事與八股等。微言之學，經始萌芽，行之既久，不能無弊。經説有文質相救之法，文敝繼以質，質敝繼以文。當其文質初改之日，弊已深，不能不改，亦不敢謂所改者之無弊。陰陽寒暑，循環反復，相反相成。蓋《左》《國》大義近于文，《莊》《列》微言近于質。中國文法，二千餘年而易以質；『古文』之説，亦二千餘年而易以今。事實相因，宗旨亦相同也。

經學與史學不同：史以斷代爲準，經乃百代之書；史泛言考訂，録其沿革。故《禹貢錐指》《春秋大事表》，皆以史説經，不得爲經學。讀《禹貢》，須知五千里爲百世而作，不沾沾爲夏禹之一代而言，當與《車輻圖》對勘，詳内八州，而略要荒十二州。以《禹貢》沿邊要荒不更別立州名之内，外十二州山水部屬，實附見于内八州，中九州惟豫、兖不見『夷』字，夷蔡皆要荒小服，附見邊州，非謂内州之夷。其叙九州，用大乙行九宫法，始東北，終西北，每正方見岳名，餘附岳名以見；徐牧附東岳，諸州可例推。五服加三即爲《九畿圖》，九畿三倍乃爲《車輻圖》。《春秋》以九州分中外，是《春秋》以前，疆域尚未及三千里。《春秋》收南服，乃立九州，不及要荒，《尚書》乃成五千里定制。『周公篇』又由海内以推海外。此皆《禹貢》之微言大義，胡氏概不詳經義，泛泛考證，故以爲史學，而不足以言經學。

經書以物、理爲二大門，《尚書·禹貢》爲物之主，《洪範》爲理之本。以《禹貢》爲案，而以《洪範》推行之；《禹貢》略如漢學，《洪範》略如宋學；一實一虚，一物一事。《大學》：『物有本末，事有終始。』據《禹貢》以言物，乃知漢師破碎支離之不足以爲學；據《洪範》言理，乃知理由事出，宋人空虚惝恍之不足以爲學。《尚書》此二篇，與諸篇體例不同，乃群經之總例，不但爲《尚書》發。以此立學，明白簡要，與漢、宋同床異夢。

《古制佚存凡例》與春秋時人載記所傳，皆言清行濁，故于古制分新、舊例。凡古事與經不同者，皆爲真古事。以《禮》《樂》二經出于孔修，如同姓昏、三年喪、親迎、喪服、烝報諸條，其明證。劉室主人引東昏、齊高、隋煬爲據，謂《禮》《樂》已定之後，未嘗無怪誕狂亂之人。竊以擬非其倫，所引諸人，皆後世所謂人面畜鳴，亡身喪家，當時群相叱怪，後世引爲大戒。若周穆王、齊桓公、魯昭公、哀公、子張、子貢所行所疑，何得以惡鴟怪獸相比倫！禮，喪必去官，《春秋》記魯大夫父死，子即服事出使。禮，不世卿，列國卿大夫幾無不世者。在當時爲通行，與高澄、東昏、隋煬，千萬中不得一二者迥殊。因其相攻，本義愈顯，故予以春秋以前之中國，即今日之西人。如齊桓姑姊妹不嫁者七人，衛宣、楚靈上烝下報者，西人近絶無其事，蓋其通商已近三百年，耳濡目染，漸革舊俗。今日之西人，實較春秋前之中人爲文明，是古非今，俗説與情事正相反。

古學祖劉歆，以周公爲六藝主，孔子爲傳述家，所言事事與《移書》相反。蓋《移書》本用博士舊法，以六藝歸之孔修，首以微言大義歸之孔門。若如馬、鄭諸家，既不主孔子，更何有微言大義之可言？每經皆有義例，在文字之外，如數術之卜筮，以及鐵板數、《青囊經》，皆別有起例在本書之外，不得本例，但望文生訓，如何能通？不惟經説，即李義山、吴梅村詩集，作注者必先于本文之外，詳其時事、履歷、性情、嗜好，並其交游贈答、當時朝廷盛衰、政輔忠佞，然後能注。區區後人文詩千萬，不足與經比，猶于文字外無限推索，方能得其本旨。乃東漢以下之經學，則不必先求本師，預考文例，但能識字解義，按照本文，詳其句讀，明其訓詁，即爲經説，真所謂望文生訓！不求其端，不竟其委，但能識丁，便可作傳。除《公羊》外，今所行之十二經注疏，一言以敝之曰：望文生訓而已！靳注《吴集》，相去未遠，文字之外，究心實多。以今日初識筆畫之童蒙，説古昔聖神之微旨，而謂如盲詞市簿，一見能解，一聞能知，豈不哀乎！學者亦嘗假四字以爲説，實則阮、王二刻，能逃望文生訓者，寧有幾人？蓋欲求義例，必先有師；不能得師，必先于各經先師傳説義例，未讀經先考之至精至熟，然後可以讀經。此法久絶，合宇内老師宿儒，誰能免此弊？劉歆初言微言，後力反其説。願學者讀漢臣劉歆書，勿用新室劉秀『顛倒六經』之法也。

井研庚子新修《縣志》，所撰《四益叢書》備蒙采入《經籍志》，四部共百四五十種；參用《提要》

及《經義考》之例，序跋之外，别撰提要，子姓、友朋、及門分撰者，各録姓名。先曾爲《序例》，志本以文繁，多從删節。又家藏本如《楚詞》《文集》之類，續有增補；《詩》《易》二經，舊説未定，亦多删改。然庚子以前所有著述，《縣志》詳矣，家藏本存以待改，將來刊刻必與《志》本有同異，然『小』『大』二統規模，《志》本粗具矣。

宋、元、明理學家皆有《學案》，予于《今古學考》《古學考》外，别撰《兩漢學案》四卷，西漢主微言，東漢主大義；大義主《左》《國》，微言則主《列》《莊》。蓋《左》《國》以孔子爲述，爲不以空言説經之舊法，主持此説，必須用《論語》『好古』『敏求』『擇改』『並行』之説。六藝雖爲舊文，孔子手定，别黑白，定一尊，凡沿革與不善之條，悉經删削，蓋于歷代美善，皆别與定一尊。如田賦取助法，夏、周皆以公田説之，而貢、徹之法不取；如譏世卿，《詩》與《春秋》同書尹氏；如行夏時，四代經文皆以夏時爲正；《周禮》仍爲『大統』皇帝之法，以《論語》『行夏時』及『述而不作』二章，『子張問十世』章爲主，擇改因革，大有經營，特本舊文，即爲述古。六藝合通，全由筆削，不可如東漢『古文』説，經皆文周、國史原文，未經孔定，雜存各代，沿革棼亂。如《詩》以爲舊有撰人，可也；但既編定，則編書之意，與作者不必全同；舊本歌謡，孔修後遂成爲經。《書》本多，斷定二十八篇，則變史爲經。其與《列》《莊》分别之處，則微言派直以六藝皆新文，並非陳迹芻狗過時之物，託之帝王，即《莊子》『寓言』。如《春秋》《論語》所譏，皆爲新制，孔子以前，並無以言立教之事，周公舊制，未傳爲經。故一作一述，小異大同，亦如地静、地動，晝夜寒暑，莫不相同。一説循環，互相挽救。如『古文』專以六藝屬古人，不言審定折中，以新代舊，變史爲經，則其病百出，萬不敢苟同者也。

嘗以《春秋》《書》《詩》《易》四經，比于套杯，以《書》容《春秋》，以《詩》容《書》。故舊説莊子、董子，皆以《易》與《春秋》對言，原始要終，而《詩》《書》《禮》《樂》四教在其内。以《大學》比諸經宗旨，《春秋》爲家，《尚書》爲國，《詩》《易》乃爲天下。《詩》爲下，《易》爲天，以《詩》詳地球，《易》言天道。蓋以大一統言之，『普天之下』，乃爲天下，則『國』字爲中國之定解。以禹州爲國，以王畿爲家，《春秋》書王室亂，合六經論之，則『王室』爲《春秋》標目。三千里爲家，五千里爲國，方三萬里爲天下，三十六《禹貢》九九畿，然後爲天下，是『家室』爲《春秋》標目。凡《詩》《易》中所言室、家、王家、王庭、王廟，皆指《春秋》《周禮》之《禹貢》九畿；所謂大家、富家，則指皇帝。凡國，如王國、南國、邦國、下國、四國、大邦之類，一國爲一王，一王爲一《禹貢》，以國屬王，一定不移。二帝爲后，中分天下，三皇乃爲至尊。群經不言皇者，皆以『天』代之；凡言天下、言天子，皆爲『大統』之正稱，『小統』借用其説，遂失本義。以家、國、天下比四經疆域，必得此説，而後《大學》之義顯，群經宗旨乃以大暢。

未修《春秋》，今所傳者，惟《公羊》『星隕不及地尺而復』一條，及《左傳》『不書』數條。學者皆欲搜考未修底本，以見筆削精意，文不概見，莫不嘆惜。即今日而論，得一大例，足以全見未修之文。蓋孔子未生以前，中國政教與今西人相同；西人杭海梯山入中國以求聖教，即《中庸》『施及蠻貊』之事。聖經中國服習，久成爲故事，但西人法六經，即爲得師，故不必再生孔子。今日泰西，中國春秋之時，若無所取法，天故特生孔子，垂經立教，由中國及海外，由春秋推百世，一定之例也。西人儀文簡略，上下等威，無甚差別，與中國春秋之時大致相同。孔子乃設爲等威，絶嫌疑，别同異。『惟名與器，不可假人』，由孔子特創之教，故《春秋》貴賤、差等斤斤致意也。《論語》旅泰山、舞佾、歌《雍》、塞門、反坫、上下通行，孔子嚴爲決别，故譏之以起義，當日通行，並不以爲僭。又如西人以天爲父，人人拜天，自命爲天子；經教則諸侯以下不郊天，帝王乃稱天子。西人君臣之分甚略，以謀反、叛逆爲公罪；父子不相顧，父子相歐，其罪爲均；貴女賤男，昏姻自行擇配；父子兄弟如路人；姓氏無别，尊祖敬宗之義缺焉。故孔子特建綱常，以撥其亂，反之正，『百世以俟』，正謂此耳。

自跋

此册作于戊子，蓋纂輯同學課藝而成。在廣雅時傳鈔頗多。壬辰以後，續有修改。借鈔者衆，忽失不可得。庚子于射洪得楊絢卿茂才己丑從廣雅鈔本，略加修改，以付梓人。此册流傳不一，先後見解亦有出入，然終以此本爲定云。辛丑五月十五日季平自識。

鄭跋

甲辰《四變記》成，以《易》《樂》《詩》爲哲理之『天學』，《書》《禮》《春秋》爲實行之『人學』。三變『大小』，亦更精確，詳于《四譯館四變記》《天人學考》《尚書》《周禮》《楚辭》《山經》疏證等編。此册師席本不欲存，及門以存此踪迹，以爲學者階級，因並存之，而附記于此。受業鄭可經識。

知聖續篇

初用東漢舊法，作《今古學考》，今主《王制》，古主《周禮》。一林二虎，合則兩傷，參差膠轕，疑不能明。戊戌以後，講『皇帝之學』，始知《王制》專詳中國，《周禮》乃全球治法，即外史所掌三皇五帝之典章。土圭之法，鄭注用緯書『大地三萬里』説之，《大行人》：藩以内皇九州。九九八十一，即鄒衍之所本，故改『今古』爲『大小』。所謂《王制》『今學』者，王霸小一統也；《周禮》『古學』者，皇帝大一統也。一内一外，一行一志；一告往，一知來；一大義，一微言。經傳記載，無不貫通。因本《詩》《易》，再作《續篇》。方今中外大通，一處士横議之天下，東南學者，不知六藝廣大，統綜六合，惑于中外古今之故，倡言廢經。中士誤于歧途，無所依歸，徘徊觀望，不能自信。此篇之作，所以開中士之智慧，收異域之尊親。所謂『前知』『微言』者，不在斯歟？將來大地一統，化日舒長，五曆周流，寒暑一致，至聖之經營，與天地同覆幬。六藝《春秋》小始，《易象》大終，由禹甸以推六合者，其説皆具于《周禮》。正浮海洋，施之運會，驗小推大，俟聖之義始顯。時會所值，不能笑古人之愚，而緣經立説，理據章明，亦不敢因知我者希而遂自阻也。光緒壬寅孟冬，則柯軒主人序。

小康王道，主《王制》；大同帝德，主《帝德》。二篇同在《戴記》，一「小」一「大」，即小大共球之所以分。自史公有「黄帝不雅馴」，及「删《書》斷自唐虞」之説，學派遂有「王伯」無「皇帝」。雖《易大傳》有伏羲、神農、黄帝，《大戴》有《五帝德》，《詩》《書》所言「皇上帝」「古帝」「皇帝」諸文，皆以爲天神，于是六經全爲「王伯」，專治中國。《中庸》所云「凡有血氣，莫不尊親」者，成虚語矣。海外袄教，真足以自立于鬼方，各遵所聞，兩不相妨。中士言時務者，舍西書無所歸宿，何以爲百世可法之道哉？今故别撰《周禮皇帝疆域考》一書，以《五帝德》爲藍本，經史子緯所有，皆附録之。此書成，則言「皇帝」之學，方有根據，足與「王伯」之説相峙並立，亦如漢師之今、古學。以此爲時務之歸宗，庶幾人才盛而聖道昌乎！

博士雖爲儒家，間言大同，如《小戴・禮運》《伏傳・五極》《韓詩》説《關雎》《公羊》之「大一統」，儒與道時相出入。德行出顔、閔，文學爲游、夏，時有異聞，則文學亦聞「皇帝」説也。《禮記》孔子與子游論「大同」，《列》《莊》論吕梁，引子夏云：「夫子能之而不行者也，商不能而知其説。」孔子論儒，有君子、小人之分：君子儒，道家；小人儒，王伯，儒家。故子夏曰：「小道可觀，致遠恐泥，君子不爲。」以經師魯、齊二派而論，魯近儒，齊則間有「皇帝」。如鄒衍游齊，而言「瀛海」「五德代謝」，皆五帝要旨。中國一隅，不可言五運也。《公羊》云「大一統」，「王伯」小，「皇帝」大。又云「王者孰謂？謂文王」。皇輻四十，大州；王八十，牧二十。四方方命厥后，各有九州：中國，文王；西，武王；北，玄王。又有湯王、平王、汾王、王后、王公，及君王、侯王之稱。《北山》云：天下王土，率土王臣。舊以爲一王，不知一大州一王。西方爲三大井，《易》以二十四子卦當之，所謂「往來井井」。非天下只一王，故曰「王于出征，以佐天子」，「王此大邦」，「四國有王」，「宜君宜王」。八伯、十二牧，或六，或三，皆可稱王。《齊詩》言『四始五際』，即鄒氏『五德運行』之説。緯詳『皇帝』，《公羊》多主之。故予新撰《詩解》，改名『齊學』，以齊學宏闊，包《公羊》，孕鄒氏，《列》《莊》、董、何，凡大統説皆有之。名齊以別魯，齊較魯亦略有小、大、文、質之別。中國一號『齊州』，歌《商》、歌《齊》，即中外之分。

後世諸學，發源四科，儒祖文學，道原德行。《論語》『志道』『據德』，『依仁』『游藝』。『藝』讀『仁義』之『義』。即《老子》『道失後德，德失後仁，仁失後義，義失後禮』，乃四代升降之説。『皇帝』道德，『王伯』仁義。政事科專言『王伯』，德行科專言『皇帝』。《論語》言『皇帝』，崇尚道德者不一而足，『無爲』『無名』，與道家宗旨尤合。道爲君道，南面之學，爲顔、閔、二冉之所傳。治中國用仁義，以仁義治全球，則致遠多泥。道家集四科之大成，用人而不自用，與孔子論堯舜同。惟道家詳大同，兼瀛海治法。宋元以前，中國閉關自守，仁義宗法，謹守勿墜。道家文字雖存，大而無用，學道者又不知道德詳百世以下治統專説，失其宗旨，以至爲世詬病。此非道德之過，乃言道德之過；又非言道德者之過，時會未至，大而無當，不得不流于悠謬。下論『言志』章，子路、公西華、冉求爲政事、言語，『王伯』之學；曾皙所言，與顔子農山宗旨全同。此章之曾皙即農山之顔、曾；『異撰』即『皇帝』之所以異于『王伯』；『童冠』即用人而不自用；『春服既成』即『無思不服』；『詠而歸』即『皇帝』褰裳而去，全爲道家宗旨。司馬談《六家要旨》論道家云：『使人精神專一，動合無形，贍足萬物。其爲術也，因陰陽之大順，采儒墨之善，撮名法之要，與時遷移，應物變化，立俗施事，無所不宜，指約而易操，事少而功多。儒者則不然，以爲人主天下之儀表也，主倡而臣和，主先而臣隨，如此則主勞而臣逸。至于大道之要，去健羨，絀聰明，釋此而任術。夫神大用則竭，形大勞則敝，形神騷動，欲與天地長久，非所聞也。』『夫陰陽、四時、八位、十二度、二十四節，各有教令。順之者昌，逆之者不死則亡。未必然也，故曰『使人拘而多畏。』』『夫春生夏長，秋收冬藏，此天地之經也，弗順則無以爲天下綱紀，故曰四時之大順，不可失也。』又云：『儒家以六藝爲法，六藝經傳以千萬數，累世不能通其學，當年不能究其禮，故曰博而寡要，勞而少功。若夫列君臣父子之禮，序夫婦長幼之别，雖百家弗能易也。』又云：『道家無爲，而無不爲，其實易行，其辭難知，其術以虚無爲本，以因循爲用。無成勢，無常形，故能究萬物之情；不爲物先，不爲物後，故能爲萬物之主。有法無法，因時爲業；有度無度，因物與合。故曰「聖人不朽，時變是守。」虚者道之常也，因者君之綱也。群臣並至，使各自明也。其實中其聲者謂之端，實不中其聲者謂之窾。窾言不聽，奸乃不生，賢不肖自分，白黑乃形，在所欲用耳，何事不成。乃合大道，混混冥冥，光耀天下，復反無名。凡人所生者神也，所託者形也。神大用則竭，形大勞則敝，形神離則死。死者不可復生，離者不可復反，故聖人重之。由是觀之，神者生之本也，形者生之具也。不先定其神，而曰「我有以治天下」也，其何由哉！』論儒道之分，精核分明。大抵儒爲中國方内之治，道則地中『黄帝』，兼包四極，綜合八荒而成者也。

『無爲而治』，屢見于《論語》《詩》《易》，是爲微言，而後儒顧非之。今考《莊子・天道》篇曰：『夫帝王之德，以天地爲宗，以道德爲主，以無爲爲常。無爲也，則用天下而有餘；有爲也，則爲天下用而不足，故古之人貴夫無爲也。上無爲也，下亦無爲也，是下與上同德，下與上同德則不臣；下有爲也，上亦有爲也，是上與下同道，上與下同道則不主。上必無爲而用天下，下必有爲而爲天下用，此不易之道也。故古之王天下者，智雖落天地而不自慮也，辨雖彫萬物而不自説也，能雖窮海内而不自爲也。天不産而萬物化，地不長而萬物育，帝王無爲而天下功。故曰『莫神于天，莫富于地，莫大于帝王』，故曰『帝王之德配天地』。《莊子》所謂『無爲』，乃君逸臣勞，『舜有臣五人而天下治』之義。此《莊子》所以爲德行科嫡派，而《詩》《易》之大師。後來説『無爲』者，皆失此旨。

初考《周禮》，以爲與《王制》不同，證之《春秋》《尚書》《左》《國》諸子，皆有齟齬。因以爲王、劉有羼改，作《刪劉》一卷。丁酉以後，乃定爲『大統』之書，專爲『皇帝』治法。書只五官，所謂『五官奉六牲』者，有明文。《大戴》言『五官』數十見。此『大統』以五官爲主之説也。五官者，所謂五行之官。《曲禮》『五官之長曰伯』。皇帝有五官，亦如天皇之有五感生帝，合則五官共一統，分則每官自成一代，故每官不用官屬，而用官聯。惟其爲皇帝治法，故外史專掌三皇五帝之書，而不及王伯。又尺五地中及崑崙與神州，是合地球言之。鄒衍海外九州，或以爲必有傳聞，不知《大行人》之九州，實以方九千里開方，即鄒衍之九九八十一州也。與職方、量人，一小一大，小爲禹州與五服，大爲帝輻與皇輻。經云『九州之外曰蕃國』，是帝萬三千里制度。『藩』『蕃』字通，藩以内爲蠻、夷、鎮三服，《大行人》合稱三服爲要服，《鄭注》遂以爲周制方七千里，大不合于海州，小不同于禹迹。八牧之地，至大于王五倍，乃戰國七雄所爲，非成康所有。鄭君撰述，此爲巨謬！又官有小大之分，《大行人》言大九州，則可知《小行人》爲小九州，其以『小大』分者，即『小共大共』『小球大球』『小東大東』之義。『小』爲『王伯』，『大』爲『皇帝』，一書兼陳二統，『小』同《王制》，『大』者由《王制》加三加八以至卅五倍，所謂『驗小推大』是也。特不可于禹州中用其『大統』之説，如封建，一云百里，一云五百里；疆域，一云方五千，一云方三萬，則枘鑿不入，以致争競數千年之久而不能定。今據本文爲分别之，則泮然冰釋，怡然理解矣。

道家尚黄帝，黄帝即《宰我問五帝德》之首。《論語》言帝道，無爲無名、志道據德、文質合中、舍小取大者，不一而足。已詳《道出德行考》中。《列子·仲尼篇》首，與顔子論憂樂，大約『樂天知命不憂』者，王伯也；既已樂天知命，而憂方長者，百世以下，皇帝之事，《詩》之『百憂』是也。《詩》云：『不長夏以革。』讀爲丕。『長』謂『幅隕既長』；『夏以革』，變禹州爲大州也。《湯問篇》之夏革，與《詩》同。五山之爲《民勞》五章，今西人之謂五大洲也。五山十五鰲，三番而進，謂三統。六千年一更，三六十八，《詩》之所謂『素絲三五』『三五在東』，言釣言弋，言御言造，罕譬而喻，皆以發明《詩》《易》。諸篇言夢言覺，以神形相接分寤寐，尤爲《詩》之要例。中央，爲『夙夜在公』；《王》《鄭》《齊》，爲夙興、爲行、爲寤、爲覺；西方《豳》《秦》《魏》，爲夜寐、爲思、爲夢、爲神游、爲飛。凡言『飛』，皆謂過海，飛相往來。舉一隅以反三，故每覺少夢多。其六夢『思、懼、喜』諸名，全與《周禮·占夢》同。《周禮》師説，乃在《列》《莊》，又可知同爲『大同』之書矣。

『小』『大』二統，古今有六大疑案。以學論，則《公羊》《周禮》、道家、今古學；以帝王論，則秦始、漢武帝。經説『皇帝』，專指百世以後，非説古之三五。故《秦本紀》博士説：古之皇帝，皆地不過千里。則包海外、總六合，乃俟聖，非述古也，定矣。百世之事，無徵不信，博士空傳其文，河清難俟，故于『小統』經傳、秦漢典章勉强附會『大統』。如始皇併六國，威令不出《禹貢》外，仍小一統，而非『皇帝』。考《本紀》所有章奏、制詔，全用『大統』，文辭斐然，實則羊質虎皮，非其事也。又如五帝運，本謂五大州，五帝各王其方。始皇自以爲水德，當用嚴酷，遂以慘刻亡天下，不得不謂爲師説之誤。又如漢武帝征伐夷狄，北方開通頗廣，然均在《禹貢》要荒内；當時經師、博士，因『大統』之説無所附麗，亦遂移以説之。後世遂以秦皇、漢武真爲經説之『皇帝』，一誤無外，一誤以『大』説『小』。如封禪爲皇帝典禮，『小統』王伯不得用之，秦漢乃躬行實舉。《史記》因之著《封禪書》，亦其失也。

《齊詩》『四始五際』，皆詳『大統』之學。新周王魯，故宋絀杞，皆爲後世言，故曰新周，非舊周。周、召分陝，即緯以十二國配律吕十二次等條，皆爲『大統』專説。鄒子五帝終始，即《齊詩》之『四始五際』，爲五大州言，漢師强以説堯舜、三代。《周禮》與《王制》，『大』『小』不同。《周禮》與《詩》，皆自以『小』『大』分：『小』爲王伯，『大』爲皇帝；『小』爲《魯詩》説，『大』爲《齊詩》説。以『小』説《尚書》，爲今文之誤；以『人』説《詩》，則不免爲齊學之誤。如《周禮》本『大統』，鄭君誤以爲中國周朝典章，欲于中國五千里内並行。《王制》《周禮》，二説互鬬，數千年不休，今、古學之宗派由是以立。古文家並欲强諸經堯舜、夏殷之治，盡同于《周禮》。如鄭注『弼成五服，至于五千』是也。《魯詩》以王伯説《詩》，其失正同鄭君。三派雖早晚不同，亦互有得失。

儒家爲博士嫡派，以王伯爲主，兼言皇帝，如《大戴》《秦本紀》博士説，及伏、韓、董諸書所言『大統』之治是也。道家專言皇帝，鄙薄王伯，其正言莊論與博士如出一手，無有異同。今中國學派大抵宗儒家，泰西諸國皆于墨學爲近，子家爲合治全球之學術。風俗不同，政教亦略有損益，各家不無偏駁。然硝附薑桂，爲病而設，矯枉過正，自成一家，必然之勢。道家『采儒墨，撮名法』，即不主故常，因變設施之本旨。海禁未開以前，如冬葛夏裘，以無用而見輕，遂爲世所詬病；海禁既開以後，乃知其書專言海外，爲《詩》《易》嫡派。取歸實用，各有因宜，舊所指目之條，率由誤解。今以『小』『大』二派列爲宗旨，分説六經，舉古今所有争辯，出入主奴，一掃而空。于前六事，融洽分明，無待煩言，自相投契。《中庸》：『萬物並育而不相害，道並行而不相悖。』天覆地載，美富具存，大同合一，先見于學問宗派，而後天下侯王隨之。《小雅》先《大雅》，下經殿上經，非即此義歟？

説有宗主，言各一端，所謂『道不同，不相爲謀』。《易·井》：『無得無喪。』楚子言『楚失楚得』，孔子猶譏之。『小康』之治，以城郭爲固；『大統』則毁名城、銷鋒鏑。『小統』分土分民，諸侯疆域，或得或失；以皇帝言之，合地球爲一家，無此疆爾界，則何得失之足言？《莊子》云『凡之亡非亡，楚之存非存』，即《易》之『無得無喪』。《老》《莊》説之可疑者，證以《詩》《易》而皆通。言不一端，各有本旨，如必攻《莊》，則亦必攻《易》矣。

《莊子》云：『六合之外，聖人存而不論；六合之内，聖人論而不議。』『《春秋》先王之志。』則聖人日切磋而不舍也。《荀子》云：『《詩》不切。』《緯》云：『書者，如也；詩者，志也。』又曰：『志在《春秋》，行在《孝經》。』董子引孔子曰：『吾欲託之空言，不如見之行事之深切著明。』案：由《莊子》之言以分畫諸經疆宇，『六合之外』《詩》《易》，『六合之内』謂《書》，『先王之志』謂《春秋》。《春秋》與《尚書》爲述古，故爲『如』、爲『行事』、爲『深切著明』，以其皆古人已往成事，故文義明白。至于《詩》，乃百世以下之書，心之所之爲『志』。疆宇及乎六合，當時未見施行，專以俟聖，故曰『志』、曰『不切』。至于《易》，爲六合以外，推之無極無盡。《列子》『夏革』，即《詩》之『不長夏以革』。曰『天地之外有大天地』，即《易》合乾坤爲泰否之説也。泰爲大哉，否爲至哉。日屬世界，八行星繞日；日又帥行星以繞大日，釋氏所謂『大千世界，恒河沙數』。《易下經·豐》言：『雖旬無咎。』天有十日，十日爲旬。《象》曰『宜日中』，下文再言『日中見斗』『見沫』。《下經》十首卦爲十日，《莊子》《山經》《楚辭》、古緯皆有『十日並出』之説。一日比一王，八方即八日，合之二伯爲十日，此但爲大九州言之；至于大荒十六牧，比于八州，爲十六日。《易》又曰：『先庚三日，後庚三日。』『先甲三日，後甲三日。』四『三日』合爲十二日。有甲庚則有壬丙，合四干爲四岳。四岳各該四州，蓋合大荒爲二十日。于内爲十日並出，海外不通，專言中國，則爲射落九日，一日孤行。蓋日雖大，不過天地中之一物，故藉以比侯王。皇則如天，故曰配天。以天統日，則不可究詰，並不止十日而已。近有像片，合地球十王聚照一紙之中，即《易》之『雖旬』，《詩》之『侯旬』，即所謂『十日並出』者。合今日爲十日，當中國閉關之前，豈非一日獨明哉！車輻象一月三十日，内八州八日，合二伯爲旬，以十干當之，所謂天有十日。外大荒十六牧，合四首四岳爲二十日，爲二旬。以十二支爲十二牧，加以震、兑、艮、巽爲十六牧，外四岳爲乾、坤、坎、離，爲二十日。蓋干支二十二人，合八卦，共爲三旬，以象一月。二十五大州，中一州爲轂，外二十四州爲三十日，以象三十輻。

《詩》以長壽大年爲皇帝之盛事，又以疾病爲災厲，而福禍亦以剛强與弱病分。《佐治芻言》謂文明之國極詳衛生，英國人民較前人年壽大有進境，較以上更加，將來進境更未可量云云。案：天王、海王二星，遠或百四十年乃繞日一周，而成一歲。《列》《莊》所謂楚之南冥靈，五百歲爲春，五百歲爲秋者，以本地球千年爲一歲。古之大椿以八千歲爲春，八千歲爲秋者，則以本地球萬六千年爲一歲。西人天文家以八行星爲日屬，日又帥八行星以繞大日，則日之行度，當遲于恒星者數十百倍。即以本日繞大日計，或千年一周，萬八千年一周，皆屬常理，修短不同，各盡其理。

堯舜之登遐，説者以爲褰裳而去。《列子》有以死人爲『歸人』之説，《論語》之『咏而歸』，即謂死也。古者天地相通，人可上天，所謂飛行、乘雲御風者也。道家言聖人不死，董子亦云皇帝魂魄在廟。故『大統』之義，以四帝分四極而王，四帝統于一皇，二后統于一上帝。郊社之禮即享二帝，所謂一上帝、一感生帝。德配天，或稱『帝』，或稱『天』，名異實同。則郊祀即所以受命于天、于上帝，感生八極之王，同郊上帝。分祀感生，故受享則降福，不弔則降喪亂。然則天子之郊祀，即如諸侯之朝覲。天子有黜陟，天則有禍福；天之禍福，亦考功比績。《春秋》之書異，所以警天變，亦如諸侯謹侯度。天子于諸侯有慶賞，天亦同之。且嵩岳降神，生申甫以爲方岳，則古皇帝亦必天皇所降，天皇太乙下降爲普天之皇。就地球言，日降爲皇，五方五行星下降爲五帝，八行星爲日屬，此本界之事，所謂日屬之世界。故生則爲人，死則仍爲星辰。傅説之説，即可以驗皇帝，故曰『聖人不死』，生死來去，皆有所屬。故王者之法天，如臣之于君，人以言命，天以道命。日星有行道以示法，即王者之誥命。《春秋》『小統』，兼通『大統』，郊祀與謹天變，皆是也。

常欲撰《大統春秋》，苦無皇帝。以八王而論，中國東方震旦，恰與《春秋》之魯相同。『小統』以周爲天子，齊、晉爲二伯。『大統』以日屬世界比，則以日爲天子，歲星、太白爲二伯。紀天行以合人事，皇帝以上爲神，王伯以下爲人。推日爲皇，推星爲伯，以合天人之道，仍與《春秋》之皇帝相同。特『小統』魯以上有二等，『大統』則王以上無二等。無二等而必求天道以實之，則記天事當較詳密，不似《春秋》之猶可疏節闊目。推究其極，則以皇配天日，不過比于方伯。天中之日無窮，不過取近者十日、十六日爲説耳。

日爲皇，行星爲伯，月爲小國，比于曹、許、鄶。此海禁初開，未能混一之法耳。將來『大統』，至尊配天爲皇，侯牧爲日，故有十日、十六日之説。二伯總統則爲大日，中國直如青州一方伯，諸行省等于曹、莒、邾、滕、薛、杞。《春秋》于山東小國，别見二十一以爲連帥。將來大約一行省爲一連帥，諸行省之上再立七大卒正，而宰相必爲天子所命。一王三監，以配三卿，則今宰相之制也。考《春秋》：天子三監，與本國三卿并立。大約方伯時有黜陟，不取一姓，亦不世卿之義。蓋諸侯可世，而伯牧不常，父死子不代繼。故凡本國之事，本國三卿治之；方伯之事，乃三監理之。三卿、三監，合爲六人，所職有公私之分。董子《順命篇》首言天命須切實言之，亦如王之誥命。天不言，而以道受命。道者，即天之九道。順天布政，因時而變，如《月令》之文是也。

余初持先蠻野、後文明之説，以爲今勝于古；孔子之教，今方伊始，未能推及海外，必合全球莫不尊親，方爲極軌，與道家之説亦相符合。《中庸》云：『生今反古，灾及其身。』《列》《莊》求新，不沾沾舊學，故以古人爲陳人，先王之書爲芻狗，迹爲履之所出而非履，皆重維新而鄙守舊。竊以古之皇帝疆宇，實未能及海外，皇帝通而三王塞，乃百世以後全球合通之事。孔子不以爲新創，而以爲因陳。上古本大，中古漸小，百世以下又大。初則由大而小，後又由小推大。王伯由孔子制作，而以歸之三代古皇帝；亦猶王伯之制由孔子制作，而以歸古之王伯。是孔子不惟制作王伯，兼制作皇帝。如説天之宣夜、大地浮沉三萬里中、四游成四季、五大州疆宇、大九州名目，凡《山海經》《天文》《地形訓》《列》《莊》之所稱述，皆由孔子于二千年以前預知百世以後之世運，而爲之制作。西人于二千年以後竭知盡慮，銖積寸累，合數千年、數百國聰明才智，勉强而成之事迹，孔子已直言無隱，中邊俱透，不似西人之欲吐若茹，不能推盡。如『三千大千世界、恒河沙數』，釋氏之説，發原《列》《莊》；《列》《莊》之師法，本于孔子，何等明快！所謂『慧眼』『天眼』是也。西人僅恃遠鏡之力，宜其不能與神聖争聰明。初由王伯以窺孔子，已覺美富莫踰；再即皇帝以觀，誠爲地球中亘古一人也已！

嘗舉朝覲、巡狩二例，以説二《南》《鄘》《衛》。蓋朝覲則八伯至京，二伯帥以見天子，覲禮饗畢歸寧。二《南》之爲二伯，統八牧朝覲，各歸本國；周、召爲父母，八牧爲八之子；四見『之子于歸』，即由朝覲後歸寧父母。故二《南》見八牧爲朝覲之禮，二伯居而八牧行。《鄘》《衛》則反此，爲二伯行而八伯居。大九州有九洛，二伯分巡八方，各至其國之都，爲《莊子》九洛舊説。故《鄘》《衛》以二十篇分四帝，四正三，四隅二，每方必有一洛，故二篇多言沬、淇、浚，其原泉諸地名皆近洛。『未落』，亦然。以中國《尚書》主《康誥》『妹土』『妹邦』，以洛爲中心，故外八大州亦翻其意，以八洛爲八都會。九洛之制，全見《鄘》《衛》，而《易·下經》十首，《損》《益》居十合一，以外八卦，亦合爲九洛。《莊子》書多博士典禮，『九軍』與九洛尤爲明著。故定《詩》例：以赤道天中爲居，爲北極，二黄道爲中心，外邊黑道爲南，四方之中皆爲北，四方之邊皆爲南，北爲衣，南爲裘。南于卦爲《未濟》，以黑道爲南。加《離》于《坎》上爲火水《未濟》。故于南巡方謂之『未見君子』；于北方居所朝諸侯，爲《既濟》，《詩》曰『既見君子』。以赤道爲北，加《坎》于火上爲水火《既濟》。《既》以君爲主居中，《未》以伯爲主居外，若禹會諸侯于塗山、周公會諸侯于洛之義。《王會圖》則爲『既見』，乃大一統之天下也。大約《鄘》《衛》法《春秋》，爲糾會之事；二《南》則大一統，居其所而朝諸侯也。

『大統』有『天下一家』之例。天下大同，比于門内和合。以皇爲祖，以二后爲父母，以八士、伯、仲、叔、季爲弟兄姊妹，附十六外牧，以卒正爲公孫。天下大同，爲婚媾、和好、宴樂、娶妻、生子，所謂『天作之合』，『篤生文武』。至于言『小』，則天下分裂，各君其國，各子其民，彼此不相通。東北乾陽，文家主『亨』；西南坤陰，質家主『貞』。東北相合，爲有父無母；西南相配，爲有母無父。《小雅》言：『無父無母』，悲傷憂苦，爲分而未合。雖亦言『宜樂』，但曰『爾』、曰『其』，則自顧其私，未能大通。必如《大雅》，而後無憂悲哀傷之可言。《詩》《易》所謂鰥寡孤獨，皆謂『騫崩』，彼此畫疆自守，不婚媾而爲寇盜。他如『獨行』『寡婦』『獨兮』『煢獨』，皆同。所謂『娶妻』『生子』『同車』『同行』『同歸』『同室』『婚媾』，皆爲『大同』言。此《詩》《易》『小』『大』之所以分也。別有《小大二雅文字不同表》。

古今天下有二局，曰戰國，曰一統。分久必合，合久必分。《春秋》一經則包二局，言一統則有周王，言分争則有列國。《詩》之小、大雅，《易》之上、下經，皆以分合爲起例。航海梯山，彼此往來，如今日可謂中外相通。然各君其國，各子其民，于《易》爲『咎』，仍爲戰國之局，雖曰交通，未能一統。《小雅》之鰥寡孤獨，怨女曠夫，憂心悲傷，號啕哭泣，不可言宿，歸復邦族云云，爲今天下言之。必至『大統』之後，同軌同文，既清既平，乃爲《大雅》、爲大卦。然地球大，《雲漢》三篇亦同，以後亦必如中國舊事，合久而分，故《大雅》言喪亂憂亡，流爲割據之局，故曰『維昔之富，不如時』。今也日蹙國百里，《小雅》前分後合，從三《小》起算。《大雅》前合後分，《既濟》之後有《未濟》，《未濟》之後有《既濟》。大小分合，互相倚伏，故上下經、小大雅，彼此有循環往來之例。

《易》曰『卦有小大』，《乾》《坤》八父母爲小，《否》《泰》八父母爲大。小卦内外重複，所謂坎坎、離離、乾乾、謙謙。必内外婚媾，天下大同，乃爲大卦。如上經《乾》《坤》《坎》《離》，内外卦皆同者，《小雅》分崩之世也。大卦則《乾》《坤》合爲《泰》《否》，《坎》《離》合爲《既》《未》。父母相配，男女觀止，婚媾好合，所以爲大。《易》之小、大卦，即《詩》之小、大雅。小、大分合，《易》《詩》皆以『既』『未』二字爲標目，大同爲『既』，分崩爲『未』。《詩》之『未見則憂』，『既見則喜』，凡數十見，『未』『既』，即『既濟』『未濟』。未見之君子爲四岳，四方分崩則鰥寡孤獨，故曰憂傷；既見之君子爲二伯，二伯大同則娶妻生子，故爲喜樂宴好。初合《未濟》以臻《既濟》，復由《既濟》以成《未濟》，哀樂相循，亦如三統輴環，必持盈保泰，方能克終。《易》順逆兩讀：逆則由《未濟》以成《既濟》；順則由《既濟》以成《未濟》。曰『始吉終亂』，示人持盈保泰之意也。

《周禮·大司徒》：『以土圭之法測土深，正日影，以求地中。日南則景短，多暑；日北則景長，多寒；日東則景夕，多風；日西則景朝，多陰。日至之影，尺有五寸，謂之地中，《注》：凡日景之于地，千里而差一寸，尺有五寸爲萬五千里。天地之所合也，《莊子》：天有六極、五常。四時之所交也，寒暑。風雨之所會也，陰陽之所和也。然則萬物阜安，建王國焉。』《列子·周穆王篇》：『西極之南如今南美州。隅有國焉，不知境界之所接，名古莽音近洋壯。之國。陰陽之氣所不交，地中則陰陽和。故寒暑亡辨；日月之光所不照，故晝夜亡辨。地中則一晝一夜。其民不食不衣而多眠，冰海無晝夜，夜則久夜。五旬一覺，《詩》之『寐夢』。以夢中所爲者實，覺之所見者妄。尚寐無覺，此西南極。四海之齊，中國爲齊州。謂中央之國，即今四海之內。跨河南北，越岱東西，萬有餘里。東極萬二千里。其陰陽之審度，故一寒一暑；南北。昏明之分察，故一晝一夜。東西。其民有智有愚。知愚即《詩》之『寤寐』。萬物之滋殖，才藝多方，有君臣相臨，禮法相持。中國儒家。其所持云爲不可稱計。一覺一寐，以爲覺之所爲者實，夢之所見者妄。以中國爲中。東極之北隅，東北。有國曰阜落之國，其土氣常燠，日月餘光之照，其土不生嘉苗，其民食草根木實，不知火食，性剛悍，强弱相藉，貴勝而不尚義；多馳步，少休息，常覺而不眠。』蓋《列子》所云南、中、北三段，即《周禮》地中之師説也。以覺夢比晝夜，南北極冰海之地，半年晝夜，不足以言夢覺；積冰苦寒，故曰『寒暑無辨』，故曰『赤道常燠』。合地球而言，惟兩黄道、兩温帶以内乃善地；兩黑道非善地，不足以爲地中也。又《月令》五衣，素、青、黄之外，有黑、赤，合爲五方、五色。今《詩》取素、青、黄，而不用赤、黑，以赤、黑當二冰海。《論語》：紺緅不飾，紅紫不服，即不取黑、赤二極之義。至于素、青、黄，則在緯度之分，而不關經度之地。同在黄道，緯度相合，風雨寒暑亦相同。然則三統同爲一度，實本一地。因其周經長分爲三段，曰東、西、中，素、青、黄。東西、素青，皆强立之名，實則一中一黄而已。故《周禮》『地中』與《列子》『中央之國』，以南北兩極言。北南與東西、素青對文，故三統立都皆在地中。二昊亦中，非黄帝獨爲中。此『地中』之『中』，指緯度，而以日月寒暑定者，由是以推，則凡日月、寒暑、風雷、雨露，皆不可以常解説之，皆當對二極起例。京邑居民，有寒暑晝夜、風雷雨露，而地球中實有無晝無夜、無寒無暑之地。《列子》云『其陰陽之度審，故一寒一暑；昏明之分察，故一晝一夜』，『一覺一寐』。『一』字實義，必須知地球中有無寒暑晝夜之地，而後此『一』字乃可貴，特爲地中獨有。以此推《詩》《易》日月、晝夜、寒暑、生死，皆爲地中之贊語矣。

《司服》云：『掌王之吉凶衣服，辨其名物，與其用事。』考三服之分，則吉以冕，凶以弁，齊以端冕弁端，即吉凶齊也。按王之吉服五冕：衮冕、毳冕、希冕、玄冕、鷩冕。《喪服傳》錫衰不在五服之内，則以斬、齊、大功、小功、緦麻合爲五服。《司服》云：「凡兵事，韋弁服；視朝，則皮弁服；凡甸，冠弁服；凡凶事，服弁服；凡弔事，弁絰服。」又云：「其凶服，加以大功小功。士之服，自皮弁而下，如大夫之服，其凶服亦如之。」又云：「其齊服，有玄端、素端。」今就《司服》之文分爲三門：吉五冕，凶五弁，齊則言二端以示例。《三頌》以素、青、黄起例，各五服以合爲三十服。《禹貢》「弼成五服」，而《喪服傳》有五服之文。蓋緦麻、小功、大功、齊、斬，共爲五服，與《禹貢》五服同文。《詩》素冠、素衣、素韠，舊説皆以爲凶服，是素統，方萬里，爲凶服，五服之比例無疑矣。東方《緇衣》《羔裘》，即《鄉黨》「羔裘玄冠不以弔」，是緇衣、青衿全爲吉服無疑。《詩》于《羔裘》云「逍遥」「如濡」，合爲東方吉服之五。中央五服爲黄統，兼取吉凶，以《周官》言之，當爲齊服。齊服有吉有凶，兼用二服，故《司服》齊服有玄端、素端，玄端吉服，素端凶服。大抵中央以朝服三服居中，左取玄端，右取素端，故《詩》「狐裘以朝」，又曰「狐裘在堂」。《車輻圖》三十輻，三統三分，而借用吉、凶、齊之十五服以實之，此以輻隕比衣服之説也。且實而按之，《易》之吉、凶、無咎，亦就三服言之，吉謂東鄰文，凶謂西鄰質。咎從卜從各，各君各子爲「小統」，分裂合好則爲無咎。無咎即合吉凶，即無妄、無疆、無邪。《易》之吉、凶、無咎，亦以三服爲本義，而託之筮辭之吉、凶、無咎也。

《易》「元亨利貞」，有四德之訓，舊以分配四方。不知「元亨」皆屬東《乾》，「利貞」皆屬西《坤》。「元」「利」爲德行，「亨」「貞」爲性情。《下經》以《咸》比《乾》，《恒》比《坤》，《咸》即亨，《恒》即貞。乾、坤有男女、君臣之義，亨、貞故可互文。迨二門平分，則男亨、女貞，亨則志在四方，貞則「無非無議」「無遂事」之説。故《乾》主「元亨」，至「利貞」則指「變坤」。《坤》主「利牝馬之貞」，至「元亨」則主「承乾」。「亨貞」爲權經行居之分，亦即中外文質之標目。《乾》之「利貞」

爲《泰》，《坤》之『元亨』爲《否》，故『大哉乾元』爲《泰》，『至哉坤元』爲《否》。『元』于《乾》爲本義，于《坤》爲假借，故『乾元』曰統天，『坤元』曰『順承天』也。《乾》以亨爲主，不亨則貞；《坤》以貞爲主，變貞則亨。諸卦爻之亨、貞，皆從《乾》《坤》起例，亦如用九、用六，以《乾》《坤》起例也。諸卦皆託體于《乾》《坤》，陽爻主行爲亨，反之則爲不變之貞，陰主居爲貞，而貞動則亦爲亨。《書》曰：『用静吉，用作凶。』大抵『亨』『貞』即『作』『静』之義。以《乾》《坤》爲起例，諸卦皆同之者也。

言經學者必分六藝爲二大宗：一『天學』，一『人學』。『人學』爲《尚書》《春秋》，行事明切，所謂『祖述堯舜，憲章文武』；『天學』爲《詩》《易》，當時海外未通，無徵不信，故託之比興。後世文體有詩、文二派，文取據事直書，詩取寄託深遠。《尚書緯》曰：『《書》者，如也；《詩》者，志也。』又曰：『志在《春秋》，行在《孝經》。』志、行之分，即詩、文之别。孔子之所以必分二派者，人事可明言，六合以外地輿、國號、人名、事迹，不能實指，故託之草木、鳥獸、卦圖、陰陽。自微言一絶，學者遂以孔子所言皆爲《春秋》之天下而發。不知『天』『人』之分，即古、今之别。即以《論語》言之，爲百世以下天下言者較多。于當時海禁未開，共球未顯，以百世以下之專説，附會時事，勿怪其然。特先入爲主，積非成是，非有明著曉鬯之專書，不足以發聾振聵，故别輯《百世可知録》，專明此理。

三千年以前，不必有輪船、鐵路、遠鏡、顯微諸儀器；非有能合群力以格致，如今日泰西之事者。而瀛海八十一州與四游等説，乃遠在數千年上，不得其説之所本。且西人自明至今，言五大洲而已，而鄒子乃以爲八十一，合于禮制，比于經義，較西説最爲精密。此又何從得之？從可知天縱之聖，不學而知，不學而能，至誠前知，先天不違。且今日『大統』未成，諸經預設之文，已如此明備，他日實見行事，燦然明備，不知其巧合又當何如！此等識量，若徒推測預知，能者多矣，所謂因時立制，數千年以前，因心作則，以定鴻模，天地、鬼神、名物、象數，必曲折不違，密合無間，略窺一斑，已識梗概。宜子貢、宰我之以爲天不可階。嗚呼，堯舜猶病，而謂維摩足以方物乎！

鄒子驗小推大，即化王伯爲皇帝之法。方里而井，可謂小矣，推之小九州而準，更推之大九州而準，六合之内，取譬于方里而已足。此與富家，一牧爲一家。京師地中爲公，如『公田』『顛倒自公』『退食自公』『夙夜在公』。以八州爲八家。『大田多稼』，即謂八王爲八家，合《車輻圖》爲終三十里，象月望三五盈缺。左右前後爲十千，所謂『十畝之間』『十畝之外』『十千維耦』『歲取十千』是也。《詩》以公田比天下，爲一大例，言耕即井。《乾》『見龍在田』，有禽無禽，酒道食德，飲食醉飽，皇道帝德。隰畛、主伯、亞旅，彊以二徂六侯，當即八伯名目。皇祖即上帝，多稌爲并家，飢饉爲騫崩。《禮記》禮耕樂耨，亦借田以比治天下之一説也。

《齊》《商》爲『文』『質』標目，如今之中外、華夷。《論語》『文質彬彬，然後君子』，是以『君子』二字爲文質相合之稱。『君』爲君臣之君，爲東鄰，爲文家尊尊，故目『君』也；『子』爲父子之子，爲女子，爲子姓，質家親親，故目『子』。《周頌》合『文質』，則君子當直指《周頌》，監于二代。《論語》：『君子質而已矣，何以文爲。』專以爲質，所謂子而不君者也。考二字平對，又如父母、君婦、尸且、漆且、君子、民之父母、愷悌君子、君子偕老是也。又：二伯四岳，皆得稱君子，八大州君子爲二伯，大荒君子爲四岳。

《列》《莊》言六經，非陳迹芻狗，全爲特創百世以下新法、新理，作而非述，明矣。故于《詩》，以《雅》翻譯爲名，專言俟後維新，非真言古人内地。則凡帝乙、高宗、即高尚宗公之『高』，高宗，故以配《震》。文王、武王、商王、玄王、平王、汾王、成王、康王、氐羌、荆楚、淮夷、豳營等字，固皆翻譯託號也。如箕子、穆公、周公、莊公、皇父、南仲、尹氏、家伯、巷伯、孟子，亦皆爲託號矣。《詩》述周家祖孫父子，如后稷、公劉、大王、王季、文王、武王，與大任、大姒、大姜，文義相連，不能謂非古人名號。不知託古以譯後，亦如山川、氐羌爲翻譯例，亦無不可。經既云『周雖舊邦，其命維新』，又曰『本支百世』，詳其文義，爲翻譯無疑矣。不如此則『古帝命武湯』『帝謂文王』，文王『在帝左右』，皆不能解。即如《大明》『摯仲氏任，自彼殷商，來嫁于周』，仲任與《燕燕》『仲氏任只』，同任姓國女，何以直目之曰殷商？又加之以彼二經古人、古地，按實求之，文義多在離合之間，故舊説于平王、文王、箕子，多有別解。必望文生訓，則《魯頌》真魯僖公作矣。以此立説，又多可疑，則以變異舊文，不合己意，先師改寫之事，亦知所不免耳。即如后稷、王季、公劉，周之先祖也，經則託之爲二后、八王之父行，故以大妊爲殷之女，文質合爲父母也。又如文王、武王，父子也，經則東文、西武，二王平列，實指文、質二鄰，東西大牧。定以父子説之，亦時形齟齬。知經非芻狗陳迹，則必非真古人、真古事。以《雅》之翻譯讀之，亦如淮夷、氐羌，『物從中國，名從主人』，藉古以喻後，亦無不可。特言在此，意在彼，不專爲古人古事而言，則固一定之例也。

《尚書》『七政』，古皆以日、月、五星解之。自八行星之説明，則七政當數天王、海王，不用日、月明矣，惟西人之命名曰『天王』『海王』，則可異焉。以王命星，是十日爲旬、八州八王之説也。『天王』之名，直同《春秋》；『海王』之名，兼主海外，則如《商頌》矣。中國舊説，五星配五行，今加入二星，合地爲八，以配八方。八風則可以配四方，五行則取五去三，不可也。然古人五星之説據目見，久成定論，地球自爲主人，則不能與諸曜比，亦一定之比例。今因侯甸例，擬于日屬世界中，以日爲上帝，爲《周頌》；天王如《魯頌》；海王如《商頌》。一主文，一主質，天王爲文王，海王則爲武王，《詩》所謂『文武維后』之比。以《小雅》言之，則《小弁》曰，天王《小宛》，海王《小旻》；《節南山》、水。《正月》、木兼土。《十月》、火。《雨無正》金。地球，爲主人，不入數焉。天王大于地球八十二倍，海王大于地球百二十倍，道家所謂『大者居外，小者居内』。又海王最遠，今以居中小者爲四岳，以在外者爲二后。日爲天子，天王、海王帥五星以繞日，五行星又各有小星，如方伯、卒正之職。古人無事不法天，則二伯、八伯、卒正，知法八行星及諸月而定。是即《左氏》伯帥侯牧以見于王，而侯牧又帥子男以見于伯之義。八行星自外而内，海王、天王爲二伯，次土、中央京師。次木、東方，『帝出乎震』。次火、次金、次水。四時順行，始于春，終于冬。自内而外爲逆行，自外而内爲順行，亦順逆往來之説。

鄒子海外九州之説，至今日始驗，學者求其故而不得。余以爲經説引《大行人》九州爲證，或又以孔子先知爲嫌。案先知乃聖神常事，『百世可知』『至誠前知』，古有明訓。宋元以下儒生乃諱言『前知』，然所謂『前知』，不過休咎得失、卜筮占驗之瑣細，非謂『大經大法』『先天後天』之本領也。如以爲孔子不應知，鄒子又何以知？他如地球四游，瀛海五山，海外大荒，與夫緯書所言《河圖》《洛書》之事，何以與今西人説若合符節？讖書占驗之前知，如京、郭之流，固不足貴，若夫通天地之情狀，洞古今之治理，何嫌何疑，必欲掩之乎？

《列》《莊》推尊孔子以爲聖神，其書爲《詩》《易》師説，學者彙能言之。顧道家之言不盡莊論，設辭訕譏，遂爲世詬病。推尋其旨，蓋一爲抉微，一爲防敝。近代古文家説孔子直如鈔胥，如書厨，墨守誦法，去聖人何啻千里！故二子著書，極言芻狗陳迹之非，所謂『迹而非履』，正以明孔子之爲作而非述，以抉其精微也。他如『《詩》《書》發冢』，『盗亦有道』，設爲恢詭，以立聖教之防，不使僞儒僉士假經術以文奸；又以見聖道自有所在，非誦其言詞，服其衣冠遂得爲聖人之徒。大抵知人難，知聖尤難。《列》《莊》能知聖，遂舉後世之誤疑聖人之俗説誤解，極力洗抉，以見聖人之至大、至高，非世俗所知，非微藐可託。故其詬厲之辭，使孔子聞之，亦相識而笑，莫逆于心，以見其衛道之嚴。世俗顧以爲真詈訕孔子。使所訕辱者果真，則『有過人必知』，孔子當引爲諍友矣，尚得以譏訕斥之乎？正當藉其所譏訕，以見吾心中之孔子非真孔子耳。

道家諸書全爲《詩》《易》師説，《詩》《易》之不明，不能讀諸書之過。其宗旨不具論，佚典墜義，有足以通全經之義例，如『夏革』篇爲《詩》『不長夏以革』之説，『大塊』爲《詩》『大球』『夙夜』『寒暑』之説，『四極』『地中』『九軍』爲天子軍制，『九洛』爲上皇、六極、五常、九土，各有一中，《鄘》《衛》兩風專詳此制。非是不能解《詩》《易》。以六情爲例，哀樂、未既，層見叠出，非《列子》記孔、顔論憂樂之故，無以起例；《易》『月望』『輪輻』，《詩》『幅幀』，非《老子》『一轂三十輻』之象，二十四州伯牧，合二伯、四岳、六首，爲三旬。無以立圖；《詩》『思服』『寤寐』，非《列子》地中一夢一覺，與《莊子》夢覺神形之説，不得其旨。《乾》《坤》之龍、朋，《剥》之『貫魚，以宫化龍』，非鯤鵬之論，何以知蜩鷽之指《周》《召》，蜨蟲之即《椒聊》乎！博士亦傳『大統』，由子夏知其説而不能行，而推顔、閔、仲弓之主皇帝，亦由稱述而得。十日並出，爲『侯旬』『維旬』之訓；南北二帝報中央之德，乃『冥升』『冥豫』『幽谷』之解；《秋水》篇爲『河海』二字之起文；《齊俗訓》爲『顛覆厥德』之作用。大抵道家説必深入其中，諸凡非常可駭，皆讀爲常語，然後二經可通也。

《中庸》云：『萬物並育而不相害，道並行而不相悖。』並育萬物，人所能知；道之並行，世所罕諭。間嘗統天下諸教而合論之：道家本于德行，是爲大成；釋出于道；天方、天主，又出于釋。不惟楊、墨並行不害；天主、釋迦，是亦大同。中國、夷狄之弱，由于崇尚佛教，談時務者類能言之。夫蠻夷狂獷，如冒頓番酋，非文教之所能遽化，又談時務者之常言。古之善醫者，因病施方，其術不一。鍼砭按摹，祝由湯藥，苟缺一長，不爲名醫。近世專尚湯藥，習醫者遂專擅一門，鄙屑他途，亦如言聖學者專習儒家，非毁異教。考釋氏出于老子化胡，由道變釋，因地施教，按其宗旨，實出《樂經》。『定静安慮』，《大學》之教，觀其初旨，大略相同。戒殺所以化夷俗之凶殘，貴貞所以防部落之繁庶；安坐乞食，諷誦梵咒，意在化强爲弱，漸就繩墨。與唐宋以下開國大定以後，必開館修書，所以羈縻英雄，銷磨歲月者，事出一律；其中緣謬踵誤，節外生枝，萬派千奇，不能悉詰，然推其根原，未能大遠。若夫輪回、因果，亦神道設教、無終無始之常理。若以其與聖教不合，實與今之八股、試帖、白摺、大卷，其去聖賢之途，未能相遠。孔子居中持正，老子自任化胡以爲先路，一粗一精，一終一始。至今日地球大通，各教乃會其極。天下已定，偃武修文，數百年之後，專行孔教，釋法盡滅。乃古之明説，亦或留此一綫，以爲無告養生之途，亦未爲不可。人之惡之者，不過因其安坐享厚糈耳，天下耗財事多，不止此一端。又或因人崇奉太過，激而毁之，則非平心之論。總之，佛者孔子之先鋒，馬上可得天下，不足以治天下。將來大一統後，存亡聽之。若未能大統，則于化夷，不可謂無功也。

凡學問皆有中行、過、不及三等議論，不惟諸子，即孔孟亦然。推類至盡，以詆楊、墨，此求深之説，非通論也。中行如《春秋》二分，不及與過如寒暑，天道有三等。藥物甘平，中行也；寒凉、辛熱不能廢。考《易》乾坤八卦，反覆不衰，中爻、綜卦皆中，此中行，晝夜寒暖適中之誼；長少二局，則互相救，必《損》《益》乃躋于中。故少綜長，長綜少，長少皆偏。救病則非偏不爲功，所謂矯枉過直。《論語》言孔子進退之法：由也過，則以不及救之；求也退，則以聞斯行告之。如就二賢所聞以立宗旨，未嘗非孔子之言，則偏執不能爲中法。故楊、墨二家，乃寒暑、辛凉，物極必反，不可專就一面推之。必如此推求，則孔子之告二賢者，即楊、墨之宗旨。

孟子爲中行，楊近始功，墨爲終究。蓋人方自修，則主楊氏，《大學》之『明德』也。專于自明，不暇及物，迹近自爲。學業已成，推以及物，墨子之『兼愛』，乃『新民』之宗旨。以《孟子》考之，其言非『爲我』，則『兼愛』；非『兼愛』，則『爲我』。如伯夷之清，爲我也；伊尹之任，兼愛也。《孟子》並推爲聖，所謂一夫不得其所，『若己推而納之溝中』者，與墨子相去幾何！聖夷、尹而斥楊、墨，貴遠賤近，亦以二説非中，自具利害。以利歸古人，以害詆時賢，二義互通，在讀者之自悟，所謂無父無君，乃推極其變之辭。推伯夷之教，可云『無君』；極伊尹之弊，亦近『無父』。諸子持論，自成一家，矯枉者必過其正，非過正則其反也。必不能中，物極必反，如日之行，從黃道而黑，至于黑則必反。浮久必沉，久升必降，非永遠推究，一往不反。故讀諸子當知此義，欲明此義，當于《詩》《易》求之。

從荒陬中言治法，則必先『兼愛』而後可及差等。故外夷之教，必先『兼愛』，天方、天主、佛氏，莫不以『兼愛』爲主，實即《西銘》之説。西人天主之義，發其仁心，可以止殺、争先、除獷悍；示以樂群，非愛不群，非群不立，此從古中外之分也。今耶蘇救世教，較孟、荀寬廣，則以中國乃八十一分之九也。知『兼愛』爲中行先鋒，必至大同，然後示以等差，《禮》『三本』之説，所以如近人作以攻祆教者。然以從古地球初闢，人情必同，故今之天主、釋氏，全同墨氏，此一定之機局，非人力之所能爲也。

《易》之《損》《益》，以三四爲中，《易》六爻分三統：三、四爲黃衣，二、五爲緇衣，一爲地中，一爲中國。皆有中可言；上、初失位之卦，爲素衣。中爲無咎，二、五爲吉，初、上爲凶。反以二五之中爲過、不及，如《小過》《中孚》是也。故下經則以兩《濟》爲兩極，二《坎》占二黑道，二《離》占兩赤道，分合不同而中邊異位。經義『大統』以赤道中心爲居衣，臨馭四方；以兩黃道及冀弁爲黃裳；每邊極南爲裘，分爲三終，以比卦之三爻。如《乾》《坤》四、初爲居，二、五爲黃裳，三、上爲裘服。四方顛倒，如《周》《召》《鄘》《衛》八方朝覲巡守圖。可見以居爲北，地于北極周旋，四邊皆南，故《周》《召》多『南』字。隨向背言，八方皆同服，輻、福音同義同。卦之三爻，《詩》之三終，皆以衣、裳、裘爲起例。以赤道地球中心長綫爲地中，向南而背北，四方皆南流，中綫最長，于中分爲三段，統曰東、西、中。又以每統所居一方爲中，但不言南北，故取假用地中爲之三統，不用紺緅紅紫。然五帝之法，南北實有帝，既有帝朝諸，則車輻圖象月，每方十五服，故曰『三五而盈』『三五而缺』。如中國之豫州，中天下而立，南極向之，北極亦向之。赤道爲北居，以黑道爲南行，則亦爲顛倒，所謂『以北化南』『以南化北』，爲《既》《未》，大顛倒。大與小有別，小顛倒，如初與三、四與上，于南北兩極分内外卦，仍爲以水益水、以火益火，此小變，非大變。必大顛倒，以北易南，以南易北，如《中孚》之以三四爲中，取初二以與上五相反覆。南北球寒暑全反，二分則平，取《春秋》平分以爲中，以一短一寒易一長一暑，先必分卦爲小顛倒，赤者不赤，黑者不黑，水火既濟，平其寒温二帶本位之陰陽；然後合爲大變，以夏冬之寒暑相易，集其大成。《詩》以『未既』爲説，今定巡守四方，分方別時者爲『未』；同主皇居，朝覲會同者爲『既』。四帝分方，各主一時，南無定位，分居爲『未』；皇合四方王，以地中心爲『既』。如此，則三統各以地中爲北居，而衣裘之間爲裳，爲兩黄道及兩洛，《詩》之中多取此義。考天文家説，于長短圈加一斜綫，由北二十三度半至南二十三度半以爲黄道，則直以赤道之界合爲黄道，則不分二黄道而合爲一大黄道，《易·中孚》二五爲中之説。

地球中分有兩赤黑道，而兩黄道在赤黑中。《詩》之黄裳、黄鳥，指黄道言；赤狐、黑烏，指赤黑二道言。皇極在赤道中心爲衣，由衣推裘，則以黄道爲中；兩黑道爲南，合兩赤道地中之中爲居。從居至遠荒，每方三分。極邊之南，皆坐北向南，分三段臨馭四方，莫不從同。居乃地中赤道，以赤爲北極，非北方之極，所向爲南，四時朝宗覲遇，四面皆可爲南。故二《南》四方皆得稱『南』，《鄘》《衛》四方皆得言北也。上經北《坎》、南《離》，赤道中分，當反覆爲二局，如九宮法。宋以下謂之《洛書》。爲冬至局，《坎》一《離》九；顛倒爲夏至局，《離》一《坎》九。乃全《詩》之《王》《鄭》《齊》，《尚書》之周公篇，《小雅》之分方而治，則如《易》之内外卦，各三爻，以三、五爲中。如《乾》《坤》《坎》《離》，自卦自綜，則爲八卦是也。分方之法，如以二五爲中，上經以之。『大統』則南北合一，以兩赤道爲中。《詩》之『離離』『憂心』，絺、綌、紲、絆。皆謂每方之南邊。

《易》上經三十，《乾》《坤》《坎》《離》《泰》《否》六首卦，較下經少四卦，爲禹州起例。《禹貢》較《皇輻圖》少東荒四州，上經少四卦，則以上經配禹州八伯、十二牧，爲『小統』。下經益以《震》《艮》《巽》《兑》四卦爲十首，故曰『或益之十朋之龜』。益故爲大絺。上經法禹州，下經爲皇輻。上、下經亦如小、大《雅》，以『小』『大』二字爲標目。『小』爲古之分封，『大』爲後之合同。《詩》之『上下』字多指上、下經，言『上下』即『古今』，『古今』即『小大』，『小大』即『文質』。故上下分圖，上爲分封之天下，下爲合同之天下。以三十卦分三統，上爲夏、殷、周，下爲天、地、人。三皇、小大相配以分古、今，此一説也。上下各三十六宫，上有化小爲大之法，所以四卦由《乾》《坤》《坎》《離》綜卦求之自得。既已化小爲大，三十六宫與下經同，則以上經爲『大統』地圖。如《國風》六定局不入三統之風，又如《鹿鳴》之前，三十卦爲定局，但詳由小推大，不詳三統。下經乃蒙上經『大統』之文，别爲三皇三統循環之法。故上經三十爲三王之三統，下經爲三皇之三統。三皇之循環在下經，不在上經，亦如小、大《雅》之分『大統』。由禹州而推，所謂叔夏、有夏、禹甸、禹緒、禹績，由《禹貢》爲車輻，即由《小雅》變《大雅》，上經變下經之説也。下經三十四卦，爲大三統，三十六卦中分，以十二卦爲一統，《咸》《恒》天統伯，《既》《未》地統伯，《損》《益》人統伯。以上經爲案，下經每代以十二卦調劑之，故爲三統並陳之。如用則但詳一代，二後可從略。然下經有伯無君，君皆在上經。《乾》主《咸》《恒》，《坤》主《既》《未》，《泰》《否》合主《損》《益》。蓋經取義不止一端，或合或分，宗例遂變，特以下經三統調用，上經定局，蓋仿《國風》六定、九行之例。上下各有二三統，皇王所以不同。始小終大，則即變小爲大之本例。

《説卦》方位爲周都雍，故以《乾》居西北，八州合于方位。以『大統』言，則如下經，以十卦分九洛，用大卦爲主，此方位八卦，有小、大之分。卦以綜言之：長即變少，少即變長。《震》東，自西言之，則爲少男；《兑》西，自東言之，則爲長女。大卦合長男女爲《恒》《益》，少男女爲《損》《咸》，爲婚媾娶生，與小卦内外相同者有别。惟南北冰海，無晝夜寒暑之可言。《既》《未》反覆，仍爲《坎》《離》，故《詩》于南北言極，東西言罔極。東西曰『東有啓明』『西有長庚』，因地異名，無有定位。南北則曰『莫赤匪狐』『莫黑匪烏』。三統定都不同，左右隨方而改。于《詩》曰：『匪鶉匪鳶，翰飛戾天。』『匪鱣匪鮪，潛逃于淵。』又曰：『匪東方則明，月出之光。』皆南北有極，東西無極之説。

下經始《咸》，終兩《濟》，于四爻同言『貞吉』『悔亡』，合内外爲一，爲六爻重覆之卦，故曰『悔亡』。『悔亡』之卦八，《乾》《坤》《中孚》《小過》《臨》《觀》《大壯》《遯》爲起例。而内變之八少父母，如《咸》《恒》《泰》《否》《損》《益》、兩《濟》，亦爲『悔亡』，共十六卦。外有十六卦同此例。

初説《詩》以日爲天子，月爲伯。據日屬世界，日統行星，行星統月之説言之。不如車輻日數，比于州輻。天有十日，故八州爲一旬，其外大荒十六牧合四岳爲二旬。言車輻以象月，非獨一日，所謂『何多日』也。以地中爲主，左日右月，日月即夙夜、朝夕之義。又日月雖小大不同，據目見則無别，故至尊無上，託之于天，而以日月寒暑分主四方，東日西月，北寒南暑。又以風雨分陰陽，雲從龍，龍在東；風從虎，虎在西。《小畜》『不雨』『其雨』『日出』，《東山》『零雨』，皆于日月寒暑外，再以風雨分方，而天乃爲之主宰。夫天不言而四時行，日東月西，寒北暑南。《易大傳》曰：『日往月來』，『寒往暑來』；《中庸》『日月』『霜露』。以雨比霜，以風比露，故用十干以取『天有十日』之説。八首卦比之旬日，大約經以日比王，王有三十，故日亦有三十。但就中國言，則一王一日。車輻卅王，則爲干支八卦卅日也。《易》之《豐》曰『雖旬無咎』，《桑柔》曰『其下侯旬』，又曰『維旬』『維宣』。旬，十日；宣當爲二十日。維旬爲八州四維，宣則大荒四維，《泰》之『苞桑』爲之統屬。《詩》多言『桑』，以桑爲日也。

《詩》以文爲中國，質爲殷商。《蕩》七『文王曰咨，咨女殷商』。七章爲七襄、七子，爲以文化質、周監于殷。一文王爲中，東七殷商爲七州牧，以中國化海外，爲以一服八。除本方不計，故爲七子。一章比一州，與《民勞》五章比五大洲同，萬不可以爲文王諫紂。如『女炰烋于中國』，及『内奰于中國』『覃及鬼方』，中國、鬼方，文義明白。使爲殷紂言，不應外之于中國。且『天不湎爾以酒』，即西北無酒之説。『靡明靡晦』，『俾晝作夜』，非謂長夜之飲，乃謂西極與中國晝夜相反。且二、三、四章，與時下中西相詬之語，如出一轍。章首兩『上帝』，舊説皆指爲紂，至于『其命多辟』，即『古帝命武湯』之義，殷武所謂『天命多辟』也，舊解乃以爲紂之命多邪僻，尤爲不合。文王之于紂，不應詬厲如此。如謂召康公所擬，以臣而擬爲君祖宗之言以諫君，且誣其祖宗以詬厲舊君，皆非情理所應有。似此議論，而垂爲經典，以爲世法，未免非懷刑之義。紂至惡，文王至聖，古來諫書多矣，又奚取此乎！

《周》《召》以『南』爲名，《鄘》《衛》則以『北』爲主。《周》《召》不言『北』，屢言南；《鄘》《衛》屢言『北』，而無『南』字。《柏舟》、北流、背堂、沫北，皆爲北，蓋四篇以居行分。二《南》爲朝覲諸侯會同之法，《鄘》《衛》爲巡守八洛之法。《邶》居中，《周》《召》南北，《鄘》《衛》東西，合爲五方、五極。《民勞》五章，《邶》首五篇，《崧高》五篇，與《易》上下經同，以五極、五元起例。此《詩》首五篇，當讀爲一篇。一皇、二王後、二大伯，《王會圖》之一成王，二夏公、殷公，二周公、召公也。天有五常，地有五極，《民勞》以下五篇，皆以五起例。《板》八章，九天八極；《蕩》八章，文質八荒；《抑》十二章，志言視聽以三分；《桑柔》十六章，首四方中央，爲謀爲毖，下由南而東、而西、而北，四方十二章；《嵩高》五篇，五嶽分篇，一方一篇。此則合五方言之，每篇皆足。以《嵩高》之五合數五方，多至五篇，仿五帝之法，一篇一帝，合數五方，五五合爲二十五，爲五帝，故爲大猷遠謨。《嵩高》則一王之五岳五篇，尚不敵《民勞》一篇之大，所以爲小也。

《說苑》言『北鄙殺伐，南方生育』，王道流南不流北。董子『陽實陰空』，王者貴德賤刑之經義也。北球以北極爲北，赤道爲南，東左西右；南球以南極爲北，赤道爲南，西爲左、東爲右。顛倒反覆，同以所向南面赤道爲中心，而背北，黑道不取。今地中海正當赤道，兩冰海皆在北，是不北流之實義。所以二《南》同以《南》爲名，而五帶圖又以長短二圈中斜綫爲黄道，是又合南北二南以爲地中，所謂日中，又不在崑崙矣。以地中爲公，所謂顛倒召令，維南北緯度以赤道正中緯綫爲中，東西經度則無正中綫，隨地可中，故地中、中國，經傳已二中並見。

地球五大州，以五帝分司之，《逸禮》之說詳矣。《月令》五帝五色，東青、夏赤、中黄、西白、北黑，乃《詩》于五色獨立三頌著之。素、青、黄即東、西、中，《論語》所謂緇衣、羔裘、素衣、麑裘、黄衣、狐裘是也。南北不立頌，故《論語》曰『不以紺緅飾，紅紫不以爲褻服』。而以二南司之，所謂火正、北正之重黎是也。考地球南北極同爲冰海，無晝夜寒暑；東西同在黄道緯度，故東西無極，特南北有之。《北風》『赤』『黑』之下，言『既亟只且』，所謂南北極也；言無極者，『昊天罔極』『士也罔極』『畏此罔極』。

昊天有二：東爲大昊，西爲少暤，『昊天罔極』，即謂東西二帝。西北無極，而中央無極，可以起矣。考五帝分司之法，以地中爲都邑，則中國爲震旦，西美爲西極。青帝建都于中國，則西美爲東，地中爲西；少昊建都于西，則以地中爲東，中國爲西。東西左右，由三統京城而定，平時背北向南，一定不易，此東西無極、南北有極之説也。至于四朝、四巡，則以居中赤道爲北，所面遠服爲南。東西二帝，互相左右，于《詩》爲『顛倒衣裳』。《齊風》云：『顛之倒之，自公召之。』《小東》：『東有啓明，西有長庚。』公爲京師，東西爲左右，左右無定，由三統京城而顛倒名之，此啓明、長庚，一星所以有二名也。考《禮記》：『日生于東，月生于西。』分陰分陽，一定之例也。《詩》亦以日月分晝夜，乃《齊風》日月皆出東方。又云『匪東方則明，月出之光』；又《東門之枌》『昏以爲期』；與夫『不日不月』『靡明靡晦』『不夙則莫』，皆顛倒東西而言之。蓋素、青、黄京城不同，則東西左右隨之而變。《風》《雅》中平分三統，各言一朝之制，故東西之例詳于南北。三統平居向南而治，非彼此相向。巡行□□□皆□。此《詩》南北二極有定，而東西無定之説也。南北有定，故《周》《召》爲小二伯，《唐》《陳》爲大二伯。唐爲堯都，陳爲舜後，《詩》不見堯、舜，以二風爲伯，猶『大統』皇爲天子，帝爲二伯之意也。《小雅》三《小》後平分三統，《有菀》爲《周頌》黄帝，所謂『狐裘黄黄』，『行歸于周』。《魚藻》爲青帝，王東方。《魚藻》爲東方。《常華》之『左』『右』，則指西極爲左，地中爲右。《瞻洛》爲西極，由《瞻洛》而《魚藻》，由《魚藻》而《有菀》。即《小旻》《小宛》《小弁》素、青、黄之次序。第三篇之『左右』，則以地中爲左，中國爲右，此《小雅》平分三統，各見左右不同之證。各《風》中此例尤繁，東西左右，其文至于數十見，不能折中一是。今以《邶》《鄘》《衛》《王》《魏》《齊》《豳》《鄭》《秦》九風，平分三統，一君二臣，三三而九，以明三統左右無定之説。君居中，所從之二國，一左一右，即《易》之一君二臣，《詩》之從兩牡、兩肩、兩狼也。以《邶》《鄘》

《衛》爲三統之主，《王》《鄭》《齊》《豳》《秦》《魏》各風，爲其左右之公卿侯牧也。《邶》爲《周頌》，如黄帝以地中爲京。《王》以王見，國在東；《豳》以伯見，主西極。《鄘》《衛》，則《鄘》東北青帝，以中國爲都；《衛》如西極。《鄭》與《秦》比，《鄭》東左，《秦》西右。《齊》與《魏》比，《齊》于中國爲東，《魏》于中國爲西。三頌三統，東西中無極，故隨在可爲東西。三頌爲皇帝、爲士，所謂『士也罔極，二三其德』，『人之無良，二三其德』。《唐》爲北方伯，如共工；《陳》爲南方伯，如祝融。五帝五方，以東西中爲皇帝，南北爲伯、爲女，所謂『女也不爽，士貳其行』。三統南北常爲伯，所謂『三歲爲婦』『三歲貫女』『莫赤匪狐，莫黑匪烏』。惟其如此，《唐》《陳》主南北，故兩風同言『冬之日，夏之夜』，爲南北二極。《陳風》三言『東門』，因三統有三東三西，故兩《風》連類言之。非得此説，《風》《雅》中東西左右無以馭之矣。

《王風》『一日不見』，如『三月』『三秋』『三歲』。以三倍之法推之，一秋爲三月，三秋爲九月，則三歲當爲二十七月。《喪服》：五服始于緦麻三月，終于斬衰三年。《禮記》：三年之喪，其實二十七月。是《采葛》之三月、三秋、三歲，與喪期巧合。喪服皆麻葛所爲，舊説以素衣、素冠、素韠爲喪服。東帝爲『緇衣羔裘』，西帝爲『素衣麑裘』。素衣爲『麻衣如雪』，『羔裘玄冠不以弔』，以此知東西之緇衣、素衣，是以吉服、凶服爲起例。蓋東南生育，西北肅殺，生育者樂，肅殺者哀，《詩》中哀樂實由吉服、凶服而起。《禹貢》『弼成五服』，與『衣服』之『服』同字。『大統』十五服，《羔羊》之『五紽』『五緎』『五總』，《干旄》之『五之』『四之』『六之』是也。考《禮》凶服有五，吉服有五，齊服有五，合爲十五。以東服爲吉，西服爲凶，中服爲齊。吉服五，冠昏用之，冠用緇布冠。東南喜樂，冠昏屬之；西北哀，故用凶服；中央齊，《周禮》齊服有玄端、素端。東吉，西凶，中央兼用之。玄端，即《論語》之『不以弔』之玄冠。素端，即《詩》之素冠。以喪服五服比疆域，則《周禮》九畿萬里爲緦麻三月，帝幅五千里爲三秋，皇幅萬里爲三歲。《齊詩》以哀樂爲《詩》大例，孔子論《關雎》亦言哀樂，哀樂實即吉凶。吉服用緇、用緣，凶服用麻、用葛。必用吉凶二服立説，而後哀樂爲有根。且推之《易》之吉凶，疑皆爲此例。以齊吉凶三門之十五服立説，而後『大統』之十五服各有宗主，推之于《易》，無不可者也。裳取七幅，在大八州、八荒之中，布帛幅十五升、三十升，皆于經各有取義。

《易》上、下經有順逆兩讀之法，一卦六爻亦有順逆兩讀之法。上經以《乾》《坤》爲主，由中及外，則順行至《離》；再由《未濟》逆行至《咸》，如北斗、陽神之左行團團轉。下經陰神，由外至内，則由《咸》至《未濟》，順行；再由《離》至《乾》，則爲逆行。陽于陽地順，陰地逆；陰于陰地順，陽地逆。《公羊》『内中國外諸夏，内諸夏外夷狄』之法也。一卦順逆兩讀者，上經由初爻順行至上爻，下經由上爻逆行至初爻。此下經『貞吉』『悔亡』之例。而上經之客，亦有由上逆行至四，下經之客，亦由初順行至三，此互爲賓主之法也。上、下經十卦二十四皆同，惟下經多四首卦，合爲十首卦，故曰『益之十朋之龜』。經六首惟《泰》《否》相綜連茹之説，由《屯》《蒙》綜，故亦有『漣如』『邅如』之説。由上經《泰》《否》至《坎》《離》二十卦，似《坎》《離》爲終無統屬。不知《泰》《否》統八卦，由《臨》《觀》而止；《坎》《離》亦統八卦，逆行由《噬嗑》而終。一順一逆以示例，故中有十六小卦，與下經《咸》《恒》《損》《益》所統十六卦同。下經由《震》《艮》至《未濟》十四卦，共六首，《震》《艮》《巽》《兑》不計。以兩《濟》配《坎》《離》，各統四卦爲八卦，以配《坎》《離》。《損》《益》居中以統三十二卦，所以爲下經十朋大龜建侯之法也。《易》以順逆分古今往來，上白《泰》《否》，下爲《大》《同》，爲知來，傳：『知來者逆』，『神以知來。』《中庸》：『至誠之道，可以前知。』前知所以爲下俟之根本。《詩》

《易》之人名、事實，皆指後世以下翻譯之辭，斷斷乎不指古人古事。故其中名字，偶與古人同，萬不可以古人說之，以古立說，亦萬不能通。聖人不嫌苟同者，以二經專言俟聖，宗旨既別，《尚書》《春秋》，則所指專爲古人，不待知者而决。此前賢以古人古事說二經，所以流弊無窮也。《易》之帝乙，即後世假干支作記之法，『乙』即所謂『某』。《易》之箕子、高宗，《詩》之成王、平王，明明古有其人，而舊說不無異解，特以實指其人則文義多迕，不能不別立一說，因此可悟二經必無真古人也。他如《長發》曰商湯、曰商王、曰武王，又曰玄王；《有聲》既曰文王、武王，又曰王后，曰王公，又曰皇王。望文生訓，左支右絀，故二經無一定說，無一通家。凡舊所傳二經解義，于經則實無一明切、文從字順、心安理得之境。所以不得不求古義，而變通其說，以求微言大義也。

《尚書》『周公篇』，兼言《多士》《多方》，此從《王會圖》起義。内外已通，特未大同混一耳。《王》《鄭》《齊》爲三王起例，《王》比夏，《鄭》比商，《齊》比魯，即《詩》之《魯頌》，《尚書》之『周公篇』。《王風·揚之水》四篇爲四岳；五《山經》。《鄭風·羔裘》以下十六篇，爲要荒外十六州，即《堯典》之十二州；《海内經》。《齊風》之《東方》爲海外八紘八極；《海外四經》。《邶風》每方二篇，初爲八殥，《燕燕》《雄雉》《式微》《泉水》。次爲八紘，《擊鼓》《匏葉》《旄丘》《北門》。次爲八極；四《風》與《簡兮》。《鄭風》首五篇爲五《山經》，《緇衣》、東。《將仲子》、南。《叔》、西。《大將》、北。《清人》。居中。

《帝典》二十二人爲外諸侯，《春秋》不及要荒，故無外州十二牧。《尚書》八元、八愷，加入羲、和、四凶，爲二十二人。下經則全有之，十首《損》《益》爲二伯，《震》《艮》《巽》《兑》《既》《未》《咸》《恒》爲八伯，外有十六牧、八監，共三十六，二十四侯監。小卦相綜爲十二，共爲二十二，以合《帝典》外諸侯之數；特首卦一卦爲一小卦，合綜爲二耳。然内八州，外當爲十六州，《尚書》于十二牧外，再數四凶，亦爲十六。經有十二州、十二牧明文，則必以東邊海不立州，故外州只十二。『大統』車輻圖，則内八、外十六，不如中國東邊不置，此《咸》《恒》、兩《濟》所以各統八卦，合爲十六牧。《損》《益》所統八小卦當爲監，一卦監一内州、二外州，内外共二十四州，一州三監，當得七十二監。今以八卦當之，是三州設一監，一監三大夫。一監一州以示例，監爲天子内臣。《易》『蠱』，《詩》作『盬』。從監，古聲。盬即爲蠱。故曰『幹蠱』『裕蠱』，曰『不事王侯，高尚其志』。則『蠱』字當以『盬』爲正。王之卿爲從王事，監則爲天子臣，故曰『高尚其志』。『王事靡盬』，謂從王事者，則不能爲監。《周禮》『大統』之書，屢言立牧、設監；《詩》屢言天監、降監，皆爲《蠱卦》言也。皇爲《泰》《否》，大伯爲《損》《益》。二帝二《濟》，如《周》《召》爲君子，爲父母卦。所以云爲『澣父』『浴母』。『盬』又作故、作胡，《易》『匪躬之故』，《詩》『胡能有定』『胡然天帝』，『狼疐胡尾』，胡、故，皆謂爲監，由天子使，故曰『天命降監』『天監在下』也。

《尚書》以妹土爲土中，推之大九州，當有八妹，故《莊子》有九洛之説，《詩》以此爲大例。《豳》《小雅》兩言『予未有家室』，『未』讀爲『妹』，謂西方妹土立有家室，如周公曰『予未』，『未』讀如『妹』，不如舊讀。言『予妹』以别于中國之『妹』。他如『彼其之子』，『其』爲『淇』。『姝者子』『姝』當爲『妹』。淇上、浚下，皆謂各州土中，九州有九大荒，更有十六妹土也。《易》曰『見妹』、曰『歸妹』，又曰『王家』『王廟』『王居』『王庭』『遇主于巷』，皆九洛之説，故不一而足。大凡《詩》《易》之主皆以侯牧爲正解，故以王比日而曰旬。《北山》：『普天之下，莫非王土；率土之濱，莫非王臣。』《易》曰：『王臣蹇蹇。』九有則八王布滿天下，非一王一國故也。他如『四國有王』，『王國克生，惟周之楨』，以天下屬皇帝，以國屬王，國如中國，即曰王國。天下不止一國，則必不止一王。又曰『王于出征，以佐天子』;又曰『帝謂文王』。故二經之『王』,雖與《春秋》《尚書》之『王』同,而自皇帝言之,則爲侯牧,如秦始皇自稱皇帝,則諸侯得以王爲號之制也。

《詩》以上帝爲皇,所謂『皇矣上帝』『上帝是皇』『有皇上帝』是也。又以皇爲祖,所謂『皇祖后稷』『先祖是皇』『皇尸載起』是也。天下一家,故以皇爲祖,二后二帝爲父母,八王爲昆弟,十六二伯爲子,五十六卒正爲孫。《檜》《曹》是也。朝廷君臣,閨門父子,不用君臣之義,而以祖父孫子言之,所謂天下一家,縮遠爲近,化疏爲親之法。『樂只君子,民之父母』,是以二伯爲父母,八王即爲民。

五帝:《頌》標素青黄,《論語》所謂『不取紺緅紅紫』,郯子名亦詳龍鳥雲,而略水火,以二極爲伯,所謂『莫赤匪狐,莫黑匪烏』,『三歲爲婦』之説。郯子于北方,以爲共工伯而不王;《左傳》于五常墟外,言鄭爲高辛氏火正祝融之墟。五極,三帝二伯,故《詩》但立《三頌》,而以南北爲重黎。考地球南北有極,冰海下不成晝夜寒暑,非黄中,故不入統。東、西、中則就黄道分爲三段,皆在地中心。《詩》云:『女也不爽』,『士也罔極』,『畏此罔極』,『昊天罔極』,『人之無良』,『良』讀爲『常』。皆爲東、西、中無極之説,同以有極爲惡,罔極爲美。《北風》云:『既亟只且』,『只且』爲鳲雎二鳩,爲南極、北極,以二鳩分占冰海二極。南北經,東西緯,『涇以渭濁』,即喻經緯。東、西、中無極,即『中心有違』,『違』即『緯』也。如今地球緯綫皆黄道,故『東有啓明,西有長庚』,隨地可以爲中,不似南北之以極定位,今故取地中無極之三統以立法。京在赤道地中,四面四時朝。今諸侯以所面爲南,所背爲北。《王》《鄭》《齊》,東皇,以西極爲左,地中爲右,故云『匪鷄則鳴,蒼蠅之聲』;『匪東方則明,月出之光』。東以西爲東也。他如『匪鶉匪鳶』,『匪鱣匪鮪』,『匪兕匪虎,率彼曠野』,皆爲此例。《周頌》王中央,固以西極爲西,東極爲東。《商頌》王西極,則以地中爲東,東極爲西。《魯頌》,前已詳。東西左右,隨所居之極而變,所謂東家之西，即西家之東。《詩》東西、左右有三等之辨，故其例最繁。《大雅》、《三頌》爲三皇王地中正例；《小雅》三《小》以下，則就本統分封，各詳其左右之所在如戰國圖，以示三統平等之例。分而不合，故曰《小雅》；若《大雅》、《三頌》，則以周王土中爲人皇，東西二極爲二皇，後《周》《召》爲二伯，《唐》《陳》《檜》《曹》爲四岳，以地中爲主，不似《小雅》之平列三等、不分賓主。

火、木二道諸小行星，近乃測得，西人皆以『女』名之。列于《談天表》中一百十餘星，皆以『女』名，如穀女、武女、醫女、王女、歌女，百二十名無異焉，中惟一星名天后。后亦女也。《詩》法天行，五際、五行爲五緯星。五緯爲君、爲男、爲士，則各小行星爲女，以女配子爲『好』，《詩》之以女比小國，即西人以名諸行星之法也。尊大者爲士、爲王，小者爲后、爲女。《詩》之『士女』當爲此例，非真男女也。諸小行星百二十可以比于内官，以諸行星各帶有月自繞，如八州牧之卒正。本地球只一月，如《詩》記曹，《春秋》之記許，實有七卒正。經只一見，舉一以爲例耳。《禮運》言天下一家、中國一人，實《詩》《易》之大例。《佐治芻言》深明此理，以天下比室家，男女配合，即平治天下之大綱。

董子言《公羊》諸說詳矣，五行諸文，則以爲子家緒說。今實考之，乃《詩》《易》之微言，所當細心推考。蓋《詩》《易》詳百世以下之事，故《板》土君皆藉位起例，凡地土名號，皆久而必變，不足以與天地終始。如今海國名號，分合疆宇，水陸數十年小變，數百年大變。從開闢以至毀滅，不審作何等變象，故孔子之經，欲括囊終始，不得不藉天道以取象。所謂『萬古不失九道謀』，言天道則一成不變，名物象數方能定。所以不言人事而詳天，以人無常而天不變也。《詩》之言行皆謂五星陰陽，故陰陽五行爲《詩》《易》之專說，非子家，乃經說。

古文家專以『好古敏求』說孔子，所謂『祖述堯舜，憲章文武』。《孟子》所謂『守先王之道，以待後之學者』。案《春秋》《尚書》爲行事，以述古説二經尚可；至于《詩》《易》，全爲百世以後言之，事非古事，人非古人，『静言思之』，因心作則，後儒之説二經，亦以爲述古。『血氣』『尊親』，非古所有，事本創作。以爲師法帝王，則宗旨舛失。故《莊》《列》于諸經説，貴作賤述，至比諸經于芻狗、陳迹，其言『迹者，履之所出，而非所以爲履』諸條，皆以賤述貴作。『仲尼没而微言絶，七十子卒而大義乖』。後世經説皆以孔子爲述，故極言述之不足貴，以明孔子作而非述之宗旨。述于『小統』爲近似；至于『大統』，斷爲作而非述也。

《大學》『平天下』章，歸重『絜矩』。居中爲忠，前後左右皆得其宜爲恕，『絜矩』即忠恕之道。《論語》由求進退，即裁成狂狷以合中行。《中庸》子路問强，孔子言南北之强，事各不同，而折中于君子，『寬柔以教』，至君子居之，『中立而不倚』，中立爲忠，不倚爲恕。以下經言之，《咸》東、《恒》西、《既》北、《未》南，四首卦爲前後左右，而《損》《益》居中以化成之。東西以仁義比，南北以水火比。于東損柔而益以西方之義，于西損勇而益以東方之仁，北則損水而益火，南則損火而益水。損其本來之性情，而益以相反之學問。由也進，退之；求也退，進之。損益之後，則温而厲，威而不猛；温而厲，剛而無虐。聖人居中，調劑四方，化成萬物，不必有所作爲，取四方相成相反之義，去其有餘，以補不足。《大學》『所惡于前』，至『無以交于右』，人情好惡喜同；柔惡剛，勇惡怯；熱惡寒，寒惡熱。損益之道，損其過，即去其所惡；益其不足，即進之以所喜。既經損益之後，水不易深，火不易熱；柔者能剛，剛者有柔，此『絜矩』之道。自革純民以化成天下，功用全在損益。推究其義，未嘗不可曰：所欲與之聚，所惡勿施爾也。但俗解『絜矩』，只能求悦于四方，不能化成于天下，乃伯主小康之屬，非皇帝甄陶萬物大經也。

《論語》『子張問十世』章，三統之法，專主『益損』，即《易》二卦名。今案，以上經言，則《乾》

夏、《坤》殷，《泰》《否》爲損益；以下經言，則《咸》東、《恒》西，《損》《益》爲損益。夏、殷爲《魯》《商》，即文、質二家。《損》《益》本兼四方，包《坎》《離》《未》《既》而言。詳東西青素，而略南北赤黑，故但言二代以成三統之制。猶『學而時習之』章，『時習』爲《坤》、爲殷；『朋來』爲《乾》、爲夏；『君子』，居中皇帝，時以損益爲文質以成爲『彬彬君子』之義。《月令》『鷹』乃學習；《坤》之二曰『不習，無不利』，故『學而時習之』爲《坤卦》之説。考《坤卦》二五爻變爲《坎》，象二鳥子母雙飛之形。《乾》《坤》：《乾》主東北，《坤》主西南。《時則訓》：春則鷹化爲鳩；到秋則鳩化爲鷹。因時變化，故曰時。《坎》之《象》曰『習坎』。《坤》主西，二五變《坎》，爲子母雙飛，如鷹之學習。『悦』從『兑』，《兑》西方，《坤·象》曰『東北喪朋』，到《乾》，『東北得朋』，《乾》居東。二五變而爲《離》，二五變則上下皆從之，爲『朋來』之象。陽變陰，《乾》之五曰『飛龍在天』，由《坤》化『朋』。『飛龍在天，利見大人』，即《詩》之『黄鳥于飛，其鳴喈喈』。《坤》變爲『時習』、爲『學習』；《乾》變爲『朋來不亦樂乎』。東方主樂，『樂』爲文，『悦』爲質。『文質彬彬』，合二代爲君子。《詩》曰：『憂心悄悄，愠于群小』；『知我者謂我心憂，不知我者謂我何求』。『愠于群小』則分崩不合，因爲憂心，不知不愠，則化一爲同。皆取二代以成彬彬之君子。孔子之『學』，以皇帝爲歸宿。《論語》首章即言三皇，《詩》之《三頌》，非爲儒生言訓蒙束脩之事也。

言政有新舊黨，言學有新舊派。《大學》『新民』，《詩》之『污』『澣』，《盤銘》『日新』，皆取『維新』之義。由開闢以至今日，由今日以至千秋萬歲，初蠻夷而繼文明，日新不已，臻于美善。今之文明遠過古人，後來又必遠過今日，一定之例也。孔子之教，創始于春秋，推行于唐宋。今當百世之運，施及蠻貊，方始推行海外。數千百年後，合全球而道一風同，『凡有血氣，莫不尊親』，乃將來之事，非古所有。而世俗之説，則與此相反，皆謂古勝于今。《中庸》言大統，有『生今反古，烖及其身』，亦初蠻野、漸進文明之義。乃俗解道家亦貴古賤今，如上古之『民至老死不相往來』，『剖斗折衡，而民不争』，『聖人不死，大盗不止』諸説，不知此乃道家之反言，貴大同，賤小康，道家定説也。今乃賤今貴古，必係有爲而言。蓋典章文物，後人勝于前人；至于醇樸之風，則實古勝于今。諸家言皇帝、王伯升降，皆以爲古風淳厚，後世澆薄，故皇帝功用，典章文物，則欲其日新月異，而性情風俗，則欲其反樸還純。至新之中有至舊之義，百練鋼化爲繞指柔，新則至新，舊則至舊。由小康以臻大同，是由春秋以返古之皇帝，疆域最大，風俗最純。宰我所問之五帝德，《詩》《易》所謂『不識不知』『無聲無臭』；西人所著之《百年一覺》；文明則極其文明，純樸則極其純樸，不用兵争，耻于自私，相忘于善，不知所謂惡，二者並行不悖。惟其未能文明，所以不能純樸，文明爲純樸之根，文明之至，即純樸之至。開闢之初，狉狉獉獉，乃未至文明之純樸，非君子所貴。文明之至，反于純樸，乃爲帝王盛業。比如孺子執筆書寫，天然古趣，有善書者所不到，然此乃蠻野之文明。必考古法，就準繩，精誠之至，神明于法度，老而合于赤子，文明與純樸皆盡其長，乃爲盡美盡善。經傳古説兼存二義，相反相成，各有妙理。學者不通其義，偏持一解，以爲凡事皆今不如古，不知即純樸一事，古來猶雜蠻野，必後世之皇帝一統大同，文明與純樸交盡，乃真所謂純樸，則亦未嘗不後人勝于前人。

舊解《國風》，其分配近于百變矣。今以《易》勘合，于三終外，再詳五九例。首五國爲一天子、四上公，配上經六首；以下十《風》配下經，爲八伯、二小國，所謂『其下維旬』。考《王會圖》，王立于中，如《邶風》。二伯周、召二公居左右，《公羊》所謂『天子三公稱公』，則二《南》是也。王後夏殷二公居堂下之左，《公羊》所謂『王者之後稱公』。《春秋》之杞、宋，《鄘》《衛》二《風》配之。五方五帝，《邶風》首五篇，《緑衣》爲邶；《柏舟》《燕燕》爲周、召；《日月》《終風》爲鄘、衛。上經之

《乾》《坤》《坎》《離》居四方，以《泰》《否》居中臨馭四方。一皇四帝，此爲《羔羊》之中『五紽』，左右合爲十干；《王》《鄭》《齊》《唐》《曹》爲『五緎』；《豳》《秦》《魏》《陳》《檜》爲『五總』；如《春秋》之八伯、二卒正。以上五《風》爲王公，以下十《風》爲侯與小國，下經之『十日爲旬』也。合計全風爲一天子、二王後、二二伯、八侯牧、二卒正。以前五與後十相比，《邶》中居同《檜》《曹》，《周》《召》比《陳》《唐》，《王》《齊》《鄭》比《鄘》《豳》，《秦》《魏》比《衛》。五王公分司五極，十牧庶邦亦分五極。于『大統』爲一皇、二皇後、二帝后、八王牧、二伯公。以配《邶·擊鼓》以下十篇，則當合《式微》于《旄丘》，東北方三篇、西南方二篇。以配《三頌》，則《邶》、《周》《魯》，《鄘》、《商》《衛》。配《大雅》，則《文王》十篇分三皇，《生民》《公劉》八篇以配《周》《召》，《卷阿》以上十八篇配首五《風》，《民勞》《嵩高》大小五方以配侯牧之十風。《小雅》則三十輻，爲五際、五極，配首五篇。《鹿斯》以下十二篇配侯牧，再分三統，《瞻洛》三，《衛》前四，《豳》《秦》《陳》；《魚藻》三，《鄘》前四，《王》《鄭》《齊》；《菀柳》三，《邶》後八，《唐》《陳》，總計之，則十五國風，合爲三皇、《邶》《鄘》《衛》。五帝、《周》《召》《唐》《陳》合《邶》。三王、《王》《豳》《周》。五伯。《鄭》《齊》《秦》《魏》合《周》。

西人重公，公理、公法，皆不主一偏，原本于經。《詩》以九州比井田，京爲公，八州爲私。所謂『薄污我私』『駿發爾私』，皆謂八伯之私地；所云『退食自公』『夙夜在公』，皆以『公』爲京邑。四隅顛倒，皆折中于公，公者不偏不倚，皇極居中，一貫之道，忠恕之訓，即《詩》『中心』。『恕』即『絜矩』，所謂上下、左右、前後，所惡勿施；『忠』不與詐僞對，而與偏倚對，即西人公理之説。《尸子》言『孔子貴公』，『孔』當爲字誤。然『一貫』即中即公。《詩》所謂『進退維谷』；《論語》所謂『中行』『狂狷』；

《列》《莊》之言『公』者，尤不一而足。

天主之説，不惟諸教同，經教亦然，即其專尊天而薄諸神，經傳亦同其義。余以爲孔子未出，中國實亦如此。考《喪服傳》多主天，『禮三本』所言君、親、師三本，皆直刺專主天之非；《春秋》主天，《穀梁傳》明云『爲天下主者天也』云云；《詩經》有駁專于主天之文，如『天命多辟』，『多辟』即不專主一天；董子《順命篇》尤爲精詳，所謂『臣以君爲天，子以父爲天，婦以夫爲天』者，蓋人人習聞專主一天之説，惟知尊天，故以三綱託之于天。因其所知而化一爲三，以爲之本，實即《詩》『多辟』之義。

漢高祖初定天下，遷豪傑于關中，以消亂也。唐、宋、元、明，初得天下，開文館，招致隱逸名宿于其中，此師漢高遷豪傑之故智，而變其局者也。國朝崇尚黄教，蒙古、藏衛熬茶入貢，所以馭天驕、消外患，明效大驗，可計數者也。老子與孔子善，孔子留駐中國，老子自任出關。一居一行，一精一粗，互相爲用。孔子爲老子之統帥，佛教爲聖門之前鋒，中國沿邊所有夷狄，今悉化歸孔教，皆由佛教開其先，而後徐引之以進于聖人之道。蓋四夷風尚喜争好殺，强悍出于性生，若驟語以倫常尊親之道，勢必捍格不入。必先以守貞，使其生育不至繁衍，以慈悲戒殺消其狂悍之氣，然後可以徐徐羈縻之，此一定之勢。考列子著書，昔人稱爲中國之佛，是釋出于道，既有明徵。凡各教之盛行，皆由與其地性情風俗相宜，然後能推行不絶，盛衰存亡皆視乎此，故教通行數百年，少有窒礙。必有豪傑爲之因時變通以順人情，始能歷久不絶。由道生釋，由釋生天方，由天方生羅馬，由羅馬生天主，由天主生耶蘇。近今之釋、道、天方、天主、耶蘇，與前百年或數百年，莫不各有變通。始則立教以繩人，後乃因人情而改教，明效大驗，又一定之勢也。凡各島地開創，其民情風俗不甚相遠，中國當開闢之初，與今西國同。孔子未生以前，中國所尚之教，與海外亦無大異。天不生孔子于中國開闢之初，而必生于春秋之世者，開闢之始，狉狉獉獉，以能興利除害、治器利生爲要務，不暇及于倫常。語曰：『衣食足，禮義興。』《孟子》曰：『飽食暖衣而無教，聖人有憂之。』中國必待帝王捍災禦難，人民繁庶，天乃生孔子，進以倫常之道。海外必先之以天方、耶蘇、天主開其先，而後徐引之以進于孔子，此又一定之勢也。海外開闢在後，以今日形勢觀之，大約如中國春秋時之風尚。孔子曰：『百世可知』；《中庸》曰：『百世以俟聖人而不惑。』孔子去今二千五六百年，正當百世之時。釋家自云佛滅之期，亦近在一二百年内。《荀子》『禮三本』發明聖人君、親、師三本，而斥異端一本尊天之非。一本即西人尊天主而不用君、親、師，是孔教已行之後，中國尚有祆教一本，故荀子攻之。孔子與老子分道揚鑣，六藝所言，實中國之新教；化胡所用，乃帝王之舊教。開闢之初，《舊約》爲宜；新教已立，舊無所用，故移中國之舊教以化西方初開之國。孔子爲生民未有之聖，世界中一人已足。神州先開，不能不特生于中國，百世以下，天心作合，海外航海以求教于中國，即如各國各生一孔子。釋教與孔子所定，法滅大通，期會皆在此時。曦陽一出，星月無光，佛法絶滅之期，即聖教洋溢海外之日。『凡有血氣，莫不尊親』，此世界中，盡用孔子之教以歸大同。老釋舊教，無所用之，不得不烟消火滅。天方、耶蘇、天主爲釋教之支流，佛教之滅，統此數教而言，非如今之外教攻擊佛教，耶蘇、天主盛行，而釋教獨滅也。《中庸》云：『天之所覆，地之所載，日月所照，霜露所墜，凡有血氣，莫不尊親。』六合以外，道一風同。老子雖有開創之功，陳涉、吴廣不過爲真主驅除，然謂陳、吴無功于漢高，則非也。

中國舊所稱異教，曰道、曰釋。今以道爲皇帝之學，歸于《詩》《易》，所統佛釋，雖爲聖教驅除，然謂其別爲一派，不屬六藝則非。考佛實出《列子》，其推測民物，譚空説有，皆出于《易》；天堂地獄，輪迴一切，『游魂爲變』『方生方死』之説；其善談名理，皆出于名家，即《論語》《孟子》『堅白異同』之説。至于不婚、戒殺，特因地制宜，所以消淫殺之風，其精微宗旨，流爲宋人道學，于樂教尤近，故宋人喜言

《樂記》。蓋佛書皆梵語，其宗派亦不止一端，昔人謂經由譒譯，皆中人以《老》《莊》之説參入其中，然其議論實多出《莊》《老》之外，亦非譯者所能僞造。總其會歸，源出《老子》，與道家之説大同小異。《中庸》云：『萬物並育而不相害，道並行而不相悖。』知其爲因俗立教，不必與中國强同。聖教大明，自消歸無有，則又不必攘臂相争矣。

王、韓以《莊》《老》説《易》，爲世詬病。今乃以《莊》《老》爲《易》《詩》先師，而不與王、韓同病者，蓋當時海禁未開，不知《莊》《列》專言皇帝，由德行科出，但剽竊玄言，流于空渺。以《莊》《列》論，已失其宗旨，推之于《易》，愈見倘恍。蓋《莊》《列》所言諸經義例，大同典章制度，語語徵實，亦如《王制》《周禮》發明經傳義例，精確不移。如『凡之亡非亡，楚之存非存』，即説《井卦》之『無得無喪』。惟自皇帝觀之，彼得此失，皆在疆宇之内，楚弓楚得，何得失之足言？又如『夏革』篇，即《詩》之『不長夏以革』；『九雒』即《鄘》《衛》二風八侯王之淇、沬、浚、妹之師説；『天地之外，更有大天地』，即《乾》《坤》之外更有《泰》《否》；『八千歲爲春，八千歲爲秋』，即《詩》之『君子萬年』『萬壽無疆』；《逍遥游》之北溟之鯤，圖南之鵬，即《乾》之龍、《坤》之朋。《書》爲行，《詩》爲志。百世『大統』之治，未見之實行，故託之于思夢神游。『《詩》言志』，《詩》無『志』字，以『思』代之。《詩》多言鬼、言游，即齊思神游之説；『無爲而無不爲』，即『君逸臣勞』，『舜無爲，有五臣而天下治』之意。孔子因百世以後之事，無徵不信，故託之于歌謡、占筮。《莊》《列》師此意，故不莊語而自託于荒唐。至『聖人不死，大盗不止』，謂聖人無死地，大道長存，而後人誤讀『大道』爲『大盗』。孔子作《春秋》以表桓、文之功，孟子主王道，則斥二伯之非。《莊》《列》專言皇帝，故尊道德而薄仁義，與孟子貴王賤伯之意同。韓昌黎不知道、德、仁、義爲皇、帝、王、伯之分，乃以道德爲虚名。王、韓之流以此説《老》《莊》，失其旨矣！其書于孔子有尊崇者，有詆毁者，其尊崇者爲莊語，其詆毁者皆隱指，後世儒家不善學者之流弊。如『《詩》《書》發冢』『盗亦有道』，皆指後世僞儒言之，所以峻其門墻。如盗跖，豈不知其不同時，以此見其寓言。王、韓不惟不知經，先失《老》《莊》之意。今者車輻脱，地球通，由言内之意以推言外之旨，誠所謂『無爲而無不爲』。與王、韓之解，有虚實之不同，其相去不可以道里計也。然亦時勢爲之，不得爲王、韓咎也。

子家爲專治海外之學，《莊子》所謂『方術』。今以太史公之六家分配五方，中國爲儒家，泰西爲墨學，前人皆有定論。今以刑法屬北方，《秦本紀》言：秦當水德，尚慘刻。南方爲禮，爲兄弟，以名家歸之，决嫌疑，别同異。以道家居中，輔之以陰陽家。《史記》《六家要指》：『道家者流，采陰陽之大順，采儒墨之善，撮名法之要。』道家統五家，如上帝統五帝，上天統五天。《論語》：『夫子温、良、恭、儉、讓以得之。』五者爲五帝德，温東、良西、恭南、儉北，讓爲土，居中。温儒家，良墨家，恭名家，儉法家，讓道家。此《民勞》五章五大州，《周禮》五官奉六牲之説也。道家爲皇，陰陽家爲二伯，儒、墨、刑、法爲四岳，顛倒反覆，以濟其平。至《漢·藝文志》，六家之外再有四家，曰農、曰縱横、曰小説、曰雜家。以居四隅，合而爲十。六家，爲《易》上經之《乾》《坤》《坎》《離》《否》《泰》；十家，如下經之十首卦：《咸》《恒》《損》《益》《震》《艮》《巽》《兑》《既濟》《未濟》。

上經小，下經大。今以由小推大例，以有定六《國風》，比之上經，兩京《泰》《否》比《檜》《曹》，前《離》後《坎》，左《乾》右《坤》，二公二侯，比《唐》《陳》《周》《召》。六合五官爲小球。一定起例，如推則下經十首比三統。風既推大，又循環，兩京《損》《益》《邶》《王》《咸》。《豳》，《恒》。前後三内公，《鄘》《既》。《鄭》《震》。《秦》；《巽》。左右三大伯，《衛》《未》。《齊》《艮》。《魏》。《兑》。九風所編之篇目，以配十六牧、八監。此以《風》詩配上下六首、十首之法也。六定卦九循環，《詩》六定風九循環。至于推之上經，則合三十六卦爲一統，《泰》《否》爲君，《坎》《離》前後，《乾》《坤》東西，爲八伯、以一卦綜算成二卦。十六牧、《乾》《坤》《坎》《離》，各統八卦。八監、《泰》《否》所統八卦。二客。《大過》綜成二。以一見以明由小推大之例，以《小畜》《大畜》《大過》《小過》爲之標識。一小一大，借以立法，不再推三統。下經不言小，故平列三統之德，再以六合之法推之，《小雅》首四方三十輻三十篇，《節》四岳四篇，三《小》三，上半由大而小，下半外牧十六篇，三統平分十五篇，終以八伯，先大後小。而《大雅》三十一篇，三皇十篇，二伯八，《生民》《公劉》統之；五極五，《民勞》以下；五岳五，《嵩高》以下；終三統，《雲漢》三篇。上、下二經，定局六風，循環九風，篇章爻卦，亦各有表。大約明用六合，實則三終始壯終衣裳衮之法，爲讀《易》一大例也。

予丁酉于資中以『釋球』課同學，頗有切合，因彙集諸作以聚珍板印，名曰《地球新義》。戊戌、己亥續有題，合原本共三十題，羅秀峰再刻于成都。刻成，僅二十題，餘多未刻；急于出書，故缺略次序，亦未精審。因分小大，而有《百種書目》之刻。庚寅《縣志·藝文志》采序跋，加提要，所録『大統』各書，如《大學》《大戴》《逸周書》《山海經》《老子》《列子》《莊子》《尹子》《尹文》《呂覽》《淮南》《管》《晏》《申》《韓》《河圖》諸緯，《七經緯》《史》《漢》、詞賦及釋典，『大統』皇帝之説，足與王伯相敵。因取其地輿諸説，輯爲《大共圖》；政事風俗典章注《周禮》，名《周禮新義》；並推考義例，以注《詩》《易》二經。辛丑春暮，草稿初畢，乃晚得一巨證曰：《楚辭》屈、宋與《列》《莊》所學宗旨全同，《騷》爲《詩》餘，蓋實《詩》説。先師舉《楚辭》以説《詩》，亦如《詩》《樂》諸緯，精確不移。考《山海》爲地球五洲之古説，《詩》《易》之于《海經》，亦如《春秋》《尚書》之于《禹貢》。《楚辭》

本之爲説，地水、古帝、神示、鳥獸、草木，如《天問》諸篇，吴氏諸書皆據《海經》爲説。所云遠游上下四旁，與《列》《莊》之神游、飛升六合、置身于無何有之鄉，大約除名物以外，所有章句言語，不出于《詩》，則出《列》《莊》。本本原原，均可覆案。是屈、宋所學同于蒙莊，游心泰素，步超黄老，所著諸篇，皆以發明道德宗旨、風雅義例。如經之『求女』，即《詩》之求諸侯，東釣魚，西弋隼，其事同。所云群小、衆女，嫉妬、讒詬，怨詈，媾陷，亦同于《詩》，以小言、邇言、邇猷爲讒言、爲憂傷、喪亂，衆女爲諸侯，即《詩》之『愠于群小』『搆閔既多，受侮不少』。《小雅》《巧言》《鹿斯》四篇，《青蠅》《柏舟》《谷風》篇皆同。蓋大同至公無我，凡自私自利，五伯攻取，諸侯并争，蝸角蚊睫，所謂申、韓、孫、吴、蘇、張論述，以大人觀之，所謂讒間搆昏。所云内美、外脩、中情、衣裳、冠服亦同于《詩》。爲中外地方言之，春秋、寒暑、日月、霜露，亦即四荒、四極之起文。木蘭與秋蘭分東西，木即《詩》木瓜、木桃、木李之字法；以瓊佩爲西，亦即瓊瑶、瓊琚、瓊玖之佚文。赤松、王喬皆爲求仙。彭咸即《山海經·大荒西經》：『有山名曰丰沮玉門，日月所入。有靈山，巫咸一，巫彭四，及即、朌、姑、真、衣、抵、謝、羅，共十巫。從此升降，百藥爰在。』與《地形訓》所言『地中』相同。考彭、咸共五六見，經云：『願依彭咸之遺則』，『吾將從彭咸之所居』，又『指彭咸以爲儀』，『思彭咸之故也』，『夫何彭咸之造思』，『昭彭咸之所聞』。案：靈山，日月所入，巫咸、巫彭從此升降，即『彭咸之所居』。經中言『巫咸作卜』，別有《卜居》篇，則『咸』即巫咸，『居』即卜居，與靈山十巫升降之區明矣。或云彭即靈芬，靈山之巫彭，『彭』『芬』字通。屈、宋多用《海經》，則《卜居》從居，當即《大荒》靈山、彭咸，爲十巫之二，蓋可知矣。王《注》以爲沉淵之人，經固無此意。使用沉淵事，則《列》《莊》故事甚多，奚必用此無徵之人！

《詩》專詳地球五洲之事，爲《莊子》『六合以内』；《易》專言天道，爲『六合以外』。道家之乘龍御風，《楚辭》之登天上征，《國語》引《尚書》『絶地天通』，言顓頊以前，人能升天，傳述其說，蓋專爲『小統』言之。至于『大統』，則人實能登天。如西人所云日輪中通商之說。《列子·湯問》篇言天地之外，更有大天地；以《易》言之，《乾》《坤》爲小天地，《泰》《否》爲大天地。二氏登天之說，不盡虚空，其說皆發源于《易》。如《莊》《列》及《楚辭》所云，所謂『上窮碧落下黄泉』、開天門、隮帝京、詢太微者，百世後必有之事，如近西人氣球，其權輿也。《易》『初登于天，後入于地』，及『上下求索』之意。日不動，地繞日而成晝夜。登天入地，本謂人事。舊說據渾天家說，以登天入地皆指爲日體，不謂人事，其實非也。御風上征之說，自《楚辭》、道家以後，詞賦家轉相習用，所謂游仙與海外九州之說，實足相敵。元、明以前，同以爲悠謬之談，無稽之說；乾、嘉以後，地球之說大顯，四方四極，晝夜反，寒暑異，近人皆知實有其地，實有其事，古說信而有徵，惟上天之說，人尚疑之。既無其事，則無稽之談，何以人人傳習？老師宿儒、通人碩輔，夙以正學自命者，亦言之不諱。蓋談天說地，皆爲經學舊說，前人囿于耳目，斥爲虚誣。紀文達、阮文達于中學最號博通，乃疑西人五洲之說爲虚誣，此專任耳目之過。大地之說，今日大顯，登天舊義，安知千百年後，游天球一週，不如今環游地球一週乎？今用《莊子》說，六合以内，統歸于《詩》，六合以外，統歸于《易》。將秦漢以來所有登天之說彙集一書，詳其條例，據以說《易》。《列》《莊》談地之說，前人以爲寓言者，今一一皆可指實，由地推天，其事易也。乘雲上升，物理所有，聖神先知，垂爲典訓，必推究其極，以爲群經之歸宿，一如朱子輯《近思録》，首卷高談玄渺、采《太極》《通書》之例。夫明天道，說陰陽，儒家之常語，特未能推究其旨，猶守井蛙夏蟲之見耳。

孔子制作，于一定之中，立爲三統之變。三統則爲三王，『大統』則爲三皇。三王之說，《尚書》《春秋》詳之；三皇之說，則義存《詩》《易》。考《詩》一《風》一篇，多兼言三統，一《風》不止當一代。如《王風》始三篇言蒼天，以東方爲主，爲天統；中四篇言四方，以中爲主，爲人統；末三章言留、言采葛，爲素統，素統乘權爲西方之伯。一《風》兼三統，如《著》詩之素、青、黄三章分三統，是三統爲循環大例。以此推之，《易》每卦六爻亦當分三統，如《乾》卦三、四爲六爻之中，此爲地球地中黄帝，故二爻多言『無咎』，無咎即黄帝無疆無涯；二、五爻爲中國之中，爲天統，二、五多言吉，東方爲吉；初、上爲西極地中，中國爲三四、二五之中，西極邊遠無中可言，故初、上二爻爻詞多言凶。素衣麑裘爲凶服，一卦六爻分三統，三、四爲黄衣狐裘，二、五爲緇衣羔裘。六爻分應三統，如《詩》之一風分應三統，實則小王統見于《小雅》、上經，大皇統見于《大雅》、下經。二經雖以大爲主，亦以小配大。由小可推大，大亦可化爲小也。

古學考[①]

丙戌刊《學考》，求正師友。當時謹守漢法，中分二派。八年以來，歷經通人指摘，不能自堅前說。謹次所聞，録爲此册。以古學爲目者，既明古學之僞，則今學大同，無待詳說。敬録師友，以不没教論苦心。倘能再有深造，尚將改訂。海内通人不吝金玉，是爲切望。甲午四月，廖平自記。

舊著《知聖篇》，專明改制之事，説者頗疑之。然既曰微言，則但取心知其意，不必大聲疾呼，以駭觀聽。今則就經言經，六藝明文，但憑目見。或爲擇善取同，或爲新義創制，不能質言，都從蓋闕。專述經言，不詳孔意，非僅恐滋疑竇，抑以别有專篇也。

舊以《王制》爲孔子爲《春秋》而作。崧師云：『此弟子本六藝而作，未必專爲《春秋》與自撰。』按舊説誤也。《文選》注引《論語讖》：『子夏等六十四人撰仲尼微言，以事素王。』由《論語》可推《王制》。凡《王制》所言，皆六藝之綱領，仲尼没，弟子乃集録之。六經制度，全同此書。當删定

① 《古學考》作于光緒十三年（一八八七）至光緒二十年（一八九四），曾名《續今古學考》《闢劉篇》，光緒二十三年（一八九七）由成都尊經書局刻印刊行。收入民國十年（一九二一）四川存古書局印《六譯館叢書》。

時，不審其爲舊文新義。但六藝皆明王法，而此乃王者之制，宜無不同。聖作爲經，此篇在記，自係弟子推本孔經，作爲大傳，以爲諸經綱領，不必定爲孔筆。孟、荀于此書指爲周制者，則以六經周事爲多，就經説經，自爲時王之制。《左》《國》爲六藝事傳，凡係經説，皆寓之時事，與董子『因時事加王心』之説實同，皆以發明經義。聖作爲經，賢述爲傳；《王制》既不爲經，則是群經大傳，出于弟子無疑。

舊説以《詩》《書》禮制有沿革，不入今、古派，皆先師各據所學以説之者。周宇仁以爲四代同制，全合《王制》。按其説是也。《詩》《書》與他經，漢十四博士同據《王制》説之，別無異制，可見其同。又及經同學細考《書》《詩》所言禮制，與《王制》無絲毫出入，今《尚書》《三家詩》説可證也。古《書》《毛詩》乃盡棄今學而參以《周禮》，然每與經不合。馬、鄭不能如伏、韓詳備者，勉强自然，真僞各異。舊以二經《書》有四代之文，《詩》兼二代、列國，而禮制並無沿革。唐虞舊典，下同《春秋》。古《書》《毛詩》有沿革，不入今、古學派。既實知其沿革與今禮符合，故不得不歸今學也。説詳《書》《詩》二經《凡例》。

舊説以《周禮》與《左傳》同時，爲先秦以前之古學。宜賓陳錫昌疑《周禮》專條，古皆無徵。今案：前説誤也。此書乃劉歆本《佚禮》、羼臆説揉合而成者，非古書也。何以言之？此書如果古書，必係成典，實見行事者。即使爲一人擬作私書，亦必首尾相貫，實能舉行。今其書所言制度，惟其本之《王制》今禮者，尚有片段。至其專條，如封國、爵禄、職官之類，皆不完具，不能舉行，又無不自相矛盾。如建國五等、出車三等之類。且今學明説，見之載籍者，每條無慮數千百見；至《周禮》專條則絶無一證佐。如今學言封國三等，言三公九卿，毋慮千條，而《周禮》言地五等，以天地四時分六卿，則自古絶無一相合之明證。此可知其書不出于先秦。擬將其書分爲二集：凡《佚禮》原文，輯出歸還今學；至劉氏所羼補之條，删出歸之古學。故今定《周禮》爲王莽以後之書，不能與《左氏》比也。説詳《周禮删劉》與《官禮凡例》。

舊表以《樂》與古《書》《毛詩》爲古學，非也。《樂》爲六藝之一，既經手定，則同屬五經；以《韶》爲宗，則迴非周舊矣。孔氏寫定《尚書》，以今文數篇推其異者寫成隸字耳，有經無説。毛公《詩》，班云：『自以爲子夏所傳。』此二家亦今學也。孔、毛西漢之書，皆爲今學而不傳。東漢之桼書《毛傳》，則杜、賈、謝、衛託始于孔、毛以求勝，與西漢别爲一家。前今後古，不得因後以改前。説詳《古文尚書》《毛詩凡例》。

舊以《儀禮》經爲古學，記爲今學；新津胡敬亭以爲皆今學。今案：其説是也。《儀禮》爲孔子所作，孺悲所傳《士喪禮》可證，爲《王制》司徒六禮之教，與《春秋》莫不合，此亦全爲今派，非果周之舊文，尚爲古派，而記乃弟子所記也。今將經記同改入今學，以此即爲『經禮三百』，先師所云『制禮正樂』是也。説詳《儀禮凡例》。

舊説禮制以不同《王制》爲古派，以《左傳》《周禮》與《王制》同者爲今、古所同；同邑胡哲波以爲不如分經。今案：舊説誤也。孔子以後惟今説盛傳，《左傳》及《官禮》皆爲今學。其《王制》不同者，則儀節參差，一書不能全備，參差互見，潤澤經説以補之，非異説也。今《王制》與《穀梁》爲魯學，然實爲今學。一家不能盡天下變，弟子七十人各尊所聞，異地傳授，彼此各詳，不必皆同。如《公羊》今學也，而禮與《穀梁》不盡同；《國語》今學也，而廟祭與《王制》相近。此非互文補義，即三統異説。六經既定一尊，又以三統通其變，弟子各據所聞以立説，故異説亦引據孔子語可證。《王制》統言綱領，文多不具；《春秋》《詩》《書》《儀禮》《禮記》所言節目，多出其外，實爲《王制》細節佚典，貌異心同，如明堂、靈臺、月令之類，此佚脱之儀節也。《孟子》云：『此其大略，若夫潤澤之，則在君與子。』《王制》所言，大略也；先師乃據各經所見，以相潤澤。故《王制義證》所采董子爵國、官職等詳細節目，文多互異。此在《王制》雖無明文，各經别有詳説。如今之祭祀祖先，本有日、月、時、歲之不同，必詳乃爲全文，此一定之理也。乃諸書多言時祭，而略于日、月、三年，此舉中以包上下也。《孝經》獨言春、秋二祭，則以諸侯歲只二祭，錯舉以見之。《國語》言日祀、月享、時祭、歲殷、終王，乃爲全文，特其中各有隆殺等差耳。今孔廟朔望皆行香，使謂祖廟一年只臨祭二次，未免過于疏略，非人情。一日一臨，又過瑣細。大約日祀爲廟祝所行，或如今禮于宫中别有日祀之事，皆未可知。總之，諸經所言禮節，苦不能全，必相參合，乃爲詳備。以今列古禮，緣人情，不能是丹非素，拘泥一家，非斥異己。此例一明，然後知今禮廣博，無所不包。今于劉歆以前異禮，統以參差例歸之。不立古學者，以其時尚無古學也。故今同一例，亦並删之。

舊説《儀禮》，謂孔子所改者少，不改者多，不能據實。今以六藝爲斷，凡見于六藝者，統歸經制，不復問其改與不改。至于古書所言周之佚聞行事，其與六藝不合者，則别入四代禮制佚存中，當時有此行事，未必即周舊典，亦未必人皆如此。馬、鄭雖嘗本此求異今學，然此爲誤解例，非古學之根原，其事亦不盡爲古學所祖。故别爲一書，不使古學家得專之也。

舊以魯、齊、古爲鄉土異學，今、古爲孔子初年、晚年異義。同年黄仲韜不以爲然。今案：西漢既無古學，則無論齊、趙，既立參差例，孔語實歸一途。《公羊》與《穀梁》異義，舊以爲《公羊》用古學，今合勘之，乃得其詳。《左》《國》全本六藝，佚禮亦屬經説。西漢以前，道一風同，更無歧路，則鄉土未定之説皆可删之。

舊以《孝經》爲古學，因其禮制與《王制》有異也。今案：《孝經》既爲孔子所傳，其中所言祭祀、明堂雖與《王制》小異，然其説時見于他傳記，不應獨爲古學。今定《孝經》與六藝同爲今學，至其儀節異同，則統以補證《王制》。説經以異説爲貴，可以借證，非禮制偶異，便爲古學。又當時實無古派，謂後人因此以求異則可，謂《孝經》爲古學家則不可也。

舊表以《逸禮》《費易》爲古學，非也。《逸禮》即《周禮》之原文，禮經非古，則逸者可知。又其文散見者，皆今學也。《易》西漢無古學，《費氏》雖經有異文，然其説禮制仍今學。故《異義》無《古易》，《藝文志》于《費易》亦不云古，可見《易》無古學。總之，劉歆以前不可立古名，建武後古學乃成，則不得以《逸禮》《費易》爲古學也。

舊以孔子晚、壯爲今、古之分。鐵江師以爲未合。此因説有兩歧，誤爲此説。實則『從周』之言，專指儀節底册，成憲足徵，據此改定，不如夏、殷簡陋廢墜，故以『從周』爲言，即『服周冕』之意。《公羊》專主改周從質立説，實則孔子于周有益損，非但損無益也。舊表以今學主薄葬，富順陳子元以爲疑，今從改正。如三年喪、親迎等事，皆繁難過于古制，可見非專主從簡。古用世卿，《王制》學禮乃興學校、開選舉，踵事增華，與無爲儉樸相反，實晚年亦不盡主質。蓋孔子自五十知命以後，已著四教以教人，諸書所録皆作述以後之言，又多由没世後弟子所記，宗主孔子，無敢異同，縱語有參差，義無出入，不能于聖言强分壯、晚也。

舊以今禮少、古禮多，李岑秋中書以爲失實。其説是也。蓋以《左傳》《儀禮》《周禮》皆爲古學，古學多，今學只一《王制》，則今少于古。今考定六藝與《左》《國》皆今學，並取《佚禮》原文歸入，則古不過劉歆所羼千餘字耳。且百家不折中于孔子者，書皆不傳；搢紳所言，皆爲孔義，傳記實無古名，何論多少？古學後興，浸淫《詩》《書》，故異禮古多于今。然非其實，當正之者也。

舊表以今用質，古用文；今主救文弊，古主守時制。同邑董南宣以爲疑。今案：前誤也。孔子于周有所加隆，非因陋就簡，惟求質樸。故《論語》以損益爲言，而《荀子》主尚文爲説。從質義本三統，孔子既定一尊，又以三統通其變，皆指後王法夏、法殷而言，非謂既往之夏、殷、周。又其所用之法，亦于經制中分立三品。如社之松、柏、栗，如官職唐虞五十、夏一百、殷二百、周三百，既已三百之後，則難改爲一百也。古書三代之説，有可循環者，有不能循環者，皆經説之三品，以爲後王之法者。蓋忠、質與文，本從後相較品隲之語。在三代皆爲因時制宜，非夏、商有文乃抑而不用，至周故意改文也。文明日開，不能復守太素，非夏、殷舊制實可用，特爲三統而改，繼周不能用夏禮，亦不能用殷禮，踵事增華。夏末已異禹制，湯承而用之；商末已變殷制，周承而用之；周末又漸改，孔子承而用之，故有加文之事。三統之説，惟服色可變，以新民志；至人事宜俗，不能相循。孔子定制，既改獉狉餘習，又補彬雅節目，文質合中，無復可易。《論語》云：『百世可知。』《中庸》云：『百世以俟聖人而不惑。』既臻美善，雖百世不改。若如舊説，則孔子用殷，繼乃用周，何以答顔子兼用四代，並屢有從周之言，今取周禮較多二代乎？大抵定制，折中一是可永行。三統主通變，亦五運、五德之説。上古文明未備，可以改易，後則不能改制以新耳目。惟旗幟服色，後世互用之則可，若典制相循，秦漢以來全無改易矣。

《爾雅》舊不知歸隸何學，崇慶楊子純以爲聲音訓詁無分今、古，是也。蓋《爾雅》成于先秦，尚無古學名目，當歸今學爲是。雖與《王制》間有小異，是爲異義，不比《説文》成于古學已成之後。然《爾雅》雖爲今學，古學取用訓詁則無有不可。今、古之分，不在此也。

《論語》舊以爲今、古皆有，仁壽蔣芰塘以爲皆今學，其説是也。孔子撰六藝，此篇乃多論述作之旨，又爲弟子所記，皆傳今學，不能謂爲古也。雖間有參差，然多同實異名。

《兩戴記凡例》以各篇分隸今古，同邑楊静齋嘗疑之。今案：書出先秦，時無古學，篇章繁博，自非《王制》能盡。然當歸之異義，縱爲古學所宗，亦不能謂之爲古。如《祭法》專主《國語》，《左》《國》

皆爲今學。《曲禮》六大、五官、六府、六工爲《周禮》舊目，《逸禮》《孝經》諸説既同隸于今，《武王踐阼》《五帝德》《帝繫姓》等篇皆爲《尚書》師説。喪禮、喪服、《詩》《禮》、小學，原于六藝；即同《周禮》之《玉藻》《深衣》《盛德》，仍爲今學。他如《朝事》篇所言朝、覲、宗、遇與巡守年限，文與《周禮》相同，然鄭注《周禮》不引以爲據，是鄭所見《朝事》無此語可知。今本所有，不審盧注誤入經文，抑古文家所羼改也？外如陰陽五行，經學儒家無論矣。總之，秦以前古學已成，則此類當歸附于古；其時既無古名，不過同氣之中各有門庭，一源之流，其分兩派。若遂指爲異族，勢等讎仇，不惟後前失序，又且分合不明。今故以六藝定今學，不專主《王制》一篇，所有同異，悉爲融化，于《戴記》削去古學一例。

舊以今、古同重。李命三以爲古不如今，其説是也。六藝皆孔子作，禮亦爲孔子所傳，本同一源，纖毫悉合。以今禮説六藝，首尾貫通，無待勉强。又秦漢皆今學，諸子博士，莫非此派。義詳證多，今學所長也。古《書》《毛詩》，本以立異，意主釋經，今禮即由經文推出，欲樹別義，必背經文，古學受制于經之事也。明著之條，苦不能變，則于其細微枝節處變之，而輔以異例、異説以求自別。然其改變，不過十中之二三，所改既于經嫌强合，又與不變之條每相齟齬，此古《書》《毛詩》之所以不如今學也。至于《周禮》出于羼補，《王制》綱領貫串，節目詳明，實可舉行，而經傳、載記、子緯、史志，符合師説，不可勝計。長壽李命三《王制輯説》可考。《周禮》其爲《佚禮》原文者無足論，其專條不惟綱領不能尋求，且與本書亦相矛盾。即如封建、爵禄之類，全不能行，且諸書並無一明文確證。《周禮》本依託《王制》以行，若提出今學明條，更無以自立。至于《詩》《書》經文，全同今學，古學乃以《周禮》推説《詩》《書》，自張門户。而經文與師説明説今欲變之，亦如《周禮》之變《王制》。故杜、賈、謝、衛諸家先録經文舊説，不能驟改，取其可以通融之條簡略注之。至于馬傳，更加禮説；鄭君繼起，乃稍明備。然所加與經不符，勉强衍説，臆撰無徵。以《尚書》五服，馬、鄭注改之，其義自見。今經專條，則避難不説，此其短也。今本《毛傳》略存訓詁，禮制缺略，此謝、衛開宗之本，杜子春説《周禮》與此略同。説者不識此意，以爲古書簡略。按先秦傳記莫如《兩戴》，西漢之作則伏、董、韓、劉莫不詳明，何嘗似此簡陋？今欲解經，悉合古説，豈不大難？至《孝經》《論語》，不過意取備對，與今學相配，彼時已未成家矣。蓋是非本有一定，今學既爲正宗，而謂別派亦精確詳審，與之相比，固非情理所有。若能精思果力，再補義例，突過前賢，亦勢所能。若謂足敵今學，則恐終難，願與治今、古者共勉之。

舊以今學無異説，古多異説；周宇仁以爲今多古少。其説是也。今學弟子人多，數經不同，又歷年久遠，不能不有異義。曾子與子游裼襲異同，儒家分爲五派，此其驗也。古學本只《周禮》，乃多與《詩》《書》不同，何況今學？舊説過拘《王制》，凡有異説，皆歸古學。今于哀、平以前不立古學名目，則凡異説統歸今派，不必拘定《王制》，以六藝爲斷，爲得其實也。

舊説以《周禮》《毛詩》《左傳》、古《書》爲一派相傳；新繁楊静亭以爲《毛詩》在後，是也。《左傳》建國立官，多仍今義，而《周禮》則故與相反，此二書不同之證。古文以其傳于劉歆，遂自爲古，非也。古《書》《毛傳》則經無明文，徒取《周禮》古制之專條，推以説之；二書今學各條，反致不敢直用。蓋欲取以爲説，則適與今同，無以自成門户，凡所主張，皆古學專條。此述者之事，不能自由之苦衷也。其始雖欲立異，門户尚未分明；其後門户既改，從違不得不嚴，反于今學不敢襲用。此四書有明文無明文、用今學不用今學之分，所以古學之中又自有異同也。

舊以今、古學皆有經，富順王復東疑其説。今案：前説誤也。經爲孔子所傳，凡經皆今學，即《孝經》

《論語》《左傳》《國語》亦然，則固無古經矣。《周禮》本爲傳記，今蒙經名，然其原本今學，不過劉歆所改數條乃爲異耳，不得爲經。《書》《詩》與《易》，更無論矣。今定凡經皆爲今學，古學惟歆所羼數條，即官禮亦爲今學。古之所以不如今，以其出于附會羼改也。

舊以古學漢初有傳授，劉介卿以爲始于劉歆，其説是也。古學以《周禮》爲主，雖《左傳》早出，非古學。古學始《周禮》，《漢書·河間獻王傳》有得《周禮》之文，出于較補。劉歆頌莽功德云：『發得周禮，以明因監。』可知《周禮》出于歆手，以爲新室制作。其書晚出，故專條西漢無一引用，《移博士書》亦不援以自助。孔氏《書》有經無説，毛公本傳子夏。東漢以後之古《書》《毛傳》非西漢之舊，《費易》亦後來以配古學，實失其實，西漢無古學可知。雖叔孫通定禮有與《左傳》相同之處，然此乃今學，非實古學專書。古文家所指之張丞相、賈子、孔氏、太史公、毛公皆實爲今學。得此考定，然後今、古之説乃明。

舊以今學于古學有因革，于孔子前已立古名，孔子損益，乃爲今學，則先古後今矣。不知古學至東漢乃成，雖《左傳》出于先秦，然其書兼傳六藝，據《王制》立説，由劉歆立古學，援《左傳》以爲助，與《禮記》無異。歆所詳《周禮》本于《佚禮》，是古全由今學生，非古在今前也。舊誤以周制爲古學，故致顛倒。實在周制本不可考，《左傳》全用六藝師説，雖間有爲古文家所點竄，然其大綱不能有異，凡異處謂其生于今學可也，不得以古前今後失先後之實。

舊以傳古學者亦有弟子。此説非也。弟子本不止一説，然皆傳孔學，自當同爲今派。《左傳》經説亦爲弟子，孔子教授多在著述以後，弟子亦無聞古學先歸之事。《周禮》《書》《詩》事從後起者，更不待論矣。

《詩》之魯、韓、齊三家，舊以魯爲純今學，齊、韓皆參用古學。按其時尚無古學，何緣參之？蓋多互文見義耳。《公羊》之與《穀梁》，亦同此例。今以《穀梁》《魯詩》爲魯學，《公羊》《齊》《韓詩》爲齊學，不尊魯而薄齊，特以此示異同之例。齊學同祖孔子，特文義參差，後人不明此義，强爲分別耳。今以韓附于齊，只分二派，以鄉土説之。至于古學，當時未成，東漢以後亦非鄉土所拘，不入鄉土之例，示區別焉。

舊以孔子前子書歸入古學，華陽范玉賓以爲非。今案：范説是也。子書多春秋以後處士託名，管、晏未必自撰，半由後儒掇拾。又子書多采古書，如《管子》之《弟子職》及《地員》等篇，非《管子》書，或集《管子》者之采入，抑或漢以來乃附入，其中實多今學專家之語。今當逐書細考，不能據人據時以爲斷。至于兵謀、縱横等書，本不入派，爲其中有爲今古學所同者，摘鈔備證可也。

舊用古説，以爲五經皆爲焚書，有佚；康長素非之。今案：康説是也。博士以《尚書》爲備，歆憤其語，遂以爲五經皆有佚缺，然後古文可貴。《易》有《連山》《歸藏》，《書》有《百篇序》，《詩》有賦、比、興、笙詩，《春秋》有鄒、夾，《禮》有《佚禮》，託之壁墓，尊爲蝌蚪，群仍其誤，以爲經缺，千年不悟。近來諸儒講西漢之學，牟、邵諸家乃發經全之説，信而有徵。文詳各經《凡例》，足相發明。

舊以《春秋》爲孔作，《詩》《書》《易》《禮》則爲文王、爲國史、爲周公之遺，以四經與《春秋》不類。使孔但作《春秋》，則四經當爲舊制，必有異同。今一貫同原，知無新舊之異。六經垂教，不能參差；四代同文，必由一人手定可知。歆《移書》猶以經歸孔子；以後報怨，援周公以與孔子爲敵，遂以《易》爲文王、周公作，《春秋》爲魯史，《儀禮》出于周公，《書》爲歷代史筆，《詩》國史所存。掃掇仲尼，致使潔身而去。東漢以後，雖曰治經，實則全祖歆説。

舊以史册爲古學，華陽張盟孫以爲不然，是也。古學託始《左傳》，其書實以今禮爲本，非據史册爲説。其據史册爲説者皆異例，非異禮也，須辨之。既不能加古名，安能指史册與《左傳》同類？謂古學家祖之，則可；遂以史册爲古學，不可也。凡屬史册，今不以歸二派，舊例今、古同者亦附焉。

舊專據《王制》以爲今學，凡節目小異者遂歸入古學；胡敬亭以爲文異義同，其説是也。蓋當時拘泥《王制》《穀梁》魯學爲今學專門，凡文不見二書者，不敢據爲己有。又以《左傳》爲古學，其文與魯學小異者，皆以爲古學。《周禮》《國語》多同孔語，故以爲孔子實傳古學。劉歆以前，如張蒼、賈誼、毛公皆傳古學，代有授受。及細考之，乃知《左》《國》全爲今學，其書早行，未經劉歆羼亂。《周禮》亦惟專條乃爲劉語，其與《戴記》同者皆爲今學。實古學之所以立者，全在今《周禮》羼改數條，歆以前實無此等議論。今學廣大，不能僅據《王制》明文，有言有不言，要之皆其所統。由此觀之，則西漢以上無不爲今學者，《周禮》古文之學實至東漢中葉乃盛行。所指師傳，皆出僞託。如《祭法》廟制、祭儀與《國語》同，而《荀子》亦有此説。《祭法》有祧、有明堂，《王制》無之。孔子之言祧、言明堂者不一而足，此不能盡屏爲異説也。蓋事理繁博，諸經每詳一端；細節門目，必須參合，乃能全備。大綱之封國、職官、選舉、學校，群書皆同，而細節文多互見。即以廟制言，大綱之七廟，祀天神、人鬼莫不同，而祭期則小異。《詩》與《王制》詳四時祭法，有日、月、歲、終，《孝經》只春、秋二祭，《公羊》則言禘、祫，説各相歧，必合通乃爲全義。言大綱者則參互傳記之細節。《王制》雖大綱略備，然事禮非一書能詳，其大綱同，而節目不無小異。治《孝經》《國語》者亦然。又漢去春秋久，《王制》爲先師之本，《公羊》傳嚴、顔二本，猶自不同。考《白虎通》引有《王度記》，《王度》當爲《王制》副篇。《王度》有記，則《王制》有記可知。舉一家之本，以盡括今學，勢所不能。今欲舉《王制》括群經，則以大綱爲主。

如以《王制》説《公羊》，傳文不同者，則以尊卑異儀，差互見義，略舉示例，文異義同諸例之至群經亦同，然後《王制》廣大，足以包括群經，不致小有異同，輒屏爲異説。如《禮記》孔子禮説與《王制》多異，固有依託；然其説多與六藝合，則不能不以爲孔子説。必有此例，然後《王制》足以包之。如《曾子問》《檀弓》所言禮制多與《王制》不同之類。然此爲專治《王制》言之。若各舉一經以合《王制》，宜專明本經，不關異説。若再牽涉，徒滋煩擾。師説參差，莫如《戴記》，今即以治《戴記》之法治《王制》，參觀以求，思過半矣。

治經須有次第，亦有年限，今略定爲此説，以待治經者之采擇焉。《王制》以後世史書推之，其言爵禄，則《職官志》也；其言封建、九州、五服，則《地理志》也；其言興學、選舉，則《選舉志》也；其言巡狩、吉凶諸事，則《禮樂志》也；其言國用、財賦，則《食貨志》也；其言司馬所掌，則《兵志》也；其言司寇所掌，則《刑法志》也；其言四夷，則《外夷》諸傳也。大約宏綱巨領，皆具于此，宜爲一王大法。今立此綱，凡治經者，先須從此入手。此書已通，然後治《詩》。《詩》之東西通畿，大伯、二卿、四岳、兩卒正，此陳九州風俗以待治也。《尚書》之周公篇與末四岳横説者與此同。《大雅》王事應《三頌》，《小雅》應《國風》，移風易俗，所謂平治之具也。此一代一王之法。《三頌》者，通其意于三統也，如《尚書》之四代。治《詩》之後，然後可以治《尚書》。《尚書》專明三統，《帝典》規模全與《王制》相合，儼然一代之制。以下二十七篇則《帝典》之細節。三代之文甚略，以《帝典》推之，列序三代，即《詩》三統之意。《書》中又分禮制、行事二門。禮制專言制度，如《立政》言選舉、官人之法，《禹貢》言九州、五服之制，《吕刑》言司寇之事，《禹誓》《費誓》言司馬出征之事，《文侯之命》言加命之事，《顧命》言繼位之禮，《洪範》言陰陽五行之事，爲全書大例。此數篇以制度爲主，朝廷典制，故文從字順。《商盤》《周誥》則多述時事，告下之文，故不易讀。言時事者近于《國風》，言制度者近于《雅》《頌》。《詩》《書》已明，然後習《禮》《樂》。《儀禮》者，《王制》司徒所掌六禮之節文。異説甚少，全爲儀注之事，治之甚易。《樂》者，《王制》大樂正所掌之實事，言止一端，易于循求。《禮》《樂》已明，然後治《官禮》。據《周禮》刪去僞羼之條，易今名以別之。《官禮》者即《佚禮》原文，立官與《王制》冢宰三公相同，《曲禮》六大、五官、六府、六工即其舊目。《王制》于諸官舉其大綱，此爲專書加詳，二書重規疊矩。《王制》已明，此書迎刃而解，然後可治《春秋》。《春秋》者，舉《王制》之意衍爲行事，制度綱目全同《王制》。《王制》如宮室圖樣，《春秋》則營造已成者。群經已明，《春秋》易治，然後治《戴記》《左》《國》。《戴記》者，群經傳記。《王制》爲大宗，又分類附各經，則説已大明，不嫌繁難矣。《左》《國》雖主《春秋》，群經傳説、經説皆見于本經，更以類相從，事最易舉。統計以三年學《王制》，《詩》《書》《禮》《樂》《官禮》《春秋》《禮記》《左》《國》，一年治一經，十二年而群經皆通。古之學者耕且養，三年通一經；今之學者終身不能一經，皆由失此秘籥故也。

六經相通之事，如《春秋》親迎，《詩》《禮》莫不同。《春秋》三年喪，《詩》《書》《禮》皆同。《春秋》譏世卿，開選舉，《詩》《書》《禮》皆同。《春秋》九州、二伯、方伯，《詩》《書》《禮》莫不相同。《春秋》譏再娶娣侄，《詩》《禮》皆有明文。約舉數端，餘可類推。三公九卿，群經皆同，唯僞《周禮》獨異耳。又九州、五服，群經皆同，亦唯僞《周禮》獨異，並無時代鄉土之異。又即《尚書》而論，《禹貢》與典、謨同，《呂刑》與《帝典》同。《尚書》四代禮制實無沿革，使非孔制，四代當有異同，即一經中不自矛盾乎？伏君《大傳》又何爲據《王制》以遍説四代乎？維六經合爲一書，故此經所詳，彼經所略。如明堂、辟雍，大典禮也，《詩》言之，而《春秋》《書》《禮》可從略。制爵班祿，《春秋》詳之，而《詩》《書》《禮》不詳言。相濟相成，乃能全備。後人專學一經，便有所窮。故博士議禮，本經所無，則從闕略。經學須博通，乃備一王之制也。漢人博士據《王制》以遍説群經，使非相通，萬不能一律相合，觀十四博士同一制度，則經學之相通無疑矣。

自春秋至哀、平之際，其間諸賢諸子、經師博士，尊經法古，道一風同，皆今學也。雖其仁知異見，鄉土殊派，然譚六藝必主孔子，論制度必守《王制》，無有不同。劉歆報復博士，創爲邪説，顛倒五經。改《周禮》而《王制》殷，言鄒、夾而三傳闕，有《毛詩》而三家絶，有馬、鄭而今文佚，經學真傳由歆一人而斬，所存二傳、二《禮》又皆亂于歆説，東漢以來皆受其欺，甚且助虐。故自西漢以後，六經分裂，不能相通，經禮糾紛，徒滋聚訟。今欲證千餘年謬誤，不能不首重巨魁，臚其罪狀，與天下後世共證之也。

王子雍與鄭君爭，不勝，造僞書以自助；劉歆與博士爭，不勝，改變古書以自助，其智同也。初則博士假朝廷之權以遏抑歆，後則歆假王莽之勢摧擊博士。歆掌儒林，既負權勢，得以自由，又淹博有作僞之才，遂足以翳蔽孔子，顛倒五經。自有劉歆，經學遂駁雜不純，掩蔽聖心，使後來治經者無一人能窺見尼山微意。今删汰古學四經，然後六經同源，微言可顯。

劉歆官司儒林，職掌秘籍。方其改羼《佚禮》以爲《周禮》，並因博士以『《尚書》爲備』一語，遂詆六經皆非全書。弟子恐其無本，則私改史書、緯書以自助。如《七略》之有《周禮》《左氏》、古《書》《毛詩訓詁傳》，此劉歆所改。他如《劉歆傳》《河間獻王傳》《後漢書·儒林傳》之《毛詩》《周禮》等字，則爲後來校史者所補。又《范書》以《毛詩傳序》爲衛、謝作，是晉宋間猶不以《毛詩傳序》爲西漢以前之書。今《鄭箋》《鄭志》別有以《傳序》爲子夏、毛公作之文，此爲後人記識刊本，誤以入箋。《孔疏》所引古書與古文同者，多爲後人僞造，劉炫好作僞説，當出其手。與六朝人造《左傳》淵源同。此等皆僞説，史、緯別有真條。今人治經，先看陸氏《釋文序録》《隋書・經籍》，宜其不得途徑。今先考明其真者，然後僞説可袪。必先洗滌僞説，然後可以治經。說詳《古學各經淵源證誤考》與《釋文證誤》《隋書經籍志證誤》中，《新學僞經考》甚詳。

劉歆顛倒五經，至今爲烈。真爲聖門卓、操，庠序天魔。蓋其才力既當，又假借莽勢，同惡相濟，故黨羽衆多，流害深廣，不惟翻經作傳、改羼《佚禮》而已。至于史書、緯候，亦多所改竄，後來流説，愈遠愈誤，至于不可究詰。今一旦起而正之，或者猶執流俗之經説、羼改之史文以相難。此非好學深思，心知其意，固難爲淺見寡聞者道也。

天下之事，是非不能兩立，而劉歆僞説乃與孔子六經並立千餘年，人不能正其非。雖攻《周禮》者，代不乏人，然由于今學未深，不能心知乎真，何能力辯乎僞。故前人所指《周禮》之僞半多真，古書于其僞者反不敢議，故遺誤至今。誠于今學多一分功夫，則古學多露一分破綻。今學大明，則古學不攻自破。惟流誤已久，若不闢之，恐不明白；然必于今學實有心得，方知其實。若但知其誤，而不能心悟乎真，亦無益也。

六經傳于孔子，實與周公無干。哀、平以前，博士全祖孔子，不祖周公。劉歆《移書》亦全歸孔子，後來欲攻博士，故牽引周公以敵孔子，古文家説以經皆出周公是也。後人習聞其説，遂以周公、孔子同祀學宫，一爲先聖，一爲先師，此其誤也。古學以《詩》《書》《春秋》爲國史，《周禮》《儀禮》爲周公手訂，《易》爻辭、《爾雅》爲周公作，五經全歸周公，不過傳于孔子，與劉歆《移書》相反，與『作六經』『賢于堯舜』之文不合，此當急正者也。崔氏《考信録》已駁周公著作諸説。

博士以《尚書》爲備，本出微言。詳見《尚書二十八篇叙例》。劉歆憤激其語，極力攻之，遂以五經皆爲不全：《連山》《歸藏》之説出而《易》不全，『六義』之名立而《詩》不全，鄒、夾之書録而《春秋》不全，鄒、夾既無師無書，何以爲學？又何以自立？此出歆僞説，欲以攻三傳不能盡《春秋》耳。《周禮》出而禮不全。于五經之外臆撰經名，于博士經學之外別出師法，後人遂疑孔子之經不全，博士之本未足，經學雜而不純，博士缺而不備。引周公以攻孔子，造僞説以攻博士，皆歆一人之罪。公孫禄劾其顛倒五經，此之謂也。今學《詩》《書》皆無序，《百篇書序》出于杜、賈，《毛注》則衛宏仿而爲之。舊以今學《詩》《書》皆有序者，非也。

舊以古學劉歆以前有傳授，與今學同；德陽劉介卿以爲西漢無傳授，其説是也。真成、康之政至東遷時已多改異，自孔子作六藝，儒者所傳皆孔子説。真周制雖間有存者，學者皆以爲變古流失。今《四代古制佚存》中所録是也。《左》《國》《戴記》，諸子所言，均以孔子爲主。劉歆與今學爲難，始改《逸禮》以爲《周禮》，劉歆以前實無古學派也。秦漢以前，所説禮制有與《王制》小異者，此三統異説之文，實非今學外早有古學專門名家，自成一派。劉歆取《佚禮》官職篇删補羼改，以成《周禮》，劉氏弟子乃推其書以説《詩》《書》《孝經》《論語》，此皆東漢事。馬融以後，古乃成家，始與今學相敵，許、鄭方有今、古之名。今學以六藝爲宗，古學以《周禮》爲首；今學傳于游、夏，古學張于劉歆；今學傳于周、秦，古學立于東漢。此今、古正變先後之分，非秦、漢以來已兩派兼行也。古學皆出東漢，故《後漢書·儒林傳》所言《周禮》《左傳》《毛詩》、古《書》、訓故傳注皆東漢人，無西漢以前師法書籍。《周禮》《左傳》、古《書》其説不誤，惟《毛詩》傳、序流誤，以爲西漢毛公作，或又以爲先秦以前之人。以三事比之，其例自見。《毛傳》與杜林《周禮訓》相同，但明訓詁而已，非西漢以前之師説也。

古學始于劉氏，當移書博士時，所尊三事，皆爲今學，不過求立《左氏春秋》、佚《書》《禮》耳。惜博士膠固，擯不與同，及後得志，乃挾《佚禮》改《周禮》，今學諸經悉受其禍，至今未艾。人而不仁，疾之已甚，亂也。今欲見古學晚出，證之《移書》自明。史稱《移書》引事直，則無不盡之言，後來古學家羼託之説，皆與此事不合。今特注之，以見《周禮》《毛詩》、古《書》之出于後起。『是故孔子憂道不行，歷國應聘，自衛反魯，然後樂正，此以樂爲孔所訂，與古文家以爲周公作者不同。《雅》《頌》各得其所。此以《詩》爲孔子作，與以爲國史舊文者不同。修《易》，與修《春秋》同，以《易》爲本《坤乾》而加筆削，與後以爲周文王作、孔子贊十翼不同。序《書》，與《詩》同。制作《春秋》，以記帝王之道。蓋此以爲孔子制作《春秋》，成王道，與博士緯、杜氏説同。《左傳》則以爲魯史舊文，周禮舊例。歆此時本同博士之學，後來攻博士，乃全與此説反。及夫子没而微言絶，七十子終而大義乖。微言即今學家所傳文王、素王作六藝改制之説也。不能明言，謂之微言。至孝文皇帝，始使掌故鼂錯從伏生受《尚書》。《尚書》初出于屋壁，朽折散絶，今其書見在，時師讀傳而已。《詩》始萌芽，天下衆書往往頗出，皆諸子傳説，猶廣立于學官，爲置博士。在漢朝之儒，惟賈生而已。據《漢書·儒林傳》以張蒼、賈生爲傳《左傳》，今不言，足見其僞託。至孝武皇帝，然後鄒、魯、梁、趙頗有《詩》《書》《春秋》先師，皆起于建元之間。據此則謂張丞相、尹咸、翟方進等傳《左傳》以相授受者，誤矣。當此之時，一人不能盡其經，或爲《雅》，或爲《頌》，相合而成。《泰誓》後得，博士集而讀之。《泰誓》非博士舊傳，伏生只傳二十八篇。二十九篇之説，合《泰誓》數之也。《泰誓》蓋即十六篇《中候》之一，非真《尚書》文也。故詔書稱曰：「禮樂壞崩，書缺簡脱，朕甚閔焉。」時漢興已七八十年，離于全經固已遠矣。及魯恭王壞孔子舊宅，欲以爲宫，而得古文于壞壁之中。《逸禮》有三十九，《佚禮》即今《周禮》，乃傳，非經。《書》十六篇。史公所録三代事不見《尚書》者即此，乃傳，非經。據此，則孔壁所得惟《逸禮》《佚書》二種而已，此二書爲今學，博士所傳，得孔壁乃全本，博士本不全耳。是當别無河間獻王得《周禮》《毛詩》之説，而《左傳》亦不出于孔壁，如王充所云也。天漢之後，孔安國獻之，遭巫蠱倉卒之難，未及施行。及《春秋左氏》丘明所修，皆古文經，古字。

舊説，即解經釋例之文，《五行志》引『説曰』是也。多者二十餘通，指説、微而言。藏于秘府，伏而未發。多二十餘通者，謂較通行《國語》多二十餘篇也。孝成皇帝閔學殘文缺，稍離其真，乃陳發秘藏，校理舊文，得此三事。無《毛詩》。以考學官所傳，或脱簡，或間編。謂以中古文本校博士本有脱誤也。傳問民間，則有魯國桓公、趙國貫公、膠東庸生之遺與此同，得此三事，則校書時秘府書與博士所傳不同者，三種而已。校書作《七略》，今《班志》乃有《周禮》《毛詩》與《左傳》同學，何以劉氏不引二書爲據，乃引今學之遺？抑而未施。此乃有識者之惜閔，士君子之所嗟痛也。往者綴學之士，不思廢絶之闕，苟因陋就寡，分文析字，煩言碎辭，學者罷老且不能究其一藝。信口説而背傳記，是末師而非往古。據桓、貫、庸三家皆傳《書》《禮》之學者，是《左傳》並無師也。劉氏舍朝廷執政本師，不引以爲據，而遠及異學民間之儒生乎？且云遺學與之同，不免附會。何以不引翟方進等爲説哉！至于國家將有大事，若立辟雍、封禪、巡狩之儀，則幽冥而莫知其源。猶欲保殘守缺，挾恐見破之私意，而無從善服義之公心；或懷妬嫉，不考情實，雷同相從，隨聲是非，抑此三學，以《尚書》爲備，謂《左氏》爲不傳《春秋》，豈不哀哉！此攻諆《公》《穀》二家，專爲《左氏》而言。且以數家之事，皆先帝所親論，今上所考視。其古文舊書，皆有徵驗；内外相應，豈苟而已哉！』

據以上所言，特欲于今學外立《左傳》古文耳。但云『古文舊書皆有徵驗，内外相應』，此兼《禮》《書》言之也。《漢書》以《周禮》《毛詩》並傳于河間，藏在秘府。《左傳》皆有師傳授受。《後漢·儒林傳》以建武立《毛詩》博士，皆六朝以後僞説行世，校史者據誤説所羼改。如《後漢書·儒林傳》十四博士之有《毛詩》，是其明證。今據此書爲證，僞説自破。故以古學成于東漢，以《周禮》爲劉氏所删補，《古文尚書》《毛傳》爲賈逵、謝曼卿始創之説，非西漢之書也。

初用劉申受説，以《左氏傳》劉例，即本傳所謂章句出于劉歆。細考《五行志》引『説曰』在劉歆前，史采歆説，可云詳矣，今傳中無其一語。又歆説例多同二傳，今傳説『今説』多與二傳不同，簡略不全。使歆爲之，當不如此。且杜氏所引劉説，多與本傳不合，知不然矣。《史記》引解説已十數條，則經説不由歆出，更不待言。説詳《左氏凡例》中。考劉歆文集初年全用博士説，晚乃立異。欲知其年限，因考《王莽傳》，乃知《周禮》之出，在王莽居攝以後。《王莽傳上》言《周禮》者只二事，在居攝後；中、下以後則用《周禮》者十之七。可見《周禮》全爲王莽因監而作，居攝以前無之。歆當時意在亂博士禮，報怨悦主，不料後世其説大行，比之于經，並改諸經而從之也。如天子十二女，博士説也；百二十女，《周禮》説也。《莽傳上》用十二女説，莽納女事。《傳下》用《周禮》説。莽自娶一百二十人。使《周禮》早出，抑劉歆早改《周禮》，則當時必本之爲説，何以全無引用？是『發得周禮，以明因監』，是時《周禮》始出，中多迎合莽意而作。今定《左傳》出于《史》前，《周禮》出于居攝以後。《周禮》未出，《左傳》亦爲今學。《周禮》出，乃將《左傳》亦牽率入于古學也。劉歆初本今學，後爲古學，考言之甚詳。

劉歆作《周禮》，以爲新室法。竊取《公羊》『爲漢制作』之語，而《莽傳》不盡用其制。如《周禮》已出之後，猶用以三輔一百二十官之説。蓋當時今學甚明，不能遂掩，至于引《周禮》，亦寥寥數條。古學之興，始于鄭康成，盛于六朝。史志遂以《周禮》爲主，今文附見志中矣。故《莽傳》皆今古並用，非全用《周禮》，當作《莽傳參用王制周禮表》以明之。

舊作《周禮删劉》，將諸侯五等封地一條删出。考《史記》于魯、衛皆云四百里，《明堂位》七百里亦字之誤字；方三百一十六里出《千乘》，四百里舉成數也。是方伯食四百里有明文可證。繼乃知此條實《佚禮》原文，特劉氏有所損益。方伯閒田三百一十六里，此定説。二伯當加，故云五百里。以此推之，三爲卒正，二爲連帥，百里爲屬長。《王制》三等指本封，此五等指五長，閒田乃明。互文相起制度，劉損益其文以爲實地，則失其旨。今將此條改還今學，則群經皆通，千載疑案渙然冰釋矣。

《周禮》不出于王莽居攝以前，于《莽傳》又得一確證。《莽傳上》實考周爵五等，地四等，有明文；殷爵三等，有其説，無其文。《周禮》明以爲地五等，與緯書合，無附庸。今以爲四等，合附庸而數，是未見《周禮》五等封明文也。又帝娶十二女，與後用《周禮》百二十女之説不合。使《周禮》果出于前，劉歆校書時已得見之，則居攝以前亦當引用，不致前後兩歧也。説詳《周禮删劉》中。

歆改《周禮》，今爲删出明條，不過千餘字；又雜有原文，然則合其零星所改，不過千字耳。歆固爲攻博士，尤在迎合莽意。莽居攝以前，全用今説；意欲變古以新耳目，且自託于新王，歆乃改《周禮》以迎合之，大約多莽私意所欲爲者。如引《周禮》爲功顯君服緦，爲莽娶百二十女，漢疆輿大，改爲九服萬里之説。諸如此類，皆歆逢迎莽意而爲之者也。

古學以《周禮》爲主。《漢書·河間獻王傳》有得《周禮》之文，出于後人校史者據誤説羼補。劉歆等頌莽功德云：『發得周禮，以明因監。』可知《周禮》出于居攝以後，以爲新室制作。凡《周禮》專條誤説，莽皆曾見施行，《王莽傳》之文可考。《凡例》中『徵莽』一條，即謂此義。其書晚出，故專條不惟西漢無一引用，即居攝以前，莽、歆亦不援以自助。孔氏《書》有經無説。毛公未傳子夏。東漢以後之《古書》《毛傳》非西漢之舊。《費易》後來以配古學，實失其實，則西漢無古學可知。雖叔孫通定禮有異同，然此爲三統參差例，非實有古學通行傳習。古文家所指之張丞相、賈子、孔氏、太史公、毛公皆實爲今學。

舊以今學于古學有因革，是于孔子前已立古名；孔子損益，乃爲今學，則是孔子亦有晚年定論矣。不知古學至東漢乃成。劉歆援《周禮》以爲主，其徒黨最盛，推之于《詩》《書》以成古學，是古全由今生，非古在今前。舊誤以周制爲古學，故致顛倒。實則周制本不可考，古學亦非用周制。不得前古後今，失先後之實。

今、古學之分，師説、訓詁亦其大端。今學有授受，故師説詳明；古學出于臆造，故無師説。劉歆好奇字，以識古擅長，于是翻用古字以求新奇。蓋今學力求淺近，如孔安國之『隸古定』、太史公之易經字是也；古學則好易難字以求古，如《周禮》與《儀禮》古文是也。古學無師承，專以難字見長，其書難讀，不得不多用訓詁；本無師説，故不得不以説字見長。師説多得本源實義，訓詁則望文生訓，銖稱寸量，多乖實義。西漢長于師説，東漢專用訓詁。惠、戴以來，多落小學窠臼。陳左海父子與陳卓人乃頗詳師説，踵事增華，易爲力也。

《春秋大傳》褚先生引。爲例禮傳，《春秋譜牒》爲事傳。太史公據《譜牒》作《世家》《年表》，此三傳言事之專書。《春秋》以十九國紀事，《十二諸侯年表》除許、曹、莒、邾、滕、薛、小邾小七國不數，《杞世家》有明文。此全本《春秋》立説。以周史事例之，則不得獨詳山東也。經于諸國記卒，故史詳其世系。不惟《左氏》同之，即《公》《穀》言事，亦當據此。史公兼通三傳，尤爲《左氏》本師，故本之爲《世家》《年表》。有《春秋譜牒》，本爲釋《春秋》之專書。若《左》《國》則不獨爲《春秋》而作，不爲《春秋》專書也。

博士以《左氏》不傳《春秋》，初以爲專以説、微別行之故，繼乃知其書實不獨傳《春秋》。傳由《國語》而出，初名《國語》，後師取《國語》文依經編年，加以説、微，乃成傳本。《春秋》編年，專傳當依經編年；今分國爲編，其原文並無年月，一也。依經立傳，則當首尾同經；今上起穆王，下終哀公，與經不合，二也。《公》《穀》所言事實，文字簡質，樸實述事；今傳侈陳經説，制度與紀事之文不同，三也。爲《春秋》述事，則當每經有事；今有經無傳者多，四也。解經則當嚴謹；今有經者多闕，乃侈陳雜事瑣細，與經多不相干，五也。既爲經作傳，則始終自當一律；今成、襄以下詳，而文、宣以上略，遠略近詳，六也。不詳世系與諸侯大夫終始，與譜牒、世家之意不合，七也。《春秋》大事盛傳于世，載記紛繁，若于傳《春秋》，當詳人所略，略人所詳，乃徵實用；今不羞雷同，而略于孤證，八也。有此八證，足見其書不專傳《春秋》，蓋仿經文『行事加王心』之意爲之。經皆有空言、行事二例。《詩》與《易》，空言也；《尚書》與《春秋》，行事也；《兩戴記》，空言；《國語》，行事也。空言未嘗不説事，而言爲詳；行事未嘗不載言，而事爲主。《尚書》《春秋》，孔子因事而加王心；《國語》《左傳》，因行事而飾經義。事爲實事，言不皆真言，假借行事以存經説，本爲六經之傳，不區區一家，以爲不專傳《春秋》，乃尊《左氏》與《兩戴》相同，非駁之也。《檀弓》，齊學之傳也。傳記唯《公羊》與《檀弓》稱邾婁，以齊語定之。中言《春秋》例禮與事數十條，言事與《左氏》文皆不同。而兼及他經者亦多。《左氏》之書正如其體。《國語》本爲七十弟子所傳，與《戴記》同也。指爲丘明，始于史公。與《論語》所言非一人。其書決非史體，其人決非史官，萬不可以史説之者也。新刊《左傳凡例》詳之。

《春秋譜牒》乃治《春秋》專書。若當時行事，則傳、記、子、緯各有傳述，言之甚詳。《譜牒》詳其世系終始行事，但有綱目，此真正傳《春秋》之書。略人所詳，詳人所略，文字簡質，如是已足。若傳記所言，則據《譜牒》綱目而衍成文章。如殺申生一事，傳記凡五六見，言皆不同，事亦不合。此類實繁，不能備舉。此皆借事各抒所聞見。事如題目，記述如文字，人各一篇，不能雷同。如崔杼、趙盾、世子生、踐土盟之類。總之，今所傳者均非史。若周時真事，皆怪力亂神，不可以示後人。如同姓爲婚、父納子妻、弑逐其君、桓公滅卅國、姑姊妹不嫁七人等背禮傷教之言，乃爲真事，當時亦均視爲常事，並無非禮失禮之説。孔子全行掩之，而雅言以《詩》《書》、執禮，不得于孔子後仍守史文之説也。《春秋》《國語》皆經也，惟《譜牒》乃史耳。董子云《春秋》有詭名、詭實之例：當時所無之制，欲興之，則不能不詭其人；義所當諱之事，欲掩之，則不能不詭其實。《春秋》所見之監者，當其時，並無其人其事。又凡所言夷狄，皆指中國，並非真夷狄也。意不欲言則削之，如鄭厲公入櫟以後，十數年不一記鄭事，數經弑殺，經無其文，是也。制所特起則筆之。如三國媵伯姬，當時無此禮，親迎亦無詳録伯姬之類。《春秋》有筆削，凡涉筆削，皆不可以史説之。削者首尾不全，筆者當時尚無其制。後人好以史説《春秋》，而無左氏又非史，則杜氏乃得售其術。故凡大事，衆人所共知，史原事也。至于一切外間小事，魯國細事，不惟當時多無記録，即使有之，亦其細已甚，史不得詳。總之，孔子之修《春秋》，正如劉歆之改《周禮》。《周禮》爲劉氏之書，《春秋》亦爲孔子之書。《周禮》當復舊觀，《春秋》不可復言史法。如欲侈言史，太史爲聖人矣，則《通鑑綱目》真可以繼尼山之傳矣。

《春秋》爲孔子修，故爲經。杜氏承古文家法以爲魯史，『五十凡』爲周公舊例，多存史書原文，則十二公中至少亦經七八人之手。以爲據《周禮》凡例而書，故人多而文不一律。又據外國而書，並不問其得失及本國義例。似此則真爲斷爛朝報，無足輕重矣。聖人垂教之大經，至詆爲依口代筆之雜説，非聖無法，至此已極，而世乃不悟，悲夫！

《春秋》爲孔子繼《詩》而作，于史文有筆有削，各有精意。若但據赴告之文，則與今《廣報》《滬報》相似，且廣、滬報本亦自有義例，豈能不論可否，據赴直書之理？即如以十九國爲主，餘者不記事，全從《王制》立義，與六藝皆通。若但據史文，則當時國多矣，何以只此十九國來赴卒、葬，而宿乃一赴卒乎？每經皆有師説、義例，在于語言文字之外。如筆削、褒貶、進退、隱見、二伯、方伯、卒正、連帥諸凡義例、禮制四五十類，此《春秋》精意，師説也。《左》例中皆已具之，與二傳同，與《周禮》異，此《左傳》不可以爲古學之實也。

傳若爲國史原文，則一經即應有一傳，前後一律，乃爲舊文。今傳襄公卅年與僖前百年多少相等，且莊公至七年不發一傳，此成何史體？又傳多不應經，且有無經而傳，所以不書之故，則又非史官所得言。

故杜氏不敢以傳爲專據史文，尚屬留心，不似後人魯莽也。國史之説，出于古文家，是隱駁孔子作六經之意。一言史，則其弊不可勝言。

《譜牒》爲《春秋》事傳，所謂『其事則桓、文』也；《公》《穀》爲《春秋》例傳，所謂『其義則丘竊取』者也。各詳一門，互相啓應。今《公》《穀》每因弟子間録事迹，則《公》《穀》非不言事也。《春秋大傳》，今《曲禮》《繁露》中有其文，與事傳初並不與經相連。依經附傳，此爲後出答問之書，故與今相比。《國語》者，弟子爲六藝作，本爲今學書，與僞《周禮》專條無一同者。古文家因傳歆手，牽爲古文，非是。劉歆羼《周禮》而不羼《左傳》，以《左傳》在前，非迎合莽意後乃成，且心慕其書，不忍竄亂之也。

《公羊》《穀梁》本一家也，由齊、魯而分。劉歆更造爲鄒、夾之名，則《春秋》有四家矣。今會通齊、魯，合爲一家，並收《國語》以補事實，則三傳精華會萃一書，即鄒、夾二家之僞説，亦不能自立矣。

周宇仁據《大傳》文，主博士二十八篇爲備之説。予初不以爲然，以古《書》引用者甚多，不能以佚文爲非《書》；及考百篇《書序》，然後悟周説爲是。如《大傳》言五誥，《孟子》引《湯誥》不在五誥中，蓋孔子所筆削爲經者實二十八篇，其餘即孔所論之餘，劉向云『周時誥誓號令』是也。及讀牟黔人《同文尚書》小傳序，力主此説。以二十八篇爲孔子删定本，餘存尚多，即《藝文志》之《周書》七十一篇也。其《百篇序證案》，以百篇出于衛宏、賈逵。蓋聖作之經，不應亡佚過半，且既經筆削，則聖經也。孟子于《武成》取二三策，以爲原文則可，聖經則何以尚待孟子之甄别？當亦非所敢言。《書》分帝、王、周公、四岳二十八篇，各有起文，互相照應，其文已足，不能多加一篇。以義理、事證包括無遺，不能于外再有所補。經貴簡要，傳貴詳明，人多以傳爲經。孟子引『放勳曰』云云，或以爲《尚書》佚文。顧氏以曰爲日，如此之類，甚多是也。又《孟子》紀舜事，皆爲《尚書》師說，故文體與《尚書》不同。其誤原于《百篇序》。《百篇序》以在《史記》而人不敢駁，實則其說皆不通。古無《舜典》，衛、賈創爲其名，以凑百篇之數，陳亦韓說，本無別出《舜典》，《大學》引《書》通謂《帝典》。《子華子》《孔叢子》亦稱《帝典》。陳蘭甫誤于序說，並回護僞古文，疑『月正元日』以下，實古之《舜典》。按《帝典》古稱《虞書》，以虞包唐，故三統之説言有虞氏而不言唐堯，舉虞以包唐，不必別有《舜典》。且堯、舜均稱，二典當並重，西漢以前乃無人引其文，無人道其名，萬不能軒輊若此，即此可悟古無《舜典》矣。舊本堯、舜並說，合爲一篇，名曰《帝典》。《大學》《子華子》《孔叢子》所稱《帝典》，其本名也。後師因其首言堯，稱爲《堯典》。諸書之稱《堯典》者，非便文，則譯改。《百篇序》本古文家仿張霸而作，羼入《史記》，以爲徵信。考張霸《百兩篇》備録經文，其僞顯著。劉歆欲攻博士經不全，故本其書作序。有序無經，不示人以瑕。序襲《百兩》，非《百兩》襲序。《毛序》出于謝，《書序》則劉歆所爲。以百篇立名，憒博士二十八篇爲備之說耳。僞古文之作，僞《書序》實爲之俑。閻氏攻僞孔而不攻《書序》，未得罪魁矣。魏默深以《孟子》《史記·舜本紀》之文爲《舜典》，據而補之；陳蘭甫强分『月正元日』以下爲《舜典》；皆誤于僞序之故。僞古文之《五子之歌》《咸有一德》等篇，本非書名，杜、賈引以凑百篇之數，乃亦附會其名，而撰爲一篇，則不惟其文僞，並其篇名皆僞也。牟黔人分二十八篇爲三十一篇，可也；以《史記》所引序爲真書，則非。據云《書序》不見《史記》者三十七，恐不如此之多，試再考之。

初以《毛詩》爲西京以前古書，考之本書，徵之《史》《漢》，積久乃知其不然。使《毛傳》果爲古書，《移書》何不引以爲證？《周禮》出于歆手，今《毛傳序》全本之爲說，劉歆以前何從得此僞說？同學有《毛詩傳序用周禮左傳考》甚詳。《藝文志》之《毛傳》，《劉歆傳》《河間獻王傳》《後漢書·儒林傳》

之『毛詩』字，皆爲六朝以後校史者所誤羼，原文無此。舊有《毛詩淵源證誤考》一卷。《周禮》出于劉歆，古《書》出于東漢，前人皆早已疑之。惟以《毛詩》出東漢，古無此説。然《後漢書》明以訓爲謝曼卿作，序爲衛宏作。使魏晉間果以《毛詩》出于西漢，鄭君有以《毛序》爲子夏、毛公所作之説，范氏何敢以衛、謝當之？《後書·儒林傳》古《書》《周禮》創始之注皆名『訓』，皆馬氏傳、鄭氏注。以二書相比，足見其例。此等爲范書真文，後人不能僞改。若十四博士之有『毛詩』字之類，則後來校史者所羼補，誤信後説，以改古書。今當由此類推。至于《鄭志》等書有以傳爲毛作者，則又劉炫等之僞説，證之本書，考之本傳，有明徵者也。牟黔人先生《詩切》主此説，以《毛詩序》爲衛宏作，別爲序，並以笙詩五篇爲纂人之名。

孔子言『詩三百』者不一而足，今《詩》三百，是《詩》備也。劉歆憤博士『以《尚書》爲備』一語，欲詆博士之《詩》不全，于是于《周禮》僞羼六義，于風、雅、頌之外，添出賦、比、興，其意不過『三易』『百篇書序』故智。然賦、比、興之説，古今無人能通，亦別無明證，此必出于僞説無疑。如言『三易』，孔子本『坤乾』作《易》，商得『坤乾』，何緣有《連山》《歸藏》皆六十四卦之説？舊《易》言『坤乾』，孔子修之，改爲『乾坤』，扶陽抑陰之説所由出焉。《書》實只二十八篇，十六篇特爲傳説。歆創爲百篇之序以攻博士，不惟雜湊乖謬，其病百出；即捏造《舜典》《帝誥》二篇名，已萬不能通。《藝文志》鄒、夾二家《春秋》，按既言『無書』，則《藝文志》何以列之？無師則不必有書，即使有書無師，又何列之？而當日桓公、貫公、庸生之書所引用者，乃不收之，既有二家，《移書》何不引之？凡此皆劉氏報復『《尚書》爲備』一語之説也。而《毛詩序》首引六義《周禮》之文，傳又于詩下加『興也』字，朱子乃加比、興。此謝、衛爲劉歆弟子，據《周禮》爲説之切證也。若《毛詩》爲古書，則必實能將六義説清，與『三易』

『百篇序』皆通，然後能信爲真西漢以前之毛公，非謝、衛作也。牟黔人先生以六義爲劉歆僞說，是其一證。

六經皆爲孔子所傳，劉歆《移書》亦同博士說，此歆初議也。歆于事莽以前，議禮上書，皆全本今學，與博士無異，如廟制用《王制》《穀梁》是也。至後乃造僞說，以攻博士。《周禮》爲周公手訂之書，又有『三易』『六詩』，是經全爲周公舊文，非孔子作，明矣。《論語》云『雅、頌各得其所』，今歆創爲本之周公，而《毛詩》則據國史爲說，此亦不可通之明證也。

古無大、小毛公之說，始于徐整，此魏晉以下人依仿小大戴、小大夏侯僞造而誤。且有二說：一同時，一隔代。亨、萇之名，叔、侄之分，均不能訂。凡此皆僞說。同學《大小毛公考》已極明矣。《釋文》《隋志》多采六朝人無稽之談，揑造名字，妄編世代。如《公羊》之數世、《穀梁》之數名，《左傳》與《毛詩》之淵源授受，立爲二學。經學唯《易》授傳可考，《史記》有明文。此等如《唐書·世系表》臆造漢高祖父母之名，與近世地志、姓氏、俗說相同，不足以爲典要。若先入爲主，酷信其說，則亦聽之耳。河間獻王以毛公爲博士，亦誤說，漢唯天子立博士。

今學《詩》有傳，如劉向、董子所引諸條是也。所說多在文字之外，是爲一經微言大義。故漢人重師法，如《樂緯》之先周後殷、絀杞故宋之類，亦是也。《毛傳》但言訓詁，與《周禮》杜林訓同，此爲謝氏之訓。《馬傳》今有輯本。蓋《毛公詩》不傳，劉歆弟子以《周禮》《左傳》二經不足以敵博士，乃推其說于《詩》《書》，務與博士諸經相比。劉歆改《逸禮》爲《周禮》，弟子又從三家、歐陽、夏侯本翻改《毛詩》、古《書》。三家《詩》師說詳明，禮制俱備，非祇言訓詁而已。粗言訓詁，不足以爲經說。今陳輯本與《韓詩外傳》可見。謝氏初翻經文，未有師說，欲變博士則不能臆作，欲襲三家則無以自異，故但言訓詁，稱爲訓，與《周禮》《尚書》之稱訓同也。後來馬、鄭繼起，乃從而補之。《毛詩》之簡陋，正其門户初立，窮窘無聊，非得已也。今若只就傳、序，欲通《詩》之意，則欲渡無津，勢不能行。陳石父疏亦惟有泛濫引用今説以濟其窮，非古學之真。或以《毛詩》爲古師簡奥。夫《論語》《戴記》《國語》《孟子》説《詩》之文多矣，何嘗似此鈔録《爾雅》，便爲經説哉！

劉歆《周禮》中，暗寓攻擊聖經之言。除『三易』外，《詩》有『六義』，則經佚其半矣；有『豳雅』『豳頌』，則《風》不及其半矣；有『九夏』，則《肆夏》只得其一耳。此等説全無依據，歆悍然爲之而不顧者，明知其無益，特欲以此説迷惑後人，使人有疑經之心。故至今千餘年來，誤説從無人正之也。

東晉僞《古文尚書》，近人皆知其僞，作俑實始于歆造《百篇書序》羼入《史記》，使人疑史公從孔氏問故，必爲真序。不知《移書》明云『增多十六篇』，安得有五十九篇之説？使歆不造僞序，後人何從而作僞？且僞書《周官》一篇，直爲《周禮》師説，由僞生僞，歆其罪魁矣！《孔叢子》《家語》僞書也，中多與《周禮》同，即是其僞。哀、平以前，《周禮》專條僞説無一左驗，凡有與《周禮》同者，皆爲劉歆以後僞書，可由此决之。《百篇序》爲攻『《尚書》爲備』，故自作之，《漢志》引用其文，出于歆手無疑。《毛序》則謝曼卿仿而爲之。

六朝人于劉學炎隆之際，篤信不疑。因其無本，反增撰僞説淵源，致成風氣。凡《隋志》《釋文》所載，十無一真。即如《僞古文》，當時亦尊信不疑，更爲之辭。幸閻氏講明此事，世知其僞。今並删去《周禮》專條與《毛詩》、古《書》之誤説，則道一風同，霧霰消而日月重光矣。

博士説經，皆有傳授，以師説爲主。西漢中如伏、韓、賈、董、匡、劉諸書，全以經義爲主，不徒侈言訓詁而已。專言訓詁，是爲古文派，其學既無本源，又多與經相反，今爲考訂，其誤自見。

《周禮删劉》叙例

古今疑《周禮》、删《周禮》者不知凡幾，惟其説淺略，故不足以爲定讞。今立十二門以證其誤。說詳《凡例》。此書乃劉歆本《佚禮》羼臆説糅合而成者，如果古書，必係成典，實見行事。即周公擬作私書，此朱子說。亦必首尾相貫，可見施行。今所言制度，惟其原文同于《王制》者，尚有片段。至其專條如封國、爵禄、職官之類，皆不完具，不能舉行，又無不自相矛盾。如建國五等、出車五等之類。且今學明説見之載籍者每條無慮千百見；至《周禮》專條，則絶無明證。如今學封國三等、三公九卿毋慮千條。而《周禮》地五等，以天地四時分六卿，則古絶無明證。可知其書不出于先秦。今于其中删去僞羼之條，並將原文補入，以還《佚禮》之舊。

《左傳》本于《國語》，典制全同《王制》，與《周禮》相反；其云喪祭、喪樂、喪娶之類，多後人誤解傳意。至《周禮》，則劉歆迎合莽意所造之制，顯與今學爲難。如緯云殷爵三等、周爵五等、地三等，僞《周禮》則以爲五百里迭減。《曲禮》言五官與天官，《盛德》言六官之名，《千乘》以四官配四時，此皆今學家同實異名分配之説也。而劉歆本之作六卿，以天地四時分派矣。今學之師、保、傅乃太子官僚，而三公九卿則又明説不可易。劉歆以三太爲三公，三少爲三卿，配之六卿，以合九卿之數，皆依傍今禮，推例小變，不惟不合《王制》，亦絶無明證。古《書》《毛詩》之學，則專從此異説，以爲宗派。其途愈隘，其説愈窘，馬、鄭繼起，尚不明備如今説也。《書》《詩》于今學明條誤爲通義者，亦並用之，不相分别矣。

初以《周禮》爲戰國時作，《考工記》爲未修之底本，繼以爲劉歆采輯古學而成，皆非也。《周禮》原書即孔壁之《逸禮》，本爲弟子潤澤官職之言，與《荀子》序官同爲《王制》之節目也。序官言名銜之事，其文甚略。《王制》冢宰在三公之外，所屬有太史、司會二官，不爲三公所統。常疑冢宰别爲一官，未必爲司徒兼攝，以掌職屬官，皆在三公外也，而無明説以爲證。《考工記》一篇與五官文同，他書無此體。百工爲司空職，古無其説。故先儒以爲命博士作，乃補五官之缺。或又云：缺《冬官》，取《考工記》補之。然《冬官》篇首明云『國有六職，百工居一』，並不云缺補。若如前説，命博士撰補，則何不據古書司空事，乃言百工乎？若如或説，缺《冬官》即有此記相補，除《考工記》外，他書並無此體，《考工》三十官，《孟子》一書已見十官，確是古書。不惟與本記文不合，于事理亦礙。則《考工》實與五官同一書，特非《冬官》耳。考《曲禮》天官、六大、五官、六府、六工文與《周禮》合，鄭注以爲其官皆見《周禮》，疑此與《周禮》合，而名目參差不同，《周禮》六官之名，實本《盛德》。不敢據以爲説，蓄疑三四年，乃始悉其故。蓋《曲禮》實即《佚禮》官職之舊題也。六大以大宰爲首，下五者即其同職。大士，『士』即『工』誤文，掌六工之事，後之六工即屬之。大卜當爲太僕。大宰即制國用之冢宰。六大即董子通佐大夫，董子説七人，今言六大者，未數司會耳。司會掌會計，下六府即其所統者也。此專主天子事。如今宗人、内務、太常、鑾儀、太醫、欽天、營造諸衙門，不統于部，直隸天子，故曰天官。此《王制》冢宰與三公別爲一官之説也。《曾子問》之宰祝、宰史與卿、大夫、士各爲一事。又有五官之文，卿、大夫、士即五官之堂屬也，與六大異事，即此可見。五官首之司徒、司馬、司空，則三公也。下之司士、司寇，則《王制》三官之二也。今學本立三公，而別以樂正、司寇、市爲三官，三官皆卿也。而《千乘》以司寇配三公爲四官。司士名見《夏官》，掌選舉者。三公二官，配數則爲五官。《盛德》篇、《盛德》篇文有與《周禮》六官同者，乃注記混入正文，非《大戴》之舊，故康成注《周禮》不引以爲證。《昏義》皆言六官。《昏義》六官，官讀如宫；《盛德》之六官，則以三公司徒、司馬、司空合數司寇與六大之大宰、大宗也。《曾子問》稱大宗、宗人，則宗伯當即大宗也。三官、四官、五官名目配合雖不同，然皆爲今學説也。正如今之言閣部、科道、部院、部科、督撫、司道、道府，隨其類而言之例。六府則主爲天下理財，即《尚書》之六府也，爲司會所統。六工則爲天下造器。此爲工師所統。序官有工師，即大工是也。此皆別屬，不統于三公，不歸入六官者也。《曲禮》僅有其名，職掌則全見《佚禮》；《曲禮》爲綱，《佚禮》爲其詳細。此書本弟子所傳，故其文與《朝事》《内則》等篇相合，出孔壁後，與《左傳》同藏秘書。《移書》所引《佚禮》，即有此六篇在内，當時學者不習其書。劉氏因立《左傳》與博士積仇，莽將即真，更迎合其意，于是取此六大、五官、六府、六工之文，删去博士之明條，而以己説羼補其間。歆頌莽功德云：『發得周禮，以明因監。』此《周禮》始于莽、歆之明文。故方氏苞《周禮辨》主此立説。又不仍舊次，承《盛德》篇六官舊文，以變三公九卿之説，于是以六大爲一卿，大宰即冢宰也，天官即仍其號。改司徒禮官爲地官，以配天官，取司空所掌職盡歸之，以合地官之義。宋儒欲取五官之文以備冬官者，此也。即以大宗代司徒主春，司馬、司空仍舊文。其不用《曲禮》司士者，以《盛德》篇言宗伯，不言司士也。至于司空一官，則其職以歸司徒，並分見餘官，六府可以分隸，而六工不能。故即以司空作叙于首，以百工爲六職之一。此劉氏取《逸禮》爲《周禮》，變六大、五官、六府、六工以爲六卿之實迹也。鄭君注《王制》，以《周禮》爲真周禮，故以《王制》爲殷禮；其注《曲禮》，亦猶以《王制》六大、五官、六府、六工爲殷禮。其所以指爲殷禮者，乃據劉歆臆撰之言耳。今定爲此説，則群疑皆通，劉歆顛倒五經之言，乃有實據。不依此義，則以司徒爲主地，司空主百工，天地四時分六官，凡西漢以前決無一明證。况衆證確鑿，無可疑乎！按以《周禮》爲出《逸禮》，則《逸禮》未嘗亡也。

同學所撰《王制輯義》上舉六藝，次及傳記，又次子、緯，下及經師。哀、平以前，莫不同條共貫，綱舉目張，實可見之施行。至于《周禮》專條，參于《佚禮》之中，不合經傳，又無徵據。因誦法真文，連及羼僞，明知其説不通，然不能概指爲僞，故以爲周公擬稿，未見施行。使周公初稿自相矛盾至二十四倍，亦失其聖。何以西周未行，廢稿乃流傳至于哀、平？况廢稿猶傳，何以真者反絶？今《王制》全與經制合，何又不以《王制》爲周公曾舉行之書乎？何又以爲三代有沿革，不知爲何代之書？果如此説，是亦沿變之制。況由百里改方五百里，由五服改九服，縱有奇變，亦萬不至此。《佚禮》本爲《王制》序，而全合六經，百世不易之制。今爲此僞羼數條，乃使其書爲廢稿，爲流失。無論其説無據，究得實，其書亦不足取。是名爲尊《周禮》，反以害之。今删去數條，其書便與六經相通，爲百世不易之法，真與聖經同尊。不惟經學杜紛争，制度有實迹，且使孔子撰述苦心，不致經掩，道一風同，其樂何極！惡紫亂朱，惡莠亂苗，願與天下一證之也。

《周禮》真古書，真者多，僞者少。劉歆删去博士各條，參以臆説，以至真僞相雜，彼此兩傷。今删去劉説，據博士明文以補之，則箴芥相投，合之兩美，以復《佚禮》舊觀，歸還今學。其删除之條，與僞《古文尚書》編爲一類並行焉。

劉歆《周禮》之學，在王莽即不盡依，東漢亦不甚行。如《白虎通義》用古學者不過百分之一，《班志》用《周禮》者亦十無一焉。《周禮》盛行，全在魏晉以後。盧子植以《王制》爲僞，鄭君注《周禮》，古學日興，今學浸以微亡，皆在六朝之際，于是古學僞造淵源，自彌其闕。後人習聞其説，幾以爲《周禮》自古已有二派者。然此以末爲本也，試考《史》《漢》，自知其事。

《周禮删劉》舉例十二證目　己丑作八證，辛卯作十證，甲午乃益爲十二，後有續得，再爲補益。

違經

凡歆所改專條，皆與諸經違反。九州、五服、三等封，三公、九卿、六太之文本皆詳明，僞説皆與相反，今學全與經合，即此可知優劣。或因《周禮》不同經，以爲周公之私稿。即能通之，亦與經無相干涉，況其萬不可通。

反傳

《左傳》傳于歆手，古文家以爲古學，乃其制度無一條與《周禮》同者。劉既改《周禮》，何不並改《左傳》？歆受古籍，不忍亂之，改《周禮》以爲莽制作，亦一時好奇喜事之舉，初不料遂傳爲經，支衍爲派，流毒至今如此之深。使歆早知如此，必改《左傳》以自助。喪心病狂，尚更何忌？歆傳二書而自有同異，同者通義，異者孤文，則是非不待言矣。

無徵

劉歆專條，西漢以上從無明證，此人所共知。或以《明堂位》方七百里説公方五百里，不知其爲四字之誤。《千乘》亦閒田所出，非本封。以學禮師保證三公，不知太子宮官皆兼攝，非本職。又或以《朝事》證會同，不知乃注文誤入，故鄭注不引之。實則《周禮》專條全出臆撰誤讀，無一明證也。

原文

凡歆所改，皆經傳之明條大綱，删去一條，删去大綱明條共千餘字，附刊于後。乃羼以己意。今其原文皆存，去僞補真，則全書血脉貫通。今删一條，必以原文一條補之，其改易字句者，則改從原文，不臚舉其文。

闕略

《王制》文少，綱目分明，可舉行，以實出聖作賢述也。歆本非制作之才，喪心病狂，迎合莽意，故其所改古之新説，皆不能舉行，雖馬、鄭極意求通，亦不能明切。如九服，不知天下共千州，若干國；五等分封，四公一州，究不知共封幾公，與大小相維之制；九州則西只一州，北方二州，乃並封幽、并、兖、冀，多少懸殊，乖畫井之意。如鄭注『百二十女』分十五夕，『弼成五服』之爲千里，徒爲笑柄而已。

改舊

歆意與博士爲難，非博士之名義宏綱不改之。蓋惡其顯著，乃思立異幟。今于所改之條，各引博士舊説以明之。初本名通，誤遭蒙蝕，試加考究，其迹顯然。

自異

劉歆未上《周禮》以前，與以後議論相反。如莽初嫁女十一媵，後娶百二十女；初以六藝歸孔子，後全屬之周公；初以地合附庸四等，後以地爵皆五等。一人之説，前後不同。蓋歆本今學弟子，爲莽改《周禮》，兼以報博士怨，故前後不同如此。或乃猶以《周禮》爲校書所得，未嘗即此考之。

矛盾

歆删博士明條，亂以己説，删改未盡者，嘗有矛盾之事。如以地爲五等矣，而大國、次國、小國之文全同《王制》；如以百二十女爲内官矣，而九嬪乃與九卿對文。凡新改之文與舊文血脉不能貫通，非其智力有窮，作僞勞拙，勢有必至。若《考工記》序本以爲《冬官》，後其弟子乃以《冬官》爲闕，久而悟其非，亦矛盾之一端也。

依託

劉所改之文，每不標異樹的，必取經傳可以蒙循之文依傍爲之，以求取信。又時有名同實異之事，以此迷誤後學，久而不悟。如六卿之文取《甘誓》，然《甘誓》乃從行之卿，上有三卿居守者，以三孤爲卿，仍襲三公九卿之名。師、保爲太子官，三公所攝，即以爲本職，而又以爲不必備。依稀恍惚，似皆有所本，然推考原文，皆不如其所言。辨晰毫釐，要貴精識。

徵莽

《公羊》師説以《春秋》爲漢制作，歆改爲《周禮》，亦是此意。故云：『發得《周禮》，以明因監。』考《莽傳》，凡專條皆曾舉行與稱述之，如百二十女、九畿、五等封、六卿、六遂，九州無梁、徐，加并、幽之類是也。以此證之，足見專爲迎合莽意而改，初非欲以《周禮》爲經也。

誤解

劉歆所羼之條，本出臆説，無所考證，故其説不定。如《周禮》之出有數説，《連山》《歸藏》有數説，賦、比、興之不可解，《考工記》之非《冬官》。雖馬、鄭極心推補，終不能明。至于唐、宋以後，尤爲疑竇，凡《通典》《通考》、史志書，一涉《周禮》專條，便成歧誤。觀其解説，其誤自明。此例最爲繁多，略舉是例而已。

流誤

誤解其病在《周禮》，流誤則因而害于他經。如劉炫之作《連山》《歸藏》，朱子之賦、比、興，《漢書》之鄒、夾，《尚書》之《百篇序》，束皙之《補亡詩》，以及馬、鄭之《詩》《書》注，降而至于《釋文序録》《隋·經籍志》，疵謬百出，皆根原于《周禮》。今掘其根株，則枝葉自瘁。

今案：前人删改《周禮》者多矣，皆以意爲之，或乃去其真者，許其僞者。今立十二證目爲主，必十二證全者乃删之。如不能悉全，亦必有八九證者乃可。略舉九服示例，以下可以意推。

九服萬國九千里，删：

《夏官·大司馬》：『乃以九畿之籍，施邦國之政：職方千里曰國畿，其外方五百里曰侯畿，又其外方五百里曰甸畿，又其外方五百里曰男畿，又其外方五百里曰采畿，又其外方五百里曰衛畿，又其外方五百里曰蠻畿，又其外方五百里曰夷畿，又其外方五百里曰鎮畿，又其外方五百里曰蕃畿。』

《職方氏》：『乃辨九服之邦國：方千里曰王畿，其外方五百里曰侯服，又其外方五百里曰甸服，又其外方五百曰男服，又其外方五百里曰采服，又其外方五百里曰衛服，又其外方五百里曰蠻服，又其外方五百里曰夷服，又其外方五百里曰鎮服，又其外方五百里曰蕃服。』

〔違經〕

《堯典》：『咨！四岳。』『咨！十有二牧。』《臯陶謨》：『弼成五服，至于五千，州十有二師。外薄四海，咸建五長。』《康誥》：『侯、甸、男邦、采、衛。』『甸』不當在『侯』字下，『甸』蓋『男』之字誤，隸書『男』亦作『甸』。《左傳》『鄭伯，甸也』，即『鄭伯，男也』。

〔反傳〕

《左傳》：『侯、甸、男邦、采、衛。』《周語》：『先王之制，邦内畿服，即甸服。邦外侯服，五百里侯服。侯、衛賓服，即綏服。蠻夷要服，戎狄荒服。』

〔改舊〕

《王制》：『千里之内曰甸，千里之外曰采、曰流。』博士說：『王者王五千里。』今《尚書》歐陽、夏侯說：『中國方五千里。』《公羊》說：『殷三千諸侯，周千八百諸侯。』《逸周書·殷祝解》：『湯放桀，而復薄三千諸侯大會。』《孝經說》：『周千八百諸侯，布列五千里内。』《王制正義》引《尚書大傳·洛誥傳》云：『天下諸侯之來，進受命于周，退見文武尸者，千七百七十三諸侯。』《漢書·地理志》：『周爵五等而土三等，蓋千八百國。』衛宏《漢官儀》：『古者諸侯治民，周以上千八百諸侯。』

〔無徵〕

西漢前載記無九服之説。

〔原文〕

《禹貢》：『五百里甸服：百里賦納總，二百里納銍，三百里納秸服，四百里粟，五百里米。五百里侯服：百里采，二百里男邦，三百里諸侯。五百里綏服：三百里揆文教，二百里奮武衛。五百里要服：三百里夷，二百里蔡。五百里荒服：三百里蠻，二百里流。東漸于海，西被于流沙，朔南暨聲教，訖于四海。』

〔闕略〕

唐宋人合九服、五服爲一，誤説。《尚書》内四岳九州，外夷狄十二州，咸建五長，説最詳明。《周禮》不詳州數目。計今學内九州、外十二州，共廿一州。《周禮》則九千里，九九八十一州，多今學四分之三。《王制》九州，千七百國。《周禮》多至十倍，當爲萬七千國矣，其制不詳。

〔自異〕

〔矛盾〕

《大行人》：『邦畿方千里。其外方五百里謂之侯服，歲一見，其貢祀物；又其外方五百里謂之甸服，二歲一見，其貢嬪物；又其外方五百里謂之男服，三歲一見，其貢器物；又其外方五百里謂之采服，四歲一見，其貢服物；又其外方五百里謂之衛服，五歲一見，其貢材物；又其外方五百里謂之要服，六歲一見，其貢貨物。九州之外，謂之蕃國，世一見，各以其所貴寶爲摯。』《大司馬》《職方》九畿、九服名次相同。《大行人》則爲七服，以要易蠻，少夷、鎮二服。《職方》方千里爲州，九州方三千里。《大行人》九州之外，謂之蕃國，以方七千里爲九州。據《職方》方千里爲州推之，方七千里當四十九州。今以要服以上爲九州，多四十州之地。

〔依託〕

《堯典》『萬國』。《左傳》：『禹合諸侯于塗山，執玉帛者萬國。』《淮南・地形訓》與此似同實異。《康誥》：『侯、甸、男邦、采、衛。』按，中五服名目本此，《康誥》用《禹貢》之文，不如所説。《漢・地理志》：『東西九千三百二里，南北萬三千三百六十八里。』

〔徵莽〕

《王莽傳》中：『九州之內，縣二千二百有三。公作甸侯，是爲惟城。諸在侯服，是爲惟甯。在采任諸侯，是爲惟翰。在賓服，是爲惟屏。在揆文教、奮武衛，是爲惟垣。在九州之外，是爲惟藩。各以其方爲稱，總爲萬國焉。』此與《大行人》同。

〔誤解〕

鄭氏注：『周公斥大九州之界，七七四十九，而方千里者四十九國。九服合王畿相距爲萬里。』按《職方》《司馬》文皆九服，《大行人》乃作七服，尚是有誤。服、鄭注據方七千里爲説，非是。當以九千里算之。

〔流誤〕

古《尚書》説：『五服方五千里，相距萬里。』《尚書釋文》：『至于五千。』馬云：『面五千里爲方萬里。』《禮記・王制正義》引鄭《尚書・咎繇謨》注：『禹弼成五服，去王城五百里曰甸服。其弼當侯服，去王城千里。其外五百里爲侯服，當甸服，去王城一千五百里。其弼當男服，去王城二千里。又其外五百里爲綏服，當采服，去王城二千五百里。其弼當衛服，去王城三千里。又其外五百里爲要服，與周要服相當，去王城三千五百里。四面相距爲七千里，是九州之內也。』『要服之弼，當其夷服，去王城當四千里。又其外五百里曰荒服，當鎮服，其弼當蕃服，去王城五千里。四面相距爲方萬里也。』鄭樵説：『五服、九服之制雖若不同，詳考制度，無不相合。禹之五服，各五百里，自其一面而數之；《職方》九服，各五百里，自其兩面而數之也。大抵周之王畿，即禹之甸服；周之侯、甸，即禹之侯服；周之男、采，即禹之綏服；周之衛蠻，即禹之要服；周之夷、鎮，即禹之荒服；大率二畿當一服。而周鎮服之外又有五百里之藩服，去王城二千五百里地，乃九州之外地，增于《禹貢》五百里而已。故《行人》《職方》言九州之外謂之藩服。』

《周禮》删文 九服見前，故不録。

《天官冢宰》第一

『惟王建國，辨方正位，體國經野，設官分職，以爲民極。乃立天官冢宰，使帥其屬，而掌邦治，以佐王均邦國。』

『建邦之六典，以佐王治邦國：一曰治典，以經邦國，以治官府，以紀萬民。二曰教典，以安邦國，以教官府，以擾萬民。三曰禮典，以和邦國，以統百官，以諧萬民。四曰政典，以平邦國，以正百官，以均萬民。五曰刑典，以詰邦國，以刑百官，以糾萬民。六曰事典，以富邦國，以任百官，以生萬民。』

『以府之六屬舉邦治：一曰天官，其屬六十，掌邦治。二曰地官，其屬六十，掌邦教。三曰春官，其屬六十，掌邦禮。四曰夏官，其屬六十，掌邦政。五曰秋官，其屬六十，掌邦刑。六曰冬官，其屬六十，掌邦事。大事則從長，小事則專達。』

『以官府之六職辨邦治：一曰治職，以平邦國，以均萬民，以節財用。二曰教職，以安邦國，以寧萬民，以懷賓客。三曰禮職，以和邦國，以諧萬民，以事鬼神。四曰政職，以服邦國，以正萬民，以聚百物。五曰刑職，以詰邦國，以糾萬民，以除盜賊。六曰事職，以富邦國，以養萬民，以生百物。』

《地官司徒》第二

『惟王建國，辨方正位，體國經野，設官分職，以爲民極。乃立地官司徒，使帥其屬，而掌邦教，以佐王安擾邦國。』

『諸公之地，封疆方五百里，其食者半。諸侯之地，封疆方四百里，其食者參之一；諸伯之地，封疆方三百里，其食者參之一；諸子之地，封疆方二百里，其食者四之一；諸男之地，封疆方百里，其食者四之一。』

《春官宗伯》第三

『惟王建國，辨方正位，體國經野，設官分職，以爲民極。乃立春官宗伯，使帥其屬而掌邦禮，以佐王和邦國。』

『春見曰朝，夏見曰宗，秋見曰覲，冬見曰遇，時見曰會，殷見曰同，時聘曰問，殷頫曰視。』

『歙豳雅』『歙豳頌。』

『三易之法：一曰連山，二曰歸藏，三曰周易。其經卦皆八，其别皆六十有四。』

『一曰連山，二曰歸藏，三曰周易。』

『教以六詩：曰風、曰賦、曰比、曰興、曰雅、曰頌。』

《夏官司馬》第四

『東北曰幽州。』

『正北曰并州。』

『凡邦國千里，封公以方五百里則四公；方四百里則六侯；方三百里則七伯；方二百里則二十五子；方百里則百男。』

《秋官司寇》第五

『春朝諸侯而圖天下之事，秋覲以比邦國之功，夏宗以陳天下之謨，冬遇以協諸侯之慮，時會以發四方之禁，殷同以施天下之政，時聘以結諸侯之好，殷頫以除邦國之慝，閒問以諭諸侯之志。』

『邦畿方千里。其外方五百里謂之侯服，歲一見，其貢祀物。又其外方五百里謂之甸服，二歲一見，其貢嬪物。又其外方五百里謂之男服，三歲一見，其貢器物。又其外方五百里謂之采服，四歲一見，其貢服物。又其外方五百里謂之衛服，五歲一見，其貢材物。又其外方五百里謂之要服，六歲一見，其貢貨物。九州之外，謂之蕃國，世一見，各以其所貴寶爲摯。』

『十有一歲，達瑞節。』

『十有二歲，王巡守殷國。』

『凡諸侯之邦交，歲相問也，殷相聘也，世相朝也。』

『令諸侯春入貢，秋獻功，王親受之，各以其國之籍禮之。凡諸侯入王，則逆勞于畿，及效勞，眡館，將幣，爲承而擯。凡四方之使者，大客則擯，小客則受其幣而聽其辭。使適四方，協九儀賓客之禮。』

『朝、覲、宗、遇、會、同，君之禮也；存、頫、省、聘、問，臣之禮也。』

《冬官考工記》第六

『國有六職，百工與居一焉。或坐而論道，或作而行之，或審曲面勢，以飭五材，以辨民器，或通四方之珍異以資之，或飭力以長地財，或治絲麻以成之。坐而論道，謂之王公；作而行之，謂之士大夫；審曲面勢以飭五材，以辨民器，謂之百工；通四方之珍異以資之，謂之商旅；飭力以長地財，謂之農夫；給絲麻以成之，謂之婦功。』

今案：六官所删成段者于左，單字孤文不列于此。所删之條，如能説通者，可以收入。如豳雅、豳頌之類。以外尚有未盡者，則俟補録。

群經凡例①

王制義證凡例

一、孔子以匹夫制度行事，具于《春秋》，復推其意于五經。孔子已殁，弟子紀其制度，以爲《王制》。《論語讖》：『子夏六十四人撰仲尼微言，以事素王。』即《王制》也。此篇皆改制事，不敢訟言，所謂微言。王，即素王也。

一、孔子撰述，以《孝經》《春秋》爲主。《孝經》以治己，故曰『行在《孝經》』；《春秋》以治人，故曰『志在《春秋》』。《孝經》修己之事，故不詳于制度，此内聖之學也；《春秋》專以治人，故以制度爲要，此外王之學也。《王制》本專爲《春秋》而作，故全與《春秋》名物制度相合也。

一、孔子修《春秋》已，復删《詩》《書》，定《禮》《樂》，終乃繫《易》。《詩》《書》《禮》《樂》皆素王平治之具，爲《王制》之節目，四經皆孔子就舊文翻譯，以爲教人之本。故《詩》《書》之經多所譯改，取其與《王制》相合；《禮》《樂》二經皆司徒所掌。《詩》《書》又教人之書，歸于學校，《禮》

① 此書非一時作成，光緒二十三年（一八九七）由成都尊經書局刊行，後收入《六譯館叢書》。

《樂》乃見行之事，《詩》《書》爲習古之事，《易》則多明天道，不以教人，而治術之歸源也。

一、《王制》統六經，故今學皆主之立義。《春秋》《易》《禮》《樂》無足疑，《詩》《書》經孔子翻定，已爲孔子之書，首尾相合，大非四代本制矣，故今學家皆主之。今凡六經傳注師説依次分纂，以證《王制》，明諸經皆統于《王制》也。

一、今學禮以《王制》爲主。六經皆素王所傳，此正宗也。古學則以《周禮》爲主，不信孔子素王改制之説。以六經皆舊文，歸本于周公、孔子之經，而以古禮説，此别派也。今博采古説經義，以明《王制》，凡古禮之與《王制》異者，則附存異義以相啓發。

一、《王制》有經傳記注之文，舊本淆亂失序，今考訂改寫爲《王制定本》一卷。

一、《王制》爲孔子所傳，自春秋以至于西漢，流傳最盛，以爲聖人所訂故也。今統輯傳記、緯經、諸子、史志之説，以爲長編，依定文纂入。所采之説，以東漢爲斷，俟采録已齊，然後據此草定細章。所有長編，經傳爲一類，子爲一類，史爲一類，以便寫録。

一、以傳説、緯候、長編爲首，明傳經皆孔弟子也。先兩戴，次兩傳，次今《書》《詩》《春秋》《論語》師説，《易緯》與馬輯《七經緯》附焉。

一、先秦兩漢子書皆七十子流派，故多用《王制》説。今依時代編次，先據本書鈔録，然後依經纂訂。其有經見異文，一依孔本《孔子集語》之例彙録之。

一、史志、《史》《漢》、范《書》中多用《王制》説，今並集之。其有文集中用《王制》説者，亦附采入。

一、《王制》但言大略，節目未詳，而長編所采諸説多重複並見，或零脱不全。今俟采録已齊之後，按照《通典》門户，據舊説排定詳細章程，以能見之施行爲準。如井田、封建、選舉、學校之類是也。《孟子》云『此其大略，若夫潤澤，則在君與子』，此即潤澤之事也。

一、采録舊説，有明文者易知，無明文者難識。如『八政』一門，采録佚説當不下數百條，凡《王制》有節目而無詳説者，當照此例推之，不可但以有明文者爲限。

一、《王制》于制度大綱可云包括略盡，然一王大法，不能不求詳備。而《繁露》《外傳》《解詁》等書，所言制度乃有出《王制》外者，其中固不無《王制》細節，爲《王制》所包，而無所附麗者，亦不能免。考《白虎通》所引，有《王度記》，『王度』與《王制》當是同類。『王度』有記，則《王制》亦當有記。今先輯出《王度記》文，凡今學專書不雜古學者，所有制度無明文，取之以類附入，其有無可歸附者，則據以爲補編。始以《王制》統諸書，繼以諸書補《王制》，采録無遺，庶乎大備耳。

一、《王制》非周制，即《周禮》亦古學家補綴之書，與真周制多不合。今輯群書周時佚事，以真周禮觀此，則不惟改制之意明，而《周禮》爲《春秋》以後補綴而成之書，非真周禮，亦可明矣。

一、《左傳》今學也，舊誤以爲古，不知大綱全與《王制》相同，無異説。此例不明，則與本説相迕。今凡《左傳》用今禮名而文小異者類録之，以爲《左傳與王制同考》。

一、《周禮》欲與《王制》爲難，故采録時制，以爲此書。據緯記所言，實多真周禮。然當時周禮多不可考，《王制》已行，久有明説，不能易之，故其書大綱，如封建、世卿、徹税、喪娶、喪祭等爲《春秋》所譏者，人皆知爲周禮。至于此外，多不可考，則多録《王制》《儀禮》之文，以相補足。如二軍《朝事》篇儀節分三等之類是也。又今學名義則不敢改，如三公、九卿、九嬪之類，同《王制》名而異其實。此類不明，必與本書相混。今彚録之，以爲《周禮與王制同名異實考》。

一、《公羊》禮多與《王制》不同。舊以爲采用古學，而緯書、子書亦多同其説。又《王制》三公九卿，而《千乘》言四輔，《昏義》言六官，《曲禮》言五官，此類固多，異名同實，而實爲《王制》佚義者亦不少。今定采異説，爲《今學同實異名考》。至于確係異實，考其如與古學實係不同者，則定以爲《王制》佚義。此等事固不多見也。

一、孔子以《王制》爲後世法。秦漢與《王制》不同世，遂不明此意，以《王制》爲無用之書。不知後人陰被其福而不知，如《王制》開選舉，後王全祖此法；而衆建諸侯，即郡縣之遺意；廣開學校，亦治化之根本。《中庸》之『百世以俟聖人而不惑』，今用《王制》之事多爲益，倍于《王制》者多爲害，習焉不察耳。況周當積弊，沿此一改乎！今取後世安危要政與《王制》相比較，彙輯一册，以爲《王制遺政考》。

一、《王制》參用四代禮，即孔子答顔子爲邦之意。今輯孔子改制爲素王舊説，以爲《王制叙録》一卷，以明其精義。

一、素王改制，孔子有『罪我』之言，此義不能明説，謂之微言，故孟、荀皆以《王制》爲周禮。蓋既不能謂之爲孔子禮，又不能謂之夏、殷禮。孟、荀皆有素王天子之説，而以《王制》爲周禮者，心知其意，而口不能言耳。

一、元聖素王明文，見于《莊子》，可見此先秦以前古義。後儒不信此義，不知古文家已先本之立説，然而究不能如今學之宏通。以此知素王説之不可駁。

一、《王制》儀節有爲古文家所據改，今學遂佚此篇者。如《周禮》五官節皆多本今學舊文潤色，今《周禮》有其文，而今學反失之。《考工記》一篇，本《王制》考工之事，《曲禮》之所謂六工也，故其中制度多與今學同。蓋作《周禮》者據今書以改爲古學，有不盡耳。《周禮》本以《考工》爲一官，記有明文。班《志》云六篇，並不以爲缺冬官以《考工》相補。言缺補者，後師之誤也。今凡今學所不備者，多可據之爲説。

一、以今學諸經解《王制》，凡三傳、《春秋》、今古《尚書》、三家《詩》、《儀禮》七種，皆各爲《王制義證》二卷，附于本經之末，以見今學統宗《王制》之義。

一、諸書所引孔子言，間有與《王制》不合者，此由學者各以三統立説，故多參差。然文異實同，不當歧説。至于《孝經》、曾子之説與《王制》異者，此三統異説也。今以爲《孝經》專説，不引用焉。

一、《王制》當立圖表，今立《九州圖》《五服圖》《王畿九十三國圖》《一州二百一十國圖》《九錫表》《王臣食禄表》《大國次國小國君臣食禄表》《九命表》，以外由此推之。

一、舊説《王制》以爲《春秋》專證。今既以《王制》統六經，則不專以《春秋》爲主。今將《春秋》專證以歸《公》《穀》義證，至于《王制》注疏，不專主《春秋》焉。

孝經學凡例

《緯》云：『志在《春秋》，行在《孝經》。』蓋《春秋》爲治人之事，《孝經》爲自治之事。故《經解》言六藝而不及《孝經》，以經專言治術，治術以《春秋》爲主，故與《孝經》對舉。此素王修己治人之要道也。

《孝經》專以行爲主，故經文平易，所謂『知之非艱，行之惟艱』。然經文雖少，而儀説甚繁。傳記言孝固多，而子家則幾無書不有專篇，此以議論爲經，而儀制傳説者也。《孝經》爲修治初階，不得以平易忽之。

素王翻述六藝，以爲一王之法。《孝經》引《詩》《書》爲説，此通其説于六藝也。緯亦以《詩》《書》不似經而刊之，過也。

孔子以前，不以孝立教，舉孝以包百行，至德要道，此素王新法也。故凡載籍言孝者，皆爲《孝經》説。孔子不作《孝經》，則孝道不如此廣大也。釋典中亦有言孝專書，凡事不合于義者，皆以不孝責之，正與《孝經》同意。

《孝經》與《大學》篇略同，首章經以下爲傳，所以釋經也。今分爲經、傳，經本孔子自作，設爲問答，傳爲曾子所作，或以爲子思所作，非也。

《孝經》爲素王撰述，而禮制與《王制》有異同，此由傳《孝經》弟子緣經立説之義。又孔子制禮，弟子有所參酌，差互亦所不免。今取凡與六藝不同者，以爲《孝經》專派。

群經之中，惟《王制》與《孝經》師説最爲繁多，幾過本經百倍。自失此義，儒者皆以《孝經》平易而疑之。今舉舊説，悉爲采録，然後《孝經》爲一巨門。不然，則亦如《王制》之若存若亡而已。

《春秋》義例繁賾，最爲難治。《孝經》則平實淺近，無待鈎稽，以修治異途，知行殊道也。今張明舊學，不惟切于日用，大益内行，而使舊學皆有統宗，于經學亦大有裨助。

《孝經》班《志》經有今、古二家，其書久佚。今據劉、班漢儒舊説，以及劉炫本，定爲古文本。更輯魏、后、張、長孫諸家，以爲今文本，以符舊目。雖有古今名目，然其實則一，不如別經之義例全反也。

《孝經》禮制，今古之分今無可考，其所以立古今者，不過章句文字異同耳。古文晚出，爲東漢末流之派，以前舊説，則歸入今學。漢人晚説，分派取以爲注。至于魏晉以後之説，則采入疏中，以示區別。

《孝經》漢有今古文異同，今以今文爲主，而兼采古文異文，以爲《孝經釋文》一卷。班《志》《孝經》有《雜傳》四篇，其書久佚。今仿其例，遍輯先秦以前傳記子史言《孝經》者，輯爲舊傳。

《孝經》説今仿陳氏之例，統輯漢人傳注及餘説《孝經》者，以爲《孝經先師軼説考》。其有一説重見者，仿孫氏《孔子集語》之例附録之。

《孝經》諸緯，皆孔、曾授受之微言，經學之根本也。今將其關于經義者鈔出，彙爲一篇。外有别經之緯，而言涉《孝經》者，并取以爲注，更輯爲《孝經緯説》，取《孝經》注之。

《内則》《文王世子》《曲禮》，此舊傳儀節也。又《吕覽·孝行》曾子説養有五之類，皆就事親各立條目，爲本經舊傳儀節。今仿其例，將載籍所言事親儀節彙齊，分立節目，將舊説依類分入，如《曲禮》之侍坐、立、居處、禁忌之類，悉按經目歸之，略如《家儀》之例。

言孝專就事親而言，則其道甚隘。又人不皆有親，則多外視之。而《孝經》之旨，則以事親爲小孝，而歸重于事君、立身，凡一言一行，皆引歸于孝。如戰陳無勇、交友不信之類，皆歸之。此爲推廣孝道以包百行，孝所以爲至德要道也。凡載籍如此之類，當依經立目，分類歸之，以爲《孝經廣義》。至于泛論《孝經》者，則歸入通論焉。

《中庸》自『君子費而隱』至『其如示諸掌』，皆《孝經》舊説也。『舜其大孝』以下，則舊《天子》傳也。晉陶潛《孝傳》，《御覽》引師覺授《孝子傳》，并仿其例。今據以爲主，通輯秦以前舊事，依經分例五等，以爲《古孝》上篇傳。凡《世子》附于《天子》《諸侯》。

舊《孝傳》皆聖賢至極之則，其外有心是迹非，與夫奪情失禮之事，既不可以入于孝，又不可以爲不孝。此當别爲一門，以類歸之。凡此類統歸于《孝傳》中篇。其中仍分立子目，以相别異。

舊《孝傳》皆取善者以爲法，所有不孝之事不加采録，不惟無以戒惡，而此類遂無附隸，非也。今更立此門，以示懲創。凡載籍所稱不孝之事，亦因五等歸彙，輯以爲《孝傳》下篇，庶有合于創惡之意。如孟子、章子之類。

曾子傳《孝經》，凡曾子言皆《孝經》説，不惟《大戴》十篇而已，即《曾子問》亦然。如屢言嘗、禘、郊、社是也。班《志》儒家有《曾子》十八篇，今輯《大戴》《小戴》共十一篇外，凡散見之文通輯之，以合十八篇之舊目，引其切合者以注《孝經》，並引《孝經》以注之。

經文雖少禮制，而傳説言禮制者多。凡《孝經》禮與《工制》《儀禮》同者，舉不勝舉。今彙集其説，引《王制》《儀禮》以申明之，編爲《孝經通禮》，但指其端，不加細説。

《孝經》遺説最爲繁賾，依類歸之，多有未盡。今更立《問孝》一門。蓋孔子新立《孝經》，世人不知，故問其説。孔子各就其事而告之，凡説于經傳無所歸附者，統入此篇，録其問答，以《問孝》名之。

傳記子史所言孝事，皆依類分輯，其有餘論泛説不能入以上諸門者，則立《通論》一門以歸之。班《志》《孝經》彙有説三篇，當即此也。今仿之，作《孝經通論》。

班《志》《孝經》彙有《弟子職》一篇，明凡弟子行習之事皆宜附入《孝經》。今于傳記所言不專説孝，而爲幼少儀節者，仿《漢志》之例，取其專篇，以附于《孝經》之後，以便誦習。如《弟子職》《少儀》《曲禮》之類，當附《孝經》以行者，是也。

通經所以致用。凡漢人章奏駁議所引《孝經》説者，今仿董子之例，彙取以爲《孝經決事》。

《孝經》禮制有與《王制》《儀禮》不同者，此爲《孝經》專禮，不同于別經，如春秋二祭之類是也。今彙其異者，以爲《孝經徵》，務求詳明，以別門户。

《孝經》之學久微，學人無復研究，甚者删改，疑與枚書相等。今一明古義，使復沂水舊觀。别撰《大義》四卷，以明孔、曾傳授之旨，古今淵源之别，與六經通同之義，及今所以撰述之意。

《孝經》爲孔子新發明，海外尚無家學。故《采風記》云西儒不能譯『孝』字之義。當時中國亦同此程度，故有赤虹化玉等説，與作《春秋》符瑞相同。考孔子作經，天降符瑞，惟《春秋》與《孝經》有其説。蓋《春秋》爲六經之始，《孝經》爲六藝之歸，舉《春秋》以包六經，舉《孝經》以包六藝，合發明此學，既以提撕中人，並欲推行海外。

〔附〕孝經叢書目録

孝經通禮
問孝
通論
孝經附篇弟子職、少儀、保傅、胎教。
孝經決事
孝經大義四卷一孔曾之旨，二先師淵源，三與六經通義，四撰述義例。

今文詩古義疏證凡例

一、筆削取義。詩者，志也。周衰，孔子道不行，因以其志寓《詩》，垂萬世法。故《史記》曰：『周室衰而《關雎》作。』《關雎》指全《詩》也。《淮南子》曰：『周道亡而《詩》作。』《孟子》曰：『王者之迹熄而《詩》亾。』亾當爲乍，古『作』字。《詩》雖采《春秋》，録古作，既經素王筆削，篇章字句機杼全出聖心，亦如《春秋》，比事屬辭，皆關義例，非如舊説拘文牽義。以爲事非一代，作非一人，錯亂紛紜，毫無義例。雖作詩人事舊説甚明，然事本桓、文，義則竊取。今考《易》《書》《禮》《春秋》，昔人皆有《釋例》之書，《詩》則從無以例説者。今比之諸經，以爲筆削，全由聖人句字，皆有取義。

一、總統群經。孔子自衛反魯，首正《雅》《頌》，群經後起，總例在《詩》。《尚書》之三代二帝，即《頌》《南》之實事；《春秋》之二伯八牧，證《風》《雅》之空言。《樂》不離辭，《禮》包儀曲。六藝雖廣，旨歸簡要。且匹夫制作，未可明言，惟託興微顯，乃可自附殷人。宗旨既明，然後知六藝舊文，莫非新義。庶人之説，不更再詳。使非先通《詩》旨，則不達聖作。專歸史文，勢必如古文家説，攀元聖，尊國史，撏撦尼山，竟同商隱。《詩》爲總集，政出多門，殊乏倫次，以選擇而論，不反出品彙三昧下耶？

一、主素王。經學舊有王周、王魯、素王三説，其原出于《三頌》。自來説者多失旨歸，今以《詩》本託興，專主素王，周、魯在前，同于二代。《春秋》名分，取法《周頌》之篇；四事思兼，乃本王魯之制。《尚書》説。水精爲主，遵監二賢；劃清界畔，各爲一家。《樂緯動聲儀》云：『先魯、後殷、新周、故宋。』此本《三頌》之古説。凡傳説言殷人、言先進、言從質，以魯國之匹夫，自託于王後，非以説《商頌》則無所附麗，而《邶》《鄘》《衛》在王前之説，亦不能明矣。

一、分三統。十五《國風》，今仿《三頌》之例，分爲三統。二《南》爲周公統，邶、鄘、衛爲商統，王以下九國爲周統。周、召一君、一臣，邶、鄘、衛一君、二公，王則二卿、二伯、二方伯、二小國。周、召如《尚書》之《典》《謨》，一君、一大伯。周公爲天子，召公一匡天下。經以邶爲主，而先以周、召者，即《莊子》『在下則爲元聖素王』之意。周公攝爲天子，即孔子前事之師，莫爲之前，雖盛弗彰也。又以王後之事更詳于商者，時事于周爲詳。故《春秋》以周爲主，此從周之説也。

一、《國風》三五平分。《國風》三統之外，以十五國平分，《羔》之『三五』是其説也。王爲周統，周、召、鄭、秦四王畿國屬之。豳爲魯統，齊、衛、陳、曹四存國屬之。邶爲商統，鄘、魏、唐、檜四亡國屬之。此與三統例相似，而多寡相配，存亡各别。詩中凡言數，多用此例。其以篇分者，如《大雅》分配《三頌》，《小雅》三小以後，全爲孔子兩京、八伯、四國、三公，居然一《春秋》也。以章分者，如素、青、黄著庭堂，《伐木》之食、燕、饗之類，其例甚多。凡三章者多此例。今取《三統表》中各門禮制與詩文相校，再列爲表，通此三例，而後知循環無端，通變不倦。凡古今損益之故，思過半矣。

一、中分天下。《王制》二伯中分天下，《詩》傳有郟東、郟西之説，究未詳指。今從《禹貢》以東岳包南岳，青、徐、荆、揚屬周公，以西岳包北岳，梁、豫、冀、兖屬召公。《春秋》之義，以鄭、秦、衛、陳封召公，四州取法于《詩》，而吴、楚、蔡、魯四名不見于《詩》。蓋以豳代魯治青外三州，移亡國治之鄘，即宋治徐，魏，唐治荆、揚。《詩》中□□□國治三州之説最多。如三星、小星、薪芻楚之類，不下數十見。二公西北三内一外，東南三外一内，西北四國全同《春秋》，東南四國以豳、鄘代魯、宋，而吴、楚則以魏、唐易之。季札觀樂之以鄭統齊豳，秦統魏唐陳，抑又中外之故事也。

一、存二帝。仲尼祖述堯舜，憲章文武，中包夏商而言。凡言四代者，《尚書》説也。《詩》則尊賢不過二代，故《頌》止于三。全詩不見堯舜明文，不知《典》《謨》之興，取法二《南》，周爲君，召爲臣，自爲一統，專闢南方。文如經傳經義例，移魏唐以化荆揚。魏有陶唐之風，唐存夏后之政。臯陶主《謨》，《詩》有説臯陶之文。堯舜繼絶，首以二《南》合之于《頌》，是爲二帝三王之道，開宗明義，符合《典》《謨》。如《春秋》存陳之法，國已亡而仍存之也。《雅》稱禹甸，《頌》稱禹績，三代之目，具有明文，而禹不列《頌》者，《春秋》黜杞之意也。

一、兩京通畿。周之王畿先西後東，東西通畿，義先見《詩》，而後《書》與《春秋》合之。雍州故土不以畀秦，雖居中間，五州合計，故《小雅》以『瞻彼洛矣』、《魚藻》起兩京。他如《大雅·文王》三篇爲西京，《棫樸》三篇爲東京。《小雅·車攻》以下爲東京，《節南山》以下爲西京。鄭、秦兩卿，亦用其義。由中央以及四方，由兩京以及八伯，大綱如此，細目尚須再推也。

一、分四方。《詩》中四方、四國明文至于六七十見，東西南北之文不一而足。以『南』名周、召，則四方其大例也。中央師，四方爲四岳。以章分者如『民勞』五章中言京師前後爲四方。以篇分者，《嵩高》四篇爲四岳，『瞻彼』『魚藻』爲兩京。『彼都人士』八篇爲四方，《邶風・柏舟》爲京師，《燕燕》十二篇爲四岳。他如《王風》之《揚之水》四篇、《齊風》之《東門》八篇皆以四方爲篇法。《巧言》之四國用譏，《小雅・谷風》以下之四風同邶，皆以四方取義。必明乎此例，然後文有貫串也。又《詩》初以冀、豫、兖、青四州分東、南、西、北，一州占一方。如《鄭語》之説，至開化南服，乃一方二州，故《國風》皆内四州國也。

一、中外例。《春秋》家説，先京師，後諸夏；先諸夏，後夷狄。此説亦本原于《詩》。内五州，見十五國。外四州，但以『南』字目之，荒略輕賤，較《春秋》之詳録吴楚有間矣。中外之分，多以『南』字爲界畫。《周南》之《樛木》，《召南》之《草蟲》，《小雅》之《南有嘉魚》以下爲中國，以下爲夷狄，即三傳所謂先中國、後夷狄也。又《帝典》所謂由『平章』以及『協和』，《大學》所謂由身家以及天下也。而四方例中如『揚水』之類，先舉南者，則又以用功尤篤，故首及之，不在此先後例中也。

一、南。二《南》，《左傳》仍名之曰風。王、鄭、秦俱爲風，則周、召二公亦爲風可知。其以南爲名，與邶對文。舜歌《南風》、南巡皆此『南』字。王化自北及南，周時中國只内四州，以洛爲中，冀西、兖北、豫南、青東，《鄭語》所謂東南西北，只《禹貢》之四州，故惟四州之國乃見《詩》風。而三傳以四州爲中國。孔子用夏變夷，乃化外四州合之雍州王畿，成九州之制。《詩》與《春秋》大例皆在用夏變夷，化外四州以成九州之制，南包荆、揚、梁、徐四州，本兼東西。以南言者，自北而南，取其正方也。

一、周召。《詩》首二《南》，繫以周、召。《魯詩傳》：郟東主周，郟西主召，即中分天下之制。二公雖平列，然舊説以周爲王者，聖人化，又《周南》首言左右二風，文義多相出入。蓋周公代武攝政爲天子，魯所以列頌，正以《周南》之故。若頌所列皆魯，爲方伯事。召公一匡既隱，有君臣之分，故不無互見之例。《詩》二伯事事以召公主之。頗似傳之解經，其詩多以三篇分段。周首三篇治內，《樛木》二章治南，《螽斯》與《麟趾》相同，『桃』音近召，兼與皋陶同。《兔罝》言王魯，《芣苢》言黜杞。《漢廣》東南末二章應《魯頌》，《召》前六篇召公事，次六篇則素統，末二章分結焉，中當詳外四州土地風俗也。

一、風例。王者之化，首在移風易俗，至必聞政。孔子周游，原以覘俗觀風，以爲移易之本。故諸風中必詳其地土俗，班《志》所引諸條是也。王者所居，亦有風俗。《國風》譜九州土宜民俗，不可反缺王畿。王降爲風，乃《毛詩》之誤説。但十五國世代不同，併亡各異，所以必取此十五國之故，則古無明説。今訂爲三例，有三統例，説詳上。三統各占五國，合爲十五。此從《三頌》推之，而諸詩中具有其證者也。有中分例，從周、召中分天下起法，而季札觀樂用之，如二《南》周、召分左右矣。鄭南之卿也，統東方，故次及齊，次及豳，以豳代魯。而小國之曹附焉。此東方周南之五國也。次及秦與鄭比，次及魏唐與齊比，魏唐合爲一國，實即晉與齊同爲伯。次陳與豳比，小國檜與曹比。此西方之五國。而邶、鄘、衛，爲東都三監，王爲西都，合計之，則東西京周、召二伯，鄭、秦二卿，齊、晉、魯、陳四牧，未爲伯，則爲牧。檜、曹二小國，兩相比對，《左傳》所存之師説也。又以經意例爲歸宿于諸國，不拘世代存亡，以意起例，成一王之全制。以《邶》爲新王素統，故中言四風。以《周南》《王風》爲王後，合于《三頌》。《召南》《齊風》爲二伯，《召南·羔羊》見三『素』字，《齊風·著》見一『素』字，明其爲素王、二伯也。《豳》爲青牧，以三亡國鄘、魏、唐治徐、荆、揚，合之周、召，其國七，主東南兩岳。檜爲荆屬，此存亡繼絶之大例也。新開外州，故以三亡國移封之。西北則王齊而下，鄭主冀，衛主兖，陳主豫，秦主梁，曹附焉。七存國主西北，恰與《春秋》封建相同。一周一王，各統六國，儼如二代而以邶冠于上，以爲之主，此又《春秋》之大例也。全詩主此，萬變不離其宗，尤當留意者也。

一、邶。《邶》《鄘》《衛》首風者，因三監之制託之《召》《洛》，與《商頌》殿末相起。《邶》如《周南》，《鄘》如召伯，故同以《柏舟》開首。又《尚書》康叔留守東都，邶、鄘之民遷于洛，以《邶》《鄘》列《王風》之前，如先東都、後西都也。邶主北，與南字對文，地係商都，爲素統。《柏舟》『憂心』二句，孟子以爲孔子之詩，是也。因居中爲主，商、周都同在一地。故篇中備言四風。周公營洛，魯雖在洛青，而周公之東，則仍在洛矣。經義以邶爲總例，統十四國。鄘、衛雖相連，而存亡不同，取義自别。《國風》有三統例、中分例、東西通畿例，經義例，一風備數義，移步换形，不可執一以求。

一、鄘、衛。鄘與魏、唐三亡國，遷南方，故三風多言行役。三國有相通之文，不可拘泥。本國説之詩三章者，又多取譬三國。如《綢繆》之薪、楚、蒲是也。鄘與宋同音，經義移封于徐、衛，春秋初在豫，後遷于兖，主北方。《詩經》義與《春秋》同。《鄘》與《衛》首四篇相應，《碩人》應『偕老』，《氓》應《桑中》。《鄘》以下六篇分應三公。《鶉奔》《定之方中》，司空也；《蝃蝀》《相鼠》，司徒也；《干旄》《載馳》，司馬也。《衛》之《竹竿》，左右二伯；《芄蘭》，二王後；《河廣》北岳；《伯兮》西岳；在西，故云之東。《有狐》南岳；《齊·南山》雄狐。《木瓜》東岳。三言木，東方。

一、王爲周統，配《周頌》。《春秋》王以西京爲主，東都爲行在與《詩》同。三統例，統畿内周、召、鄭、秦四國，共五國。王命二公化南方，二伯二卿化自西而南。首三章爲西周，《揚之水》四篇分四方。《采葛》以下爲東周，首三章應《周頌》。秦末三篇應《周南》《鄭》。

一、鄭。舊封雍，後遷洛。《春秋》與秦爲二卿，因晉爲伯，代主冀州。《穀梁》以鄭爲冀州國，《詩》則因移封魏、唐于南，故以鄭代之。南北之事，鄭居間轉樞，如鄭介居晉、楚之比。其風首二篇屬西京，次二篇屬從行東都。《清人》言左右爲總例，《羔裘》爲三公，《大路》爲二伯。中分例，鄭爲卿，統東而兼南。《女曰鷄鳴》二篇求東方，《齊》《豳》《扶蘇》四篇求南方，《丰兮》四篇東方，至《揚之水》四篇南方。至三統例，則屬王，爲卿主徐州。周、召開南服，鄭、秦從之。四州周、召主荆、揚，鄭、秦主徐、梁，以王臣化外四州也。

一、齊。次鄭者，中分以鄭爲伯，統齊、豳也。則齊爲侯牧，與魏、唐對舉，如春秋末伯之齊、晉也。此春秋初年鄭爲伯故事。以三統平分言，則豳爲天子，齊爲大伯，一匡天下。《史記》云周公使召公命齊侯爲伯，是也。衛、陳爲北、南之二牧。《齊風》屢言魯道齊從者，謂太公奉周公之法也。首三篇《鷄》屬齊次，兩肩即衛、陳，《著》則總三統爲一段。下八篇分四方：二《東方》東，《南山》《甫田》南，《盧令》《敝笱》西，《載驅》《猗嗟》北也。經義則以齊與召公同爲二伯，故《召南》云『有齊季女，齊侯之子』也。

一、豳。以三統平分例言，如《周南》周公爲天子，爲魯統，配《魯頌》。以中分例言，則如頌稱侯爲牧，與《春秋》同。主青州。以周公爲天子升頌言之，則當以《周南》爲頌，《豳》爲周南，頌爲《豳風》。特互易其文者，明風有三統之例。三統《豳》爲魯統，主齊、衛、陳、曹，一公、二牧、一小國。風中言『東征』『徂東』，與《南》互文見義。

一、秦。封地在雍州，于三統屬周，爲赤統。《春秋》稱秦爲伯，以爲留守，是也。中分例以統魏、唐、陳，如鄭之統齊、豳，故《車鄰》《無衣》《黄鳥》鄰于《唐風》，《駟鐵》《小戎》類于《于田》，《蒹葭》有望返蹕之意。《晨風》《無衣》《渭陽》《權輿》四篇當是西北四牧也。首三篇爲西京，次三篇爲東都，末四篇與《唐風》四篇相似。雍爲王畿，不爲西岳所統，以豫代雍，故陳爲所統，多説中州事。

一、魏、唐。其地乃堯舜故國，不言晉而言魏、唐，存二帝也。以中分言，則當合爲一國。如晉與齊比春秋之桓、文。季札以秦統魏、唐、陳，如鄭統齊、豳，是以魏、唐二國比齊也。經意當以二風與《鄘》移南方三亡國遷封，故詩三章者多以此起例。《魏》終《碩鼠》，當是代楚。《唐》言《揚水》，當是代吳。二風合十九篇，與《邶風》篇數同。而遷封之制，則先遷民，如康叔封衛，而頑民遷洛，民遷于北，國復于南。《碩鼠》言去，是南民將去南適北。《揚水》言從沃、從鵠，皆是民從南遷北之辭。周公左，召公右。《魏》言左，辟《唐》言道左，是北國遷南，爲《周南》所統。秦在西，則言右。《魏》首三篇言本風《陟岵》四篇，言民遷北之事。《陟岵》從南望北，十畝言北，善思遠游。《碩鼠》明言遷徙。《蟋蟀》二篇言當復封亡國于南。衣裳車馬等九錫燕享之事。《揚水》三篇民已遷，見君子、見良人，已至北矣。《杕杜》四篇命三國封，『豈無他人』，同《鄭風》。『豈曰無衣』，皆招之。『有杕之杜』已至南，《葛生》則念之，《采苓》亦似『將仲子兮』。大約此二風文義多似鄭也。

一、陳。三統例，衛、陳爲豳所統，一主北，一主南。如首三篇言本《風·碩人》，見北流，陳則云『南方之原』是也。爲齊所統，故『青青』東方，『自伯之東』指齊，『月出』之『月』亦指齊。《宛丘》三篇，皆陳在豫，爲王畿之南也。二《東門》如《齊風》之屬東方，《墓門》《防》如《鵲巢》，當屬南方。《月出》東，《株林》南，而《澤陂》則結之。

一、檜、曹。小國，一存一亡。亡者屬于《邶》，爲商統；存者屬于《豳》，爲魯統。中分則先爲周、召卒正，繼代周、召主荆、揚。檜如春秋許，屬鄭；曹如春秋曹，屬魯。

一、《雅》。詩分三體，《南》，風中一體。作用全在于《雅》。《史記》曰：『雅以治人。』蓋風者民俗，頌者成功。所以化民成俗，功成作頌者，雅之力也。雅一也，而以大小分者，《大雅》配《三頌》，王者成功，《小雅》配《風》，平治初階。又以三小之故名之也。雖分大小，而以三統爲通例。

一、《小雅》。即作詩之主，有『周亡詩作』之意。上半由治而亂，詳周之所以亡；下半撥亂反治，明《詩》之所以作。《鹿鳴》至《采芑》配周、召。《車攻》至《無羊》配邶、鄘、豳。《節南山》至

《雨無正》配王周公，襄周道亡，然後《詩》作。三小有《柏舟》《燕燕》《日月》之義。《小旻》至《甫田》十九篇配《邶風》十九篇。《巧言》四篇言四國之亂。《谷風》十二篇分配三公，《谷風》四篇言四風，屬司徒，配《邶》四篇。其言四方風俗之壞，如《春秋》七缺。《北山》四篇言行役征徂，屬司馬。《楚茨》四篇言養，屬司空。《北山》四篇，三篇內，一篇外。召公治西北，三內州，一外州也。《楚茨》四篇，一篇內，三篇外，治東南，一內州，三外州也。洛東都，配鄭以下，多言王臣，主諸侯之事。鎬配秦，文與洛對，特詳略不同耳。《菀柳》言上帝，又爲總綱。《都人士》八篇配齊、晉、衛、陳四稱侯之國，舉四岳以包八伯。《苕華》二篇配檜、曹，與《瞻仰》二篇相起。以素王包周、魯。洛之左右指諸侯，如春秋齊、晉。鎬之左右指王臣，如春秋之周公、祭公。《小雅》大綱與《國風》相配。

一、《大雅》。分三統。《文王》至《有聲》追敘太王、王季，應《周頌》。首三篇西周，次三篇東都，末四篇分結前文。《生民》至《卷阿》八篇應《魯頌》。首篇言后稷，應《閟宮》。二篇言飲酒，應《泮水》。《既醉》《鳧鷖》言公尸，當係祭周公之詩。《假樂》四篇即『王魯』之正義。《民勞》至《抑》四篇應《商頌》。首篇言居中治四方；二篇言藩垣屏翰，制度大備；三篇言殷所以亡；四篇言素王所以興。從《桑柔》至《召旻》又歷言厲王、宣王、幽王事，明周之所以興亡。《大雅》本以分應《三頌》。《文王》十篇言其盛。《抑》以下再繫周事。原詩之所以作，數篇隱括《小雅》全部，宣之中興，幽之覆滅。且《大雅》以《旻》終，故《小雅》以《旻》始也。

一、《三頌》。《樂緯》云『先周，後殷，王魯，故宋』，即《三頌》舊説也。《周頌》主文武，其詩分篇太多，今合并之。《魯頌》主周公。《繁露·改制篇》：『主天法商指周，主地法夏指魯。』又云：『主地法天，而王祖錫姓姬氏。』謂姜原生后稷，其説合于《閟宮》，可見。魯用夏教，《商頌》主素王，孔子殷人，用殷禮。《中庸》：『吾學殷禮，有宋存焉。』三統文質循環轉變，所謂魯商者繼周之夏殷，非已往之夏殷。《論語》『其或繼周，百世可知』，即謂此也。全詩以三統立法，又以素王總括之，紀綱制度由亂而治，秩然不紊，所謂質鬼神而無疑，俟百世而不惑者也。《三頌》又自有中外先後之例，《周頌》詳內，《商頌》乃詳夷狄。

一、三公。詩中多以三公分章分篇。如《鄭風・羔羊》指三公。《鄘風・定之方中》言作室爲司空事。《蝃蝀》言昏姻，《相鼠》言禮，爲司徒事。《干旄》言旟旌良馬，爲司馬事。《大雅・大明》言昏禮，爲司徒事，《緜》立室家，召司空有明文。《棫樸》言六師，爲司馬事。『篤公劉』一篇三公備具。其他散見之文，皆類集之，大約政事多爲此例所包。

一、二伯。《詩》中二伯，如《南》之周、召，《風》之齊、魏、唐，《雅》之吉甫、方叔，皆確實可憑者。其餘元戎、元老、一老、大邦、雎鳩、鳲鳩與言左右，皆二伯之秩。凡二伯典禮事實，類輯爲一例。凡詩二章一篇者，多取二伯之義。

一、四岳八伯。四岳以《嵩高》爲明文。他如《彼都人士》八篇、《邶風》四篇，皆岳牧分司。而《無羊》《斯干》是其典禮。經意存亡繼絶，合爲八牧，四同《春秋》，四爲亡國。豳代魯，鄘代宋，疑鄘本爲蔡叔所監，《春秋》以蔡封徐，與《詩》以鄘居徐同。魏、唐治荆、揚，檜、曹則爲小國，附之焉。凡詩四章一篇者，多取四岳；五章平列，多兼中央而言。

一、卿大夫。《國風》如中分鄭、秦爲卿，東遷鄭、唐爲卿。魯統衛、陳爲卿，曹爲大夫；商統鄘爲卿，檜爲大夫。兩《雅》所有官名、人名，王臣多，侯國少，故職掌銜稱皆當就王臣考之，而列國之卿大夫，尊卑有等，秩位有差，亦附考焉。

一、行人。《詩》中行人典禮，如《仲山甫》《四牡》《皇華》之類，有人，有職，有詩，各分爲類。《詩》中言行役，除遷國以外，多行人之辭，亦分別立表以統之。

一、六大。凡王畿侯國，其君事皆爲六大所掌典禮。天子之六大：大宰、大宗、大史、大祝、大士、大卜是也。冢宰、宗、祝、史、卜莫不見于《詩》。其他典禮事實，依六大鈎考而彙集之，使散見之文有所統宗。

一、職官。《詩》之官制奇零散見，異説頗多。今先録出官名，證之《王制》、官禮，有不見官名，但有爵號氏字者，從《春秋》例推之，更立《職官表》，所有異同職掌詳焉。

一、法《王制》。《詩》中制度，全與《王制》相合，《毛詩》以《周禮》説之，非也。封建、朝聘、征伐、錫命、禮樂、井田、選舉，皆《王制》大綱也。但《書》與《春秋》制度詳明，《詩》與《易》錯見鱗爪，難于貫通。今以博士説爲宗，别引《詩》文作《王制疏證》，使散見之文有所統歸，再爲《周禮》專條與《詩》不合表，使劉歆之説不得誣經焉。

一、通《易》。《易》與《詩》同爲用韻之文，而例最精細。《易》多例説，《詩》則無焉。今推《易》以説《詩》，《詩》之天王、二伯、四岳、八伯、五十六卒正亦如《易》之無極、陰陽、四象、八卦、六十四卦也。《春秋》五十六卒正，實通其義于《詩》。除十八國名之外，凡草木鳥獸諸名多託比諸國，今當分别求之。又《易》文句多與《詩》出入，如白茅、苞桑、鶴鳴、魚潛之類，當爲義例所關。凡二經交涉之處，務觀其會通焉。諸經惟《易》與《詩》體例相似，錯見鳥獸草木用韻，見知見仁，語無方物，所用文句不無記識託比諸例。《詩》明而後《易》可通。

一、先《尚書》。素制先寓微意于《詩》，後乃顯託其制于帝王，故《書》與《詩》重規疊矩，纖巨皆同。二《南》存二帝，三代在《三頌》，而以周公五《誥》配《國風》，四岳篇配齊、晉、秦、陳。以孔子師周公，即《商頌》繼魯之意也。今文二十八篇，合爲十八篇，與《詩》十八國數目相當，體裁相仿。今列《〈詩〉通〈尚書〉表》。

一、通《春秋》。凡《春秋》名義，不外制度褒貶，應全見于《詩》。大約《春秋》大義數千，《詩》未嘗缺，空言行事，互相表裏。制度如公田、尹氏、親迎、名分，褒貶如貞淫、得失、美刺之類是也。別立相通表，因事實以窺寓言，相得益彰，庶不至扞格影響之失。不然，摘句尋章，望文生訓，勢必彼此矛盾，肥瘠各殊。故説《詩》必通《春秋》。

一、通《禮》《樂》。《雅》《頌》之詩，多與《儀禮》《容經》相合，凡屬專篇，皆足爲禮儀之證，以此同出聖作也。零章斷簡，通貫爲難，必須深思推引，乃見異轍同歸。樂出于《詩》，尤相表裏。徵之樂府，微義益張，更立專名，再爲鈎核。樂之五音、八風、六律、七治忽之類，《詩》當全有，其義所當通貫者也。

一、《孝經》。孔子于四教外，立《孝經》《春秋》，一内一外。《詩》既與《春秋》相通，于《孝經》内行之事亦不可缺。忠孝大綱，遠邇君父，内分天子、諸侯、卿大夫、士、庶人，各就其類立表，以合經旨。

一、錫命。禮文錫命，《詩》中其事雜見各篇，最爲詳備，苟非類輯立表，大例不昭然，明其尊卑，多可推見經義。如馬稱四五，衣名六七，秬鬯、彤弓，證明制度内外降升可以起例。今將禮制器服類鈔而考之，更作表以明其尊卑，使經有借證之妙。

一、經本。三家經本早亡，今依毛本，改還三家經文，字句據陳輯本，以義長者爲正文，兼采三家，餘者附存各條之下，如《釋文》例。次序亦用先秦以前舊説。所有分併之篇，先録原文，附存考訂。仿宋人審訂《武成》之例。至于各家舊説，亦併附焉。

一、序意。經本自有序，不待別加序文。多以數篇爲一篇，首尾多序意，凡起結處多與常文不同。三家本無序，謝氏作序，與百篇序同誤。今不用序名，所有舊説俱立注中，亦如三傳分別事、禮、例三門，先事、次禮、次例。舊詩事説先列之，再爲禮説新義加于其後，自相終始，有同新説，則以聖人筆削，事桓、文，義竊取，舊事新義，兩不相妨。故全詩比屬見例，直同《春秋》。《毛序》一篇一序，雜湊割裂，毫無義例，相比自明。

一、訓詁。《詩》以禮例爲本，訓詁爲末。今于典禮古説務推其詳，訓詁則多從略。新城王氏云，《廣雅》多三家説。蓋聲音通假，近人論述已詳，故不更贅焉。

一、采古説。以《左》《國》《戴記》爲主，參以陳本《三家詩遺説考》。至于無明文者，前人多失采録，今輯之尤詳。又凡所立新義，必于古説有徵，方敢用之，非有古言，不敢濫列，别爲《詩説求原》一卷，使知無一説無來歷，不敢望文臆撰也。

一、輯《詩傳》。《詩經》本有大傳，與諸經相同。自三家經亡，傳亦隨佚。今其佚文散見者尚復不少，采輯原文以還舊目，立事、禮、例三門，依類編纂。凡傳有明文者列于前，無明文者附之外，輯《附篇》，如伏書《外傳》《繁露》《解詁》、博士之説，皆録之，以取證焉。

一、訂《詩譜》。鄭氏《詩譜》，揭領提綱，詳著其地，考列其時，多與新義相合。其有小異者，今細爲審訂，别爲删補，爲《詩譜新編》一卷。

一、序《詩》。《易》有《序卦》，以編次其上下經，故歷久而篇次不亂。《詩》無序篇，故次第之説不顯。今仿《序卦》例，先序《詩》之大綱，次序《詩》之篇目，庶免前後參迕與分裂篇章之弊。

一、《詩比》。《易》有《説卦》，以明取義。在《易》多爲占驗之言，不關微旨。《詩》則名物繁賾，難于統攝，且託比起興，關係尤嚴。今因《説卦》起例，舉《詩》之三統十五國，凡其所託比之禽獸、草木、魚蟲、山水諸門，仿《説卦》輯爲《詩比》一卷，其在十五國外者附之。

一、編《釋例》。《詩》門目繁賾，較《易》《春秋》尤甚。諸經皆有釋例之書，《詩》獨無之，故致經義蒙晦。今作《詩經釋例》一卷，專以發明義例，比類以觀，然後宗旨大顯。

一、編《詩説》。《詩》中微言大義，巨領宏綱，不爲編録，則宗旨不明。今纂輯説《詩》萃語，與《釋例》相輔而行。所有佚聞雅事，亦並附焉。

一、託音。凡實賦以外，多同音借喻之例。如薪、楚、蒲之喻申、甫、許，魴、鯉之喻姜、子，鴻雁之喻公旦。以詩有明證者爲主，推廣引伸，觸類旁通，當列《鳥獸草木山水地名同音借喻表》。

一、同類相連。如荆棘、榛栗、鴻雁、鷄雉之類，當列《鳥獸草木山水地名同類相連表》。北多言山，南多言水。北多爲鳥，南多爲魚。

一、綱目賓主。《詩》引用名物，數章重複，其名雜出，取義不遠。今立爲綱目賓主之例，如《漢廣》以錯薪爲綱，芻蔞爲目。《鳲鳩》以桑爲主，梅、棘、榛爲賓。《東門之池》以麻爲綱，紵菅爲目。《破斧》以斧爲綱，斨、錡、銶爲目。《王風·揚之水》以申爲主，甫、許爲賓。《采葛》以葛爲主，蕭艾爲賓。舉綱張目，借賓定主，或括首章，或挈首句。此例甚多，最宜詳考。

一、本典引識。全詩所見名物，有本典、引用之分。全詩自爲首尾，尤宜合讀通考，不可如毛分篇立序。文同而作非一人，篇連而別爲一事，分篇立説，各不相謀。如《皇華》《四牡》『載馳載驅』爲本典，《衛》『載馳載驅』與《齊》『載驅』爲引用。言福禄《天保》爲本典，凡言『天佑』者爲引用。引用與記識皆同，如今人詩賦中之用事。故欲説其事，文已別見，摘用一二字句，以引用之。如《大雅》之言『莫莫』，《葛藟》『施于條枚』，則以包二《南》是也。《黍苗》八篇爲八伯，凡言四方者即用其事。《嵩高》四篇爲四岳，凡言四國者即用其義。他如《魯頌》四言牡，《皇華》四言馬，皆爲本典。而凡言四牡、四馬者皆爲引用。大約專詠一物者爲本典，摘用字句者多引用。凡非數十言不能明者，引用只一二語便已顯。如詞賦之用故事，又如史書文見他紀傳之例，以一二語引起之，有通貫之妙。實字如鳩、鷄、雉、狐、風、雨，虚字如綢繆、既見。得其主例，餘則迎刃而解。

一、篇章分併。詩中多數篇連文見義。如《關雎》《鵲巢》《鹿鳴》《文王》，皆以三篇合爲一篇是也。又如鄭《扶蘇》四篇合一篇，《揚之水》亦四篇合一篇。《小雅》三小合一篇。《邶風》合《緑衣》于《柏舟》爲一篇。至于《周頌》三十餘篇當合爲十餘篇，是也。而篇有當分者，今于《小弁》『相彼』以下另分一篇，以配東方。姑發此例，宜再詳審。

一、詳東南，略西北。《詩》同《春秋》中分，東南夷狄、西北中國，二《南》治南、《豳風》詳東，互文見義。《孟子》云：『東征西怨，南征北怨。』不見西北之文，亦略于西北也。

一、總篇雜引。《詩》有本篇分詠、總篇雜引之例。本篇專詠一物一事，不見别辭；總篇則時令、山水、禽獸、草木，高下隨意徵取，如『四月』『七月』之類是也。《詩》中本篇數篇中定有一總類，雜引者以間之，説總篇宜與分篇有異。

一、詳略問答。詳略如《嵩高》《黍苗》，問答如『豈曰無衣』『豈無他人』『無佃甫田』之類，彼此相通，不專一國之事。

一、《風》《雅》《頌》同見。《三頌》之《周》《魯》《商》，《大雅》應之。《風》之《王》，《豳》《邶》應之，是一國三見矣。而《魯》則更見《周南》焉。《周禮》有『豳雅』『豳頌』『豳風』之文。『豳頌』即魯，『豳雅』即《生民》八篇，『豳風』即兼指《周南》。《周禮》之説，雖不必確然可見，古詩有三統同見于《風》《雅》《頌》之説，言周公事者當與《周南》《豳風》《生民》八篇、《魯頌》合考之也。《周南》《豳風》，周公攝政爲伯生前事。《生民》八篇，《魯頌》周公薨後事。四處合三十篇，《周南》十一，以《豳》合《魯頌》亦十一，然則當以《豳》加于《頌》之前。

一、《國風》兼見别國事。《詩》雖以國分篇立名，然不可過于拘泥。如《豳》與《魯頌》《周南》

合爲一，《鄘》與《魏》《唐》合爲一。《詩》不見吴、楚，而《檜》《曹》多詳二國事。又《邶》《齊》皆兼言四方，此必先破拘墟之説，精心推之，而後其例可大明也。

一、删例表。《詩》之誤説最多，使不明著條約，則閲者不能剞然。今仿《左傳》删例表之意，將自來諸家舊誤列于表中，以明删削之旨。如《王》降爲《風》、變風變雅、六義、賦比興、國史《詩序》孔子夏作、孔子不删詩删篇删章删字之類，一切删汰，以清積霾。所有新立諸例，則詳于《釋例》中。

今文尚書要義凡例

一、經以今文二十八篇爲主，分爲四類：曰帝，曰三代，曰周公，曰四岳。諸書所引逸文，有可省併者省併之。篇目分合次序，博考古説，詳論于各篇之首。

一、國朝《尚書》之學最盛，王、孫以前無論矣。陳左海《先師遺説考》可云詳盡，但所録過于繁瑣，既經刊入《經解》，今取其精要者。至傳記中實係《書》説而無明文者，暨非《尚書》先師，而説與經文切合者，陳氏漏于采入，今悉補之。凡陳本所有，不更注所出。

一、古今之分，在禮制，不在文字。所有今古文字異同，諸家已詳，非關要義者不録。今以禮制古説爲主，訓故之平易者及文異義同者，擇要録之。又事小而説繁，不能折中者，則不加解釋。如『六宗』及《禹貢》今地之類，若欲綜考，别有專書。

一、古學以訓故爲主，今學以師説爲主，訓故可以望文，師説必須傳授，此今古難易之分。今采説義取先秦以前者十之六七，漢以後不過二三，晉以下不用博士説。不必本經先師，乃用馬、鄭説，不關今古異同者，擇要録之。

一、六經各立門户，《經解》及《莊》《荀》以下所言各經學教不同，今附綱領一卷，詳論其事。至于制度、事迹與各經相同者，采取經文爲證，詳其沿革變通。《戴記》《左》《國》師説之古者，采之尤詳。

一、古學以《周禮》爲主，《周禮》與經大綱制度不同，馬、鄭强經文以合《周禮》，皆爲誤説。經只二十八篇，《百篇序》乃古學，摭拾張霸《百兩篇》而成，并以羼入《史記》。今别撰《古學證誤》二卷，專明《書序》、馬、鄭及今文二十八篇不全之誤説。

一、荀子以周公、仲尼爲大儒者，《尚書》師説也。《尚書》詳于周公，略于文、武、成、康，儼然以周公自成一代，與王魯、元聖諸説相通。今取《繹史》《古史拾遺》周公事迹以注之。《金縢》爲總序，五《誥》爲正篇，以下五篇爲分篇，用史説以分先後。自孔孟以下，以周公爲天子及攝政事迹皆附焉。

一、《尚書》以二帝、三王、二伯爲主，别撰《帝王伯表》一卷。凡諸書言帝、王、伯升降及事迹不同之説，皆附之。

一、《尚書》備四代之文，所有各書言四代三代禮制文質異同者，皆《尚書》專説。舊有《四代禮制異同表》稿本，再加補證，編爲一卷。

一、《尚書》有禮制、行事之分。如《帝典》《禹貢》《咎繇謨》《顧命》及四《誓》之類，典禮制度皆與諸經相通，故文義明白。至于諸誥雜有方言古語，故語多不可解。又其中篇目分合多脱誤，能考訂者説之，餘則從略。

一、《尚書》皆自有序，無序者爲分篇，不必如《書序》再加序也。總核分合共二十八篇，分爲四類，于各類之首列其篇目，詳考其分合。所有各篇大綱宗旨，亦采古説附之。僞古文不能廢，又多本于古書，今悉取以附于各條之下，如《左傳》引《書》説以解經也。

一、《尚書》與各經互文見義，制度行事二十八篇已足，此孔子删定經本也。古書尚多，不廢傳習。諸書所引佚文，有爲今文傳説者，有隱括經文句者，又有非《書》誤以爲《書》者。至于《泰誓》《武成》之類，則爲古書，所謂孔子所删之篇。張霸取爲《百兩篇》，東晉本因之别撰二十五篇，皆誤也。《史記》中羼有《序》文，今附録全用史文，僞《序》各辨于本條之下。

一、帝四篇《堯典》《禹貢》《咎繇謨》《洪範》附焉，依《大傳》之次。三代夏《禹誓》一篇，殷《湯誓》《盤庚》《高宗肜日》《西伯戡黎》《微子》合一篇，共五篇。周《牧誓》《顧命》二篇，從成、康而止。凡傳説言文、武、成、康者，皆《尚書》專説，悉取以附于《顧命》《康王之誥》篇目之下。

一、《書》政事制度，《帝典》盡之矣。而行事得失，則詳于《洪範》，《洪範》又爲全《書》之綱領。今據《洪範》作表，如五福、六極《書》中言及者皆依類鈔之。如《無佚》言先王長壽短札、『永保休命』『勦絶其命』之類，又如『三德』總數。『峻德』爲天子，『九德』爲三公，『六德』爲諸侯，『三德』爲大夫。凡經中言德者，皆彙鈔爲表，據此推之。

一、書者，如也，略如史。説經尤貴事明，今取《大戴禮》《周書》爲主，附以《史記》三帝三王世事實，各附本篇之末。始二帝，終成、康，成、康以下則詳于《詩》矣，列國、封國則詳之。由《書》而《詩》，由《詩》而《春秋》，本末詳備。

一、四岳篇以『王曰』『公曰』分爲二類四篇，《文侯之命》與《吕刑》南北相比爲一類，既爲岳，又爲周之二伯。《費誓》《秦誓》二『公曰』以屬周公焉。四篇無序，即以爲分篇亦可。

一、《尚書》經也，傳記篇章佚在各書，舊失采入。如《五帝姓》《明堂位》《作雒》《文王官人》

之類，是或佚在《禮記》《周書》，或佚存先秦師説中。今并收入五十餘篇，以爲完璧，仿《左傳》先經後經之例。

〔附〕今文尚書二十八篇序例　以二帝、三王、周公、四岳爲綱

帝篇四 次序從《大傳》『七觀』。

帝典君道。包括全書，以下二十七篇略如傳説，皆以發明此篇之義。

禹貢《帝典》分篇，詳禹爲司空事，故文見于《典》《謨》。

皋陶謨臣道。謨，猶摹也。發明《帝典》之義，如傳之于經。

洪範範，謨範也。包君臣言之，帝堯舜也，禹夏也，箕子殷也，武王周也。此篇兼二帝三王言之，言義不言事，爲全書之總例，故《大傳》附之《典》《謨》後。

三代篇八 五言三王三，二伯二，各有分屬，不重見。

夏禹誓夏禹見誓一篇，明天子出征之制。

殷湯誓殷、周各見一誓，蓋以征誅得天下。

盤庚殷中興。

高宗肜日殷再興，《孟子》云『賢聖之君六七作』是也。録盤庚、高宗二君，與周録成、康相起。

殷周之際西伯戡黎、微子

周牧誓三代各録誓一篇，武王伐紂事，經只一篇，餘皆傳。

顧命成、康相繼，即『受終文祖』之詳文也。周道盛于成、康，故録《周書》至成、康而止。

周公篇十二《書》略于三代，詳于周公，以周公爲主。周公爲一代，以元聖、素王相起，故獨詳之。○周公似舜，舜攝堯之天下，而讓之禹，周公攝武王之天下，而讓之成王。

金縢此周公總序，以下十一篇皆其細耳。較之《帝典》具體而微，其文詳略互見。《金縢》所不詳，當于《帝典》中求之。

大誥五誓分説王伯，五誥則全爲周公書。《孟子》『周公思兼三王，以施四事』，一人兼王伯，故《誥》與《誓》數目相敵也。

康誥

酒誥

多方周公書當以五誥篇名爲正，凡此之類，皆五誥分篇子目。

梓材

召誥

君奭

多士

雒誥五誥皆言中州王畿，與下四岳相起。

無逸

立政

二伯篇四《顧命》最詳二伯四岳之制，故以伯繼王。○《費誓》東岳，《文侯之命》北岳，《甫刑》南岳，《秦誓》西岳。

甫刑《謨》：『天命有德，五服五彰；天討有罪，五刑五用。』命、刑對文。

文侯之命以上二篇皆王命。

費誓以下二篇皆『公曰』，此二誓與三代誓共五篇。

秦誓四篇以『王曰』『公曰』分爲東、西、南、北，相對成文，兼舉則爲四岳，單稱則爲兩伯。

公羊春秋補證凡例

一、余既分注三傳，使門户不嚴，則三書直如一書，無煩三傳同注。今故于本傳中自明家法，二傳雖有長義，不更取之。惟鄙人一隅之見，不免雷同，故三書分撰，年歲不同，意見小異，今亦各存其舊。惟大綱抵迕者，則不得不改歸一律。三傳本同，自學人不能兼通，乃閉關自固，門户既異，盾矛肇興，先有自異之心，則所見無不異矣。今于三傳同異化其畛域，更爲《異同表》《評》，以明其事，疏中于此事頗詳。

一、傳不言事，因其事易明，故弟子不發問。今按經上下文義可以意起者，于疏中用《左氏》《史記》説以補之；至于與《左氏》異者，亦于疏中論之。又，傳説非出一師，文又不無脱誤，其有未安者，皆于疏中立説以明之；其有本傳義未安者，則但于疏云『二傳以爲』云云，以示其意，不加駁斥。其途雖殊，其歸一也。

一、舊注《穀梁》專守本傳，《公羊》則以博通爲主。凡《穀梁》《左傳》説與《公羊》異者，皆采用之；及《禮記》説經大例、《繁露》《白虎通》引傳，亦皆采入，别爲《補傳》《補例》。今改定，以《公羊》爲主，成一家之學，凡《左》《穀》與《公羊》異義，雖二傳義長，仍守本傳。舊《補傳》及注中所引諸説，精要者悉作中字單行，餘文與所下己意始用雙行書寫，删《補傳》之名；舊本《補例》大字提行，别注雙行，今移《補例》歸入注中，其别注雙行易名爲疏。

一、自來注不破傳，舊本采用二傳，但取義長，多違傳意；今改定，正注一以本傳爲主。若先師異説與本傳相違，及移傳就經，不與本傳相次者，別爲《校義》，附于每卷之末；有先師誤説、本傳無文者，則仍存注中，正其得失。既非破傳，固不相嫌。舊有『誤問』『誤答』二例，今概歸《校義》中，注中不斥本傳之誤。

一、事實據《左傳》爲主，參以《國語》《史記》及哀、平以前經説，彙輯以附本條之下。凡《左氏》後師微説，與經例小異之條，及《穀梁》與本傳不合之條，皆不敢用。

一、凡經有其例而傳未詳，及傳有其説而文未備者，别爲《補例》一書，今悉分條補入注中，稱爲『補例』，以便省覽。昔何、杜作注，皆自引别書，今仿其事，所有解釋例語則入疏中。一傳有誤問、隨答二例，别據正傳爲説，其有誤附之條，則移歸本傳，如『三世内娶』『不言晦』之類是也。補正之例，附存注疏。

一、今合注三傳，《左傳》别出微説解經之語，凡詳事實之《左氏》原文，爲三家所同用。

一、今以補何爲主，凡《解詁》未備，務詳之；其所已明，則概從略。

一、《公羊》與二傳異禮、異例二事，先師多主分説，遂至歧異。今立『參差』『詳略』二例以統之，悉歸一律。至于『異事』一條，則如《釋文》例，附記各傳之下。

一、《春秋》改制，以文備爲主。三統循環本春秋以後法三代而上之事，非周制以文備。孔子一意簡陋，爲救時之書。先師誤以三統爲春秋以前三代，故主改文從質，如此則須又立一改質從文之《春秋》矣。今不取之。

一、漢師所有遺説采附經傳之下，殊嫌繁瑣。今不盡采，仿陳左海例，别爲《先師遺説考》四卷，以取簡要。將來收入疏中，亦可。

一、《公羊》日月例爲唐宋以後所詬病，在譏者固不知本義，而説者亦殊失修理，穿鑿游移，何以爲定？今分爲三表：一《不爲例表》，一《有正無變表》，一《正月正時表》。去前二表，則以例説者不過百條。事既簡明，理亦精審。

一、《春秋》有『託古』一例，所言皆託古禮，所謂『考諸三王而不謬』者也。故《春秋》足以總統六藝。凡與各經相通，及須取各經以證明《春秋》者，悉于各條粗發其例。

一、《春秋》有『質文』一例，凡後世所行政事，莫不本之于《春秋》，合之則治，背之則亂，所謂『百世以俟聖人而不惑』者也。今于諸史所有制度，間引據以相證；至于禍亂之原，亦皆列之。通經致用，亦一端也。

一、《春秋》禮制盡本《王制》。今但引《王制》經、傳原文于各條下，别撰《王制疏證》二卷，録《王制》文，而引《春秋》經、傳證之，即以附于經、傳之後並行焉。至于《王制》詳説，别見《輯釋》中。

一、經學以素王爲主。受命改制，乃群經大綱，非《公羊》一家之言，惟《公羊》盛行于漢，故其説獨詳耳。今以此爲微言，凡制度之事，皆以復古爲主，以孔爲擇善而從。經所改易，皆古法也。

一、《春秋》義例，有必須圖表方能明悉者。今于卷首將《圖表》彙爲一卷，凡筆削、善惡、進退、一見、中外之類統歸之。先讀《圖表》，則其綱領可尋矣。

一、《齊詩》《韓詩》《尚書大傳》《檀弓》《春秋緯》均爲齊學，今引用獨多。凡孤文僻證、魯學之書，亦在所采；至于真《周禮》，亦在所采。凡劉歆所羼，見于《周禮删僞》者，概不引用。

一、三世、王魯、三統諸例，《解詁》説殊蕪雜；今或改或删，務求簡明切實，以副傳義。凡衍説支語，概從删節。

一、經以明制度爲大例。孔子定禮，于《春秋》見其事，如親迎、三年喪、不内娶、譏世卿之類是也。今以《白虎通義》爲主，再加以徐、秦《通考》，逐一詳備，以復舊意。

一、《春秋》以謹禍亂、辨存亡。所有安危禍福，舊説多闕，今悉采補，以明得失成敗之數。

一、王魯、親周，王爲文王，周、召分陝而治，皆《詩》説也；先師以説《春秋》，多所不合，今不用。王魯例主以二伯，亦以《春秋》事例説之，不全用《詩》家説也。

一、屬詞比事，《春秋》之教。今于百二十國本末，即《比事表》中所有義例，備一檢校，庶使義不空立，以免斷爛之譏。

一、傳義出于授受，實爲孔子所傳。唐宋諸儒好出新意，號爲棄傳從經，實則私心自用而已。其風半開于范注，所有攻擊二傳，皆范倡之。今彙爲一表，凡後世盛行之説録之，間于注中明其謬誤，以端趨向。

一、此編推廣《春秋》，以包舉百代，總括六經，宗旨與漢唐以下《春秋》多所不合，故不盡采用。其有同者，亦係偶合，不敢攘人之美。至于師友舊聞，亦録姓氏焉。

一、《公羊》舊多可駭之論，影響之説。今力求本義，務歸平實，凡舊爲詬病、與義未安者，十不存一焉。

庚寅五月四日，季平改訂。

穀梁春秋經傳古義凡例

一、《穀梁》先師章句微，故著録班《志》者，魏晉猶有傳本。范注新學，不守舊訓，今志在復明古學，故專以舊説爲主，至于范注，聽其别行，不敢本之爲説。

一、《左氏》與《公羊》同説一經，不須求異。唯漢以後，已經别行。今既别解《公羊》《左氏》，三傳各立門户，不取苟同，務就本傳立説。然義本相同，後來誤説，因致歧出者，則必化其畛域，以期宏通。

一、何氏《公羊解詁》與《穀梁傳》説多同。傳文各本自有詳略，非取二傳相推，反不明著。何君之説，是爲推闡本傳，非竊取異説。今注間有與《公羊》《左氏》同者，亦由本傳推得之，非用二傳也。若傳中所存異説與《公羊》同者，依義解之。

一、《春秋》爲萬世之經，《公羊》先師誤以爲救文從質，爲一時之書，與本書經義不合，今不取之。至于三代之説，皆後王三統之義，何君于注中多所引用。今用其例，于一定之中，詳其通變之法。

一、陸氏《釋文》及本傳異文，諸書所詳，今不暇及。至傳中字誤，新所考訂，皆爲標識。有所據改，説見疏中。至于訓詁，人所易明者不更贅及。

一、《春秋》據文，弟子本禮制、文句并用。説《春秋》者用文句而略禮制，多與傳意相迕。今注中據文，半主禮制。

一、三傳禮制者，多各言一隅，必須合考，方成完説。許、鄭訐争，皆失此旨。今于異同處，據參差互見例以説之，務使彼此相發，合于禮意爲主。

一、三傳舊例，文異義同，先師門户過嚴，彼此相激，不惟不能取益于人，白馬非白，主張太過，反于本傳有損。今于實不相通者，立《三傳異例表》；文異義同者，立《三傳同例表》以統之。傳中詳略，所不計焉。

一、三傳事實，末節細端間有差舛。後人吹毛索瘢，察及秋毫而不見輿薪。今將事實確有不同者，别立《三傳異事表》，其他詳略參差，文實諸説可通者，于注中詳之，以見異者千百中之一二，而同者固大且多也。

一、注以《王制》爲主，參以西漢先師舊説，從班氏爲斷。凡所不足，乃下己意，注所不盡，更爲疏之。以疏附注，故與唐人注疏别行者體例稍異。

一、《王制》爲《春秋》舊傳，千古沉翳不得其解，以《穀梁》證之，無有不合。今作《王制義證》一卷，以附經傳之後，引經傳及師説注之，以相印證。

一、《國語》爲左氏本孔子六藝舊説，采輯事實而成，爲經作傳。《史記》本紀、世家又本《春秋譜牒》而作。至《左傳》《史記》説事解經與傳異者，皆《左氏》無，本弟子推考而出，其文皆見《説微》，非《左氏》原文也。今除《説微》舛異之外，疏中引用實事，左史皆用之。

一、《春秋》立八方伯，存西京，收南服，以立九州，中國國則早封之，邊徼國則漸引之。夷狄在九州外，《春秋》夷狄，凡所稱夷、戎、狄，多爲託辭。舊説多以吴與楚夷狄戎爲真夷狄，今并正之。

一、屬辭比事，《春秋》之教。事有本末，前人已詳。至于屬比，殊未盡其義。張氏《辨例》篇裒録此例甚詳，今悉取用，而推本傳例以補之。

一、董子治《公羊》，禮制與本傳實同。凡微文孤證，本傳先師無説，今悉取之，如制度及軍制、黜陟之類是也。又杜氏《公子譜》本于劉子政《世本》，是本傳師説，今亦用之。

一、《春秋》新義不惟損益禮制，名教綱常實亦在焉。制度以三統通其變，至于禮義，百世不變，傳中禮制、義理多本此意説之。至傳義與經小别者，于經下注明本意，傳下則就傳義解之。

一、孔子先立四教，托空言，後修《春秋》，爲實事。舉空言而實之，是六藝本一貫也。先師説相關之處多引《易》《詩》《書》《儀禮》爲説，今仍其義，以明六經相通之實。

一、《春秋》改時制，人多不明此意。今于各條間輯周制遺文軼事，以見《春秋》改變之迹，而後素王、木鐸之意乃明。

一、何君《解詁》引用《京易》《韓詩》，尊博士之説，本同一家，固不别異。今仿其例，凡本傳佚義，取博士説補之。

一、《春秋》之作，上考三王，下俟百世。今立古今二例，上徵六經，下統諸史，政治、典禮，悉考其沿流焉。

〔附〕穀梁春秋經學外篇叙目

一、《穀梁》師法，漢初甚微。建武以後無博士，唯顯于宣、元之間，不過三十年，佚傳遺説，殊堪寶貴。今輯《孟》《荀》及宣、元間本師舊説，仿陳左海例，作《穀梁先師遺説考》四卷。故注中引用，不復更注所出焉。

一、諸經皆有舊傳，今傳文乃漢師取舊傳以答弟子問者也。故傳中有引舊傳之文。今仿其例，凡傳與《禮記》《公羊》傳文確爲舊傳者，集之以爲《舊傳》一卷。

一、《穀梁傳》有『孔子素王』一語，今佚，見《枚福傳》顔注引。《王制》所謂素王也，注中詳之。更作《穀梁大義》一卷，以素王爲主，其中如改制、三世、親魯、故宋、黜杞、尊周、二伯、八方伯、六卒正、外夷狄、進退諸侯，中國皆從之。

一、孔子修《春秋》，因魯史，其著述之義，如正名、加損、傳疑、傳信、尚志、謹微、本末之類，别爲《穀梁大義》第二卷，專明著録之義。

一、《春秋》制義，如奉天、正道、貴民、貴命、重信、親親、尊尊、賢賢、賤利、貴讓、仁義、五倫、權謀、終始、有無、謹始、復仇、明時、法古之類，作《大義》第三卷，專明制義之事。

一、先師傳經淵源本末，如佚傳、異説、傳受、姓氏、闕疑之類，别《穀梁大義》第四卷專明傳經之事。

一、二傳之例與本傳大同小異，今作《三傳異例表》一卷，專明此事，故注中不必詳二傳例。《禮》《事》二表同。

一、范注中采用鄭君《起廢疾》。案：鄭未有深解。舊作《起起廢疾》一卷，以明本義而駁何、鄭，故注中不更存何、鄭説。

一、范注采用何、杜兩家，全無師法。注中不加駁斥，别取其反傳倍理者爲之解説，作《集解糾繆》二卷。至其駁傳之條，則别爲《釋范》一卷解之。

一、傳有總傳，當分之；有數傳，當别之。有一見，有累言，有相比見義，有數傳方備，有不發傳爲省文，有不發傳爲别義，有傳不在本條下，有無所繫而發傳，有文同而意異，有文異而意同，有傳此包彼，有傳此起彼，注外别作《釋例》二卷，專以本經依傳比例條考焉。

一、天子、二伯、方伯、卒正、微國、尊卑儀注，一條不苟，説《春秋》者略焉。注中最詳此義，别爲《十八國尊卑儀注表》以明之。

一、《春秋》有一見例，以明見界畫。舊説皆誤與正例相比，注外别作《一見表》以明之。

一、中外異辭，最爲要義，説者略焉。注外别爲《内外異辭表》《中外異辭表》以明之。

一、筆削等差共四五十類，注外别取傳文，作《筆削表》一卷。傳所不詳，依例補之。

一、進退次第共四五十類，注外别取傳文作《進退表》一卷。傳所不詳，依例補之。

一、功罪大小共四五十類，注外别取傳文作《善惡表》一卷。傳所不詳，依例補之。

一、爵位等差，最爲繁雜。今取傳中州國名氏人字不繫，作《爵禄表》一卷。

一、傳于日月例最爲詳備，注詳于本條下，更别作《日月時例表》三卷，如《公羊》之例。

一、《穀梁》久微，今取定傳議駁本于《穀梁》者，仿董子例，作《穀梁決事》一卷。

一、劉子政説有《外傳》逸文，今取之作《外傳》一卷，以符《藝文志》舊目。

一、三傳有師説同而所説之事不同者，如緩追逸賊、同盟用狄道之類，注中不復臚入，别作《三傳師説同源異流表》一卷以明之。

一、《春秋》瑣事孤文，三傳各異，無所是正，此在傳疑之例，孔子所不能信，傳者乃不能不説之。注外别作《三傳傳疑表》一卷，以平三傳之獄。

一、屬辭比事，《春秋》之教也。今將天王及十八國事經緯本末分國編之，即取《史記》譜牒之説以爲之注，作《春秋屬辭表》四卷。比事，《春秋》之教也。注外别作《比事》二卷，以見比義。

一、會盟列叙諸侯，皆有所起。苟無所起，則不見。舊説皆略，注詳説之，别作《中國夷狄争伯表》一卷，專明會盟列數之義。

一、方言異稱，華夷翻譯。孔子云：『號從中國，名從主人。』傳舉方言異稱，蓋大例所包甚廣。注外别作《中外名號異同表》，而以方言附之。

一、諸國地邑山水名號最爲繁賾，傳中詳其四向，并詳道里數目。此非據圖籍不能。注外别據劉、班之説，更推傳例，作圖一方，并疏解名號于後。

一、《左傳》因《國語》加章句爲今本，今凡《國語》所略而于經例可疑者，則皆誤解。今將注疏異説標出，爲《左傳變異今學事實表》。凡表以外，則皆合于二傳。今取其事實與本傳合而爲《史記》《國語》所無，則命成鑑疏之，以『補疏』標題，示區别焉。

一、今學以《王制》爲宗，齊、魯《詩》皆魯國今學，劉子受《魯詩》，從之。今于先師外，凡今學各經師説，統輯爲《王制注疏》。凡本傳禮制不明者，取之；已明者，但詳出于注疏。

一、傳有從史一例，舊傳解多失。今取經文從史之例，先立一表，而後依事解之，如趙盾、崔杼、陳溺、楚卷、鄭髠之類是也。

一、今學《王制》外有佚文、佚義不傳于今本者，將據今學各經傳師説彙輯之，以爲《王制佚文佚義考》。凡傳文義不傳于《王制》者，皆就此説之。

春秋古經左氏説漢義補證凡例

一、《史記》云：『七十子口受其傳，左氏懼弟子人人異端，各安其意，失其真，故因孔子史記具論其語，成《左氏春秋》。』是左氏作傳特記事實，以定口受之真，非立異與二傳相反。舊來説三傳不務大同，專兢小異，弟兄鬩墻，久爲詬病，今于三傳大綱宏例以經爲歸，所有後師異説，歸入傳疑，務期同源共貫，以息入主出奴之弊。

一、今立意合通三傳，或以爲破壞家法，非博士專門授受之意。按：此乃專己守殘之故智，不深考其源者也。以二傳論，前後自有異同，每一經列數傳，且多不敢質言之説、博士各有傳本，今本特爲一家之傳，不足以蔽其學。如《穀梁》言夏田，《公羊》不言夏田，先師以爲異，而《董子》言夏田，《説苑》言夏不田，是本同也；『州不如國』數語，《穀梁》與《公羊》不同，而《董子》所引傳同《穀梁》；『獨天不生』數句，『人之于天也，以道受命』數句，《穀梁》有其文，《公羊》無之，而《董子》有其説；『天子不志葬』一傳，《穀梁》無此文，而《説苑》引傳則言之甚詳。且《公》《穀》定元年傳同引沈子説即位，是同師也。意雖同而文則異，是不可因文字偶異，遂斥爲異説也。又《穀梁》『葬桓王』引傳曰『改葬也』，《大傳》文也，而《左氏》同，是《左》與《公》《穀》同引傳説。門户之言，勢同水火，豈知同源共貫，皆是江公所傳。必破除拘墟之見，然後見其會通；知二傳之會通，則無疑于《左氏》矣。或云二傳可會通，《左氏》不可合于二傳，此亦先入之言，未暇深考。凡傳中與二傳同者姑不具論，其不同者，莫如赴告、史文、同盟書名數例，然《公羊》云『卒告而葬不赴』。且《檀弓》云『齊谷王姬之喪』，鄭誤『谷』爲『告』，是有赴告例矣。又云《未修春秋》『春秋之信史也』，《穀梁》云『從史文也』，是以立史説矣。而《穀梁》『宿男卒，未同盟，故男卒也』，則更爲同盟書名之師説。通考五十凡中，説經之條，直無與二傳相反者。且如諸侯卿經稱大夫，二傳無説，而《左》云『唯卿爲大夫』；二伯晉常在齊上，曹先莒邾、滕先薛杞，二傳無説，《左》則云『異姓爲後』；鄭稱伯，二傳無説，《左》則云『入爲王朝卿士』；晉不記灾、不見貴大夫，僖以下乃見經，二傳無説，而《左》則初稱叔父，後稱伯父，以見外之統夷狄伯，故略之也；華督不氏、華耦稱孫、華孫與仲孫同，魯三家稱孫亦此例，二傳無説，《左》則云督『名在諸侯之策』。二伯分統之義，見于晉『鎮撫東夏』與『風馬牛』之言。閏皆在終，特明歸餘之善。凡在《左氏》長義，仆數難終，實爲口受真傳，二傳所佚而僅存者。又當據《左氏》以補二傳。三傳有相濟之功，無相反之迹。若片言小節，動求立異，則自生其荆棘矣。

一、《藝文志》：『《春秋古經》十二篇。』服氏解傳不解經，以傳合經，始于杜氏，于傳文有割裂之嫌。假本傳録經文，以爲《古經》十二篇，洪氏《春秋左傳詁》分經、傳爲二，是也。今用其本，與傳别行，以復《藝文志》之舊。

一、班《五行志》于《左傳》後劉歆之前引『説曰』有二條，言凡説不書，爲解經明文。考諸經皆有大傳，後逐條章句皆晚師説；今《喪服大傳》子夏作，後師乃有《服問》，《服問》之後，乃有今《儀禮》中逐章解釋之本。今定《左氏》爲大傳，説爲後師引傳推例以解經文之書。今據此以解經之語爲説，爲先秦左氏弟子引傳解經之本；今將解經之文摘附經下，仍《五行志》舊目，曰《春秋古經説》。體例略同二傳，其有事與二傳不同者，附録説之。至傳記之文則三傳所同，不獨可以説《左氏》也。

一、近儒據《史記》稱《左氏》爲《國語》，《漢書》言歆引傳解經，博士以《左氏》不傳《春秋》，詆《左傳》解經出于劉氏。劉氏甚尊傳，《五行志》引劉氏《左氏》説與杜氏所引者數十條，傳皆無其語，而解經明文，《史記》已多。傳本成于先秦，漢師始于司馬，范升、王充争辨《左氏》，皆以《史記》爲説是也。蓋漢儒習傳不習説，傳説藏在秘府，唯史公見之；後劉氏校書，乃得大顯。今以傳本成于先秦，司馬氏爲始師，東漢之説盡用之，故名《漢義》，晉以下不用。

一、《公》《穀》非一師所作，續有附益，故顔、嚴、五家各本互異，今本猶有『傳曰』『或曰』『一曰』『一傳曰』明文，于本傳間有出入。《左氏》亦非一師，其言『且』者即多異説。舊撰《公羊通義》，以經爲斷，凡後師附傳有乖經義者，則引佚傳師説附訂于後。《左傳》亦同《公》《穀》，説不一師；除『且』字例外，如《成傳》『《春秋》之稱』數語，『稱族』『説族』之傳，與以女叔爲『嘉之、不名』，君氏爲聲子之類，是也。今于本經條下注明正説，所言舊説，仍推本傳例解之。

一、二傳多以經例解經，所謂空言也，而亦間用事實。如『宿男卒』，《穀》云『未同盟，故男』；天子葬，《公》云『我有往則書』；書『尹氏卒』，爲魯主；書『王子虎卒』，爲『新使乎我』；書齊宋災，以『及我』之類，皆據事實，不空言立說。《藝文》云：『夫子不以空言說經。』凡二傳筆削例，外事書不書，本傳皆以赴告言之，筆之，則傳以爲告；削之，則傳以爲不告，不拘事實。于內夫人大夫卒葬，則用儀注爲書法也。至于二傳加損例，本傳則多以『書曰』例當之。或以事實立說，或以經例立說，同于二傳，特二傳言事實多在釋例之後，以例爲主，以事實之，其說易明；本傳則言事實者多，不更言例，故易滋疑耳。諸侯三等：二伯、方伯、卒正，舊義賈、董以下治《春秋》者失其傳，本傳例具言其說，足見說出于先秦以上，與今《公》《穀》傳本著録先後不遠，故能相同。今別爲《諸侯三等尊卑儀注》，取傳文及說以注之。

一、劉、賈以下，古學也，治別經力求與博士異；至于《左傳》，則引據二傳爲說。非爲風習所移，誠以口受本于孔子，不能自異也。杜于漢師難通之條則駁之，《春秋》無達例，言正言變，杜氏膠刻常例，不知變通，凡于難者，皆以爲經仍史文，並無義例。史官人有文質，語有詳略，皆本舊史，且多闕略。按經本經，人何得更言史舊？且變例不明，正例亦難自立。今于諸例先明正變，既知爲變，則不復以正疑之矣。

一、先師引傳解經，改分國爲編年，時有差誤。如僖公葬，傳在《僖公》篇，齊桓遷邢封衛，說在閔二年之類，惟爲舊文，故誤跳在此，使本編年，則當附經矣。杜以跳寫爲說，或乃就其誤處望文生義，非也。所言時日支干，鈔寫易誤，既非大旨所關，不足深計。

一、傳有而經不書，則爲隱避例；如交質、納子婦之類，經諱不書。傳多而經少，則爲特筆例；如晉、楚、鄀遷不書，則書衛、蔡、許三國遷爲特筆，皆各有所起，非常文也。二傳不言外，遷不書，據此可補。又，二傳言外事不書，無實據，本傳皆有明文也。諸侯獨詳十九國，記十九國事又有詳略，今以此立筆削例。凡傳與經異者，分類表出，各爲細例，以補二傳所不足。

一、《莊公》篇七年傳不及經事，十二公傳前後詳略迥殊，劉申綬據此以爲僞羼之證。按：解經果出劉氏，何以七年不立一説？蓋《左傳》本出于屋壁，不免殘佚，劉氏不敢補羼，正見謹嚴。今《晉語》一君一篇，可知原文甚備；《國語》《史記》莊以上事詳于傳，可知《左氏》原本甚詳。考《五行志》引傳文與今傳本有詳略不同者，是劉氏後亦有脱佚，故《左氏》有逸文爲今本所無者。孫淵如《春秋集證》意在補傳事，今仿其例，凡傳文脱略，悉據《史記》補于各條下，如曹沫劫盟之類是也。事不關經者，則補于《國語》中。初補于傳中，嫌文過繁；後注《國語》，乃移于《國語》，不敢變傳文之舊。

一、《春秋》，子夏所傳之傳，以《喪服》例之，當名《春秋大傳》；《公》《穀》當名《問》。故《服問》《喪服傳》引《大傳》之文稱『傳曰』，今《左氏説微》所引大例皆出《大傳》。三傳同祖一書，故多相同。本師間有由本傳推考而出之例，如以鐘、鼓分侵、伐，中國不獻捷之類，今略爲分别觀之。

一、《公》《穀》應對詞命多爲事實，《左氏》之文則不爲。經例即據禮説而撰，全與經例《禮經》相同。治他書，詞命應對皆在所輕，《左氏》則無一不本禮制，故于應對詞命皆本經例禮説以説之。尊卑同異，其大綱也。

一、《五經異義》有引《左氏》説，《左氏》無其文、文見《國語》者二條；是漢師以《國語》《左傳》爲一，合而不分。今合考其例，蓋傳本爲《國語》，所有異同，特秦以前異本耳。今凡《國語》中所有經例禮制事迹，悉引以證經焉。如侵伐有無鐘鼓之例，即本《晉語》伐宋事而出，當仿其例類推其餘。經例爲重，禮説次之。

一、杜氏説先儒膚引二傳，宜其不用二傳矣，乃于本傳無説之條直用二傳。治《左氏》與二傳立異始于杜氏，乃不能自堅，足見漢師引據二傳之不誤。今于本傳無文而杜氏引用二傳之條從漢師例，一律取入，更據此以爲《補例》篇之證。

一、師說義例與二傳同者，皆本舊傳，以外多從傳文推考。傳爲舊文，禮例乃其新得。如莊三十一年齊侯獻捷，凡義例本成二年單襄公語；莊公二十五年日食，凡惟『正月之朔，慝未作』，本昭七年季平子語；隱元年『非公命，不書』『公弗臨，故不書』，本莊二十四年『君舉必書』與王命『勿藉』之語；桓二年送女禮本少姜『送從逆班』與『卑聘卑逆』之語；『啓蟄而郊』之凡本孟獻子語之類，是也。故除《大傳》之外，皆從傳文推考而得者，非如俗說傳文全出左氏之手也。

一、傳記事有二例：一緣經立說，一異經見義。凡傳有而經無者爲削例，傳詳而經略者爲略例，傳與經不同者爲加損例。杜氏于經、傳不同者多指爲闕誤，不知藉此可以考見制作之意。凡傳與經異者皆紀實事，如《未修春秋》之原文也。至于緣經立說之條，則聖作賢述，道一趣同，就經立說，不必求合。本事異者可以見經旨，同者可以明傳意，不可以一端求之也。

一、三傳經例同出舊傳，《公》《穀》先師引傳說經，乃成經本，然或引用失據，則違其真。左氏懲空言說經之弊，凡有義例，皆託于時人之言，具其首尾。例由事生，不能移易，此《左氏》不以空言說經之大例也。如《公羊》言伯子男一等，而《左氏》則有鄭獻伯子男加等平禮之說；二傳叙次先後以爲經例，而《左氏》則有滕薛、衛蔡、晉楚爭長之事；二傳以高子爲貴，而《左氏》則有管仲『天子之守』之言。凡此之類，僕數難終，實爲真正古師遺範。秘在傳中，伏而未發，盡力推求，可以補證二傳。自來皆以傳文爲出國史，不知《左傳》本七十子之徒特爲六經作傳，語無泛設，而于《春秋》尤切。故二傳說時可以移易，而《左氏》本文則不能。此不以空言說經之效也。三傳義例同出舊傳，爲口受之真。其有異同，以說不一師，有先有後。以未陳爲敗，此先師常例也；而後師引以說魯事，則誤以常例說内外例；以不名爲嘉說高子季子，此先師說也；而後師誤以說陳女叔。先師知根原，故與經合，後師據文例，往往失真。今于原文中立此一例，凡後師不安之說，則提出別爲一册。

一、傳本意不專爲《春秋》，故所說禮制經意多不在見經之條，而附于無經之傳。如說『婦人見兄弟不踰閾』云云，不在夫人會齊侯下，而附于不見經之事及執行人事，是也。漢師及杜氏皆引此以補經說。今仍其例，凡不繫經之師說禮制，悉取以補録于經文之下。

春秋左氏傳漢義補證簡明凡例 二十則

一、用洪氏本，經、傳別行。仿《公》《穀》例，將說例解經之文摘録經文下，中字寫，加○以別之。傳本不更注釋，分傳用林氏本，有經之傳加●以別之。至不見經之傳，所有解釋不書于經文例者，則詳于傳。續經亦同此例，以歸畫一。

一、傳文下引經、傳及漢本傳師說者，仿汲古閣注疏體，中字居中寫，古說、非本傳先師及自下己意皆雙行寫，餘意不盡及異說別録疏中。但以說例解義爲主，所以平常訓詁、地理、人所易明者，各書已詳，不再登録，以省繁重。

一、孔子作《春秋》，證明詩書禮樂之道，傳亦不專說經，兼綜六藝，是其巨功。傳中所言《詩》《書》《禮》說，今悉據以解說。諸經中多微言大義，足爲全經綱領，較大傳、外傳尤爲精要；因解傳兼《詩》《書》《禮》三經，彼此發明，相得益彰。乃知傳兼六藝，不獨爲《春秋》而發也。

一、《國語》與傳本爲一書，其中沿變，後人之説皆誤。本當悉取其文，以補傳義，惟其文多，又自爲專書，當存其體，故别加補釋，附傳以行。傳中但云《國語》同異有亡而已，不舉其文也。

一、近人洪氏、林氏，皆志在補傳事。洪書未見，林本所補，僅二傳、《史記》數事而已，未能詳備。今先以馬氏《繹史》爲主，仿裴注《三國志》例補之。有補録其事，而注釋可省者多不同也，加考證。又仿李氏《繫年要録》之例。但此事殊繁，以後再有所補，别自爲書，恐本傳過于煩重也。

一、史公爲《左氏》始師，又所見傳本較今本詳，藉以補證傳義、訂正杜注者最多，故取之甚備。且既録《史記》，則注釋可從省；若《史記》全與傳同者，則于疏中云『從某至某《史記》與傳同』，則不更録《史記》。

一、《國語》用本末例，不編年。先師引傳解經，訂爲此本，其中仍多本末例。以數年、數十年事載于一年之中，杜氏多誤，今據《史記》爲之注明年歲，以明其例。至于杜氏分年，每以追叙之文附于去年之末，割裂猶甚，今悉正之；于追叙之文概歸入本年，于前添注年數，加圈以别之。

一、元年傳言十四事，見經、不見經各半。傳于不見經七事皆説所以不言之故，皆爲筆削大綱，蓋發凡起例，故二年以下遂從略。今推補其例，于不書之事必爲之説。二傳但詳見經之事，削例不甚詳明；本傳兼録不見經事，愈以見經之所書皆有所取。據補經例甚多，如據晉、郲遷不書，知衛、蔡書遷有别義；交質子、臣執君皆不書，爲不足爲訓諱之之類，是也。

一、二傳解經直引師説，禮文如出胸臆，全書無一稱引當時名卿大夫者，傳于二傳經例禮制之文皆託之時人議論，此不以空文説之，故今于傳中閑文瑣事皆以解經之例求之，則大義微言多爲二傳所無。傳爲左氏自撰，非史官史文愈明。

一、二傳經説隨經附見，傳則多不見本經下，而見于他傳。莊、僖以上，文雖缺略，然見于文、宣以下追述者不少。二傳解經之外，説事之文質實簡樸，全與經説無干，傳仿經文，緣經説起，引經據典，九流枝術，無所不包。故經文不可以史説之。今就傳中閑文佚事著其意在于經，則《左氏》不解經之説可息矣。

一、傳由先師續編，故文有失次者，杜氏謂之『跳書』。師非一人，故經説有複出，文見數處者；亦有彼此小異者；更有説不附經者。至叙事之文，有本一事，中間以别事割截兩傷者；有删削本文殘文未盡者；有猶存本國紀年稱號之語者。至于前後詳略相反，尤爲易見。使果左氏一人手定，未必如此。今以二傳之例説之，以爲出于先師，則諸疑可釋矣。

一、三傳大故事、大典禮無一不同，後人不能兼通，自生荆棘。今于舊説所稱異事異禮皆能一貫多，合之兩美，經義乃備，凡《異義》《膏肓》諸書皆可不作。小有異同，皆經無明文及傳寫歧異者，歸入《傳疑表》，不過十餘事，又皆小節，餘則無不同也。

一、舊説以二傳不詳事實，非也，弟子不問事，則師不言耳。故二傳所言事實乃多爲傳所脱佚，及載而不詳者。今悉取以補證，使知三傳皆必先明事實，而後可以説經。二傳不詳事、《左傳》不詳例之説，可以破矣。

一、二傳之筆削，傳以告赴代之；名字進退，傳以儀節代之。至于内外、尊卑、三世、日月諸例，莫不相同，特二傳爲空言，傳必以事實代之，恐其衍説失真故耳。今據此立説，救正杜誤甚多。將此例摭拾，彙爲一編，曰《左氏不以空言説經長編》。

一、治《公》《穀》者畏言《左氏》，甚其言事多與師説不合，不知加損筆削，本傳原有明文；惟其事異，經義愈顯，必須鉤鬥，乃見合同。三傳正以不同爲要，使因循苟同，反不足取。他山攻錯，兩有所益。

一、昔人不喜二傳空言，務以史説《左氏》。郝氏《非左》動以附會薄之，不知藉事寓言，古書通例，《春秋》爲經，正在撥亂反正，垂訓萬世，《左氏》大功在于發明六藝，皆包九流，兵刑枝術，莫不兼綜；使但録淫亂之遭、狂瞽之言，有何可貴？今將《藝文志》所有學問全包于傳，六藝以外，九家爲詳，兼采各書，以證明本始支派；文以上詳于經例，昭以下説此事爲詳。著書明聖，固不以鈔胥爲能事也。

一、傳有説事實例，有説經意例。如經以齊、晉爲二伯，傳則于楚、吴、鄭國皆有伯義，鄭爲卿士，以齊、宋朝王，此事實鄭尊于宋、齊。又云『齊大非耦』，則就經言之，事爲桓、文，義則孔子。三傳説經異同，多不出此二例。今于傳中意旨務求分別，以各安其意。

一、傳文與經同異，杜氏立依經、錯經二例，是也。有爲二例不能包者，如『克段』二傳以爲殺，《左》以爲出奔；戎伐凡伯于楚丘，《穀梁》以爲衛，二傳以爲戎。今立事原、經説二例以統之。事原者，經雖如此書，而事實不如此；經説者，但就經解經，不更探考本事。有此二例，則不惟本傳可通，合之三傳皆可通。

一、經傳義例、名號、事實，有非圖、表不明者。今別爲《圖表》一卷，加于經傳之前。

一、杜氏有《釋例》，今將其本並馬氏《釋例》詳加駁正，別撰《釋例》。一書合通三傳，兼包六藝；除杜氏舊目外，添補要目數十，悉本傳義。此書一成，巨細皆舉矣。

左氏學外編凡例

一、三傳同説一經，本屬兄弟，表裏既分，自各有面目。然全書同異不過一二十條，皆屬微末，至于大事宏例，三家未有不同，特爲舊説所蔽耳。學者苟于立異，自謂家法分明，實係畏難苟安，不求甚解。今于素來争執不能一尊之條，立《三傳合同表》以統之。凡古今紛争辨訟不劃一者，盡歸此表。《合同表》。

一、三傳初本相同，末流漸異，今于其異説中立《同源異流表》。如用夷禮則夷之，二傳以爲滕、秦，《左傳》以説杞，然而相傳事此例則同也。諸侯同盟，于是書名，《穀梁》以説宿，《左氏》以説滕，然其同盟書名之例則同也。枝節雖殊，本根不異，今故立《同源異流表》，以見其異中未嘗不同也。《同源異流表》。

一、傳例有專條，有通例：通例可推于他條，專條則專説本事而已。二傳如三世、内娶、外灾、及我乃書、賢者不名，是也；本傳如妾者因不赴不祔、不稱小君、内戰有二、未陳曰敗、諸侯卒同盟書名之類，是也。自來師説，皆張皇所短，推説他條。漢師已多誤説，杜氏尤甚，每諸侯卒必言同盟，夫人葬下必言三禮是也。推補之例，必皆精實；通例不敢主張，專條以致疑誤。作《二傳專條表》。

一、傳例五十凡，前人有專書，皆隋修《經籍志》，今補之。凡已具者不必論，其不備者補之。有凡例僅言其半，就傳例補全者。如傳例言：弑君稱人君無道，稱臣臣之罪，同二傳，而不言殺大夫。據此可補：凡殺大夫，稱人以殺，臣之罪也；稱國以殺，罪累上也。凡君不道于民，諸侯討而執之，則曰某人執某侯；不然則否。此同二傳也，而不言執大夫。可據補：凡臣無罪，諸侯討而執之，則稱行人；不然則否。入歸凡四語，諸侯、大夫互文，各有其半，當補之。五十凡舊説多蒙混，一事凡不能清晰。如同盟、赴名二凡，分之，一爲内例，一爲外例；去國凡四句，二爲諸侯，二爲大夫；赴告二凡，一爲内，一爲外。其有字誤，則證之，如『稱君君無道』，上『君』字當爲『人』；『得用焉曰獲』，『用焉』當爲牛馬之類。所有禮例十七凡，並爲分别考證，皆引經、傳以證之，又爲補二凡，如《五行志》引『凡雹，皆冬之愆陽、夏之伏陰』，本傳『凡物不足以講大事，其材不足以備器用，則君不舉』『君舉必書』二凡是也。作《五十凡補證》二卷，上卷爲經例，下卷爲禮例。

一、《左氏》晚出，説，微多亡佚，漢師、杜氏皆引二傳相補，今不能不仍因其例。惟分門已久，一意合通，難免壞亂之譏，《補例》篇采擇尤宜詳審。今立十例，以嚴門户，將《三傳同例》《同源異流》二表冠于首。一補師説。與二傳同者，再加擴充，如素王三統、義同文異之類。二補五十凡例。五十凡與二傳同者，皆見同表，然多未備，宜采補之。故《五行志》引『説曰有雹凡』一條，鄭興傳説『齊小白入』一條，皆爲傳所無，今據以補其全。三補傳例。傳中散見，文多未備；如有君無臣、有内無外、有正無變、有綱無目，今悉補之。四補闕例。傳文漢師、杜氏同有之例而文不全備者，如内外、中外、尊卑、日月、隱見、筆削、加損、輕重、詳略之類，爲治經要例，而三者皆略而不備，不足用，今悉推廣之。五補新例。傳有古義師説，爲二傳所無，本師闕而不説、新傳推得者，如異姓爲後、宋王後有監，唯卿爲大夫、長義諸條是也。六補細例。鄭君于『自外虐其君曰戕』條補細例，潁氏于『邑曰築』凡下補細例；今仿其例，于舊例中補之。如『未陳曰敗』『皆陳曰戰』當補内外、尊卑、中外、大小諸例，是也。七補漢師例。如賈既用《穀梁》『桓無王』之説，則隱無正、文無天、昭無正終、定無正始當用之矣；既用《穀梁》言桓十年有王以正曹伯，則諸侯卒皆言正不正可知矣，當推補其闕佚。八補杜例。杜氏號爲簡二傳以去異端，實則其取二傳者十分之三四；其所不通、不敢引用，或立異求新、不肯因仍之條，有爲要例不可少者，今悉仿其例取之。九補史例。凡傳文與經異者，此爲筆削加損例；今悉取其異文，以補經、史不同之例。終爲《補例表》。凡不見《三傳同例表》，爲今所補者，統爲一表居後。志在以《左氏》言《左氏》，當不致有亂家法也。

一、漢儒舊説，臧氏、李氏、洪氏、馬氏、劉氏諸本久已刊行，今《補證》中采録漢説，其出處詳于疏中，其有新得者，亦同此例。一俟采録已齊，當別爲《左氏漢師遺説考》，補證諸家，以爲定本。師説于《史記》、鄭君采之尤詳。又，漢師説間有誤解。附録證之。

一、傳傳于劉氏，漢師因其晚出，歸入古學，説者遂以《左氏》與《周禮》同爲古學。今考傳文，禮制全同《王制》、博士，絶無《周禮》專條，今故歸還今學。所有舊説，以《戴記》爲宗，至漢師誤用《周禮》説者，隨文駁正之。別立《左氏與僞周禮不同表》。

一、三傳禮説不同，見于《異義》者三四十條。舊説立意求分，不知異同每爲起數，參差互見諸例，今考傳記，靡不通貫。所有舊以爲異而實同者，爲《三傳禮制相同表》。

一、《春秋》制作，但存大綱，所有細節，七十子之徒各有己意立説，所謂此其大略，尚待潤澤者也。傳中所爲三代之制，多爲三統例，蓋《春秋》百世不易，而易代興王，不能不改，故孔子別撰三統之例，以通其變。今立《禮制三統表》，凡諸經傳與傳參差者，則統歸之三統。務使同源共貫，不致紛歧，亦以賈、服原有三統説也。

一、近人以傳爲劉歆附益，劉申綬有《考證》一卷，今駁之。後人考《左氏》者，京山郝氏有《非左》二卷，亦駁之。凡本傳舊説之闕失，前人所諆詆者，務別求實義以説之。

一、舊撰《公》《穀》二經皆不用舊注，別撰《商確》《糾繆》二書駁正之。今仿其例，作《集解辨正》四卷、《釋例評》四卷、《馬氏左傳例評》一卷，所有誤承漢師説者，並爲正之。別爲《刪例表》，凡舊説之誤者悉入此表，以便觀覽也。

一、舊撰《穀梁古義》，作《起起癈疾》一卷。今從其例，別爲《箴膏肓評》一卷，鄭君要義摘録之，以歸簡要。鄭説《春秋》多本《左氏》，故《起癈疾》《三禮注》《詩箋》及鄭氏佚書中凡説《春秋》者，悉采之。《左氏》爲今學，以《王制》爲歸，舊以爲古學者誤。今以《王制》爲主，取傳文注之，以明其義，作《左傳王制注》二卷。

一、《左氏》淵源，《史記》不詳，劉氏遺書不舉先師，范升云師徒相傳，又無其人，古學弟子頗有異説，魏、晉以下，尤爲荒誕，劉申綬《左氏考證》下卷嘗攻僞説。今作《左氏淵流考》，以《史記》爲主，所有《釋文序録》《隋·經籍志》等僞誤，悉爲考證，以祛僞説。唐、宋以下，則不復論及焉。

一、説經取二傳，以補未足，然傳中所有真古師法，與經切合不可移易，而爲二傳所遺者，編入《左氏長義》，並于《公羊》《穀梁》傳中補入此例，以見三傳同源。若有異同之條，則惟各存其實，不必淆亂也。

一、董子云：『撥亂反正，莫近《春秋》。』漢師皆主此義。《春秋》固爲萬世法，切要尤在救時弊。今據傳文作《反正表》，凡傳文時事與《春秋》相反者，列于上方，以《春秋》禮制撥正之。如世卿不親迎、同姓昏、不討賊、諸侯再娶、不三年喪、喪中祭之類，悉録事實，以《春秋》救之。

一、近人于二傳皆有『禮徵』之作，《左氏》善禮，乃無專書。今于師説之前輯經、傳、《戴記》禮制之説，以爲《左氏禮徵》。其中詳于二伯、四岳、方伯及國器服、名號，以補江、秦諸家之闕。

一、六藝傳于孔子，同源一貫，董子所謂『《春秋》明三王之道』，《中庸》所謂『考三王而不繆』者也。今以《春秋》通群經，如二伯、四岳、方伯之制，群經皆同，在《詩》爲周、召，在《書》爲太保、畢公，在《曲禮》爲六官之長，是也。又如方伯之制，在《書》爲四岳，爲東方諸侯、西方諸侯，在《詩》爲邶、鄘、衛、鄭、齊、唐、魏、豳、秦、陳，在《禮》爲州牧、侯牧、九州之長，是也。《春秋》譏不親迎，而群經皆主親迎；譏不三年喪，群經皆主三年喪。《左氏》經傳以通群經，作《春秋法古表》，以通經學。

一、《春秋》上以法經，下以徵史，百世以俟聖人而不惑，繼周百世可知。《春秋》立一王之法，百世皆入其範圍而不能異。又，後世禍變，經、傳實已先設其防。今立《春秋俟後表》，一爲因法，見秦以下事故百變，不出《春秋》，以通經、史之聲氣；一爲鑒戒，見亂臣賊子所依託之事，聖人皆已爲立防，此《春秋》成所以懼也。如開選舉、改郡縣，即本不世卿之意；禮樂兵刑，固無不本于經傳也。

禮經補證凡例

一、《經解》所言禮教，即指《儀禮》，與《詩》《書》《樂》《易》《春秋》合爲六藝。《禮記》爲傳記，出于先師，至《周禮》則爲官職，如今《搢紳》。中多制度，非儀注，以『周官』之名爲正，當爲《王制》立官傳説。或以《周禮》爲經禮、《儀禮》爲曲禮者，誤也。

一、《王制》司徒所掌六禮，即今《儀禮》，專詳儀節，爲上下日用行習通行，凡非司徒所掌者，于《別録》屬制度，不得以禮爲名。《漢書·志》、杜氏《通典》專以儀節爲禮，最得古義。自朱子誤收王禮，近人更毫無區別。《儀禮經傳通解》誤收王禮，《禮經通例》《五禮通考》遂以典制之事概名爲禮。今以《儀注》爲禮，不用僞『周禮』『五禮』名目，以合司徒之義。凡軍制、明堂皆不取之。

一、禮與樂類與《詩》《書》爲四教，《論語》稱『執禮』。《詩》《書》屬諷誦，禮、樂屬行習，不易之論也。庠序立教，故于士禮爲詳，取其切近，兼以用之者多。若天子、諸侯禮節，則有司存，故詳于卑而略于尊。

一、經傳庠序貴于簡易，十七篇録要起例，本末已備。邵氏《通論》言之甚詳。以禮書論，若《開元禮》《會要》《儀注》等書，非不詳盡，然何能人置一編，命之肄業？且與各經多寡懸殊，三年通經，豈能過爲煩重？既已通經，經之所無，緣經草創，後世禮官，職掌千百，經文固不出其範圍，何嘗苦于缺略。以十七篇爲不全，乃古文僞説，惟之別經，其事自明。

一、禮有五等差別，經則但録一篇，傳記補其異同，此一篇可作五篇，于《相見》《覲禮》《少牢》《特牲》更即等差以示推比。經言大略，潤澤在人，固不以不收《公冠》爲疑。

一、禮有異名同實，朝聘、會盟、燕享、飲食，名目雖有區分，節儀無大改變，舉一反三，由顯推隱，傳記或示異同，亦如五等差分之例，一篇可作數篇之用，端由善悟。使備録其文，則重複雜沓，反生厭倦之心矣。

一、經不但篇目不備，且每篇亦多互見之例，此篇已詳，于彼從略，既始已詳，則終可推，不可拘無明文，指爲缺典。如冠無見父及兄弟之文，昏無初見廟及舅姑、賓客之類。《春秋》之例，貴于比屬，又因疑惑，乃爲明之。凡所易明，皆不再見各篇文一例，即各篇文不全録也。

一、經從簡貴，傳務詳明。《詩》《書》《春秋》，其例可推。除本經記傳以外，凡雜見兩戴及他書，皆取附各篇之下。以《喪服》而論，《大傳》《小記》《閒傳》《服問》《三年喪問》《喪服四制》合之本經之傳，是經一，傳、記、問共有七篇。以此推之，是傳記之文當過于經文五倍也。其非全篇者，亦依類采入。至于事迹，亦仿《經傳通解》之例于篇末。

一、《左傳》有先經之例，今取吴氏所補《逸禮》篇補篇前，以爲先經起義。如《釁廟》《遷廟》補于《祭禮》之前。

一、《左傳》有後經之例，今取吴氏所補《逸禮》篇目補于篇後，以爲後經終事。如繹祭之類。

一、存附篇。凡事與經不屬者，則依類取其儀節附存之。

一、補儀節。各篇所有關義萬不可所者，則爲補録于後。如祭禮但詳享尸，而祊祭迎主于堂，薦毛血之儀皆無之，有終無始，萬不可缺，則取《禮記》諸文補其儀節；《昏禮》先祖後配，則據《左傳》補之。

一、《禮經》但録綱禮常文，至于臨事不能拘泥。《春秋》藉行事以明王制，多有變化，無一板執。如《王制》《左》《國》藉行事以明《禮經》，亦如《春秋》之作。《春秋》無一不本禮而發，特事有常變，文有差互耳。當實引據之，不可斥爲異己。

一、賈子《容經》所謂曲禮、威儀，但説一事，不相貫串，先習《容經》，後通《儀禮》，以《儀禮》由《容經》湊而成。《容經》如小學釋字，《儀禮》則經説。今既别注《容經》，凡單説一節者歸《容經》，不入此門。

一、後世儀注諸書，多爲禮臣草創，事雖新出，儀可類推，識者不非之，以爲但得禮意，不外人情。然其草創皆由經推例而出，故十七篇足以盡天下萬世之變禮。叔孫通草朝儀，固不必出舊文也。

一、孔子所作，以《春秋》爲大綱，所謂天子之事，其文皆見《王制》《儀禮》，皆司徒所掌之儀節，在三公爲所掌一事。凡《春秋》所譏失禮者，皆爲周制。如喪祭、喪娶、喪中用樂，不親迎、喪不三年，與世卿、税畝之類，在周爲通行，在《春秋》爲失禮。而《儀禮》所言，皆與《春秋》合，此爲制作無疑。

一、《儀禮》但説六禮，其有在此外者，皆係别經説，非《儀禮》之文。如《明堂》《月令》，《尚書》説；《弟子職》《胎教》《禮論》之類，則《孝經》説，皆不在六禮之中。由此推之，總之司徒所掌六禮儀注乃入此。儀注甚繁，舉一以示例，故舉十七篇以統之。

一、《儀禮》經以互文爲大例。凡儀注之文，重言則嫌瑣，不詳則闕略。經則專以互文相起，凡見于此篇者，則彼篇可略；又凡人所知者，皆不言之。如昏之見廟、冠之見母，非無其事，文不備耳。如祭祀，經但有享尸之事，而無祭主之儀，而記則多言祭主，此當由存記文以推補之。

一、《喪服》爲經中要篇，前人多專門相傳，其記最多。今彙輯附以便考尋，凡同者别附存之，以爲異義焉。

一、孔子修《春秋》，據百二十國寶書，則《儀禮》亦從周禮出。《禮運》言得夏時、殷易，蓋以周有文徵也。孔子適周問禮，即録其底本而歸，文則周禮，獻則老聃，《論語》所謂「夏殷不足徵」「周郁郁」「吾從周」，《中庸》「今用之，吾從周」。孔子，周之臣子，從周何待言，以吾與周對文，明此繼周之義，本可參用二代禮以相損益，而無徵則不得用周禮爲底本而加損益，緯以孔子爲周殷禮，亦據周禮册，而參以殷意，非參以殷册。諸書所云「吾從周」者，謂定《儀禮》皆由周會典作藍本，于他事不相干也。

一、《禮經》有記、有義。記以推儀節，義以詳義理。如《戴記》鄉飲諸義是也。凡專屬别經者，歸别經外；如《祭義》屬《孝經》之類。說《儀禮》者，通輯之；《士冠禮》已取《郊特牲》一篇，今從其例，悉爲補入。其中有明文篇名者少，經凡無明文篇名與零篇脱節，悉依其例歸之，以記附經，以義附義，凡《儀禮》說皆當類輯，如《經傳通解》之例。

一、《周禮》專條與《王制》異，而儀節則多用《儀禮》。今于《周禮》儀節細爲推詳，凡與《儀禮》不背者悉取附記義中。

一、禮家議禮，異說最多，俗宜各有所從，文質自隨所近。今凡異說皆輯之，以爲《禮家與儀禮禮制不同表》。

一、孔子翻定六經爲一王之制，《儀禮》與五經實相通。今凡諸經儀注之事有與五經相通者，彙輯之以爲《儀禮與五經通禮考》二卷。

一、草定儀注，凡記文佚傳殘脱不全，或重文複見參差不齊者，則推類援例，草定儀注，以復舊觀，兼以收拾殘零。

一、後世典禮、儀注如徐、秦《通考》所采通書，皆《儀禮》之支流也。今當溯其源于《儀禮》，故治《儀禮》者宜通考歷代儀注節目也。

容經學凡例附《儀禮》後

一、班《志》《儒林傳》云：漢興，魯高堂生傳《士儀禮》十七篇，今之《儀禮》爲經者也。又云魯徐生善爲頌，師古曰：「頌，讀與『容』同。」孝文時以善爲頌爲禮官大夫，傳子至孫延、襄。襄，其資性善爲頌，不能通經；延頗能，未善也。襄亦以頌爲大夫，至廣陵内史。延及徐氏弟子公户滿意、桓生、單次皆爲禮官大夫，而瑕丘蕭奮以禮至淮陽太守，諸言爲頌者由徐氏。蘇注引《漢舊儀》有二郎爲此頌貌盛儀事，有徐氏，徐氏後有張氏，不知經，但能盤辟爲禮容，天下郡國有容史，皆諷魯學頌。案：頌即賈子之《容經》，爲《禮經》之緯者也。

一、徐氏所傳之禮，與高堂生所傳一經一緯，至今其書存于《新書》，猶有經名。欲習儀者，當由容始。今以《容經》傳記附于《儀禮》之後，同爲魯學。

一、《容經》共十六門，志色、容、視、言爲四經，立、坐、行、趨、跸、旋、跪、拜、伏、坐車、立車、兵車爲容之節目。四經又分四目，曰朝廷、曰祭祀、曰軍旅、曰喪紀。立坐又分四目：曰經立經作、曰共立共坐、曰肅立肅坐、曰卑立卑坐，而末以總禁統之，皆經文有韻，以便誦習。後八節皆總論此事，如《儀禮》之義也。

一、《容經》又名《曲禮》，所謂『曲禮三千』者也。經以志、容、視、言爲綱，以下詳于容而略于三事，當是以容包三事。然佚容只四字，定有脱文。考之《戴記》、子傳，闕節尚多。今先就此十六門剌取記傳，爲之注説，凡有此經未備，而見于記傳者，依例補目，附于本經傳記之後。大約其旨亦數千也。

一、經首志色，志在中，色發外，實一事也。今分朝廷、祭祀、軍旅、喪紀四目，分取傳記之志色，其有言志色不入四門者，彙附于後。

一、《容經》既分四目，今作爲四巨册以歸之，而下文言容之事復有十一門，則爲志容一門子目。大約此條爲詳，然有出于四目、十一門之外者，如飲食、饋獻、洒掃之類，則仿其例，附于巨册之後。

一、視經依例分四目，所有以下十一門之視亦依例分收。其有不入此目者，彙附于後。言經仿此。

一、立坐分經、共、肅、卑四目，而以經坐爲綱，下三目皆由經而小變。經立微罄微折，又爲下諸門之綱領。今依彙鈔附傳記焉。坐以經立爲宗，餘亦同例。

一、行、趨、跘、旋、跪皆以共立微罄之容爲本，而小有參變，各依類纂，附同上例。

一、拜以肅立罄折之容爲本，而小有參變。跪禮有脱文，然傳記之言跪者亦依例分入。

一、末三門皆車事，坐立依經禮，兵車則變之。今亦依例分類纂輯附入。

一、總禁統説失禮者，凡傳記禁止、勉勵及一切總論節目皆附之。

一、容事所有五等不同之制，總爲一類，立表以明之。又一人之事因人之尊卑而變者，別爲一類，亦立表以明之。前一例如『天子穆穆』云云，下一例如『孔子于鄉黨』云云是也。

一、孔子制禮，故弟子及時人問禮多主新制而言，非舊有之文。問者不知翻檢，徒瀆煩取巧便也。今立此一門，凡問答之詞皆入焉。此爲《儀》《容》二經之凡例，非數舊典而已。此當以《禮運》三篇爲首。

一、孔子制禮，故《鄉黨》兼記《儀》《容》二經之事。此孔子草定之佚文，與弟子法聖之身教。儀注猶多據舊典。至于《容經》，則尤多以意起也。

一、傳記所問答詞命之節，舊無所統，今以歸入言經，彙爲一册。如《曲禮》《少儀》應對諸條是也。

一、《新書》禮容語皆《容經》之傳義也，取以附《容經》之後。所闕上篇依例輯補，更廣輯舊事，以爲附篇。

一、《别録》有『通論』子目，今依其例，凡《戴記》所有説儀容專篇，取爲通論附後。外有散文脱節，凡係説禮與儀容者通輯之。

一、此經專以儀容爲主，所有制度之事歸入《王制》，樂事别爲一經，至于婦女禮少，《儀禮》胎教、保傅、學禮之類，統附《孝經》後，以示區别。

兩戴記分撰凡例

《分撰凡例》已刊，今所見與前説有異同，别訂爲此編焉。篇章義例無所更異。丁亥六月八日識。

一、六藝皆孔子一家之説，改制之文，全在《王制》，故以《王制》爲首，凡下十四門皆爲《王制》所包，兹不取以爲説，惟言經濟、制度者乃入此門，立《王制記》。一。

一、《王制》有佚文，制度不全，其説往往見于傳記、子史。兹于《王制》凡例中立此一門，取今學説禮之書以爲證，並于記文中立此一目。凡與佚禮合者附采之，立《王制佚記》。二。

一、《易》爲六藝之首，《本命》《易本命》《中庸》用惠説，前後皆《易》説。皆《易》説專篇，《禮運》《樂記》亦多《易》説。茲立此門，收録全篇，凡散見者亦采之，立《易記》。三。

一、《周書》出于東漢以後，雜采諸書而成，與《書》近。如《踐阼》《明堂位》之類是也。茲立一門，凡散見者皆附焉，立《書記》。四。

一、子游習禮，見于《記》中者，《禮運》三篇。今分訂經、傳、記，以爲《禮説記》。五。

一、樂禮早佚，劉歆以《周禮・大司樂》章爲經，俟考。《樂記》一篇，乃其大綱。今立《樂經》一門，其詳見于《樂例》。于《記》中取《樂記》以外，散見者皆取之，立《樂記》。六。

一、《春秋》因以《王制》爲舊傳，既立《王制》統今學，茲不取之。凡記文之散見，説《春秋》者彙輯之，以爲《春秋記》。七。

一、《儀禮》記義多見《記》中，于儀例立此一門，取記文及《儀禮》記文立《儀禮記義》。八。

一、《儀禮》外傳多見于《記》中，于儀例立此一門，取記逸禮，立《逸禮記》。九。

一、《儀禮》爲經，《容經》爲緯，所謂三百、三千也。《容經》今在《賈子》，茲于儀例中立此一門，以收記文，立《容經傳記》。十。

一、《喪服》爲《儀禮》大門，茲收傳記並散見者，凡與《喪服》不合者歸入周制佚存，立《喪服記》。十一。

一、曾子傳《孝經》，《大戴》十篇皆《孝經》説，經少而傳記詳。茲立爲《孝經》一門，凡全篇之外散見者亦附焉，立《孝經記》。十二。

一、《論語》六藝總匯，茲取《哀公問》等篇孔子言歸入《論語》之下，立《論語記》。十三。

一、三代不尚學，學禮皆孔子所開，特爲選舉而改，所謂三代共之者，皆推本三王，與譯改《詩》《書》同意，所謂微言也。兹立《學禮》一門，凡教學事師之事皆入焉，立《學禮記》。十四。

一、婦女禮無别本，兹立此門，盡收禮文，編類成帙，以便講習。内官百廿，皆外官之妻，天子十二名，名見《董子》。今考婦職與外官相配，立《婦女禮》。十五。

一、小學所傳朱子本多割裂，經文不善。兹除歸入《儀》《容》二經外，凡單言弟子禮者歸入此篇，《弟子職》亦附焉，立《小學禮》。十六。

一、緯書爲治經要秘，兹單鈔出《經學説》一門，立爲緯學，並取《記》文合者以相印證，立《緯學考》。十七。

一、《記》文《别録》有『通論』一門，兹立此目，以符舊觀，凡屬通論禮制者盡附之，立《通論》。十八。

一、《記》有『經學』一門，先師説經之書也。兹專立此門，《經解》爲主，《喪記》《坊記》《孔子閒居》入焉，立《經學記》。十九。

一、《記》有孔子家録入者，爲儒家言，如《儒行》《本命》之類，集爲《儒家説》。二十。

一、記有陰陽五行家説，此亦《洪範五行》之流也。《夏小正》《月令》《盛德》之類是也。彙輯之以爲一門，立《陰陽五行記》。廿一。

一、自七十子以至哀、平，傳習皆今學，久則不能無異同。《記》有異説、異勢者，多爲互見例，是必求同，凡有不能同者，以爲三統説之文，立《三統表》。廿二。

一、《左氏》漢人以爲古學，欲與今學立異。然其本爲今學專派，不能遽以爲古。如《曲禮》《檀弓》所有《左傳》説，兹仍歸之今學。兹立此一門，如《祭法》專篇收入之以外，散見者亦采焉，立《左氏記》。廿四。

一、《周禮》爲《逸禮》舊文，《曲禮》六大、五官、六府、六工即其原目。除劉歆羼補，餘皆今説。《朝事》《盛德》《玉藻》《深衣》《内則》文多同《周禮》是也。今既删去僞説，更輯録諸篇以證周禮，立《周禮考》。廿五。

一、《記》有『古史』一類，如《五帝德》《帝繫姓》是也。此爲《尚書》傳説之文，兹立《古史記》。廿六。

一、六藝皆孔子所定，當時行禮佚事，乃有與《王制》《儀禮》不同者，此爲真《周禮》。兹彙輯之以爲《周禮佚存》。廿七。

一、當時禮論有不爲弟子所傳，或古人所説多與今學不合，與《異義》有别，此爲時論異説，立《禮説佚聞》。廿八。

舊以《記》有今、古派，兹併歸入今學，其有異義者，立異例四門收之，不以爲古。古學成于東漢，皆晚近之説，《記》中無之也。古《書》、毛《詩》，漢人推《左傳》《周禮》以説之者。古《易》、古《孝經》《論語》所出尤晚，又漢人推古學四經以説之者，皆爲漢派。《記》無此義，又不能成家，故古學中不立《詩》《書》《易》《孝經》《論語》五經説也。

周官考徵凡例

一、《周官》終西漢之世未立學官，傳習者稀，師説甚微，源淵不具，實出孔壁，即劉歆《移書》所稱之《逸禮》也。《藝文志》：『《禮古經》者，出于魯淹中及孔氏，與七十篇文相似，多三十九篇。』漢師因此三十九篇釐爲六篇，乃爲今本。

一、《周官》，漢儒以爲周公作，稱爲『古經』，以爲古文學本源。據《周官》以説各經，乃成爲今、古門户之説。今考訂《周官》原文，制度實與六藝相同，並無齟齬。無論果否出于周公，但六藝折中孔子，既經論定，統爲經學而已，不再立今、古之目。

一、《周官》詳于制度，如今之《政要》《搢紳》。舊説雖有七名，當以《周官》爲正。《儀經》爲禮經，乃司徒所掌之六禮。官中稱五禮，禮本可兼制度言，但各有正名，宜從其朔。又官繫以周，亦如《易》之稱《周易》。孔子有『從周』之言，官繫以周，以爲從周而損益之也。

一、自來駁《周禮》者代不乏人，皆未就經文實力推考，其所考駁，多爲先師誤説，非經之過。今將舊有鄭、賈誤解並流衍諸説改入《古學考》中，以明其誤。本經疏義力申本旨，務與諸經制度符同，無古、今之異。

一、《曲禮》之六大、五官、六府、六工，當爲周官。舊題《逸禮》，在秘府者數十年，元始後乃釐爲今本，不無參差失次之病，故《冬官》迄無定説。古書脱簡失次，各經皆有，不足爲嫌。今于經文不改舊次，但于經末附《曲禮》舊題統屬各官一表，以不没其實。

一、《藝文志》有《周禮説》四篇，今其書不傳，蓋已附入經文之中，如《左傳》説之附入傳文，六官首之序與序官下之府、史、胥、徒是也。以外皆屬古經，亦如《左傳》並無劉歆羼補，但歆説經好立異同，後人因其誤解，遂攻及經文耳。今別出誤解，力申經義，以還舊觀。

一、舊刊有《周禮删劉》一卷，以九畿、九州、五等封爲劉歆所羼補。原約能講明一條則刊去一條，今已將三事説通，全爲經制，故將舊名刊去，改入《古學考》之末。緣經雖不誤，而鄭、賈師説則誤解經文，力求與博士相反。辨明師説異同，當即《古學考》改易，以明此例。

一、舊于九畿、五等封、九州諸條，以十二證刪之。今既考證明白，則十二證皆可不立。今因講明三條，故收回三條，刪去劉氏羼亂經文一説。六官分合，尚有疑難，今姑以爲殘缺，一俟已後講明，再行補正。實事求是，不得不慎重也。

一、《周官》官名、職事本有佚缺，如司空、司禄其明徵也。今將先秦以前諸書官名、職事悉爲采輯，然後就本經考其異同。如係名異實同，則取以作注；如爲本經所無，則依彙補于各卷之末，如后稷、田、田畯之類羼入農官是也。

一、侯國官職，考經傳，諸侯官職與王臣名目、職事全同，特品秩有異。王三公：司馬、司空、司徒；諸侯三卿，亦司馬、司空、司徒。以今制言之，京師有六部，下至州縣亦有六房。王臣之職掌明，便可推于侯國，非有二事也。今考定王臣後，即由王臣以推侯國，立大國、次國、小國三職官表以明之。

一、軍制將佐，本即公卿，用兵之時，隨而任之，非常職，如今之養兵也。考之《左傳》《國語》可見。所有差使亦多非常職，皆爲攝官。今立攝官一門，使不與正官相淆。

一、政治之學，官禮爲近，以所載職事最爲明確也。時務之學，莫切《周官》。昔人多以此致誤家國者，非經之過，用者之過。今務求平易可行，所有農政、工政、商政、軍政、財賦等項，分門考之。

一、五等封地，專指五長而言。《王制》之地三等，則爲本封。二者相合，乃爲全璧。至所稱公、侯、伯、子、男，皆爲五長，鄭君誤以九命之小國説之。今别爲五長名號、封禄、器物、儀節表以明之，詳大略小，與諸經相同。

一、本經制度，實同《王制》。如作伯、作牧、立監、冢宰、制國用之類，莫不相同。其大者既已伯、牧、監皆同，則小者可知矣。今取相通之義，《周官》未備，以《王制》補之；《王制》未詳，亦用《周官》相補。合爲一家，不立今、古門目，以收大同之效。

一、地志仍用《禹貢》九州。周非無梁、徐，略而不言耳。外州見幽、并，互文相起，《爾雅》之見幽、營，亦同此例。以幽、營屬燕、齊，非實指燕、齊也。後師誤解之，如《職方》之并多内地山水名目，甚至以北岳之恒歸之，此亦由後師誤解經文，譯改校補，遂至于此，非經之過也。今于二州皆以要荒解之。

一、九畿即《禹貢》之五服。《禹貢》每服五百里，又以三百里、二百里分界。大綱師爲五服，細目則爲九服，名目里數皆同。是經本同《禹貢》，師説萬國、萬里皆誤也。詳《王制圖表》。以國蕃屬九州，使如師説，則蕃在四千里外，何尚以九州之目耶？惟其屬要、荒，固可以侯、綏説之也。

一、經説一門，舊刊《古學考》以爲全由羼改，意主攻擊博士。今既改訂條例，凡舊説此例，悉以爲經外未經傳譯之書，如有別解，再行補正。

樂經凡例

一、《樂經》或以爲亡，或以《大司樂》當之。《大司樂》乃《樂記》逸篇之《竇公》也。紛紛陳説，悉非的解。竊以樂備六藝，殊無亡理，聲容工度，久無不變，《禮記·樂記》爲説樂專篇，由記考經，如因影求表。今立經爲主，以記附之。《大司樂》以下論樂教、樂器、樂舞之文附焉，總爲一書，附《詩》而行。《論語》『正樂』『雅頌得所』，繼絶鈎沉，樂教復顯，亦庠序盛事也。

一、《禮經》樂章有二《南》《小雅》六篇明文。《鄉飲酒》以二《南》爲正歌，間歌《魚麗》三，大射《鹿鳴》三終，但言二《南》《小雅》二門。《樂記》言歌風、齊、小雅、大雅、頌、商，共六門，《左傳》季札事，言歌二南、邶、鄘、衛、王、鄭、齊、豳、秦、魏、唐、陳、小雅、大雅、頌，共十六門，又間見《文王》之三、《鹿鳴》之三，以例推之，是凡《詩》首三章爲樂，故歌《詩》以三爲斷。又有間歌三篇之例，然諸言工歌者，皆不出此三篇之外。是《詩》首三篇爲《樂經》之切證。

一、諸經傳記言工歌者，爲詩爲樂章；言奏者，皆樂聲工尺之名，非詩。如奏《肆夏》、奏《騶虞》。以此例推，則《貍首》非詩，《采蘩》《采蘋》亦與《詩》名同實異，與笙奏《由庚》《崇丘》《由儀》爲一類。奏譜鏗鏘，歌傳文字，聲律無百年不變，文字終古不磨。譜湮而經存，由經可以反本原制器聲，此經所以不寓鏗鏘而寓之于《詩》也。

一、諸經文皆不過二萬字，惟《詩》篇帙繁重。據經記，《詩》中有樂之文，皆首三篇。今別録爲《樂經》。二《南》十一，國風除檜、曹二國不用。共三十九篇，大、小雅正歌、間歌共十二篇，《三頌》當屬全文，周三十篇，魯、商九篇，共三十九，合爲九十篇。再補以《小雅》之《車攻》三、《庭燎》三、《小旻》三、《瞻洛》三、《魚藻》三、《洞酌》三，共百零八篇。于詩中分此百八篇，別爲《樂經》，寓于詩而樂存，詩分乎樂而詩備。

一、《荀子》云：『歌《詩》三百，誦《詩》三百，舞《詩》三百。』誦屬詩，歌、舞屬樂，全數三百，是詩皆可爲樂，樂亦可同名詩。惟《禮經》、傳記言工歌者，皆在首三篇，是詩、樂大同之中正不無小別。又《儀記》《樂記》《左傳》言樂歌詳略不同，故不得以一書爲據。《左》《國》于首三篇亦有言賦者，如昭元年穆叔賦《鵲巢》，二年北宮文子賦《淇澳》，襄二十六年子展賦《緇衣》《將仲子》，二十年公賦《南山有臺》。是樂亦可賦明證。《樂記》言六門，《左傳》工歌以首三篇爲斷，此樂詩不合之故也。

今立《詩》中百八篇爲經，刺取各經樂事爲附經，取《樂記》《大樂正》爲記。取諸傳諸樂爲傳，再取子史緯之文以爲義疏。大約將陳氏《樂書》排纂别爲一書，秦氏《通考》樂門所引亦頗采之，但門目前後不同耳。至于經文，亦就其中推考義例，與詩義相關，及出入之處，一俟已定，再行補入《詩經》例中。《樂記》分段，略用《纂言》之例。考《樂記》逸篇有《季札》，有《律吕》，有《竇公》。按《季札》即用《左傳》，《律吕》當是《國語》、史志之文。至《竇公》篇，則《周禮·大司樂》也。是取諸書爲記，乃《樂記》舊例，《樂記》逸而今補之也。

一、新周、王魯、故宋，《三頌》舊説也，文見《樂緯》，知《頌》全爲《樂經》。又《樂緯》之文中有門目義類，今悉表出以爲大門，于以詩爲經之説，尤三致意焉。

一、律吕之學最重，緣工尺久則必變，量數則終古不磨。律吕專書，始于經傳，迄于近今，官私撰述，可云詳備。如有作者，可由此制器，由器得音，以合古樂。是作樂之事，復古以律吕爲根原。

一、樂德。考《大司樂》以『樂德教國子』，即《帝典》夔教胄子之事。『中和、祗庸、孝友』，簡言之則爲中和。《中庸》『索隱』以上，中庸、中和皆爲樂德，專説三頌，言樂最詳。以其爲《樂經》，故于樂事無所不包。古法樂以養德，當與後人不同。宋以後之心學，未免近于禪宗。

一、《大司樂》以樂語教國子，興道、諷誦、言語。蓋樂語即詩，所謂『誦詩』『詩可以興』『不學詩，無以言』之教也。今于詩中分歌、賦二門，歌爲樂，賦爲詩。既分以後，又有相通之義。

一、樂舞。《大司樂》以《雲門》《大卷》《大咸》《大磬》《大夏》《大護》爲六舞，與《左傳》説同。詩中雖不立舞專門，然其文雜見各篇，《雅》《頌》尤詳言之。今以傳記言舞之條比附説經，詳其義例，務使經中足以包樂。

一、樂器。據《樂書》八聲考八州，一音化一州，各有所宜。今就《詩》中所言，各標宗旨。《詩》惟《頌》中樂器甚備，乃王者之制也。以下單見者，各有取義，務就經傳切實推考，不取泛説。

一、《樂記》按照原目分篇，依次登列。今據記以定經文，故取詩文以證記。如六歌之風、雅、頌、商、齊，今依次序，定《齊》爲《齊風》，《商》爲《商頌》。至歌詩一門，舞樂一門，證以詩語，《周》《召》左右、六成綴崇，皆在詩中。又八音鐘鼓琴瑟，《詩》中樂器皆全，所有金奏雖非《詩》，可由《詩》推考其義。又鄭、衛、宋，桑間，濮上，亦可由《詩》而推。立《詩》爲經，以記爲傳。以後條目，皆求與經傳相通。

一、《大司樂》以下屬官，如樂師、大胥、小胥、小師、瞽矇、眡瞭、典同、磬師、經師、笙師、鎛師、韎師、旄人、籥師、籥章、鞮鞻氏、典庸器、司干，共十八職，人皆屬伶，書皆爲傳。《大司樂》樂師總統以下，爲分曹，或掌學，或掌器，或主聲器，或司舞具，各分門説之。

一、子史中論樂之文，有言聲器，有言名義，有言創作者，今依《樂書》及《五禮通考》所采，再加排比。凡此皆先師遺説，鈔入子史，多非諸家自撰之文。

一、傳記説樂，除《樂記》全篇外，所有《左》《國》、兩《戴記》，以至博士各師説，除陳、秦已采之外，再爲補正。所有門目，更加審定。

一、樂中品級，有天子至于大夫之分，今爲立表。樂中又分三事，曰祭、曰祀、曰享。取經傳以證之，所有變例隆殺，亦附于後，以别其等差異同。

一、三代以下樂章，見于各史《樂志》及《樂府詩集》，各門言其體例，于傳記之後，所有文辭亦附于後，作爲《樂書彙函》。

一、古王者除歷代舊樂以外，兼用四裔之樂，《尚書大傳》所陳是也。《周官》鞮鞻氏掌四夷之樂及其聲歌；旄人舞夷樂。又中國八州，每州一音，八風八佾，每州各主一音。舊説甚詳。《樂記》廣魯于天下，《論語》太師摯適齊一章，即王者居中，以樂化成八州。舊説一卦一音，主化一州之風教而言之也。

一、功效同禮。《孝經》以安上治民歸之禮，移風易俗歸之樂。禮樂乃平治之要道，王者之首務。《樂記》言樂，皆與禮對舉，文義重複，不便觀覽。今别爲《禮樂原流功用同異表》焉。

一、立《原流功用表》。《樂記》以外，補以傳記子緯，彙萃其文，功用愈著。後世言學術治法者，未能真實用心于此，推盡人己之量，觀于此表，彌天極地，乃知見禮知政，聞樂知德，尼山片席，所以遠過姚嬀也。其分門，一致鬼神，二和邦國，三諧萬民，四安賓客。

一、心性之學，古出于樂。宋儒盛推《樂記》，以言心性，其宗旨相同耳。竊以六藝門面，功用各别，如《書》與《春秋》詳政事，心性之説，未見詳備。惟聲音之道，由心而發，既聞聲可以知治亂憂喜之原，可由聲以却乎隋慢陵亂之病，感應之機甚速，和平之效最宏。由此治心，庶爲古法。《樂記》由外治内之説甚備。

一、三德九德。《帝典》命夔立教，以樂立三德、九德門目。古人以樂立教，以八音化八州，以剛柔正直化成三德，由三而九，人才由此出，錫命因之，樂所以爲移風易俗之要也。《樂記》言剛柔正直，與師乙所言六歌、所言寬柔正直温良等字，皆爲九德之目。樂之工用，此爲大宗；樂之有學，以斯爲準。

一、音聲。按，五聲由人發，八音由器出。樂器貴音而賤聲，則凡響皆爲聲，可入樂者乃爲音也。《通考》于五聲八音之説最詳，今悉取之，證以經傳之文，並列其源流，以爲將來復古之用。

一、樂通于《易》。按《樂記》自『天高地下』，至『一動一静，天地之間也』，全用《繫辭》爲説。以别屬禮，以和屬樂，由别而和，和而又别，如《易》之以别卦生和卦，又由和卦生别卦也。《易》中言樂之條，更細考之。

一、古人以制禮作樂爲王化之極功，既有律吕可名，則由數製器、由器定音，而五聲八音克諧翕成之道，可得言焉。後有作者，功成德洽，禮樂可興；因時制宜，今樂猶古。既有程，則奸蛙無自而成。《語》『三王不襲禮，五帝不沿樂』，然則創復古樂，不爲難事。惟爲經所統，經乃聖作，後人無從參贊，至于樂乃聲容歌舞之事，後有作者，信不誣也。

一、樂分三統，以天、地、人當之。祀屬天，天神；四望當爲地屬，山川屬地；先妣先祖屬人。《大司樂》以辰黃鍾子大吕丑姑洗辰南吕酉屬天，大簇寅應鍾亥蕤賓午林鍾未屬地，夷則申小吕巳無射戌夾鍾卯屬人，分三統。

一、奏、歌、舞三門，爲樂之大綱。然奏與舞皆不能久傳，惟歌一門在二者之中，可以垂久，因以爲經。凡言奏者，皆非詩，如《騶虞》《采蘩》《采蘋》皆名同而實異，故《貍首》亦非詩，更立《歌奏舞三門同異表》。

一、大、小《雅》主賓客，人事之樂也；三《頌》主祭祀，鬼神之樂也。于經中細考條例，統括傳記，務使經體廣大，包孕無窮。

今文易凡例

六經終于《易》

孔子傳經垂教，始于《詩》，終于《易》，故經惟《詩》《易》體裁相合，藉物託比，寄懷深遠，以

《詩》在言志，《易》明陰陽變化之故也。蓋六經專明人事，制度、典禮、道術得失，平實顯著，一成不變。方體雖有據依，樞機或昧變化，終以《易象》，明示屈信進退之妙。六經稻秫，《易》則醴齊；六經營壘，《易》則兵法。以《易》視六藝，不無精華糟粕之分，然必先考典禮，明道德，詳治亂，知是非，下學已精，方語上達，微言啓悟，故意不盡言。非六經既成之後不作《易》，非六經既通以後亦不足以學《易》也。

以筮立經

以《樂記》求《樂經》，即《雅》《頌》是也。樂有器、舞、音律之分，而聖經惟重于辭語，以可傳者在辭語，而器、舞、音律義既甚微，久而必變，難于立教，故取明著簡易者以爲經。古人龜重于筮，聖經舍龜而用筮，亦以占法微渺，不如《易象》之明著簡易也。《易》以陰陽相摩而成六十四卦，商之作者，不必聖人。孔子因其象而翻其辭，所云『繫』者，藉釘掛壺，其妙不在釘也，不過取其簡括顯明，使人不穿鑿于各爻之象，以便專力于所繫之辭。諸家圖表汗牛充棟，雖有可觀，君子不爲也。

《易》出商人，經由孔修

傳兩言作《易》以爲當文王之時，詞疑不決，其不出于文王，是本經自有明文也。《記》云『商得坤乾』，是《易》爲殷末人作，孔子得而修之，亦如《春秋》之魯史，是經出于孔修，亦無所謂《周易》《連山》《歸藏》之説也。古學家創爲三聖之説，以文王敵孔子，別爲『三易』之名，猶是攻博士經文不全之故智。文王不已，馬、陸更足以周公。總之，經由孔修，事無異同，受命作述，豈如經師之爲？文王作傳，舊説甚明，要在學者之自悟耳。

《左》《國》引《易》，據經傳立説

《左》《國》引《易》，不但經歸之古人，即《文言傳》例亦以爲全出于孔子之前。審是，則不惟經不出于孔子，即《十翼》亦皆古説矣。不知季札觀樂，服注以爲傳家據已定言之。蓋聖人以經義附之于經，賢者以經説寓之于傳，其事其理同也。左氏作傳，兼傳諸經。所言某人筮得某卦爻者，實則卦爻即指其事以繫辭，以作爲述，故託于筮。其所有訓詁義例，皆爲漢師所祖。《左》爲易學之始師，今就諸條推考漢法，不如舊説之以末爲本。

釋象出于七十子之徒

以僞《古文尚書》出于僞撰，閻氏作《疏證》，遂爲定案。《十翼》不出于孔子，自歐陽文忠、楊慈湖以外，不下數十家，擬仿閻氏《疏證》體，作專書以明之。蓋文周不傳經，孔子不作傳，《大傳》有『子曰』明文。假如孔子作傳，乾坤爻辭一而已矣，奚爲至于五六見？此在先師當非一人之手，今乃以爲聖作，可乎？《繫辭》既有『子曰』明文，又有引『子曰』爲斷者。如：『子曰：易有聖人之道四焉，此之謂也。』則非孔子作可知。歐陽文忠《易童子問》言乾坤傳説重複同異，非一家之言，而《説卦》之取象，多于經無干，爲術士影射之所祖，諸本多寡不同。又《繫辭》亦采合諸家而成，故所列多文異義同。正如《論語》『季康子問政』三章同一事，而記者三家文小異并録之比。今欲尊經，必先明傳，衆星斂采而後日月光華也。

《大傳》問先後不同

諸經皆先有《大傳》，以相傳授，繼傳弟子讀經疑問，師乃引傳説之，如《喪服》其明證也。引傳解經，如乾上九《文言》引《繫辭》爲説，是其明證。別經傳問多佚，惟《喪服》尚全。《禮記》之《大傳》爲《喪服》最初之説，當爲子夏所作，其名則與《易大傳》《春秋大傳》《尚書大傳》同，是《易》之《繫辭》如《記》之《喪服大傳》也。《大傳》統論大綱，不條列經文，是爲最初之本。次則弟子疑經而問，師引傳解之。如《服問》之引《大傳》立説，此其書大約爲二三傳弟子所作，以其但及大疑總例，尚未依經釋義。經每條皆有傳。如《繫辭》引經之十八條擇要而説，此《服問》之比。但論總巨，餘可意起，《三年問》與《服問》同例。至于《儀禮》中之《喪服傳》與今三傳、《夏小正》傳同爲弟子據經發問，師引傳説解之。一經一傳，此爲晚近之本。以《喪服》之例推之，當名『問』不當名『傳』。《喪服傳》引『傳曰』有二條，文見《大傳》。引傳立説，則本書不當名『傳』。《穀梁》引『傳曰』者八條，近人不知傳、問之例，以爲刊本誤羨者，非也。《彖》《象》一經一説，則例同《公》《穀》。《喪服》爲後師晚出之書，以《喪服》例《易》，則其先後輕重可見。舊説誤以爲全出孔子，故《易》例不可通也。

《彖》《象》非一師所作

《彖》《象》皆問也。最初之問，不依經立説。如《服問》及《上繫》之『鳴鶴在陰』八條，《下繫》之『憧憧往來』十條是也。中不皆有問辭，如《文言》上九有『何謂也』。至于依經立説之書，如三傳、《喪服傳》，則經多無傳，不似《易》之一爻必有一傳也。三傳雖爲傳授問難而作，非一師所爲，其初立説不過十之二三，漸及五六，漸及七八，至于一爻一傳，則更爲後來補綴而成，既非孔子，亦不出于一師，所以宗旨不能一律也。

諸家意例不同

傳説不出一師，宗旨固難畫一。在當日作傳之時，有訓釋象數者，有闡發卦德者，有推衍義例者，有比附人事者，有專詳休咎者。其實卦爻全具數義，作傳者互文隱省，所謂『言不盡意』也。且有正解，有反説，有比喻，有對文。使諸卦盡如《乾》《坤》，文字將近十倍。故因其舉隅，心知全體，因其一節，以推萬端，由所言以求所不言，更由不言以求所言，不可膠刻，拘于行墨。又《春秋釋例》之書多不順經作訓，但分類立解，一例中神理自相起發，與上下文不必貫通。讀象、爻亦當似《春秋》之法，乃盡其妙。

爻象廣大，兼取諸例

漢宋説《易》，宗旨不下數十種，通蔽錯見，不能全通，學者每欲奉一説以爲宗，而苦于所從。不知易道廣大，非一端所盡。聖人當日繫辭，洽人事，備王道，除傳問大例外，即卦氣、爻辰、消息、互體諸法，亦在所包，豈可株守一説，而謝絶他術？作者既明言廣大，學者豈可自囿諸法？合者取之，不合者别求義例。三傳之義，尚未足以盡《春秋》，况晚師一家之説。今故于成説之外，推求新例，以補先師所未備，固不必專己守殘以自囿也。

事、禮、例

諸經皆以事、禮、例三門爲綱領。《孟子》引孔子論《春秋》，分事、文、義，是也。今就單經本先考事實，下及春秋，舊説誤以爲文周作，故事止于周初。今以爲孔修，則事及哀、定，如《左傳》所引諸條是也。禮文博采《儀》《戴》，而義例則舊法之外兼及新得諸條，並以是三門編爲一書。

師説互文，以《乾》《坤》示例

諸卦彖象只一説。《乾·文言》外，上九一條與《繫辭》同。更有下也，潛藏乾元繫辭上九四説。共六家。《坤》亦有《文言》，使無《文言》，以下四説不能謂傳不全，必列五家。易道廣大，非一説所能盡，以廣異義也。五家之説，宗旨不同，師法小異，分别列之，以明宗派。而餘卦之異師異法，可由此推矣。使盡同《乾》，則文當數倍。今本大詳過繁，大簡則孤，即《乾》《坤》作起例，則皆可推衍爲五六説，《乾卦》詳六家，餘卦則六家各用一爻，而文已全。則即《乾卦》六説爲六爻互文隱見之起例可也。歐陽文忠以四德與性情之説必不可合，元、亨、利、貞串説與四德不同，諸家解説亦别宗旨。故餘卦當以《乾》《坤》起例，知不言之隱，不可尋行數墨也。

古本

經爲孔子所修，《彖》《象》先師就傳衍説而成。三傳、《喪服》通行本皆以傳附經，《易》則經義多爲師説所蔽。又經學以經爲歸，經之功當十倍于傳。凡學《春秋》者莫不先研究單行經本，經義既熟，然後推考傳義，以相輔助，故《屬辭》《釋例》諸書皆單録經，不及傳，所以事半功倍。《易》則經爲傳所蒙亂，必先有單經本研究既熟，然後及傳，則義例分明。又《彖》《象》《文言》之屬，由《大傳》而出，當附《大傳》後，庶不致先後失當。

重卦内聖外王，《孝經》内，《春秋》外

《詩經》多以潛飛起兩京。《乾》之潛飛分行藏，是内外卦之分，内聖外王，爲重卦之分。内爲自修之誠正修，外爲治人之齊治平。二爻主《孝經》，五爻主《春秋》，即《乾卦》可見。《易》二五爲主卦，五爲天子大君，二爲君子。

中外例

《春秋》有中外，先本國，次諸夏，次夷狄。《易》以上卦爲外，下卦爲内。内三爻如《春秋》之魯，外三爻則諸侯、天子、夷狄。《易》之親疏遠近、往來出入皆由是起例。大綱如此，細目再詳。

六爻分配六經

孔子作六經已，再作《易》以明其變化，藉陰陽消長以明進退取舍之道。故以六經分配六爻，專以用爻屬《易》。六經如六書之形事意聲，《易》則轉注、假借，專明四書之用，《易》亦專明六經之用，顧氏《日知録》以《論語》『假年學《易》』合下『雅言』爲一章。《易》言學，雅言四教，即此意也。不使有拘泥滯塞之敝。内三爻

聖，以二爲《孝經》；外三爻王，以五爲《春秋》。《孝經》統《詩》《書》。初爲《詩》，三爲《書》。《詩》《書》自治，《孝經》引《詩》《書》二經爲説是也。《春秋》統禮樂，禮四樂上。《孝經》：『安上治民，莫善于禮；移風易俗，莫善于樂。』禮樂，王者治世之要務，《春秋》統之。

通三統

《易》之三統有前後之分。前三統，黄帝、堯、舜，而庖犧、神農爲二代。夏、殷、周爲後三統，而堯、舜爲二代。黄帝以下乃稱帝，則五帝從黄帝數。庖犧、神農以氏稱者，則不在五帝之數也。舊説以爲文王作則三統不全，今訂爲孔子所翻，然後全有三代，與諸經通三統之例相起。又一説三統之義以父母爲堯舜，長男女爲夏，中男女爲殷，少男女爲周。

八卦配九州八風、八音

《説卦》四方例之説，又以分配九州、八風。一州一卦，州九卦八，不足其一，蓋以巽統東南之徐、揚二州。《論語》『少師陽、擊磬襄入于海』，州雖二而方同，是徐、揚屬巽之説也。坤在西南，不立州，則移于中州，爲王畿。坤土黄，六五之『黄裳』與《詩·緑衣》之『黄裳』同爲中州王畿言之。坤在中爲王，居四方八州，以七卦配之。坎、離、震、兑爲四岳，乾雍，艮兖，巽徐、揚。凡言州地者以此。八音則坤磬居中，震鼓，兑鍾，坎竹，離絲，爲四正。乾木，艮土，巽匏。由九州之説而定八風，亦由此而推得之。

《戴記》説專篇

《戴記》之《本命》，《郊祀志》劉向引稱爲《易大傳》。是《本命》與《繫辭》同爲《易大傳》也。考《喪服》所引，多爲《大傳》所無，是古之《大傳》不止一二篇也。至《易本命》則更有明文，《中庸》明誠變化，亦爲《易》説。

四爻配帝王周孔

《莊子》『在上則爲二帝三王，在下則爲元聖素王』，此《易》説也。合則五爲天子，二爲君子，分則初爲孔子，三爲周公，四爲王，上爲帝。《乾》《坤》『潛』『伏』『履霜』，多爲孔子自説。外六十，二、初爻義皆同。《乾》三爲周公，上不在天，下不在田。終日乾乾，餘六十三。三爻多爲周公立説，四王、上帝義例同此，實即内聖外王之《孝經》《春秋》，而小變其説，以人實之，亦如《春秋》之行事深切著明也。

南北遷封，《既濟》清平

《易》言『攸往』『利涉』，一切遷變之説皆爲坎、離而發。以性情言，則火炎水濕，未濟之象，六爻皆失位。爲《易》第一失位之卦。以經義言之，聖人開闢南服，南北遷封，俗所謂取坎填離。陰陽互易，爲《既濟》之象。水在火上，六爻皆得位。亦爲《易》第一得位之卦。《詩》云：『原隰既平，泉流既清。』故《詩》多取《既濟》之義爲説。

六十四卦分配八伯、五十六卒正

《易》定數也，聖人封建之制法之。案《王制》，天子統二伯，二伯統四岳，四岳分統八州，八方伯各統七卒正，合爲五十六，加入八伯，則爲六十四。《易》以太極統陰陽，陰陽統四象，四象生八卦，每卦生七卦，共五十六卦，合之原卦，共六十四。天造地設，不得不謂封建由《易》出也。《春秋》見國舊撰《圖表》，每州見七卒正，合之方伯爲八。王畿別算。然則《易》亦當以六十四卦配八伯、五十六卒正矣。就中以坤居中，主豫。王臣所居，太極、陰陽在焉。以外一州八卦，由每州生卦，以爲卒正。冀坎，青震，梁兑，荆離，兖艮，雍乾，巽徐、揚。更以各州之七卦，配《春秋》之七國。《易》之取象，此爲大例。

上下圖

《説卦》『天地定位』四句，俗所謂先天圖。與『帝出乎震』説四方者相起，所謂上下四旁合爲六宗者也。首言『天地定位』，以天地爲主。雷風本天，山澤本地，水火居中，水屬地，火屬天，炎上流下，二者中分。舊説誤以爲亦言四方，以兑次乾，以震次離，今改爲乾震離兑，以風雷居天左右，以山澤居地左右，上天下地，方以類聚，物以群分，凡經傳上下諸説皆由此推考而出。如《乾》九五變離火炎上，《坤》六五變坎水就下。炎上故云在天，就下故取黄裳。《文言》曰：『水流濕，火就燥。本乎天者親上，本乎地者親下。』爲乾坤五爻而發。凡經傳上下之例，皆由此圖而出也。

四方圖

《説卦》『帝出乎震』一節，俗所謂後天圖。爲四方例。《詩經》與《月令》《尚書大傳》所言四方，皆本此而推，與『天地定位』合爲上下四旁爲六宗，凡經傳言四方者皆由推考。如坤在西南，移居于中。西南舊居東北對待，故以得失言之。一説以乾爲天子，坤爲王后，艮、巽爲二伯，震、兑、坎、離爲四岳也。

三統四岳合圖

《論語》太師摯四適爲四岳。齊晉秦楚即《尚書》之費晉秦甫，《易》之震兑坎離也。四適爲四岳四隅之卦，合爲三統，移坤居中。乾雍，坤豫，艮兖，巽徐、揚。一説艮夏，巽商。乾坤配周之東、西京，通畿二卦，合爲一代。今訂爲魯、兖、周、雍。《易》本素王，徐爲留都，豫爲東都，東西通畿二卦爲兩京。故『飛龍』與『黄裳』文見《柏舟》《緑衣》，是以徐坤屬商，所謂笙磬同音，專爲此例言之也。

元亨利貞例表

歐陽文忠以『乾元者始而亨，利貞者性情也』與四德平列，别爲一師之説。考聖經文義，以後説爲長。又四字全見者，《乾》《坤》外，《屯》《隨》《臨》《無妄》《革》五卦。《彖》釋《屯》《隨》曰『大亨貞』，《無妄》《臨》《革》曰『大亨以正』，皆無『利』字之解。《文言》曰：『君子行此四德者，故曰乾，元亨利貞。』是《易》中惟《乾》一卦四字連文，坤已云『利牝馬之貞』。然則五卦之『利』字同爲羨文矣。據傳訂經，止云『元亨貞』，無『利』字。可知《乾》《坤》四字皆全，以下借文互見，分有《乾》《坤》之一體。今立此綱，餘再推考。

《論語》

《左傳》爲釋經總説，《論語》爲諸經總例。微言大義，多具于斯，以空言説之，未能深切，必證以經文，義乃大明。如『過不及』與『中正』，《易》之『得位』『不得位』也。君子、小人，《易》之陰陽邪正也。『損益』『群黨』『比周』『仁義』『性道』尤爲明證。故《大傳》所引聖言，多取之《論語》。今仿其例，凡《易》中文義與《論語》切合者，備引作證，合之兩美，相得不益彰哉！

卦象考補

諸卦取象，舊説有本義、有假借、有舉隅、有推類、有經師專説、有經外別傳。八卦之取象，至于三百餘條之多。其中有字誤、有奪寫，今悉爲考訂，分別正變，不足者補之，誤者删之，編爲一書。大約以明白簡要者爲主，若過于附會支離，則概從删削。

九家

班《志》論九家，引《大傳》『殊途同歸』『百慮一致』爲説。易道廣大，兼包九流六藝之外，此爲大宗。今采輯九家專書引《易》立説之條，附于經下，以標宗旨。綱領既立，子目餘説更爲推廣。經文簡略，未暢所言，證以群言，實義乃顯。

屬辭比事

宋元以來，説《易》諸書多推衍圖象，累牘連篇，各矜所得，千奇百怪，殊惑聽聞。不知藉象繫辭，義重于象。既以依象立辭，則但當就經立説，不必支蔓。如《春秋》未經筆削之先，當千百倍于今之經文，既以立經，則不必窮搜遠引未行之底本、删削之異聞。治《春秋》者有屬辭比事之書，專就經文推考義例，《易》反無此書。惠氏《易例》略有此意，書未成，亦未盛行。今仿《春秋》作《釋例》一書，分經傳爲二，一字一句，備列其文，實物虚字，大義孤文，悉爲徵引，加以論釋。《春秋》有起文之説，《易》尤重之。虚字如大小、往來、進退、消長之類，共百餘門。

明用

《乾》《坤》爲《易》之門，諸卦皆分《乾》《坤》之畫而成，故《乾》《坤》爲父母祖宗，特添用九、用六兩節，明六十二卦皆由《乾》《坤》而生也。六經成文，以《易》用之；六爻定位，以變用之。《易》爲六經之轉假，用又爲六爻之轉假。于文中爲中的，用從中從卜，則用爲《易》專字。卦變：《乾》六十二變成《坤》，《坤》六十二變成《乾》，《乾》《坤》各三十一變，則用九、用六者專指此諸卦之體而言，不謂《乾》《坤》六爻皆變也。諸卦分《乾》《坤》之體而成：《乾》初九爲《姤》，《姤》但明潛龍之義；《坤》初六爲《復》，《復》但明堅冰之義。由此而推，生生不已。卦變但言《乾》《坤》，乃爲經旨，諸卦皆爲六十二變，則不惟重複雜沓，經《乾》《坤》二用之義反爲所蒙蝕矣。

三德

《洪範》三德：剛、柔、正直分配知、仁、勇。三公其源出于《易》。陽剛陰柔，當位則正。天地之道，人才之德，三者足以包之。《易》之義例，尤莫外焉。陰陽除《乾》《坤》《坎》《離》外，共三百六十爻，正直三分取之一，各得百廿爻，正直即在剛、柔之中。故傳記所言剛、柔、正直，皆由此推之。三公，剛司馬，柔司徒，正直司空。一公，三卿，九大夫，二十七元士，八十一下士，得百二十人。三公三百六十人，則除《乾》《坤》《坎》《離》四卦，即每一官占一爻，其視爻辰、納甲等爲切要也。

九德

《臯陶謨》九德，即《洪範》三德，由三輔一化爲九也。三德之文，剛塞，柔立，温直，亂敬，願恭，簡廉，擾密，寬文，固詳見經傳，當編録爲一類者也。而九德所包之異文尚多，一德應一錫命，此官人之要道也。又《繫辭》言德，九卦即九德專條，所謂和而至、尊而光、小而辨、雜而不厭、先難後易、長而不設、窮而通、居其所而遷、稱而隱云云，即《謨》九德之異文。基本柄三者爲綱，以下爲目。此乃全經大例，當類輯各條以説之者也。

經文互省

經互文相起，以《儀禮》爲大宗，《易》亦如此。如吉、凶、悔，卦爻不皆有其文，有者或褈複焉。總之，對峙之卦義皆相起，既見一端，必有全體，有見有隱，當由所見以推所不見。如《公羊》上天子，下方伯，則中之二伯可推。每爻必辭占俱全，但言象不言占，但言占不言象，此均當推例以補之者也。今于象、變、辭、占四門，每爻必求全義。

卦象六十四以釋例

六十四卦爲六十四天下，每卦『象曰』皆有『以』字。其中一大人，二后，七先王，五十君子。所言制度典章、道行道藝無不該。大人古帝，二后堯舜，先王三代，君子則周孔也。今立爲一表，以《王制》制度，三公六大所掌，及三德、九德，分別條目以釋之。此爲大綱義例。

貞悔

内卦爲貞，外卦爲悔，此《洪範》之説，《易》中大例也。而文與『悔亡』『利貞』之『貞』『悔』相混，而『貞』『悔』二字遂無内外分卦之解。今别立表，細爲考訂，以還古法。

訓詁

《易》文多古字，不可以俗義解釋，故最重小學。如『大有』爲祭肉，『同人』會同，『隨』爲卵之類，故尤重小學。又卦名多一爻一義，不可蒙混解之。

要義不必在本條

《左傳》解經，要義多不在本條，而見于無經之傳。《易》亦同此。卦有對峙，多于一卦兼包别卦。如《乾・文言》『火就燥』爲釋《乾》五，而『水流濕』則釋《坤》六五。《坤》下但言『在中』，並不言裳之下義，此類最多。又《左傳》凡以一二字、一二句解經者，多因别有詳文起伏照應，不待煩言。而《易》之簡略者文多别見。諸『象曰』有録經文加一二字者，有但録經文不加字者，有隨文敷衍無實義者。此類皆爲通例，義見他條，本可不加傳説，因本經一經必加一傳，故其文如此。當因所不言，知其所言，通貫其義，不可亦以簡略了之也。

分别家法

三傳非一家之言，故不無出入。《公》《穀》所存異義，間引先師姓氏以别之。如所稱『沈子』『尸子』『高子』之類是也。其不著姓氏，有稱一『曰』者，有稱一『傳』者，有稱『或曰』者，可謂分條流示以墨白矣。而《公羊》之説猶不免有彼此異、前後互異之處，則以師非數家所盡未盡標其同異也。《易》所稱之『子曰』不盡爲孔子。先師名氏如左氏，不一詳焉。今除消息、錯綜、卦氣、爻辰諸法，凡合傳總説、對文反語、引伸假借，逐條細爲分别，不使蒙混，以爲全傳皆出于一人一時所成也。

屏絶術數

古今藝術莫不祖《易》。占卜鉛汞皆假以爲説。易道廣大，物理固不能外，然異端邪説，無益人生，徒亂經旨。彼雖自託，而非種必鋤。今于《藝文志》除六藝九家外，以下學派則不取之，恐流于淆雜也。

正《周易》名

《周禮》『三易』之説，乃劉歆攻博士經之僞説。《詩》之賦、比、興，《易》之《連山》《歸藏》，事同一例。《易》作于中古，孔子得之，翻以爲經。《大傳》《禮記》有明文，古文家攻經不全，六十四卦不能加，則創爲『三易』之説，以博士所傳只三中之一，以本經專歸之周。考之傳記，全無依據。《左傳》所稱《周易》，亦爲古文家所加，當以『易象』之名爲正。

删例表

漢師家法多矣，宋元以後又有所加，詳及微細，大綱反在所略。今别纂新例，凡舊法過于穿鑿枝蔓，無與全經宗旨者，則删之，别爲一表，詳所削删之義。

論語彙解凡例二十八條

一、微言。《論語讖》：『仲尼没，弟子子夏等六十四人纂孔子微事，以事素王。』此《論語》專説。然則所録皆授受微隱之秘傳，非《孝經》《禮經》明白顯著日用行習者可比。蓋天生孔子，祖述六經，師表萬世，匹夫制作，義屬非常，翻舊爲新，寓之前哲，實爲王者改制之事，猶託庶人不議之規，其中損益擇從，受命自作之事實，弟子著之此篇，故謂之微言。使非此篇之存，古文家盡奪孔經歸之文周，國史舊文無預尼父，學者亦隨波逐流，無所依據，以重光聖學矣。宗廟百官之美富，不能久湮，及門造膝之心傳，勢必更顯。非常之説，專屬天生，固不可終絶，亦非後人所得藉口。

一、受命制作。經義非天子不云天生，不託天命。《論語》動言天命，孟子以孔子爲五百年繼周之王者，又云『仲尼不有天下』，即所謂素王之説也。《論語》本記微言，故多非常可駭之論。斯文則統承文王，躬稼則事比禹稷。嘆鳳鳥之不至，商餼羊之可存。即以從周而論，魯國大夫，周家臣子，從周，夫何待言？況言從，即有不從之義，本係受命，故語異常科。後人不知此義，謂聖語皆屬庸言，學僮發口，便思攀擬，苟有異同，皆以俗解銷滅其迹。以金科玉檢之秘書，下同《急就》《蒙求》之讀本。天生至聖，見解不出三家村學究之外，斯可傷也。須知示人行習，别有專書，庠序微言，不可輕授，六經粗通大義，方可語以精微。苟不明等級，妄欲實踐聖言，則亡身喪家，自罹刑網，乃歸過《論語》，晚矣。

一、分類編纂。《朱子語録》行之未久，編爲《語類》，後儒雖有異同，而學者便之。六經爲聖人手訂，次序各有精義。屬辭比事，《春秋》之學，首重編例。《論語》爲弟子雜記，本無次序可言，同類錯見，各篇依經排寫，殊少貫通之妙。今編纂解説，預先分類，或同或異，各占一門，附以《集語》，再加新義。編纂已定，仍依本經次第鈔寫，以還舊觀，兼取《語録》《語類》之長，而祛其二者之弊，名曰《類解》，以示貫通之義焉。

一、空言義理之誤。孔子教人，大而内聖外王，小而日用行習，六經言之詳矣。凡《論語》所記，皆弟子從後追録，非經傳之要例，則制作之大綱，决不空言義理，如近世家訓、勸善之書。魏晉以下，乃以爲聖門訓戒之專書，所言皆訓戒學人之語。須知六藝所陳，精粗備舉，《春秋》之義，見者不再。記録聖賢遺言，一條有一條之用，在當日皆衆人所不知，斯文不可少，如雷霆之震動，如日月之昭明。凡在常言，皆別有隱義，如但言義理，則老生常談而已。

一、知聖。聖學根柢六藝，包括九流。宰我、子貢方窺美富，古學諸儒所言皆不得其髣髴者也。『衛公孫朝』四章彙記子貢知聖之事，《孟子》『動心』章發明此義，可謂深切。蓋自有天地以來，一聖而已。前王因之聖，後王以爲師，前不必有孔子，後亦不再生孔子也。學者必具此識力，方足以小窺宗旨，自擴心思。魏晉以來，誤于『人皆可爲堯舜』一語，莫不師心自聖，實則委瑣迂腐，無鉛刀一割之效，人才之壞，經藝不明之過也。須知聖人如天如海，極力追攀，不過得千萬分之一二，非假託玄遠可以坐致。又聖人行事，見于《世家》，舊解多與史異，史說皆有所本。今考訂異同，以史爲歸，自强禦夷之術，固不必外求也。

一、群經總例。《左傳》爲群經之總匯，《論語》則作述六經之要秘全在焉。考《經解》一篇，兼說六藝，以一人通群經，其次第得失，各有條理，及門與聞，著之此篇，以明宗旨。今類集總說六經總例者爲一類，如『興于詩』章、『雅言』章是也。

《易》。群經惟《易》與《詩》多見『君子』明文。《詩》皆稱頌之詞，《論語》以君子、小人對勘者，皆《易》說。如周比、利同及損益三說，其明切者也。外如『中正』『過與不及』，莫不由爻象取義。今列其文，證以實象，至于文句相同，如『先難後獲』『不見知而無悶』『得服』之類，附于後，推類鈎考，當更有新義。至于陰陽消長，天道流行，與夫仁義、性命、道德之說，亦《易》之所統宗，今悉取之。

《詩》。《論語》經說，于《詩》獨詳。義例、篇章、功效、傳受各例，皆有專條明說，而『思無邪』與『興觀群怨』均難得其實際。今類集《論語》以説之，庶得其詳。『素以爲絢』句，非逸詩文，乃師說，以釋上二句。『後素』即《商頌》。殿末解說亦用『兮』字者，如《易》文言、彖、象多學經體。《關雎》

兼指三篇，『一成』『哀樂』，皆《詩》明文。凡此類皆删去誤説，以求正義。

《書》。《論語》中推詳帝王者皆《書》説。『堯曰』章爲主，論堯、舜、禹、湯、文、武、周公者附焉。『巍巍乎舜禹之有天下』四章爲一類。書王魯、夢見周公，則素王學。元聖精神相通，見之寤寐，即《商頌》殷《魯頌》之意也。《書》以政事爲歸，凡外王之事，如問政、安民、治國之類，悉以附于《書》説之後。

《春秋》。『禮樂征伐自天子出』二章，即《春秋》之三世例也。『庶人議』即謂作《春秋》。『陳司敗所言謂之吴孟子』即指《春秋》書法而言。凡譏刺時流，亦《春秋》改制、因行事加王心之説。外如『季氏伐顓臾』『陳恒弑君』『諸夏不如夷狄』、論桓文之正譎之類，皆《春秋》宏綱巨領，後來三傳祖此立説。今類集其文，證以三傳義例，並取《論語》以爲三傳例本。

《禮》《樂》。孔子制禮作樂以垂爲經，《孟子》所謂知政德者是也。論三代而從周，别《武》《韶》而取舜語，説禮樂或言其本原，或論其流弊，或詳其等差，或説其終始，皆自取制作之禮。而『大師摯適齊』章則廣魯樂于天下，以化八州，所謂八風和、八方平也。

《孝經》。《爲政》篇連記四『問孝』章，此《孝經》家説也。『生事之以禮』三句，《孟子》引爲曾子語。曾子傳《孝經》，故孟子歸之。以外錯出之文尚數十條，有爲傳説，有爲通論。外如『事親』『事君』，『孝之終始』，擇要録之。外如『子所慎：齊、戰、疾』『見義不爲』『祭如在』之類，亦附之《孝經》類也。

《容經》説。《鄉黨》篇全爲《容經》傳説。以志、色、視、聽、言、動爲綱，『非禮勿視』四句爲專條。『九思』章亦屬此類。聖人以身立教，故篇首舉孔子立説，實則制作之言，不皆實事也。其中『緇衣』三句，又别爲《詩經》例説。至篇中記聖賢之言貌容色尚數十條，今類集之，以見爲《容經》一家之學也。

『邦君之妻』章亦入此例。

一、包括九流。九流爲六藝之餘裔，各分聖人之一體。蓋同祖仲尼，而性近小別。後來弟子各尊其師，張皇所短，以爲新異，論議歧分，遂成別派。考班《志》論九家，多取《論語》爲説。以聖人廣大，無所不包，枝葉雖分，其源可溯，無爲即道家之旨，仁義爲儒者所宗，形法既有明文，堅白是所託祖，由從質而成農、墨，因言語流作縱橫，雜家、小説，亦莫外焉。今證其義，可見《論語》無所不包，一語之微，遂成宗派。乃知聖無虛言，學有總匯，殊途同流，百慮所以一致也。

一、立教。庠序之教，《大學》《學記》詳之矣。《論語》以此爲大門。雅言以四經爲主，執禮包樂言之。四科以三公居前，文行忠信，各有旨歸，進退啓發，莫非妙用。君子之教，何只五門；忠恕之傳，統歸一致。《戴記》有『學禮』一門，此即其綱領。類輯其文，細分子目，同源一貫，以爲學人級階。

一、文質。文質之説，王者大綱。二者不偏，乃爲至當。《論語》或取伯子，或譏子成。蓋上古簡略，由質而文，孔子定禮，自當從周。此一説也。孔子殷人，以商後自託，故公羊家有『改文從質』之説。《論語》一主創制加隆，一以王後自比，而『野』『史』一章，折中一是，彬彬合中，是爲定制。須知法久必至于敝，矯枉難免不偏。救弊之言，與通行之義，固兩不相妨也。

一、三統。諸經皆有三統義。《論語》之社主松、柏、栗，三統循環，指法三代之後王而言。孔子學禮，首及夏殷，爲邦兼采四代，擇善而從，固非專己守殘者可比。又孔子制禮，從周加隆，空存其説，當時不能全見施行，而有『文勝』『近史』之説。此蓋爲百世後預計三統循環之流弊。禮家所謂文弊則救之以忠，其所謂周，指法周而王者言，非當日之周也。文弊舊説未明，斯義當急正者也。

一、素王、素臣。孔子以庶人身與制作，故先師有素王之説。孟子曰『《春秋》天子之事』，《論語》

多『無臣而爲有臣』，即所謂素王、素臣也。篇中言王道熄、天命制作，不下四五十章。後人不知《論語》多微言，聖賢自明，非教人行習之書，乃學聖人，先從《論語》始，于非常之論不加駁斥，則創爲別解，于是聖言專爲三家村教學老儒而發，凡講説者亦莫不以堯舜周孔自待，其敝至今亟矣。考緯説孔子三公四輔，即今十哲之説，顔、仲爲司馬、司空。今全用其文，以明古義。

一、商訂禮制。古説以孔子惟《春秋》出于聖心，餘者皆與及門商訂，故《論語》此例明著。蓋草創禮樂，事乏前規，函丈考詳，不棄葑菲。如子貢棄朔羊，子張詢損益，高宗三年，推求古帝，國恤期月，模範後王，凡此之類，皆弟子與聞制度，不厭參稽。必明乎此，而後知諒闇爲絶世之奇聞，免懷爲牛刀之戲語。國喪漢文改臣民爲以日易月，奉行至今。宰我以臣民從服，必如《帝典》『三載四海遏密八音』，則必有禮壞樂崩之懼，專爲天子言之。孔子以期年亦難實行，而使天子以尊降，又不可爲訓，其意難與明言，故答語如此，專爲國恤商定，非宰我自欲短喪也。

一、三公。知、仁、勇三公也，食、兵、信亦三公。孟武伯、季康子所問三人，三公也。子路、曾晳、章前三人，亦三公。言志、行藏二章，顔子、子路，則三公之二伯也。《論語》中凡三公之説不下數十章，今類輯其文，互相啓發，乃知非以三公爲説，則文嫌錯雜也。

一、周游聞政。孔子周游，非以求仕。天命有在，五十已知。惟是九州風土，四代典制，必須周游，乃定取舍。《論語》開宗即以聞政標其宗旨，以見馳驅不爲投贄。自衛反魯，然後正樂，此周游之效也。《禹貢》之山川，南北之風氣，二千餘年猶不能出其範圍，非神智何能如此？俗説乃以孔子急欲求仕，又不能下人，所如不合。豈知聖人道行德和，捷于影響，子禽且驚其奇，子貢略窺其奥，而俗説乃以腐儒視孔子，且以迂謬固執學孔子，天下所以無人才也。

一、觀人。帝王之要，首在明德。《戴記・文王官人》篇即聖門選舉黜陟慶削之舊章也。《論語》『視其所以』章文見其中，《論語》略而《官人》詳，其實一也。以外凡褒譏諸侯大夫與進退及門諸子，皆爲官人立法。其于君子、小人義利之分，尤極毫釐之辨。學者欲求經世之務，當以此爲第一義。自古明王賢相，莫不知人善任使也。

一、及門。孔子弟子，史公别爲立傳，此等識力，非深明聖學不能也。孔子後儒分爲五，諸經之傳授，與九家之流衍，皆由此分别，不可不詳。考諸緯説，子路爲司馬，與顔子同爲左右輔，故《公羊》特出二賢之卒。《論語》言志，二賢與俱，子路亟見駁斥，乃深喜之，故爲戲言，如『回也非助』『鷄用牛刀』之比。後儒于子路動加譏訕，乃大誤也。今類輯諸賢行事，證以史文，而其學派原流，並加詳考。

一、三德、九德。孔子至聖，克明峻德，固非三德、九德所能包，記者推測所及，言各一端，有可相證者。如『温而厲』一章爲柔、剛、正直之德。三變之儼、温、厲，五事之恭、寬、信、敏、惠，燕居之申申、夭夭，皆是其例。又弟子各有德容，互相啓發，其宗旨不殊。如誾誾、行行、侃侃，此亦三德。司徒柔，司馬剛，司空正直也。其他散見之文，直、願、信三德，狂、侗、悾。以及《鄉黨》所言，尤不一而足。聖賢觀人論世，每舉此以爲繩尺，立此門目以收之。《尚書》以明德慎罰爲大綱。明德者，用人之法也。

一、譏時改制。居是邦不非其大夫，《論語》多刺時之言。又《春秋》之義，每因人所惑而爲之立義，至于其事明著，道路所知，則不待聖人而明，亦不必記録爲説。且《春秋》時賢動用僭禮比之，斯世乃屬希聞，豈古人愚而今人知耶？蓋周公制作之説，原屬寓言，名器不假，本爲新説，辨上下，决嫌疑，乃仲父之新章，非周家之舊典。就時人通行之中，設立等級，指爲上僭，或云違古，此乃譏時以立制，初非舊禮彰明，不辟訐上之嫌也。此等刺譏，宜辟禍害。《公羊》云『定哀之間多微辭』，故《論語》爲微言授受秘本，非日用教人之書也。

一、輯古説。《論語》有真古説，見于秦漢諸書中。説者不加采録，殊爲遺憾。如《説苑》論子桑伯子與子路瑟聲，《白虎通》説四飯爲天子食四方之類，遺文墜典，一字千金。今于前人采擇之外，再細搜求，文異事同，皆在所録，並仿陳氏《三家詩遺説考》之例，輯爲《論語先師遺説考》。必使本經儒先微義不致零剥，其有益道術不小。前人但就明文小事輯録，此則務須力盡其事耳。

一、附録《集語》。孫輯《孔子集語》爲治《論語》要要之書。蓋《論語》記録聖言，過于簡略，多渾穆不得其旨，諸儒得各以己意立説。而《集語》則別有詳説之條。在《論語》爲一二語，《集語》有至千百字者，此當急引詳説以證明者也。即使多寡不殊，而文字異同起悟不少。今故依類將《集語》文全附于《論語》後，得借證之益。又《禮記》《左傳》等書，孫本未輯，亦當援例將其文補入。聖言固不可散佚，以《論語》爲經，以統諸條，合之兩美，集爲大成，此固庠序不可少之事也。

一、類記異同。《朱子語類》同一説而記者小異，並録之以廣異義。竊以此例《論語》中已有之，如『季康子問政』三章，問同答同，本一事也，記者三家，其文小異，遂併存之，亦如《語類》之例也。其散見之條，亦有此例。學者因其文字小異，遂別絶之。試觀《集語》所録，同爲一事，而詳略互省，貌異心同者不可覼數，以此見讀書當觀其異同，不可尋行數墨，過于沾滯也。如『不患人之不己知』三章，文字小異是也。

以上共二十八條，別有新義，再爲補入，更乞同志加之箴砭，匡所不及，是爲大幸。丙申二月花朝日，井研廖平自識。

國語義疏凡例

一、韋氏誤以内傳、外傳分《左傳》與《國語》爲一人之作，前人駁之詳矣。然其《叙傳》曰：『昔孔子發憤于舊史，垂法于素王，左氏因聖言以攄意，托王義以流藻。』其叙《國語》以爲與經藝並陳，非特諸子之倫。蓋韋以傳因《春秋》而作，語因群經而作，實則左氏全書分國繫事，本名《國語》，爲群經作傳。史公所稱《左傳》《春秋國語》是也。後來左氏弟子專取《春秋》一門，編爲《左傳》，加入經説，遂與《國語》歧而爲二，語先傳後，非先作内，後作外傳，固章明較著者也。

一、昔者聖人作經，《春秋》以外之《詩》《書》《禮》《樂》《易》，其筆削同《春秋》；賢者作傳，《春秋》以外之《詩》《書》《禮》《樂》《易》，其解説亦同《春秋》。聖人因事加王心，賢人即事明經制，亦莫不相同也。服子慎注傳季札觀樂事，以爲傳家據已定言之，實則不但《詩經》如此，六藝莫不皆然。六經微言大義，因事以傳，左氏固古今第一大經師也。舊以《國語》編入古史，殊失其旨。

一、群經皆有大傳，今有考者，《喪服》《尚書》《春秋》而已，《國語》則群經之總大傳也。一大傳之中，可以分出六七門。孔子因史事加王心，因卦爻繫吉凶，《國語》之因時事託經説，其意同也。後人論《國語》之文，以爲冗蕪，不知意在備録禮例，藉事寓言，非有意爲文。如救火一事，以奏對言之，不過數語已盡，特救火典禮别無所附，不得不備言之。必知爲經説、爲據已定言之，方能知其用心所在也。

一、《國語》今惟存周、魯、齊、晉、鄭、楚、吴、越八國。以春秋名國言之，如宋、陳、衛、蔡、秦、曹、莒、邾、滕、薛、杞及燕十二國皆無之。洪氏、林氏皆有補左氏之例。舊撰《左傳補證》，以爲傳文已極繁重，别補于《國語》。今用《繹史》爲藍本，所有諸子史由《國語》采入之文，仿裴氏補《三國志》之例，分國補之。除春秋諸名國以外，有事迹專屬一國者，悉照國名補入。補文低一格，于末注引用書名。

一、考《周語》《晉語》文例，是《國語》原文，乃一君一篇。晉由武公至昭公共九代，此《國語》原例。又以《晉語》論，每代之文亦爲摘録，非全文。《齊語》一篇只桓公初年謀伯事，餘皆缺。《鄭語》只桓公與史伯謀遷一事。是所存八國，亦爲殘本。今據《史記》譜帙，各國每公一卷，按代補入。所有《左傳》已具之事，文見別書，有異同者，亦行補入。以《左》《國》今本原有同見小異之事，管、晏、荀、韓、商、賈子、劉子政。尤多《國語》佚文。

一、傳用《國語》紀事，間截去原文首尾，又多分紀瑣事，《左傳》乃鎔化貫串之，如晉、楚鄢陵之戰，《晉語》臨戰言鄢之戰、鄢之役凡五段。磨笄之戰，《國語》亦分數段，傳則補綴其文，以數篇爲一篇。又《國語》一事互見二國，文不無互異，傳或單録，或兼取。見經之事，今《國語》有之，傳乃間以文多不録。《國語》與傳異者爲異本，或別國異文。

一、諸國分代補完之後，所有制度、典禮、義理得失各門，按照各經分篇，編爲大傳。如論律吕編入《樂經》，命官佐賢編入《尚書》，救火編入《春秋》，以外皆用此例，事兼兩經者可以並存。左氏不空言經文義例，必因事見義者，即《春秋》深切著明，《左傳》不以空言解經之意也。大傳既立，然後微言隱義愈見昭明。大傳之書亡佚者十之七八，得此輯録，尚可恢復舊觀。

一、《國語》于分國之中仍有編年之意，每條之末多具斷語，與其後來得失成敗之徵驗。今傳不録，但詳後事，又與傳年月不無差迕，或語有而傳無，或傳詳而語略，今悉審訂一是。又《國語》各國自紀年，今傳易爲魯，有改易未盡之條，于傳下注明之。

一、諸經師法大義與典章舊説，其存《國語》中者，今務考證推廣，扶微繼絶，悉引以説各經，于《國語》解中亦詳引各經原文義例，以證明其義。至其事迹、典禮有與傳及各經傳小異者，各以參差本末例推求，細心考校，折中一是，如封國、律吕、職官、祭祀之類是也。

一、二傳解經引師説，《左傳》則必託之當時名公巨卿。又《左傳》經説多不見本條，别出前後，實則《國語》之例因事附見，不專在經本條。如二傳刻桓公桷典禮文見《晉語》張老對趙文子，諸如此類，舊誤以爲閒文，今悉引注本條之下，以相印證。總之，《左》《國》無一條不爲經發也。

一、兩《戴記》中有《國語》專篇典禮，如《祭法》是也。其分條解説之文尤多。今悉互相印證，以收兩美之效。又有《國語》紀事之文，如《檀弓》趙文子論隨會事，悉互證之。

一、《國語》依經立説，而無解經釋例之文，與傳有説者異，然與傳同爲一家。傳之凡例，如侵、伐、襲、社、雩之類，原文皆出今本《國語》。又《異義》引左氏説董伯爲尸、日祭、月享之類，亦見今《國語》。又《國語》多緣經立説之文，今解傳用《國語》爲詳，解《國語》亦多取傳文爲證。

一、春秋時事，諸子以外，如《史記》所紀之事，《國語》有、《左傳》無者，爲傳失引，當據語補傳。《國語》《左傳》皆無者，《史》所據全本，當據《史》補語、傳。《左傳》有、《國語》無者，當爲《國語》今本脱佚。《左傳》略、《國語》詳，爲《左傳》摘録《國語》。如晉文出奔之類。其文小異者，非别本，則兼采二國之文。三書必務求貫通，與所以異同之故。

一、孔門四科，言語居次。受命專對，古人所難。見在時艱，使才尤切。今取使命之文，編爲一册，分别門目，詳見解説，以爲達辭正宗。文有不足，取之于傳。至于《國策》之文，按類附入，低一格書之。

一、舊以語屬今學，與《周禮》不同，故從來兩漢舊法，劈分二門。今既博通，不立今古名目，道一風同，無取區分。所有《王制》《周禮》典禮，務須貫通一是。至于官制，《國語》最詳，藉以考訂《周禮》官屬次弟，故論説尤詳。

一、國朝治《國語》名家最多，先以校勘爲主，將諸先達校本訂義擇善而從，凡所遵用，略注所從，不録詳文，以歸簡要。《國語》有舊説見韋注者爲古書，韋多駁之。今以爲正義。所有近人義疏，凡涉訓詁者，但録要語，于典禮、事體得失不厭推詳，務求歸之實用，可見施行。《國語》傳而兼史，于通經致用尤爲捷要。

案：《國語》凡例，多與《左傳》相關，今不取繁複，參悟可也。

四代古制佚存凡例

孔子修述六藝，其道則一。六藝皆孔子新訂之制，迥非四代舊典。自七十子後，此説失傳，今雖力復微言，聞者疑信參半。以素王之制，舊皆屬之四代，必創立今學，欲張明此義，非備言四代軼聞與六藝不同者，不足以取信于人。今故撰爲此例，務搜求四代事實，實與六藝不同者，彙爲書，然後人乃悟六藝果素王之教，非四代舊制矣。

人讀《春秋》，皆欲得孔子未修之底本，以見筆削之義。今除《公羊》所引『星不及地尺而復』一條，别無明證。今輯此書，即欲見未修《春秋》之意，知古制之不同六藝，則修《春秋》之意見，讀此書即如讀未修《春秋》之原文也。必明著底本，而後筆削之功可見。

《論語》云『杞宋不足徵』，是二代文獻殘缺矣，而唐虞可知。孔子時周禮尚有可考，然藏之秘府，非民間所有。孔子定禮作樂，用周處固多，餘者皆以意起。故《詩》《書》所言，皆孔子新制，全與《王制》同，則當時實事不如此可知。則但考《書》《詩》無沿革，全與《春秋》《王制》同，而六藝之爲素王無疑矣。

先師傳記，四代異制，舊彙輯爲一表，曰《四代異禮表》，然表中禮制有確爲中古所無。六藝皆出素王，何得有此詳備文雅之事？不知三代即三統，謂將來之夏、殷、周，非既往之夏、殷、周也。董子云《三代改制》篇文。『主天而王』，『法地而王』；『主天法商而王』，『主地法夏而王』云云，皆後王之事也。蓋素王定制以傳百世，異姓而興，不能不改異。若制度拘滯，定于一律，則易代改革，莫之適從，既不能不改，又不可以輕變，于是撰爲三統之説，取已定之制，分擬三品。如明堂非夏、殷所有，而立三品明堂通變，以備後王之用；三代不用學校，《孟子》言學校之名目有三品是也。故三代制有實事，有託名，學者所當實考者也。

四代原文，舊制不惟不傳，所傳人亦不道。史公曰：『百家言黄帝，其文不雅馴，薦紳先生難言之。』然而《尚書》獨載堯以來，是未經孔子潤色，文皆不雅馴，學者多不傳，傳者皆孔子弟子所述，故舉素王一人以包四代，而四代原文，則人不能疑之。如《山海經》，真禹制也，而《禹貢》爲孔子之書；《穆天子傳》，真周事也，而本紀多弟子所傳。今當博考群書，凡其隻文孤證，彙而集之，以爲六藝之印證。

四代禮制，仍以周制爲主。周既無之，則以上可知。如周喪期，夏三月，殷九月，信矣；周世卿，無學校，則二代皆世卿，可知矣；周人不親迎，居喪不釋位，娶妻不避同姓，則二代可知也。故周以上可詳者詳之，不能詳者舉周以包之，可也。後儒説孔子功績，不過託之空言，遠不及管、晏，而子貢稱其生榮死哀，其傳後事實，不過删訂六經，如今選詩編文之比，則司馬公、真西山優爲之，而宰我以爲『賢于堯舜』，孟子以爲不阿，誠實有所見。但如舊説，則堯舜至聖，孔子纂輯其書耳。作者爲聖，述者爲賢，豈得比堯舜？至

『遠過』之言，更爲誣妄矣。此皆不知其實之言也。堯舜去孔子千餘年，由質而文，中古實多簡陋，至于文王、周公，猶有未備。孔子乃斟酌損益，定爲一王之制，踵事增華，去弊除害，文質彬彬，而後爲萬世可行之政。堯舜有禮樂，孔子亦有禮樂。以堯舜禮樂較孔子禮樂，孔子實賢之遠矣。故云：見其禮樂而知政德也。孔子一人之事業也，分之于堯舜，則堯舜直與孔子無所優劣。其云賢者，就事實之堯舜言，不就《尚書》之堯舜言。《尚書》之堯舜即孔子，禹、湯、文、武亦即孔子，同爲一事，不能强分優劣也。

《春秋》言復古之例，所謂古者，指文王而言。《春秋》託其制于文王，古即所謂文王也。蓋孔子所新定之制，渺思微慮，多出胸中，但無徵不信，不信民弗從。非天子不制度，孔子有德無位，如何可作？又實受命制作，故變其局，託之于文王。蓋周公制禮，在成康之時。孔子改周制，在當時必有執簡而争，以爲周制實不如此，孔子則託之以爲文武之政，故以所改之事全歸之文王，所謂『文王既没，文不在兹乎』。《論語》《中庸》皆累言文武之政，此以改制託文、武而不主周公之故也。

周制不親迎，不三年喪，毛西河有此説，尚未暢。不立學校，當時本爲通行之禮，孔子乃起而譏之，以爲古不如此。成、康以後，然而文王不然，故凡周制，皆以爲失禮。後來拘于其説，不復深求于真周制，皆以爲後來流變，以新制爲周公之制。即如此説，本無不可，惟積久遂失本意，全不見聖人之功用。今故直探本原，深祛誤説，欲以見生榮死哀、賢于堯舜之實迹也。

徐、秦《通考》，有變古、失禮一門，半爲宜俗，半爲周制。以改制例之，則爲失禮，不知實當時之事實也。今分門别目，就其中分出與六藝不合者，以爲真四代之制，如周人之不親迎、不丁憂去官、不論賢不肖皆如此，又有毫無便利，而人競于違禮傷教，此必非失禮，實本時制如此。總之，舊説必指爲失禮者，以爲古帝聖王制度必不如此粗略。不知欲見孔子之功于四代，則孔子失其功；以孔子分主四代，四代雖簡略，而孔子之功乃足以爲生民一人。考三王而不謬，俟百世而不惑，子貢、宰我之言乃不虛也。

孔子訂制，託之于古，當時弟子誦法，官府信從，合口同聲，以爲古制，此孔子過化存神之妙用，子貢所以嘆其不可及。若使人不信，信而不能行，則便不足爲聖人矣。故當時公卿大夫有事，皆詢問于孔子，得一言以爲決。弟子如曾子、子游等所請問，夫子皆就己意答之，非有古制如此，所謂從心所欲不踰矩者也。如昭公娶同姓，本周制也，孔子『不娶同姓』，新制也。陳司敗聞孔子言而不疑，云『謂之吴孟子』，謂《春秋》書法，非昭公自謂之吴孟子。據孔子以疑孔子，此正化行之妙。孔子之教，在當日實已大行，如修六藝，而弟子通者七十餘人，欲立學校，而爲師授徒之風遂以大盛。其書在當時即已施行，而萬世仍因而不能改，此乃聖人之真實行事，非僅一老村學究已也。

《孟子》爲講學家尊信之書，其中言周制與六藝不合者亦多，即此足以知之。如云周人百畝而徹，《詩》云『雨我公田』，與周徹不合。滕國云『吾宗國魯先君莫之行，吾先君亦莫之行』，是周時無三年喪。《左傳》《國語》所載列國婚姻之事，多父納子妻，是不行六禮可知。其有言親迎者，皆傳者仿禮制爲之。吴楚稱王，而《春秋》書之爲子；晉文召王，而《春秋》書『王狩』，此皆與春秋不合之實事明證也。

此書以大綱爲主，細事不必求全。如封建、職官、井田、禮制乃其大者，列以證孔子改制之意足矣，不必穿鑿求通，必求詳備，亦分四代唐虞爲一類，夏殷二周爲一類。夏事以《山海》爲大綱，殷朝真書不多，恐不甚詳，唯周則以《詩·國風》四州爲一大門，上三代事皆從周制推得之。

孔子當時人皆從信，至于弟子以後，人乃以爲疑，以新制于古説無徵，如滕諸大夫所言是也。弟子乃以爲諸侯惡其害己去籍，孟子所言，經師一大例也。

賢爲聖譯，皆緣孔子之意而作。蓋三代真制，實有沿革，古禮荒略，不足爲法。六藝于舊事多所改更，今若直録真事，文與六藝相反而不相合，不惟簡陋不足爲法，而文有沿革，亦不一律，故傳者之意，全祖六藝而言，不敢復存四代真制。此如孔子六藝之删潤，今不能據賢者傳記，以爲四代禮制皆如孔子新文也。

鄭伯更説《楚詞》不言孔子，亦不用經語。所言怪力亂神，大旨與《山海經》《竹書》相似，是孔教未行于楚之證。按其説是也。《楚詞》所言怪力亂神，皆爲事實。孔子起而文飾之，不言怪力亂神，而言《詩》《書》執禮。傳記折中聖人，故屏神怪之説。屈子不用經義，故皆當時事實。欲知古事之實，《楚詞》其實録也。時孔子經教尚未大行于楚，故屈子所言，皆不用經義。宋玉則引用《詩》詞矣。

六譯先生選集

中

廖平 著
楊世文 編

巴蜀書社

地球新義[①]

原序

博士誦法六藝，于《春秋》《書》《禮》之説詳矣，《易》《詩》迄無定論。蓋法王而不法帝，言禹州而不言海外。《易》之伏羲、神農、黄帝、顓頊、帝嚳，雖經聖論，學者屏而弗道，蓋誤于史公『言不雅馴』之説也久矣。余治《王制》二十年，于《易》《詩》終苦扞格，未能得其要領。丁酉以來，始悉帝統海邦之義，于經中分爲二統：一伯王，一皇帝；一上考，一下俟；一行事，一空言；一法文，一從質；一小道，一大統；一仁義，一道德；一博士，一道家；一法古，一居夷。六藝中分《春秋》《書》《禮》爲一派，《易》《詩》《樂》爲一派。小統以《王制》爲主，大統則以《帝德》爲主，二篇同在《戴記》，一小一大，峙立門户。今言治海外，每多非常可駭。不知海外九州，即禹州之所推廣，由小化大，其道不改。故海外之實法，即在《王制》，而不必別求新奇也。同而不同，不同而同，所謂損益可知，百世不惑者，其道不

---

①《地球新義》有三本：光緒二十四年戊戌（一八九八）資州藝風書院排印本，僅十二題；光緒二十五年己亥（一八九九）新繁羅秀峰刊本；民國二十五年丙子（一九三六）廖平嫡孫廖宗澤重編本。丙子本晚出，内容較完整，故以此本爲據。

遠矣。戊戌游學珠江，與二三群從論瀛海之廣，述舟車之力，舉經傳以實其事，分題論撰，各陳所得，共二十餘道，合《列傳》《日記》，編爲二册，名曰《地球新義》。以海客之譚引歸六藝，名雖爲新，實有不新者在焉。余未老而衰，齒摇髪白，不敢再闢新境，《帝德》一篇，將奉以終其身。夫博士詳王法，于《帝德》不免少涉偏枯，今爲之致力于此，敢謂因時從俗，亦聊以補博士之缺而已。時在光緒己亥仲冬，四益館主人記于射洪學署。

《井研藝文志·地球新義二卷》

廖平編

此書丁酉于資中排印，首卷共十題，其未排印者二十題。按《中庸》『凡有血氣，莫不尊親』，學者共知，爲大統舊説。孔子上考三王，下俟百世，所云祖述憲章者，小統也；上律下襲者，大統也。六藝中以王伯見行事，皇帝託空言，微言大義，及門實有所聞，故《論語》多言大統。騶衍游學于齊，因有瀛海九州之説，《莊》《列》尤詳備。當海禁未開之先，騶子之説見譏荒唐，無徵不信，誠不足怪。今兹環游地球一周者，中國嘗不乏人，使聖經囿于禹域，則祆教廣布，誠所謂以一服八者矣。孔子固不重推驗，然百世可知，早垂明訓。苟畫疆自守，以海爲限，則五大洲中，僅留尼山片席，彼反得據彼此是非之言以相距，而侵奪之禍不能免矣。竊以孔子之教，三千年乃洋溢中國，布滿禹州，則寖延海外，流布全球，過此以往，未之或知矣。

按此書有二本：一爲資州排印本，一爲新繁羅氏刊本。排印本次序由淺及深，使人易得其踪迹。羅本原擬全刊各題，後未刊全，倉卒出書，編次無法。又如《釋球》各篇，皆缺而不載，故覽者未易得其立説次第之所以然。此當補全，別編目次，方爲善本。日前託之課藝，今則以爲自著之書。

聞南皮以此書爲穿鑿附會，因趨時而作。按除《周禮》明文、《騶衍傳》《薛使四國日記》以外，間推説《詩》《易》，古今《詩》《易》之書，誰能免穿鑿附會之病？若欲文從字順，正蹈孟子『以辭』之譏。《詩》《易》爲俟聖而作，意在言外，故須以意逆志，乃爲得之。如但以辭，是有男女皆爲淫奔，宋儒且優言之，此望文生訓，所以爲禍之烈。宗澤案：此二則從《家學樹坊》録出，本本書提要案語，故仍附于此。

重訂地球新義凡例

一、此書原有兩本，一爲光緒戊戌資州排印首卷十題本，合《孟荀列傳》及《薛京卿出使四國日記》則爲十二題。一爲光緒己亥新繁羅氏刻上下卷二十二題本。有薛氏《日記》而無《孟荀傳》。兩本有同有異，今合兩本，去其同者，得二十五題，亦并計《孟荀傳》及薛《日記》。仍編爲二卷。

一、先大父謂羅本編次無法，不似排印本之由淺入深。今上卷一仍排印本目次，而于《釋球》前加入《翻譯名義序》，羅本原列卷首。蓋亦發凡起例之意。羅本有而排印本無者，并入下卷，其次序則姑按《家學樹坊》所載縣志提要原稿題目排比，合否所不敢定，聊免臆測云爾。

一、此書原託爲及門課藝，排印本、羅本並著撰述人名。光緒壬寅，先大父編《家學樹坊》，乃引歸自著，今故改題先大父撰，原列人名概從删削，僅于題下注『舊題某撰』字樣，以不没當時自晦苦心。

一、羅本、排印本文多訛誤，排印本爲尤甚，謹就所知間爲校改，所不知姑仍其舊，尚希海内明達有以正之。

民國丙子七月二十二日，廖宗澤識。

地球新義卷上

《史記·孟子荀卿列傳》　節録騶衍附傳

齊有三騶子，其前鄒忌以鼓琴干威王，因及國政，封爲成侯，而受相印，先孟子。其次騶衍，後孟子。騶衍睹有國者益淫侈，不能尚德，若大雅整之于身，施及黎庶矣。乃深觀陰陽消息，而作怪迂之變，《終始》《大聖》之篇十餘萬言。其語閎大不經，必先驗小物，推而大之，至于無垠。先序今以上至黄帝，學者所共術，大並世盛衰，因載其禨祥度制，推而遠之，至天地未生，窈冥不可考而原也。先列中國名山大川，通谷禽獸，水土所殖，物類所珍，因而推之，及海外人之所不能睹。稱引天地剖判以來，五德轉移，治各有宜，而符應若兹。以爲儒者所謂中國者，于天下乃八十一分居其一分耳，中國名曰赤縣神州，赤縣神州内自有九州，禹之序九州是也，不得爲州數。中國外如赤縣神州者九，乃所謂九州也。于是有裨海環之，人民禽獸莫能相通者，如一區中者乃爲一州，如此者九，乃有大瀛海環其外，天地之際焉。其術皆此類也。然要其歸，必止乎仁義節儉、君臣上下六親之施，始也濫耳。

薛京卿《出使四國日記》一則

偶閲《瀛環志略》地圖，念昔鄒衍談天，司馬子長謂其語閎大不經，桓寬、王充並譏其迂怪虚妄。余少時亦頗疑六合雖大，何至若斯遼闊，鄒子乃推之至于無垠，以駭人聞聽耳。今則環游地球一周者不乏其人，其形勢方里，皆可覈實測算，余知古人之説非盡無稽；或者古人本有此學，鄒子從而推闡之，未可知也。蓋論地球之形，凡爲大洲者五，曰亞細亞洲，曰歐羅巴洲，曰阿非利加洲，曰亞美利加洲，曰澳大利亞洲。此因其自然之勢而名之者也。亞美利加洲分南北，中間地頸相連之處曰巴拏馬，寬不過數十里，皆有大海環其外，固截然兩洲也，而舊説亦有分爲二洲者。即以方里計之，實足當二洲之地。是大地共得六大洲矣。惟亞細亞洲最大，大于歐洲幾及五倍。余嘗就其山水自然之勢觀之，實分爲三大洲。蓋中國之地，東南皆濱大海，由雲南徼外之緬甸海口溯大金沙江，直貫雪山之北，而得其源，于是循雪山、葱嶺、天山、大戈壁以接戈壁，又由此而東，以接于嫩江、黑龍江之源，至混同江入海之口，則有十八行省。盛京、吉林、朝鮮、日本及黑龍江之南境、内蒙古四十九旗，西盡回疆八城，暨前後藏，剖緬之東境，括暹羅、越南、南掌、柬埔寨諸國，此一大洲也。由黑龍江之北境訖戈壁以北外蒙古八十六旗，及烏梁海諸部，西軼伊犂、科布多、塔爾巴哈臺，環浩罕、布哈爾、哈薩克、布魯特諸種，自鹹海逾裏海，以趨黑海，折而東北，依烏拉嶺劃分歐亞兩洲之界，直薄冰海，奄有俄羅斯之東半國，此又一大洲也。雪山以南，合五印度及緬甸之西壤，兼得阿富汗、波斯、亞剌伯諸國、土耳其之中東兩土，此又一大洲也。夫亞細亞既判爲三洲，余又觀阿非利加洲撒哈爾大漠之南，有大山起于大西洋海濱，亘塞内、岡比亞之南境、幾内亞之北境、尼給里西亞及達耳夫耳之南界，延袤萬餘里，直接于尼羅江之源，此其形勢，殆與亞洲之雪山、葱嶺界劃中外者無異。尼羅江又曲折而北，以入于地中海，是阿非利加一洲，顯有南北之分矣。今余以《志略》所稱北土、中土者謂之北阿非利加洲，《志略》所稱東土、西土者謂之南阿非利加洲，此又多一大洲也。而南洋中之葛落巴、婆落洲、巴布亞諸大島，則當附于澳大利亞一洲。夫然，則大九州之説可得而實指其地矣。雖其地之博隘險易不同，人民物産之衰旺不同，然實測全地之方里，謂八十倍于昔日之中國，自覺有盈無縮。所謂裨海者，若紅海、地中海皆是矣。即有沙無水之戈壁，亦可謂之裨海。即中國東隅之黄海、渤海，有日本三島障其外，亦可謂之瀚海。是瀚海與大瀛海殆一而二、二而一者也。而彼所謂大九州者，在鄒衍時豈非人民禽獸莫能相通者乎？至于禹迹之九州，要不出今之十八行省，若福建、廣東、廣西、貴州諸省，《禹貢》並無其山川，今以置余以上所序一洲之中，約略記其方里，要亦不過得九分之一。然則禹迹之九州，實不過得大地八十一分之一，而《禹貢》所詳之一州，又不過得大地七百二十九分之一，其事殆信而有徵也。舟中無事，睹大洋之浩蕩，念坤輿之廣遠，意有所觸，因信筆書之。

《翻譯名義》叙

《論語》『子所雅言：《詩》《書》執禮』，《莊子》孔子『翻十二經以立教』，《班志》『《尚書》讀近爾雅，通古今語而可知』，此豎翻例，通古今異語也。《王制》之寄象狄鞮譯，《周禮》之象胥，以通四夷言語，《公羊》之物從中國，名從主人，《穀梁》之物地從中國，號從主人，揚子雲之《輶軒使者絶代語》，此方言之説，爲横翻者也。蓋政制以横翻爲開化四海之首功，而立教以豎翻爲通貫古今之妙用。孔子六藝，原從古本之文翻以雅言。翻前之事，《班志》所謂《尚書》通古今語而可知者，早有明文，通人所共知。至于翻後之大例，則尚未顯著。海外九州之制，其本名異號，見于子緯者亦夥矣，而經傳中則不數數見。如大九州之名，見于《地形訓》，八殥、八紘、八極之山水丘澤，亦嘗備舉，而經傳不見者，何也？蓋不直稱其本名，而用猶從中國之例以指目之也。如《魯頌》云『奄有龜蒙，小東中國。遂荒大東，海外。至于海邦，淮夷來同。』以淮夷言之，淮水發源豫州，揚、徐二州以爲界目，水地皆在内州，何以得爲海邦乎？又《商頌》之荆楚氐羌，與淮夷同，皆在侯綏，去王城僅千里，大同之《詩》，不應引《春秋》小統之例以立説。不知此即後翻例也。海外九州，地有定形者，其名見于《淮南》，經文猶不具著，而謂百世以下無定之國名，經傳能直録之乎？然不直録則不能實指，辭窮無可考，故不得已而用後翻之例。中國東南之夷曰淮海邦，東南之國不可名，則借中國之名以名之。又中國正南方曰荆楚，正西方曰氐羌。今南則澳、非之名不可見，西則美、歐之名不可見，亦借中國之名以名之，荆楚即澳非，氐羌即歐美，與淮夷之例相同。總核詩文，海外四極，五帝分占之區統，《魯頌》之『戎狄荆舒』四字足矣。孔子六藝，小統上翻三代之古文，大統下翻百世之新事，知其翻譯之例，則讀《詩》《易》不啻如《海國圖志》《百年一覺》。故國不可名，則以四裔目之；君不著號，則以孫子言之。言受命則託之玄鳥、武敏，言京都則託以思服、衣裳。又列、莊同有小年、大年之説，楚南之冥靈以五百歲爲春，五百歲爲秋，此孟子『五百年必有王者興』之説，《釋文》以一千歲爲一年。上古有大椿者，以八千歲爲春，八千歲爲秋。釋書亦有此説，《釋文》以三萬二千歲爲一年，疑此爲東西二循環之説。《詩》之所謂萬有千歲、萬壽無疆、君子萬年者，皆謂統緒，所謂卜世三十、卜年八百也。統小則年小，統大則年大。所謂萬壽無疆者，上二字指年歲，下二字指疆域。將來大統國祚彌長，反合上古八百、八千之説，此亦在翻例。至云《三頌》之稱武平、文王、元王，《大雅》之文，《魯頌》之莊公，《召南》所謂齊侯、平王，《魯頌》之奚斯之類，多非指實。若《易》之兩濟，即南北極，晉、明夷，即東西極，壯、夬之爲羊爲洋，羝羊之即氐羌，明夷之即荆楚，詳于釋字篇中。固不僅鬼方之指海邦，大川之爲瀛洋矣。今分爲《易》一卷，《詩》一卷，《易》《詩》合爲一卷，發其端倪，以爲舉一反三之助。若曰通貫，是在好學深思之自得也。己亥仲夏叙。

釋『球』

舊題華陽任嶧撰

『球』字古無定解，《説文》訓玉，徐鉉謂爲玉磬，段氏云『磬以球爲之，故名球，非球之本訓爲玉磬』，專爲鳴球立説，實非通解。《書》鳴球外有球琳、天球，《詩》有小球、大球，諸家箋注大抵皆望文生義，未得其實。考天形本無方體，繪圖者皆作圓形，自來談天家所同也。《顧命》天球與河圖相連，河圖中有圖形，非宋以後九宫之説，則天球亦必有圖形。今人得玉石，往往中有詩字圖畫，天然巧妙。蓋古有天球之圖，玉中剖得其形，因而珍之。若但云色似天也，《書》天球之義已明，則《詩》之小球、大球，更可借證。明末西人入中國，刊《職方外紀》，有地球之説。至今環游地球一周之人甚多，圖更詳備。蓋地與天相對實義。《商頌》言小大，《商頌》五帝之遺法，大一統之詩也。《商頌》之大一統，非實指殷商之版土，乃謂百世以後，法帝主商而王，合九大州而大一統之商言也。天地之圖皆作圓形，球、毬皆有圓義。言天之書，如《圓天圖説》是也。西人又謂地形橢圓。案《春秋命曆序》云『神農始立地形，甄度四海遠近、山川林藪所至，東西九十萬里，南北八十二萬里』，不相合乎？《尚書考靈曜》四游之説，尤爲切合。騶衍所言九九八十一州者，薛京卿《日記》就今五大洲剖分爲九以配隸之。可見西人之説，中國古實有之，後王不能及遠，乃僅就禹州言之，耳目心思之所窮，故其説遂絶，非地球之圖出，終不知大球小球之爲何語也。考全《詩》之例，凡言小大者，皆以小爲中國，大爲海邦，小東、大東，其明證也。他如小大稽首、小大近喪、小雅大雅、小明大明、小國大國、小共大共，莫不先言小以及大。行遠必自邇，登高必自卑，治天下者必先治國，治其國者必先齊家，齊其家者必先修身。聖人設教，先諸夏然後夷狄，此其例也。蓋言小球者，中國禹貢之小九州也；言大球者，合大九州言之全地球也。然則地球之名雖出自晚近，而實古義，早已垂明文于《商頌》。而孔疏乃解爲小玉大玉，輔廣以爲小國大國所執之玉，申其論者乃以小係子穀璧、男蒲璧，大爲公桓圭、侯信圭、伯躬圭。夫五玉、五瑞，經傳有明文，禮制典章所在，何忽以小球大球名之乎？又或以爲貢物，不惟與下小共大共重出，《禹貢》貢篚多矣，球爲球、琳、琅、玕四者之一，以小名而包異類，絶無此例。况諸家以大者屬尊，小者屬卑，則大小有序，若冠履之不可倒置，經何遂以小加大乎？或曰：地球言球、言大球，證以天球，考諸圖册可也，中國小九州在球東面偏北，去赤道尚遠，何得以球名之？曰：地形圓，凡一山一水皆有圓義。大既曰球，小不得不曰球。亦如雅明東共等字，小大相配。又西人言人目圓，凡遠物皆有圓象，大而日月，小而星宿、燈火，遠望皆成圓形是也。夫小大九州之説，後人不察，乃反斥其荒唐，不知其言實本于經大一統之義，與《商頌》九有、九圍。蓋共，貢也。共即所謂赤縣神州内之九州，禹貢是也。大共，全地球九州也。中國外如赤縣神州者九，乃所謂九州，由大共而推言之也。有王者起，以中國作留京，如周之西京，乾之潛龍是也。以阿富汗地作行京，如周之東都，所謂坤之黄裳也。由孔子起數，前之遠者帝，近者王，由後而推，近者王，遠者帝，即《論語》『其或繼周，百世可知』之説也。今時與古折算，正當帝運，正當大九州。將來以阿富汗爲行京，就亞洲分兩京，如周東西通畿之故事。中國爲居，爲上，爲天，爲衣，爲玄；阿富汗爲行，爲下，爲地，爲裳，爲黄；俄爲北，爲黑，爲恒；歐與北美爲西，爲白，爲華；非與南美爲南，爲赤，爲衡；澳與中國爲東，爲青，爲泰。《覲禮》：王者朝諸侯，設方明，上玄下黄，東青南赤，西白北黑，合兩京四岳爲六合。方明之制，即地球也。截長補短，移步換形，小有變通耳。方明以方爲名，與圓球相反。然則方爲圓，削去廉隅，故仍是一球形。全球中以開方計，未嘗不可言方。

即準繩以御規矩，圓者可方，方者可圓，則方明與全球名異而實同，是方明又一地球之切證也。且以地球考之，中國在赤道之北二十餘度，地球之幽明取决于日，嚮南而治者，嚮日也。至于南半球，《爾雅》謂之北户，赤道在其北，則又將嚮北而治。禮：生者南鄉，死者北首。中國嚮南，南球嚮北，則中國之人道鬼道與南半球相反。然則《易》《詩》之鬼方，實指南半球之澳大利等地言之。南北相反，人鬼異嚮，自中國言之，非所謂鬼方乎？是又言地球之所當知者也。《中庸》『舟車所至』一節，固地球之説也。今爲分别其義：天在上，地在下；日在東，月在西；露居北，霜居南。以《易》之天地定位、震東兑西、坎北離南者又合爲六合，又一方明之義，即又一地球之證也。作用之功，全在『舟車』『人力』二句，與《堯典》之所言『光被四表，格于上下』者不有合乎？輪船、輪車、電綫三者，爲開通地球之首功，光格六合之要務，自有今日以來，莫之或廢也矣。

案：六藝《尚書》《禮》《春秋》爲王道，《詩》《易》《孝經》爲帝道，帝大王小。《詩》則《小雅》與周、魯二頌爲小，《大雅》《商頌》爲大。經傳叙尊卑者皆先大，言内外者皆先小。然如《論語》之『小大由之』，《詩》之『小大稽首』，亦以小加大，蓋内外例也。家言小，國言大；國言小，天下言大。如《春秋》内其國而外諸夏，内諸夏而外夷狄，始則國小而諸夏大，終則諸夏小而夷狄大也。故不必大九州，而亦有以小加大者耳。自記。

《樂記》《禮運》帝王論

舊題資州廖承銘撰

《樂記》曰：『商者，五帝之遺聲也，商人識之，故謂之商。齊者，三代之遺聲也，齊人識之，故謂之齊。』後世之説經者紛紛歧出，皆未有何爲識五帝三王之明證者。夫禮之所謂商者，即《詩・商頌》

也；齊者，即《詩・齊風》也。而言者猶以爲無可稽考，則曷即《商頌》《齊風》所載者以明之，而後商、齊識帝王明證可見。何也？以音論，則商音剛決，而齊音柔緩；以統論，則商大一統，而齊小一統。夫帝大一統者也，王小一統者也。《禮運》：『大道之行也，天下爲公，選賢與能，如堯舜禪讓，不必用世及之法。講信修睦。故人不獨親其親，天下一家。不獨子其子，中國一人。使老有所終，壯有所用，幼有所長，矜寡孤獨廢疾者皆有所養。男有分，女有歸。貨惡其棄于地也，不必藏于己。力惡其不出于身也，不必爲己。是故謀閉而不興，盜竊亂賊而不作，故外户而不閉。是謂大同。』西人所著《百年一覺》屢嘆大同，頗具此見。蓋五帝道大，授受相承，爲大同之世，是即《商頌》大一統之源也。又曰：『今大道既隱，天下爲家，各親其親，各子其子。貨利爲己，大人世及以爲禮，城郭溝池以爲固，禮義以爲紀，以正君臣，以篤父子，以睦兄弟，以和夫婦，以設制度，以立田里，以賢勇知，以功爲己。故謀用是作，而兵由此起，禹、湯、文、武、成王、周公由此其選也。此六君子者，未有不謹于禮者也。以著其義，以考其信，著有過，刑仁講讓，示民有常，如有不由此者，在執者去，衆以爲殃，是謂小康。』蓋三王德盛，父子相傳，是即《齊風》小一統之源也。《商詩》曰：『上帝是祗』『古帝命武湯』『帝立子生商』『帝命不違』『帝命式于九圍』，《商頌》帝字凡五見。諸解皆以爲天，非也。凡《詩》之稱天者皆言天，非稱帝即所以稱天也。不然，如《商頌》之『普將自天』『天命玄鳥』『何天之休』『何天之龍』『天命多辟』『天命降監』『自天降康』等句，亦既數稱乎天矣，而又稱帝以名天，不相混乎？其所稱之上帝、古帝者，蓋指古之五帝，嚳與堯舜是也。『帝立子生商』，帝指嚳言之。《禮・祭法》：『殷人禘嚳而郊冥，祖契而宗湯。』商爲帝嚳之後，故曰『帝立子生商』也。二『帝命』指堯舜言。昔堯舜皆命契爲司徒，故兩言帝命也。《商頌》五稱帝，非商識五帝之明證乎？《齊風》曰：『俟我于著乎而，充耳以素乎而』，『俟我于堂乎而，充耳以黄乎而』，『俟我于庭乎而，充耳以青乎而。』《禮器》曰：『或素或青，夏造殷因。』《繁露》説昏禮夏人迎于户，殷人迎于堂，周人迎于庭。《著》三章分屬三王，非齊識三王之明證乎？又青、素、黄者，東、西、中之色也。周京東都居中，魯用夏道居東，商以金王居西，與青、黄、素之色位符合。《論語》『緇衣羔裘』三句，又説《詩》三統京師之異制也。第《商頌》之所載者，如『小球大球』『小共大共』『設都于禹之績』『外大國是疆』『商邑翼翼，四方之極』等句，已見于胡君少端之《騶衍傳書後》矣。今更于胡君所未言者論之，如所載『正域彼四方』『肇域彼四海』，四方、四海而曰『彼』者，蓋非中國内之四方、四海，而實海外之五大洲、大洋海也。帝大一統，無畛域之分，而以四外爲域，是即守在四夷之義也。又曰『九有有截』，『奄有九有』。有，指中國之土已爲所有者也。九有者，即海外之大九州也。奄，同也。蓋帝大一統，謂既撫有此中國小九州之土地，而外洋去九州之各國，亦莫不賓服，而同爲其所有也。是即『溥天之下，莫非王土，率土之濱，莫非王臣』，撫中國以治萬邦之義也。又曰『四海來假』『海外有截』。四海者，中國外之大洋海也。海外，即裨海外之各國也。假，格也。謂帝大一統，故雖只撫有中國，而四外各邦亦莫不感格而來也。截，齊也。謂海外九州皆爲德化，而均有截然整齊之教也。又曰『受小國是達』『受大國是達』。受，承也。小國、大國者，諸洋之大小各國也。達，言達其政教以敷布于外也。五帝道大，無中外之分，凡四海之來假者，皆以中國之政教敷布之，使海外各國皆知中國之制也。《齊風》又曰：『鷄既鳴矣，朝既盈矣，東方明矣，朝既昌矣。』鷄鳴、東方明者，王者出治之時也。朝盈、朝昌者，云群臣已集于朝也。三王勤求治理，孜孜不惰，惟恐少有廢事。蓋王小一統，不能如五帝之無爲而治矣。又曰：『無思遠人，勞心忉忉。』遠人，指外洋各國之人也。『無思遠人』者，王者德不及遠，雖勞心于遠洋，不能如五帝時之四海來假，故曰『無思』也。或曰此云商知五帝，齊知三王，固似，而于《樂記》所云五帝之遺聲、三代之遺聲無乃不相合乎？不知商承國于夏，夏承國于舜，夏之樂實帝之樂也。自成湯因夏之樂而損益之，而言《商頌》非五帝之遺聲乎？周公思兼三王，功成作樂。周公既没，成王命魯公祀周公以天子之禮樂，而三王之樂傳于魯。魯自太師摯適齊，而三王之聲又傳于齊而言，《齊風》非三代之遺聲乎？第此語古無明解，今特表而出之，俾聖賢之義以明，而論經者亦可恍然矣。

《大雅·民勞》篇解

舊題資中王肇光撰

或曰：中國内外二十一州之制，《禹貢》詳矣。海外之州不見于經，何也？曰：《大雅·民勞》篇即海外之《禹貢》也。聖人立經作制，託諸空言，不如見之實事，故先就中國内外二十一州詳其制度，著于《尚書》，由《尚書》以推之全球。以《尚書》立其本，以《民勞》盡其變。《禹貢》詳而《民勞》略者，蓋《尚書》言其節目，故詳；《民勞》言其綱領，以實事皆見之《書》，故從略也。考《詩》例，以《大雅》分應《三頌》：《文王》以下《周頌》，《生民》以下《魯頌》，《卷阿》以下《商頌》。其《商頌》所言『景員』『幅隕』，即《卷阿》之『土宇昄章，亦孔之厚』也。故《民勞》與《商頌》互相表裏。《禹貢》爲實事，據目見之制；《民勞》爲空言，百世以後乃能見諸實行也。或曰《禹貢》言九州，騶衍云八十一州，今地球之説則爲五大洲，其不相合，何也？曰：以五洲較《禹貢》、騶子之説，其實雖同，數目不無多寡之異。而以五洲之説證之《詩》，則又曲折相合者也。考《民勞》五章，以一章爲一州，一、二、四、五章爲四岳，中章言京師，王者居中而治，即地球之中。《荀子》曰：『欲近四旁，莫如中央。故王者必居天下之中，禮也。』其言四國，指四岳，總括一、二、四、五四章言之也。首章爲東岳兩伯，次章爲南岳兩伯，四章爲西岳兩伯，五章爲北岳兩伯。《王制》『八伯各以其屬屬于天子之老，曰二伯』

是也。且以《禹貢》較之，首章如青徐，次如荆揚，四如梁雍，五如冀兖，中如豫州。蓋《民勞》五章，就八伯解之，則合京師爲九，與《禹貢》合；就四岳解之，則合京師爲五，與地球五洲之説合。五與九，固名異而實同者也。又《禮運》以王爲小康，帝爲大同，爲帝道、王道之標目，殆已昭然若揭矣。《民勞》五小，首以小康，著之爲小統，爲王道，爲中國；于『惠此中國』之後，再言『以綏四方』，與『内奰于中國，覃及鬼方』相同。由小以推大，則所云大諫、宏大當與小康對文，則其爲帝道，爲大統，爲海外可知。因或疑海外九州版土不見于經，西人五洲之説與《禹貢》異，故著其説于此。

『民亦勞止，汔可小康。惠此中國，以綏四方。無縱詭隨，以謹無良。式遏寇虐，憯不畏明。柔遠能邇，以定我王。』

『文王曰咨』篇：『内奰于中國，覃及鬼方。』

《堯典》：咨十有二牧曰：『食哉惟時，柔遠能邇。』

《禮運》：『禹、湯、文、武、成王、周公，由此其選也。此六君子者，未有不謹于禮者也，以著其義，以考其信，著有過，刑仁講讓，示民有常，如有不由此者，在埶者去，衆以爲殃，是謂小康。』

按：首章爲東岳，《堯典》『歲二月東巡狩』，《詩》所謂『昔我往矣，楊柳依依』，指澳洲而言，如《詩·谷風》。『惠此中國』以上指小康之制，『以綏四方』以下爲大一統，五『詭隨』指海外之教，五『寇虐』指海外之政。此四方與三章京師四國相同，即指四岳。地球中爲行京，中國爲留京，在東方，故東、中同言四方四國，『以定我王』，即天下定于一。

『民亦勞止，汔可小休。惠此中國，以爲民逑。無縱詭隨，以謹惛怓。式遏寇虐，無俾民憂。無棄爾勞，以爲王休。』

按：此章爲南岳，指非洲、南美而言，如《詩・凱風》。《堯典》『五月南巡狩，至于南岳』。『民逑』即『窈窕淑女，君子好逑』，以女喻海外，與中國相匹敵也。

『民亦勞止，汔可小息。惠此京師，以綏四國。無縱詭隨，以謹罔極。式遏寇虐，無俾作慝。敬慎威儀，以近有德。』

《公羊》：京，大也；師，衆也。天子之居，故以『衆』『大』言之。《穀梁》同。

《月令》：季夏之月，日在柳，昏火中，旦奎中。

按：京師，指行京而言。中國爲留京，地球之中爲行京，四國即四岳。據二傳，京師爲行在，非定名，故《春秋》河陽亦稱京師。

『民亦勞止，汔可小愒。惠此中國，俾民憂泄。無縱詭隨，以謹醜厲。式遏寇虐，無俾正敗。戎雖小子，而式宏大。』

按：此爲西岳，指歐與北美而言。《堯典》：『八月西巡狩，至于西岳。』

『民亦勞止，汔可小安。惠此中國，國無有殘。無縱詭隨，以謹繾綣。式遏寇虐，無俾正反。王欲玉女，是用大諫。』

按：此爲北岳，指今俄羅斯而言。《堯典》：『十有一月北巡狩，至于北岳。』

《禮運》：『大道之行也，天下爲公，選賢與能，講信修睦。故人不獨親其親，不獨子其子，使老有所終，壯有所用，幼有所長，矜寡孤獨廢疾者皆有所養，男有分，女有歸。貨惡其棄于地也，不必藏于己；力惡其不出于身也，不必爲己。是故謀閉而不興，盜竊亂賊而不作，故外户而不閉，是謂大同。』

按：《民勞》五章，所言四國、四方，即四岳，合京師爲大州，共五。小曰小康，小休、小息、小愒、小安，文異義同，爲《禮運》之小康，《商頌》之小共、小球。所言宏大、大諫，即《禮運》之大同，《商頌》之大共、大球。考全《詩》皆不稱中國，惟《大雅》應《商頌》之篇七見中國字。《騶衍傳》『儒者所稱中國』云云，蓋中國即包《禹貢》内外二十一州縱横五千里而言，非泛語也。又『柔遠能邇』見《堯典》，乃爲十二牧之事。《説苑》：『故牧者所以闢四門，明四目，達四聰也。是以近者親之，遠者安之。』而下文云『蠻夷率服』，與《民勞》『惠此中國，以綏四方』符合，即篇内所言五『詭隨』、五『寇虐』。『詭隨』指海邦之教，『寇虐』指海邦之政。五言『無縱』，五言『式遏』，所以嚴中外之防，去邪崇正也。

又二、四、五三章不言四方、四國，惟首章言四方，與三章言四國相同。且言小康、言定王，蓋首章與三章兼言東西通畿之意。首章爲東、爲中國、爲居、爲留守，三章爲西、爲行、爲行京。考《春秋》，京師爲王行營别名，諸侯稱師，天子稱京師。故《公羊》《穀梁》皆以『衆大』釋此二字。故『天王狩于河陽』，則稱河陽爲京師。自《爾雅》以京師爲周王都定名，説者多誤解其義。三章既言京師，則必有留守。可知騶衍九九八十一州，《孟子》『天下惡乎定？定于一』，一者，即中國王圻之一州，九圍八十一分之一也。

堯與三代九州無沿革論

舊題井研廖師政撰

《李氏五種》言歷代疆域變革，以《禹貢》爲夏制，《爾雅》爲殷制，《職方》爲周制，固爲漢以來儒先之誤説。然李氏繪圖，流傳庠序，童蒙誦習，老死不悟其非。經術之不明者，此其一端也。按孔子采取四朝，定爲六藝，使其中典章錯雜，自相矛盾，不能畫一，後來學者各遵所聞，各行所知，不惟六藝各立異同，即以《尚書》一家而論，議禮制作，言夏者用夏，言殷者用殷，言周者用周，一國三公，何所適從？故六經決黑白而定一尊，不惟《尚書》四朝無沿革之例，即合之群經所有宏綱巨領，莫不相同。所以《尚書大傳》用執一之説，以遍解四代之書，無有不合。《詩》《禮》《樂》《易》《春秋》《孝經》各家博士與《尚書大傳》共執一定之説，遍解群經，亦無不合，明文具在，可附按也。西漢以上各家先師所有争執之條，半多經無明文，及支節小事，所有綱領明條，絶無立異。《翼教叢編》中朱侍御五書未詳此義。故解經必先破去沿革一例，乃能貫通。李圖以三代九州有沿革，學者先有一沿革之見以讀經，于後學爲患甚巨，不得不辭而闢之。按《禹貢》五服，甸服千里，侯綏千里，要荒千里。在侯綏者爲四岳，爲八伯，在要荒者爲十二州、十二牧。内侯綏爲州十二，要荒外方亦爲州八，州有伯，十二州亦有伯，同時並建，一内一外，兩不相妨，此經傳之明文也。八州有名山大川，十二州亦有名山大川。《堯典》曰：『肇十有二州，封十有二山，濬川』者，謂十二牧之州内各有一名山、一大川以爲鎮也。考《書》之四岳本指巡狩之岱、衡、華、恒四山而言。經云『乃覲四岳，班瑞于群后群牧』，是四岳爲四山，后、牧乃爲諸侯，即《尚書大傳》所稱之八伯也。故《禹貢》于四正方岳皆以四山爲目，如海岱、衡陽、華陽及恒衛既從，以四岳標目是也。四岳即八伯，在侯綏二服之内，與要荒各自立長。《帝典》『詢于四岳』之後，即言『咨十二牧』。四岳、十二牧同時並見，比肩一堂。《皋陶謨》既言『予決九川，距四海』，下文云『弼成五服，至于五千，州十有二師，外薄四海，咸建五長』。于水土既平之後，再言乎『十有二師』，是八伯、十二師二代同建。堯時有十二牧，别有四岳，是堯非無内九州，但有十二州明矣。禹既有九州，又曰十有二師，非禹改帝之十有二州以爲九也明矣。蓋説者不即經文細考，乃曰堯制本十二州，天地平成，涸出之地甚多，禹乃改堯之十二州以爲九州，地既廣于前，州反少于後，揆之情理，殊屬難安。考《大戴·五帝德》言堯封四凶以化四夷，《史記・五帝本紀》畢録其文，所言流共工于幽州以化北狄，放驩兜于崇山以化南蠻，殺三苗于三危以化西戎，殛鯀于羽山，以化東夷。《堯典》有合數二十二人之文，蓋四凶與十六族合爲二十人，兼羲和二伯爲二十二人。所謂大功二十也。《左傳》舜『舉八凱，使主后土，以揆百事』，所謂以八凱爲八伯，主后土，即主四岳。又言使八元『布五教于四方，内外平成』，則八元爲外十二州之長。又言『納于百揆，百揆時序，無廢事』者，蓋指舉才子八人爲八伯也。『賓于四門，四門穆穆，無凶人』者，蓋以八元合四罪數之，以元凱合四罪爲二十人，再加二伯爲二十二人矣。八元賢，四族惡，何以同爲外州牧？八元官微，封之外藩，共工等以朝貴屏之遠方，賞罰適相抵也。按放流四罪，即《大學》《王制》『屏諸四夷，不與同中國』之意。則幽州與三危、崇、羽三山皆不在中國可知。蓋幽州者，即《堯典》外十有二州之一也。崇、羽、三危，《堯典》外服十有二山之三也。《尚書》經傳本有明文，無待繁説矣。考直隸乃《禹貢》濟河之故地，自説《周禮》者以爲周時分割冀、兖，添建幽、并，後儒襲其誤説，皆目直隸爲幽州故地。然《職方氏》誠確，則周時之幽與堯時之幽名同而實異，亦不得因周制之幽州在内服，遂連堯制之幽州亦以爲在内地也。此堯與禹内服同爲九州，要荒同爲十二州，夏無改堯制之事，唐與夏二代九州、十二州同時並建，無沿革之説也。西漢以上，説九州者無異同，至《王莽傳》乃有周制去徐梁、加幽并之文。蓋據劉歆所上《周禮・職方》立説，以《職方》證之别經，則殊多異同。按古梁州舊國，孟津之會，見于《書》誓者有庸、蜀、羌、髳、微、盧、彭、濮等國，梁州所屬從龍之國，較别州爲詳。自以二州相連，德化尤篤，開國龍興，爭先效命，何以太平定制，乃取古昔之名邦？先王之鄰國割而棄之夷狄，不在州數，使不得與被髮文身、畢路藍縷之荆、揚比數，可乎？即以《春秋》論之，梁州之國，若梁亡之以州舉，鄀、蜀之須考定者，姑無具論。至若巴、庸、夔、麇，固有萬不能移之别州者，是周制之有梁州明矣。至于徐州，見于《詩》《書》《春秋》及各經傳尤爲明著，何爲而棄之乎？且建州之法，本于畫井，王畿居中如公田，八家各得百畝。西方本應立三州，《禹貢》因雲貴山多磽薄，截長補短，西南少置一州，于青、揚、豫、荆四州之中特設徐州，以四州之内地土膏腴，别有取義，周乃廢去古有之二州，析冀爲并，析兖爲幽，于一州故地分建二州，是猶八家本各百畝，乃使二家共耕一家之田，則並居者何其苦，侵漁者何其樂也？考周東西通畿，西雍之地以方八百里者爲西畿，洛陽之地又取方六百里爲東畿，東西通畿，合爲方千里。若棄梁而不置州，則西方三州地面僅雍州，取方八百里以雍州計，已餘方六百里者一。合梁州全壤言之，爲方千里者一，方六百里者一。隙地如此之多，究將何屬乎？按揚子雲著書，有『蜀自古不通中國』及『五丁開山』等語。子雲生長蜀都，鄉邦典故宜所熟習，何得爲此不經之言？顯與經傳相背。子雲著述，身後多爲劉歆所亂，僞造此語，以助其周廢梁、徐之僞説。若子雲深通經義，必不爲此無稽之談。考今本《職方》實無梁、徐而有幽、并，若必欲求通其説，則爲之進一解焉。《職方》于《堯典》九州但舉七州之名，而梁、徐從略。于要荒之十二州又錯舉幽、并，而于十州從略。蓋于内外二十州全文内錯舉九數，以互文見例之法考之經傳，證之時事，亦屬可通，但不得以爲廢徐、梁而加幽、并。兩利相形則取其重，兩害相形則取其輕。經傳互文見例之條最多，不敢舍經傳明文，而信《職方》一家之言也。或曰：今《周禮》與《逸周書·職方》所舉山水皆在内地，何得以幽、并改屬要荒？曰：鄭注《周禮》，于《職方》山水不合輿圖者，每多改字。莽、歆徵天下能識古文者至京，翻譯古文。《王莽傳》既明以爲周制去徐、梁，加幽、并，上有所好，下必從之，則其點竄古書，不可究詰矣。《爾雅》本無殷制之文，後人因其制與《禹貢》《周禮》小異，《禹貢》既爲夏制，《職方》又爲周制，以《爾雅》間居其中，以成三統之制，事由心造，與鄭注以《周禮》爲周制，凡與《周禮》不合者皆指爲殷制，其事正同。今欲去僞説而求真解，《爾雅》當同《職方》，錯舉外州以見例，否則由後人改竄，決非明文。何以言之？按《爾雅》原文，兩河間曰冀州，河南曰豫州，河西曰雝州，漢南曰荆州，江南曰揚州，濟河間曰兖州，濟東曰徐州，燕曰幽州，齊曰營州。考九州以山水標目，爲經傳定例，初不以國爲目。以國爲目，皆讖家分野之説。《爾雅》以上七州皆以山水爲目，與《禹貢》《王制》名目悉合，與西漢之説同。乃獨于末二州異其文，曰燕曰幽州，齊曰營州，與上七州文義絶不相同。殷時尚無燕齊二國，何得舉以分定州界？今仍以互文説之。上七州爲舉内州，末二州爲要荒，乃經師之遺言，非殷朝之舊典。考古制要荒十二州，每當天子巡守，四岳皆從，見于方伯之國。《堯典》之『覲四岳，班瑞于群后群牧』，群后爲八伯，群牧爲十二牧。《明堂位》四夷在四門之外。考前明東北一帶外藩與直隸相近，乃不就近隸于直隸，而航海附山東。山東爲方岳東界，海無外服，分配外牧，必以南北之外服附屬之。《尚書》以四岳統十二州之制，古無明説，明制尚能得其遺意。外州當爲十六，東邊海沿海四州不置，故僅十二州，每方得三，故合之爲十二州。《爾雅》之營州當爲外牧，『齊曰營州』者，謂營附于齊之方伯，『燕曰幽州』者，謂幽附于燕之方伯。并地當正北，東北二州直屬于東岳，燕與幽正當其位。幽即《堯典》之幽州，營與太公所居營丘同名異實。《爾雅》内之以水地計者七州，亦如《職方》之七州。外州以國言，亦如《職方》之幽、并，此一説也。東漢以後，舊聞多經校改，《爾雅》營、幽之文即與上文七州不同。王肅變古書以證成己説，明證甚多。總之，説經當以經傳爲主。《職方》晚出，昔人早有異同，《爾雅》爲漢儒附益之書，與尸子所見之本迥然不合。二書可通則通之，不可通則姑闕疑，不能因其文字偶異，遂變經傳明文確鑿之條而從之也。學者必先知六經九州並無沿革，經制爲百世不變之道，即使推廣擴充，如鄒衍之海外九州，可云奇辯，而于中國猶確守成法，以爲根本之據，故其説由小推大，由九州以推于八十一州，以一生三，以三生九，小大雖殊，而名實不改。若衍者，可謂善于推廣經説，尤可謂能謹守師説。

使四代六經之文已先紛更沿革，如後世史書改置郡縣，是自先亂其例，何以傳示百世，流法無窮？《易》『改邑不改井』，可知邑指京城，井指九州，謂四代建京雖不同，而九州不可改也。夫治經者貴通其意，帝王不相沿襲，制度典章在于潤色，固不必過拘成文，特其中有當隨時損益者，有百世不變者。今各行省分畫疆界，無一不與《禹貢》符合，或乃惡其相似，必于經傳中多立異同，謂帝王古制必不能與今巧合，此以後世讀史之法讀經，而不明百世以俟聖人而不惑之義者也。

八行星繞日說

舊題資州隆鳳翔撰

說《尚書》者曰四岳四門、八伯賡歌；說《詩》者曰周召分陝而治；《左傳》云天子合諸侯，則伯帥侯牧以見于王，伯會諸侯，則侯帥伯、子、男以見于伯；《禮記》曰天子大國同姓謂之伯父，異姓謂之伯舅，次國同姓謂之叔父，異姓謂之叔舅；《周禮》云立牧設監；《公羊》云下無方伯，又于大國言伯討；《易》云公用享于天子。然則天子居王畿，八伯各主一州，群經之所同，非獨《王制》一篇之私言也。傳云黄帝畫井，建九州，九州亦如田制，一夫百畝，公田居中，八家同養公田，即拱衛神京之意也。經師相傳者多《禹貢》之制。鄒衍大九州之義本于《詩》《易》師說，推之全球，由一州以至九州，由九州以至于八十一州，合而言之，仍一九州之制，乃經師之常言，非海客之異録。又博士之義，凡事推本于天，聖人法天而行，不敢以私意制作，然則大九州之義，果何法乎？曰：是亦法天爲之。《禮》云『大報天而主日』。按天無方體，以日主之。又日爲君象，《孟子》所謂『天無二日，民無二王』是也。以列宿比諸侯，所謂十二諸侯聚于王庭，此皆自古相傳，日爲天子，星比列辟之舊解也。按西人新著《八行星之一論》，大致先以太陽爲太空之心，日爲天心，京城爲地球之心，故《詩》心字多指京師而言。而八行星繞之。八行星皆繞日四游。《詩》言游言行，皆法行星。行星有六：一曰金，二曰水，三曰地，四曰火，五曰木，六曰土。月爲地球之小星，周圍地球，隨地而繞太陽。此皆中國儒先所早知，不僅西人言之也。西人近又測得二行星：曰天王，曰海王。八行星之小星如月者共計有二十，地球有一，海王有一，火星有二，木星有四，土星有八，天王星有四。此外各處小空星共計二百七十有一可查考等語。是日爲天子，八行星如八伯，各占一州，八行星離日遠近，各有軌道行度。向日繞行，即四正四隅分布八方以衛帝座也。其有升降遲留伏逆，即巡狩、朝覲往來之禮也。各行星又皆有小星圍繞，自爲一部屬。一州二百一十國，州牧統之，各有疆域也。行星尚多，不能計數，此四岳統四方要荒，蠻夷各附方岳，王者不治夷狄之説也。以大一統言之，將來中分天下，南北球以赤道爲限，赤道以北爲《易》之乾、坎、艮、震四陽卦之地，于全球爲中國焉。以北包東。赤道以南如《易》之巽、離、坤、兑四陰卦，于全球爲海邦焉。以南包西。北極爲坎，爲既濟；南極爲離，爲未濟。由北半球以化南半球，仍王者向南而治，開服南服，《詩》首二南之義也。以全球實地考之，則北半球陸多而水少，南半球陸少而水多。如南美、非與澳洲，不過僅得大九州三州之地，而北球則得六州焉，南北中分，而北得三分之二，北六而南三。《詩》云『淮有三洲』，淮在中國東南。海外東南之地，物從中國，《詩》即目之爲淮。此中外翻譯之例。《禹貢》荆州云『三邦底定』，亦此意也。考《易》雖以四陰卦屬南，周西南不建州，調坤居中，爲黄裳。徐與魯同度，三女所占之地爲夷狄者，實只荆揚梁三州，仍是北六州而南三州也。考周、召分陝之制，周占東南四州，召占西北四州。周統青、徐、荆、揚爲一内三外，召統梁、雍、兖、冀爲三内一外，聖賢勞逸之説所由起也。將來大一統，二伯分陝，以非、澳屬周，美屬召，由小推大，又一定之勢也。所有未連五大洲零星各島，則如《尚書》之外十二州，各屬于本方方岳之下，以備柴望，可知也。蓋畫井之制，起于方里而井由，井田擴之爲九州，爲《禹貢》之五服，再由《禹貢》擴之，即爲騶衍之大九州，莊子所謂六合之内者是也。再由地球以推太陽各行星，即莊子所謂六合之外者是也。以方輿言，小莫小于《春秋》，《尚書》次之，《詩》爲大，《易》尤大。《易》之言天地陰陽消長，游心六合之外，莊子所謂乘雲御風，即八行星繞日之説也。今合小大，綜天人，統古今，而一以貫之，在今日固託之空談，將來必徵諸實事。如以荒唐譏之，亦不敢多辨也。

《周禮》師説多祖《易》《詩》微言考

舊題資中駱成駫撰

《周禮》九畿、五等封建之制，自來解者皆以爲與《禹貢》異。今讀《四益經話》卷三，明文顯證，乃曲折與《禹貢》原文相合，則《周禮》經文自是經傳遺説，非劉歆有所改竄矣。惟賈、鄭萬國、萬里諸説，不惟與六經經傳不合，求之《周禮》本義，實亦難通。以『建國』一條言之，《司徒》云諸公之地封疆方五百里，其食者半；諸侯之地封疆方四百里，其食者參之一；諸伯之地封疆方三百里，其食者參之一；諸子之地封疆方二百里，其食者四之一；諸男之地封疆方百里，其食者四之一。此五等封疆本指五長之閒田而言，封疆者，指外諸侯，食者指王臣也。千乘之國，以開方計之，得方三百一十六里，班書《刑法志》已有明文。《史》《漢》皆言魯衞封地方四百里。《管子》云齊國方三百一十六里。《明堂位》有魯地方七百里、革車千乘之文。案：千乘乃十同所出，開方實得三百一十六里。而《史》《漢》所言四百者，舉成數而言。《明堂位》之方七百里，以下文革車千乘計之，七當爲四，與《史》《漢》無異，七、四二字，音近而誤。若果爲方七百里，實得天子王畿方千里之半，當出車五千乘，不可僅言千乘矣。《明堂位》《管子》《史記》皆在劉歆之前，又孔孟屢言千乘之國，千乘必方三百餘里，舉成數則可稱爲方四百里。四百既爲經説方伯之封，則上下之五百、三百、二百、百里皆可由此而推。是二伯得五百，州牧得四百，卒正得三百，連帥得三百，屬長得百里。五長尊卑有此等差，約舉五等閒田成數，不得不有此次第。所以《左傳》有魯賦六百乘、邾賦四百乘之文。然《孟子》言萬乘之國、千乘之家，是三公亦以千數爲斷，數不加多于方伯。《周禮》原文以三公在州牧之上，故言五百里以優于方伯，不必以爲實數。又云封疆方五百里，其食者半，是内諸侯爵尊而禄少，以用費内省而外繁也。如在内之二伯，不必指爲五百實數矣。考之《職方》，『凡邦國千里』以五、四、三、二、一百云云一節四十三字作爲實數，則不論内外虚實，説最難通，久成聚訟。及考《逸周書·職方》篇，文與《周禮》全同，獨無此四十三字。班書《藝文志》有《周禮説》四篇，今其書不傳，疑《職方》所多四十三字實爲師説之文，先師附入，誤爲正文，决非原文所有。賈、鄭立説，以《周禮》爲主，故凡與《周禮》異者，皆指爲虞、夏、殷之制，説《周禮》自成一家可也，乃實考之，與《詩》《書》《春秋》之言周制已不合，與《左傳》《國語》時人自言周制者又大相徑庭，是并非周制明矣。故朱子疑爲周公草創未行舊稿，鄭君《職方》注以方七千里爲九州，七七四十九方千里，王居得千里，其餘八州各得方千里者六，六八四十八，合邦畿爲四十九。説者謂鄭君以戰國七雄説經，最爲怪誕，一牧之地，大于天子五倍，其失易見，豈不自知其非？特邦畿千里，礙于經有明文耳。况九州文在《職方》，可以覆按，每州安得有千里者六乎？此解説爲經之累，非《周禮》之過也。或曰：《禹貢》五千里之制，固有明文；然《爾雅》九州外有四荒、四極；《淮南子·地形訓》九州外有八殥，亦方千里；八殥之外而有八紘，亦方千里；八紘之外乃有八極；其餘子緯百家言廣輪者，皆不以五千里爲限，古學家實陰用其義，附于《周禮》，皆有依據，非由意造；又《周禮》通行近二千年，入人已深，不能更革，又言不虚作，將何所取裁？曰：《爾雅》之四荒、四極，《淮南子》之八紘、八極，與騶衍之談天，皆爲《易》《詩》海外九州、帝道大一統之舊義，爲經學之微旨。以證《春秋》《夏書》與小一統之經，則不免方枘圓鑿；以説大一統之義，所有宏綱巨領，正可藉《周禮》爲嚆矢矣。蓋六藝中本有大統、小統二派。顓頊以後德不及遠，博士經師囿于見聞，專述禹州。如《公羊傳》以大一統解『春王正月』，而篇中版宇止言王者王三千里，天下諸侯一千七百國，《詩》《禮》各家莫不同然，而其軼聞往往見于他書，如騶衍、《爾雅》《淮南》，其明著者也。諸儒生今學將衰之後，病其謹小，不滿經義之量，因《周禮》新出，遂博采異聞，欲求相勝，乃收殘拾墜，以復舊觀，其致力甚勤也。但孔子法帝法王，本有二派。先師以《禹貢》遍解群經，與浮海居夷、莫不尊親，殊爲不合。而古學家不知大一統之制，由小而推，《春秋》制度專詳禹州，乃以廣大之説強附内制，變五服爲九畿，改五千爲萬里，方枘圓鑿，未免貽譏耳。以騶衍之法推之將來，合《禹貢》九州爲王畿，于五大洲分建八伯，王畿世禄，八州封建，畿内三公如采地方百里，未免不足。而海外八州，每州約方廣爲六千里，現在各國都鄙星羅棋布，將來雖大一統，亦不能過于削奪。每州所建之牧，即使方五百里，亦殊嫌其小。小統方千里爲州，大統方五六千里爲州，兩相比較，其大出于十倍以上，或二三十倍不等。姑以十倍推之，則州牧所封，當爲三百一十六里，爲千乘閒田，十倍當爲萬乘，開方當爲千里，爲萬乘，得大統王畿方三千六百里十分之一，截長補短，由此而推。春秋之世，未當其時，經傳如確鑿言之，無徵不信，不免與騶衍同譏荒誕，故僅就目見實行之禹州立王畿，建八伯，設十二牧以爲標準，化小爲大，加以十倍之法，即可推行騶衍之説，由九州以推八十一州。《周禮》古説雖不合于古，而合于今；雖不合于《春秋》《尚書》，可取方于《詩》《易》，所謂萬國萬里、九畿五百里封建者，求之《禹貢》則嫌其有餘，求之于全球則反嫌其不足。故曰：古《周禮》之説者，大一統之嚆矢也。論者因其與《周禮》不合，謂皮之不存，毛將安附？今欲廣大一統之義，取騶衍之説以爲綱領，即録其説以爲節目，發明大統全球制度，雖未足以盡其量，古義廢墜，存者無多，披沙檢金，往往見寶，固説大一統不可廢之書也。

《百年一覺》書後

舊題内江古德欽撰

《公羊》于『春王正月』云『大一統』，『獲麟』云『末不亦樂乎後之堯舜之知君子』。蓋于始終見帝道大一統之義，所以推廣《春秋》之道也。考六經中分，《易》《詩》《樂》專言大統，而《周禮》附之；《春秋》以八州分中外，《尚書》則以四海爲限。《詩》言海外，《易》則言天地星辰，《樂》則附《詩》，《禮》則附《書》。考《中庸》『舟車』一節，爲海外九州之確證。觀孔子所論《五帝德》，言五帝德化所及，日月所照，風雨所至，如天如神云云，文與《中庸》相似，此孔子論定之文也。他如《春秋命曆序》云，神農始立地形，甄度四海遠近，山川林藪所至，東西九十萬里，南北八十二萬里。以西人所繪輿圖計之，環球九萬里，只得十分之一。蓋由赤道以至冰海，又爲九度，合南北，二九當爲百八十萬，今云九十萬里者，赤道兩極由中折半，得九十萬里之積方也。南北少八萬者，地非正圓也。《帝王世紀》云：神農以前有柱州、梧州、神州等州。黄帝以來德不及遠，只治神州。考董子有皇帝王黜陟之説，博士以堯舜爲帝，伏羲、神農爲皇者，就周制立説也。《左傳》《月令》以伏羲、神農、黄帝、少昊、共工、顓頊爲五帝者，就舜言之也。孔子論定五帝，首黄帝、顓頊，即博士之所本。讖言黄帝受地形，象天文以制官，爰有九州之牧。蓋此九州謂大九州，非謂小九州。孔子以《禹貢》九州爲行事，騶衍九州爲空言。《春秋》就九州分中外，所謂寓之空言不如見之行事深切著明者也。若三王爲小統，則不必別求新説。《禹貢》地理專書，畫野分州，不出亞洲之半，較衍説孰大孰小，此何待辨。無已，請更徵之《禮記》。《禮運》引孔子曰：『大道之行也，天下爲公，選賢與能，講信修睦，故人不獨親其親，不獨子其子，使老有所終，壯有所用，幼有所長，矜寡孤獨廢疾者皆有所養，男有分，女有歸。貨惡其棄于地也，不必藏于己；力惡其不出于身也，不必爲己。是故謀閉而不興，盜竊亂賊而不作，故外户而不閉，是謂大同。今大道既隱，天下爲家，各親其親，各子其子，貨力爲己，大人世及以爲禮，城郭溝池以爲固，禮義以爲紀，以正君臣，以篤父子，以睦兄弟，以和夫婦，以設制度，以立田里，以賢勇智，以功爲己，故謀用是作，而兵由此起，禹、湯、文、武、成王、周公由此其選也。此六君子者，未有不謹于禮者也。以著其義，以考其信，著有過，刑仁講讓，示民有常，如有不由此者，在執者去，衆以爲殃。是謂小康。』據此一段，則五帝、三王顯有區别。且大同、小康，明以小康爲三王，則大同之爲五帝，固一定而不移矣。統之小義，《春秋》《尚書》，由秦漢至今，載記班班可考。而大同之説則甚略，歷來經師皆以不解解之，惟道家者流專祖此派。莊、老之書，祖述帝道，與《禮運》大同相合。近時美人所著《百年一覺》，蓋將欲改之法度及將來之成效，託之睡覺，雖爲彼教而言，頗合經説，蓋亦竊襲經義以爲文飾彼教之故智也。如謂教習及專門者，如律師大夫傳教等事，俟至三十五歲時始準出而爲之，故凡任事者皆老成練達之材，此選賢與能之説也。又謂昔人犯罪之多，一由窮民饑寒，始爲盜，一由貪婪不堪，因而争鬬。今土地貨物銀錢均歸國家辦理，人皆衣食充足，無窮苦不堪之狀，貪婪之人亦無所得罪，此謀閉不興、盜竊亂賊不作之説也。又謂一切事宜雖歸官辦，而自以相生相愛之意待之，即有暴虐，立即换任撤去，此講信修睦之説也。又謂前之貨物，某家賤則賣某家，今賣本國何價，賣外國亦何價；從前自製貨物，費工甚多，今國家所用之物，皆由製造廠以機器爲之，故從前分利人多，今則生利人多，此貨惡棄地不必藏己、力惡不出身不必爲己之説也。其他若自幼至二十一皆在學讀書之日，則爲少有所長之説。自二十一歲至四十五皆作官作工之日，則爲壯有所用之説。過四十五歲，非極有事之秋，皆安閑養老之日，則爲老有所終之説。養老之資及幼童讀書之費，皆出于國，則爲不獨親親子子之説。彼蓋惟就生養富庶一門追摹景象，不知飽食暖衣，聖人之憂方長，惜其僅得聖人富民司空之一端，而于司馬、司徒之職少所究心，終亦徒託虛冥，難收實效。苟能用其意，再以倫理補之，斯乃完書，可徵實用。若夫天生孔子，因革損益，可以前知，故《論語》曰：『其或繼周者，雖百世可知。』按儒家以三十年爲一世，百世即三千年，自孔子距今已二千五六百年，是由貧困至小康，由小康至大同，後世之事，孔子先已知之，其言『百世以俟聖人而不惑』者，蓋即《公羊》所謂後之堯舜用帝道而成大一統也。或謂大小之云，子言既辨，然帝王界限，分別必嚴，苟不深究其故，未必不混帝王于一是也。謹按《論語》曰：『博施濟衆，堯舜猶難。』難者非難于施濟，難于博與衆耳。蓋堯舜居大一統之末，其國勢已日趨于小，雖聖神敷布，日以拯救爲心，然盛衰迭倚，道有循環，極邊人民，未瞻雲日，天所以限帝王之運，雖聖人亦無可如何也。又九州、十二州皆載于《書》，而騶衍談瀛海，獨以中國乃八十一分之一，不得爲州數。然則《論語》之説見帝運之終，騶衍之説見王道之始。以外埃及古刻類乎蟲書，南美碑記勒自華民，可爲大一統之證。諸子百家言五帝官天下，言三王家天下，及帝升王降，三王德衰諸説，可爲小一統之證。如此等類，殊難僕數。但孔子修《易》《詩》《孝經》，以待驗于大同之世，餘若《書》《禮》《春秋》，皆爲小康言之。《書》三王爲主，始于堯舜溯其源，終于二伯理其流，《春秋》言伯，隱、桓猶有王，定、哀則爲戰國之濫觴。皇帝之事，《史記》以爲不雅馴。史公處小康之世，故以大同爲不雅馴。若目睹大同景象，又安知不雅馴者不盡爲尋常之事乎？譬如五十年來前，有人言西人驅使風雷，變化草木，縱耳聾舌敝，其誰信之？于以嘆人非至誠，殊難前知也。或又謂大一統降爲小一統，證諸經傳，既有明徵，若由小康以臻大同，西人雖著其説，而孔子未言之，于此無説，人愈滋疑。曰：孔子固言之屢矣，《易》《詩》微言，引不勝引，姑以《禮運》證之。《禮運》有曰：『大道之行也，與三代之英，丘未之逮也。』按：逮，及也。人壽不過百年，孔子生于成周，去大同之世甚遠，故曰未逮。又騶衍言五德之運，與天地相終始。太史公言王之道猶循環。運也，道也，既新故交乘，小大之統復何疑哉！

《易》説 舊題廖師慎撰

《易》之生數以三爲定，所謂乾三男、坤三女，長、中、少是也。如乾生姤、同人、履爲三男。姤初復乾，二成遯，三成訟；同人初成遯，二復乾，三成無妄；履初成訟，二成無妄，三復乾：爲九孫。餘卦仿此。由三生九，故八卦生二十四子，七十二孫。考騶子以大九州分爲九九八十一州，此合王畿中一州數之也。内九州，外七十二州，合爲八十一。《説卦》八卦方位，即八州八伯，合其孫爲七十二，即八九之數，而王者居中不數也。考《王制》一州三監，合八州得二十四監，則大九州之制。八大州必立二十四大監以統之，所有九州乃應九孫也。故《易本命》之一生三、三生九、九九八十一，與《太玄》之三方、九州、二十七部、八十一家，皆與騶子之説合，則其説實由《易》出可知。《易》有别、和之分，俗所云老父母、少父母也。六十四卦分居上下經，中外交涉，以此爲大例。自其説失傳，海外九州之義，説《易》者未之詳也。今爲推考，以著于編，願與學者共明其大義焉。

八卦分中外九有圖
别卦八父母二十四子表
和卦八父母二十四子表
上經皇帝王伯升降循環説例
下經三易二伯八伯四輔兩京説例

八卦分中外九有圖

艮　震　巽

坎　坤　離

乾　兑

乾統三男，爲中國；坤統三女，爲外國。《春秋》三傳，以乾、坎、艮、震四州爲中國，三女所屬者爲夷狄。《詩經》國風皆在内州，三女之地目爲二南。

按：《説卦》坤在西南，《禹貢》西南不置州，州有九，卦只四。考《論語》，少師襄同入于海，徐、揚二州在荆南，是以巽統徐、揚二州，移坤于内，主中州。坤爲土居中，與乾相對，爲二京。三男爲内，三女爲外。乾主東北，三女主西南。西南得朋，東北喪朋，中外之分也。坤主中州，然三女之長，故以夷狄外州、西南兩岳屬之。

按：以大一統之法言之，則由赤道中分南北球。北半球爲四陽卦，南半球爲四陰卦。所有四岳，由中華推之自得。又《易》有《説卦》，以乾居西北，專就中都雍州、東西通畿而言。至于魯、商兩頌，則以青州爲留都。乾當移震位，震當移乾位，即《詩》『顛倒衣裳』也。《易》爲大一統立制，言『帝出乎震』，聖教由東而西，故乾卦取象于龍，東方蒼龍。既濟言『高宗伐鬼方』。按上下經之分，上經專言中國，下經專言全球，五洲各國。上經由天地開闢、黄帝、堯舜，至《商頌》而止。

易別卦八父母二十四子表

	長	中	少
乾	姤	同人	履
坤	復	師	謙
震	豫	歸妹	豐
巽	小畜	漸	渙
坎	節	比	井
離	旅	大有	噬嗑
艮	賁	蠱	剥
兑	困	隨	夬

《繫辭》：『天尊地卑，乾坤定矣。卑高以陳，貴賤位矣。動静有常，剛柔斷矣。方以類聚，物以群分，吉凶生矣。在天成象，在地成形，變化見矣。』

《樂記》：『天尊地卑，君臣定矣。卑高以陳，貴賤位矣。動静有常，小大殊矣。方以類聚，物以群分，則性命不同矣。在天成象，在地成形，如此，則禮者天地之别也。』

按：上下經之分，以分别、和二類爲主。上經三十卦，别十八，和十二。下經三十四，别十四，和二十。蓋上經以乾坤爲主，以別卦爲中國，故別卦多在上經。下經以否、泰爲主，如外服，故和卦多在下經。以上下經往來言之，泰否在上經，如蠻夷大長來朝中國。外十子卦，如今外洋使臣。別卦之震、艮、巽、兑在下經，如周、召代天巡狩。其餘十卦，又如王臣爲監，監于各國。二類卦分居上下經，大略如此。

易和卦八父母二十四子表

	長	中	少
泰	升	明夷	臨
否	无妄	訟	遯
恒	大壯	小過	解
益	觀	中孚	家人
既濟	蹇	需	屯
未濟	睽	晉	鼎
損	蒙	頤	大畜
咸	革	大過	萃

《繫辭》：『是故剛柔相摩，八卦相蕩，鼓之以雷霆，潤之以風雨，日月運行，一寒一暑。』

《樂記》：『地氣上齊，天氣下降，陰陽相摩，天地相蕩，鼓之以雷霆，奮之以風雨，動之以四時，暖之以日月，而百化興焉。如此，則樂者，天地之和也。』

按：《繫辭》乾生三男，坤生三女，是生卦之法，以三爲斷，乾坤八卦爲別卦父母，否泰八卦爲和卦父母，合之十六卦，共生四十八子，中分之，則各得其半，各八父母，二十四男女。又《繫辭》二類卦分別之説，文義未能詳。今以《樂記》補證之，其義自顯。別卦内三爻變生三子，取三變爻合之外爻，即爲和卦。和卦内三爻變生三子，取三變爻合之外爻，即爲別卦，彼此往來，循環無端。如乾内三爻變三女爲坤，加以外卦成否，否内三爻變三男爲乾，加以外卦，乾即爲純乾。餘皆此例。

上經皇帝王伯升降循環説例

乾　三子唯『姤』見下經

坤　三子皆見上經

以上爲天地闢。案傳云：『黄帝、堯、舜垂衣裳而天下治，蓋取諸乾坤。』則又爲五帝之卦。騶衍大一統本于黄帝是也。今專論別、和二義，餘不旁及。泰否應此。

屯　既濟少子

蒙　損長子

合下四卦爲和，近于夷，又爲大一統，傳所謂天造草昧，如三皇之世。此下八卦爲皇帝王伯，二卦爲一世。

需　既濟中子

訟　否中子

二卦爲五帝，乾坤後繼以既濟之中少二局。既濟在下經末，此始終之義。以上四卦爲和，與無妄後四卦相同。

師　坤中子

比　坎中子

二卦爲三王，即莊子所謂二帝三王。王爲小統，故爲别卦。

小畜　巽長子

履　乾少子

以上爲周公，荀子所謂大儒。小畜，周公監夏；履，周公監殷。周公爲伯，皇帝王伯，周公終之，故《公羊傳》引周公爲説。小畜與大畜對，小爲小一統，大爲大一統。以上八卦，四和四别，爲作者七人。初爲大統，後爲小統，故以小畜終之。

泰　乾之和、坤之别爲泰。

否　乾之别、坤之和爲否。

二卦爲和，于上經爲客，升于上經，來附中國也。别卦以外爲主，和卦以内爲主，二卦爲中外交通。和卦之主附于乾坤而見，故上經見别和之主，下經則不見矣。

同人　乾中子

大有　離中子

二卦爲《商頌》，法天而王，以丑爲正，合二卦名爲大同。有讀爲友，《禮》所謂『天下一家、中國一人』也。以下爲大一統用帝道，故大有首之，以明其義。以大有始，大畜終，所謂後之堯舜也。全經義例，大約以小爲中國，以大爲大統，例有正變，言不一端，姑發其例，不加詳説。

謙　坤少子

豫　震長子

二卦爲《魯頌》，用夏道，法人而王，以寅爲正。《韓詩外傳》《易緯》皆以謙卦説『周公不富』句，與泰同。豫卦『諸侯作樂』，『不終日』，『七年反政』，『朋從盍簪』，朝諸侯于東都，《王會解》是也。以上爲《莊子》玄聖、素王。

隨　兑中子

蠱　艮中子

二卦爲《周頌》，法地而王，以子爲正。服牛乘馬，西山，金德，法殷。拘係從維，即白駒縶之維之也。幹蠱，先甲，後甲，法夏，又武王大孝。以上爲《三頌》，以下爲四代。

董子言：天將授文王，主地，法文而王，祖錫姓以爲姬氏。

臨　泰少子

觀　益長子

二卦爲和，爲賓，爲外藩。行人來，如《春秋》朝覲會同，自天子目之爲臨，知臨大君之宜，即《中庸》『足以有臨』也。諸侯朝覲爲觀，『觀光』『用賓于王』是也。此二卦如泰、否，爲中外來往之卦，不入統數。

噬嗑　離少子

賁　艮長子

此爲殷統，商書。乾金，以金德王，用獄，金矢，黃金，皆白統。二卦以離爲主，『向明而治』，即二南之義。舍車而徒，如《論語》之『不可徒行』。白馬、丘園、白賁，即《詩》『干旄』『素絲』。

董子言：天將授湯，主天，法質而王，祖錫姓以爲子氏。

剥　艮少子

復　坤長子

此爲夏統，禹書。二卦以坤爲主，即《洪範》皇極，王者居中而治。又剥爲入，復爲出，取覆載之義。

董子言：天將授禹，主地，法夏而王，祖錫姓以爲姒氏。

無妄　否長子　應師、比

大畜　損少子　應需、小畜

終以大畜，與小畜相對，此爲五帝帝王之道，終而復始。大畜之終，即屯、蒙之始，用帝道，利涉大川，大一統。

董子言：天將授舜，主天，法商而王，祖錫姓以爲姚氏。

無妄以下四卦，與屯、蒙、需、訟四卦同，一在乾、坤後，一在坎、離先。乾、坤之後四卦，天造草昧，質勝于文，此四卦則中外一統，夷而合于中國矣。

中國四岳四卦

頤　損中子　應訟

大過　恒中子

五不可涉大川，上利涉大川，中外交通，中男中女。以上七卦皆震艮相綜，爲二男，惟此爲二女。《論語》『假我數年，五十以學易，可以無大過矣』，即説此二卦之義。頤爲口，反復不變。頤與易同音，卦中顛拂，即所謂易也。頤主東，即東周之義。以二男之損、益，救二女之咸、恒，則可以合中，無大過矣。損、益所統八卦，皆有長少女，此八卦七有長少男，惟大過錯體乃無之。損、益所統四亨四貞錯見，此亦四亨四貞，特分見而已。頤二男並見，仍爲八卦。

坎　月也，北也。

離　日也，南也。

此四卦與下經中孚、小過、既濟、未濟同。此爲中國四岳，下經爲大九州四岳。坎爲男，離爲女。然離爲日，爲南，爲乾之變，爲火，親上。坎爲月，爲北，爲坤之變，爲水，親下。以坤加于天上，非乾坤定位之義。案《易》有順逆兩行，竊以坎、離當逆行，説之以二卦爲首。

下經三易二伯八伯四輔兩京説例

前三十卦分三易，即《周禮》『三易』舊義，《公羊》三世例。咸、恒、損、益爲父母，統八卦，如《尚書》羲和統八卦也。三十卦各爲界，咸、恒所屬八卦皆和，所謂先進野人。海外三百年前未通中國之世，損、益所屬八卦，四别四和，所謂内資其形器，外漸其教化，彼此相持，未合一之世。震、巽十卦全爲别，則全球悉遵聖教，大一統數百年後之世也。和四父母分居二世，别四父母同居一世，和二公，别四輔。十卦有四父母，餘六卦則又二京四岳之制。如《詩》有四岳，又檜、曹起兩京，故爲六。田制古有一易、再易、三易之説。董子亦云不易、再而復、三而復。疑三易即指此例。説家誤以别爲三書，其義雖難定，然下經之三世，三易則爲確説也。

傳聞世十卦 此十卦爲不易

所統八卦皆和，此如中外未通之時。

咸　爲和，爲亨，爲庸，爲樂。『鼓之以雷霆』一節是也。山澤親下，南半球。

恒　爲別，爲貞，爲中，爲禮。『天地定位』一節是也。風雷親上，北半球。

咸爲變動，如外洲之製器，政事改舊從新。恒爲恒久，如外洲之教，堅持自是。

二卦爲父母，統八卦。二卦如《詩》之周、召，下之八卦如八伯也。二伯以南北，分東西不可爲界矣。

中分東西，夷分南北。

遯　否少子

音同屯，豚也，配姤。遯爲少，以姤之長配之合中。

大壯　恒長子

夬，牂也，配夬。夬五變壯，壯五變夬，壯長夬少，配之合中。

晉　未濟中子

晉其角，康侯錫馬。晉否外中，配萃否外少。

明夷　泰中子

南洋北向日，明夷、泰，内中；配升、泰，外長。

按此二卦與二濟相似。二濟爲南北，此爲東西。蓋離南坎北，中國之方位也。以全球言之，則當爲既濟北，未濟南。若既濟之上坎下離，即上經之坎離，由北向南而治之事。而南半球之國，則皆以北爲陽，以南爲陰，《爾雅》所云北户。故二濟南北相向，離在中，赤道也，南北各有一坎，即南北冰海也。若晉與明夷，則以東西二球而言，晝夜循環。在東爲晉，在西即爲明夷；在西爲晉，在東即爲明夷。四卦二爲東西，二爲南北。

以上四卦，天與地錯，以中女化二男，以天地爲主，上經之乾坤也。乾坤爲定位，如貞下坎離合中爲亨下損益八卦。同一類中，又自分細節。

家人　益少子

北半球，近王畿。

睽　未濟長子

家人與解倒錯，睽與蹇倒錯。

二卦以離統二女，與革、鼎同。益少，以澤長，困配。未濟長，以坎少，井配。

蹇　既濟長子

利西南，不利東北，言來往，如仲山甫。

解　恒少子

利西南。睽又與解倒錯，家人與蹇倒錯。

此八卦初世，如《春秋》之傳聞，或咸或恒，任情直行，爲過不及，須損益及合中。

以上四卦以火水爲主，上經之終坎離也。以上二伯、八伯皆亨卦，純夷八卦，皆有不衰之一體。首二天，三四地，五六天，七八水，首尾四卦爲長男少男，三四屬十卦之中，爲中女，豐長女，澤少女。以上二男八牧，純乎《國風》之『十畝』『五兩』，《南山有臺》『十有』。同乾坤坎離，中者入中國，四長少入外。此爲春秋太平之世，天下和平，從内至外，溥天之下，皆爲中國，所謂大一統。

所聞世十卦 此十卦爲再而易。

案：上經六父母卦，下經則十父母卦。上經之乾坤坎離以單爲雙，仍爲五卦，則上下兩經父母卦皆十數，合之亦爲十朋之龜。

[損]

[益]

長少合中行，過猶不及。《論語》『所損益可知』『狂狷不知所裁』。損、益之卦，先中國文字之學。

得臣無家，利涉大川。

夬　兑少子　對遯　夬，小羊也。

姤　乾長子　對大壯

包魚杞、包瓜。有隕自天，姤其角。二卦乾初上。

萃　咸少子

王假有廟，利見大人。大牲，禴，萃有位。

升　泰長子

用見大人，南征禴升階。二卦泰初否上。

以上四卦以天地爲主。上經之首乾坤也，四卦別和相比，夬乾兑，姤乾巽，萃坤兑，升坤巽。

困　兑長子

大人吉，五服九錫，葛藟，禮酒食，祭祀朱紱，覲金車。

井　坎少子

封建，皇極，食汲，受福。二卦坎三四。

革　咸長子

故大人虎豹變，革面，三就改命。

鼎　未濟少子

新作，新民，黄耳，金鉉，玉鉉。

以上四卦，以坎離爲主，上經之終坎離也。二伯八伯，四亨四貞，即四中四外，同夏八蠻，以中小過中國算亦十六卦，外卦十六，中卦四，合下共十四卦。八卦皆以澤風配四純卦、四中卦。前四卦又爲定位，後四卦又爲通氣也。中世如《春秋》之所聞。宗澤案：此節疑有脱誤。

以下十四卦不見乾坤，四見中男中女。兩濟、豐、旅以中化長，如涣、節八長，少男長，少女分見震、艮、巽、兑。中男女帶見豐、旅、節、涣。男女錯見二，漸、歸妹。男女合見二，中孚、小過。長爲過，小爲不及。

所見世十卦　此十卦爲三而易，即所謂三易也。

震

帝出乎震，來往，言笑啞啞，純爲中國大一統，帝道。按恒、益皆取震，此變恒爲震。

艮

終乎艮，長之反爲少，少之反爲長，剛極柔，柔極剛，合中之道，損取艮，此損變艮。

漸　巽中子

漸以爲之、東漸于海、鴻公陵、九陵。

歸妹　震中子

帝乙交通長少四卦，包長少則合中矣。震、艮、巽、兑此四卦爲中，與上經隨、蠱同。

豐　震少子

旅　離長子

王假之宜，日中來章，遇夷主射雉，雉離于羅，火統二男，本乎天者親上。

巽

利見大人，進退武人。按：益取巽，此變益爲巽，以合中道。

兑

咸取兑，此咸變爲兑，用夏變夷也。

涣　巽少子

節　坎長子

焕有文章，王居不出户庭，水統二女，本乎地者統下。

大統四岳四卦

中孚

損、益之所生，東岳。中者中國也。孚即桴，以巽爲主，爲巽在東，中國固震旦也。

小過

咸、恒之所生，西岳。二卦主東西。小過者小統之人，到外州與大過相對成文。

既濟

北岳。坎月也。高宗伐鬼方，三年，東西鄰，曳輪。

未濟

南岳。離日也。君子之光，震用伐鬼方，三世爲三年，利涉大川。

以上四卦與頤、大過、坎、離同爲四岳，此爲大統四岳。

書《出使四國日記》論大九州後

舊題威遠胡翼撰

海外九州之説，自古以爲不經。光緒庚寅，薛叔耘副憲出使英法義比四國，舟中無事，據西人所定五洲大勢，分而爲九，分亞爲三，南北美爲二，南北非爲二，合以歐、澳，則爲九州。以合鄒衍之説。又謂《禹貢》九州不出今之十八行省，若閩、粵、黔省，《禹貢》並無其山川，由是援古證今，分疆計里，確言儒者所謂中國乃八十一分居其一分之故，按：一分當爲九分，字之誤。爲談地球者增一新解，識誠偉矣。然薛君雖能填實衍説，而不知其説所由來，以爲古人本有此説，鄒子從而推闡之，所謂古人，究生何代？所謂推闡，究本何書？羌無佐證，讀之歉焉。或謂齊居海邦，商舶來往，衍之所聞，蓋得于此。竊五大洲之説，自明末泰西人航海探測，窮極智巧，雖能定體質，別寒温，舉島名，數方里，一一徵諸實事，然當耶蘇未生以前，陸無輪車，水無輪船，推考大地，何遽至此？縱海客閑談，亦只能就附近中國一島一國言之，安能包舉宇内，有如此絶大見解？且西人所繪輿圖，只分爲五，不分爲九，更無所謂八十一州之説。今日西人不能言者，而謂二千年前能之乎？説亦無徵，不足爲據。案馬遷鄒子附傳曰：『必先考小物，推而大之，至于無垠』云云，綜覽古今，考索中外，始悟其所言乃七十子之微言，即《周禮》之九畿與《淮南·地形》之九州、八殥、八紘、八極也。同學已有專篇，不詳言之。蓋六藝之學傳于齊魯，衍游學齊國，與公羊高、子沈子、子女子相先後。考緯書，中國古先傳説與泰西相同者，如《書考靈曜》云地恒動不止，而人不知，《春秋元命苞》云地右轉以迎天，及《莊》《列》諸古籍，不一而足。衍説本于《周禮》，其證不僅《淮南·地形訓》已也。惟《周禮》只言畿服，不言三畿以外專指海邦，即所謂八縯、八紘、八極。後人專就中國言九畿，所以致誤耳。案衍實由禹州起推，以中國爲一九，亦如《昏義》由九卿以推八十一元士，由九嬪以推八十一御妻。董子《官制象天篇》四選輔三之法，尤爲詳備。揚子《太玄經》準《易》乾坤生六子與大統曆法，創爲三方、九州、二十七部、八十一家。則九九之説雖出九畿，而《易》實包之。聖人居中，臨馭四方，《孟子》云『天無二日，民無二王』，又云『天下惡乎定？定于一』。所謂一者，即八十一州之一，非謂九州之一也。今《公羊傳》文所謂大一統者，乃借用《易》《詩》之説。《春秋》所言，僅就九州分南北中外，爲小統之極。《禹貢》就四海爲界，衍所謂小州九，不得爲州數，可謂之一統。以一統八，不可謂之大一統以一統八十也。《公羊》大一統，蓋祖九畿立説。齊學《易》《詩》二家古有此説，皆出于經。《周禮》以之説九畿，鄒子以之談瀛海，名異實同。又《易》與《詩》凡小大字，皆由此起例。如小畜大畜、小過大過、小康大康、小國大國、小球大球、小共大共，小者爲小九州，大者爲大九州。每以小加大者，由中以及外，非以小加大，顛倒尊卑之比。知衍説之出于大一統，則《禹貢》九州之爲小一統明矣。且周天三百六十度，今地球度數由中起點，四面皆九，四九合爲三百六十，與衍説亦同。但由漢至今，説九畿者皆囿于中土，自瀛海五洲之論出，儒者震而驚之，以爲《禹貢》彈丸，未能囊括四海，聖經幅員，未能包舉六合，海外諸邦，既不在六藝疆宇之内，雖同此覆載，同此照墜，固不妨各尊所聞，各行所知。所有疆域，惟此區區五千里乃在聖人胞與之中，海邦不必自外，聖人已先外之。將來有大一統之日，中國縱不改孔子教，《中庸》所謂『凡有血氣，莫不尊親』，必無其事。豈六藝之教，有時而窮，聲名洋溢蠻貊，竟成虚語哉？《論語》『十世可知』，可推極于百世，今當其時矣。故凡所謂浮海居夷，禮失求野，失官學夷諸説，海内通人皆知爲今日之天下言，不爲春秋之天下言。然則因革損益，將于何寓之乎？謹案孔子所修六經，闢分二門：有志有行，有空言，有行事，有法皇帝，有法王伯。何謂行事？據春秋以下天下言，即《禹貢》土地、人物立説。所謂見之行事深切著明者，《書》《禮》《春秋》是也。何謂空言？就五帝及百世以後之天下立説，所謂因革損益，百世以俟聖人而不惑者，《易》《詩》《樂》是也。故行事之《書》《禮》《春秋》，分疆畫界不出禹州，縱時露新意，如《禹貢》『聲教訖四海』有開通五洲之意，『四海會同』有五洲歸化之意，旨甚蘊藉，鈎索殊難。惟《易》《詩》言無方體，託興遥深，凡新作之典章，與百代之制度，出以微言，託之占詠，無不昭然可考。如《易》之『中孚』，即《論語》之『乘桴』；案：桴同孚，加木乃晚近字。『大川』『利涉』，即《論語》之浮海；『鬼方』即指島邦。上經言天地開闢，古今皇帝王伯治統；下經言三世三易，大九州五長往來巡覲，證據昭然，今日方顯也。若《詩》大九州之事，尤爲明備。《周頌》河岳僅據禹州，猶《書》《禮》《春秋》之意。至于《魯頌》言海邦、言大東，所謂遂荒者，由中及外，古書之四荒也。既言『纘大王之緒』，又言『纘禹之緒』。『纘大王之緒』爲化家爲國，『纘禹之緒』非化小九州爲大九州乎？大一統之大，大東爲之起例矣。《商頌》則將來之大一統，以中國爲皇極，居中統制四方。所謂『設都于禹之績』

也。美爲東岳，歐爲西岳，澳爲南岳，俄爲北岳。臣服萬國，開拓五洲，聖經規模，始無遺義，故全《詩》不言四海，惟《商頌》言之。按水中可居曰洲，四海非即九州外之大瀛海乎？《長發》云：「禹敷下土方，外大國是疆。」曰外，非禹州之外乎？曰外大國，非今之歐美各國乎？而其明證，尤莫如「九有有截」「海外有截」二句。按《商頌》九圍、九有皆指九州，「有截」二「有」字當讀爲「又截」，爲截長補短，指封建而言。九有既截，而海外又從而截之，故曰「九有又截」「海外又截」，非海外之九州乎？《唐風·羔裘》「自我人居居」「自我人究究」，舊説皆誤。考詩例，以居爲留京，如「職思其居」「昔爾出居」是也。居居者，謂中國有京，海外亦有京，即所謂「衣錦褧衣」「裳錦褧裳」也。九字古訓爲究，究究即九九，九九即八十一州，居居、九九，即與「九有又截」「海外又截」文義相同。我爲中國人，與他人爲海邦，「自我人究究」「自我人居居」，以我人分中外；「豈無他人」，四方八州，不僅一國之人。「維子之好」「維子之故」，所以示其親愛專注之意。全《詩》義例皆同，不僅此篇爲然也。至于《殷武》篇云「商邑翼翼，四方之極」，「天命多辟，設都于禹之績」，蓋大一統之都建于中都，四方朝覲會同，《淮南》所謂中央之極，此「王者中天而立，定四海之民」之説也。又《詩》例以《三頌》配《大雅》，《民勞》四言「中國」，四「中國」即指中國四岳以外，五「小」即指小球小共，五「詭隨」指外教，五「寇虐」指外政。而「柔遠能邇」一句，則《書》「咨十二牧」之文。篇中宏大、大諫，皆所謂大一統之大也。「文王曰咨」篇云「内奰于中國，覃及鬼方」「小大近喪」「小大稽首」，亦此意也。又《小旻》以下屬孔子撥亂反正，《北山》「普天之下，莫非王土，率土之濱，莫非王臣」，與《中庸》「天覆地載」一節義同，文義明白，更無待細説。蓋《三頌》周爲小一統，商爲大一統，而魯則閒居其間。不但此也，考全《詩》不見「堯舜」字，言禹特詳，而皆爲九州水土而發，其中大小之别，可以考見。如《周詩》「豐水東注，維禹之績』，《魯詩》『奄有下土，纘禹之緒』，與《商頌》『禹敷下土方，外大國是疆』，三朝皆借禹州立說，各有精意，分別其間。而《商頌》五見『帝』文，所謂『五帝之聲，商人識之』者，蓋以大一統專屬之三皇五帝，與三王五伯異也。以上所陳，皆《易》與《詩》應有之義，固非附會《周禮》、牽合《淮南》以合鄒說。蓋孔子至聖至誠之道，可以前知，故特修《易》《詩》《樂》三經，法皇帝以治海外，以俟百世之聖人，非當其時，則不顯。不然，《書》《禮》《春秋》已足以治中國，又何必再作《易》《詩》，以招屋上架屋之誚哉？或謂時勢如此，雖《易》《詩》有囊括之意，恐秦火之禍將見于今日，是可以不慮。自古夷狄亂華，如匈奴、吐蕃之類，始未嘗不强盛，今皆衰弱。歷觀古史，四夷無不歸依聖教。蓋聖化由中及外，盈科後進。《論語》曰『可知』，《中庸》曰『以俟』。今去孔子二千五六百年，百世之說，于今驗之。雖咸、同以來，外强内弱，然外夷不强，則五洲不通，不通則孔教只被腹地，未能波及遠人。天于是特使之强，强則能通上邦，聞經義，自悟其窮兵黷武之非，翻然改變，歲事來辟，以成大一統之制。是外國日强，即聖經版圖日廓之兆也。西人所著《百年一覺》，窮極美善，屢嘆大同。夫大同者，非即《禮運》所言古帝大一統之治哉？化兵革，齊貧富，人不自私，各享樂利。然則今日之講生聚，鑄槍礮，乃我開通五洲之具。五洲既通，則必有銷兵之一日，百世之聖人，必有以化成之。地球雖大，爲時雖久，全在六藝包羅之中。天地不毁，聖教不息，日月無踰，後聖可俟。此乃經學之大成，更無庸爲之過慮矣。吾輩讀書稽古，期于發明孔子之義，使微言治法丕焕于今，一洗從前之陋習，可也。舍此不用，而惟杞人之憂，是曰不知天之大，不必代爲之謀，亦絶無彼教所謂末世天地崩裂之日。吾但見聖教古爲小成，今乃如日中天，方興未艾，正當春夏之交，而猥曰澌滅乎？誠爲今日之杞人矣。

地球兩京四岳八伯十二牧説

舊題内江趙謂三撰

《帝王世紀》有黄帝以前大一統，瀛海九州，有迎州、柱州、神州之屬。黄帝以後，德不及遠，乃畫爲中國九州。蓋祖黄帝畫井分州及騶衍大九州立説。考《左傳》，顓頊以後德不及遠，乃爲民師而命以民事。《騶衍傳》云『先序今以上至黄帝』，是大小九州之分，當以顓頊爲斷。古説所云黄帝畫九州者，即謂大九州，非謂《禹貢》九州也。經傳以帝王分大小九州，是五帝全爲大九州。然五帝既分五代，則前後始終不能全無區别。據《左傳》之義，黄帝、顓頊爲帝之始，堯、舜爲帝之終，由大而小。故《尚書》典、謨雖有六合、四海之義，大抵所言疆域與《禹貢》大小略同。于五帝中以始終分大小，如《小雅》小也，終篇開大統之漸；《大雅》、《三頌》大也，初代不見瀛海之説。此帝王升降盈虚消長之義也。自大禹平水而作貢，大例以京師一州居中，八州八伯拱衛于外，四岳兩伯各統要荒三州，中如井田，推之九九八十一州，仍合爲九。故井田一井也，九州一井也，推而廣之，大九州亦一井也。《易》曰『往來井井』，其斯之謂歟！據經，三代所轄九州無沿革，而傳稱荆、楚、吴、越、徐、梁爲蠻夷，時事與經不必同也。除九州外，所有交、廣、滇、黔、藏衛、蒙古諸部，皆屬要荒，《禹貢》附見其山川于緣邊八州，稱爲王者不治之地。今則火車、輪船瞬息萬里，非、美、歐、亞海洋群島向隔異域，今在户庭，歲歲之間，戰事未乂。中外已通，不能分而不合。孟子曰『天無二日，民無二王』，一定之理也。然時變道不變，故兩京、四岳、八伯、十二牧之制，仍不可廢。惟大小不同，推而廣之可也。古者兩京，一留京，一行京。留京爲天子常居，各就發祥之地而立。孔子曰『爲政以德，辟如北辰』，指留京也。其地于卦爲乾，于色爲玄，于六合爲天。天尊地卑，留既象天，行即當象地。留爲乾爲玄，行即爲坤爲黄。地宜居中，爲朝會之所，所言『中天下而立』者以此。

昔周公會諸侯于東都，東都即行京也。王者大會諸侯于東都，取四方道里均，無苦樂之分，亦舞八佾、八風平之義也。且譬之天，北極居中不動，居也；斗柄四指，行也。聖人法天，天然，聖人何獨不然？蓋周都雍岐，而營洛邑爲東周以朝諸侯，是居本在西，行本在東，《詩》所謂『自西徂東』者也。自周公居東，所謂東周，宋主商地，亦在東。《詩》魯、商二頌，地亦在東。《易》以震爲帝，爲高宗，爲帝乙，以龍爲君，是東爲居，西爲行，古有明訓。《詩》所言『我征徂西』者也。自漢以後，或從或違，不知四岳爲四方，居象天，行象地，無兩京，是六合不全也。將來地球混一，當師周東西通畿之法，用經『我征徂西』之意，以亞洲分兩京，中國《禹貢》九州爲居，爲天，爲乾，爲玄，阿富汗爲行，爲地，爲坤，爲黄。中國據薛京卿日記，東南以海爲界，西北以瀚海爲界，其地在赤道北四十餘度，寒燠適中，抗渤海之利權，擅亞洲之清淑，商務爲五洲之最，礦産用地球之中，論稼穡則先開，論人倫爲創始，言王道則源于堯、舜、湯、文，言教化則宗乎仲尼、孟子。父子君臣，秩然不紊；貞廉孝弟，朗若列星。雖富强不及他人，而民心固于磐石。《詩》云『邦畿千里，惟民所止』，傳者引爲止至善之喻，言中國當爲邦畿，其教化當爲六合之民所共止也。下文止仁、止敬、止慈、止孝、止信，亦即此意。聖人復起，以中國爲留，必無疑也。阿富汗爲行，地東連英屬，西接波斯，北控西域回部，南北相距千四百四十餘里，東西千五百里。他日金輪鐵軌，遍于寰區，朝會諸侯，莫便于此。仿東西通畿之法，合兩京共一州之地。王畿内不建諸侯，但作王臣采邑。天子三公，如周時周、召、畢，周召之爲二伯，中分天下，周主東南，召主西北。平時在帝左右，會諸侯于行京，則二伯皆從，而司徒留守。《顧命》曰：『太保率西方諸侯入應門左，畢公率東方諸侯入應門右。』此留京之制。《左傳》：『王將中軍，周公黑肩將左軍，虢公將右軍。』可見二伯皆從之説。將來分陜，以周主東南，召主西北，而别立一公以守留京，又必然之勢。此地球兩京之説也。王畿四面環以四岳，四岳分四正四隅，即爲八伯，所謂四目四聰、八伯賡歌者也。州牧各主一州，每州所轄方千里，爲方百里者百。建二百一十國，王圻九十三國，故天下一千七百國。十二牧之制，古以環八伯者爲州，州有牧，一面濱海，僅得十二區。《堯典》『班瑞于群后』，《夏書》曰『州十有二師，咸建五長』，《禹貢》要荒不詳州名，以方岳統之，以備柴望。蓋《禹貢》九州爲八伯兩京之地，《虞書》十二州爲沿邊要荒十二牧所統之地，共二十一州。如此者乃爲一大州，推之九州，九州外更有十二牧，以零星各島爲之，是全球二百零一州。《騶衍傳》但言大九州，不舉十二牧者，互文見例，言内而外可知也。嘗論秦廢封建之制，以爲大一統已伏其漸。蓋王圻不封建，中國無封建，是中國亦一王圻，天意所趨，無其形而已寓其理。不然，封建爲帝王之制，何秦漢下賢人君子皆不以復封建爲是？其在《詩》曰：『民亦勞止，汔可小康。』封建之制，百里一國，戰事朝聘，皆出其中，故十分取一，取之不足，兼之取二，故曰『民勞』。至戰國而勞愈亟，梁襄王問『天下惡乎定』，孟子曰『定于一』，一則不用郡縣，不如是，則後屬疏遠，戰争頻仍，必不能一。是島爲一牧，以附西岳，西伯爲西方諸侯。以西伯利亞爲北岳，如中國之恒山焉。歐州爲北伯，附于北岳，而以庫頁、白令海峽、冰洋小島爲一牧，英吉利三島爲一牧，地中海群島如革里底希尼、西西利、戈西戛、第尼西、瑪約戛之屬爲一牧，以附于北岳，北伯爲北方諸侯。中國九州，以沿邊十二州之地共爲一州，爲留京，不在八伯之數。亞洲阿爾太山及南希瑪拉山以西，除行京阿富汗外，亦一州之地，爲中州。此大九州兩京師、四岳、八伯、十二牧之大凡也。按《瀛環志略》曰亞西亞于六洲爲最廣，非得其三分之一，歐得其四分之一。次亞洲者惟北美，故歐、澳、南美皆獨爲一州，而獨以亞細亞分爲三州。非洲稍廣，故于其内即置一牧。北美尤廣，故平分二洲，岳伯皆置于内，務期界限朗明，疆宇勻稱。爲是迨久之，而全球之封建亦廢。有不易之君，無不易之臣，所謂大同之世，兵革不興，天下一家，中國一人者，庶幾近之。然此異世之事，存而不論可也。

大九州兩京四岳八伯十二牧圖

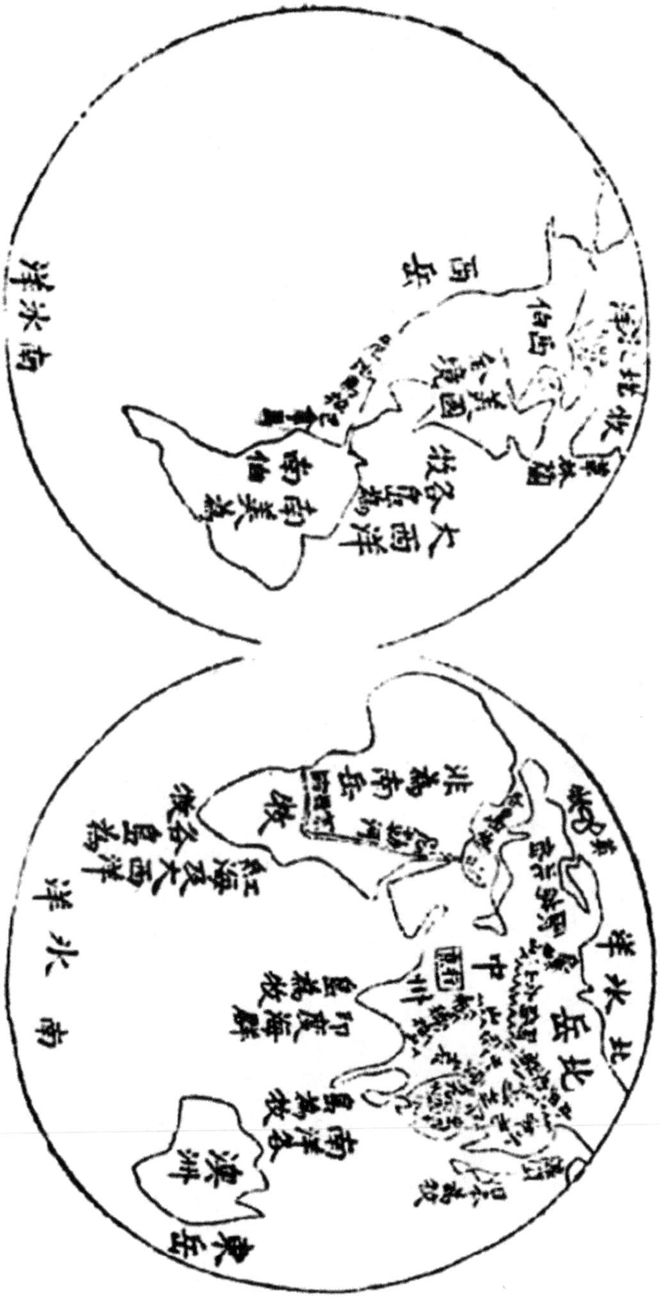

地球新義卷下

齊詩『六情』釋

舊題羅煦撰

《中庸》云：『喜怒哀樂之未發謂之中，發而皆中節謂之和。中，天下之大本；和，天下之達道。致中和，天地位焉，萬物育焉。』按：以天地合四方爲六合，六合即《齊詩》之六情。乾，留京，爲天，爲樂；坤，行京，爲地，爲哀。二京所謂天地位也。喜怒好惡爲四方，西東北南。六情即八卦方位之六合，地球即一大八位之方位。《詩》言六合，多託之于六情。言『中心』數十見，中爲天下之中，心即所謂京。心之所發爲思，思即京師之師，《緑衣》之絲，《葛覃》之私也。思有京師義，有經界義。如『無思不服』，謂全球皆作五服。『寤寐思服』，謂南北之地皆服。『緩我思成』，『賚我思成』。『成』即『弼成五服』之『成』，《六月》『既成我服』『我服既成』，《論語》『春服既成』，皆『弼成五服』之『成』。思爲中外行在之所，故《嘉魚》《白駒》《出車》《采薇》《無羊》七言『來思』，思爲實地，故可言來。至于『嘉賓式燕又思』，思上加又，與『九有又截』同，則專指海外言之矣。大約『我思』爲中國，『爾思』爲海外。二者詩中十餘見。以『中心』爲居，以『爾思』爲行，此兩京之定例，即『天地位焉』之説也。四方則以喜怒好惡爲起文，不言方位，以情目之。北方爲好，故《北風》三言『好我』，《木瓜》衛北亦三言『好』。唐北國，《蟋蟀》三見，《杕杜》二見。其散見者，魏、唐各一見。至《關雎》《兔罝》之『好逑』，則南與北對。怒爲東方，《谷風》東也，不宜有怒。《氓》『將子無怒，秋以爲期』，秋與春對。《柏舟》『逢怒』。王在東方。惡爲南方，《大路》一見。《節南山》『惡怒是違』，則合東南言之。喜爲西方，《風雨》三見，鄭東與西對文。至于上方之情樂，下方之情哀，上方爲中國，乾三男之屬；下方爲海外，坤三女之屬。坤『東北喪朋』，東北乾之屬也；『西南得朋』，西南坤之屬也。上爲天，下爲地。《詩》中凡樂皆爲留，爲中國；凡哀皆爲行，爲海邦。《關雎》三篇樂而不淫，留也，中也；三篇哀而不傷，行也，外也。樂字《南山》十見，《碩鼠》九見，《采菽》《蟋蟀》六見，《有駜》《泮水》《萇楚》三見，《魚藻》《鶴鳴》《靈臺》二見，皆指中國京都而言，可以類推。至于哀爲行，故多託之行役，所謂東歸、西悲、女悲、夫歸、傷悲、同歸，『哀我征夫』一見，『哀我憚人』，與《采薇》《鴻雁》《桑柔》《燕燕》《杕杜》《鐘鼓》皆謂行道，則樂哀即中外之分，夷夏之別。蓋《詩》之宗旨，一言蔽之，曰『思無邪』。讀如涯。『思無邪』者，即『無思不服』之變文。《列子》之所謂至極、無盡，《莊子》之所謂六合之內、六合之外也。其書專言大統之制，上下四旁，六合之義，數見不鮮，故託之六情以見意。又以詩歌起興，于性情之説尤近，故變六合之方位，而以六情之心思言之。苟明于六合六情之義，則于大一統『思無邪』之説思過半矣。

《玄鳥》《長發》三統五瑞解 舊題羅煦撰

《三頌》爲三王素、青、黃三統，定説也。以大統言，則有三皇之三統：黃帝中央，黃；伏羲蒼龍木，青；少昊金天氏，素。鄒子所謂以雲龍鳥名官者，大三統也。但《三頌》言三統，而不詳五瑞，則五德不全，水火二統無所附麗，非例也。今按《長發》一章言『玄王』，六章言『武王』，又有『如火』之文，舊以契、湯解，同是商統，不應異德。今按『玄王』，水帝也，《月令》以爲顓頊，鄒子以爲共工。或以《常武》《瞻卬》《召旻》爲兼言水統。『武王』，炎帝也，《月令》、鄒子皆以爲神農，『如火烈烈』，即所以申明以火德王之意。或以《雲漢》五篇亦兼言火統，一京四岳。《三頌》只有三統素、青、黄，而無南北水火二統，郯子所謂水師水名、火師火名者缺焉，故于《長發》篇中附見二統，以備水火之運。因其附《商頌》而行，故每借《商書》爲喻，遂以商事解之，誤矣。然其説商及水火二統，自有小大之分，概以大統言之，亦誤矣。按《長發》七章，首章大統。

『天命玄鳥，降而生商，『有娀方將』，『帝立子生商』，商契也。商人祖契，以此明天生之義，故稱天子，與《閟宫》后稷之生相起。宅殷土芒芒。』洪水芒芒。殷土爲國，商、殷皆從後追加之。

右契爲司徒，封國。

『古帝少昊金天氏。命武湯，商人宗湯，湯以金德王，法少昊，如受命于帝。正域彼四方。與『肇域彼四海』相起。四方爲中國，四海爲海邦。方命厥后，湯爲王。奄有奄有龜蒙。九有。』與『九有有截』相起。奄有爲中國，有截爲海邦。《禹貢》『聲教訖于四海』。

右湯爲天子、爲王。

『商之先后，以宋言之，紂亦爲先后。受命不殆，『駿命不易』。在武丁孫子。《孟子》『紂之去武丁未久也』，《尚書》『紂不善，天用勦絶其命』。武丁孫子，『商之孫子，其麗不億』。武王靡不勝。『凉彼武王，肆伐大商』，『勝殷遏劉』，周滅商。龍旂十乘，《魯頌》：『龍旂承祀，六轡耳耳。』又：『元戎十乘』，爲王後之禮。大糦是承。』三王之後封百里國。董子説二王之後封百里大國，五帝爲小國，九皇之後封以附庸。故宋爲大糦，《春秋》以宋爲大國，稱宋。

右宋爲王後。

『邦畿千里，此下爲法帝之事，方千里，所謂九九八十一之一也。維民所止。《孟子》曰『定于一』。肇域彼四海，與『正域彼四方』相起。四海來假。小統稱四岳，大統稱四海。四海環神州，皇帝巡行，爲師，爲思，爲游。以《堯典》巡守推之，由小化大，其制一也。來假祈祈，佩之祈祈。景大也。員『幅員既長』，指邦畿而言。維河。詩例：中國之海通稱爲河。殷受命法少昊乘金運。咸宜，大統四海。百祿大統言百祿，言萬年。是何。』《易·大畜》：『何天之衢。』

右法帝大統。

『濬哲維商，金德爲聽。長發其祥。皇帝王三代皆以金行。洪水芒芒，洪水，大川瀛海也，與『宅殷土芒芒』相起。禹敷下土方，外大國是疆。鄒衍説中國不得爲九州，禹所序九州是也。其外更有大九州。幅隕既長，爾土宇板章，亦孔之厚矣。有娀方將，帝立子生商。』謂受命生子九契也。

右金統魯，爲少昊之墟。

『玄水德爲貌，居五事之一。王王讀爲皇。桓撥，受小國是達，中國。受大國是達。海邦。率履大統。不越，遂視小統。既發。《易》『視履考祥』，《大東》『君子所履，小人所視』。相土烈烈，以商事爲喻。海外有截。』截，謂截長補短。有，讀爲又。海内既截，海外又截。

右衛爲顓頊之墟，兼言水德帝。

『帝命』『古帝命武湯』。不違，此謂金德小統之事。至于湯齊。小統如湯，故曰湯齊。湯降不遲，聖敬日躋。』

右黑統。

『昭假遲遲，上帝是祇。用顓頊之德。帝命式于九圍，式于九圍，與『奄有九有』皆謂小統。受小球中國。大球，海外。爲下國外乾爲上，坤爲下。綴旒，何天之休。《易·大有》，大商言天。不競不絿，不剛不柔。四字如《易》之咸恒，地球改大風十，性情每至大異，不似同在中國，無多出入，故讀爲丕。敷政優優，百祿是遒。大統爲百祿。受小共禹貢。大共，大九州之貢。爲下國駿厖。無使厖也吠。何天之龍，天大。敷奏其勇。不震不動，不戁不竦，四字如《易》之損益，所以裁成狂狷者也。震動戁竦，所以化競絿剛柔之具。不讀爲丕。百祿是總。』

右更詳爲商統大帝。

『武王王讀爲皇。載旆，周亦以火德王。有虔秉鉞，如火烈烈，炎帝神農之教。則莫我敢曷。苞有三蘖，莫遂莫達。九有中國。有截，又截，海外又有畫界分疆之事。韋顧既伐，昆吾夏桀。』此翻譯例。將來以火德王之君，其伐暴摧殘，亦如殷事。

右赤統炎帝。

『昔在中葉，商道始契，中湯，終宋。中葉指湯，又爲中國。有震且業。帝出乎震。允也天子，如《玄鳥》有娀生商故事。降于卿士。卿士，二伯。《左傳》左右卿士。實維阿衡，史説伊尹見湯，陳素王之道。王當讀皇。實左右周召左右二伯之書。商王。』商王如旻皇。

右帝統二伯，齊爲爽鳩氏之墟。

讀易紀聞

舊題井研廖師慎撰

戊戌，藝風同學言《易》大統之學，時時請益，趨庭所聞，退而記録。己亥，同學重刊《地球新義》，彙成一篇，附入其中，以印證焉。廖師慎識。

上下經分中外

上下爲天地。上經主乾，下經主坤。乾三男主北半球、東半球，坤三女主南半球、西半球，《坤·彖》所謂『西南得朋，東北喪朋』。北半球、東半球爲中國，乾之三男方位。南半球、西半球爲海外，坤之三女方位。一得一喪，中外之所以分也。《易》以陽爲中國，陰爲海外。故《易》與《詩》凡言女者，皆指海邦而言。故上經言『女子貞不字』，而下經開宗即以『娶女吉』標目也。考上經詳二男，下經詳二女。

上經二女之卦四，小畜、履、臨、觀。大過、隨、蠱對者不計。而二男之卦十。屯、蒙、謙、豫、剥、復、無妄、大畜、噬嗑、賁。隨、蠱、頤三卦不計。下經二男之卦四，遯、大壯、蹇、解。小過、漸、歸妹三卦不計。二女之卦十二，家人、睽、夬、姤、萃、升、困、井、革、鼎、渙、節。漸、歸妹、中孚三卦不計。臨、觀爲合體之震、艮，遯、大壯爲合體之巽、兑。是上經惟第九十之小畜、履爲二女，下經惟第九十之蹇、解爲二男。以男女分中外，故上下經二男二女，只于九十一見例。又上經詳老卦中卦，上經老卦四，乾、坤、否、泰，下經無。中卦八。需、訟、師、比、同人、大有、隨、蠱。下經詳朋卦，故朋卦父母八，咸、恒、損、益、震、艮、巽、兑。子息十八。頤、大過、坎、離四卦不計，合二十六。上經朋卦只十四，下經惟晉、明夷、漸、歸妹四卦。蓋以中卦得中道，長少、狂狷、過不及屬海邦。上經之卦多自合于中，下經惟見六中卦，朋卦之待損益者至二十六，則以狂狷、過猶不及，急需聖人之化以裁成之也。

《乾》九二：見龍在田，利見大人。九五：飛龍在天，利見大人。

按：今中國用龍旂，較各國旂幟爲尊貴，其義蓋本于《易》《詩》。考天文，東爲蒼龍。《月令》：東方其蟲甲。《易本命》：甲蟲三百。龍爲長。龍，東方之精也。又《春秋》文成致麟，麟雖似獸，然其蟲甲，故説者以爲東方木精之獸。《説卦》震爲龍。傳又云「帝出乎震」。就禹州言之，則青州爲震。就全球言之，則中國爲震。夫釋書以中國爲震旦，泰西以算法爲東來法。考地球水多于陸數倍，又大九州皆以海爲界，則全球所有最大最尊，神明變化之物，莫龍若矣。周公居東，孔子爲東周，亦在東。王化由東而西，周孔之法即大一統之先聲。飛龍爲行在，全球之中。天爲王者居中而治，朝諸侯。見龍爲留京、中國，田即孟子所謂畝之中。舊説以大人爲天子，謂臣下見之，或説坤爲臣道，乾爲君道，不應經文二句分屬君臣，故以大人爲諸侯。説見《四庫提要》。按：大人謂大有、同人二卦。乾二爻變爲同人，五爻變爲大有，大人即指大有、同人二卦而言，謂外九州之外藩也。龍爲中國大一統，在田、在天指二京，合全地球諸侯朝覲之，故爲利見大人。

《坤》六二：直方大，不習，無不利。五六：黃裳元吉。

習如鳥習飛。坎象二飛鳥，爲習坎。坤二變師，下坎一鳥飛上坤不象鳥，故曰不習。下坎象鳥，謂天子不出，惟二伯代巡。坤臣卦，直即三德中之正直，不剛不柔，居中之意。方指坤，天圓地方。大即大九州。重卦爲習坎，母雛並飛，不習下坎單飛。水中可居曰洲，大九州以此爻爲京城也。《詩》『緑衣黃裳』，衣爲留都，于周爲雍州，裳爲中都，于周爲洛陽。《左傳》：黃，中之色也；裳，下之飾也。八卦之方位，坤在西南。《禹貢》西南不置州，坤即中州，故中都爲黃。《大傳》『垂衣裳而天下治，蓋取諸乾坤』。以乾爲衣，以坤爲裳，即此意。以衣裳配乾坤、兩京，下取坎，水就下，乾坤二、五飛見即離。坤卦習裳即坎。

初六：履霜，堅冰至。上六：龍戰于野，其血玄黃。

《詩》：『九月肅霜。』霜，西方也。冰爲北方，龍爲甲蟲，東方，野爲午，南方。周、召分陝之法，以東統南，爲『戰于野』；以西統北，爲『履霜堅冰至』。履霜爲九十月冬至以後，堅冰、冰霜相去不遠。六爻皆變爲乾，乾爲冰。冰又指南北冰海。

『玄黃』即《詩》之『我馬玄黃』。乾爲天，爲玄，爲雍州；坤爲地，爲黃，爲洛陽。冰霜、龍野爲四方，玄黃爲兩京，合之爲六合。《卷耳》『我馬玄黃』前後二章爲四方。一説陰陽有順逆之説，乾卦由初而進，上行也；坤卦由上而退，下行也。《説卦》震爲龍，爲玄黃。《國語》坤卦初爻屬未，野爲午，是坤卦之初爻在午位，初變爲震，故有龍戰、玄黃之説。終于堅冰，由一卦初變至于上爻成乾。

《泰》《否》：小往大來，大往小來。

《詩》例以中國爲小，全球爲大。《易》則以乾爲小，坤爲大。乾坤二五所見之大人，即離中女之同人、大有。乾專指中國，坤則《詩》之『覃及鬼方，至于海邦』也。乾、坤爲別卦，中外不通；泰、否爲和卦，則往來交涉。泰以內卦乾爲主。小往者，謂外卦之乾往否外；大來者，謂外卦之坤從否來。此如帝都留京，萬國來朝，如周王在鎬飲酒是也。否以內卦坤爲主，指行京外州之洛陽而言。大往者，否外坤往泰之外，小來者，泰外乾來否之外，如天子巡守東都故事。故泰外坤而反配乾，否外乾而反配坤也。曰二卦之有臧否，何也？曰：以卦例言，只有居行之分，並無美惡之別。泰當讀爲大，否當讀爲丕。內外交通，故繼以大有、同人。易道以反覆其道爲大宗，既係二卦，則彼此必分別。就綜卦往反各釋其義，此又一説也。

《同人》《大有》。

《禮運》以小康、大同分帝王之治。《易》小畜小康，大畜大同也。此二卦即合爲大人，更合爲大同字，所謂皇帝之事也。同人九五言大師，大有九二言大車。同人之九五，即大有之九二也。何以知爲帝統？以其在泰否之後也。泰九五何以言『帝乙歸妹』？曰：帝出乎震，乙者震之屬，謂震旦之君，即伐鬼方之震之高宗。又泰六五爲需，需九五言『需于飲食』，飲食爲燕享，司徒應之。湯之先契爲司徒，故緯以帝乙爲指湯。歸妹與酒食皆賓客婚媾之禮，其歸妹又言帝乙，何也？曰：震者東，兑者西，以震加于兑上，則所謂『我征徂西』也。歸妹蓋如『王來自奄，至于宗周』，下豐之『見沬』，即妹之變文。

同人于野，利涉大川。

《坤》上六：龍戰于野，其血玄黃。

《論語》：『先進于禮樂，野人也；後進于禮樂，君子也。如用之，則吾從先進。』『子曰：雍也，可使南面。』『仲弓問子桑伯子，子曰：「可也，簡。」仲弓曰：「居敬而行簡，以臨其民，不亦可乎？居簡而行簡，無乃太簡乎？」子曰：「雍之言然。」』『子曰：「質勝文則野，文勝質則史。文質彬彬，然後君子。」』『子欲居九夷。或曰：「陋，如之何？」子曰：「君子居之，何陋之有？」』

《左傳》：『禮失求諸野。』

《禮記》：『野人知有母而不知有父，至于君子，則知尊祖矣。』

按：同人、大有爲中外和通之卦，爲帝統大同之世，與大有相合。二卦中有『大同』二字，即《禮運》所謂大同之世。《禮運》大同之世一節，説天下一家、中國一人之事詳矣。考《論語》《左傳》《禮記》以君子爲文，野人爲質。文即中國，質即海邦，言文史之弊，成求野之義，文質相資，各取所長。所云『天子失官，學在四夷』，孔子蓋爲百世後之天下言之，非爲春秋説也。由春秋至今，文弊極矣，不能不取資于海外。『同人于野』，所謂胡越一家，凡有血氣，莫不尊親，無中外之分，去畛域之見，文質交易，各得其所，彬彬之盛，其效可睹，與從先進、學四夷之言互相發明。子欲居九夷，即大禹入裸夷之意。孔子主文而兼取質。子桑伯子一節，文與《墨子》同，皆防文弊而思救之，以爲後世法。考《易》乾爲敬，坤爲簡；乾爲居，坤爲行。居九夷，如老子化胡，深入其地，與子桑伯子之意同，所謂簡也。居敬行簡者，謂以中國爲居，行于鬼方，明朝留都與巡四岳之制。居簡行簡，則棄中國爲東岳，于五大洲之中建都，即居即行，不如以中國爲王化之源，由内及外，如周東西通畿之爲得也。坤上六『龍戰于野，其血玄黄』，龍主東方，野謂鬼方，戰爲乾，野爲坤，玄爲乾，黄爲坤，天玄地黄，以指兩京之事言之也。

《大過》《小過》。

考《易》全經之例，以上經爲中國，下經爲鬼方；上經爲小，下經爲大。又六十四卦，中卦三十二，和卦三十二，中卦爲中國，和卦爲鬼方。上經三十卦，中卦十八，和卦十二。下經三十四卦，中卦十四，和卦二十。故上經以中卦爲主人，以和卦爲賓客，下經以和卦爲主人，中卦爲賓客。方以類聚，物以群分，至于彼此往來。大過者，言西半球、南半球所有各國皆來中國，如今外洋通商中國，設有使臣。小過者，言中國使臣往居外洋。大過如泰，大過即所謂大來也。小過如否，小過即所謂小來也。泰、否屬天子，大、小過屬使臣。彖曰：大過，大者過也；小過，小者過而亨也。大者、小者，明就其人言之。若如餘論觀過知人之意，則當曰大過，其過大也；小過，其過小也。故大、小過二卦之本義，本指泰、否之往來而言。泰、否『大往小來』『小往大來』，小爲小九州，大爲大九州，其本義並不以陰陽大小分君子小人。易道廣大，先師言不一端，不可執一以求也。

《頤》《大過》《中孚》《小過》《坎》《離》《既濟》《未濟》。

按：經傳最重四岳，以爲平治天下根本。所謂東西南北，合上下爲六合。黄帝之六相，《禮經》之『方明』，皆取法于斯。《堯典》首言羲仲、羲叔、和仲、和叔，各宅一方，主一時，帝堯之四岳也。終以《吕刑》《費誓》《文侯之命》《秦誓》，四州方伯，各主一岳，統二牧，此西周之四岳也。《左傳》《國語》屢言齊、晉、秦、楚，此春秋之四岳也。《詩》之《谷風》《凱風》《終風》《北風》，邶之四岳也。陳、衛、秦、鄭，風之四岳也。《嵩高》《韓奕》《蒸民》《江漢》，此《大雅》之四岳也。《黍苗》以下八篇，小雅之四岳也。《駉駉》《四牡》、十六馬，頌之四岳也。太師摯、四伶所適之齊、楚、蔡、秦，（當爲秦、晉。）此《論語》之四岳也。《大學》『平天下』章所引《楚書》、舅犯、《秦誓》、孟獻子，此《大學》之四岳也。欲治天下，首在四岳得人。故群經言之，《易》上下經之末，四卦六卦，反覆不衰，二者名目次序亦相同，此非無故。蓋上經四卦者，小一統之四岳，即《書》《春秋》《論語》《左傳》所見之事。下經四卦者，大一統之四岳，即全地球而言，爲《詩》與《大學》之所託。上下二經，大小並見。按上經頤反覆皆震，小過反覆皆艮，頤、震主東，大過、兑主西，坎主北，離主南。頤、大過法羲、和二仲，坎、離法羲、和二叔。大過爲外來，亦得爲岳者，如仲山甫徂齊，在《詩》亦得爲東岳也。坎、離二卦皆中卦，此中國之説也。中孚反覆皆兑，海舶來朝，主東岳。小過反覆皆震，主乘桴浮過夷，西岳也。既濟主北，未濟主南，則又同上經。特上經就中國言，以坎離分北南，下經則合全球。北半球則應既濟，坎北離南，即上經之坎、離也。南半球則反其道，北爲離，而南爲坎。赤道在中，黑道居南北二極，故二卦同有曳輪、鬼方與汔濟之説也。曰六卦皆錯卦，二濟何以綜？曰：中外合體，天下合同之象也。又二鬼方通指南半球、西半球而言。中國于全球爲東北，爲神州，爲家人，南半球則反户。中國向南，人道也；南半球向北，鬼道也。又東半球之晝，正西半球之夜，南北則一寒一暑，東西則一晝一夜，所以謂之鬼方。又按《易》之取義，不可以一論求。如大過、小過，此上下經中外之分也。以小大相較，則有觀過知人之意。大過指初爻，小過指二爻。所以分別大小者，小過之二五，猶在别卦爲中，而大過之初上二爻，則三爻不爲二五之中，六爻不爲三四之中，此所以爲大過，與小過不同也。中孚三四爲中，小過三四亦爲中。大過初爲大過，上則爲大不及。小過二爲小過，則五爲小不及。中孚以中爲名，二過以過爲名，中過互文見義，小大互文見義，而不及之義未以爲名，所當補入，又一義也。又中孚、小過合成坎、離，三四兩爻乃六爻之中男、中女。中孚二陰爲中，小過二陽爲中。中孚有中、有過，小過有過、亦有中，互文見義，各舉一論，又一説也。二過之以過名，但指初、二兩爻，而上、五兩爻則爲不及，非過也。《論語》云：『過猶不及。』小子狂狷，思得中。《中庸》『知者過之，愚者不及，賢者過之，不肖者不及』也。是卦雖以過爲名，不可以上、初爲皆過。故小過六二云：『過其祖，遇其妣，不及其君，遇其臣。』過指初、二，不及指上、五，經有明文，則不可以卦名爲足以盡卦之義，則又一說也。

《咸》《恒》。

按：舊説以感釋咸，與恒貞久之道未能對。蓋咸者，或也。乾九四『或躍在淵』，又言曰『上下無常，非爲邪也；進退無恒，非離群也；進德修業，欲及時也』。又中孚六三曰：『或鼓或罷，或泣或歌。』作輟無恒，哀喜不定之謂或。《繫辭》：『同人，先號咷而後笑。子曰：君子之道，或出或處，或默或語。』皆以明咸字之義。其餘訟上九『或錫』，損、益五二『或益』，益上九『或擊』，漸六四『或得』，小過九三『或戕』，凡六見，皆一有一無之謂也。

《咸》《恒》《損》《益》《震》《艮》《巽》《兑》。

按下經咸、恒至蹇、解十卦，損、益至鼎、革十卦，震、艮至復、節十卦，共三十，所謂三十年成一世也。合之則爲十五。《詩·羔羊》『素絲五紽』『五緎』『五總』之數，而又合于十五國風，析則各爲十卦，即《詩》之『五豝』『五豵』『五兩』。《南山有臺》之『十有』，《易》之『十年』，合前後十卦以歸于中，即損、益所謂『十朋之龜』也。此三十卦分爲三段，咸、恒、損、益以二統八，即《尚書》之羲和八伯也。震、艮、巽、兑統六卦，則又《國風》四正、四隅，統以檜、曹兩京之説也。以損、益言，則三十卦爲三德例。咸、恒十卦爲和，所謂剛德；震、巽十卦皆别，所謂柔德。一剛一柔，過猶不及，以損、益居中而裁成之。八卦之中，四别四和，則損、益十卦所謂正直也。咸、恒爲徑情直行，咸爲亨，所謂狂，恒爲貞，所謂狷，損、益居中，如中男、中女，故益兩言『中行』。此《洪範》三德，一曰正直，二曰剛克，三曰柔克之説也。故損益所統之八卦，四中四和，于前後各取其半，《商頌》所謂不剛不柔，《論語》所謂『文質彬彬』也。以三統例言之，取法于《詩》之《三頌》：初爲周，次爲魯，次爲商。《三頌》各爲一統：周爲小統，商爲大統，魯間居其間。此三十卦有《春秋》三世之象。初十卦皆和，此中外不通，閉關自守之世也。至于損、益，則別、和各半，中外交通之世也。至于大一統之世，純爲別卦，此帝道廣大，日月所照，共仰聲名，凡有血氣，皆化爲中國，由小而大，由塞而通。公羊有三世之説，今用以説此三十卦。上經三言『十年』，即謂此三十卦也。一卦一年，則可以三十説之，三十又合爲一世也。《穀梁春秋》有臨一家之辭，有臨一國之辭，有臨天下之辭。《公羊》有本國與諸夏、夷狄之分。天造草昧，風俗朴野，上古之世，夷俗任天而動，故爲咸、恒所統之十卦。繼乃漸開風教，囿于方域，或從或違，向背不一，此損益所統之八卦，所以中和間雜也。終以昇平之世，天下太平，無有遠邇，此震、艮十卦所以全爲別卦也。此以三世解三十卦之例也。

又《周禮》田制有一易、再易、三易之文。董子《三代改制質文》篇則有不易與一而復、再而復、三而復之説。一爲主天法質，一爲主地法文，一爲主《春秋》，此三正子、丑、寅三統之説也。以天、地、人三才分三十卦，夏正合人，殷正合地，周正合天，循環無端，周而復始，則咸、恒十卦當爲周統，如《周頌》焉，則可謂之《周易》。損、益居中法天，法天兼取上下，如《魯頌》之用夏道焉，則可謂之《夏易》。末統之震、艮，配以《商頌》，又爲殷統，則可名之爲《殷易》焉。則又可以三易説此三十卦，又合于三正、《三頌》之義也。

《既濟》初九：曳其輪。

《未濟》九二：曳其輪。

象：汔濟。

按：《易》《詩》全例，以車馬爲小統，舟楫爲大統。《禹貢》九州，迄于四海，故以四牡言之。至于大九州有海環之，故須用桴舟取濟涉。《易》之大川，指瀛海而言，終于二濟，取大一統，即《詩》之『原隰既平，泉流既清』也。二卦言『曳輪』『汔濟』，則端爲輪舟而言。内外往來，皆用輪舟，故二卦同言

『曳輪』『汽濟』。汽字即指西人汽機，以火煮水取汽，曳動舟輪，故云『汽濟』。

《既濟》九三：高宗伐鬼方，三年克之，小人勿用。

《未濟》九四：震用伐鬼方，三年有賞于大國。

《睽》上九：載鬼一車。

《家人》六二：在中饋。

《詩》：『内奰于中國，覃及鬼方。』

按《易》《詩》鬼方，從來説者皆不得其實地，據《詩》，于中國外言鬼方，則不在中國明矣。《易》言震伐、帝出乎震，小統則青州爲震，大統則中國爲震。釋家以中國爲震旦，泰西以算學爲東來法，是中國爲東之明證。騶衍、《地形訓》、緯書皆稱爲神州，神與鬼對文，則傳記所謂『鬼神』，當有中外之解。東半球晝即西半球夜，晝爲人道，夜爲鬼道。又中國向南而治，南半球北户，向北而治。《禮》：生者南首，死者北向。是西半球、南半球與中國政俗相反者，皆得爲鬼方矣。又家人綜睽，其歸妹云『載鬼一車』。按：天下爲一家，中國爲一人，故曰家人，即《詩》之『宜其家人』也。家人爲小人，與大有之大人相配。神人之反皆爲鬼，故睽與鬼音近。歸妹九五『帝乙歸妹』，乙者東方，妹者沬土。豐云『日中見沬』，即詩『沬之鄉矣』二字通也。沬爲東都，歸妹即《書》之『王來自奄，至于宗周』，謂行都如日之中，四海之國皆至。一車者，車同軌，行同倫。

《中孚》：利涉大川。

《論語》：『子曰：「乘桴浮于海，從我者其由與！」子路聞之喜。子曰：「由也好勇過我，無所取材。」』『子擊磬于衛，有荷蕢而過孔氏之門者，曰：「有心哉，擊磬乎！」既而曰：「鄙哉，硜硜乎！莫己知也，斯已而已矣。深則厲，淺則揭。」子曰：「果哉，末之難矣！」』

按：中者中國，孚外實内虚，有桴舟之象。象曰『利涉大川』，乘木舟虚是也。《易》孚即桴，大川即海。九二云：『鳴鶴在陰，其子和之。』鶴，孔子自比。子即子路。陽爲中國，陰爲鬼方。無所取材，謂大瀛之桴，非輪舟不利，一時無其材料，『擊磬』章亦爲此事而發。揭厲深淺，浮海之事也。『果』與『硜硜』，皆孔子論子路之語。《樂記》：『聞磬聲則思封疆死難之臣。』『硜硜』句，譏子路之好勇。深淺揭厲，則須謀略。王者出，知者慮，義者行，仁者守。一公守，二公從，有知者以爲之慮，所謂臨事而懼，好謀而成，勇有知以爲之輔，則過海無難矣。

《既濟》九五：東鄰殺牛，不如西鄰之禴祭，實受其福。

按：或以東爲日本，西爲歐美，或以東爲美，西爲歐，均有妨礙。東鄰謂東京，西鄰謂西京。周法自西徂東，魯、商則我征徂西。以東爲留，以西爲行。周本居雍，營洛以朝諸侯，則天下之中，諸侯道里均，居中馭外，殺牛郊天。禴祭，如周公之祀文王于明堂，得萬國之歡心，以事先王，故云『實受其福』，此東京之外所以必有行京，朝覲之外所以必有巡守也。

震來虩虩，笑言啞啞。震驚百里，不喪匕鬯。

艮其背，不獲其身；行其庭，不見其人。

震爲東半球，艮爲西半球。艮止于背，所謂足對足也。一爲中國，一爲鬼方。一爲晝，一爲夜。故一則笑言，一則無所見聞也。震一卦中七見騈字，如虩虩、啞啞、瞿瞿、蘇蘇、索索，皆謂反覆成二卦。

《小畜》五爻變大畜

《大畜》五爻變小畜

小畜、大畜，如《詩》之小雅大雅、小東大東、小球大球、小共大共，以爲小大兩界畫眉目。上經言帝王之事，王小統，終于小畜。泰、否以後爲繼周，用帝道而王，始言大有，終言大畜，始終大一統，以與小統言小畜者別也。畜皆取牲。大畜言豶豕、童牛、良馬，則小畜之畜。後言有孚，有孚亦皆爲畜。

《大有》上九：自天祐之，吉无不利。

《大畜》上九：何天之衢。

按《商頌》云『何天之龍』『何天之休』，又『自天降康』大康也。『天命降監』，此大一統之《詩》。《易》全經言天祐、何天者，惟此二卦最爲美富，故《繫辭》屢以爲説。

《大壯》九四：壯于大輿之輹。與夬對。夬五爻變大壯，大壯五爻亦變夬，與小畜、大畜相同。

《大有》九二：大車以載。乾外三爻皆爲大火，爲大有。山爲大畜，雷爲大壯。

《大畜》九二：之賁。**輿説輹。**

《小畜》九三：之中孚。**輿説輻。**

按：《説卦》坤爲地，爲大輿，與《詩》之大車同。言禹州者爲車，言全球者爲大車。故《齊風》三王小九州之制，言『無將大車』也。小畜之中孚言『輿脱輹』，與大畜之賁同，皆從離取象。大畜九二變離，小畜九三之中孚，則六爻合體之離也。若大以則爲坤，即指今全地球。大輿、大車就兩濟曳輪言之，則今之鐵路、輪車也。大壯九四成坤，大有九二爲離。坤爲全球，離又得坤之正者也。《詩》有棧之車，亦爲今輪車。

《晉》：初登于天。

《明夷》：後入于地。

按：二卦就春秋時之晉、楚立説。晉在北，楚正南爲離方，故云明夷。晉『康侯用錫馬蕃庶，晝日三接』，即《書・文侯之命》之事也。『晉其角』，即進其君爲伯。『維用伐邑』，即伐柳。《左傳》呂錡占得明夷之卦，射中楚王之目，即明夷『于南狩，得其大首』也。此就春秋時南北言之。大統則晉爲晝，明夷爲夜，所謂『日往月來』，則東半球與西半球之卦。

《井》：改邑不改井，無喪無得，往來井井，汔至。

按：井以畫井爲制，分九州爲大綱者，井字爲算學九數極方之形，中有口字，借爲水井之名，非本義也。《易本命》：一生三，三生九，九九八十一，皆由井字推得其數。小而授田八井之制，八家百畝，其中爲公田；大而九州之制，其中爲王畿，外爲八州八伯；再大爲大九州，以地球之中一州爲帝都，外七十二州爲八州牧；推其極則取法于天，日居中，七行星與地球各爲一州，繞日而行，如八伯之衛神京。經云：『改邑不改井。』考《爾雅》，商以邑爲京師。《詩》『商邑翼翼，四方之極』是也。《易》中之言『邑』者多本此義，即中國。堯、舜三代建都之地不同，改者王者受命改制也。然帝王建都之地雖有遷變，而九州並無改革，此所謂『改邑不改井』爲中國九州言之也。得喪，如後世禹改堯十二州爲九，殷變青、兖二州，周削徐、揚而加幽、并之類，其説皆誤也。『往來井井』者，以井田言之，則一井之地外連八井，俗所謂田連田、土連土，前後左右。正域八方，無非井也。至于以大九州言之，則中國自爲一井，其外小井七十二，合爲大井者八，王者居中，八井環之。凡大往小來、小往大來，由此井到彼井，由彼井到此井，所謂『往來井井』也。《易本命》由九以推八十一，蓋爲此經傳説。騶衍談天之説，較《易本命》爲詳。又爲此經師説，騶衍但陳其義，而不引經爲證。太史公據耳目所見，疑爲不實，後人斥爲荒唐，徒資談助，而不知實乃經説之要義。若如舊解，則鑿井而食，農家之常，何爲邑可改而井不可改？至于『井井』之義，尤無切實之見，可知其誤矣。『汔至』與未濟『汔濟』同，即西人之汽學。往來九州，皆用汽機，乘輪而濟。

《屯》《豫》：利建侯。

聖人立制以爲天下法，經言封建，定制也。自秦以下改爲郡縣，利害相循，久成聚訟。欲就今日改爲封建，誠未易行。然則聖人之制不可行歟？曰：此大一統之先路也。考《王制》，縣内諸侯禄，外諸侯嗣。以經制言，是凡在王畿以内，皆食采，不封建。秦以下廢封建者，以中國爲王畿，將來永不封建，而海外各地則須封建也。

大川。

按上經以文質再而易爲例，從乾、坤外屯、蒙至小畜八卦主文，小統也。由泰、否外同人、大有至大畜十二卦改文從質，大統。大綱再易，而各卦中又分時代。傳以乾、坤爲天、地，屯、蒙爲皇，需、訟帝，師、比王，小畜、履伯，周公監于二代，小畜禹，履殷，《左傳》賜履。泰、否從乾、坤而變通之，同人、大有兼用質家，爲大同之伯道，謙、豫爲大同王道，隨、蠱爲帝道，臨、觀法皇。噬嗑以下又分三統。噬嗑、賁爲少昊，剥、復爲太昊，无妄、大畜爲黄帝。小統以夏、殷、周爲黄、青、素，大統亦有黄、青、素，上言同人，以下六言『涉大川』，大一統之常文。需、訟小統，而言利涉、利見。殷先爲司徒，主教，故先言之。訟利見，不利涉，彼可以來，我尚未可以往也。下經前三十卦爲三世例。利涉從益起，以下三見，始略後詳也。

《繫辭》：仰以觀于天文，俯以察于地理，是故知幽明之故。

按：天文，日也；地理，球也。知地球輾轉浮沉，則知晝夜寒暑之故。

《乾》之策二百一十有六，《坤》之策一百四十有四。

《王制》：次國之卿食二百一十六人，君食二千一百六十人。小國之卿食百四十四人，君食千四百四十人。

按《王制》，大國君食二千八百八十人，此倍坤之數也。《禹貢》九州之外有十二州，騶衍言大九州，内而八十一州，外以十六計，則九大州共得要荒州百四十四，合坤之策，加以内八十一州，共爲二百二十五。除去内一九，爲二百一十六，合乾之數。以十二計，則外州共百零八，得乾策二百十六之半，合之内八十一，爲百八十九，少乾之策三九，多坤之策五九，是即言内之九九八十一，更當外之百零八。《騶衍傳》不言要荒者，從省文。今就全地立州，當以方五千里爲一大州，就一大州中分二十一小州，方五千里當得方千里者二十五。經以地不能整齊，數不能全合，去其四州不計，故每大州以十二起算，當就一大州中分細數也。

日往則月來，月往則日來，寒往則暑來，暑往則寒來。

按：此即四方例，《中庸》之所謂『日月所照，霜露所墜』也。《禮》：日生于東，月生于西。日往西半球，月來東半球；日來東半球，則月往西半球，晝夜之説也。寒爲北半球，暑爲南半球。寒往南半球，則暑往北半球；暑往北半球，則寒來南半球。日月寒暑，比于四方，后牧行人，彼此來往，所以謂之變，所以謂之易。

《説卦》『方位』一節。

按：此節就小統言之，則爲《春秋》之八州分中外；以大統言之，則如《詩》之《民勞》，以爲大九州之《禹貢》可也。按《禹貢》爲大九州之起點，所有山川名目、道里遠近，不便移易，故詳禹九州，以爲全球之起文，而開載方位，以作大統之規薙。則震爲中國，兑爲歐美，坎爲俄部，離屬澳非。或又以此方位爲北半球之式，如南半球則將顛倒行之，如太乙下行九宫之式，有順逆兩局。以南半球言，則坎在南，離當爲赤道。南爲赤道，南北易位，而東西不改，正坎爲一，亦可爲九，離爲九，亦可爲一。震居東，得二得三；兑居西，得七得八。言無方體，故小大相同。

《周禮》九畿與騶子大九州《淮南》八殥八紘八極相同圖説

舊題華陽任嶧撰，圖闕

騶衍大九州，爲方千里者八十一，合爲方九千里，世人多以其説爲不經，而不知與《地形訓》同。《淮南》九州，殥、紘、極亦合爲方九千里，學者又疑其誣，而不知與《周禮》九畿同。考《周禮·夏官》言國畿千里，九畿各五百里。《職方氏》亦言王畿千里，九服各五百里。皆由中推外，侯、甸、男、采、衛、蠻、夷、鎮、蕃以次相及，合爲方萬里。除蕃服一層，即爲方九千里。今以《淮南》九州、八殥、八紘、八極與夫騶衍海外八州考之，若合符節。即用計其方里，按其部位，各繪一圖，以觀其會通。蓋《地形訓》謂九州外有八殥，亦方千里；八殥之外而有八紘，亦方千里；八紘之外乃有八極，亦方千里。合爲方九千里，與《周禮》鎮服八畿以内方里全同。惟《周禮》九畿不計王畿，合王畿則爲十服方萬里，溢出蕃服一層三十六方千里。又騶子談天，由《禹貢》以推大九州，由九州以推八十一州，其説皆全出乎《周禮》。其九州之名，亦見大行人。蓋鎮畿以内合王畿爲方九千里，九九八十一州，恰與大司馬職方九畿之説合，是騶衍大九州之説出于《周禮》無疑。《淮南》去騶衍數百年，際秦火之餘，其時典章殘破，載籍錯雜，稽《周禮》之制，觀騶、劉之説，必有限于其間，故又推考其實，綜論其詳，以自成一家言，不明述其所祖受，是以後世覽者多譏其怪妄。而細考之，則無不相合者。《周禮》、騶子、《淮南》作不同時，相去各數百年，獨《淮南》最後，而其言大九州之名目山水亦最詳晰。蓋騶之説發源于《詩》《易》，範圍于《周禮》九畿九服，特其謂海外八州文字，雖與經文互易，而義實相合。《淮南》易其名而爲殥、紘、極，更言八方之山水、區澤、氣候之殊，亦由中而漸及于外。所謂殥者，即《周禮》之男采；紘者，即《周禮》之衛蠻；極者，即《周禮》之夷鎮。《淮南》言殥、紘、極每方千里，《司馬》《職方》言九畿九服，每方五百里。然則合男采之里數，即八殥之方里也；合衛蠻之里數，即八紘之方里也；合夷鎮之里數，即八極之方里也。王、侯、甸三服，當在中國，當冀州中土，九州之内，所謂九州之外，乃有八殥、八紘、八極也。大行人『九州之外謂之蕃國』，由鎮服合王畿之九畿、九州、九服以推之，内爲方千里八十一，則蕃服之九州，每州得方三千里，爲方千里者九，是大行人之九州乃大九州，非謂禹之九州也。是則《地形訓》之經劃，亦以《詩》《易》爲源，以《周禮》爲用者也。周秦漢諸子矜奇立異，好爲苟難，凡有作撰，務自標別，耻與人同，又深諱祖禰，故衍、安之書，遺譏遭謗，多不信其然。然使衍、安無有發明，則所謂大一統、大九州者，亦終淪溺，後之學者，何自祖述憲章？今特爲各圖其制，以期合于全球大一統之用。若夫今之地球，形勢散布參差，不能畫一，苟必按圖索驥，則方枘圓鑿，卒難取信。蓋土地廣狹，隨在異形，先王定制，創立大經，以爲法守，不拘牽于小礙，以亂其意。若必曰此球圖與全球形勢相刺謬，別代疆域亦何常如其圖哉？如九州畫井，當每方三州，乃《禹貢》西南不置州，徐州居海岱及淮之間，不可謂之東，亦不能謂之東南。究考禹之奠九州，分劃區別，亦皆隨山就水，以爲經界。然則繪圖不必如全球形勢，全球形勢不必定如繪圖，明矣。孟子曰『截長補短』，又曰『此其大略也，若夫潤色之，則在君與子矣』。有王者起，觀先王之法，取孟子之言，以定爲全地球大一統之制，固宇宙之一大變革，不廑區區復古之足云也。

《淮南子·地形訓》圖說

舊題南昌陶瑩撰

《地形訓》内王圻九州，外殯、紘、極六服，方千里爲二服。合爲大九州，方九千里，三分，每分三服，爲方千五百里，合爲九服、九畿，正與《周禮》之説合。按九州爲方三千里，爲三服，每方千五百里。以九畿方九千里計之，則居中方三千里者一，外八方各有方三千里者一，合爲大九州，即騶衍海外大九州之説，如圖以九州千里開方者是也。考騶衍之説，有内州，無外州。今中國之地不僅方三千里，《禹貢》『弼成五服，至于五千』，則中國合方五千里，如後圖以方一萬五千里開方者是也。考後圖雖于《地形訓》無明文，然中國不止九州三服。外州則《禹貢》有要服、荒服，《帝典》有十有二州，《帝謨》『外十有二師』，《周禮》大行人于九畿末之蕃服云『九州之外曰蕃服』，是鎮服以内八畿，合王圻爲方九千里。以蕃服在九州外，是大九州外大行人已溢出方千里者三十六，爲大九州外之要荒矣。由九州計之，則合海内外爲八十一州，即《禹貢》大行人以推要荒，則合大九州計之，每一大州共得要荒十六小州，則合中外要荒爲方千里者一百四十四，幾倍于騶衍之八十一州。以要荒二服所積，較侯綏二服爲多也。今後圖據《禹貢》、大行人每州五服，合爲方萬五千里，就原圖中加入中國要荒，一層。八風，一層。海外大九州，一層居中。每方加三層，爲方萬五千里。考《淮南》九州實即海外八州之號，初非禹州異名也。舊説皆誤。如《禹貢》西南不置州，《地形訓》『西南戎州曰滔土』，則非禹制矣。考《地形》東南神州，正東申土。説大九州者，騶衍中國曰赤縣神州，佛經曰震旦，曰東勝神州，緯書亦以中國爲神州。《地形訓》正有神州、申土二名，則爲大九州可知。考九名惟冀州名同而地異，餘皆不同。西漢以上言九州者無異名，偶有參差，何以全改？此九州決爲大州無疑矣。至于禹州加入要荒，則應有之義，不待辨。外所加八風，一層。文見《地形訓》，當爲原文，偶未合計耳。由原圖言，與《周禮》九畿、騶衍大九州合。由後圖言，與《禹貢》、大行人『九州之外曰蕃』合。全球開方實地，以爲萬五千里已嫌其小，若僅如前圖之九畿方九千里，雖合《周禮》，未盡全球之量。或曰四游有升降三萬里之説，《地形訓》之以千爲萬，方三千里即爲方三萬里，所云合四海之内東西二萬八千里，南北二萬六千里者，地形原文具見于二萬八千六千，舉成數爲三萬，此一説也。又云水道八千里，通谷其名川六百，陸徑三千里云云，則方三千里爲一大州者，據陸徑言之，又一説也。至于『太章步自東極，至于西極，二億三萬三千五百里』，竪亥『步自北極，至于南極，二億三萬三千五百里』者，爲全球里數，爲積方，爲四計，可推而知。按地球五大洲分爲九大州，地形分散，方本不至。《淮南》之整方，由内州以推外州，如階級皆毗連。而《淮南》推大九州，亦如中國小九州之制者。《公羊》所謂大一統，《春秋》列國卿稱大夫之義。歸本王畿，由中及外，地雖分散，圖則毗連統制，以見其義。如《春秋》加損例，以明以中馭外之旨，不必地形之必與圖同也。考《地形訓》全篇所言皆大統，後人以小統之説譯校者久矣，今取其明切者著于篇，餘未明悉辨也。

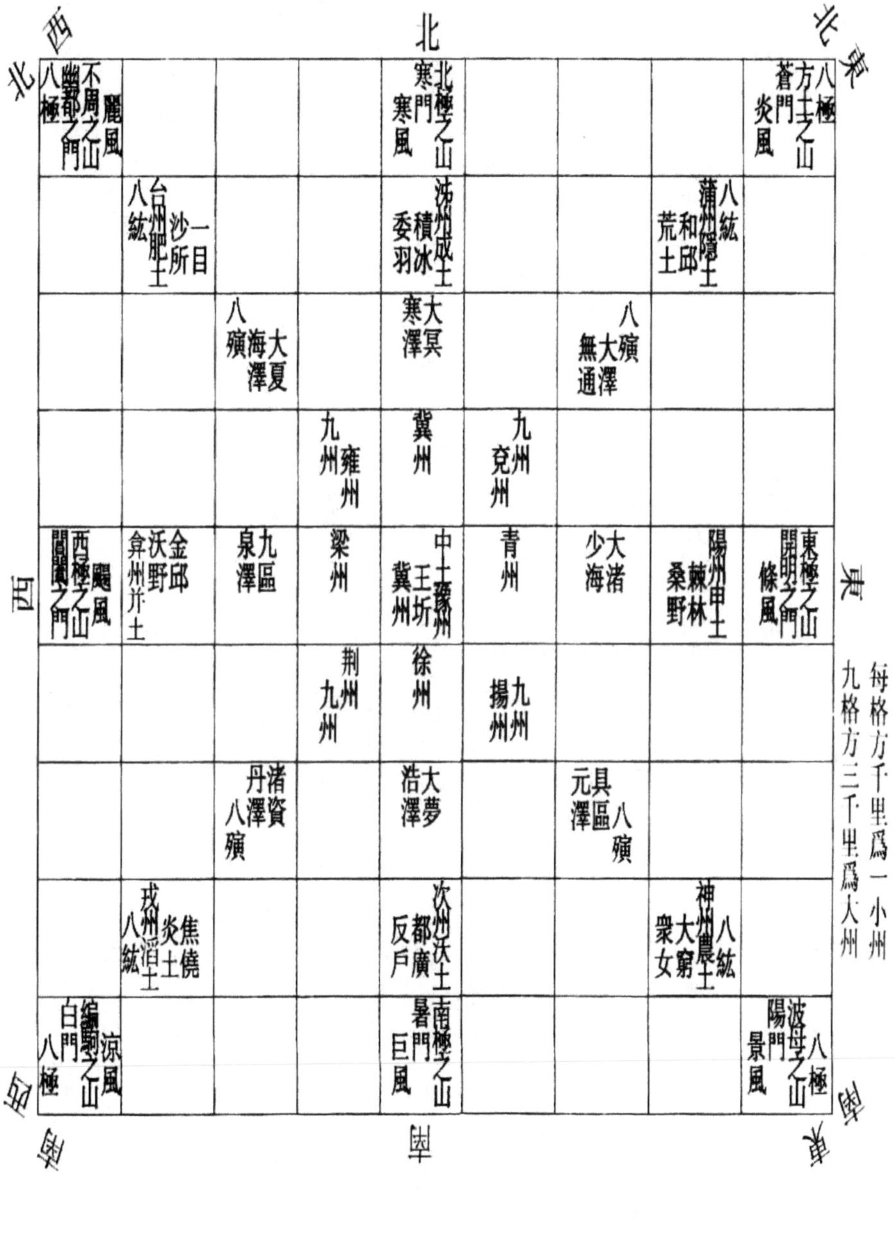
西北
北
東北
麗風
不周之山
幽都之門
八極
北極之山
寒門
寒風
八極
方土之山
蒼門
炎風
一目
沙所
台州肥土
八紘
沵州成土
積冰
委羽
八紘
薄州隱土
和邱
荒土
大夏
海澤
八殥
大冥
寒澤
八殥
大澤
無通
雍州
九州
冀州
九州
兗州
西
飂風
西極之山
閶闔之門
金邱
沃野
弇州并土
九區
泉澤
梁州
中土豫州
王圻
冀州
青州
大渚
少海
陽州申土
棘林
桑野
東極之山
開明之門
條風
東
荊州
九州
徐州
九州
揚州
渚資
丹澤
八殥
大夢
浩澤
八殥
具區
元澤
焦僥
炎土
戎州滔土
八紘
次州沃土
都廣
反戶
八紘
神州農土
大窮
衆女
涼風
編駒之山
白門
八極
南極之山
暑門
巨風
八極
波母之山
陽門
景風
西南
南
東南
每格方千里爲一小州
九格方三千里爲大州

右圖依《地形訓》原文排比環列，中以《禹貢》九州實之。內加冀州，以合九州舊名。蓋《地形訓》所言九州，實指外九州而言，非謂中國九州也。名既互異，地各不同。中土九州，經傳多詳。《淮南》特詳其所略，篇首所謂「墬形之所載，六合之間，四極之内」云云，即由中土推廣言之，亦如西人之言五大洲。《列子·湯問》之五山，佛家之言四大部洲，皆包舉宇宙言之也。今依文爲圖，不得不中列《禹貢》九州，以成方千里者八十一，方三千里者九。全圖方九千里，適合騶衍八十一分居一之説，而與《周禮》九畿之説亦訢合無間焉。況《淮南》言九州之外，此九州爲《禹貢》九州。乃有八殥，是九州明在八殥之内矣。今于四極格乃注《淮南》九州者，此九州爲大九州，與《禹貢》名同實異也。惟内外九大州只列侯綏三服，其地太狹，方里不合，故後圖必以要荒二服加之，爲方五千里。每州皆以五起算，加八州、八風二層，每州方五千里，合九州爲方萬五千里。《尚書》只言十二州，大行人只言蕃服之三十六方千里，文尚不備耳。八風亦入其中，風爲虛物，不能稱地。不知《淮南》八風既詳八至，則與八殥、八紘、八極、八州同例，因原文只言九畿，故未合數。今合要荒計之，不得不以實要荒數目。本擬即《淮南》九山、九塞、九藪加入八風格内，以實其地，而原文只舉其名，未明言所在之方，未敢臆斷。大約山塞藪之地即在其間，以原文先言九州，後即詳列其名，繼方言殥、紘、極也，是其明證。以全圖計之，方千里者二百二十五，方五千里者九，合爲方萬五千里，適合《禹貢》五服五千、大行人九州外曰蕃之説，而中外大九州之勢，朗若列星矣。

《爾雅》四極四荒四海五方考

舊題資中詹言撰

地球五大洲之説，人驚以爲聞所未聞。及考之經傳，則比比皆是，同學各有論撰，無煩贅言。第考《爾雅》一書，本爲解釋諸經之作，故《釋地》數篇，亦兼及大小二統。而注疏家囿于聞見，拘牽舊説，僅以禹州解之，不知經文固顯分中外，一經道破，未有不啞然失笑者。考其首言九州、十藪、八陵，此釋中國之地也。次言四極、四荒、四海、五方，此釋外國之地也。若第就中國言，恐不免重複之嫌，而經文所言中國四方之異氣，更不得其解。今以全球説之，覺難解之結，古今之紛，一旦通釋，值此舟車大通之世，環游地球一周者不乏其人，當不至以騶衍談天譏其荒渺也。條考如左。

四極

《淮南子·地形訓》以八極在八殥、八紘之外，《時訓解》以五帝居五極。南北二極，即今地球之南北冰海，東西無定，以中央起算，亦如南北皆在極盡之處。

岠齊州以南戴日爲丹穴

中國爲齊州。郭注：齊，中也。戴日爲赤道，丹穴乃赤道以南。《淮南子·地形訓》八極，『南方曰南極之山，曰暑門』。

北戴斗極爲空桐

《莊子·在宥》篇《釋文》引司馬云：『空同，當北斗下山也。』則斗極即北極，北極爲北冰海地。《地形訓》：『北方曰北極之山，曰寒門。』

東至日所出爲大平

即東方之大平洋。《大荒東經》：『東海之外，大荒之中，有山名大言，日月所出，蓋即大平也。』大平、大言，古讀音近。《地形訓》：『東方曰東極之山，曰開明之門。』

西至日所入爲大蒙

即《楚辭·天問》篇與《淮南子·冥覽》篇之蒙汜。《地形訓》：『西方曰西極之山，曰閶闔之門。』

大平之人仁

《地形訓》注：『東方木德仁，故有君子之國。』《時訓解》：『東極萬二千里，東皇太昊所司，以木德王，故爲仁。』

丹穴之人智

《時訓解》：『南極萬二千里，南皇炎帝所司，以火德王，故爲智。』

大蒙之人信

《時訓解》：『西極萬二千里，西皇少昊所司，以金德王，故爲信。』

空桐之人武

《時訓解》：『北極萬二千里，北皇玄冥所司，以水德王，故爲武。』《氾論訓》云：『丹穴、太蒙、反踵、空同、大夏、北户，奇肱修股之民，是非各異，習俗相反，故有仁智信武之不同也。』

四荒

《書·禹貢》『荒服』《正義》引王肅曰：荒，政教荒忽，因其故俗而治之。然猶在五服内者，若此荒服爲政教所不加，故次于四極也。

觚竹

即孤竹。

北户

即南球。赤道在其北，故《吴都賦》云：『開北户以向日。』

西王母

《西域傳·安息長老傳》：『聞條支有弱水，西王母亦未嘗見也。』又曰：『條支臨西海。』是西王母乃西海荒遠之國，從未有人至其地者也。

日下

鄭樵以爲即今之日本國也。

四海

《詩》惟《商頌》言『肇域彼四海』『四海來格』，以中國爲海外，四極八州之人稱四海也。《皋陶謨》之『外薄四海』，《禹貢》之『聲教訖于四海』爲小統，《詩》之『四海來格』爲大統。

九夷

《論語》『子欲居九夷』，即浮海之意。《魯頌》云『奄有龜蒙，遂荒大東，至于海邦，淮夷來同』，即指此夷。

八狄

七戎

《魯頌》『戎狄是膺』，與海邦之淮夷蠻同在一詩，則戎狄亦爲海邦，在四海之外。

六蠻

《魯頌》『至于海邦，淮夷蠻貊』，即指此蠻。戎、狄、蠻、夷無定稱，各就所在而名。就《春秋》言，則内四州爲中國，外四州爲夷狄。就《尚書》言，則侯、綏爲中國，要、荒爲夷狄。就《詩經》言，則海内爲中國，海外爲夷狄，《爾雅》題夷狄爲四海，專指海外而言。

五方

東方有比目魚焉

《封禪書》云：『東海致比目之魚。』按：今沿海一帶有之，以海爲斷，則仍爲海外之物。

南方有比翼鳥焉

《海外南經》：『比翼鳥在其東。』

西方有比肩獸焉

北方有比肩民焉

中有枳首蛇焉，此中國四方之異氣也

《楚辭·天問》篇注：『中央之州，有歧首之蛇。』今中俗以兩首蛇見者必死，故孫叔敖見而殺之。按經言中爲中國，則四方爲四裔，故中國獨見枳首蛇，而不見比目魚、比翼鳥、比肩獸、比肩民也。

《尚書大傳》《淮南·時則訓》五帝司五州

舊題陶家瑶撰

五帝當以五德爲正解。《月令》以太昊、炎帝、少昊、顓頊分主四時者是也。然一帝主一季，而不以地分。若《時則訓》之説，則尤可異焉。考泰西以爲地球五大洲，以合《民勞》五章，中爲京師，四方爲四岳，則五洲合之爲五，分則爲九，證之《大行人》、騶衍九九之數，無不通也。乃《尚書大傳》《時則訓》之説，則以五帝分占五州，每州萬二千里，一州一代，順序而推，乘時而帝者，各據方位，以章徽號焉。《尚書大傳》：『東方之極自碣石東至日出榑木之野，帝太皞，神句芒司之。南方之極，自北户南至炎風之野，帝炎帝，神祝融司之。西方之極，自流沙西至三危之野，帝少皞，神蓐收司之。北方之極，自丁令北至積雪之野，帝顓頊，神玄冥司之。』《淮南·時則訓》云：『五位，東方之極，自碣石山過朝鮮，以上今中國地。貫大人之國，以下海外。東至日出之次，榑木之地，青土樹木之野，當爲今澳洲。太皞帝爲君。句芒神爲臣，以下仿此。之所司者，萬二千里。此主東方，爲東岳，亦謂之東帝。南方之極，自北户孫之外，赤道以南乃北户。貫顓頊之國，南至委火炎風之野，當爲今非洲。赤帝祝融之所司者，萬二千里。《莊子》所謂『南海之帝爲儵』，所謂『南溟』『圖南』。中央之極，即今中國，《詩》所謂『宛在水中央』。自昆侖東絶兩恒山，日月之所道，江漢之所出，衆民之野，五穀之所宜，龍門河濟相貫，以息壤湮洪水之州，東至于碣石，中東以碣石分。黄帝后土之所司者，萬二千里。《莊子》所謂『中央之帝爲渾沌』。案：當爲今亞洲。西方之極，自昆侖絶流沙沈羽，西至三危之國，石城金室飲氣之民，不死之野，少皞蓐收之所司者，萬二千里。當爲今歐洲。北方之極，自九澤窮夏晦之極，北至令正之谷，有凍寒積冰，雪雹霜霰，漂潤群水之野，顓頊玄冥之所司者，萬二千里。《莊子》所謂『北海之帝曰忽』，當爲今俄北美地。按：《大傳》與《時則訓》以五帝分據五洲，南北爲經，東西爲緯，實發源于《山海經》之海外南、西、北、東四經。考四極爲四岳，一極分二州，合中央爲九州，一州之中，又分爲小州九，計共得八十一内州。是每州于方一萬二千里，截長補短，共得八十内州，三十二要荒州也。東西南北四極，于教化未通之先爲夷狄，爲海邦，中央用夏變夷以裁成之，如春秋之以内州化外州。開通以後，同尊聖教，則中央爲神京，四極爲四岳，如《禹貢》之四岳八伯，喜起賡歌。黄帝居中，如禹州之豫州，少皞在西，如周之都雍，太皞在東，如周公之居東。考五帝舊都，本皆在中國，今順五行之序，移之于四極，由小以推大，亦如太師摯適齊一章，廣魯樂于天下之意，此九州開通太平之極致也。又五極有五帝五神，將來如法黄帝以土德王者，留京行京皆在中央，中央爲君，四方之四神爲四岳。法太皞以木德王者留京在東極，行京在中央，東帝爲君，中央神后土，合南北西三神爲岳。法少皞以金德王者留京在西極，行京在中央，西帝爲君，中央神與東北南之三神爲岳，南北仿此。《詩》之所謂『顛倒衣裳』『自西徂東』與『我征徂西』是也。北極以水德王者，留都在北，行京在中央。南極以火德王者留都在南，行京在中央，《詩》之所謂『黄流在中』『南山有臺』『北山有萊』是也。由此推之，則《詩》之四風即《地形訓》之八風，《詩》之四門即《地形訓》八極之八門，四海即《山海經》之海外四經，皆在中國之外。按《詩》三頌法三王三統，周火德，魯水德，商金德，此傳記之明文也。乃《詩》之三統則爲素、青、黄，所謂『緇衣羔裘』『素衣麑裘』『黄衣狐裘』者，周德尚赤而改爲尚黄，雖以東周都洛陽可謂尚黄，是則借小三統王道以明大三統帝道，魯以寓太昊，商以寓少皞，周以寓黄帝。大三統不用尚赤之炎帝，而以尚黄之黄帝居中建極，臨馭四方，所謂『充耳以黄』『狐裘黄黄』，改赤爲黄，即明示以《詩》之三統乃黄帝、太皞、少皞，而非夏、殷、周小統也。三王三統，已詳于《書》，則《詩》不應重見，而帝道大同，無徵不信，不得不假託三代以起例。是《詩》之三統，全指中央、東極、西極之明證也。《左傳》《詩譜》于國風中皆詳考五帝舊都，如衛爲顓頊之墟，魯爲少皞之墟，陳爲太皞之墟，唐爲堯都，齊爲爽鳩之墟，檜曹爲二火正之墟，皆寓移封之例。《禹貢》九州之内，兼寓全球，此以小化大之妙用也。又郯子論官，以太皞爲龍，少皞爲鳳。《易》之乾卦言龍，坤卦言鳳，朋古鳳字。《易》凡言別者，皆屬坤。是乾爲陽，爲左，爲日，爲東北，爲先甲後甲，爲帝乙，爲魚。坤爲陰，爲右，爲月，爲西南，爲先庚後庚，爲高宗，爲虎。黄帝居中央，爲太極，統坎、離之中卦。乾卦内三爻『潛龍』『見龍在田』，皆指太昊都東極；外三爻之『躍淵』『飛龍在天』，則以中央爲行都之事也。内外六爻分兩京。坤卦内三爻『直方大』『含章』，指少昊都西極；外三爻『黄裳元吉』『龍戰于野』，則以中央爲行都之事也。考八卦方位，東震長男，北坎中男，東北爲男，爲一類；西兑少女，南離中女，西南爲女，爲一類。坤象『東北喪朋』『西南得朋』，男女龍鳳之所以分也。《莊子》：『北溟有魚，其名爲鯤，化而爲鳥，其名爲鵬。是鳥也，海運則將徙于南溟。南溟者，天池也。』鵬，龍屬，東可兼北，可爲北溟之鯤，南方屬女爲鳳屬，故必化鵬乃可圖南，即乾爲群龍，坤西南得朋之師説。郯子之龍鳥名官，爲《詩》之師説，又爲《易》之師説，此又《詩》《易》相通之證也。《易》以太皞爲東鄰，少皞爲西鄰。東鄰主文，西鄰主質。以下經三十卦推之，咸、恒十卦爲少皞，爲西鄰，爲質，爲野人，爲和卦，爲狷，爲西南。震、艮十卦爲大皞，爲東鄰，爲文，爲史，爲别卦，爲狂，爲東北。損、益十卦爲中央，爲黄帝，爲君子。咸、恒十卦皆和，震、艮十卦皆别。質勝文則野，文勝質則史。惟損、益十卦居中，所統八卦，四和四别，所謂文質彬彬，然後君子。東長爲狂，西少爲狷，損益合中，故益兩言中行。孔子云『不知所以裁之』，『求也退，故進之；由也兼人，故退之』，又曰『過猶不及』。損、益居中建極，化成天下，如土德居中，化成萬物，此中央之所以貴于四極也。《時則訓》以五帝分據五洲，爲大統之宏綱，《易》《詩》之要義。古賢舊説，佚存于《淮南子》中，一字千金，所當急爲表彰者也。

道家儒家分大小二統論

舊題井研施焕撰

四益館説以九流皆出于四科，而道家爲德行之支派，或頗疑其新創，未足以爲定論，試爲申之。謹案木鐸之事，自孔子始。孔子以前，無著書立教之事。今諸子所稱神農、黄帝，《人表》所列諸古人，蓋皆出于依託。《文史通義》云：《管子》《莊子》皆記二子之死，是非二子親著也可知。黄帝以七十二戰得天下，《史記》云『道家無爲，又曰無不爲』，初非清净無爲。老子習禮，于典章文物本極詳明，見于《戴記》。《莊子》所稱黄帝、老子，自以爲出于寓言，不必事實。則道家者流，考其宗派，實發源于孔子。其稱述黄老，皆屬依託，非其實也。考諸子中道家于孔子尤近。以《論語》言之，『譬如北辰』『天何言哉』『無爲而治』『惟天爲大，惟堯則之』『蕩蕩乎民無能名』『志于道，據于德』之類，與道家符同者不下數十條。當輯出，證以老莊之説，爲《論語道家考》一册。是孔子固嘗祖帝道，法大統，不僅煦煦爲仁，孑孑爲義，如莊、列所譏而已。孔子六藝四科，如天之大，九流諸子，皆在包羅之中。道家、陰陽家爲德行科，爲《易》《詩》科；名、法、農、墨爲政事科，爲《春秋》《書》《禮》科；縱横、小説爲言語科，爲《詩》科；儒家爲文學科，爲《尚書》《春秋》科。諸家雖同出孔子，而傳誦六藝，則爲儒家所專。如孟、荀之言堯舜、三王，經師博士之于《詩》《書》《禮》《樂》，孔子之迹尤近，自認爲孔子嫡派。學者亦遂以孔子專屬儒家，而德行、言語、政事三科皆别求祖宗，以與文學之士異道而馳，互相駁難，再傳而後，愈失其真。諸子家數典忘祖，昧其所自出，儒家者流，遂自號爲孔子宗子。按六藝之傳，有帝、王二派。王統治禹州，地僅五千，風俗政教大抵相同，故可以《王制》之法畫一而治。至于帝統，地合全球，好尚不同，文質相反，如南北之異向，棱白之異種，不可以一隅畫定之法治之。故老莊之説，在于自然任人，而不自持一定之見。中國之化，不能以治全球，此道家所以異于儒也。《易》《詩》《樂》言海外百世不惑之事，在當時則無徵不信，如騶衍大九州，《尚書考靈曜》地有四游。大統之説，間有留傳，而不敵《春秋》《尚書》之明備。學者以小統之説解《易》《詩》《樂》，而大統之説遂絶。即道家者流，亦不知其宗旨實出于《詩》《易》，而惟黄帝、老子之是尊。故《莊子》説六藝以爲芻狗，爲糟粕，而不知《老》《莊》宗旨全出于三經。以道家論，可以譏《春秋》《書》《禮》，而不可以譏《易》《詩》《樂》。《老子》云：『道失而後德，德失而後仁，仁失而後義。』説者以道德仁義爲皇帝王伯之宗旨。《論語》『志于道，據于德，依于仁，游于藝』藝當爲義，聲之誤。一章，即指皇帝王伯之事而言。道家爲皇帝之學，治大統。故老子著書，以『道德』爲名，而非毁仁義。莊、列、文、尹諸家屢引黄帝爲説。不知《易經》首伏羲、神農、黄帝而及堯、舜，《大戴·五帝德》首黄帝、顓頊、帝嚳，而終以堯、舜。《易》《詩》言帝道，言海外，《莊子》所謂周游六虚，游心四海之外，游于六合之内，乘雲御風，飛行六合者，其文義皆見于《易》《詩》。是道家宗旨，即三經師説，老、莊、文、尹實即《易》《詩》之先師。故其文其義統括于帝道大統之經，不能自外，非能出于六藝外而别成一派。班書譏《史記》先黄帝而後六經，蓋不知黄老即在六經之中，其説誤也。《史記・自序》引《六家要指》，其論儒家曰：『儒家以六藝爲法，六藝經傳以千萬數，累世不能通其學，當年不能究其禮，故曰博而寡要，勞而少功』云云，是儒家爲後世之經生博士，爲文學科流派之明證也。其論道家曰：『因陰陽之大順，采儒墨之善，撮名法之要，與時遷移，應物變化，立俗施事，無所不立，旨約而易操，事少而功多。儒家則不然，以爲人主天下之儀表，主倡而臣和，主先而臣隨。如此，則主勞而臣逸。』是道家專爲君道，用賢任術，爲後世帝王之學，爲聖門德行科之明證也。按論諸子惟史公最古最確，非諸家所及。以聖門而論，如顔淵、閔子騫、冉伯牛、仲弓四賢，即爲道家祖宗，其學派爲道家之黄老。上古之黄老不必如此。故《莊子》内外篇于孔子有尊崇，有詆諆。尊崇者大統君道，《易》《詩》《樂》之孔子；詆諆者小統臣道，《春秋》《書》《禮》之孔子也。《六家要指》：『道家有法無法，因時爲業，有度無度，因物與合。故曰：聖人不朽，時變是守。』孔子許閔子騫以孝，孝爲至德要道。許仲弓以南面，以敬簡爲主，即道家『虚者道常，因者君綱』之説。莊子稱顔子齊心，孔子與顔子論爲邦，皆君道之大綱，非諸子所得與聞。按孔子弟子又有君道、臣道二派。德行，君道也；政事、言語，臣道也。孟武伯、季康子所問三子，及言志之子路、冉有、公西華，爲智、仁、勇三公之事，專門名家，各修一職，爲儒家所稱道。曾晳之異撰，所云暮春服成，童冠詠歸，如帝王用賢，無爲而治之事，爲孔子所許。顔子農山言志，所謂由失其勇，賜失其辯，求失其藝，與曾晳之説，互相發明。《易》《詩》爲帝王之學，爲道家之所祖。仲弓、顔子同列德行之科，與史公主逸臣勞、采儒墨、撮名法者相同，此又道家出于德行之明證也。莊、列所譏之孔子，皆儒家一家之孔子，而其所宗祖之黄帝、老子，實即大統之孔子，知十而不知二五，非通論也。蓋仲尼卒而微言絶，七十子喪而大義乖。莊老攻儒，儒攻莊老，皆門户一孔之見，爲通人所譏。又諸子之書皆非自撰，弟子治其學者，紀録以成一家之言，變本加厲，矯枉過正，務求自立門户，多至誣罔其師，皆末流之弊，使諸子執筆爲之，必不至此。如墨子尚儉、非樂、貴同、敬鬼，本原《論語》『禹無間然』一章宗旨，所謂『菲飲食而致孝乎鬼神，惡衣服而致美乎黻冕，卑宫室而盡力乎溝洫』，治其學者遂欲以薄葬短喪、喪三日、非樂、手足胼胝爲教，顯與聖經相背，攻之愈急，持之愈堅，相激而成，轉失本旨。諸家末流之弊，大率相同。故農家者流，欲使帝王並耕而食。名家者流，堅持『白馬非白』之義。刑名、法術、縱横家弊愈多，爲害愈著。蓋諸子專門名家，獨申一義，雖有奇功，而惡名亦甚著。如醫家之用重劑獨方，病愈人猶疑之，不如輕劑衆品者功多而過少。儒家讀書博，顧忌多，不能絶軥而馳，雖無奇功，亦無顯過。三代以下，儒家盛行，諸家廢絶者，職此之由。凡人能立一派，創一學，其精神才力必皆過人，其補救裁成亦别有妙用。學者後起，不得其精華，而徒襲其偏駁，著書立説，詈人以自申，此固學者之誤。然君子標立宗旨，不可不慎重矣。今論各家宗旨，皆就其始師考其踪迹淵源之所出，末流晚師，附會隱託，歧中又歧，不可究詰，其同異不足與深辨矣。

《大行人》九州即騶衍大九州考

舊題陶家鈺撰

《夏官·大司馬》：『乃以九畿之籍，施邦國之政職。方千里曰國畿，其外方五百里曰侯畿，又其外方五百里曰甸畿，又其外方五百里曰男畿，又其外方五百里曰采畿，又其外方五百里曰衛畿，又其外方五百里曰蠻畿，又其外方五百里曰夷畿，又其外方五百里曰鎮畿，又其外方五百里曰蕃畿。』《職方氏》：『乃辨九畿之邦國，方千里曰王畿，其外方五百里曰侯服，又其外方五百里曰甸服，又其外方五百里曰男服，又其外方五百里曰采服，又其外方五百里曰衛服，又其外方五百里曰蠻服，又其外方五百里曰夷服，又其外方五百里曰鎮服，又其外方五百里曰藩服。』按《大司馬》曰畿，《職方》曰服，文異義同，至其所言九服、九畿，皆不數王畿，合王畿是爲十畿，方萬里。騶衍八十一州，《淮南》九州、八殥、八紘、八極，開方皆爲九千里，合九畿之數。《周禮》名曰九畿，實爲十畿。同學以騶衍八十一州、《淮南》九州、八殥、八紘、八極合《周禮》九畿，著爲論説，固無不合，惟《周禮》以十畿開方，溢出蕃畿一層，方千里者一十八，此不合者。又以《大行人》考之，云邦畿方千里，其外方五百里謂之侯服，歲壹見，其貢祀物。又其外方五百里謂之甸服，二歲壹見，其貢嬪物。又其外方五百里謂之男服，三歲壹見，其貢器物。又其外方五百里謂之采服，四歲壹見，其貢服物。又其外方五百里謂之衛服，五歲壹見，其貢材物。又其外方五百里謂之要服，六歲壹見，其貢貨物。九州之外謂之蕃國，世壹見，其各以其所貴寶爲摯。以《司馬》《職方》之九畿校《大行人》，《行人》少蠻、夷、鎮三服，而有異名之要服。《行人》雖止七服，而蕃服之名與《司馬》《職方》同，是《大行人》以要服包《司馬》《職方》之蠻、夷、鎮三服言之，故九畿之蕃服與上二文同也。《大行人》以九州之外爲蕃，是八畿八服以内爲九州，蕃服爲九州之外無疑矣。考八畿以上開方得九千里，九州以方千里計，得三服方三千里。今以方九千里爲九州合九服，是以方三千里縱横六服爲一州，每州得方千里者九，九州合爲方千里者八十一，則《大行人》之九州即鄒衍之大九州，以方九千里分九州之説，無疑矣。鄭君不知《大行人》之九州爲大九州，因《大行人》合王畿止見七服，遂以爲《周禮》以方七千里爲九州，七七得方千里者四十九。王畿方千里者一，八牧八州各得方千里者六，六八四十八，合王畿得四十九全數，顯與九畿明説相背。且一牧之地大于天子五倍，種種乖謬，皆緣不知《行人》之九州即鄒衍之大九州，以此致誤耳。或曰鄒衍、《淮南》皆以方九千里開方，合于《周禮·大行人》之九州，是矣。但《周禮》九畿之蕃服，實以萬里開方。即以蕃服一服而言，已溢出方千里者一十八，則又何以説之？曰：考《禹貢》五服，九州爲甸侯綏，其外更有要荒二服。侯綏爲九州，要荒爲十二州。鄒衍、《淮南》但據侯綏之九州立説，已爲九九八十一州，以方十二州計之，中國一大州，十二外州以此推之，海外八州當得外州九十六，《周禮》蕃服溢出之一十八方千里，即海外要荒之外州九十六中之一十八也。以十二州起算，尚有六十方千里未見明文。又内州九，要荒當爲十六州，中國以東方邊海，故不置州。海外以十六州計之，該爲一百四十四州，于百四十四中除去一十八，尚有百二十六州不見也。《周禮》以方萬里分九州，故内州見八十一，外州見一十八。今合全球考之，截長補短，開方當在二萬里之外，僅以萬里封國，此大略之言，未盡其實。今于九服之外再加二服，合爲方一萬二千里，得方千里者四十四，于百二十六中除去四十四，尚有八十二州。再于方一萬二千里之外加二服，共爲方千里者五十二。于八十二中除去五十二，尚有三十州，必再加一畿，合爲方千里者二十八。以三十州除去二十八，不足者二州，乃合其數。是以方一萬五千里，可以封内州八十一，封外州一百四十四，合計地球實地，除去開方萬五千里之外，餘地尚多。或以其地荒确不封國，或以名山大川爲界，廣狹在所不拘，亦或臨時别有新章。總而言之，由小推大，今學畫井分州之制，得方萬五千里，而能事畢矣。《大行人》『九州之外曰蕃』一語，略見端倪，不再推廣。實則九服之外尚須再加五服，文義乃備。詳九州之内，而其外可推。以蕃服包外六服，亦如以要包蠻、夷、鎮三服也。由此推之，則《周禮》有兩九州，一小九州，一大九州。小九州則禹所叙之九州，《職方》之九州是也；大九州則《大行人》之九州是也。至于《職方》之幽、并二州，以小統言之，則爲侯、綏之外州，以大統言之，則爲海外之二州。《淮南子·地形訓》：正西曰并土，八殯。北方曰寒澤，八極。北方曰幽都之門。至于所言水地，先儒皆就中國解之，實則爲翻譯例，如《三頌》之淮夷、荆楚、氐羌、南夷、蠻貊，雖爲中國舊名，實則海外之國，所謂號從中國者也。以《周禮》爲海外大一統之書，不于此而益信哉！

四游説　舊題羅煦撰

西人地動天不動之説，中人詫怪，莫之或信。及觀《尚書考靈曜》所述，與夫《河圖帝覽嬉》之文，皆暢論四游之本旨，而《堯典》之『光被四表』，鄭氏康成以爲四表即四游，取義吻合。至于各經注疏家，詳四游者歷歷可指，可見中人已先西人啓其厥詣，非西人能爲中人創其奇聞也。夫王者巡守，亦重四游，巡守一年一終，如地球之四游一年一周。然王道小統，祇能四游于四岳。將來王者法帝道大統，必能四游于四海。《孟子》言『一游一豫，爲諸侯度』，游即指四游之游也。今中人弗道其義久矣，西人竟持其説以聳聞天下，是以吾家本有之物爲外人襲取，良可悲也。兹仍首録西人四游圖于左，次録大小二統四游圖于後，又次録經説，以顯明其理，而證以西人之言，乃知西人之説非出自西人，實出自我中人爾。

西人四游圖

中外大小二統四游圖

釋痻痳思服悠哉悠哉輾轉反側

四游引經説　附西人説

附釋游

西人四游圖

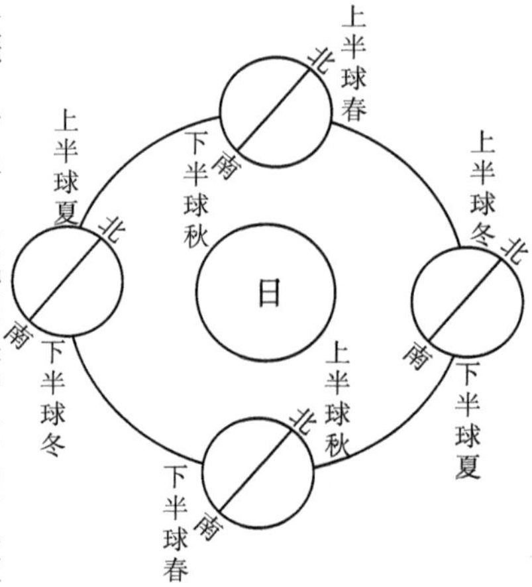

如圖，地球自轉本軸而成晝夜，又繞日而行以成四季。即如上球爲春，此時赤道與黃道交接，日光直照在赤道上，二極爲恰受日光之界，地面各處晝夜平分。越三月，地球行至圖之左爲夏。此時北半球向日，日光直照，晝長，圈上日長夜短，北方諸國炎熱，夏至之日至長。惟南半球則與此相反。過夏至後，日漸短。越三月，地球行至圖之下，爲秋。此時赤道亦與黃道交接，日光直照赤道上，地面到處晝夜均長。越三月，地球行至圖之右，爲冬。此時南半球向日，日光直照，晝短。圈上日短夜長，南方諸國炎熱。如此繞日一周，即爲一年也。

大小二統四游圖

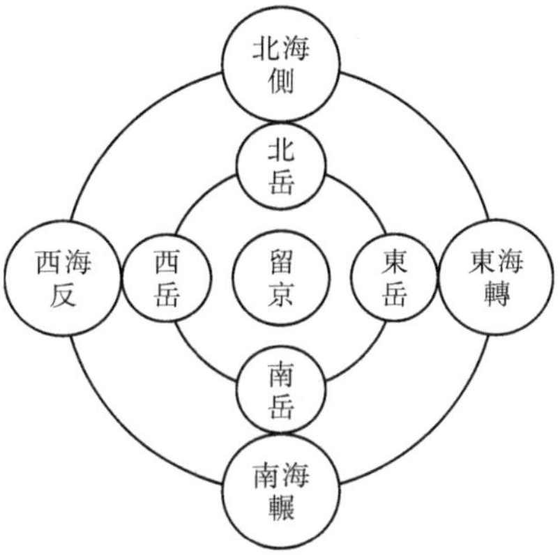

如圖，中爲王者留京，内一層爲王道小一統，故四游于四岳。外一層爲帝道大一統，故四游于四海。巡守者游也，巡守一年一終，如地之繞日而游，亦一年一周也。

寤寐思服，悠哉悠哉，輾轉反側

按『悠』音義近『游』，『優哉游哉』『優游爾休』可證。『悠哉悠哉』，即謂游行也。孟子『吾王不游』，以巡守爲游。『輾轉反側』即地球之繞日四游，成此輾轉反側四種之形。服者，五服，所謂侯、甸、綏、要、荒也。思即巡行，所謂京師，亦即《緑衣》之絲也。《文王有聲》曰『無思不服』，《駉》曰『思無疆』，《那》曰『綏我思成』，《列祖》『賚爾思成』，皆以思爲王者巡行。王者居中，法日巡行地之四游。地以四游成四時，王者以四游平四海。小統王四游爲四岳，大統帝四游爲四海。『寤寐』二字，即中外之分，東北爲寤，西南爲寐，即幽明陰陽之義。故『輾轉反側』爲四游，爲巡行，爲内外。《中庸》『喜怒哀樂未發爲中，發而中節爲和』，即四游也。

四游引經說 附西人說

《周禮·地官司徒》：『日至之景尺有五寸，謂之地中，天地之所合也，四時之所交也，風雨之所會也，陰陽之所和也。』

鄭注：『景尺有五寸者，南戴日下萬五千里，地與星辰四游升降于三萬里之中，是以半之得地之中也。』

賈公彦疏云：『地與星辰四游升降于三萬里之中者，《考靈曜》文。言四游升降者，春分之時，地與星辰復本位；至夏至之日，地與星辰東南游萬五千里，下降亦然；至秋分，還復正；至冬至，地與星辰西北游亦萬五千里，上升亦然；至春分，還復正。進退不過三萬里，故云地與星辰四游升降于三萬里之中，是以半之得地之中也。』

侯失勒《談天》云：地自轉，故地平界之東半向下行，而西半向上行。然其行人不能覺，故反疑諸曜漸移，見地平界吐星而曰星出地平焉，見地平界掩星而曰星入地平焉。嗚呼，亦傎矣！

《禮記·月令》孔穎達疏云：『二十八宿之外，上下東西各有萬五千里，是爲四游之極，謂之四表。據四表之内，並星宿内，總有三十八萬七千里，然則天之中央上下正半之處，則一十九萬三千五百里，地在其中，是地去天之數也。』

鄭注《考靈曜》云：『地蓋厚三萬里。春分之時，地正當中，自此地漸漸而下，至夏至之時，地下游萬五千里，地之上畔與天中平。夏至之後，地漸漸向上，至秋分地正當天之中央。自此地漸漸而上，至冬至上游萬五千里，地之下畔與天中平。自冬至後地漸漸而下。此是地之升降于三萬里之中。

但渾天之體雖繞于地，地則中央正平，天則北高南下。北極高于地三十六度，南極下于地三十六度。南極去北極一百二十一度餘，若逐曲計之，則一百八十一度餘。若以南北中半言之，謂之赤道，去南極九十一度餘，去北極亦九十一度餘，此是春秋分之日道也。赤道之北二十四度，爲夏至之日道，去北極六十七度也。赤道之南二十四度，爲冬至之日道，去南極亦六十七度。』

歌白尼論春夏秋冬四季之輪流，亦由地運動而生。地球所循之本輪，相應于渾天之黄道。地兩極之軸，斜行于黄道之軸，而地赤道斜行于本輪各二十三度半，是爲黄赤。距緯地循本輪，其軸恒斜，而其極恒向天之兩極。設地球之與太陽應者在赤道北二十三度半，此處見太陽于天頂，此時地旋轉于本心，則見太陽于夏至圈繞地左行，北方之晝長，南方之晝短。夏至後第八日，爲太陽最高之時，因此時地距太陽最遠故也。地循本輪與太陽應者漸近赤道，太陽正當地之赤道，此時地旋轉于本心，則見太陽于赤道圈旋行，而晝夜適平。秋分後地球與太陽應者漸距赤道向南，在赤道南二十三度半，此時地旋轉于本心，則見太陽于冬至圈繞地左行。冬至後第八日，是爲太陽最卑之時，因此時地距太陽最近故也。地循本輪與太陽應者漸近赤道，則見太陽于赤道圈旋行。地行本輪一周，人從地面視之，則見太陽于黄道上循行一周，而爲一歲矣。

《禮記·月令》孔穎達疏云：地有升降，星辰有四游。

鄭注《考靈曜》云：『天旁行四表之中，冬南夏北，春西秋東，皆薄四表而止。地亦升降于天之中，冬至而下，夏至而上；二至上下，蓋極地厚也。地與星辰皆有四游升降。四游者，自立春地與星辰西游，春分西游之極，地雖西極，升降正中，從此漸漸而東，至春末復正。自立夏之後北游，夏至北游之極，地則升降極下，至夏季復正。立秋之後東游，秋分東游之極，地則升降正中，至秋季復正。立冬之後南游，冬至南游之極，地則升降極上，至冬季復正。此是地及星辰四游之義也。』

《地球圖説》：水、金、地、火、木、土六曜之本輪旋繞乎太陽，太陰之本輪旋繞乎地球，而土、木二星又各有小星之本輪繞之。然太陽、地球、土、木非爲各本輪之中心，而微在其一偏，其相距之數各爲兩心差。歌白尼將此諸輪作不同心之圈，而刻白爾細察游曜之固然，證此諸輪皆爲橢圓。

《禮記·月令》孔穎達疏云：『日有九道。』

《考靈曜》云：『萬世不失九道謀。』鄭注引《河圖帝覽嬉》云：『黄道一，青道二，出黄道東；赤道二，出黄道南；白道二，出黄道西；黑道二，出黄道北。日春東從青道，夏南從白道，秋西從白道，冬北從黑道。立春星辰西游，日則東游，春分星辰西游之極，日東游之極，日與星辰相去三萬里。立夏星辰北游，日則南游。夏至星辰北游之極，日南游之極，日與星辰相去三萬里。以此推之，秋冬仿此。』

侯失勒《談天》云：金、水二星，如偕日而行，離日之度有定界，或在日東，或在日西。在日東則日入後見于西方，名昏見；在日西則日出前見于東方，名晨見。離日最遠水星不過二十九度，而金星則四十七度，在日東最遠，與日同速。

釋『游』附

《詩經》凡扼要綱領處，用韻多在今韻十一尤中。如《關雎》《柏舟》《長發》諸篇，不一而足。故洲、逑、流、鳩、游、求、悠、優等字層見迭出，皆爲大一統浮海涉川而言。如游字至于數十見，或以中國爲心，爲潛、爲守，海邦爲師、爲行、爲外。總之留都設于禹績，統以居爲大名，駕言涉于四海，統以游爲標目，而地有四游，尤爲游之切證。考王者居心建極，四方來朝，此北辰居所而衆星共之，法天之事也。斗柄四指，因時布政，地之四時游行與之符合。王者四時巡守四岳，春東、夏南、秋西、冬北者，即此法地之四游。《孟子》『吾王不游，吾何以休』，以游爲巡守，此即《詩》之本訓。考西人四游，地球繞日，有輾轉反側之形，則《關雎》之『輾轉反側』，以之訓四游，尤爲切合。日在中，地以四游繞之而成四時，都城在中，王以四巡環之而服四海。《關雎》之『悠哉悠哉』，悠與游音近義通。《采菽》之『優哉游哉』，《卷阿》之『優游爾休』可證也。地四游繞日，王者四游繞禹都，故游字爲大一統之標目。故《莊子》言游者尤多。考諸子立説，多緣《詩》出。如《左傳》《國語》《史記》于蔡國之君不稱公而稱侯，實因《春秋》一書葬蔡桓侯，因經一稱侯，遂無公稱。故《莊子》諸言出行，皆曰游。《内篇》言游者二十，《外篇》言游者四十。如《逍遥游》『出入六合』，『游乎九州』，此大九州。『予少而自游于六合之内』，六合之内，即四海之外。『予又且復游于六合之外』，六合之外，即爲《易》説，即釋家之三千世界。『乘道德而浮游』，『游乎萬物之所終始』，『乘雲氣，御飛龍，而游乎四海之外』，即《詩》之『海外有截』。『乘雲氣，騎日月，而游乎四海之外』，『游乎塵垢之外』，『彼游于方之外者也』，帝大統之道。丘游方之内者也』。王小統之道。凡此言游，皆指大統巡行四瀛而言。至于『老聃曰吾游于物之初』，『知北游于玄水之上』，『嘗相與游乎無何有之宮』，『若乘日之車，而游于襄城之野』，『惟聖人乃能游于世而不僻』，『老聃西游于秦』，『孔子游乎緇帷之林』，『吾所與吾子游者』，『游乎天地』，『人能虚己以游世，其孰能害之』，如此之類，可以不言游而亦言游者，以游爲目，故全書至于六十餘見也。

『思無邪』説 舊題宋維儀撰

《論語》：『《詩》三百，一言以蔽之，曰：思無邪。』舊説以思爲心思，邪爲邪正，説本平正，惟《詩》

之立教，其功甚鉅。《詩》專在『無邪』，孰是經而教人以邪者？殊未足以達聖言立詩教之準。況原文『思無邪』之先有『思無疆』『思無期』『思無斁』三『思』字。『思馬』又連見四思字，連文並見。『無』字上四『思』字猶可解，『馬』字上四『思』字，非以爲語助詞，則不可解。邪從邑牙聲，當讀爲涯，《行露》『無牙』亦即此義。牙、邪音同，《莊子》所謂『其生也有涯，其知也無涯』，『無邪』與首章『無疆』同義，便文叶韻，並無二義。帝道大統，與『無疆』爲標目，故《三頌》言『無疆』者十餘見。按《尚書》爲三王之書，《禹貢》『聲教訖于四海』，以禹州爲斷，此所謂有涯也。《詩經》帝道大統，『海外有截』，孔子所云『思無邪』者，與《書》對文。《書》小統有邪，《詩》大統無邪，此小大二統之分，即帝王《詩》《書》之所以別也。『無邪』當讀爲『涯涘』之『涯』，非『邪正』之『邪』也。或曰：讀《駉》卒章之『邪』爲『涯』，以求合于首章之『無疆』可也，又何以解于『思』字之不辭乎？曰：《詩》言『思』字最多，舊解多以『思』字爲語助詞，其最難解者莫如《文王有聲》『無思不服』，《關雎》『寤寐思服』，《那》『綏我思成』，三『思』字與『服』字相比連文，不可以爲思念，不能以爲語詞。蓋能解思、服二字之義，方能解『思無邪』之『思』。按《詩》例，服字名爲衣服，義皆作『弼成五服』之服字解，據疆域而言，非『衣服』之服。如『既成我服』『我服既成』『服之無斁』，皆以衣服比疆域。《文王有聲》篇云：『自西自東，自南自北，無思不服』，于『服』上言『思』。據文意，當指東西南北四字而言，思必實字乃通。蓋服即指《尚書》之禹服，『無思不服』者，謂中國之外，東西南北四海之外，無不歸入版圖，定爲侯甸。就其疆域畫井分州，所謂『弼成五服』『我服既成』者也。考《洪範》五事之例，『五曰思』，思居貌、言、視、聽四方之中，思如五行之土。《詩》例以心爲京，心之所發爲思，即以思爲行。京、心、思連文，音與京師相近，故《詩》言心者通指中國留京舊都，稱爲心，所謂中心、我心是也。

海外行京巡守所至之地，則稱爲思，『無思不服』者，謂海外東、西、南、北各州皆弼成五服。海外東、西、南、北八大州皆仿《禹貢》之例，弼成五服。《關雎》之『寤寐思服』，《那》之『綏我思成』，實其明證。《蟋蟀》篇之『職思其居』謂中國。『職思其外』，謂海外。合中外爲一統。《甫田》之『無思遠人』，『思遠人』謂收服海邦。齊爲小統，故不思遠人。《無羊》之『爾牧來思』，思爲實地，如《春秋》之師與京師，故可言來。其餘雜見之條，皆可由此推之。考《詩》《書》《禮》《樂》古爲四教，《詩》與《書》對，《樂》與《禮》對。《書》之外，所以必再以《詩經》立教者，《書》爲小統，《詩》爲大統，《尚書》有疆，《詩》則無疆，兩經分別之故。一言以蔽之，《詩經》以大一統爲綱領，《尚書》以禹小九州爲《詩》之《國風》，《詩》則以《國風》之大九州爲《書》之《禹貢》。《書》言帝王以往行事，徵諸目見，故可質言實舉。所謂書者如也，據事直書，如今之文。如其事而書之。《詩》言百世以後大一統之制，無徵不信，不能實指明言，故託之于《詩》，諷詠比興，言在此而意在彼。『詩言志』，心之所之爲志是也。未能見諸行事者，故謂之志。《尚書》如後世之文體，皆據事直陳；《詩》如後世之詩辭，皆徵文託意。聖人恐人不識二經宗旨之異同與微文取義之旨，故大聲疾呼，曰『思無邪』，以定《詩》之大綱宗旨。他如《公羊》之所謂『大一統』，《莊子》之所謂『游于四海之外』，《中庸》之所謂『凡有血氣者，莫不尊親』，一言以蔽之，曰『思無邪』。學者苟能知此，則于《詩》教思過半矣。

法界安立圖四洲說 舊題釋智誠撰

昔之言四洲，始于我佛說《長阿含經》。言九州者始于戰國騶衍，漢後儒者不知地球之大且廣也，遂譏佛經爲幻說，鄙騶衍爲荒唐。至今日而中外開通，輪舟來往，遍及五洲，乃知古人之說固信而有徵也。

考佛說《長阿含經》云：世界之衆，多于恒河之沙。恒河一名競伽河。世界之起，而成、住、空、壞之增減乘之。一須彌山，一四部洲，一日月，合之而爲一世界也。四洲之内，我佛所化，惟南贍部洲耳。又名閻浮提。此洲之北，有須彌山焉。其洲之背有洲名北俱盧，又名鬱單越。其山之左有洲名西牛賀，又名俱耶尼。其山之右有洲名東勝神，又名弗子逮，又名弗盤提。而日月迴旋，迭成晝夜，此佛經四洲之説也。《史記・孟荀列傳》云：騶衍之説『先驗小物，推而大之，至于無垠。先序今以上至于黄帝，學者所共術，大並世盛衰，因載其機祥制度，推而遠之，至于天地未生，窈冥不可考而原也。先列中國名山大川、通谷禽獸、水土所植、物類所珍，因而推之，及海外人之所不能睹。稱引大地剖判以來五德轉移，治各有宜，而符應若兹。以爲儒者所謂中國者，于天下乃八十一分居其一分耳。中國名曰赤縣神州，赤縣神州内自有九州，禹之序九州是也，不得爲州數。中國外如赤縣神州者九，乃所謂九州也。于是有裨海環之，人民禽獸莫能相通者。如一區中者乃爲一州，如此者九，乃有大瀛海環其外，天地之際焉』。此騶衍九州之説也。然考之讖緯，證之諸子，四洲、九州之説，佛之前有開其先者，衍之後有述其義者。考《河圖括地象》言：中國爲赤縣神州，曰中土，《禹貢》之小九州也；《淮南・地形訓》亦言大九州，東南爲神州，正東爲申土，此其説皆可與佛説、騶子相證者也。今以西人所説大地五洲證之緯子佛經，愈知地球之説，古人固已引其端，今人乃推其遺説耳。近湖南張自牧《蠡測卮言》云：《河圖括地象》言天有四維，地有八柱，神州爲中國曰中土，東方暘州曰農土，西方弇州曰并土，南方迎州一作次。曰沃土，北方玄州曰成土，東北咸州一作薄。曰隱土，西南戎州曰滔土，西北柱州一作台。曰肥土，東南亦曰神州、曰申土，是爲大九州。佛言四大部洲，泰西人言四大土，或析之爲八，或合之爲四，或並中國而爲五、爲九。雖名稱不同，其實一也。竊就泰西地圖考之，則中土、農土、隱土、沃土、申土，爲亞細亞之全域。暘州以近日出得名，高麗古暘谷地與日本、琉球同屬東洋。三韓有辰韓、弁韓之名，乃辰土之遺稱也。隱土在亞細亞北境，今俄羅斯所屬西伯利亞、高加索地，極于北海，是爲大鹹，即咸州也。南交回國及南洋群島當爲迎州，地暖而腴，歲常三四穫，所以爲沃土也。又南海有沃焦之山，今吕宋等國猶多火山云。東南申土，惟澳大利亞足以當之。其亦名神州者，以其廣輪頗類中國也。今西人稱其地爲南亞細亞，亦其義也。五土皆在佛氏東勝神洲弗子逮之域。《長阿含經》所謂東天下，《順正論》所言身州也。西域、藏衛、印度、土耳其、買諾、猶太等國，本屬亞細亞，自當括于中土之中矣。阿非利加蓋西南戎州矣。在沙門爲南瞻部閻浮提，《瀛寰志略》言其地廣寞，天氣炎酷，土脉粗頑，人類混沌，殆滔土所由稱乎！歐羅巴北境當爲元州，今俄羅斯地，《唐書》稱骨利幹爲元闕州是也。其南境英、法、德、奥諸國，當爲柱州，地小而物産豐盛，故名肥土。其人强而多智，用心專，四海之内無利不到。地有八柱，而獨此州以柱名，自神州而外，允推獨步，釋氏所謂北俱盧洲鬱單越也。佛以印度爲天下之中，而自附于東勝神洲。阿非利加在印度之南，歐羅巴在印度之北，故以南北目之。西方弇州者，今亞墨利加也。其地在地球之西半，與中國相對。中國在地上，亞墨利加在地下，故名弇州，言弇于地球之下也。其地分南北兩土，中有細腰相連，故曰并土，言并兩土爲一土也。佛經爲西牛賀洲一作貨。俱耶尼，牛當作半，傳鈔之譌耳。《史記》：神農之世，地過日月之表。黄帝時，九大土皆統于一尊，年湮代遠，書闕有間。洪水已後，聲教阻絶，遂自限于化外。數千年後，舟車復通，此天地自然之理。歐羅巴人每侈言航海探地之能，豈知所探之地固在皇古版圖之内哉！由此觀之，九州古固相通，皆爲内地，而赤縣神州爲皇帝之所居，所以尊于八州，非別州之比。後世衍佛説者以此一地球爲南瞻部洲。按崑崙爲葱嶺，已有確證。使此地球爲南瞻部洲，則崑崙置于何地？况云崑崙爲日所出，日出□□□，今考地球日出之地，實無大山足以當崑崙者，是舍葱嶺別無所謂崑崙也。且佛經經六朝及唐人翻譯，恐有差誤，非佛説之實事。是四大部洲仍爲今五大洲之地。考之緯子及近泰西人地輿，東勝神洲爲亞細亞地，可無疑矣。又《列子·湯問》篇言，海中之山，一曰岱輿，二曰員嶠，三曰方壺，四曰瀛洲，五曰蓬萊。今地球既分五洲，其五山當五洲之山名，一曰岱輿，當爲崑崙，崑崙爲東方發脉之祖，黄河之所自出，《爾雅》所謂『河出崑崙墟』是也。佛經以爲葱嶺，所謂葱嶺四河，流入四海，入中國中即黄河。以此證之，知葱嶺即崑崙也。名岱輿者，中國以東之泰山爲岱宗，崑崙在東方，較泰山更高大，名岱輿者，以其大足以負泰山，故曰輿也。其餘四方必彼四洲之山名，惟相傳既久，譯語差異，不能確指其名耳。今考崑崙爲亞細亞名山，則彼四山爲四洲之名山，可無疑矣。又近人言地球者，謂亞、歐、阿三洲爲佛説之東勝神洲，亞墨利加爲佛説之西牛賀洲，其南贍部洲、北俱盧洲當在南北極下。近日西人窮探冰海，未抵其極。以西人所言星度推之，南北極下當無大地足與此二洲相匹者，則四洲之説仍以緯子、佛經爲定也。又鄒衍言中國之外各有裨海者八，而大瀛海環之。竊以諸大土分之，曰太平海，中國之東洋，而亞墨利加之西洋也。洋面極浩瀚，約五萬餘里。曰印度海，北至亞細亞，東至澳大利亞，西至阿非利加，實爲中國之南洋，明人所稱小西洋也。曰大西洋，歐羅巴之西洋，而亞墨利加之東洋也。曰北冰海，承北極；曰南冰海，承南極。海中有大魚，長數千丈，《莊子》所謂南溟、北溟也。五大水匯涵地球，是爲大瀛海。其在甘肅外徼有青海，天山東南喀拉沙爾有星宿海，西藏布達拉西北有騰甲海，哈薩克之西、布哈爾之西北有雷翥海，波斯之北有裏海，其南有紅海，天方之西、埃及之東北有東紅海，土耳其中境買諾之北、其西境君士但丁之東北有黑海，土耳其東境、猶太之西南、歐羅巴之南、阿非利加之北有地中海，俄羅斯之西、瑞典之東有波羅的海，即騶衍所謂裨海。以今證古，殆無不合。我佛説地球之衆，多于恒河之沙，今泰西人謂日月五星及天王、海王二星皆爲地球，其餘衆星亦各一小地球。審是，則佛所説地球之衆，如恒河之沙，固爲西説之所同出也。今人讀泰西書，動驚其奇闢，試求之緯子之言辭，佛經之實事，然後知泰西人之説不足奇也已。

跋

先大父《地球新義》二卷，創始光緒丁酉，成于己亥。以事屬新創，不敢自署，因託爲先父及胡翼等課藝。原擬編爲三卷，見《家學樹坊》所録提要原稿。戊戌十月《縣志》提要、《知聖續編》言丁酉者誤。在資州排印首卷，《孟荀傳》《薛氏出使日記》外，即此本《釋球》以下十題也。己亥夏，新繁羅秀峰復爲刻二十題，凡二卷。卷上曰《翻譯名義序》、曰《薛京卿出使四國日記》、曰《道家儒家分大小二統論》、曰《淮南子地形訓圖説》、曰《尚書大傳淮南時則訓五帝司五州論》、曰《堯與三代九州無沿革論》、曰《大行人九州即騶衍大九州者》、曰《周禮九畿與騶子大九州淮南八殥八紘八極相同圖説》、曰《大雅民勞篇解》、曰《八行星繞日説》。卷下曰《讀易紀聞》、曰《齊詩六情釋》、曰《玄鳥長發三統五瑞解》、曰《四游説》、曰《爾雅四極四荒四海五方考》、曰《書出使四國日記論大九州後》、曰《周禮師説多祖易詩微言考》、曰《百年一覺書後》、曰《思無邪説》、曰《法界安立圖四洲説》。以校排印本，收其七題而遺其五，《孟荀傳》及《釋球》亦缺而不載，《知聖續編》謂合原本，排印本。共三十題。羅秀峰急于出書，僅刻二十題，次序亦未精審是也。按《縣志》提要云：『未排印者二十題。』《家學樹坊》載提要原稿，有其目，即《周禮爲周知天下之禮》《皇統大號非姬周之周説》《周禮土圭之法三萬里考》《商頌解》當即羅本《玄鳥長發三統五瑞解》。《讀易小識》當即羅本《讀易紀聞》。《莊子小大表》《周禮皇帝分大小表》《周禮大傀即大塊地求即地球證義》《北冥南冥即南北冰海説》《周禮注疏中國爲神州外八州界畫考》疑即羅本《周禮九畿與騶子大九州淮南八殥八紘八極相同圖説》。《爾雅四極四荒地輿考》羅本作《爾雅四極四荒五方考》。《易首伏羲神農黃帝五帝德首黃帝顓頊帝嚳説》《論語皇帝道德王伯仁義分章表》《易以皇爲主説》《道家言大統帝道爲詩易遺説考》《儒家專指博士派言小統王道爲春秋尚書遺説考》羅本《道家儒家分大小二統論》當即合以上二題爲之。《騶衍大九州即大行人九州考》羅本有。《莊子六合内外春秋經世之志分屬易詩春秋尚書考》《郯子論官分五帝説》《左傳顓頊以下德不及遠證》《寒暑反易爲南北球晝夜反易爲東西球説》《治化由近及遠小大不同説》《繹史皇帝政教專屬大統考》《七緯皇帝大統政典考》《易屯蒙三皇草昧下推帝王伯條例考》《易西南得朋即南半球北半球考》《尚書緯地形四游即輾轉反側考》羅本作《四游説》。《易詩書皇上帝皆人鬼非天帝考》《周公即皇佐不指周旦説》，共二十八題，中有八題爲羅本所有，惟題名間有分合差異。羅本中如《翻譯名義序》等六題又此目所無也。以排印本、羅本合之此目，除去重見者，共得四十五題，見存二十五題，仍依縣志作二卷，餘二十題或已佚，如羅秀峰僅刻二十題，餘多未刻。或本未作。排印本久絶版，羅本不見印行，版之存毁不可知。兩本流傳絶少，行且絶迹，故重爲編次刊行，而識其原委于此。此書所録，多非先大父定論，然大統之説，于此發軔，當其初出，舉世駭異，固未可廢也。民國第一丙子七月二十二日，次孫宗澤謹識。

皇帝大同學革弊興利百目①

論聖 附西人

舊説虚尊孔子，講章以村學究爲至聖。西人以朱子比孔子。

匹夫爲百世師，一言爲全球法，真堯舜之不及。不見宗廟百官美富，以在海外、後世。

宰我、子貢以孔子爲『生民未有』，不得其詳。

經營天下，力臻美備，千古一人。不言皇、帝，不知其大。

子貢：性與天道，不可得聞。

性命、天道皆屬皇、帝之學。當時不睹不聞，無徵不信，多以性命天道、陰陽五行立説。

孔子自云不爲魯國爲天下，不爲當時爲後世。與『至誠』『前知』同意。

數千年前早立全球治法。如《詩》《易》《周禮》，後世平天下之規模。

古文家以孔子爲纂輯傳授，先文明，後蠻野。

① 該書原附于《公羊驗推補證》，光緒三十二年（一九〇六）則柯軒刊本。

實先野後文，作而非述；小即《王制》《春秋》。治中國，大即《詩》《易》《周禮》。治全球。

孟子空言高深，不見實際。

但治中國，能者多矣！于春秋時詳。全球乃真如天之不可階而升，非文王周公之成迹；作而非述，乃可見。

西士以孔子爲教主。耶蘇、釋伽，可擬孔子。

孔子爲萬世師表，天下政教皆其所主。宗仰迷信者，統入《周禮》十二教。

西士以孔子爲政治家。管、晏、蕭、曹，可比孔子。

爲全球經營，大經大法。經傳多從古未行，尚有待于數百千年之後者。

西士以孔子爲哲學家。伏、董、程、朱，可爲孔子。

古今中外，萬事皆備于一人。由《春秋》以推行《詩》《易》《周禮》大統，海外典禮俱備。

論語

君子，小人。宋儒誤以君子爲善良，小人爲宵小。

君子儒、小人儒分大、小二統，一道德，一仁義。

舊以匹夫可以抱道。從漢至今，不知『道』字真解。

道爲天行軌道。皇法天言道，苟非其人，道不虛行。

舊以學、思平立，故宋學以幽恍説中正。

事實但重力行。學、思分二統，一述往，一知來。即告往知來、守先待後之義。

《論語》視、聽、言、動，言、行、聞、見。宋儒專就一身言之。

視聽言動、言行聞見，皆爲四岳。如《大學》「十目」「十手」爲五帝。言屬南，如「寡人處南海」；行屬北，即「君處北海」。

舊以王、伯比北辰。一行星一世界。行星繞日，日繞小恒星，小恒星繞大恒星。以數十大恒星爲一星，又合群星爲一統。

「北辰」章爲皇帝大統學之總歸。凡言大統者舉無過是。

舊誤解文、質二字。

《論語》文、質即今中、西。中主文，西主質，文質合一，成大統之君子。

百世可知，始可言《詩》。舊俱誤解。

孔子平天下之學，三千年後始見。由《春秋》漸進于《詩》，故必待數千年後。世界三萬里，皇萬五千里，上帝萬里，帝五千里，王三千里，伯有五等疆域，政教之不同，由小推大。大，則不能再小。

《詩》「思無邪」，讀涯。志道、據德。《詩》爲空言。

虛存此言，後世乃能行，故曰志、曰詩。大地三萬里，無疆無涯。孔子方以三千里起點，以後驗小推大之王、帝、皇託爲古之皇、帝、王。

乘桴浮海，居九夷。宋儒以孔子道不行而有避隱之思。

孔子至誠前知，喻言聖教，施及蠻貊，覃敷海外。今中外海禁大開，可爲大統之兆。

舊惜當時不得行道，志欲求官，時不可。

立意不取行，故以不爲政自標。當時略如泰西，使實治《春秋》中國，不過如華盛頓、拿頗崙，何能原始要終，師表萬世？如政域有皇、帝、王、伯之分，孔子自爲不過伯而已，王以下何能爲？故特以言立教，皇帝亦可言。

周禮

必今日以後數百千年乃能全行。二千五百年前，已以空言立教。

舊講主周公，宗旨誤，全經皆乖。鄭注無一條明通。

本有三皇五帝明文。孔子著《周禮》，爲《尚書》典制，治天下之書，故與《王制》小、大不同。

先儒以《周禮》强合于《王制》，矛盾不休，故西人譏中儒束縛于争論。

《周禮》大統，海外疆域，輻員封建，畿服州國，爲小、大不同之實據。

舊以五土五民、一轂三十輻、地球四游爲一王之制。又，五官六官，争論靡定。

四游，即西人四季圖；五土、五民、五極，即五帝分司。與《逸禮·王居明堂禮》同。

舊昧《周禮》小、大名官之意。如大司徒、大宗伯、大行人、大司寇、小司徒、小宗伯、小行人、小司寇之類。

《周禮》兼包皇、帝大小二統。世界有分有合。皇合帝分。

舊執中國以求地中。如謂潁川爲天下之中。

《周禮》地中即赤道下萬五千里。合則大地三萬里，如鄒衍大九州之説。

舊執周制以説《周禮》封建。

《周禮》封建無王伯之制。五等封地，公方五百里，侯四百里，以下皆數倍于《王制》《孟子》。○大、小共爲四等，皇大帝小，王大伯小。以帝、王言，帝大王小。

詩經 《詩》爲志，與《書》對文。

舊以《詩經》爲古事，故以序説《詩》，後世更以爲誨淫小説。

《詩》爲預言神游事，借古人翻後人，無一真古人古事，故班氏譏以序説《詩》非本義。

舊誤解鳥獸草木爲中國之物。

全球。《周禮》五土、五民、五植物、五動物，如古之河圖，今之五洲動植圖。又，主素皇素統，故以鳥名官。如鳲鳩爲司徒、黄鳥爲皇之類。

舊誤解小、大二雅。

《雅》爲翻繹之書，兼喻大、小二統。《大雅》爲皇，如大東、大共、大球；《小雅》爲帝，如小東、小共、小球。

舊以二南實指周、召。

《詩》分陝爲中分天下，即後世泰皇，二伯爲天皇、地皇。

舊以十五國風爲往事。人名、國名皆指實。

《詩》十五國風内配三垣，外配十二次，又以配皇輻十五服，如讖緯，皆寓言後事。

舊以『顛倒』『反覆』爲敗壞。

《詩》『顛倒』『反覆』，即撥亂反正，以水濟火，以熱易寒，以柔助剛之事。皇帝治天下之妙用。

易經

舊以《易》爲卜筮之具。如梅花數、牙牌數。

平天下之書。運用消長，裁成輔相，皆爲百世後法。

舊誤解《易》爻内、外之分。

《易》内外赤黑相移，水火既濟，治天下之妙用。四合。兩、三爻配全球五帶，一二五爲二黄道，三四爲赤道。

舊誤解《易》卦大、小之分。

皇帝大小二統，大卦爲皇，合；小卦爲帝，分。天下分合之治。

舊誤解《易》上、下經之分。

上經爲先進，古之世界；下經爲後進，後之世界。又，上下指世界南、北二球。與《詩》『明明在下，赫赫在上』同。

舊以《易》無咎、吉、凶爲休咎。如得失、利害、成敗、可否之説。

天、地、人三統，無咎爲泰皇，天皇爲吉，地皇爲凶。

尚書

舊以《尚書》全爲述古之書。止言往事，不爲後法。

《尚書》分前後，《洪範》以上爲述往，《金縢》以下爲知來。前後兩皇帝王伯，有三羲和：皇羲和，帝羲和，王羲和。

舊讀五誥，莫得其解。

五誥分應十五國風，爲五土例，即今五大洲。末四篇爲王、四岳，五《誥》則皇之五岳，相比自明。

《洪範》《禹貢》舊多誤解。九疇即九州。《禹貢》小九州，《洪範》大九州。

《尚書》九疇即大九州，《禹貢》有全球之説。《禹貢》冀州爲皇大九州，雍州爲帝大九州，故全有天下。九州外再言四隩、九山、九州、九澤，即《淮南·地形訓》之所本。

舊以五行配人身五官。

《洪範》五行、五事，即《周禮》五土、五官、五帝之制。

禮記

《禮記》大同小康。小爲國，大爲天下。先儒不知，誤以大統説小康。

皇帝之世，天下和同，不言小康。知《春秋》進步易行，《易》《詩》《周禮》一統以後，乃言大同。

舊讀《王制》，不知運用。先儒多惡《周禮》之異己。

《王制》爲小統典禮。故與《周禮》多不合。

春秋

舊以《春秋》經傳全屬小統。止治中國，不能治全球。

《春秋》言人事小統，記灾異大統。

《春秋》内夏外夷。小統教化未廣，止尊中國，反鄙外夷，于諸夏則詳之；以荆、徐、梁、揚四州爲夷狄，故略之。

大統三經，《詩》《易》《周禮》。中外如一，無遠近親疏之别。皇帝一視同仁。

大學　附論學堂

舊以《大學》爲蒙童初讀之書。如程子謂「初學入德之門」。

《大學》爲皇帝之學，專詳平治天下。非先習《王制》，不能讀此書。

《大學》絜矩、六合。

《大學》言平天下，即《周髀》六矩之法。與《詩》《易》《周禮》同意。以一心貫六合即七政，所謂「從心」「不踰矩」。下七引《詩》《書》，即中、下、上、南、北、西、東。

舊解定、静、安、慮、得如禪學清静無爲。定甸，静侯，安綏，慮要，得荒。

《大學》定、静、安、慮、得乃皇、帝、王、伯五等疆域之名。五千里爲定，七千里爲静，方萬里爲安，方萬五千里爲慮，方三萬里爲得。

舊以格致爲即物窮理。宋人、西人所言皆蒙學。

《大學》格、致即分別修、齊、治、平之本末先後。物指身、心、家、國、天下，格即修、齊、治、平之事。致知者，知所先後。

中庸

《中庸》施及蠻貊，六合尊親。

《中庸》爲全球立法，無徵不信，百世俟聖不惑。

舊以謹獨、慎獨爲衾影、屋漏。

『獨』實指海外，與《大學》同。故有『不睹不聞』之説。

時文家感應類文科。如修身則家自齊，國自治，天下自平。

《大學》諸『其』字，國爲侯，家爲卿大夫，身爲士庶人。積身成家，積家成國，積國成天下。諸國全治，天下乃平；各家皆齊，一國乃治；各身皆修，一家乃齊。非皇帝自修身而天下平，如時文感應話，無此事，並無此理。

舊以《孝經》專言孝。《孝經》與《大學》事理相同。

《孝經》移、易、安、全，皇帝平天下之功用。移風易俗莫善于《禮》，即《易》《禮》别爲帝；安上全下莫善于《樂》，即《易》《樂》合爲皇。

子學

俗儒惡諸子爲異端。

諸子出于四科，九流備大九州之治法，皆有聖人之一體。

《列》《莊》詬詈，芻狗糟粕。

漢儒言古文者以六經爲古帝王之舊書，孔子彙而傳之，乃知所詬詈者即東漢古文僞儒，非孔子。

九家

舊以道家爲虛無之學。清净寂滅，大同于世。

道家出于德行科，重道德，輕仁義，無爲而無不爲。

舊以陰陽家爲技藝家。漢魏相、丙吉皆用此學爲丞相。

陰陽出于《詩》《易》《周禮》，皇帝學之二后。即《周禮》「天産」「地産」。

舊以名家主刑名之學。

名家出于《春秋》，爲文學科嫡派。

舊以法家主法術之學。

法家出于政事科，冉有、季路之宗派。

舊以儒家爲孔派嫡傳。誤以身心性命專就本人一身附會磨礱。

西漢儒家出于文學，篤守章句，多爲《論語》『小人儒』，與孔子『志道』『據德』迴別。若漢馬、鄭爲音訓，宋陸、王之釋理，皆不得爲真儒。

舊拘聞見，專尚儒家。

皇帝大同之世，儒乃東方一教，不過十二門中之一。

宋、元深惡縱横家，故辭命之學絶。于四科已絶其一。

縱横出于言語科，宰我、子貢之宗派，爲今外務部最切用。

俗學誤以音訓、禪宗爲聖學旨歸。今所謂經學，不出童蒙音訓，道學則主釋之禪宗。

聖學以六經經營天下後世，至爲美備，何音訓之足云？

理學古文家，貧賤驕人，以道德自高。如陸、王不知道德。

道德非皇帝尊貴、法天明德不能言，皆有實用，不可須臾離。後來貧賤傲人乃自詡爲道德，道德可以懷包紙裹，養成虛憍無用之士風，遺害庠序。

墨攻儒，《論語》尚質從簡，墨家宗旨。如『禮喪寧戚寧儉』、『禮云禮云』，又『禹無間然』章，皆墨家宗旨。

墨祖孔子，以攻俗儒。若真儒爲東文，真墨爲西質，一文一質，並行不悖。

儒分爲八，晚近教而非學。才士晚年多逃禪。宋學之盛，蓋自詡聖賢，託名甚尊，實則希圖安逸，少有聰明一學而成。其養心却病，一如二氏。方外迷信宗仰，與祆、回同，故爲十二教之一。

孔子爲聖，皇帝學。儒東方文王派，墨西方武王派，儒墨合一，爲今日大同基礎。儒專詳典章得失成敗，有實用，可程課，非高談性命如晉人清談。

舊以農家爲小人之事。

　　農家出于后稷，政事派。

舊以清談爲道。

　　道家無爲無不爲，其要在無不爲。以無爲爲道，如以季桓際可推孔子，故孔與道反，遂成爲害人學術。一入其中，無不愚戇。

理學家　附中儒

理學家以空渺禪寂爲道德。不能解『道德』二字。

　　孔子言皇帝學，有『胞與』之量，乃知所謂天下、天子、道德、上帝、帝、皇爲人。

宋儒誤以禪宗爲聖學，于修身外贅以格、致、誠、正。中國因此無人才。終身格致，且不能盡。

　　聖學廣大如天，與地球相終始。然《大學》明云：『自天子至庶人，壹是皆以修身爲本。』修身爲本，則不應于身外頭上安頭，使人無下手處。故刪削枝節，一從修身起，則道若大路，人人可行，不似從前之迷惘矣。

宋儒誤以天道、天命、性情、心身在己身。

　　大統用天下一家、中國一人例，心屬京師，身爲邦國，性情指五方之民。《中庸》『喜怒哀樂之未發謂之中』，謂海外四極未通之前只有中國也。考檢外域，撫循鎮服，其學至巨，乃盡屬之藐躬，爲刺棘端之猴，造似楮之葉，故凡理學爲愚人之物。欲開士知，非先屏此蔽，中學永不强也。

宋儒誤以身家屬皇帝。

身家本爲士庶人與大夫之事。大夫有家，士庶人有身，乃誤讀『一家仁，一國興仁；一人貪戾，一國作亂』，積久成派，爲八股家感應文料。窗下言之易，一旦出仕，迴與文章所話不同。雖謂明天下亡于此感應派、今之中國弱于此感應派可也。學者當如洪水猛獸，力屏絶之。

中儒妄談灾異占驗，西士力駁之，兩失。

經傳灾異爲大統説法，百世可知，非目前所能見。漢儒占驗固是誤説，然如救日、求雨，其中别有精義。西人僅以格致爲據，天下事理出格致外者多，西人方求實迹，未能逸超。必數千百年後始能聲入心通，不待恃耳目爲功。

中儒疑緯讖妄談禍福。

緯讖皆屬後事，俟後而言，必天下大同乃驗。

『老死不相往來』爲上古蠻野之變文，中儒誤解爲古樸，誤會《老子》而然。

天下小通則小利，大通則大利。由一鄉一邑一國以至天下，通則樂利，閉則草昧，一定之局也。

大國遠近如一，無物我親疏之别。

中儒誤以儒爲孔子、道家爲異端。孟、荀于孔子，如百里國之于至尊。後儒誤以孟爲孔，宋人專學孟，與孔道直成天淵。近人以孟爲大同，尤誤。

儒爲文學之支派，道乃德行科。《論語》與道家符合者不下百條。俗儒直無耳目心肝，妄自高大，不由理解，不知皇帝之學君逸臣勞，無爲無不爲。如舜有臣五人而天下治。

中儒以鄉愿爲道德，動以防弊爲説，誤盡天下蒼生。今之中國，一防弊政教，所以孔子深惡鄉愿，爲好好先生痛下針砭。

道德乃皇帝之學。《論語》『志道』『據德』，《莊子》『道失後德』，《緯》引『堯云皇道帝德非朕所專』之類皆是。

中儒以規行矩步、平庸爲聖賢。如八股所稱之孔子。

聖人應運而生，言爲天下法，行爲天下則。古者立學分經，分尚實，貴異不貴同，如藥方有薑、附，有硝、黄，功在相證，不能誤投。今之學術則務求一太平藥，人人可服。大抵上而政府，下而名宿，合成一好好先生太平藥而已。宜殺人如麻，死而無悔也。

中儒誤以孔道爲及身可盡，見于施行。因包後世伯、帝、皇，有四等之異，經乃託見古之皇、帝、王，『及身』則亦如管、晏之伯而已。

皇、帝、王、伯，疆域大小不同，運會古今各别。分一時一國，固必以六經分任之。又，説三代堯舜羲昊，三皇合天下，千萬年後乃能盡發其藏，見之實事。使當日能盡行于世，則不託古之皇、帝、王，《春秋》《王制》外，不必更作《詩》《易》《周禮》《尚書》也。

中國政治家

政治家言學止于王、伯，經營不出五千里。如禹、皋、伊、旦、管、晏、蕭、曹諸人皆然。

皇帝經營天下，由《春秋》推行《詩》《易》《周禮》，以成一統之治。

政治家競言窮經致用，實無實學。西人常以行非所學、學亦非所行譏之。

言皇帝之學，知群經典禮乃爲有用。字字切實，不似從前空虚，後來踵事增華爲無窮。

中人西學

中人一入西學，專心外向。奉聲、光、化、電爲神明，鄙經傳如糞土。廢經之嘆，朝野相同。

諸學以六經爲歸宿，無泛務，有實效。

中人西學，好講民權自由。有庶民，無君上。以亂世草昧辦法推行中國，勢成齟齬。

大統以通經爲主，各因宜俗，歸于尊君親上，以成一統之治。

西人宗教家

宗教家專主一天，以爲獨得之奇。

春秋以前，中國亦爲祆教，六經同主一天，由一天以化三天，決嫌疑，辨等威，踵事增華。西國四百年前有路德，中國三千年前已有孔子，改新教，爲中外古今立至善之準。

宗教獨守一隅，不能兼通。近鬼神，未能務民義。《論語》『知死』『事鬼』，即靈魂復生之説。

皇帝政學外，以十二統天下異同，如《周禮》十二教，各因土俗所宜，禪、釋、回是也。祆乃西方一家説。

宗教家競言大同，乃以争勝自强爲宗旨。

皇帝大同，毋固、無我，舉世如一，無所謂愛憎。争弱强、決勝負乃戰國風尚，爲亂世之言。若至大同，實無須此。

六經同主天論，論述改正舊教甚詳，不僅路德之九十餘問題。

不郊，譏三望；郊，則不必譏望。獲罪于天，不禱奧竈；得天庇佑，不必禁奧竈。生死、幽明、終始、遠近詳矣。

西人大同學

大同學以民權自由爲持平。

皇帝一出，萬物得所，鳥獸草木，皆能通其性情，知其言語。當時『不識不知，順帝之則』，何議院之足云？

宗教復生升天。無歸宿，終覺荒渺。

事鬼先事人，知死先知生，務民義，遠祈禱。惟皇帝乃稱天子，以下立祖宗姓氏學，然後奉行天道，方有實效。

西人政治家

西人政治專言利。如管、晏雜伯之學。

皇帝一統天下，無弱强貧富之足言。役天下以德。今之西政各書，一言以蔽之，曰言利而已。

政治家競言變法自强。

聖經爲後世天下法，一成不改，千古常新。今爲亂世，由今改良，非數百年不能至。如能範我馳驅，事半功倍，庶不致背道而馳。

西人思想家

思想家師心自用，與宋學同，苦無歸宿。以經爲師，以經範我心思之謂也。宋人則曰「六經皆我注脚」，故一生教而不學，所以迂疏淺陋，不能深造。西人之予智自雄，其失一也。

《詩》爲思之本旨，今之思想即古之《詩》教。然古無徵不信，故用思；今地球已通，當用行，不貴思。以經爲依歸，依樣葫蘆，何須憑空結撰，不悉準則？

西人思想，一切以失奴隸性根爲主。西書云：有思想而後有事業，文章制度焕然一新。

聖人經營天下，典章制度盡善盡美，千古不朽。于古曰思，今則曰學。學古人爲奴隸，學今人亦奴隸。學今人之不奴隸，實亦奴隸。即言學，則奴隸不可免，特須善擇主耳。

西人天文家

天文家地動四游，寒暑五帶。

西人絶業，孔子二千年已言之侃侃，且無事不較西説詳美。當時無儀器、無衆力，今合數千年人才、數十國勢力所成，乃不敵一數千年前之匹夫，優劣何待言！由此以推其餘，直所謂無極無盡。

天文家言天象，以爲獨得之奇。

經傳日月星次預推全球曆法，三法六曆至精至密，迥出西人上。由今日盡窺經之秘藏，不審美備更爲如何？然經尚待數千百年之鑽研。既竭吾材，所得亦僅今耳目所及而已。

西人地學家

地學測量全球，實不詳合統治法。

《詩》《易》《周禮》包括全球，陰陽、寒暑、剛柔、晝夜，舉得其平。典章制度，裁成損益，其説詳矣。

地學家侈言地動天虚。舉而措之，千萬年不能盡，其中大等級尚有數十層。

《中庸》『舟車所至，人力所通』，聖人早爲立説。又，大地四游，緯書升降最活最醒，西書僅就形言，不及二字精切。

今日時局

山陰湯氏著有專書，以爲孔教時數已過。

孔子六經盛行未艾，與地相終始，愈久愈新。

南宋偏安，與金、遼世仇，故鎖國攘外之説，至今援爲頑固黨口實，自尊卑人，刻忌褊狹。

言皇、帝始知聖無不覆幬。胡越一家，進夷狄爲中國，器識心思乃能宏遠。

今日中國失遵守，無依據。舊學當世變，中士如喪家之犬，西士如紈袴之兒。

皇、帝宗旨定，中外方有實學。

中國行政，以八股學當堅艦巨礮，時變不知所極。

諸皇帝諸經皆切實，學堂方出有用人才；人才出，方有轉機。經方大顯，何廢之足言？

天下分裂，人民塗炭，如春秋戰國之局。

皇帝學天下一家，中國一人。中外推獎此宗旨，患害可以潛銷。

泰西諸國爭戰不休，互相翦滅。

皇帝以德服人，血氣尊親，不滅國，可以弭兵。

群經總義講義①

第一課　雅言譒古

今學堂競言譯學，通行大地之外，别有以今譒古，如泰西所謂拉丁、羅馬、希臘字母同而讀法異，亦如吾國之古音、今音字同而音不同。《論語》『子所雅言』，《莊子》『譒十二經以教世』，《公》《穀》『物從中國，名從主人』，與《爾雅》所列諸經字詁，皆以經由譒譯而成。

蓋横譒，《周禮》象胥之職，《王制》東方曰寄，南方曰象，西方曰狄鞮，北方曰譯。國家置舌人以通四方之情，《方言》之名曰『輶軒使者絶代語』。古之『方言』，即今之譯局學堂，各種語言學皆爲横譒，《公》《穀》所謂『名從主人，物從中國』是其大例。

豎譒則爲通古今語，諸雅爲其專書。如《爾雅》之訓詁，後儒之箋注，皆爲譒譯。孔安國以隸古定起家，改古文爲隸字。《三朝記》：孔子告哀公，欲知辨言，當學爾雅。爾雅，即古譒譯之名，或訓爲近正，非也。班書《藝文志》『尚書』類云：『《尚書》讀近爾雅，通古今語而可知。』古今音訓不同，『爾雅』即譒譯古語

① 《群經總義講義》是光緒三十二年（一九〇六）廖平任教于成都各學堂的經學講義。

之專書。《論語》：『子所雅言，《詩》《書》執禮，皆雅言也。』《學記》：《詩》《書》《禮》《樂》爲樂正四術。四教不言樂者，《樂經》附《詩》，別無文字之本，故專以三經爲孔子譒古文而成，亦猶西人之以拉丁譯古書，其文義與通行者不同。孔安國以隸古定寫經，爲譒字，以隸字改古籀。

孔子所譒各經，皆有古文原本，時代已久，音訓有變，此一說也。又古者結繩而治，結繩即字母學，形同繩結，非果結繩。如環球各國所有文字皆同用字母，中國春秋以前文明程度略如歐美，則亦同用字母可知。竊以六書文字與經書同爲環球所無，則必由孔子而始發達；使孔子以前果通行六書，則雖謂六經已通行可矣。文字同出孔經，知由至聖推行。且六藝文義必用此文，乃能載此義。如《春秋》每舉經文一條，與上下文比屬，各自一義，與同類異類相比屬，又各自成一義，如天空日球，千變萬狀，不可端倪。西人曰孔經誠善，惜文義太深，如能用白話別編爲書，則善之至矣。不知經爲道體，難以名狀，即傳記所解，已落言詮，如《大全》串講、合講，尚未至如白話之淺陋，已爲識者所不齒，況可演成白話乎？如『關關雎鳩，在河之洲』，『元年春王正月公即位』，『鄭伯克段于鄢』，傳記解説十數家，各有發明，不能盡其義，試用西文譒之，成何語？即用白話編之，又成何語？聖經必用此聖文，萬不能以字母譒、白話演，二者相依爲命，合之兩美，離之兩傷。此種文字，蓋專爲聖經而製，除經以外，皆可以字母行，經則必用此文字。中人讀西書，必學西文，以中文譒之，尚有不達之隱；若西人讀經，則必用中文，若譒爲西文，則書成而經早亡。此西譯中經，萬分不能得其七八，此固一定之勢。中文中經，蓋亦如梵音，爲天語天文，爲天神地示相通之官文官語，與別世界可以通行。字母之學，則爲方音土語，東西不惜字，任其污穢，施之字母則可，中文則爲天文，萬不可視同一例。吾國新造字母，將來亦同西文，可以不惜者。

易　《大傳》：作《易》者其有憂患乎？其當文王與紂之時耶？亦以《易》作于殷，與《禮運》合，言當文王與紂之時，則決非文王、周公作，《大傳》固有明文矣。作《易》者，其當殷之末世，周之盛德耶？

書說：孔子得黃帝以來之書，以十八篇爲中候。按：十八篇當爲二十八篇，百篇書序古文家僞撰。

《孔子世家》：序《書》傳，上紀唐虞之際，下至秦繆，編次其事，曰：『夏禮吾能言之，杞不足徵也；殷禮吾能言之，宋不足徵也。足則吾能徵之矣。』觀殷夏所損益，曰：『後雖百世可知也，以一文一質。周監二代，郁郁乎文哉！吾從周。』故《書》傳、《禮》記自孔氏。

《藝文志》：《尚書》讀近爾雅，通古今語而可知。

《禮運》：吾欲學夏禮，是故之杞，而得夏時焉。《論語》『行夏之時』，別有《夏小正》。按禮以『夏時』與『坤乾』對比，是『夏時』別爲一書。今案皇帝學專言歲時，《尚書》『乃命羲和』五節爲『皇篇』，《月令》爲其傳說，故全與《大傳》同。古有六曆之說，今采《夏小正．周月解》《月令》《管子．幼官》《四時》《王居》《明堂》六篇以配六曆，則合爲一書別行焉。

又：吾欲學殷禮，是故之宋，而得坤乾焉。原當爲『坤乾』，孔子乃譌爲『乾坤』。

詩樂《孔子世家》：孔子語太師：『樂其可知也，始作翕如，縱之純如，皦如，繹如也，以成。吾自衛反魯，然後樂正，雅頌各得其所。』古者詩三千餘篇，及至孔子去其重，取可施于禮義，上采契、后稷，中述殷周之盛，至幽厲之缺，始于衽席，故曰：『《關雎》之亂，以爲《風》始；《鹿鳴》爲《小雅》始，《文王》爲《大雅》始，《清廟》爲《頌》始。』三百五篇，孔子皆弦歌之，以求合《韶》《武》《雅》《頌》之音，禮樂自此可得而述，以備王道，成六藝。

古詩三千餘篇，孔子取其合《雅》《頌》者爲三百篇。按《爾雅》之訓詁于《詩》《書》最詳。

春秋《孟子》引孔子曰：『其事則齊桓、晉文，其文則史，其義則丘竊取之矣。』

《公羊》説孔子得百二十國寶書

《孔子世家》：乃因史記作《春秋》，上至隱公，下訖哀公十四年，十二公，據魯，親周，故殷，運之三代，約其文辭而指博。故吴楚之君自稱王，而《春秋》貶之曰子；踐土之會，實召周天子，而《春秋》諱之曰『天王狩于河陽』。推此類以繩當世貶損之義，後有王者舉而開之，《春秋》之義行，則天下亂臣賊子懼焉。孔子在位聽訟，文辭有可與人共者，弗獨有也。至于爲《春秋》，筆則筆，削則削，子夏之徒不能贊一辭。弟子受《春秋》，孔子曰：『後世知丘者以《春秋》，罪丘者亦以《春秋》！』

[禮] 公息鄆之喪，哀公使孺悲學于孔子，于是《士喪禮》以傳。

《王莽傳》：選舉天下能識古文者數百人

按微言派以六藝全出于至聖，故爲聖作，以皇帝王伯之事迹皆非草昧所有，然非謂古皇帝無其人，亦非謂古無其書，不過原書皆爲古文，結繩字母。孔子乃以六書之文字譒之而成今本，亦如玄奘之譒梵葉，譯局之譒西書耳，其古書之分文義不盡相同，亦如西人之用拉丁文、羅馬文，雖同譯一書，而彼此文義有别，與今譯本《化學鑑原》《化學原始》《化學□□》，同譯一書，三本迥然各别。

孔子當日亦如《春秋》之『取義』，《詩》之『逆志』，《易》之『得意』，古不必古，今不必今，凡出新意與衆不同者，自託于通古今語。時人不通古文，不識古音，故多誤解，不得原書之本旨，就其有原本從譒而出，則不能不謂之述，亦如嚴氏之譯《天演論》，不必盡屬原文，時多新意，則不能不謂之作，亦作亦述，亦述亦作。《論語》以《詩》《書》執禮皆爲雅言，所以特發孔子譒經譯改之大例。

又譒書有二例：隨文解釋，字模句範，如水之在盂，冶之于陶，絲毫不敢出入者，謂之直譯。有但用其旨趣，不拘泥其字句，如古書引用經史，或總括其字句，或但詳其旨趣者，謂之意譯。孔子不敢自作，故託之古帝王。《春秋》説言孔子于《春秋》，筆則筆，削則削，游、夏不能贊一詞，又云孔子凡事與人商酌，至于《春秋》則微思渺慮，自運于心。此説作《春秋》之法，即譯各經之法，大抵以意譯之而已。

第二課　論作述

作者爲聖。《孔子世家》贊：『孔子布衣傳十餘世，學者宗之，自天子王侯，中國言六藝者折中于夫子，可謂至聖矣！』以六藝全歸至聖，創業垂統，爲百世不祧之祖，故立言與立德、立功當分爲三門，帝王爲德、功，孔子乃專爲立言。

立德　皇帝如五帝政治。古書相傳。《帝典》《帝謨》之政事。

立功　前之夏、殷、周三代，後之秦始、漢高。身爲王者，自下敕令，史籍所載，皆爲作。

立言　道家之老子，墨家墨子，兵家之孫、吴，農家許行。自我作，故不相依附。

以上作者三門。

述者爲賢。臣于君，弟子于師，隨聲附和，不能自專自創。

五臣之于舜。

伊尹、萊朱、散宜生、太公之于湯文。

七十子之于孔子。

孟、荀之于六經。

《十翼》之于《易》。

三傳之于《春秋》。

杜、賈、許、鄭、服之于經傳。

以上述者。

纘緒中興，亦同開創，但克復舊物，不得言作。

宣王之興周道。

光武之復漢室。

此以述爲作者。

事屬新創，居然作者，惟依託前人名號，究與自樹旌幟者有別。

道家之書依託黃帝。《莊子》之寓言漁父、桑庚、丈人。

《周髀算術》依託周公。《國》《左》以解經釋例全屬古人。

此實作而託名于述者。六藝作而曰述，託之帝王，不如秦皇、漢高身爲王者，發號施令。

作述表

作	述
作者爲聖，經爲聖作，經爲新經	述者爲賢史籍舊文皆可爲陳迹糟粕。
先聖	先師
一人獨倡	群相附從
君父師主義	臣子弟主義
自我作，無文王猶興	因人成事，附驥名章
獨立主義	附從于人
元首心一身之主	百體四肢聽命于心

第三課　先後文野

春秋			
幼稺	少壯	精進	
洪荒	近古	近代	
上古	銅	鐵	
據衰而作，昏髦老死之説。			
皇降帝	降王	降伯	降君
就少壯分前後			
以上無人。初生人	以上無文字。古專制	古無教化。古共和	
以上成劫之始。			
經託光景三皇	經託光景五帝	經託光景三王	經託光景二伯
先大後小，先文後野，據成劫少稺世代言，絶無此理，知經爲託詞，如光學之倒景。			

以前	
經爲據衰世而作，于毀劫爲實形，于成劫爲反比例。	
西人譏中人法古。	西人後來思想。
愈上古愈蠻野。	愈後愈廣，先小後大，一綫到底。
經據衰而作。	佛説爲毀半空劫之始。
以上帝王周公皆屬酋長部落，孔子以後世新經依託之。	教化由春秋始創。
由上古至春秋，當成劫之始一。	由春秋至今日，當成劫之初二。
以光學言，形立于此，景皆由足反倒，足小則形景皆小，頭大則形景皆大。經傳屢言光照上下，形景學取此義。	

戰國				
進伯	進王	進大伯	進帝	進皇
夢游百年	千年	萬年	億萬年	無極
毀運	四小劫	大劫	人小地縮	地毀空

以後				
以上一始一終，合爲成、住、毀、空四劫。				
由君進伯	進王	進帝	進皇	六合以外
以上成劫之中，再千萬年乃進住世。				
實形之伯	實形之王	實形之帝	實形之皇	
由小而大，由野而文，爲少稺進步之實形，其景則與形相對，作反比例。《易》曰：『順以數往，逆以知來。』順逆兩途，即中大兩邊小之謂也。由毀劫之遞降，則知少壯成劫爲遞升。據毀之形狀以推成之情形，正作反比例。故自成至住至毀，則爲遞降之正形。				

第四課　世界進化退化分經表

《莊子》『譒十二經以教士』，譒又讀爲『翻覆』之『翻』。六經順逆兩讀，化六爲十二，如《詩》兩雅有正變之分，初由亂而治，繼由治而亂。《易》順數則上經在上，逆數則下經在上，即所謂上下無常。又上經六首卦可爲六宗、六合、六相、六官，而亦可爲五方、五行、五帝。蓋乾坤占東西，故一以龍名官，一以鳥名官。即鵬、即鳳。坎、離居南北，即北海、南海之帝。四方卦皆錯不能綜，泰、否以二卦居綜，則合爲一卦矣。自上方言之，曰地天泰，似南爲天地否矣。不知南北反，上下亦反，自彼視之，仍爲地天泰也。泰與大

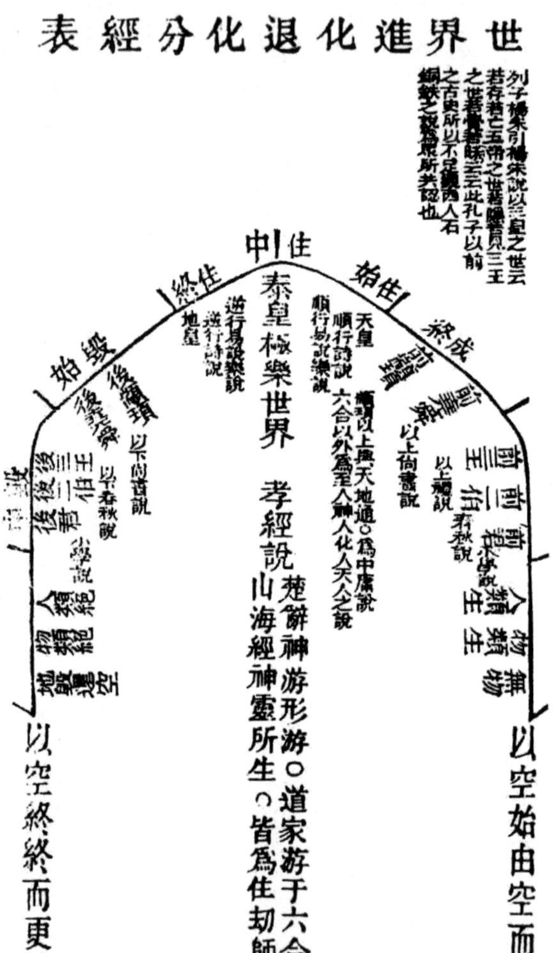

同，否即否同爲大訓，所以繼以大有、同人，故一通一塞，就六合天地言，故分爲二，以五方言同爲大，即二可合一，一可分二之義也。

立此表，無論大小六藝、諸子百家，即凡當今所有文字，莫不各有位置，各有當得之所，彼此是非，全不相妨。《中庸》『萬物並育而不相害，道並行而不相悖』，天君泰然，渾忘是非取舍。彼儒墨喜攻好辨，蓋未達『道不同，不相爲謀』『攻乎異端，斯害也已』之旨也。

第五課　大小六藝

《周禮》保氏六藝，曰禮、樂、射、御、書、數。《漢·藝文志》六藝，曰《易》《書》《詩》《禮》《樂》《春秋》，二者同稱六藝，惟禮、樂互見。六經古爲專門，今所傳《注疏》與《大全》同號經學，保氏六藝，惟傳元人舒氏《六藝綱目》，禮、樂二門用鄭注五禮六樂，不免與經傳相混。竊六藝當以大小分：保氏爲小，小學用之，所謂小道、小節；《漢志》爲古大學之教，所謂大道、大節。《易》《樂》《詩》爲思志派，西人所謂哲理，六合以外，與天地參，其大固無論矣。即以實行派之《春秋》言，本王伯學，教胄子與民之俊秀，大抵爲仕宦學，今必高等以上，將入仕宦，乃係此科，若普通國民教育，即專在小六藝。書爲國文言語科，數爲算學科，國民教育之基礎，射、御爲實業學，射爲弓矢，御爲車馬，推之則可謂禮專屬幼儀，如《容經》《少儀》《内則》《弟子職》，專屬個人修身，事與《禮經》『安上治民』者不同。樂爲歌誦舞蹈，今學堂之唱歌奏樂之類，《内則》小學所習書契、舞勺、舞象，二十以後所習之禮樂，乃爲經之禮樂。六藝大小之分，即大學、小學宗旨之所以别也。蓋普通國民教育，禮、樂爲德育，書、數爲智育，射、御爲實業，故凡農、工、商賈、婦女皆必入學，而後完全國民資格。小學卒業以後，分途謀生，出類拔萃者始入大學，以備國家人才之選，如漢之博士弟子員、今仕宦政法學堂與通儒院。考漢博士弟子員選舉之法，户口十萬以上者歲選五人，不及十萬數在四人下。以小學人數計之，不過數人，入學後因才質所近，分經入學，因德入學命官。《洪範》三德，爲剛、柔、正直，三三而九，爲《帝典》教胄子之九德。三公配三德，則司徒之仁爲柔，司馬之義爲剛，司空之智爲正直。九錫以配九德，三德三錫之爲大夫，所謂『日宣三德』『俊明有家』。六德則六錫之爲方伯與卿，所謂『日嚴祗敬六德』『亮采有邦』。九德兼全，則九錫之入爲三公，出爲二伯，所謂『九德咸事』。後世九錫，即《春秋》之命桓文。人之性情，不出三德，人才之選，備于三公。因德以入學，分經分官，故有皋陶剛德者，無論公、卿、大夫、士，皆不出司馬之屬。有契之柔德者，無論公、卿、大夫、士，終身皆爲司徒屬。有禹之正直者，無論公、卿、大夫、士，皆爲司空屬。用志不紛，所以人才多，不勞而理。故聖門分四科，諸子別九流，非如日本之普通，求全責備于一人。歐美各國入學之始，必量其質，分科而治，與古法略同。惟日本混同一視，以諸科學求全于一人。且進考之，六經配六相，惟皇帝乃能全備，所以學禮言帝入五學，必其時諸經乃皆有用，故以六經配六合，賢者識大，不賢者識小，以大包小，經乃能全見實行，非帝無此全美之制。今世界爲大王，以實用言，但就《書》《禮》《春秋》三經立學，已無不足，又以《春秋》爲切要現行之事，《尚書》與《禮》爲引進改良之道，尚屬西人之思想派。七年之病求三年之艾，中國求速成，能以《春秋》一經仿三德之例，分爲四學，宰輔經營天下，統籌全局者爲一科，如《周禮》之夏官司馬者爲一科，冬官司空者爲一科，司徒主教者爲一科，分官立科，必可免博而寡要、勞而鮮功之弊。班《志》云，人不或爲雅，或爲頌，漢太后將稱制，從師問《尚書》數篇。《禮經》十七篇，有以習《喪服》專門名家者，分經而治，是爲古法，並非私言，六藝大小，尤宜區別。吾國前因科舉入學，先讀四書五經，改習他業，書皆無用，國民日用必需之科學，如保氏六藝者反致抛荒。其最大之害，尤在四書五經入手因就童蒙之見解以立說，以致聖人窮天極地、治國化民之大經大法，盡變爲市井鄉村之鄙言。如《大學》以平治爲宗旨，乃顓頊以下帝德專書，或乃以爲初學之門，若專爲黃口孺子課本者，經術敗壞，所以中國無人才。害在下流社會習非所用，民智不開；害雖在下，而流毒甚廣。害主在上流社會，白頭宰輔與村蒙見解相同，所以老大帝國，種與教之幾不可保。故學堂當發六藝之分，國民則應讀之書、應講之學極力求全，六經雖不可讀也，必入大學後專求安上治民、移風易俗之學問。凡德育之正心、修身，智育之格物、音訓皆屬蒙學。大學有急務，老大宰官，不得以蒙事相誇耀。此成己成物之分，大小六藝，皆不可混同一視已。

第六課　教育史

日本□□著《中國教育史》初具崖略，惟據科學之思想與科舉之觀念以論中國教育，不免墜落宋元以後之議論，而于教育古法、經傳原理終覺未之能達。吾國教育，自至聖發端，戰國學術之盛，由七十子各以所學立教，故科學全備，流派並陳，學術爲中國發原，故後世莫之能繼。戰國學派爲世界標本與堆店，藉諸子以自存，將來到一世界一學發達，如今西學爲墨家，五行必待五帝，道家必待三皇，詳《天人學考》。西漢二百年中，各端衰謝，惟經學統一，故或以爲儒學一統之時代。實則博士學術，不能概以儒囿。班書《公孫弘傳贊》極推武帝、宣帝兩朝人才之盛，各效所長，不名一家，蓋武帝人才出于《公羊》，宣帝人才出于《穀梁》。《儒林傳》于博士各詳其弟子名位所至，以爲通經致用之實驗，其時博士皆專門授受，不及别業，甚且人不習全經，或爲雅，或爲頌，太后因將稱制，從夏侯受《尚書》數篇，以爲以經緣飾政事之用，則並分經而治，不以孤陋爲嫌，不似海外必先普通，泛讀群經，然後再就政治、掌故、歷史、地輿以求致用。中國教育，東漢後已失孔門之真，宋元等諸自檜以下，故教育史以三事爲最要。

經傳學禮。《大學》《文王世子》《學記》《保傳》宜編爲一篇，曰《經傳古學禮》。

諸子出于四科，詳考戰國學術源流枝別，以見聖道之大，曰《戰國諸子學術》。

先秦兩漢博士專門教授，今惟《公羊》略存古義，宜編爲一篇，曰《博士教育考》。

國朝□□□曾撰《兩漢博士考》，初刊《藝海珠塵》，近讀知不足齋，又重刊之。其書意在考據，宗旨略有不同。蓋學堂通行章程，全采用日本，若古者博士經傳，時論頗似頑固腐敗爲譏。考舊史，博士造就人才既有實據，卒業年限至多三年，不過今五四分之一，每怪其神速。蓋專心致志，則通經不難。如專志求野，不再考詳古法，是或一道，如欲存粹研經，則竊以生民未有之神聖，實非寸量銖稱之所及。海外既無至聖家法，又無經學師傳，僅就耳目所及，枝枝節節爲之，亦出于無可如何。諸所言課程，以原富造鍼分工，與今工局工不兼用兩器、匠不習全械者未免成反比例。而吾國古教育之法，實與其分工分械之成例相同。西人重思想，有懷疑派，安知非如日人所云西詳于技、中詳于道，教育士民爲經傳之專長，分派工匠乃爲西人之絶技乎？物莫能兩大，安知中之短于彼者不長于此乎？西之長于此者不短于彼乎？彼此是非，必聖人乃能定。然以今學西之效果，較古博士之成績，不免相形見絀，縱謂斯事體大，不能以口舌争，我中國盈千累萬之學生，何妨提出一二學校，一用古法，一師外人，一二年較其優劣，孰得孰失，然後折定一尊。中之博士久成絶響，西人未必研究及此，以八比資格與之相馳逐而敗，若以我之上駟當彼中駟，未必不轉敗爲功，此固吾人之勝算已。又吾國舊法能出英俊，出類拔萃，一日千里。今之學堂既已曠日持久，且大聲疾呼，學堂不能出人才，特以善養中才，不能容英雄，特以教國民。夫至于學堂不能出人才，既已騰諸口説，定以報章，以爲將來卸責之地步，吾國猶責望學堂以人才，豈非惑之甚？考之西國，如彼士麥克、斯賓塞耳以及西鄉、南洲諸公多不出于學堂，而出于自習科。西人之自習科因以濟學堂之窮，非常之士不受羈勒，馬之蹶趹乃致千里。如俾士麥克，西人何嘗不以爲英雄？如以非學堂所出，舍而不用，乃專恃此學堂以爲自强之路，不思變計以求精良。如以西人言，則科學之教名足恃；以古法言，則成績之要又如此。苟能兼用中西，去短取長，改爲一治，固屬良法。否則自習一科，宜急爲表彰，以輔學堂之不及。或謂自習一開，恐學堂解散。當今學堂官私所立，實力有限，彼但能學，即爲實效，使全國皆自習，學堂雖無一人，乃爲善辦。所謂用人不自用，所及廣被，學堂改精，似急宜用博士法，考訂自習章程，使英雄皆入彀中，乃爲得要之計。然非熟習三篇教育古法，未必有此措置也。

第七課　開士智

西人立憲，以開民智爲先務。彼國士民無分，民智即士智；吾國士爲民望，士智且不開，更何論民！大抵士之所以學而不免愚于經，約有四端：

一、音訓之學

古以音訓爲小學蒙小之正課，至中學而止，近人如段、王則以小學淵没終身，説經有字句，無篇章，有訓詁，無義例，殊非古法。終身小學，修齊治平事業何時問津？故撰述愈富，人才愈乏，前後兩《經解》，大抵多蹈此弊。又《爾雅》《説文》有三四年之工已足，不可過于求深。如郝氏《爾雅》與《經義釋詞》等書，與近人《長江圖考》，皆所謂誣誕，真如夢囈。又如祁尚書以黄羊名奚之考證數十篇，直是《西游》《封神》。故經學以典制微言爲主，音訓僅僅可以入門，不主典制微言，愈破碎，愈支離，當今急求人才，不可再蹈此覆轍。

一、義理之學

義理之學，歷朝學案彼此互攻，可以借鑒矣。凡學人心思務求廣大公允，乃講學者每好名争勝，妬忌褊淺。若陸、朱本爲同類，其相攻若洪水猛獸。天下惟此爲第一要務，虚養其心，不以事事。又其科目如格物、中正、忠恕、一貫、絜矩，每多惝恍，不能指實。名目猶且如是，何况精微？故所言治平功業，皆屬八比感應話。《大學衍義》所以但詳齊家以前，每至愈學愈愚，非不識數目，不辨菽麥，則其學不精，毫無實際，但互相標榜，目以爲聖賢。似此聖賢，雖比户可封，不能扶危救亡，此八比之學所當屏絶，庶不致鄉愿亂德。大抵宋元以下皆爲八比學派。

一、典考之學 通典、通考

典、考以經爲元質，經爲綱，以下史書皆爲目。近人以爲致用之要書。《通志略》多新説，不切于事情。《通考》門目不關政法者多，惟《通典》爲近古，然每門中初引《王制》本明白，一入《周禮》，便扭結互鬭，每强作調人，不能切實，學人遂以恍惚悠謬爲政書之性質。《禮經綱目》《五禮通考》皆蹈此弊，故其流派如八比之考據，無一制能通，無一語可行，故凡號講經濟，其性情每浮夸驕簡，不能按理切脉，實事求是。蓋其心思本未入理，亦以所讀之書先未入理。又經濟爲古制度學，後人統稱之曰禮。禮爲司徒所掌《禮經》之一門，名不符實，所當改良。

一、經制

今學制度，可謂真傳，惟先師時有誤解，如包以方百里出千乘，何注《公羊》肉勝于骨，每使人迷罔。至《周禮》鄭注，封建以王居方千里之一，每方伯得千里者六，大綱已誤，故學者如入迷途，即如天子以下爲何等國，以百里對者，百人中有九十九百里，今之州縣其下何以有卿大夫、上士、中士、下士五等，職官九品，今從天子一落千丈，遂至州縣不知其上更有五長。此凡儒所以不如吏，蓋其腦筋中皆滿嵌迷藥，故經學反爲愚人之具。非欲攻古人，特學堂欲造人才，不得不大聲疾呼，以醒酣夢，故凡不能了然于心，不能實行于世者，皆爲誤説，所當屏絶者。

今首發明《王制》《周禮》皇王疆域小大之分，開拓心胸，使知全球三萬里，早在《周禮》經營已久，民胞物與，化其種族之偏見，排外之思想。《王制》爲内史所掌之王伯，《周禮》爲外史所掌之黄帝，一小一大，互相爲用。王者王五千里，《周禮》以五千里爲一州，故諸公封方五百里，大于《王制》者二十五倍。《周禮》所略，可由《王制》而推，照加倍數；《王制》所闕，亦可借用《周禮》以推補。二者交相爲用，而不相妨害，務使典制分明，鈎心鬬角，易于施行。就《地員》以推六方，以求辨方正位、體國經野之精意。又皇帝囊括天下，樞秘所在，固别有精微，每州五千里，爲一王之制，方伯固仍用《王制》，此大營包小營之法。又西書所言政法固爲詳細，惟是詳細節，略大綱，寸寸而量，銖銖而稱，用力多，成功少，不僅譯文之冗繁支離，故學者欲學外國政法，當先就經傳立其大綱，使胸中先有天下規模，然後考究，方有位置安放之處。否則枝節繁多，苦于記憶，即能記，不能得意忘言，終歸無用。《王制》爲則例，《春秋》如列朝實録，一繁一簡，務求貫通，非《王制》不能見《春秋》之全體，非《春秋》無以爲《王制》

之提綱。古人通經致用，非謂按圖索驥，摹仿而行，社稷人民，美錦不能學織，先就經以學治，磨勵其心思，練習其閱歷，久之有得，遺貌取神，或從或違，或反或正，投無不利，此通經所以能致用，致用又不囿于經，人才之盛以此。漢博士或期年輒試通一藝，或二三年卒業，每不至五年之久者，而人才超前軼後。《平津傳贊》：武帝時人才多出于《公羊》，宣帝時人才多出于《穀梁》。帝王樂儒，推獎二傳，武、宣之稱宗以此，諸臣之功業亦以此。今之科學，年限甚久，卒業後果否可收成效，尚在不可必知之數，漢廷之神速乃爾，此所以急欲編《博士考》以求古法，振興人才之效，果因亦在是也。

儒不如吏，所用非所習，巧著不過習者之門，然究非所論于博士弟子。考經制者多矣，未必皆可用。魏默深能言而不能行，蓋以其入手不得法，其聽言未必不虛矯。今當引《周禮》以説《尚書》，一綱一目，一案一判，苟能鈎心鬬角，如西人包探法，必得其情，不似從前之影響支離。能通是經，吾斷其定能治國。大約弟子員選擇甚嚴，人必俊傑，貧者官爲資足，所以人才能速成。

博士弟子卒業，除文學掾、舍人、郎中與議郎，故秦漢大典大政，博士皆與議。以書生從政府諸巨公後，且議每定于微員後進，嗚呼盛矣！西人之議員，在經爲養老乞言之典，特西人以少壯爲之。吾國方議行憲法，舉鄉官，設議員，能用博士法，則二三年入學者資格皆可爲議員，則憲法之成立，亦一大動力，諸君勉乎哉！

忠敬文三代循環爲三等政體

禮説夏尚忠，其弊也野，則救之以敬；殷尚敬，其弊也鬼，則救之以文；周尚文，其弊也史，則更循環用忠。古有是説，三尚殊難實指。竊以世界時局考之，則所謂忠、敬、文者，即西人所謂專制、民權、共和也。《易》曰『湯武革命』，以臣伐君，爲誅一夫，正如法之大革命、美之獨立。湯武世局，正與今西事相同，則古之湯武，即今之法美。今之報局，每以吾國爲專制，以求在下之反動力。及考西史，見革命國之專制，每云别無法律，君命即爲法律，較土司、酋長而有加，人民無以聊生，與吾國不免有霄壤之别，因以見古之湯武，其革命者大約與今海外同，所謂蠻野之君權，尊君故謂之忠。凡人當合群之初，以與禽獸争，必立君，君者群也，初藉君以合群，戰勝禽獸，非君不能存立，故奉君以爲聖神不可犯。積久弊生，君暴厲于上，苛政至猛于虎，民不堪命，乃轟炸以復其仇。夫欲定精進之法度，必上下皆無所偏，乃得持久。民之隱情，必盡情發泄，使無餘藴，而後有公理。當此世界所謂之民權、平等、自由，如虚無黨之必欲盡去政府而後快。今之西人，正如古之湯武，孟子所有貴民輕君之説，爲此時代而言。論公理不分貴賤，君民交戰，正如水火陰陽，物極而反，變本加厲，如今海外之路索、孟德斯鳩等民爲主人、君爲奴隸各學説，爲時勢所造，彼此是非，不能謂其偏僻。平權以爲殷之立敬，又爲質家與夏文相反、忠相反之民權也。吾國湯武以後，降爲二伯之共和，則以民權積久弊生，弑君殺相，國無寧歲，人心厭亂，天意隨之，視聽雖取民權，不得不參用君權，合夏殷打爲一冶，故謂之文物相參雜，謂之文。《論語》『周監于二代，郁郁乎文哉』，此又蠻野之共和，從始至終，自孔子後則周而更始，再用夏忠，故《春秋》尊君，專明王法。然此爲二次之三統，原因複雜，體質不一，與前之三統標幟新異、招人指摘者不同。蓋蠻野之三統，爲三者特異之原質，二次之君統，早已合三質而混化之，自其外貌觀，君不似君，民不似民。由春秋至今，細爲分劃，以千年爲一局，吾國正當二次共和之時代，故不能謂之爲民權，亦不能謂之爲君權，蓋已變蠻野而文明。歐美見當初次民權時代，或乃自以爲新理，自以爲曝獻，不知吾國革命、民權，早在三千年前已據全球上游之勢，此吾國所以占文明之先步，爲五州之伯兄，仲叔隨行，季則更爲幼穉。自後數百年共和之局又終，則當與全球合並而爲大三統，從周而大夏，從大夏而大殷，從大殷而大周，三次之三統當更文明，則固非吾輩所及見矣。大抵除初次三統後，其形迹皆隱晦，其原質皆揉雜，亦如《春秋》之三世例，事文隱微，積久乃覺其變象，不能沾沾以文辭求之也。西人樂利，實由革命而出，其推獎實出誠心，食芹而甘，欲推之世界，或乃倡言攻之，以爲邪説，惑世誣民，或又以孟子之説爲大同之極點，崇拜者固失其原理，摧抑者又違其本義，左右佩劍，有如醉人。故推闡三統之宗旨，以明進化之步驟，中外各得其主義，庶無隨人俯仰之弊焉。

禮失求野

今之學者，動曰新理新學。夫世界無中立之時，非已過即未往，無所謂新，亦無所謂舊。《周禮》曰新國新物，故凡政治官職、機巧製造可以言新，若夫理與學，則固無新舊之可言。説者大約以中學爲舊，西説爲新。所謂中學，八比耳；所謂新理，格致耳。自新其新，自舊其舊，以八比爲中舊，八比以外遂無理與學乎？西之格致工藝，與吾之格致工藝，理與學亦有異乎？若但就形象先後工拙言新舊，中與外各自有其新舊，或數十級、數百級，未能以中外分也。或曰：自由、革命、平等、民權爲新思想發達。夫小人樂利，湯武革命，各得其所，不平則鳴，非吾國老生常談乎？是吾古原有此等時代，後來經傳改良，别有精微，舊爲新掩，遂致湮没。故戰國以下二千年，學術革變，奇形怪狀，亦如詩文之各求新境，西人之新説，乃從無此派。夫自由者，世界治學之一大原質，凡文明所經歷之途徑。以地質學言之，西人所謂新思想者，正吾國地殻之石英花岡，其上已别加數層新岩，故湮没不可見，一旦掘出岩石以相示，以爲聞所未聞，見所未見，未嘗不吡怪以爲新。如地下陳人，大審更生，起而問之，方且舊吾所新，而新吾所舊，今所謂新，何以異此，物少見珍，少見多怪，是固常情。又講新時務者，偶見西人政法風俗與經傳載籍相同，以爲凡西人物械政法皆吾古人所已行，以師道自詡，是又不然。如《周禮》土圭之法，鄭注《孝經緯》最詳，其法二至于兩冰洋立表，由黑道以推赤道，共立十五表，千里而差一寸，以尺有五寸爲地中。若以周公已實行此制，于兩冰洋立表以求地中，其徑三萬里，可乎？西人僅曰五大洲、六大洲耳，若鄒衍、《大行人》之説，則用經説三公九卿二十七大夫八十一元士之例，是古將大地辨方正位、體國經野，以七百二十九方千里分爲皇九州。又由皇九州分爲八十一方三千里之帝，又由帝八十一州分爲方千里之七百二十九之王州，設官分職，奏績咸熙，爲《周禮·大行人》大九洲之外爲藩國之往事陳迹，可乎？又如《明堂月令》與《尚書大傳》《時則訓》皆以五帝五神分主五極五位，爲《周禮》五土例。吾國伏羲、勾萌已王東球之極之方萬二千里，神農、祝融已王南球之極之方萬二千里，少昊、蓐收已王西球之極之方萬二千里，顓頊、禺疆已王北球之極之方萬二千里，黄帝、后土已王地中中央之極之方萬二千里，其山川形勢，皆已詳載，其名號政典，皆已著爲憲法，五帝各不相同，古五帝實已分王五大洲，各主一時七十二日，可乎？故學經必知俟後之義，凡此之數，不必爲古之實據。《論語》所以言三代爲『成事不説，遂事不諫，既往不咎』者，即《公羊》作《春秋》非樂道人善，專爲將來取法。《論語》『百世可知』『來者可追』『後生可畏』，《中庸》『待人後行』『百世以俟聖人』，《公羊》所謂作《春秋》以俟後聖。故西學之所謂新非新，乃至舊；吾人所謂舊非舊，乃至新。能舍外人之舊以從事吾固有之新，乃真爲新思想，乃爲有規則之哲理，乃能事半功倍，爲全學界之主盟。以舊爲新，以新爲新，一轉移間，萬善皆備。《左傳》所言鬼神、巫祝、祭享等事，皆爲天學，尤爲新中之至新。六合以外，姑置不論，即其所言《詩》説、《易》説、《樂》説、《書》説，亦可從緩，惟專就人學王伯切于時務者列爲科學。至于《周禮·大行人》五書，爲今世界最要之學術，凡中西時事與古説合者，經説爲世界所立空言，不分畛域，時事爲實踐，先立空言以爲世界實踐之模範。如《周禮》爲空文，凡今中外政法風俗與《周禮》合者，即俟後之實驗。故孔子之空言爲生知安行，西人格致精進爲困知勉行，是二是一，不可以空言爲史事，而謂時局與古重規叠矩，此又言新舊者所當知。《左傳》云『禮失求諸野』，又云『天子失官，學在四夷』，當時四夷有何可學？此等語亦爲新説，乃爲今日世界言。蓋其淺近者人心氣運大抵皆同，其深微巨重則猶待吾國經教大昌，徐相引導，藉經傳以爲師範，而後可以大進。如宗廟、祭祀、鬼神、卜筮諸門類，則非數千百年，不能驟臻此境地也。

神權駁

近來報章，每以經傳鬼神爲未脱蠻野神權氣習，言官制者以《周禮》祀神官太多，指爲神權，甚至大學講義同聲附和，以至誠上下位育與蠻野混同一視，可謂誤矣！凡大地開闢，人與禽獸草木相雜處，大地久爲異類所巢穴，物老爲妖，不得不生怪異，山魈木怪，牛鬼蛇神，與人類日相往來，以顯其神怪，遂奉以爲教，此西人所謂之蠻野神權也。中國繁盛之區，爲人氣所驅逐，久以絶響，邊境蠻地，略有傳聞。天主教專奉一天，蓋專與奉物教爲難，故《古教彙參》《法意》《五洲女俗通考》等書，于歐美非澳所有奉物教者詳爲記載，或以牛馬，或以犬羊，或以貓鼠，或以木石，或以水火，或以蛇豸，或以日月，幾不可縷數。專奉一物爲神，各因其神，别自爲教，如回之冢，滇廣野人之于蠱。物之種類，各地不同，教遂千奇百怪，不可究詰，由是而天主教興焉。凡物皆不能與天比大，故奉一天，而凡物皆在所包羅，又奉一天，而凡物皆在所屏絶。妖教與奉物教互相攻戰，僅能勝之，目下尚未盡絶。故其教兢兢以拜偶像、祀他神爲大戒，各教堂垂爲厲禁，幾若中國之謀反叛逆，奉教者不許供祖先，皆以求戰勝于奉物教，本爲變本加厲，教士不得其説，乃以爲一祀别神，遂爲上帝所嫉妬，則上帝亦可謂不廣矣。泰西以宗教爲國法，專主一天之故，無他祭祀。吾國當三代之時，亦爲天主教，春秋承其舊教而引進之，故《穀梁》與董子皆有主天之説。《春秋》以天統王，譏不郊，猶三望，《論語》『獲罪于天，無所禱也』，凡此皆爲主天立教散見之踪迹。古今中外所同者，行之既久，奉物教因以絶迹。專主一天，未免混同一視，毫無差等，故孔子譒經，乃于一天之外，别立地示、人鬼三等祭祀，如今教士皆稱天爲天父，禮拜祈禱上帝，祖先、宗廟與他祭祀之典闕如。經乃别爲新制，惟帝王父天母地可稱天子，《春秋》正稱天王，一稱天子，乃爲四時之天，以皇配天，故帝稱天子，王以下不得稱天子，得郊天祀地。諸侯則不得父天，因不得祀天與祈禱上帝。故定爲天子祭天，諸侯祭社稷，大夫祭五祀，士則僅祀其先祖，尊者祭尊，卑者祭卑，大可兼小，小不得越大，至尊稱天子，卑者則爲其祖父母之子，《穀梁》所謂尊者尊稱、卑者卑稱是也。善言天者必有驗于人，人道不能有君而無臣，則上帝亦必假神示爲之輔佐，山川、社稷、井竈報功之典，亦不可闕。從此以後，天子遂爲尊稱，郊天遂爲隆禮，如秦始以朕爲尊稱，遂與黄屋左纛，同爲禁物，此祭典、祭義、祭法、祭統之經義，與蠻野之奉物教天懸地别，不可同日語者也。報館喜與西人交，習聞其説，遂疑經傳爲蠻野之神權，亦如以中國爲專制，皆未嘗深考之過也。經傳祭享，吾國既已仿而行之，耶教行之既久，不復畏奉物教之起而爲難，異日改良精進，抑必以天子爲尊稱，别立宗廟姓氏學，卑者取卑稱，人鬼家學明，神示祭享因之而起，以中推外，一定之理。惟是經傳所言伯王帝皇，上下數千萬年各種程度之資格，其文全備，中國按圖索驥，不分層次，取而行之，不免寅食卯粱。《春秋》分三世爲九旨，又傳曰許夷狄者不一而足，故有州國氏人之差。禮説曰夏三廟，殷四廟，終于五，周六廟，終于七，所謂夏、殷、周者，即後來海外改良科級之標目。太西各國現無宗廟，必千百年而後能有廟制。其始立也，或一廟再加二，二加而三，爲夏制。又必數千百年而後加四加五，爲殷制。又必數千百年而後加六加七，爲周制。大約三五如王伯，六七如皇帝。經傳喪服，亦當同此三年，下包皇帝而言。儒家于戰國之時遽主實行三年喪，程度未至，驟用千萬年大同制度，實屬違于漸進之義。故墨子學于孔子，力主夏制三月之喪，而譏三年之太久。喪服夏三月，宗廟夏三廟，故夏比于《春秋》三世爲亂世，殷爲昇平，周乃爲太平。亦如西人將來立廟，其始亦從夏制爲三廟，必皇帝之世乃立七廟、九廟。戰國于喪服一級驟行三年，于廟制一級立七九，此不知經傳大平乃爲萬世以下立法，于文教初行之戰國，遂將經傳原始要終、萬世所有差等，全行見之實事，是經傳全爲戰國一時一隅立制度，而無以下俟萬世，爲將來皇帝大同進步之地位。故中國誤襲大同典禮，亦如秦始地方不出五千里，而用鄒衍弟子所進皇帝全球之制度。或曰經傳循序漸進，不一而足之精意，幸賴墨子之説得以證明，中土所以小康而用大同典禮，蓋天心正借以爲全球將來之標本，非此則皇帝之學或且湮没不傳，故後來共球大統，但取秦漢故事推行，亦如規矩之于方圓，工廠造大船大屋，必先立標本以爲程式。考《楚語》云顓頊以後，絶地天通，又云其時人民精爽不貳，故能感格鬼神；孔子曰『我戰則克，祭則受福』，以其直接鬼神，故祭可致福。程度未能至此，則不能與鬼神相接，望空拜享，故曰『祭不必受福』。《周禮》如皇帝典墳，故于祀神天官甚詳。《曲禮》天官六大爲天學之官，五官民事民名爲人學之官，是祭祀尤爲皇帝之盛典，乃反以比外國奉物教之蠻野神權，豈不誤之甚哉！世界進步之原理，至祀典與奉物教天懸地別，有目共睹，固不待煩言而解者矣！

宗法非世族政治

《禮經》宗法，收族敬宗，爲譜系學。《國語》《禮記》所謂之世系，《大戴》有《帝繫》篇。《楚語》言大子學《世》，《哀公問》亦有世學，《史記》之所謂『世家』，《禮經》所云大宗不可絶，又爲人後者爲之子，小宗則可爲人後，《論語》『興滅國，繼絶世』，與《孟子》『不孝有三，無後爲大』，本謂天子諸侯國統言之。禮不下庶人，凡一錫以下，如今從五品，經傳皆以爲庶人。《左傳》『天有十日，人有十等』，公、卿、大夫、士內官。與公、侯、伯、子、男外諸侯五長。同爲上五等。凡《春秋》見經之國，與卿大夫禮之所謂卿、大夫、士，皆指此九錫之上五等而言。若其下九命之五等，孟子雖借用卿、大夫、士稱之，此爲假借例。如《左傳》上五等爲王、公、卿、大夫、士，至下五等則爲輿、僕、臺、隸、皂。《左》之輿、僕、臺、隸、皂，與《孟子》諸侯之卿、大夫、上中下士名異實同。《左傳》乃爲正稱，故此五等同爲庶人。《禮記》『君子耆老不徒行，庶人耆老不徒食』，又曰『養國老于上庠，養庶老于下庠』，《洪範》曰『卿士從，庶民從』。故九錫五等稱國，九命五等稱屬，此經傳典制皆詳九錫以上之五長，而不及九命以下之庶人，一定之例也。宋元以下，説經者多屬學究，與博士有朝野貴賤之殊，故多仰井語，甚至以庶人爲農工商賈。凡生員與肄業學生皆冒稱士，爲九命以上之尊稱，遂以經傳朝廷治平典禮推以説鄉村，如稱皇考、皇妣、皇祖考、皇祖妣。經爲皇帝立説，故從其尊貴之稱。冠禮之士爲天子世子，故冠辭有天慶、天休、天祜、壽考不忘、黄耇無疆、永受胡福、介爾景福，與《詩》皇帝典禮相同。後儒不知其例，所有碑銘墓碣、加冠祝辭，雖下至凡民，亦濫用其辭號，此爲説經之一大弊。如天子以下爲何等國，凡學者腦筋中無不以爲百里之大國，不知經傳但詳上五等，百里之國皆不見于經，以言不勝言，故概從略。所以經傳一切典禮，皆不能通，以致經學之人無不迷罔悠謬，半中于此弊。宋元以下，平民亦援用國統不可絕之説，以至西人謂中國專重血統，亦如古者世族，與經之宗法天懸地別，乃亦混同，以宗法與蠻野之世族事同一律。按世族政治在中國爲古之世卿，海外如俄之貴族、在中國如蒙、滿。法之僧侶，酷烈專制，釀激民族之革命。貴族政治不分同姓異姓。《春秋》譏世卿，所以革除其弊；貴族已革，乃開選舉；因立選舉，乃開學堂。世族與宗法不能因其名目偶似而混合之者，至于國之與家，就治國言，則家在國先，就開化言，其始皆有國無家，經傳乃特立家學以補其缺。凡人類生初，與禽獸草木相争戰，無爪牙羽毛之便利，不得不合群以求勝；欲合群，則必立酋長。故無論部落游牧，必先合群以立國體，下至蜂蟻，亦莫不然。匈奴貴壯賤老，勝則争進，敗則鳥獸散。外國雖號富强，然通爲有國無家，以其無宗廟、無譜牒，姓氏之學未能發達，三綱統系未極分明，父子兄弟每視同路人。大抵吾中國春秋以前，人民程度實亦如此，孔子乃創立家學，以補其缺，立宗廟，修譜牒、喪服以別其親疏，姓氏以區其種類。綱紀倫常皆屬家學，惟帝王得稱天子，自諸侯以下皆繫之于祖宗父母，積家以成國，而後國勢乃以鞏固。如貴族之制，本西人以前革命所改之專制，若宗法之家學，則必改良精進，數千百年而後，乃可引之徐至于道，與神權之事情形相同。而報章皆誤會其意，此欲習經學者不可不先爲發明矣。

中外古今人表

自唐宋以後，儒者專言學聖，不言知聖，動云『人同此心，心同此理』，『六經皆我注脚』，專就庸言庸行求孔子，凡己之所不能者皆以爲聖人必無其事，故孔子爲生知、爲前知。吴縣王氏仁俊所箸《政學問對》是其代表。其書成都有刻本，舉西人所言新理、新器皆從中國古書以證明其事，取經傳史緯、先秦諸子不下數千條，其中精確者甚多，當先取此書熟看，可以借證孔子「生知」之義。西人最精之説，莫如地圓地動，合兩大洲之心思，數千年之腦力，僅能得此梗概。乃吾國二千年前已言之鑿鑿，且較西人爲更精美。另有詳説。即如鄒衍海外大九洲，于地球中取七百二十九方千里，合爲二萬七千里，以爲九洲，全爲《尚書》《周禮》辨方正位、體國經野之制度，不惟當時海禁未開，並無專門科學新創儀器，不似西人之有所憑藉，乃經傳外雜見各書者不下數百條，求其根原，不得不歸本于生知前知之至聖。考下《論》「生而知之上也，學而知之次也，困而學之又其次也」，《中庸》云「或生而知之，或學而知之，或困而知之，及其知之一也」，又云「至誠之道，可以前知，百世以俟聖人而不惑」，上《論》又云「我非生而知之者，好古敏以求之者」，又云「蓋有不知而作之者，我無是也」，「不」字當爲「生」字之誤。又云上章知之次也。述而不作，作者謂聖，何得云「不知」「多聞」「擇其善」「多見而識之」「知之次」也？「次」即「學而知之次也」之「次」。《論語》《中庸》兩言「生知」，世界必有其人，乃爲此説，故于中國求至聖，不得不獨推孔子。説者據「我非生而知之」一語，遂力駁「生知」是世界並無此等人物，「生知」二字成虚設乎？惟孔子爲作，故自辨不作；惟生知，故自辨非生知。使非作與生知，人不以是推之，何必以至聖至誠之絶詣自相推謝？蓋「作」與「生知」，以皇帝爲正法，孔子變皇帝德功之局爲立言，將「作」與「生知」事託之帝王。古帝王爲「作」與「生知」，自託于「述」與「學知」，所謂「好古」「多聞」「多見」，即指六藝中古之帝王爲古，即世界公例而論，孔子所謂之好古，非西人所譏保守主義。「古」讀爲「詁」，即指六藝而言，乃爲後之皇帝，非真古也。「古」字從十、從口，十即東西南北，所謂方口爲圓，大圓在上，大方在下，左手持規，右手持矩，聖人爲規矩方圓之至，世界先文後野，即先進野人、後進君子之説。《論語》多是古非今者，今謂當時古爲俟後，經傳之帝王、孔子非真以古之野蠻爲尚而不講維新。因立言與功德有別，故自命述而不作，學知而非生知。如就常解言，則與東漢以下古文家之許、鄭同矣。又作經以俟後聖，必先知後來之事迹，所立制度乃能使後人遵行，非前知則無以俟後，固一定之説也。西人所著天文、輿地各科學，言歷來專家叠次改良漸進之踪迹，至爲勤苦，所謂銖銖而稱、寸寸而量，專恃耳目心思，與我孔子視不以目、聽不以耳之師説天懸地隔，真所謂困而學之。今就《大學》《中庸》所有四等品級編爲《古今中外人表》，仿《漢書·古今人表》例。孔子爲生知，爲上上品；九流諸子與鄒衍、《内經》爲學知，爲中上品；泰西專門名家之學士爲困知，爲中下品，我中國人民于祖學既不精詳，又不能禮失求野，以兼取外人之長，則爲困而不學之中下品。近人所著世界創造名家混同一視，當仿班氏《古今人表》之例，補作《中外人表》及《中庸》所言上次、又次、下四等。按西人學術本爲精秘，此表非故爲抑揚，不過對生知、前知之至聖兩相品題，不能不有此區別。《中庸》云：『或生而知之，或學而知之，或困而知之，及其知之一也；或安而行之，或利而行之，或勉强而行之，及其成功一也。』困勉有上達基礎，初非故意菲薄。且生知、前知之聖，所謂空言以俟後，專賴困勉者以爲發明。困勉無生安，所謂莫爲之前，雖美弗彰；生知無困勉，所謂莫爲之後，雖盛弗傳。相需爲用，即如地圓地動非西人爲之發明，中國雖有古説，無人過問，或反疑攻之，此西人有功于我孔子不小。生安惟孔子一人，雖顔、閔、佛、老皆在學知之列。日月無踰，不可摩擬，故學人但當知聖，不可言學聖。不惟生安不可學，即學力亦不可躐等。不以下民自安，則當專法西人苦思耐勞，專門精進，以求副困勉之目的。孟子曰：『宰我、子貢智足以知聖人。』此表不過表揚聖人生安、前知爲世界有一無二之絶詣，非于學者長其矜驕，是己非人，蹈前人學聖之弊，以致爲困而不學之下民也。

讖緯

至聖作六經，一經一緯，緯即所謂微言。蓋六經爲成書，其中精微義例，全在緯候，故凡各經微言大義，全在于緯。以現在術數言之，六經爲其本書，緯即其起例。如《鐵板數》《奇門》《六壬》，非通起例，但讀其本書，終不能入門。即如《春秋》，使非緯説，則真爲斷爛朝報，所以先師言《春秋》，並及緯候。如董子《春秋繁露》、伏生《尚書大傳》《洪範五行傳》，皆統師説，即爲緯之别種。如『繁露』『竹林』『玉杯』等篇名，與緯書之《元命苞》《鉤命訣》相同，皆不能解其義。即如孟子、荀子所言《春秋》義例，其實皆出于緯，上而博士，下而《白虎通》，何、鄭解經，皆必用緯，蓋師師相傳之秘訣，非緯則經不能立。唐宋以下，儒者專以文從字順説經，望文生訓，乃以緯爲怪誕，如歐陽脩者，乃上書欲將注疏中所有緯説删除。南宋以後此風甚熾，即如朱子，深鄙緯説，然如天文、度數、禮制等級，莫不陰用其説而陽避其名，今就其全書中考其用緯者不下數十百條，蓋非緯則經萬無可明之理，亦如不明起例，則不能學《奇門》《六壬》。且就當今學派言之，凡西人所有之新理、新事，其專門之天文、地理、算學乃皆爲緯書所獨有，當今欲考孔子生知、前知、立新經以爲萬世法者，非緯不能明，故王氏《政學問對》采用緯書明文者甚多，緯書之支流更復不少。此爲中國祖宗窖藏之秘寶，欲從學界戰勝于全球，則緯書不可不急講也。緯書之爲經説，國朝人已有發明，惟專取緯而去讖，以緯爲經説，以讖爲方術。就讖而論，自不免後人之竄補，然讖之真者則不可磨滅。凡讖皆爲先知預言將來之事，與孔子俟後聖之旨最爲相合，萬世師表，作經俟後，不能不用讖。六藝有天學，有人學。《詩》《易》之上征下浮，如《楚辭》之周游六漠，御風乘雲，姑且不論，專就人學言，地球五大洲分五方、五帝，爲《周禮》之五土例，《内經》之二十五民。孔經傳萬世以後之事迹，故託之于讖，所云伏羲在東半球以木德王，炎帝在南半球以火德王，少昊在西半球以金德王，玄冥在北半球以水德王，黄帝在中央以土德王，將來五大洲各有一帝，乘運而王，前知之聖，爲百世立法，不能不預言其形狀符瑞，此固一定之説也。如鄒衍所傳五帝終始運，本爲全球百世以後而言，當時有此師説，無此疆域，先師專就中國一隅附會，所以招人指摘，知經爲世界後世而言，則此等師説則平常而不爲怪誕矣。且聖人爲萬世師表，如就西説就今改良精進，再加數千百年，不知作何景象？故孔子特留讖緯，原始要終，由今以推，再加數千萬年，亦在所包，故已見者知之爲知之，未來者不知爲不知。故今日讀讖緯，亦如講《周禮》，凡所以至者爲已知，後來無窮事業統歸之闕疑，如電學因電報而進無綫電、電話，進境不可限量，知者爲知，不知爲闕疑。以讀《周禮》之法推之于讖，今已知者爲知，不能知者爲闕疑，今必有闕疑，而後可以下俟萬世。中國儒者乃于一時一地盡讖之底蘊，豈不誤之甚哉！又考今西人天文學以星辰爲形器，不過爲辨時辨方之用，其所言十二宮與讖緯亦同，但以形象求之，别無他意。考《史記·天官書》所有三元四官諸星辰法象，所指皆出于緯，緯即出孔，因以知孔子前，吾中國所言天文亦如今西人，但考形體方位，以政法寓于天文，全爲孔所獨創，如三元爲三京，四宫爲四表，北斗爲帝車，凡地下所有之制度，皆託之于天，故其説皆發源于緯。蓋地球未通之先，以地球政事託于天文，所謂『天不變，道亦不變』，爲以天定人之學。天學則因地之所有，以上推于天，合諸天星辰爲大一統，如所謂北辰居所、衆星拱之，則爲推人事以定天。如佛書合諸世界爲一大世界。爲推人事以定天，所謂三千世界，如恒河沙數者，皆包羅于其中。讖緯原以闕疑爲本義，不使人盡知盡行，宋以後乃以一時一地盡讖緯，宜其以爲怪誕不經。故欲明經學，非盡讖緯不可；欲求學界戰勝于西人，亦非專心致志于讖緯不能。

闕疑

經傳相傳有『闕疑』一派。凡學人務求精進，不可自畫，弗能弗措，人一己百，人十己千，非剛强果毅，愚弱斷不能明，彊闕疑則阻人精進之心，使偷安者有所藉口，與西人專精必求達者異，中學不能發達，皆闕疑誤之也。《論語》『知之爲知之，不知爲不知』，又曰『君子于其所不知，蓋闕如也』，蓋見子路勇于自進，强不知以爲知，又與子張言『多聞闕疑、多見闕殆』『吾猶及史之闕文也』。史有闕文，不能妄增，示人謹慎，非心有疑義，不必求通，既可逍遥自得。至于『闕疑』『闕殆』，則有別解。蓋經俟萬世，原始要終，合全球由今精進求新，雖數萬年不能出其範圍，非就一時言。如鄒衍海外大九洲説出《周禮》，今所共知，在漢史公且謂宏大不經。又如地球，婦人孺子今皆口講指畫，紀、阮二文達乃疑其誣誕。今人未嘗不笑古人之拙，今之所疑，安知後之笑？今不如今之笑古，故欲治經，須將經分爲天人二宗，天道遠，人道邇，御風乘雲，固難驟行。即如《周禮》所言神怪非常之事，説者動稱與格致之理不合。電報景傳，聲無烟藥，乾嘉之人所絶不信者，無綫電、電槍、氣球、留聲器，及咸同之年，亦且疑之。故今所疑，安知後來不見諸實事？此固一定之理也。每怪秦漢儒者不分世代，凡經傳所言，急于中國一隅盡行之，非常可駭之事理，不知爲世界後來而言，非攻擊則附會，是直以經傳爲一隅一世之私書，而無以爲進化之地步，是直以孔子爲中國一時之聖人，而不能統化世界，參贊位育，豈不惑之甚哉！故經傳特留『闕疑』一例，以分化世代後來之事，統歸闕疑，切不可如馬、鄭之附會，亦不可如紀、阮之譏刺。考六經，漢魏下皆以爲一隅之書，欲治中國，《春秋》一經已有餘，何必床上床、屋上屋？邵康節《皇極經世》乃以《易》爲皇學，《書》爲帝學，《詩》爲王學，《春秋》爲伯經，各主一世代，乃免重叠之弊，分經而治，不可躐等，暗室一燈，思想真爲絶倫。惟《詩》與《易》同派，如詩歌與筮卜書，《春秋》爲别派，如文與史策。緯云：『書者，如也；詩者，志也。』故《知聖篇》改《易》《詩》《書》宗旨，《詩》爲帝，《書》爲王，就其體裁而分知行，久乃悟爲天人之分。蓋《尚書》首帝典、帝謨，不能以爲王學。《春秋》亦有王，乃定《書》《禮》《春秋》爲人學之皇、帝、王、伯。《書》爲皇、帝，《春秋》爲王、伯，《禮》間居二者之間。凡世界之事，三經已備，《易》《詩》則爲天学之皇帝、王伯。《論語》『譬如北辰，居其所而衆星拱之』，合諸天星辰爲大一統，天學之皇也；四宫三元合爲五宫，天學之帝也；昴星爲西宫之一宿，日屬世界繞之，天學之王也；日統八行星以繞昴星，天學之伯也。不惟天學今日不能言，人學雖近屬小，六合以内，無奇不有。當今世界爲大春秋，凡屬實行，上爲《王制》派。《周禮》爲三皇五帝之書已見者，爲可知不可解者，必待地球五洲開化、五帝分統，而後爲帝學；世界大統，統于一皇，而後爲皇學。地球同時立二十一曆，而後歲功成，非萬年不能有此局。皇世又必數萬年而後乃能進于天學，上升下浮，鳶飛魚躍，而後爲神化。此但就西人少壯之説推之，由伯而進王，由王而進帝，由帝而進皇，由皇而進天，經傳據衰而作，則指老耄之世界，皇降帝，帝降王，王降伯，其進化之程度，即爲退化之比例，不知經數千萬年而後乃能終此局。故凡經傳闕後來進化事，乃能闕疑，若夫已見之理境，實行之政事，則必極力求通，萬不可藉口闕疑，不求精進。

中國一人

吾國自達摩西來以演禪宗，宋元儒者推以説經，千年以内其道孤行，制藝爲之代表。明之天下送于八比，當今中國危棘幾幾于不能保種。其得失之效，大可睹矣。每怪言新學者以八比爲洪水猛獸，乃表彰心學，作半日静坐之課程，殺其人而用其書，是面新學而實八比，豈不誤之甚哉！鄉村俗師解釋《論語》，如『先行其言而後從之』，與『欲訥于言而敏于行』『朋友信之』之類，每以都會之人相比況，成都人每言過其實，俗師因以爲言。然則不生都會，鄉鄙樸訥皆可爲聖賢矣。即如『朋友信之』一句，鄉曲農工每具特别之性質，不肯妄語，是于孔子曾子至聖亞聖已各得其三分之一，聖賢亦不如是之易。凡行誼屬個人私德，一室潛修，究于世界何補。又如《論語》『一日克己復禮，天下歸仁』，雖電報神速，不能如此周遍。邑宰莅任多年，百里之内，村農有不知其姓名者，故八比之感應話頭，久已成爲笑柄。然八比家實出于經説，窗下所講求，及至出仕，乃知形隔勢禁，皆屬虚妄，變本加厲，遂專求官派，以自異于書生，以幼時所習爲誑語，儒生遂成無用之别名，因此歸咎經傳，以爲無用之物。此固吾國數百年之積習也，是蓋不知《論語》所言原有别義，望文生訓，以成此弊。《論語》爲微言，非爲三家村學究立教授之法，後人專就庸言庸行言之，此中學一大害也。考《禮運》孔子與子游論禮，有『中國一人、天下一家』之説。《大學》四條目：治國、平天下、修身、齊家。此四條目舊以爲八條目者誤。經云：『自天子至于庶人，壹是皆以修身爲本。』古本之傳始于所謂『修身在正其心』，後人補格物致知傳，移『誠意』繼之，然『誠意』章並不言所謂『誠意在正其心』，又無所謂『正心在誠其意』之傳，如欲補，則所補當共三篇。經明以修身爲本，不能于修身之上再加四等，本中之本，所以爲學人之害。所謂『大學』者，爲帝王專在平治，中國一人，天下一家，修齊即所以爲平治，故平治二傳爲實行，修齊二傳爲比例。以『中國一人』例言之，《尚書》『明四目，達四聰』，予曰『觀于五行之色』曰『汝視』，『察五聲在治忽』曰『汝聽』，曰『元首明哉，股肱良哉』，曰『元首叢脞哉，股肱惰哉』，《詩》曰『公侯腹心』『王之喉舌』，此皆用『中國一人』例法。《洪範》之五事，心居中，左右爲耳目視聽，前後爲言行，故《内經》以身比官，孟子『耳目之官蔽于物』『心之官則思』，故《論語》之心多指京師，爲天君。聞見即四目四聰，言行爲南北貌言，故《家語》以四目四聰爲四岳，所謂言行即南海、北海之帝，《國語》所謂南正重司天以治神、北正黎司地以治民。西學以思想皆出于腦，《内經》有以腦爲臟之説，《尚書》『元首』即謂腦，腦爲大心，心與膽對，爲小心。經傳言心爲元首、爲京師、爲腦，所謂『心之官則思』也。視聽言動即四方四岳，如《論語》告顔子之視聽言動、子張之聞見言行，皆爲中國一人。《洪範》之五事例就一身分君臣，五方五極，言近指遠，專言修身，治國皆寓焉。嘗就經傳所有心思耳目等字編爲《中國一人》專書。儒者不知此例，乃專就一身穿鑿附會。禪宗浸入中國，與其説最相合，因其説以解經，治國之事皆就身言之，輕其所重而重其所輕，故《大學衍義》遂不言平治，八比家因之，遂造帝王但正心修身，國自治，天下自平，種種悠謬，積爲風氣，以致成爲中國之毒。今既罷去科舉，使人崇尚實學，報章乃欲假禪學以亂孔子之真，故不得不發明經傳之微旨，以挽八比之餘毒也。

墨學出于孔辨

《論語》有『從先進』之説，《中庸》則云『從周』，二者相反，不知『從周』則爲儒，『先進』則爲墨，致莊子以六藝爲道，諸子爲方術。諸子在六藝後，九流出于四科，諸子爲六藝之支流，固一定之例也。《禮記》以《詩》《書》《禮》《樂》爲四術、四教，春《詩》、夏《樂》、秋《書》、冬《禮》。《六家指要》道爲《易》，陰陽即《春秋》，二者居中，爲皇帝，東儒西墨，南名北法，四家分方，亦如四經分學。後世誤以六經全屬儒家之私書，諸子遂別于儒，目爲異端，或託春秋以前人，或雖在孔後，別成一派，如墨是也。至聖兼包諸家，故《論語》謂之無名。今之報章或以爲宗教家、教育家、哲學家、政治家、理想家，以後來之科目强以名，如天之至聖與以專屬傳經之儒家，皆爲謬妄。《史記·世家贊》曰：『言六藝者皆折中孔子。』墨子主乎《詩》《書》《春秋》立説，其稱引經傳與孟、荀同，固不問而可知爲孔子之徒。《淮南子》明言墨子學于儒者，憤世勢之濁亂，乃專言夏禮。考博士傳經有文、質二派，文家尊尊，爲東方儒者之説；質家親親，爲西方剛毅之説。《論語》『禹吾無間然』章、『林放問禮』章、『禮云禮云』章，《公羊》所謂改文從質者，全爲墨家所主。由質近于野，先進野人，後進君子，博士雖有殷質周文之説，夏在殷前，猶專屬于質。《禮緯》言夏爲三月之喪，至周有期年，以至于三年。儒家主文，爲從周之説，墨子專傳孔子尚質一派，爲夏禮，江都汪氏考證墨子用夏禮説詳明。是孔與墨指子思爲孔子，非真孔。《非十二子》有子思以孔子爲至聖，可見。同爲孔子之學，一質一文，儒固不能煬孔子之竈，墨亦不能自外生成。今之報界諸公不知儒墨之孔爲子思，遂謂墨爲孔子之敵，于六藝外別樹一幟，因誦《墨經》一語，與《墨子》所引經或爲異文，或爲師説，《國粹報》遂謂墨子別有六經。不知《墨子》所引全屬孔經，儒、墨可以相攻，而孔、墨不容並議。蓋就教化言，中國古文明之先，儒家爲主，墨家爲客。莊子云墨子之徒述《墨經》，與儒者不同。墨子有《經上》《經下》篇，莊子本據墨子之經而言，故稱曰《墨經》，並非謂孔子有六經，墨子亦有六經，墨遂超子思而敵孔子。蓋孔子萬世師表，經傳所言，原始要終，非數千萬年不能見諸實行。儒者子思以下欲于戰國之世將聖經全見施行，非實行則不能存，故秦皇、漢武皆行皇帝之事，《史記》所謂無其德而用其事者。墨子循序漸進，戰國只能用夏禮三月，待千萬年後，文明程度進化，乃用九月、期年、三年。若如孟、荀之説，六經之説皆可于戰國實行，是六藝爲戰國一時而言，無以爲萬世師表地步，墨子則爲循序漸進，小行之于戰國。中國用夏禮三月之喪，大行之于全球，引導西人先爲三月之喪。儒者爲兼營並進以存經，非儒者則經傳之全體不能存。墨子如《公羊》許夷狄者不一而足，待人後行，乃足下俟萬世。一爲存經而言，一爲行經而設，墨家創其始，儒家要其終，墨爲西方之質，儒爲東方之文，二家皆爲孔子功臣，原始要終，缺一不可，故在當日則如冰炭水火，幾若勢不兩立，自今日觀之，則水乳交融，非儒不足以存經，非墨不足以俟後，先進後進，儒墨之所以分，子思、墨翟可並言，而孔子與儒墨萬不可並列。考東方木德，其行仁，西方剛毅，所謂金主義，東方柔德，故儒教迂緩；墨家則爲天水訟，訟字從公，故墨家尚同。《詩》云：『雨我公田，遂及我私。』天雨無不被其澤，所以爲公。考世界進化皆先野後文，《論語》所謂先進野人、後進君子，故質家宜在文家之先。孔子作經，正當戰國，必先質後文，先行三月之喪，而後可以徐推至于三年。儒家之説所以存經，如當時專用墨子派，則經説無以自存于天地之間，二家于時局互有長短，交相爲用，不可偏廢。西人爲墨家，中國爲儒家。以俟後言之，中國所謂無其德而用其事爲太過，西人專用墨派，未免不及。中外交通，爲古今一大變局。墨家居簡行簡，質勝文則野，儒家一于主文，未免文勝之弊。《説苑》引孔子見子桑伯子，謂子桑伯子質有餘而文不足，欲以我之文化其野；子桑伯子亦專就儒家言，孔子謂儒家文有餘而質不足，欲以我之質化其文。蓋以分方言，則東木西金，一柔一剛，一文一質，各不相同。大同之説則相反相成，柔必取剛，剛必取柔，二者混化爲一，在《尚書》曰『柔而慄，剛而無虐』，在《論語》曰『温而厲，威而不猛』，又曰『文質彬彬，然後君子』，此儒墨一家，一柔一剛，一進一退，一文一質，一後一先。自其分而言之，至如冰炭水火之不能相容；自其合言之，則如水乳膠漆。此至聖六經爲其大成，而儒墨特其中之一小部分。古書多以孔墨、儒墨並稱，子思爲儒，孔子固非儒。孔墨並稱之孔，則必以爲子思。蓋孔子爲大宗，九流皆係支派，萬不可以諸家相題並論矣。

道家

《六家指要》言道家順陰陽，統儒墨，綜名法，集其大成。見在説者卑則以孔爲儒，高以孔爲道。夫以孔爲道，似也，而孔之不可爲道，則更有説。考《論語》『言志』章之曾晳與農山言志之顔子兼容並包，所謂道家也；老子之外，列子、莊子、尹文皆所謂道家也。若孔子則爲至聖，爲六經，不惟儒非孔，即道亦非孔。《莊子·天下》篇所言十子，大抵皆道家者流，以老子及己之自命，皆自託于方術，以爲耳目口鼻，以六藝爲心，爲至神天化，是莊子雖祖述老子，而不敢以老與孔比。蓋道家雖較勝各家，然既以道自名，則已落邊際言詮，囿于一偏，爲諸子之一，而不敢與至聖比。舊説顔子爲道家，孔子自謂其偏長不及四子，四子所以事我者如回能仁而不能小，顔子本爲道家，而所以師事孔子，而一間未達者，則以其能大不能小，偏于一端。蓋至誠如天，《論語》『賢者識大，不賢者識小』『夫子焉不學，而亦何常師之有』，《中庸》曰『大德川流，小德敦化』，此天地之所以爲大，而無所成名。如孟、荀講王學，則非毁桓文，列、莊言道德，則非毁仁義。以大小言之，道德固可以包王，王固可以包伯，但言皇帝者則專主道德，言王伯者則專主仁義，自立限畫，專門名家，不能相通，不惟儒家不敢自謂入聖人之域，即道家亦道其所道，能大而不能小，所以爲子學。亦如器皿雖有大小之别，然終囿于器。六藝高遠，即《論語》『北辰』章及無爲、無名、無我爲道家所主者，不下數十章，爲列、莊所主。王者制法爲儒者所主固多，下至齊桓、晉文、管仲、晏子亦皆推崇，辭無軒輊，不惟儒家，下至農家、縱横家、小説、雜家亦皆祖述《論語》。《中庸》所謂『萬物並育不相害，道並行不相悖』，故云『道不同不相爲謀』『攻乎異端，斯害也已』，兼容並包，不事攻擊，有始有卒，所以爲聖人。『夫子之門何其雜』，此《論語》所以兼包皇帝王伯、六藝九流、天人之學，無所攻擊于其際。至于諸子，有所從則有所違，有所守則有所攻，雖道家之莊、列亦然。蓋就諸子言，皆各有水火冰炭、順逆違反之事，至聖則先後本末無所不具，道家所以亦如雜家，爲孔子之具體，而不能以至聖域也。自來説莊、列者皆于孔子之外自成一家，或者並以爲異端，而無人、無我宗旨全見《論語》，道與墨同出六藝。蓋道家之深者爲《詩》《易》之天學，其淺者爲《尚書》之人學。舊説以莊子爲子夏之門人，列子、莊子所言孔子較老尤詳，凡所稱述，皆爲《詩》《易》師説，與《楚辭》相吻合，故道家雖與小人儒者有異同，凡實則君子儒。六藝之師説不囿于儒，則道何以能出六藝範圍？今所傳《道德經》，世或以爲老聃所作。道德本爲《尚書》所包。古無立言之事，凡諸子皆出六藝後，今所傳鬻熊、伊尹各書，自來皆以爲依託，惟《道德經》與孔同時，别爲一派。考道德爲三皇五帝之學，必出在孔子後，《列子》引其文曰『皇帝之書』，又其所引老聃説，《道德》皆無之，是《道德經》爲七十子所傳，絶非老子自作。《楚詞》爲皇帝學，不主老子。惟韓非有《解老》《喻老》二篇，《史記》遂以與韓非同傳，謂刑名出于道德。子書每多附益，不必皆出其人，《管子》《荀子》《春秋繁露》是其明證。文帝尚黄老，以《道德經》爲《老子》，皆出漢人之手。今《解老》《喻老》皆出于蓋公等之手，其書藏在内府，與《韓非》合，校書時並以爲一書，不必出自韓非，亦如《管子》解問凡十餘篇，必出原書之後，大抵爲漢儒言管學者所附益，與原書有早遲之别。考《孟子》爲子書之正體，無一章不有『孟子』，以此推之，則凡有姓名者爲本書，無姓名者爲古書，或爲其人所傳授，如《董子·爵國》篇，《荀子》之《樂記》《禮論》《三年問》諸篇，《呂氏春秋》之《月令》，或爲後人附益，如《管子》之周禮師説各篇，與其問解各篇，《韓非》之《解老》《喻老》，亦如《公羊》《穀梁》《喪服傳》，大抵皆出于漢師。當時子書自名一家，皆如《孟子》，不能以古書參雜其中，又不能爲别書所解説。此《老子》亦如《周禮》《王制》，爲聖門七十弟子之所傳；後人以爲老子所作，亦如後人以《周禮》爲周公所作，《王制》爲博士所作，《月令》爲呂不韋所作，其實不如此也。

家學樹坊①

家學樹坊序

往年鏡吾兄編前篇，未卒業，提要刊于《縣志》。辛丑，燮夫從鄂索稿甚急，鏡吾館事牽掣不暇，慎乃補足前編，並以新學輯爲下卷。壬寅，病中力疾鈔入新稿諸編，共爲兩卷。輯録初成，精華苦竭，蒲柳之資，愧乎重器，不足以仔肩家學也。壬寅四月一日，師慎自序。

是書上卷初稿出政手編，去年鄂中索稿急，因付慶弟補編，並及下卷。編成疾革，未踰月，遂以勞卒。弟輯《紀聞》等書，卒業者少，此書遂全署弟名，或足慰弟泉下之志，四益喪明之痛，其亦藉以稍解乎！七月朔日，井研廖師政拭淚記。

① 《家學樹坊》，光緒二十四年（一八九八）廖平命其子廖師政初編，作爲提要刊于《光緒井研志》，光緒二十八年（一九〇二）由廖師慎補成。民國三年（一九一四）成都存古書局印入《六譯館叢書》。

凡例

一、四益之學，庚子以前自撰及朋友子侄共百四五十種，彙刊于《井研縣藝文志》中。凡欲攻其學者，均宜先讀《縣志》，必觀其全體，知其精神所注，方能得其肯要。若一知半解，論其從違，則徒貽笑方家。辛丑以後，續有新書，《提要》五六十種另行。

一、四益之學，無一不新，實無一不舊。凡所標立綱目，莫不由苦思而得，然皆本舊説，不過精思所至，鬼神相告，有非尋常循行數墨者所能望其肩背。若徒詫爲新奇，則殊爲門外人語耳。

一、今古小大淵源及各經宗旨，皆著有專書，此册不過略舉綱目，以示宗旨，如欲求詳，須讀原書。又凡内不足者，乃以口給禦人，大端既明，則流弊悉化。故此篇多在自明，讀者自能冰解而去。

一、四益撰述宗旨，多本緯候。宋儒欲删緯文，不知泰西所稱新學新理，皆早見于緯候，未當其時，故詫爲奇詭。今日證明，始知一經一緯，的爲聖門傳授微言。

一、四益所撰各經注疏，固曰尊崇舊説，而青出于藍，每多獨到。即以《公羊》論，雖董、何不免有異同，《群經大義》條考于《白虎通》，亦有糾正。大約獨闢門徑，與駁正舊説以千萬條計，故欲論得失者，須先就一經一派入手；若不自立旨歸，恐終目迷五色，勞而無功。

一、四益著述既久，成書亦多，雖屬小種偏端，亦超出前人。神龍一出，葉公退走，固其常也。欲使閲者舍己相從，殊難取信。常設一譬，以爲當以讀西書之法讀之。西書事事與中異，乃專門别派，自成一家。四益卓然自立，凡所疑慮，皆有通解，非以西書讀之，不能先入取信。

一、此册分二卷。上卷王伯，十年前舊學；下卷皇帝，近日新學。素王改制，自有真解，《周禮》《左傳》，别有明説。略載《凡例》。皇帝之説，多涉時事，意在合通中外，精進千里，不知將來歸宿，精進何如？但就今日論述，已足包括古今，統制中外矣。

一、《詩》《易》二經，射覆占影，自古無心安理得之書，百世下俟，至今日乃顯。然海外九州，人尚疑其怪誕。驟語二經象占比託之實，徒遭按劍。唯《周禮》典制之書，一成不變，今故先詳《周禮》。已篤信《周禮》，乃可再以《詩》《易》進。今于二經，略詳宗派，推詳實義，姑俟異日。

一、諸經『新義』之作，四益皆先攻舊説，如攻《左傳》十年，攻《周禮》二十年。洞徹癥瘕與其生死之所以然，乃起而立綱改目，經營彌縫，以成新撰。近派多以史讀經，望文生訓，從無于未有文字之先，殫精竭思如此之久者，宜聞者之掩耳。乃觀新作，則文約事明，條理深切，無一切影響悠謬之談，較古注疏，事半功倍。

一、《論語》四科，政事爲今政務部，言語爲今外務部，德行爲帝王學，文學爲師儒事。宋以後德行、言語科斬絶無遺。是篇志在復古，以存舊法。

一、是書亦爲防弊而作，似不欲戰，且多代申之辭，何也？曰：是非真僞多在疑似之間，但自明宗旨，依託自無所立，叫囂醜詆，非著書之體，且菩薩低眉，固勝于金剛怒目。

一、今日時局，即乘桴浮海施及蠻貊之候。聖教發源《春秋》，至今乃洋溢中國，漸及海外。《春秋》進吴、楚以成小九州，今引非、澳以成大九州，事理相同，相比自見。

一、采用西法，即禮失求野。公羊家説之改文從質，今人詫爲異聞。聖賢于二千年前已言之鑿鑿，未值其時，郢書燕説，至今證明，始知爲今日時局而發，決非當日所有。

一、中外合同，即《公羊》『大一統』，《論語》之『周監二代』。今所謂中外，即《公羊》之文質，《詩》《樂》之齊、商。周即週遍、週帀，《詩》《易》《周頌》《周》《召》《周髀》皆謂地球一週。經傳全爲俟聖，指今時局而言，不必詫爲新奇。

一、皇、帝、王、伯即《論語》之道、德、仁、義，君子小人，《春秋》《尚書》三王爲全球立法，《周禮》《詩》《易》爲别行星立法。百世俟聖，必來取法，非此不足以統括全球，師表萬世。

一、皇帝之學即《中庸》之『無爲』『無名』，《中庸》之『並行』『並育』。明證既多，時會相值，血氣尊親之聖，雖不能快睹，大同公理，天下人心所趨，固可默計。

一、世局進境無窮，今日僅就目見推比，後來進步不可預知。雖全寓經傳，未值其時，則熟視無睹，專望後之君子匡所不逮。

一、此編除同學所撰及已刊各書及經解、文集外，多采自《經話》，小統乙編，大統丙編。不更注所出原書，名氏則改作四益編纂，未能盡善，識者諒焉。

家學樹坊上卷

《知聖編》及《孔子作六藝考》提要《井研藝文志》

平初作《今古説》，丙戌以後，乃知古學新出，非舊法，于是分作二篇，言古學者曰《闢劉》，言今學者曰《知聖》，取《孟子》『宰我、子貢智足知聖』之義。此編用西漢説，以六藝皆由孔子譯古書而成。《莊子》之『翻經』，《論語》之『雅言』，皆謂通古今語。以天生至聖，通貫古今，《詩》《易》爲百世而作，《春秋》《書》爲上考而作。由後推前，知制作全出孔子，于是撰爲此篇。因疑設問，最爲詳明。平客廣州時，欲刊此本，或以發難爲嫌。東南士大夫轉相鈔録，視爲枕中鴻寶，一時風氣爲之改變。湘中論述以爲素王之學倡于井研者，此也。宋以後，專學《論》《孟》，故取證二書尤詳。學人囿于舊聞，于二書微言最爲奇險者，視爲故常。一經洗伐，如震雷發人猛省，乃知《論語》多屬微言，爲六藝之鎖鑰，非教人行習之專書。即以《孟子》論，所謂『五百年必有王者興』『《春秋》，天子之事』『三年喪，魯、滕莫之行』『仲尼不有天下』『周無公田，《詩》乃有之』『堯舜時，洪水初平，獸蹄鳥迹交于中國』，與《堯典》《禹貢》典章美備，事出兩歧。以孔子繼周公、以周公繼帝王五六見，至以孔子爲『賢于堯舜遠甚』，爲『生民所未有』。非得此意，則《論》《孟》不能解，而六經記傳、諸子百家更無論矣。或以六藝歸本孔子爲新創，不知莽、歆未出之先，無論傳記子史，皆以六藝傳于孔子，并無周公作經之説。故平又編《孔子作六藝考》一卷，以證其實。其書取西漢已上爲主，東漢已下，微文散見，亦附録之。考國朝學派，康雍則漢、宋兼主，乾嘉則專治東漢古文，道咸以後，陳、李乃倡言西漢，由粗而精，自博反約。王刊《經解》與阮刻學海本相較，後來居上，固天下之公言也。平承諸家之後，閉門考索，以數十年精力，乃能直探本原，力翻舊案。史公『好學深思，心知其意，固難爲淺近寡聞道』，或亦謂此歟！

《藝文志》子部儒家類《家學樹坊》二卷 廖師慎撰

《知聖編》用《論語》『天生』『知命』，《孟子》『賢于堯舜』，以孔子生民一人，翻經立教，以空言垂法萬世。外間誤以素王改制爲干與時政。孔子改制後，諸子群起而效之，攻之者或授以柄，益不足息其焰。大統皇帝之學，所以通中外，集大成。外間『血氣尊親』之説，久爲常談，引之經、傳，則爲四益所獨創。《周禮》《詩序》舊説，深入人心，雖庸惡陋劣，毫無足取，乃南皮張尚書、吴子修學使猶以新奇爲言。故師慎此編專以辨明僞託。夫空言立教，不過如《罪言》《待訪》，明論既張，則翳障自退。當今中外一家，舟車來往，風土宜俗，各有聞知，豈能如古閉關自守。政學相同，故當争戰之世，則學術多歧；一自絶徼開通，則服色必異。運會值百世之時，文教當大同之會，皇帝之學無不可，夫子之門何其雜，非博奇之是好，乃事理之自然。或乃欲舉帖括以相抵禦，不知崇法宗風，同爲外教。《論語》『不得中行』，『必也狂狷』，故《易》之功用，專在損益長少，以合中行。聖門進退，喜得偏才，蓋化偏即德，而鄉愿中庸，鉛刀無用。中國之弱，原于儒士惡異喜同，挾私自小，不求政學本原，以防弊爲得計。究之防弊而弊愈生，何如取偏而偏自化？水火同位，白黑一區，積久相忘，才德交備，此大同之宗歸，亦救時之良策。若徒以議論平正爲宗，是帖括餘毒，又何足言致用乎？

附《家學紀聞》縣志提要　廖師慎

四益每立新解，輒求駁議。丁酉以前未定之説，悉經改正。近來《詩》《易》卒業，乃以小、大二派爲歸宿。許、鄭駁議，朱、陸異同，鄉人擬爲《正楊》之作，書未殺青，故命師慎輯爲此編。凡南皮、湘潭、錢塘、鐵江、徐山、邛州諸老之議論，以及江叔海、陸繹之、周宇人、吴伯揭、岳林宗、楊敬亭、耿焕青、楊雪門、董南宣、吴蜀尤、龔熙台、吴蜀籌之撰述，周炳奎、王崇燕、王崇烈、施焕、帥正華、李光珠、陳嘉瑜、黄鎔、賀龍驤、胡翼、白秉虔、彭堯封、李傳忠、羅煦、曾上源、李鍾秀、劉兆麟等之問難，外如《亞東報》《湘學報》《翼教叢編》，雖不爲四益發，宗旨偶同，亦引爲心咎，《序》謂『置之座右，以當嚴師，務求變通，以期寡過』。竊四益開創新門，一掃舊案；許、鄭既有詰難，班、何亦多罣誤，旗鼓自標，矛矢群進，高明鬼瞰，固是一途。而風疾馬良，去道愈遠，微言久絶，得失無徵，與其非常之可駭，何如繩尺之是循。《勸學篇》欲假西報爲諍友，是書所録，不愈于西報乎？且閣書久爲定案，毛氏《寃詞》已譏自供，鄂中洪侍御猶專著一書，畢生自喜，彼此是非，何有一定？要之寸心得失，真僞難欺，後賢不遠，姑俟論定可也。

《知聖篇》讀法 及門公輯

《勸學篇》兢兢于『開民知』，此編特爲『開士知』。今日序庠宗法認孔子爲八比家，而孔子遂成村學究，乃師法相承，堅于自信，豈不較焚坑之禍更酷？今更引而闢之，以見聖人非匯參十八科所能盡也。此編初成于戊子，東南士人當時擬刊，或以發難爲嫌，乃有用其義著書立説，至形之奏牘，或以焚坑歸咎孫卿。今議刊此篇，既曰自明，更以闢謬。

孔子作、述之辨，爲千古學派一大案。以爲作者，《論》《孟》《公》《穀》《列》《莊》、博士是也。以爲述者，《左》《國》、莽、歆、馬、鄭古文家是也。二説偏至，皆有流弊，故古存二法，亦如文質，敝則相救。自東漢至今千餘年，《左》《國》孤行，聖作之説，不絶如綫，循其得失，較然可睹，所以揮張微言，雖遭按劍，不敢自沮。

或以某等傳四益之學，其有無不足辨。惟朱子師法二程，立義非標程説，別無明據，方足以云宗派。某等著書甚多，無一語齒及，則足見非私淑，且采拾舊聞，持之有故，言之成章，並以見四益此編亦述舊聞、輯舊説，初非自創門户，好爲奇詭也。

學人持議，易至離宗，變本加厲，去道愈遠。攻之者當按理擘脉，絶其依託之根，彼則自敗，不必定攻其依託之書。如某引《公羊》《孟子》以附會己説，明著二書本旨，與彼懸殊，則不攻自破。如引《公羊》攻《公羊》，引《孟子》攻《孟子》，牽引勁敵，互鬥不休，是反墜其術中。大抵古説流傳數千百年，必有實義，未可草率命師，但當追尋本旨，甄落誤解附會足矣；不可輕挑大敵，致使藉兵齎糧。

制作遺説，載記録不勝録，惟近賢特尊《論》《孟》，以爲醇乎其醇，故此編多引據二書；至于子、史、師説，時賢多未篤信，故少所徵引。又此編與家學諸作互相發明，學者先入爲主，受病各有所中，非詳考博求，未能瘕痞消融，一掃翳障。

主作爲微言，主述爲大義。劉歆當移書太常時，亦以六藝歸本孔子，首云：『仲尼没而微言絶，七十子喪而大義乖。』大義可以訟言，微言必求知我。使《論》《孟》盡如高頭講章，十成死語，則但有大義，初不得云微言。微言之説，雖劉歆亦主之，則不得謂經學斷無微言一派。《論語讖》云：『七十子纂孔子微言，以事素王。』以《論語》專屬孔子，目爲微言，是《論語》乃群經義例，作述秘旨，七十弟子乃得與聞。又孔子自述精微，故多非常可駭之義，非如《少儀》《曲禮》教童蒙行習之專書，《容經》《儀禮》爲庠序準繩之要籍。自帖括盛行，學人棄平實而索堅高，村士學究皆欲力追大成。實踐神化，以爲今我所不能學，則必非當時所敢言。等《論語》于幼儀，視至誠如朋輩，非敢必以其説爲不然，特不解宰我、子貢何以知出童蒙下萬萬也。

古今帝王聖賢立言，皆有立教、自述之分。立教之言，可以共之天下，傳之後世。凡自述受命神符，精能神化，皆不許人攀躋，佛書所云『學我者死』是也。孔子爲生民未有之第一人，宰我、子貢其知方足以知之，以下且不得知，更何言學。自師心之學盛，人皆自以爲孔子，所知所能，投契無間，其辨别聖語，如數家珍，故傳記所引孔子語，宋元以下儒者多直斷以爲必非孔子之言，詢其有何根據，則以心心相同、六經注脚爲據。立説非不玄妙，無如帖括盛行後，所謂精微之論，與至聖無間者，汗牛充棟。以此爲真聖學，則孔子直不啻百千萬億化身，何聖人日多，學術日壞，以至斯極乎！故四益立學者厲禁曰『學聖』，立爲學大綱曰『知聖』。以吾人而言聖，誠子貢所云，不知天地之高厚，其相去不知其幾千萬里。若于八比中求聖人，則十室之邑亦可得數十百人。人皆可爲堯舜，三代下誰爲堯舜者？故必銷化予聖自雄之謬見，然後可以問津。

素王之説與素封同，即《孟子》『《春秋》天子之事』，《論語》『庶人不議』，以匹夫而擅作述之柄爾。孔子自云受命爲之，原非教人學步。自孔子作經以後，百世師法亦絶，不許人再言作，其理至爲平常，即程子《春秋序》實亦主之。自亂法者假舊説以濟其私，變本加厲，謂孔子以改制立教。人人皆可改制，更由立言推之行事，此説者之過，非本義有誤。攻者不察，竟以『素王』二字指爲叛逆，但就名義言，已失『素』字之義。六藝教人行習，别有專條，何嘗以天生之事徧加『芸生』二字？自莊子以下至兩漢，幾無書不有，無人不談，當時叛逆之人誰是因二字所致？董江都從祀孔廟，宋人所稱爲純儒者，于二字發揮尤詳，有何流弊可指？《孟子》謂《詩》曰：『以意逆志，是爲得之。』如但以辭，則觸處疑難，奚止二字？自學人不知微言、大義之分，遂解素王爲真王，改翻經爲亂政。我今日所不敢學步，遂群起而攻之，一倡百和，牢不可破。使將二字文義本旨，平心潛玩，當亦啞然自失。或曰：此説實有流弊，故爲亂法者所依託。嗟乎！古今無流弊者孰有過于『謙恭』二字，乃王莽以之奪漢室，亦將爲周公咎乎？

經傳注疏，惟《公羊》尚傳古法。自某等託之《公羊》，以爲變法宗旨，天下群起而攻《公羊》，直若《公羊》故立此非常可駭之論，爲教人叛逆專書，遂云凡治《公羊》皆非端人正士。嗚呼！何以解于董江都。且西漢《公羊》盛行，議禮斷獄莫不宗主，由《公羊》而仕宦者幾半天下，尊君親上，絶亂鋤奸，動得《公羊》之利益。當時《公羊》何以不爲毒，至今日而毒乃大發？宋人自欲直躋孔、孟，鄙夷漢師爲不知道，久爲識者所竊笑；至以《公羊》爲毒藥，則非但不知道，且爲亂階。豈兩漢師儒君相悉皆醉生夢死？豈又當時讀《公羊》者皆癡愚瞽聾不知其味？因《公羊》而爲亂首，史無其人其事，莽、歆爲漢賊，攘奪天下，《周禮》《左傳》實由其表章，其事明著，猶不得以莽、歆罪二書，何況《公羊》。乃《翼教叢編》因而攻《公羊》，並因而罪孟子，其不因而攻孔子幾希矣。古今藥品有平有毒，平甘者常服，救病則非毒劑辛熱苦寒不爲功。但就平常論，則毒藥可以禁絶，而起死回生，絶非常品所能。《公羊》多非常可駭之論，董子云每因人之所惑而爲之立義，故不免于恢奇。然其論雖詭怪，其理則最平常，亦曰以適用救病而已。南宋諸儒最不喜奇論者也，復九世之仇又爲《公羊》最詭怪之説，幾乖于理。乃南宋人詈詆《公羊》者多矣，至于此條則劄奏誥章幾千百見，轉相傳述，視爲常語。蓋魯莊忘仇，《公羊》發此奇論，以鞭辟復仇之義。高、孝之病，亦如魯莊有病。病受遂不覺其奇創，而轉嫌其平淡，方且加倍其説，云百世尚可，奚止九世？故讀經須識時務，寒而談扇，暑而謀爐，群以爲棄物，不轉瞬而需之甚急。傳者欲于一經悉古今之世變，剖錙銖之疑似。學者不知用意所在，以爲奇，亦未嘗致于用耳。

古今之爲學者，皆學而不教；宋人之談經也，皆教而不學。自『六經皆我注脚』之説倡，學者于經傳皆如生徒之課藝，或得或失，或筆或削，由我自主。故其心一成不變，不能上進求深，積成一師心自用之世界。張廉卿引曾文正云：『説理之精粹，至八比而止。』竊謂宋學以八比而日彰，亦以八比而日潰。丱角童子少有聰慧，操筆學爲聖人之言，爲宋人之學者以爲雖聖人不能加，不敢謂其不精不粹，然不解何聖人之多，學聖之易也？游、楊以下至于今之口程朱而身誠正者，無人不以仲尼自命，實則高頭講章、庸濫墨調之見解。故聖以學而能至，如四科爲聖門四維，而言語一門，言宋學者至無人齒及，而以平正爲歸，不知聖人當日何以不求平正而立此一科。諸子百家言多過激，然因病設藥，不毒不能回生，語曰：『參芪殺人無罪，薑黄救人無功。』孔子最惡鄉愿，今之平正即古鄉愿之遺派，非之無非，刺之無舉，依阿苟容，以求曲附于仕途爲巧宦。人皆知其誤國殃民，至于學問則必求巧宦以爲無流弊，若鄉愿則固無弊之尤者也。

世之論學者曰：必求無流弊，『詩書發冢』，『盜亦有道』，《莊子》論之矣。揖讓征誅，飲食男女，皆無久行不弊之道，于是服藥者遂專求不寒不温、不辛不苦之劑，以爲可以日日服之，則天下之勢不群趨于鄉愿不止。明孫太宰創爲掣籤之法，則謂無弊矣，而選法以亡。此固易知易解，而説者固持此見。嗟乎！韓昌黎《諱辨》，今日讀之以爲常語，方嫌其過拘，不知《舊唐書》論贊且以此篇與《毛穎傳》同譏，習俗移人，固如是乎！

《知聖篇》撮要

孔子受命制作，爲玄聖，爲素王，此經學微言，傳授大義。帝王見諸事實，孔子徒託空言。六經即其典章制度，與今《六部則例》相同。『素王』一義，爲六經之根株綱領。此義一立，則群經皆有統宗，互相啓發，鍼芥相投。自失此義，則形體分裂，南北背馳。不以六經爲一家之言，以之分屬帝王周公，或以屬諸史臣，則孔子遂流爲傳述家，不過如許、鄭之比，何以宰我、子貢以爲賢于堯舜，至今天下郡縣立廟，享以天子禮樂，爲古今獨絶之聖人？《孟子》云：『宰我、子貢知足以知聖人。』可見聖不易知。今欲删除末流之失，不得不表章微言，以見本原之真，洵能真知孔子，則晚説自不能惑之矣。

余立意表章微言，一時師友以爲駭俗，不如專詳大義。因之謂董、何爲罪人，子緯爲訛説，并斥漢師通爲俗儒。夫使其言全出于漢師，可駁也。今世所謂精純者，莫如四子書。按《論語》孔子自言改作者甚詳，如告顔子用四代，與子張論百世，自負斯文在茲，『庶人不議』，是微言之義實書以告門人，不欲自掩其迹。孟子相去已遠，獨傳『知我』『罪我』之言，『其義竊取』之説。蓋『天生』之語，既不可以告途人，故須託于先王，以取徵信。而精微之言一絶，則授受無宗旨，異端蜂起，無所折衷。如東漢以來，六經歸之周史，其説孤行千餘年。今之人才學術，其去孔子之意奚啻霄壤？不惟無儒學，並且乏通才。明效大驗，亦可觀矣。

宰我、子貢以孔子遠過堯、舜，生民未有。先儒論其事實，皆以歸之六經。舊説以六經爲帝王陳迹，莊生所謂『芻狗』，孔子删定而行之。竊以作者謂聖，述者謂賢，使皆舊文，則孔子之定六經，不過如今之評文，雖選擇精審，亦不得謂選者遠過于作者也。夫述舊文，習典禮，後世賢士大夫與夫史官類優爲之，可覆案也，何以天下萬世獨宗孔子耶？且立行來和、過化存神之迹，全無所見，安得謂生民未有耶？説者不能不進一解，以爲孔子繼二帝三王之統，斟酌損益，以爲一王之法，達則獻之王者，窮則傳之後世。纘修六經，實參用四代，有損益于其間，非但鈔襲舊文而已。執是説也，是即答顔子之兼采四代，《中庸》之『祖述』『憲章』，《孟子》之『有王者起，必來取法』也。然先師改制之説，正謂是矣。如謂孔子尊王從周，則必實得文武之會典、周公之則例，謹守而奉行之。凡唐、虞、夏、殷先代之事，既隻字不敢闌入，即成、康以下明君賢相變通之成案，亦一概删棄，如是乃可謂之尊王，謂之不改。今既明白參用四代，下俟百世，集群聖之大成，垂萬世之定制，而猶僅以守府録舊目之，豈有合乎？夫既曰四代，則不能株守周家；既曰損益折衷，則非僅繕寫成案，亦明矣。蓋改制苟鋪張其事，以爲必如殷之改夏，周之改殷，秦、漢改周，革鼎建物，詔敕施行，徵之實事，非帝王不能行。若託之空言，本著述之常，春秋時禮壞樂崩，猶爲蠻野，孔子道不能行，乃思垂教，取後來帝王成法，斟酌一是，其有時勢不合者，別爲小大、人天之分，著之六經，託之空言，即明告天下萬世，亦不得加以不臣悖逆之罪也。祖宗之成法，後世有變通之條；君父之言行，臣子有諫諍之義，豈陳利弊者便爲無狀之人，論闕失者悉有腹誹之罪？且孔子生值衰微，所論述者雜有前代，亦如賈生、董子值漢初興，指斥先帝所施，涕泣慷慨，而請改建耳。然賈、董所言，後世不以爲非，反從而賢之。且以今事論之，凡言官之封事，私家之論述，拾遺補缺，思竭愚忱，推類至盡，其與改制之説不能異也。此説之所以遭詬病者，徒以帝王見諸實事，孔子託諸空言。今欲推求孔子禮樂政德之實迹，不得不以空言爲實事。孔子統集人天之變，以定六經之制，則六經自爲一人之制，而爲後來帝王所取法。弟子據此以爲賢于堯舜者，實以《尚書》美善，非古所有。以六經爲帝王之大典，則不能不有素王之説。以孔子爲聖爲王，此雖因事推衍，按之實理，亦必如斯。故南宫适以禹、稷相比，『子路使門人爲臣』，孟子屢以孔子與堯、舜、禹、湯、文、武、周公並論，直以《春秋》爲天子之事，引『知我』『罪我』之言，則及門當時實有此説，無怪漢、唐諸儒之推波助瀾矣。然後説雖表見不虛，非好學深思者不能心知其意。若改制則事理平常，今不信後説，而專言著述有損益，亦無不可；至制作之説，亦欲駁之，則先入爲主，過于拘墟矣。

《國語》爲六經作傳，或以左丘明即子夏，『明』與『商』『羊』『梁』同音，左丘即『啓予』，所謂左丘明即『啓予商』，『左丘失明』即子夏喪明。是三傳始師，皆爲子夏，爲文學傳經之事，故兼言六經，不僅傳《春秋》。然以六藝推之舊文，此欲掩改制之迹，即孔子作而不述之微意也。故不言孔子改古書，而言古書合孔子。乃劉歆乘隙而入，襲此説以攻今學，以六經爲舊文，孔子直未制作，于是而素王改制等説全變矣。劉歆之説，實《國語》爲之先路，同此一説，而恩怨各别，皆以當時微言隱避，致使大義中絶，聖學暗而不彰。今孔廟既封建王號，用天子禮樂，時勢遠異，又更無取避忌，正當急張微言，使其明著，不可再行規避遷就，使異端得藉口相攻。況此乃漢、宋先儒舊義，非一人私言。《論語》《中庸》《孟子》先有明文，精確不易。史公云『第弗深考，其所表見皆不虛』，信然矣。素王以《詩》説爲本根，實即道統之説。先儒誤據不議禮、制度、考文相駁。舊著已釋其義，今試再爲申之，曰：既云『從周』，何以答顔子兼用四代？既云『不作』，何以獨辨『不知而作』？且孔子，周之臣子，『從周』何待言？居今而言從本朝，豈非夢囈乎？聖人立身出言，爲萬世法，宜何如慎密，今動以天自擬，又云『其或繼周』，『如有王者』，興『鳳鳥』『河圖』之嘆，專禮樂征伐之權，復斥言『天下無道』以亡國，夏、殷與周并論，議所從違，又自負承先皇文王之統，無論道理不合，其有不賈口舌之禍者乎？愚氓皆知畏法，豈有聖人發隴上之嘆，與陳涉、吴廣同科，導人以發難乎？且子貢論孔子以爲『賢于堯舜』，南宫适亦以禹、稷相比，『子路使門人爲臣』，仲弓許之南面，宰我輕改舊章，孔門弟子豈皆妄希非分、自居不疑乎？孔子，周之臣子，并非宋君，乃敢以殷禮自用。或以異書不足信，然《孟子》明云：『《春秋》天子之事』，『王者之迹熄而《詩》亾，《詩》亾然後《春秋》作』。『仲尼不有天下』，又屢以帝王周公與孔子并論。是孔子受命制作，有不得不改之苦衷。若夫尊君親上，別有明條，并非欲後人學其受命制作。何嫌何疑，必欲將孔子説爲一迂拘老儒乎？孔子教人行誼，文在別經。許止、趙盾猶蒙惡名，人臣無將，《春秋》名義，其所自處，自必別有精義；若以此説有乖臣道，則舜、禹、湯、武爲帝王垂法，豈學舜、禹者務求禪讓，法湯、武者專力犯上乎？孔子之志與舜、禹、湯、武同符，學之者但當自審取處耳。

初以《王制》説《春秋》，于其中分二伯、八伯、卒正、監大夫，同學大譁，以爲怪誕；師友教戒，不一而足。予舉二伯、方伯，《穀》《公》傳有明文。或乃以爲《穀》言『二伯』，但可言『二伯』；《公》言『方伯』，但可言『方伯』。積久説成，乃不見其可怪。近日講《詩》《易》，亦群以爲言，不知實有所見，不如此萬不可通。苟如此，則證據確鑿，形神皆合。因復研治《詩》説，改名『齊學』，自託于一家。

然大統之説，《齊詩》甚多，非積十數年精力，盡祛群疑，各標精要，不能息衆謗而杜群疑。昌黎爲文，猶不顧非笑，何況千年絶學，敢徇世俗之情？又初得一説，不免圭角嶙峋，久之融化鋒鍔，漸歸平易，使能卒業，如三傳則安置平地，任人環攻。世俗可與樂成，難與圖始。自審十年以後，必能如三傳之化險爲夷，藏鋒斂刃，相與雍容揖讓，以共樂其成，敢因人言而自沮乎？

盧、鄭之學，專以《周禮》爲主，因《王制》與之相迕，故盧以爲博士所造，鄭以爲夏、殷禮。學者不知爲仇口之言，深信其説，入于骨髓。竊以治經所以求實用，説苟違經，則雖古書亦不可用；若與經合，則近人新説亦可珍貴。鄭君斥《王制》爲古制，本爲祖《周禮》以駁異己，乃其《周禮注》因外内封國，本經缺略，則又取《王制》以補其説。且《左》《國》《孟》《荀》以周人言周制，莫不同于《王制》，與《周禮》迕。北宫錡問周制，孟子答與《王制》同，何得以爲夏、殷制？蓋畿内封國，二書各舉一端，孟子則舉上中卿、上中大夫、上中士，《王制》則專指下卿、下大夫、下士，互文相起，其義乃全，《王制圖表》中，立表已明。使二書同文，反失其精妙。説者乃謂《王制》誤鈔《孟子》。此等妄説，流傳已久，雖高明亦頗惑之。此經説所以不明也。且鄭因《王制》偶異《周禮》，新義環生，不知二制不同，亦如《孟子》《王制》彼此缺文，以互見相起。《周禮》非用《王制》，則大綱必多缺略。今以骨肉至親視等仇讐，此東漢以下所以無通才。予之所以不敢苟同昔賢者，正以二書合通之妙。兄弟夫婦，形體相連，不可同室操戈也。

王刻江陰《續經解》，選擇不精，由于曲徇情面與表章同鄉。前半所選，多阮刻不取之書，故精華甚少；後半道、咸諸書頗稱精要。陳氏父子《詩》《書》遺説，雖未經排纂，頗傷繁冗，然獨取今文，力追西漢，魏晉以來，無此識力。邵氏《禮經通論》以經本爲全，石破天驚，理至平易，超前絶後，爲二千年未有之奇書。考東漢以來，惟經殘秦火一說，爲庠序洪水猛獸，遺害無窮。劉歆移書，但請立三事，廣異聞，未嘗倡言六經爲秦火燒殘。古文家報復博士，乃臆造博士六經不全之說。詳《古學考》。妄補篇章，虛擬序目，種種流毒，原是而起。且自經殘之說行，學人追憾秦火，視諸經皆爲斷簡殘篇，常有意外得觀全文之想。其視經文已在可增可減、可亡可存之例。故東漢以下，遂無專心致志推究遺經之人。蓋殘經既在可解不可解之間，安知可信者不適在亡篇内乎？故『經殘』一說，爲儒門第一魔障。余因邵說，乃持諸經皆全，亦備爲孔修。故授初學一經，必首飭之曰：經皆全文，責無旁貸。先求經爲全文之所以然，力反殘佚俗說，然後專心致志，精誠所至，金石爲開，專一之餘，鬼神相告。故學者必持全經之說，心思一專，靈境忽闢，大義微言，乃可徐引。故予以邵書爲超前絶後，爲東漢下暗室明燈。鄭以饗禮爲亡，不知『饗』即本經之『鄉飲酒禮』。別有《饗禮補釋》二卷。

初刻《今古學考》，説者謂爲以經解經之專書。天下名流因本許、何，翕無異議。再撰《古學考》，外間不知心苦，以爲詭激求名。嘗有人持書數千言，力詆改作之非，並要挾改削，似真有實見，堅不可破者。乃杯酒之間，頓釋前疑，改從新法，非《莊子》所謂是非無定者乎？蓋馬、鄭以孤陋不通之說，獨行二千年；描聲繪影之徒，種種夢囈，如塗塗附。自揣所陳，至爲明通，然我所據，彼方持以自助，何能頓化？彼既入迷已深，化虛成實，舉國皆狂，反以不狂爲狂。然就予所見，海内通人，未嘗相迕。蓋其先飲迷藥，各人所中經絡不同，就彼所持，一爲點化，皆反戈相向。歷考各人受病之方，投之解藥，罔不立蘇。但其積年魔障，偶爾神光，何能竟絶根株。一暴十寒，群邪復聚，所持愈堅。又或如昌黎《原毁》，争意見不論是非，聚蚊成雷，先入固閉，自樂真迷，願以終老。當此之時，亦惟啜糟自裸，和光同塵。蓋彼既無求化之心，不能與之莊語。萬物浮沉，各有品格，並育並行，何有定解哉！

未修《春秋》，今所傳者，惟《公羊》『星隕不及地尺而復』一條，及《左傳》『不書』數條。學者皆欲搜考未修底本，以見筆削精意。文不概見，莫不惋惜。即今日而論，可得大例，足以全見未修之文。蓋孔子未生以前，中國政教與今西人相同，西人梯山航海入中國，以求聖教，即《中庸》『施及蠻貊』之事。聖經中國服習久，成爲故事，但西人法六經，即爲得師，故不必再生孔子。中國當春秋之時，無所取法，天故特生孔子，垂經立教，由中國及海外，由春秋推百世，一定之例也。西人儀文節略，上下等威，無甚差別，與中國春秋之時大致相同。孔子乃設爲等威，決嫌疑，别同異。惟名與器，不可假人。由孔子特創之教，故《春秋》貴賤等差斤斤致意也。《論語》旅泰山、舞佾、歌雍、塞門、反坫，上下通行，孔子嚴爲決别，故譏之以起義。當日通行，并不以爲僭，亦如西人以天爲父，人人拜天，自命爲天子；經教則諸侯以下不郊天，帝王乃稱天子。西人君臣之分甚略，以謀反、叛逆爲公罪；父子不相顧，父子相歐，其罪惟均；貴女賤男，婚姻自行擇配；父子兄弟如路人；姓氏無别，尊祖敬宗，缺焉無聞。故孔子特建綱紀，撥亂世而反之正，『百世以俟』，正謂此耳。

附《致劉室主人書》

黄鎔、胡翼等公擬

頃讀《亞東報》第十八號《今古學辨義》，獻可替否詳哉！其言之矣，于井研之學，可謂入之深而得其肯要，諫友有功，庶得終其名譽。竊四益先生養晦閉藏，潛心撰述。海内言學者家有其書，東南學人私相祖述，著書立説，天下震驚，風氣遂爲之一變。聲應氣求，無間遠邇。某等居同鄉里，摳衣有年，甘苦之嘗，知之頗悉。四益今古學叢書之刻，皆宗旨流别之書，折中衆言，求正天下，所有全部正經注説，皆未刊行。十年以内，海内通人間有異議，率皆語焉不詳，或秘不相示，求如足下之推究隱微，窮其正變，不出于阿好，不流于吹求，著論刊報，正告天下而不可得。大著刊布，誠四益十年以内所日夜禱祝企望者，精勤虚受之苦心，固足下所深諒者也。惟足下所見之書，皆十年以前舊説。當時如三傳、《書》《禮》雖有成書，自以所論未盡愜。去年秋間有《百種書目解題》之作，專以帝王分類，所有漢師今、古名目，悉删除不用，誠足下所謂大變者。謹送呈一册，伏乞登報，以釋群疑，更約集同人細心推究經、傳微旨，不厭吹求。倘能再究此册，推見至隱，刊報傳知，使得據以改正，歸諸完善，不惟四益之所心感，亦吾黨之所禱祝以求者也。大作所陳諸條，或已經改正，或因辭害義，或傳聞悠謬，或流衍失真，既經改作，其是非姑不足論。竊以當今海内老師宿儒相聚而談四益者，皆以防流弊爲説。輕躁之士發憤著書，每多非常可駭之論，託名衛道者以此歸罪于四益，大著亦以爲言，雖四益虚受改易，某等實不能無疑。竊以心術、學問古分兩途：正人端士使爲今學，正也；古學，亦正也。僉人宵小使爲今學，邪也；古學，亦邪也。以流弊言之，堯、舜，聖人也，子之、操、懿以師其禪讓而敗；周公，聖人也，王莽、明成祖之篡逆，不能以爲周公過。六經，聖人之大法，所謂曲學阿世、詩書發冢者，豈能以爲孔子咎？《四益館經學叢書》未刊之先，非堯舜、薄湯武者代不乏人，甚至即孔子亦攻之。帝王之鑄兵，本以弭亂，而操刀行劫，報仇殺人，不能因而去兵。推之飲食男女，亦無不皆有流弊，不能因防弊而廢之也。天下事，利所在，即弊之所在。六藝之作，本爲端人志士立其課程，使有遵守，《老子》所謂非人勿傳者，乃爲真切。如但以宗旨論，即宋人以理學標目託名，其中奸邪小人，非聖無法，貪黷背謬，無所不有。江海之水，蛟龍居之而爲蛟龍，鯨鯢居之而爲鯨鯢，魚鼈居之而爲魚鼈，在人之自取，非水之過也。輕躁狂謬，本于性生，每緣經説以便其私利，因遂假之以立幟；不見此書，亦必别造非聖無法之言以自恣。故説經之書，但當問與經義忤合如何，流弊有無，初非所計。何則？考魯、齊傳經有微言、大義二派：微言者，言孔子制作之宗旨，所謂素王制作諸説是也；大義者，群經之典章制度、倫常教化是也。自西漢以後，微言之説遂絶，二千年以來，專言大義。微言一失，大義亦不能自存。六經道喪，聖道掩蔽，至今日統中外、貴賤、智愚、老少、婦女人人心意中之孔子，非三家村之學究，即賣驢之博士。故宋元流弊，動自謂爲聖人，信心蔑古，此不傳微言之害，彰明較著，有心人所傷痛者也。嗟乎！人才猥瑣，受侮强鄰，《詩》《書》無靈，乃約爲保教，以求倖于一日。四益心憂之，乃汲汲收殘拾缺，繼絶扶危，以復西漢之舊。合中國學術而論，以孔子爲尊，必先審定孔子規模光焰，宫墻美富，迥出迂腐學究萬萬之外，俾庠序之士，心摹力追，以求有用之學，庶幾聖道王猷，略得班管。

孔子，正鵠也；儒生，學射之人也。微言之學，所以指明正鵠之所在，示以搆索之方者也。四益今日不當言，則秦漢先師不當傳，舉凡《論》《孟》諸傳記，所有微言之説，皆當删而去之然後可。秦漢人人言之不嫌多，則四益一人言之正嫌其少。西漢通微言者，人無異辭，當時士氣較今何如？學人必欲貶下孔子以自便。不知學究之事，人能爲之，此庠序所以多攘奪之風也。在今之立異説者，未嘗不知微言爲聖門正傳，四益之説因而非創，與今相合，于古有徵，特不喜千年絶學恢復之功出于一人，求其説而不得，則創爲防流弊以阻之。至于以辭害意者，如四益之説六經也，謂堯、舜、禹、湯、文、武皆爲俟後聖，惟孔子爲大一統立法。堯、舜、禹、湯、文、武、周公皆爲經説，孔子小大、人天乃臻大成。閲者不察，以爲帝王皆史書已往成迹，孔子揑造事實，其論春秋之世，禮教未行，據諸侯納子妻、娶同姓以及無行三年喪之事。大著所采六朝以下狂亂之人事，迥非其比，何足以相難？且大著所引，多采之旁人，郢書燕説，變本加厲，以遂讐仇之口。四益謂孔子翻經，擇善成美，即述即作。《左傳》之政典，無一與《周禮》同，《毛詩》之序例，皆緣《周禮》而作。此中别有考證，非如大著所云。踵其説者，以孔子事亦後人所造，則就廖氏之説誤推之，安知孔子之言事，非孟、荀、漢儒所作，孟、荀、漢儒書非劉歆所造耶？並引鄧析之事以爲説，言近游戲，非著書之體。苟不循本末，機鋒相勝，則不惟四益之言不能推，上而孟、荀、董、賈，再上而孔子之六經，亦有議删議改、疑之非之者矣。學人著書立説，原欲與端人樸學商酌得失，若果有此遷謬顛倒不識體要之議論，斯人也，何足以商量六經之宗旨，斟酌百代之學術乎！又四益據《論語讖》『孔子卒，弟子子夏六十人纂孔子微言以事素王』，以《論語》皆微言，爲六經之樞鑰，制作之條例，非教人行習之書。又孔子爲古今至聖，生民未有，所云『受命』『天生』『從周』『從先進』，一切非常可駭之論，惟聖人乃可以言之。至于言行之書有《容經》《儀禮》，政治之書有《春秋》《尚書》，不可專于《論語》中求之。昔漢高祖見始皇車乘曰：『大丈夫當如是也！』項羽曰：『彼可取而代也！』天生霸王，乃可以作此語。孔子生民未有，所言『天生』『制作』，雖顔、曾、思、孟之流，皆不敢引以自況，何況餘子乎！宋以後解《論語》者皆作學究語，今人習聞其説，與四益之説《論語》行事不合，不知此聖人自述微言，萬不許人趨步者也。亦如漢高、項羽之事，學之則爲亂臣，首領不保。昔朱子作《近思録》，首卷采周子太極性命之説，或以玄遠爲疑。朱子示學者讀《近思録》，亦云自二卷起，然必先以首卷性命之説示所依歸。學者于四益各書亦當知此意，致力大義，歸總微言，不必以他端疑四益也。粗呈所見，求證高明，儻賜誨言，不勝企盼。

《孟子》『故仲尼不有天下』，使孔子爲真王，則必不能師表萬世。蓋禹、湯、文、武、周公真王也，不惟典則爲後人所羼改，三代以上，中國初闢，狉狉獉獉，古説俱在。使爲真王，必因時立制，宜于一時，必見鄙于後世，以爲簡陋，不足垂法文明。唯非真王，以言立教，乃可就地球中原始要終、盡美盡善之政事，皆得筆之于書，中外再千萬年進步，踵事增華，皆不能盡其量。此經之所以爲經，後人乃以史學讀之，宜不知聖人神化也。

此編與世俗所論，貌同心異，猶武夫之于番與，虎賁之于中郎，識者細考，當自得之。或乃深惡此編，以爲相似，嗚呼！因苗而惡莠可，若因莠而惡苗，則傎甚。夫物必有偶，且僞必亂真，堯、舜揖讓，湯、武征誅，若不審真僞，不辨微芒，概因其似而絶之，是彼反得有所藉口，以爲堯、舜、湯、武、周公、孔子且以似見絶，真美惡不嫌同辭，貴賤不嫌同號，何是非之足論乎？

自中外通商，時務日棘，無論窮達，束手無策。近來高明之士喜談洋務，無所依歸，甚至用夷變夏。學與不學，其害相同，非得聖經賢傳以爲宗旨，雖東西學堂林立，無濟時用。不知今日外務部于四科爲言語，精純者爲《左》《國》，詭隨則爲長短、蘇張之學，談何容易？凡中外語言、文字、故事、典章、人才、經制，當時君相智愚好惡與夫强弱衆寡，未發之機函，隱秘之言事，無不洞達，方足爲使才，不辱君命。故聖門特建一科，以儲奇才異能通使絶國之士。《論語》屢言辭命專對，宋元以後此學中絶，學人深惡醜詆，一臨外侮，所以上下交困，此學術不明，所以貽誤國家。如子貢出使，亡吴霸越，弱齊存魯，説者用墨家説，以爲孔門之羞，絶無其事。使今有子貢其人者，不費一兵，不折一矢，輕車就道，坐困强鄰，扶持中國，與帖括之士高談性命，其得失爲何如？乃群相鄙棄事功，以明心見性之學推之孔子，《論語》曰：『微管仲，吾其被髮左衽。』有志匡時者，可以自悟矣。明末達州李研齋《天問閣集》譏當時心學以死貽君父憂，蓋有見之言。

學顔、柳者皆從肥瘦圭角入手。夫肥瘦圭角乃近來翻帖之惡趣，顔、柳精華本在平正通達，不先學肥瘦圭角，不能入手。臨摹之士皆由偏勝以求其精華。聖學如天，無可踪迹，諸子各有聖人之一體，皆不能無弊，其偏勝正其獨到之處。必先詳其偏勝，而後能得其獨到，博考諸家以會其歸。若先挾教而後學之見，高談平正，驟語精微，必終身無入門之日。人皆明于學字而昧于學聖，方始問途，遂防流弊，所以空疏譾陋，竟成無用之學。

東南談時務者多放言高論，甚至倡言廢經。當世主持大教者，惡其離畔，託之防弊，乃推舉宋儒。帖括之毒深矣，積習重如泰山，今方知改，尚未損其毫毛，又復標舉舊學以桎梏天下。不知墨子宗旨，首重擇務；重典輕典，因乎國勢；畸武畸文，關乎世變。宗社之危，甚于累卵，即使家程、朱而人游、楊，何濟國事？亂世重功名而略行檢，自古英雄濟時變必須偉略奇士，腐儒不足以論國計、救危亡也。

談時務者誦法泰西，苦于中國無書可讀，失所依歸，浸淫倒戈，勢所必至。吾師恢張皇帝之學，標《周禮》以括政典，宗言語以示權謀，瀛海之外，早在聖人覆幬之中，新而不至叛歸摩西，舊而不至墮落禪寂。蓋全球治法，自强禦侮，與夫所以交鄰化外之道，不必外求，而經傳早已預定。于新舊之間，兼收其益，兩祛其弊，其要則在于知聖。如以帖括之學爲真聖學，則聰明材力皆錮蔽于空疏譾陋之八比。甘旨具列，不食不知其美也。

語云：『矯枉者必過其正。』非過正則枉不能矯，寒必用薑、附，温必用硝、黄。諸子以擇務救病爲宗旨，非偏激不能自成門户，觀其會通，辛苦無異于甘平。聖人不可學，學聖者必自諸子始，不必以偏執爲嫌。蓋諸子皆宗法孔子，言不一端，即《論語》亦多救病之語，墨之『兼愛』，即伊尹之『任』，楊之『爲我』，即伯夷之『清』，皆非時中，原屬平等。若必吹求，不唯諸子，即孟子亦有所不免，談楊、墨正如扶醉人，左右皆失。惡『兼愛』之『無父』，勢必偏于『爲我』，則又『無君』。疾『爲我』之『無君』，勢必偏于『兼愛』，則又『無父』。二者相妨，無中立之地。『時中』既不能學，則將何術以自存？諸子既自標學派，豈不知擇務從事？熱因寒投，涼以濟暍。自晚近貶駁諸子，人才日以困墜，舉天下聰明材智群消耗于空疏譾陋之一途，于宗社之危亡漫不加察。故必先知諸子爲四科之一體，而後人才可興也。昔張皋文談《易》，阮文達以座師投贄爲弟子，儒林以爲美談。文達屈尊服善，誠不易得，無如皋文《易》學實爲粗淺，未探本原，即以『旁通』一門言，每卦有通有不通，又有多有少，其視四益旁通三卦，出于自然者，豈不高出百倍？貴耳賤目，人情類然，何足異哉！

西人報館以開民智爲主，此册意在于開士智。國家之强由于人才，人才之成由于學識。欲增長才識，非平心静氣，推求古書，師法聖賢，不能有得。若不立圭角，則亦不能發揚蹈厲，共相興起。有人則無論法之變否，無人則雖改法亦無效。涕泣而告，被髮往救，不必高談性命，自詡衛道之勤。

中行不多，次求狂狷。既立門户，創宗旨，皆不能無流弊。欲無流弊，惟有鄉愿，然其外貌雖無可舉刺，桎梏聰明，陷溺人心，爲害乃最毒，故孔、孟皆深惡而屏絶之。近來談義理者困于帖括，講音訓者溺于章句，二者之中皆無人才。談論家好持月旦，于各門學問皆指斥其一二弊端，以爲非法。詢其安身立命之處，則仍舊學窠臼。專己守殘，惡出其上，是視天下陷溺而無以動其心，但欲以半日静坐如泥塑人定其程式，嗚呼過矣！

讀書學古以擴充學識，然須平心定氣，以意逆志。須知讀書是師古人，非古人求教于我，經、傳待我評訂。晚近師心，以輕藐古人爲宗派，其貽害庠序，如洪水猛獸。即如三傳，雖不敢曰全合聖人，要古之先師依經立傳，流傳已久，必非無故。乃宋人視三傳如村童肆口慢薄，即如衛公輒拒父一事，《春秋》所以立綱常、决嫌疑，爲群經大義。其始一二人攻之，群相附從，習焉不察。《公羊》非喪心病狂，何至許子拒父？兩漢君相師儒非盡癡愚，似此悖逆之語，何以不行改正？詳考傳義，原以父與王父相比，父有命，王父亦有命，二者相反，不能兼顧，則不得不棄父命而從王父之命。今以俗情譬之，如一人有祖有父有子，子有過，父命撲，祖宥之，必有所妨，將從王父命乎？抑從父命乎？又如州縣奉督撫命舉行政事，忽接詔書停止，二者必有一傷，將從詔書乎？抑從督撫乎？父爲我之父，王父又爲父之父，王父命行于孫，不惟孫爲賢孫，即子亦爲孝子。如但從父命，子雖從父，反使父逆王父，是子與孫皆逆，且自陷父于不孝。傳義本極詳審，説者删去王父一層，但云許子拒父，天下既無此理，則經傳必無此説。明文具在，説者不察，聞者不疑，宋元以下魯莽滅裂似此者甚多。天下論學者反謂宋人義理精于漢師，豈不冤哉！願與天下學人共除此猖狂謭陋之習，其尚有起而相應者乎？

昔人云：『以宋學立品，以漢學讀書。』似也，未盡其義。爲之下一轉語：以中學守身，以西學讀書。昔張鷺州先生教授井研，問門人曰：『汝學聖賢乎？以我爲準，解衣、正履、牽被、抱足而卧。』蜀中某太史以八比自喜，偶作一藝，其門人爲之評曰：『使宣聖復生，將此題衍爲七百字，亦不能如此字字精到。』二事久爲士林笑柄，實天下之通病，以此求聖，宜乎予聖自雄者之多。昔香帥督學蜀中，臨去，謂學政署中渣穢如山，三年以來聊效愚翁之移，幸得净盡。孰意大成殿之堆積，百倍于此，掃除一空，又誰之任乎？

《詩》云『玄鳥』『帝武』，《史》《漢》言『交龍』。記漢高語云：『大丈夫不當如是耶！』項羽云：『彼可取而代也！』陳涉輟耕而嘆。孔子自託天生，王莽亦仿之曰：『漢兵其如予何！』《史》《漢》所記諸語，亦如素王之義。記載帝王符應、言語，豈在使人學步？若以素王改制斥爲教叛，則《詩》《書》豈教後人學帝王？《史》《漢》豈教士庶學劉、項乎？玉人圭璧，織工衮龍，則亦可以干犯科之。聖賢經傳，垂教萬世，不料後世有此瞽論，若因莽妄引『天生』歸咎孔子，想亦莞爾自認也。

昔人有《嘲村學究賦》云：『數本《論》《孟》，一盤土紅，見人齟齬，遇事籠東。』實則中國數百年以内老師宿儒、名宦巨公，其心目中之孔子固同一村學究也。鄉村塾師專教截搭體，其渡題云：『我夫子云云，乃道高和寡，所如不合云云，以致云云。』千手雷同。孔子既欲求官，何不自貶？既不趨時，何必周游？其説孔子，直一乖謬無用之俗儒，與子貢所謂綏來動和、生榮死哀者，其相去何啻霄壤？木鐸之事，儀封人且知之。强出求仕，如違天何？蓋孔子出游，非以求官，欲作六藝，必先游歷，即『入太廟，每事問』之意。故自衛反魯，即行正樂，宰我、子貢知能知聖，《論語》記孔子始終于子貢、陳亢，記者恐後人不知孔子周游之意，故于篇首載子貢『必聞其政』之事。孔子生知，觸目心通，故不須求與，自能知政。陳亢從游，不見與求之迹，故以爲問。必聞之故，子貢不能知，亦不能言，真所謂過化存神，不可思議也。

聖人四科，德行爲帝王，文學爲經生，至于政治，則内政事，而外言語。今政府改同西名，政務即政事，外務即言語，一内一外。凡使命、朝覲、聘問、會同、盟誓、巡狩，如《周禮》大小行人、六方官皆屬言語科。宋元以下但有政事、文學之名，言語一科無人齒及。今人動謂海邦不比戰國諸侯可以捭闔，不知今日公法，即列國之王章。蘇、張之學，今尚無其人，《國策》所載，皆嗜其學者之擬作。抵掌而談，造膝而語，其事詭秘，多不能以言傳，故《國策》如闈中程式之作。至于簡練揣摩，應變俄頃，微妙不能以言傳，其事至精至博。凡今日中外所講習各書，無一不爲縱横家所包。有大戰國，將來必有大蘇、張也。

素王改制本旨三十題 見《公羊補證》首卷，兹不録。

古文家以六藝屬之周公，唐時廟祀周公爲先聖，孔子爲先師。蓋『述而不作』之誤解深入人心，驟語以六經爲孔子作，無與于周公，博雅士群以爲笑柄。然聖作賢述，孔子但傳周公之經，高如孟、荀，低則馬、鄭，以匹夫教授鄉里，雖弟子甚多，不過如河汾、湖州而已。况讀姬公之書，宜崇報功之祀。唐、宋學官主周公，以孔子先師配享，周公爲主，孔子不過比于十哲。作聖述賢，于古文説情事最合。乃宋末黜周公，專祀孔子，當時無人能知周、孔之真僞，不審因何黜周崇孔？此中當有鬼神主使，不然，何有此識力？祀典所以報功，主賓不容或誤，今既力主古文，以博士爲非，綜其名實，文廟當復主周公，以孔子配享，周公僚佐如召公、畢公輩宜列先賢，統計員數，當在七十左右。既主周公，孔子弟子皆宜退祀于鄉。明定典禮，庶使人知六藝由周公作，孔子不過如傳述家。必主周公，其在天之靈方不怨恫，孔子亦乃免攘善之嫌。正名報功，兩得其宜，若强賓壓主，攘其正位，情理何安？今周公祀典，學校無人齒及，朝廷亦僅從事名臣，與蕭、曹、絳、灌比。孔子專居文廟，用天子禮樂。郡國皆爲立廟，牲牢俎豆爲郡祀之冠。此天下至不平之事，急宜改正之典禮，内而政府，外而督撫、學政，既明主周公，服膺多年，所當奏請改正文廟主位及從祀先賢一切典禮。周公曾攝王，居黄屋，備禮樂，本不爲過，不似以至尊奉一匹夫，名位混淆。周公制作，孔子襲而冒之，鵲巢鳩居，魯道齊翔，即孔子何以自安？中國文廟爲祀典之首，何等鄭重，乃竟桃代李僵，豈不貽笑外國？如能請旨改正，則所有匾祝題號皆主周公，舊所頒行推崇孔子之榜題牌頌悉宜塗毁，换改周公，至聖徽號亦宜改題。孔子配享，神牌但題先賢孔子，祀于殿左，或于兩廡。凡鄉村家塾亦題至聖周公。神牌或于奭、适、望、毛、散生之班，羼附孟子神位，亦如諸子超升十哲之比。至于經籍，則《爾雅》爲周公專書，當升爲經。《孝經》《論語》如禪經語録，又爲弟子所記，宜退居諸子，不當在經數。經本聖作書，必主周公，乃不致誤認主人，且不致再囿宰我、子貢阿好其師，一意推崇，言過其實。至于舊榜『賢于堯舜』『生民未有』，求其實際，渺不可得。《尚書》《詩》《禮》《春秋》有在周公後，由諸史臣用周公舊法撰成者，宜詳求諸史官名氏，列入配哲。周公以前，伏羲畫卦，文王演《易》，堯、舜各史亦有撰述，此當列入崇聖祠。而董狐、南史，凡有名史官皆在儒先，例從祀兩廡。又七十子之祀既罷，漢初凡祖孔子，諸儒失所宗主，皆亦罷黜。傳則《公》《穀》皆罷，專用《左氏》史法。《詩》則幸三家早亡，毛獨一尊。《尚書》以杜、鄭爲首師。並請專設一局，專辦改祀周公一切章程事實。祀典正則學校正，學校正則人心正。如能力主此事，改正祀典，方足以駁素王之説。

附《家學求原》提要

昔鄭同撰《鄭志》，以明家學立義本源，師慎此書私淑其意。考四益經説，初用東漢今、古分門，繼治西漢博士，終以皇帝大統，先秦莊、鄒爲歸。考古文學以經爲殘，六藝歸本周公諸義，從東漢以至乾嘉，更無異同，道咸以來，陳、李諸家始標異幟。四益學派蓋亦風會所趨，窮而返本，非好奇僻以自矜炫。唯博士舊法蒙蝕已久，四益鈎沉繼絶，具有苦心，學者自習所聞，先入爲主，莫不詫異，即二伯、方伯一條，各經傳記明文具在，或亦斥爲一家私説。師慎以趨庭所聞，略仿《鄭志》，撰爲此篇。首標四益説經新義，次乃臚列經、傳、子、史、緯候、博士舊説以明之。其自序云『求之今無一不新，于古無一不舊』者，非虚語也。竊考四益各經義例，刻意求深，推廣補綴，誠不無斧鑿痕。然顧炎武、閻若璩于群疑衆謗之中，卓然自立，事久論定，靡然相從。江、錢、孫、王，當時各得盛譽，後賢踵事，遂成芻狗。昌黎論文不顧非笑，非才力横絶，固不能超越古今，使壁壘一新也。湘潭王仲章欲撰一書，自明家學新解，未克卒業。是編乃能與《鄭志》後先比美，與《樹坊》編相輔而行，釋疑解紛，于家學不無小補云。

《諸子凡例》提要 康《改制考》多引子書，故録三種子學以明宗旨。

《縣志》：『平頃撰群經解説，先刊《凡例》。』故于諸子亦有。此作大抵所列皆先秦諸子，入漢以後所收不過四五家。其大旨以子學皆出于四科，道家出于德行，儒家出于文學，縱横出于言語，名、墨、法、農皆沿于政事，爲司馬、司空之流派。其推本于孔子以前之黄帝、老、管、鬻者皆出依託。子爲六藝支流，源皆本于六經，孔子以前無此宗派。又以子書皆出于爲其學者之所輯録，非諸子所手訂。其中又多六經之傳記，如《管》《荀》中之《弟子職》《地員》《禮三本》之類，皆爲古書。漢時求書後藏之秘府，斷簡殘篇，多失其舊。後來校書者以類相附，凡古籍無名氏可考概附焉。又子書以《孟子》爲正，無一章不有孟子明文，《管》《荀》《墨》《韓》凡無諸子明文者皆爲古籍經説，非其自撰。又諸子以道、儒爲大小二統之正宗，其餘名、墨、法術語多過激，如硝、黄、薑、桂，皆爲救病之藥。矯枉者必過其正，蓋多爲海外言之，如泰西法寬，至以謀反爲公罪，非以申、韓救之，不能中其病。合海内、海外爲九州，九流分治，又如八音、八風各司一方一門，又如水、火、金、木各司其用。藥非毒不能去病，諸子無偏激無以成家，言各有當，取其適用而已。其餘但有凡例，亦如《群經凡例》，于各書有成未成之分也。

《諸子出四科論》提要

《縣志》：班《志》言九流宗旨，多引司官職掌以立説，而不詳其時代，則子家半從依託，在孔子前矣。不知九流爲六藝支流，孔子以前無此宗旨，所有鬻熊、管、晏悉出依託。考《莊》《列》盛推顔、閔，又多用經説，其出于德行可知；陰陽五行，《易》之宗派，亦附德行。文學流爲儒術，小説附焉。言語號曰縱横。唯政事一門，其流最雜，分爲四家：名、法、農、墨皆其節目。雜家最具，儼如大化。故專著是書，發明子由經出，以正班氏之失焉。《諸子宗旨》二卷，《縣志》未收書目。

《孟》《荀》皆儒家，爲治中國之學。以宋學言之，《荀子》言『性惡』，使人不驕敖，必須禮樂以自修，如禪宗之漸學，頗似程、朱。《孟子》專言心學，推廣良知，堯舜可爲，如禪宗之頓悟，頗似陸、王。又國初王漁洋太邱道廣，不惜齒牙餘論，奬藉後進，凡投贄詩文者皆得盛譽。施愚山崖岸甚峻，不輕許可，後生新作，多遭勒抹。王善于誘掖，使人不自暴棄；施則師道尊嚴，學者降心斂氣以求上進。各擅一偏，不相假借。喜寬惡嚴，人之常情，後賢尊孟抑荀，亦如漁洋善諛，人亦報之以譽，愚山劉四罵人，後生亦多刻論。實則學者成就，寬不如嚴，荀不下孟，嚴鐵橋之説詳矣。宋以下獨傳心學，積成一空陋無用之世界。若論寬猛相濟之義，孟子外宜以荀立學，既可辟陳，且可化虛爲實，不自滿假，不唯與臨深履薄相協，且典章制度，漸學終勝于頓悟。至于貴民輕君，本儒家常義，非孟有而荀無。或乃因偶合西人，指孟爲大同，荀爲孽派。大同本屬道德，若因偶合泰西，便爲嫡派，則于子學未得本原。貴民輕君，《左》《國》實多其説，亦將指爲大同耶？

《四益館經學叢書》自序

癸未以來，用東漢師法，劈分今、古二宗，丙戌有《今古學考》之刻。原意約同志講求，非敢以爲定説也。戊子以後，始悟古學起于劉氏講書，所言淵源多爲附會，乃作《古學考》《周禮删劉》二篇，以《左傳》歸還今學，此一變也。丙申以後，《周禮》所删諸條陸續通解，删去劉氏羼補删改之説，至于此而群經傳記統歸一律，無所異同。以師説論，彼此固有參差；以經傳論，不須再立今、古名目，此又一變也。積年甘苦，寸心自知，博采通人，折中一是。本當將舊刊諸書，或削或改，以歸專一。唯是事體博大，不能以一人私見盡改昔賢舊説，見知見仁，各隨所得，二三師友每有以舊説爲是，今説爲非者，故並存之。各書不無淺深異同之分，但考其年歲，即可得其宗旨。並將化同今、古之説刊入《經話》丙、丁各集，以後但考其年歲，即可得其宗旨。倘海内達者不吝教誨，數年以後，再行將各書改歸一律，不可存者削之。又『凡例』一門，各經粗備，同志初步，可資鑽研，高堅進境，唯在自得。鄙人自今以後，不再鑿險縋深，鈎心鬬角，唯涵養義理，期于自得，否則終身農圃，不占果腹之樂可乎？丁酉仲冬自叙。

《古今學考》二卷

《縣志》：四益初作《今古學考》。今、古者，今文、古文也。二十年後講大統，乃作《古今學考》。所謂古今者，中國海外、上考下俟也。先秦以前，經説兼言海外，如《大戴禮》、鄒衍、群緯，博士如伏、韓間有異聞，東漢以後，乃專詳海内，據《禹貢》以解《詩》《易》，鑿枘不入。迄今海禁宏開，共球畢顯，使聲名限于四海，則『血氣』『尊親』，皆成虚語。海徼自外蟒幪，故各尊所聞，各行所知。《論語》『百世可知』，《孟子》曰『百世之後，莫之能違』。孔子至今近百世矣，海外異教不能統屬，是必專宗孔子，用帝道兼海外，乃可莫違。或以孔子前知爲嫌，然《尚書緯》『地有四游』，鄒衍『海外九州』，《逸禮》之『五方』，極與今西説符合。中西未通二千年前，中國早有異聞，諸賢能知，又何疑于孔子？按聖學以繼、開爲二派，繼爲述古皇、帝、王、伯，開爲垂法全球。《今古學考》外再撰此篇，上卷法古，下卷證今。搜采舊説，不厭詳盡，亦可謂苦心分明矣。

按《王制》《周禮》封建畿數不同之故，自漢至今，説者無慮千餘家，迄無定説，四益丁酉冬于成都作二説，折定一尊，較諸家最爲精實。自戊戌講大統，數年後乃能通徹無遺議，舊説已改，無容置議。今備録原文于此，以見不得真實義，雖四益無可如何。經傳本有真實義，所當詳細推考，皆有一定不移之實義，非可望文生訓、調停附會而説之者也。

《五等封國説》

四益丁酉作于成都，當時于《删劉》中除去二條，今按其文云。

經傳有彼此參差隱見，非合觀不見全例者，如《王制》畿内封國與《孟子》所言不同。因其不同，乃見全制是也。博士説言封國至百里而止，千乘之國爲經傳明文，先師不得其解。包氏乃創爲百里出千乘之説。百里出千乘，則天子當爲十萬乘，非千乘矣。此今文家之誤説也。考《漢書·刑法志》，百里出百乘，方三百一十六里出千乘，方千里出萬乘，制度最爲明備。《漢書》言齊封四百里，《明堂位》言魯封『方七百里，革車千乘』。三百一十六里出千乘，舉成數言爲方四百里。《明堂位》之『七』，當讀爲『四』，音之誤也。是今文家本有千乘四百里之明文，特于上公及伯、子、男無可考見。《王制》雖有閒田之文，其説不備，而其文特見于《周禮》大司徒之職：『諸公之地，封疆方五百里，其食者半；案：指一易之田言，所謂上田。諸侯之地，封疆方四百里，其食者三之一；再易之地，以三合一，爲中田。諸伯之地，封疆方三百里，其食者三之一；諸子之地，封疆方二百里，其食者四之一；三易之地，以四合一，爲下田。諸男之地，封疆方百里，其食者四之一。』食者半，三一、四一，分上、中、下三等，互文見例，非必尊者得上田，卑者得下田也。《職方氏》：『凡邦國，千里封公。以方五百里則四公，方四百里則六侯，方三百里則七伯，方二百里則二十五子，方百里則百男。』此四十二字，爲《逸周書》所無。亦如『九州』『九畿』爲今、古聚訟之端。實而考之，今、古兩家舊説皆誤，必相合乃爲全制。蓋《孟子》《王制》所言百里、七十里、五十里者，諸侯之本封，九命以下五等之國也；《周禮》乃五長之慶地，九錫以下五等之國也。以今制言之，《周禮》之公一品，侯二品，伯三品，子四品，男五品。《孟子》《王制》之公同爲五品，固皆百里。侯爲六品，伯爲七品，子爲八品，男爲九品。上、下二等同以公、侯、伯、子、男爲稱，爵位懸殊，故封地大小不一。今、古二家各執一偏，各主一説，故不能相通也。考《孟子》《王制》諸侯言公，取閒田以禄之。《周禮》典命『上公九命爲伯』『侯伯七命』『子男五命』；《大司徒》又云：『九命作伯』『八命作牧』『七命賜國』，則二等爲一等言之。以此迭推，地隨爵進，就本封言，則爲百里、七十里、五十里；就閒田慶地言，則方五百里、方四百里、方三百里、方二百里、方一百里。今文家即有慶地方四百里明文，上下等差亦嫌不備，所當急取《周禮》以補五長食閒田之等差。《周禮》又當取《王制》《孟子》以明諸侯本封。離之兩傷，合之雙美。先師各執一偏，信《周禮》者不言本封，信《孟子》《王制》者不言慶地，皆非也。或曰《孟子》言萬乘之國、千乘之家，千乘之國、百乘之家，以十分取一而言，則天子之公只得千乘，適爲三百一十六里，何得云方五百里？諸侯之卿爲百乘，則伯、子、男以下亦不能有方三百里、二百里之多。曰經傳里數皆略舉大綱，千乘之四百已非實數，何論其他。《周禮》言其等差以五、四、三、二立名，亦不得不然之勢。考《周禮》《王制》田皆有上、中、下三等之分，《周禮》之封疆雖如此，然以田計之，則不過得其半、三之一、四之一。就其所食者言之，不僅去其半。今據諸經傳説，以千乘爲至大之國，内之上公，外之二伯同食此閒田所入。不然，則又至親如魯、衛、齊乃得當之。侯伯與卿三分去二，以七百乘算，從七百乘分算三分去一，大夫與伯、子、男又得二百餘乘，元士與小國三分取一，只得百餘乘。至于本封百里之國，以百乘爲至多之數矣。蓋慶地皆在閒田，畿内之上公本封亦不過是矣。以今言之，如京官養廉本薄，至于别有差使，則養廉經費從優。差畢之後，仍食本俸，别爲表以明。

		典命	大宗伯以一爲二	《孟子》	《王制》	《左傳》
方五百里	九錫今職正一，以下迭推。	上公九命	九命作伯	公	二伯	公
	八錫	三公八命	八命作牧	卿	方伯	卿

续表

方四百里	七錫	侯伯七命	七命賜國	大夫	卒正	大夫
	六錫	子男五命	五命賜則	士	連帥	士
方三百里	五錫	卿六命	六命賜官	卿	屬長	皂
	四錫	大夫四命	四命受器	大夫	公	輿
方二百里	三錫	公之孤四命	同	士	侯	隸
	二錫	公之卿三命	三命受位	上士		僚
方一百里	一錫	大夫再命	再命受服	中士		僕
方百里	九命	士一命	一命受職	下士		臺
	八命	子男之卿再命				
方七十里	七命	大夫一命				
	六命	士不命				
方五十里	五命					
	四命					

续表

方三十里	三命					
	二命					
方二十里	一命					

三服五服九服九畿考

《周禮》有『九畿』『九服』之文，鄭君據以立説，與博士歧而爲二。案：《康誥》言侯、甸、男、邦、采、衛，全書共五六條，皆與《周禮》同，甸在外，侯在内。《左傳》言：『昔我先王之有天下也，規方千里以爲甸服。』與《王制》同。《周語》祭公諫穆王曰：『夫先王之制，邦内甸服，邦外侯服，侯衛賓服，蠻夷要服，戎狄荒服。』則用《禹貢》説。從三服加爲五服，乃合一州，言非全天下也，蓋王所統不過皇之一州。《周禮》有九服萬里之説，而九畿更爲萬八千里。考《禹貢》叙甸服五百里之外曰：『五百里侯服，百里采，二百里男邦，三百里諸侯；此句爲衍文。五百里綏服，三百里揆文教，二百里奮武衛；五百里要服，三百里夷，二百里蔡；五百里荒服，三百里蠻，二百里流。』合綱目觀之，共爲四綱八目。《周禮·大司馬》言九畿之制：『方千里曰國畿，其外方五百里曰侯畿，『侯』當爲『甸』。五百里自王城計之。又其外方五百里曰甸畿。『甸』當『侯』，文誤倒。又其外方五百里曰男畿，又其外方五百里曰采畿，又其外方五百里曰衛畿，又其外方五百里曰蠻畿，又其外方五百里曰夷畿，又其外方五百里曰鎮畿，又其外方五百里曰藩畿。』與《職方氏》文同，但以『服』爲『畿』。合數之，共方萬里，以較《禹貢》小目多同。《尚書·皋陶謨》

『弼成五服，至于五千』，自來經師皆言王者三千里，或據《禹貢》爲五千里。故《禹貢》外四服雖有四綱八目，侯、綏、要、荒四服言服者爲綱，其下不言服之二百里、三百里爲互見九服之文，故數四，言服之五百里不再數，不言服之二百里、三百里，合王畿爲五千里，此一定之説也。《周禮》九畿之文，實考之，實與《禹貢》小目相合。《周禮》爲三皇五帝之書，大同異于小康，乃有九服萬里之説。今以讀《禹貢》之法讀《周禮》，不但里數相同，其名目亦無不與之巧合，《周禮》之總綱『侯畿』即《禹貢》之『侯服』，《周禮》小界之『男畿』即《禹貢》之『男邦』，《周禮》總綱之『采畿』即《禹貢》之『綏服』，《周禮》小界之『衛畿』即《禹貢》之『奮武衛』，《周禮》總綱之『蠻畿』即《禹貢》之『要服』，《大行人》『蠻』亦作『要』。《周禮》小界之『夷畿』即《禹貢》之『夷』，《周禮》總綱之『鎮畿』即《禹貢》之『荒服』，《周禮》小界之『藩畿』即《禹貢》之『蠻』。讀《周禮》之法，當總綱與總綱合數，小界與小界合數，如此則《周禮》總綱之侯、采、蠻、鎮與《禹貢》之侯、綏、要、荒同爲五千里，《周禮》小界之男、衛、夷、藩與《禹貢》之男、衛、夷、蠻亦同爲四千里。因其名目小有參差詳略，舊説歧而二之，非也。然後知萬里之説，《周禮》與《尚書》同，《周禮》乃《尚書》之傳。小帝五千里一州，爲《禹貢》五服，大帝九千里一州，爲鄒衍所本，其目則見于《禹貢》小目也。或曰以《禹貢》子目計之，則爲四千一百里，以《周禮》子目計之，則爲四千五百里，何也？曰此有誤文，以《禹貢》綏、要、荒三服言之，皆三百里在内，二百里在外；五百里從中畫界，内三外二者，算法開方，外多于内故也。則侯服之百里采，二百里男邦，當爲三百里。采，《王制》：『千里之内曰甸，千里之外曰采，曰流。』即此采也。五字當爲衍文，以三字不當在外。又經傳以諸侯名服畿之證，男與衛對文，知男在外也。至于『男』『甸』二字，隸書有書『男』作『甸』之體，如《左傳》『曹伯甸』當爲『曹伯男』，故或疑《康誥》『侯、甸、男、邦、采、衛』甸爲本字，男爲先師注讖，言當甸爲男也。後人誤入經文，遂使『甸』字與畿内同名。《周禮》先師誤據《康誥》顛倒『侯』『甸』二字，遂至相歧。以《康誥》合男、甸爲一，《周禮》甸、侯易正，則畿外正爲四千里，與《禹貢》無絲毫之出入也。不知九服當以《周禮》正名爲據，不可因《禹貢》改之，《大司馬》與《職方》故可以《禹貢》之文讀之，然《大行人》『其外方五百里謂之侯服，歲一見；又其外方五百里謂之甸服，二歲一見；又其外方五百里謂之男服，三歲一見；又其外方五百里謂之采服，四歲一見；又其外方五百里謂之衛服，五歲一見；又其外方五百里謂之要服，六歲一見；九州之外謂之蕃國，世一見』。按三十年爲一世。明以服數見等次，安得合二服爲一？或又曰今合男、甸、侯服爲一，而《大行人》明云『甸服二歲一見』『侯服三歲一見』，禮制既有等次，安得更合爲一？曰：《大行人》歲見之文與《周語》相似。《周語》從甸起數，當爲邦畿千里謂之甸服，歲一見；其外方五百里，二歲一見。蓋『甸服』句原在上，誤讀九服易之耳。《周語》先王之制：甸服者祭，《大行人》亦當從此起數。侯服者祀，賓服者享，要服者貢，荒服者王。日祭，月祀，時享，歲貢，終王。《大行人》之文雖與《周語》不能盡合，然由甸以推要、荒，其次序等差可考也。或又云《禹貢》言五服，《周禮》言九服、九畿。自來説《周禮》者九與五字別，故別自爲一説。今、古合一，何以解于九、五不同之故？曰：《禹貢》于一服之中畫爲二界，大綱爲四，小界爲八。《尚書》之言五服猶總綱四服，合甸數之，爲小帝五千里一州。《周禮》之言九服者合小界八服，共甸數之，爲大帝，自不害其不同也。蓋畿、服之分，大言之則畿爲方千里，小言之則服爲五百里，一定不移者。此條爲經學大疑，今爲總論其綱如此，並爲表于後以明之，所有小節出入，無關大義，別自有説。

《王制》三服，小王全。《王制》《孟子》皆王學，以方三千里立九州，所謂儒者九州。	《周語》五服，大王廿五州。于王三千里外加入二服。内爲九州，外爲十二州。	《周禮》九服，九州小帝。四帝分封，各得方萬五千里，立爲九州，各得方千里。	《禹貢》五服，一州大帝。以二萬七千里九帝分封，各立九州，方三千里，一州爲方九千里。	《周禮》九畿、九州爲皇。《周禮》九畿之制，一畿千里，九畿九州萬八千里，外有萬二千里，合爲二十五州，共三萬里。

古之射御今變爲礮駕，既停武科，則當兼資文武。駕船翔海，既難取材，學習槍礮，俗儒猶且咤怪，故擬編《射御通禮考》一書。經傳射御即習武，祭祀、朝覲、賓客、燕享皆須命射，人人以不習不中爲耻。封國與祭，非中不能游戲，如投壺是亦兵法。故驟語西法則人以爲疑，故備引經傳射御之文，而以礮駕名物摹仿之，如《禮經》《饗射》《大射記》《投壺》三篇，以槍礮子藥各器各禮節翻譯之，使其可行。士大夫賓客燕會鄉飲賓興禮典與祭皆仿射禮舉行硫礮。硫礮之事譯爲『彈禮』『弋禮』。洋海放船不易操習，先于各都會修湖池，行館會議皆在湖中，使彼此習于舟行。廣勸有力家多置船隻，陸地所行典禮可移改水濱者，皆改在舟中，使人習水，又水嬉江操泅人招募練成隊伍。《論語》學射學御，聖人以此自名，非大革創『弋禮』『駕禮』，不能大開風氣，造就人才。今日爲此書，亦如叔孫之草朝儀，通其變，使民不倦，人盡知兵，國乃强盛。董子《爵國篇》方里之内有二十四人爲軍，方千里已二萬四千，方萬里則二十四

萬。以此推之，而兵不可勝用矣。

《列》《莊》推尊孔子，以爲神聖，其書爲《詩》《易》師説，學者類能言之。顧道家之言不盡莊論，設辭譏訕，遂爲世所詬病。推尋其旨，蓋一爲抉微，一爲防弊。近代古文家説孔子直如鈔胥，如書厨，墨守誦法，去聖人何啻千里？故《列》《莊》著書不唯駁王伯，並且斥古之三皇、五帝、伏羲、神農，且謂不同禮、不襲樂，皇且不學皇，帝且不學帝，王且不學王，伯且不學伯。皇帝皆因時立制，不可承襲，是古之真皇帝無一可學者矣。又云古之真人利澤萬世，垂法天下。蓋『元聖』『素王』『神人』『至人』『真人』皆謂六藝中之孔子。古之皇帝不可法，則所述稱皆後之皇帝，孔子所垂法，澤及萬世也。《列》《莊》書舊説以爲孔異端，故力攻孔子。信如是，何以推崇處不亞孟、荀？讀《史記》以莊子著書以攻仲尼之徒，乃知道家果爲聖門嫡派，故推崇孔子以爲天人，曰『元聖素王』，曰『明聖神王』。見地既高，攀附愈絶，爲至聖存真去僞，凡秦漢以後儒行流弊，與師説廢墜之故，如燭照，如指數。故寄寓古人，非敢斥孔，特爲僞學法，如公孫弘之曲學阿世，古文家以孔子爲述，故有芻狗、糟粕、陳迹等説。須知凡其所指，皆非實指孔子，如不能逃其指斥，則亦不足以爲孔子。舉後人附會誤解，倡言訶絶諸依託，以見聖道之尊嚴，聖門有《列》《莊》而後道尊。或曰：何以見非攻？曰：柳跖與孔子不同時，童稚所知者也，編中極稱盗跖之辭，非所謂寓言乎？且以見後來僞學，其人品雖盗賊且羞與爲伍，故爲聖門防弊，唯《列》《莊》最嚴，竟以負託全責諸孔子，甚至『詩書發冢』『盗亦有道』，亦藉事發揮。此書之作，其亦《列》《莊》遺意與！是在讀者之善悟耳。

康作《僞經考》，古文之僞在説不在經。當日立此名，非不知其非，實以爲非駭俗驚世不足以立名，又依託四益以爲藏身之固，竊人之説以要世名，亦熱中躁進之一端。或云改爲《舊學真經考》，則人不攻。

朝四暮三，比非其倫。渠意謗之所至，名亦隨之，方以受謗爲得計，是非得失所不暇計。歸重孔子之學，得其書而後天下震動，群焉歸心至聖。漸悟古文之非嬴秦閏紫，只足爲驅除。其説粗豪狂恣，然盗見主人，自爾帖伏。其説流弊雖大，得此册以駁正之，羲輪一出，霧障自銷，以視《翼教叢編》，不可同年而語。主持名教者，不可不深思熟計之。

樂山帥秉鈞鎮華《答亞東折箌室主人書》云：『當作《闢劉篇》時，以十二證删駁《周禮》與今學違反諸條，南皮張尚書、富順宋檢討累以爲言，而四益持之益堅，幾至以干戈從事。辛卯以後從事《詩》《易》，已多新解。戊戌因用小球大球以説《周禮》，乃知《大行人》九服以内之九州即大九州。九九得方千里者八十一，即鄒衍海外九州之所祖。内史「三皇五帝之書」而不及王伯，地官由四夷以及四海。鄭注以地中爲萬五千里，地三萬里，四游浮沉。祀地有二：一崑崙，地中之神；一中國，赤縣神州之神。由是據《大行人》《職方》兩九州之神爲帝小皇大。一書中兼二統，所謂小司馬以「小」名官者，即《商頌》之小共、小球，主五帝分方之小九州。所謂大司馬以「大」名官，即《商頌》之大共、大球，主《大司徒》《大行人》之千里一服大九州，與《詩》《易》禮制相同。鄒衍方三千里之大九州，乃五帝分司五極之事，大于《王制》八倍，而小于皇者五倍者也。于是乃知今、古之分，一爲王伯，一爲皇帝，一爲禹方千里之九州，一爲方二千里、方三千里、方四千里、方五千里、方六千里之大九州。凡《周禮》與《王制》不合者，皆爲海外大九州大統之制。求之經而《詩》《易》合，而《戴記》《左》《國》合，求之子而《莊》《列》是其專家。由是而全書悉皆化朽腐爲神奇，求之博士説，而所謂五極、五神、四海、皇帝諸説，未嘗不足以相證。由是削去今、古名目，以帝、王分之。以今、古不並立，分屬帝、王，則不相妨而相濟，于是刊《地球新義》，並編《四益館自著百種書目解題》。蓋自此中、外之分，帝、王之别，所有群經傳記各得依歸，再無矛盾，永絕鬬争。三十年之功成于一旦，此豈非所謂大變者乎？大著爲之説曰：「欲廖氏之大變，虛存此説，不能定其必能變。」一變亦不能必如此之大而美也。蜀中同學于去冬刊成《百種書目》，乃大著登報亦在此時，萬里之遠，不約而同。此事至大，非精誠之相通，則鬼神之先後，嗚呼盛矣！足下所疑諸條，四方賢達亦嘗馳告，前後大旨相同。説經之書，原欲與端人正士誦法聖人，推求至道。至于僉壬巧佞、因緣爲奸，防不勝防，蓋其生性險惡，有以肆其毒，不發于此，則發于彼，堯、舜、湯、武、周公、孔子已所不免，何況今人？至于微言大義，但當以意逆志，求其至當。如必苛刻推求，且以邪惡衍説，則雖聖經賢傳，夫誰能免？《孟子》曰「如以辭而已矣」，是「周無餘民」。誤解《詩》意且不可，何況以奸邪讒諂之德行之。即如素王改制二字，董、何言之甚詳，若謂以孔子爲素王，藉改制以亂法，在董、何當亦所不計。至于著述小有語病，是在讀者之善説經解，設辭附會，皆不足爲古人咎。四益用心之精深博大，非淺學所能窺，故海内唯香帥、曲園乃深相引重。乃通合三傳，則曲園以爲疑；發明皇帝，香帥意有未饜者。則以吾師飛行絶迹，又加以堅苦卓絶，當其説未圓徹時，雖及門叩請，師必不從；一旦貫通，則風發泉涌，精思妙解，迴出塵埃，每數日間而每況愈上，諸多非初心所及料。士别三日，刮目相待，師與香帥相别十年之久，間有所呈，略而未詳，非盡閲其書，面析疑難，何能周悉？未明其説，數日之前，吾師亦且自疑，又何疑于香帥？香帥寄語，欲師用退筆，足下則云「望其大變」。凡師所折定，雖淺近如《今古學考》中各條，海内名宿雖各有所疑，然終無以相易。唯師則大刀闊斧，彈指改觀，解鈴繫鈴，足下知之最深，固非外人所能言。在吾子亦借是以發其難，固明知無所加損于吾師，而急欲其自辨。海内學人讀吾師書者日以千百計，諸多囿于《今古學考》，欲求觀書多、相知深，則唯足下，此吾輩所以不能已于言。去年，《井研藝文志》彙收師論述百四五十種，分屬子姓及門，爲廖學之小成，合觀其全，乃知高厚迴出言思擬議之外，古之鄒衍、江公非其敵也，何論餘子。其書有抽印本，吾子試求而讀之，益知吾言之不足以盡之也。近來續有新作，在《縣志》外，擬别編《縣志》未收書目提要。又《縣志》本以篇幅過重，多從删節。將來擬合新目全文，重編《廖氏書目提要》。一日千里，敻乎莫及，吾固不識其止境之所在也。天下談廖學，虚爲推崇，不足爲榮，痛加詆訕，不足爲辱。所難者同志之士集首一堂，妙緒徐引，無舊非新，想亦足下所切願，何日得償此志乎？』

倫理約編①

題識

自海禁開而儒術絀，海外學説，輸灌中邦，拾新之士，立説攻經，即老師宿儒以名教自任者，其推論中外，亦謂希臘羅馬制或符經，由野進文。斯崇耶教、更新制，青年英俊，中者過半。心失權衡，手無規矩，既貽卑己尊人之羞，兼伏洪水猛獸之患。土崩魚潰，岌岌不可終日。議者知窮術盡，推尊至聖，以挽已散之人心，禦鉅艱之外侮；然微言大義，十弗闡一，雖復虛尊大祀，然德配天地之真，卒未窺睹。四譯先生昔應選科師範之聘，主講倫理一科。以爲近日課本非腐則謬，不足資采用，學者請自編，先生許之。其編書大旨，在取外國先野後文之箴言，以合《公羊》撥亂反正之範圍。每題次以十目：曰西俗，博采西人近俗學説。曰中證，孔子未生以前，中國程度比今西人，古來軼文孤證，尚有可考。曰求野，中國藩服，各史《夷狄傳》，與北魏、元史之類。曰禍亂，西國無倫理，其禍亂譯書多諱之，惟小説稍有真要，而隱伏禍害，每多可言。曰撥正，用《公羊春秋》『撥亂世反之正』語，每條引經爲主。孔子初作禮，以撥中國之亂，今且推之全球，以撥世界之亂。曰師説，凡傳説與進化宗旨相近、與尊孔切合者，引入此門。曰比

① 光緒三十三年（一九〇七）廖平在選科師範講倫理，自編《倫理約編》作講義，後收入《六譯館叢書》。

較，以中外倫理相比較其得失，考其利害。曰引進，外人染華風，知自別于禽獸者，入此門。曰解誤，經傳之説，有從來誤解者，如《斯干》之男、女指爲真男、女，以爲貴男賤女，此解之誤。曰防弊，唐宋以後，語多過甚，有爲外人攻擊，宜改良者，入此門。條分縷晰，得若干條，而《坊記》等編《新解》附焉。升堂講授，髦俊傾誠，縱桀傲性成、專心外嚮者，言下莫不立悟。蓋野文先後，作述顛倒，誼由四譯詮明。從古無此奇變，故宇宙無此奇作。雖按時立説，四譯不得獨居其功，然以此爲尊孔第一奇書，蜀學之上乘，則固不待好學深思，即某等淺譾，可與聞矣。是書初成，亦如雷、化各學，初發見于世界，是動天下之兵；又句奇語重，難索解人。或且據舊説以相難，不知敵情，惟好議論，巨寇當前，敗衂立見；剩此孤軍，獨立旗幟，制勝雖不在一時，而死灰猶幸有復燃之一日。名城大將，既已忘俘，敵所不能攻者，我乃攻之。籍寇兵，齎盜糧，已爲非計，況乎反戈？然連軍拒敵，折竿揮之而有餘；若以羸卒持朽械，無端搆釁，主人深居閉壘，不發一矢，不遺一卒，任其環攻，遲之日月，徒爲笑資，竟何損其毫髮乎！受業李光珠撰。

倫理範圍，所該至廣，且師説孔多，非短篇所克罄。今撰此編，觕陳梗概，引而伸之，別詳專書。

四譯館主人識。

一、總論進化資格

《論語》：『先進于禮樂，野人也；如墨家。後進于禮樂，君子也。如儒家。如用之，則吾從先進。』此先蠻野後文明之實證。《中庸》：『今用之，吾從周。』『野哉，由也！君子。』于，讀作『迂』。

《喪服傳》：分六等。『大宗者，尊之統也。禽獸知母而不知父。野人曰：父母何算焉！都邑之士則知尊禰矣。大夫及學士則知尊祖矣。諸侯及其大祖。天子及其始祖之自出。尊者尊統上，卑者尊統下。』

《説苑·修文》篇：分六等。『傳曰：《詩經》之傳。觸情從欲，猶逕情直行，所謂自由。謂之禽獸；苟可而行，謂之野人；安故重遷，謂之衆庶；辨然否，通古今，謂之士；進賢達能，謂之大夫；敬上愛下，謂之諸侯；天覆地載，謂之天子。是故士服黻，大夫服黼，諸侯火，天子山龍。德彌盛者文彌縟，中彌理者文彌章。』先野後文，尊者文，賤者野。

《晏子春秋》：『君子無禮是庶人，庶人無禮是禽獸。』有禮然後爲人格，無禮則爲禽獸、野人。

《孟子》：『人之所以異于禽獸者，幾希。』又，『逸居而無教，頗似外人富强。則近于禽獸』；『使契爲司徒，教以人倫：父子有親，君臣有義，長幼有序，夫婦有別，朋友有信。』〇外國但有朋友一倫。

《樂記》：分三等。『是故知聲而不知音者，禽獸是也；知音而不知樂者，衆庶是也。惟君子爲能知樂。』

《曲禮》：『鸚鵡能言，不離飛鳥；猩猩能言，不離禽獸。今人而無禮，雖能言，不亦禽獸之心乎！夫惟禽獸無禮，故父子聚麀。是故聖人作，爲禮以教人，使人以有禮，知自別于禽獸。』又，『逕情而直行者，戎狄之道也。』

《曲禮》：『禮不下庶人，以資格言，有禮乃爲人。刑不上大夫。』亦以程度言。人皆有大夫資格，非大夫以上遂無刑，《春秋》且誅絶諸侯、貶斥天子。

附：進化七等表

禽獸	野人	衆庶	士、都人士	大夫、學士	諸侯	天子

表中『衆庶』以上如外國，以下如中國。

按，中、外風俗倫理，以此爲比格，能免于禽獸、野人者，然後人格全。中國春秋時代，人民資格亦如海外，不免徑情直行，亂臣賊子，禍亂無已；孔子撥亂反正，乃立經教以改革之，所謂聖人爲禮，使知自别于禽獸。凡經皆創説，非古所有，中國承習二千餘年，不似秦漢之際，雍、梁亦爲戎狄風俗。日用不知，故以經爲常語，須知春秋時人之聞經説，如娶妻必告父母、匪媒不得，亦如海外作霹靂聲。故欲言必知此義，而後撥亂反正之義明，至聖俟後之功顯。

欲明倫理學，須知教化由小而大之理。中國文明始于春秋，春秋版圖，不出儒者九州三千里。《秦本紀》博士説，古之皇帝地方不過千里，此蓋春秋以前之中國。俗解皇降而帝，帝降而王，王降而霸，教化由大而小；西人乃得以矛陷盾，謂耶蘇之教，初在一國，至今幾滿全球，中國孔子之教，由大而小，由文而野，所以日見銷亡。果如舊説，則穴空招風，經將無以自存，何以《中庸》言『洋溢中國，施及蠻貊』『凡有血氣，莫不尊親』乎？又如今之學堂所講古史，堯舜以前之三皇五帝，言蠻野則極蠻野，言文明則極文明，二者形隔勢禁，萬不能通。如孟子言，堯舜之世，『獸蹄鳥迹之道交于中國』，人不得平土而居，可謂極蠻野矣；而《尚書》『光被四表，格于上下』，乃謂三萬里内道一風同，此亦萬不能通者也。《禹貢》九州既已承平，而《春秋》荆、徐、梁、揚半爲夷狄，亦不可通。今考古事，當以春秋爲斷。春秋時文明程度極爲蠻野，且每每在歐美下，孔子以前之古史，先文後野，先大後小，既乖實理，而且言狉獉則極狉獉，言文明則極文明，此古史之説所以不能切理饜心，使人篤信。大抵此事當分爲二派，一曰史派，一曰經學派。凡言上古中古近古之史事，亦如《黑蠻風土記》，此爲當日之實事；所言五帝三皇，堯舜三代，愈古愈文明，則爲經學派。蓋地球開闢情形，每州莫不相同，經説之皇帝，盡美盡善，較堯舜而猶有加者，此俟後之説也。

世界初未有此文明。數千年後改良精進，乃有此等事實。孔子之大，真爲生民未有。不惟吾國所當崇拜，凡有血氣者，莫不尊親者也。

二、明孝

西俗：西國無所謂孝，其人民專主獨立，父子各立門户，律無收養之條。《新約》書云：『人不可以人父爲父，當以天父爲父。』又無祖宗姓氏，與匈奴有名無姓同。《十一國游記》載其父子如路人之事，甚爲詳備；而《采風記》又云在英曾請翻譯吾國『孝』字，彼國無此名辭，不能得其意義。則西國人倫之薄，無待言矣。

中證：《孝經》：『子曰：先王有至德要道，以順天下，民用和睦，上下無怨。汝知之乎？曾子曰：參不敏，何足以知之？』夫曾子既云不知，則中國古時亦無此盡孝之思想明矣。又，孟子云：『蓋上世嘗有不葬其親者，親死，則委之于壑。』《喪服傳》：『野人曰：父母何算焉！』《史記·商君傳》曰：『秦，戎狄之俗，父子不同居。』《匈奴傳》曰：『匈奴貴壯賤老。』如西人不相收養。《春秋經》曰：『楚世子商臣弑其君頵』，『蔡世子般弑其君固。』此皆中國古時不知爲孝，而與今西倫相同之實證。

求野：《喪服傳》：『野人曰：父母何算焉！』《史記·商君傳》曰：『秦，戎狄之俗，父子不同居。』《匈奴傳》曰：『匈奴貴壯賤老。』如西人不相收養。

禍亂：男女無別，則夫婦無義；夫婦無義，則父子不親。法國教士以中國爲有子之國，《十一國游記》言：彼國婦女以養子無益而多累，相率講求避孕，法國人丁日見減少。不言孝，此滅種之道也。

撥正：孔子見世衰道微，彝倫攸斁，于是作《孝經》，《緯》云：『孔子初闡《孝經》。』蓋孔前如今西人，相積成俗，全無『孝』字思想；孔子作經，乃倡明孝道，立家學，重祭祀，皆自古所無。立人極。以親親之道維繫人心，使人反本盡性，各至于道，而治平之事寓焉。此聖門一貫之功也。外如六經、諸子所記弟子時人問孝于孔子等談，皆爲《孝經》之傳。如《中庸》『舜其大孝』章、《禮記》『祭法』章，皆專爲《孝經》『天子』章之傳。

誤説：後儒言孝之極，至于父母虐殺子女，以爲天下無不是之父母；然考之律例，父子相毆相殺，各有輕重，此皆督責人子盡孝，並不許父母苛虐其子。後儒奉行其偏，創爲是説，實則孔子無是言也。今以曾子受小杖逃大杖之言爲鵠，斯得之矣。

漸進：近來西人以中國爲有子之國，不勝欣羨，游歷者多染華風，漸知養親之義，不可謂非吾聖教所施及也。又，近人所譯西書，或以外與中同，此以己意譯人，不必皆合；然西人所取，通行之説，凡有別解，皆入引進。《穀梁》：『君子成人之美，不成人之惡。』又云：『進夷狄者，不一而足。』皆與此條相發明。

防弊：近儒云，中人依賴性成，由于父子有親；欲求自立，必先去父子之倫。此説誤甚。蓋中國以孝爲本，而自立之人，何可縷述？外國專主自立，而游惰愚頑，何以所在不免？今欲强國，倫常萬不可廢。

師説：《大戴禮·盛德》篇：『凡不孝，生于不仁愛也；不仁愛，生于喪祭之禮不明。喪祭之禮，所以教仁愛也。致愛，故能致喪祭；春秋祭祀之不絕，致思慕之心也。夫祭祀，致饋養之道也。死且思慕饋養，況于生而存乎！故曰：喪祭之禮明，則民孝矣。故有不孝之獄，則飭喪祭之禮也。』《經解》曰：『喪祭之禮廢，則臣子之恩薄，而倍死忘生者衆。』

三、扶陽抑陰

西俗：求婚皆由女子。男女有名無姓，各以名行，不繫夫姓。

中證：凡開闢之初，皆女貴于男。《喪記》云：『禽獸知有母而不知有父。』史云胡人先拜母，《禮記》：『商得坤乾。』孔子易爲乾坤，今人稱陰陽，猶仍古語。皆爲中國古時陰勝于陽之實事。後世法律禮教盛行，而女制于男，男制于女猶參半。

撥正：《禮記·昏義》云：『父親教子，而命之迎，男先于女也。』《郊特牲》云：『男子親迎，男先于女，剛柔之義也。天先乎地，君先乎臣，其義一也。』《禮經記》曰：『婦以夫爲天。』《杜欽傳》曰：『妻者夫之陰，子者父之陰。』

傳記：《春秋》『夫人孫于齊』，劉、賈云『絶夫人之屬，不爲不愛其母』，凡此皆男貴于女，爲經義扶陽之實證。又，《内則》云：『禮始于謹夫婦，爲宫室，辨内外；女子居内，深宫固門，閽寺守之，男不入，女不出。』《郊特牲》云：『一與之齊，終身不改，故夫死不嫁。』《記》曰：『婦人，從人者也：幼從父、兄，嫁從夫，夫死從子。』又云：『婦人無爵，從夫之爵。』西國有女主，中國初亦有女主，近中國之夷狄亦多女主。凡此，皆女制于男，爲經義抑陰之實證。

中律：夫婦相殺歐，夫從重，婦從輕。與經義重男輕女同。

引進：教堂婦女從夫之姓，西俗見無女官，與經同。

按，中國古時本女貴于男，經因進化情形，乃改扶陽抑陰，分别内外。非故如此，實亦情勢之所當然耳。

師説：《説苑》云：『夫水旱，俱天下陰陽所爲也。大旱則雩祭而請雨，大水則鳴鼓而劫社，何也？曰：陽者，陰之長也。其在鳥則雄爲陽而雌爲陰，其在獸則牡爲陽而牝爲陰，其在人則夫爲陽而妻爲陰，其在國則君爲陽而臣爲陰。陽貴而陰賤，陽尊而陰卑，天之道也。今大旱者，陽氣太盛，以壓于陰，陰壓陽固，陽其填也。惟填壓太甚，使陰不能起也，亦雩祭而已，無敢加也。至于大水及日蝕者，皆陰氣太盛，而上減陽精，以賤乘貴，以卑凌尊，大逆不義，故鳴鼓而懾之，朱絲縈而劫之。由此觀之，《春秋》乃正天下之位，徵陰陽之失，直責逆者，不避其難。是亦《春秋》之不畏彊禦也。故劫嚴社而不得爲驚靈，出天王而不爲不尊上，辭蒯聵之命不爲不聽其父，絶文姜之屬而不爲不愛其母。其義之盡耶！』觀此，則經義扶陽之故自瞭然矣。

四、宗廟

西俗：宗法譜帙學無姓氏，不祀祖宗先人，絶無鬼神血食立廟思想。

中證：《緯》云唐虞二廟，夏三廟，夏末四廟，周五廟，周末七廟。按，言立廟自唐虞始，則以前無廟可知。由二廟以至七廟，亦猶由三月喪服以至三年，由瓦棺以至墻置翣。此主進化言，爲堯舜不如夏殷，夏殷不如周之古義實證。與帝降王、降伯之説適相反也。

禍亂：無廟爲野人禽獸，都人士以上乃立廟。《左傳》『鬼不其餒而』，血食乃知鬼神之情狀。西人囿于耳目，宗教誤于主天，與中國春秋以前同。

撥正：經傳立廟之説，《穀梁》《禮記》詳矣，而《禮三本》篇亦甚詳，皆宜善自檢閲，俾知聖人撥亂之旨。

俟後：經傳言鬼多爲天學，《中庸》所謂『質諸鬼神而無疑』者，指百世以下皇帝大同、天人相通之世言也。外人不知此義，指爲神權；或又以爲除天以外不可祀別神，祖先亦不可祀。此不知經義者。

誤說：專主一天，以爲靈魂昇天入地；無祭祀；人人爲天子；不能天父之外認父母祖宗。此等説亟宜屏絶。

按，中國人倫學之至精者，以宗廟爲極典，祭爲天學，非千百年後六合同風、天人相應之世，不能藉知鬼神之所在。而諸經之詳言祭祀者，類皆啓發孝思，維持人倫，非故爲此無徵之舉也。《孟子》：『不孝有三，無後爲大。』《喪服傳》曰：『大宗不可絶。』《孝經》以能保宗廟社稷爲孝。是古人之重祭祀者，未嘗不爲吾人孝思計也。獨是祭有小大之分，而各經皆有專説。《左》《國》《祭法》篇，又《孝經》《祭義》篇，又《尚書》《祭義》篇。如《春秋》以禘爲四時祭之名，而以郊天爲大，《左》《國》則言祭每曰禘郊，而又以禘爲大。蓋《左》《國》所言寓有皇帝五天之説，較《春秋》之小統不同。小統以郊統禘，而大統則以禘統郊，此一定之説也。今列五天圖如下：

五、喪服

西俗：《女俗考》云：突厥國于居喪之時，與平時無異，衣服、起居全無喪家景象。《西事類篇》云：西人居喪恒以青布裹頭，以示別于常，並無喪服。

中證：墨子主夏禮喪三月，以攻儒者。久喪廢事，滕國以滕、魯皆無三年喪。《易》云古者『喪期無數』，是古時喪服未定可知。《公羊》哀五年經書齊侯杵臼卒，六年傳云『除景公之喪』；武氏子當喪出使；季孫斯居喪在官出聘；是皆足爲周無三年喪服之證。其風俗大概與今西人略同。

撥正：《禮經·喪服》全文皆爲孔子手定，以撥亂反正，爲百世師表。列而觀之，其義自明。

傳記：《喪服大傳》『服術有六：一曰親親，二曰尊尊，三曰名，四曰出入，五曰長幼，六曰從服』云云，皆爲孔子改定。《喪服》本義以外，解釋喪服者甚多，可自檢閱。

師說：《服問》《三年問》全文，皆屬孔子改定喪服之師說。

引進：《尚書·無逸》『高宗諒闇』，《帝典》『百姓如喪考妣三年』，以及各書所載三年喪服之制，皆爲千萬年後皇帝大同時所奉行之制。其必託之堯、舜、殷宗者，蓋孔子述古之義，以爲無徵不足以信人也。

墨子主夏禮以非儒者，蓋戰國民俗程度僅能居喪三月，必至世界大同，而後三年喪服始能實行。故墨雖非儒，實于經義無礙。

《喪服大傳》由禽獸推至天子，即《進化表》之階級也。《記》曰：三年之喪『稱情而立文』，《論語》曰『女安則爲之』，《檀弓》引孔子『道隆則隆，道污則污』。必有三年之愛，而後可行三年之喪。非有愛情，奚用服飾？服不由衷，古人所譏。故經意以進化爲主，非不論程度，盡人而責以三年。

附：五服世代表

先進		墨子主之。漢文以日易月，作爲三十六日而除，後改爲二十七日。○清初入關，穿孝百日。○《墨子》推之，大約夏三月，殷九月，周三年，亦如『瓦棺、墻置翣』條。三代爲進化符號，非古之夏、殷、周。
野人	㊅始 緦三月	
唐虞		○『如用之，吾從先進』。當時引進中人，如墨子從三月起點；當今引進西人，亦當從此起點。
夏之終、殷之始	小功五月	
殷 周	㊥中 大功九月	爲五服之中。前以月計，三年之喪二十七月，實以九月爲一年。當今中國人民程度，不過可行九月之喪，三月五月爲已經，期年以下尚屬未來之世界。『宰我』全章請以期代三年，《禮記》『至親以期斷』，《論語》『女安則爲之』。

续表

周之終		因情制文。
大同世	齊衰期	
	斬衰期三年	儒家所宗。皇帝大同時所用，如《尚書》所云。《論語》『今用之，吾從周』，今者，往古來今之『今』。制禮因時代程度而定，經爲萬世方法，不能僞爲。指大同世而言。
後進君子	㊀終	周，鄭注：『遍也。』

六、諱名 質家親親，以諱名爲貴；文家尊尊，以避諱爲貴。

西俗：《孟子》『諱名不諱姓』，與西人有名無姓同。《西事類篇》云：西俗有以人君之名贈人者。又，華盛頓、拏破崙武功所及，則以其名名其所取之城；克伯魯製炮甚精，即以其名名其製炮之廠。餘若西國人君祖孫父子相繼，其名皆同，如威廉、拏破崙第一第二第三之類是也。

中證：《山堂肆考》：『夫諱非古也。孔子以前爲古。周人以謚易名，于是有諱禮。』《左氏》：『周人後來之周，非已往。以諱事神，名，終將諱之。』皆爲中國古時無諱之確證。

求野：中國藩屬，如藏、蒙、回疆、苗猺土司，以及古時四夷，皆無諱。

撥正：禮不諱嫌名，音同字異。韓昌黎《諱辨》頗詳此制。臣不敢與君同名，《春秋》衛侯名惡，臣有名惡。二名不偏諱，孔子之母名徵在，言在不稱徵，言徵不稱在。以及《詩》《書》不諱，臨文不諱，祭不諱，教學不諱等云，皆爲孔子改質從文之制。

流弊：諱爲文明典禮，偏而執一，則爲流弊。如六朝及唐、宋家諱之嚴，至于誕怪，韓愈《諱辨》，至今觀之，猶嫌固俗；乃薛氏《舊唐書》本傳猶以《諱辨》與《毛穎傳》並譏，可知當時風氣。

引進：現在西人無諱，即與吾國春秋以前風尚相同，宜用聖人定諱之義以漸進之，使之進于文明，即《孟子》『用夏變夷』、《公羊》『許夷狄不一而足』之義。西人居中國久，直呼其名，亦以爲不敬。如教堂之呼某先生、某師母，皆染華風，漸知自尊其名而避諱之。

傳說：《左傳》申繻『名有五』云云，蓋取其易諱難犯，所以達子孫之情也。凡此，皆爲孔子相傳之師說。

文字條 初開之國，無論文明淺深，同用字母。六書之前，必先有字母；字母專用耳，六書兼用目。

西倫：希臘之文學，實超于當時歐洲諸國之上。初，西人寫字從右至左，復從左至右，恍如犂田之式，自腓尼基人始改從今制。埃及、腓尼基、希臘、拉丁、希伯來等國，自一世紀至十三紀，實一世一變，至今始定。以上見《女俗通考》『希臘文學類』。

以拉丁語爲根本者，爲意大利、法蘭西、西班牙方言；以日耳曼語與拉丁語爲根本者，爲英吉利方言；以史拉甫語爲根本者，爲俄羅斯、波蘭方言。以上見《女俗通考》『歐洲方言』。

中證：《易大傳》云：『古者結繩倉頡所造之字。而治，後世聖人指孔子。易之以書契。』湘潭王氏以結繩象字母盤屈之形，實非結繩刻楔。中國六書，爲全球絶無僅有之作。《三藏記》：梁僧祐。昔造字之祖凡三人，長曰梵，其書右行；次曰佉盧，蒙古所本。其書左行；小者倉頡，其書下行。梵及佉盧在天竺，倉頡在中華也。夫梵及佉盧皆字母，則倉頡亦字母可知，是中國古時文字與今西體同。

《李斯列傳》『諸侯並作語』，謂各國以方言作字母，如今外國及外藩。爲同文用古文，乃經書。焚『《詩》《書》百家語』。『百家語』即《五帝本紀贊》之『百家言』，非子書。以字母爲百家語言。

《滑稽傳》：『褚先生曰：臣幸得以經術爲郎，古文。而好讀外家傳語。』與百家語言同。又，東方朔『以好古傳書，本傳云受古文。愛經術，古文。多所博觀外家之語。』《索隱》云：『則外家非正經，即史傳雜説之書也。』

《禮記》魯鼓、薛鼓○□，音律工尺，《左傳》手紋，苗人銅鼓花紋之類，是皆孔子以前金石文字與字母遺迹，尚有可考者。

求野：今西藏、印度、安蘭、緬甸、蒙古、回疆皆用字母，是無論文明蠻野，凡立國必先用字母；中國未有古文之先，亦必有字母學，如李斯所云『諸侯並作語』者是也。

撥正：《論語》『子所雅言』，《莊子》云『翻十二經』，凡經皆用古文，古文乃爲雅馴，雅言即豎繹之義。《史記》『百家言黃帝，其文不雅馴』，又總之不離乎古文者近是。孔子以新造之文翻古史，乃爲經。方言皆俗語，故古文乃爲雅馴。即今六經所載文字是也。

《莊子·天下》篇云：『舊法世傳之史尚多有之，孔子以前，古史皆用字母，故爲百家言。其在于《詩》《書》《禮》《樂》者，鄒魯之士、縉紳先生多能明之。』此以古史爲字母，孔經爲古文，與《史記》同。

《史記・五帝本紀》全依孔子《大戴禮・五帝德》《帝繫姓》，而作爲古文。又云『百家言黄帝，其文不雅馴』，文即字母。總之不離乎古文者近是。以孔子新造之文爲古文，故曰孔氏古文。《論語》『必也正名乎』，名，古作字解。名即名家之所由出。文字本爲辨論學，或乃以中國無辨論學，所謂『百姓日用而不知』。一字褒貶，固非中文不能。

傳記：《左傳》屢示字義，如『止戈爲武』『皿蟲爲蠱』之類，皆爲孔子造字師説。許氏《説文》屢引孔子言文字之義，緯書亦多，則是孔子造字確證。又，中文圖書之學爲目治，西人字母專用聲音，爲耳治。

比較：中國純用古文，海外純用字母，日本之和文間居其中。蓋日本文即地球同文之現象。凡聲之學，以地而變。大地方言以千萬數，若冀一人學全，勢必不能。又，音學久而必變，以今人讀字母之書，久則不知爲何語；惟圖畫書文字，則不分地不分時，皆可適用。吾國文字，固兼用圖書者也。昔秦始並天下，首以同文書爲務，中國二十餘省，若用官語鄉談，則政府何以行政？言語不通，彼此參差，以文字通之，使之整齊劃一。試問將來之大一統，欲同文書，將用俄、法、英、德、日本之文字乎？抑用中國文字乎？曰：勢非用中國文字不能。

或疑中文與語言離，不如外國語言即文字；此分方之小識，不知同文之主義。蓋就一國言，則貴合；就天下言，則貴離。離之土音，以圖畫濟之，然後可以通行天下。如今之語言學，地球大通後，更有新出方音，不下數十百種，如不同文，即此一事，將終身不能通，又不能不講同文；如欲同文，則必各去其土音，而一以圖畫目治通之。六國並作語，即今諸洋之現象；秦用古文，焚字母，故百家言語遂絶。以古文同文，固便于字母千萬倍。此非拘墟淺見者所能喻也。

倫理約編附録

西與經合條目

中國春秋以前，人民程度與今海外相同，孔子乃就其資格改良精進，以爲經教。其特別改良之條，則歸入撥正中；其中外所同之説，則歸入此篇。蓋擇善而從，或損或益，其有不必損益，則彼此相同。近人或鋪張歐、美，以炫彼長，又或于中國倫理秘爲獨得，以爲非外人所及；左右佩劍，其失維鈞。

先野後文　　官天下

芻狗糟粕　　字母切音

祅教　　議院

知行合一　　學堂，三等等級

地動天静　　重工

地球三萬里　　重商

世界廣袤　　重農

改文從質　　博士

射御，即放鎗、駕船　　動物學

軍樂　　植物學

唱歌　礦物學
警察　醫學解剖
生理學　以腦爲心思
中外所同。《格致原始》已著爲專書，條目甚多，今略舉十數條，以發明其例。由一反三，是在高明之推廣焉。

撥亂反正條目

初，因講《春秋》，編此條目，以發明據衰而作、以俟後聖之宗旨。繼因講倫理，乃舉其中十數條目編爲課本，其餘本未盡搜録；略舉數條，其例可推，其實亦不必盡編也。故此二目附于《約編》之後，以明其原。倘有餘暇，或悉諸目補入本編，抑或于此目外再爲推廣，皆不敢自定也。

三綱　六紀
三本　喪服
天子　學堂，養老乞言議院以老者充之。
公主　養老，即爲孤子之師
冠男，普通學畢業後行。　四教，四學分經
笄女，普通學畢業後行。　九伐非禮滅國。
宗廟　五刑非禮殺人，如《春秋》之族誅、烹醢、作祭牲、築坊。
姓氏　議院

郊天
社地
卜筮
譏世卿
絶外戚
開選舉
嚴討賊以救國事犯之弊。
譏不三年喪
譏不親迎
婚告父母媒妁
喪服爲名學之精
喪服
朝覲
巡守
男女内外之分
閏月
地球升降
象天立法

名氏
公田從古未行，必待再數千年後。
位次
名器
分州
建國
南方州舉
移封豫州國
内州八宫八正
外州十二牧，十二月，十二曆
三統循環
二十八宿分野
五行非以五者爲原質，五爲五帝，則行指學行。
禎祥後來，非古。
灾異將來，非已往。
六合
鬼神
生知前知。

《春秋》從南北分夷夏 / 困知勉行。

議院以善爲衆不主從衆。千人諾諾，不如一士諤諤。 / 思想規則

議院即養老乞言 / 文明民權

質勝則野 / 體操改樂舞

文質彬彬質，野人，如墨；文則如儒。 / 天官，事鬼神

以仁義救權利 / 由人謀進神謀

因德命官 / 孝道

學校附議院議員爲耆老，孤子即學生。 / 道

競爭害群 / 德

教育主經 / 群而不黨

孔不生于草昧以前者，必有春秋時之資格，而後可以立教也。外國不通商于元明以前，亦必有今日之資格，而後可以法孔也。董子云：『文成數萬，其旨數千。』科目繁賾，固非此區區所能盡，然而宏綱巨領，亦已盡隅舉之能事。太羹玄酒，聊勝于無云爾。

尊孔篇①

此乃私家撰著，不必引爲學堂課本。蓋宗旨雖極正淳，而入理至爲深邃，恐程度不合，反生疑怪，爲中外提倡微言，發明哲理，閲者以哲學視之可也。

序

學經四變，書著百種，而尊孔宗旨，前後如一，散見各篇中，或以尋覽爲難，乃綜核大綱，立四門：一曰微言，二曰寓言，三曰禦侮，四曰祛誤。分二十四題，著其梗概，並附略説數紙于後焉。

今之學人，守舊者不必知聖，維新者間主無聖。不知學人之于聖，亦如沙門之于佛，其階級相懸，不可以道里計。學人之尊孔，必如沙門之尊佛，斯近之矣。夫亡國必先亡教，今之尊孔者十人不得二三，所尊之孔又音訓、語録之孔，豈足以當世界之衝突乎？

① 《尊孔篇》作于宣統元年（一九〇九），民國七年（一九一八）成都存古書局刊《四益館雜著》，收入其中。《四益館雜著》收入《六譯館叢書》。

今之學者，未能發明生民未有之真相，而沈德符、魏源尚欲推周公爲先聖，移孔子于西面，故尊孔之作，所以表揚列代推崇之至意，以挽回向外之人心。

微言門

微言秘密傳心，不足爲外人道。此派自西漢以後絶響，故學者專推己量人，務求平實。使如其言，則但云考據義理足矣，微言一派可不立。

受命制作 生知、前知。説詳《論語微言述》。

進化公式，中外所同。吾國當春秋時，既有外人，今日之程度，漸革草昧，始可引進文明。天乃篤生孔子，作經垂教，以爲萬世師表。《孟子》云『生民未有』，『賢于堯舜』；《論語》云『天將以爲木鐸』，又云『天生德于予』，又云『如天之不可階而升』。蓋前無古，後無今，世界一人，故緯書詳受命制作之事，後儒以爲妖妄。蓋以己相量，己既未嘗受命，則孔子亦不敢受命，而不知賢于堯舜，固非後賢可比。

空言俟後 詳《待行録》。

以經爲古史，則芻狗陳迹，不足自存。《論語》云：『往者不可諫，來者猶可追。』《中庸》云：『百世以俟聖人而不惑。』又云：『待其人而後行。』蓋孔子以前，尚屬草昧，愈古愈不足以示後人，故屏絶弗道，所垂經典，皆開化後來。六藝、容經，爲人民普通。《春秋》立王伯之模，《尚書》垂大同之法，《禮》著大綱，《樂》存空説。至于《周易》，則真人、至人，六合以外，神游形陟，進化則由人而天，退化乃由大降小。初則『先天而天不違』，終以『後天而奉天時』。學者如必欲求古史，則海外四州，即吾國少稺之舊式。

人天 詳《天人學考》。人、天各有皇、帝、王、伯之分。

天人之説，制義詳矣，而後儒顛倒知行，孔經遂無天道。囿于方隅，不能通天道，質鬼神。凡《列》《莊》《淮南》指爲異端，《楚詞》《山海》以爲怪妄，孔經遂專爲三家村課本矣。大抵六藝爲普通人學，皆治世之學。《王制》《周禮》由三千里以推三萬里，世界人事畢矣。《詩》《樂》與《易》上下鳶魚，六合以外。《莊子》『六合之外，聖人存而不論』，即謂《詩》《易》託之比興，不似《春秋》之深切著明，故不論。《楚詞》《山經》爲其師説，雖言飛仙神化，即所謂『質諸鬼神而無疑』，而後人乃以《文選》比《詩》，牙牌比《易》，亦淺之乎視孔子矣！

譒雅 詳《譒譯釋例》。

孔子以前皆字母。所謂結繩。中國未用古文之前，必先經字母語言階級。《莊子·天下篇》：『舊法世傳之史，尚多有之，古史皆切音字。《詩》《書》《禮》《樂》，孔氏新經古文。鄒魯之士能言之。』弟子乃能讀經。《五帝贊》云『百家言《齊悼惠王世家》：『諸民能齊言者，皆與齊王。』案：以語言分國，即字母。黄帝，其文不雅馴』《李斯傳》『諸侯並作語』，即方言，各國字母語言。是也。而《國語》及宰我所問，則爲孔氏古文，彼此相反，而不離古文者爲是。此孔子譒經，託之雅言，據其成曰作，原其始曰譒。蓋如今之譯本書，言直譯、言通譯矣。班《志》『《尚書》讀近爾雅，通古今語而可知』者，竪譯之法與横譯之方言本無不同。

《藝文志》『左氏以口説流衍，懼弟子各安其意，失其真，乃作《國語》』云云，就微言説經，爲新經。孔子出自胸中，游、夏不能贊一語。然以經爲孔氏私言，古之帝王近于子虚烏有，難于徵信，故必託之寓言，以爲古人之陳迹。帝王所通行，然後其言足以取信于當時，爲古今之通義。

劉子政《戰國策序録》言『孔子有德無位。六經之説，惟七十弟子信從，當時天子、諸侯、卿大夫皆鄙屑不復道』云云，蓋魏文、齊悼、秦皇、漢武始推行，乃以經傳空言，見諸行事。如戰國、先秦、漢初學人之著作，及名公巨卿之奏疏，使用微言派，則匹夫私言，無足徵信，故必用寓言派，以經傳爲古來通行之典禮，以爲帝王用之而長久，秦違之而速亡。此孔門新設寓言派，取信當時，雖博士亦主其説。東漢以後，古文大顯，專用此派，至今二千餘年，深入人心，牢不可破。

學海堂所刻《經解》與《通志堂經解》雖不言孔子，亦可。

道，咸以前言經，所用儒説囿于中國一隅。今則萬邦來同，當與中外共之。舊説以經專屬當時，今則當以推之萬世，非有哲理思想，不可以爲古史。外人攻之，中國亦指爲無用，故儒術寡效。宋人説經，至制義盛而利弊見；考據説經，至兩《經解》出而利弊見。

言經必先微言。微言者，即素王制作，不可頌言，私相授受。《論語》爲微言，故多非常可駭之論。如古史之説，則何微言之足云。

凡立教欲後世通行，則必合後來程度。故孔子經劈分人、天，于二學中，又分小、大，以次而進。方今尚屬《春秋》世界，必地球一統，而後《尚書》之學乃顯推之。至于天學、鬼神、天真，則其境界非數十萬年以後不能。中國有字古書，凡託名神農、黄帝、管、晏者，皆出孔後，爲七十子之流傳。

貶孔流派九條

東漢古文家以古史讀經，立周公爲先聖，孔子爲先師，至以周孔並稱。以下皆爲貶孔派。

唐宋以後，以孔子爲傳述。如《易》先有伏羲、文王、周公，孔子特其晚師。

六經本全，古文家創爲秦火殘缺之説，僞經、擬經、補經、删經，人皆可以載筆，至以孔墨並稱。

梁武敕孔子不能超凡入聖。

斥諸子爲異端，專以儒術爲孔教，至以孔孟並稱。

不知聖莫能名，竟加以宗教家、教育家、政治家、理想家、專制家、道德家等名辭，合諸名辭，適足以見民無能名之全相。

不求知聖，專于學聖，遂以庸言庸行、村學鄉愿爲孔子，人人有自聖之心。

孔聖之功，在後世不在當時，在天下不在魯國。妄以爲欲行道，當時急于求仕。

不知經爲何物，至謂古文雅正，爲三代後之《尚書》。

正名造字

六經爲中國所獨有，六書亦爲中國所獨有。今以六書即雅言全出孔子，欲作六經，特創此文字。倉頡結繩爲字母，凡今六書文字之書，皆由孔始。非古所有，使果古史，則爲字母書。始皇、李斯所謂『百家語』『百家言』者，皆經秦火與漢武罷斥不傳矣。漢武罷斥百家，亦非子書，乃字母書。諸子皆出孔經，爲四科支流。《漢書·河間獻王傳》以《老子》《周禮》皆爲七十弟子所傳之書。舊以百家語爲子書，從古無秦始焚子書之説，則百家語非子書可知。

《韓非·顯學篇》言儒、墨所稱堯舜，彼此相反，而皆自以爲真，堯舜不復生，不能別其是非。由儒、墨推之九流，兵勢、占驗、技術各有學説，即各有皇、帝、王、伯、君五等之不同。就其學説中分五等資格，爲上上皇、上帝、中王、下伯、下下君。危亡者不入此格，所謂言人人殊，不止儒、墨二家。嘗集爲專書，以明各學中各有堯、舜、禹、湯、文、武、周公，此以學而分者也。古史中帝王文明則極文明，蠻野則極蠻野以此。皇、帝、王、伯則又有以經分譒譯符號之例。《詩》《易》爲天學，如《詩》契、稷無父而生，《楚詞·

天問》《山海經》星辰同有堯、舜、禹、湯、文、武，下至五伯。即以人事言，《春秋》三千里爲九州，秦漢以後由夏化夷，資格已足。《春秋》家所謂之堯、舜、禹、湯、文、武、周公，指爲中國古人，古史尚可也。若《尚書》《周禮》三萬里一統，至今中外始通，謂古通後絶，今又復通，不可也。又如土圭一尺五寸之法，鄭君注見《孝經緯》，于兩冰洋立表萬五千里，至今地球兩冰洋尚無人迹，謂古通後乃冰結不解可也。則《尚書》乃百世俟後之作，其中之堯、舜、禹、湯、文、武、周公與《春秋》必非一人、一時、一地可知。此小大譒譯之説也。須就此例專撰一書。以穆王言八駿日行三萬里，神游化人之宫，此天學之穆天子也，六合之内不能容。《左傳》：『穆王欲天下皆有車轍馬迹。』此《尚書》全球之穆王，春秋三千里不能容，故同此名詞符號，而實有人天、大小之别。

孔子者，六經之主人；六經者，孔子之家産。西漢以上，此説大明，至今猶可覆案。劉歆初亦如此，至古文家乃援周公以敵孔，主古史以破經，率二千餘年之儒，黑暗迷罔，不識主人。歷代尊崇孔廟，此有鬼神誘之，實則東漢以下無知聖尊孔之學派也。

經學自西漢以後號爲難通。如漢宋法，雖百年不能通，且如其説，則經之資格直同典考綱目，芻狗糟粕，人所優爲。如後人説《詩》《易》，直以爲古詩選、牙牌數，則孔子何以號至聖，用天子禮樂，與天無極，爲生民未有之絶誼乎？今將此宗旨削盡浮蔓，王道坦蕩。三年通一經，實所優爲。且通經便爲人才，亦如秦漢，則又何苦别尋迷途，以自困苦乎？別有《博士考》，專詳漢法。

小説有《天上聖母會》云：皇帝、聖賢、師儒，均推一人之母居首席。今仿其意以尊孔子。《易》有伏羲、神農、黄帝，《書》始堯、舜。主皇，則遺帝、王、伯；主帝，亦遺皇、王、伯。其術既殊，其時又異，既必折定一尊，則又不能同主數十人，明矣。彼荀子專主周、孔者，則以非天子而行天子事，周與孔同。故古文家以經爲古史，專主周公，以爲先聖以皇、帝、王、伯皆不可用也。今擬周公讓表主意六道，以見不惟古帝王，即儒之周公亦不可奪孔席。

周公讓表意見

《論語》「三畏」：大人與聖言，比《左氏》立功與立言，比孔子空言立教，爲自古之變局。行者，只合當爲古史陳迹，糟粕芻狗，過時即廢。

又其時皆爲夷狄資格，真史事不足以垂法訓世，故絶而不傳。空言文明，以導先路。

西漢以上，無周公作經之説；東漢以下，以周代孔。《爾雅》亦以爲周公作六書，古文始于孔作。譌周公事爲新經，史有其人，經則譯本。

春秋時，諸侯風俗、政事猶蠻野，則春秋以前可知。

愈古愈野證

虞官五十，夏百，殷二百，周三百。夏喪三月，殷五月，周九月。虞瓦棺，夏堲周，殷塗次，周墻翣。夏五十官，殷七十，周百。《禮記》：「虞夏不勝其質，殷周不勝其文。」夏二廟終三，殷四終五，周六終七。不能循環，爲進化例；能循環者，爲三統例。

凡《春秋》所譏，皆舊來風俗，故譏之而已，不加貶絶也。

不親迎。不三年喪。世卿。父老子從政。僭天子。娶同姓母黨。《檀弓》詳孔制作，《坊記》詳孔以前舊俗。大抵與今外國同。孔子生知、前知，先天弗違，乃能爲萬世師表，由人而天，由王伯而帝、皇，鬼神全在所包，亦無所不可。爲立言，爲後世，不爲當時。爲天下，不爲魯國。孔子之門何其雜，萬世師表，則非一法可通行。

經之周公，非姬公，其人尚未生。孔子夢周公，凡夢皆占未來，不占已往。春秋中國尚止方二千里，其程度尚屬蠻野，戎狄之俗，並無倫常，宗族尊卑，禮制不足傳，亦如今海外。即使誠如《春秋》所言，亦芻狗糟粕，不足傳世。凡俟後之書，其程度必非當時所能及。

以六經論，有人、天、皇、伯之別。《文子》：天地之間二十五人：神人、真人、道人、至人、聖人，位在第五等。《五行大義》釋之甚詳，《列》《莊》書中言天人、神人、真人、至人至數十見，且有稱孔子爲至人者。至人以上爲《詩》《易》説，由聖以下五等爲《尚書》説，帝王以下德人、聖人、智人、善人、辨人五等爲《春秋》説。原始要終，所謂千百億化身，尊孔而全在所包。且凡古之皇、帝、王、伯，今所傳誦者，皆屬孔言，尊孔即以尊經，尊經即以尊各等聖神。若周公國有帝王，家有父兄，何能獨主辟雍。

經統天人帝王，全有各種科級，即全若周公，于經不過伯之一小門，其職既卑，其時又晚，何能自立。且無論周公，即使主堯舜、主文武，然有帝無王、伯，有王、伯無皇、帝，均屬一偏。若全主之，一堂數十人，事雜言哤，無所折中。載籍言古史事，文野不一，諸子亦各以學説分皇、帝、王、伯，彼此不同，各尊所聞，各行所知。然酋長之姬公固不堪當，伯道之周公尤不敢當。

周公稱公，不舉謚，與魯公同爲經傳有一無二之名詞。周爲皇大號，公爲二伯，周即泰皇，周公即泰伯。周公者，猶言泰皇之伯，其人未生，其時未至，故不能稱謚，與已往古史同。

寓言門

《莊子》之寓言十之九，不自言而託之古人，如畏累虛、庚桑是也。

古帝王非無其人，而文明程度則後來居上。據微言則爲新經，猶寓言則爲舊史。今以言述爲寓言派，《左傳》不以空言解經，以經爲復古，爲古帝王所已行之陳迹，孔子加以筆削，故曰『非聖人孰能修之』，非遂如後人以爲《文選》《詩選》之比。後儒必以孔爲述者，大約不解《左》《國》寓言之旨。今誠如其意以推之，就《左》《國》言經，《左氏》《公》《穀》所言後師之經義禮制，《左氏》以爲皆在孔子前，爲名公巨卿之陳説。《詩》《書》《禮》《樂》《易》《春秋》固爲舊書，即《論語》《孝經》，其説亦出孔前。以傳記言之，如《易·文言》、彖辭、象曰，《尚書》師説六府、九歌，舉十六族、去四凶，《禮記》大戴，《尚書大傳》，《韓詩外傳》，後來師説亦多出孔前。則孔不得爲作，亦幾幾乎不得爲述矣。何以《左傳》屢引聖言、贊孔修？不用寓言之説，如何可通？

由分經之説言，每經各有一周公，時地不同，程度亦異，名同實不同，初非已往之姬公之定稱，則周公如何可冒主大祀？周公多，帝王亦多，互相爭鬬，則反成訟端。

歷代尊孔，皆屬天誘，不必作者。能知其意，如今推大祀，人鬼絶誼，周公則僅傳心殿一祀。用後儒説，則孔當與周並厠立功臣廟，與蕭、曹比肩。

西人文字言語相合，爲諸侯並作語。中土文字與語言判而爲二，乃能天下同文。語言即文字，如閩廣鄉譚，隨地變殊，不能相通。文字離語言則不取鄉譚，專以象形相接。如中國政府必用各行省方言，則不能治。故公共文字通用，語言利于鄉，離語言而用圖畫，則利于國與天下。使萬世以下人人必學數十百種語言，豈非一不了之局？此同文之事不能不行，象形之字不能不作。

禦侮門　此《尊孔篇》提綱四門之一

欲尊孔，則必詳外侮。知己知彼，而後可以立國。亦如戰事，覆轍圮城，必須改造，使營壘一新。説者每訝爲多事，不知效命疆場，存亡所繫，偵探不得不精，瑕隙不當自諱。

《列》《莊》所譏

《列》《莊》推六經爲神聖制作，故孔事詳于老聃，間于孔子有微詞者。《史記》云莊子著書，詆訾仲尼之徒，則非真詈孔子矣。蓋《列》《莊》所譏，以古史派爲最詳。《列子·仲尼》篇：孔子自云爲天下不爲魯國，爲後世不爲當時，則立言俟後之旨明矣。後世儒學如馬、鄭諸人，莫不以經爲古史，所以大聲疾呼，以明孔真，以袪晚誤，必免人攻，而後可以自立。此古史之説所以不敢從也。

儒術一體

孔爲至聖，《論語》所謂無所成名。近來學者或目爲教育家、政治家、宗教家、理想家，種種品題，皆由不知無名之義。孔道如天，無所極盡，而儒特九流之一家。以人學言，其中皇、帝、王、伯論之，孟、荀專主仁義之王學，故上不及皇、帝，下則詆譏五霸，與孔經小大不同。乃東漢以下專以儒代孔，除王法以外，皆指爲異端，是六經但存《春秋》，餘皆可廢。道德爲德行科，詞賦爲文學科，縱横爲言語科。世所傳者，大抵考據、語録之政事學，而餘三科皆屏絶不用，故非尊孔不足見儒術之小，非小儒不足以表至聖之大。須知孟、荀于佛門中不過羅漢地位，今由《春秋》以推《尚書》，由人事以推天道，時地不同，每經自成一局。故凡中文之古書，皆出孔後，梵語左書亦不能出其範圍。

西教反對

宗教攻孔之説多矣，即如《經學不厭精》《古教彙參》《自西徂東》之類，意在改孔從耶，蓋其節取孔經者，半屬言行小節、鄉黨自好者之所能。若言至聖真相，則彼所譯者非八比講章，即庸濫語録，中士且不知聖，何况海外！惟其所攻駁，每據彼國新理，時中肯要。凡學術自立不足，攻人則有餘。今欲尊孔，正可借彼談言，爲我諍友。語云：『善守者不知其所以攻。』所備既多，則固不能拘守舊法，亦如今日之兵戰也。

東方研究

外國有哲學，專用理想，時有冥悟。蓋思想自由，不似八比之限于功令，梏蔽聰明。且彼國漢學專家，畢生精研經傳，不似吾國務廣而荒，故其所指摘，大抵皆晚近儒者之誤説。既有駁正，不能以非中人，遂悍然不顧。又凡其所攻，固不能皆是，而精船巨炮，則不可不思辟解之法。暴虎馮河，固非善戰。

中士書報

中人自宋元後以學究鄉愿爲孔子，而不求知聖。八比盛而其學昌，八比盛極而其學轉敗。梅伯言云『八比説理之精，無間可入』，真爲名言，惟其孤行千餘年，家弦户誦，至今而得失成敗可睹矣。群知八比之無用，則不得不别開蹊徑。近來新書報章尤喜疑經譏聖，教亡而國何以自立？故凡此類博搜潜究，非者固置之不議不論，苟其中理，則必研究改圖，不使自形其短。蓋學堂雖標尊孔宗旨，非廣大精深，毫無罅隙，何能强人崇信，使經教占世界各教最高之地步，孔子爲中外有一無二之至聖乎？

懷疑中立

西漢以上，六經雖甚繁賾，專門名家，條理極爲明晰。自東漢以下，黜師説而研音訓，經專遂成爲迷罔，無論新進後生，雖老宿名家，亦直如中風囈語。他且不論，即如《王制》《周禮》，注疏典考，久成莫解之結，無人不疑，無人能解。初尚懷疑，久之自信，以爲定論。經不能通，何以致用？故庠序不能造美才，且沿訛承誤，更以矛盾争鬬爲經學中天然之性質。故老師大儒，皆以經説原不必明白，恍惚離奇，探討不盡，乃見高深。今志在遍通群經，不使再同迷藥。經營既廣，改革又多，誠有難于索解之處。然姑妄言之，姑妄聽之，久之自能徹悟。若必一見能解，則此書原與《一説曉》《童子進學解》性質不同。

經史之分

傳世之書，分經、史二派。春秋以前之史，皆字母書，經則爲孔氏古文。以二種文字分經、史，《史記》每兼采二説，混合爲一。東漢以後字母之書絶迹，凡今所傳古文之書，皆爲經派，同出孔後。春秋時未有典禮，經乃立之標本，以爲後聖法。今日名臣宿儒，震于泰西維新之説，革舊改良，日新不已。前數年稱新者，今日已舊；今日稱新，不能保日後之不改。若六經在二三千年前，古不可治今，小不可治大，東西學人固多以經在可廢之例，即《勸學篇》與東南士大夫亦倡言中人好古不如西人求新，尼山之席必爲基督所奪。蓋諸家誤從古文説祖周公，讀經傳爲古史，謂中國古盛于今，黄帝以前大同，堯舜以後疆宇日蹙，政治典禮每況愈下，故視經傳如禹鼎湯盤，徒爲骨董家玩物，摩挲把弄，不過資行文之點染材料。信如是説，則經之宜亡也久矣，何以至今存也？《列》《莊》芻狗陳迹，切矣。三王不襲禮，五帝不沿樂，凡政典經百年、數十年已爲廢物，况遠在四五千年上之檔册誥令乎？必知經爲孔作，空言俟後，而後小統指中國，大統包全球。如《周禮》土圭三萬里，車轂三十輻，《大行人》九畿爲九州，方二萬七千里，九九八十一州。《春秋》九州六國爲八十一分之一，與《詩》『海外有截』『九有有截』，固爲古所未有。即以春秋言，至今進化二千餘年，尚未能盡其美備。《孟子》云獸蹄鳥迹相交之中國，使聖君賢相爲之，試問典章文物，三年、期月，遂能如《典》《謨》之完全乎？以退化言，則春秋遜于虞夏；以進化言，則後進加乎先進。春秋去禹二千年，疆宇當日闢，教化宜日新。乃三傳于禹九州半指爲夷狄，斷髮文身，篳路藍縷，三傳同此。南方四州爲夷狄，以典禮論，諸侯雄長，妄稱尊號，射王中肩，執君，君臣相質，以臣召君，不得不稱爲亂世。以倫理而論，上烝下報，不行三年喪，居喪不去官，同姓昏，凡人皆稱天子世卿，并嫡，弑殺奔亡，史不絶書。春秋時事如此，則以前之蠻野草昧更可知。故凡《春秋》所譏，皆爲當時通行之公法通例，直與今泰西相同。故必知春秋中國文明程度適同今日西人，孔子作新經，撥亂世，由九州以推海内，由海内以推大荒。大抵經義由《春秋》起點，爲六經基礎，由是而《書》《禮》，而《詩》《樂》，而《易》，自堂徂基，自羊徂牛。時至今日，小統之中國可稱及半，大統之海外，尚當再用《春秋》撥亂世之法，以繩海外諸侯，隱隱如《公羊》大一統。西人求新不已，所謂過渡時代之事，不過如凌空寶塔初級之一磚一石，非加數百千年、數萬億名君賢相、鴻儒碩士不能完此寶塔之功能。故六經者，非述古，乃知來，非專中國，乃推海外，以《王制》《周禮》爲中外立一至美至善之標準。後來之君相師儒，層累曲折，日新不已，以求赴其目的，其任重，其道遠。今西人尚在亂世，雲泥霄壤，一時不能望其門墻。以後視今，則所稱新理新事者，皆屬塵羹土飯，芻狗糟粕，不轉瞬已成廢物。經則日月經天，江河行地，萬古不失，與地球相終始。世界必大同，尊親必合一，世之談士彙能言之，而折中儒術，少所發明。不知以經爲古史，則勢在所必廢；苟芟鋤莽、歆邪説，以經爲空言俟後，從來並未實行，則經爲新經，藉以標示世界大同之規畫，則經方如日月初升，何遂言廢乎！

尊孔大旨

前賢所争學術，今古、朱陸，近則在于傳作先後。尊孔與貶孔二派。自東漢以後，誤讀『述而不作』，群以帝王周公爲作，孔子爲述，孤行二千餘年，淪膚浹髓，萬口一聲，無或致疑。今乃起而矯之，所以專主尊孔，曰孔作非述，聞者莫不詫怪，以爲病狂。今爲申其説于左。

一曰守中制

中國自漢唐以來，辟雍專主尊孔，不言帝王周公也。近因外學風潮，乃推至聖爲大祀，與天地並，黄屋左纛，用天子禮樂，帝王周公不與焉。耶教獨尊上帝，禁絶百神，中國既專在尊孔，以後賢配享可也。若帝王周公，位則君臣，時有先後，苟一相臨，則孔子必辟南面之尊，退居臣民之位。周公先聖，孔子先師，必周公南面，孔子西面而後可。沈氏《野獲篇》、魏默深用晚近顛倒之説，欲改主周公，退孔子，故從歷朝舊制，不敢不保守國粹，以蹈非聖不敬之罪，一也。

二曰從微言

經爲古史之説，則孔子不過如史公、朱子，六經不過如《史記》《通鑑》。孔子推本堯舜，至于則天，無名至矣。乃宰我、子貢則曰『生民未有』『賢于堯舜』者，遠既獨尊孔子，則不能謂堯、舜、禹、湯、文、武、周公人人皆孔子也，明矣。蓋物莫能兩大，欲尊孔子，則必貶帝王周公。若遍尊帝王周公，則孔子止得爲賢述，無兩全之道。《孟子》乃童蒙所讀之書，其説發于宰我、子貢。使二賢爲無知則可，若以爲孔門真傳，吾固不能舍受業弟子之微言，而師魏晉以下之晚説。兩利相形則取其重，兩害相形則取其輕，此固一定之勢也。

三曰尊經

『述而不作』之説，《列》《莊》『芻狗』『糟粕』攻之于前，西人文野顛倒攻之于後。間嘗考紀文達之説曰：《周禮》確爲周公手書，傳之既久，人非周公，續有改羼，當時不能通行，因之廢墜云云。故以經爲古史，則疵病百出。信如紀文達之説，則不待外人攻擊，過時廢物，何足以自存于天地之間！夫以孔子爲立言，漢宋諸儒無異辭，以其爲微言之僅存者。今謹就二字推闡，六經既曰言，則非已往史迹；既曰立，則非鈔録舊稿。經爲孔傳，專俟後聖，必非古有，而後萬世可師，空文垂教，而後天下足法。六經生死機函，專在作述顛倒，所以排衆議而不顧，三也。

四曰救世

近之學人，崇拜歐化，不一而足，攻經無聖之作，時有發表，動云中國無一人可師，無一書可讀。中國文廟既主尊孔，鄙意非發明尊孔宗旨，則愛國之效不易收，盡删古史舊説之罅漏，而後能别營壁壘。孔子生知前知，足爲天下萬世師表。六經中《春秋》治中國，《尚書》治全球，血氣尊親，同入圍範。新推尊孔子爲天人神化，迥非言思擬議所可及。若以平庸求之，則個人禮德，鄉黨自好者類能之。即如倫理學史畫界分疆，以教化始于孔子，故必盡攻聖廢經之敵情，而後可以立國。獨尊孔子，則文明不能不屬吾國，愛國保種之念，自油然而生矣。

有此四大原因，而世顧出死力以相争者，以尊孔則于帝王有妨，其説出于孔門，浮言不足深計。或又以爲欲滅去堯、舜、禹、湯、文、武、周公諸名詞，更大誤矣。堯舜名詞有三：古史之堯舜，已往者也；法經之堯舜，未來者也；學説之堯舜，隨更其所學而變異者也。《典》《謨》之堯舜，聖神功化。經由聖作，堯舜即孔學之所結構，堯舜即孔子不能賢，更何論遠近。此經中堯舜，即孔子之所説也。古之堯舜時當草昧，大約比于今之非、奥。即如孟子所云，當堯舜之時，天下猶未平，洪水横流，獸蹄鳥迹之道交于中國云云，其與《典》《謨》野文之分，人皆能辨之，此已往真堯舜也。今試以孟子所説較《典》《謨》，豈無優劣于其間？所謂孔子賢于堯舜者，謂《尚書》之堯舜，賢于真正古之酋長耳。《公羊》云『樂乎堯舜之知君子』，君子孔子，堯舜在孔子後。《孟子》云『服堯之服，言堯之言』，是堯而已。董子云：『法夏而王』，『法殷而王』，『法周而王』，此則未來取法《尚書》之皇帝也。昔曾文正有感于史筆附會，謂漢高祖不識果有其人否？今人動以文正之言相譏。夫據孟子而言，前古非無真堯舜也。《漢·藝文志》古書多亡，出依託。書爲今書，人則古人，苟無其人，何爲託之？即如左史，必謂其言皆傳史，毫無修飾，固爲癡人。若文正本爲戲言，鄙人固不以爲實無其人。若因文正戲言而疑之，則疑者之過也。據《周禮》《春秋》以《尚書》爲聖作，剔透玲瓏，固無方礙。實則雖僞孔、蔡傳亦謂《書經》删潤去取不能離孔子而獨立，則兩説相較，實亦大同小異。至于報章謂有孔前六經、孔子六經，墨子亦有六經，經比課本，人人可爲，時時新出，而世顧不之怪。此鄙人所以願爲教死鉞斧不避也歟！

尊孔篇附論

今以言作爲微言派，《公》《穀》最詳，《檀弓》《坊記》尤著。孔子作經之説，凡典禮義例與《左傳》相同，而《左傳》託之名卿大夫者，皆以爲出自孔子，與《公羊》《穀梁》沈子傳經之先師寓言，全在孔子前，微言全出孔子後。二説冰炭水火。即三傳互異，乃可考見其家法。

先進野人，後進君子，即海外先野後文之師説。如《尚書》四表三萬里版圖，《禹貢》九州已極文明。至春秋二千餘年，乃版圖僅三千里。且荆、徐、梁、揚，三傳皆以爲夷狄，所稱中國者不過五州。泰伯斷髪文身，以避水族之害。以進化言之，地方既已文明，斷無復返蠻野之理。夫婦父子既已進化，不能更變夷俗。

經説由帝而降王，由王而降伯，先文明而後蠻野，前廣大而後狹小，與進化之理相左。西人據此以攻經，謂耶教由一國以推全球，孔教經説乃由三萬里退縮以至三千，兩兩相形，劣敗優勝，則孔教必不能自存于天壤。

《論語》云『猶天之不可階而升』，《孟子》言『生民未有』『賢于堯舜遠矣』。孔子爲聖作，前無古人可知。孔廟題曰『大哉至聖』，由賢人中推其尤爲聖，由聖人中推其尤爲至聖。若如賢述之説，取古帝王之政事、文誥、史策而鈔存之，則太史公所優，如《昭明文選》。吴蘭陔、路潤生選制藝，雖稱善本，然不能謂選者遠勝于作者。

歷代學校以尊孔爲主，而不及帝王周公。今之説者以爲尊孔則必貶古之帝王，不知物莫能兩大，與其尊帝王而貶孔子，何如尊孔子而貶帝王。宰我、子貢皆以爲生民未有，人若必謂孔子爲述，與宰我、子貢不合。

制藝家從古史説，以爲周監二代，至爲明備，若是，則西、東周皆折入于秦，是秦之襲周，亦如清之襲明，所有殿閣、宗廟、郊壇，一切典禮，皆襲周之舊文。乃遍考《國策》《史記》，秦所襲取于周者，實無一物，但云參用六國，以成秦制。是故周于明堂、辟雍、郊社、壇坫、天神、地祇諸典制，百無一有。《史記》于禮樂、封禪、食貨各志言帝王三代者甚爲詳明，一入春秋，則云禮壞樂崩，無可考校。使六經非全出孔子，周制文備，孔子且屢言之，何至秦一無所得？蓋三代以前之文明，皆出經説空言，實無其事。至于入秦，則爲史事。故秦所行典禮，皆出山東儒士方士之條陳，孔子經傳空言，秦乃從而見之行事，東言西行，爲一定之例。孔以前爲經説，孔以後爲史事。史者衍經説爲之，學者苟能將《國策》《史記》細心研究，方知經史之分，言行之别。使周果有文明，則固非孔作；若周初無典制，則雖欲不歸孔子而不得矣。

今以『立言』二字説之，言爲空言，非舊史；立爲自造，非鈔胥。故經書皆爲後來伯、王、帝、皇之範圍，與地球相終始，如有王者起，必來取法，爲萬世師表，開後來太平。通經致用，歲歲皆新，所以爲聖經，與古史芻狗糟粕天懸地别。

緯書言孔作事最詳。《孔子世家》、劉歆《移書》全以經出聖作，獨尊孔，則皇、帝、王、伯全在所包，博而能約，方有歸宿。

孔經哲學發微①

序

謝無量

昔天生仲尼叡聖，還轅于魯，乃定經術。于是鴻筆于《詩》《書》，修起《禮》《樂》，制作《春秋》，以爲後王之法。故曰『其諸君子樂道堯舜之道與？末亦樂乎堯舜之知君子也』。夫告往而知來，當須之乎百世，苟非其人，道不虛行，而董仲舒、何休猥曰漢德之符云爾。嗚呼！其今猶未知厥辰，何古之與？有當世井研廖君，博聞人也。初明《公羊》，漸闚通群經，至老勿倦，凡素王之道，昭遰于心，嶷然而不滯，炳然而大成。世之爲學者，或好君之小數末慧，争取之衒名聲，馳騁自得，而莫能宗君之大道。歲癸丑，君抵燕趙，泛于江淮，卒乃濡滯上海者彌月，出一文曰《孔經哲學發微》。于是山東曲阜縣以八月孔子生日，大會四方之士，來祭廟林，君走會之，道中送書曰：『僕所造《孔經哲學發微》，義皆新拔，將求人攻難，非以自樹也。生平治經，其說凡四變。一説纔動，聞者相怪議。及共口談，往復利鈍，略至相化，後竟用僕。僕

① 《孔經哲學發微》成于民國二年（一九一三），上海中華書局于次年石印出版。中華本後附有《校勘表》，改正誤字。今據整理。

誠樂與世流通，如鄭君之付子慎，郭象之資子期，但有知吾心者，政不必謂自僕出耳。往以《王制》説《春秋》，有二伯、監大夫，時人嘸然，久漸融達，無謂非是者。今益將抉小大之觀，窮天人之變，故《周禮》治三萬里，象今之天下，有聖人起，當調燮于冰燠，通南北之氣，土圭可立，槷中之道可行，此經術之驗也。僕此説出，世人必更出力排詆，僕猶卒冀其悟，如曩諸説，蓋嘗約其語于《發微》，惟吾子序而傳之也。』今觀君所著《發微》，一曰尊孔總論。謂春秋以前，字若繩紐，孔子正名，乃制六書、譒經，爲孔氏古文，而舊之史文，便從闕廢。二曰撥亂。人服禮化，各有倫等，爲設六位，以別禽獸。肇乎野人，終于聖域，因其成德而爲之分。故瀛土之士，未離質野，當廣孔氏之教，有以正之。三曰務本。《大學》修身爲本，以喻褒聖臨世。天下既平，一日克己，四海歸仁，精感神明，乃能止定靜慮，行先知後。始終之道，蓋與舊説敻乎異焉。四曰流行。諸子九流，皆出經術，乃各明其一方，實非立乎二術。五曰立言。六藝各有疆畛，與時偕行，不徒爲中國取效朝夕。名物之號，異實同名，在善分別，乃無不貫。六曰小大。《春秋》《王制》所以治中國，《尚書》《周禮》所以治天下，六合之内，于兹備焉。七曰天人。六合以外，《詩》《易》主之，游神變化，不可方物，道、釋之流，兹其由枘。八曰宇宙。六緯所傳，天地成毁，來往變異，萬族之故，殊域遠鄙，播爲教學。已上凡八篇，雖獨啚微言，撟乎恒誼，亦可謂博雅廣大，近世所無者矣。總其指歸，在稽古立制，被端委于祼邑，别九服于異代，洽聲化之遠邇，明一統之無外，殆莊生所謂旦暮遇之者，君其志焉。僕于君負鄉閈之近私，夙以瘨痃之疾，違服膺之慕。蓋顔生之材，蚤竭于鑽仰；周任之止，不待于陳就。惟取足于飲河，徒興嘆于觀海，于君之業，匪能贊也。夫宣尼弘教，七十之徒咸謂通藝，四科八儒，成器攸殊。蓋門户所入，無關于衆塗；仁智之見，悉原乎一道。今儒服之倫，揚厲國聖，稱頌旁薄，詎必同軌。君張其閎辯，徯人攻難，憤悱必發，直諒之任，譬諸墨翟嬰城，諒勿庸躊躇于矛伐爾。癸丑八月二十七日，謝無量序。

凡例　共十四條

一、哲學名詞，大約與史文事實相反。惟孔子空言垂教，俟聖知天，全屬思想，並無成事，乃克副此名詞。如中外諸學人，木已成舟，皆不洽此名義，故書名《孔經哲學》，示非史法。且思想變遷，無有極盡，以凡夫而談聖神，固自絶于擬議也。

二、舊哲史于孔前臚列帝王周公，今全以歸入經學。六藝爲舊，六經爲新，孔前舊史爲駢音書，《莊子》所謂『舊法世傳之史』，《史記》所謂『百家語』『百家言』。六書文字，固專爲孔氏古文也。故孔前從略，則以孔之俟後，固『先天而天弗違』者也。

三、舊哲史于孔後臚列歷朝學人，下及性理、考據。其弊與《改制篇》孔子創教、諸子亦創教同。諸子及帝王卿相，師法經術，其善者不過得聖人之一體，在孔子爲思想，在後儒爲事實，此孔後不當再言哲學。故孔後從略，則以孔之法古，固『後天而奉天時』者也。

四、古史皆駢音，方言各地不同，與古文乖異。孔氏古文新經，惟鄒魯之士乃能言之。宿儒以六經爲史，《列》《莊》已極攻之。凡賈、馬、許、鄭及三通各書，直以孔爲書傭檔吏，凡言舊史，皆不足爲學。如龔定菴、章實齋之流，以經爲古史，最謬。

五、北宋以後，人天顛倒。以禪悦責之童蒙，致爲人才大患。『子路問事鬼神』章，即所以防宋人流弊。今以性道定静歸入天學，《大學》從修齊入手，方有餘力研究國家天下事理。一切玄妙空談，俟諸異日。

六、陰陽五行，古爲專家，皇帝之佐，辨方正位之符號耳。自專家不傳，流入藝術，瞽説俚言，致累聖籍。今恢復專家，以明帝學，一切俗説，屏而弗講。泰西學制，統以六藝統之，歸入孔前，倫禮立坊，爲撥亂反正之成法。

七、《論語》：性與天道，不可得聞。天道爲星辰學，性爲五土種學，皇帝大同之法，王伯以下，可以不言。後儒言性言心，專就一身百般穿鑿。棘端刺猴，徒勞無益，錢穀刑名，乃爲實用。玩物喪志，正可借觀。

八、通經致用，必始《春秋》。武帝多才，出于《公羊》；宣帝良吏，出于《穀梁》。雖有别家，《春秋》爲盛。當今實用，一經已足，由遠自邇，縱治他門，亦必由此經過。美錦學織，即在讀書，博學兼通，以俟英俊，專門效用，不在多途。

九、天堂世界，衆生皆佛，不假修持，自然而得。未至其時，所有飛昇、辟穀、坐化、神游，皆屬應化，亦所謂天道不變耳。萬部金丹，徒勞妄想，清净無象，于世何益？俗儒每以自了爲聖賢，須知户户道學，家家禪寂，天下正自彌亂耳。

十、儒爲九流之一，孟子又爲八儒之一，『良知』二字，又孟子學説百中之一。宋以後儒者重知輕行，議論多，成功少，致爲世詬病。以良知較孔學，誠如太倉之一粟。知與能並重，今取知棄能，是一粟已不全矣。而世以孟概孔，豈不痛哉！故言孔學，須分天人，分大小，就其中擇術專精，得成才器足矣。沙門無人敢學佛，秀才皆自命爲真孔，蓋由直以村學究爲孔。《莊子》曰：『大而無當。』似此恒河沙數之孔子，所以釀滅國滅種之劫運也。孔子弟子三千人，比喻千八百諸侯及附庸也；七十二賢者，比于七十二侯。三千皆通六藝，七十二則通六經。

十一、《周禮》十二教，大抵以十二州分六千里，自立一歷，則别成一教。内九宫爲八正，又别爲八教，共爲二十教。故《王制》曰：『不變其俗，不易其宜。』此皇帝大同，化諸不同以爲同之法也。孔子未生以前，以祆、回爲教；既生以後，則由六藝以推六經。今黑道尚爲冰海，必天行移、地球長，赤黑二道寒暑同黄道，全球統一，乃爲太平。地球今日所無之人物儀器，又不知變象何如？《尚書》《周禮》，今日所不能解者，大抵皆數千萬年後婦孺所共知，亦如地球四游升降之説也。

十二、日本搜羅吾國舊學，凡咸、同以來，大約詳備，所著哲史，可謂集成。然依附舊聞，未闢新境，較之唐宋，一區之貉。今故直追周秦，以達尊孔宗旨。所列諸條，皆有專書發明，撮其大綱，言歸簡要。若欲博通，則固非此册所能盡也。

十三、吾國非讖緯之學極發達，不能有真經學；非諸子之學極光明，不能有真人才。考據空理，久錮聰明，齊東野語，尤爲狂肆，若徒莊言，必遭按劍。故託之恢詭，自比荒唐，離而復合，其亦牛鼎之義乎？

十四、至聖天仙化人，非世界所能囿，更何論乎吾國學問公理？故人我俱忘，昔撰《祆教折中》，犓判迹象，未極高深。其稿存成都青年會。彼邦哲士，好學深思，遠過吾黨，研求真理，派演傳疑，絶不閉拒堅固，予聖自封。惜未能譯爲西文，求證大哲。如有好事，彼此溝通，華嶽雲開，美富畢顯，交易互退，敢不馨香祝之！癸丑聖誕前十日，廖平撰于申江孔寓。

尊孔總論

平畢生學説，專以尊經、尊孔爲主，舊排印有《尊孔篇》。兼采泰西科學之理而溝通之。其論孔學大要，在經、史之分，語、文之别。古史不傳，今所誦習六書文字之書，統出孔後，全屬經説。

經爲孔子所立空言，垂法萬世。故凡往古之舊史，草昧侏㒧，不可爲訓。若欲存之，則如《黑蠻風土記》《赤雅獞猺志》《四裔列傳》。故孔作新經，盡祛已往之陳迹，《論語》所謂『成事不説，遂事不諫，既往不咎』。康氏《孔子改制考·上古茫昧無稽考》，頗詳此事。古史之説，《列》《莊》攻之于前，西儒攻之于後。襲定菴猶以六經爲古史，真屬盲人臨深，學人猶推崇其説，過矣！

至聖生知前知，《知聖篇》已述大略。前篇刊于廿年前，續篇刊于十年前，然大致不差也。每怪兩部《皇清經解》，號稱絶作，試將孔子取銷，謂世間並無其人，其書仍可自立，故力張微言大義。近且主孔子正名作字，凡孔子以前之書，古皆稱史，同屬駢音字母，《論語》所謂『闕文』，《莊子》所謂『舊法世傳之史』，《史記》所謂『百家語』『百家言』『百家雜語』『諸侯並作語』。孔子因譒經，乃作圖畫之字，《論語》所謂『正名』『雅言』，《史記》所謂『孔氏古文』『《詩》《書》古文』。大抵當時並行，舊史爲古書，如今外國文；新經爲孔字，如今華文。當孔經初出，文字與衆不同，故《論語》曰：『《詩》《書》、執禮，皆雅言。』《莊子》曰：『《詩》《書》《禮》《樂》，鄒魯之士、薦紳先生能言之。』《史記》云：『百家言黄帝，其文不雅訓，縉紳先生難言之。』是秦漢之間，常二派並行。自武帝罷黜百家以後，駢音之文乃絶迹于中土。故凡今日所傳古書，無論署何名氏，皆出孔後，全爲經之傳記，孔子以前，不必再言古史、古人、古事。另有專書發明其事。

史所謂『百家語』，即『諸侯並作語』之變文，猶百國寶書，皆駢音古史。東漢以後，乃以子書爲百家。考秦并無焚子書之事。莊子、董子皆同。董子罷黜百家，自與秦焚百家語事同一律，至于黜縱横，别爲一事，牽連及之，非百家即指蘇、張。自武帝後而駢音之書絶，揚子雲乃以古文譒方言耳。

《論語》爲記孔子微言，至爲深邃。唐宋以下，乃專以平庸求之，至聖之事，人人能知能行，其弊已不堪言，至以人皆可爲孔子，何其與子貢、宰我相差太甚！大抵皆八股害之，如西人所譒《講章味根録》等書，直三家村學究耳。外人未嘗不欲得孔學之真，譒譯此等書，則所謂『身後是非誰管得，滿村聽説蔡中郎』者。中國研經之書，去孔已萬里，何論講章。孔學真理，中人且無人能知，何論海外。乃舉《講章》與《新約》校異同，爲研究孔學，過矣！

中外攻孔、疑經、廢經之説多矣。持之有故，言之成理，皆爲去僞存真而作，如《列》《莊》『芻狗』『糟粕』之説，所以袪馬、鄭、程、朱『經爲古史』之説，孔則作而非述、經而非史。『《詩》《書》發冢』，爲莽、歆輩言之。大抵後世僞儒依附六經諸弊，古人皆已知其流誤，預爲防範。至于西人所疑，則皆後儒之誤説。《史記》以《莊子》詬詘仲尼之徒，非指孔子。《孟子》云『仲尼之徒，無道桓、文之事者』，亦謂儒家。如荀、楊非謂仲尼，自不言二伯，以與《春秋》相反也。

《論語》如《詩》《易》，別有微言大義，非常可駭。他書引用其語，則爲常言，亦如箴詞與斷章取義之詩句耳，《詩》《易》之本旨不在是也。《易》《詩》七十子有不能知者，今必使童子一見能解，故使人弁髦視之。凡童蒙所讀之書，不可以《論語》與《爾雅》《少儀》《内則》同列。凡童蒙課本不可直引《論語》本書，見于他書者引之可也，非此不足以尊經。

哲學名詞，發表于東瀛。説者以哲理與事實爲反比例，則古稱孔子空言垂教，垂法萬世者，正哲學之定名矣。六經立言非述舊，空文非古史，則以哲理説六經所依託之帝王周公，皆化爲雲烟，與子虛烏有成一例矣。孟子以孔子爲生民未有。東漢以後，乃專以述求孔，不知孔子與帝王周公，物莫能兩大，必不得已而去其一。去帝王周公乎？亦去孔子乎？又必無去孔之一説。且兩害相形取其輕，獨尊孔子爲至聖，隆匹夫以天子禮樂，且尊爲大祀，與天地配。帝王周公則其祀典不顯，士有終身未能一拜者，此中國陳事也。且即《古制佚存》考之，嘗輯《春秋》以前蠻野事迹與經不合者，編爲此書。則《春秋》以前，吾國尚在草昧狉榛，若實傳堯、舜、禹、湯、文、武、周公之事實，則直與《墨子》、四夷歷史、藩屬列傳同爲蠻野記載，無禮教、無倫常，則亦酋長土司之記録耳。且其文皆字母駢音，其書漢初尚有流傳，太史公嘗讀之。《五帝贊》云：『百家言黄帝，其文不雅馴，薦紳先生難言之。』而以孔子與宰我所傳之古文爲近是。《三代世表》以《尚書》無歲月，舊史之歲月甚詳，與古文咸乖異。太史公曾親讀孔前之舊史、百家語，秦皇焚之于前，漢武禁之于後，孔教乃大一統。中國爲孔經之天下，且世艷稱之，二帝、三王、周公者，皆在孔子經中。尊一孔子，堯、舜、禹、湯、文、武、周公得以全尊，就經言經，不必問古史可也。此尊孔而帝王與之俱尊，一舉而兩全之法。若欲實求真堯舜，真古史，宰我不云乎：『仲尼賢于堯舜遠矣！』經中之堯舜，爲孔子之化身，以校古草昧之真堯舜，實遠過之，則有新經，不言古史可也。以孔經論，空言垂教，全爲哲理；以人天分判之，則人爲行事，天又爲哲理，故定爲學行在先，知思在後。行事必先研究，然知即包于行字之内，不能别立一門，如後儒内聖、抱道在躬之誤説。

孔經人學爲事實，天學爲思想。舊説《詩》言志，今《詩》無『志』字，大抵以『思』代『志』，『思』即『志』。《詩》中『思』字數十百見，即以『思』爲『詩』。『思無邪』即『《詩》無邪』。《詩》爲天學，當在人學之後。《輶軒語》引吕氏説，以《論語》屢言《詩》學，謂經學當從《詩》入手，此爲大誤。《詩》爲高遠之學，『思無邪』，與賜商始可與言《詩》三事論之，明矣。天學高明，不能實行，則其學必無人服習。《易》猶藉卜筮以存，故于《詩》定斷章取義、歌賦誦習之法，以此存經。必待數千萬年後，人學已盡，推之六合以外，《詩》乃可以實行。故『小子何莫學夫《詩》』，可以『興觀群怨』，『事父事君』，與『多識鳥獸草木之名』，皆爲存經之法。亦如佛經之言語文字，其迹象也，微言大義，別有深識，其曰『可』者，僅可之詞。其與伯魚言《禮》立《詩》言，《禮》立爲人道，《詩》言爲天道，故《詩》之言『思』，思想哲理。欲學《易》，必先學《詩》；欲學《詩》，必先學《書》；欲學《書》，必先學《春秋》。由遠自邇，升高自卑，所謂格物致知，不可躐等爲之。《論語》言《詩》，深者極深，淺者至淺。自來説《詩》者皆有句無章，有章無篇，有一篇與前後數篇、數十篇不相貫通。至于全經，亦如《春秋》之屬辭比事，十二公首尾一貫者，更屬思想所絕。此新撰《詩學提要》，讀三百篇，如一手所作，屬詞比事，亦如《春秋》，爲説《詩》之新法也。

孔經舊史文字異同表

舊説以經爲史，特以三事立表，以明經史之分。

舊史字母孔經古文文字不同表	
上古結繩而治。《易大傳》	後世聖人易之以書契。
吾猶及史之闕文也。《論語》	子所雅言，《詩》《書》、執禮，皆雅言也。
舊法世傳之史，尚多有之。《莊子·天下篇》。字古之古史，莊子及史遷均曾讀之。	《詩》《書》《禮》《樂》，鄒魯之士、薦紳先生能言之。孔子特造之新譒之經，非弟子不能認，不能解。
百家言黃帝，其文不雅馴，薦紳先生難言之。《史·五帝贊》	孔子所傳《五帝德》及《帝繫姓》，儒者或不傳，又總之不離乎古文者近是。

续表

稽其歷譜終始五德之傳，則論弟子籍，出孔氏古文近是。《三代世表》「諸侯并作」語。	譜牒古文咸不同、乖異。正名。名家由六書之文而出。君子于其言，無所苟而已。凡字書名家引此文者至多，皆屬孔學。

史有經削表 此如《春秋》削例，舊史本有，經則削之。

余讀牒記，黄帝以來，皆有年數。《三代世表》、舊史。	孔子叙《尚書》俟後之經。則略無年月，與《春秋》編年體大異。或頗有，然多缺略不可録。待其人而行，故不能加歲月。夫子之不具年月，豈虚哉！
魯人視朔，四時祭，君舉必書。	《春秋》常事不書。
學者多稱五帝，尚矣。	《尚書》獨載堯以來，又儒者或不傳。
吴、楚稱王。趙盾不弑。許止不弑。	《春秋》書之曰子。經書弑。經書弑。

經有史無表 此如《春秋》筆例，修《春秋》，筆則筆，史所無者，經可筆之。

予觀《春秋》《國語》，其發明《五帝德》及《帝繫姓》章矣。其軼事往往見于他說。其所表見皆不虛，總之不離乎古文者近是。	余嘗云云。長老皆各往往稱黃帝、堯、舜之處，風教固殊焉。其地染夷風，與孔說不同，中古無此五帝之聖迹。
予並論次，擇其言尤雅者，著爲《本紀》篇首。《五帝贊》	《史記》本紀五帝，世家吳泰伯，列傳伯夷，皆因孔子稱之，故著爲書首，就古史論，皆無其人。如許由者，蓋嘗有許由冢云，亦不信實有其人。
予讀《春秋》古文，乃知中國之虞與荊蠻、二字與『中國』對。勾吳，兄弟也。姓氏譜牒之學，由經而作，古則無之。《吳世家贊》	

案：《莊子·天下篇》：『其明而在數度者，上言本數末度。舊法世傳之史，凡稱史，皆爲駢音之成迹。尚多有之。東漢以後乃絕，《論語》『今亡矣乎』。其在《詩》《書》《禮》《樂》，孔氏譒經、雅言，皆用六書。文字爲孔子正名之學。鄒、魯之士、皆屬弟子，則子政《戰國策叙》孔作六經，惟弟子能信其學。縉紳先生能明之。《史記》：『百家言黃帝，其文（駢音）不雅馴，（全屬方言，不似古文雅正）。薦紳先生難言之。』正與此針對，薦紳先生重孔氏古書，不傳百家字書、方言書。《詩》以道志，《書》以道事，《禮》以道行，《樂》以道和，《易》以道陰陽，《春秋》以道名分。六經統諸子，皆屬古文。其數散于天下，全球。而設于中國者，小統。百家之學，與古文學不同。時或稱而道之。即上『其明而在數度者』三句

之義，百家即『舊法世傳之史』，非諸子。天下大亂，諸侯紛争。聖賢不明，道德不一，天下下當作士。多得一察焉以自好。譬如耳目鼻口皆有所明，不能相通，以上説諸子之學。猶百家、方言囿于地域，不能如同文之効。衆技手工技藝也。也，皆有所長，時有所用。諸子百家。雖然，不該不備，六經則六通四闢，小大精粗，其運無乎不在。一曲之士也。以上諸子。判天地之美，析萬物之理，察古人之全，寡能二字疑衍。備于天地之美。稱神明之容。孔子六經。是故内聖六合以内，至人之學。外王六合以外，皇之至人、真人。之道，闇而不明，鬱而不發，時未至，空有此説，不能實行，以戰國兵争强奪，亦如今日也。天下之人，即百家諸侯。各爲其所欲焉，《秦本紀》所謂『私學』。以自爲方。『方』即『方言』之『方』。悲夫！百家秦始同文之制與此同，舉經以統諸子，與同文以統方言同。往而不反，方言鄉談，各囿于地。必不合矣。字不能有同文之盛，道不能有統一之法。後世之學者，指百家言。不幸不見天地之純，古人之大體，孔經。道術六經。將爲天下裂。』諸侯並作語，家異俗，國異政，如《説文序》所言三言百家，皆指方言，不指子書。

四益館經學四變記

己酉年本

四益四變，近八年矣。同門所記，略有三本，詳略不一，體例亦各殊。惟其學萌芽，亦如《公羊》，多非常可駭之論，非觀其終始，不得肯要。四卷本經劉申叔摘刊于《蜀學雜志》，今以此本最爲簡明，先爲登録，然後及其詳備者焉。侄師政謹識。

初變分今古

四益原以宋學爲主，及入尊經，泛濫于聲音、訓詁、考據、校勘，江、浙、直、湖各學派後，乃自立門户，光緒十一年乙酉，成《今古學考》，刊于成都，專以《王制》屬今學，《周禮》爲古學，今、古以制度分，不主文字。後乃改《左傳》爲今學，以其制度主《王制》。所著有《穀梁古義疏證》《左氏古經説》《公羊補證》等書。

今古學派表 用東漢法，專主《五經異義》，嘉、道以來學者皆以分今古爲主，而《今古學考》集其大成，劈分兩門，始有專書。

今主孔子。	古主周公。
今主改制，孔子晚年之説。	古主守舊，孔子初年之説。
秦漢博士學派。	東漢古文學派。
《穀梁春秋》。	《春秋左氏傳》。
《公羊》。	《左氏》賈、服注，用古文。《國語》。韋注。
《詩》。無笙吹，《周頌》不過十篇。不足三百篇。	《詩》。有《序》，羼笙吹，分析《周頌》，共三百餘篇。
齊魯 三家皆詳師説、義理、典制，不專言訓詁。 韓	《毛詩》。傳、箋。據范書，《序》出謝曼卿，《箋》出鄭康成，《訓》出衛宏，傳出馬融，與《尚書》《左傳》《周禮》相同。大小毛公之説，齊、梁以下盛行。實則古文家説，全出東漢以後。據《周禮》《左傳》以遍説群經，大小毛公皆屬烏有子虛。

续表

《書》。廿八篇，法列宿，《皇篇》法北斗。 歐陽 夏侯	《書》。《百篇序》。 古文《書序》。古文家仿《史記序》而作。 馬、鄭《書》傳、注。《五經異義》，古文由賈、馬至許、服、鄭，門户初立，魏、晉鄭學盛行，因而大顯。
《禮》。 《禮經》 《禮記·王制》	《禮》。 《周禮》。
《易》。《易》《論語》《孝經》，古未成家。	古文《易》說。
今《論語》。	古《論語》說。
今《孝經》。	古《孝經》說。
《爾雅》。	《說文》。

二變尊今僞古 用西漢法，如《石渠禮論》《白虎通義》，亦異古文說。

光緒十四年戊子，撰《知聖篇》《古學考》，一名《闢劉篇》。專主博士，以古文家《尚書》《毛詩》《左氏》《周禮》其源流皆晚出僞説，力反秦火經殘之論。諸經皆全文，《毛詩序》《尚書序》皆歆弟子僞撰；《周禮》爲《逸禮》，與《王制》同，其異者皆歆羼入。專守《王制》，以中國一隅説六藝之派也。著有《群經凡例》《王制義證》《經話甲篇》，已刻。

《知聖》。俗學專言學聖，不求知聖，遂以孔子爲學究，人人可以爲孔子。必知生民未有，賢于堯、舜，生知前知，而後可以言知聖。	《闢劉》。古文但詳文字，如近來音訓之學，其餘制度無一可行者，如後世典考諸書是也。所以後世無通書、通材。
博士由周、秦以至兩漢。	古學諸家皆始莽、歆，東漢古文皆發于歆。
各經皆爲今文，博士傳受。	初止《周禮》《左傳》，東漢以後，推之《詩》《書》各經。
三傳、諸子禮制皆同《王制》。	王莽將《周禮》全行演辨。
今學：天子娶十二女。莽嫁女用十一媵。	莽末年，同日自娶百二十女，皆有印綬。
劉歆《移博士書》，六藝皆歸孔子制作，爲孔門微言，與《世家》同。	諸經皆以爲史文，《春秋》即國史，史用周公而成，孔子述而不作。
《易》《詩》《書》《禮》皆全經。今學專主孔子，遠近尊卑，互相啓發。一人一家之書，義例精詳，耐人鑽仰，以勵才志，故通經即所以致用。	秦火諸經皆殘。古分屬堯舜三代各史，怨女曠夫，事雜言哤，不足爲典要，略如後世史鈔、詩文選本與卜筮之書。古文初起無師説，但有訓詁小注，如玉函山房所輯《詩》《書》《周禮》《左傳》之訓詁，謭陋不能成家，正其短也。或以爲西漢文古奧，體應如是者，誤。

续表

《王制》博士所主。《史》《漢》公羊穀梁其名皆不傳，本爲卜商之轉音，東漢以後，公羊造五代之名，公羊高與敢與壽。穀梁亦造有四名，穀梁喜與赤與俶。《史記》明言除《易》以外，漢以前各經傳授皆不詳。《經典釋文》《隋書·經籍志》所引東漢以後人僞造淵源，一經有數説，自相矛盾。	《周禮》本《逸禮》，有改羼，無師説，但詳訓詁，不能成家，本無所得。就今經改古字，謬稱古本，妄撰傳授。《隋書·經籍志》《經典釋文叙録》古文淵源，皆出僞撰，并有數説不同。
先師經説，明達可行。經學微言大義，傳自孔門，傳輯師説，義理詳明，如《尚書大傳》《春秋繁露》《韓詩外傳》。	自有《周禮》，遂生轇轕。斥鄭破亂家法。
博士經説，義理制度，燦然明備，通經致用，故弟子皆人才。	鄭注《周禮》，違經立論，别造師説，如僞孔《周官》篇之類，無一説可通，儒生遂無人才。

三變改今古爲小大 用先秦法，諸子與博士。

光緒二十四年戊戌，因天球河圖、小球大球、小共大共，乃漸變爲此説。以《王制》《周禮》皆爲真古書，《王制》爲《春秋》之傳，爲内史所掌之王伯學；《周禮》爲《尚書》之傳，爲外史所掌之皇帝學。六經中分三小三大，王伯治中國，《周禮》治全球，乃以經學爲世界之書，非中國一隅之言。著有《周禮皇帝疆域考》《地形訓釋例》《周禮疏證》《周禮鄭注商榷》《古文師説駁義》《尚書新解》《公羊大一統春秋凡例》《皇帝學》《利益百目》等書，樂山黄孝廉鎔刊有《經傳九州通解》，即用《皇帝疆域考》之説。

王伯學《春秋》《王制》圖表	皇帝學《尚書》《周禮》圖表
據《王制》説《春秋》，儒、墨、名、法同。《王制》三千里版圖，三服甸、采、流。	據《周禮》説《尚書》，道家、陰陽、五行同。《周禮》三萬里版土，九服、九畿，十五服、十五畿，《帝謨》《禹貢》五服五千里一州、九州方萬五千里，爲十五服。
儒者九州，方千里爲一州。	鄒衍九州，方二萬七千里，方九千里一州，八十一州。九服九大州，方九千里一州。
四海之内，方千里者九。《孟子》	四海之内，方二萬七千里。《管子》《吕覽》。
《春秋三傳》方三千里。	《詩》《三頌》三皇，《大雅》《小雅》帝王爲方伯。
《禮經》安上治民，專言定位，折尊一定。	《樂》移風易俗，專言改革，不主故常。
《小戴記》。《大戴記》專詳皇帝學，《盛德》《朝事》尤爲《周禮》專篇，《小戴》分詳王伯，《月令》《樂記》《明堂位》爲皇帝專書，或以爲後儒所補，故小、大即小康、大同之分，非叔侄別分大、小也。	《大戴記》。小、大以帝王分，專言大同。《五帝德》《帝繫姓》專爲帝學，《盛德》《朝事》二篇專解《周禮》，《曾子》《易本命》言地球形狀及生物次第，尤爲詳備，同爲一家，以小康、大同分別而行。今故因其小、大名目，以改易今、古舊名。

续表

《尚書》王學。邵子以爲帝初以屬王，後乃知兼言皇帝人事。 儒、墨、名、法爲王伯。 《國語》《國策》爲王伯。	《易》爲皇學。 道家、陰陽家爲皇帝。 《楚辭》爲大同。 《靈樞》《素問》五運六氣爲大同。
此用邵子《皇極經世》，以《易》《春秋》分配皇、帝、王、伯而小變之。主分經立政，各經自爲一局。各有堯、舜、禹、湯、文、武，質格不同。如《王制》則爲《春秋》之傳，地方三千里，專就中國一隅立制，凡傳記所言三千里者，皆屬此派。《尚書》《周禮》則三萬里，版土一小一大，疆域不同，時代亦異。故《尚書》之堯、舜、禹、湯、文、武、周公，則必時至三萬里一統，而後生其人，實行其政。與三千里之帝王相去非千萬年，不能見諸實行，此分經定制之要義也。	初以《周禮》專條與《王制》不同者，無師説可證，刊入《周禮删劉》中。及考《大戴禮》《管子》《淮南》等類師説，最爲詳明。且鄒衍大九州即《大行人》九州以外國爲蕃國之師説，推考道家、《楚辭》《靈》《素》皇帝之師説，轉詳于王伯，不得謂爲劉歆羼入。故以《周禮》爲《尚書》師説，亦如《王制》爲《春秋》師説。一經一傳，兩兩相配，而小、大之學以成。

四變天人位育 用道家與絳侯法。

光緒三十一年乙巳，去乙酉《今古學考》廿八年矣①，乃有天人之變。六合以内爲人學，皇、帝、王、伯全就人事立象，制度亦分四等。《詩》《易》則在六合以外，故陟降、上下、飛逃皆神游魂游變化，故三垣北辰爲皇之大一統，列宿四宫爲帝之分方法。昴星統一爲一王，日繫統八行星爲八伯，如伯之一匡。由小推大，升高自卑，乃由地以推六合以外。著有《天人學考》《三才説例》《生知説》《俟聖篇》《易經新解》《詩經新解》《楚辭注》《山海經注》《穆天子傳》《列子》《莊子》注等書。

《春秋》爲人學之始。推見至隱。	《易》爲天學之終。由隱以之顯。
人學。《王制》小，《周禮》大。言人間世制度。力行，屬實踐。	天學。緯、讖。言諸天制度。理想，屬哲學。
行學。	知思。同『志』，宋元以下，先知後行，顛倒。
六合以内。故《春秋》書皆行事。	六合以外。故《詩》《易》皆託比。
《大學》爲人學兼天。平治人學，格致天學。引《書》人學，引《詩》天學。	《中庸》專爲天學。有《大中人天不同表》，引《詩》不引《書》。

① 按：光緒三十一年乙巳距光緒十一年乙酉，爲廿一年，此處有誤。

续表

伯：《春秋》。	伯：《詩》周、召、十二國風。所言皆天象星辰。
王：《春秋》。 《尚書》三王三代，《顧命》五篇。	王：《三頌》。 上、中、下即天、地、人，往來、陟降即諸天神游。
三公：《肜日》《西伯》《微子》。	
帝：《書》典、謨、五誥。	帝：《易》下經十首。
羲和二伯。道家一統。	皇：《易》上經六宗『時乘六龍以御天』，上升下降，魚躍鳶飛，父天母地，兄日姊月。
二多四輔。	
皇：《書·典》命羲和。	
善言人者，必有驗于天。	善言天者，必有驗于人。
《靈》《素》爲皇帝治法。	《楚辭》游魂上下，周游六漠。 《列》《莊》游六合以外。佛家華嚴世界。
人帝學，以祭祀通鬼神。	天皇學，直接鬼神，上天入地。

孔子人天學名號地位經部子別先後表

人學表

名號	地位	經部	子別	
君禮	進化千里	《春秋》君伯	法、農 君	以上爲六合以内之事。人學必尊天，王伯以祭祀感格天地神祇，皇帝形游六合以内，神游六合以外，靈魂往來，神去形留。皇帝之世，聖人始來游。靈物始至，運衰則不復至，而别游天地。
伯義	三千里	《王制》伯王	縱横 伯	
王仁	五千里	《小戴記》伯王	名 伯	
帝德	九千里	《尚書》皇帝	儒 夏 王	
	一萬二千里			
皇道	三萬里	《周禮》皇帝	墨 殷 王	
帝德	退化一萬二千里	《大戴記》皇帝	名 周 王	
	九千里			
王仁	五千里	《月令》皇	《素問》	
伯義	三千里		《靈樞》	
君禮	千里		道家六合以内	
後三古				

天學表

名號	地位	經部	子別
君 聖人	本球 六合以外，質。	《樂》 讖緯	雜家 佛下乘
伯 化人	日繫 太素，形。	《詩》《周》《召》	《楚辭》《靈》《素》
王 至人	昴星 太始，氣。	《詩》《三頌》	陰陽 佛中乘
帝 神人	垣宿 未見氣。	《易》 下經	《山經》
皇 真人	合天 太易。	《易》 上經	道家 六合以外
《中庸》『鳶飛魚躍』，《易》『乘龍御天』，『周游六虛』，皆憑虛往來，以天爲疆域，諸天地爲友邦，如佛家不尊天。日本哲學家言人將進化爲真	本地球言上中下。六合，天地屬別球，四旁指本地球四旁之星。日繫世界言九天九行星爲九畿，爲九天九野。皇統爲天，六宗爲七政，兩垣爲大地，		佛 大乘

续表

人。即始皇初稱『朕』，後稱『真人』；初游天下四表四極，然後于海外求仙人。海外本謂四海以外，《呂覽》以海内東西爲二萬八千里，南北爲二萬六千里，指地球而言，即所謂六合以外、渤海以外，謂真人在本地球也。	四宫爲四方，地爲五，土爲五，天昴星内爲十日，外爲十二月，五運六氣之法。		

撥亂觀

倫禮會成立宣告書

北京同人公啓

《記》曰：『禮不由天降，不由地生，緣人情而爲之節文。』蓋人之初生，渾渾噩噩，飲血茹毛，雖形狀與羽蟲毛蟲別異，而不能離猩猩、鸚鵡之心，所謂禽獸時代也。遲之又久，乃近人道，太羹玄酒，茅茨土階，有名無姓，貴壯賤老。《商君書》曰：『秦有夷狄之俗，父子異居，男女無別。』《記》曰：『徑情直行，戎狄之道。』此則野人境界耳。聖人有作，因夫人心厭亂，天道悔禍，作爲禮以教之，使之别于禽獸、野人。男女自由，血族婚娶，其生不殖，乃禁同姓爲婚以救之；媒妁不用，争婚奪婿，互釀殺劫，則爲婚禮以救之。主婦燕賓，易内飲酒，殺身亡國，不止離婚，于是大饗廢夫人之禮。父奪子媳，二姓歡然，庶孽奪適，禍延數世，于是親迎以女受之婿。有國無家，不言氏族，是滅種之道，故立孝道，以無後爲大罪。立禮以袪亂原，猶立坊以除水患。我中國自孔子撥亂反正，二千餘年服禮飾教，習俗相沿，深入人心，由近及遠，此洋溢之盛軌，桴海之初基。或者曰：天心仁愛，降衷維良，上棟下宇，何必先以巢穴？上衣下裳，何必先以獸皮？書契同人而生，可無結繩之事。夫婦禮之所始，早傳儷皮之文。特先野後文，進化公理，人事所必經，天道不能易。天不生孔子于草昧幽忽之時代，以早成化民成俗之偉功，而必遲之又久，經數千萬年而後水精降誕，端門受符，以爲木鐸立言之至聖者，時爲之也。《禮》曰：『有禮則生，無禮則死。』又曰：『人而無禮，胡不遄死。』故無夫婦之禮，則争奪謀殺、離奇之新聞、伏隱之禍害，男女將盡爲情死矣。父子不相收養，養子無益，不惟鬼其餒，而人種亦將絶滅盡矣。海邦群哲，不盡皆迷；見微知著，莫不愁苦；撫膺隱痛，時發微言，如孔教會所登西儒論説函件，咨嗟太息，蓋有由矣。有疾求藥，不能諱醫，同病良方，成效昭著。此吾倫禮之至善，雖不能一時推行于海外，相形見絀，興利除弊，藉助友邦，皈依至聖，此今日西儒之微言，即將來大同之實事，所謂禮緣人情而作者，此之謂也。又凡人之情，公私知愚，每成反比例。父子之倫，親養其幼，子養其老，即以平人論，亦報施之禮則然。且子孫衆多，榮施祖父，骨肉天性，情由性生。外人羨我爲有子之國，故外婦避孕，中婦求生，即此一端，優劣自見。乃彼西方哲論，力圖改革，師法我國至聖所傳之倫禮。我國維新青年，初踐藩籬，未窺隱伏，乃放言高論，盡棄故有，全師外人。夫工械算計，本爲泰西專長；形上之道，維我獨優。以有易無，各得其所。《孟子》云：『通工易事，則男有餘粟，女有餘布。』則通工誠是也。若廢棟宇必反之巢穴，廢衣裳必反之獸皮，黜膏粱之味而求毛血，鄙文字之繁而求方音，豈真瞽者無與文章之觀，聾者不審鐘鼓之美，無抑心失是非，萬物遂隨之顛倒乎？凡心有物蔽，在乎審觀，是非難明，取法比較。井研廖氏素尊孔學，于倫禮尤爲兢兢。昔在成都，曾編講義，登堂講説，聽者傾心，雖素來醉心歐美者，莫不言下頓悟。誠一時救病之良方，萬國改良之要道。同人因之發起倫禮會，訂期講衍，並發行《倫禮雜志》，編訂學堂倫禮教科書，刊發中文、洋文兩種白話報等事。大會成立，再行集衆審定《章程》及辦事手續。爲此廣告，伏乞裁酌。

倫理約編序

自海禁開而儒術絀，海外學説，輸灌中邦，拾新之士，立説攻經，即老師宿儒以名教自任者，其推論中外，亦謂希臘、羅馬制或符經，由野進文。斯崇耶教，更新制，青年英俊，中者過半，心失權衡，手無規矩，既貽卑己尊人之羞，兼伏洪水猛獸之患。土崩魚潰，岌岌不可終日。議者知窮術盡，推尊至聖，以挽已散之人心，禦鉅艱之外侮。然微言大義，十弗闚一，雖復虚尊大祀，于德配天地之真，卒未窺睹。四譯先生昔應選科師範之聘，主講倫禮一科，以爲近日課本，非腐則謬，不足資采用。學者請自編，先生許之。其編書大旨，在取外國先野後文之箴言，以合《公羊》撥亂反正之範圍。每題次以十目：曰西俗，博采西人近俗學説。曰中證，孔子未生以前，中國程度比今西人，古來軼文孤證，尚有可考。曰求野，中國藩服，各史《夷狄傳》與《北魏》《元史》之類。曰禍亂，西國無倫禮；其禍亂，譯書多諱之，惟小説稍有真要，而隱伏禍害，每多可言。曰撥正，用《公羊春秋》『撥亂世反之正』語，每條引經爲主，孔子初作《禮》以撥中國之亂。今且推之全球，以撥世界之亂。曰師説，凡傳説與進化宗旨相近，與尊孔切合者，引入此門。曰比較，以中外倫禮相比較其得失，考其利害。曰引進，外人染華風，知自別于禽獸者入此門。曰解誤，經傳之説有從來誤解者，如《斯干》之男女指爲真男女，以爲貴男賤女，此解之誤。曰防弊。唐、宋以後語多過甚，有爲外人攻擊，宜改良者入此門。條分縷晰，得若干條，而《坊記》等編新解附焉。升堂講授，髦俊傾誠，縱桀傲性成，專心外嚮者，言下莫不立悟。蓋野、文先後，作、述顛倒，誼由四譯詮明，從古無此奇變，故宇宙無此奇作。雖按時立説，四譯不得獨居其功，然以此爲尊孔第一奇書，蜀學之上乘，則固不待好學深思，即某等淺謭，可與聞矣。是書初成，亦如電化各學，初發見于世界，是動天下之兵。又句奇語重，難索解人。或且據舊説以相難，不知敵情，惟好議論，巨寇當前，敗衂立見。剩此孤軍，獨立旗幟，制勝雖不在一時，而死灰猶幸有復燃之一日。名城大將，既已亡俘，敵所不能攻者，我乃攻之。藉寇兵，齎盜糧，已爲非計，況乎反戈？然連軍拒敵，折竿揮之而有餘；若以羸卒持朽械，無端搆釁，主人深居閉壘，不發一矢，不遺一卒，任其環攻，遲之日月，徒爲笑資，竟何損其毫髮乎？受業李光珠拜撰。

倫禮約編叙例

總論進化資格

《論語》：『先進于禮樂，野人也；如墨家。後進于禮樂，君子也，如儒家。如用之，則吾從先進。』此先蠻野、後文明之實證。《中庸》：『今用之，吾從周。』『野哉，由也！君子于。』『于』讀作『迂』。

《喪服傳》：分六等。『大宗者，尊之統也。』禽獸知母而不知父，野人曰『父母何算焉』，都邑之士則知尊禰矣，大夫及學士則知尊祖矣，諸侯及其大祖、天子及其始祖之所自出。尊者尊統上，卑者尊統下。

《説苑・修文篇》：分六等。『傳曰：《詩經》之傳。觸情從欲，猶逕情直行，所謂自由。謂之禽獸；苟可而行，謂之野人；安故重遷，謂之衆庶；辨然否，通古今，謂之士；進賢達能，謂之大夫；敬上愛下，謂之諸侯；天覆地載，謂之天子。是故士服黻，大夫服黼，諸侯火，天子山龍。德彌盛者文彌縟，中彌理者文彌章。』先野後文，尊者文，賤者野。

《晏子春秋》：『君子無禮是庶人，庶人無禮是禽獸。』有禮然後爲人格，無禮則爲禽獸、野人。

《孟子》：『人之所以異于禽獸者幾希。』又：『逸居而無教，非不富。則近于禽獸。』『使契爲司徒，教以人倫，父子有親，君臣有義，長幼有序，夫婦有別，朋友有信。』外國但有朋友一倫。

《樂記》：分三等。『是故知聲而不知音者，禽獸是也；知音而不知樂者，衆庶是也；惟君子爲能知樂。』

《曲禮》：『鸚鵡能言，不離飛鳥；猩猩能言，不離禽獸。今人而無禮，雖能言，不亦禽獸之心乎？夫惟禽獸無禮，故父子聚麀。是故聖人作爲禮以教人，使人以有禮，知自別于禽獸。』又：『逕情而直行者，戎狄之道也。』

《曲禮》：『禮不下庶人，以資格言，有禮乃爲人。刑不上大夫。』亦以程度言，人皆有大夫資格，非大夫以上遂無刑。《春秋》且誅絶諸侯，貶斥天子。

〔附〕進化七等表

禽獸	野人	衆庶	都人	大夫	諸侯	天子
			士	士		

衆庶以上如外國。

衆庶以下，爲中國舊有資格。

案：中外風俗倫禮以此爲比格，能免于禽獸、野人者，然後人格全。中國春秋時代，人民資格亦如海外，不免徑情直行，亂臣賊子，禍亂無已。孔子撥亂反正，及立經教以改革之。所謂聖人爲禮，使知自别于禽獸。凡經皆創説，非古所有。中國承習二千餘年，不似秦、漢之際，雍、梁亦爲戎狄風俗，日用不知，故以經爲常語。須知春秋時人之聞經説，如娶妻必告父母、匪媒不得，亦聞海外，作霹靂聲。故欲言經，必知此義，而後撥亂反正之義明，至聖俟後之功顯。

欲明倫禮學，須知教化由小而大之理。中國文明倡于春秋，春秋版圖不出儒者九州三千里。《秦本紀》博士説古之皇帝地方不過千里，此蓋春秋以前之中國。俗解皇降而帝，帝降而王，王降而霸，教化由大而小。西人乃得以矛陷盾，謂耶蘇之教初在一國，至今幾滿全球；中國孔子之教由大而小，由文而野，所以日見銷亡。果如舊説，則穴空招風，經將無以自存，何以《中庸》言『洋溢中國，施及蠻貊，凡有血氣，莫不尊親』乎？又如今之學堂所講古史，堯、舜以前之三皇五帝，言蠻野則極蠻野，言文明則極文明，二者形隔勢禁，萬不能通。如《孟子》言堯、舜之世，獸蹄鳥迹之道交于中國，人不得平土而居，可謂極蠻野矣！而《尚書》『光被四表，格于上下』，乃謂三萬里内，道一風同，此亦萬不能通者也。《禹貢》九州既已承平，而春秋荆、徐、梁、揚半爲夷狄，亦不可通。今考古事，當以春秋爲斷。春秋時人民程度極爲蠻野，且每每在歐美下。孔子以前之古史，先文後野，先大後小，既乖實理；而且言狉獉則極狉獉，言文明則極文明；此古史之説所以不能切理饜心，使人篤信。大抵此事當分爲二派。一曰史派，一曰經學派。凡言上古、中古、近古之史事，亦如《黑蠻風土記》，此爲當日之實事。所言五帝、三皇、堯、舜三代愈古愈文明，則爲經學派。蓋地球開闢情形，每州莫不相同。經説之皇帝盡美盡善，較堯、舜而猶有加者，此俟後之説也。世界初未有此文明，數千年後改良精進，乃有此等事實。孔子之大，真爲生民未有，不惟吾國所當崇拜，凡有血氣者，莫不尊親者也。

六藝六經先後表

射	初與禽獸，食肉必資乎射，如今之槍炮。弋説則近于道。
御	行遠交通則在乎御，如今之實業工藝，上達則合于道。
書	文字語言，孔前已有。經乃同文，定爲名學。
數	數，古法。以數合道，則經術。
禮	修身學小禮，由至聖修改。
樂	六藝以禮樂終。
禮	六經以禮樂始。
春秋	
書	
樂	
詩	
易	

六經六藝比類表

禮作	春秋	書	樂	詩	易
禮述	御	書	樂	數	射

以六藝比六經：『禮』『樂』同名，『書』當爲《書》，『數』比于《詩》。至于『射』爲天道，仰之彌高，則《易》也；『御』爲地輿學説，其卑法地，則比于《春秋》。《論語》：『吾執射乎？吾執御矣。』辭高居卑，亦從先進之義也。六藝經本不立，當采經傳古書補輯以教學者。

學者論孔學，首在作、述之分。今決定其案，六經爲作，六藝爲述。孔子譒十二經，則六藝與六經同出孔定。《論語》『雅言《詩》《書》』爲六經，『執禮』即六藝，六藝亦用古文譯爲雅言矣。文字如六書，算數如《周髀》，吾國孔子以前，與今日泰西各國爲正比例，吾國所無，或爲今日泰西之所有。指器械工藝。泰西今日所無，吾國乃獨有之。如六藝科目，泰西全有之，此不待孔子手創，已有是事。則六藝之本爲述古，加以刪、修、序、定之名可也。若六經之學，全爲泰西之所無，吾國孔前何能獨有？故不能不全歸之孔作。《春秋》爲六經始基，古説言孔作《春秋》，天地亦爲震動者詳矣。《春秋》如此，其餘從同。故六經外惟《孝經》别有天瑞，舊説或乃以《春秋》爲作，餘經爲述，是不知小大天人之分、舉首經以示例之旨。必欲言述、言修、言刪定，則以六藝當之可也。然則古人每以六藝包六經，則言述者，歸之六藝與經，互文隱見可也。

論六藝爲普通學，合《詩》《書》《禮》《樂》《易》《春秋》爲十二經

《莊子》引孔子有『譒十二經』之説，舊以六經、六緯解之。緯以傳經，不得並數。從《列》《莊》

至《史》《漢》，多稱六經爲六藝。《論語》道德仁藝，《周禮》德行道藝，則藝爲别名，不足以代經。而《周禮》别有六藝專名，所謂禮、樂、射、御、書、數者，舒氏《六藝綱目》略有發明。而泰西學校，大抵不出六藝範圍。今以六藝、六經合爲《莊子》之十二經，形而下者謂之器，六藝是也；形而上者謂之道，六經是也。以學堂論，六藝爲普通學，必先通六藝，而後具國民資格。國中無一不通六藝之人，即爲教育普及。六經則專設于法政高等大學堂。中學堂以下，千人之中得入大學。治經者不過二三人，專爲平治學培養人才。所有工械、技藝、農林、商賈各學，言語、文字、算學，皆統于六藝。經、藝分途，而後中外學業優劣偏全可見。如此，則中小學堂讀經不讀經，問題非所急，惟當發明經傳小學、大學分科之區畫。所有禮、樂二門，六藝與六經相同。大抵六藝爲小禮小樂，所謂小道小業；大學爲大禮大樂，所謂大道大業。將古來小學一門，歸入六藝，如《容經》《少儀》《内則》《弟子職》之類，勺象琴瑟均附之。大約修身齊家之事，中小學已有基礎，大學專科獨在治平。故三年之中，可以通經。通一經即爲人才，有政治經驗。由經傳中經驗讀經，即所以學織。是當倡明古法，别編經傳教育法，以爲世界萬世之師表，排難解紛，獨標精誼。至聖如祆教之耶蘇，所謂全能，生民以來未有，生民以後亦未有。考據固不足言，宋學非禪悦則學究，以學究爲孔子，宜儒學爲無用之别名。

禮樂爲小禮小樂，六經爲大禮大樂，舊所傳六代之樂，雖有其説，世界尚無其事。凡今學堂所有修身倫理學，皆屬六藝之禮樂，借此以爲六經大禮大樂之基礎。

貴本觀

大學以修身爲本

凡修、齊、治、平四等科目爲主，故止有四傳。《孟子》：『天下之本在國，國之本在家，家之本在身。』後儒于修身上加四目，最爲大誤。『修身』條目在中小學即六藝。《大學》之本，承中小學爲言。其本已服習于前，《大學》專詳治人之學。『格物』『致知』乃進學之等級，即本末終始先後之法，非條目，故其名辭不見于他書。漢、宋諸儒所有解釋皆誤。

『誠意』章古本緊接經文之下，與四傳不同。列經言所謂『誠其意』者，上不與『致知』連，下不與『正心』連，與後師所加十五字不合，故知十五字爲後儒記注。『誠意』即《中庸》天學之『誠』，誠中形外，即誠則形。故『慎獨』與《中庸》首章同。『不見不聞』，即所謂獨往獨來。《中庸》：『誠者，天之道；誠之者，人之道。』以天人分，至誠如神，則在天學之上等，爲道家之真人矣。『誠意』由人企天，爲天人之交。四等名詞，各分等級。漢儒言《大學》，猶不失先儒本意。隋唐以後，佛學大盛，『知止』以後之定、静、安、慮、得與『知至』之『誠意』，皆屬天學。而道家言與佛學近，本爲平治以後至人、神人、化人、真人之學説。宋人饜聞佛説，遂以天學移于修身之前，説玄説妙，談性談心，皆屬顛倒。使孔學至『治平』而止，則有人無天，囿于六合以内。聖量不全，固已不可；以堯、舜病諸之境量，責之童蒙，衆生顛倒，種種迷惑，以致庠序無學術、無人才。佛學六合以外，爲平治以後之進境，移之童稚，此不得不急正之者也。

唐以前學重力行，宋以後重致知，故墜落禪寂。

儒詳人事，佛詳天游，合併接續，爲孔學人天一統。自來譯佛書多失此旨，講宋學者以佛法爲入德之門，尤差以千里。

人學先：『欲明德于天下者，先治其國；欲治其國者，先齊其家；欲齊其家者，先修其身；欲修其身者，先正其心。』原文當至此而止，『欲正其心者，先誠其意』九字，爲後師記識語，誤以正心、誠意連合。

人學後：『心正而後身修，身修而後家齊，家齊而後國治，國治而後天下平。』

天學先：『欲致其知者，先格其物。』

天學後：『物格而後知致，知致而後意誠。』原文當止此，下『意誠而後心正』，以心、意相連，當爲後師所羼。删後師記識二句十五字。『欲誠其意者，先致其知』，九字。『意誠而後心正』。六字。

《大學》引書分人天例『平天下』章三引《詩》，爲三皇，上下中；五引《書》，爲五帝，前後左右中。

凡引《書》爲帝，人學。《大學》由人企天，先《書》，後《詩》。

凡引《詩》爲皇，天學。《中庸》天學，專引《詩》，無《書》。

宋儒天、人顛倒。

以致知、格物、誠意爲科目，在修、齊之前。

《大學》先人後天，先行後知。平治以後，乃言安静。

《大學》人學五等本末學科例

正心、修身、齊家、治國、平天下、明德、新民。

《大學》天學本末五等科目例

定、靜、安、慮、得。《管子》多言静虚，「慮」當作「虚」。止至善。

人天合爲知十等先後格致例分十等先後，即爲「知所先後」，知先後即致知。

正、修、齊、治、平。以上爲行，爲學。

定、靜、安、慮、得。以上爲知，爲思。

物有本末五等格物表物爲名辭。「格」即「格于上下」之「格」。分本末，即爲「格」。

心、身、家、國、天下。

事有終始十等表十等爲科條。格致者，分其本末先後，爲各學之次序。

正、修、齊、治、平。

定、静、安、慮、得。

修身。中國一人例。如修身科，中學以下之要科。此等科學全屬六藝，必學六藝方有人格。唐宋以後，專于此求聖賢，所以卿相全爲學究。

齊家。天下一家例。如倫禮科，中學以下之要科。六藝如今之普通學，人人所當卒業。

六藝之禮、樂，以爲修身齊家之學。《大學》之功，專在治國平天下，如今之法政學。《大學》推論平治之本，原于身家。實則《大學》之功，專在治平，而身家已習于中小學堂。至于「修身」以前，更加四條目，朱子所謂「八條目」者，則尤爲誤説矣。

子曰：「弟子中小學之教。入則孝，出則弟，謹而信，汎愛衆，而親仁。以上皆六藝禮樂之教，所謂小道、小業。行有餘力，凡民之俊秀者，小學畢業則入大學，餘則分途治事。則以學文。』文爲六經，廿以後入大學之教。

子夏曰：『賢賢易色』至『而有信，四事皆修身倫禮，爲六藝之禮樂教育。雖曰未學，『未』當作『末』，下論：『子夏之門人小子，當灑掃進退，抑末也。本之則無，如之何？』《六經》爲本，六藝爲末，謂此修身倫禮皆屬私德，個人資格，後人以之爲聖賢者，誤。吾必謂之學矣。』小大二學同有禮樂，優于小學，則可進大學。此學爲大學，謂許其由小學升大學也，大學則爲治人成物之事。宋人所主，不能出六藝範圍，適成其爲鄉黨自好之士，動以聖賢自命，且並以此待孔子，此經學之所蒙晦，人才之所消沉。

子游曰：『子夏之門人大小學同爲門人。小子，廿以下如今中小蒙學學生。當灑掃、詳《弟子職》。應對、《容經》言。進退，《容經》貌行。則可矣。未冠習小道、小業，六藝之學。抑末也，《大學》詳本末，《論語》之末學。本之則無，大學爲本，以小學爲末。如之何？』如子夏云：『雖小道，必有可觀，致遠恐泥，君子不爲。』子夏聞之曰：『言游過矣。此篇專詳八儒分派，此章所謂子夏之儒、子游之儒。君子儒有君子、小人之分。之道，《大學》之道明德、新民，即好惡治平之學，專以治人者。孰先傳焉？《大學》諸『先』字。孰後倦焉？《大學》諸『後』字。一説先傳爲法古，後倦爲知來。如『傳不習乎』『誨人不倦』之傳、倦字。譬諸草木，區以別矣。區別即《大學》格致。君子之道，大學爲君子，小學爲小子、小人。焉可誣也！『物有本末，事有終始，知所先後，則近道矣。』有始有卒者，即《大學》終始。其惟聖人乎？』聖人得人、天之全，君子爲人學終始，小子小學，宜于修身倫禮，爲六藝學。六合之内，以聖人爲止境。皇帝稱聖人，平天下；王伯爲君子，治國。各有本末、先後、終始之分，即爲格致。此章論爲學，詳其先後、本末、終始，爲《大學》格致説，故並録之。

流演觀

道家出于六經

古之道術有在于是者，六經爲古道家所主《詩》《易》之天學。關尹、老聃聞而慕之。《莊子·天下篇》：墨學好引六經，道家之于經文則多融化而出。古爲『孔氏古文』，即指六經而言。古之道術有在于是者，莊周聞而慕之。同上。

凡用六書文字之書，皆出孔後。

凡用經語及傳記師説禮制者，皆爲孔學。

《樂》《詩》《易》三經爲天學。

《論語》『巍巍乎惟天爲大』一章。『無爲而治者，其舜與！』『《詩》三百，一言以蔽之，曰：「思思爲哲學。無邪。讀作涯。」』《春秋》三千里，《書》三萬里。《詩》爲天學，無極無盡，如《列子·天瑞》。『爲政以德，譬如北辰，居其所而衆星拱之。』

化諸天星辰爲大一統，即佛三千大千世界也。以星辰爲地域部落，諸天化人爲天學。

《中庸》：『不言而信』，『不思而得』，『無爲而成。』又：『不賞而民勸，不怒而民威于鈇鉞。』『德輶輶軒使者之車。如毛，毛讀爲袤。《尚書》『四袤』，從衣，毛聲，與裏對文，袤即黑道所服之裘，裏爲當暑之絺綌，表裏不過取譬裘葛耳。袤字多作毛，《小雅》『不屬于毛，不離于裏』。毛裏即表裏，『左右芼之』，或作覒，與采、流、服名同咏，即袤字。《論語》『當暑袗絺綌』，絺綌爲衣，表而出之，即四表之下三袤。毛袤猶有倫，四表三萬里。《書》説萬五千里爲一表，四袤雖校《春秋》爲大，然仍有邊際可窮，不如《詩》之無邪也。上天天學之載，載與輶同，地域天球，皆以車象之。無聲無臭，耳不可聞，目不可見，無極無盡，乃爲大遠。至矣。』至人之化。天學無極無盡，無聲色可言，與《尚書》不同。

案：《列》《莊》爲《詩》《易》師説，已有專書發明矣。《列》與佛書同者尤多，佛同《列》，《列》出經，則佛之爲天學，爲質諸鬼神，爲譬如北辰。天官星辰、靈魂、仙真學，無疑矣。佛專言天學者多，人事則從略。或疑孔子『夫子之門何其雜』，蓋孔子爲萬世立法，一身兼備，原始要終，固萬能俱備，使亦如佛經荒唐，則人道標準不能立矣。《莊子》之某『游于方之内者』，某『天之戮民』，子夏曰『夫子能之而不爲者』。故孔子專詳人事，立儒法之準，而以道家推之老聃，更由此推之佛，則道、佛詳天而略人，孔法詳人而略天，互文見義，合觀乃爲孔之真象。佛不能逃于天之外，《列子》首篇《天瑞》，所以多用《易緯》之文也。

孔以前爲六藝學，爲祆教、回教、佛小乘法，爲化草昧土著，不得不從先進也。自創爲六經，人天各學，然欲立人極，故以道推之老。老子化胡，因變爲佛。此孔、佛一家，互文起義之法。後來二家子弟皆失此旨，言孔攻佛，言佛攻孔。佛經牽引支離，無所歸宿，每乖世界公理。今以佛歸統《詩》《易》，則移步换形，不拘拘于舊法矣。

墨家出于孔經

墨與耶教、回教、佛法小乘皆爲孔教前驅，諸教已行而後孔法可施；佛大乘法與《列》《莊》同，全爲天學，與墨成反比例，則孔子之後勁。今引墨、道二家以明孔學始終，餘則從略。

『古之道術有在于是者，墨翟聞而慕之。』《莊子·天下篇》。

案：《墨子》引用六經，自作《墨經》，載在本書，或以《墨》別自有六經，大誤。儀文等級由少而多，由質而文，所謂其德愈尊者，其文彌縟。大抵《墨子》所主皆質家士庶人之禮制，故利于初行。

《論語》：『先進如夏于禮樂，野人也。夏制一切減于周，如喪期三月，周則三年，故爲野人。後進如周三代表中，由質而文，由簡而詳者，皆爲進化説。于禮樂，君子也。如周三年喪，質家爲野人，文家爲君子。如用之，與《中庸》『今用之』不同。如者，如也，謂當時；今則來今，指後世。則吾從先進。』《中庸》從周爲儒家，《論語》『從先進』爲墨家。當時無教化，孔子初創典禮，亦如今日對于泰西各國，誘而進之，不能遽言文家，衹從先進，即《墨子》服喪三月，用夏制之所本。

『禹，無間然矣』一章。《禮》説德彌尊者文彌縟，三代以漸而加，故夏爲最簡。進化又以尊卑爲例，凡天子、諸侯爲從周。庶人、士所行則爲夏制。由此推之，可得數十條，不止服喪三月乃爲夏制。墨學主夏制，其餘師説多出此章。

子曰：『禮，與其奢也，寧儉；喪，與其易也，寧戚。』

『林放問禮之本』一章。

《公羊》改周之文，從殷之質，説本此。

『子曰禮云禮云』一章。

曾子曰：『喪致乎哀而止。』

宰我問『三年之喪』至『汝安則爲之』。

宰我問國恤，如《堯典》『百姓如喪考妣，三載四海遏密八音』，故有禮壞樂崩之説。使爲宰我一人一家之事，則何崩壞之可言？後世國恤，漢文改爲以日易月，二十七日而止。宰我以《尚書》之法難行于小康之世，故請孔子别立一期年之經，以便遵行，食稻衣錦而安。天子與母后之喪，今制亦止穿孝百日，以外婚嫁不禁，此宰我瞻言百里，與孔子籌商制度之事也。孔子則以小康不能行者，大同則能行，故『三載』之文，特著于《帝典》。皇帝愛民，如保赤子，民之父母，則民喪君，如喪考妣。王伯之世，無此資格，故謂之無三年之愛于君也。禮緣人性而作，故有從先進、從周之分。傳曰『進夷狄』者不一而足。當大同之世，有三年之愛，則用三年。宰我有期年之愛，則用期年。後世或百日，或二十七日，各如其量，稱情立文，若無三年之愛，强之三年，豈復成何禮制？

《墨子》三月之喪，引進夷狄之法。周本無三年喪服制，孔子新制有之，時人不能行，亦如前日推此法于滿洲，不能三年，斷以百日。自今以後，推之海外，亦必自三月始，待其資格已深，再加時月。此《墨子》三月，即『汝安則爲之』，不備責以必三年也。

《禮經》儀文制度以多爲貴者，皆爲進化等差。故庶人之儀最爲簡陋，大抵全爲墨家所祖，所謂國民資格。進于士則倍加，卿大夫則三加，諸侯則四加，天子則五加。儒家多爲天子之數，墨家則庶人之數，所謂從先進，近野人也。

諸子以皇帝王伯爲優劣符號學說表

諸子發原六經，初創學說，其學大明以後，見之實行，數千百年後，乃有帝、王、伯、君之分。

超等	三皇其學說之超等，託皇。
上等	五帝其學說之上等，歸帝之堯、舜。
中等	三王其學說之中等，託之夏、殷、周之三代諸王。
下等	二伯其學說下等，託之伯者所爲。自定四等高下。

续表

農		有爲神農之道，賢者與民並耕而食。饔飧而治。			
縱橫		黃帝以戰得天下。	五帝之戰。		『自古至今，未有不戰者』云云。
墨	儒家之言，大約與墨爲反比例。		堯、舜茅茨土階，菲飲食，惡衣服。	禹手足胼胝。	《莊子》云：『其道太觳。』《墨子》主儉、薄葬、非樂。
兵			善爲陣者不師。	善爲師者不戰。	二伯善戰不敗，君善敗不亡。
法			帝王皆嚴刑。	湯有棄灰之刑。	專明賞罰。就其殺人學説優劣中，分別帝、王、二伯。

续表

名	儒	道
		縱横、名、法、兵家，大約與道家成反比例。
黄帝正名，文明以後名乃備；草昧之人，蠻野之俗，名皆簡略。	道	黄帝道天。
	德	堯舜無名如天。
名家循名責實，不主變法，故三王多同。	仁義。伯主藝，即今泰西技藝，與六藝同，故海外之學説不外利、藝二字。	三王
卜筮、種樹小技，利于方言。法令必須同文。《論語》：『事不成，則禮樂不興，刑罰不中。』	六經所言爲經説，儒家不必同。如孟、荀及漢初諸儒所論古事是也。	二伯

亦不能定。《韓非·顯學篇》詳八儒三墨，各自以爲真孔、真墨。孔、墨已不再作，不能定，更由孔、墨以推堯、舜，

案：泰西虎歌、盧索、孟德斯鳩等所創學説，不過發明虚理。有此學説，待人而行；既行之後，各有深淺、純駁、優劣之分；事後久經論定，乃就其人陳迹定其高下。吾國諸子同屬創學，所有帝、王、伯、君四名詞，不過如優等、上等、次等、下等之符號，爲代名詞。故不能定其真僞。今學堂之古史課本，出于《通鑑前編》等書，皆采輯諸子各家學説而成。諸子自立宗旨，專門名家，于其中自分優劣。高者爲皇、帝，其次爲王，其次爲伯，又其次爲君。即以儒、墨二家而言，墨主野質，極其簡陋，儒主詳備，極其文明。又以縱横與道家言，一則專恃兵威血戰，以成功業；一則純仍自然，無名無爲。每相對成反比例，各以其學説爲真堯舜、真三王、真五伯，而彼此程度，天懸地絶，不能相同。韓非所以藉儒、墨論堯、舜，彼此相反，而皆自以爲真，後人不能從而决之。以草昧之堯舜本無傳聞，經傳之典謨皆爲學説，指後來之堯舜。諸子各自名家，自以其學説之優等，結爲堯舜行事，其學之文質、功利、道德不同堯舜，遂因之化爲種種形狀，是堯舜同爲思想之所幻化，宗旨之所區别，徒有懸虚之觀念，而非實行之陳迹。所以人人異法，各自堯其堯，舜其舜，而無真假是非之可言。則諸子之所謂堯舜，亦如海外學説諸大家，結想大同之主人，爲其思想所凝結，初非真有是人，果有是事也。

小大觀

《王制》《周禮》疆域不同表

《春秋》《王制》九州三服圖

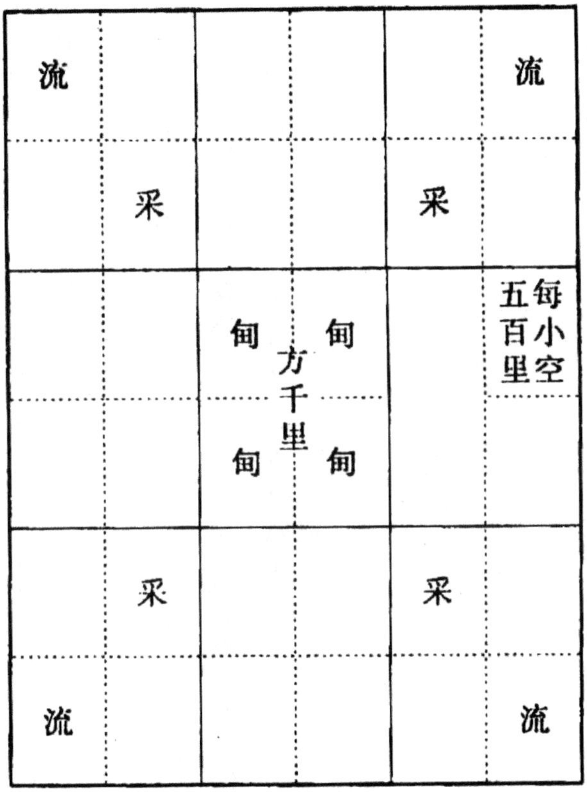

《王制》：『千里之內曰甸，《左傳》同。九服九畿，同以甸爲王居。千里之外曰采，其外方五百里。曰流。又其外方五百里。《詩》『左右采之』，『左右流之』。推三千里于三萬里，名同實異。

《孟子》：『四海之內方千里者九。』合爲方三千里，與《王制》合。

《王制》：『四海之內方三千里。』分爲方千里者九。

按《王制》說，《春秋》三千里，爲小標本；《周禮》說，《尚書》加十倍，方三萬里，爲大標本，而六合以內人事盡之矣。《鄒衍傳》所稱『大九州』，得九九八十一方三千里；儒者九州，止得八十一分之一。所稱儒者九州，即指《春秋》《王制》而言。今欲考皇帝九州各種制度，不得不先立此標準，以皇帝之法皆由此推廣也。

《詩》亦用三萬里立說。《關雎》『左右采之』，『左右流之』，『左右現讀作表。之』。采、流即此三服之采、流，小者五百里，大者五千里。古文說黃帝畫井萬國，以三萬里立九州，皇極各五千里爲甸，其外五千里爲采，又五千里爲流。

《白虎通義》云：『王者王三千里，不治夷狄。』今本或作五千里。按五千里蓋用《禹貢》五服說，其中本有夷蠻明文。王三千里，爲《春秋》家說，絕不至有五千里，且五服亦非全圖，乃帝一州之地，當以三千里爲正。

《尚書》《周禮》五千里一州圖

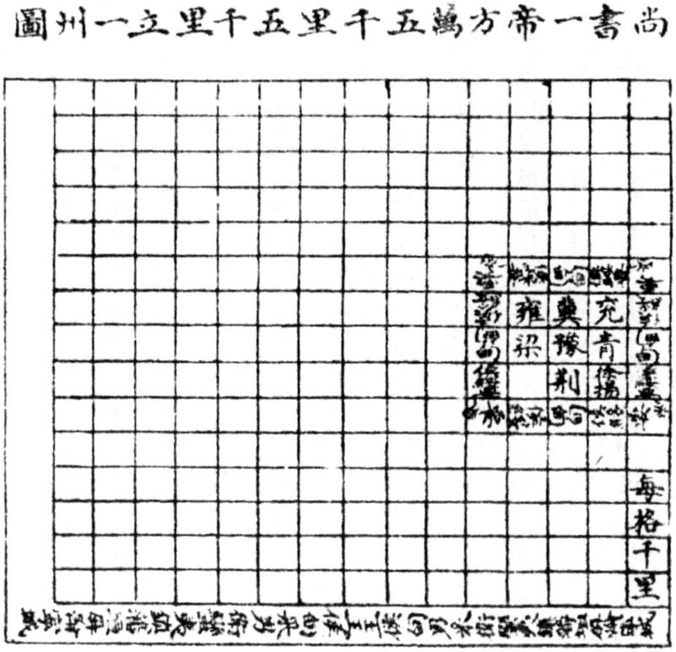

內爲《周禮》九服，外爲《板》詩六服，合爲十五服，一萬五千里，爲全球方三萬四分之一。

四帝平分，各得萬五千里，立九州，以五千里爲一州，合九州爲方萬五千里。惟舊説牽拘文義，以五服爲禹之全域。夫《尚書》《周禮》皆以三萬里爲起例，則如五千里者，實有三十六。經不能但取其一以立法，而置其三十五方五千里于不顧。地域等級，各有不同，故經舉一該八，以明四帝平分方萬五千里之制。《帝典》之『州』字當絶句，以五千里爲一州。

案：此四帝平分天下，各立九州之制。《尚書》《周禮》舉此爲例，其義有三：一、五服例，冠、衣、帶、裳、履。一、《王制》封國分三等，大國百里，次國七十里，小國方五十里。經傳每舉小國以爲公式，如諸侯三軍，二千五百人爲一軍是也。《尚書》皇所封國，大者方千里，次七百里，次五百里。經傳所言五服五千里，亦如《王制》舉小國以爲公式也。又此爲四帝四分十五服之制，以一化三，五服即十五服之起文。

經《皋陶謨》：『弼成五服，至于五千，句。州，句。十有二師，十二州，十二牧。外薄四海。』此用地五起例，四海二十五千里，爲二十五民。《内經》云『天地之間，六合之内，不離乎五』是也。

經《禹貢》：『五百里甸服：百里賦納總，二百里納銍，三百里納秸服，四百里粟，五百里米。五百里侯服：百里采，『百』上當脱『三』字。二百里男邦，三百里諸侯。五字當爲衍文。五百里綏服：三百里揆文教，二百里奮武衛。五百里要服：三百里夷，二百里蔡。五百里荒服：三百里蠻，二百里流。』

案：《禹貢》外四服，每服之下有二小名，先三後二，爲每服之小界，固也。然五服《周禮》作九服，加以藩以外六服，實作十五服，以一化三。今每服合二小名，亦爲三，三五合十五，亦可由此起義。

案：經『四表』，傳『土圭』，舊説皆以爲三萬里。方三萬里，爲方五千里者三十六，舊説以《禹貢》五千里爲《尚書》疆域之定制，不知《禹貢》崐崙、弱水皆包全球而言。五千里一州，方一萬五千里爲九州，配十五服，只作爲四帝平分天下之圖。又方五千里共得方千里者二十五。《周禮》諸公封方五百里，亦得方百里者二十五，《王制》千里一州，諸公封方百里，《周禮》公封方五百里，必五千里爲一州，而後有此封地。驗小推大，一定之例也。

傳 《國語》：『夫先王之制，邦内甸服，邦外侯服，侯衛賓服，賓，《禹貢》作『綏』。蠻夷要服，戎翟荒服。甸服者祭，侯服者祀，賓服者享，要服者貢，荒服者王。日祭、月祀、時享、歲貢、終王。』

案：《周語》以終、幾、時、月、日分屬五服，即《洪範》之歲、時、月、日、星，終王即《周禮》之世一見。《周禮》九服九畿，第三爲甸，第九爲鎮，鎮以内爲九州，以三服當九服九畿，則五服即十五服、十五畿之起例。就文義言，爲五千里，而日、月、時、歲、終之五等，則爲十五畿純全之比例。

傳 以《書》爲經，《周禮》爲傳。《周禮·大司徒》：『凡建邦國，以土圭度其地而制其域。諸公之地，封疆方五百里，其食者半。』諸侯方四百里，諸伯方三百里，諸子方二百里，諸男方百里。

傳 《周禮·職方氏》：『凡邦國千里，封公以方五百里，則四公。』

案：傳言此者，以明《周禮》之州必大于《王制》而後可也，方五千里。方千里爲方百里者百，據《王制》諸公之封，只得天子百分之一。鄭注乃以《周禮》王畿認爲千里，誤之甚矣。辨見下。

傳 『方四百里則六侯，方三百里則七伯，方二百里則二十五子，方百里則百男。』

案：《王制》方千里一州，公侯方百里。《周禮》公封方五百里，多于方百里者廿四倍。自來説《周禮》者，皆以千里説之。《王制》方千里一州，爲方百里者百，公侯封方百里，只得百分之一，

《周禮》方千里止能封四公，《記》有明文。一公之封，已占全州四分之一，除三公封地之外，只剩方五百里，何以立國？且援《王制》之例推之，畿内方百里之國九，以封三公六卿，《周禮》雖再加一倍，作爲方千里者二，亦且祇能封三公七卿。蓋以正官論，尚有二卿、二十七大夫、八十一元士無地可封。又考《王制》畿内九十三國，封地不過占王畿三分之一，其三分之二另有典章。今千里之地祇能封四國，大抵尚少方千里者二十四。鄭君不悟此弊，仍以爲《周禮》王畿實祇千里，左支右絀，無一可通，萬無此等制度。古今説者皆欲求通，而至今不能通。今立《尚書》爲經，《周禮》爲傳，《帝謨》《禹貢》皆以五千里爲一州。方五千里一州，則諸公例得封方五百里，故《周禮》諸公封五百里，一見《大司徒》，一見《職方氏》。凡《周禮》所見，皆以傳《尚書》五千里一州之文也。經傳兩兩比合，如磁引針。其所以舉五千里示例者，考皇帝分合，地域廣狹不一，不能遍舉，特舉一小者以示其例。《王制》封國有百里、七十里、五十里三等之差，《周禮》援推，亦有千里、七百里、五百里之别，舉一以示例，其餘皆可推。今立此爲第二圖，其制自明。

《尚書》《中候》考

《尚書》順行。《易大傳》：『數往者順。』由皇而帝而王而伯。《中候》逆行。《易大傳》：『知來者逆。』由五而六，由六而七。

二十八篇爲備。二十八篇以應列宿。又以《皇篇》法北斗，爲二十九篇。〇古文與今文爲二十八篇，增多《泰誓》，乃《牧誓》之傳。

《皇篇》一　《書》爲皇帝學，首舉皇以明一統。『帝曰：咨！汝羲暨和』以下，乃爲《帝典》正文。《尚書》以皇、帝、王、伯爲起例。

『乃命羲、和』五節爲經。用五紀『皇省爲歲』例。

《月令》爲傳。凡《逸周書》《靈樞》《素問》《大戴》《管子》《淮南》所有歲、時、月、日之説，皆統爲此經記注。

《尚書》十篇《書説》：百篇爲《尚書》，百當爲十。此十篇爲法古，王降爲伯，經據衰而作，往古過去時代，所謂皇降而帝，帝降而王。《史記》言尚書十餘見，皆由此起義。十篇如數《皇篇》，則爲十一篇，《百兩篇》所以有奇零歟？

四帝四鄰 皇在中央，四帝如羲、和四子，仍爲五方。○董子《三代改制篇》：『故王者有二而復者。』『有四而復者。』又：『王者以制，一商一夏，一質一文。』又：『四法修于所故，祖于先帝。故四法如四時，然終而復始，窮則反本。』

《帝典》堯。一名《堯典》。東北艮維，堯九男。《春秋》子、丑、寅三月之王，由此起例。《改制篇》『主地法文而王』云云。

《帝謨》舜。一名《舜謨》。《大傳》『帝告』即『帝謨』字誤。西南坤維，舜十子。卯、辰、巳。『弼成五服，至于五千（句）州（句）。』以五千里爲一州。故諸公封方五百里也。《改制篇》『主天法質而王』云云。案：四法皆詳儀制四等之異同，文多未録。

《禹貢》一名《九共》。高陽才子八人。東南巽維。四帝各王萬五千里爲一表。午、未、申。《改制篇》：『主地法夏而王。』案：夏如九夏，高陽，故稱《禹貢》。

《洪範》高辛才子八人。西北乾維。四帝九州以五服五千里爲一州，酉、戌、亥。《改制篇》『主天法商而王』。案：商法如高辛，故稱《商書》。

此四篇爲四帝、四鄰、四時次第，用《大傳》七觀説。圖附後。

三王三誓《穀梁》：『誥誓不及五帝，盟詛不及三王。』

《甘誓》一名《禹誓》。司空。

《湯誓》司徒。

《牧誓》一名《泰誓》。司馬。

殷三公二伯

《肜日》司徒，仁者居守，司祭祀。

《西伯戡黎》異姓伯，司馬。

《微子》同姓伯，司空。

《尚書》十一篇表

《尚書》《論語》所謂「退」，所謂「告往」「成事」「往者」「老者安」「傳習」。《中候》《論語》所謂「進」，所謂「知來」「後生」「來者」「少者」「恒」「天」「不愠」。

一皇 歲　四帝 時	三王 月。《春秋》三月有王。	三公二伯 日。
歲皇 春高陽貢 冬堯典 夏舜謨 秋高辛範	《甘誓》黑 《湯誓》白 《牧誓》赤	《西伯》司馬 《肜日》司徒 《微子》司空
	一帝三王	一帝三王
合皇爲五方	四帝十二王	見二公隱六公
	見三王隱九王	三十六王隱一百零三公

《中候》十八篇

《書》説十八篇爲《中候》，俟後聖、知來。『候』與『俟』同義，言『中』者，皆取法于《射經》『立正鵠，以待後生之射』。『告』爲『鵠』本字，『誥』與『告』同。凡《尚書》十篇皆法古，故十篇中無新舊、繼續、後生、後王、嗣、孺子等字。《中候》中專言繼自今、後王、嗣天子，王嗣、王孺子，不爲當時人君而言，專爲後來聖王立法，待其人而後行。故俟聖知來之學説，專用《中候》之經爲起例。《盤庚》亦與五《誥》同，故從《左傳》《史記》，歸入《中候》。

周公七篇

俟後。逆讀由六而七，即由帝進皇也。比于《皇篇》一統，故爲七政。人統如《周頌》，泰皇六五，則天地二統。七、六、五合爲十八、二九。

七篇皆以『周公曰』爲主。凡七政、七年，以『七』立名者，由此起例。

中央揖讓授受，除《金縢》以外，三篇無序，皆周公一人之言，無問答。

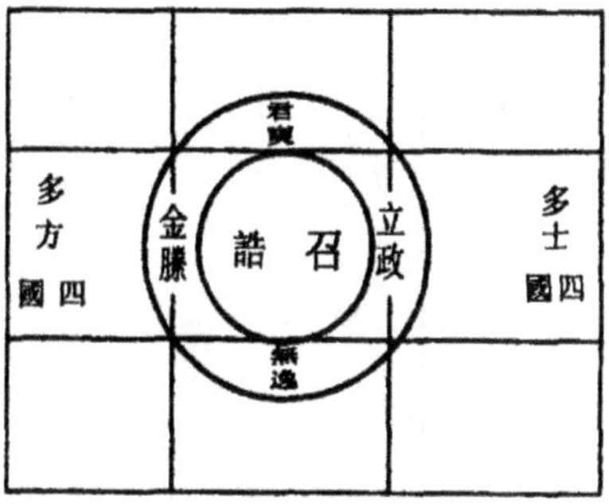

《召誥》：周公主祭祀，武王讓周公，如堯禪舜，有風雷之變。內爲四輔，即四方四時之義。外州二《多》，一《多》四國，合爲八伯。《周公》七篇一稱『誥』，《王》六篇一不稱『誥』，合爲六『誥』，《大傳》六『誓』五『誥』，五、六字當互異。

成王六篇 俟後，逆讀由五進六，由王進帝，比于四鄰、四時。天統。《素問》：天以六爲制，五運六氣，天六地五。

六篇皆用『王曰』爲主。六府、六宗、六沴，凡言『六』者，由此起例。

	《大誥》春朝	
《梓材》冬遇	大會同　《洛誥》盤庚之誥時會殷同。	《康誥》夏宗
	《酒誥》秋覲	

《盤庚》：《左傳》稱爲『誥』，《史記》言武王、周公用盤庚法以教殷民。六府：金、木、水、火、土、穀。盤庚五邦五遷，主五行，《洛誥》即爲『穀』。六沴亦于五行外別加上帝。中央揖讓，餘五篇，皆一人之言，無問答。王主祭祀，周公讓成王，如舜禪禹。《周禮》會同曰『誥』，誥皆會同諸侯之辭。《康》《酒》《梓》，封字爲封人。《大傳》『封若圭璧』指內外服諸侯言，非康叔名。

周五篇 如《春秋》爲王伯學，俟後之書，逆讀。二誓二伯，如《西伯》《微子》《顧命》，與二『王曰』爲三王，如三《誓》。此由伯進王之説也。地統。《素問》：『天地之間，六合之内，不離乎五。』又：『地以五爲節。』

東方兵，南方刑，西方學校、議院，北方選舉，中央傳家，父子授受。外四篇二『公曰』、二『王曰』，兼包天地二統言之。《顧命》父子相傳，如禹家天下，故爲小康。

	孟獻子《費誓》	
舅犯《文侯之命》	《康誥》《顧命》	《楚書》《呂刑》
	同《秦誓》	

經云：『天命有德，五服五章，天討有罪，五刑五用。』《大學》專以好惡進退爲主，即所謂明德、用賢、新民、除不肖。明德慎罰。明德，司空封建，錫命爲柯；新民，司馬九伐，斧鉞專征。《詩》曰：『析薪如之何？匪斧不克。』除惡以新民，比于析新，後來居上。

《大學》五引《書》爲五帝，中《康誥》，東孟獻子，西《秦誓》，北舅犯，南《楚書》，與此疊矩重規，互相印證。

案：二十八篇，各有取法，不能增損。考《大學》以孟獻子、舅犯、《楚書》與《康誥》《秦誓》并舉，舅犯、《楚書》，文見《國語》《戴記》。經文之外，兼舉傳記，非一引《書》，便爲孔經。《百篇序》出于莽、歆時代，無論其他，即生造《舜典》《大禹謨》，名目已萬不能通，作僞之迹顯然。近賢皆知其僞，特以其文大約全載《史記》，從而附會之。不知《史記》所引《書序》，除二十八篇外，諸僞撰篇目，皆直鈔《序》文，與二十八篇體例迥殊，凡有《書序》者，其文隔閡上下不相通。蓋漢時注《史記》者，皆屬古文家，以《書序》補注《史》下，後來刊本誤爲正文，亦如《水經注》經、注混淆之事。樂山黄孝廉鎔曾舉而删汰之，廓清之功不小，每篇皆有取法，不能加亦不能减。校本古文其僞已明，人猶以爲無害于道。夫勸人爲善，其書多矣。即《感應篇》《陰隲文》、諸子、佛、老，豈無佳篇？足以勸善，與經别行，學者無異詞。苟僞輯善言便可與經并列，則前人以古文雅正爲三代之《尚書》矣。今定此表，掃除一切，學《書》者庶不致徘徊門外，老死而無得而入也。說過新，閱者必致按劍，惟專致數十年乃成此説，自不能如白香山詩老嫗可解，特各義皆有專篇發明，文多不録。凡有所疑，舊學商量不妨質問，如萬不能通，則可更變，不敢以爲定説也。

四帝四鄰四表平分天下圖如後。

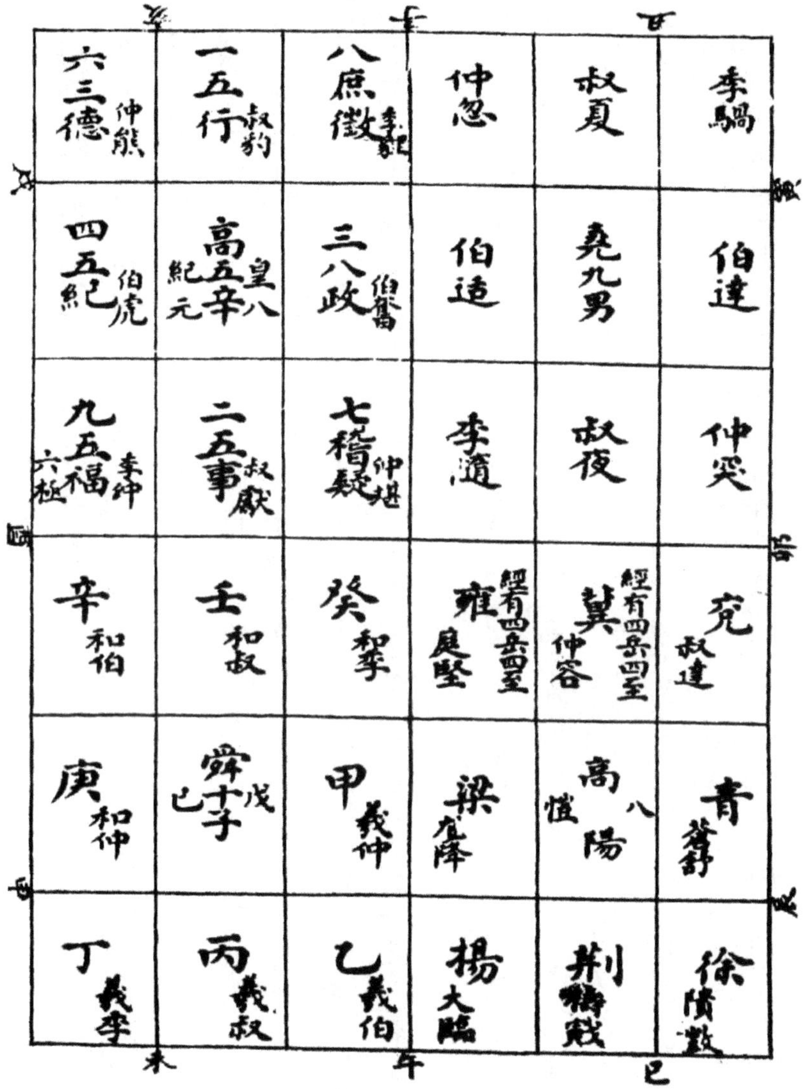

四帝分占四維，各萬五千里，爲十五服，立九州，每州五服，得五千里，故曰『弼成五服，至于五千，句。州，句。十有二師。』外十二牧以三十度、六千里爲月計之，萬五千里加二六千里，正合三九之數。則知五服非全幅。《禹貢》『弼成五服』，謂一州耳。一表方萬五千里，已得方五千里者九，四表共有三十六方五千里，之禴祭。』又曰：『富以其鄰。』《謨》曰：『欽四鄰。』《論語》：『德不孤，必有鄰』，《易》曰：『東鄰殺牛，不如西鄰

《洪範》九疇，用生成數法，本即九州，疇、州古字通用。九共、九疇，即八元、八愷之義。《大戴》宰我問五帝德，共有六帝，由黄帝起，終于禹，如六經終于《易》，始于《春秋》，其中四帝，二高與堯、舜，正如四教之《詩》《書》《禮》《樂》也。天主六，人帝則五，故黄帝爲五天帝之一，舉一以示其例。人帝始顓頊，終禹，别有五人帝，黄帝不在五人帝之内。又《五帝德》每帝各有四至之文，各王一方，非全在中國。

《尚書》始堯之故，舊説多不安。今考定五人帝，二高爲二帝，後如《春秋》之杞、宋，爲已往二代。堯、舜南北二帝，如晉、楚夾輔皇室。經雖始堯，包有高陽、高辛在内，而一皇四帝四鄰之制全矣。《逸禮》《淮南》均言五帝分司五極，各得方萬二千里。其説以二萬七千里開方，各得一百四十四方千里，此以皇爲天，再用四帝平分三萬里，故各得一表爲方萬五千里，故經曰『四鄰』『四表』，合皇則爲五。

由四帝變爲五，則以夏居中。以四帝各九州言之，取其中一州五千里歸中央，四州合爲方萬里。土寄王于四季，今則四季之辰、戌、丑、未，入中宫爲九夏，則得方萬里，其餘八支各爲一州，各得方萬里，與中之

禹服正同。蓋方萬里爲方千里者九百①，九人各得萬里而適平，此又一法也。《左傳》引《書》説，牽引二高十六族，非用四鄰，則十六族無位置之地。又堯、舜之治，如用舊説，不免有優劣。今以分方求之，堯在東北維已治安，惟對冲之坤維未治，所謂四凶等，皆在坤維。舉舜以治坤維，舜之作用全在下方，與堯舊治不同。所云大麓、畎畝、深山、貳室、南河之南，皆指坤維。故《孟子》曰：『居堯之宫，逼堯之子，是篡也。』《尚書》爲皇帝學，乃百世以下大同之法，則海禁未開以前，學者多囿于一隅之見以説之，如能小中見大，統五帝而區畫之，則思過半矣。

天人觀

《内經》天人四等名號學術説考

舊撰有《内經分表》，有天學，有帝學。于科學有生理，有衛生，有論病，有針灸。其專言治病者，不過十之二三而已。凡論病當以藏病經絡爲主，不當言運氣五行。運氣爲三才之上下學，五行爲五帝，五方符號舊皆融合爲一。俗醫不求實際，專説干支五行泛語，當其治病，幾如子平家之推命。不知推五行者，皆屬帝學，泛及病狀，是爲通論。醫家則不尚此空言。

① 『九百』，疑應作『百』。

《素問》上古

『古』字從十從口，口爲天，十爲地，大圓大方指天地而言。經足以參贊天地，故以古言之。後世『故』『詁』皆由『古』而出，不指時代。真上古則愈蠻野，各書有明文矣。『古』又爲告，鵠之本字，經爲正。告，口象侯形，半象矢形，古兼二義。

《天真論》云黃帝曰

讀作皇帝。《周禮》：外史『掌三皇五帝之書』。《列子》以《道德經》爲黃帝書，皆治皇帝學者之專書。孔門七十子所傳者出孔子後，非古黃帝之書也。

余聞上古

經爲古之道術，上古指《易》而言。

有真人者

即《中庸》『至誠』，《文子》二十五人，首真人、至人、化人、聖人。乃在第五等。《莊子》：『至人無己，神人無功，聖人無名。』

提絜天地

如《華嚴經》世界説。

把握陰陽

王注：『真人，謂成道之人也。夫真人之身，隱見莫測。其爲小也，入于無間；其爲大也，遍于空境；其變化也，出入天地内外莫見迹，順至真以表道成之證。凡如此者，故能提絜天地，把握陰陽也。』

呼吸精氣

説詳《列》《莊》。

獨立

即《中庸》『慎獨』之『獨』。

守神肌肉若一

王注：『真人心合于氣，氣合于神，神合于无，故呼吸精氣，獨立守神，肌膚若冰雪，綽約如處子。』《校正》引全元啓注本云：『身肌宗一。』《太素》同，楊上善云：『真人身之肌體與太極同質，故云宗一。』《列子》作『骨肉俱融』。

故能壽敝

王注：『敝，盡也。』

天地

壽與天齊。

無有終時

與天地相終始。

此其道生

爲《易》形游天學之至。

中古

《莊子》：『六合之外，聖人存而不論。』《詩》《易》是也。

《莊子・天下篇》首言六經四通八達，後言六家，與《藝文志》先六藝、後九流同。所謂諸子，爲經之支流也。《天下篇》云：『古之道術有在于是者，老聃聞而慕之』，『莊周聞而慕之』，云云。所云『古之道術』，即指六經。若上古洪荒，中古草昧，愈古愈蠻野，則知古指經，不指時代明矣。《詩經》六合以外，爲中古神游學。

之時有至人者

賈子《容經》有至人，即《中庸》『誠』者，《莊子》：哀公稱孔子爲至人。

淳德全道

王注：『全其至道，故曰至人。然至人以此淳樸之法，全彼妙用之道。』《新校正》云：『詳楊上善云：「積精全神，能至于德，故稱至人。」』《中庸》作至德、至道。

和于陰陽，調于四時

和謂同和，調謂調遣。言至人動静，必適中于四時生長收藏之令，參同于陰陽寒暑升降之宜。

去世

《論語》所謂辟世。

離俗

《離騷》之『離』，由此取義。《楚辭》詬訨世俗者，凡數十見，其義俱取此。

積精全神

王注：『心遠世紛，身離俗染，故能積精而復全神。』

游行天地之間

《莊子》『游于六合以外』，『游于無何有之鄉』，《楚詞·遠游》取此。

視聽八達之外

王注：『神全故也。』《庚桑楚》曰：『神全之人，不慮而通，不謀而當，精照無外，志凝宇宙，若天地然。』又曰：『體合于心，心合于氣，氣合于神，神合于無，其有介然之有，惟然之音，雖遠際八荒之外，近在眉睫之內，來于我者，吾必盡知之。夫如是者，神全故所以能矣。』《詩》『不聞亦式，不見亦入』，《中庸》『莫見乎隱，莫顯乎微』，釋氏所謂天眼、天耳，不用凡夫耳目，即《莊》《列》所謂『不以耳目聽視』是也。

此蓋益其壽命

《莊子》：『八千歲爲春，八千歲爲秋。』三萬二千年恒星天爲一歲。

而强者也

《中庸》『子路問强』之『强』。

亦歸于真人

王注：『同歸于道也。』如菩薩之成佛，由神游以至形游。真人、至人爲天學名號，聖人以下乃爲人帝。此段如《楚詞》總叙，讀此則《楚詞》爲天真學説，爲秦博士所撰，非屈子一人牢騷之作，不辨而自明矣。

其次

《尚書》六合以内之學説。《莊子》：『六合之内，聖人論而不議。』如《尚書》是也。

有聖人者

顓頊爲人帝之首，《書》曰顓頊以後『絶地天通』；《左傳》顓頊以後德不及遠，乃爲民師而民名。

處天地之和

中天下而立。

從八風

《九宫八風篇》，八節爲八正，包地球三萬里而言。

之理

王注：『與天地合德，與日月合明，與四時合其序，與鬼神合其吉凶，故曰：聖人所處天地之淳和，順八風之正理者，欲其養心正，避彼虚邪。』

適嗜欲

下『被章服』三字當在此下。

于世俗之間

游于六合以内，不去世離俗。

无恚嗔之心

聖人志深于道，故適于嗜欲，心全廣愛，故不有恚嗔，是以『常德不離，歿身不殆』。

行

巡狩。

不欲離于世

三十輻爲一轂，以象月也。《周禮》世一見，釋書謂之世界。

被章服

《新校正》以三字爲衍文，按當在『適嗜欲』下。

舉不欲觀于俗

王注：『聖人舉事行止，雖常在時俗之間，然其見爲則與時俗有異爾。何則？貴法道之清凈也。《老子》曰：「我獨異于人，而貴求食于母。」母亦喻道也。』不要譽。

外不勞形于事

無爲而治。

內無思想之患

王注：『聖人爲無爲，事無事，是以內無思想，外不勞形。』《易》：『無思無慮。』

以恬愉爲務

如道家之學說。

以自得爲功

王注：『恬，静也。愉，悦也。法道清静，適性而動，故悦而自得也。』自得猶自然。舊説黄帝號有熊氏，乃『自然』二字之誤。《白虎通》有作『自然之本』。袁爽秋亦主之。

形體不敝精神不散

説詳《六家要旨》。

亦可以百歲

王注：『外不勞形，内無思想，故形體不敝；精神保全，神守不離，故年登百數。此蓋全性之所致爾。《庚桑楚》曰：「聖人之于聲色滋味也，利于性則取之，害于性則損之，此余性之道也。」敝，疲敝也。』道家宗旨爲皇帝。

其次

王伯王三千里。

有賢人者

《春秋》學説。《莊子》：『《春秋》經世，先王之志。』聖人日夜切磋而不舍者也。

法則天地

上、下。

象似日月

王注：『次聖人者謂之賢人。然自强不息，精了百端，不慮而通，發謀必當，志同于天地，心炷于洞明，故云法則天地、象似日月也。』四旁。

辨列星辰，逆從陰陽

王伯不能與天地交通往來，而以祭祀通之。

分别四時

王注：『星，衆星也；辰，北辰也。辨列者，謂定内外星官座位之所于天三百六十五度遠近之分次也。逆從陰陽者，謂以六甲等法，逆順數而推步吉凶之徵兆也。《陰陽書》曰：人中甲子從甲子起，以乙丑爲次，順數之；地下甲子從甲戌起，以癸酉爲次，逆數之。此之謂逆從也。分別四時者，謂分其氣叙也。春温、夏暑熱、秋清凉、冬冰冽，此四時之氣叙也。』五紀曆法。

將從上古

治曆明時，如《春秋》年、時、月、日爲大一統，四時首月爲四始，言灾記異，以明天法，皆敬天順時之法，與皇帝同。

合同于道

取法乎上。王法皇，伯法帝。

亦可使益壽而有極時。

王注：『將從上古合同于道，謂如上古知道之人，法于陰陽，和于術數，食飲有節，起居有常，不妄作勞也。上古知道之人，年度百歲而去，故可使益壽而有極時也。』王伯諸子。

《靈樞》《素問》，舊以爲醫書，不知其中有天學，詳六合以外；有人學，詳六合以内；有道家、有陰陽五行家。凡言皇帝學派者，每以疾病爲標目，如《月令》《繁露》，皆有民病之説，不必皆爲醫書也。《漢·藝文志》九家有陰陽五行家，爲帝學，道家之輔。古書則《内經》爲一大部，如《素問》王氏次注所補之《陰陽大論》七篇，爲全元起本所無者，皆《尚書》陰陽五行師説，本爲大醫醫國治天下之專書。其中惟論疾諸篇，乃爲醫學專書。《上古天真論》真人、至人爲《楚詞》之師説，專爲道家神仙去世離俗之所本。讀《内經》而後《楚詞》之本旨明。下二節爲《尚書》《春秋》師説，上二節爲《詩經》神仙之學，爲《六經》之要領，故特爲提出，以爲標幟。知此而後孔子天人之學乃得而明也。

四經人物名號依託表 孔經全屬空言垂法，絶非古史。

《春秋》三千里疆域之王伯。

王 據周而作。實則止有一王，凡云三王，則已屬《尚書》説。伯 借時人立法，其事則齊桓、晉文，其義則孔子自作。

不言堯、舜。殷以七十里，文王以百里。夏五十，殷七十，周百畝。《春秋》言一王二伯。

《書》六合以内三萬里疆域之帝王，與《春秋》名同實異，即非一時，自非一人。

二帝 用四鄰例，二高爲帝後，典謨爲重黎。《董子》：『王法四時。』而《易》主地主天，法夏法殷。三王 一帝統三王，四方十二王以應十二月。一王統二公，當有二十四公。周公 據衰而作，故託之帝王周公，以爲符號，其人至今尚未生。

不言五天帝。至人爲止境，五人帝自顓頊起。《周穆王》：天下皆有車轍馬迹。禹稱帝禹，若《詩》則爲大禹，《易》則爲神禹，同爲禹名，而有人真神天之別。《書》：『格于上下。』契、稷皆有父而生。

《詩》六合以外，存而不論。

皇 帝 王 伯 《五帝德》：『宰我問：「黄帝，人耶？非人耶？」』明五天帝皆星辰符號。

五天帝，星辰所託。《詩》爲神游，故詳招魂夢境。穆王神游。大昊、神農、黄帝、少昊即四天帝，人皆由天神降生，除契與后稷外，《詩緯》所列諸聖賢帝相，皆無父而生。《楚詞·天問》所見之人，皆屬《詩》説。人與天人同名。《易大傳》所謂『游魂爲變』，《列》《莊》詳《詩》説。《左》《國》六太所言皆屬天人。《左氏》與《楚詞》所引羿、浞事，皆天學，非人事。傅説入箕星，《山海》《淮南》引大禹曰神靈所生。

《易》所稱人名，即釋家所謂諸天帝。釋四經相同，爲翻譯例。

皇　帝　王　伯凡《易》皆形游，爲真人，入水不濡，入火不焚，履虚若實，入實不礙。

《易》主形游，《易傳》所謂『精氣爲物』。凡《山經》所有之人，皆屬星辰符號，屬《詩》《易》。穆天子會西王母，《左氏》豢龍帝鴻子爲社稷神，皆天學，非人事。《楞嚴》三十二相，非血肉之軀，故與氣合而無礙。《易大傳》有伏羲、神農、黄帝。五天帝不見少昊、共工。堯、舜爲《山經》之皇帝，與《尚書》不同。

舊説以六經同治中國一隅，不免架床叠屋之病。且一國三公，何所適從？故就天人分之，又就天人中各分小大。就其疆界以立根據，而人物因之不同，無待詳説矣。

六經天人小大各有地域，經説所有人物亦因之而異，同名異實，非偶然也。《史記·自序》立兩大端，曰『協厥六經異傳，整齊百家雜語』。整齊雜語，如方言之作通譯。六國方言爲一定文字，此用舊史之法，至于『協厥六經異傳』，則合併六經各家法而一爐冶之。如爲文王、周公立紀傳，則不論何經之文王、周公與諸子之不同者，皆雜合爲一，搘拄既多，固不免牴牾。而牽混各經各子之文王、周公混合爲一，變各經各子之學説爲舊文歷史，致使後人目迷五色，至以其書爲古史，一成不易，而聖經宗旨隱晦，則不得不歸咎于史公也。

六經分界知來告往表　逆讀進化俟聖表《易》：『知來者逆。』

《禮》：君。人禽之交。農、墨。小説。耶教、回教、佛小乘法。《禮經》未立以前，先行六藝；六經既立以後，六藝下行民間。

《春秋》：賢人。王伯。由三千里以進五千里。行藝。儒、法、名。人學三等，治平學説，佛法所略。

《書》：聖人，皇帝。六合以内。由九千里以進三萬里。陰陽五行雜家。《周禮》《大戴》爲此經傳説。

《樂》：皇。天人。之交。羅漢。位道家。佛法，儒家所略，《樂記》爲師記。

《詩》：至人、至德。菩薩。位釋法、道家。六合以外。《詩》爲夢神游學。《楚辭》《靈》《素》《山經》《天文志》爲此師說。

《易》：真人。形游。佛位、至道、至誠。逆讀爲進化，由《未》《既》以至《乾》《坤》；順讀爲退化，由《乾》《坤》以至《既》《未》。

《詩》：至人。餘同前。

《樂》：同前。

《書》：由三萬里以降九千里。餘同前。

《春秋》：由五千里以降三千里。餘同。

《禮》：同前。《禮經》既絶以後，惟六藝孤行。

順數退化法古表

或疑尊孔，則二帝、三王、周公皆在所黜。不知世所號稱之帝、王、周公事迹，作經説則諸子之學理，非古史已往之陳迹。今以歸入諸經、諸子，則帝、王、周公與經、子並尊矣。

孔經三戒表 戒與界同，山河兩見，猶用此字。

未來 始于一。原始。	見在 壯于五。	已往 終于九。要終。
少戒之在色。空即是色，成劫爲色。	壯戒之在鬭。絜矩、忠恕。	老戒之在得。毀劫成空。
少者懷之。年歲指世界言。	朋友信之。肥馬輕裘，與朋友共。	老者安之。老將智而耄及之，老少頗相似。

续表

人不知而不愠。『而』作『天』，『愠』作『韞』。《易大傳》：『先天而天弗違。』	有朋自遠方來。樂。	學而時習之。悦。『而』讀作『天』，《易大傳》：『後天而奉天時。』
爲人謀不忠。立言垂教。	與朋友不信。交易而退，各得其所。	傳不習。
不知言，無以知人。《論語》始終同言三戒。	不知禮，無以立。	不知命，無以爲君子。
君子依乎中庸。不見知而無悔。《論語》同。聖者能之。立言。	君子遵道而行，半途而廢。讀作『發而皆中節』之『發』。吾弗能。未至其時。	索隱行怪，後世有述，吾弗爲。《列子》：『夫子能之而不爲。』
後生可畏。當後王嗣王，孺子繼自今後王。	四十　五十	無聞不足畏。
其人亡則其政息。	人存政舉　人存政舉	其人亡則其政息。
亂世。《公羊》三世。昇平。	太平　太平	亂世　昇平
邦無道、邦有道、天下無道。	天下有道　天下有道	邦無道、邦有道、天下無道。

续表

《中候》十八篇。原始。知來。俟後聖。		《尚書》十篇。要終。告往。法古。
知來者逆。春養，孤子。進化。		數往者順。秋食，耆老。退化。
以待後之學者。百世可知。百世以俟聖人而不惑。		守先王之道。
《未濟卦》：『未見君子。』		《既濟卦》：『既見君子。』
鳳鳥不至，河不出圖。待其人而後行。	中略	鳳兮鳳兮，何德之衰。
夢見周公。夢皆占未來。		甚矣！吾衰也久矣。
先行其言。木鐸，先行空言。孰先傳焉。		而後從之。力行。孰後倦焉。
童子見，與其進也。		不與其退，不保其往。
來者猶可追。		往者不可諫。成事不說，遂事不諫，既往不咎。

续表

末不其諸亦樂堯、舜知君子。作《春秋》，俟後聖。		君子樂道堯、舜之道。
奮乎百世之上。聞者興起，後來取法。		服堯之服，行堯之行，言堯之言。
後來居上。初先進，後君子。		見堯于羹墻，一步一趨。
吾説于夏、殷禮，杞、宋不足徵。新經垂法，非舊所有。		法夏、殷、周而王。主天地，法夏殷。

天學神游説

至誠生知前知，泰西困知勉行，一定科級也。近來研究空理，有思想家、哲學家，催眠術家亦發達焉。學者或頗訝爲神奇，不知此固吾國老生常談，特少專門研究耳。《論語》以學、思分爲二派：「天道遠，人道邇。」人事爲學，天道爲思。「思」與「志」同，即古「詩」字也。《緯》云：「在心爲志，發言爲詩。」是「志」「詩」本爲一字。乃全詩中無一「志」字。「思」與「志」音義皆同；字形則「志」爲從心，士聲；「思」從心從囟。囟爲腦，即西人腦氣筋之説，于思想尤爲切合。是「思」爲「志」本字，「志」則續增之形聲字。詩爲思想，故《詩經》中「思」字甚多，每言「思」即「詩」也。如「無思不服」「思無邪」，讀作「涯」。猶云無詩不服、詩無涯耳。《周禮》掌夢立爲專官，與卜筮同爲知來學説。且有「獻吉夢于王」之明文。考占夢立官，《始皇本紀》已有卜夢博士，『獻吉夢于王』，特爲怪誕。考其六夢，統于第三之思夢。舊以《列子》爲神仙之説，與經傳典制宜乎不合，乃掌夢，六夢詳列于《列子·黄帝》篇中。《楚辭·招魂》言上帝召巫陽，告以有人在下，魂魄離散，今欲招之，巫陽辭，以爲掌夢之職。《楚辭》乃道家之書，《始皇本紀》言『始皇不樂，使博士爲《仙真人詩》。及行所游天下，傳令樂人弦歌之。』即今之《楚辭》。是《詩》全爲思想學，全爲夢境。思夢全爲靈魂學，故《詩》中八徵之生、死、得、喪、哀、樂、故、爲，爲人事。六夢之正、噩、思、寤、喜、懼，全爲夢境。《斯干》《無羊》同云『大人卜夢』，所云『吉夢維何』，即掌夢獻王之吉夢。他如『甘與子同夢』『視天夢夢』，皆言夢。《韓詩》讀『聊樂我云』之『云』爲『魂』；《卷耳》『僕病』『馬痡』，『云何吁矣』，『云』即古『魂』字，文與《離騷》之『僕夫悲予馬懷兮，蜷局顧而不行』同。《召南》爲《招魂》，云、兮古篆形近，『之子于歸』即『云兮歸來』。《遠游》爲《周南》。凡『歸』字皆謂歸天上。《遠游》云神雖去而形留。是《楚辭》之周游六虚，即爲《詩》神游夢想之師説。本爲《詩》《易》之師説，故博士傳有此派。《始皇本紀》云：『招文學方術士甚衆，欲以興太平。』考盧生、侯生、徐市皆博士。《中庸》：『「鳶飛戾天，魚躍古『逃』字。于淵」，言其上下察也。』人事專在本世界，神游六合以外，乃如《離騷》之上征下浮。《列》《莊》所謂塵垢之外，無何有之鄉。離去塵垢指地球耳。而升降，故取法魚鳥。《莊子》云：『夢爲鳥而戾天，夢爲魚而潛淵。』夢鳥、夢魚，即所謂『匪鶉匪鳶，翰飛戾天；匪鱣匪鮪，潛逃于淵』，又即所謂『牧人乃夢，衆爲魚矣，旐爲旟矣』。『旐』當爲『兆』，與『衆』對文，兆民同化鳥而上征，衆生同夢魚而下游，即所謂衆生皆佛。《莊子》所云夢鳥、夢魚，乃變化神奇之事。若爲旐，則與盧抱經改『衆』爲『蝝』同爲實物，非夢境變化之事矣。以此推之，則全經皆同。《離騷》《遠游》凡與『爲熊爲羆』『爲虺爲蛇』『兆爲旟矣』『衆維魚矣』託物起興者，同爲思想，即同爲夢境。讀《詩》如《楚詞》與《莊》《列》之華胥化人之宫、蕉鹿、蝴蝶，同屬神游。《列子·周穆王篇》全説夢游。佛書亦屢以寤夢立説。蓋世界進步，魂學愈精，碧落黄泉，上下自在，神鬼之事，未至其時，難取徵信。惟夢者雖屬寤寐之近事，而神通肉體之分别，可藉是以考鑒焉。此千萬年娑婆世界飛相往來之事迹，預早載述，使人信而不疑，樂而不倦，則惟恃此夢境以道之，寓玄遠于平庸，託神奇于淺近。《詩》爲靈魂學之大成，固可由《楚詞》《列》《莊》而通其理想。若修養家之出神，與催眠術之移志，則事實之萌芽矣。又經傳五帝言五極，三皇則言上下，所謂游于方之外。經傳之天神地示人鬼推之，自今日言，則曰神示鬼以别于人。自其時論之，則天地相通，神人往來，彼此同類，亦如今之中外交通，互爲賓主，並無人鬼之别。故以人學言，則如《列子》之説，以覺爲真，以夢爲妄；至于天學，則衆生皆佛，反以夢爲真，以覺爲妄，故有『獻吉夢于王』之典。所謂夢非夢，覺夢顛倒，固是平等，則掌夢一職，非後來靈魂學之起點，催眠術之大成乎！《中庸》曰：『道不可須臾離。』《老子》曰：『大道不止。』『道』，今本作『盜』，『盜亦有道』，字可通用。《易》曰：『在天成象，在地成形。』後來事實，曇花幻泡，偶爾一見，以爲將來之印證。後來乘雲御風，人人可以飛身，而神仙之佚事，時有見聞，亦如麟鳳龜龍，皆非世界所有，乃星辰之精。本世界以人爲靈，四宫則以四蟲爲靈。自我言之，謂之四蟲；自彼言之，則同爲人。必上下交通，而後四靈至，乃《春秋》已書獲麟、獲長狄。《山經》爲將來天官之太宗祝、神靈學。諸天星辰各世界，爲五山、四荒、四極，故《楚辭》以神魂立説，游于六合以外，凡有所聞見，則必非本世界，明矣。其人事、地名，乃全見于《山經》，是不惟神靈物産，奇形怪狀，不在本世界，即所有堯、舜、文王、鯀與社稷，亦非指古人，特藉本世界之古帝王人物，以譒諸天之星辰。《左傳》：使知鬼神之氏族者，爲之宗。故天神地示，亦如人鬼之詳氏族矣。然則《春秋》書獲長狄兄弟三人，不傳國土，不詳種族女口，豈非諸天氏族，偶爾降落人間？又形天負貳，本爲神示，古有載記，不皆虚誣。蓋即上征下浮之理，周游六漠，偶見人間，如電光泡影，又如仙佛，乘風御雲，偶爾一見，以爲先覺。後來人人具此知能，則爲平常。因其少見，詫爲異聞，指爲妖妄。同車同行，有同天國，則又何足駭異！此麟鳳長狄，即參天地、育萬物之起例也。每怪秦、漢之間，神怪游仙，實多異聞，方士神山，司馬大人，何以有此奇聞？後世漸少，蓋亦如諸子爲六經支流，孔子後忽然擁出，紛至沓來，積如山岳，前無所承，後不能續。故仙、釋同爲經説，否則何以興也勃焉，亡也忽焉？孔子所謂知天知人，觀志觀行，又何以分別之也。

《楚辭》爲《詩》神游師説，見于講義者詳矣。所謂《遠游》《招魂》二篇即二《南》周、召之師説也。道家説謂生人爲行人，死人爲歸人，謂天學世界。地球之人，皆由天上降生。《楚辭·招魂》謂有人在下，上帝遣巫陽招之，凡言『歸』者，本以天上爲家。今游行人間，招之反于天上，故以死人爲歸人。二《南》之數十『歸』字，皆同此義。言『告』言『歸』爲發端，以下分方而見。『云何吁矣』，『云』爲古『魂』字，『之子亏歸』之『亏』即『魂』字。『亏』字古篆與『云』字形似，由『云』誤『亏』，故『之子云歸』，即『魂兮歸來』。《召南》在上招之，所謂『招招舟子』，魂由人間反之天上，天不一天，故周游層纍，曲折而上。『之子于歸，百兩將之』，即『魂兮歸來，家室安止』；『馬痡』『僕瘏』，即《離騷》之『馬』『僕』二句；《易》之『周游六虚』，在《招魂》曰『周游六漠』；二《南》之分方上下四旁，即所謂六漠六虚之周游。後儒以『之子』爲新嫁娘，真屬夢囈。《國語》黄帝廿五子、《爾雅》黄鳥、皇。《周南》之『黄鳥于飛』三句，即《大雅》『鳳凰于飛』一章。《周南》之子孫、公孫、父母，皆天下一家例。鳳凰爲祖，鳲鳩、二鳩爲父母，九牧、九扈爲八才子。《周南》十一篇，合《九歌》之數，《召南》十四篇，共爲廿五篇，以合廿五人。廿五子而得姓者十四，則指《召南》十四篇。故《周南》爲周游六虚之上下四旁，而《召南》則在天之中，爲六宗、六漠之中心點。

《易》八卦上下圖

宋儒以爲《先天圖》，指爲伏羲作。

上下圖加入方位，上下四方合爲六宗。

《詩》《易》上中下三才圖

《莊子》：夢爲鳥而戾天。

中爲地球，即三才之人，或稱萬物。

或稱六合，六合之外，去世離俗矣。

《莊子》：夢爲魚而潛淵。

宇宙觀

地球成住毁三劫九十年命運表

五歲以上成劫。動物初生，由蟲八變而爲人。地長至五千里。初本空虚，由微塵所積而爲地，如人之胎胚。

十歲以上人類初生，九九八十一。地長至萬里。

十五歲此世人禽混雜。地長至萬五千里。孔經未立之前，先有六藝。以前三級爲本，地球之地獄以年分等差。

二十歲《禮》。地長至二萬里。一爲俟後之孔子。

二十五歲《春秋》。地長至二萬五千里。

三十歲《書》。地長至三萬里，爲一世界。地球黑道無冰，赤道退熱，盡如黄道。以上三級爲本地之成劫。

三十五歲《樂》。三萬里周術數拾遺之小數。以下三級爲本地球之天堂、天仙世界。

四十歲《詩》。三萬里周術數拾遺之中數。《論語》『後生可畏』，進化説也；『四十五十無聞』，指《詩》之時代言之。

四十五歲《易》。三萬里用大數，地有三千萬里，爲大千世界。五九爲極盛之數。此三級爲住劫。神仙飛相往來，凡人不能住此，世界浄土之説近之。

五十歲《詩》。地縮至三百萬里，爲中千世界。以上五帝：青帝、赤帝、白帝、黑帝、黄帝，『帝』字在下，又稱伏羲、太昊、神農、黄帝、少昊、共工，皆天帝星辰之精，非人間世之人。以上爲本地球之天堂。爲鬼神學，爲星辰學。

五十五歲《樂》。地縮至三十萬里，爲小千世界。

六十歲《書》。地復縮爲三萬里，爲一世界。顓頊以下不能及遠，民師民名。顓頊以後絶地天通。以下五帝，『帝』字在上。

六十五歲《春秋》。地縮爲二萬五千里。

七十歲《禮》。地縮爲二萬里。以上爲法古之新字。

七十五歲此世人禽混雜。由人類復反于禽獸。地縮爲一萬五千里。以下爲本地球之地獄，以年歲分等差。

八十歲以下人種絶。地縮爲萬里。孔經既絶之後，六藝孤行。

八十五歲以下動物絶。地縮爲方五千里。

九十歲由毁而復空，如人之死而化。以前毁劫。毁後爲空，《列子》『天下有形之物，未有不毁者也』，指此而言。釋云『色即是空』，毁劫，『空即是色』，成劫也。

〔附〕《孔經哲學發微續編》（嗣出）目録

祛誤門 其説統爲貶孔派。

以一名定孔子。教育、宗教、政治、哲學、儒、聖。周公先聖，孔子先師。

以經爲史。伏羲、文、周皆立言作經。孔守先法古，孔以前有六經。集大成。

欲行道當時。庸言、庸行。格致誠意正心爲四條目。退化專言降。

陰陽五行。尊君、專制。古有六經文字。六經同治中國。

以禪爲聖，静坐、良知。《易》爲四聖之書。不知地球。諸子創教。孔以前有子書。

以仙道爲孔。　周公當爲先聖。　《書》有百篇。　《河圖》《洛書》。

先天後天之誤説。　周公作《周禮》。　六經皆我注脚。　抱道在躬。　孔子與人相同。　人皆可爲堯舜。

賤伯，以道爲異端。　韓闢佛。　孔子以前金石文字，即六書體。

禦侮門　其目編時更有增損，又一人聞見不能周知，更望同人推補。

中人：疑經、攻經、反經。諸子及各集散見類而申明之。

外人：疑經、攻經、反經。如《經學不厭精》《五大洲女俗通考》及無政府學説之彙。

諸子：貶孔、攻經。

外教：貶孔、攻經。尊君、專制。初級民權即爲大同，大同無君。

近議：廢經、攻孔。章氏著書尤横肆。

四庫經部提要駁義

昔撰《尊孔篇》，分四門四目：曰受命、曰立言、曰祛誤、曰存疑，二十四題，文甚簡約，不盈廿紙。大抵西漢以下，所有尊孔者皆流爲貶孔，至語録、制義而極。近來歐美風行，乃全與漢、宋相悖。聖經將大行，藉此掃蕩俗誤，而後反之周、秦真實義，欲揚先抑，闇而彌章，天心人事，皎然可睹。因兵事留歇，中秋乃議赴曲阜大會，倉卒編此。上卷大抵皆受命、立言二門，以祛誤、禦侮歸之下卷，以俟補編。不直則道不見，亦受攻而彌縫更堅。外患深鉅，小嫌捐除，合志同心，不似摸象捫盤，迷妄顛倒。至聖真象，六經微言，庶可以中興于世界，願與同志共勉之也。井研廖平編目畢敬述。

世界哲理箋釋①

世界哲理進化退化演説

民國二年癸丑，四益先生以讀音統一會代表稅駕詣京，同鄉諸君子發起孔學歡迎會，萃集中外名流于湖廣會館，迎請演説。先生辭不得已，因就孔經制作之大綱、世界施行之次第略舉概要，具説如左。

鄙人先生自道。謭陋，于中外學派無所知識，諸公是日中國碩彥鉅公、各省讀音會代表及海外教育大家俱在焉。過采虛譽，先生素以經學名家。發起大會，孔學歡迎會。不勝慚忝；又期期拙于談辯，《漢書》：周昌口吃重言。方音土語，尤見困難。各省方言不同。惟明承雅愛，不敢辭謝，謹將孔學關于世界進化退化舊解孔經，以爲愈古愈文明，愈後愈退化；按之世界公理，殊覺不合。與大同小康之宗旨，《禮運》以『天下爲公』爲大同，以禹、湯、文、武爲小康。述爲此章，以當喉舌。方言隔閡，或難入聽，文字普通，無不領解。故孔經施行，可以統一世界。伏乞大雅君子當日中外畢集，頗極一時之盛。不吝教誨，是所切禱。

---

① 民國二年（一九一三）教育部召集各地代表統一國音，廖平作爲四川代表赴京開會，旅京同鄉在湖廣會館發起歡迎會，廖平發表題爲《孔學關于世界進化退化于小康大同之宗旨》的演講。後經修改，曾刊于民國六年《國學薈編》第九期，名爲《世界哲理進化退化演説》。民國九年黄鎔爲之箋釋，名《世界哲理箋釋》。民國十年四川存古書局印入《六譯館叢書》。

一、經爲古史帝王，堯、舜、禹、湯、武王、成、康。周公舊謂周公制禮作樂。所遺留，孔子述而不作。舊説如此，竟似孔子無所制作，濫竽俎豆。海外以海外爲中國比例。法政學説昌明，因時立法。海外之法隨時變遷。三王且不同禮，五帝且不襲樂，中國帝王政治亦有沿革。果係古史，芻狗糟粕，説見《莊子》。今日已萬不能見之實行，古與今時勢不合。更何能推之萬世以後？後更阻礙。此必須改爲改良。至聖立言，古無立言傳世之書。師表萬世，惟孔聖作經，乃立言傳世。决非已往陳迹，非同古史。而後經乃可以自立。

鎔案：經史分途，不可淆混。《尚書》斷自堯舜。《謨》曰：『弼成五服，至于五千，句。州。句。』以五千里爲一州，則以萬五千里爲九州。孟子説堯時禽獸逼人，秦博士説古之帝王地方不過千里，此古史與經不合之實證。故《書》中政治之文明、典制之宏廓，説詳《書經宏道編》。迥非巢窟時代所宜有。降逮春秋，吴、楚王而以子稱，天王召而以狩諱，皆與事實不符者。他若世卿喪娶、吉禘用郊、同姓昏、不親迎、娶母黨、天子下聘、求貢諸侯、專封專殺，即當日史事之明著者，《春秋》一一譏之，以起新經新制。《儀禮》既出聖裁，《詩》《易》更詳天道。孔學高深，生知獨創，自後儒謂六經皆史，等聖作于鈔胥，而斯文埽地矣。誦堯舜者高談祖述，尊周公者頌言制作，豈知禮政樂德遠賢二帝？及門親炙，論斷非虛。《左傳》《周禮》，在魯實謂大統禮制，作自尼山，屬之姬公，注家誤解，試思太伯端委以治周禮，彼時文王方屆髫齡，公旦安有才藝？《尚書》爲經，《周禮》爲傳，説詳《皇帝疆域圖表》。一作一述，權輿孔門。惟聖筆動多託古，有美足觀，弗敢驕吝，後學不解微言，猥以『敏求』『好古』遍説群經。《雅》《頌》讚揚文、武，卦象傳自羲、文，麟經魯史，誓誥周書，久假不歸，日月晦闇；先生知聖獨斷，規矩從心，著有《知聖篇》發明此義。詮注各經，將以問世。

一、經由皇降帝、由帝降王、由王降伯，專主退化。舊説《書經》《春秋》大略如此。

日本學説以六經退化有違進化公理。日本那珂通世頗疑《尚書・禹貢》未免誇飾，且謂中人尊經守古，坐此奴性，凡百學術遂無進步。春秋時，王天王。伯桓、文。疆域不過方三千里。人民程度如世卿、喪娶之類。尚且如是，東有淮夷，晉有赤狄，秦有白狄，皆在内地。二千年前萬不能有堯舜文明。内九州，外十二州，四岳群牧來朝，聲教訖于四海。或以爲史官誤飾，曲説求通，不啻圓謊。即以爲史，亦非信史。或以爲神教荒唐，《周禮》多祀神之官，《戴記》詳祭祀之典，或頗訾爲神權。必須改爲聖作新經，《春秋演孔圖》『據周史，立新經』。帝王周公皆屬孔氏學説符號，堯、舜、湯、文、武等稱皆見《謚法》。《儀禮》：『死而謚，今也。』謚乃孔經所制。周公稱公，即《列子》所謂孔子尚公，託之以開大統者。先小後大，《騶子附傳》：『先驗小物，推而大之，至于無垠。』由退知進，先進野人，後進君子。數往知來，《易繫》：『數往者順，知來者逆。』數往法古，知來俟後，《論語》謂之告往知來。而後孔經乃可自立。

鎔案：三皇五帝、三王五伯之説，由來舊矣。假令中國古史果有三皇，則史公作史，奚爲嗃矢五帝？五帝亦節録《大戴・五帝德》耳。厥後班氏《人表》略增名號，皇甫謐作《帝王代紀》，徐整作《三五曆》，至唐小司馬乃補《三皇本紀》，多采《緯》説。後儒撰《通鑑前編》《外紀》者纂輯益多，相矜博洽，不知《書》始唐虞，《大戴》因詳五帝，黄帝爲天帝，如《月令》五人帝法天；以高陽、高辛、堯、舜爲四帝四鄰，禹居末，爲升降之消息，上可爲皇，下則爲王。『乃命羲和』五節總統六宗，天地四方。爲皇道。伏傳、緯書乃説三皇，天皇、地皇、人皇，即由三王三正推而大之者也。董子謂之『尚推』，《古今注》：程雅問仲舒曰：『曷爲稱三皇五帝？』對曰：『三皇者，三才也。五帝者，五土也。三王者，三明也。五霸者，五岳也。』《周禮》外史乃掌三皇五帝之書。經立其綱，傳詳其目，由《春秋》而上溯，莫非孔經託古之文；《書》曰『稽古』，即《論語》所謂『好古』。實則孔子始作《春秋》，創起一王之制，地方三千里，上考夏殷制度不謬，乃驗推堯舜，以起一隅；又建皇極，以開大統。此孔經先小後大之標本。

傳記由經而生，非上古即有三皇五帝也。由《春秋》而下行，足證孔經俟後之義。《中庸》：『百世以俟聖人而不惑。』故古之皇帝疆域愈廣，將以立後世之楷模，說詳《皇帝疆域圖表》。經所以愈久而愈適用也。太史公曰：『百家言黃帝，文不雅馴。』此真古史之帝也。擇言尤雅，《論語》：『子所雅言，《詩》《書》執禮。』著爲《本紀》，所謂孔子所傳也。後儒不察，竟以退化說經，而昧俟後進化之義，迷瞀千年，聖道不著。迄今世局轉變，或詆孔經止言中國，哲想未及全球，豈通論哉！

一、經主退化，先文後野。但據經制文明言之，未能按合事實。

海外學說以中國文字、倫理二者乃中國進化之證。希臘、羅馬皆通行，自誇以欺人。因其不便，悖逆人多，識字人少。乃改爲自由、拼音。人民自由，無禮教；文字拼音，無理解。此皆未能進化之證。近來學者厭故喜新，以中國爲半開化，中國固得孔學之半，海外僅如初小幼稚程度。必廢五倫、可遂狂肆之私。無家族、家庭革命，無父。無政府、民不統一，不如蜂蟻。齊財產，相率而爲游惰。乃爲大同。蠻野之大同，非《禮運》所謂大同。亦如海外去倫常、《采風記》云：『歐人不知孝字之義。』用字母，孔經以前，中國亦用字母。而後爲文明，誤解文明。必須改良。群言淆亂衷諸聖。以經據衰而作，《春秋》據定、哀追敘桓、文，《書經》據《顧命》五篇上推堯、舜。由遞降可悟漸升。《書》始皇、帝而終王、伯爲降，然以堯、舜下俟則爲升，故《公羊》云後之堯舜。經言先野後文之明說具在，《儀禮》：『野人曰：父母何算焉！』經乃重父子之倫。《孟子》：堯時獸蹄鳥迹，《書》以方五千里爲一州，魯、滕皆無三年喪，《儀禮》乃爲父斬衰。《禮緯》：唐虞二廟，夏四廟，殷五廟；經制天子七廟。《禮記》：有虞氏官五十，夏后官百，殷二百，周三百；《周禮》五官三百四十八，皇統乃千九十二官。僅舉大略，難以殫述。不能以經專主退化。當主進化。大地見當進化時代，疆域漸次交通，漸趨大同。不能仍主張退化，閉關時代之說，不宜于今。而後經書大同之宗旨可明。《禮運》大同之說。《易》謂之大有、同人。

鎔案：世界開闢之通例，先野後文，毛血而火粒，皮羽而布帛，巢穴而棟宇，酋長而君主。由漸而進，程級遞增，天演自然之理，中外所同也。中國春秋之時，句吴文身，荆楚鴂舌，疆輿較隘，文化未興；若謂中古唐虞即已四表光被，九州攸同，其可信乎？須知經之文明，乃爲後世立法，不爲往古記事，則經史分途，孔聖之作用以顯。即以文字倫理論，中國古代結繩拼音，如今英文英語。孔門經傳改用古文。即六書文字。《史記》八引孔氏古文。如勃鞮爲披、邾婁爲鄒、之斯爲差、終葵爲椎之類，此拼音之顯著者。《爾雅》歲陽歲名，即古用結繩詰屈之字體合兩音三音，全無義别，孔經改作干支，以記十日十二月，文野固迥殊矣。非洲埃及初用巴比倫圖畫文字，傳至希臘、羅馬，誤以爲即中國文。按中國古文象形，一字一音，巴比倫圖畫字一字數義，大似中國訓詁，與歐洲方言多所阻礙，因改用今之字母耳。古之中國亦用拼音字母。倫理則父子隔離，無姓氏，無宗廟，無喪服，無昏禮，無媒妁，與中國孔經以前風俗相等。由此奉行孔教，再加二千年，可侔中國今日程度。故孔經表面先文後野，徵諸事實，先野後文。先文者，託古之楷模；後文者，俟後之等級。不明此旨，至謂孔經純主退化，無以爲法于後世，豈非研經者未之深考歟？

三大綱已立，而後經乃可獨立于世界，以統括各種學説。孔經包孕九流，囊括百家，乃全球獨一無二之學説。其本已立，外人所有攻孔廢經諸條件，如《經學不厭精》之類，是其所是，坐井而觀。可以迎刃而解。再作十表，以明進化退化真理。理不真不足以服人。潛心致志，好學深思，語見《五帝本紀贊》。當不致河漢斯言也。深望好學之士精研此理。

世界進化退化十表

用夏變夷爲進化説，《春秋》以内五州化外四州，推之全球，則以中國化海外。用夷變夏爲退化説。《孟子》『未聞變于夷者」。以百年爲比例，人生百年，少壯老死；世界始終，成住毀空。亞不過二十歲，少而成立，未及于壯。故全球皆屬進化。由野而文。數千萬年後，乃爲退化世界。由文而野。

鎔案：此十表爲總綱，譬諸一年之氣化。冬至之時，陽氣始萌，如地球初出海；春時陽氣沖和，草木暢茂，如人民方進化；夏至陽氣極盛，如世界酣嬉日久，亂機漸伏；秋時陽氣減半，草木蒼涼，如世界人心陰險，日趨于壞；至冬而陽氣消盡，木落蟲蟄，如地球毀滅，無復生機。世界進化退化之情狀，大致如是。

世界進化六表

六經雖據衰而作，《論語》傳記言進化者最多。如先進野人，謂春秋以前之世界。後進君子，謂春秋以後將來之世界。後生可畏，指後王，如《書經》之沖人、孺子、嗣王、嗣天子王。與進不與退，許後世之進化，不取前古之退化。往者不可諫，既往不咎。來者猶可追，俟聖不惑。與凡俟後諸說，皆屬進化。以堯、舜爲後世法，故經主進化。舊以堯、舜爲古聖帝，後王莫及，則主退化，貽笑外人。

五大洲次第出海成陸如兄弟表 五洲以六千年分長幼。

亞長，二十而冠。先歐三千年出海。	歐美仲，十二歲。先南美一千年出海。	南美叔，九歲。先非一千年出海。〇下三洲以土著論。	非又叔，六歲。先澳一千年出海。	澳季，三歲。出海不久。

鎔案：《大戴·易本命》詳敘天地生物之理，蟲最早生，人最後生；謂天一地二人三，三三而九，二九生蟲，三九生虎，四九生鹿，五九生猿，六九生豕，七九生狗，八九生馬，九九生人。其數至重九而

極，非孔子所推闡者歟？《樂記》：『天地訢合，陰陽相得，煦嫗覆育萬物，然後草木茂，區萌達，雨露滋養之地，莓苔先生，草卉次生，乃生昆蟲。羽翼奮，鳥生。角觡生，獸生。蟄蟲昭蘇，蟲生當在草木區萌下。羽者嫗伏，蟲生然後生鳥。毛者孕鬻，育通。○鳥生然後生獸。胎生者不殰，卵生者不殈』云云。殰，散也。殈，裂也。大抵世界肇始之初，雨露日月，温潤照臨之地先生苔蘚，次生草木，今地球北部僅生苔蘚，稍南爲草原，再南爲森林。凡温帶山極高者，苔蘚皆不生。乃生昆蟲及鳥獸，迨品彙裔淫，氣血感通，倮蟲以出。《老子》云陰陽精氣爲人，《淮南子》云：『至陰生牝，至陽生牡。』《論衡》云：『天地合氣，人偶自生。』《穀梁》：『獨陰不生，獨陽不生，獨天不生，三合然後生。』人之于天地也，猶魚之于淵，蟣虱之于人也，因氣而生，種類相産。據此諸説，則生人之原，無待蓍龜矣。今全球分劃，五洲次第出海，亞洲成陸最早，開化獨先；孟子謂舜居深山，幾希野人，又以舜爲東夷，文王爲西夷，酋長嬗代，國漸開廣。迄今數千年，惟中國淑陶孔教，蟬蜕汙泥，其他蒙藏禮佛，西亞天方，露西荒寒，印度蒸熱；以亞洲一隅，尚未同風，推之歐美，正當冲幼；至于非澳，無殊弱稚。比較程度，不有若弟兄五人之少壯乎？

現在五洲比例表 此舉大略。

中	孔教久昌明。
歐美	祆教精者思再求真理。
南美	祆教盛行，以土著言。
非	多神未絶，祆教初行。
澳	多神教。

鎔案：此表以宗教比較程度。中國古亦崇信多神教，蓋由人民劶昧，智識淺薄，故牛鬼蛇神、木石之妖，易惑觀聽；繼知多神無益，群奉一天；至孔作六經，定爲天子祭天地，諸侯祭社稷，大夫祭五祀，士祭其先；廟制則天子七，諸侯五，大夫三，士二，庶人祭于寢，而後等威不淆，禮意周洽。此中國

之聖人改良精進，傳之二千餘年，所由文化蒸蒸也，況經中美富，更有待價而沽者乎！歐美耶教盛興，崇拜上帝，猶中國孔前之奉天也。此等程度，非、澳瞠乎其後。考武進謝氏《外國地理》，謂澳洲土人崇拜自然諸物，非洲内革羅人樹皮蔽體，殺人而祭，南非、西非土人崇拜神鬼各物，南美多奉天主教，歐與北美多奉基督耶蘇教云云。然科學發達，徵實理，祛迷信，則以日月五星由漸而冷，人種由猿猴進化，其説與《創世記》大相違反，祆教恐難自立，因欲進求至理，以爲捍衛彌縫之計。夫逃墨歸楊，逃楊歸儒，窮變通久，實進化必經之階級。歐美不出而求真理；歐美苟出而求真理，舍孔道將安歸哉？

五洲次第引進表

亞	歐美	南美	非	澳
長兄之法，以次相傳，不能躐等。	以亞教歐美，引之二十歲，可以齊中國。	以歐教南美，引之十二歲，可以齊歐美。	以南美教非，引之九歲，可以比南美。	以非教澳，引之六歲，可以比非。○以土著論，不指客民。

鎔案：《書大傳》云：『古之帝王必立大學、小學。十三年始入小學，見小節焉，踐小義焉；年二十入大學，見大節焉，踐大義焉。』此以年齡爲進學之階，今之初等、高小、中學、高等及實業、法政，斯爲近之；誠以學有等級，不可凌節而施，升高自卑，弗容躐等。先覺乃後覺之師，前轍爲後轍之導。亞洲自開闢至今五千餘年，文明進步，冠絶全球，如五倫三綱、禮俗文教，皆足爲五洋之巨擘；他洲欲臻此程度，則涵濡教育，浸淫漸漬，各有遲速敏鈍之不同，一蹴以幾，形隔勢禁也。欲使牛驥同棧，鷄鶴同群，雖至愚知其不等。昔堯舜貶放四凶，以化四裔，在中國爲駑馬，在邊鄙爲上駟。用夏變夷，自

邇行遠，需以歲月，乃克奏功耳。

四弟用夏變夷與兄同冠年代表

諸弟長進比例，皆可借證于長兄。

亞	用孔已二千餘年，孔教洋溢，將浮海四布。
歐美	二千年後如長兄。加冠，全洲人民服習聖教，同文同倫，如今中士。
南美	三千年後如長兄。加冠，由祆進耶，由耶進聖。
非	四千年後如長兄。加冠，由多神以進耶教，再由耶以至經。
澳	五千年後如長兄。加冠，澳如今日中華，又長出十二歲矣。

鎔案：兄弟五人，先後誕生；長兄少弟，知識迥判。低昂其間，仲叔各有軒輊，自然之勢也。若俟少弟成立，長兄學與年進，德業更必增高；少弟固望塵不及，仲、叔亦學步參差，莫能一致。全球猶一家也，五洲猶兄弟也，開化于先者，禮教文德，後來者難與並駕。中國地當温帶，嶽峻水長，天生孔聖，肇宣文化，禮以意起，樂以德成，《春秋》撥亂反正，《尚書》驗小推大；上下千萬年，縱横三萬里，莫非孔經所包涵。蓋哲想周至，與世彌綸，天地菁英，盡發泄于尼山一席。迄今世界漸通，孔經藴火，甫見萌芽，將來必有充滿寰區之一日。西儒亦謂孔教當遍行全球。祆教尊奉一天，滅絶多神，其初行教中國，僅曰勸人爲善，其書亦多記善言而止，而于國家天下鮮所經營。孔經則因時制宜，百世不惑，天人一貫，變化猶龍，可以爲法于中國，亦可以爲法于全球。特進化次第，各洲有難易不同耳。

中國孔經以前事實程度比今五洲表

經據衰而作，《退化表》乃其理由。若進化，則愈古愈野蠻，如傳説所言上古之世。

經託。	君孔前五百年。
經託。	伯孔前千年，如歐美。以下多火山。
經託。	三代孔前約千五百年，如南美祆教。
經託。	五帝孔前約二千年，如非多神，初行祆教。
經託。	三皇孔前約三千年，如澳多神教。

续表

《春秋》吴楚稱子。 《左傳》吴楚稱王。 紀、滕、薛稱子伯。 三國本爵侯。黜杞稱子伯。 杞本爵公，爲王後。 莒、邾內卒正。 莒、邾皆蠻夷。 鄧爲連帥。 鄧本侯爵。 經重昏禮。 魯惠、齊襄、衛宣、楚成皆不知禮，魯昭娶于吴。	《春秋》譏同姓昏。 齊桓姑姊妹不嫁者七人。 《左傳》：「晉公子，姬出也。」又子産謂晉君「內實有四姬」。 經起祭義。 《孟子》：湯征葛伯，罪以不祀。 《左傳》：「夔子不祀祝融與鬻熊。」 《書》：帝咨羲和，未有其人。 《吕刑》：「乃命重黎」，亦無其人。 《詩》：「韋顧既伐，昆吾夏桀。」 《國語》殷伯大彭、豕韋，夏伯昆吾。	經制天子七廟，祭天地。 《墨子》：「紂不肯事上帝，棄厥祖神祇不祀。」 《肜日》高宗「豐于昵」。 《禹誓》：「用命賞于祖。」《國語》：黎、苗之王及夏、商之季不共神祇，而蔑棄五則。 經制天子七月而葬。《尸子》：禹之喪法，桐棺三寸，制喪三日。 《論語》：禹菲飲食，致孝鬼神；惡衣服，致美黻冕；卑宫室，盡力溝洫。 上三句爲史事，下三句爲經義。	《書》：堯時考妣三載。 《孟子》：魯滕未行三年喪。 《謨》：五服五千里一州。 《秦本紀》：古者五帝，地方千里。 《典》：「象以典刑。」 《吕刑》：有苗氏劓、刵、椓、黥。 《謨》「百僚師師」。 《禮記》：虞官五十。 鳥獸蹌蹌，鳳皇來儀。 《孟子》：堯時禽獸逼人。 《典》：「八音克諧。」 《禮記》：堯蕢桴土鼓。	《國語》：顓頊以前，人能登天。 少皞之衰，九黎亂德，民神雜糅；夫人作享，家爲史巫，民瀆于祀。 《董子》：尚推神農爲九皇。 《孟子》：許行爲神農之言，並耕齊價。

鎔案：孔經所託皇、帝、王、伯、君皆與事實不符，正如傀儡登場，供人指使，故所言政治極爲文明，此經制也。考之古史，極爲蠻野，此史異于經之證也。以上臚列諸條，不過略舉一二，以示端倪耳。孔子生于春秋之世，見夫當世諸侯弱肉强食，兵争不已，上無王綱，外有夷患，禍亂若斯，不至人類殄滅不止；孔子憂之，乃託《春秋》爲新王，託大國齊、晉爲二伯，託次國魯、衛、秦、鄭、蔡、陳、楚、吴爲方伯，託小國曹、莒、邾等爲卒正、連帥，肇起一王之規，宏敷綱紀，糾正列邦之失，胥就範圍，典禮曆法，盡出新裁，不仍舊貫。又以世局靡常，乃設三統循環之制；疆輿漸廣，乃有四帝接壤之鄰。地各萬五千里。考三王而不謬，地方皆三千里。稽古帝以有徵。先作《春秋》，次作《書經》。皇道成篇，皇極立範，地方三萬里。寄託愈遠，規模愈大；實則倒景俟後，酌古準今。《論語》云『繼周可知』，《公羊》云『後之堯舜』，豈謂上世已如此文明乎！《莊子·天運篇》老聃告孔子曰：『六經，先王之陳迹。』又曰：『時不可止，四時遞嬗，世變日新。道不可壅。』天道流行，五德終始。孔子不出三月，《論語》：『吾嘗終日不食，終夜不寢，以思。』復見，曰：『丘得之矣！哲想冥悟，將作經，以傳久遠。烏鵲孺，世代無窮。魚傅沫，同類相化。細要者化，異類相化。有弟來者。而兄往者。啼。自傷衰謝，後勝于前。久矣夫！丘不與化爲人。天地造化之大，中國一隅不能概之。不與化爲人，不能如造化之大。安能化人？』安能化及全球。〇一説化人爲天學。老子曰：『可，丘得之矣。』其説規天矩地，哲想周至，深慮時勢變更，六經將如已陳芻狗，不足以利用于世。推舟于陸，立見其窮，幾何而不敗哉！孔聖受命制作，與時偕行，經中既有周旋補救之條，如：夏尚忠，殷人承之以敬；殷尚質，周人承之以文。又，救僿莫若忠。復起小大驗推之例。董子闡明經義，乃有再而復、文質。三而復、三正。四而復、四帝。五而復、五德。九而復如神農、二高、堯、舜、禹，夏、商、周。諸等級，以濟世變之窮。彼泥古不化者，竟目經爲史，而混糅金鐵，是管窺也，蠡測也，豈識天海之高深乎！

中國孔卒以後經術進行比今五洲表 借用五等名詞，以明進行之次序，年愈久愈文明。

澳	君。○三歲。○如戰國、先秦，僅識六藝之學。
非	《春秋》伯。○六歲。○如唐宋。至今全球爲大戰國，南美、非、澳尚不足伯者資格。
南美	《春秋》王。○九歲。○由今再加數千年，全球皆同用王法。
歐美	《尚書》帝。○十二歲。○地球四帝五帝。
亞	《尚書》皇。○二十歲。○全球一統，其餘六十歲爲天學進退。

鎔案：孔子卒于魯哀公十六年，其晚年，創作新經已漸施行于世。如尼山授徒，從游者日益衆；喪服既遵于及門，知禮見疑于司敗；晏子知其莫殫，封人決其何喪。經開選舉，而戰國多游士；孟子亦歷聘梁、齊。經與學校，而子夏教西河。過化存神，禮意深洽人心，故聖制無所阻滯。迨嬴秦合併，始稱皇帝，《尚書》學。其實不過一王之疆域也。方三千里。李斯爲相，學出荀卿，卿爲子夏五傳弟子，斯學于卿，得帝王之術。開國建設，憲章經制。郡守即《王制》方伯之異名，小篆即孔氏古文之變體；長城嚴夷夏之防，《春秋》學。巡狩舉岱宗之典；《尚書》學。博士乃興學之漸，焚書絶百家之言；專存孔經。規摹孔道，漬入經郛。漢代沿革官制，始備三公；武帝罷太尉爲大司馬，成帝改御史大夫爲大司空，哀帝改丞相爲大司徒。後漢、曹魏因之。肇始舉賢，限以四科；夏時準行于《太初》，五經特掌以博士。更置博士弟子。以及典午沿漢制之九卿，西魏仿周官之六職；唐則府兵有似井乘，刑律且從八議。損益潤澤，大都祖述孔門，非所謂由是則治，不由則亂乎？況孔經屢言四海，至今大東洋、大西洋、印度洋、北冰洋始徵實驗；將來五洲五帝，必合于《大戴·帝德》之説、《尚書》四鄰之義；直至泰皇一統，六合爲家，經中人學，《春秋》《尚書》爲人學。概徵實行，乃可進求天道，《詩》《易》爲天學。孔經所以下俟百世，久而彌光也。方

今非澳草昧，歐美割裂，世界競爭，甫入大戰國時代，列强放恣，說士横議，滄海狂流，終折衷于至聖。天將啓之，誰能阻之？木鐸萬世，其在斯歟！

世界退化四表

以百年比五十以下爲退化。○地球進化，由微塵增長至三萬里，退化則由三萬里歸于毁、空。《列子》：天下有形之物未有不銷毁者也。

六經據衰而作專言退化表

經說詳退，由退可以知進；西人詳進，由進可以知退。二者互文見義，合之乃全。

皇	皇降而帝。○道失而後德，《尚書》《周禮》三皇學說。○以上爲六經通天地人三才學。
帝	帝降而王。○德失而後仁，《尚書》《周禮》五帝學說。○以上爲六經平天下學。
王	王降而霸。○仁失而後義。《春秋》《王制》王學。○以上爲六經治國學。
伯	霸降而君。○義失而後禮，《春秋》伯學。○以上爲《禮經》，六經治術齊家學。
君	禮。○男女有別，禮由此始。六藝作用，射御書數，西人所長，禮樂則中國所優。○以下六藝國民普通學。

鎔案：老子《道德經》曰：『失道《書·顧命》：『皇天用訓厥道。』而後德，《月令》五帝五德。失德而後仁，《孟子》：『三代之得天下以仁。』失仁而後義，如《春秋》召陵伐楚、救邢、城楚丘、盟首止之類。失義而後禮。《春秋傳》于列國交際多言禮。夫禮者，忠信之薄，而亂之首也。』據此，可見列國諸侯泯棼無禮，大國以禮責弱小，小國以禮事强大；携貳取戾，玉帛乃變干戈。衰亂已極。孔子作《春秋》，表彰桓、文爲伯，上尊周室爲王，此《春秋》所以爲王伯學也。《王制》爲之傳。《書經》由成、康之王《顧命》。尚推堯舜，肇開帝統，又于《鴻範》建皇極，此《尚書》所以爲皇帝學也。《周禮》爲之傳。就時代而順推，則虞、夏、商、周遞嬗遞降，主德由盛而衰，疆域由大而小，以爲退化，似也。徵諸事實，文野懸殊，經爲雅言，史

不雅馴，二者枘鑿；長夜縣縣，不知經中文明政治乃後世帝王之標本。作法于前，垂範于後；立竿于上，倒影于下。五帝四帝待人而行，三皇泰皇非時不可。故已往之孔經分明退化，現在之孔經正當進化，將來之孔經必進大化。全球一統。進化之極，勢必分裂，地球之成，終必毀滅；則孔經退化之説，正爲分裂毀滅之世界而言，其韞匵而下俟者，年代之久長，真不可思議，不可限量耳。自史公作《史記》，擇雅言，厥協六經異傳，糅雜經説，立名古史，後人遂以《春秋》爲魯史，《尚書》爲古史，豈足以知聖哉？

亞洲退化用夷變夏例表

經説留此四字，以爲退化標目。近日新學家皆主之，如無政府主義是也。

亞退化時運。如今日中國爲百歲之二十歲，必再更三十歲，由人企天，五十以下，由天退人。	歐美八十以下。再三千年，無家族倫理，比于南美、非洲，用祆教。	南美八十以下。再四千年，退爲野人。見無政府、廢三綱、姓氏、婚姻等學説，皆退化時代之哲理，數千萬年後，乃當見之實行者也。	非八十以下。五千年後，退至近于禽獸，多神，知母不知父。又，『父母何算焉』，自由結婚。五大洲必由中華起，以進在先，退亦在先。	澳八十以下。六千年至此，蓋近九十矣。

鎔案：《孟子》有曰：『吾聞用夏變夷，此《春秋》大例，進化之説。未聞變于夷。』後世退化之説。天地之道，日中則昃，月盈則虧，陰陽盛衰，亘古如此，人事亦然。中國春秋以前，禽獸野人，不知禮教，與今海外習俗相等；自麟經破荒，撥亂反正，由内五州開化外四州，用夏變夷，以成一王之制。《禮》陶《樂》淑，漸洽肌髓，家誦《詩》《書》，人樂道義，由此舉隅反三，推驗全球，是昔日之《春秋》撥中國之亂，將來之《春秋》撥海外之亂。進化次第，必先歐美，而後浸漬于南美、非、澳，年代多寡，各有

等差。然亞洲先進化，亦亞洲先退化，其故何歟？全球之大，日曜于西，陰晦于東，暑蒸于南，冰凝于北，同樹春華，先開先落；故進化既久，轉以倫理文教爲桎梏性靈之具，隄防決潰，洪水滔天，幾何不胥而爲夷也！況天演自然之因果，即人之體質事業，亦有革更變易之殊，英儒威爾士所著《八十萬年後之世界提要》已推想漸長漸消、人事轉移之理矣。中國而爲文明古國也者，有用夏變夷之日，必有用夷變夏之時。循環至理，晝夜推遷，高岸谷而深谷陵，安得籌添海屋，盡歷世界之滄桑哉！

五洲退化次第表

先進者先退，後進者後退，至退化極時，則五洲澳最文明，亞最黑暗，與進化成顛倒。

亞	歐美	南美	非	澳
先澳五千年退爲禽獸資格，彼時澳亞顛倒，成反比例。	先澳三千年絶教化倫理，如今日之澳洲土著，較黑蠻尤甚。	後亞四千年乃退化爲禽獸。以退化言，中國之爲禽獸在四洲先矣。	先澳一千年退于禽獸。	進化最遲，故諸洲次第退化已爲禽獸，澳殘火猶明。後生者死必遲。

鎔案：《白虎通》曰：『古之時未有三綱六紀，民人但知其母，不知其父，《儀禮·喪服傳》：『禽獸知母而不知父。野人曰：父母何算焉！』能覆前而不能覆後，卧之詓詓，起之吁吁，饑即求食，飽即棄餘，茹毛飲血而衣皮韋。開創之世界如此。于是伏羲仰觀于天，俯察于地，因夫婦，正五行，始定人道，然尚自由結婚也。畫八卦以治天下。但取卦畫以別異，非有深義也。天下伏而化之，故謂伏羲。』此世界進化之說也。又按《河圖挺佐輔》文曰：『百世之後，地高天下，下音滸，通俯。此南半球非、澳、南美之天地。山陵消去，多山之北半球漸就毁空。不風不雨，天氣不下降，地氣不上升。不寒不暑，日月不能照及。民復其土，民之仍居其故土者。皆知其母，不知其父。退化爲禽獸野人。如此千載之後，天可倚杵。南半球地勢愈低，大氣不能升舉，而墮落近天。洶洶隆隆，曾莫知其始終。』世界至終劫時，莫由知肇始之景況，又不知其能復始否。此世界退化之說也。觀于所由進化之

狀，即可推測退化之狀。如登崇山然，上陟之時，拾級而升，其勢難；下降之時，循途而返，其勢易。

先生撰有《世界進化退化總表》，刊存《四益雜著》。據《公羊》三世例，仿《太玄》元統會蔀，以萬年爲一運，定爲八十一運，原始要終，誠巨眼也。竊以全球五洲之大，啓塞晦明，胥以日光爲準：日出于東，故東亞中國先進化；《易》曰：『帝出乎震。』日没于西，故歐洲北美次進化。物生于春，而成于秋。地球升降，北半球夏至與日等衡，主上半年。南半球冬至與日等衡。主下半年。日光所及，北則俄國、坎拏大進化，南則南美、非、澳進化。彼此晝夜寒暑相反，故此進彼未進，彼進此方退。中國寢饋孔教，入室最先，迨澳弟弱冠，亞兄必傷老大。然急流之舟，有進有退。進者由人希天，神游六漠，精爽不貳，飛相往來，《詩》《易》之苞符以啓；退者見異思遷，以孔道爲無奇，縱情橫溢，偭規越矩，淪于禽獸。上者語上，下者不可語上。文章天道，聖學迥判淺深，仰高鑽堅，亦視後學之罷與不罷耳。上智之士，騏驥遵道而絶塵；下愚之夫，駑蹇僨轅而却步。所冀中行者流，卓立致志，早躋鳶魚戾逃之境，勿貽犬馬無别之譏，庶不至滅倫敗紀，墮落九淵，而爲名教所不齒歟！

中國教化自具五等資格表

亞	歐美	南美	非	澳
詩書世家，彼都人士，服膺孔教，淪肌洽髓。	交通便利，習染風潮，如暴發之家，鄉鄙之俗。用祆教。	蒙藏土司，熟蠻比于野人。	苗民酋長，游牧近于禽獸。用多神教。	獞猺野人，野處生蠻，比于禽獸。

鎔案：世界進化之次序，毛血時代，人與禽獸相等；游牧時代，人漸遠于禽獸；酋長時代，人群競爭如阪泉、涿鹿之戰。而未知政教；君主時代，政教漸興如唐虞至春秋之史。而未知倫理。此等階級，中外

所同，如人之自少而壯；然壯夫狂蕩，率意徑行，無禮法以繩檢，其與禽獸相去幾何？天生孔聖，制作六經，先爲中國創興禮樂，並爲全球增進文明。孔經以前，媚鬼用人，被髮祭野，夷狄風俗，舊染相沿，先生《倫理約編》所舉，已見崖略矣。尼山定制，禮緣人情；《春秋》誅譏，彗除污穢；尚推帝宇，更驗皇輿。茂哉茂哉！百世莫違。中國弦誦《詩》《書》，甄陶孔教，漸企敦龐，然東亞幅員廣袤遼闊，比較文野，髣髴小球；獞、猺如澳，苗酋如非，蒙、藏如南美，沿海商埠，思兼歐、美，世家文學，抗衡游、夏；是孔教權輿中國，已具小五洲之模範。自此施及全球，雖五大洲之廣遠，血氣尊親，循序漸進，安利勉强，成功皆一。顧以先覺覺後覺，尤當以先進勵後進，引而上行。魂學精邃，真人化人，造詣深玄，《莊子》：『六合以外，聖人存而不論。』《詩》《易》是也。中國學者當立標前導，誘掖後來。無如尊孔既久，中道自畫，未登造極之峰，竟逐退流之水。偶染歐風，任情放浪，猥欲毀冕裂冠，用夷變夏；是猶中年夭折，巖墻自殞，而甘爲暴棄之流也。舍近聖之資，而沾或陋之俗，下喬入幽，君子不取，背明投暗，盲瞽所爲。曷詳參文化之優劣，而審端致力乎！

故夫聖人之制禮也，酌人情以救世亂，效天法地，杜漸防微。因自由結婚，《公羊》鄫季姬自擇配，《左傳》徐女擇婿子南。乃定爲父母之命；《詩》娶妻『必告父母』。因父子情薄，乃定爲斬衰之喪；三年。奪媳争姻，乃定親迎之禮；棄宗餒鬼，乃定廟祀之儀；血統一家而生不蕃，乃聯昏必異姓；種族無别而家不正，乃命氏以篤宗。孔子吹律定姓。凡此新經新制，中國習久而安常，外人聞之，駭爲破空霹靂。蓋孔經託古，深洽人心，當時莫不信從，陳司敗不韙昭公，即其證也。以故漢世妃嬪，進由倡者；唐初宫寢，不免慚德。延及有宋，内廷清肅，民德益以敦厚。即北魏起由塞外，入主中原，漸染華風，思革其國俗之陋，乃禁胡服，斷北語，改國姓爲元氏。其後元、清繼踵，多采漢儀，則中國同化之力大也。迄今海外哲人，涉獵孔義，羡中國爲有子之國；其來華客居者，或譯定姓氏，或婦從夫姓，齊變至魯，已兆端倪。其本國習尚，父子不相養，夫婦可離婚；積重不返，少者自立，壯者避孕，老者獨居，致每年計較人數，生死不相抵，而日以減少，識者有絶種之憂，思用中藥以起沉疴。蓋中國倫理雅化，基礎深固，所由螽羽詵詵矣！孔道之美如此。人之攻經廢經者，不過惡禮教之迂拘，而樂新學之放誕耳。《記》曰：聖人使人有禮，知自别于禽獸。杏壇垂範二千餘年，久已脱腥羶之臭，乃復入羽、角之倫，是舍棟宇而野處，却衣冠而裸裎也。進化何其難！退化何其易！吾爲此懼，豈好辯哉！

六譯先生選集

下

廖平 著
楊世文 編

巴蜀書社

四益館經學四變記[1]

序目

卷之一　今古　癸未

卷之二　尊今抑古　戊子

卷之三　小大　戊戌

卷之四　天人　壬寅

序曰：癸未至今二十四年矣。初以《王制》《周禮》同治中國，分周、孔同異，襲用東漢法也；繼以《周禮》與《王制》不兩立，歸獄歆、莽，用西漢法。然今學囿于《王制》，則六藝雖博，特中國一隅之書耳。戊戌以後，始言大同，乃訂《周禮》爲皇帝書，與《王制》大小不同，一内一外，兩得其所，凡有血

① 《四益館經學四變記》序定于一九〇六年。一九一二年由劉師培摘要刊于《四川國學雜志》第六號，後收入《四益館經學叢書》《六譯館叢書》。

氣，莫不尊親。蓋鄒衍之説大明，孔子乃免拘墟。壬寅後，因梵宗大有感悟，始知《書》盡人學，《詩》《易》則遨游六合外。因據以改正《詩》《易》舊稿，蓋至此而上天下地無不通，即道釋之學，亦爲經學博士之大宗矣。竊以由聖人而求至神，其大小淺深，亦猶道德之于仁義，必至無聲無臭，而後超變化而行鬼神。嗟乎！星紀再周，歸宿四變。苟不先狗馬填溝壑，或尚有進乎此。然所詣至此，其得于神明誘導、師友贊成者，實非淺鮮。顔子稱『既竭吾才』，此之謂矣。近著書踰百種，恐久而散佚；又知己遼隔，或僅聞鄙説，未詳大旨之所在。因屬及門，條列舊文，附以佚事，編爲四卷，聊以當年譜耳。丙午季春，四益館主人自叙。

壬子冬，將前記摘編節本以付棗梨。四益館主人又識。

初變記

乾嘉以前經説，如阮、王兩《經解》所刻，宏篇巨製，超越前古，爲一代絶業；特淆亂紛紜，使人失所依據。如孫氏《尚書今古文注疏》，群推爲絶作，同説一經，兼采今、古，南轅北轍，自相矛盾。即如『弼成五服，至于五千』，就經文立説，本爲五千里，博士據《禹貢》説之是也；鄭注古文家，則據《周禮》以爲萬里，此古、今混淆以前之通弊也。至陳卓人、陳左海、魏默深，略知分古、今。孫氏亦别采古文説，專爲一書，然明而未融。或采輯師説，尚未能獵取精華，編爲成書；即有成書，冀圖僅據文字主張今、古門面，而不知今、古根源之所在。但以文字論，今與今不同，古與古不同。即如《公》《穀》，齊、魯、韓三家同爲今學，而彼此歧出；又如顔、嚴之《公羊》同出一師，而經本各自不同。故雖分今、古，仍無所歸宿。乃據

《五經異義》所立之今、古二百餘條，專載禮制，不載文字。今學博士之禮制出于《王制》，古文專用《周禮》。故定爲今學主《王制》、孔子，古學主《周禮》、周公。然後二家所以異同之故，燦若列眉，千谿百壑，得所歸宿。今、古兩家所根據，又多同出于孔子，于是倡爲法古改制、初年晚年之説，然後二派如日月經天，江河行地，判然兩途，不能混合。其中各經師説有不能一律者，則以今、古爲大宗，其所統流派，各自成家，是爲大同小異。編爲《今古學考》，排難解紛，如利剪之斷絲、犀角之分水，兩漢今古學派，始能各自成家，門户森嚴，宗旨各別。學者略一涉獵，宗派自明，斬斷葛藤，盡掃塵霧。各擇其性質所近之一門，專精研究，用力少而成功多；不再似從前塵霾，使人墮于五里霧中。此《今古學考》張明兩漢師法，以集各代經學之大成者也。

二變記

兩漢之學，《今古學考》詳矣，本可以告無罪于天下。惟一經之中，既有孔子、周公兩主人，典禮又彼此矛盾，漢唐以下儒者所有經説，及《典》《考》政治諸書，又于其中作調人。牽連附會，以《周禮》爲姬公之真書，《王制》爲博士所記，與《周禮》不合；又以爲夏、殷制。考《左》《國》《孟》《荀》，以周人言周事者，莫不與《王制》切合；所有分州建國、設官分職之大綱，則無一條與古文家説相同。或分或合，皆無以切理饜心。故説經者如議瓜，如原誑，爲聚訟之場。凡學皆愈深則愈慧，惟學經者愈學則愈愚，其歸宿即流爲八股，深爲學術政治之大害。蓋當時分教尊經，與同學二三百人朝夕研究，折群言而定一尊。于是考究古文家淵源，則皆出許、鄭以後之僞撰。所有古文家師説，則全出劉歆以後據《周禮》

《左氏》之推衍。又考西漢以前，言經學者皆主孔子，並無周公；六藝皆爲新經，並非舊史。于是以尊今者作爲《知聖篇》，闢古者作爲《闢劉篇》。外間所祖述之《改制考》即祖述《知聖篇》，《僞經考》即祖述《闢劉篇》，而多失其宗旨。群言淆亂折諸聖，東漢以周公爲先聖、孔子爲先師；貞觀黜周公爲功臣，以孔子爲先聖、顏子爲先師。乃歷代追崇有加，至以黄屋左纛，祀以天子禮樂。當今學堂專祀孔子，若周公則學人終身未嘗一拜。故據《王制》以遍説群經，于《周禮》中删除與《王制》相反者若干條。

案：以上二變，事在二十年前。所有刊播各書，爲海内所共見。至三變，則别有分派。然海内略窺鄙作者，其主張《今古學考》尚占多數，其餘則知者更鮮矣。

三變記

以上二説，大抵皆就中國一隅言孔子，已用博士法。以《王制》遍説群經，于疆域止于五千里而已。《中庸》所謂『洋溢中國，施及蠻貊』，『凡有血氣，莫不尊親』；《禮運》所言『大同』之説，實爲缺點。嚴又陵上書，所謂『地球周孔未嘗夢見，海外周孔未嘗經營』，亦且實蹈其弊。初次解《周禮》以爲孤證者，繼考《大戴禮》《管子》，則實有明説。蓋初惟據《王制》立説，與《王制》一異，而非有明文與《周禮》同者，遂漫不經心。戊戌在資中，因《詩》之『小球』『大球』與『小共』『大共』對文，『共』作『貢』，九州之貢。《顧命》之『天球』『河圖』，緯説以『河圖』爲九州地圖。據《詩》《書》『小』『大』連文者，『小』字皆在『大』字之上，定『天球』爲天圖，『小球』『大球』爲地圖。先『小』後『大』，即由内推外。蓋當是時，講《詩》《易》前後十餘年，每説至數十百易，而皆不能全通。于三傳、《尚書》卒業以後，始治《周易》，宜其容易成功。以《詩》論，其用力較三傳爲久，而皆不能大通。蓋初據《王制》典章説之，以至齟齬不合。乃改用《周禮》《地形訓》『大九州』説之，編爲《地球新義》。當時于《周禮》未能驟通，僅就經傳子緯單文孤證類爲一編。不敢自以爲著作，故託之課藝，以求正于天下。見者大譁，以爲穿鑿附會，六經中絶無大地制度，孔子萬不能知地球之事，馳書相戒者不一而足。不顧非笑，閉門沉思，至于八年之久，而後此學大成。以《周禮》爲根基，《尚書》爲行事，亦如《王制》之于《春秋》。而後孔子乃有皇帝之制，經營地球，初非中國一隅之聖。庚子井研修《藝文志》，用邵子説，以《易》《詩》《書》《春秋》四經，分配皇、帝、王、伯。當時彙刊所撰各書，編爲《百種書目解題》，其説詳于施《序》。至癸卯年而皇帝之説定，《周禮》之《集説》成。以全書文字繁重，『小』『大』之分尤在疆域，故取《周禮》疆域，别編爲《皇帝疆域考》，繪圖立説，明白顯易，附會穿鑿，庶可免矣。惟當再變之時，專據《王制》立説，所有與《王制》不同之舊文典章，如《大戴》《地形訓》、緯書、《莊》《列》，概以爲經外别傳，遺文瑣記，徒資談柄。及考明《周禮》土圭三萬里與《大行人》之大九州，乃知皆爲《周禮》師説。根本既立，枝葉繁生，皇帝之説，實較王伯尤爲詳備。一人之書，屢變其説，蓋有迫之使不得不然者，又安知不有鬼謀天誘，以恢復我孔子『大一統』之制作？故編爲《小大學考》。于《周禮》取經，去其師説謬誤，故改『今古』之名曰『小大』。蓋《王制》《周禮》，一林二虎，互鬭不休，吾國二千年學術政治，實深受其害；合之兩傷，甚于洪水猛獸。今以《王制》治内，獨立一尊，並無牽掣；而海外全球，所謂三皇五帝之《三墳》《五典》者，則全以屬之《周禮》，一如虬髯公與太原公子，分道揚鑣。所有古今載籍皇帝之師説，師無統帥，流離分散，蒙晦殘佚，一如亡國之人、喪家之狗，立此漢幟，招集流亡，紛至沓來，各歸部屬。茫茫荒土，皆入版圖；上下和睦，鬼神效靈。天不愛道，地不愛寶，符瑞臻至，庶績咸熙。與《王制》一小一大，一內一外，相反相成，各得其所，于經學中開此無疆之世界。此書未出以前，爲洪荒之混沌；『小』『大』既分，輕清者上浮爲天，重濁者下凝爲地，而後居中之人物，乃得法天則地，以自成其盛業，孔子乃得爲全球之神聖，六藝乃得爲宇宙之公言。雖然，此不過六藝之人學，專言六合以內，但爲《春秋》《尚書》與《禮》，僅得其半；而天學之《詩》《易》《樂》，尚不在此數也。

初據《王制》以說《周禮》，中國一隅，不能用兩等制度，故凡與《王制》不同者，視爲仇敵，非種必鋤，故必删除其文，以折衷于一是。自三皇五帝之說明，則《周禮》另爲一派。又事事必求與《王制》相反，而後乃能自成一家，故以前所删所改之條，今皆變爲精金美玉，所謂『化腐朽爲神奇』。《莊子》所言『彼此是非』，『各是其所是，各非其所非』。其中所以是非不同之故，學者所當深思自得者也。

四變記

天人之學，至爲精微，其精微分别之數，難以言盡。今就《戴記·大學》《中庸》列表以明之：《大學》爲人學，《中庸》爲天學。考《中庸》動言『至誠』『至道』『至聖』『至德』，于『聖』『誠』『道』『德』之上，别加『至』字，以見聖、誠、道、德有『小』『大』『至』『不至』之分。考皇帝之説，每以『至』爲標目。《禮記》之所謂『三無』，《主言》篇之所謂『三至』。故人學言『道』、言『誠』、言『德』、言『聖』。『皇』爲天學，人用其學而加『至』字以别之，所以見『帝』之有可加。『至道』『至德』，至極而無可復加，故謂之『至』。物極必反，一言『至』，則每與『小』者不同，如『至仁無親』

之類。大約仁則親，仁之至盡則不親。「至」字一或作「大」，若《莊子》所謂「大智若愚」「大德無爲」「大孝不仁」是也。故「皇」與「帝」同言道德，而「皇」則加以「至」字。蓋「皇」與「帝」皆爲聖人名號宗旨，不能再加。同爲一等，又有優劣之分，所以天皇則加「至」字、「大」字，以與人帝分優劣。至儒者不講天學，遂以聖人爲止境，于道家之所謂「天人」「至人」「神人」「化人」，皆以爲經外別傳，無關宏指。不識《中庸》言「至德」「至聖」「至誠」，《孟子》已言「神人」，《荀子》已言「至人」，《易》言「至精」「至聖」「至神」「大人」。《中庸》曰「及其至也，雖聖人亦有所不知」「所不能」。明以見「聖人」之外，尚有進境。今故以經傳爲主，詳考「至人」「神人」「化人」「真人」「神人」「大德」「至誠」「大人」，以爲皇天名號，而以《靈樞》《素問》、道家之説輔之。以見聖人、人帝之外，尚有天皇，此天人學之所分也。

初以《春秋》《尚書》《詩》《易》分配道、德、仁、義之皇、帝、王、伯，故《知聖篇》有「套杯」之喻。「大」「小」分經分代，以明各經各爲一時代，以免床上床，屋上屋，混同一視之流弊。初以《春秋》《尚書》爲深切著明之史記體，《詩》《易》爲言無方體之辭賦體，一行一知，一小一大。故以《易》《詩》配皇、帝，《尚書》《春秋》配王、伯。緯云：「書者，如也；詩者，志也。」舊説以史記體爲行事之王、伯，辭賦體爲空言之皇、帝，久乃見邵子亦以四經配四代，惟以《詩》爲王、《尚書》爲帝不同。《尚書》首堯舜，有「帝」字明文，邵子以配帝是也。惟《詩》配王，不惟與體裁不合，與「思無邪」「王于出征，以佐天子」「宜君宜王」「王后爲翰」，亦相齟齬，故懷疑而不敢輕改。遲之又久，乃知四經之體例，以天、人分。人學爲六合以内，天學爲六合以外。《春秋》言伯而包王，《尚書》言帝而包皇。《周禮》三皇五帝之説，專言《尚書》；《王制》王伯之説，專言《春秋》。言皇、帝、王、伯，制度在《周禮》《王制》，經在《尚書》《春秋》，一小一大，此人學之二經也。二經用史記體，深切著明，與《詩》《易》言無方體者不同。亦如詞賦派、史記派。人學六合以内，所謂『絶地天通』『格于上下』，人而非天，故人神隔絶。至于《詩》《易》以上征下浮爲大例；《中庸》所謂『鳶飛于天，魚躍于淵』，爲『上下察』之止境。周游六漠，魂夢飛身，以今日時勢言之，誠爲力所不至。然以今日之人民，視草昧之初，不過數千萬年，道德風俗，靈魂體魄，已非昔比。若再加數千年，精進改良，各科學繼以昌明，所謂長壽服氣，不衣不食，其進步固可按程而計也。近人據佛理言人民進化，將來必可至輕身飛舉，衆生皆佛。予案：佛法舊以爲非中國之教者，前人考明宗旨，皆出于道，故有以《列子》爲中國古佛之説。見《子史精華·釋部》，佛説與《列》相比。《論語》云：『未能事人，焉能事鬼』；『未知生，焉知死。』儒者引以爲孔子不言鬼神之證，不知爲學之次第，不可躐等而進。未知生，不可以遽言死；未事人，不可以遽言鬼。若由今推數千年，自天人之學明，儒先所稱詭怪不經之書，皆得其解。今略舉數證如左：

一、《靈樞》《素問》。『黄帝』當爲『皇帝』，『岐伯』當謂『二伯』，謂治皇帝學之專書。于其中分天學于人學、治天下、治病，爲三門。已經輯出，别爲一册。治天下者爲帝學，陰陽五行家九流之一；考九流陰陽家書目，當有移入此中者。言天道人身應天地者，專爲皇學；治病者，乃爲醫學專書，入藝術門。

又案：書中屢言道，以身比天地，因修身以存道。以隱逸神仙派，所以爲學道之别傳。專就養生言修身，以性情喜怒哀樂能傷生，此修身之高等也。蓋《容經》爲普通修身；《洪範五行傳》爲仕宦修身，修養爲道德修身之大成。故前兩等爲《大學》之程度，後一級爲《中庸》『至誠』之基礎。

二、《楚辭》。案：《楚辭》爲《詩》之支流，其師説見于《上古天真論》，專爲天學，詳于六合以外。蓋聖人于六合以外，存而不論。《詩》《易》之託物占比，言無方體是也。《楚辭》乃靈魂學專門名家，詳述此學，其根源與道家同，故《遠游》之類多用道家語。全書專爲夢游，即《易》之『游魂』『歸魂』。所説皆不在本世界，故有『招魂』『掌夢』之説。凡所稱引，後人皆就中國一隅説之。既屬游魂，何以尚在中土？故因《楚辭》專引《山經》，而《山經》亦因之大顯。

三、《山經》。全書皆爲神靈所生，雖聖人不能知、不能行，惟神靈乃能名之。大約五山經即三垣、四宫恒星。《中山》中垣，《東》《西》各七宿，《南》《北》各七宿。不及人民者，以太遠無人民也。五篇言山川、動植、礦物與鬼神形狀、嗜好、祭品名物最詳，蓋其書爲天學之天官宗祝巫史所掌。學者以祭祀鬼神譏之，實則所稱鬼神，皆爲彼世界之人。至其時鬼神往來如賓客，亦如今外交部與外國相交涉。

又案：《海外》四統爲四旁，又如五行星與月球。《大荒》四經，爲在下之四方，其人民即《詩》之『下民』、《招魂》之『四方』。其人形狀詭異，多不似人形。如《國語》以爰居、夷羊、鸑鳥爲神，又如佛書之地獄變相。所稱帝王卿相、子孫姓氏名，多與本世界相同。《國語》：宗祝必知鬼神嗜好、情狀、宗族。故《左》《國》所引五祀帝鴻氏、丹朱、鯀之類，名雖相同，實非本球古帝。

又案：或以『在天成象，在地成形』，經書所見，如麟、鳳、龜、龍、長狄、防風骨；史之負貳之尸、形天氏，天之所有，下應于地，故上下相同。又或偶一降臨，非常之物，終不得據爲己有。

又案：老、莊皆云『至人無夢，其神不靈』，蓋『至人』以上，形神俱融，能飛身往來，彼此直身相接，不用神游，故曰『不夢』。此帝爲神游，如《詩》之夢境。『至人』則凌雲御風，故曰『不夢』。又天地格絶，則以祭祀享神，示爲靈應。『至人』之世，則直爲賓客，非鬼神矣，故曰『不靈』。又往來有飛行、生化二種：鳥魚飛潜之事，固無論矣；若嶽降生申，傅説騎箕上升，與佛老所謂『化身』，則往往相同。所謂『人神混雜』，《山經》神靈以外，各種人民皆爲地球所無。蓋五山爲三垣，太遠，故無人民。行星日會，乃有人民，特形狀不同耳。

又案：麟、鳳、龜、龍，爲四宫之精，與五帝同。故五帝有以爲列宿之精者，有以爲緯星之精者，所以必有名號，如『靈威仰』之類。至于本世界所稱之大五帝，顓頊以上之龍鳥火水名官者，亦託以爲天神。初非世界所有，所以能上天入地。

又案：顓頊以下乃絶地天通，經所謂『格于上下』，此人帝德不及遠，專爲人學之事。《山經》實天學之專書，并非詭誕。所以《列》《莊》《楚辭》《穆傳》引據如經典，則非不經可知。

四、《列》《莊》《尸》。諸書于地理最詳，同以地球爲齊州，屢言『游于六合以外』『無何有之鄉』『游于塵垢之外』，皆不在本世界。故其所列地名，舊來多附會中土，今知爲天學，其事乃得大明。

又案：《地形訓》所引昆侖三十六民與龍鳳種族，此皆爲天學諸書，所言混合不一。地球之昆侖，實則『混沌』，音之轉也。若以爲葱嶺，安得云中？又安得有神仙往來？所謂名同實異。《列子》之五神山，舊以爲五大州，實則爲五緯星。今考定齊州之稱，則知『靖人』『僬僥』皆不在本世界。

又案：《列》《莊》南海之鵬，北海之鯤，即金、火二星。

五、《穆傳》。案：此篇《列子》舊入神游之後，全篇皆爲夢境。

六、辭賦。司馬《大人賦》即《遠游》篇摘本，讀之乃有淩雲之志，則其不在本世界也明矣。當時天學甚明，故賦詩家尚得據以立説。去古愈遠，乃不敢據以爲定，亦如顓頊以後，德不及遠，乃爲民師而民名。

七、釋典。將來世界進化，歸于衆生皆佛，人人辟穀飛身，無思無慮，近人論之詳矣。特未知佛即出于道，爲化胡之先驅。所言即爲將來實有之事，爲天學之結果。一人爲之則爲怪，舉世能之則爲恒。

五變記箋述①

此編乃五譯先生自記畢生學識之歸墟，實晚年學力之進境也。前有《四變記》，經劉申叔刊入《國學雜志》，大江南北所傳播之《今古學考》，不過初變、二變萌蘖之生耳。癸丑之秋，先生旅居滬上，重輯四變綱要，石印于《孔經哲學發微》。今行遠登高，功業益上，至魯至道，五變有成。《易》曰：『通其變，使民不倦。』又曰：『易窮則變，變則通，通則久。』《中庸》曰：『動則變，變則化。』孔子謂老子猶龍，嘉其善變也。鎔摳衣在門，得寓美富，循循博約之途，不得不請事斯語。先生本名『四益』，今因五變，更名『五譯』。

---

① 此書原作『五變記』，題下注：『戊午之歲（一九一八），改去「今古」名目，歸之「小大」，專就六經分「天人」「大小」。』署名『井研廖氏學，樂山受業黃鎔箋述』。

五變記箋述卷上

人學三經

《禮經》

人有禮，乃爲人。鎔注：《曲禮》：『鸚鵡能言，不離飛鳥；猩猩能言，不離禽獸。今人而無禮，雖能言，不亦禽獸之心乎！』故聖人作爲禮以教人，使知自别于禽獸。六藝中，六藝：射、御、書、數、禮、樂。先有小禮，如《曲禮》《少儀》《内則》《容經》《弟子職》。小樂，十三舞《勺》、成童舞《象》，如今中小學校普通科。此爲《禮經》，乃修身、齊家事，爲治平根本。《左傳》：『禮，經國家，定社稷，序人民，利後嗣者也。』如今法政大學、專門學校之學科。『修身爲本』，本此禮也。《大學》：『自天子以至于庶人，壹是皆以修身爲本。』

鎔案：《荀子·性惡》篇：『性惡』之説，與孟子相反。考荀學實出孔門，聖道廣大，殊途同歸，後儒不可妄分畛域。枸木必待檃栝，鈍金必待礱厲，人之性惡，孟子據孩提愛親，以爲性善。然人少則慕父母，知好色則慕少艾，有妻子則慕妻子，仍是性惡處。必待禮義然後治。天之生物，草木争長，鷹隼虎豹，弱肉强食。童子初學語，便知駡人，惟聖人以禮義化導之。故聖王當作『聖人』。爲之起禮義、本篇：『禮義者，聖人之所生也。』制法度，《孟子》：『教以人倫：父子有親，君臣有義，夫婦有别，長幼有序，朋友有信。』堯時無此文明。以矯飾人之情性而正之，以擾化人之情性而導之。使不善之性歸于善。始皆出于治，合于道者也。其説如此，深識聖道之作用。蓋荀爲戰國老師，乃子夏五傳弟子，見《經典釋文》。所言頗有經驗，實能闡明聖作禮義之本原。去聖未遠，必有所據而云然者也。《史記》以孟荀合傳。宋神宗元豐八年，詔以孟子配孔子，以荀況、揚雄、韓愈從祀。可見『性善』『性惡』學派同出孔門，一本分支，無庸軒輊。乃宋儒是孟非荀，拘持偏見。況昌黎《原性》辯駁甚明，宋儒崇拜韓之《原道》、闢佛諸論，獨于性則自恃聰明，見指失臂，津津一得，以爲直接孟子之傳，則踰越韓公；而荀出孟後，擯諸異端之列。夫人性果善，則必不教而成也。孔子曰『性近』『習遠』『上智下愚不移』，是性無一定之資格也。孟子曰『逸居無教，則近于禽獸』，是性不善而待教也。『教以人倫』，倫理乃孔經所發明，孟據《帝典》『敬敷五教』言之。是孟子亦謂善性易漓，當約束之以禮教，正如璞玉頑金，必加琢冶而後成器。此義參之《荀子》，如出一轍。宋儒貶斥荀説，自詡認性極真，一孔之見，度量不宏，且滅没聖人制禮之功。能尊孔不能張孔，徒以『良知』『良能』葆全太璞，不假彫琢，便以爲聖賢學問。『此心同，此理同』，堯舜與人無異，東西南北、古今聖人皆如此。夫性與天道，子貢親炙聖門，嘗謂不可得聞；兩宋之儒，在孔子千百年下，乃學聖如此其易。噫，異矣！

《大學》：『自天子人學。至于庶人，天學之真人、至人。壹是皆以修身爲本。』人學、天學皆以修身爲基礎。人學正身以率物，天學之身形游六合，説詳于後。《論語》：『其身正，不令而行。』《孟子》：『君正莫不正，一正君而國定。』董子：『正朝廷以正百官，正百官以正萬民。』三説合正心、修身爲一，本有實形實義，並不索之隱怪也。蓋聖人作經傳世，闡發上下古今、天地宇宙之理，蘊奥雖深，窮年莫究。千百年而不盡。然等級標著，程功以次，惟恐晦盲閟塞，阻遏學者嚮往之心。故《春秋》之世，倫理不講，即氏族主義，亦未發明。孔子吹律定姓，吹律，即翻繹。故仲尼始姓孔。始撰《帝繫》，分别姓氏。同姓不昏，男有室，女有家，推此義以及天下，故經有『天下一家』之例。修身即『天下一人』例。正心即《書》之元首，指腦言。修齊之旨，關于國與天下最爲密切。説詳《疆域圖》第三十一及三十三。孔經大義，燦若列星，何嘗虚無寂滅，遁入鬼窟，使人迷昧哉？惟宋儒倡言誠意、格致、後有詳駁。去私、存理，自以爲聖人再世。《閱微草堂》曰：『隋唐以下聖人多。』然《毛詩集傳》解説鄭、衛之詩，發泄許多淫邪之念。説詳四益撰《胡先生詩緯訓纂序》。私欲未净，有觸即發，真所謂太極之理，静極生動也。後有詳説。按《列子·仲尼》篇曰：『吾修《詩》《書》，將以治天下，非但修一身。』斯言也，正因《大學》終于修身，恐後儒誤會此旨，獨善其身，主敬存誠，高言希聖，則聖道眇瑣纖詭，墮落禪寂，無異坐井而觀也。故修身之旨，即《鴻範》『五事』例；説詳《疆域圖表》。齊家之義，即《梓材》『大家』例。皇爲祖，二帝爲父母，三十二王爲子，六十四伯爲孫。《吕刑》伯父、伯兄、仲叔、季弟、幼子、童孫是也。放準驗推，灼然聖制，小統大統，垂範後王。彼以『民胞物與』侈談聖量者，豈非空言揣測，門外徬徨者耶！大抵宋儒摭拾經傳一二字，標幟領異，欺世盗名，當時且目爲僞學。使聖經果以道學爲宗，胡爲紛歧雜出，莫能統一？且互相詬訕，黨同伐異，究竟氣質未化也。

〔附〕小樂

鎔案：孔經未作以前，有世俗之禮樂，爲朝野上下所沿用。西人謂之社會習慣。而由來已久者，禮則喪期、吉禘、夫人大饗，同姓昏、娶母黨、不親迎、喪中娶之類，皆周時通行之禮也；樂則鄭聲、秦缻、趙瑟、燕筑、楚歌、楚舞，皆當時各國土著之樂也。《樂記》所舉齊、宋、衛音亦然。自孔子作經，酌宜定法，禮必合乎節，樂則期于雅，焕然改觀，净滌舊染，非復前日之樸陋。凡見于傳記所有小禮、小樂，爲及門所行習者，莫非聖作新裁也。《禮記》：『十三舞《勺》，成童舞《象》。』此孔門教導小子，俾習音樂，陶淑性情之法。《論語》：『子之武城，聞弦歌之聲。』正是子游創興學校，傳播孔學，『莞爾而笑』，宜也。《樂記》子贛問『六歌』，因其性情所近而習之，故弦歌干揚，樂之末節也，童者舞之。藝成而下，然後用之郊廟，用之朝廷，用之冠、昏、燕、饗諸禮，無不鏗鏘從律。蓋先由審聲知音，克諧角徵，庶幾由人心生，感物而動，以通于政，此禮樂之原。當明孔經以前情狀，然後知孔經之禮樂，由粗及精，作用深微，豈曰小補哉！

《春秋》治國學

地方三千里，與《書經》比較爲小。○王伯學，爲仁、爲義。

鎔案：尼山鍾英玉麟，誕瑞素王，生值春秋之世，蒿目時艱，上無天子，下無方伯，《公羊》説責重二伯。車馬周游，得百二十國寶書，即《史記》所謂『諸侯並作』語。歸于洙泗，參以魯史，因時事，加王心，始元創制。《元命苞》：『子夏問夫子作《春秋》，不以初哉首基何？孔子曰：「丘于《春秋》始元終麟，王道成也。」』是元年乃孔子特筆，孔經以前，紀年不如此。推之正月，亦當同例。《爾雅》月名『正月爲陬』等十二名詞，必爲孔前字母之稱。至孔子作經，乃改用正二三等雅言耳。行遠自邇，化成九州，疆域方三千里，此孔經之化，實際則未嘗統一。立牧置監，舉綱張目，以此州制，上考不謬，徵信于《禹貢》。《春秋》荆、徐、梁，以州舉。孟子時齊、楚隔閡，言語不通，禹之州貢，安得如此廣遠？須知經史文野之别。推之五服五千里，四表三萬里，鴻謨俟後，待人而行。故《書經》大統，《春秋》小統，空言行事，人學之始終以備。五譯精研《春秋》學，權輿《公羊》，溝通《穀梁》，集成《左氏》，犯險攻堅，合通三傳，化除門户，創斯偉業。著有《公羊三十論》《公羊春秋補證》《公羊驗推》《春秋圖表》《穀梁糾謬》《穀梁古義疏證》《穀梁起起廢疾》《左氏鍼膏肓評》《左氏五十凡駁例》《左氏撥正録》《左氏漢義補證》《左氏古經説》《左氏春秋學外篇》《春秋三傳折衷評》等書。畿甸疆定，將相和衷，出撫四夷，巋然一統。二帝三王，武、周、成、康，莫不聽命。美哉，始基弗可及已！

《春秋》者，王伯之學，以仁義爲主。《論語》『依仁』『游藝』，緯説：『霸不先正，尚武力。』武力即藝，用武必託諸義。即揭明王伯之宗旨也。齊桓公存三亡國，仁也；伐楚責貢，義也。晉文踐土盟諸侯，皆獎王室，義也；無相侵害，仁也。《孟子》『三代之得天下以仁』，王學也。葵丘申五命，伯者之義也。霸者假仁，則偏于尚義。孔孟淵源，學無異轍。乃宋儒據『仲尼之徒不道桓、文』之語，《荀子》亦曰：『仲尼門人，五尺豎子，羞稱五伯。』遂謂孔孟皆黜伯崇王。斯言也，不但抹煞一部《春秋》，且率天下之人而禍仁義者也。何也？使學者高言王道，鄙棄伯圖，矜語德化，不尚武功，坐致南宋不振，神州陸沉。晉尚清談，致有五胡之亂。桓温北伐，望中原嘆曰：『神州陸沉，王夷甫諸人不得不任其責。』南宋之世，與東晉何異？學説有差，國家受害，是不可以不糾正。夫文譎、桓正，孔子正據城濮、召陵之事，比較優劣。晉用詭謀以戰勝，《左氏》所載蒙馬曳柴等事，皆兵家權謀用奇之術。臨事好謀，孔子所與。齊僅責貢以蕆事，《春秋》曰：『楚屈完來盟于師。』爲齊桓諱。聖意尊晉而抑齊，《春秋》書曰『楚師敗績』，嘉晉文也。故顛倒時代，先文後桓。宋儒主張『誠』『正』，薄棄詭譎，既與聖評相反，又不識『九合』『一匡』褒獎霸功之意，伸引孟説而違悖孔心，逐末忘本，是殆未諳孔孟之時局也。孔子之世，周德雖衰，王靈未泯，但有伯者出而尊周攘夷，以屬諸侯，便足以匡時弭亂，故全部《春秋》，大抵齊桓、晉文之事也。孟子之世，七國稱王，戰爭愈烈，非有王者出而統一，不克救民水火，故孟子盛稱湯武，而菲薄桓、文也。孔子之世宜于伯，不可説諸侯以革命；孟子之世宜于王，最宜説六國以保民。明夫當時之病狀，乃知孔孟爲良醫，用藥對證，厥疾必瘳。宋儒昧于時勢，不解聖賢救世之苦心，徒以『内聖外王』概尼山、鄒嶧之學術。既不明《春秋》之義，又以『精一』『執中』爲堯舜相傳之道統；《虺誥》始言『仁』，《湯誥》始言『性』，據僞文以爲根柢，不自知其舛謬。不揣時以立言，安能通經以致用？列國皆世卿，乃謂孔子周游求仕，不知一車兩馬，魯君資以適周，考察郊廟及列國政俗，歸而作經。惟孟子歷聘，乃有『無君皇皇』之説，當知時局不同。『克己』『四勿』，錮蔽學者之性靈。庠序中缺少人才，前清之諺曰『科甲官不識民情』，蓋中宋儒之毒也。大都老腐敗、老學究，斤斤談性理、詡道義，而不識經國大計者也。是以在當日林栗南宋孝宗朝兵部侍郎。劾其無學；沈繼祖寧宗朝監察御史。奏舉十罪；劉德秀諫官。斥爲僞學；胡紘、太常少卿。姚愈、諫議。劉三傑御史。等抉其猖獗，亦奚怪哉！果爲聖學，誰敢擯斥？五譯推闡王伯之學，謂麟書之成，所以撥當時諸侯之亂，遺之後世，且將撥海外全球之亂。商榷何、范，砭箴賈、杜，别黑白，定一尊，俾學者瞭然大義，徵諸實用。故《春秋》稱道桓、文，以其能内尊外攘，託爲侯伯，『衣裳』『九合』，特嘉齊霸，于晉文、狐、趙，無所贅辭。因弟子不問，又以無可疑議，城濮、踐土之功，彰明顯著也。太史公曰：『《春秋》辨是非，長于治人。』觀于武帝多才，根據《公羊》；宣帝良吏，幼學《穀梁》。宏我漢京，成效可睹。詎若規行矩步，終歸無用者乎？章氏謂：『仲尼國老，已去司寇，其作《春秋》，亦僭也。』此以經爲史之説，不足與辨。

《王制》爲之傳人學之小標本，儒、墨、名、法家主之。

鎔案：《春秋》三傳，今古争執，久成水火；短長得失，爲世詬訾。五譯統以《王制》説《春秋》，徵諸三傳，莫不絲絲入扣。如《公羊》陝東主周，陝西主召，爲二伯；《穀梁》鄭，冀州之國，以起八伯；《左傳》周公將左軍，虢公將右軍，齊稱伯舅于葵丘，晉賜弓矢于踐土。襄以下稱伯父。二伯、八伯之制，三傳合符，可見同出一源也。五譯初闢此途，見者大駭。推考各經，猶然一貫。二伯如《詩》二南，《書》羲、和，禹、皋，太保、畢公，《易》陰、陽兩儀。八伯如《詩》國風，《書》四岳，羲和四子、伯兄、仲叔、季弟，《易》八卦。迄今人皆首肯，樂與守成。而斬荆棘、啓山林者，蓋苦況無可告語也。著有《王制訂本》《王制義證》《王制集説》《王制圖表》。夫以《王制》説經者，兩漢博士派也。漢以前，孟子學説全據《王制》。鎔輯有《王制孟子合證》。其『周班爵禄』一章，統舉《王制》綱要，託諸聞略，實聞之孔門也。聖作《春秋》，雖據魯史，竊取新義，桓、文二伯，竊比老、彭，即殷伯、大彭。改制譏時，不仍周典。故《孟子》曰：『諸侯惡其害己，即謂《春秋》之制，不合時尚。皆去其籍。』謂周姬典禮，無一存在。後儒以《孟》説畿内封國與《王制》等級參迕，《王制圖表》考其凹凸接逗笋節，知爲詳略互文。又考之《周禮》，枘鑿不入，直指目爲殷制，章氏則以『天子使其大夫爲三監』爲周制，又以方伯連率爲聯邦。或以《王制》言東田，『東田』一條，乃漢儒訓詁誤入正文者。又謂之爲博士所集。衆喙豐蔀，聖法不章。由是説《春秋》者，游蕩無根，徒爲雕繪枝葉，貽譏斷爛。皆由失離《王制》，遂成無律之師，作寇亂邦，其害可勝言乎！五譯泛槎尋源，深悉葱嶺爲中國山脉之祖，而二百四十二年之事，馬迹蛛絲，確有脉絡可考。人學植基，緇帷傳習，儒、墨、名、法，各擅所長。《班志》云：『合其要歸，亦六經之支與流裔。』豈虚語哉！

《書經》平天下學。

地方三萬里，與《春秋》比較則爲大，全球正名天下。《詩》：『溥天之下，莫非王土。』『王』讀作『皇』。皇帝學爲道、爲德。《中候》『皇道帝德』，爲内外優劣；《鴻範》『五、皇極』，屢言皇道；《典》稱堯『克明俊德』，舜『惇德允元』。

鎔案：《書》叙堯、舜、禹、湯、文、武、成、周之治法，然非分代記事而已。鴻規鉅制，始終一貫，上考下俟，師表萬年，全由聖裁，迥殊古史舊説。『六經皆史』，近儒章氏且謂古史皆經，又謂《書》爲不具之史，《帝典》爲歷史紀傳；又有謂《尚書》四代爲我國文明鼎盛時代者。黄河濁流懷襄，爲患甚矣，聖道之厄也。夫堯時禽獸逼人，舜如深山野人。又舜，東夷；文，西夷。孟子所稱，何等謭陋！他若《尸子》《韓子》《淮南子》所稱堯舜，皆喬野無文，《通鑑前編》纂輯諸説甚備。此猶可曰儉德也。《禮·明堂位》『土鼓、蕢桴、葦籥，伊耆氏之樂也』，已無『八音克諧』之雅。《墨子》：堯堂高三尺，土階三等，難容群牧群后之朝。《淮南子》：舜作室、築墻、茨屋。《禮記》虞官五十，則與『百僚師師』不符。秦博士説古帝王地不過千里，則與『五服』『五千』不合。《禮緯》唐虞二廟，夏四廟，殷五廟，周六廟，史事。已非『天子七廟』之制。經制。《左傳》『天子七月』，『諸侯五月』，『大夫三月』，『士踰月』。經制。《尸子》謂『禹之喪法，制喪三日』。史事。況禹卑宮室，惡衣服，《論語》。堯下爲巢，上營窟，《孟子》。不窋失官，竄之戎狄，《國語》。太王居邠，被侵狄人。《孟子》。草昧之象，載籍極博。以爲文明者，固信經而不諳事實；以經爲史者，又逐末而不識本根。謡詠烟霾，孔義不著。是當劃分經史之界，而後内容外觀，文野迥異，即孔經之作用亦顯。

唐虞之事，實狉榛蠻野，無可爲諱。正如『百家言黄帝，文不雅馴』者也。史公擇言尤雅，以爲《本紀》。書首明明謂孔子所傳，不離古文，《史記》八引古文，皆指孔經之文。是古史之《世本》《譜牒》，史公猶及見之。以爲薦紳所鄙棄，故協厥經傳，待人深思。後儒不察，竟瞢然合糅經史。自此以後，《通鑑》《綱目》欲接《左傳》，直擬麟經。尤其謬者，乃謂三代以上，道在君相；三代以下，道在師儒。夫以儒生而抗帝王，固僭而不倫；即所援危微精一道統之粹語，亦梅氏之贋鼎，不足爲典要者也。危微精一，出于《荀子·解蔽》篇引《道經》曰：『人心之危，道心之微。』又有『精于道』『一于道』之説。梅氏續以《論語》『允執厥中』句，遂成十六字。宋儒據之以爲心傳。既鄙《荀子》之『性惡』，又宗所引之《道經》，何歟？案：《道經》乃皇帝學，即《道德經》之所本，非堯舜時有此學術。『埶中』即《周禮》土圭法。葉公不好真龍，誤據僞古文，終身謹守，以爲聖學在是，實于聖經之表裏精粗未能貫澈。嘻！可哂也。五譯蚤年研求宋學，漸而開悟，有如伯玉知非，深識知行顛倒，知爲天學，行爲人學，先行後知，程功有序。終無入德之時，冥索枯想，空疏無用，乃鈎考典禮、制度、政治、疆域，以方三千里爲王九州，騶子所稱禹序九州。方五千里爲帝之一州；《謨》曰：『弼成五服，至于五千州。』萬五千里爲一帝之九州，爲一表；方三萬里爲四帝四鄰，爲四表。四帝如《月令》四時法天四宫；《謨》曰：『欽四鄰。』《典》曰：『光被四表。』《貢》之九州，據騶子九九之説，由禹序推至大瀛海環其外，所謂『四海會同』。如此者九，即《貢》之『九州攸同』。《範》之『九疇』，即大九州，法天九野。天包全地，皇則配天統全球，爲祖。天下一家例，《詩經》三見『皇祖』。帝爲天子，《白虎通》説。二帝二伯爲父母，四岳、八伯爲子。《呂刑》：『伯父、伯兄、仲叔、季弟、幼子、童孫。』故曰：『天子帝之正稱。作民父母，二伯。以爲天下王。』『爲』讀去聲，『王』讀作『皇』。緯説『皇道帝德』，《顧命》『皇天用訓厥道，付畀四方』，如《月令》。黄帝統馭四帝。《考靈曜》『萬世不失九道謀』，天有九道，皇統全球，九州法天。《帝典》堯稱『俊德』，舜稱『惇德』；《月令》五帝五德。故皇主道，帝主德。《道德經》彌綸六合，與《莊》《列》同爲皇帝學之傳。《道德經》本出孔門，至漢文帝尚黄老，乃託名老子，出顯于世。所謂『無名，萬物之母』，『有物混成，先天地生』，即騶衍稱引『天地剖判以來』，至『天地未生，窈冥不可考而原』之説。况《荀子·解蔽》篇已引《道經》，《列子》《内經》等書所引『黄帝曰』皆爲皇帝學説，故陸德明謂《老子》在經典後。《論語》『志道』『據德』，謂依據《尚書》二帝，以待世界開通，必有統一之皇。故《帝典》寓有《皇篇》在内。《書經弘道編》因分析之，以符二十九篇之目。又《召誥》《雒誥》開闢西、雒兩京，以當兩帝，分治東、西兩半球。解詳《弘道編》。才美足觀，託之公旦，作周匹休，叡聖哲想，囊括宇内。《列子》引孔子之言曰：『吾修《詩》《書》，將以治天下，遺來世。』《荀子》曰：『《詩》《書》故而不切。』《班志》：『「如有所譽，其有所試」。唐虞之隆，殷周之盛，仲尼之業已試之效者也。』是以《書》爲孔子所作。後儒讀《書》，猥以古史目之，是瞽者無與文章之觀，但耳食人言，而茐昧無知識也。秦博士曰：『古者帝王地方千里。』此則唐虞真史事，比之五服五千里，四海三萬里，廣狹懸殊。若不考疆圉，而謂經皆官書，不容庶士僭擬；章太炎説。至于經中美制，則以爲史官諛詞。裂聖作爲四代，《伏傳》七觀，分類説《書》，不别時代。等天縱于馬、班，雜纂成編，後世鈔胥檔吏，皆可抗衡木鐸，且似素王無所制作，濫竽俎豆。此廢經之狂吠所由噪也。五譯主張尊孔，博采周秦諸説，證明孔學之大，充滿全球，當日轍環周游，便識地球疆宇之廣；退而奮筆，書如天行，規模宏遠。下俟百世，庶幾皇帝御極，有所遵循。故公羊作傳，終《春秋》而樂道堯舜，正謂《尚書》繼『麟經』而作。《春秋》小統之義，尚以俟後，《公羊傳》：制《春秋》以俟後聖。秦漢而下，始見施行。若《書經》大統，純爲史臣之筆，是以蛙見説孔聖，猶戴天不知天之高，履地不知地之厚也。誣衊聖經，抑制大學，質諸司寇，能逃卯誅乎！

世之以經爲史者，大抵因《史記·五帝本紀》後叙堯舜，多采《尚書》，遂從而附和之也。抑知前三帝采用《戴記》傳述孔子之言、宰予之問，明謂擇言尤雅，《論語》：『《詩》《書》、執禮，皆雅言。』不取百家不雅馴之文，此爲古史。以其野稗鄙陋，不足垂爲國史，故采經摭傳，用著良模。可見龍門作《記》，尚不肯攙雜古史；而杏壇創經，必更異于譜牒所記也。乃史公既改廬山真面，習久不悟，而《班志》遂有『左史記言，右史記事，事爲《春秋》，言爲《尚書》』之説。故杜氏《左傳序》直謂：『《春秋》者，魯史記之名也。』小司馬補《三皇本紀》，多采緯説。後世《綱鑑》諸書，又依《通鑑前編》，廣搜古事，相矜博洽。文野雜糅，譌誤相沿。而『六經皆史』之説，市虎杯蛇，群入迷霧。外人推測進化公理，尚疑《書經》夸飾；日本那珂通世説。且謂黄帝以來疆域廣博，至姬周而內地多夷狄，楚則鴂舌，吴乃文身，嗤笑中國人退化如此。比之子孫不肖，不能守成，如蠶自縛，無以解嘲。『入吾室，操吾戈』，中國學者何以禦之哉！誠知《尚書》之堯舜，非唐虞之真堯舜，則表裏貫澈，可以説經，六經皆非史舊。可以論史，史爲事由，經如法律。改良合軌，辦事有才。可以博古，可以通今，而才智明達，不患學校乏人才也。謂予不信，試再徵之諸子：其宗旨不同，則所舉堯舜亦異。兵家之堯舜戰爭，法家之堯舜明察，墨家之堯舜儉質，道家之堯舜無爲，儒家之堯舜德隆，農家之堯舜耕稼。藉古帝以明學說，皆自以爲真堯舜，《韓非子・顯學》篇說。其實堯舜未必然也。子家皆出孔後，立標建幟，各發明一種學說。其所以推美堯舜者，蓋以《尚書》獨載孔聖大統之規，託始堯舜，故諸子亦祖述二帝也。《班志》謂九家皆六經之支裔，豈不然乎？

《尚書》託古垂法，以堯舜爲傀儡。宰我曰「夫子遠賢堯舜」，正謂《書》之堯舜，政治文明，非若蛇龍同居之景象也。後儒不信及門親炙之評，而從枝葉之絮論，乖離道本，徒逞機辯，違心自是，甚無謂也！《論語》：夏禮、殷禮，杞、宋不足徵。則唐虞之文獻，必更無可據也。緯說：「聖人不空生，生必有制，由心作則，創起鴻謨。」經異于史，尚何疑義之有！《書經弘道編》說，全非舊史。

《周禮》爲之傳人學之大標本，道家、陰陽家主之。

鎔案：舊說《周禮》爲姬周典禮；又以爲周公所制之禮；繼察其禮制，未經舉行，又以爲周公致治之草案。曲爲之解。近儒謂《周官》非肇制于公旦，父子積思以成斯業。牽涉文王，更爲無理。種種謬說，皆由誤讀「周」字也。不知「周」雖姬周之國號，《詩》曰「周雖舊邦，其命維新」，《金縢》「新命于三王」，《康誥》「作新大邑」，已非蕞爾之「小邦周」可比。故《周禮》爲《書》傳，當解作「周遍」之「周」。周天三百六十度，周地九萬里，「周」乃泰皇統一全球、奄有天下之大名，非武王、周公所得私爲獨有。《周禮》十一言「周」，知皆包全地球之詞。《大司徒》「周知九州之地域，大九州三萬里。廣輪之數」，坤爲大輿，地員如輪。如此偉議，目爲姬周，何異以管窺天哉！

周公制禮之說，見于經傳者亦有據矣。然究非姬周公旦之禮耳。《禮記・明堂位》「周公踐天子位」，「六年，朝諸侯于明堂，制禮作樂」；《伏傳》說同。此《書經・立政》篇之師說也。《立政》「告嗣天子王」，又曰「繼自今文子文孫」，「繼自今後王立政」，乃謂將來之王，非姬周之王也。

其曰『方行天下，全球乃稱天下。至于海表』，則四海、四表，又非姬周之土宇也。其曰『丕訓德則』，即五方五德；杙柯測日之法，則又非姬周適用之儀器也。雖職官綱要，契符《周禮》，一經一傳，詳略互文。然周公『若曰』，始終皆用代詞『若』，直以爲家相創制，則拘泥迹象，認假作真，而美玉待沽之義不著，可謂之明經者乎？

然膠執舊説者，或尚不信也。請以《春秋》事實證之：如同姓不昏，禮之大者也。《論語》：昭公取于吴；《公羊》《坊記》説同。章氏謂僻陋在夷，皆以《周禮》爲準，誤矣。《左傳》：晋公子，姬出也；犬戎狐姬生重耳，驪姬亦姬姓。鄭子産謂晋平公内實有四姬；《荀子》：齊桓公『姑姊妹不嫁者七人』；《仲尼》篇。《漢·地理志》：齊襄公姑姊妹不嫁，令國中民家長女不嫁，名曰『巫兒』，爲家主祠。嫁者不利其家，民至今以爲俗。若果周公有禮，何敢改異國典？他若鄫季姬自擇配，《穀梁》『遇者同謀』。徐女擇婿子南。又史傳所載魯惠、衛宣、晋獻、晋惠、楚成等，上烝下報，數見不鮮，章氏謂魯、衛、齊、晋皆秉《周禮》，是其疏謬。全無忌憚。故人謂周公制禮，吾敢斷之曰：周公無禮也！禮制創自孔經。三年之喪，據《魯世家》：伯禽報政曰：『變其俗，革其禮，喪三年後除。』此史公所擇雅言。似奉行周公之喪制也。乃滕文公欲行三年喪，其父兄百官曰：『吾宗國魯先君莫之行，章氏謂短喪之説，内政未必爾。豈未讀《孟子》乎？吾先君亦莫之行。』且志曰：『喪祭從先祖。』是周先王皆未行三年喪也。《左傳》：周景王葬穆后，既葬，除喪；昭十五年八月，王穆后崩，十二月葬。《春秋》所書吉禘于莊公，武氏子當喪出使，季孫斯居喪不釋官；且出聘。《公羊》：哀五年九月，『齊侯杵臼卒』；六年傳云『除景公之喪』。皆足證周無三年喪之制。故宰我守舊以期喪；周喪期年。墨家歸喪于儒者；若《春秋》所譏踰越禮法之事，不一而足。人但信周公有制作之權，而不知孔子爲禮義之宗。望文生訓之儒，不考其實，以《周禮》歸之周公，而不知爲《書

《公羊》。而背傳記』，《左傳》《周禮》。謂其解書不遵《周禮》也；解《春秋》不遵《左傳》。又曰：『因陋就寡，分文析字，煩言碎辭，小夏侯詳章句，大夏侯曰：『章句小儒，破碎大道。』學者罷老不能究一藝。』謂其喪失繩墨，漫衍支離也。又曰：『國家將有大事，舉行大統大典。若立辟雍、封禪、《史記》：司馬相如卒後，上《封禪》一篇，天子異之。可見博士不言大統。蜀自文翁講學，多士研經，長卿乃能言封禪。史公講業齊魯，乃作《封禪書》。巡狩之儀，《明堂位》七會同之制，詳于《皇帝疆域圖》第三十五及四十。則幽冥而莫知其源。』謂博士以《王制》説經，不知《書》爲皇帝學也。惟聖學法天無隱，時行物生，天統全地，經以皇統全球。《召誥》『皇天上帝』，皇法天之紫宫大帝。比物此志也。《周禮》五官，本爲完本，司空攝冢宰居中，司徒代地官主冬，《地官》兩見司空爲本職。變禮昭垂，良規遺後，補以《考工》，實爲贅疣。惟其完備無缺，乃足寶貴。無論九服萬里，既大逾周疆十倍；即《大行人》六服七千里，姬周亦無此版圖。鄭君强勉牽就，左右不安。五譯以爲《書經》皇帝傳説，雺霧盡撤，皎日中天。證以地球，若合符節。起馬、鄭諸儒于今日，當亦嘆生不逢辰，而思舍舊謀新也。

孔經初立此二派，先小《春秋》《王制》。後大。《書經》《周禮》。《春秋》之王伯學，中國已往略有端倪。秦漢以下歷代君主。至于皇帝學派，地球初通，中外從來未嘗統一，必待數千年乃可得其髣髴。孔經空存，師表萬世，謂萬世帝王之師表，非老學究、老腐敗之師也。待人後行，俟後。非已往陳迹。經與古史不同。

鎔案：孔聖生際衰周，鑒諸侯之分裂，天子不能命，列邦無所統，人民無可訴，禮義不興，綱維不立，因作《春秋》，筆削從心，用夏變夷，創起一王之制，以成小統之治法。又知世界由漸開通，區區方三千里不足以楷模後世。因于《謨》《貢》增廣五服弼成，地方五千里以爲一州，《謨》曰：『弼成五服，至于五千州。』内九州、外十二州爲一大王。九州則萬五千里爲一帝。舉隅反三，四帝則方三萬里，分治四方。

《謨》曰『欽四鄰』，《論語》『德不孤，必有鄰』。迨泰皇統一，天下一家。《皇道篇》《鴻範》皇極。此孔經人學二派，驗小推大，垂範後聖，新經新制，與往古之史事迥不相同者也。以《春秋》論史事，則天子下聘，經譏下聘；天子求貢，經譏求金、求車；天子棄西京，經存西京；以秦爲留守伯。天子居東都，經以東都爲行在；王臣皆氏舊采。諸侯不朝王，經起朝禮；公朝王所。天子不巡狩，經起巡狩；『天王狩于河陽』。鄭以邴易許田。晉侯召王，經書曰『狩』；趙盾、許止不弑，經皆書『弑』；吴楚稱王，經書曰『子』；楚有王子，經書『公子』；諸侯專封，經所不與；大夫專命，經所重貶；陪臣執政，經書曰『盜』；不三年喪，經譏吉禘；同姓爲昏，經主異姓；書『孟子卒』。女自擇配，經必用媒。書『遇鄫子』以譏。凡世卿喪娶，不親迎，娶母黨，喪中不釋官等事，爲舊日通行之慣習者，經皆一一譏其非禮，以撥亂而反正。以《書經》論，史事質野，經制文明；史事不雅馴，經制皆雅言；史事疆域愈古愈狹，經制疆域愈古愈廣；立法于前，所以俟後。史事不知禮法，經制特創禮儀；史事喪期無數，經制考妣三載；史事文字結繩，經制書契古文；《史記》八引『孔氏古文』。史事唐虞二廟，《書》：『高宗豐于昵。』經制天子七廟；史事禽獸野人，四益《倫理約編》詳言之。經制孝弟慈和；史事禹治黄河水，經制禹治中國水；且推治天下之水。史事禹導水入東海，經制禹導水入四海；史事中國無逆河，經制逆河入北冰海；史事中國無四海，經制全球始有四海；史事《貢》九州小，經制《貢》九州大；史事夏殷諸王皆稱帝，經制改易帝號稱王；史事周爲小邦周，經制周爲大邑周；殷亦爲大邦殷。史事周之疆域不大，經制周之疆域極大；史事周兩京在鎬、洛，經制周兩雒在全球；史事周東都在洛邑，經制周東都在地中；史事父子易姓，堯祁姓，丹朱貍姓，咎繇偃姓，伯益嬴姓，舜姚嬀二姓。《典》中諸臣，僅以名傳而無姓。經制姓别統系；孔子吹律定姓，始姓孔。《大戴》推闡《帝繫》，《左傳》賜姓展氏説。史事黄帝以來，皆有年數，經制載堯以來，略無年月。凡屬經中之典制，莫

『椎』之類。後世反切，即其遺意。史公稱『孔氏古文』『《詩》《書》古文』『《春秋》古文』，實孔經初造古文之證。古文簡單，一字數用，弟子增孳示意，遂成大篆。《說文・敘》：六國文字異形，至于李斯，始作小篆，漢博士用隸書今文。西漢之季，人心嗜古，謂《倉頡》古文、《史籀》大篆，寖以失真。聖爲篇家鴻筆，獨奮雅言正名，創始制字。鄒魯之士，所言既非黃帝百家不雅之文，況杞宋無徵，周公其衰。特起隆規，以立百世繼周之準則。故序《易》、刪《詩》《書》之說，貶抑聖裁，不可以訓。須知天縱多能，新經肇作，是以來學尼山者日以益衆。若瓦缶陳言，采拾舊史，何能傾動一時，致三千、七十及門哉！

然則孔聖作經，必先制字。良以古史闕文，字母姘音，如梵音佛書，全恃耳根功德。《左傳》仲子爲魯夫人，季友、叔虞命名，皆以手文，即當日字母之形。古文六書，即與手文迥異。屈曲如繩，但可爲口音之符記，不足以載道垂法。自孔經革更野史，譯從雅言，凡世俗習慣之文字，一埽而空。自此以後，人文蔚起，由古文而大小篆、隸，迄于草、楷，疊次進步。外洋仍用世俗習慣之文，無聖人起而改良。煥乎其文！子史傳集，著作日新。此至聖文學之賜，天下同文之基也。然文字新創，而名物名辭，仍采各國方音土語，如揚子雲《方言》所記，經傳中均常用之。是孔經當日，仍然言文一致，並不求諸高深。亦如白香山詩，老嫗可解，孔經高深在義理，不在文字。俾國人易臻文化，故《公羊》多齊語，《楚詞》有楚語。今齊、魯無俗語，多與《詩》合。因地成文，因文見意，疆輿漸廣，人類增多，語音煩賾，文字之混合益夥。如今『目的』『方針』『組織』『改良』等詞，皆已入文。故周秦諸子之文，較六經爲詳備；漢魏之文，古茂淵懿；晉唐六朝，駢麗繁縟；昌黎勁利，宋代輕空；至前清而文章彪炳。全球認中國爲文明祖國，良以此矣！大抵涵濡風雅，道久化成，乃能取精用宏，資材豐蔚。如《九通》《御覽》《圖書集成》《淵鑑類函》《玉海》《函海》《玉函》之類。彼進化未久，富庶方輿之國，文淺語俗，既乏典雅，又媿辭華。正如鄉曲寒賤之秀，欲與世家大儒競藏書，矜識解，難矣！曠覽當今之世宙，中國當以文名橫行一世。乃今之職掌文教者，不爲增高繼長之謀，竟爲下喬入幽之計。降等立學，習爲白話，自甘喪亡國粹，猶以老成人而學兒童語。欲以此争存于學戰時代，則惑之甚矣！

《經話乙編》：《韓詩外傳》：姑布子卿相孔子，謂孔子得堯之顙，《書》始《帝典》。舜之目，次《帝謨》詳舜事。禹之頸，次《禹貢》。皋陶之喙。《帝謨》『稽古皋陶』。古之帝王卿相，備于孔子一身。寓言孔子作經。凡經傳所説堯、舜、禹、湯、文、武、周公，《書·中候》詳周公。帝德、王道、伯功，《春秋》桓、文。皆屬孔子一人之事。緯説孔子爲素王。《論語》：『文王既没，文不在兹乎！』孔氏古文。《公羊》：『王者孰謂？謂文王也。』素王商後，《禮記》：『而丘也，殷人也。』傳曰『水精之子』，謂蒼天即文王。故經傳諸子之所稱引，全歸孔子。自王莽崇尚古學，創爲三代鼎彝，由是孔子以前，乃有『六書』文字，黄帝、堯、舜，乃有斷代之書。劉歆所創古文六經，孔子以前之師説，紛然雜出。《繹史》『書契類』並列六家。文字今古之分，此爲絶大關鍵，學者所當深思也。

鎔案：天生孔聖，受命作經，託言信好，後儒竟以删訂纂修，殽惑聖制。五譯據《史記》八引『孔氏古文』，以爲孔作《六經》，先制文字。新城王晉卿先生謂必有實據，乃足徵信。近數年來，竭力搜稽，碻證繁夥，豁然通貫。但前説稍略，鎔撰有《羅玄德先生中文古籀篆隸通序》一篇，足證此誼。附志于後。

序曰：馬氏《繹史》『書契類』，古今文字異同六家：倉頡書：古之造文者三家，左行、右行、直行。倉頡書直行，即上古結繩字母。。

《説文・叙》：神農結繩爲治，黄帝之史倉頡，見鳥獸蹏迒之迹，初造書契。按此，倉頡書多象形字，與『孔氏古文』相近。猶鐘鼎家之託古。真倉頡書，乃結繩字母。夏禹書：。古今從無夏禹著書之説，《蜀峋嶁碑》不爲典要，昌黎所詠《神禹碑》，在湖南衡山南者，後人僞託。史籀書：《乾鑿度》題曰『庖犧氏先文』，『公孫軒轅氏演古籀文』，『倉頡修爲上下二篇』。又《乾坤鑿度》曰：『太古百皇闢基，文籀遽理微萌，始有熊氏。』是太古已有籀文，在倉頡前。皆好古之意。。俗所謂周宣王石鼓籀文者，經俞理初考訂，乃北周時所造，今以爲周宣王者，誤矣。。孔子書。不引《論語》『正名』『雅言』、《説文》『孔子曰』等文，及所稱經傳等文，而據晚近所傳之《吴延陵季子墓碑》，其意創造文字，與孔子無涉。不知初造書契，改易結繩，專歸後聖也。李斯書：。此省大篆爲小篆。程邈書：天得一以淸地得一以寧神得一以靈谷得一以盈萬物得一以生侯王得一以爲天下正。此隸書。

已上列表之文，皆有形意可求，通于六書古文，並無蹖盭。後儒以之分隸往古者，譬之庖犧《河圖》，夏禹《洛書》，《圖》五方，《書》九宫，同出一時。古人雖愚，不至知五方而昧四維。伏羲『先天』，文王『後天』，文王時殷易《坤乾》，孔子改作《乾坤》。文王安能用『帝出乎震』之卦位？箕子陳疇，『箕』讀作『其』，解詳《書經弘道編》。羑里演《易》，《易緯》『文王』指孔子，後儒誤以爲周文王。虞史《典》《謨》，商周《誓》《誥》，《書經》官制無沿革，非歷代史事。姬公《雅》《頌》，更有《周南》《豳風》。魯史《春秋》，且以左氏爲史官。尼山之著作，大抵剽竊前編，不如檔吏之保全史策，馨香俎豆，不其恧乎！然此等誤説，由來舊矣。《易緯・乾坤鑿度》云：『太古文目，託之太古，欲以徵信後世。先《元皇介》，此《書緯》，言皇道。而後有《垂皇策》，《書緯》，言帝德。而後有《萬形經》，《易緯》。而後有《乾文緯》，而後有《乾鑿度》，二爲《易緯》。而後有

《考靈經》，即《考靈曜》。而後有《制靈圖》，二爲《書緯》。而後有《河圖八文》，《易緯》。而後有《希夷名》。『希』『夷』二義見《道德經》。而後有《含文嘉》，《禮緯》。而後有《稽命圖》，即《禮緯·稽命徵》。而後有《墳文》，三皇《三墳》。而後有《八文大籀》，緯説籀文在倉頡前，實則大篆在孔後。而後有《元命包》，《春秋緯》。一十四文大行，通行于世。帝用《垂皇策》解説《典》《謨》。與《乾文緯》《乾坤》二《鑿度》。此三文説《易》者也。皆爲《易緯》。太古安有《易經》？《元皇介》測問隂陽古陰陽字。術行術，路也。董子陰陽左右説。大旨也。』《書·皇篇》，羲和分司陰陽。歷歷緯文，概託太古，良由孔經託古，故説緯者借語洪荒，亦如六經皆出聖裁。《左傳》以《易象》《春秋》《周禮》《書經》大統傳説，非姬周典禮。託之于魯，且以《周禮》託之太伯。《詩》篇託之觀樂，更于享餞歌之。《易》卦託之卜占。揣『信好』之意，據『述而』之辭，相沿已久。區區六書古文，本麟筆游藝之事也。儒者群焉屬之倉頡，奚足怪哉！馬氏號稱『馬三代』，亦以古文沿變剖別世代，皆魯衛之政也。顧韞匵之美，盡被群雄竊據，久假不歸，竟覺廟食虚名，家無長物。將言尊孔，何從而尊之？竊以讀書必先識字，造字乃以作經。認定六書字體爲宣尼手澤，則曩昔失物，皆可次第收回，故『孔氏古文』之説不可不奉爲鐵案也。人之稱『倉頡古文』者，大抵根原許氏耳。按《説文敘》列倉頡于庖犧後，不過溯文字之始源，然云倉頡初作書，並無『倉頡古文』之明文也。其曰：『孔子書六經，左丘明述《春秋傳》，皆以古文。』即謂孔子肇造古文。又曰：亡新居攝，時有六書，一曰古文，孔子壁中書也。不言籀文。又『馬頭人』等説，『皆不合孔氏古文』，則明明以古文專歸孔子。其稱《易孟氏》《書孔氏》《詩毛氏》《禮周官》《春秋左氏》《論語》《孝經》，皆古文也。此與《史記》所舉『《詩》《書》古文』『《春秋》古文』『《尚書》古文』『孔氏古文』之説，造車合轍。許氏引『孔子曰』，即孔子初造古文、解説字義之證。然則《易·繫》『後聖』『書契』，謂孔子也；『上古結繩』，謂倉頡也。倉頡之書，在孔前有可考者，如《左傳》仲子爲魯夫人，朱氏所擬字形，未愜。叔虞、季友命名，皆以手文。《説文》所舉古文，絶與手文不類。則字形與手文相似，今天方文右行者，亦似手文。即《論語》所謂史闕文，倉頡爲黄帝史。《史記》『百家言黄帝，文不雅馴』是也。倉頡以音制字，百家語音各異，轉變甚多，故曰『百家言』。《爾雅》『歲陽』『歲名』，『閼逢』『旃蒙』『困敦』『赤奮若』之類，二音三音，今之讀音，古之書文。煩重無義，此爲孔前音多字多之證。孔子改作干支，以爲《春秋》書日之用，舊説『大撓作甲子』，即『閼逢』等二十二名詞。又爲《書·謨》辛、壬、癸、甲，《多士》有幹、十干。有年、十二支。内九州、外十二州之用。《周禮》十日、十二月、十二歲，爲《書經》傳，非周公作。又《爾雅》月名：『陬』『如』『寎』『余』等十二名詞，莫可索解。章太炎謂巴比倫有此名詞，章氏考巴比倫歷史，所云『福巴夫』者，伏羲也；『尼科黄特』者，黄帝也；『蒼格』者，蒼頡也；『知爾特亞者，葛天也；『薩爾宮』者，神農也，促其音曰『石耳』。《春秋命曆序》亦有此名。其他部落王于『循米爾』曰『循蜑王』，于『因提爾基』曰『因提王』，于『丹通』曰『禪通』。此即《史》贊所謂『不雅馴』之文也。孔子改用正二三四等名詞，則雅甚矣。《春秋》三傳，經本人名、地名字各歧異，此用古文翻譯方音字母之證。《公羊》：『地物從中國，邑、人名從主人。』《穀梁》：『號從中國，名從主人。』即翻譯字母之例。《説文》『讀若某』『讀與某同』，即孔子創始字成，審定音讀之證。『六書』象形、事、意，純用目治。惟象聲一門，爲姘音之遺，後世反切之法，即翻譯也。然亦不專恃耳治也。至于會意一門，合數字成一字者，尤足見字母遺迹。如『爨』字，一音一字，推想從前字母，必作六字六音。若以俗語譯之，字音必愈多。此字母不如『六書』古文之簡要。『六書』古文，實生民所未有，孔氏之特産也，前無古人，後無來者。水精誕降，受命制作。其時字母詰屈，鄙陋繁瑣，不足以載道垂法，乃不得不起造點畫，以四象、轉、假爲六經之首基。又工察品聖績，崇弘六經，乃以雅言著之竹帛。自此以後，傳記子緯，凡用『六書』文者，莫非孔經之支裔。即託人名在孔前者，如《内經》《靈》《素》詳解干支妙義。《山海經》《詩》《易》傳説。《夏小正》《史記》孔子正夏時，學者名傳《夏小正》。《管子》六千里侯，非齊所有。《老子》陸德明謂《道經》在孔經後。《竹書紀年》，始黄帝、二高，與《大戴·帝德》《史記·本紀》合。莫不承用六書古文，即皆孔經之傳説也。

夫所謂『孔氏古文』者，對博士今文隸書而言也。由今文而尚論已前，皆可稱古文。劉歆校書秘閣，發得《周禮》《左傳》，皆古文。因無人傳習，仍然舊貫。此爲孔門所傳原本之書，非若隸本變易數四也。獲此大統典制，博士據《王制》説經，言小統。疏請立學，不遂。弟子憤仇博士，謡諑朋興。謂周公制作，而孔子無經；謂倉頡古文，史籀大篆，秦書八體，首大篆。而孔子無字。又徵聚天下講古文者。于是三代鼎彝，往往而出。考其銘式，要皆『六書』古文之變體。《説文叙》駁之，以爲『世人大共非訾』。故歷代鐘鼎款識，及尊卣敦鬲等銘，凡諸古物，百無一真。《班志》所列黄帝等書目，爲倉頡時書者，多由臆造。大都今世有其書者，如《内經》《靈》《素》《列》《莊》所引『黄帝曰』。皆孔經傳記；今世無其書者，如風后、兵法、方伎、雜占之類。乃倉頡舊文，《莊子》『舊法世傳之史』，《論語》所謂『今亡也』。武帝罷黜百家，而後字母絶迹。總之字母語煩音賾，遷移不定；六書古文，擇言尤雅，有形有義。特古文簡質，一字數用，學者嫌其通假無别，浸孳示意，遂成大篆。即今所謂籀文。顧彼此儒增，多歧亡羊。《説文叙》六國『言語異聲，文字異形』是也。李斯學出荀卿，《釋文》：荀乃子夏五傳弟子。得聖門文學之傳，省作小篆，再變爲隸。此孔子六書古文遞變之踪迹也。秦焚六國史與百家言，不焚孔經，説見宋王氏《野客叢談》、蕭參《希通録》。即焚倉頡結繩字母。漢東方朔《客難》：『諷誦《詩》《書》、古文。百家之語。』即字母至人定而後能靜；《易·繫》：『寂然不動。』《詩》：『靜言思之。』○《列子》：『用志不分，乃凝于神，木鷄德全。』《莊子》：『攝志一度，神將來舍。』

化人靜而後能安；《易·繫》：『子曰：「天下何思何慮？」』『易無思也，無爲也。』《詩》：『言笑晏晏。』○《列子》：『華胥之民，純任自然。』《莊子》：『莫之爲而常自然，無思無慮。』

神人安而後能慮；『慮』當作『虛』。《易》：『周流六虛。』《詩》：『其虛其邪。』《列子》：『履虛若實。』《莊子》：『六合以外。』

真人慮而後能得。《易·繫》：『感而遂通天下之故』，『易簡而天下之理得。』《詩》：『求之不得。』『不』讀作『丕』。《列子》：『大同于物，無所阻閡。』《莊子》：『純氣之守，得全于天。』

鎔案：定、靜、安、虛、得五等名詞，即天學之階級。必俟人學完備，世界進化統一之後，人物雍熙，恬愉自得，無競爭，無恐怖，而後學業由漸進步，可以乘雲御風，游行宇內。未至其時，《詩經》託之夢境，《列》《莊》説以神游。其實飛相往來，遇物無滯，不假修持，衆生皆佛，《楚語》所謂『人能登天』是也。《大學》學説，在人、天之交。屢詳《大》《中》講義，此從略。人學重在行，必俟諸百世以後；天學首在知，洞悉于寸心之間。《論語》謂『知不如好』，如顔子之好學。『好不如樂』，《齊詩》説『上方樂爲天堂』。『未知生，焉知死』，『未能事人，焉能事鬼。』『民可使由，不可使知』，皆謂天學不易知，知之亦不能行。然學問之途，又不能不示人以登峰造極之境地，故《大學》以『知止』立標，而後日之程功，則又層累幽深、顯豁無隱。非至聖哲想周至，孰能與于斯！

物物包天人。《中庸》：『萬物並育不相害』，『體物不可遺』。又『怪物』『神物』皆在所包。有本末，《論語》：『有始有卒者，其惟聖人乎！』事定、靜、安、虛、得。有終始。《易·繫》：『原始要終，故知死生之説。』

知所先後，『先後』，即定、靜、安、慮、得之次序。『知』，則天學思想也。則近道矣。『道』，天道也。道家學説從此出，非宋儒所謂『道學』。

古之欲明明德于天下者至先正其心。下文合『正心』『修身』爲一，共計四傳。可知《大學》古本以此爲人學之綱。欲誠其意者，節『欲正其心者先誠其意』九字，『誠』統定、靜、安、慮、得五目。據《中庸》但言『誠』，所謂『誠者，天之道；誠之者，人之道』。『誠意』『正心』二名詞相仿，『誠意』與『誠之』無别。先致其知，即上文『知止』『知所先後』之『知』。蓋上言人學貴行，此言天學貴知，先行後知。宋儒人天顛倒，先知後行。致知在格物，『格』即《帝典》『格于上下』之『格』，『上下』者，天地也，即物。物格『格于上下』，即《吕刑》『絶地天通』，《左傳》『顓頊以下，德不及遠』。而後知至，惟天地扞格不通，故賴知以推測之。知至而後意誠。此解『知止而後定、靜、安、慮、得』。〇『至』爲『至人』，即『至善』。《中庸》詳『至』字，又詳『至誠』『誠者』。此下删『意誠而後心正』句。

心正而後身修至國治而後天下平。古本僅此四傳。〇全球統一，乃爲天下。

自天子人學之帝王。〇《詩》：『媚于天子。』以至于由人學上推。庶人，天學之『至人』『真人』。〇《詩》：『媚于庶人。』壹是綜括『人』『天』。皆以修身爲本。《大學》四傳，首修身。《中庸》九經，首修身。據此可知，修身以上，不宜更加四條目。即所謂『誠其意者』，古本亦緊接經文而不列于傳。

鎔案：此《大學》綱要。五譯《大中演義》標題明著，分劃天、人二學，朗若列眉。程功次第，有徑可尋。人學由身家以至天下，乃泰皇統一之世，即《尚書皇道篇》之盛軌，《中庸》百世俟聖、待人後行是也。天學知至而後意誠，即知止而後定、靜、安、慮、得。乃《詩》『鳶飛』『魚躍』，察乎上下；《易》『精氣』『游魂』，鬼神情狀之理；《中庸》『質諸鬼神而無疑』是也。五譯蚤年始基宋學，繼知于孔經大道，無關具體之微，徒以『誠』『正』幽渺，令人莫測端倪，便爾信口雌黄，侈談玄妙，無本之水，涸可立待，反覆翻瀾，愈增潦濁。咀嚼蔗渣，無味也。即以《大學》論，原本與《中庸》編列《戴記》。自宋仁宗天聖八年，始以《大學》篇賜新第王拱宸等，後又以《中庸》賜新第王堯臣等，南宋高宗亦嘗御書《中庸》。以其學能治國，故時王以之期望新進。程、朱繼起，益加表章，是不過趨承風氣，迎合時尚，以謀捷徑耳，非有真傳卓解發明聖學也。二程以舊本頗有錯簡，明道定本，首『《大學》之道』，至『近道矣』，次『克明德』章，次『盤銘』章，次『邦畿』三節，次『欲明明德』至『未之有也』，次『此謂知本』二句，次『誠意』章，次『修身』『齊家』『治國』三章，次『所謂平天下』至『僇矣』，次『聽訟』章，次『殷未喪師』至末。既較《注疏》本不同，亦與《唐石經》次序有異。伊川定本，即今本，經一章、傳十章，然無『格致』傳也。朱子補傳，爲蛇添足，益增魔障。當日黎立武撰《大學發微》一卷、《大學本旨》一卷，立論多與朱子異。又元景星撰《大學中庸集説啓蒙》二卷，亦較朱子頗有出入。程氏門人，歧爲數派。說並見《四庫提要》。可見當日《大》《中》爲時王所重，士之研究者，不乏其侶，各有意見不同。是《大學》篇次，程朱本未足信也。考杜佑《通典》十三卷引《大學》篇『古之欲明明德』八句，至『欲修其身者先正其心』止。據此，則唐時《大學》古本如此。《孟子》『天下之本在國，國之本在家，家之本在身』，即總括《大學》宗旨言之。不云『身之本在心』。五譯《演義》所斷，與此合符，殆神助天牖之歟！惟韓文《原道》引此節，用十句，則加入『正心』『誠意』二句，然下文云『今也欲正其心』而外，『天下國家』不言『誠意』，蓋『正心』下無功夫。『誠意』爲天學，即《中庸》所謂『誠者』，實在『平天下』後。必爲改羼之文。刪去『欲正其心者，先誠其意』與『而誠意』三字，便簡直通貫。蓋《原道》一篇，其堯、舜、禹、湯列聖相傳之説，即宋儒『道統』之根據。因舉『正心』『誠意』二句，『誠意』章即天學。究境心意不相連屬。羼入韓文以植基礎，而《通典》所引，原文具在，作僞之迹，不攻自破也。況『格致』本無傳，他書亦不引用其名辭，二程誤爲解釋，朱乃竊取其義，點竄《堯典》。魚目混珠，僞同張霸之《百兩》，汚衊經傳，罪在萬世也！

即以《格致傳》而論，所謂『即物窮理，求至其極』者，不過小子多識，《内則》教養童蒙之事。《通典》『大學爲上庠』，『大』讀爲『太』，乃京師帝學，何得仍用家塾黨庠之學課？《尚書大傳》：『古之帝王，必立大學、小學，使王大子、王子、群后之子及公卿大夫元士之適子，十有三年入小學，見小節焉，踐小義焉；年二十入大學，見大節焉，踐大義焉。故入小學知父子之道、長幼之序；入大學知君臣之儀，上下之位。』是大學之教，乃關于家、國、天下，政治典禮之學，不必于凡物之表裏、精粗用力窮究也。『格致』乃童蒙之學。伊川謂：『今日格一物，明日又格一物。』《全書》十九。縱令于物豁然，叩以宰相事業，而心之全體，仍歸無用，烏見其『全體大用無不明』乎？唐以前學重力行，宋以後學重致知。當佛教盛行之世，談理學者大抵出入禪門，又復耻與雷同，肆口闢佛，然冥心思想，徐俟貫通，莫非禪家之寂悟。戴東原曰：『朱子注《大學》，開卷言虛靈不昧，頗涉異學。』陽避其名，而陰用其實。究之學術空玄，難徵實用。先知後行，實爲衆生顛倒。終身窮理，莫救南宋之偏安；萬人致知，難恢中原之土宇。故自古理學之盛，莫若兩宋，而喪邦亡國之慘，亦莫若兩宋。前有洛、蜀、朔黨之争執，理學之中又分黨派，器量狹隘，同類自殘。置國事于不顧；東漢之季，黨人與宦官争。唐牛李之黨，以邪正争；清流之黨，與權奸争。若同爲君子而亦分黨，可謂不顧大局，不知愛國。後有五十九人之黨錮，以僞學而戾時。國家養士百年，所賴于君子者，欲其保治安而濟時艱也。乃神宗變法圖富强，而理學家拘守宗制，不與贊襄。元祐之間，理學可謂得志也，而三黨内訌，無裨于國。新法既罷，黨派復起。其後新舊互相傾軋，舊黨無功，僞新黨起而蠹國。而徽、欽北狩矣。南渡之後，淳熙、紹熙之際，亦嘗以道學爲美名，甚望君子之儒起而匡救，乃朱熹上封事于孝宗，

《中庸》十五引《詩》。全爲天學。

鎔案：《大學》《中庸》，舊在《戴記》編中。《戴記》本爲六經傳説，不專爲一經立言也。六經有人、天二派，故《大學》《中庸》所引《書》《詩》，即人、天之標目，而後儒修業之階梯也。《大學》引《書》兼引《詩》，示學者由人企天之等級。《中庸》引《詩》不引《書》，示學者意逆上達之功。修《大學》，講求于國學，是之謂大；推以治全球之天下，則尤大也。人學既備，進研天學，切磋琢磨，道盛德至，則其學大之極也。《中庸》引《詩》，始于『鳶』『魚』之察天地，終于『無聲無臭』，其于天學明澈之至也。分途致力，先行後知，學理雖深，程功有次，不容躐等而躋者也。參觀《戴記》諸篇，多言人學，惟《閒居》一篇，始見『天倪』；《祭法》三篇，感通鬼神，均與《大學》《中庸》之旨互相發明。究之可行者行之，人學。不可行者，天學。知之而已。宋儒提《大學》《中庸》，附之《論》《孟》，以《論語》爲孔學言行録，以《大學》爲初學入德之門，取《中庸》卒章『可以入德』之説。以《中庸》爲用之不盡之實學。實則不虛，與天學相反。津津斯誼，務求了解于一心，不耻躬行之不逮。《或問》辯析，天日晦闇，以爲此孔門理學之根原也，不知《史》《漢》《儒林傳》詳記經學之傳授，初無所謂『理學』也。聖門諸儒，亦不立『理學』之名。宋儒拋擲經恉，侈談虛理，直如兩晉之清談誤國。摭拾孔書字句，支離推闡，字句不勝枚舉，是以宗派不一。惟恃口舌之争，不求功勛之樹，道其所道，盡失《大學》《中庸》之本義，顛倒人、天之次序，寅食卯糧，不留有餘于後世。且使學者眯眩拘迂，終身求貫通而不得。甚矣，宋學之作霧迷人也！

五譯謂『先知後行，顛倒人天，難徵實用』。或且爲宋儒辯護，以爲『誠意』『致知』詎非聖學？竊以宋學之無效，往事之可徵者，商君、荆公之時代是也。商君初見孝公，言帝王之術，即《書經》

《春秋》之旨。孝公厭聽思睡；繼言霸者彊國之術，孝公大悅，遂行新法。其時秦無異學阻撓新政，其謂新法不便者，大抵膏粱紈袴庸碌之輩；而民間俊秀，以新法尚軍功，莫不奮起效用，覈實奏能，此商君之法所以卒底富彊而成帝業也。荆公之世，諸儒厭注疏之煩，際六朝辭賦駢縟之後，新發明一種空言説理之學派，避難就易，黜伯崇王，結黨牽制，以致新法無功，國亦不振。不知伯乃皇、帝、王之佐，等級尊卑，大小一貫。皇以羲、和爲二伯；帝堯以舜、禹爲二伯；帝舜以禹、皋爲二伯；殷王以西伯、微子爲二伯；成康以太保、畢公爲二伯；以上《書經》説。周初以周、召爲二伯；《詩·國風》説，《公羊傳》説。衰周以桓、文爲二伯。《春秋》説。天地一太極，一物一太極。宋儒亦講太極，但勘理未透，故無實用。太極、兩儀，非二伯之義乎？《易》始《乾》《坤》，即二伯之象。商君專行伯術，後世可以爲帝王；宋儒舍伯而言王，王以司馬、司空爲二伯，無伯則獨夫耳。不明經義，徒事空談，故鄙荆公新法爲急功近利，欲以王道仁義感化遠夷。此孝公所睡弗聽者，神宗嘗諭明道曰：『卿所言，乃堯舜之事，朕何敢當。』能知而不能行，聽天命而不務人爲，有元首，無股肱，致使二宗、帝㬎北狩不還，端宗、帝昺求爲匹夫而不得。學術乖謬，其害至于如此！矜語《大學》，而不知學之何以大。此荆公之不幸，亦宋室國家人民之不幸也！此宋學不行之實證。

《内經》『天人』四等名詞表

天學	皇	真人	《素問·上古天真論》：黃帝曰：當作『皇帝』，皆治皇帝學之專書，非古黃帝書也。余聞上古經爲古之道術，『上古』指《易》而言。若洪荒之世，有何學術？有真人者，『真』從『化』，謂化人。即《中庸》『至誠』。提挈天地，《中庸》『可以贊天地之化育，則可與天地參。』把握陰陽。造化在手。呼吸精氣，
	帝	至人	『中古上古、中古，即『孔氏古文』，《論語》：『好古敏求。』之時，《詩經》『六合』以外。有至人者，《中庸》『誠者』。淳德全道，《中庸》『至道』『至德』。和于陰陽，董子：『天有兩和，中春、中秋是也。』調于四時，《禮·月令》四時分四帝。去世離俗，不在俗世界内。積精全神，《月令》四時：春，勾芒；夏，祝融；
人學	皇帝	聖人	其次《書經》『六合』以内。有聖人者，《論語》：『聖人吾不得見。』又：『博施濟衆，必也聖乎！堯舜猶病。』謂四帝分治，不如皇之一統。處天地之和。《周禮》：地中，『天地之所合，陰陽之所和，百物阜安，乃建皇國。』從八風之理。《左傳》：節八音，行八風。《白虎通》：八音配八卦。即全球八州、八正、八伯所司。適嗜欲，《大學》引《詩》『樂只君子』説，
	王伯	賢人	其次《春秋》學説。有賢人者，王伯方三千里。法則天地，董子四法：『主天法商而王』『主地法夏而王』『主天法質而王』『主地法文而王』。『商質者，主天；夏文者，主地；《春秋》者，主人。』故三等也。』象似日月，《左傳》：同姓爲日，異姓爲月。晉、楚二伯，一同姓，一異姓。辨别星辰，辨别星辰，《元命苞》：『王者封國，上應

续表

《列子·仲尼》篇：『體合于心，心合于氣，氣合于神，神合于無。』獨立。《中庸》『慎獨』。守神，《淮南·原道訓》：『太古上皇，得道之柄，立于中央，神與化游，以撫四方。』又曰：『無爲爲之，而合于道』，『神託于秋毫之末，而大宇宙之總。』肌肉若一。列子學乘風之道，九年之後，眼如耳，耳如鼻，鼻如口，口無不同，心凝形釋，骨肉俱融。故能壽敝天地，無有終時。《中庸》：『故至誠無息，不息則久，久則徵。』又：『博厚配地，高明配天，悠久無疆。』此其道生。《中庸》：『天地之道』，『其爲物不貳，則其生物不測。』

秋，蓐收；冬，玄冥。案：鬼神學，徹上徹下，如姓氏學，下等人惟知血族之別，其終竟知鬼神之情狀，如『祭如在』，包括人天。游行天地之間，《詩·周南》『周行』『周道』，《楚詞·遠游》。視聽八達之表，《列子》：亢倉子曰：『我能視聽，不以耳目。』此蓋益其壽命，《莊子》：楚南有冥靈，五百歲爲春，五百歲爲秋。古有大椿，八千歲爲春，八千歲爲秋。而强者也。《中庸》：『子路問强』之『强』。亦歸于真人。《王注》：『同歸于道也。』

『民之所好好之，民之所惡惡之』。被章服《書·謨》以五采章施于五色作服。于世俗之間，居中以御四海，不能去世離俗。無恚嗔之心。《大學·天下章》：『絜矩之道』『所惡』『毋以』。行不欲離于世，《尚書》：『四方巡狩』。舉不欲觀于俗。《左傳》：『凡物不足以講大事，其材不足以備器用，則君不舉焉，君舉必書。』外不勞形于事，《論語》：舜『無爲而治』。內無思想之患。《莊子》：『中央之帝曰混沌。』以恬愉爲務，以自得爲功。《六家要旨》：道家『與時遷移，應物變化，立俗施事，無所不宜。指約而易操，事少而功多。』

列宿之位，其餘小國不中星辰者，以爲附庸。』若畢星之有附耳然。逆從陰陽，董子：『天有四時，時三月；王四選，選三臣』；『春者，少陽之選；夏者，太陽之選；秋者，少陰之選；冬者，太陰之選』。分別四時。一時三月，三王。《春秋》三月有王。《白虎通·巡狩》篇：『時有所生，諸侯行邑。』將從上古，《春秋》年、時、月、日，爲大一統，順時治曆，與皇帝同。合同于道。取法乎上，王法皇，伯法帝。亦可使益壽而有極時。皇以萬里爲一州，稱萬壽；王伯小統方三千里，可以驗小推大。

续表

		形體不敝，《書·帝典》『四目』『四聰』，《謨》『翼爲明聽』，《洪範》『五事』，皆天下一人例。精神不散，《六家要旨》：『道家使人精神專一，動合無形。』亦可以百數。全球方三萬里，爲方三千里者百，統有全球。故《詩》稱『百禄』『百福』。	

節録五譯《孔經哲學發微》

《内經》舊以爲醫書，不知其中有天學詳六合以外，有人學詳六合以内。故《病能》篇末有曰『上經』『下經』者，義與此篇不相屬。《易緯》文也。『上經』者，言氣之通天，爲天學；『下經』者，言病之變化，爲人學。區别界限，不容溷雜。此《内經》所以爲天人合發之書也。其全元起本所無，而爲王啓玄所補者，如《天元紀大論》《五運行大論》《六微旨大論》《氣交變大論》《五常政大論》《六元正紀大論》《至真要大論》，共七篇。發明五運六氣、六甲五子之説，校《詩緯》尤爲精確，不可移易，當爲《詩經》師説。其中惟論疾諸篇，乃爲醫學專書。《上古天真論》『真人』『至人』，爲《楚辭》之師説，專爲道家神仙去世離俗之所本。讀《内經》而後《楚辭》之本旨明。下二節爲《尚書》《春秋》師説，上二節爲《詩》《易》神游之學。爲六經之綱領，故特爲提出以爲標幟。知此而後孔聖天人之學乃得而明也。

鎔案：此段提論《内經》之大要，乃人、天學説之交際，造詣之等級。五譯列表具説，分劃詳明，改作孔經正傳，指示界限，無所隱蔽。俾學者了然于目，灼然于心，知所致力，以勵前修。家國賴其經猷，太虚俟之異日。故天學之皇，緯所謂天皇大帝，居太一紫宫，爲《論語》之北辰、《史・天官》之中宫、《淮南》之鈞天，即紫微垣也。天學之帝，緯所謂『蒼帝靈威仰』『赤帝赤熛怒』『白帝白招拒』『黑帝汁光紀』；《月令》之四帝，《史・天官》之四官是也。不言王伯，以此例推，帝主四時，時主三月，《春秋》三月有王，天有十二次，即十二王。《春秋内事》：『天有十二分次，日月之所躔也；地有十二分，王侯之所居也。』其餘列宿爲諸侯。孔經人學典制，取法于天，故曰『知我其天』。又無言之教，天人一貫。孔學雖高，周行示我，萬不窮幽鑿渺以惑來者。乃信堯舜傳道統者，類以《内經》一書爲軒轅黄帝之遺。夫草昧時代，民物睢盱，學術無所發明，世局猶然部落，安得坐明堂而觀八極，問天師而闡玄言？況結繩闕文，《易・繫》『上古結繩』，爲字母姘音；『後聖書契』，即孔經古文。若謂書契爲倉頡古文，當云『上古聖人』，不當云『後世聖人』也。數音一字，雖有『譜牒』之史記載年數，而百家不雅馴之文，薦紳先生所不道。可知其時之簡牘，不過如《黑蠻風土記》，樸野譾陋，徒資笑柄，安能暢泄天地陰陽之藴？即大撓干支，僅如《爾雅》所稱『閼逢』『旃蒙』『困敦』『赤奮若』之類，豈有五運六氣，近于性命，性命爲天學。上下經緯，應時覘候，説理如此精奥者乎？人體結構，筋絡藏府，經西人解剖察視，諸哲家之擘求，可謂詳盡矣。然形質粗頑，尚不識氣化流通之妙。《内經》就人一身，發揮義緒，啓符闡珍，窮理達化，既爲孔經天下一人之例，又《中庸》以人合天之學也。黄帝之世，神農雖識草味，肇始醫法，斷不能以人身五藏爲《洪範》五事之先導，《内經》出于六經之後。而喜怒哀樂，又豈能貫于中和位育哉！故

《黃帝內經》當爲皇帝之書。《莊》《列》所引黃帝諸説及《黃帝》篇，皆合于道家之旨，即皇帝書也。『黃』『皇』古通。《董子》：『尚推神農爲九皇，而改號軒轅，謂之皇帝。』又曰：『軒轅直首天黃，他本作『皇』。號故曰黃帝云。』故《內經》一書，純言大化，乃《書經》《詩》《易》仰鑽之階級，爲孔門七十弟子所傳述，非古之皇帝實有此丕焕之文章也。學者博覽載籍，須知孔子以前無著作，六經而外無文章。諸子纍纍，皆闡孔義，若《竹書》紀年始于黃帝、二高，與《大戴·帝德》孔子答宰予問合。《夏小正》《史記》：孔子正夏時，學者多傳《夏小正》云。《老子》《經典釋文》道經在孔經後。《管子》六千里侯，非春秋所有。等書，世代姓名在孔前者，大抵後儒寄託，故説理莫非經支也。五譯識解卓絶，引子證經，闢國萬里，包孕宏多。乃以經爲史之輩，甚且謂古史皆經，是好學而不深思，甘爲淺見者流也。

《樂》。王伯之樂，中國略有彷佛。《樂記》：武王『武樂』『六成』爲王樂；齊音敖辟喬志，爲伯樂。皇帝之樂，《樂緯》：黃帝之樂曰咸池，顓頊曰五莖，帝嚳曰六英，堯曰大章，舜曰簫韶，禹曰大夏。中國無此世局。皇一統五帝五方。其人未生，空存其説以待之。待其人而後行。〇樂有大樂、小樂之別。凡言『大』、言『至』、言『無』者，皆爲天樂。

附《大禮》。禮爲別，樂爲和。説詳《樂記》。

鎔案：孔子周游以後，反魯正樂，親與師摯諸伶考究宫懸，審定音樂。故堯石八諧，獸則率舞；舜簫九奏，鳳乃來儀。子貢謂禮樂德政，百王莫違，則孔子之樂，已與簣桴土鼓迥不相侔矣。後世帝王德盛化神，擊球拊瑟，自能感通萬類。墨家非樂，乃譏康樂淫靡，厚斂病民，荒嬉廢業者流，爲國大病。非譏天地之中聲，盛世之元音也。《孝經》曰：『安上治民，莫善于禮』；『移風易俗，莫善于樂』。《樂記》：魏文侯『聽古樂，則唯恐卧』；古樂，即《尚書》稽古堯舜之樂。聽鄭衛之音，則不知倦。』如《桑間》《濮上》，亡國之音。子夏曰：古樂之發，修身及家均天下。以父子君臣爲紀綱，紀綱既正，天下大定，此之謂德音。非若新聲溺音，獶雜子女，不知父子。然則墨之所非者，必溺音也。晉師曠鼓琴，能易寒暑，召風雨，清角清徵，元鶴下舞；鄒子吹律，寒黍生春。《列子·湯問》篇：鄭師文學琴于師襄，以五音感召五方之氣，襄曰：『微矣，子之彈也！顧此皆人世之樂爾，未聞天樂也。』

《莊子·天道》篇：『與人和者，謂之人樂；與天和者，謂之天樂。』此足證孔經有人學、天學，故子家有人樂、天樂之別。人樂以治人，功成作頌，感通鬼神。《周禮》大司樂諸伶所掌，辨天地、四方、陰陽之聲，六律、六同之和，人樂極爲詳備。《莊子·天運》以《咸池》之樂爲至樂、天樂，則《樂緯》六代之樂，黄帝乃天帝，與《大戴》《月令》相符。其作頌曰：『聽之不聞其聲，視之不見其形，充滿天地，苞裹六極。』其説窈冥玄遠，難以揣度。惟《樂記》有曰：『地氣上齊，讀躋。天氣下降，陰陽相摩，天地相蕩。鼓之以雷霆，奮之以風雨，動之以四時，暖之以日月，而百化興焉。如此，則樂者，天地之和矣。』上段以天尊地卑爲禮之别。故大樂與天地同和，大禮與天地同節。和，故百物不失；節，故祀天祭地。《禮·閒居》篇曰『無聲之樂』，引《詩》『夙夜基命宥密』爲證。説以『志氣不違、既得、既從、既起、日聞四方』，是則太音希聲，感而後動，冥漠相洽，變化自然。『故知天樂者，其生也天行，其死也物化』，『静而與陰同德，動而與陽同波』，『一心定而至天下，其鬼不祟，其魂不疲』，『言以虚静推于天地，通于萬物，此之謂天樂』。《莊子·天道》。是故大人舉禮樂，則天地將爲昭焉。此爲大樂。『天地訢合，陰陽相得。煦嫗覆育萬物，然後草木茂，區萌達，羽翼奮，角觡生，蟄蟲昭蘇，羽者嫗伏，毛者孕鬻，胎生者不殰，而卵生者不殈。則樂之道歸焉耳。』《樂記》。人能直養浩氣，充塞宇内，虚静恬淡，寂漠無爲，與天地合德，與日月合明，與四時合序。則喜怒哀樂與穆清之氣相感應，未發而中，中節而和，際天蟠地，契洽神明，窮高極遠，參兩太初，樂之至也！

古有秦火經缺、《樂經》獨亡之説。不知秦火不焚孔經，但焚百家語與六國史。説詳宋王氏《野客叢談》、蕭參《希通録》。《樂經》實尚存也。蓋宫商工尺，譜記流傳，人情殊尚，久必變更。孔聖慮遠思深，求所以傳之永禩，乃以《樂經》附屬于《詩》。自反魯正樂，商定《雅》《頌》，《關雎》之始，洋洋盈耳。《論語》具有明文，聖言可徵矣。《尚書》命夔典樂，帝曰：『詩言志，歌永言，聲依永，律和聲，八音克諧。』可見《樂經》在《詩》，《帝典》已存定案。《樂記》師乙論樂，歌用『六詩』；《左傳》季札觀樂，歌遍全《詩》；《史記·孔子世家》：『《詩》三百五篇，孔子皆弦歌之，以求合《韶》《武》《雅》《頌》之音。』故一部葩經，皆樂章也。《儀禮》：堂上歌《詩》，堂下作《樂》。詩詞音均，協律合拍。伶工按節次第，自爾聲奏鏗鏘。此如樂府，詩章旁注工尺之符記。後人歌詩用樂，亦可以五聲七音，諧合風雅。故六經止五經，猶《周禮》六官止五官。『六穀』止『五穀』，以稻統稷。天以六節，地以五制，化六爲五，由五推六。六如皇制六相，五爲帝制五方。由帝上躋爲皇，故《帝典》包寓皇道。天地四方，分之爲六，合則爲五，經所以由人而企天也。《樂》存于《詩》，理精義確，不必取大司樂諸職，以爲官存而樂自在；不必取《樂記》一篇，遺改傳爲經之誚；更不必河間補作《樂記》，犯擬經誣聖之嫌。則太息竇公、制氏不能傳經者，可以自悟其非矣。

《詩》。神游學。如僊家之嬰兒鍊魂，神去形留，不能白日飛昇，脱此軀殼。《易經》則能形游。《詩》故專言夢境、託之夢游，以明真理。魚鳥上下。莊子夢爲鳥而戾天，夢爲魚而潛淵。《内經·靈樞》《素問》《山海經》《列子》《莊子》《楚辭》、古賦、如宋玉《高唐》。《游仙詩》各書以爲之傳。當引各書以注《詩》。

鎔案：《詩經》之學，惟《齊》《魯》《韓》三家爲有師承。《毛》則大、小後起，編什作《序》，顛倒次第。《國風》當從《左傳》觀樂之次。割裂《周頌》，增多《小雅》，不待智者而識其舛矣。班《藝文志》言《詩訓故傳》，『取《春秋》，采雜説，咸非其本義』。而獨以《魯》爲近。《魯詩》傳自申公，後鮮述者。《韓》之《外傳》專録時事，斷章摘句，大義湮沉。惟《齊詩》『四始』『五際』，屏去人事，專主緯候之説。性情、律曆，發明于翼氏者，說在《漢書·翼奉傳》，侯官陳氏爲之注釋。博大精深，爲淺見寡聞所畏避。蓋《詩》主天學，翼氏斯爲得之，猶《書》主『大統』，惟騶子爲能言之也。聖門經學，本有精至獨到之誼，尋常誦習，《書》則虞、夏、商、周，歷代政治而已；《詩》則鳥獸、草木，小子多識而已。但行遠自邇，陞高自卑，由漸驗推，必以《書》治全球，《詩》言天道，而後爲中人語上之學。否則皮毛粗淺，不過佛學之『下乘』也。《論語》『下學上達』，階級迥分兩等。特可與言《詩》如商賜者，不可多得，故珠玉希見。翼、騶而外，言《詩》《書》者，不啻披沙揀金，渣滓多而精液少。五譯據翼氏之恉，證之《中庸》，見其引《詩》不引《書》，斷《詩》爲天學，雖非常可駭，有如《公羊》之義，然鈎沉起墜，正所謂温故知新，聖人所望也。載籍之足證此誼者，《内經》《靈》《素》，大旨醫學，然詳言人之形氣與天感通，即《列》《莊》『天和』『天倪』之旨。蓋天學之梯航，道家之津梁也。故《營衛生會》《九宫八風》《上古天真》《生氣通天》等篇，抉理精玄，皆《詩經》之師説，游行六合之基礎。《齊詩》説『五性』『六情』，即『五運』『六氣』，《内經》詳哉言之，後有詳説。反覆推勘，全屬《詩》傳。證一。《山海經》，舊以爲大禹治水，主名山川，益所記載。夫東西二萬八千里，南北二萬六千里，禹迹不如此廣遠。其中山配列宿，神主諸嶽，明明星象天神，非人世間所有。正如《詩》之《崧高》『維嶽降神』。梁山，《爾雅》：『大梁，昴也。』與天相印也。所有帝王卿相諸人名，當以翻譯例説之。又《山經》以《南山經》始，即《詩》始二《南》，《大雅·崧高》四方四篇，首南也。次《海外南經》《海内南經》，即《小雅》『節彼南山』『信彼南山』也。

終以《大荒東經》，《魯頌》「遂荒大東」之義也。詳記草木鳥獸，《詩》之多識也。經首尾多引禹説，因此人以爲禹益之書。不知《詩》言天學，故禹有神禹之目，非若《書經》之伯禹、禹王、帝禹、大禹也。即《詩》「禹甸」「禹績」「禹敷下土」，以步地歸之禹也。證二。《列子》《莊子》，舊謂二書迂詭恢誕，等諸存而不論之列；考《列子》引穆王與「化人」游之事，又謂覺有八徵，「一曰故，二曰爲，三曰得，四曰喪，五曰哀，六曰樂，七曰生，八曰死。」夢有六候，「一曰正夢，二曰噩夢，三曰思夢，四曰寤夢，五曰喜夢，六曰懼夢。」説與《周禮》「占夢」同。即《詩》神游之境，及太卜占夢之説也。《莊子·齊物論》「罔兩問景」，古「影」字。景由形生，猶之神由心生也。《内經》：「心者，君主之官，神明出焉。」謂腦海也。莊周夢爲胡蝶，周與蝶兩不相知，如《列子》蕉鹿夢之境。是爲物化。既説《雅詩》：「召彼故老，訊之占夢。託神游于夢。具曰予聖，《大學》「知止而後有定」，爲聖人，誰知烏之雌雄。」不知周之夢爲蝶與？蝶之夢爲周與？證三。《楚辭》意義重複，非一人之著述，乃七十博士爲始皇所作《仙真人詩》。采《風》《雅》之微言，以應時君之命。史公本《漁父》《懷沙》二篇爲《屈原列傳》，後人因以《楚辭》歸之屈子，誤矣！考《遠游》「周游六漠」，《易·繫》「周流六虚」。即《詩·周南》「輾轉反側」之義；《莊子·逍遥游》《知北游》，亦取此意。《招魂》《大招》，「招」即《召南》之「召」，「召」「招」古通。「魂兮歸來」，即「之子于歸」。「于」篆作「亏」，近「云」。《韓詩》「聊樂我云」，「云」字作「魂」。他若「未見君子」，魂未歸也；「既見君子」，魂已歸矣；「振振君子，歸哉歸哉」，招之之詞也；「之子歸，不我過」，魂已歸去矣。全《詩》與《楚辭》吻合者甚夥，且體裁亦與《詩》相符。證四。古賦《高唐》一篇，發明巡狩方岳，外牧來朝之義。五譯注釋甚明，非若舊解之穢褻也。「薄言寢夢」，符合《詩》旨。寓言寓意，寄想遥深，不可拘迹象以求之，故全《詩》無一真男女涉想淫穢者，邪説汙經，最爲大罪！即神女、登徒，亦《詩》餘意。「窈窕淑女，君子好逑。」而司馬《大人》，實因帝好仙道，摛藻陳辭，讀之飄飄有凌雲氣，殆得于《詩》指之遺歟？不然無因而創，自尼山以來，見亦罕矣！證五。《游仙詩》作于晉何敬宗、郭景純，援引王喬、鬼谷、赤松、浮丘、洪崖、容成、安期、靈妃、姮娥古仙人之屬，高蹈風塵，放情凌霄，皆天上仙境也。李善注云：景純《游仙》即屈子之《遠游》。然則敬宗之詩，亦同調也。大凡音韻之文，肇祖二《南》，何與郭去古匪遥，殆有得于《詩》指而云然歟！證六。五譯謂此諸書，皆《詩經》之舊傳，見方采拾墜緒，補爲《詩注》，盛業不朽，其在斯乎！

自孔子没，微言絶，經中奥旨，寖以乖違。如往昔注家意見，《詩》采歌謡，《易》存卜筮，已等諸無足輕重。《春秋》魯史，《尚書》古史，僅適用于中國君主時代。迄今海外大通，地廣世變，政主民憲，經制狹隘，無以爲法于後人。故《民約》盧梭，將起而奪俎豆也。五譯以《書》爲大統，包舉全球，《弘道》成編，足供考鏡。又以《詩》《易》二經爲大同以後、民物雍熙，相與合力精進，研求上達之學術。顧《詩》無方體，變動不拘，《論語》『小子學《詩》』，所以立初學之根柢；『切磋』『素絢』，譬喻又極玄微，淺者極淺，深者極深，《孟子》『意逆』數言，最得説《詩》之三昧。惟其指義弘遠，故諸家解説大抵盲猜。《韓詩》始爲瑣碎，《小序》尤屬支離，非子夏作，乃衛宏、謝曼卿僞造。毛氏昧于淵源，鄭氏從而傅會。其餘自《鄶》以下，惟解釋名物，諸本尚不失多識之義耳。若朱子《集傳》，三經三緯，稱名『六義』，牽合《周禮》『六詩』，不知即《樂記》『六歌』也。解詳《周禮略注·春官·太師》。且誤讀『鄭聲淫』一語，遂解《鄭風》二十一篇，淫詩至于十之七。夫《同車》《蔓草》，列國名卿賦于壇墠，率皆拜嘉見許，不聞貽譏。蓋鄭聲者，溺音也，《樂記》『鄭音好濫淫志』是也。《論語》『惡鄭聲，亂雅樂』，『放鄭聲』，則《韶舞》聲之淫者，乃音樂過乎節度，如久雨爲淫雨。非謂《鄭詩》淫也。《小序》起于東漢之初，説雖支節，猶謂『《狡童》刺忽』『《蹇裳》思正』『《大路》《風雨》，思君子也』，尚不敢以淫詞目《詩》。朱子則先有淫意，逆志害辭，且由《鄭》而殃及于《衛》。豈知聖經垂後，並不涉男女之私情，如《關雎》之三，樂而不淫，聖評較著矣。樂哀，當從《齊詩》説，上方樂，下方哀。乃《關雎》則文王思后妃，輾轉而不寐；《卷耳》則后妃望文王，吁嗟而有懷。不念『無邪』之論，徒生訓而望文。當日黎立武宋儒。論《詩》曰：『少讀箕子《麥秀歌》，怒焉流涕。稍長讀《鄭風·狡童》詩，淫心生焉。怪而自省，一則生忠心，一則生淫心，何歟？解《詩》者之故也。』是《朱注》初成，當日已見譏大雅。五譯撰《胡玉津先生詩緯訓纂序》，辭而闢之，蓋《集傳》之説，文不雅馴，正史公所謂『薦紳先生難言』者也。

《翼氏傳》云：『《詩》之爲學，情性而已。《集傳》誤解『情性』，以爲男女之情。五性不相害，張晏注：『五性，謂五行也。』六情更興廢。六情：廉貞、寬大、公正、奸邪、陰賊、貪狠也。觀性以曆，曆謂日也，即十日十干。觀情以律。』律，十二律也，見《月令》。律曆迭相治，《内經》下加上臨。與天地稽。天干地支。《匡衡傳》引傳曰：《詩經》傳説。『審好惡，《翼氏傳》：『北方之情，好也』，『南方之情，惡也。』理情性，『好行貪狠，申、子主之。』『惡行廉貞，寅、午主之。』『東方之情，怒也；怒行陰賊，亥、卯主之。』『西方之情喜也，喜行寬大，巳、酉主之。』『上方之情，樂也；樂行奸邪，辰、未主之。下方之情，哀也；哀行公正，戌、丑主之。』此以十二支爲六情，可知五行十干爲五性。而王讀作『皇』。道畢矣。』人學既終，方可進求天學。下引《中庸》『盡性參化』一章解之。據此，所謂『性情』，乃指天地干支而言。天有十日，記以十干；地有十二月，記以十二支。《樂緯·動聲儀》：『天效以景，下闕『日也』二字。地效以響，律也。《月令》十二律。天有五音，分五方，通五行。所以司日；地有六律，所以司辰。』日，十日，十干；辰，十二辰，十二支。《月令》：春，木德，其日甲乙；夏，火德，其日丙丁；秋，金德，其日庚辛；冬，水德，其日壬癸；季夏，土德，其日戊己。五德五行，是爲『五性』。董子《繁露·五行順逆》篇：『木者，春生之性』，下四行不言性。《春秋鈎命訣》：『性者，生之質。』若木性則仁，金性則義，火性則禮，水性則智，土性則信。『五性』通于十干，合則爲五，分則爲十。至于『六情』，則翼説已有明文：分四方上下，其情則好惡喜怒哀樂也。此六字，《詩》中屢見。天以十干下加于地，爲五方；地以六律上應天之十二躔次，爲六合。故天以六節，地以五制。《内經》『五運六氣』之説，盈千累萬，言之甚悉，即解此『性情』之義，莫非《齊詩》傳説也。《論語》『性不可得聞』，即謂《詩》學深邃；『性』非性理之謂。不言『情』者，言『性』以賅『情』也。《詩》之言性情者，『五日爲期』『六月月譌作『日』。不詹』，是其起例。《陳風》『洵讀作『旬』。十日，合爲『五性』。有讀『又』。情兮』，六情。《邶風》『吁嗟闊兮，不讀『丕』。我活兮』，活，生也，指性言。謂天地廣大，有十干，在天爲十日，在地爲九州十子。説詳《皇帝疆域圖表》。『吁嗟洵讀『旬』。兮，不讀『丕』。我信兮』，信，通伸。謂天有十日在上，地有十二律在下，鬱而必伸也。此《詩》言『性情』之明文也。《白虎通》：『情者，静也；性者，生也。』《邶風》『静女其變，地支十二，女主静。《史·律書》：十母、十二子。貽我彤管』，十二管還相爲宫。《小雅》：『矧伊人矣，不求友生。』《太玄》：四與九爲友，謂庚辛也，爲十干之二。即情静、性生之説也。推而言之，『五豝』『五豵』，喻十日，爲一旬。在地爲九服，萬里。『五紽』『五緎』『五總』，喻十五日，爲三候。在地爲十五服。『十畝之間』『十畝之外』，間之外四方，皆十畝，即三十日，在地爲三萬里。《老子》『三十輻共一轂』是也。《周南》十一篇，爲『五性六情』之數，即《内經》『五運六氣』之起文。班氏《律曆志》引傳曰：《詩經》傳説。『天六地五，以干支之陞降氣交言。數之常也。天有六氣，《内經》六氣：子、午少陰，丑、未太陰，寅、申少陽，卯、酉陽明，辰、戌太陽，巳、亥厥陰。降言降即有陞。生性者，生也。五味。《月令》：五味通于五行、五音、五色。夫五、六者，天地之中合，干支和合于地中。而民所受以生也。人受之以爲性。○《左傳》：「人受天地之中以生。」故曰有六甲，天氣下降。辰有五子，地氣上躋。十一而天地之道畢矣。」言「五性六情」、干支在天地間，終而復始，故《詩》之十篇應十日者五國，共五十篇，爲五旬。《鄘》十日，《柏舟》甲己，土運；《衛》十日，《淇澳》乙庚，金運；《王》十日，《黍離》丁壬，木運；《秦》十日，《車鄰》戊癸，火運；《陳》十日，《宛丘》丙辛，水運。五運在地，合爲五方、五行，分爲九州。即爲「五性」。《樂記》「五帝遺聲，五方五帝。商人識之」是也。《鄘》居中，即宋爲商人。《詩》之應月者六國：《邶》二十篇，爲少陰，司天；《鄭》二十一篇，爲厥陰，司天；二風篇數多爲有餘，太過。《齊》十一篇，爲太陰，司天；《含神霧》：齊處孟春之位，律中太簇。《唐》十二篇，爲太陽，司天；唐處孟冬之位，當改作仲冬。○風爲平氣。《魏》七篇，爲陽明，司天；魏處季冬之位。《豳》七篇，爲少陽，司天。二《風》篇數少，爲不及。以《邶》《魏》之有餘補之。六《風》配合「六情」，在天。有六司天，尚有六在泉。《樂記》「三代遺聲，齊孟春，寅；唐仲冬，子；魏季冬，丑。三正三王。齊人識之」是也。齊得夏正，爲齊人。其餘《周》《召》《檜》《曹》爲中央四《風》，在氣交之中，言人。《周南》「中谷」「中逵」「中林」「室家」「王室」；《召南》「居巢」「澗中」「在公」「宫室」「屋墉」；《檜》言「中心」三，《曹》言「四國」二，又言「周京」「京周」「京師」，皆謂中央之内。《鄘》首篇「母也召公司空主養。天只，六國司天。不諒讀作「丕亮」。人只！」四國居中。○「中河」喻地中，「兩髦」謂周召之死，謂五國在泉不見。《齊》首爲「蟲飛薨薨，《周南·螽斯》。甘中央土味。與子六甲五子。同夢。魂游六合。會且歸矣，《洪範》：「會其有極，歸其有極。」謂中央。無讀「憮」，大也。庶素王，大統。予同「與」。子憎。」讀「增」。謂大統之素王，所增加之三才例也。四益有《大雅合易上經三才表》。然則五國在泉，爲天氣下降；《詩》：「匪鱣匪鮪，潛逃于淵。」六國司天，爲地氣上騰。《詩》：「匪鶉匪鳶，翰飛戾天。」

干支陞降，而後相襲于中，此三才之道也。《内經》：『夫道者，上知天文，下知地理，中知人事，可以長久。』又曰：『聖人之爲道者，謂孔聖作經。上合于天，《詩》六國司天。下合于地，五國在泉。中合于人。四國居中。故天氣下降，氣流于地；十干降地，辰有五子。地氣上升，氣騰于天。』六氣陞天，日有六甲。高下相召，陞降相因，中央和合。而變作矣。』氣交變説。是以《唐風》十二篇，正應十二月；《豳風》『流火』一篇，四日起八干，甲己化土，居中不見。《六月》即六氣六合，干支備具。《緯》説有『四始五際』，『五際』即五運五性；《氾曆樞》所云，别爲一義。『四始』在寅申巳亥月，爲四時之始，如《春秋》首時。得六情之二，加上下辰戌丑未子午卯酉，即六氣六情也。《斯干》一篇，爲干支起例。生男子爲干，《孟子》『堯九男』，《吕覽》『堯十子』，皆謂干也。生女子爲支，《帝典》二女，舉零。經説天子娶十二女，即統有外十二州之義。舉其半爲六，即《帝謨》六律，《禹貢》六府，《周禮》六裔，《淮南》六合也。以上下四旁論，則爲《帝典》六宗，《皇篇》六官。《内經》：『天地者，萬物之上下也；左右者，陰陽之道路也。』經傳以男女爲干支之代詞者，不一而足。《帝典》二十二人，《大誥》十夫十人，《杍材》矜寡⿰女曷婦，《史·律書》十母十二子，皆謂此也。故堯之九男二女，《孟子》。十子二女，《吕覽》。爲經中天下一家之符記。揆之天學，則十干分九天、九野；十二支爲日月躔次。道通天地，上下一貫，未可以宏大不經目之也。

據《齊詩》『五性六情』，《詩緯》『五際四始』，固皆指干支而言矣。學者由此鑽仰，何以希天而入神哉！《翼氏傳》：肝之官，尉曹，木性仁；師古《注》：『肝性静，静行仁，甲己主之。』心之官，户曹，火性陽；《注》：『心性躁，躁行禮，丙辛主之。』脾之官，功曹，土性信；《注》：『脾性力，力行信，戊癸主之。』肺之官，金曹，金性堅；《注》：『肺性堅，堅行義，乙庚主之。』腎之官，倉曹，水性陰。《注》：『腎性智，智行敬，丁壬主之。』又曰：五行，在人爲性；五性處内，御陽，喻收五藏。六律，在人爲情。六情處外，御陰，喻收六體。性者，仁義禮智信也；情者，喜怒哀樂好惡也。五常分五方，《詩緯》以邶、鄘、衛、王、鄭五國處州之中，爲五音。《民勞》五篇，爲五民五極；《邶》四風、《谷風》，東；《終風》，西；《凱風》，南；《涼風》，北。《崧高》四篇，分應四方，加中央，爲五詩之言。六情者，『《關雎》樂而不淫，哀而不傷』。《論語》已舉上下矣。其他『中心喜之』『中心好之』『逢彼之怒』『在彼無惡』；《内經》言人身五藏六府契合于性情者，分配干支。其文連篇累牘，皆所以發明《詩》旨也。《白虎通》：『人稟陰陽而生，内懷五性六情。』《鈎命訣》：『性所以五，情所以六，何？人本含六律五行之氣而生，故内有五藏六府，此情性之所由出入也。』據此，可見人之性情，本具天地干支之運氣。《左傳》：『人受天地之中以生，所謂命也。』修養在一己，即感通在天地。《論語》：『性不可得聞。』言性不言情，性屬天，舉天以包地。《中庸》：盡己之性，推之盡人、物之性，可參天地化育。即兼括『六情』在内。《孟子》：『盡心者知性，知性則知天。』《中庸》：『喜怒哀樂未發爲中，發皆中節爲和。致中和，天地位焉。』學者涵養一己之性情，得其沖和，陰陽無愆，疵癘不作，穆然與天地合德，久而道成，則神游之境，自不慮從之莫由也。《周南》取義周游，《楚辭·遠游》其傳也；《召南》取義招魂，《楚辭·大招》其傳也。《詩》本靈魂之學，人由性情以進修，則卷之在身心，放之彌天地。吉夢維何？自爾東西南北，無思不服矣。

《詩》有通于《易》者：《文王》《大明》《緜》合于《乾》《坤》十朋；《棫樸》《旱麓》《思齊》合于《否》《泰》十朋；《皇矣》《靈臺》《下武》合于《坎》《離》十朋；《文王有聲》一章總結之。列有《大雅合易上經三才表》。《鹿鳴》十三篇，合于兩《濟》六朋；三《小》七篇，合于《咸》《恒》十朋；《瞻洛》十八篇，合于《損》《益》六朋；《魚藻》七篇，合于《震》《艮》六朋；《菀柳》十一篇，合于《巽》《兑》六朋。列有《小雅合易下經五中表》。此『性與天道』，子貢所以相提並論也。又有通于《書》者：《大雅·生民》七篇，配周公七篇；《鳳皇于飛》六篇，配成王六篇；《嵩高》五篇，配《顧命》五篇。列有《書中候十八篇配大雅表》。此《大學》十二引《書》以明人學，又十二引《詩》以通天學之消息也。『天』『人』之理，有交通之益，無扞格之虞。大統之世，天下一家，和親康樂，宇宙雍熙，進研天學，此其時歟！

經學六變記[1]

一

孔以言立教，《頤卦》早有明文，後世傳『文王作《易》』『蒼頡造字』等邪説，不知《頤卦》一見聖諱，兩見『經』字，孔子作《易》、造字，確不可移，故《内經》《九卷》《素問》詳哉言之，作《頤卦解》。

䷚象口形。頤貞吉，觀頤，自求口實。《孝經》。

孔子以言立教，垂空文變成實事，故曰口實。

初九剥『舍爾靈龜，觀我朵頤，凶。』《春秋》。

䷖卦内柔外剛，象龜形，故曰『舍爾靈龜，觀我朵頤』。『爾』『我』二字對文，我，孔子自稱。『舍爾靈龜』，謂不用古史字母書；『觀我朵頤』，謂子所雅言。

① 廖平《經學六變記》作于八十歲時，惜全稿未完而逝。一九三五年由其孫宗澤（次山）據遺稿整理而成。蒙默点校本收入《中國現代學術經典·廖平蒙文通卷》。另附柏毓東所撰《六變記》。

六二損『顛頤，拂經于丘頤，句。征凶。』《尚書》。

『拂』字亦作『覆』，『顛拂』義猶『顛倒』。丘，孔聖諱。

六三賁『拂頤，貞凶。十年勿用，無攸利。』《儀禮》。以上人學。凶。

䷚卦上下各五畫，二五合十，故曰十年。

六四噬嗑『顛頤，吉。虎視眈眈，其欲逐逐，無咎。』《詩》。

視思明，視占一數，七十而從心所欲不逾矩，欲占七數。

六五益『拂經，居貞，不可涉大川。』《樂》。

上九復『由頤，厲，吉。利涉大川。』《易》。以上天學。吉。《論語》：『子曰：「乘桴浮于海，從我者其由與？」』子路聞之喜。子曰：『由也好勇過我，無所取材。」』即謂此『海』，象大川，由頤，聖賢同等。

二

《史記·孔子世家》：孔子適鄭，與弟子相失，獨立鄭東門外。鄭人謂子貢曰：『東門有人，其顙似堯，其項類皋陶，其肩類子産，然自要以下不及禹三寸，累累若喪家之狗。』子貢以實告，孔子欣然笑曰：『形狀，末也，而謂似喪家之狗，然哉！然哉！』

按人學三經：《春秋》《禮》《尚書》；天學三經：《詩》《樂》《易》。《孝經》統括六經，《頤卦·象辭》屬焉。《尚書》托始堯、禹、皋陶，鄭人謂其顙似堯、其項類皋陶、自要以下不及禹三寸，堯、禹、皋陶，謂孔子作《尚書》所托始也。其肩類子産，子産鄭大夫。春秋人物，舉子産以包之也。人學三經舉堯、禹、皋陶、子産，以包《春秋》《尚書》。孔子作經，皆托古翻譯而成，累累然喪家之狗，謂經典之主人已死，孔子作人學三經，若喪家之狗，豈不然哉！

《管晏列傳》：管、晏皆有書行世。實則孔子乃造六書行世，群弟子從後推求，亦如《尚書》。鄭有子産，子産一見例，統春秋十二公二百四十年。

《尚書大傳》略説子夏讀《書》畢，孔子問曰：『吾子何爲于《書》？』子夏曰：『《書》之論事，昭昭若日月焉，所受于夫子者弗敢忘。退而窮居河濟之間，深山之中，壤室蓬户，彈琴瑟以歌先王之風，有人亦樂之，無人亦樂之。上見堯舜之道，下見三王之義，可以忘死生矣。』孔子愀然變容曰：『嘻，子殆可與言《書》矣！雖然，見其表，未見其裏，闚其門，未入其中。』顔回曰：『何謂也？』孔子曰：『丘常悉心盡志以入其中，則前有高岸，後有大溪，填填正立而已。六《誓》可以觀義，五《誥》可以觀仁，《甫刑》可以觀誡，《洪範》可以觀度，《禹貢》可以觀事，《皋陶謨》可以觀治，《堯典》可以觀美。』宗澤案：據《古經解匯函》陳壽祺輯校本補。

三

《韓詩外傳》：子夏問曰：『《關雎》何以爲《國風》始也？』孔子：『《關雎》至矣乎！夫《關雎》之人仰則天，俯則地。幽幽冥冥，德之所藏；紛紛沸沸，道之所行，雖一作『如』。神龍變化，斐斐文章，大哉《關雎》之道也，萬物之所係，群生之所懸命也。河洛出書圖，麟鳳翔乎郊，不由《關雎》之至，一作『道』。

則《關雎》之事將奚由至矣哉！夫六經之策，皆歸論汲汲，蓋取乎《關雎》，《關雎》之事大矣哉！馮馮翊翊，自東自西，自南自北，無思不服，子其勉强之，思服之，天地之間，生民之屬，王道之原，不外此矣。』子夏喟然嘆曰：『大哉《關雎》，乃天地之基也。《詩》曰：「鐘鼓樂之。」』

舊有《論詩序》文，刊入《四益館雜著》，極論毛本之謬，下同朱、焦之誤。蓋《書序》可存，《詩序》不可存，詳矣。《齊》八大節，《鄭》十六小節，《唐》一年一周，《邶》一年一周，蓋天學陰陽傳之文，全爲《月令》《夏小正》之類，以爲諸國人事，豈非南轅北轍哉！

四

《王制》《周禮》。宗澤案：原稿闕，説詳《五變記》。

五

黄帝六相：僦貸李、鬼臾區、岐伯、伯高、少師、少俞。

雷公七篇。

《内經》主人，全歸六相，雖多少不同，理無優劣。黄帝承六相之教，傳學雷公，教者、受教者皆孔氏之代言人，當時絶無六相、雷公其人者，亦《尚書》之堯、舜、禹、湯、文、武之類，皆孔門之傳經立教者，當時實無其人。如《頤卦》孔子作六經，經文一見聖諱，于二、五爻兩見『經』字，皆孔子空言立教。『文王作《易》』『蒼頡造字』，皆屬謡言。

後世學者，誤以雷公與六相混同之，余常撰一聯：『黄帝六相説《詩》《易》，雷公七篇配《春秋》。』諸儒説《内經》在先，早有成書，然後《詩》文就陰陽傳依次排定，所以班氏謂就人事説《詩》，咸非其本義。諸儒説《内經》乃戰國時文字，不知孔子作六書，戰國時然後大行，故戰國文字。『文王作《易》』『蒼頡造字』，皆謡言也。《内經》泄天地之秘，非至聖不能作。《内經》在黄帝時，何以歷代傳授，絶無影響。蓋孔子作經，諸弟子同時作《内經》，道一風同，全爲天學。王啓玄《次注》補七篇，尤爲玄中之玄，秘中之秘，非但醫人之疾，直爲《詩》《易》二經傳説。後世《銅人圖經》偶爾一穴失傳，絶不能補，誠《易·繫》曰：『近取諸身，遠取諸物。』日本丹波氏不信運氣之説，不誠千慮一失哉！

王啓玄所補七篇，合《六節藏象論》一篇，所補八篇，不惟《素問》，《易》《詩》師説幾過其半。《靈樞》舊名『九卷』，《本輸篇》爲《詩經》五運十篇、六氣七十二篇之師説，《陰陽二十五人篇》爲《鄘》《衛》《王》《秦》《陳》之師説，苟能通曉義例，所見字字珠玉。總之，《内經》一百數十篇，所言莫非《易》《詩》師説。《素問》首數篇詳天學，其人分數等：首真人，次化人，次至人，以上三等屬天學，神游飛行，與《楚辭》爲一類。人學聖人爲上，其次賢人。

全元起，隋人，著《素問注》。王冰，字啓玄，唐人，著《素問次注》。二書皆有鬼神呵護，所以尚存，醫書賴日本人保存。偶有脱亡，百般探尋，終不能補。宋林億等新校正有《素問》《肘後》《千金》《外臺》數種，至今亦惟《素問新校正》獨存。《易》《詩》二經師説，苟非諸書尚存，無所取信。《易》《詩》經説發明，歸功鬼神呵護，豈過語哉！

六

《論語》孔子曰：『君子有九思：視思明，聽思聰，色思温，貌思恭，言思忠，事思敬，疑思問，忿思難，見得思義。』

《素問・六節藏象論》：三而成天，三而成地，三而成人，三而三之，合則爲九，九分爲九野，九野爲九藏，故形藏四，神藏五，合爲九藏以應之也。

《素問・氣交變大論・上經》曰：『夫道者，上知天文，下知地理，中知人事，可以長久。』

『久』與『九』同音，上經者《乾》《坤》十卦，雙卦二，作十二卦用，六氣是也。《泰》《否》十卦作五卦用，五行是也。《坎》《離》一卦作九卦用，形藏四、神藏五，四五合爲九也。

四雙卦爲形藏逆行：

䷜坎子　聽思聰　　䷚頤酉　言思忠

䷝離午　視思明　　䷛大過卯　貌思恭

六單卦爲神藏：

䷘無妄丑未　　䷙大畜辰戌　色思温

䷖剥亥子　疑思問　　䷗復申酉　事思敬

䷕賁寅卯　忿思難　　䷔噬嗑巳午　見得思義

七

《論語》：「《雅》《頌》各得其所。」

詳「各得其所」之義，既有大、小《雅》，亦有大、小《頌》，其篇數如下：

《大雅》三十五篇。由《文王》至《常武》二十八篇，加《雲漢》《瞻卬》《召旻》三大天，《節南山》《正月》《十月》《雨無正》四時，爲三十五篇。

《小雅》三十七篇。由《鹿鳴》至《無羊》三十篇，加《小旻》《小宛》《小弁》三小天，《鹿斯之奔》分《小弁》，《鹿斯之奔》爲一篇，附《青蠅》《巧言》《何人斯》《巷伯》四讒合爲三十七篇。

大《頌》十五篇。《周頌》三十一篇合爲六篇。《魯頌》四篇，《商頌》五篇，合十五篇。

小《頌》三十三篇。分毛本《小雅·谷風》以下至《何草不黄》三十三篇爲三小《頌》，與三大《頌》相對。是各得其所之義。小《頌》配三京，每京十一篇，分上、中、下。于《易》應《巽》《震》《艮》《兑》、兩《濟》。

八

《周頌》六篇。

《周頌》本六篇，毛本仿《大雅》析爲三十一篇，每章爲一篇，三十一章爲三十一篇，十八字爲一篇，何足以爲頌體？今據《左傳》「武王作《武》」，其分章六，引《詩》文相證。《左傳》宣十二年：武王克商，作頌曰：『載戢干戈，載櫜弓矢，我求懿德，肆于時夏，允王保之。』又作《武》，其卒章曰：『耆定爾功。』其三曰：『鋪時繹恩，我徂維求定。』其六曰：『綏萬邦屢豐年。』

《武》《時邁》《執競》《賚》《酌》《般》《桓》。○《樂記》：『且夫《武》，始而北出，再成而滅商，三成而南，四成而南國是疆，五成而分周公左、召公右，六成復綴以崇。』

《清廟》《維天之命》《維清》《天作》《昊天有成命》《我將》。

《思文》《良耜》《臣工》《載芟》《噫嘻》《豐年》。

《有客》《振鷺》《潛》《有瞽》。

《雍》《烈文》《載見》《絲衣》。

《閔予小子》《訪落》《敬之》《小毖》。

上知天文，天以六爲節。

《商頌》五篇。

《那》

《烈祖》

《玄鳥》

《長發》

《殷武》

下知地理，地以五爲制。

《魯頌》四篇。

《駟》

《有駜》

《泮水》

《閟宮》

中知人事，人以四爲度。

九

上經首六氣，次五行，次九思。

《乾》《坤》十二卦：六氣，順行。

《乾》　《屯》　《蒙》　《需》　《訟》

《坤》　《師》　《比》　《小畜》　《履》

《泰》《否》十卦：五行，順行。

《泰》　《同人》　《大有》　《謙》　《豫》

《否》　《隨》　《蠱》　《臨》　《觀》

《坎》《離》十卦：九思，逆行。

《坎》　《頤》　《噬嗑》　《剥》　《無妄》

《離》　《大過》　《賁》　《復》　《大畜》

下經

《咸》《恒》十卦：孤陰、孤陽。

《咸》　《遯》　《晉》　《家人》　《蹇》

以性情言　在家畜言　以二伯言　以出處言

《恒》　《大壯》　《明夷》　《睽》　《解》

《損》《益》六卦：

《損》　《夬》　《渙》

《益》　《姤》　《節》

《巽》《震》六卦：上知天文。

《巽》一　《升》三　《革》五

《震》二　《萃》四　《鼎》六

《艮》《兑》六卦：下知地理。

《艮》一　《漸》三　《困》五

《兑》二　《歸妹》四　《井》六

《既》《未》六卦：中知人事。

《既濟》一　《中孚》三　《豐》五

《未濟》二　《小過》四　《旅》六

上經三十六卦，象上半年三十六節。《乾》《坤》《坎》《離》《頤》《大過》，雙卦六，一卦作兩卦用。下經三十六卦，象下半年三十六節。《小過》《中孚》，雙卦二，一卦作兩卦用。推之《詩經》，《大雅》三十五篇象上經，《小雅》三十七篇象下經。毛本《小雅》誤以小《頌》三十三篇附入，推之上、下經以證其誤，恰合三十六篇之數。

十

《樂記》：子贛見師乙而問焉。曰：『賜聞歌聲各有宜也，如賜者宜何歌也？』師乙曰：『乙賤工也，何足以問所宜，請誦其所聞，而吾子自執焉。寬而静、柔而正者，宜歌《頌》；廣大而静、疏遠而信者，宜歌《大雅》；恭儉而好禮者，宜歌《小雅》；正直而静、廉而謙者，宜歌《風》；肆直而慈愛者，宜歌《商》；温良而能者，宜歌《齊》。夫歌者，直己而陳德也，動己而天地應焉、四時和焉、星辰理焉、萬物育焉。故《商》者五帝之遺聲也，商人識之，故謂之《商》。《齊》者三代之遺聲也，齊人識之，故謂之《齊》。明乎《商》之音者，臨事而屢斷；明乎《齊》之音者，見利而讓。臨事而屢斷，勇也；見利而讓，義也。有勇、有義，非歌孰能保此？』

《周南》《召南》《檜》《曹》，風詩三十三篇爲一序。

《鄘》《衛》《王》《陳》《秦》，五運五十篇爲一序。

《鄭》《邶》《唐》《齊》《魏》《豳》，六氣七十八篇爲一序。

《小雅》五行三十七篇爲一序。

《大雅》九天三十五篇爲一序。

小《頌》上、中、下三十三篇爲一序。

大《頌》天、地、人十五篇爲一序。

全《詩》二百八十一篇，《樂緯動聲儀》：《詩》二百八十一篇。毛本分《周頌》爲三十一篇，故爲三百五篇，今依舊本作六篇，恰得二百八十一篇。共爲一序。

〔附〕六變記

柏毓東

先生名登廷，字勖齋，後改名平，字季平。蜀之井研人。『六譯』蓋先生七旬初度時之自號也。生平篤志于經，後丙子受知南皮張文襄公，始泛濫于聲音訓詁之中。所作《六書舊義》，以象形、象事、象意爲主，而論諧聲以濟造字之窮，假借、轉注主用字。踰癸未而《今古學考》成，得周公、孔子諸大義。當時襄校尊經，于今、古學派，合同學二三百人專心研究，至戊子而『尊今抑古』之論立。今主孔子，古主周公。外間所傳《孔子改制考》《新學僞經考》，宗此派也。初治《春秋》，專詳《王制》，歷年既久，而覺《周禮》《尚書》師說尤繁。戊戌因訂《王制》《春秋》爲小統，《周禮》《尚書》爲大統。分《論語》力行、思志爲二途，《中庸》所謂『知天』『知人』。《春秋》《尚書》爲人學，爲力行；《詩》《易》爲天學，爲致知。歲在壬寅，而『人天』學派立，于是編爲《四變記》，流傳海內。繼又因漢、宋二派，皆謂孔子『述而不作』，本『秦火』『同文』之說，悟六經皆爲雅言，東漢古文家源流，百無一真。公孫禄每怪國師公顛倒五經，後世不得其解。不知劉歆僞創鐘鼎彝器，謂堯舜以來，皆有『六書』，六經爲『述而不作』。實則孔子作經，乃造『六書』文字。中國三代及東周以前，亦如今地球萬國所通行者，皆字母書。

惟孔子『六書』古文，乃驚天地、泣鬼神之制作。至今中國流傳文字，實爲至聖所獨創。其人玄聖、素王、少皡、文王、周公諸字義，皆孔子作經所由翻譯，于是訂爲《五變記》。已命樂山黄經華于壬子筆述之。

己未春，先生得中風，聲瘖掌攣，而神智獨朗澈，優游中得《詩》《易》圓滿之樂，遂半生未解之結，于《靈》《素》獲大解脱。其論《詩》，本《樂記》歌《風》、歌《商》、歌《齊》、歌《小雅》、歌《大雅》、歌《頌》之六歌，而悟『六詩』之師説存于《内經》。訂『四風』『五運』『六氣』『小天地』『大天地』『二十八宿』爲六門，以應《樂記》。《周》《召》《檜》《曹》四詩，不見日月字面，因訂《周南》十一篇，起『五運六氣』例；《召南》十四篇，起二十八宿例；《檜詩》《曹詩》各四篇，以起八風例；《靈樞·九宫大風》篇，是爲傳説，以應《樂記》之『歌風』。此風詩也。

《鄘》《衛》《王》《秦》《陳》五詩，各十篇，合于《内經》之『五運』。蓋五旬五十甲子，除子午少陰不司天之十年不計，所謂甲己化土，乙庚化金，丁壬化木，丙辛化水，戊癸化火，凡十干合爲五行，施爲『五運』，化爲五旬。凡屬日之詩五，所謂日屬世界，以應《樂記》之『歌商』。蓋『鄘』字古通『宋』，宋爲商後，故『五運』詩以《鄘》爲首。此『五運』之詩二也。

《邶》《鄭》《齊》《唐》《魏》《豳》，合于『六氣』之六十甲子。《内經》六氣有平氣、太過、不足之差，以一氣主十二月，分之則《魏》《豳》各七篇，爲不足；《邶》《鄭》各二十篇，爲有餘；有損益之法，取《邶》《鄭》之首各五篇，補入《魏》《豳》，每詩餘三篇，以象閏月。另將《鄭詩》之《溱洧》一篇，補入《齊詩》，與《唐詩》皆十二篇，以應平氣。《邶》《鄭》有餘而往，不足隨之；《魏》《豳》不足而往，有餘從之。凡地支主六氣，所謂子午之上，少陰主之；寅申之上，少陽主之；丑未之上，太陰主之；卯酉之上，陽明主之；辰戌之上，太陽主之；己亥之上，厥陰主之。一氣主十二年，六十甲子，餘十二月，以句空法補之。是爲屬月之詩，所謂月屬世界，以《齊詩》爲之代表，應《樂記》六歌之『歌齊』。此『六氣』之詩三也。

《小雅》爲小天地，以《小旻》《小宛》《小弁》三篇爲之代表。自《鹿鳴》至《羔羊》三十篇，以應一轂三十輻，比于《易》下經之《咸》《恒》十朋。《節南山》至《巷伯》，是爲三《小》十一篇，比于《易》下經之《損》《益》六首。《習習谷風》至《鐘鼓》，是爲《魚藻》十一篇，比于《易》下經《震》《艮》六首。《楚茨》至《賓之初筵》，是爲《瞻洛》十一篇，居中央，比于《易》下經《兑》《巽》六首。《菀柳》至《何草不黄》，是爲《菀柳》十一篇，比于《易》下經之《濟》《未》六首。凡《小雅》之詩七十四篇，應《易》下經五朋，所謂『五中』。《内經·六微旨大論》云：『上下有位，左右有紀』，『移光定位，正立而待之』，『本之下，中之見也；見之下，氣之標也』，即其傳説。是爲小天地，主紀步之詩。較月屬『六氣』之詩爲尤大，與《樂記》六歌之《小雅》相應。此小天地之詩四也。

《大雅》爲大天地，以《雲漢》《瞻仰》《召旻》三篇爲之代表。自《文王》至《下武》九篇，分應天、地、人之道。天以六爲節，地以五爲制，人以四爲度，故有上部之天、地、人，中部之天、地、人，下部之天、地、人。三而三之，三三而九，九九八十一，是爲九天。而分八風，與《周》《召》《檜》《曹》風詩相應。提出《文王有聲》一篇，與《尚書·帝典》開宗之《皇道》篇相配。自《生民》至《卷阿》八篇，以應『八節』，《鳳皇》至《桑柔》六篇，以應『六氣』。《崧高》至《常武》五篇，分配五方，合爲二十八篇。《考工記·輈人》蓋弓二十八，以應列宿，故三大天爲列宿外之三統，與三小天之次序顛倒不同者，所謂上下無常，而人道則居中不變。三小天，商在前，周公居中，成王居末。三大天，武王居首，周公無天下而有天下，次之，孔子則主《商頌》。此小大所由分，是爲大天地，主二十八列宿之詩，與《樂記》

六歌之《大雅》相應。此大天地之詩五也。

《三頌》：《周頌》屬天，天以六爲節，故《周頌》六篇；《魯頌》居中屬人，人以四爲度，故《魯頌》四篇；《商頌》屬地，地以五爲制，故《商頌》五篇。凡《三頌》比于《易》下經六首之《震》《艮》《巽》《兑》《濟》《未》三朋。從容中道，無大過不足之差。四五六相加，爲篇共一十五，正與十五國風相應。毛本增作三十一篇者，僞也。此素、青、黄三統之詩，與《樂記》六歌之『歌《頌》』相應，更又與《易》之三藏對起。是爲《三頌》之詩六也。

其論《易經》，因《乾》《坤》生六子爲八，父母卦各生三子，三八二十四，合父母爲三十卦，合老少父母共得六十四卦。《内經·方盛衰論》『奇恒之勢，乃六十首』，與《禁服》篇『通于九縅六十篇』之説相同。因訂上經、下經爲十首、六首，各四朋。十首者，以十卦爲一朋；六首者，以六卦爲一朋。凡上經三朋，朋皆十卦；下經五朋，惟《咸》《恒》一朋十卦。餘四朋皆六卦。《六節藏象論》《生氣通天論》所謂『其生五，其氣三』，三爲三才之道，五主五中之情，故上經三朋《乾》《坤》《否》《泰》二十卦，主占天地之大小。《乾》《坤》十朋爲小天地，以《小畜》爲之代表；《否》《泰》十朋爲大天地，以《大有》《同人》爲之代表；《坎》《離》十朋居中爲人事，所謂『上知天文，下知地理，中知人事』。此上經三十朋也。下經五朋，《咸》《恒》二五爻，《大過》《小過》，所謂『奇恒』，詳病之深淺；《損》《益》二五爻，《頤》與《中孚》，所謂『比類』，主治病情。此《咸》《恒》《損》《益》凡二朋也。《震》爲長男，縱之則《艮》爲少男；《兑》爲少女，縱之則《巽》爲長女。長少各别，得《損》《益》則合乎『中庸』。《震》《艮》六首，是爲有餘而往，不足從之；《兑》《巽》六首，是爲不足而往，有餘從之。兩朋分居《濟》《未》六首之左右，所謂『從容中道』，别爲三藏，合爲五中。此下經之六朋，與

《詩》例互相起發，合之則雙美，分之則兩傷。

核四十年而成六變，張文襄戒書所謂『風疾馬良，去道愈遠』者，其幸免乎！

毓東以駑蹇之乘，負笈師門，積有年歲。初治《春秋》，通三傳，再熟《尚書》。《大統圖表》即已驚心駭目，嘆未曾有。今復從侍左右，講貫《詩》《易》條例，卜知此六譯之説，一成不變。因就樂山黄經華所撰先生七旬壽序，重加潤色，訂爲《六變記》。俾與《四變》《五變》兩記，合行于世，以示我師門一貫之旨焉。時辛酉冬十月上浣也。柏毓東謹述。

〔附〕八十自壽文代序

六譯先生既號六譯，《四變》《五變》十年前刊版問世，六譯終寂默無聞乎？爰作《六變記》。開首《頤卦解》，孔子以言立教，故托始于《頤》。《春秋》《儀禮》《尚書》爲人學三經，《詩》《樂》《易》爲天學三經，于『丘頤』一見聖諱，于二五爻兩見『經』字，上九『由頤，利涉大川』，《論語》：『乘桴浮于海』，『從我者其由與？』『子路聞之喜』。『浮海』即『利涉大川』之象。第二，《史記》：鄭人有言曰：『東門有人，其顙似堯，其項類皋陶，其肩類子産。』堯、皋陶，《尚書》；子産，《春秋》。子貢以實告，孔子曰：『形狀，末也，累累如喪家之狗，然哉！然哉！』以人學三經思先生之道，以待後之學者。第三，《韓詩外傳》：子夏問曰：『《關雎》何以爲《國風》始？』子曰：『《關雎》其至矣乎！』天學三經《詩》《樂》《易》，人首舉堯、舜，天則陰陽、牝牡、雌雄。第四，《王制》《周禮》。《王制》爲《春秋》師説，《周禮》爲《尚書》師説。第五，取《靈樞》《素問》。黄帝六相：儻貸季、鬼臾區、岐伯、伯高、少師、少俞，黄帝受六相之教，授與雷公。《内經》二部，前人以爲戰國文學，天學托始黄帝，其書去堯、舜不知幾何年代。總之，孔子托始，何分優劣也。第六，《論語》：『君子有九思。』《坎》《離》所統十卦，形藏四、神藏五。『君子有九思』，四、五合九也。《三頌》：《周頌》法天，其數六；《商頌》法地，其數五；《魯頌》法人，其數四。第七，《論語》：『《雅》《頌》各得其所。』《大雅》三十五篇，《小雅》三十七篇，《大頌》十五篇，《小頌》分上、中、下爲三十三篇。詳『各得其所』之義，既有大、小《雅》，亦有大、小《頌》。第八，《周頌》本六篇，毛本依《大雅》分爲三十一篇，十八字爲一篇，何足以爲《頌》？不知《左傳》『武王作《武》』，其分章六，引詩文相證，足破群疑。《六變記》草稿未終，忽然中止，學經六變，各有年代，苟遇盤根錯節，一再沉思，豁然理解。爰就《叢書》分十五類，删去重複，提倡絶學，以成一家之言：

翻譯類四種。《史記》八引『孔氏古文』，以爲孔氏造字根據。

論學類七種。

《孝經》類四種。《頤·彖辭》屬《孝經》。

《春秋》類十五種。

《禮》類五種。

《書》類八種。

《詩》類八種。

《樂》類三種。

《易》類八種。

尊孔類八種。

醫家類二十種。分診脉、傷寒兩門。

地理類五種。補助蔣大鴻，並證其僞。

文鈔類三種。

輯古類八種。

共一百零六種。宗澤案：此所云百零六種，兼及未刻稿，又未將未刻者全編入，非定數也。

右先大父六譯先生《八十自壽文》，首尾不具，蓋未完之作，以其本叙《六變記》綱要，故録之以代序。先大父治學六變，始民國辛酉，至壬申八十初度，凡十年，而《易經經釋》《詩經經釋》成，乃自訂《六變記》，未成而輟。未幾，先大父遽棄養，所謂『草稿未終，恝然中止』者也。近取原稿加以整比，依《自壽文》次第寫爲一卷。第三、第四原稿闕，第九、第十則《自壽文》所未及也。取《韓詩外傳》補第三而闕其説。《王制》《周禮》爲《春秋》《尚書》傳，已詳《五變記》，則第四但録其目。第九、第十原稿多不具，則據《易經經釋》《詩經經釋》補之，所補率原稿所已提示，不敢以臆增入也。原稿論《内經》語在《頤卦解》中，論《詩》語在論《内經》語中，並改從其類。文字重疊脱誤者，詳其指趣爲之删節補正。樂山黄經華師撰先大父《七十壽序》，柏君毓冬更本之作《六變記》，與此稿大同而小異，並附録于後，見十年變遷之迹。

先大父草此記時，澤不在側，致不能及時就質，俾成完書，手澤猶存，典型日遠，斷圭零璧，彌足珍矣。甲戌二月九日，次孫宗澤謹識。

六書舊義①

予丙子爲《説文》之學者數月，後遂泛濫無專功。辛巳冬作《轉注假借考》，頗與時論不同。丙戌春間，乃知形事之分，爰因舊稿，補爲此編。葉公子義聞有此書，勸爲刊行，並助以貲，因檢以付梓人。一知半解，本無深義，知必見嗤乎通人，藏之家塾，聊備童髦之一解而已。丁亥孟冬，廖平自識。

總論六書名義

班志説	鄭注説	許序説
象形	象形	象形
象事	處事	指事
象意	會意	會意

① 光緒十二年（一八八六）春，廖平就舊作《轉注假借考》補爲《六書舊義》一卷，光緒十三年（一八八七）成都尊經書局刊行。收入《六譯館叢書》。

象聲	諧聲	形聲
轉注	同上	同上
假借	同上	同上

説字爲古學，皆源本劉氏、歆。《班志》。蓋《七略》舊文，鄭、許後師，悉本劉氏家法。今以《班志》説爲主，取其先出，文義較明，鄭、許二家文異義同附解之，以明其淵源。

《班志》前四書皆名象，此説最古，得真實義。鄭、許意雖相同，但名目改易，遂啓後來異説，使班氏最初之意反不明，故當急明班説以救之。

三家四書名目，上字有變改，下字皆從同，可見改者隨文便稱，不改者實義所關也。下形事意聲四字不改，而班氏只以形事意聲爲名，上同名象可知，當就下四字立説，上四字或同或異，所不拘也。

近人講六書，惟知許義，不能推見原始，皆就《叙説》名目穿鑿附會，又但知詳上四字，而不求下四字實義，故説解林立，而真解仍秘。形、聲二書，異説尚少。解指事者皆就指字立義，以爲指畫之形，而不知事字爲何義。朱、王二家指事門雜引象形中重象字以爲指事，猶不過百餘字。會意中牽引象事門中合體字，但知會合之義，無復意旨之分，于是六書之名捏而不清，皆解上四字，不解下四字之過也。

造字之序，始形，次事，次意，次聲，四門而止。最初造字只如作畫，象形在先。象形皆實字，有物即有事，故于象形外別出象事一門，從象形中脱化而出，面目仍爲象形，實義則專在事，未嘗非象形，而義則遁于空靈，故象事在半虛半實之間。如爲象形，而則爲象事矣。馬爲象形，而解則爲象事矣。此從實化虛也。至象意則全爲虛字，但有其意，並無形事之可言，如武、信二字，既不同日月有實形，又不如上下讀如上下其音之上下。可動作，虛有武信之意而已。作二字以達其意，故象意皆虛字。一實一虛，一半實

半虚，可造之字盡此三門。至于象聲，則後來續造，以濟形、事、意之窮者，初無深意，最滋繁衍。余謂前三門爲造字之主者，此也。

《班志》前四門皆曰象，後二門則曰轉注、假借，不言象注、象借也。前四門名目與許、鄭有異，而後二門則皆從同，以此見後二門乃用字，非造字，故取用財之轉注、假借以名之，不如前造字之以象名也。以轉注與假借對文，假借爲用財名，則轉注可知，不如俗説展轉相注、宛轉流注也。

用班義有二善：前皆曰象，可見當以下四字爲主，則後來拘于上四字之説，可以破矣。後二門實字對文，可見此爲用字之法，皆用賦名，則後來從轉注望文生訓之説可以破矣。

近人講六書，可謂極才竭智矣。然列指事字多不過百餘，心知其誤，無説以通之，然因陋就簡，猶不以爲怪。至轉注則無人不疑，無人不思，立説愈多愈亂。前一説之誤，誤在解不得事字；後一説之誤，誤在不知轉注爲用財之名，不當就《説文》求之，試即班説考之，然乎否乎？

形、事文也，意、聲字也。倉史造文，初如作畫，但有形、事而已，至于夏殷，乃有轉注、假借。一事之義，以數字形容之，此古之轉注也。本無其字，以聲定名，此古之假借也。通行既久，其法愈巧，乃以數字形容一字者造爲一字，遂有象、意之名，所謂會合見意也。于假借取聲之字，別添形屬偏旁，遂爲象聲字，聲在前，形乃後來所加，于是而轉注、假借皆有本字矣。此其去造字之始大約在千年之後。周時乃定六書之名，則以雖有意、聲用字之法，亦不能遂無轉注、假借，故以配前四門而成六書，轉注乃會意以後之會意，假借爲形聲以後之形聲，實則未有意、聲，已先有轉注、假借，非備造四書，而後立用字之二門。

許序六書解語，皆先師相傳之説，非許君自撰。故許説于形、事二書每不得本意，蓋不免循末忘本之失。形、事二門，皆能繪畫，許于象事字多以象形言之，意本不差，特六書名目，須使分明。許通部言指事者只上下二字，遂使人不知象事命名之義。許解上下以爲指事，究不知其屬指事者爲何義，遂使戴、段諸家以象形實字爲形，虛字爲事。今按上下讀如上下其音，上謂登高，下謂降階，一爲實形，在上爲上升，在下爲下降。此用力加功之字，非據見成而言。觀許所釋，似其時象事之説已晦蝕不明晰矣。

會意之『比類合義，以見指撝』，即轉注之建類一首，當意相受；形聲之『因事爲名，取譬相成』，即假借之本無其字，依聲託事也。『比類合義』，即『建類一首』之變文；『以見指撝』，即『同意相受』之變文。因事爲名，取譬相成，與本無其字、依聲託事之意尤切。余謂轉注乃會意後之會意，假借爲形聲後之形聲者，此也。

象聲，就許書求之，則形爲主，以聲相屬，頗于以聲爲象之義不合。此蓋末流之意，本來不如此。象聲即後來之假借，其初有聲無形也。當夏殷之際，只有形、事二書，而水木之名，則與物相始。如江河松柏，未造字之先，已有此名，即所謂本無其字是也。因其名近工可公白，即借音以名之，所謂依聲託事是也。如琿璖、芙蓉等字，當其初只作車渠、夫容也。此爲象聲之本，故以聲爲主。亦如假借，無本字，但以聲爲主也，通行既久，乃各加偏旁，工可加水，公白加木，遂爲形聲本字。正如後人鳥名加隹，石類加玉者，此與命名之意有先後之分。象聲本爲假借依聲託事之教，因加偏旁，遂成本字，爲形聲而假借，又遂別爲一門。今以一言決之，曰象聲、假借一也，加偏旁者爲象聲，不加偏旁者爲假借；取象聲而去偏旁，便爲假借，取假借而加偏旁，便爲象聲。

以文字分隸四象，頗難畫一。近人多以字形相近爲斷，而不知大有分別。如本末朱未束桼果朶，舊説以爲指事，而其中惟束字爲指束木之事，餘皆象形變例也。又如倒體、反體，反正之乏爲象形，倒𦥑之[illegible]爲象事。而倒矢爲屰，倒人爲匕，則爲會意。而倒首爲県，反止爲爪，則爲象形，反卯爲𠨍，則爲象事。總之，要就本字明其于形、事、意三者爲何屬，不可就點畫中求之也。

保氏六書舊法，當是四象各爲一册，略如王氏《文字蒙求》之例，故以六書爲目。許氏五百四十部首，大失保氏之意。蓋形、事字多不爲部首所統，而象、意字則不可偏入一部。予嘗欲依王例别撰《四象》一書，專以補正許説，其于保氏之意較許書親切矣。

初爲獨體無虚字之説，此就形定音義者也。今以意、形、事分門，則專以音義定四書，而形在所輕。然承用既久，實字每流爲虚字，恐承訛踵誤之音義，反足以亂四書，不若據形爲主者之得其實。然今之講音義，究必歸合于形象，雖以音義爲主，仍以形象爲據。

説字須識時代。字有始初、後造之分。始初字承用既久，其義多爲假借所奪，後人字遂從假借制義，與前迴不同矣。如女本象女陰，所以異于男也，承用爲女子字，而母字後造，遂加二點以象乳形，則與女字初意不同。舌本象射，承用爲口舌之射，而甛字遂從口舌立義矣。又如言本干舌之繁文，亦象射箭，而承用爲言語字。言部之字，皆從此立義矣。不知此沿變之分，不能得四象本意也。

造字本始象形，後多用爲虚事。就本始言，則爲象形；就後義言，則爲象事。如交象、交趾形，用爲交纏，則象事矣；熏象炎突形，用爲熏燒，則象事矣。此類二門皆可入，然就本始言，則仍爲象形。

轉注、假借用字之法，非造字。凡字四象備矣，則二書爲用字無疑。蓋四象既將字造全，用字之法則專立二書。《班志》前皆言象，後則轉注、假借對文，不言象，是其説『雖班説有造字之本也』句，原指上四象而言。近人乃六書皆爲造字，不主用字，非也。

六書事與形對，聲與意對，轉注之對假借。不惟其名目也，假借因無爲有，轉注化多爲少。假借所以濟窮困，轉注所以馭繁難。假借異實而同名，轉注異名而同實。假借爲象聲之古法，轉注爲象意之舊章。

假借必單詞隻字，轉注爲駢語連文。假借事尚質朴，轉注意取文備。各立門户，而同取用財之名。近人言轉注功用者，莫如《通訓定聲》。今將其轉注義歸還假借，而别求轉注實義，以自樹壁壘。必如此，轉注一門乃不爲虚設，而訓詁、傳注互文異字諸例，于六書中乃有所歸。

造字四門，許有明文，用字二書，則部中並未言及，以本書專明本義故也。今人言假借，多以許書，以爲釋之，不知以爲言字形之變例，非以明假借，假借多不能詳述，故令長下不言假義，以實作虚，即號令長短亦即假借，非朋來之類，乃是也。

轉、假二書，以一字多、一無字爲分，東方朔有飽欲死、飢欲死之言，今以喻轉、假，則轉注飽欲死，假借飢欲死也。如朋黨、行來，但有朋凰、來麰之朋、來，并無朋黨、行來之朋、來，此所謂本無其字，假同聲字爲之。至于轉注，則因其字多，詞章中重復言之，如《書》之『元首』『股肱』，《詩》之『干城』『腹心』。一字已明，而連用數字，如車之交轂、水之並流，故爲轉注，其例甚多，所關亦較重。二門意本相同，其必分二類，不許相混者，則轉注以意爲重，假借以聲爲重。轉注本借義，猶可據本義求之，如來字轉注與麰、黍、菽、稷等猶不離穀種。假借以爲行來，與本義全别，毫釐之差，不止千里。必考二門，知其孰爲轉意，孰爲借聲，然後經義乃明。許氏言假借，本無其字，以與轉注『建類一首』之有字相反，故決言之。轉、假對文，轉之建類一首，即無字之反義；假之無字，即建類一首之反義。惟其二書同類，故詳略互見，彼此對勘。建類一首，明有字，故假直言無字。假言無字，則知轉之字多矣。

文字有限，而事理無窮。治《説文》者但明造字，囿于迹象，此小學初功，其精正在明乎轉、假。知此，則無書不可讀，小學之能事畢矣。而二者每相互用，如『初、哉、首、基』，以實作虚，此假借也。而月言哉，人言初，土言首，事言基，則又同意相受互用。是一字而轉注、假借並有也。又『君子』二字，君子作爲人稱，此假借也。既稱君，又言子，則又轉注也。大抵假借以實作虛，轉注以彼注此，定例也。而轉注有用本字、用假字之異，特所轉字必二字同意，如以恭轉敬、以馬轉駒，不能以吉轉凶、以順轉逆。此法不明，群經皆多轇轕。擬將全《詩》作轉注假借考，如顧氏《詩本音》之例，注于本文之下，則治經者將有平蕩之樂，而無轇轕之苦矣。

《説文》專發明本義，説造字之義，于四象甚詳，而用字轉假，則在所略。蓋據形説義，例不旁徵，而本義既明，則轉假自見。故部中不出二書名目，轉假用字之法，繁難較甚于四象，此治經述文之要秘，當就經傳文義中求之，言不勝言，故許君一概從略。若株守《説文》以言轉假，不足以盡其變。以本書言本字，不言用字也。

轉假貌同情異。朱氏混轉注于假借，于是假借行而轉注廢矣。朱以許言『以爲』者爲假借，而分假義之字以爲轉注，則轉注特附于假借以見。不知許君著書，專據形以立義，而于通行虛字，多不得其本義。通行既久，古説無徵，則隨俗訓解，遂使假借多爲本義，而乃分轉注以補之。今還假借失地，復轉注故域，假借之義明，而轉注乃足以自顯。故爲《虛字考》一卷，專言假借。今不明虛字，不足以言假借。

假、轉二門，繁、簡二義足以括之。轉注所以馭繁，假借所以馭簡。辭章之文，意少而字多，不有轉注以馭之，字字求意，而文義不明；有此以馭之，則紛紜之際，一經合并，便歸簡要，有端緒可尋，如後表所列是也。故轉注一門，大有功詞章。讀《詩》《書》《楚辭》等書，非此不足以馭之。至于假借之以無爲有，人所易明，不待説矣。轉、假再以名實喻之，轉注所謂異名同實，假借所謂異實同名。即以《爾雅》言之，一大字之意，而其文至三十九字，大義所謂實也，三十九字所謂名。三十九名同一實，此謂異名同實也。假借之法，如一字借四五義，四五義其實也，一字其名也，此謂異實同名也。二者相反相濟，其用甚宏。

又再以文質二義喻之，轉注文也，假借質也。轉注爲詞章要訣，一意而以數字形容之，或取華贍，或齊章句，如《詩》與《楚詞》不能一意一字，此千古詞人之所同，所謂文也。至《春秋經》與《儀禮》儀節，則全書無一轉注。典章經制，最爲謹嚴，一字一意，不尚詞藻，此轉注爲文之説矣。至假借一字數義，窮促簡略，其爲質義，無待詳言。若假一音，而並以同音之字待之，如《爾雅》訓大之三十餘字，皆爲假借，無一本義，此假借之轉注與假借之本義不同。予云假借之中有轉注，又云二門互相爲用者，此也。

象形篇

許《序》：『畫成其物，隨體詰屈，日月是也。』形、事皆如作畫，但象形只是畫成其物而已，單物單形，更無別意，不如象事有功用也。

象形諸家無異説，然有誤入會意者。如玨、驫、林、森、㮯之類，此爲重象，雖會合二字，仍爲物形，非意也。有誤入指事者，如牟、牢、叀、桼、彪之類，此爲加象，雖于象形字加筆爲字，然所加之字仍爲物形，非事也。象形門中當立此重象、加象二例。

象形中有記識一例，如刃、本、末、朱之類，欲象刀之白、本之根杪，非畫全刀木不能見；但既畫全刀木，則刃與本末之意又不見，故加記識以分別之。然其字仍爲象形，舊誤入指事，今以爲象形之變例。

作畫有大寫、工筆之異，象形字亦如此。繁體工筆也，省體大寫也，二類形象不能不小異。舊説多以爲二字，𦥑、[illegible]、燕、乙之類是也。今立繁象、省象二例補之。

予以相爲古杖字，此定説也。初以爲會意，繼乃悟杖有實形，非會意，蓋以木、目二字象杖形者也。杖爲木竹，既有大象，欲曲肖杖之形，非此木、目不能。他如以水、少二字象沙，以大一象天，以戈守一象或，皆以二字會象者，此爲一例，當推廣之。

象形有一形數字者，許書分隸各部，不惟不見會通之妙，後人遂指爲别一字者，如包、台、孕、壬本一字，當類聚之是也。

形有虚形，有不能與實形相比，然此類究當歸附象形，不得入會意。如王氏會意中所收之眉爲气息，無實形之類是也。又令、用本象形字，後乃獨行，改借虚意。今當仍就本義考之。

象形除正例外，今分爲十例，撰《四象》當據以收之。

合象例

如葡、眉、爲之類是也。

重象例

如珏、騳、棘、炎之類是也。

加象例

如牢、牟、叀、彪、閑之類是也。

虚形象例

如眉、气之類是也。

取意象例

如相、沙、或、苗、天之類是也。

記識象例

如朱、本、末、刃之類是也。

反體例

如乏、㐆、[illegible]、亍、爪、[illegible]、[illegible]之類是也。

省象例

如[illegible]、[illegible]、[illegible]、[illegible]、[illegible]之類是也。

簡繁例

如凵[illegible]、燕、乙、自、白、[illegible]、[illegible]之類是也。

重字例

如包、台、焉、于、[illegible]、正之類是也。

象事篇

許《叙》：『視而可識，察而見意，上下是也。』象事與象形實同，特單象物者爲象形，兼有功用者爲象事。凡畫圖半爲象形，半爲象事。如畫山水、草木，此象形而不關事者也，有人物則爲象事矣。如釣魚圖，魚與竿鉤爲象形，持以釣魚則爲象事。伏虎圖，人虎爲象形，以人伏虎則爲象事。單畫[illegible][illegible]爲象形，有所持執則爲象事。此形事之分也。

《大學》云：『物有本末，事有終始。』物指形質，故言本末；事指功用，故言終始。有物必有事，故象形與象事並重。形與事之分，如物、知、意、心、身、家、國、天下者形也，格、致、誠、正、修、齊、治、平者事也。由物以至治、平爲終始，知此，而事不與形相混矣。

有此字即有此物，象形也。聞其字而即能動作，象事也。如[篆文][篆文]之類，聞之即可動作是也。以閱軍喻形事，名册點一名即有一人應聲而出，此象形也。軍令、放鎗、鬭技、舞劍、發矢，則全軍手足鼓動，如響應節，此象事也。

朱、王所列象事一門，不及百卅字，會意較象事則多至十倍，乃其指事中多誤采形意字，所取真指事不過十字。蓋前人皆不講事字，惟就指字立義，事字真義不見，故其所收不過形意之變例。因此門孤弱，遂强以附此，實不知象事爲六書之大門，字最繁多，特因誤以入于形意，遂覺本門少耳。

《論語》云：『視其所以，觀其所由，察其所安。』視爲初見，察爲細察。象事字如畫之釣魚、伏虎圖，初見已知爲竿、爲魚、爲人、爲虎，此視而可識也。細察乃知以手持竿，以餌釣魚，以人伏虎，此察而見意也。象事半實半虛，視而知其實形，察而知其虛意。《公羊傳》『六鷁退飛過宋都』，云徐而察之鷁也。再察之，然後知其退飛，過宋都，意亦如此。

指事今分爲八例：

純就人身耦體事例

如行[篆文]、[篆文]、[篆文]、[篆文]、[篆文][篆文][篆文]之類是也。

就身見事變體例

如[篆文]、周、看、卧、旻、拜、曳、史、因、[篆文]之類是也。

以人依物見事例

如上、下、休、坐、登之類是也。

身物並見以爲事例

如夊、厈、夾、兵、戒、隻、爨、采、伐、弔、塞、取、孚之類，半身半物，從以身舉物是也。

以物制物，合二物爲字，體繁，不再從身取義例

如解、束、[illegible]、牽、聑、分、劓、魝、縣、匊、班、困之類是也。

但舉事形例

如丩、八、勹之類，但舉事形以爲象是也。

純物象事例

如飛、不、至、乑、生、出、非之類，爲物之事，然終爲象事之例，與形、聲、意均不同是也。

就物生事例

如吠、鳴、唬、贊、牟、臭、猎、集、突、竄、戾、流、衍之類是也。

象意篇

許《叙》：『比類合誼，以見指撝，武、信是也。』象意一類，一言以決之，曰皆虛字，無形可肖，無事可作，無聲可託，乃爲象意。如武、信二字，無形、無事、無聲是也。必如此類，乃爲象意。

象意皆虛字，此定說也。舊說不講意字，惟言會字，就許會意之名猶可附會，若用班象意之名，則會字

不可言矣。因誤據會字，遂將形事門中合體之字闌入會意，而六書亂矣。

四象中意字最少，朱、王所列，既獵取合體象形，又將合體象事全歸此門，竊取自富，實不如此。如玨、林形也，皆以爲意；艸、步事也，亦以爲意，不盡爲分別，真僞不見矣。

象意字有從象形字而見者，如倒矢爲屰，屰爲午逆，此象意也。其字乃倒象形獨體字爲之，此全從屰字音義而定，雖矢爲象形，而屰則全從午屰見意矣。

象意字以數字合成一字，如夫婦會合而生子，其子于父母之外自成形體，别具面目。如武字，既不關戈部，又不可入止部；信字入人部，既非入言部，亦不得□□爲一類，許以歸入部中，大失保氏四書之意。今當以此自立一類。

象聲者，以無爲有也。象意者，化多爲少也。凡意皆空虚，不如形體質實，無論何意，非數字不能形容，故必合數字，乃成許名會意。會即化多爲少之謂也。意如蝕金敗鐵，會如洪鑪大冶，必經鼓鑄，乃能融合。此本轉注之舊法，故同爲以數字説一意。余以轉注、會意爲一彙者，此也。

古人文多樸拙，後人文多靈巧。古會意字少，一義須得一字，又或以數字形容一意，既造會意字，則合數義以爲一字，義多字少，文便輕活。至于六朝以後，則不惟會意字多，且典故亦有會意之法，用一二字而所包甚廣，須數十字乃能注釋，非此一二字，則必繁言。乃明此亦會意之意，文所以日巧也。

意如題目，字如文筆，以字達意，故云象意。未造意字之先，以數字象一意，苦其繁冗，乃合數字造成一字。如信、武，非有此字，必須數字乃能達其意。又《爾雅》『善事父母爲孝』，『孝』字即會四字之意而成其事，頗與謚法相似。如『勤學好問曰文』，『勤學好問』一意而四字，此所謂字多意少，爲轉注文，以一字包之。此即造象意之法，未經鍛鍊，則爲轉注，已經鍛鍊，則爲會意。既有意、聲之後，則轉、假與無意、聲之前不能不小有差異，然其初則實相同，此移步换形之事也。

舊説以形事爲獨體，會意爲合體，此誤也。不論合、獨，但實物便爲象形，如燕爲虎苗之類，雖非獨體，仍爲象形，但是事便是象事。如爨、畫、棄、葬、舂之類，雖非獨體，仍爲象事。有此事物，獨體能象，則獨體象之；不能，則合體象之；非合象便不爲形事也。而象意之字，亦多獨體造字，如范金合土，取肖形模，豈拘獨合？此皆由誤解會意，會字穿鑿上字，不顧下字之過也。

象意以意爲主，象聲以聲爲主。象意不兼聲，象聲不兼意，各爲門户，不相參雜。舊説有意兼聲者，誤也。爲此説者，本許書從某某亦聲。按：許書此類皆晚俗字，經典只用其得聲偏旁，無此僞體。如齊只作齊，而許書之齌、齏、齍、劑、齎，皆晚俗誤加偏旁以相别，當歸入俗體重文中。王氏會意兼聲二百五十文，皆此例也。此類晚俗所加，别爲一類，不可因此混意聲也。

東漢惟隸字通行，篆文不過于碑碣間用之，與今通用楷字，惟金石間用篆字相同。許書所録篆文，非盡據李篆全文而録之。楊、馬通人，作字亦爲隸體，許君以篆法寫之耳，故其中形義多不甚合，此所以必立流僞一門以統晚俗字也。

象意爲虚字，而字有從實誤虚者，不可以爲會意，仍當從形事説之。如午屰之屰，此從倒矢象意者也。而午字與屰形近，從屰字意説之亦可。然午爲杵之古文，象形非象意也。午屰二字，午爲假借，屰爲會意，從此類推，不致因晚近而誤。

予以獨體無虚字，凡許書以虚字説獨體者皆誤。又以象意爲虚字者，蓋以意與形事比較耳。凡意皆有實，義不全虚，至于稱謂語詞、重言形况諸門，則全無義理，以較象意，則象意爲實，此數類乃真虚字矣。

此固萬不能造字者也。

象意字前人所列雖多，除去形、事二門則少矣。蓋此類皆有妙義，不易造作，欲歸此門，必當精審。舊以許書從某從某者統歸象意，最爲剌謬。許書從某從某多象形，象事字尤多，以此爲會意者，誤也。

王氏有會意外别加聲六十八文，此類有當入象聲者，如碧、玉石爲形。薄、荓、蒲、藻、藻水草爲形。是也。雙形一聲，多爲後人所加。如碧可作砉、珀，薄、荓可作蕃、芹，此亦俗體變爲正字者。有當入象意者，如[illegible]之奉意已明，簠意已明，不必言丰甫之聲。此等如齒金龍禽，多爲後人所加，許書偶用或體耳。究之王氏所舉，多非象意。如碧、薄等字，皆有實物象形，非會意奉御等，又爲指事字矣。

象聲篇

許《叙》：『四事爲名，取譬相成，江、河是也。』象聲字其初只如假借，取聲而已，無形屬偏旁也，故以象聲爲名。假借已久，後人于假字依類加形，遂成本字，故四象此門最繁雜。

舊説于象形、指事、會意皆有兼聲之説，非也。凡有聲者皆當入象聲，不得相兼。形、事、意、聲四門各别，無相兼之理。象形有聲，如齒字則本當作㐫，有聲之齒乃㐫之小名，從㐫止聲者也。許因部中字從之，立爲部首耳。指事舊牽混，不具論。會意字如齋、齎、瓏、琥之類，舊皆以爲兼聲，其實皆俗體，爲古法所無之字。且實求之，則齋爲會意，而齎、瓏、琥皆爲實物，全爲象聲中之象形字，與會意字實不相干。故今概不從兼聲之説。

宋人以會意之法説形聲，見譏于世。今于象聲概不言義，以示區别。劉氏《釋名》專取聲訓，雖爲古法，然多附會牽就。近人專主此説，遂謂有聲即有義，而象聲遂與會意混。今嚴立界限，即劉説亦不取之。

象聲字不言義，有不通之字，如仁、義、忠、恕本象意也，字則變爲象聲。忠、恕二字以例江、河，不見其異，而仁、義字則從人我得聲，仁者人也，義者我也，人我之爲仁義，此假借之本例，象聲之舊法也。二字行用已久，義不敵聲。如以形聲通例論之，則仁字當以人爲形，而别用聲字；義字當以我爲形，而别用聲字。因其義不敵聲，故即于聲字加筆以爲字，或二或羊，取别而已。此類爲象聲變例。

國書及外洋字母，專以託聲，無形象可别。用耳學不用目治，古人象聲之字實亦如此。但託其聲，而其聲之爲物爲事、爲彼爲此，全由聽者之自悟，此《公羊》所謂耳治也。字母之學，只是六書之一門，而倉史之功巨矣。

許書中有録象聲之小名而奪象形之正篆者，如龍、金、齒、禽之類是也。舊説不知其源，以爲兼聲之例，今概歸入聲門，而别補𠧪、𡳾、囟、离等正篆歸象形部，以爲正字。凡兼聲字皆正篆，小名因遺正篆，遂爲兼聲，此以末爲本也。凡此類，皆當以此例推之。

象聲有形、事、意之分，然其名專由聲得，其見爲形、事、意者，由續加偏旁而定。此皆後起字，雖有形、事、意可言，然本原于依聲造字，終爲象聲，特于象聲中立三門以相等次，不得與前篇形、事、意混也。

省聲之説，人多疑之。然古字繁省不一，一字省與不省並見者，足見許説有本，惟此門一開，則啓規避之路，凡不得聲字隨便舉聲近字皆屬可通，取巧妄説。今定爲必有不省明證，然後以爲省文，無明文者寧闕之，不敢臆説。

轉注篇

許《叙》云：『建類一首，同意相受，考、老是也。』案『建類一首』，即本無其字之對文，比類合義之變字也。轉注本爲象意，象意既有本字，轉注乃退爲用字，專門與假借相對成義，故班、鄭、許三説皆同以轉注與假借對稱，不改字也。

許君以考、老舉例，蓋以二字連語爲説，所謂『建類一首』也；合二字以見義，所謂『同意相受』也。考、老叠韻而意相同，今故以雙聲、叠韻爲正例。《毛詩雙聲叠韻譜》所列皆轉注，如窈窕、崔嵬、流離、玄黄、輾轉、虺隤之類是也。《説文雙聲叠韻譜》所列之禱告、禍害、禁忌、嚴急、趨走、遵循之類，二字一義，亦皆轉注也。雙聲、叠韻本皆假借，然單字爲假借，既假之後，又以二字連文，則入轉注例矣。轉、假二門皆有雙聲叠韻，如玄黄爲病，論本義則假借也，而二字同意並見，則爲轉注矣。故雙聲、叠韻爲轉注之正例，凡駢語有不爲雙聲、叠韻者，均附此例之後。

假借因無爲有，轉注化多成少，象聲生于假借，象意生于轉注，此六書先後之序，文字一定之例也。未造形聲字以前，則皆假借；未造會意字以前，則皆轉注。假轉意聲，止争有本字、無本字之别，然去形聲字之形旁便爲假借，而分象意之字不得爲轉注者，則以象意會二字以見義，所會多一虚一實，不必同意。如武之止戈，信之人言，不能同意是也。若就此法推之，三傳服傳之釋經，《戴禮》記文之解禮，皆得爲會意所包。惟會意既有續造字，則轉注不能如此泛濫，專就字之虚實意義相同者爲轉注，略示區畫。若推其例，則凡以文字連文見義者，皆得爲轉注也。

後世用字，類如理財，有餘揮霍，則一事而費數倍之資，不足則稱貸敷衍。因類取象，以示學童曰轉注、曰假借，在當時皆通行諺語，正如今幫補通挪之例。轉注因字多而累用之，假借因無字而通挪之，語意明白，故以教諭童蒙。若如舊説，轉注互訓互體、轉聲轉義，傳注省形諸説，不惟與假借不類，而轉注二字名義已迂曲難明，雖老師宿學猶不能解，何况童蒙？《班志》以轉注、假借對舉，明四字相對成文。若仍舊解，亦當云象注、象借矣。

轉注專以馭繁，以駢字爲主，無論虚實，凡《駢雅》所載者皆是也。原不必拘其偏旁，如拘其偏旁，則以同偏旁者爲一首，不同偏旁者爲建類，亦無不可。他如連語形况，如委蛇、蒙戎之類，既經同見，亦其變例。若傳與經對文，同意相釋，以及互文異字，義近相通，則亦變例矣。

訓詁之書，以此釋彼，以經注對觀，亦同意相受也，故訓詁亦得以轉注爲名。傳即轉之假字，轉運財物與師弟傳受，皆從轉得義。注，挹彼注兹也。《詩》之挹注皆有通挪之意，則訓詁以注名，亦用通財之義。故傳注爲轉注之變例。

轉注古爲用財之名，古書有轉輸、轉轂、轉餉、挹注、傳注、轉運、轉販、灌注、輦輸等名目，雖與轉注聲義相近，而以轉注二字連文者無所考。然轉注與轉輸等音義皆同，既有旁證實義，正不必定求一連文爲證。予以《穀梁》《公羊》爲卜商之轉語，意義甚合，亦無一實證。如欲求實徵，則假借二字亦無連文之實證，何以不疑，而獨疑轉注乎？

經傳轉注字用者本一意，而累文以達其間，亦不無淺深差别。如《詩》之言『采襭』，《書》之言『股肱』是也。但二者雖似小有分别，仍當統于意，不必分之。至于累字足句、易文協韻、由此兼彼、錯綜雜出四例，漢唐以來説者皆據文釋義，不知變通。如《詩》之『輾轉反側』，《孟子》之『袒裼裸裎』，四字同一意，不必分别也。先儒不知此義，于此等字分别細目，徒爲繁説，與經義無當。又由此兼彼，及錯綜雜出，尤爲岐出。今概以歸于同意，一掃繁蕪之文。

或疑轉注用財之名無確證，恐不與假借對文。曰：今征賦有所謂捐輸矣，有所謂津貼矣，四字平對，皆取財之名，正與轉注、假借同意。如以轉注爲不可解，則捐輸、津貼獨可解乎？捐輸、津貼在今日則人人皆知爲取財，至于後世，此語不傳，其疑之也，安知不又如今日之疑轉注乎？

轉注爲詞翰之要秘，故典制之作，絶不用之，《春秋》《儀禮》可證也。今之作時文者，專以替代字見宏富，如題有敬字，則凡肅、雍、穆、皇、恪、恭、虔、祇莫不備用，甚或一篇之中至數十百字。推其用字之法，皆爲轉注，以字相替，本爲假借之例，而别爲一門者，則以此類有本字，而所替代之字義皆相近。假借則本爲不能造字之義而設，與此不同。後來有本字，而又有隨手假借之字，然多爲單字，仍歸假借彙，不與轉注相混也。

考、老二字，古書連文者無可考，亦與轉注同。蓋四字皆周時語，久而無徵，經傳如此例最多，原不必定求實證。其以考、老連文者，惟見栲栳，蓋柳器之名。或頗欲以栲栳説考老，然二字晚出，考老叠均字連用，本非奇事，正不必拘定以栲栳説之可也。

轉注之字今略分爲十例

雙聲駢字例

如左右、股肱、叢脞、次且、流離、玄黄、瘏痡、參差、好逑、權輿之類是也。

疊韻駢字例

如崔巍、窈窕、虺隤、蒙戎之類是也。

連語例

凡連語而非雙聲、疊均者入此例。

案：此皆雙聲、疊韻、駢字同意者也。不論于《説文》中同部異部，但係二字連文而意同者，皆歸此例。

重言足句例

如輾轉反側、袒裼裸裎、樂土樂土、君臣上下之類是也。

案：本用一字或二字意已明，其必重言者，非此文句不足，但取足句，而意則實同。

變文協韻例

如《詩》之家室、室家、家人、干城、好仇、腹心、趾定、角子、姓族之類是也。

案：本同一意，因協韻屢變其文，並無別意。

互文足意例

《周禮》互文最多，彼此相助，其意乃足是也。

錯綜雜出例

如《曲禮》之告面，《詩》之采有、掇捋、袺襭，《論語》之迅烈，《夏小正》之剥零是也。

由此及彼例

如《孟子》言禹而及稷，《禮記》言車而及馬，大夫不得造車馬。言老而及幼，養老幼于東序。是也。至如言綱及目，如魚鮪、草莽、鳥烏、蝗蟲，說見俞氏《古書疑義》。亦其例也。

案：此類言雖兼涉，而意則一，此亦轉注也。

傳注例

案：轉注以訓詁爲一門，以彼字注此字，二字同意，亦如駢字，即以數字釋一字，又或虛實不同，字雖異而義則同，仍爲轉注也。

爾雅例

如初、哉、首、基、肇、祖、元、胎、俶、落、權、輿十二字爲轉注，凡在同意，皆可互相通用，如元首、權輿即用《爾雅》是也。

案：前三門爲正例，後七門爲變例。

假借篇

許《序》云：『本無其意，依聲託事，令、長是也。』令、長，如今州縣之稱，此當時通行之語，舉官名稱號不能造字者，以起例假借，豈二字能盡，不過借以示例而已。令、長爲官名，此依聲託事也。官名既無形事之可言，又無實意之可會，不過託名以相稱號而已，所謂全虛不能造字者也。令、長不足以概假借，據此足見六書所舉字例，不可株守，當盡力推求，不得拘二字以概其餘也。

許《序》：轉注曰同意，假借曰依聲，轉注與象意爲一例，假借與象聲爲一例，此一定之論也。假借之字，必以借聲者爲準。借聲而義不可通，至于同義通用，如今古異文，同義相借者，此爲轉注之變例，非依聲者不可以爲假借也。

假借以真虛不能造之字爲正例，因不能造，乃定此例以濟其窮。至承用既久，續造字多，經師寫經，猶好以同聲字相代，既有本字，又復相借，此假借變例也。若借字義與本字相同，即可以借字爲本字，既爲同義，便非依聲託事也。今將此類歸入轉注變例，如經典異文是也。其中唯借音者乃爲假借《説文》專明本義，《爾雅》則多非本義，此假借也。一字一義，《爾雅》一義至數十字，則又轉注也。治《説文》易，治《爾雅》難。《説文》有形象可憑，合者爲是，不合爲非。《爾雅》則義與字形全不依附，一字兼見數義，俗體重文雜出其中。故説《爾雅》者皆影響附會，不及《説文》之切實。《爾雅》之難過于《説文》十倍，以此見本義易明，而轉假之難説也。

假借專爲無字而設，乃文士喜新，隨意引用，此當立代用例，與假借不同，執此爲説，非也。如才爲草本初生，非始本義也，用作始義，則假實作虛，當以才爲假借字。乃載記中之哉、載、戴、裁、纔，又隨舉同聲字以相代，原始義本于才，不得以才爲本字，而假諸字又不得以諸字直爲始之假字。必知乎此，假借乃明。不然，文士所用新字，亦當考其乃何字之代用，不得以爲假借。以假借化無字爲有字，六書之法甚謹嚴，代用則本有字而用替字。文章之事喜新穎，其意間于轉注、假借之間，若執此以爲假借，則清釐歸畫爲難。假借中須立此一變例。

全虛不能造字，如地名、人名、官名、連語稱號、記識語詞、重言形況，雙聲叠韻是也。此類既無形事可言，亦無實意可會，造字之法，至此而窮，不得不立借聲一法，以化無爲有。承用既久，假義行而本義廢。許君不盡知本意，多就假義附會，其義與形不相附，不能掩其破綻，尚可改正。其有本字，爲假義所奪，更造一字以代之，原字遂無所歸。此類尤多，故《説文》多一字變爲數字之例。

宋芸子以字皆由聲而造，字在聲後，其説是也。如日、月、牛、羊，皆先有此名，後造此字。然口舌之音無窮，而事物之形有限，實而按之，除形事外，唯象意字乃有實意可象。既有實意，則可憑藉其意以象之。若真虚字，既無所憑，何從起例？故真虚不能造字，全出于假借也。即形事與意，古人亦未盡造，多假别字爲之，故假借中亦多實字。假借之變例，亦如假借以無字爲斷，而有有字者，又假借之變例也。

假借十六例 凡舊説已明者不録。

官名例

如令、長、士、吏、皇、帝、王、伯之類。

地名例

如秦、宋、吴、越之類。

姓氏例

如伊、姞、姜、尹之類。

記識例

如支干、數目之類。

品藻例

如大小、長短、高卑、美惡、好醜、是非、真僞之類。

稱號例

如君臣、父孫、昆弟、朋友、爾女之類。

單詞形況例

如率爾、幡然之類。

重言形況例

如朱朱、關關之類。

語詞例

如之、乎、也、而、已、矣、焉、哉之類。

雙聲連語例

如次且、叢脞之類是也。每□□□□□借合□□□□□注。

疊韻連語例

如窈窕、蒙戎之類，亦如雙聲。

同聲通寫例

如利之爲賴、答之爲對之類。

疊韻例

如冰之爲掤、馮之爲淜之類。

合音例

如茺蔚爲蓷、蒺藜爲茨之類。

同音例

如德之爲悳、服之爲艮之類。

轉注假借對峙表

轉注	假借
同意字多浪擲過費。	有聲無字，稱貸于人。
如今津貼之名。	如今挪用之事。
專主駢字連文。	本于真虛不能造之字。
文辭用之以求華贍。	載籍用之以濟窮困。
《春秋》《儀禮》無轉注。	四象不須假借。
化多爲少，所以馭繁。	因無爲有，所以濟窮。
既用同意，都爲本義。	但取其聲，實義全别。
同實異名，是爲目治。	同名異實，是爲耳治。
與象意爲一彙。	與象聲爲一彙。
同意字俱可連用。	同聲字乃可借用。
傳注是其變稱。	借用再無還時。
雙聲字二字同用。	雙聲字一字爲借。
疊韻字二字同用。	疊韻字一字爲借。

续表

《駢雅》皆轉注。	《爾雅》多假借。
《詩》《書》《楚詞》最多轉注。	《説文》專釋本字不詳假借。
假借之後有轉注。	轉注之中有假借。
包乎傳注，互文、異文。	包乎□□□□詞語。

文字源流考①

叙一

六書文字，創自孔子，中國文字分兩階級，倉頡造字純爲字母方言，孔子正名翻經，始有六書文字。傳之萬世，統一全球，《禮記·禮運》言『大同』，《中庸》言『同文』，孔子制作，固非爲一時一隅計，此所以爲『大哉孔子』也。非中國文字不爲功。學者不察，醉心歐化，習海外語言，語言在識外情，通科學，非變易中國文化。忘中國精粹，病六經，詆孔子，並文字亦屢議變易，近人勞乃宣、江亢虎皆變易文字。江亢虎仿英文字母拼音辦法，已試習于北京女學校，卒不能適用。不大惑乎？夫文化階級，由漸而進，人類交通，初用語言，繼以文字。文字規定，由單簡進于複雜，始卑邇終于廣遠，自然之勢也。自有史以來，《史記》以前古書，凡稱史者，皆爲字母書，經、史之分部，即古文與字母之别。世界文字淘汰消滅不知幾千百種，亞洲文字獨中國六書字體行之最久且遠。一統之世，尚不足論，六朝紊亂，五代迭更，元、清入主

① 民國元年（一九一二），廖平授意門人李堯勳作《中國文字問題三十論》（即《文字源流考三十論》）。民國十年柏毓東將《四川國學雜志》所載李堯勳《三十論》與廖平《中華字典序》合訂爲一册，由成都昌福公司排印。一九三三至一九三四年《藝林月刊》第四十一至五十九期連載。

中原，異文羼雜，終歸同化，其勢力優勝已如此。匪特國内也，日本、高麗語言各異，同用漢字。崇拜歐風，日本爲先，屢議廢止漢文，中東戰後，日本趨重歐學，文部省屢議廢止漢文未決。卒不能行。山本憲日人。著論斥之，且言中國文字將來必循布于宇内，見去年《東方雜志》，其比較中西文，謂西文不如中文，條例甚詳。卓哉！其深通字學，識孔子同文之制也。乃生長于是邦，不究其求，輒附和一二歐人學漢文不便者，山本憲言，漢文不便係出一二歐人學漢文者。思變易之，遽謂歐西言文一致，易于科學，是豈然哉？言文不能一致，亦不必一致。歐人高深學術，非盡人能解，方言各異，欲于語言假音，字母連綴，謂可通行，必無是理。歐洲現行各國文字，不能强同，皆限于字母方言不能爲標準也。中國六書形、聲、義學具，望而即知，不必由音造此大同文制也。至于方音，絶無妨礙，惟統一語言，審定音則，同趣官話，是當留意耳。豈文字不如歐人乎？若歐人字母文字，不過語言之進步，實中國已經之階級。當草昧之初，所有語言假音，亦必同用字母。考中國藩國如蒙、藏、回疆、安南、緬甸、廓爾喀皆用字母，内地各行省上古時亦然。《易大傳》言：『上古結繩而治，後世聖人易之以書契。』湘潭王氏説以結繩象字盤曲之形，太史公稱字母爲百家言，六經爲孔氏古文，《史記》八言古文，皆屬孔子，與古史字母對針，非東漢以後古今文也。此中國上古用字母之徵也。所稱後世聖人，必爲孔子無疑。《説文》言孔子作字者數條，《左傳》言武、蟲、緯書官字體者尤多與《説文》不合，此古今之分派也。中土字母，秦漢以後，久已銷沉，别無踪迹可尋。然讀《莊子·天下篇》與《史記》本紀、表、傳，當時尚有兩種文字，即百家語言與古文六藝。書籍並行于世。是以孔子以前，但有語言假音，孔子翻經正名，乃特創六書雅言，當時二體通行，亦如今之中文與字母分體爲書，並行不悖。蓋字母利于通俗，凡卜筮、種樹、農工技術用之易曉；至于國家政治、禮樂刑罰，則必于語言之外别立文字，折定一尊，不與土音相傳比，而後通行及遠。考春秋百餘國，分土而治，自成風氣，不下百種語言。齊魯學者同傳孔氏學，語言已自不同；戰國兼併爲七大國，《始皇本紀》謂天下諸侯并作語。《説文·敍》曰：

『戰國分爲七國，田疇異畝，車塗異軌，律令異法，衣冠異制，言語異聲，文字異形。秦始皇初兼天下，丞相李斯乃奏同之，罷其不與秦文合者。』秦無焚《詩》《書》事。《史記·叙傳》：『秦撥去古文，焚滅《詩》《書》。』古文與《詩》《書》對舉，亦如下文六經與百家對舉。『撥去』當爲『撥正』，《詩》《書》當爲『史書』，謂焚滅字母史也。去、正形近，詩、史相通，因而致誤也。蓋文字參差，方言錯雜，從政困難，莫爲治理。《論語》云：『名名，古訓字。不正，則言不順；言謂命令，殊方異語，字母難于通行。言不順，則事不成；事不成，則禮樂不興；禮樂不興，則刑罰不中；刑罰不中，則民無所措手足。』謂此也。故始皇折定一尊，崇孔氏古文爲秦文，擯字母史書爲雜語。《史記·自叙》云『厥協六經異傳，整齊百家雜語』是也。舊説謂始皇焚書係孔氏六經，史無明徵，祇有百家語言。通考史稱百家言，皆與古文對比，知百家語言係字母各書，與孔氏古文絶異。始皇焚百家語言，絶非孔氏古文。六書文字遂流傳至于今日。今世界大通，文物錯陳，無異一大春秋、大戰國。考海外各國，無論程度優劣，同用字母，徵之中史，殆《史記》所謂『百家言不雅馴，薦紳先生難言之』者歟？又考歐西文化，莫古于希臘。希臘文化，拿基小亞細亞，沿海岸而西。《三藏記》稱『造字之祖，凡三人：長曰梵，其書右行；次曰佉盧，其書左行；又次爲倉頡，其書下行。』右行、左行二家爲字母，則中國下行文字，其初亦爲字母可知。當孔子時代已歷字母階級，進于六書。今外國左行、右行二體，歷時雖久，未與字母體制相離，以至聖不再生，故因陋就簡，歷久不變。然準秦始同文之例，由中及外，驗小推大，又何必更生孔子乎！孔子古文，統括古今，萬方無慮，音語扞格，一通以文字，觸目即解，歐西拼音成字，曷克臻此？此孔子之功也。山本憲謂必遍布于宇內，亦勢有必至。夫孔子，中國教宗也；六經，中國國粹也。無教宗無以繫人心，無國粹無以固國體。一時勢弱，何遽自棄？今且論中國文字源流，立三十題，各爲一論，文多不及畢載，每題略注數語，標明宗旨，全文續出，並摘附山本憲條例一通，以質今之言字學者。

叙二

環球各國，無論其建立新舊，程度優絀，皆以方言拼音，有聲無字，《公》《穀》所謂『耳治』，六書所謂『象聲』。惟吾國六書以圖畫補耳學之窮，四象之中，聲占其一，正名翻經，冠絶全球。《易》曰：『後世聖人易之以書契。』或以六書見《周禮》，爲孔子以前事，駁詳《周禮凡例》。說者據《史記》八引古文，歸功至聖，《僞經考》以此八條爲歆，今以專指孔氏六書爲古文。非但人言，且代天語。去年，余以讀音統一會赴京，會中紛挐，含意未申。說者謂語文合一，則識字易，可以普通文明。按語文通俗則便于鄉音，致遠則貴乎形象。吾國久沐同文之化，試官之去取詩文，讞員之審決情實，固已無所不通。東洋、高麗即可筆談，每須譒譯。如以方言爲便，蘇白小說，蘇人能讀之，五百里外，則不知爲何語；吾川高腔劇本，刊刻最多，而外省則無人留閲。商工契券，固與博士不同，語文合一，市井鄉曲所通行，不足奇也。若誥敕、奏章、獄訟、刑判，必責以方言俗語，所謂名不正則言不順，禮樂刑罰皆失，民無所措其手足。始皇同文，專爲法律，故醫卜種樹通行字母不廢也。又廣州凡力役及婦女幾無人不識字，而其程度不高于鄰省。工役識字，以言語難通；婦女識字，利用于賭。若以難易論之，中文分高下，海外普通記，固所易曉。科學名詞，彼此向壁虛造，而不相通。字典數年一增修，繁重十倍，普吾國恒患其不足。我國通字典尚有人，彼則絶無全記誦，或猶各科學名詞者。以此比較，難易何異寸木岑樓，循末忘本，亦見其惑矣。此條詳《東方雜志·中國文字之將來》。六書文字未有之先，非至聖不能興；埃及古碑乃誤以畫爲字。既立之後，雖東洋不能廢，《采風記》以埃及因古文不便乃改字母者，誤也。其中自有天心，亦兼人事。主此議者，欲以異邦理想，見諸實行，圖窮匕首見，且亦不能自持其說。新出《大字典》凡四百餘萬言，意在通俗，然新語名詞，皆歸附屬，于兼通博采之中，寓保存國粹之意，與時流宗旨迥然冰炭：，兼用圖畫，尤與四象相發明，可謂獨見本原，超越元著矣。草昧之初，人禽混雜，同以聲音相通。中國邊隅回、蒙、衛藏用字母，歐美雖號爲文明，亦不能立異，進化之理，中外所同。吾國當未有六書之前，亦必有字母之時代，所謂孔氏古文，不能不由結繩而改進，湘潭王氏以結繩爲字母。始皇同文之後，百家雜語，至子雲譒爲《方言》而盡絶，若東方曼倩、太史公皆于孔經外讀異書，識異字。史公所謂『文不雅訓，薦紳先生難言之。』余嘗主此義，命及門李堯勳著爲《文字問題三十論》，刊入雜志。在京晤新城王君晉卿，以鄙論持之有故，言之成理，然非有古用字母之實迹，不足以厭服人心。當時無以應也。今年與二三同學研究，共得十六證以應之。一象聲，四象由拼音而變。形即名詞，事即動詞，意即形容詞，聲即字母拼音法。二畫卦，舊説以八卦爲十文。三舊史，《莊子·天下篇》：『舊法世傳之史，尚多有之。』又：『《詩》《書》《禮》《樂》，鄒魯之士能言之。』蓋孔氏古文，初只行于鄒魯一隅之地，外人不能識不能讀也。四《論語》『闕文』，『吾猶及』，《莊子》『尚多有之』，同史，與上同謂字母書。闕文指字母。『有馬者』，馬即今之碼字，字母爲馬號。《緝禮》一馬二馬同。『借人乘之』，字母拼音爲借人乘。今往古來，『今』指後世。『亡』，中國字母自楊子雲以古文譯《方言》，其字遂絶。『矣』，讀作俟。下俟百世也。五馬號，《儀禮》所謂馬，今作丨、‖、〣、乂，古文作弌、弍、弎、𢍺，與亞拉伯同。六魯鼓，以口〇記節奏。附工尺，以五七馬號記音，如字母。七掌紋，《左傳》所謂掌紋，如魯友虞，皆以字母言，非掌紋同于古篆之魯友虞也。八花紋，苗人銅鼓花紋皆苗字。古鐘鼎花紋即字也。今人所藏器，間有真者，古文則作僞者補刊。不知花紋即古字母。九符籙，古人所書，魏晉六朝間有存者，人皆不識，故以爲符籙。十方音，《左傳》楚人謂虎曰于菟。在中文只一虎字，《楚語》則作二字。此如今中文、西文之别。楊子《方言》乃以古文書譒異方雜語。字母變爲六書，楊子之力大矣。十一異文，三傳地名、人名音同字異，常例也。正文又不如此，可見古無定字，皆以馬號拼音，既譯成雅文，則彼此不一，亦如譯書外國名詞。十二合讀，二音合一字，即拼音之法僅存者，如不律爲筆，邾婁爲鄒，猶後世之反切。十三切韻，有音無字之〇與《等韻》七音之〇〇●〇〇〇〇七式。十四譯官，立官專掌，則語言文字當并譒之。史云：『罷其不與秦文合者。』又曰：『文字異形。』是諸侯並作語，即並作文字，如今世界各國文字。十五語傳，《孟子》有齊語傳、楚語傳，即今語言學堂，既以文書往來，非徒學其語言，並當通其科學文字。十六同文，必先有不同，如今海外各國文字異形，而後可言同文。使古中國同用古字，則秦不得云『罷其不與秦文合者』矣。未嘗無蹤迹可尋。當作十六論以發明之，至金石文字，謂有在孔子前者，非僞器則誤釋，更不足難矣。且夫多少通塞，至無常式，余著書百餘種，用字不及《字典》十之二三，不憂不足，所謂寸有所長，殤子爲壽之説也。《大字典》固較《字典》詳盡，然全球語言，日益新出，數千百年後，繼長增高，一部字典，雖重至百四十斤，千四五百斤，亦當有不足之患，所謂尺有所短，彭祖爲夭之説也。大統合一之時，非再有始皇、李丞相出，盡焚諸侯並作語之文書，使必盡通全書，乃得爲吏，雖停廢百學專科研究，老死不能盡。後之視今，亦如今之視昔，然未來之事，固不能預測，則此書爲切時備用之名著，推中文于全球，未始不由此基之。每怪學界如飲迷藥，推崇字母如天書，不知古文與字母二千餘年交相爭戰，優勝劣敗，事在歷史。古文其初發明，囿于鄒魯，見《莊子·天下篇》。今則東西南北，萬里而遥，所有蠻語楚咻方言、百家語、外國語，無不爲其所吸收，傳所謂『器從名，地從主人』者是也。遼金元皆有國語、國書，如字母可通行，當其盛時，何不全用國語，議廢漢文？用字母則文明，謂三族程度高于漢家可也？至今讀三史人名、地名者，亦莫不以譒譯蠻語爲苦，此猶遠事也。降而至于清，其拼音結繩，與海外同也，祖宗推重國書，設專科，著禁令，其保存之心，無微不至。字母易識，婦女皆識，得其程度之高下，于漢人不必論，試問旗人習國文者多于漢人乎？謄黄印章，滿漢並列，漢人固不識清書，旗人已經全讀漢文。滿州以一隅取中國，謂其初兵力之强由國書而致，似矣，何以既主中國，以帝王之力，不能廢漢文，而其清語亦與蒙古、回回近于銷滅？竊以中文比于乾陽，土寄四時，萬方同化，婦女生子，從夫之姓，遼金元清，已嫁之婦，歐美非澳，待年之女，一統同文，秦非前世之師乎？請查今東三省地方通行爲漢文乎？抑清文乎？亦如回部幾不知有回文矣。方讀音統一會之開，創字母，正音讀，種種條呈。余常爲私議云：創始難，守成易。前清所頒清文書記，各種俱備，無待改作。請諸人先就旗人立爲模範，事半功倍。果如計畫，然後推行各省，此已往成事，不足鑑乎？《大字典》所以專主中文也。又近時新説，謂以字母譒經，則可以推行孔經于海外，尤爲大誤。孔子翻經必用雅言，六經六書，相爲經緯，絶非字母所能譒，如《易》之『乾，元亨利貞』；《春秋》之『春王正月』，『霣石于宋五』；『六鷁退飛，過宋都』；《書》之『曰若稽古帝堯』；《詩》之『關關雎鳩，在河之洲』。使以字母譒之，皆不能成語。吾國注疏傳説解經，即所以譒經，有此思想，同此文字，每經一條，雖數十百説，而意義無窮，推闡不盡。海外無此名詞，《采風記》以外人不能譯孝字，以無此名詞。無此讀法，先實後虛。以一二人單獨鄙陋之見爲譒经，與乞丐説皇帝、餓鬼説菩薩，無以異也。外人所譯中經同有此病。故漢文可以譒梵咒，字母不能譯聖經。《大字典》以中統外者，用此義耳。或以爲《書》多采俗語，不爲典雅。考行遠之書，必求通俗，漢之《説文》，清之《字典》，同以通俗，乃能盛行。若《三倉》當西漢末，字數猶僅三千，許氏加入流俗異體，數乃近萬。許氏引漢初法，必讀九千字，乃得爲吏。所謂九千字者，後人據《説文》改益，其初不過一二千字，孳乳相生，繁衍衆多，既有事物，不厭其推廣。是書以六年乃成，至四萬餘言，因時制宜，克副窮通之變。鄙人學業迂僻，不合時宜，不有求正之見，或反見咎于大雅，用是發攄鄙見，以求教正爲幸焉。

文字源流考三十論

井研廖平撰　受業李堯勳筆述

一、人物皆以聲音相通，而表式聲音，必用字母。

世界公例，雖野蠻之國，亦有其法。既稱文明，如今歐美亦不能出其範圍，別有制作。

二、中國未有六書文字以前，亦如地球各國同用字母。二十二行省即地球各國之小影，歷史《四夷列傳》所引橫行、左、右行文字，同爲字母。中國京官，使皆以語言相通，必盡學二十二行省方言，乃可從政，則無一人能勝其任矣。禮樂刑罰，彼此參差，吏胥舞文弄法，賞罰何以能平？以文字通，則無扞格，此又始皇之第一大功也。

三、造字三家，倉頡與梵與佉盧同爲字母。

《三藏記》：梁僧祐。昔造字之主，凡三人：長曰梵，其書右行。次曰佉盧，蒙古所本，其書左行。小者倉頡。其書直行。梵及佉盧，在天竺；倉頡在中華。夫梵及佉盧皆字母，則倉頡亦字母可知，是中國古時文字與今西歐同無疑矣。

四、聲音，直言之，數十年一小變，數百年一大變，故《爾雅》專爲通今古語而設。

遼、金、元《國語解》，入主中國不廢字母。乾隆時改譯三史，譒爲中文。此語言歷久必變之確證。

五、聲音，橫言之，每因大山大川所囿，自成一種，即以中國言，方音不下數百種，一人精力萬不能通。

《會典》于沿邊屬國列清語、蒙古語、藏語、回語、唐古忒語、越南語。由外可以推內，各行省古初亦必藩屬各國。

六、字母專爲耳學，圖畫則爲目學。無古今中外彼此之殊，盡人可曉。若方言囿于方隅，萬難統一。

《公》《穀》說《春秋》『隕石于宋五』即『耳治』也，『六鷁退飛過宋都』即『目治』也。字母文法，實字在前，虛字在後。五、六二字，一在尾，一在首，准六書文字，有此神妙，使以外國文法譯之，則不辭甚矣。

七、六書本于圖畫，緯以聲音，耳目皆用，可以行遠。

言六書者重形聲，形即圖畫，聲即語言。

八、六書之聲、形、事、意即字母之拼音，名辭、動辭、形容辭可見。四象依語言門類而作。

自來言六書者專言象、指、會、諧上四字，而于下四字形、事、意、聲從略。考班氏《藝文志》曰『象形、象事、象意、象聲』，四門皆曰『象』，則以下四字爲主可知。按：語言學，凡實物即爲名辭，與象形相合；動作爲象事，與動辭相合；意者虛有其意，無形可象，無事可作，如謚法，如考語，所謂形容辭矣；拼音但用耳聽，即所謂象聲，後來乃加偏旁，詳其門類，今所謂形聲字是也。蓋未有文字之先，皆以耳治，故專用字母；四象即取圖畫之意，兼用目治，故四象之文字雖變，而其門類，則仍與語言之門類相同。

九、結繩爲字母，易以書契之後聖，專指孔子。

結繩爲字母，書契爲古文。舊説以六書文字始于羲皇，則爲上古，不得爲後之聖人也。凡言『易』者皆有兩法，易結繩爲書契，是爲兩種文字。《易》言伏羲畫卦，則爲神物，非今之八卦也。

十、六書、六經，地球有一無二，孔子欲翻經，乃特創古文。

古文翻經，意義無窮，欲作經，不能不用此文字，垂之久遠。

十一、六經不能用字母翻譯。

近來學者皆欲以外國文翻六經，如『元亨利貞』『春王正月』之類，使以西文翻之，復成何語。

十二、《論語》雅言、正名、闕文，《莊子》『翻經』，《説文》引孔，皆爲孔作古文之證。

雅言、暨譯通古今語。正名、正字。『黄帝正名百物』即名家之所由出，所謂辨論學。闕文、與『闕如』同，爲字母書，即《史記》所謂之『百家語言』。《莊子》『翻十二經』以説老。《説文》。『君子于其言，無所苟而已矣』若干條。又：孔子曰『視犬之字如畫狗』之類。

十三、秦焚史書非孔經。

《六國年表序》：『秦既得意，燒天下《詩》《書》，古來史記。諸侯史記尤甚，六國新史。爲其有所刺譏也。《詩》《書》所以復見者，多藏人家，而史記獨藏周室，以故滅。惜哉！惜哉！獨有《秦記》，《本紀》云：『史非《秦記》皆燒之。』又不載日月，其文略不具。然戰國之權變亦有頗可采者。』

《秦本紀》：『吾前收天下書不中用者盡去之。』字母史書。

又李斯奏：『臣請史官官字衍。非《秦記》皆燒之。《六國序》：『燒天下詩史書，諸侯史書尤甚，獨有《秦記》云云。非博士官所職，敢有藏《詩》《書》百家語者，悉詣守、尉雜燒之。有敢偶語《詩》《書》者棄市。』『詩書』二字，後人竄入。《高祖本紀》：秦法『偶語者棄市』，無『詩書』二字。應注：『禁民聚語，畏其謗己。』《高祖本紀》應注：『秦禁民聚語。偶，對也。』臣瓚曰：『《始皇本紀》曰：偶語經書者棄市。』按：應所見本無二字，瓚所見作『經書』，今本作『詩書』，又不知何時改也。

《李斯傳》：『臣請諸有文學《詩》《書》百家語者，蠲除去之。』又：『收其《詩》《書》百家之語，以愚百姓。』愚者，安静之意，所謂『不識不知，順帝之則』是也。蓋當朴野之時，百姓真愚，則必開通之。至于紛争之世，處士横議，則欲寧静之。故曰『以愚百姓』。與《論語》『修己以安百姓』『不違如愚』，《老》《莊》『大智若愚』同意。

按：宋王氏《野客叢書》、明張氏《千百年眼》皆謂始皇未焚六經。今細考《始皇本紀》《李丞相傳》，皆無焚經之事。古人言若此者多，今姑録二條以示其例。經籍廢墜，實由楚漢兵火及高祖賤儒所致，漢儒不敢斥，故歸之秦始。

十四、秦坑策士，非真儒。

《秦本紀》：『始皇長子扶蘇諫曰：「天下初定，遠方黔首未集，諸生皆誦法孔子，今上皆重法繩之，臣恐天下不安。唯上察之。」始皇怒，使扶蘇北監蒙恬于上郡。』

又置博士七十人。

張蒼、叔孫通皆爲博士。

又始皇曰：『吾前收天下書不中用者盡去之，悉召文學方術士甚衆，欲以興太平。』

按：始皇惟獨尊孔子，故太子敢引『諸生皆誦法孔子』爲説。使其父深惡孔子，其子何敢以此進言？蓋始皇尊孔，諸國策士因六國已亡，無人養客，麕集京師。因始皇重儒，遂儒冠儒服自附于孔子之徒，造言生事，猶昔日挾策干時之故態。始皇自以爲天下一統，德邁三皇，三王自不足法，何論戰國從横之學説，故絶意除滅之。太子雖有是言，在始皇則以真儒吾甚尊重之，故多置博士，廣招方士。至于策士非儒而冒爲儒，去僞存真，在所必除，故太子力諫不足以回其聽也。後世因古文家歸獄于秦始焚書，遂深惡而痛絶之。考孔子作經，空言垂教。劉向云：當時惟七十子信其説，諸侯皆不用。秦始乃能獨尊孔子，實行經制，除鄒衍五帝運，齊人獻于始皇，尊而行之外，凡制度典禮、金石文辭皆山東儒生七十子再傳弟子之條陳。其學説偶與儒書不同者，儒生多言王霸，始皇所用皆爲孔子皇帝大同之説，以致小有參差耳。

《儒林傳》：高祖圍魯，魯中諸儒尚講誦習禮樂，弦歌之聲不絶。

按：儒術興于山東，如果欲焚滅六經，誅除儒生，則當專以魯、齊、燕、鄒爲主。考載籍所坑者僅京師因事牽引之四百餘人，而山東未嘗遣一使逮捕搜索。但以魯一城論，兵臨城下，弦誦不絶，魯及城内之六經其未經搜索焚燬可知。

十五、秦因實行同文制度，乃焚字母書。秦始以前通行字母，古文六經惟鄒、魯弟子能言之，秦始欲求同文，乃撥正古文，焚滅史書之百家語、百家言、百家雜語，專用孔氏古文。

《秦本紀》：置廷宮中。一法度衡石丈尺。車同軌，書同文字。按：下二句出《中庸》。又：『異時諸侯並爭，厚招游學。今天下已定，法令出一，百姓當家則力農工，士則學習法令辟禁。今諸生不師今而學古，以非當世，惑亂黔首。』《李丞相傳》：同文説、同文書，《正義》：『六國制令不同，今令同之。』斯皆有力焉。又『上書曰：「古者天下散亂，莫能相一，是以諸侯並作，語皆道古戰國。以害今，統一。飾虚言以亂實，人善其所私學，以非上所建立。今陛下並有天下，別黑白而定一尊，而私學乃相與非法教之制，聞令下，即各以私學議之，入則心非，出則巷議，非主以爲名，異趣以爲高，率群下以造謗。如此不禁，則主勢降乎上，黨與成乎下。禁之便。臣請諸有學《詩》《書》百家語者，蠲除去之。令到滿三十日弗去，黥爲城旦。所不去者，醫藥、卜筮、種樹之書。若有欲學者，以吏爲師。」始皇可其奏，收去《詩》《書》百家之語，以愚百姓，安静之意。使天下無以古非今。』『詩』字並改作『史』。

秦刻石金器皆用篆文。

今原石拓本猶存。又《説文·序》：『斯作《倉頡篇》，中車府令趙高作《爰歷篇》，太史令胡母敬作《博學篇》，皆取史籀大篆，或頗省改，所謂小篆者也。

徐邈所作隸書，即今楷字，皆屬古文。

《説文解字·序》：『分爲七國，田疇異晦，車塗異軌，律令異法，與《中庸》説相反。衣冠異制，言語異聲，由音而生文字。文字異形。必爲字母無疑。秦始皇初兼天下，丞相李斯乃奏同之，罷其不與秦文合者。』

十六、百家非子書，由各國語言學術而異，故爲私學。非孔氏所傳之九流，後世乃以爲子書。秦重儒，故戰國策士皆自託于儒。所坑爲策士，非真儒。所焚乃字母，非古文。子書如今所傳諸子。〇今外國學説，各國紛歧，各有歷史習慣，彼此言語不同，所謂私學。

秦詔令不及子書。

秦焚書以後，紀傳猶引用子書共十二條。荀一，孔、墨一，韓子六，申子三，商君一。

西漢以下，絕無焚子書之說。

《莊子》：『百家衆技』，如今外國國學與工藝。『百家往而不返』。非下文『古之道術』而興起之子家。丞相衛綰奏：『所舉賢良，或治申、韓、蘇、張之言，亂國政者，請皆罷。』奏可。罷謂所取用賢良除其名不用，如後世磨勘，非罷斥其書也。按：《容齋五筆》言綰奏在建元元年，董子《賢良策》在其後，《通鑑》顛倒其辭。後人遂誤以百家爲蘇、張、申、韓之書。按：武帝重儒，董子亦儒家，儒列九流之一。董子所謂罷斥者，自當與《秦本紀》同，專指策士。字母學說非九流之子書。考申、韓、蘇、張，經傳本皆爲古文，蓋爲紛爭世界學說，如今萬國林立，爲外交家救亡扶危之要策。漢武統一此等學說，當時無用，不得不推崇儒術，定爲一尊。當今爲大戰國，蘇、韓、申、張之學亦須研究。綰請立明堂以朝諸侯。此可見始用經說立明堂，非前有明堂也。《董子傳》：董說與《李斯傳》如出一手。『春秋大一統者，天地之常經，古今之通誼也。今師異道，人異論，百家殊方，旨意不同，秦焚坑後至漢初，猶未絕史。《史記》所存皆古文，棄絕不道耳。是以上亡以持一統，法制數變，下不知所守。臣愚以謂諸不在六藝之科、六經。孔子之術者，九流古文所書之諸子爲道術。皆絕其道，勿使並進，邪闢之說滅息。』

十七、秦漢以前所謂史皆字母書。太史公《史記》在《春秋經》類，故《漢書·藝文》無史部。蓋以前史書皆字母，秦火焚後，久而絕迹，故東漢惟孔氏古文書獨行。

《論語》：『吾猶及史之闕文。闕文即字母。有馬者，符號爲馬，《禮經》一馬二馬皆爲記數馬號字母。借人乘之，字母拼音爲借乘，本音外，又拼數馬爲一音，二合三合，後世反切之所出。今來今。亡已夫？』其後字母之書絕迹矣。『野哉由也。野謂野人，未離蠻野，專用字母，以爲可以，不必正名。君子于其所不知，即上『今已亡矣』，文明之時，字母絕于世界。蓋闕如也。』律言：書者，如也。闕如謂字母之書。

《孟子》引孔子作《春秋》『其文則史』。未修《春秋》爲字母史書。

《莊子・天下篇》：『舊法世傳之史，字母。世多有之。』

十八、《史記》八言古文，皆歸屬孔子。按：《僞經考》不明古文爲孔子六書，遂以《尚書》二今文古文，解此古文。古文之學始莽、歆，遂指《史記》八言古文，爲劉歆所羼入。按：當時字母與古文並行。字母例如今之外國文，古文例如今之中文。

《仲尼弟子傳》：『則論言弟子籍，出孔氏古文近是。』按：『孔氏古文』即指《論語》而言，與下『《詩》《書》古文』『《春秋》古文』，蓋皆六書古文。翻經者，凡經皆稱古文。

《封禪書》：『群儒既已不論辨明封禪事，又牽拘于《詩》《書》古文而不能盡。』封禪，《詩》《書》中無其明文，故諸儒不敢説。

《吴世家・贊》：『余讀《春秋》古文，乃知中國之虞與荆蠻二字當爲衍文。句吴兄弟也。』同姓姬，與別書舊史不同。

按：『孔氏古文』『《詩》《書》古文』『《春秋》古文』，言《詩》《書》而《禮》可知，言《春秋》而《易》可知。

《五帝本紀・贊》：『學者多稱五帝，尚矣。然《尚書》獨載堯以來；而百家言黄帝，其文不雅馴，薦紳先生難言之。孔子所傳《宰予問五帝德》及《帝繫姓》，儒者或不傳。余嘗西至空桐，北過涿鹿，東漸于海，南浮江淮矣，至長老皆各往往稱黄帝、堯、舜之處，風教固殊焉，總之不離乎古文者近是。』

按：以孔子新造之字翻古史爲經，方言皆俗語，故古文乃雅馴，即今六經所載文字是也。其不雅馴者皆爲字母可知。

《三代世表》：『余讀諜亦古史字母書。記，黄帝以來皆有年數。以上字母。稽其曆譜諜、終始五德之傳，古文咸不同，乖異。夫子之弗論次其年月，豈虚哉！』

《十二諸侯年表》：『于是譜十二諸侯，自共和訖孔子，表見《春秋》《國語》古文。學者所譏盛衰大指著于篇，爲成學治古文者要删焉。』

《叙傳》：『年十歲則誦古文。』當時古文之外，習字母書如今習外國文。

又：『撥去正。古文，焚滅詩史。書。』撥正謂撥亂反正。專用古文，焚滅史書，即『罷其不與秦文合者』。詳《六國表・叙》。

十九、西漢以上古文與字母書並見。爲經、史之分。孔子以後，經皆古文，孔子以前，史皆字母。其證甚多，今僅即所見以發其凡。

《易》○『上古結繩而治。』	『後世聖人易之以書契。』
《莊子・天下篇》○『舊法世傳之史，世多有之。』	『《詩》《書》、禮、樂，鄒魯之士能言之。』
《論語》○『闕如』。	『正名』。
《孟子》○『其文則史。』	『其義則丘竊取之矣』。《孟子》『不以文害辭』，皆指古文。孔子作《春秋》，翻字母爲古文，即《莊子》『翻經』，《論語》『雅言』。
《史記》○《五帝本紀・贊》：『百家言黃帝，其文不雅馴，薦紳先生難言之。』	『孔子所傳《宰予問五帝德》及《帝繫姓》。』孔子古文。『總之不離古文者近是』。『予觀《春秋》《國語》，其發明《五帝德》及《帝繫姓》章矣。』『予並論次，擇其言尤雅者，故著爲本紀書首。』
《秦本紀》○『惟種樹、卜筮之書不焚。』小事便用字母。	『若欲有學法令，以吏爲師。』法令必須同文，即《論語》『名不正，則言不順』。
《三代世表・叙》○『余讀諜字母古史。記，黃帝以來皆有年數。』又：『集世紀黃帝以來訖共和爲《世表》。』	孔子『序《尚書》則略，無年月；或頗有，然多闕，不可録，故疑則傳疑，蓋其慎也。』又『稽其曆

续表

	譜諜、終始五德之傳，孔子所傳。古文咸不同，乖異。夫子之弗論次其年月，豈虛哉！于是以《五帝回繫諜》《尚書》集世紀黄帝以來訖共和爲《世表》。』
《六國年表·序》：『太史公讀《秦記》，至犬戎敗幽王，周東徙洛邑，秦襄公始封爲諸侯，作西時用祀上帝，僭端見矣。』秦戎狄僭禮。	『《禮》曰：「天子祭天地，諸侯祭其域内名山大川。」今秦雜戎狄之俗，先暴戾，後仁義，位在藩臣而臚于郊祀，君子懼焉。』
《十二諸侯年表·序》：『是以孔子明王道，干七十餘君，莫能用，故西觀周室，論史記舊聞，興于魯而次《春秋》，上記隱，下至哀之獲麟，約其辭文，去其繁重。』	『于是譜十二諸侯，自共和訖孔子，表見《春秋》《國語》。古文。學者所譏盛衰大指著于篇，爲成學治古文者要删焉。
《叙傳》：『整齊百家雜語。』整齊，猶翻繹化同。《史記》兩言『百家語』，一言『百家』，一言『諸侯並作語』，一言『百家雜語』，合之皆爲語言，語言即字母方言。	『厥協六經異傳』。六經，《論語》：『子所雅言，《詩》《書》執禮，皆雅言也。』
又：『余所謂述故事，整齊其世傳，非所謂作也。』	『而君比之《春秋》，謬矣。』
《說文·叙》：『罷其不與秦文合者。』	秦爲同文，乃焚書。

二十、《王制》《周禮》翻譯之官皆因文字不同，若太平用同文之制，則不立譯官。言語學爲將來政治第一困難事。同文之制度，所以取銷譯學，必取銷而後有通材。蓋萬國方音，至死不能盡其學；全球同文，而庠序之頌聲作矣。

二十一、揚子雲《方言》即中國初用字母遺意，特以文字翻譯言語。

五方氣稟有剛柔清濁之殊，因之語言有緩氣、急氣、緩舌、急舌、長言、短言、横口合脣，蹴口開脣、閉口、籠口之别。以其音之不同，而别擇一字以當之，或更增一字以實之，此方言所以日多也。惟能通聲轉之源，不以俗字入書，不爲望文生訓，而後于方言可以會通。

二十二、醫藥、卜筮、種樹、技藝之事，以方言字母爲便，故秦始不燒此等字母之書。

或疑中國文字語言離而爲二，不如外國文言一致之便。此分方之小識，不知同文之主義者也。蓋就一國言則貴合，就天下而言則貴離。離去土音，以圖畫濟之，然後可以通行天下。如今之語言學，地球更有新出方言不下數十百種，如不同文，即此一事，將終身不能通，故不能不講同文。如欲同文，則必去其土音，而以圖畫目治通之，六國並作語，即今諸洋之現象。

二十三、禮樂刑罰非同文，則官吏人民上下皆困。

《秦本紀》：『欲學法令，以吏爲師。』蓋醫藥、卜筮、種樹囿于方隅，其行不遠，故以方音爲宜，即如坊間俗醫學歌括、鄉農謡諺，人人易曉，以便通行；至于法令，必定黑白，折一尊，天下方能得其平。六國之士囿于方音，始皇于京師諸郡特開同文法令學校，以吏爲師。凡國民以上之資格，如王公子弟，凡民之俊秀，先學文字，後學法令，以畫一整齊之，《説文・序》所謂諷詠九千字乃得爲吏者是也。今中國學校有外國語言，如英、法、德、俄、日等，將近十種。以地球論，十種語言不過占十分之一，且皆其本國之特别一種語言，求之其本國人，亦不能全通。南美、非、澳文明以後，又必特别新出若干語言，不惟中國學人以此事爲困難，實則外國同受此病，誠能如《中庸》所謂天下『書同文』，則彼此皆便。

二十四、中國簡字法，日本欲去漢字，皆不能用。日本和文即中文通行全球之先導。凡草昧之初，風俗簡樸，拼音方音，足以給用，文明日啓，人事繁頤。經説言『黄帝正名百物』，蓋王伯疆域小，自爲風氣；大一統之世，必須整齊化一，實行同文之制，再造文字。如西人化學名詞，本非中國所有，習化學者，必以中文編定其名辭，此秦時李斯、趙高、胡母敬、程邈皆各作文字所由來也。外國有名無姓，中國開化早，則姓氏字已近千字，此萬不能消滅者也。中文一音有至數十字者，人取名號，每異字，以求别異。音同而異字者，每一人各可以至二三十字之不同，如漢口之九如齋，北京之王麻子，皆音同字異，至于數號口皆同一音，中文可别，而字母則不能别。又以中國之榜示賬簿言之，音同而人號不同，至于數十見，何以自别？即如遼、金、元三史，其人名每多雷同，譯爲中文，乃可識别。此日本所以不能缺漢字，中國所以不能行簡字也。

二十五、莽、歆徵求古文，東漢古文學由此而起，六書六經皆附會周公。莽、歆與博士爲難，于隸古定六經之外，則求古文，漆書、蝌蚪猶可歸之孔子，至牽引周公，以詆孔子，則六書文見《周禮》、六經，皆在孔前，與《史記》『孔氏古文』之説，全不合矣。

二十六、古籍舊題在孔前者，如《老》《管》皆屬依託。黄帝之書如《靈》《素》之類，皆出秦漢著述，非史頡有古文也。

二十七、鐘鼎、泉刀、彝器款識，非贋作即誤釋。竹書僞作非真，有蝌蚪古書，太公樞題和字，出于附會。《考工記》古本亦同。《峋嶁碑》乃道士符籙，非禹真書。石鼓，北周物，近人有明説。餘可類推。

二十八、八體同爲象形，六書變體，非列聖代作。《説文·序》所列八體，皆古文之變體，用爲圖畫之別裁，舊以歸之倉頡、史籀、大禹、文王、伏羲者，同出後人傳會。

二十九、埃及碑即真，亦圖畫，非文字。教士言，彼國有古碑，中有圖畫形狀。彼以爲彼國象形文字，因不便利，乃改爲字母，實係誤説。其碑畫不審真贋，即使有之，圖畫亦不可直當文字。《采風記》言，外國初用六書文字，其倫理亦同中國，後來改爲字母與耶教，蓋爲彼説所誤云。

三十、將來四海統一，折衷一是，于地球中擇善而從，必仍仿秦始盡焚字母各書，獨尊孔氏古文。詳説《東方雜志》日本山本憲論。

謹案：先生此論，立于民國二年，哲想既高，徵引復確，千古疑獄，决于一時。當日，京城名士王晉卿、龔向農首挹清論，並見許爲石破天驚。《中華字典序》所舉孔子造字之證據十六事，即先生回川前後答覆海内專家之問難也。今冬，同人提倡國學會課，區區之誠，采出此藝，以要邦人士討論之指歸，同將《字典》原《序》，與《四川國學雜志》所載同門李堯勳筆述，重新釐正，訂爲一册，其或大雅君子，更有高明，言之中否，幸承研究。蓋學術競争，文字亦今日一大樞紐，並不敢入主出奴，拘拘然墨守一家言也。柏毓東識于辛酉陽月下澣。

莊子經説叙意①

一、尊孔

莊傳孔學，關令、老聃，皆以爲出于古之道術，則實以古爲孔。古與詁通，謂古文經也。故推六經爲神化道術，指仲尼爲玄聖素王，又稱爲至人；孔門弟子，稱美尤詳。共數十見，較多于老聃。蓋至聖無名，四通八達，老聃能大而不能小，囿于一偏，有同耳目。故單言孔子，則至誠神化，極其推崇；與老聃宗旨相同。若孔、老並見，則以孔爲儒家，每遭詬訕。觀本書述孔言不一，道德行藝，無所不包，語雖推獎老聃，品格實爲方術。故以儒言，則孔不如老；以道術論，聃實聞古而興起。又，編中于孔聖有微辭，于弟子如顔、閔、仲、曾、端木，亦如《史記·弟子列傳》，志其崇拜，絶無反對之語。蓋以如天之聖，理無悔尤，不妨異端以示意；至于弟子，則迹近疑似，故不敢放言高論以譏訕之也。

① 《莊子經説叙意》共分十九題，原載于民國元年（一九一二）《四川國學雜志》（第一號）、民國五年（一九一六）《國學薈編》（第十一期），收入《六譯館叢書》。

二、宗經 以經爲古

莊師田子方，或不信其説，不知凡今所傳六書爲孔氏古文，凡古文之書，皆出孔後。蒼頡所造，爲字母、方言，《史記》所謂『百家語』『諸侯並作語』，《天下》篇所謂近世『世傳之史字母書。世多有之』。此乃爲古史。孔子翻經，乃創古文，《史記》所云孔氏古文，《天下》篇所云『《詩》《書》《禮》《樂》，孔子新字、新書。鄒魯之士能言之』。惟孔子弟子乃能讀，亦如今日西人之讀中文書。古子如管、老，題名有春秋以前人者，班氏所謂依託。故今定一例：凡引據六經者，皆爲孔派。《莊子》以《天下》篇爲自序，以六經爲神化，老聃與己皆爲方術，又尊經稱古。古于文從十從○，十如大方，○如大圓，故有同天之説；古爲天地，單稱之爲天；古又爲鵠之本字，從丫從○，象矢中鵠之形。爲後來立法。莊書所云上古，即天道；經説中古，即《尚書》人學，非以洪荒草昧爲至治而曰退化也。道家之説本多同《論語》《中庸》，今與《墨子》書同立宗經例，輯引經者爲一類。古之道術有在道家者，老聃與莊聞而慕之。『古』即《詩》《易》天學，以下諸子所聞之『古』則爲人學，《書》與《春秋》。墨子所傳，先進初步，正與道家文明作反比例。

三、砭儒

六經古文皆自孔出。春秋以前，皆屬酋長結繩，百家屏絶，踪迹無考，子、史事文頗極詳明，皆經説，非古史。《莊子》云：『萬世之後一遇大聖，知其解者，猶旦暮遇之。』指經爲俟後例。又云『利澤及萬世』，非至聖，孰當此語？顧篇中語多詬詆，豈其智反出孫叔武叔下哉？考《史記》莊子附傳云『作《漁父》《盗跖》，以詆詆孔子之徒』，不曰詆詆孔子而曰其徒者，蓋爲防僞存真計，真孔則必不在詆詆之列矣。如世界進化，經義每先文後野，後人遂以六經爲古史，非力攻古史，則芻狗糟粕，俟後之旨不明。後儒如馬、鄭、杜、王、程、朱，非陳迹芻狗耶？若王莽、劉歆借經術文奸，非《詩》《書》發冢耶？若緣飾經術、聖賢自命，非借行誼以耀聲名耶？故預防未來學孔之流弊，愈以張微言制作之真傳。砭儒愈以尊孔，僞儒不祛，真孔不明。

四、六經分天人

孔子制作六經，乃爲萬世立法，非帝王已往之成迹。每經各有疆域，特别爲一時一地之用，故以天、人爲大界。天人之中又自分大小，如《詩》《易》爲天學，《春秋》《尚書》爲人學。人事如史筆，人地事迹皆可指數；天道則如詞賦，託物起興，言無方體。緯書所謂『《書》者如也，《詩》者志也』，言《書》以包《春秋》，言《詩》以包《易》；《禮》近于人，而兼有天；《樂》主于天，亦兼有人。《莊子》傳六經道家之天學，故其心同于《詩》《易》，而與《山海》《楚詞》《靈》《素》相出入。全書屢言天人大小之分，俱此義也。

五、各經疆域時代不同

六經同以帝、王、堯、舜、夏、殷、周爲符號，實則時地迥然不同。如《春秋》爲王霸學，疆域三千里，《尚書》爲皇帝學，疆域三萬里；一小一大，立爲標本，六合以内，皇帝王伯之功用無所不包。别有《詩》《易》二經，飛鳥潛魚，專詳上下；《楚詞》所謂離世獨立、上征下浮，《莊子》所謂游于六合以外者，是也。《春秋》行事，借中國當時人地以立號，下至全球一統，非數千萬年，不能見諸施行。此人事二經，帝王、地名、政事，名同實異，不可混合。至于《詩》《易》，人、地皆爲神祇與諸天星辰世界，《莊子》所謂『乘風御雲，游于無何有之鄉』，亦如《天問》，所有帝王卿相皆屬神祇鬼神，故篇中『人耶非人耶』至數十見也。

六、六經諸子用功次第

《論語》『未知生，焉知死』，『未能事人，焉能事鬼』，升高自卑，先人後天之次序。《詩》《易》二經，冒昧讀之，初不知爲何語，此躐等之弊。欲讀《易》，必先《詩》；欲讀《詩》，必先《書》；欲讀《書》，必先《春秋》。《莊子》云：『六合之外，聖人存而不論』，《詩》《易》天學也；『六合之内，論而不議』，《尚書》人學也。《春秋》經世，先王之制，議而不辯，辯詳于議，議詳于論，論詳于不論；故治經必由《春秋》人學始，由小推大，然後由人希天。至于諸子，則儒墨、刑名、法術、縱横爲王伯學，陰陽五行爲皇帝道德説，天學中之真人、神人、至人又在皇帝之上。莊子著書，分爲十變，儒墨刑名、是非賞罰，亦如耳目口鼻，各有其用，而心官爲之主宰。後世言子學者不先治諸子，驟讀神化之書，亦如治經者不先讀《春秋》，遂治《詩》《易》，貽世詬病，非善讀《莊子》者也。

七、游魂夢覺

人學以聖人爲止境，所謂帝高陽顓頊。天學則爲真人、神人、至人。于天學中分大小，則《易經》爲形游，所謂履虚若實，入石不礙，無待風雲而行；《詩》爲神游，《易》之游魂，《楚詞》所謂形雖去而神留。鬼神之學，不見不聞，非可言喻，魂夢則智愚所同，故經之天學每借夢境以立神游之法。《周禮·掌夢》『六夢』文與《列子》全同，《楚詞·招魂》以爲掌夢職事；《莊子》云『夢爲鳥而戾天，夢爲魚而潛淵』，《詩》所謂『匪鶉匪鳶，翰飛戾天；匪鱣匪鮪，潛逃于淵』，即此義也，故《詩經》全部皆爲神游夢境。蝴蝶化莊周，莊周化蝴蝶，全書亦以夢境爲門徑。《中庸》云：『質諸鬼神而無疑，百世以俟聖人而不惑。』故天學必借魂夢而後顯。黄帝、周穆王、秦穆公、趙簡子，亦同以夢境明天學。

八、辭章

《藝文志》于經、子、技術外别有辭賦一門。辭賦體同《詩》《易》，司馬《大人》、左思之《游仙》，是其正宗，其原皆出《楚詞》，道家之支流也。蓋孔門所傳，識小爲儒生，識大爲方士；《封禪》所言鬼神禱祀皆發源于方士，即《莊子》之所謂方術、方技。方士者流，大抵出于天學。始皇三十六年，命博士作游仙詩賦，被之管弦，即今之《楚詞》。每怪文翁初化蜀，遣司馬至京師，而《封禪》《大人》皆屬詞賦學，經何得有此迂怪之説？《山經》《楚辭》《穆傳》《淮南》言之尤詳，果何師承，傳習不衰？久乃知出于道家天言。今立此例，故凡游仙出神、六合以外之説，通入此例；範山摹水，指事言情，歸入儒家。《莊子》固詞賦家之所祖。

九、楚詞

今世所傳《楚詞》，秦始博士所擬游仙之作，故天學神游得意之詞，既不出屈子，更非愁憂憤懣之詞，故其《遠游》篇與司馬《大人賦》如出一手，武帝讀之，飄飄有凌雲之志，則其爲道家言决矣。故莊書與《楚詞》叠矩重規，以明鳶飛魚逃之宗旨。《詩》喜言「游」，莊全書言「游」者百十見，《素問·上古天真論》真人離俗游于渺冥者，爲《楚詞》之提綱，亦爲莊書之要義。所謂大塊即地球，「游于六合以外」「游于四海以外」等語，皆引《詩》文證之，而更引《楚詞》以證，不但《天運》《天問》二篇之偶同。《周禮》「周游六虚」，《楚詞》作「六漠」。

十、山經

《人間世》即《周官》「世一見」之「世」，釋子所謂世界，離世獨立，即謂出塵。《山海》爲古天官宗祝巫史之書，即所謂鬼神學。五《山經》有神而無人民，爲五天，《癸巳類稿》謂《山經》以山名爲星辰，緯書以《禹貢》導山之文分配列宿，此皆上察之星辰世界。《海外》《大荒》乃有人民，《詩》之『下民』，即所謂地獄，先儒以《招魂》四方上下所見即地獄變相者是也。《楚詞》引據，十有七八出于《山經》；莊書亦同此例，如藐姑射山、西王母、崑崙，凡與《山經》同文，皆引以爲證。又，《左傳》傳《春秋》，人學而兼言天。故凡傳中巫卜史祝所言地名皆非本世界所有，人名亦屬天神；如豢龍，見鬼，夢見上帝，古帝之子爲社神與爲稷神。與凡夢卜筮相，皆别抄爲一彙，以明《左氏》兼言天道，《曲禮》天官『六太』之爲鬼神學也。

十一、神仙

儒生好談神仙與誹訴，二者皆非。天學以人道爲基礎。世界進化資格，以禽獸、野人、庶人、士、大夫、君子、諸侯、天子分八等；今日中國，孔教開化二千年，可謂由庶人以進士，海外其高者則常在庶人之域。以時局言，又爲一大戰國，所謂處士横議、諸侯放恣之世界。必數千百年地球共推數大國爲主，然後爲帝局；全球人民略有人、士之程度；又數千百年而後地球大一統，如秦始之并合，而後爲皇局；人民程度由士、大夫以進天子，則更非數萬年不能。然此爲人皇，《尚書》之學至此始滿其量，乃由人而企天；至其歸極，人人有至人資格，釋氏所謂衆生皆佛，即《詩》之『衆維魚矣，兆維旟矣』。另有詳說解此。人人可以上天入地，同行同歸，其程度之進步，則釋書所謂劫數；精進不已，又歷數千百劫，而後能生此净土，成果成真。此乃天下公同，自然之資格，非一人好生惡死，求訣得傳，以爲秘密私利之術。至此世界，所謂西方素統，西皇。天堂，凡俗不生，神仙所集，盛極而衰，由天降人，又由皇帝降王伯，又由士人降禽獸，地球亦隨之消亡。即《列子》杞人憂天之說。故六經皆有順逆兩讀之法，爲進化退化之大例。

十二、陰陽五行運氣

《靈》《素》出于七十弟子所傳聖門新學，而依託于黄帝、岐伯二伯也。諸人，即《莊子》所謂寓言也，其書言醫學者半，治法者半。良醫、良相，治身、治天下。運氣則爲天學，提挈天地，包裹陰陽，上下相通，以星辰爲世界；故于六合以外分九天九野，又以五行星爲陰陽五行之主。凡言陰陽五行，皆皇帝以上學派，治疾則不須用此可也。又，天學中三才説，以本世界爲人爲世，亦稱萬物。以日屬世界言之，水、金近日，爲上爲天；火、木、土在外，乃爲下爲地。離世神游，欲至水、金則化鳥飛，欲至火、木、土則化魚逃，非以本地球爲地。若上下無常之例，則隨處皆天。所謂『風斯下矣』，其視下亦如是。《莊子》屢言五行六氣六極，今皆據《靈》《素》之理以説之。上下，即所謂上帝下民、天堂地獄。

十三、道家無用之用

學經有行道、傳道二派，見諸實行，爲行爲學，空傳其説，留待後世，爲知爲思、先行後知、學有用思無用，此行知先後之分。孟子言仁義，當時以爲迂闊；商君説帝王，聽者倦而思卧；莊子所學，神化又加于帝王之上，當時如何能行？有誰用之？此道家傳道必出隱逸，不能取富貴功名于當時，一定之例。而留此一派，以爲萬世先覺，即所謂無用之用。今人每疑百世之學如何能待？學之無益，此不知無用之用、傳道之學者也。

十四、人天遠近

草昧時勢每與文明之極相同，故《莊子》有赤子嬰兒之説。如洪荒之民不識不知；過此境界，則以技巧知慧、競争權利爲主；至于知力之極，則必返樸還淳，無思無慮。《莊子》每言至治聖人無思無慮者，此也。如『老死不相往來』『剖斗折衡而民不争』，近人皆以爲老氏主破壞，不知草昧之初不往來，無斗衡；後來進化，以交通爲利，造斗衡以平欺詐。然但恃斗衡，其貪詐之心未忘，且有爲弊于斗衡之外者。至于皇帝之世，人民程度各明職分，久無僞心，剖折斗衡亦各得其量，此去斗衡資格高出競争之上，不可以王伯之風俗疑皇帝之學説。又，人學以光明聞見爲主，天則與人大反。《詩》《易》《中庸》每言不聞不見，《莊子》于幽冥恍惚尤詳，《中庸》以慎獨爲隱微，君子之不可及，爲人之所不睹；蓋獨即獨往獨來，凡鬼神隱微，凡俗不聞不見，至人別以天耳天眼通之，就凡俗言爲不睹不聞，就至誠言爲莫顯莫見。經傳一切幽渺隱顯無聲無臭之説，于釋家爲五通。道家此例最詳，皆本經傳。泰西學説專用耳目求聞見，初級也。

十五、德行道藝

道、德、仁、義，舊以爲皇、帝、王、伯之分，而《論語》作『道、德、仁、藝』，《周官》則作『德、行、道、藝』，『行』與『仁』形近，『義』與『藝』同音，據《周禮》，德行爲一門，道藝爲一門，則王爲行，伯爲藝；作『仁義』者，字誤也。蓋仁義不足以分王伯。『行』統仁義，『藝』則技巧器械。《大學》《王制》屢言執技，即藝技也。西人技巧爲藝學。《周官》以帝王居中之『德行』爲一門，本于四科，而王與霸首尾雜合而稱道藝；道不可言，每藉技藝以形容之，《莊子》所謂『技也，而進于道矣』，道也，非技，是也。故莊書如屠牛、牧馬、承蜩、斲輪、操舟、相馬、射御、牧羊、蹈水、爲鐻之類皆爲技，而每借之以談道。技中有道，道因技而後顯，此技藝爲伯學，與道始終相去甚遠，皆出于《論語》之大例也。

十六、寓言

《史記》以畏累虛、亢桑子之屬皆空言無事實，即本書所謂寓言。以其如此，故盜跖可與孔子共語，商太宰蕩即《論語》太宰。亦問孔子于莊子，而『楚狂接輿』章乃與《論語》符合，全書接輿凡三四見。《論語》亦通用此例，長沮接溺、丈人晨門，即畏累虛、亢桑子之比也。故孔子與弟子語，則弟子爲儒，孔子爲道；孔子與老聃語，則老子爲道，孔子爲儒。今據輯孔老相同者，以明此例。若《天下》篇，則老聃學派實出于六經，則老聃亦屬寓言，與漁父、盜跖事出一律，非孔子之前已有道家學派，如前人所言。考今本《老子》乃皇帝學之傳，其經不可考見，故《列子》稱爲皇帝書，所引《老子》語多不在其中。

十七、翻十二經

倉頡初造字母，與梵書、西文相同，孔氏乃作圖畫之古文，故凡用經説者皆爲孔學，以古文著書皆在孔後，一定之例。《史·贊》言『百家言不雅馴』，以孔氏所傳古文爲近是。字母方言，故不雅馴，六經翻以古文，一歸爾雅，故《論語》以經爲雅言；雅言即翻譯，《莊子》所謂翻經也。舊以六經六緯爲十二，今以六藝六經爲十二。秦漢六經亦稱六藝，而不知大小不同。六經有定解，六藝明文出于《周官》。以今學堂譬之，六藝爲普通學，人人皆得習之射、御、書、數，爲實業技藝；六經爲治政之書，今之所謂法政學堂，非王公子弟與俊秀不能入，大約治六藝者百中不過一二可語六經。舊以六藝六經視同一律，非也。又，女商女商，疑即子夏。言『横説之以《詩》《書》《禮》《樂》』，横被四表，即四學四教分占四方者；『縱説之以《金版》《六韜》』，上下爲縱。以《易》與《春秋》配天地，上下四旁，共爲六宗，《春秋》《金版》《易》爲《六韜》，謂六爻周游六虚；韜爲隱晦，即史所云『隱以之顯』。

十八、清談

自晉人清談誤國，學者遂以無爲爲老、莊詬病，不知儒書言無爲者多，儒可言，道獨不當言，可乎？《莊子》本言無爲而無不爲，《外篇》云君本臣末、君要臣詳，以上下均無爲不可；其説原出《論語》『舜無爲』，『舜有臣五人而天下治』。不解晉以下人讀《莊子》但讀上句『無爲』，下句『無不爲』三字竟忘之，何怪後人之詬厲。考道德行藝爲皇帝王伯之宗旨，由小推大，屢次迭加，藝如州縣，行如司道，德如督撫，道如政府。初以州縣爲能吏，由州縣而推司道，不能再用州縣法，故貴藝行，德與道推法亦如此。當地球大一統，惟皇帝二三人言道德，同時並見王霸，如孟、荀儒學。亦如今日，政府惟主道德，司牧才學不能廢也。

十九、丹汞

世人學仙，喜以《莊子》附會鉛汞家言，不知此派始于魏伯陽。《莊子》以求生爲不達，所有神游亦出自然程度，初非黄婆姹女、嬰兒結胎。《莊子》本爲神仙之學，特爲經術化世，初非自私自利崖穴枯槁妄求飛昇者比。

楚詞新解①

叙

《離騒》者，子屈子之所傳也。昔者尼山垂文，以詔後世，六合以内，切于人事。傳曰：『書者，如也。』又曰：『《春秋》深切著明。』言皆切實，意不溢辭。後世史臣志紀記傳，蓋仿斯體，所謂無韻謂之筆，六合以外存而不論。詩託物起興，上天下地，意在言表，後世辭賦祖之，所謂有韻謂之文者也。聲歌所謂『存』，與論辨人學事出兩歧。蓋聖門立科，首分志、行，《中庸》：『事前定則不困，行前定則不疚。』政事、德行，今之實行家，言語、文學，『言前定則不跲，道前定則不窮。』爲今之哲學。文以載道，故文學爲道家之祖，子游傳大同，莊子爲子夏之門人。道家詳矣。至聖則存而不論者，凡神聖天道，一切閎誕悠渺、玄溟寂寞，未至其時，易滋流蕩。此方内方外之分，聖作賢述之所以别。《易》曰：『其初難知，其上易知。』亦如讖記，當時則顯。故經存其大綱，諸家傳其節目。靈應將啓，兩美牉合，此道非經無所宗主，道不明，而經亦因之不顯。此辭章喜談道，《詩》二千年來無一定解足以饜服人心者與？子屈子傳《詩》，與《列》《莊》别爲一派。

① 《楚詞新解》作于光緒三十二年（一九〇六）四月，民國十年（一九二一）四川存古書局刻入《新訂六譯館叢書》。

鳶飛魚逃，察乎天地，非顓頊以後絶地天通之聖人所知能。《中庸》發明《詩》之總綱，《楚詞》亦因是而昭顯焉。其曰『上征下浮』，即經之魚鳥，四荒、四極，經例尤詳。若夫『周游六漠』，非即所謂六合與？以俟聖言，皇帝王伯，同屬後生據哀而作，託之遠古。自古在昔，先民有作，傷今思古，長言詠嘆，而《大傳》出焉。其發揮經旨，不啻《繫辭》之于《易》，《伏傳》之于《書》。苟能通其旨，《詩》之道思過半矣。三家以《序》説《詩》，班氏譏非本義；九天、九淵、神游、雲飛，歸宿于泰初爲鄰，乃采《春秋》、録雜事以説之，可謂誣矣。自太史公誤以所傳爲自作，《離騷》指爲『離憂』，沉淵而死，後來承誤，《楚詞》遂爲志士失意發憤之代表。孟堅譏其露才揚己，忿恚自沉，解者甚至以『南夷』爲醜詆君父。按《楚詞》經營四荒，周游六漠，揖讓五帝，造問太微，乘雲御風，駕龍馭螭，且媮娱以自樂，超無爲以至清，乃至高之□，亦至樂之境界，以爲窮愁，失其旨矣。使果爲國爲身憂憤撰述，亦如《漁父》《卜居》指陳切實，何爲舍切近之墳典，遠據《山經》爲藍本，徵求神靈詭怪于天地之外哉？長卿作《大人賦》，即《易》之『大人』，《中庸》所謂至誠、至聖、至道，《列》《莊》所謂真人、神人。其文全出《遠游》，武帝讀之，飄飄有凌雲之志；又如黄帝之夢華胥，秦穆之聞天樂，此人間至樂，借證大人，其爲游僊，而非失志，稍知文義者固能辨之矣。使果爲愁憤失志，長卿作賦何以襲之？屈子沉淵，本爲私事，可據以解《漁父》《卜居》，乃附會舊傳，並以彭咸亦枉死；彭咸爲十巫之一，《九章》七見彭咸。《抽思》曰『望三五以爲像兮，指彭咸以爲儀』，何得指爲自沉？他如『遺則』，于三皇五帝後言『彭咸』，皆與自沉淵不類。前人疑之者，乃因《惜往日》『不畢詞而赴淵兮，惜壅君之不識』，及《悲回風》子胥、申徒與介子、伯夷死于山上者相比。而然。考天學，離世獨立，略于人而詳上下。《詩》曰：『鶴聞于天，魚潛于淵。』《悲回風》『回』讀淵，『風』爲上鳥所憑，『淵』爲下魚所居，亦猶『匪鶉匪鳶，翰飛戾天；匪鱣匪鮪，潛逃于淵』。莊子以爲夢鳥、夢魚皆猶上下起例，是也。本篇又曰：『鳥獸鳴以號群兮，草苴比而不芳。魚葺鱗以自别兮，蛟龍隱其文章。』屈子沉淵，即有其事，若傳文原爲夢魚逃淵，非求死自沉明矣。本爲《詩》傳，故《詩》獨詳。《悲回風》竊賦詩之所明，《惜往日》受命詔以明《詩》，是曾受命學《詩》。《東君》『展詩兮會舞』，又引詩人『不素餐』之説，其餘名物典訓與《詩》相發明者以百十數，與緯同爲大傳。舊所撰《詩》説專就地球立説，言無方體，或以附會爲嫌。近乃由《楚詞》得明天人之分。《書》結人學之總局，《詩》開天學之初基。惟文義繁賾，蒙蝕已久，恐遭按劍，故藏之匣匱。《楚詞》寥廓無天，峥嶸無地，以視世界，不啻毛粟，神靈詭異如《天問》者，俗亦安之，不足爲怪。今除屈子自作外，别爲新解，以明天學，閲者不斥爲不經，然後《詩》乃可觀。若尚齟齬，則本屬集部，語怪固亦無妨。假此以卜《詩》解之從違，如能借《騷》以通《詩》，則至困之中有至樂，是或一道與！光緒丙午四月望日，則柯軒主人序于中巖雪堂，時年五十四也。

凡例

《楚詞》爲孔子天學《詩》之傳記，與道家别爲一派。大約道詳于《易》，《楚詞》詳于《詩》。

《離騷》亦如《繁露》，繫辭爲屈子所傳，惟有屈原明文者乃爲其自撰。如《九歌》之同于《左氏》，九秋之比于《九夏》，《招魂》之『一人在下』當指孔子，爲《詩》而作，《漁父》《卜居》乃爲屈子自作，亦如《管子》《繁露》之有管子、董子，乃爲本書。□□古子多非自作，□□古書多爲七十遺。如《吕覽》之《月令》，《董子》之《爵國》，《賈子》之《保傅》，《管子》之《弟子職》《五行》，《荀子·禮三本篇》《樂説》尤多。

《離騷》舊本下有經。大約《離騷》爲經正文，以下各篇皆爲傳記。比于《尚書》，《離騷》爲

《帝典》，以下各篇亦如《帝典》之傳記。考《離騷》言《九辯》《九章》《九歌》，後三題皆別爲一篇，啓九辯與九歌兮。此當引三篇以注于經文之下。經『四荒』以後言遠游，當引《遠游》篇附注于下。既已出游，故言返，故思歸故鄉。蓋其神游其下，即《招魂》；因上帝使人招之，故思返故鄉，故鄉即謂上天也。《卜居》爲屈子自撰學。經之靈氛，以《卜居》借作靈氛之傳，《漁父》借作巫咸之傳，《天問》一篇又經中天體人事之傳。以經爲主，舉各篇附注經下，而後經傳相合，彼此互相發明。其分篇各行，則如大傳，在經外單行。

《楚詞》全據《山海經》立說，周游全爲神游，夢想爲《周禮》掌夢，皆不在本世界之内。《山海經》五《山經》下《海内》四經、《海外》四經，《大荒》四經，本經言四荒，即大荒，言四極，即四宮。《吕覽》以四海爲本世界，四荒當即四宮列宿。然則海内爲本世界，海外爲四行星，四荒爲四宮，四海外爲四極，五山則三垣矣。考《山海經》海内、海外、大荒、五山，共分四等，大約八行星爲□□，十日繞昴星爲□□，西方七宿爲□□，三垣九宮爲□□，故錢氏補傳全據《山經》立說。《爾雅》四荒、四極皆不在本地球。《吕氏春秋·有始覽》：『凡四極之内，東西五億有九萬七千里，南北亦五億有九萬七千里。』《淮南·地形訓》：『禹乃使大章步自東極至于西極，二億三萬三千五百里七十五步，使豎亥步自北極至于南極，二億三萬三千五百里七十五步。』

《周禮》所言皇帝之制，以三、五、六、八、九、十二爲起例，《九章》《九歌》《九辯》以九州起例。《九歌》西皇爲素統，九州、九辯、九秋亦同，《九章》則爲人皇。《詩》曰：『狐裘黄黄，出言有章。』三九二十七，爲三皇三統，外如九天、九死、九折肱、九迴，諸『九』字皆以九服、九畿爲起例。以下三、五、六、八、十二，皆仿此例推之。

人學專言六合以内，天學則在本世界以外。在上爲天神，在下爲地祇，居四方者爲人鬼。所謂周游六漠，尤以上征下浮爲大例。《詩》以魚鳥飛沉、山水陟降爲上下之標目，《楚辭》于此例甚詳。今仿《詩》之例考之。

《詩經》以地比車、輪，所謂皇輿、轂輻。《易》曰：『黄帝垂衣裳而天下治。』《書》曰：『弼成五服。』故又以衣服比版土。冠、衣、帶、裳、屨，《詩》以爲五服。《楚詞》所言服飾，亦如《詩》之衣裳，爲五服之起例。故于《楚詞》衣服仿《詩》例作疆域推之。

《詩》多詳鳥獸草木，蓋借木之根本、條幹、枝葉以喻疆域。《楚詞》以花草爲衣裳，則衣裳非衣裳，花草非花草，皆借以比疆域。《周南》言灌木、樛木、喬木，與條幹、枝葉，緯書言『皇帝得其根本，王得其幹，伯得其枝葉』，皆借草木以立説。

《詩》以鳥名官，主西皇之意。《楚詞》于四靈詳于鳥，即以鳥名官之義。今故就西皇之例推之。

天人之學，自顓頊而分。《楚詞》首言高陽，明其本爲帝之人學，由高陽上推，所以爲天學。《周禮》藩以外世一見，指本地球而言。經由上招，天有九重、三十二重等説，各有時代風俗之不同。《楚詞》屢言世俗與時俗，皆所經之境。如陳文子棄而違之，至于他邦，曰：『猶吾大夫崔子也。』故每段皆有世俗褊狹之説。

《尚書》『皇省維歲』，故大同之説詳于曆法。年歲爲皇，陰陽爲二伯，四時爲四岳，一日爲千里，東方諸侯爲朝，西方諸侯爲夕，所居即爲日中，背服即爲夜。『懸象著明，莫大乎日月』，日月即陰陽。《論語》：『天不言，四時行，萬物生。』天學用就天文起例。

《詩經》爲天學，非本世界之事，所言古之帝皇卿相，時人名號。《詩》曰《大雅》《小雅》，則其爲翻譯，非世界人名。《楚詞》所引古人名，自當與《詩》同例。又《山經》所言□神名號，如堯、舜、帝嚳、鯀、益、文王之類，其事迹亦相同，乃以人名翻譯天神。《左》《國》詳鬼神、宗族、姓氏，人神混雜，其書既爲天學，自不與本世界相嫌。又由五帝下及堯舜三代，并及齊桓、甯戚，蓋以皇帝王伯爲次序。《尚書》以堯舜爲二后，夏殷文武爲四岳，《楚詞》則借人名以譯天神地祇。

《大雅》前二十八篇配車轃列宿。

《小雅》前三十篇配車輻三十。

變雅屢言讒言嫉妬，所謂小言邇謀，不必爲奸邪。經以上帝西皇爲主，故周游各天，皆不滿其意，臨去必指其病，亦猶『吾大夫崔子』之意。

經中言反顧、回車、歸者共若干見，因上有《招魂》，故故鄉反在上，非謂楚國，并非謂世界。聖人天生屬星辰，生有自來，没有所歸，故反以上天爲故鄉。

主西皇，即佛之西天，爲素統。西方美人，以鳥名官之義，故《詩》詳于鳥官。《楚詞》以西皇爲歸宿，凡此皆以孔子爲主。以孔爲主出于《詩》傳，爲屈子所傳，初非發其自作爲一家一人之私書，故彭咸即大彭、巫咸，爲殷之二伯。《論語》『竊比于我老彭』，即大彭，爲二老。巫咸即豕韋，在天爲十巫之彭咸，在人則爲殷之二老。大彭、巫咸二伯，非一人，又無自沉之事。

《楚詞》天學，已離脱世界，專言諸天矣。考諸天典故，釋藏與道藏最詳。故西皇如兜率天，上下四荒則如欲界色界天，厭棄凡近即白詩『願生兜率天』之意。故《楚詞》之飲食、衣服多取《法苑珠林》等書爲之詳注。以天言天，不用人間之説，爲游于六合以外、游于無何有之鄉之師説也。

《遠游》一篇，司馬本之爲《大人賦》，武帝讀之，有淩雲之志，可知其本意。故其中多道家言，爲游仙之所本，故詳引《列》《莊》爲之解釋。諸家所言天人平等快樂詳矣，而經猶以褊狹爲譏者，志在西皇宗□上天，故于諸天皆有不足之詞，所以爲至聖。

《詩》爲孔子思志，一人在下，即指孔子而言。『周游六漠』，即《詩》之上下四旁。《楚詞》既爲《詩》作傳，則一人自屬孔子。曾晳云『詠而歸』，褰裳而去。聖人不死，如傳説騎箕上天之説。《詩》爲魂游夢魂。《卷耳》之『云何吁矣』，《東門》『聊樂我云』，『云』皆爲古『魂』字。二南『周』爲『周游』，『召』即『招魂』之『招』。《瓠葉》『招招舟子』，一游一招，故以歸來爲大例。

《離騷》篇名不可解，蓋如古緯，爲屈子所傳，非其自作。《離騷》爲經作，亦如諸緯爲弟子所傳。太史公所傳屈子事，一身一家之私事，與經傳不相干。亦如董子之書，有傳本，有自作。蓋其本傳事實與自作書賦爲一類，與相傳之傳記不相干。屈子縱有悲憤沉淵事，與師傳授受之傳記則不相干涉，不能因其私事附會古之傳記。『擇九州而翱翔兮，何必懷此故鄉』，此爲屈子一人言，與《楚詞》之旨不相合矣。

編楚詞釋例多與詩例相同

蕭艾　衣服　草木　走獸　鳥官　男女　昏媾　寇仇　讒妬　忌諱

四方例

東　木蘭　蕙

南　江蘺　蘭　桂

中　芷　荃

西　瓊　秋蘭　辛夷　椒

北　幽蘭

反易變易

上下顛倒　木上罾魚　水中有鳥

香反爲臭　臭反爲香

國風十五國

十二月十二支

二南中邶在邊舜南

離騷

九歌

《左氏》六府三事皆可歌也，謂《九歌》，《離騷》『啓《九辯》與《九歌》』。此爲孔門相傳之辭，非屈子作。

吉日兮日謂甲乙十干。辰良，辰謂寅卯外州。穆天子穆穆，東昭西穆。將迎。愉兮上皇。即《招魂》上帝、經之西皇。《莊子·天運篇》：『天有六極五常，帝王順之則治，逆之則凶。九洛之事，治成德備，天下戴之。此謂上皇。』撫長劍兮司馬，《少司命》。玉珥，西主金玉。璆鏘鳴兮司空，《大司命》。琳琅。《禹貢》璆琳琅玕。瑶席兮玉瑱，西司聽，故言瑱。盍將把兮瓊芳。《詩》瓊、瑶、玉、金爲西方之起文。金玉琳琅、玉瑱瓊芳，皆西方質素之物，故知東當爲西。蕙肴蒸兮蘭藉，奠桂酒兮椒漿。二句由西到東。蕙如麑裘，幽蘭屬北，桂酒南。有酒椒辛，西本味，此以食起西方，如《論語》四飯爲四岳。揚枹兮拊鼓，東方革音。疏緩節兮安歌，《九歌》之中。陳竽北。瑟南。兮浩倡。三句音技。靈神。○十巫。偃蹇兮姣《詩·十月之交》，《書》曰『南交』。服，姣服，讀作『交服』。《周官》地中交會合和，服八千、十二支，《詩》『無思不服』。芳四方指諸侯。菲菲兮滿堂。交服，故滿堂。五音旋相爲宫。紛兮五方八風，六合以内。繁會，交會。繁即『藩』之代字。《周官》九州以外之藩服，《詩》『采蘩』『正月繁霜』，皆以起外荒。君主人。欣欣兮樂康。大同。小康。《詩》。

東皇『東皇』當作『西皇』。西皇見經，爲素統例，與《詩》以鳥名官同。以西爲主，爲六藝通例。

太一 地中。〇天皇屬東，即泰皇。緇衣、羔裘，太一天之貴神，可謂玉皇，中央之帝。

浴蘭 南。湯兮沐芳華，采衣兮若英。靈連蜷兮既留，《詩·丘中有麻》『彼留子嗟』下『蹇誰留兮中州』。爛昭昭兮未央。《詩》『夜未央』，央即夬卦之夬，于文爲壯，故卦之大畜之外有小畜，大壯之外無小壯者，以夬即小壯也。未壯則尚未滿足，一盈則消，一中則是，故央與夬形似，與壯音近，中央亦即中壯。蹇將憺兮壽宫，與日月二后。兮齊光。龍駕兮四靈物。帝至尊爲皇，則帝爲四岳矣。服，龍本東方神物，在東方之左。今以素爲主，則東反居西，崑崙之中乃反在左，故駕。聊翺游兮周章。周與九同音。九爲數之窮，周章即九章，大九州以帝分統之。靈皇東皇。皇中皇。兮三統有當運之皇，即有二皇后爲賓。如帝爲四岳，則二后二公皆得稱皇矣。既降。猋遠舉遐方。兮雲中。雲師雲名。覽冀州《地形訓》：大九州中一州爲冀。兮有餘，橫四海兮橫被四表。焉窮。思夫君兮『既見君子』。大息，《詩·民勞》小康、小息，反對爲大康、大息，與大同同義，謂天下太平，爲極樂世界。舊誤以爲愁嘆。極以□□有五極。勞心兮皇、帝同思。[忄蟲][忄蟲]，一作忡忡，即《雲中君》。《書》作『冲』，謂『冲人』『冲子』。六合爲冲和。

雲中君 甲。〇崑崙在中，故黄帝以雲名官。今東皇爲主，故中變爲西。

君不行神行。兮夷夷服。猶，蹇誰留兮形留。中洲。南，中央。美要要服。眇兮宜修，沛吾乘兮桂舟。輈。令沅湘兮無波，邊鄙。使江水兮安流。流沙。望夫君兮未來，《詩》與《騷》以望未來爲大例。《詩》『求之不得』。吹參差兮《詩》『參差荇菜』。誰思。『思』字乃《騷》之標目，經只一『思』字。駕飛龍兮鯤。北征，北溟。邅吾道兮日月之行。

洞庭。當作『同庭』，『以討不庭』。『同庭』與『同寅』義同。薜白。荔柏兮蕙綢，蓀孫。橈兮蘭男。旌。望岑陽兮極皇極。浦，父。横大江兮揚靈。揚州。靈兮未極，若已極則難乎爲。經『未極』猶『未央』，言可進化。女十二女。嬋媛兮外牧。『柔遠能邇』。爲余太息。太息即太平、太康。由戰國紛争預言百世，皇帝極盛，則當樂而不當憂，固已明矣。横流涕兮『左右流之』。潺湲，海不揚波。隱思君兮陫側。桂櫂兮蘭枻，斲冰兮積雪。冰洋。采薜荔兮水中，猶『鳥何萃兮蘋中』。搴芙蓉兮非陸花。木末。猶『罾何爲兮木上』，是謂拂人之性，灾必逮夫身。心乾坤各二心。不同兮『無二爾心』。媒勞，道不同不相爲謀。恩不甚兮輕絶。絶猶□絶之義。□不絶者均，而多若一綫之輕，孤則必絶無疑。『輕絶』與『民勞』同義。石瀨兮淺淺，飛龍兮《易》之『飛龍』，由鯤而化。翩翩。交地中交會。不忠兮忠恕。怨長，民之好惡。期『秋以爲期』。不信兮告余以不聞。渝盟。鼂騁騖兮江皋，山高。夕朝夕有二例，京師爲日中，左邊爲朝，右邊爲夕，背居夜中，日中主極。由日中以東至朝，以西至夕，此土圭測景之法。紀行從朝起至暮，止一日之事，紀遠近而已。弭節兮北渚。水低。鳥次兮鶉鳥之精，鶉火之次。室上，離離共室。水坎。周圍。兮堂下。七舍室堂。捐余玦兮江中，遺余佩兮澧浦。采芳洲兮四方，九州。杜若，將以遺兮下女。夫人。時不可兮再得，《湘夫人》作「驟得」。日不再中。聊逍遥兮即『騷』字合意。容與。

湘君 丙。○《論語》：舜無爲而治，其君也哉！帝爲君正稱。雲中君、東君、湘君，以君稱者三焉。

帝子高陽八才子。降兮北渚，南降北爲葛屨履霜，癸與丁合。目眇眇兮《書》『眇眇余小子』。愁余。嫋嫋兮秋風，素統以秋爲主。洞庭義如同寅。波兮皮革皆外服。木葉下。下當爲上，蓋此句應『罾木上』，下句應『鳥萃蘋中』，『洞庭波』在『木葉』之下，無罾緣木以求魚，若木葉下，則與下不類，無所取義。登白蘋注語二『蘋』字亦然。兮西采蘋。○履虚不墜，入水不濡。蘋附水而生，不可登，登之則可入水。騁望，人不能，化鳥則可，故下曰『鳥何萃兮蘋中』。與佳當脱『人』字。期兮《詩》『昏以爲期』。夕張。鳥飛。何萃兮蘋中，罾何爲兮木上。《詩》曰『魚網之設，鴻則離之』，又曰衆爲魚矣。室家爲三才例，中爲人，上爲魚，下爲鳥之次序也。從人至上則人變爲鳥，從人至下人又變爲魚，所謂『匪鶉戾天，匪鱣潛淵』，上以魚至，則在我之木上；下以鳥來，則在我之水中。沅有芷止。兮澧有蘭，讀作『南』。思詩志。公子兮公子、公孫。未敢言。荒四荒。忽北帝名。兮遠望，登蘋。○十五伯爲望。觀流水坎。兮潺湲。『洞庭』『木上』句。麋東麛。何食兮庭中？·□□。蛟當爲『羔』，聲之誤。何爲兮水裔？·水裔，當爲『木裔』，皆反言之。朝馳余馬兮江皋，東。如『鶴鳴九皋，聲聞于天』。夕濟兮西澨。在下。聞佳人兮召余，如《招魂》。將騰駕兮偕逝。築室兮『王室如燬』。水中，日北極。葺之兮荷『何天之休』。蓋。蓀同孫。壁兮紫音同『子』。壇，播芳椒兮盈堂。桂圭。棟兮蘭南。橑，辛夷楣兮藥房。正房，明堂。罔薜白。荔兮爲帷，擗蕙東。櫋兮既張。白玉兮爲鎮，鎮□□。疏石蘭兮爲防。芷止。葺兮荷屋，衛。繚之兮杜土。衡。合六合。百伯。草召。兮實室。庭，建芳馨兮廡門。九疑州。繽賓。兮並迎，靈之來兮如雲。九州所致動物。捐余袂兮短右袂。江中，遺余褋兮童子佩褋。澧浦。搴汀洲兮杜若，將以遺兮遠者。『百世以俟聖人而不惑』。時不可兮世界。驟得，皇帝大同，至今未至其時。聊逍遥兮如隱逸、高士傳。容與！如《靈》《素》以道寓于身。

湘夫人

丁。○支十二，六合八伯，亦爲八合。

廣開兮卯開門。天門，門左右是天門。紛吾乘兮玄『禹錫玄圭』。雲。令飄風兮詩。先驅，上巢居。使凍雨兮灑塵。下穴居。君回翔兮沉淵。以下，伯會諸侯，代天子巡。逾空桑兮《山經·北山經》。從女。紛分。總總兮九州，九阿、九阬、九河，皆比九州。何壽夭兮五福、六極。在予。天命五德。兵事司馬主之，司空主封建閒田。高飛兮『飛龍在天』。安翔，乘清氣兮天氣清。御陰陽。吾與君兮齋速，禮，見辛者齋速。道帝之兮中央猶南北，中分天下，河中鉞星，以北爲北，以南爲南。九阬。靈東。衣兮依京。披披，玉佩西背。兮陸離。六服。壹陰兮壹陽，陰陽二后，一陰一陽之謂道。衆莫知兮余所爲。泰伯至德，民無得而稱。折疏麻兮瑶西。華，枝葉。將以遺兮離居。地中京師，皇極。老冉冉二后。兮既極，□極。不寖近兮愈疏。柔遠能邇。乘龍以□爲正，鯤魚。兮轔轔，高馳兮鴻飛。沖天。在天。結桂少司命。枝南服喬木之枝。兮延佇，羌愈思兮無思不服。愁人。九辯，九秋。愁人兮奈何，願若今兮無虧。『不騫不崩』。固人命兮有當，天命有德。孰離合兮地中交合。可爲？作『訛』。《詩》『式訛爾心』。

大司命 戊。○北海之帝，禹爲司空，《文侯之命》。○《論語》『大師摯』，《史記》作疵。○立春。

秋蘭西南。兮蘪蕪，麋裘。羅生兮《多方》《多士》。堂下。下方。緑東。葉兮生于枝上。素枝，素統，枝葉。芳方。菲菲兮襲予。下襲水土。夫人母。自有兮美子，八才子。蓀公孫。乙丙丁庚爲子，巳午未申酉戌爲六孫。何以兮《詩》『不我以』。愁秋。苦！南方味苦。秋蘭兮青青，子衿，花色。緑葉兮紫赤。莖。干。滿堂兮言堂滿堂，言室滿室。美人，乙丙丁庚。忽獨與余兮目離爲目。成。大成。入朝南。不言不告。兮出不辭，別北不言南。□□二伯、諸侯交相見，往來朝聘，無所顧忌。乘回風兮旋風如淵。載雲旗。悲莫悲兮『哀哀父母』。生別離，離合、別離皆就離言。地中會合爲離，『之子于歸』爲別離。樂莫樂兮『樂土樂土』。新相知。北生南死，司馬主兵，爲新民。荷衣兮侯服。蕙帶，要服。儵北帝。而來兮忽南帝。而逝。夕少司命即西南□夕□□。宿西七宿。兮帝郊，南交，地中，六合。君誰須《詩》『卬須我友』。兮雲中央黃帝，雲中君。之際。《詩》五際，唐虞之際。與女《大司命》。游兮形游，巡狩内九州。九河，九州以河爲界。衝風上。至兮天氣下降。水下。揚波。地氣上騰。與女沐兮咸池，西南。晞女髮兮在元首上以啓天道。一説司馬九伐，與髮同音。陽一陰一陽。之阿。東北。望美人兮西方美人。未來，來者可追，未見君子。臨風乘風。怳兮浩歌。孔蓋兮以天爲蓋，列宿象。翠旌，登九天兮《遠游》天有九重。撫彗星。彗所以除舊布新。《大學》『在新民』。司馬公司九伐。竦長劍兮主兵司伐。擁幼幼官後生。艾，采蕭、采艾以比疆域。荃大一統爲全，與分方不同。獨宜兮『宜爾室家』。爲民正。正鵠標示，二十五民取則。

少司命 己。○春分。○司馬公主兵，新民。南極之帝忽奉王命討有罪。○《論語》『少師陽』，《史記》一作『强』，在徐。以少師附大師，爲東岳。

暾甲日。將未至其時，故曰將。出兮東方，《詩》『日居月諸』，出自東方。照吾檻兮照臨下土。檻當讀爲『監』。《詩》『監觀四方』。扶桑。東西相對，如剛柔金木。撫余馬兮日景爲白駒。安驅，日夕。夜月。皎皎兮《詩》『月出皎兮』。既明。

《詩》『昏以爲期』，『明星煌煌』。駕龍輈兮《考工記》：輈人以車輪比地。舟與州同音。《詩》『乘舟』多當作□□。龍，鱗蟲之長。乘雷，震卦。載雲『雲從龍』。旗兮委蛇。長太息兮《樂記》言詩長言之不足，故咏嘆之。將上，鳶飛。○西烏。心低回兮即下沉淵。顧懷。懷，服懷遠人。羌色四目，目所觸。聲四聰，耳所聞。兮《詩》『上天之載，無聲無臭』。聲色之于化民，末也。娛人，騷乃樂境，非愁苦。觀者憺兮忘歸。黄帝夢游。○《論語》『樂以忘憂，不知老之將至』。緪瑟兮交鼓，簫鐘兮瑶簴。鳴篪兮吹竽，思未來思之爲詩。靈保兮賢姱。夸父追日事。翾飛兮翠曾，當作峷嶒。展詩兮會舞。應律兮合節，以十二律配二十四氣、七十二候。靈之來兮以神來喻後生嗣王。蔽日。青雲衣兮白霓裳，即『緇衣羔裘』。霓與麑同音。舉長矢弧矢。兮《詩》『舍矢如破』。射天狼。操余弧《詩》作『胡』，『狼跋其胡』。兮反東與西對，狼弧與房、心、尾對冲。東□本爲西方，故以西爲東，以西當卯。淪降，援北右。斗兮酌桂南左。漿。撰余轡兮高駝翔，杳冥冥兮鴻飛上。以東行。

東君 乙。○東北方伯如乙。《詩》『宜君宜王』，君尊于王。○西皇爲主，則東乃中也。

與女游兮九河，《禹貢》□州。九河、九曲、九州。衝風鳶飛。起兮往來。水横波。魚潛。乘水北水德。車兮『水車』不辭。湘夫人築室水中，葺以荷蓋，『乘水車』當作『築水中』。荷蓋，用北蓋天。駕兩龍兮風泉皆以如□□。驂螭。東蓋。登由此。崑崙兮中。四望，即離。心皇□心君。飛揚兮浩蕩。南徙。日將暮兮西方。悵忘歸，司北陸，招魂。惟極北極。浦兮寤懷。《詩》『毖歌懷人』，《莊子》海若、大方。魚鱗屋兮龍堂，紫貝闕兮朱宫，宫室堂闕，各有所宜。水德，故以水族言之，不必定以爲飾。靈何爲兮水中。『宛在水中央』。乘白黿兮逐文魚，湘夫人築室水中。與女游兮河之渚，流澌紛兮《詩》『北流活活』。將來下。『滮池北流，浸彼稻田』，言南極流，北極流，至下二流往來，以調寒暑。子交手兮二泉交于黄道，温帶。東行，送美人兮南浦。《詩》『之子于歸』，遠送于南。波滔滔兮中央。《詩》『毖彼泉水，亦流于淇』。來迎，日所迎及。魚河伯。鱗鱗兮媵予。《詩》『齊子歸止，其從如雲』。

河伯 壬。○北方伯。○《莊子·秋水篇》河如王伯，海則皇帝。

若有人兮在彼本爲人。山之阿，山林與川澤對，一高一下，皆爲魚所居，而有陰陽之别。被衣被，上服。薜荔兮帶女蘿。要服。既含睇兮『顧我則笑』。又宜笑，《詩》『巧笑倩兮，美目盼兮』。子慕予兮善窈窕。《關雎》『窈窕淑女』。以十二牧爲十二女，以配律吕。律爲窈，吕爲窕，所居皆在荒遠之地，故窈窕又有幽遠之意。乘赤豹兮從文貍，《詩》『赤豹黄皮』。《周禮》□與南交爲文。辛金。夷車兮結桂旗。被石蘭兮帶杜衡，《詩》『有杕之杜』，又『衡門之下』。杜與土同音，衡爲南岳，又爲七星之中。折芳馨兮遺所思。聖門知行二派，天學爲思想，與實行家不同。《尚書》與《春秋》，六合以内，共見共聞，民物製作，炎炎蒸上。六合以外，鬼神之事，目不可見，耳不可聞，惟以心通之，以精神相感召。余處幽篁兮終不見天，上下之分。《遠游》曰『下臨無地』，《詩》曰『明明在下』，明當作冥。《左傳》所謂黄泉，佛書所謂地獄，暗不見日。路險難兮地獄，不似天堂。獨後來。□□享鬼神，鬼神來格，先神後鬼。表獨立兮《山鬼》自成一局，如今獨立國，不依傍。山之上，山鬼。雲容容兮而在下。《莊子》『風斯下矣』。大地周游圓氣之中，上有風雲，下亦有風雲。天學以在上星辰爲天，在下星辰爲地，上下無常，雖至遠之星辰，其下仍有風雲焉。杳冥冥兮《詩》『覃及鬼方』。羌晝晦，以地獄言之，長此幽冥，無晝夜之分。然星辰既爲世界，則亦當有日月，日系八行星，本世界居第三，以繞日分上下，則金、水在地球之上，即可爲天，火、木、土、天王、海王在地之下，即可爲地，彼此并無分别。雖極之大千世界，實亦相同。今之所謂天地，不過立一名目以相别異，名雖異而實同。然其名既已異，若從其實言之，彼此更何所分别，固不得不就幽明、陰陽、人鬼立説，故以山鬼所居□晝□□□□□□□□。東風飄飄兮谷風。神靈雨。留靈修兮形留。憺忘歸，歲歲星。既晏兮衰去□□。孰華予。采三秀兮于山間，三公。石磊磊兮葛蔓蔓。《采葛》之詩，以葛與蕭艾并舉，以爲内外之分。葛與國同音，爲天下之本。角、亢、氐又爲鈎天之星。□□□。○『節彼南山，維石巖巖』，山爲國，石音同室，即所謂家。積家以成國，如積石以成山。石磊磊所以成爲山之高，葛蔓蔓所以見天下之大。怨公子兮悵忘歸，湘夫人稱帝子，皇之公爲帝。《麟趾》『振振公子』，即高陽、高辛八才子。君思我兮不得閑。山中人兮芳杜若，顓頊以後絶地天通，上下隔絶，凡各星辰幽明異途，無路可通，故老死不相往來，必至天學之世，精爽不貳，乃能□□□□□□□□□□□□。飲石泉兮蔭松柏，松柏墳墓所樹，體魄所憑依。君思我兮然疑作。靁填填兮雨冥冥，□□□□□□□□爲陰陽交感。□□□□□。蝯啾啾兮狖夜鳴；風颯颯兮木蕭蕭，思公子兮徒離憂！

山鬼 癸。〇《周禮》言三才，曰天神、地示、人鬼，省文則爲神鬼。《中庸》曰：『如在其上，如在左右。』言上即以包下五土例。山林爲西方，分言之則山陽而林陰，山鬼即招魂之鬼王也。

操吴戈兮《檀弓》孔子曰：『執干戈以衛。』被犀甲，車錯轂兮車已覆。短兵接。如巷戰。旌蔽日兮鬼方，故不見日。《詩》《易》皆言鬼方，《詩》『内奰于中國，覃及鬼方』，既濟、未濟『高宗伐鬼方』。《九歌》後四篇《山鬼》《國殤》《禮魂》《河伯》皆爲死鬼。《論語》『未知生，焉知死』，『未能事人，焉能事鬼』。以陰陽晝夜而分，如東半球則爲生人，西半球則爲死鬼。若《楚詞》，則升天爲神人，降地爲死鬼。敵若雲，《詩》『有女如雲』。矢交墜兮士争先。不避丸雨。陵余陣兮躐余行，敗。左驂殪兮右刃傷。霾兩輪兮縶四馬，援玉枹兮擊鳴鼓。如郤克事。天時墜兮威靈怒，嚴殺盡兮棄原壄。肝腦塗地。出不入兮往不返，《穀梁》作『出不必入，往不必反』，《公羊》必作正，誤。平原忽兮路超遠。帶長劍兮挾秦弓，衽金革。首雖離兮心不懲。死而不厭。〇雖無國君忠孝等字，却非《刺客傳》代人報仇匹夫之勇可比。誠既勇兮始一鼓作氣。又以武，再不衰。終剛强兮終不竭。不可陵。《中庸》『北方之强』。身雖死兮神以靈，靈魂學，神雖去而形留。魂魄毅兮剛德不屈。爲鬼雄。鬼方，載鬼一車，亦爲雄長。

國殤 庚。〇此篇如日本武士道尚武精神。〇《國殤》以見忠君愛國，爲國而死，勇于公戰，非私鬥。

盛禮兮會鼓，交合。傳芭兮代舞，以侑。姱女倡兮容與。女樂。春蘭兮秋菊，東西對。長無絶兮終古。言春祠以蘭，秋祠以菊，爲芬芳長相繼承，無絶于終古之道也。

禮魂 辛。〇《九歌》共十一篇，《太乙》以外别爲十，亦如《周南》之十有一篇，一皇、二伯、八伯也。天有十日，故以十日記之。

雲中君 甲
湘　君 丙
湘夫人 丁
大司命 戊
少司命 己
太一
東　君 乙
河　伯 壬
山　鬼 癸
國　殤 庚
禮　魂 辛

雜　著

上南皮師相論《易》書

三月曾具一稟，由郵齎陳，諒入籤記。受業治《易》二月以來，編成《生行圖譜》一卷，上呈鈞鑒。竊以易道廣大，爲治經之畏途，漢、宋遺書雖汗牛充棟，求其能明白顯著、確然有以饜服人心者不可得，受業雖久耽古籍，亦望洋而嘆，不敢再蹈蜀人喜言《易》之咎。因諸經卒業，不得不求通精微，以成大一統之局，故立一説，以聖人晚乃序《易》，《易》爲六經總歸，六經未通，不可治《易》，《易》乃六經匯歸，五經既通，則《易》自有啓牖之妙。于是會纂歷代家法條例，與由漢至今遺書，除因陳不足計數以外，所有名作大師，最有名之條例，一爲考研，立見粉碎，求所謂顛撲不破者，未嘗有焉。大抵諸經如狗馬，《易》則近乎鬼神，率意圖畫，自信其心，又無明據以供其比校。在諸賢其始皆不能安，私心未嘗不自疑。從古未有真諦，遂自寬自解，以爲《易》之可知可求者止于此數，再進而上，則已失傳。去聖久遠，智力已窮，付之浩嘆，此不求深之過也。受業愚鈍而好爲苟難，以爲諸經傳記皆別有微言起例，在于文字之外，學者但求銷文，未能得意，凡所解説，皆爲支節，不能使經如醫之銅人圖。凡其求者，皆銅鑄之人，而非氣血行動、能言動聽視之人，雖何、許、馬、鄭，亦得皮毛影響，豈能盡其筋骨乎？蓋無論何經，皆有相承之誤説，後人以爲流傳最久，喜其便易而勦用之；但有如此者十數條，則深入魔障，永無見天之日矣。以《易》而論，以卦爲主，言卦則不能不講統屬。京氏八卦之説，謬種流傳，老師宿儒以至學僮小子，莫不曰一卦生七卦、八八六十四；而後人更爲浩爻之説，以爲一卦可變六十四卦。《春秋》見經之國近百，其中由天王、王後、二伯、方伯、小國、附庸、夷狄、亡國，各有分別，不可稍混；又諸國皆有實地，東西南北，至今尚可指數也。講《春秋》不論事勢，概曰一國統八國，一國可爲六七十國，自天子、王侯下至附庸、夷狄，一視同仁，黄茅白葦，舊之《易》説何以異此！卦有尊卑親疏、祖妣男女、同姓異姓，必有分數。乃不問同異，但曰一可生七，六十四可爲一卦，是以《春秋》一國可爲全經之國也。今故就經中本卦爻變爲之編纂譜帙，辨姓別支，婚媾仇敵，朗然明著。一卦但生三卦，以合《大傳》三男三女。而亥之二首六身，即謂八卦分二類，二君而六臣也，經之《繫辭》由此起義。舊説一切不問，即此一端，則易學之不明宜矣。既取卦義，何貴混同。豈無以《春秋》諸國爲比者，不得其説，則亦不敢主持耳。即以旁通而論，今考定爲一卦旁通三卦，即圖之二隅與本卦相比之三卦也。上爲祖父，下爲子孫，旁以通于兄弟平輩之三卦，是謂旁通。祖宗卦不言旁通。而舊例不辨尊卑，無分正錯，多者五六，少者一卦，俱無問其實據，則不能持以示人，有名無實，所以有疑信用舍之不同。又以卦變而論，一首三身，分長、中、少，取法乾坤六子。八正卦生二十四，八負卦生二十四，考之圖譜，界畫分明。凡所生者，各于受姓之爻變還父體，明白顯著，不啻大聲疾呼。而從漢至今，無人過問，別以堆垜數目，造爲無稽之談，某卦自某來，治絲而棼之，以牛爲馬，呼祖爲孫，欲其合得乎？又如『天地定位』一節，本指上下而言，邵子造爲一圖，强分方位，命之曰先天，又以爲伏羲所作。自有此説，愈生霧障。不知所謂先天乃上下圖，後天爲四方圖，上下四旁合爲宇宙，同爲孔經，何分羲文。上下圖乾上坤下，風雷天屬，二長親上，艮澤地屬，二少親下，水火居中，難于分畫，特詳火炎水濕，以定上下之分。凡經傳之言上下，皆指此圖而言。乾九五爻言火就燥，釋《大有》《離》之飛龍在天；水就濕，指《坎》之《比》黄裳。三上卦從天下降，三下卦隨地上升，風雷龍虎，方聚物分，皆謂是也。而以爲羲文之分别歧出，過矣。又損之一人行，首卦内三爻一卦獨往，别首卦之外卦合三卦來爲得友。《巽》初《小畜》一人往《乾》四，《離》二《大有》一人往《乾》五，《兑》三《夬》一人往上是也。三人行，則首卦内外三爻合朋往身卦，《姤》内三卦爲錯卦，《否》内三爻三人來，外三爻三卦爲《既濟》外三人來是也。損一人者，三人同往三卦所往之卦。凡錯卦不能生此卦，則損去一卦輪班，三損而自變還父體。《蒙》之困蒙在六四《未濟》爻，以《坎》外《困》《師》《涣》三人同行往《蒙》之外，因與《蒙》外卦錯，《艮》不能變澤，故損《困》又長損長。而自變還《未濟》之體，以《蒙》外爲《未濟》所屬也。《蒙》損《困》而繫曰『困蒙』，所以明三人損去困之例也。而世之解《困》者知此少矣。如此之類，僕數難終，見擬《凡例》中多未定之論，未敢録呈。前年師座所開《長編》名目，未經抄存，偶然小得，未能自休，急求訓論，如尚有可采，則以後由此用功，或當變革，更乞裁示。《四譯館文集》。

其二

函丈諸經通貫于《易》，尤爲精粹。庚辰在京邸，曾以《易》例請業，蒙訓既爲周詳。彼時專治《春秋》，未能細心推考。庚寅在鄂，師席開具題目授宋芸子編纂。彼時以非專門，未即抄録。近以期歲之功，頗有創獲，敝帚自喜，無所折中，爲此略舉大綱，進呈鈞座。如其誤入迷途，不必再行前進。倘《易》道廣大，有千慮一得，則將擬成定書。蓋以别業較經，則經爲精華。以《易》較諸經，則《易》尤爲精華。受業推考諸經，比齊句讀，既盡刻苦之功，久欲探取精華，涵養靈性。目下所言，由是推考名物，形下之功，如得寢饋饜飫，藉以歲月，窮其精華，于《易》多一分饜飫，即于諸經長一分境界。推諸經于《易》之中，以成大一統之治，九經諸傳，奂然一新，以復西漢之舊，彰明經學，即所以默化蠻貊，合于乘桴居夷，莫不尊親，小有尺寸之效。合計所刊《凡例》共十八種。三傳已成，《詩》《書》舊稿未盡寫定，假借三年，可以一律成功；倘無機會，則將《易》《書》《詩》以外但刊條例，俟後賢補注。惟此事最難，其任最重，二十年心血消磨殆盡，誠恐先狗馬填溝壑，繼起無人，稿本失墜，半途無成，别無知大義者可以提倡。維遠别函丈，今又五載，晝夜專研，所得較爲通澈，惜未能扁舟赴轅，面呈心得。舊所呈閲諸書，如稍有可存，得先刊一二種，庶將來不至全行散佚。以俟諸經告成，倘其精力尚可奔走，再擬趨赴鈐轅，一聆教誨。《四譯館文集》。

論學三書

與宋芸子論學書

昔者四科設教，不礙同歸；二學齊、魯。同鳴，蓋由異俗。是丹非素，未得宏通；一本萬殊，乃爲至妙。是未可執一而廢百也，有明徵矣。或以講今古學爲非，説《易》以主孔子爲大謬，並謂『如不自改，必將用兵』。夫用兵之道，首重慎秘，未發而先聲，此非兵也，將命者未悟耳。聊貢所懷，以資談笑。『相攻』等語，間嘗考國朝經學，顧、閻雜有漢、宋，惠、戴專申訓詁，二陳左海、卓人。漸及今古；由粗而精，其勢然也。鄙人繼二陳而述兩漢學派，撰《今古學考》，此亦天時人事，非鄙人所能自主者也。初撰《學考》，意在別户分門，息争調合；及同講習四五年之久，知古派始于劉歆，由是改作《古學考》，專明今學。此亦時會使然，非鄙人所能自主者也。二者主于平分，李申耆、龔定菴諸先達乃申今而抑古，則鄙人之説實因而非創也。宋人于諸説已明之後，好爲苟難，占踞《周禮》，欲相服從；累戰不得要領，乃乞師以自重。即以《王制》論之，盧氏以爲博士所撰，即使屬實，漢初經師相傳之遺説，固非晚近臆造者可比，其中初無違悖，何嫌何疑，而視同異類？近人崇尚樸學，于儒先佚書，單文賸句尚見搜輯，豈以《王制》完全，獨宜屏絶？或曰：『非惡《王制》，惡以《王制》遍説群經耳。』是又割裂六經之説也。以爲一經可以苟合，别經則不必然，不知不同者體例，不可不同者制度。此非可以口舌争也。鄙人嘗合數十人之力校考其説，證以周、秦、西漢子緯載籍，凡言制度者莫不相同；再證以群經師説，如《大傳》《外傳》《繁露》、石渠、白虎，以及佚存經説，若合符節。又考之《詩》《書》《儀》《記》《春秋》《易象》《論語》《孟子》，尤曲折相赴，無纖毫之異。東漢以下不可知，若新莽以前，固群籍言制度之一總匯。野人食芹而甘，願公之同好。且見在外侮憑陵，人才猥瑣，實欲開拓志士之心胸，指示學童之捷徑。一人私得之秘，顯著各篇，乃反因以見尤，使如或説。今日于諸經凡例删削《王制》一條，别求各就本經傳記爲之注解，避其名而用其實，不過需數日之力耳，豈得失之數固即在此耶？則去毁取譽，固不難矣。乃主人則實惡今學諸傳，于《春秋》頗有廢二傳用《左氏》之隱衷，特不能顯言耳。即以《左氏》而論，鄙人曾同坐時，請詢海内所稱《周禮》專書撰刻《義疏》之孫君，其中制度無一與《周禮》相同；此説《周禮》專門之言，又皆同爲弟子。今將《左氏》提回博士，與二傳同心，此亦深所不許者也。至于《易》主商人，不用文、周，此乃據《繫辭》之明文，以正『三易』之晚説，非誤信歐陽文忠也。考兩漢經學之分，西漢主孔子，或作或述，一以儒雅爲歸；即劉氏《移書》全列諸經，亦統以尼父，《左氏》不祖孔子，李育譏之。東漢則群經各立主人，《尚書》歷代史臣所記，《詩·風》國史所采，《易》屬文王，《禮》本周公，而《春秋》則有周公魯史、外國赴告與孔子新文諸不同，一國三公，莫知所從。西漢經本皆全，故書具在，東漢則《書》有百篇，《詩》本六義，《易》佚《連》《歸》，史亡鄒、夾；或由女子齊音口傳，或以笙奏《雅》《頌》，《豳》《雅》相補，斷爛破碎，侈口秦焚。西漢授受，著明傳記，由于闕里，義例合同，終歸一貫。東漢則初只訓詁，莫傳義理，推《周禮》强説各經，至鄭君乃略具規模。一則折中至聖，一則並及史臣；一則經本完備，一則簡册挩殘；一則師法分明，一則臆造支絀。略舉三端，得失已見。夫孔子立經，垂教萬世，自當折中一是，以俟用行，豈其秦越雜投，徒啓争競？學人治經，義當尊聖，不師一老，別求作者，則删經疑經，宜其日熾。既用西漢之學，不得不主聖人；既主聖人，不得不舍羑里。《論語》不必聖筆，義同于經，《繫辭》比之，未爲非聖。本傳既不明言文王，則附會之説，同于馬、陸。《易》分文、孔，門户則然。夫兩漢舊學，墜緒消沉，鄙人不惜二十年精力，扶而新之，且並群經而全新之，其事甚勞，用心尤苦，審諸情理，宜可哀矜。即使弟子學人不紹箕裘，而匠門廣大，何所不容？以迂腐無用之人，假以管窺，藉明古義，有何不可？如不以玉帛相見而尋干戈，自審近論雖新，莫非復古。若以門户有異，則學問之道，何能囿以一途。況至人宏通，萬不以此。反覆推求，終不識開罪之所由。或以申明《王制》，則有妨《周禮》，不測之威，實原此出。案《周禮》舊題河間毛公，乃由依託先哲事迹，本屬子虚。況六藝博士，立在漢初，劉氏所争，但名《逸禮》，《周官》晚出，難以經名，唐宋以來，代遭搏擊，非獨小子始有異同。使果出元聖，亦無與素王。且鄭君據此爲本，推説群經，削足適履，文可覆案。今以遵鄭之故，强人就我，而不許鄙人以經説經，聽斷斯獄，亦殊未平允。又兵戰之事，必先無内憂，然後議戰，請先選循吏，内撫流甿，一俟食兵已充，然後推轂。謀士軍師，亦曾自審利弊，一檢軍實乎？恐軍令一出，而四散逃亡，民不堪命。鄙人謹率敝賦，待罪境上。惟是《詩》《書》《儀》《記》、三傳、《論語》《孝經》，幅員既廣，孟、荀、韓、墨，伏、賈、董、劉，將佐和協，封建、井田、職官、巡守、六禮、八政、五命、五刑，器食精足，一匡之盛，頗比齊桓，謀臣良將，電鶩風馳。退舍致敬，開門受攻，開花礮、鐵甲船、魚雷、飛車，轟擊環攻，敝塞萬不出一兵、發一矢以相支拒，而强弱相懸，主客異致，一二部道以相餌，而已刃缺礮裂，支節且難理，何況擒王掃穴哉！在未行議攻之先，必有間諜爲説曰：彼雖風疾馬良，不辨南北，兼弱攻昧，天命可睹。不知風之見疾，馬之見良，正以其識見精明耳，安見有心無所主而能取速？此謂無信訛傳，以傷桃李，見因議兵，愈謀自固。新將《逸禮》諸官招集安插，以《曲禮》舊題爲之目，以經傳各官補其亡，名曰《經學職官考》，與《王制》合之兩美，並行不悖。此既益此强蕃，彼必愈形孤弱，庶乎邦交永保。協言《王制》，大將鼓旗，易招彈射，自今深居簡出，不涉封疆。惟是先入爲主，人情之常，無端而前，每至按劍，循覽未周，詬怒以發，是非引之以相攻，深入重地，已固難圖萬全，人亦鮮進理解。見今各報新開，學館林立，必別招天下之兵，日與角逐，得失所形，兩有裨益。國雖新立，固非可兵威迫脅而屈服者。始之駭以無因，繼之疑而自改，終之以喜，喜乎借外侮以勤自修也。《四譯館文集》。

致某人書①

龍濟之大令來蜀，奉讀大箸《僞經考》《長興學記》，並云《孔子會典》已將成書，彈指之間，遂成數

① 按：此爲致康有爲書。

萬寶塔，何其盛哉！二千年大魔煬竈，翳蔽聖道，經籍名存而實亡，得吾子大聲疾呼，一振聾聵，雖毀譽不一，然其入人心者深矣！後之人不治經則已，治經則無論從違者，《僞經考》不能不一問途，與鄙人《今古學考》永爲治經之門徑，得朋友欣抃何極！惟庚寅羊城安徽會館之會，鄙人《左傳》經説雖未成書，然大端已定。足下以左學列入新莽，則殊與鄙意相左，因緣而及互卦，尤爲支蔓。在吾子雖聞新有左氏之説，先入爲主，以爲萬不相合，故從舊説而不用新義，此不足爲吾子怪也。獨是經學有經之根柢門徑，史學亦然。今觀《僞經考》，外貌雖極炳烺，足以聳一時之耳目，而内無底藴，不出史學、目録二派之窠臼，尚未足以洽鄙懷也。當時以爲速于成書，未能深考，出書已後，學問日進，必有改異。乃俟之五六年，而仍持故説，則殊乖雅望。昔年在廣雅，足下投書相戒，謂《今古學考》爲至善，以攻新莽爲好名，名已大立，當潛修，不可騖于馳逐。純爲儒者之言，深佩之。今足下大名震動天下，從者衆盛百倍，鄙人以子之矛，攻子之盾，久宜收斂，固不可私立名字，動引聖人自況。伯尼、超回，當不至是。如傳聞非虚，望去尊號，守臣節，庶不爲世所詬病也。又吾兩人交涉之事，天下所共聞知，余不願貪天功以爲己力。足下之學，自有之可也。然足下深自諱避，致使人有向秀之謗，每大庭廣衆中，一聞鄙名，足下進退未能自安，淺見者又或以作俑馳書歸咎鄙人，難于酬答，是吾兩人皆失也。天下之爲是説，惟吾二人聲氣相求，不宜隔絶，以招讒間。其中位置，一聽尊命，謂昔年之會，如邵、程也可，如朱、陸也可，如白虎、石渠亦可，稱引必及，使命必道，得失相聞，患難與共。且吾之學詳于内，吾子之學詳于外，彼此一時，未能相兼，則通力合作，秦越一家，乃今日之急務，不可不深思而熟計之也。方今報館林立，聲氣相通，南北二宗，不自隔絶，其得失之效，知者自能知之。《四譯館文集》。

答友人論文王作易書

來示以治經以申明經義爲主，作者可作，不必追論穿鑿求之。此尋章摘句之學則然，而非所論于微言大義也。將治其經，而不知作者謂誰，則不可通者多矣。來示以文王作《易》爲久定説，今以爲孔子，退《十翼》于賢述，近于非聖無法。然文王之説見于他書，本經傳記無明文。況初説獨主文王，因『箕子』『東鄰』『西鄰』之文，馬、陸乃加入周公，可見舊説之無據。且《明夷》于彖辭以文王、箕子對舉，是彖已有文王、箕子之義，不止爻辭矣。本傳言作《易》者當文王與紂之事，明不以爲文王作。據本傳以立説，有何妨礙。必欲非之，如以《十翼》爲孔子作，今改爲弟子所記，即爲非聖。《論語》從無以爲孔子自作，然與經同重，不得以説《論語》者爲非，又何疑于《易傳》？考《易》不惟有文王以後事，如《晉》與《明夷》二卦，取晉楚分霸而言，《晉》『其國惟用伐邑』，《明夷》『于南狩得其大首』之爲射楚共王中目，『公用享于天子』之爲齊桓、晉文。馬、陸因箕子、東西鄰而添入周公，則舉春秋時事以歸還孔子，未爲過也。今試例證以明之。《繫辭》史稱《易大傳》，劉向于《大戴·易本命》亦稱《易大傳》，是《繫辭》與《易本命》爲《周禮》體。聖人作經，賢者述傳，以爲聖作，是退孔子于傳家，名尊孔子，實反貶之，一也。《莊子》言『孔子翻六經以教人』，《列子》言『孔修《詩》《書》，正《禮》《樂》，照治天下，遺來世』。西漢以上言經學皆主孔子，諸經皆爲孔子翻定，而《易》獨退于傳記，與諸體例不一，二也。《繫辭》明有『子曰』之文，並有引孔子語以爲斷者，如『子曰：易有四道焉，此之謂也』，如謂孔子自作，是孔子自引己説而『子曰』，三也。《乾·文言》『時乘六龍，以御天也，雲行雨施，天下平也』，是解彖釋之文。《十翼》同爲孔子作，則是自注自疏，四也。《乾》六爻解至五六見，考其文義，無大出入，又『亢龍有悔』一條，既見《大傳》，經下又引之，如孔子自作，是屋上架屋，五也。諸家逸象出于今本者最多，如以爲皆孔子作，是聖筆尚有脱漏，以爲非孔子作，則不當傳習，六也。《禮記》云『商得坤乾』，與《大傳》殷末世人作相合。孔子得《易》于商，非周，非文王，有明文可證，七也。如『潛龍勿用』之爲孔子，即《莊子》所謂『在上則二帝三王，在下則爲元聖素王』也。樂行憂違，即用行舍藏，龍德惟孔子足以當之。素履白馬，亦多主殷禮。拘于文周，故不敢以孔子立説，多失實理，八也。疑《繫辭》者始于歐陽，從其説者代不乏人，固非創解，又非以爲弟子作傳，遂不足尊貴，九也。諸經《大傳》，如《尚書》《春秋》《喪服》，其書尚可證。又《喪服》有《大傳》，然後有《服問》《三年問》，經下逐條所加之傳，多引傳爲斷。《喪服傳》引『傳曰』二條，爲《大傳》明文。《穀梁》又有引《大傳》文八條，皆足以明《大傳》與經下之傳不出一手，十也。有此十證，足以考徵。非不知文王囚于羑里作《易》，見于《史記》。『三易』之説，誤託《周禮》，然謂孔子得古本而翻以教人，亦如《書》，未爲不可。若以《十翼》爲孔子自作，則證之本經、本傳，固無有實證明文也。《四譯館文集》。

代廖季平答某君論學書

曾上珍

前蒙賜井研先生書，師實感激，引爲知心，久欲覆書，事繁終寢。蒙不揣劣陋，略代陳之。足下論所傳聞云云，固未深信，悠悠之口，不足計較。至以六經歸聖人制作，指爲詫異。蓋講章八比，汩没人才，應作如是語，未深知心也。其事繁多，非一二所能盡，率對以臆，于吾師之志未得其髣髴也。蓋地球開闢，先野後文，此中外公理，亦古今實事。中國開化早，占全球先。盤古以下，不知幾千百年，而至于孔子，夷風未化，文明程度，尚不及今歐美，就經傳言之，可見事實。開化之端倪，上古鄙夷，孔子實爲開化之祖，凡一切制度文爲、綱常名教、政治典章，至孔子制作而大備。六藝之作，二派相爭，如舊學全歸帝王國史，征夫思婦，孤行二千年，鄙屑孔子，直同鈔胥，有何精奥，耐人循思。不知西人但就先後考之，古之帝王，必不能如此，中士從而和之，亦以爲史臣粉飾謌傳。電化新書，十年前已不觀，何況此三千年前之陳迹？此中外廢經，皆由古文家以孔子爲述一語之所招。如表張微言，六藝新經而非舊史，知來而非既往。至誠前知，不須學問，六藝雖有本文，未經試行，如堯舞之四表上下，《周禮》之土圭法，于兩冰洋立表測地，至今猶不能行，而謂古人能之乎？故欲存經，則必以爲俟後；欲言俟後，則必全歸孔作。此前後新舊經史存亡之所分，其要皆在孔作一語，此旨不立，則六經瓦解，此學宗一立，則收拾散亡，猶足成軍，便可自立于不敗之地。井研所以超越千古，功勞在此一語。足下隨流俗而攻之，實亦不能詳其説之有何等害誤。學問爲天下萬世立言，豈可苟焉而已，此必先明所以然之故，然後可徐論其得失，請略言之。世言唐虞三代之盛也，後皆莫及，不知乃出于孔託，實迹迥殊。考孟子以孔子賢于堯舜者遠，此事實之真堯舜。又《孟子》『當堯之時，洪水横行』云云，及『舜與木石俱』云云，與墨子『茅茨土階』『大羹玄酒』諸陋野，較今非、澳、南美何異？此極荒蕪之時代也。即《尚書》亦云，百姓不親，五品不遜，蠻夷猾夏，寇賊奸宄，文明程度必不能如《論語》諸所云也。孔子欲爲萬世立極，垂法後王，乃削掩其實迹，將後來之新制，託諸皇帝之文明，如『大哉堯之爲君』云云，舜無爲而治，唐虞之際，于斯爲盛，此經傳之堯舜，即賢于堯舜之堯舜，其彰明較著者也。既無僭越之嫌，又塞輕古之口，此聖人作經之妙用也。至于禹、湯、文、武，雖較前進化，尚不及今歐美。如官職一門，《明堂位》云唐虞之官五十，夏官倍，殷二百，周三百，官少事繁，政治何能完備？比今歐西，實多遜讓，其簡陋缺略，不問可知。傳言三公、九卿、二十七大夫、八十一元士，及封千七百七十三國，政美法良者，乃緣《王制》經文以説之耳。當時政治實未如此。此禹、湯、文、武之經書，由聖人雅言譯出之明證也。降及春秋，鄙野無文，君臣、父子、兄弟、夫婦之間混同淆亂，毫無禮節等級之可言。如臣弑君，子弑父，兄弟相殘，夫婦無禮，君納臣妻，父娶子媳，姑姐不嫁，僭越法度，干犯名教等事，言清行濁，三傳諸子，彰彰可考。近春秋猶如此，則以前數千百年，不更可知乎？又考經傳所載，如《禮運》『先王未有宫室』等云云，《易大傳》『庖羲氏没』等云云，言上古之狉獉，不一而足。孔子作經，或因或革，或損或益，將一切不可爲訓者諱莫如深，將一切可以垂法者歸之帝王，舊迹消磨，新章顯著，此綱常名教之典禮，聖人作經爲之也。泰西交通，後挾其長，以臨中土，專門天文、地輿、算理，以爲古實不通，萬不能知。如《周禮》土圭之三萬里，緯之地四游成四季，鄒衍之大九州，《月令》之曆法，實早三千年，而精美非近今所及。上古之事實如彼，聖經之所言如此，謂非前知聖作，究將何屬之耶？况東漢以前，諸博士及講學家皆言孔子制作六經，與《左》《國》别爲一派，一作一述，兩不相妨，東漢以下古文家乃專以爲述。不知先秦以前，列子、莊子已傳微言派，斥述者之非，著書防弊，以芻狗陳迹、糟粕成説，不一而足。史公以爲詆訕仲尼之徒，蓋即爲古文家而發。故以作爲微言，述爲大義，二者雖爲兩派，亦如宣夜、渾天，立法雖異，得數則同。聖作則于古人似有貶辭，不知述則不得爲聖，至兩者不能相保，與其聖帝王，不如聖孔子，兩害相形，則取其輕，足下試求之自得矣。况今海禁宏開，學戰沸騰，中國舊説，無不敗覆壓倒，莫能自立。加以新舊分黨，更易支絀。以今之現象，再推數百年，中國文廟，勢不改祀耶蘇不止。鄙見以爲，欲保國須明祖學，使人心有固志。今一切崇拜外人，有一生民未有覆幬六合之聖，必排之褫之，必賢而非聖乃止。蒙所争者一綫命脉，繫以千鈞，誠蒙與足下及中國士人所當仰天椎心，痛哭流涕而不可終日者也。故井研宗旨，欲言學必知聖，不知聖之如日月，如天地，而以尋常馬、鄭、韓、柳、郭、邢儒生博士傳箋文藝相角逐，斯何以足爲德配天地哉！今中國政治不用舊來之弓矢，而改鎗炮；不用舊來之兵制，而改洋操；不用舊來之舟車，而改輪軌；不用舊來之書院，而改學堂，盡棄數千百年之舊法，改計圖存，時變所至，無可如何，何獨于學不然，而株守古文，必祖周公，而配以孔子，周南孔北，亦甚惑矣！夫《經學不厭精》《新政真詮》等書鄙夷舊説，攻之體無完膚，前車之覆，後車之鑒，在今日情形固有偏袒不受節制之嫌，與其全軍覆没，何若振旅而還。周亞夫堅壁不出，左良玉全軍而反，後來者猶取爲奇策，此時不豫爲計，非王公將相士大夫之耻，乃蒙與足下等講學之耻也，是豈爲好辯哉！足下諒知其心矣。足下東游，才能智識大優庸衆，外國學界何如，必能深悉。如以中學置其中，足下其以爲勝乎？其以爲不勝乎？蒙不言，足下亦必曰不勝矣。蓋莫可如何中求一戰勝歐美，舍明經術無由。聖經原始要終，包括中外，凡一切皇帝伯王之政教，任人挹取，是今世界獨一無二之美善，可傳之無窮者。惟我土聖經出于一手，他人不能思議，非井研妄創者也。講皇帝學，尊聖人者，蓋舍是不足以見至聖之大，尤不足以收外人尊仰之心。將來我教不滅，我國不滅，我種不滅，其機括或在此不在彼也。蒙愚及此，敢質諸左右，伏乞垂教，并請撰安。曾上珍謹上。

《廣益叢報》一九〇六年第一二五號。

代廖季平答某君論學第二書

金銘勳

去年得讀賜則柯師書，頃者同門擬欲裁答，蒙雖譾陋，心煩技癢，願貢所疑，以釋二三君子之惑焉。孔子作述之分，當時弟子各主所見，傳有二派師説，以爲言述宜于秦漢，言作宜于後世，王伯則其害尚淺，皇帝則其害甚深。孔子翻經，以《春秋》論制度考文，進退當日之王公卿大夫，故孟子以爲天子之事。使明目張膽，以微妙出于一心，爲一人之私書，人情賤今貴古，不足以悦服人心，反招時人所指責，故《公羊》有『定哀多微辭』之説。當時六藝初出，其道未光，必以爲帝王舊制，而後如秦之博士，漢之陸、賈、董、劉，其上書陳言，皆主尊經法古，帝王政德如此，所以興，秦不師古，所以亡。必用微言之説，以爲出于一人新書，非古帝王之舊，反不能推行盡利。此述而不作，宜秦漢之説也。董子以後，凡非孔子之言，皆已屏絶，經教張明，絶無疑阻。朝野推崇至聖，衆口同心，必張微言，出于聖作，乃以免芻狗糟粕之譏。如必以爲出于史臣，則事雜言龐。如杜征南之解《左傳》，于一經之中，分出周公、仲尼、史臣，甚至以爲史非一人，有深有淺，有文有質，《春秋》之文學因以大壞。或又以《詩》推諸狂夫怨女，此東漢以後經已大明，必以爲聖作之説也。三王春秋事近地狹，以爲先王舊史，雖有不合，其利害尚不相遠。至于《周禮》，三皇五帝之學，土圭三萬里，九千里、六千里、三千里爲一州，公侯封地，至于方四五百里之大，十二年巡狩殷國，其所經營，皆在海外，若仍以爲皇帝之陳迹，不惟無此事，并無此理，不惟西人攻之，即中人亦懷疑而不信。此皇帝之説，一言作則百美俱備，一言述則萬事瓦解。當今海禁宏開，萬國會同，皇帝之學已將見之施行，萬不能再用舊法，以孔子鈔胥。東漢以後之古文家説，以經爲舊史，不惟閣下信之深，即師昔亦持此論，因同學考究數年之久，始敢持以問世，師友相難者無慮數十百起，推考源流利弊，乃定爲此説。不惟主聖作，其推詳細密，即主孔述，博考詳求，擇精取良，亦迴出于陳言之上。閣下謂以經爲依託皇帝，亦可謂堯、舜、禹、湯、文、武亦無其人，六經爲地球始終之絶作，説六經爲有一無二之重任，陰陽黑白，美惡得失，推究其極，皆在幾微之間，少縱則失。故讀則柯之書，必須平心静慮，忘餐廢寝，遲之又久，乃能得其理解，初非鹵莽滅裂，一知半解，便足以相難也。考《中庸》以古帝王爲有位無德不敢作，孔子有德無位亦不敢作。或以爲天既生孔子以德，何不并授以位，使其位德兼隆，見諸施行，不必依託故人，豈不直切了當。曰：善哉問也！因此可以見天心，亦可以明聖人之意。秦博士以古之帝王不過千里，降及春秋，略有教化。別有夷狄之中國，不過方千里者三四州，外皆夷狄。無論孔子爲晉楚之侯國，即使生周繼統而王，以顏、賜、由、求爲三公四輔，其功業所至，不過如春秋撥亂反正，用夏變夷。如海外者，孔子後二千餘年乃始通，所以由伯而王，由王而帝，由帝而皇，絶非期月、三年、百年之所能成。考《春秋》一書，記孔子當時之法度，王、帝、皇三等，必賴空言垂教，以俟百世之後聖，此天所以命孔子爲素王，而不爲真王，絶不肯爲政于當時，如立功之王霸，而爲立言之聖人，天心人事，故可考見者焉。《中庸》又有上無徵，下不尊，民不從之説。帝王孔子皆不能作，然古有通工易事，以有易無，合之則兩美，離之則兩傷，故孔子用通工易事之法，以己之德，合帝王之位，相輔而行，則德位兼隆。故帝有位而兼有德，則自作，亦如秦皇、漢祖自作詔書，不必依託于古之帝王。孔子有位有德，則以其空言，不如見諸實事，乃不得不如此變局，託于好古敏求，擇善而從，以我心之所欲，爲託之伯王，並託之帝皇，然後有位兼有德，無位者可以因人之位以行我之德，此孔子所以不自作，而并託之于堯、舜、禹、湯、文、武、周公者也。故《論語》曰：『述而不作，竊比于我老彭。』又曰：『蓋有不知而作之者，我無是也。』多聞多見，擇善而從。究其外言之，則自爲述，此《左》《國》所傳大義派也。自其内言之，則自爲作，此孟、荀、列、莊所傳微言派也。然作非作，述非述，兩派各有得失利弊，必合觀之，因時制宜，乃足以變通盡利，此孔子化無位爲有位，帝王變無德爲有德，其始二者皆不敢言作，其後二者皆得而作。《論語》以《詩》《書》《禮》《樂》皆雅言也。《爾雅》爲後世翻繹之名，故《莊子》引孔子言『翻十二經』。《莊子》之『翻』，即《論語》之『雅言』。孔子告哀公學《爾雅》以知言，《漢書・藝文志》：『惟《尚書》讀近《爾雅》，通古今語而可知。』當時二帝、三王、周公，如晉之《乘》、楚之《檮杌》、魯之《春秋》、夏時、乾坤之類，時人或不能讀，讀之或不能通。孔子自命爲通古今語，取古人之書，以當時文學寫訂之，如中國之翻釋典、繹局之繹西書。孔安國以隸古定寫《尚書》，各隨人之學問高下。故今西書如化學、電學一書而有數繹本也。不惟彼此深淺文義不同，而其形式亦各不相謀，讀者非治其源委，不能知其原出于一書也。孔子之翻六經，由古史變爲新經，其中因革、損益、筆削，出于聖心，作中有述，述即爲作，或作或述，任人自取。如以爲真作，則必如《史》《漢》之記事考言，秦皇、漢武之誥令，孟、荀、莊、列無所承襲，自成一家之子書。孔子之作，爲作者之一變局，與凡作者不同。如真以爲述，則必如刻帖之雙勾，刊經之印本，千金不易一字。今既不能將孔子所譯原本與相印證，且作與述原不可考，而書皆出孔子一人，豈無因革損益？故師席以孔子所述者不得以爲全屬舊文也。在閣下必搜古書以相難，不知自孔子後，諸賢承其流風，別爲經説一派，所有典章制度，皆緣經立説，與當時行事、故府典章，彼此不同，互見雜出。今可分爲二門：凡帝王列國通行舊制事迹，稱爲史事類。聖爲天口，賢爲聖譯。諸賢諸子祖述孔子，據經立説者，以爲經説類，如夏禹桐棺三寸，服喪三月，見之《墨子》及古書者，此史事也。《禮記》曰『夏后氏三年之喪』，與《堯典》『三載四海遏密八音』，此經説也。周時同姓爲婚，故穆王有盛姬，齊、晉、魯諸侯卿大夫皆所通行，此實事也。《春秋》譏魯昭公，乃創不娶同姓之義，而《左傳》《國語》所言，當時不婚于同姓，一切議論，皆爲《左傳》據經立説，此經學派也。古之帝王疆域小，《春秋》于荆、徐、梁、揚皆以爲夷狄，此史事類也。《左》《國》據《禹貢》立説，以爲周之先王規方千里以爲甸服，由侯綏以推要、荒，至于五千里，此經學派也。二派彼此不同踪迹。如孟子論爵禄可謂詳矣，乃謂諸侯惡其害己，而去其籍，嘗聞其略，既已去矣，孟子又何從而聞之？蓋孟子所説者經學派，諸侯所去者史事派，彼此兩歧，遂以所傳之經説稱爲先王之舊，諸侯所行爲後來流失經説。周行三年喪，魯、滕之先君皆莫能行，可以相觀而明矣。又王者封二王之後，用其服色，守其典禮。如杞之于春秋，事隔千年，則夏禮爲杞國世守則有之，以外之傳聞蓋不可考矣。孔子學三代之禮，乃《論語》『夏禮吾能言之，杞不足徵也；殷禮吾能言之，宋不足徵也』，是孔子所説之夏、殷禮，蓋爲後來三統之夏、殷、周立法，文明美備，迥非杞、宋所守之文獻。孔子所説，多爲二國所無，故曰『文獻不足徵』。蓋孔子自立三統之説，待其人而後行，與二國先王已行之史事不同。恐學者執簡而争，亦如魯、滕自據其國之舊典以相難，故爲文獻不足徵之説。蓋同者可徵，其不同者以爲子孫所守缺略，非先王之全文，足見經學與史事一新一舊，事出兩政，不能皆同。故孔子聞宰我之問社，而曰『成事不説，遂事不諫，既往不咎』，蓋自明所説之三代，爲將來之三代，而非既往之舊文，正與列莊陳迹、西人維新之説互相發明。《公羊》所謂『非樂道堯舜之道乎？堯舜之知君子也』，是作經以俟後聖。在孔子自己發明，使必言述，不可言作，孔子何必以此自明其宗旨哉？蓋古之三代，由簡而文，前後二千年之久，因時立法，不能相同。如唐虞之官五十，夏官倍，殷官二百，周官三百。田畝夏后五十而貢，殷人七十而助，周人百畝而徹。先野後文，不能循環，此三代之真事，所謂成事、遂事、既往者也。至如以松、以柏、以栗，以爲三統立法，可以互見更换，周而復始，此在文明已備之後，不能增損，如史之先少後多，彼此互書。蓋經説于制度大定以後，折衷一是，以垂久遠，後來但守成法，不得有所變改。然易姓而王，必有變易，故又定爲三統之法，于一定之中，分爲三品，彼此交换，變通不窮，不改而改，變而不變，如松、柏、栗三統可以循環，周而復始者，此爲經説派，爲杞、宋故府之所無，專爲後世法夏、法殷、法周三統立法。故孔子聞宰我與哀公三統循環之説，因其事以明三統。經説與三代史事不同，故成事不説，遂事不諫，既往不咎。所謂成事、遂事、既往，則爲三代真史事，如設官與田賦之類。考三統可以循環立説，同學嘗集爲成書，不下數百條，而舊聞史事，如設官、田賦之不可循環之類，同學嘗集爲《古制佚存》，二書對觀，作述益明。蓋弟子所傳，皆經學派，爲故府之所無。舊文孔子不説，見于不諫、不咎，因以遂滅，乃設官、田貢二條，特見《明堂位》《孟子》者，蓋循環之説詳矣。然不將杞、夏、周故府舊文略傳一二以爲先野後文之證，則讀者必反疑三統經説實爲當時故事，經史之分不明，聖作之功不見，此所以循環之中必參見一二條不可循環者，以見孔子『既往不咎』之大例也。觀史事經説異同分合之故，孔子之或作或述，經之爲舊爲新，不相覿而益明哉！閣下力主舊史，意若言聖作則有大害于名教，萬不可行者，其實亦如測天家之地動天動説，異而得數則同，不過先入爲主。全歸孔子，則于古帝王似有貶損，其實聖帝王則必賢孔子，聖孔子則必賢帝王，二者必居一于此。孟子『賢于堯舜』，早有明文。自唐以後，學宫黜周公，尊祀孔子。國朝極推崇孔子，乃爲尊國制，明師説，并無違犯，有傷于名教。師昔持此説二十年矣，當日并不爲抵制西人起見。近來新學大倡，凡其集矢聖經，得此一説，反足以帡幪全球，表張微言，此爲則柯第一功勞。蓋其中有鬼神相告，實出天誘，非此不足以尊經存經。至于所稱用今日外國譯名以解經，我爲俄，日爲倭，悠悠之口，更不足較。報章有爲師席作傳，推尊舊説，于皇帝宗旨有微詞，蓋亦先入爲主。又所見者皆良工之璞，同學亦辯論，容後繼呈。稱心而談，語無倫次，肅覆，伏乞鑒諒，并懇垂教。恭請撰安，後學金銘勛頓首上。《廣益叢報》一九〇六年第一二五、一二六號。

代廖季平答某君論學第三書

廖宗彝

同學擬爲答書，學識淺陋，不能有所發明，特就素聞函丈者略爲呈之，伏乞裁正。經所言之三代，非國史舊文，乃孔子新經，彼此不同，孔子嘗自言之，不必遠徵諸子。師説即以《論語》言杞、宋爲夏、殷之後，世守其典禮，孔子欲學夏、殷，常之杞、宋。乃孔子云『吾説夏禮，杞不足徵；吾説殷禮，宋不足徵』，歸咎于文獻不足，是經傳所言典禮有出于夏、殷之外，新舊不同，文野懸隔。又如宰我論社所言『夏以松，殷以柏，周以栗』，爲經傳三統循環之説，制度一定，無所損益，改其文而不改其實，爲後來變通之法。三代前後二千餘年，精進改良，月異而歲不同，如官之由百、二百以至三百，喪之由三月而五月、以至九月，是爲當日史文故事，經傳皆存而不論。故孔子曰『成事不説，遂事不諫，既往不咎』，三語非以責宰我，一語指一代而言，謂如松、柏、栗三統之三代皆屬未來法夏、法殷、法周之後王，初非杞、宋所守之成事、遂事也。《禮·檀弓》一篇爲齊學，其中專言孔子制作禮樂，並非周公以前所遺，不下數十百條，細心讀之，自可考見。考吾師作述雖分，于經文並無去取。國初承明餘緒，考據初有萌芽，義理之學極盛，僞《古文尚書》尤爲理學家之所主，『人心惟微』十六字，直以爲帝王之薪傳。閻百詩作《古文尚書疏證》，有一百二十八條，斥爲晉人所撰僞書，欲盡廢其書不傳。雖素崇信之聖經，閻氏一人創論，遂欲焚毁，以視但易作述，而于經文無所改易者，其相去爲何如！使在今日，亦必如劉歆争立博士，幾受不測之禍者不止。乃當日理學諸公多居顯要，何不聞一人與閻氏爲難？事久論定，博雅之士以讀僞古文爲耻。聖作之説，今日雖有異同，大抵先入爲主，門户之見，安知數百年後，中外學人不奉爲蓍龜，以與閻氏之書相頡頏？且閻氏分訂，只在《尚書》一經。井研之宗旨既不如閻氏之駭人聽聞，六藝各得真宰，盡袪謬説，其功績且數十百倍于閻氏，安知後日吾子不自悔失井研之學通行海外？以足下所云，轉相告語者盈千累百，一經覆答，各釋所疑，皆得恍然而去。耕當問奴，織當問婢，立此標準，以招天下之兵，實在好學深思，不可爲淺見寡聞者道。悠悠之口，未能習讀其書，追求命意之所在，蓋先秦諸子無不以經文出于孔作，以《春秋》爲國史，《詩》爲輶軒所采，《禮》爲周公所撰，甚至以《爾雅》亦爲周公作，然皆發源于劉歆。不知劉歆未爲國師以前，仍以經爲孔作。其《移太常博士書》首言『仲尼没而微言絶，七十子卒而大義乖』，文中言自衛反魯，然後樂正，雅頌各得其所。以經爲孔作，與博士無異辭。作者爲聖，所以有微言大義之説。使但鈔録纂集，如昭明之《文選》、李昉之《文苑》，不惟不能言作，又有何微言絶與不絶之可言？足下以爲一言孔作，亦可謂孔子無其人，是直以孔作出于一人之私言，並無舊説可循。試檢《孔子作六藝考》與《改制考》，然後知皆古師説，此何等事，豈能杜撰以欺天下後世？按《左傳》不以空言解經，孔子既托之于二帝三王，賢爲聖譯，故以經義寓之當時公卿大夫，以掩蓋聖作之迹，以爲帝王周公實已如此，不使人疑孔子六藝爲一家之私言。季札之論《詩》，季孫之解《書》，宣子之觀禮，下至《繫辭》之論四德，亦以爲出穆姜。後來古文家專主此説，此一派也，東漢古文家主之。列、莊爲四科『德行』之派，專詳道德皇帝之學，推崇孔子，與孟、荀相同，糟粕、芻狗、陳迹諸説，大聲疾呼，恐後人誤讀《左》《國》，以孔子爲鈔胥，如東漢古文説。故《史記》謂莊子詬詈仲尼之徒作而非述，履而非迹，殆爲賈、馬諸儒而發，與孟子『賢于堯舜』『生民未有』宗旨相同，墨子以禮樂出于儒者，指陳尤爲著明，又一派也，西漢博士主之。二説各有主義，相反相成。然定、哀之微辭，爲當時而發。諸子去古稍遠，經説已行，無所嫌疑，故力反左氏之説，以尊一經。至今日古文家説孤行二千餘年，六藝失其主宰，七分八裂，使人疑經攻經，删經改經，且至于廢經。亦如割據之世，閏運僭號，戰伐攻取，民不聊生，必得其聖人出，掃蕩群醜，廓清宇宙，同軌同文，而後可以言太平，求樂利，一定之勢也。況强鄰壓境，危亡已迫，乃家異政，人異教，干戈仇讐，日起于蕭墻之内。善于謀國者自當明祖制，消仇忿，彌縫缺漏，和衆心，明其政刑，以消息于未萌，以圖自存。使六藝果爲古文，當時教化所及，不出千里，其經營構造，僅如今一大郡之地，不得張皇太平，動云血氣尊親，六合同風。凡爲帝王者，設施不出版圖之外，蠻觸相争，至于微末。後來文明日啓，版圖較大，當日雖竭力經營，不足以爲後來之興觀。故無論堯舜，即三代實事，苟其書尚存，徒資笑柄。且書契未興，誰人秉筆？故非、澳、南美土著野蠻，並無舊史可徵，即華夷雜處，貓猓至今不聞傳有載籍。且開闢之時，政教月異，而歲不同。歷史數千年，何以經傳官名服制先後如同一轍？西人就祆教以推文明程度，莫不先小後大，并無既已文明，後又蠻野。故《左》《國》之説，一經指摘，處處疑難。惟以諸子聖作之説，雖有皇帝王伯大小之異，實出一人載紀。故皇帝王霸，疆域雖有大小之分，而政教名物，莫不相同。至誠前知，垂法後聖，因其行事，以加王心，以言立教，或伯或王，或帝或皇，不妨以一人兼撰四代之制度。故曰待其人而後行，可知非從前已往之事。由春秋以上溯皇帝，春秋版圖尚不足三千里之制，則以前可知不能有皇、有帝、有王，不待辯而明矣。既爲後人立法，原可以別立名目，不必依託古之帝王。然虛擬後來之四等制度無所繫屬，不成體式，亦如《春秋》非藉當時行事不能成書，故舉後來之由小而大者，如光之取影對觀之，反爲由大而小。既得此法，雖千萬年後一統之皇，五分之帝，二十分之王，七十二分之二伯，凡待人而後行者，皆可依年分疆畫界，詳其政教。故凡後來政治，心摩力追，皆可筆之于書，爲立言之木鐸，乃能創造此生民未有之絕業。凡古之帝王，皆屬立德立功，不唯不能作俟後之經，且亦無此思想。唯孔子爲後世法，事不能行于當世，乃創爲立言變局，所謂『天將以夫子爲木鐸』，故凡經傳諸子，如黄帝、管、晏皆出孔子以後，一言一行，各不相同。故莊、列以此事如神游，如夢想。《楚辭》之《遠游》，是當日之夢境。《春秋》説以爲孔子修《春秋》，筆則筆，削則削，就《春秋》説《春秋》耳。實則當時六藝亦皆此法。六藝《春秋》最爲平實，《春秋》不能贊，而謂國史、怨女曠夫能爲之乎？顛倒其説以立法古之教，故法古之説，先秦以下皆用之，實出經説。使就實事言之，泰西精進改良，愈古愈遠，一力求新，無可法之古矣。《中庸》曰：『生今之世，反古之道，如此者灾及其身。』是即西人精進維新之説。孔子以新爲古，法古既以爲新，與泛言法古者名同實異。六藝顛倒其説，孔子之弟子及當時諸人何以信之？則以有翻譯之例。《莊子》引孔子『吾翻十二經以立教』，《論語》以《詩》《書》執禮爲雅言，托言古有載籍，時人不識古文，不通古語，故不能讀。孔子以當時之文字翻譯古書，成爲六經，亦如漢儒之以隸古寫定《尚書》，以爲作則非作，以爲述則非述，故曰『述而不作，信而好古』，又曰『蓋有不知而作者，我無是也』。《左》《國》與諸子各持一説，以當時本有此二派，然一虚一實，學者當知所擇矣。在孔子本因心作則，取後來小康大同之事迹，分類筆之于經。故孔子曰堯有三年之喪，而弟子行，古來有公田，而時人亦信之。然其微文隱義，時有所見。如子張之問諒闇，魯、滕不行三年喪，周無公田，而《詩》有之。使六藝果爲當時實録，何以有此參差乎？夏喪三月，國恤古今無行三年者，宰我請以期爲斷，漢文帝以日易月。《堯典》曰『百姓如喪考妣，三載四海遏密八音』，周喪且以期斷，而謂堯之史臣所自撰乎？當今海外習聞中國經爲古史，又教化先大後小，以爲乖于情理，故著書倡言攻經。東漢古文家説，無不披靡，用聖作則經可推行，言述則經必廢亡，其利害相去，豈可以道里計哉！而其樞機在作述之轉移間。説者以古文争一虚名，忍使六經廢亡，而不思改變，不知于孔子有何深仇夙怨，而堅執此義之甚也？西人自誇其坤輿之説，謂爲經傳缺典，以爲可以自外帡幪，别樹一幟。考中西相通，始于明之萬曆中。春秋以前之中國，黑子彈丸，其所設施，豈能及遠？不知經非實録，乃俟後之空言，載筆非史臣，乃前知之孔子。《周禮》爲三皇五帝之書，專爲海外而作。其他不足論，但就土圭言之，地球三萬里，升降四游，遠在西人采得澳、美與測量地員繞日之上。至聖去今二千年，當時不必有輪船探地球測量之實事，乃能將其大地周圍直徑明白開載，且就其中辨方正位，體國經野，取五分一之陸地，以爲幅員，畫井分疆，爲九九八十一禹州，以五土分畫五大洲之人種、動物、植物，又有五書詳各州之風俗美惡利害，攻伐會盟，使館報章，至詳且備。以爲《詩》《書》《易》大同之典章明白平實，無待附會穿鑿，可以立言起行，以視鄒衍海外九州之説，乃帝制之九州，大行人九州之外爲藩國，《周禮》

九服九千里之師説也。時賢于鄒衍咤爲奇談，不知當日何以有此奇想？《詩》《易》《尚書》宏深精博，姑不具論，《周禮》爲三經師説，不過如《春秋》之《王制》耳。然博大精詳如此，果誰爲之耶？屬之堯舜歟？屬之五帝歟？屬之三皇歟？知不得不屬之我前知俟後之孔子也。西人所翻譯者《味根録》《五經體注》，庸惡陋劣之坊本耳，使其得讀《周禮皇帝疆域考》，其皈依孔子，當較耶蘇爲尤甚。張明祖學，以執全球牛耳，保國保種之法，無俟別求。以爲聖作，有百利而無一害；以爲賢述，有百害而無一利。且得經傳明説，并非有意左袒，害利相形，足下安所適從乎？知不得不歸作于孔子也。蒙從學日淺，言一漏萬，又所呈臆妄，貽笑尊前，伏乞鈞鑒。後學廖宗彝謹上。《廣益叢報》一九〇六年第一一七號。

與康長素書

長素先生足下：羊城分袂，倏忽廿載，音書未通，情感常切，想同之也。世運變遷，浮雲蒼狗，台端以高騫而見疑，鄙人潛伏，亦未能免咎。國事差池，忽焉揖讓，個人升沉禍福，更何足云。頃因事北游，詢悉近況，妙晤任公，積愫良慰。君未能遽來，我不能驟往，東望茫茫，彌增叨怛耳。憶昔廣雅過從，談言微中，把臂入林，彈指之頃，七級寶塔，法相莊嚴，得未曾有，巍然大國，傴壓彈丸。鄙人志欲圖存，別構營壘，太歲再周，學途四變，由西漢以進先秦，更由先秦以追鄒魯，言新則無字不新，言舊則無義非舊。前呈《四變記》摘本一册，求證高明，周璞鄭鼠，不知何似。子雲言『高者入青天』，自非同游舊侶，恐山陰道上，轉成迷惑耳。惠頒《不忍》二册，流涕痛哭，有過賈生。然中外優劣，後止者勝，積非成是，浹髓淪肌，非有比較，難決從違。間常判五洲爲昆弟，推世界于中華，據撥亂言之，禮爲孔創，使別獸禽。《春秋》所譏，

《坊記》所防，皆與海外程格相同，中人日用，舊疾久愈，藥方流傳，博施同病，洋溢蠻貊，今當其時。前陳《倫理約編》，頗爲申叔、無量所許，以爲戰勝攻取，非此莫由，特鈎深索隱，難得解人，以石投水，端在足下。政學中外，同剖野文，指揮若定，進退裕如，所謂深者入黄泉者非耶？以是爲救時保教奇策，台端其許之乎？鄙人畢生勞瘁，晚成二編，一以尊孔，一以救國。嗟乎！尋行數墨，世不乏人，若此秘微，惟恃知我。獨是臣精衰竭，無力擴充，非藉群才，難肩巨任。匠門多材，何止七十！深望閲兵秣馬，分道守攻，大功告成，克副素志，敢不選奏凱歌，歡迎大纛，亦世界未有奇樂耳！倉卒臨穎，不盡所懷，並乞時惠德音，開我茅塞，手此敬請撰安不具。廖平頓首，四月十六日，作于京師皮庫營新館。《中國學報》一九一三年第八期，又見《庸言》一九一三年第一卷第十四號。

〔附〕康有爲答廖季平書

季平仁兄先生：大劫飛灰，人間何世！醫院卧病，凄苦寂寥，故人之書，忽來天上，循誦三四，如見神采，軒鼚鼓舞，頓爾忘憂。參商東西，無由合併，願言懷思，我勞如何！昔聞執事説經鏗鏗，見忤當道，其與僕書三焚，不略同耶？道大不容，與君正堪共笑耳。僕昔以端居暇日，偶讀《史記》，至《河間獻王傳》乃不稱古文諸書，竊疑而怪之。以太史公之博聞，自謂『網羅金匱石室之藏，厥協六經異傳，整齊百家雜語』，若有古文之大典，豈有史公而不知？乃遍考《史記》全書，竟無古文；諸經間著『古文』二字，行文不類，則誤由劉歆之竄入。既信史公而知古文之爲僞，即信今文之爲真，于是推得《春秋》由董、何而大明三世之旨，于是孔子之道，四通六闢焉。惟執事信今攻古，足爲證人，助我張目。道路阻修，無由講析，又寡得大作，無自發明。遥想著書等身，定宏斯道。方今大教式微，正賴耆舊有伏生、田何者出而任之，非執事而誰歸？卧病困苦，無由一一吐盡肝膈，且待後日。今謹上《中庸注》《禮運注》各一卷，惟乞是正。端啓，敬問興居，不盡悽悽。載《庸言》一九一三年第一卷第十四號。

再與康長素書

癸丑六月

長素先生足下：得某日回書，悉台端病留醫院，未遂安痊，不勝懸念，伏乞珍重爲道，是爲至禱。來京即託友人呈拙著作二册，意在求證高明，斟酌可否，來函並未提及，不審前寄浮沉，抑醫院中不欲以文字相擾，故未蒙瀏覽耶？在京撰《孔教會序》，于尊旨頗有異同，曾呈任公託寄商訂。昨陳博士來京，聞其轉述足下宗旨，以爲小康有君，大同則無君，不審此足下昔年之論？抑至今猶未改者？夫小康七人從禹始，則大同直指堯舜矣。五帝雖官天下，然堯讓舜，舜不能不謂君，舜禪禹，禹受命則不得復爲臣。然則謂小康、大同分家天下、公天下可也，謂大同以後遂無君不可也。君與民本對待之稱，直言之同爲人。謂大同以後無君，則將謂大同無民，可乎？不能同謂之人，特別有民視、民聽之小名，則舜禹之爲君，固不能取締。且無論二帝也，上之三皇、五天帝，更推之至尊之上帝，皆不能不統于一尊。《莊子》『君臣之義，無所逃于天地之間』，雖下至神鬼禽獸且然，而况于法律學説之人？蓋嘗推論世界進化之理，以爲中國文明最早，當孔子三千年前，爲單獨之君權，一人暴厲于上，較土司、酋長爲尤甚。夏日炎威，鑠石流金，民不堪命，相激而成單獨之民權，如湯武之革命，曰聞一夫紂，未聞弑君，一時如釋重負，安享幸福，此秋日之和也。積陰不已，變本加厲，履霜堅冰，窮陰酷寒，裂膚墮指，雖與君權如水火冰炭之不同，積久弊生，爲害則一也。物窮則變，説者乃兼取其長，並去其短，化二者單獨之原質而冶爲一鑪，有所謂共和者，則爲年表所託始。單純君權、民權共和皆在春秋前，爲已過之態度，《論語》所謂『成事不説，已往君權，夏。遂事不諫，已往民權，殷。既往不咎』，已往共和，周。大抵皆爲野蠻時代事實，如八排黑蠻土司諸記，歷史各外夷列傳，言不雅馴，不可爲訓，古史闕文，聽其毁銷。以爲亂世作經，撥正以俟後聖，接輿所云『往者不可諫，來者猶可追』，此之謂也。故《春秋》之所非譏，皆當時之所風尚，積長增高，後來居上。即以王伯、小康論之，如《春秋》《王制》君不獨君、民不獨民，點化淘融，渾然無迹，此君民二端，前史後經，所以有天淵之差别，萬不可同年而語者也。《孟子》云：『不揣其本而齊其末，方寸之木，高于岑樓。』今吾子乃以共和以前民主指爲大同，遂謂大同可無君，又作虚君等説，真屬認賊作子，不免衆生顛倒矣。足下《十一國游記》中于海外革命原委利害言之詳矣，君權專横，民不聊生，一如陳勝、漢高别無生路，男婦老幼舍命反對，以要幸福，物窮則變，天道之常，亦人事自然之準。西人革命，自圖生存，爲世界進化必經之階級。吾國數千年前湯武革命，何嘗不如此。直謂西人之革命師吾國學説可也。路索、孟得斯鳩等因時勢以立言，當時不顧生死利害，以先覺覺後覺，吾愛之重之，以爲造時勢之英雄。凡欲立一學説，挽回風氣，非有此堅强剛毅之魄力不能有成，匪特不薄之，更將師之耳。然天下無不敝之法，三統循環，文質相救，一定公理也。君權積久而敝生，足下既言之矣；民權之流弊，海外碩輔耆儒身受激刺，創深痛鉅，而莫可如何，其太息痛哭，不少賈生之言論，足下亦既聞之熟矣。夫人方思深憂遠痛改良之無術，我乃不問國勢、不問民情，與夫得失利害，茫茫然蒙虎以羊皮，斷鶴續鳧脛，亦至無當矣。足下素知，無俟縷呈，惟足下推中國爲專制，謂大同爲無君，不啻爲虎作倀。變法足以强國，至今日圖窮匕首見，路人相責，無可文飾。足下如欲挽救，則當深自引咎，如陸宣公草詔罪己，痛陳前日誤説，以啓同人之悟，徐圖桑榆之收，不宜人未能信之時，急急刺取外政，以一人之見，斟酌損益，定爲章程，自行挑戰，殊爲失計。夫章程之得失不足慮，必先求開誠布公，守法奉行之人。無論子之草案未是也，即使如《呂覽》一字不可易，而謂能使兩院通過乎？且今日之大患不在無法，在乎立法者之太多。代議制人人有發言權，不論是非，多數取決，一國三公，何所適從？外國可行之法，移之吾國而無效，地勢使然。縱使必襲外政，主張言論，必痛陳中外不能相襲之故，簡切顯豁，使人有信心，起疑慮，然後可以進謀，用中可、用外亦未嘗不可。今吾子所擬草案，與兩院所主，乍合乍離，大同小異，執薪握脂以救火，携石牽繩以救溺，以熱益熱，以寒益寒，辨淄澠，審商羽，在足下或以爲同床異夢，而不知夢中又夢，將無已時也。吾人立説，當鉤深索隱，發微闡幽，不宜人云亦云，隨聲附和，以自託于識時務之俊傑。不然，路、孟二氏使當日從同，則亦無今日之馨香俎豆矣。相望甚深，乞勿河漢。總之就陳博士之説推之，足下在誤認屯蒙單獨之民權以爲大同，中間有數等必經之階級，不可躐等，不能飛越。若以諸黨角立，標金錢權力之資格，與有天下而不與聞，得天下而辟逃，君愛民如赤子，臣喪君如考妣，其相去豈非有天淵之别哉！奈何堯、舜、桀、紂同一視也。足下喜言《公羊》張三世例，以太平爲《春秋》之大同，不知此乃《書》《詩》師説，非三千里可言。又《公羊》大一統之義，本以年月日言之。王陽習騶氏《春秋》，以爲大一統者，六合同流，九州共貫，内州州爲九宫、十干，外六合爲十二支、十二月。騶氏即鄒衍所傳海外大九州學説，本于《洪範》五紀，不可專據《春秋》言之。又《公羊》本國、諸夏、夷狄、周召分陝而治，周公東征西怨，新周王魯，故宋絀杞，皆爲《詩》説，先師借用之，非本經專條也。日前晤任公，嘗笑足下引孟子爲孔子大同嫡派，但據『國人』『寇仇』二句，而不引『臣視君如腹心』一義，未免偏而不全。今特撰《君民九等資格表》證明鄙説。倉卒命筆，疵漏甚多，更望引而進之，是爲至盼。專此敬覆，並候撰安。

是書囑陳博士轉寄，未審達否。但鄙見如是，附刊諸此，與海内人士公論之。平識。《國學薈編》一九一四年第三期。

答江叔海論今古學考書 並序

叔海作此書在二十五年之前，郵寄浮沉，久忘之矣。六七年前，祝彦和云：有學生自上海歸，得黎氏《續古文辭彙纂》改訂本，中有鄙人與叔海書；久之，持原書相示，方晤告者主客顛倒耳。南北天涯，未及覆答，非敢有不屑之意；語出原書。今年春于成都得《學報》第二册，再讀校改之本，二十年老友規過訂非，一再刊布，其愛我可謂至矣！行裝倉卒，未及作答。憶在京師，二老白鬚對談，酒酣耳熱，擊碎唾壺，固人生一樂也。又，叔海在成都時，常約聚于草堂別墅主人張子苾，當時各有徒衆，定難解紛，每至達旦連日。子苾已故，叔海不還，吾舌雖在，久如金人之三緘其口矣！到京急欲從叔海縱談別後十數年甘苦，以相印證，乃寓京月餘，晤叔海不及半日，又生客滿坐，言不及私。避囂隱遯，今又月餘。津門咫尺，飛車往還，本擬直搗大沽，流連彌月；小事牽制，未獲如願。長夏多暇，相思尤切。由愛生愠恨，欲有所以感觸之，適原書在案，率意口占，命侄子録之，以志吾二人交情，留之兩家子孫，作爲矜式，更藉抒離情，豈非一舉而三善哉！時癸丑夏六月初二日，井研廖平作于宣武門外皮庫營四川館東院，時年六十二，《四變記》刊本初成之時也。

叔海先生老棣足下：戊子大作，重入髦眸，恪誦把玩，不忍釋手。老兄博采規箴，逼成《四變》，凡屬疏遠，莫不慶歡，況四十年舊交，不吝牙慧，既刊文選，又改登報章，誨我之誠，有加無已者乎！具呈數端，以當談笑，無愠焉，惟亮之。一切繁文，皆不致覆。

《今古學考》之作，原爲東漢學派，本原出于《五經異義》，《駁》則出于鄭氏，足下所推博大精深，兩漢之冠者也。嘉、道以下，學者皆喜言之，老兄不過重申其説，著爲專書，周、孔之分乃大著明耳。足下謂：老、墨、名、法，諸子雜家，言之踳駁者多矣，而通方之士獨有取焉，奈何皆爲誦法洙泗，乃妄分畛域，横相訾謷，非《莊子》所謂大惑不解者歟？按今、古之分，許、鄭在前，孫、陳、李、魏在後，明文具在，作俑之罪，端在漢師。足下歸咎于我，《國粹學報》又以惠、莊二人瓜分之，實不敢貪天之功以爲己力。且足下云：漢師皆爲誦法洙泗，斥我妄分畛域。足下書中自云：馬融指博士爲俗儒，何休亦詬古文爲俗學，是猶辭章、科舉更相非笑云云，是漢師冰炭水火，足下已明言之，不能以分今古爲我之妄，固已明矣。昔南皮不喜人出其範圍，斥《地球新義》爲過創，首禍之咎，我不敢辭；至以《今古學考》爲罪，則許、鄭、陳、魏之書何嘗不在《書目答問》中？雖投之有北，不敢首肯。即以足下大論言之，『通方之士』博取諸子，博采是也，而未嘗盡去老墨名法之舊名而淆混之，《今古學考》臚列今古各師宗旨，《書目》亦與《藝文志》同，何嘗有所偏倚？今古之分亦如諸子，其原質本自不同，不能强合，亦不能强分；今以諸子皆原于諸經，《藝文志》乃妄分畛域，横相訾謷，可乎？來書所言，毋乃類是。足下謂：君子之于學也，惟求其是；譬之貨殖，或以鹽，或以鐵冶，或以畜牧，或以丹穴，其操術有不同，至富則一也。按，此爲殊途同歸之説，敬聞命矣。今古之分，則同途而自相違反。故除去文字異同、取舍異趣無關門户者不計外，專以地域、制度分，同出一原，自相矛盾。如一《王制》也，或以爲真周制，證之《左》《國》《孟》《荀》而合，盧、鄭師弟或以爲博士所撰，或以爲夏殷制；同一疆域也，或以爲方三千里，或以爲方五千里，或以爲方三萬里。如『弼成五服，至于五千』，經文本自詳明，而鄭注必解爲方萬里；《周禮》九服九千里，明文數見，與鄒衍九九八十一之説相同，鄭注《周禮》必以爲方七千里，七七四十九方千里，王占其一，八伯各得方千里者六，一牧之地倍于天子者五，此可見之實行乎？此非空言所能解釋者，不得已，乃創爲早年、晚年之説以溝通之。黄仲韜同年曾疑其説，刊入《古學考》。按，《列子·仲尼》篇告顔子曰『此吾昔日之言，請以今日之言爲正也』，則孔子且嘗以今昔分門矣。同法洙泗旨趣，文字異同可解，制度之參差歧出不可解，以《王制》《周禮》同爲周制，同有孔説，使朱子之書自相函矢如此，則《晚年定論》奚待陽明而後作？朱子且自判之矣。仲韜如在，攻人易，自立難，就漢師言，漢師必能釋此巨疑然後可以笑我。不然，則如劉室主人論《今古學考》云：劉室主人論刊入《亞東報》，事在十年前，至今尚不知其人也。『謹陳所疑，思慮未周，特望作者之自改。』今自改已有明説，負固不服，聊博足下莞爾。《王制》之可疑者多矣，足下單舉二事，謂簡不率教者黜歸田里可也，放流之刑，舜所以罪四凶，若庠序造士，何至『屏之遠方，終身不齒』。考司徒簡賢黜不肖，即《尚書》之天命、天討、舉賢四等之法，優于後世之科舉；庠序既即有選舉之權，何于放流獨不許之？若以歷代舊制放流例歸法司，學校選舉，又何嘗有專行之成案？考《王制》選舉之制，亦與公卿共决之，非教官專行，放流文雖未備，可例推也。《書》曰『刑以弼教』，實則選舉亦所以弼教，賢者選舉，不肖者有放流。由教育推言之，不必皆庠序所專行，若以廣義言之，《魯頌》曰『在泮獻馘』，征伐之事尚且干涉，更何疑放流之小者乎！又，四誅不聽者，所以深罪舞文弄法之官吏，《莊子》所謂大盗負之以趨，最爲法律之蠹。附從輕，赦從重，别自一義；後世赦文附十不赦，即與此同義。言各異端，不必强同也。

足下謂：『西漢博士，勝既非建章句小儒，破碎大道，建亦非勝爲學疏略，難以應敵。嚴彭祖顔安樂俱事眭孟，質問疑義，各持所見，孰爲師法？』按，西漢博士之弊，舊撰《經話》中曾列數十條，其中不無小有異同，正如足下所列曾子、子游之前事。八儒分立，宗孔則同。勝爲嚴守舊聞，建則推擴新義，嚴、彭傳本偶有出入，更不足計。所謂家法，即足下『洙泗』二字。今、古戰争端在孔子、周公，孔則爲新經，周則爲舊史，孰今孰古，一望而知。故古學主周公，凡涉及孔子，即爲破壞家法；今學主孔子，必如古學之主周公，乃爲破壞家法。由是以言，則一爲佛法，一則婆羅門，别有教主。平分兩漢，今學則東漢尚有流傳，若古文，西漢以上全無所見，即《白虎通義》全書不過二三條，鄭説大行，乃在魏晉以下。足下乃慮博士之家法不可考，過矣！以漢師家法比今之功令，近于謔矣！至以利禄鄙漢師，更不敢强同。利禄者，朝廷鼓舞天下妙用，古今公私學説，其不爲噉飯地者至尠矣。漢之經，唐之詩賦，宋之心學，明之制義，下至當今新學，同一利禄之心，特其學術不能不有等差。武帝之績出于《公羊》，宣帝之功成于《穀梁》。朝廷立一利禄之標準以求士，士各如其功令以赴之，同一利禄之心而優劣懸殊，不能尊王曾而鄙宋祁，以沙彌乞食爲佛法大乘。史公之嘆利禄，蓋深慕武、宣善養人才，不虚擲其利禄之權，預料後來所不及；足下乃因利禄而鄙薄其學術，以爲不足重，恐非史公之本旨矣。原書稱漢師皆爲『誦法洙泗』，按『洙泗』疑當作『周孔』。西漢以上，博士説經全祖孔子，並無周公作經立教之説，謂博士誦法孔子可也；至東漢，古文家以周公爲先聖，退孔子爲先師，《周禮》《左傳》爲周公專書，下至《爾雅》，亦以爲周公作。其派孤行二千餘年，如兩《皇清經解》，雖取消孔子，大致亦無所妨礙。劉歆所得以《周禮》《左傳》爲主，古《書》《毛詩》皆由二書推説之，故凡馬、鄭傳注于博士明著之條無一引用，故專詳訓詁，而不説義。如古文《書》《毛詩》傳箋無一引用《王制》明説者，可覆案也。

足下謂我『崇今擯古，以《周禮》《左傳》爲俗學』云云。案，《學考》平分今古，並無此説，此乃二變康長素所發明者，非原書所有。舊説已改，見于《四變記》中。足下以漢師同爲誦法洙泗，舍周公而專屬孔子，與扶蘇諫始皇同，專主孔子，不及周公。此説乃與二變尊今抑古，把臂入林，與鄭學大相反對者也。

足下以康成之學博大精深，爲兩漢冠。按，兩漢分道揚鑣，亦如陸車水舟，其道不同，各尊所聞，何足以較優劣？如謂康成後出，集古文大成，爲古文家之冠，庶乎不誣。考前人謂康成混合古今，變亂家法，指爲巨謬，我久不主此説。如謂康成《詩箋》兼采齊、魯、韓云云，試問何據，則皆據文字立例，屬魯、屬齊、屬韓皆是影響，不知古今異同端在制度師説，不指文字。兩《經解》毛、鄭同異之作最多，枝離依附，枉耗神思，至于三家制度師説，鄭君實無一字闌入，不得謂其混合也。案，鄭君一生安心定命，以《周禮》爲主，《左傳》爲用，而推廣于《詩》《書》，其説《詩》《書》，必牽合于《周禮》，故經文之五千里必强説爲萬里，此正其嚴守家法、不參別派之實據。考《禮記》一書多屬博士所主，以家法言之，鄭君不注此書可也，乃博遍通群經之名而牽連注之，故于《王制》則以《周禮》之故不得不排爲夏、殷制，于一切文義皆必求合于《周禮》，雖與經文顯悖，亦所不辭；于是以《周禮》之説羼入博士，博士明條附會《周禮》，合之兩傷，以致成此迷罔之世界，其罪不在劉歆之下矣！使其果欲旁通，今學之書專用博士，《周書》傳記專詳古文，離之兩美，豈非兩漢經師之冠？惜其忠于《周禮》之心太切，遂致倒行逆施，使其説無一條可通，無一制能行。如《周禮》封建尤其一生著力之中心點，乃創爲州牧地五倍于王之盲説。大綱如此，其餘可知。此説雖駭人聽聞，然不直則道不見。凡舊所條列鄭誤各件，如有精于鄭學者實能通之，解釋所疑，則即取銷此説，非敢故與古人爲難也。

足下又謂：『自王肅、虞翻、趙匡輩妄加駁難，吹毛索瘢，本無深解。』不揣冒昧，以爲鄭君自無完膚，何但毫毛？今且以《周禮》論之：《大司徒》土圭一尺五寸以求地中，康成明注爲三萬里者也；日南日北日東日西，鄭君《尚書緯》《孝經緯》注明以今西人地球四游説之者；九服九州爲九千里，九畿九州爲方萬八千里，此經之明文，鄭君所深解，乃因蠻夷鎮三服合稱爲要之一孤證，遂改九服爲七服，以七七千里立説，至諸侯大于天子五倍，非喪心病狂，何至如此荒謬！竊嘗推原其故，而嘆鄭君之不幸不生于今日，而生于漢末也。《周禮》本爲《尚書》之傳，爲皇帝制法，《河間獻王傳》以爲七十弟子之所傳，孔子俟後聖之新經，非已行古史、周公之舊作，故經傳師説與今地球相合者，不一而足。古文家法不主孔子，不用立言俟後宗旨，皆以史讀經，指爲前王之陳迹。春秋之時，地不足三千里，用夏變夷，乃立九州；海禁未開，地球未顯，就中國言，中國何處得此三萬里、九千里之地以立九州乎？故明知經文實指三萬里，實爲地球四游而言，不敢據以説《周禮》，此鄭君一生致誤之由，皆在以《周禮》爲古史、周公之陳迹誤之也。《周禮真解凡例》已詳，今不具論。近代宏博，以紀、阮二文達推首，二公皆不信地球周員四面有人之説，今日則乳臭童子執地儀而玩，周游地球者日不乏人。就此一事言，二文達其智未嘗不出童子下，然不能因此一事而謂童子之學勝于二公。鄭君使生于今日，再作《周禮》注，地球得之目見，于以發揮其舊日之所聞，必不肯違經反傳，舍目見之明證存而不論，而向壁虚造此無稽之誣詞，此固可信者也。鄭君不幸不生于今日，然我之撥正必爲鄭君所深許。蓋今日之形勢鄭君非不知之，而無徵不信，鄒衍徒得荒唐之譏，故不敢不還就當時而言，不能爲鄭君深咎者，此也。

憶昔治三傳時，專信《王制》、攻《左氏》者十年，攻《周禮》者且二十餘年，抵隙蹈瑕，真屬冰解。後來改《左傳》歸今學，引《周禮》爲《書》傳，今古學説變爲小大，化朽腐爲神奇，凡昔年之所指摘，皆變爲精金美玉，于二經皆先攻之不遺餘力，而後起而振救之。伍氏曰『我能覆楚』，申氏曰『我能興楚』，合覆、興于一身，以成此數千年未有之奇作，説詳二變、三變，無暇縷述。每怪學人不求甚解，以迷引迷，如兩《經解》者，大抵諛臣媚子，不顧國家安危，專事逢迎，飾非文過，盲人瞎馬，國事如此，經術亦何獨不然？古今學者大抵英雄欺人，一遇外邦偵探，未有不魚爛瓦解者。琴瑟不調，必須更張。竊謂自有

《周禮》以來，綢繆彌縫，未有如今日者。嘗欲挑戰環攻，以判堅脆，舊事已矣，再約新戰，特不可自蹈不屑之教誨。量有大小，不能不愠，且並以此外交情，前呈《四變記》，即作爲二次戰書可也。足下云：『決別群經，悉還其舊，誠一大快事。』雖然，吾生也晚，冥冥二千餘載，何所承受取信？徒支離變亂，而卒無益于聖經。又云『務勝人，齗齗焉以張徽志、争門户』云云。群經事業，其艱巨奚啻填海移山？二千年名儒老師，其敗覆者積尸如麻，欲以一人之身擔負此任，真所謂以管窺天，以蠡測海，無功有罪，一定之理。誠爲愛我之深，規我之切，雖至愚亦必感動。然足下所云，智叟之見解，老兄所懷，則愚翁之志嚮。一意精誠，山神且畏之，而請命于帝。昔生公譯經，知衆生亦有佛性，倡立此説，而下卷未到，群起攻之，乃求之頑石，得此靈感。方今共球大顯，生此時代，不似文達以前囿于中土，無世界觀念，又中外互市，激刺尤多；古人竹簡繁重，一册盈車，今則瀛海圖籍，手握懷卷，前世所謂荒唐之虚言，今皆變爲户庭之實事。此鄭康成求之而不能得者也。中國歷代尊孔，雖古文主周公，事未實行，反動力少；今則各教林立，彼此互攻，乃逼成一純粹尊孔之學説，此又唐宋以下求之而不得者也。昔因《王制》得珠，略窺宗派，誓欲掃除魔障，重新闕庭；棄官杜門，四十年如一日，己卯前頭已白。在子苾處，瞿懷亭診脉云：『不可再用心。』至今日頑頓如故，又我之幸也。三傳已刊，《詩》《易》稿十年前已具，因近改入天學，未及修改；見方再改《尚書》《周禮》舊作，先刊有《十八經凡例》。至于《四變記》成，心願小定，即使今日即死，天心苟欲大同，則必有孀婦稚子，助我負土；即使事皆不成，説皆不存，行心所安，付之天命。足下相習已久，初何嘗有求名邀利之見存？所謂『張徽志』者，不得不張；『立門户』者，不得不立。劉申叔以我近論尤動天下之兵，風利不得泊，亦處于無可如何之勢。昔湘潭師與人書，每云『大人天恩，卑職該死』，借以解紛，静候雷霆處分。相見不遠，再容面罄。《四譯館雜著》。

覆劉申叔書

獲讀手書，紬繹玄言，羅覼眇論，直諒之益，惠我優渥，樹義之堅，何假掎摧。惟孔子制作，生民未有，六經五緯，道澈人天。墨列老莊，咸承派別，秦漢儒者，私淑遺聞，局于一隅，妄爲推闡，遷就悠謬，爲世詬病。賈鄭乘之，恣其搏擊，迻奪孔席，以與周公。望風承流，有唐臻極，逮趙宋請删緯言，而孔子之道息矣。豈惟神游物化，斥以誕荒，即言論道經邦，修身已足。夫無倦無隱，夫子自道誨人，而鬼神不告于仲由，天道不聞于端木。蓋大義所揭，止于聖人，而微言之好，則極六合以外，無聲無臭，載以上天，曰隱曰微，乃爲顯見，誠不可掩。至則聖窮，其體爲《詩》，其用爲《易》。鶤鶱鱣鮪，上浮下征，變動不居，九流六漠，化人神人，與夢爲一。所謂覺本無明，形名俱寂，未有甚于此者也。即出世深詣，有識無識，三界四生，人天魔龍，法輪常轉，皆名曰幻，亦衍莊列之緒，而揚涅槃之波。至于海性種元，世界無量，則《國風》三五，實配星垣，斗極巍然，天官具列。亦若鄒生瀛海，群斥不經，而輪舶既通，卒無以易。蓋爲高因陵，爲下因澤，張學恢道，亦在乘時。自揣顓愚，敢言先覺，然例以進化，千萬年後，人不能輕身遠舉，服氣鍊形，竊不信也。先生鈎深極遠，日進無疆，沉醞既深，自臻悟境，重違雅意，肅布區區。《中國學報》一九一六年第二期。

闕里大會大成節講義 在聖廟奎文閣。

今日乃我孔教第一次全國大會，老師夙儒，咸來會萃，平不佞，忝推講席。試問一部十三經，從何講起？四顧茫茫，幾難開口，微言大義，如何闡揚？第如此盛會難得，平欲無言，勢固不可。中國數千年來，講孔學者多矣，各有所得，各省名家，辨真別僞，絶非頃刻口耳間事。簡言之，東海、西海、南海、北海有聖人出焉，此心同，此理同也。孔子爲生民未有、萬世師表之大聖，非一代帝王治世數十年、數百年而止者，果何以能放諸四海、俟諸百世而不惑乎？故平謂貫澈六經，須證明新義。諸君初聞，當覺駭怪，殊不知八股講章風行後，孔子之道不明，已相習成風。孔子立言，功豈止不在禹下？孔子爲將來萬世計，若專述過去陳迹，直塵羹土飯，安在其合于萬世之用乎？常據新經義，知天生孔子，作六經、立萬世法，孔子以前既無孔子，孔子以後亦不再生孔子，前無古人，後無來者，此其所以能統一全球也。故孔子居立言之位，其道兼包天人，統括小大，原始要終，與天地相終始。若于春秋時代，即使爲王，則其功囿于一時一地已耳。試考之《周禮》，言版圖三萬里，于兩極立表，以測地中；據此，則必冰洋不冰，熱帶不熱，始爲太平，可知《周禮》爲三皇五帝治世之經也。《尚書》大義亦與此略同，皆以孔教統一全球者。若誤認二書爲史書讀，則是涇渭不分，直將孔子降與遷、固儕列，一譯手而已，何足以配大祀哉？更以西哲進化之理攻之，孔教益無以自存矣。西人所譯中土經傳，大抵皆科舉之書，以孔子爲村學究，鄉黨自好之士皆能之，至謂人人皆可爲孔子，是豈知孔子之真象？若使知之，其敬仰當較耶蘇尤盛。平常以新經義考之，知孔子之意，乃是以皇降帝、帝降王、王降霸，立退化之倒影，告往知來，使人隅反。蓋治世之制，實係由霸進王、由王進帝、由帝進皇也。孔子以前爲蠻野之世，其男女無别，父子平等，載諸《春秋》者不一而足，孔子特撥而正之，漸而進之也。至論文野進退，主在倫常，不純在物質。物質文明者，倫常反多蠻野；倫常文明者，物質亦不盡文明。不得專以物質爲進化標準。若進化退化之公例，譬如登山，由麓陟巔，仍由巔降麓，一來一往，一上一下，互爲乘除。西人主進化，亦有退化之時；孔經言退化，實示進化之意。寄語西人，毋徒矜物質文化以自豪，而凡我孔教諸子，更當昌明聖教，放諸四海，以企同文同軌，致太平大一統之盛焉，是在吾黨。

附舊説以經爲史之敝十條

一、凡屬史事成迹，芻狗糟粕，《莊》《列》攻之，不遺餘力。孔經新非舊，經非史。三年喪、公田乃孔作，非舊有，《孟子》詳之。

二、經説若主退化，是乖世界公理。今自孔以降又二千餘年，其退更復何如？宜外人以爲半開明也。須知經言退化，實行經意則爲進化也。

三、經先文後野，先大同而後小康，其説顛倒。故知此爲互文起義，言退化則進化可知。欲列四等，不得不借古人爲符號。

舊史皆字母，新經全用孔氏古文，《莊子》《史記》甚詳其説。

四、同一周史事，《春秋》《王制》疆域三千里，《尚書》《周禮》三萬里，小大相反，皆自以爲真。孔經初出，惟弟子能讀能解，至魏文、齊威、燕昭，乃推之見于事實。秦皇、漢武所有制度，皆山東人條呈，據以見之行事，爲東言西行一大例。若經非孔子託言，小標本三千里，大標本三萬里，則三書皆不可通。

五、《提要》云：《周禮》確爲周公所已行。周公没，後人非周公，又加改竄，久之，當時亦不能行云云。《周禮》言五帝，然秦得兩周故地，其典章無一存留，即黑帝尚待漢高補足，何以周時已有之？如此，則真芻狗糟粕，何以使百世下服習之，以爲聖經？

六、凡政法，必合時宜。堯舜舊法遠在四千年前，萬不可推行于後世。俗説堯舜制度不論時地皆可推行，乃八股家不明法政學之言，不足爲訓。

以《尚書》《周禮》爲新經，全球之治譜，聖經存此大綱，以俟後之堯舜。開世界之太平，爲百世之法守，故足以爲經，使人服習。若係舊史芻狗，何可存留？古人已詳言之。

七、《周禮》土圭三萬里，姬周無此版圖；于兩冰洋立表求地中，至今尚不能行，如何可爲史迹？

孔子生知前知，代天立言，萬世師表。先天而天弗違，故預垂空文以俟後王，斷非古史。孔經漢初不過數十百本，今則盈千累萬，不可數計。知地球既通，由近及遠，施及蠻貊矣。

八、立德立功之帝王祇能自成一局，不能兼通。孔子惟立言，乃能兼包天人，貫通皇霸。博學無名，所以爲世界獨有之至誼也。

九、録輯舊史，班、范優爲之。如以經爲史，是二十四史之作者與雜、野各種記載，皆足以分尼山之席。

孔子以前無立言者，故西漢以前，無周公作經立言之説。古文家乃率引周公，遂至《爾雅》亦以爲周公作，孔子所保存者惟《孝經》《論語》；或又以《左》《國》早已引用，則孔子直無一椽可避風雨。兩部《皇清經解》，皆有此弊。

十、凡爲政于一時一地者，祇能有功于一時一地。孔子則爲天下，不爲魯國；爲後世，不爲當時。

孔子四經人物表

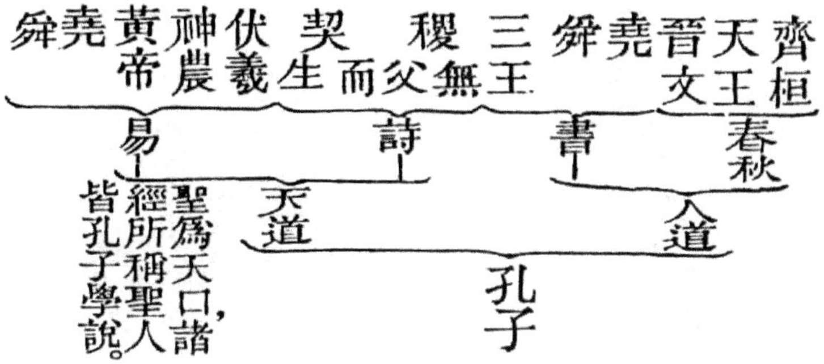

凡文明之皇、帝、王、霸皆爲經說，爲經等級。孔子化身，古有其人，不必有其資格。若太昊、少昊、稷、契，則皆天神矣。獨尊孔子，則人天同在。據東漢古文家說，周公爲先聖，孔子爲先師。沈《野獲編》、魏源皆欲推周公退孔子，據理而言，其說亦是特欲推周公。周公尚有父兄，又有湯、禹、堯、舜，更有三皇，故除尊孔以定一尊，此席不能定，勢必互相起訴，用無數律師矣。《四益館雜著》。

聖經世運進退表

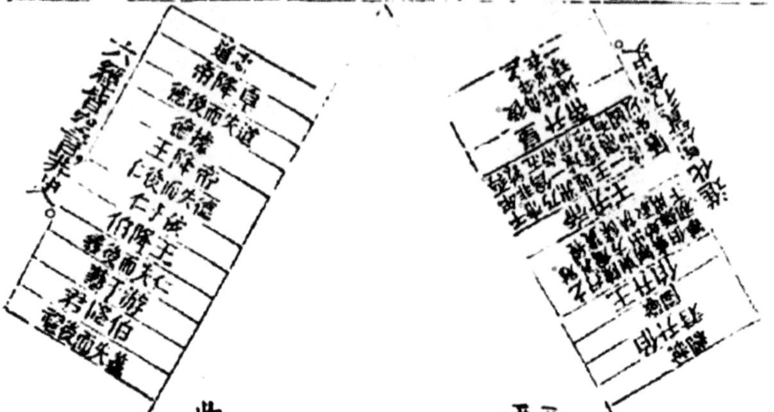

經爲空言，實行經制始于戰國。
魏文齊威燕昭戰國以前中國
君民程度與今泰西略同。
東人言西方行秦皇漢武皆屬創造非古所
有，由經說變爲史事，在戰國後。
西人所主進化說，如五大洲交通，乃新創之局，非堯、
舜、周公以前海禁已通，幽厲之後乃閉關三千里。

此退化之理，孔經据以立說，然由退可以知進。
如尊主退化，堯舜至春秋迭降四等，秦漢至今
二千年又當降四等，由此推之數千萬年
後不復爲人矣。
退化至于秦後，中國又反草昧，
爲戰國以前程度。

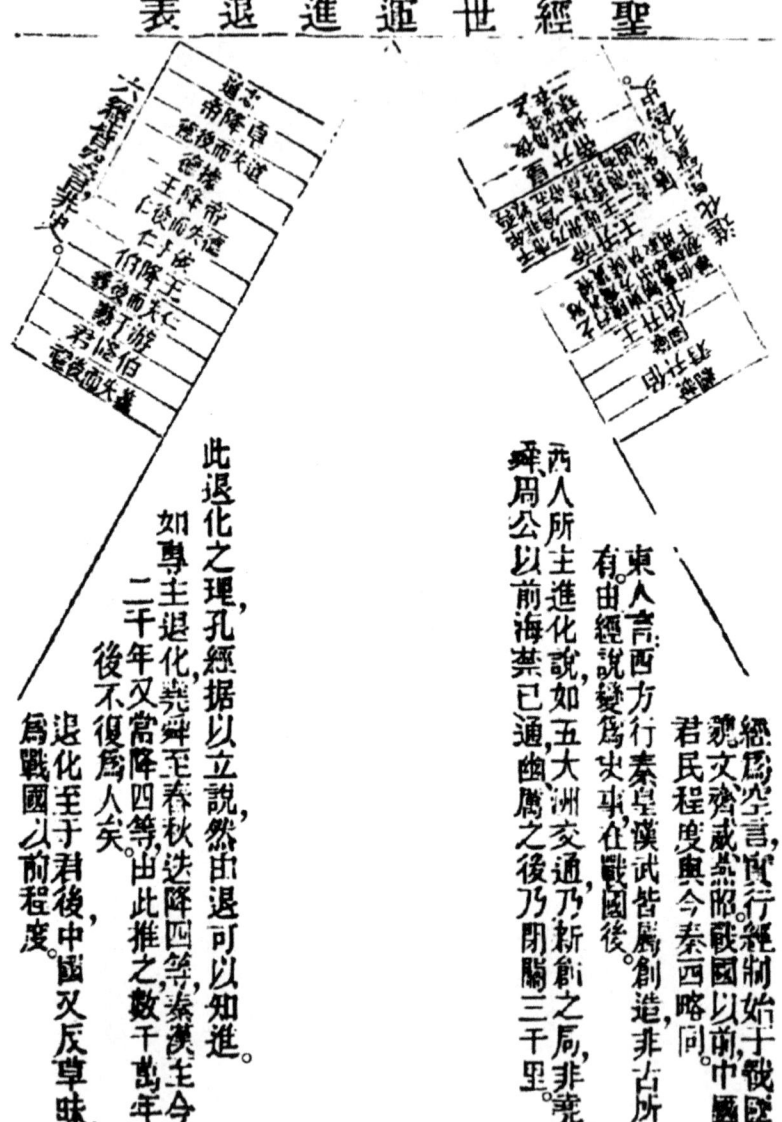

孔子天學上達説

孔子天學詳于《詩》《易》，《天學人學表》詳矣。以上下戾天逃淵之魚鳥爲起例，窮則變，變則化，化則通。欲上升則化鳥，『匪鶉匪鳶，翰飛戾天』，《莊子》所謂夢爲鳶而戾天；欲下降則爲魚，『匪鱣匪鮪，潛逃于淵』，《莊子》所謂夢爲魚而潛淵。《楚辭》爲《詩》之支裔，專明《詩》説，其言上征、下降、遠游、魂游、招魂、大招，即謂天學之鳥魚例。《莊子》鯤魚，《論語》鈎弋，《中庸》上位下位。佛書所謂天堂地獄，《詩》『惟嶽』，地之五嶽。《詩》『速我嶽』，即地球在下者之五嶽。在天爲神，在地爲祇，在中爲鬼，故游六合以内爲人學，上天下地爲神祇學。以《中庸》證之。其云『君子之道費而隱』。中費，上下隱。夫婦愚不肖可知、能，淺近人事。至上升，下降。聖人有未知未能。至神至誠不能。語大《大言賦》。天下莫載，六合以外。語小《小言賦》。天下莫破，一塵一沙、一涓一埃爲一世界，萬物備具。引《詩》以明上下察，上升下降，周游六漠，《詩》鳥魚例。結曰：『君子之道，孔子，天人。造端乎夫婦，地球，小康一家，一身。及其至也，至爲至人標目，天學稱至人至誠。察乎天地』，上升天堂，下降地獄。周游六虚，游乎塵垢之外，以地球爲一塵一垢。無何有之鄉。不可聞見。王字于文，十爲地球四方，爲人事，中行。一上天，一下地；即神祇、狂狷。拘于本地球，但爲人道之近學，不足以合天地，爲天人交際之君子。此天人二學所以各分三經。人道邇，故《春秋》《禮》《尚書》明言之；舊以爲伯王述古，故明言，誤。今改爲地球四統，人學。天道遠，故《詩》《樂》《易》三經託之歌詠卜筮。舊以爲皇帝俟後學，故託詞；今改爲上下天地學，仍有四等。是《詩》《易》之上下升降飛逃皆爲三才學，通天地人之故。十五國爲《風》，十五國配三垣、十二次、十二月。每國之中，大者爲一垣，數十百里爲一局；次爲一宿，數十星爲一局；在小爲一恒星之昴，所謂以十數計。諸星上下無常，故每國中自爲一局，各有四方上下，同爲大氣所浮舉，故曰『國風』。即《莊》之天籟、地籟、人籟，《列》之御風而行，且即《詩》之駕言出游，當據《楚辭》以解之。既非本地球之事，爲萬世後之進化言，故孔子就地球人事言，爲聖人；就上下言，故有至人、神人、至誠之目。《論語》『禱爾于上下神祇』，上升下降，周游六漠之説也。神祇即天，別言天者，本地球爲行星之一世界，由地球推行星，由行星推日系大世界，由日系推昴星世界海，由昴星以推大恒星世界性，由一恒星以推恒星合世界種，一宿爲合。以恒星合以推恒星總，七宿爲一總。合諸總爲一垣。一元。此天學者，大約有此七等之分。元、種、性、海、大千世界、大世界、一世界。故有五天、九天之説。《易》所謂仰觀俯察、曲成範圍、先天後天、天道人道、人謀鬼謀、精氣游魂，皆爲天人通貫，爲普天之至神，非僅一地球之聖人而已。《莊子》曰：『六合以外，聖人存而不論。』蓋聖人爲六合以內立法，不能恢詭，過于不經，故聖人專詳六合以內，而至誠、神人、化人則合內外言之，故天地變化，《易》《詩》僅言大略，隱而未發；道家之《列》《莊》，釋書之《華嚴》，乃發揮無遺，其宗旨皆爲《詩》《易》所包。前人説論已詳。謂六藝無《楚辭》之上征下降，不可也；謂天堂地獄遂別自名家，爲孔子所未嘗言，則尤不可也。昔者方士揉合道、釋于六藝，識者莫不非之，今乃拾其餘唾者；以前爲蠻野之牽合，今則爲文明之變通。人種進化，至于千萬年後，輕身服氣，鍊氣歸神，衆生一律，同有佛慧，各具神通，入實無間，入虛如實，水不濡，火不熱，然後有飛仙神游，如《楚辭》之明説者。在彼時爲普化，衆生同等，往來無間，生于其時之人，亦同仙佛，具大智慧、大神通，同爲恒河沙數百千億萬之化身；不似從前之説，一人潛修，偶爾能驚世駭俗，叱爲神怪，不能加乎齊民，以爲世法，則君子所不取。若由後言，則爲日用尋常，周游六漠，亦如車舟往來郡國，人人能知能行，即所謂衆生皆佛。乃平常進化之極典，故不以爲奇怪而斥之。前後之取舍不同者，時勢爲之也，況今去孔子卒二千五百年，四等尚在王運，必數百年而後帝，地球五分十分。數千年而後皇，地球大一統。三皇住世，周環以後，大約在萬年後。地球盡已開化，同爲今之亞歐，同時頌二十五曆。内治既已休明，然後屨棄塵土，指爲蠻觸，如《楚辭》憤而求去，乃上下周旋，以自寫其憂，開此遠游神化之派，爲天地之交通，人神之共貫，然後學問之能事畢，孔子之行志全，即所謂學貫天人也。方今三千年内，大抵不出《春秋》治法，今之世局如大春秋。《尚書》王、帝、皇，非再萬年不能盡。孔子新經，不過略行六分之一，萬年以後，乃能及其天學，又何廢經偏經之可言？如期求用世，專治《春秋》《尚書》可也。講時務者方求切效于數年數十年内，今爲此説，亦可謂迂闊不近事情。然分知行、辨小大，先師之説詳矣。並行不悖，無所取舍，或近或遠，各擇善從之可也。

〔附〕人天學内外不同説

人學由伯、王以推皇、帝，自内而外。以五服言之，伯占冠，王占衣服，小帝占帶，大帝小皇占裳服，大皇占屨服。由内推外，愈加愈大。如《春秋》九州在中國之心，推及要、荒，《海内四經》則爲王，《海外四經》則爲帝，《大荒四經》則爲皇。伯雖小，乃積天下中心以起例。天學之中心則在三垣。如以人事例之，則當以三垣、北辰爲伯推之，加四宫爲王、爲帝，遍統諸天星辰乃爲皇。此由中以推外之説也。今以本世界爲君，日系世界爲伯，昴星爲王，四宫列宿爲帝，三垣爲皇，則由外以推。

〔附〕人天學説具于佛經説

佛書舊説地統月，合行星小星以繞日，日統行星以繞昴星，凡得恒河沙數成天河之星團，是爲一大千世界。此大千世界之昴星繞日與行星與月，以至于天河之星團，凡得恒河沙數各星團、星林、星雲、星氣，是爲一世界海；恒河沙數世界海爲一世界性；恒河沙數世界性爲一世界種；恒河沙數世界種爲一華藏世界。華藏世界以上，始足爲一元，以外則所不能稽。又，四大部州繞須彌山爲一世界，本地球爲南贍部州。案世界之説，隋唐以前華人就梵書翻譯而成。當時地球未出，行星之爲地球繞日之測驗未明，佛言宏大，所有海、性、種、元、大千世界，各以意爲之立説。近人乃就西人所測，參合佛書，立論如前。如以目所見之周天星辰統名爲昴星所繞之大千世界，是昴星爲周天各星之主。合目所能見與遠近所測，此足爲大千世界之一，更有海、性、種、元等大名號，是此大千世界尚不得比于恒河之一沙、世界之一塵，大而無當，使人失所憑依，能博而不能約，亦失立教宗旨。考行星有八，經傳則但言五星；緯不止于五，然常人目所能見者止于五，故以五立説。考西人新測天王、海王，須于觀星臺用至精之遠鏡求之，亦不能時時皆可見。西人非專門天文家，見此星者每少。天河爲星團星光，已屬不可究詰；又別有恒河沙重重無限之天河，所謂閎大不經，毫無實用。又如以地球爲南贍部州，若以日比須彌山，則行星又不止于四，日又非山可比。此皆當時地球未出，觀星未審，故誤繹佛説。今切就經傳，參合兩書，別爲立説，以地球爲一世界。世界即《周禮》之『世一見』，千里一畿以爲一界，三萬里立三世界。統地球而言爲世界，日統八行星小行星，則爲一大世界。《論語》『譬如北辰，居其所而衆星拱之』，《禮記》前朱雀、後玄武、左青龍、右白虎，招摇在上。就目所能見周天之星辰，就地球中辨方正位、體國經野、設官分職之法推之于天下。北斗爲地軸，三元居中，爲上中下三皇三統，以四宫二十八宿爲四方諸侯。二十八宿，少者三四恒星爲一宿，多者至于三十二恒星。一恒星爲一日，但以井宿言，三十二大日，譬如日系大世界爲三十二加大，比于昴星，則爲三百二十。以一行星推之，知已有三千五百六十地球之世界；合二十八宿言之，已在數萬以上。雲漢比于分陝之山河兩界，以外有名無名之數恒星，以配諸國人民百物。由所見以推所不見，合爲天皇之大一統。如地球世界之有皇，則爲佛書之元；五帝分方，每帝王一萬二千里；天之四宫分占四方，青龍、白虎、朱雀、玄武；用七政例，以一中心統上下四旁之六宿。如地之五帝爲一華藏世界，七宿之中每一宿爲一世界種，以有名無名不在二十八宿三元四宫之恒星爲性海，一地球爲一世界，一日爲一大千世界。一宿如昴星者爲一王，昴宿所統之日系爲一伯，就周天星辰分其大小位次，略爲四等，一日大約如地球方千里之一州，《天文訓》《天官書》與《月令》；其餘天文辨方分野，亦如地球之《地形訓》《地理志》。天文證驗，上下相同。除常見之星以外，其遠者則亦如地球中之夷狄荒遠，天子所不治，來去無常。故以目所見之四宫爲四嶽，以所不見者爲四夷。諸星之大小尊卑，亦如地上人事之法。此孔子天人之學也。《四益館雜著》。

墨家道家均孔學派别論

《論語》有『從先進』之説，《中庸》則云『從周』，二者相反，不知從周則爲儒，先進則爲墨。致莊子以六藝爲道，諸子爲方術。諸子在六藝後，九流出于四科，諸子爲六藝之支流，固一定之制也。《禮記》以《詩》《書》《禮》《樂》爲四術、四教：春《詩》、夏《樂》、秋《書》、冬《禮》。《六家指要》道爲《易》，陰陽即《春秋》，二者居中，爲皇、帝。東儒，西墨，南名，北法，四家分方，亦如四經分學。後世誤以六經爲全屬儒家之私書，諸子遂别于儒，目爲異端，或託春秋以前人，或雖在孔後，别成一派，如墨是也。至聖兼包諸家，故《論語》謂之無名，今之報章或以爲宗教家、教育家、哲學家、政治家、理想家，以後來之科目，强以名如天之至聖，與以專屬傳經之儒家，皆爲謬妄。《史記·世家》贊曰：『言六藝者，皆折中孔子。』墨子主乎《詩》《書》《春秋》立説，其稱引經傳與孟、荀同，固不問而可知爲孔子之徒。

《淮南子》明言墨子學于儒者，憤世勢之濁亂，乃專言夏禮。考博士傳經，有文、質二派，文家尊尊，爲東方儒者之説；質家親親，爲西方剛毅之説。《論語》『禹吾無間然』章、『林放問禮』章、『禮云禮云』章，《公羊》所謂改文從質者，全爲墨家所主；由質近于野，先進野人，後進君子。博士雖有殷質周文之説，夏在殷前，猶專屬于質。《禮緯》言夏爲三月之喪，至周乃有期年以至于三年。儒家主文，爲從周之説；墨子專傳孔子尚質一派，爲夏禮。江都汪氏考證墨子用夏禮，説詳明。是孔與墨指子思爲孔子，非真孔也。《非十二子》有子思，以孔子爲至聖可見。同爲孔子之學，一質一文，儒固不能規步孔子，墨亦不能自外生成。今之報界諸公，不知儒墨之孔爲子思，遂謂墨爲孔子之敵，于六藝外別樹一幟；因誦《墨經》一語與墨子所引經，或爲異文，或爲師説，《國粹報》遂謂墨別有六經。不知墨子所引全屬孔經，儒、墨可以相攻，而孔、墨不容並議。蓋就教化言，中國占文明之先，儒家爲主，墨家爲客。《莊子》云，墨子之徒述《墨經》，與儒者不同。《墨子》有《經上》《經下》篇，《莊子》本據墨子之經而言，故稱曰『墨經』，並非謂孔子有六經，墨子亦有六經，墨遂超子思而敵孔子。蓋孔子萬世師表，經傳所言，原始要終，非數千萬年不能見諸實行。儒者子思以下，欲于戰國之世將聖經全見施行，非實行則不能存，故秦皇、漢武皆行皇帝之事，《史記》所謂無其德而用其事者。墨子循序漸進，戰國只能用夏禮三月，待千萬年後，文明程度進化，乃用九月、期年、三年。若如孟、荀之説，六經之説皆可于戰國實行，是六藝爲戰國一時而言，無以爲萬世師表地步。墨子則爲循序漸進，小行之于戰國中國，用夏禮三月之喪，大行之全球，引導西人先爲三月之喪。儒者爲兼營並進以存經；非儒者，則經傳之全體不能存。墨子如《公羊》『許夷狄者不一而足』。待人後行，乃足下俟萬世。一爲存經而言，一爲行經而設。墨家創其始，儒家要其終。墨爲西方之質，儒爲東方文，二者皆爲孔子功臣，原始要終，缺一不可。故在當日則爲冰炭水火，勢不兩立，自今日觀之，則水乳交融，非儒不足以存經，非墨不足以俟後。先進、後進，儒墨之所以分。子思、墨翟可並言，而孔子與儒墨萬不可並列。考東方木德，其行仁；西方剛毅，所謂金主義；東方柔德，故儒教迂緩；墨家則爲天水《訟》。訟字從公，故墨家尚同。《詩》云：『雨我公田，遂及我私。』天雨，無不被其澤，所以爲公。考世界之進化，皆先野後文，《論語》所謂先進野人，後進君子，故質家宜在文家之先。孔子作經正當戰國，必先質後文，先行三月之喪，而後可以徐推至于三年。儒家之説，所以存經，如當時專用墨子派，則經説無以自存于天地之間。二家于時互有長短，交相爲用，不可偏廢。西人爲墨家，中國爲儒家。以俟後言之，中國所謂無其德而用其事，爲《大過》，西人專用墨派，未免不及。中外交通，爲古今一大變局，墨家居簡行簡，質勝文則野，儒家一于主文，未免文勝之弊。《説苑》引孔子見子桑伯子，謂子桑伯子質有餘而文不足，欲以我之文化其野；子伯子亦專就儒家言孔子，謂儒家文有餘而質不足，欲以我之質化其文。蓋以分方言，則東木西金，一柔一剛，一文一質，各不相同；大同之説則相反相成，柔必取剛，剛必取柔，二者混化爲一。在《尚書》曰『柔而栗』『剛而無虐』，在《論語》曰『温而厲』『威而不猛』，又曰『文質彬彬，然後君子』，此儒、墨二家一柔一剛，一進一退，一文一質，一後一先。自其分而言之，至如冰炭水火之不能相容；自其合言之，則如水乳膠漆。此至聖六經爲其大成，而儒、墨特其中之一小部分。古書多以孔墨、儒墨並稱；子思爲儒，孔子固非儒；孔墨並稱之『孔』則必以爲子思。蓋子思爲大宗，九流皆係支派，萬不可以諸家相提並論矣。右論墨家。

《六家旨要》言道家順陰陽，統儒墨，綜名法，集其大成。見在説者卑則以孔爲儒，高則以孔爲道。夫以孔爲道，似也；而孔子不可爲道，則更有説。《論語》『言志』章之曾晳與農山言志之顔子，兼容並包，所謂道家也；老子之外，列子、莊子、尹文皆所謂道家也；若孔子，則爲至聖，爲六經，不惟儒非孔，即道亦非孔。《莊子・天下》篇所言十子大抵皆道家者流，以老子及己之自命，皆自託于方術，以爲耳目口鼻，以六藝爲心，爲至神天化；是莊子雖祖述老子，而不敢以老與孔比。蓋道家雖較勝各家，然既有以道自名，則已落邊際言詮，囿于一偏，爲諸子之一，而不敢與至聖比。舊説顔子爲道家，孔子自謂其偏長不及四子，四子『所以事我』者，如回『能仁而不能反』。顔子本爲道家，而所以師事孔子而一間未達者，則以其能大不能小，偏于一端。蓋至誠如天，《論語》：『賢者識大，不賢者識小』，『夫子焉不學，而亦何常師之有？』《中庸》曰：『大德川流，小德敦化。』此天地之所以爲大而無所成名。如孟、荀講王學則非毁桓、文，列、莊言道德則非毁仁義；以大小言之，道德固可以包王，王固可以包伯，言皇帝則專主道德，言王伯者則專主仁義，自立限畫，專門名家，不能相通。不惟儒家不敢自謂入聖人之域，即道家亦道其所道，能大而不能小，所以爲子學。亦如器皿，雖有大小之别，然終囿于器。六藝高遠，即《論語》『北辰』章，及無爲無名無我爲道家所主者不下數十章，爲列、莊所主；王者制法，爲儒者所主固多，下至齊桓、晉文、管仲、晏子，亦皆推崇，辭無軒輊。不惟儒家，下至農家、縱横家、小、雜家，亦皆祖述《論語》，《中庸》所謂『萬物並育而不相害，道並行而不相悖』。故云『道不同不相爲謀』，『攻乎異端，斯害也已』，兼容並包，不事攻擊，有始有卒，所以爲聖人。夫子之門何其雜！此《論語》所以兼包皇帝王霸、六藝九流、天人之學，無所攻擊于其際。至于諸子，有所從則有所違，有所守則有所攻，雖道家之莊、列亦然。蓋就諸子言，皆各有水火冰炭、順逆違反之事，至聖則先後本末，無所不具。道家所以亦如雜家，爲孔子之具體，而不能至聖域也。自來説莊、列者皆于孔子之外自成一家，或者並以爲異端，而無固無我，宗旨全見《論語》，道與墨同出于六藝。蓋道之深者爲《詩》《易》之天學，其淺者爲《尚書》之人學。舊説以莊子爲子夏之門人，列子、莊子所言孔子較老尤詳，凡所稱述，皆爲《詩》《易》師説，與《楚辭》相吻合，故道家雖與小人儒者有異同，實則君子儒。六藝之師説不囿于儒，則道何以能出六藝範圍？今所傳《道德經》，世或以老聃所言，道德本爲《尚書》所包。古無立言之事，凡諸子而皆出六藝後，今所傳《鬻熊》《伊尹》各書，自來皆以爲依託，惟《道德經》與孔子時别爲一派。考道德爲三皇五帝之學，必出在孔子後，列子引其文曰皇帝之書，其所以引老聃説道德皆無之，是《道德經》爲七十子所傳，絶非老子自作。《楚辭》爲皇帝學，不主老子，惟韓非有《解老》《喻老》二篇，《史記》遂以與韓非同傳，謂刑名出于道德。子書每多附益，不必皆出其人。《管子》《荀子》《春秋繁露》是其明證；文帝尚黄老，以《道德經》爲老子，皆出漢人之手。今《解老》《喻老》皆出于蓋公等之物，其書藏在内府，與《韓非》合，校書時並以爲一書，不必出自韓非。亦如《管子》解、問凡十餘篇，俱是原書之後，大抵爲漢儒言管學者所附益，與原書有早遲之别。考《孟子》爲子書之正體，無一章不有『孟子』。以此推之，則凡有姓名者爲本書，無姓名者爲古書，或爲其人所傳授；如《董子·爵國》篇、《荀子》之《樂記》《禮論》《三年問》諸篇。《吕氏春秋》之目，今或爲後人附益；如《管子》之周禮師説各篇，與其問、解各篇。《韓非子·解老》《喻老》亦如《公羊》《穀梁》《喪服傳》，大抵皆出于漢師。當時子書自名一家，亦如《孟子》，不能以古書參雜其中，又不能爲别書所解脱。此《老子》亦如《周禮》《王制》，爲聖門七十弟子之所傳，後人以爲老子所作，亦如後人以《周禮》爲周公所作，《王制》爲博士所作，《月令》爲吕不韋所作，其實不如此也。右論道家。《四益館雜著》。

改文從質説

戊戌年作，曾刊《蜀報》。

《論語》言文質而指其弊，曰史、曰野，《公羊》于是有改文從質之例。學者疑之，以爲《春秋》乃不易之法，非一時救弊之書，如改文從質，久成仍弊，則數千年後抑將再生孔子，更作改質從文之《春秋》耶？且《春秋》尊君卑臣，扶陽抑陰，純言大綱，無文質史野之可言，更無質家親親之明據，不得以爵號三等冒之也。又，中國由秦漢以至今日仍一尊尊之治法，二千餘年，積重弊生，别求一質家救其弊者而不可得，然則所謂改文從質亦經空説，在今日固無自救之術，中國將無以自立，且使尼山之席終爲耶氏奪耶？夫《春秋》固百世不易之經制也。所謂文弊者不主當時之周，而二千餘年後用文以治之中國也；所謂質家，亦非郯、莒、滕、杞禮失而後求之野者也。質家者何？今之泰西諸國是也。考其政治法令，其得者頗有合于《王制》《周禮》，至其禮教風俗，多與中國如水火黑白之相反。中國尊君，以上治下，西人多主民政，貴賤平等；中國妻爲夫義不二斬，西人男婦平等、彼此自由；中國天子郊天，統于所尊，西人上下同祭，人各父天；中國坐次以遠于主人爲尊，西國尚親，則以近者爲貴；中國内外有别，女絶交游，西人則主婦陪賓，携手入坐；中國冠履之分别最嚴，西人則首足視同一律；中國以青爲吉，白爲凶，西人則以白爲吉，青爲凶。如此之類，難以枚舉。于中國制度之外别立一教，行之數千年，牽連數十國，上下服習，深信不疑，方且譏中國君父之權太重，婦女不能自主，以祭祖爲罪于上帝，以妾媵爲失之公平；真《莊子》所謂『此一是非，彼一是非』者也。孔子論質之弊曰野，野者鄙陋，與都士相反。泰西不重倫常，絶于名教，極古今中外之變，而求一與文相對相反之質，非泰西而何？文弊不指東周，則質之不主春秋明矣。或曰：

野人之質，直夷狄之别名耳，三統循環，安用是以亂聖人之天下哉？曰：經傳文質蓋有二説：一則中國與中國分，從聖人不易之中别分爲三等，以待後王之取用；如改正朔、易服色、明堂之三式、社樹之三種，事可循環，理無二致。此經中之三統變易，以新耳目，亦所以救弊。《董子》所云法夏、法商、法周是也。中國與外國分，如西人之無父無君，所謂野人之質，固不得與明堂、社樹一例視之也。或曰：以孔子之論文質爲今日之切證，揆以百世可知與？莫不尊親之義固無不可，然中國雖曰近史，安用是野人之質而救之耶？兩害相形則取其輕，吾寧終守文史之弊，窮困以終而不辭，終不願用夷變夏，自居于野人也？曰：是又有説。今之守舊者，于維新政事已深惡而痛絶之，如謂西教而又將舍我以相師，是直非聖無法，狂悖之談也。請歷證之：《周禮》土圭一尺五寸以求地中，非即地球三萬里乎？《大行人》九州之外爲藩國，非海外大九州以九畿八十一方千里爲一州乎？《大司徒》五土土會五種民與動物植物，非即五大州之説乎？外史掌三皇五帝之書，皇、帝平分地球，中國爲黄帝所司之中央之極，方萬二千里，則四帝四極之地不皆在海外乎？《左傳》「禮失求野」，非即取法外國乎？浮海居夷，不嫌鄙陋，是轂輻版圖並包海外，五會之民固未嘗在屏絶之列。且夷夏之防嚴于宋人，六藝惡小求大，正與相反。即以《春秋傳》所謂荆、徐、揚、梁，傳者亦稱夷狄，無論滇、黔、閩、粤也；聖人化去畛域，引而進之，教澤所及，乃得成全《禹貢》九州之制。今遽以華夏自居，屏西人于門墻之外，是猶方一登岸，遂絶後來之問津；我既果腹，遂禦外人之學稼，可乎？天心仁愛，五行缺一不可，黄種先生元子，聖教遍中國，而忍使泰西數千萬之生靈不入聖國，長爲不教之民乎？其來也，天啓之；天又不使其輕易得聞聖教也，使之講格致，謀資生，課農工，治戰守，合海外諸國男女老幼竭精殫思，前後相繼考求，始得一定之法，以投贄于中國，束脩之儀不可謂不厚。中國文弊已深，不能不改，又不能自創，而仰給于外人；亦如西人灾患已平，飽暖已極，自新無術，而内向中國。

中取其形下之器，西取我形上之道。日中爲市，交易得所而退，文質彬彬，合乎君子。此文質合通，百世損益之大綱也。中外各自有長短，棄取是爲交易，如曰『我之師法專在質』，野人雖至愚，亦不至是。且吾嘗就中西得失求之《周禮》，所謂冢宰、司馬、司寇、司空、司徒①四官者，彼皆得其精華，惟司徒、宗伯二職，半爲西人所略；是彼以四長易二短也。又以《曲禮》考之，三公職掌彼已精其二，惟司徒人倫之教，闕焉弗講，是以二易一也。舟車無數，憑險而求，又不敢空言挹取，竭力以求相易之術。彼處其難，我處其易；彼得者少，我得者多；彼得者虛，我得者實。彼之所得，我應之也裕如；我之所得，皆其歷困苦焦勞而始獲者也。則天之愛中國，不可謂不厚；乃欲違天，閉關自守，而不生矜惻乎？以通商論，固利少害多；即以傳教論，我能修明，彼將自悟。即使如仙宮禪院，鐘鼓相聞，又何足按劍乎？《論語》仲弓問子桑事，《説苑》詳其説，以爲子桑質學，不衣冠而處，孔子往見之，子桑弟子以見之爲非，子桑曰：『孔子文有餘而質不足，吾欲以吾之質化彼之文。』孔子弟子亦以往見爲非，孔子曰：『其人質有餘而文不足，我欲以吾之文化彼之質。』此中國互相師法之舊例。孔子不忍于子桑，而謂能忍數千萬之西人乎？此乃爲中國通商之第一大宗旨，于中國利益甚鉅，特稅則未行列入耳。或曰：西人之强如此，不勝左袒之懼。自尊其教，欲以化天下，譏貶名教爲失中，何能師我？曰：通商以後，西人漸染華風，夫人而知之矣。彼見我之名教若熟視無睹，固無如彼何，乃從而加譏貶焉，則入其心者深矣，而自化固非旦暮之功也。天非假西人自强，不能自通；不授中國以弱，勢將絶外。即此文質交易，而後我日臻于實用，彼日肆于虛文；我既日以

① 『司徒』二字疑爲衍文。

强，彼必日以弱。外强内弱之天下，變而用强幹弱枝之天下，轉移之機，要在彼此相師耳。天以文質分屬中外，用夏變夷之中國，即寓以内制外之法；冒頓因難久横吐蕃，今成餓隸，是在謀國者轉移之。今之講時務者，上下通行，無慮數千百門，然皆師于人，無所謂師人者。以文質而論，彼此當互師，奈何去我所短，並不張所長，舉四兆人同聽外人之指揮，不思擁皋比而提命之？天以中國爲長嫡，震旦文教，久經昌明；泰西雖遠，要不失爲庶孽，天既命其開通，以求教中國，若深閉固拒而不與之言，得勿傷厥考心乎？竊以時務之學當分二途：學人之事，官吏主之；教人之事，師儒主之。古法以《孝經》治内，《春秋》治外，今當反用其道，以《春秋》政治治内，《孝經》名理馭外。百僚當北面，師考其養育富强文明之治功；師儒一如該國，立校講學。蓋天下學問與政治同，困小則劣，通博則廓。中國自號文明，閉關自守，未見不足，一自通商，神州遂觸其短，相形見絀，所宜修改者甚多。第彼此顛倒，互有長短，非觀博通，難達經旨。

《四益館雜著》。

《春秋》孔子改制本旨三十問題

孟子『《春秋》天子之事』，所稱天子，即五百年聞知之王。

藉帝王垂空言，以俟百世。《公羊》：『其諸君子樂堯舜之道與？未不亦樂乎堯舜之知君子。』

天生德于予，即天子。惟天子乃可言天生。

仲尼不有天下，即素王。素王，所謂空王。故佛稱素王，耶蘇亦稱猶太王。無臣而爲有臣，即素臣。《左氏》所以有素臣之説。

素王又當讀爲素皇。伊尹告湯以素皇九主之說，即《商頌》之『方命厥後，奄有九有』。以王法皇，九主即九洛。

受命制作，以爲萬世法，生民以來，一人而已。六經盡美盡善，孔子以後無須再改。

匹夫爲百世師，天命木鐸，惟孔子一人，乃言改作。近七十子，遠之孟、荀，亦不敢以此自號于衆，何論餘子。

參用四代，以成一家之言，非孔子自述微言，後人幾不得其踪迹，與指刺時事，忿争囂辯者不同。

素王兼用四代，以成一統，如與顔子論時輅冕韶。

制即《王制》《周禮》，非尋常文質、過不及之殊。

《論語》文質，即今中西，即《詩》之魯、商二頌，《樂記》之齊、商二歌。

改制爲聖人微言，自明心迹，非教人學步。後儒以己律聖，己所不能，以爲聖人必有敢爲。

譯改之制，全在六經。空言立說，非干預時政。

雅言即翻譯，翻譯即改制。述而不作，掩其創作之意，故以述自居。翻，如西人以拉丁文譯古書。

翻經自託好古敏求，聞見擇善。

周無公田，《詩》有公田，即素王新制，于三代取善而從。公田，中國實未曾行，海外大同學、貧富黨，其歸究爲公田，非數十百年後，地球中亦不能行。

浮海居夷，指今時局而言。從周、從先進，即今中西，非謂姬周，以新周爲大統皇，周公即皇之位。

《論語》行、志，行爲王伯小統，志爲皇帝大統。

《詩》爲志、爲思，即今泰西思想家之說。王伯不重思，將來大統亦不重思，但求力行。

餼羊、親迎、陰闇、短喪，即弟子商定改制之事。
孟子『諸侯去籍』，所聞即孔子之制。
孟子見禮聞樂，即孔子之制。
《春秋》譏不親迎，譏滅國，託始以爲作俑，所以貫通各經始《春秋》。
古之三代，後之秦始、漢高，著之律令，行之當時，乃真爲作者因時立制，爲史，與垂法百世之經不同。
賈《治安策》、董《天人策》，良法美政，獻之時君。孔子則爲後世立法，非爲一時一代立言。
黄《待訪録》、顧《日知録》指陳以備采擇，孔子託之帝王，以爲古人陳迹，但爲好古敏求，並不顯言改作。
後世開國元勛、中興名佐，垂爲典章，行之當世，與孔子以庶人翻經立教情事迥殊。
開創帝王，因時立法，後來修改，多失本意。故堯、舜、禹、湯其初立之制，皆爲後人所亂，使孔子王于當時，必不能流傳百代。
後世私家論述，一知半解，多爲後王所采用，無位無德，與孔子契于堯舜，道貫百王，師表中外，其相去不可以道里計。《國粹學報》一九〇六年第十九期。

《大學》『平天下』章説

今夫治國之事則主三王，而五伯爲之佐，至平天下則主三皇，而五帝爲之輔。《書》頌皇帝之功德以爲『光被四表，格于上下』，六矩正而天下平，其斯爲《大學》之成功矣。皇帝御宇，居中建極，首在辨方正位，以設官分職。方位者何？上天，下地，東左，西右，背陰，向陽，上下四旁是也。天不言，陰陽交、四時行，而歲功成。皇者法天，羲和四子各奉其職，庶績咸熙而宇内定。蓋天下者，國之所積也，六宗合矩，以爲民極，囊括無遺矣。《詩·頌》法三皇。《魯》天統，主質；《商》地統，主文；《周》監二代，人以法三垣。古有天皇、地皇，而泰皇獨尊，三分天下，乘時而王，循環無端，周而復始，是三才之教也。《大學》三引《詩》以法三皇，人居地中，爲天祖，《詩》曰『先祖是皇』。文家尊尊，以法君臣；質家親親，是爲父子；君子者，文質彬彬，作民父母，以爲天下王。元首有壹，《周頌》有之。南山爲土圭之地中，是爲皇極。東皇太乙，緇衣羔裘，以龍名官，天公法日，即上帝也。次引節《魯頌》，天統也。殷居下方，與東皇作邦作對。以鳥名官，少昊在御，有白狼之瑞。《詩》曰『克配上帝』，地統《商頌》也。《尚書》以五誥法五帝，《康誥》居中國之中，黄帝法之，司中央之極萬二千里，后土佐之；南方之極萬二千里，炎帝司之，其神祝融。惟汝荆楚，居國南鄉，世建大號，今之王，古之帝也。故以《楚書》居前，占南方七宿。昔晉與楚夾輔周室，屈完所謂『君處北海，寡人處南海』是也。北方之極，顓頊司之。《春秋》之所謂帝丘。表裏山河，形勢處中國之北，冬官司空，陰常處于虚空。虚，不用也。《舅犯》者，世居坎位，重冰苦寒，故有陶唐之遺風。考《尚書》王統五篇，《顧命》居中。四嶽：南《甫刑》，北《文侯之命》，東爲《費誓》，秦楚西嶽，《大學》之《秦誓》主西極，少昊之墟，方位同而大小異焉。《書》之《費誓》曰：『魯人三郊三遂。』孟獻子，魯臣也，居中國之左，以代太昊，爲《春官》之司徒。五引《書》以配五帝，與《詩》合爲三五，所謂『三五在東』者，三皇五帝皆在神州，驗小推大，故以配皇帝也。聞之，王爲古皇，于文以一貫三；絜矩之道，上與下合，左與右合，前與後合，而貫以居中之皇極。所謂『一以貫之』，

『從心所欲，不逾矩』者也。惟二詩配上下，四書配四配①，《有臺》與《康誥》不免有二心之嫌，然借三五以起皇帝，義別有取。且周東西通畿，有兩京焉，《有臺》及《康誥》以爲居行二京，亦無不可也。《四益館雜著》。

哲學思想論

至誠生知前知，泰西困知勉行，一定科級也。近來研究空理，有思想家、哲學家，催眠家術亦發達焉。學者或頗訝爲神奇，不知此固吾國老生常談，特少專門研究耳。《論語》以學、思分爲二派，天道遠，人道邇，人事爲學，天道爲思。思與志同，即古詩字也；《緯》云『在心爲志，發言爲詩』，是志、詩本爲一字，乃全《詩》中無一『志』字。思與志音義皆同，字形則志爲從心、㞢聲，思從心、從囟，囟爲腦，即西人腦气筋之説，于思想尤爲切合。是思爲志本字，志則續增之形聲字。詩爲思想，故『思』字甚多，每言『思』即詩，如『無思不服』『思無邪』，讀作涯。猶云『無詩不服』『詩無涯』。《周禮》掌夢立爲專官，與卜筮同爲知來，且有獻吉夢于王之説。占夢立官，《始皇本紀》已有卜夢博士。『獻吉夢于王』，特爲怪誕；考其六夢，統于第三之思夢。舊以《列子》爲神仙之説，與典制宜乎不合，乃掌夢、六夢詳于《黃帝》篇中。《楚辭·招魂》言上帝召巫陽，告以有人在下，魂魄離散，今欲招之，巫陽辭，以爲掌夢之職。《楚辭》乃道家之書，《始皇本紀》言『始皇不樂，使博士爲《仙真人詩》及行所游天下，傳令樂人弦歌之』，即《楚辭》之類。是《詩》全爲思想學，全爲夢境、思夢，全爲靈魂學，故《斯干》《無

---

① 『四配』之『配』，或爲『方』字之誤。

羊》同云大人卜夢，所云『吉夢維何』，即掌夢獻王之吉夢。他如『甘與子同夢』『視天夢夢』，皆言夢；《韓詩》讀『云』爲『魂』，《卷耳》『僕病馬痡，魂何吁矣』，即《離騷》之『僕夫悲予馬懷兮，蜷局顧而不行』。《遠游》云『神雖去而形留』，是《楚辭》之周游六虚，即爲《詩》神游夢想之師説。本爲《詩》《易》之師説，故博士傳有此派。《始皇本紀》云『招文學方術士甚衆，欲以興太平』，考盧生、侯生、徐市皆博士。《中庸》『鳶飛戾天，魚躍古逃字。于淵，言其上下察也』，人事專在本世界；神游六合以外，乃如《離騷》之上征下浮，《列》《莊》所謂『塵垢之外』『無何有之鄉』。離去塵垢指地球耳。而升降，故取法魚、鳥。《莊子》云『夢爲鳥而戾天，夢爲魚而潛淵』，夢鳥夢魚即所謂『匪鶉匪鳶，翰飛戾天』，『匪鱣匪鮪，潛逃于淵』，又即所謂『牧人乃夢，衆爲魚矣，旐爲旟矣』。旐當爲兆，與衆對文。兆民同化鳥而上征，衆生同夢魚而下浮，即所謂衆生皆佛。《莊子》所云夢鳥夢魚乃變化神奇之事，若爲旐，則與盧抱經改『衆』爲『蝝』，同爲實物，非夢境變化之事矣。以此推之，則全經皆同《離騷》《遠游》，凡與『爲熊爲羆』『爲虺爲蛇』『兆爲旟矣』『衆維魚矣』託物起興者同爲思想，即同爲夢境，讀《詩》如《楚詞》與《列》《莊》之華胥、化人之宫、蕉鹿、蝴蝶同屬神游。佛書亦屢以寤夢立説。蓋世界進步，魂學愈精，碧落黄泉，上下自在；鬼神之事，未至其時，難取徵信，惟夢者雖屬寤寐之近事，而神通肉體之分别，可藉是以考鑒焉。此千萬年娑婆世界飛相往來之事迹，預早載述，使人信而不疑，樂而忘倦，則惟恃此夢境，以道之寓玄遠于平庸，託神奇于淺近。《詩》爲靈魂學之大成，固可由《楚詞》《列》《莊》而通其理想，若修養家之出神與催眠術之移志，則事實之萌芽矣。又，經傳五帝言五極，三皇則言上下，所謂游于方之外，經傳之天神、地示、人鬼推之，自今日言，則曰神示鬼，以别于人；自其時論之，則天地相通，人神往來，彼此同類，亦如今之中外交通，互爲賓主，並無人鬼之别。故以人學言，則如《列子》之説，以覺爲真，以夢爲妄；至于天學，則衆生皆佛，反以夢爲真、以覺爲妄，故有獻吉夢于王之典。所謂夢非夢、覺夢顛倒，固是平等，則掌夢一職非後來靈魂學之起點、催眠術之大成乎？《中庸》曰『道不可須臾離』，《老子》曰『大道不止』，道，今本作盜，盜亦有道，字可通用。《易》曰『在天成象，在地成形』，後來事實，曇花幻泡，偶爾一見，以爲將來之印證。後來乘雲御風，人人可以飛身，而神仙之佚事時有見聞；亦如麟鳳龜龍，皆非世界所有，乃星辰之精。本世界以人爲靈，四宫則以四蟲爲靈；自我言之謂之四蟲，自彼言之則同爲人。必上下交通，而後四靈至，乃《春秋》已書獲麟、獲長狄。《山經》爲將來，祖宗神靈學，諸天星辰各世界爲五山、四荒、四柱；故《楚辭》以神魂立説，游于六合以外，凡有所聞見，則必非本世界，明矣，乃全見于《山經》。是不惟神靈物産奇形怪狀非本世界所有，即堯舜文王、鯀與社稷亦非指古人，特藉本世界之古帝王人物，以譒諸天之星辰。《左傳》使知鬼神之氏族者爲之宗，故天神、地示亦如人鬼之詳氏族矣，然則《春秋》書獲長狄弟兄三人，不傳國土，不詳種族女口，豈非諸方氏族偶爾降落人間？又，形天、貳負本爲神示，古有載記，不皆虚誣，蓋即上征下浮之理。周游六漠，偶見人間，如電光泡影；又如仙佛，乘風御雲，偶爾一見，以爲先覺。後來人人具此知能，則爲平常。因其少見，詫爲異聞，指爲妖妄；同車同行，有同天國，則又何足駭異？此麟鳳、長狄，即參天地、育萬物之起例也。每怪秦漢之間，神怪游仙，實多異聞，方士神山，司馬大人，何以有此奇聞？後世漸少，蓋亦如諸子爲六經支流，孔子後忽然擁出，紛至沓來，積如山嶽，前無所承，後不能續。故仙釋同爲經説，否則何以興也勃焉，亡也忽焉？孔子所謂知天知人、觀志觀行，又何以分别之也？《四譯館雜著》。

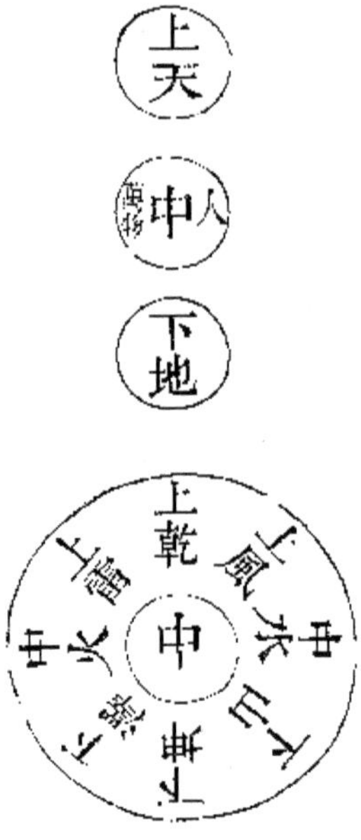

中小學不讀經私議

《書大傳》曰：『古之帝王必立大學、小學，十三年始入小學，見小節焉，踐小義焉；年二十入大學，見大節焉，踐大義焉。』劈分大小，以爲二派，此經例也。前清變法，創立大學、小學各種學堂，其名目仍用經説，乃不求大小二學之所以分，茫茫然唯異邦之是崇。國無人焉，其誰與立？亡也宜矣！嘗讀《莊子》，孔子對老子曰『吾翻十二經以教世』，舊以六經六緯説之，非也。考六經漢以前亦稱六藝，而《周禮》别有禮、樂、射、御、書、數之六藝；竊以六經六藝合爲十二，此即大節大義、小節小義之所以分也。六經以《春秋》爲始基，皆治人之事，所謂『修齊治平』者是也。其高遠之《詩》《易》《尚書》更無待言。朱子《章句》云：『大學，大人之學。』天子之元士、諸侯之適子、與凡民之俊秀入焉。其學制遠如漢之博士，近之法政，所謂學焉然後入官者也。其未入大學之前，必先入小學以治六藝；此如海外普通科學，凡士農工商，必小學通而後人格足。畢業已後，各就家學以分職業，所謂士恒爲士，農恒爲農，工商從同。其大較也；其有出類拔萃者，妙選資格，然後入之大學，以備仕宦之選。《論語》云：『《詩》《書》、執讀作藝。禮，皆雅言也。』《詩》《書》爲六經，執禮爲六藝，禮爲六藝之首，故云藝禮。雅言者，即翻爲十二經之翻。小學主六藝，大學主六經。凡入大學者，必先入小學，不入仕宦者不入小學治經。此其科級之分嚴肅判决，不可蒙混者也。海外無六經，所教不出六藝範圍。禮、樂二門，經與藝名目相同而以大小分之，凡灑掃應對視聽言動小禮，與《禮經》之大禮異。琴瑟磬鎛小樂，與《周禮》之大樂異。語言翻譯、算法測量，各種實業專門，則以射御工伎爲標目。前清大學科目幾幾乎全爲六藝。既未先立小學，何立大學？爲小學治科學，確爲古法，而于古小學專書，則以其屬四庫經部，而一切廢之。夫經恉宏深，義取治人，不適用于幼童普通知識，因科舉而必責之課讀，此其失也。然傳記之中，如《禮》之九容、足容重，手容恭，目容端，口容止，聲容静，頭容直，氣容肅，立容德，色容莊。《論語》之九思，視思明，聽思聰，色思温，貌思恭，言思忠，事思敬，疑思問，忿思難，見得思義。又《曲禮》《少儀》《内則》等篇及朱子所輯録之《小學》明白淺易，不傷腦力也。又如《容經》爲古修身之課本，緯以六儀，最利施行。循名核實，原爲小學專門，宜别立科目，標舉舊書，課督髫齡，乃不分别，概曰不許讀經。童子無知，不自以爲程度不足，反倡言經不足學，堤防一潰，洪水滔天矣。夫經猶飲食衣服也：膏粱可以適口，脱粟未嘗不可救饑；錦繡可以章身，緼袍未嘗不可禦寒。童蒙不敢望高卓，是也，乃並其平易者而亦奪之，幾何不凍餒而死也！部章之未實行者多，何必獨以此事見長？總之，廢經之名不可立，尊經之旨不可移。試觀兩漢，崇獎儒術，置五經博士，其時户誦孔子，人知大義，名臣循吏，多出其中。《記》曰：『少成若天性，習慣如自然。』博士弟子非可驟隮，若凡民之俊秀，雖在童年，一日千里，自不可與中才一視。必拘年齡、循資格，使英才短氣，志士傷時。且博采輿論，其所以令小學讀經者，幼小悟性絀而記性優，長則悟性優而記性絀，故成誦貴在初年。分經誦讀，一人初讀一經，不過數千字。耗時不多，至于傳記，不在禁例，且趨向不歧，則成就自易。經既爲孔教，縱使先後齟齬，儘可存而不論。今之説者皆以始皇爲專橫，當其焚書焚字母書。坑儒，策士，托名儒生。諸策士犯法相引，太子扶蘇諫曰：『諸生皆誦法孔子，陛下以法繩之，太過。』案，諸生犯罪有據，扶蘇猶以誦法孔子之故，欲要寬典；今之教經讀經，雖近于欲速，不能不謂之非誦法孔子也，乃即以讀經見斥，此如律令，凡有明法律爲人解説者，雖有罪免一次，而後來酷吏乃專以明律爲其罪，不謂之賞罰顛倒乎？質而論之，以年齡分大小者其常也；因材施教，資格貴于早分等級，難以年定。如前清部章，駿駑同棧，鈍利取齊，兩敗俱傷，同歸廢墜。故自學部有定章，而師保無教術。以今之學生較前之成材，優劣固可指數，况以讀經言之，不成不失爲良民；不讀經言之，新法實多流弊。故整齊畫一之法，朝廷且有時而窮，何能以繩束庠序，畫圖以索驥，刻舟以求劍？前清以興學而宗社亡；當今學術關係，其問題不區區在中小學讀經不讀經一節也已。牛羊成群，一牧人收放之而有餘；堯牽一羊，舜鞭而驅之，復使皋陶、大禹執其角，握其尾，徒見其憊耳。或曰：教育無法，可乎？曰：法不徒法，須得法意。《孟子》曰：『此其大略，若夫潤澤之，則在君與子。』總其成者，但持大綱，慎選師傅，疏節闊目，齊削魯斤，因地爲良，男粟女布，交相爲用。使教者得盡所專長，學者各成其性近，鑄鎔材器，方足以濟時用。若以一二人私見定一理想範圍，牛毛繭絲，紙上經濟，而欲使全國學堂之書籍教授必出一途，人材必成一律，黄茅白葦，終亦何益？大抵譯書已誤，讀者又誤，人盲馬瞎，半夜深池，前清之成效已昭揭如日月。前車之覆，後車之鑒；主其事者如能改弦更張，是爲祝禱。《四益館雜著》。

治學大綱

至聖生知、前知、俟後諸名義，久失其傳，諸儒不得其解，遂以古文、考據、義理、八比爲孔子；欲明經學，必先知聖與制作六經之本旨。近有《知聖編》《制作考》等書，今擬掇其精華，分門別類，更加推闡。學者必先知聖，而後可以治學；必先知經，而後可以治中西各學。試先將治學之途轍分析如左。

淵源門。講學者當以祖學爲主，新學爲輔，混而爲一，不可歧而爲二。維新者牴舊，守舊者牴新，皆拘虛之見也。嘗見近世著新學者，往往于經師家法、諸子源流未能洞悉，以致所論迷罔，如塗塗附。竊以言學之書務須理明辭達，不尚幽深迂曲，使讀者不能知意旨所在。蓋以各學宗旨本既繁難，初學綜核未周，不易領會，非言簡意賅，直切了當，殊難領取。故談理言學之書，貴于匯通中外，語句明白。

世界門。皇帝王伯之分，由疆域大小而出，欲明三五大同之學，不得不先言輿地，蓋風土政治皆由輿地而出；欲明皇帝之學，不得不先考疆域，與王伯大小之不同。此學人用功本末次第之級。皇帝政教，調和陰陽，化育萬物，其説多爲師儒所詫怪，惟地球既通，世界之説言皆徵實，先考定皇帝疆域，然後政教之説有所附麗，此經傳子緯所以于此門獨詳；自中士以中國爲天下，爲俗説所蒙晦，亦惟此條最深。故先立此門，以爲大同學基礎。如土圭輻員、九疇五福、五運六氣、日月星辰、陰陽四時、天地五行、上下四旁、六合六宗、衣裳車馬之類，經傳皆爲疆域而言，非立此專門，畫圖立説，不能化朽腐爲神奇。蓋皇帝之説本詳于王伯，而王伯爲皇帝所包，如經傳所言天子、天下義全爲皇帝説。世界二字雖出于佛書，而《周禮》一轂三十輻，世一見，即世界也。

政事門。經學以平治爲歸，所言皆政治典章，不尚空理禪宗。中學自《王制》《周禮》二書小大不分，學術政治其影響遂及國家。蓋自二派交鬨，政書、經學從無一明通之條，以致老師宿儒故以經學爲幽深，原不欲明白，可使人鑽仰，故凡治經之事，愈專則愈愚。吾人欲通經治事，當盡祛誤解，獨標捷徑，勿蹈經生誤國之覆轍也。

言語門。聖門之言語專科，是今日之外務外交主義，即《周禮》大小行人之專司，與政事内外相埒。秦漢以後，失之游説，唐宋以後，失之空疏，無怪乎數千年之中土，日就微弱，不能雄視强鄰，殆外交之才乏矣。

文學門。騷、賦發源《詩》《易》，神游六合，爲道家宗旨。列、莊比肩，爲皇帝之學之嫡派，故《楚辭》稱述，全出《山海》《道經》《詩》《易》之博學士也。舊失此旨，故解説《詩》《易》無一完美之書，又兼聖門文學、言語兩科之事，歷史幃幄秘謀，軍書露布，旋乾轉坤，實爲政學之代表。一自浮靡流連，貽譏無用，談新學者幾仇視古聖先賢之學。今故專言實用，于黄帝學則徵求師説，以輔翼經傳，而萬世之亢言政事動分新舊者，與之排難解紛，融疆化界。言之無文，行而不遠，此講經學關鍵也。

子學門。泰西藝學，時人詫爲新奇者，實在皆統于諸子家。非泰西新事不足以證發古子，非古子何以統括西書？子學爲六經之支裔，即爲西書之根原。蓋六家者流，道與陰陽專爲三五，餘四家爲四方。分方異宜，古所謂方術也。《四益館雜著》。

孔教祆教之比較

中國久行祆教，孔子經説承用祆教舊説。略舉數條，以示其例。

《論語》：『獲罪于天，無所禱也。』謂禱奥竈神祇。

誄曰：『禱爾于上下神祇。』

《春秋》譏『不郊猶三望』。不郊天，不可祀山川諸神。

經以天爲主表。五等皆以天統。

天，皇配天。天子，帝爲天之子。天王，王爲天孫。天吏，二伯爲天曾孫。天牧。八伯爲天玄孫。

《穀梁》《董子》：『爲天下主者，天也。』

《尚書》：『天視自我民視，天聽自我民聽』，『天工人其代之』。

『天命有德』，『天討有罪』，『欽若昊天』，『上帝清問下民』。

此中國祆教宗旨，與今日歐美相同，獨尊一天，以掃除多神教。此例爲中人説法，當一視同仁，以爲我中國舊教。

孔子由祆教改良精進，其踪迹尚可尋求，亦舉其例。

《禮經》傳：『子以父爲天，臣以君爲天，婦以夫爲天。』由一天化爲三天，因舊教推大之。

《禮三本》《大戴禮》篇，又見《荀子》。由天推之君、親、師。祆教一本，孔經三本，民生于三，事之如一。

獲罪于天，無所禱奥竈，不獲罪于天，不譏事奥竈。

不郊譏三望，既郊則不譏三望。立一天以祛多神教，未立祆教患神多，既立祆教患神少。

《祭法》《祭統》《祭義》所祀天神地示爲經典。上帝獨立，孔子乃立多神以輔之。與多神教之神不同，不可指爲神權。

祭祀祖宗，爲經典家族學。知鬼神之情狀，故與家祭。神不享非族，故父子必真；必求父子真，則必先求夫婦真。故禮教必始于別男女。

不孝，無後爲大。祆教以天爲父，父子異居，不相收養；故婦人有子無益，相率避孕，必致絶種。故非言孝則有絶種大禍。

『嚴父莫大于配天』。禘郊以祖宗配，因主天推之宗族。

《論語》：『天子穆穆，奚取于三家之堂！』《穀梁》：『獨天不生，獨陰不生，獨陽不生，三合焉然後生。故曰天之子也可，母之子也可。尊者取尊稱，卑者取卑稱。』祆教人人稱天父，則同爲天子；孔經以天子爲尊稱，乃興世族家學。

此例爲歐西説法。宗教已經改變，尤當講求真理，斟酌利害；孔教興利除弊，防患未然，所當切實講求者也。《四益館文集》。

子書出于寓言論

上

諸子出于四科，流傳既久，不能同主孔子，遂取各學所近之古人以氏其學。道家之祖黄帝，法家之祖管子，兵家之祖太公，取孔子一人之學術分以屬之古人。後來古文家私淑其志，遂以孔子一人之六藝等書，屬之堯舜夏殷周三代之史官。前後約經數百人之手而成。《春秋》屬之魯國史官、外國赴告，國外先後大約亦經數百人之手。《儀禮》《周禮》屬之周公與後來推行之官吏，《提要》言《周禮》周公始創之，後來推行之官吏屢有修改損益，亦經數千百人而後成此本。《詩·雅》雖出于朝廷樂府，作者姓氏其可考者數十人，至于《國風》，曠夫怨女、勞人隱士作，而名氏尤不勝縷數。此舉孔子一人之書，推而至于數千百人。故諸子之學，亦均寓言依託，以爲别有宗主，所謂推而遠之者也。諸子同出寓言，其同者十之八九，異者不過一二，流傳既久，弟子主張所短，力求别異，毫釐之差，其失不止千里，所謂道術分裂，與孔子南轅北轍。其末流好引孔子以爲重，名、法、墨、道、縱横、小説、雜家中，無不牽涉孔子。聖道廣大，諸家原在所包，乃其始也推而遠之，其後又引而進之，而其流弊，遂有不可深言者。即法家而論，信賞必罰，聖人所不廢也，流弊所至，傷恩慘刻，以屠毒爲能事，恐人之議其後，膚引經傳，以自解免，甚至捏造實事，以欺世誣聖，如韓非。名法本出政事科，書中引孔子言行而加駁議者，不一而足，所謂數典忘祖，變本加厲，是亦一道也。乃又有引孔子言行以自證其説者，如與魯哀公論春秋霜不殺草，及孔子爲司寇誅少正卯事。考孔子誅少正卯，與太公誅任喬華士，其説皆出于法家，嗣外别無表見。顧自立宗旨，牽引古事，與夫託古人以氏其學，情事正復相同。諸子寓言託古人以自行其志，成爲風氣，若莊蹻、盗跖詬譏孔子，晏子之阻尼谿，其人先後不同時，乃捏造事實，以自明己意者，往往而然。其在宋儒，概斥諸子爲誣辭，以爲師心自用，其于孔子，南轅北轍，子書所著，不足見孔子之真。其在清儒，篤信好古，以爲諸子皆有據，事既屬誠，爲聖人之累。以今觀之，既不能全以爲誣，亦不可概信爲實，如少正卯事，或且譏孔子弟子三盈三虚，與之争名挾憤，假《王制》『行僞而堅』諸語，殺以泄憤。夫不教而殺是之謂虐，《王制》數語，本有可疑，既有其事，罪何至死。竊疑《王制》殺字，當與《周禮》誅字同，所謂誅求降殺者，謂罪不至死，不能遂誅殺之。又如四凶皆放也，殺三苗于三危，殛鯀于羽山，與放流文異義同，實非殺之殛之也。亦如《春秋》之言褒貶，子目各有十數事，而以褒貶爲大名，貶統絶滅誅死卑諸目，及其大名，則均爲貶。援此以推，則《王制》殺字本爲深文周内，法浮于罪，義本可疑，而法家遂假借其文，製定少正卯罪案，因《王制》之疑義，快恩怨于斯須，厚誣聖人，以致爲世詬病，是均子書附會之失也。讀子者當舉一反三，論出附會，不可不詳研也。（《四川國學雜志》一九一二年第四期。）

下

《論語》四科，文學專傳經。子路曰：『何必讀書，然後爲學。』蓋德行、政事、言語三科，其于六藝重之，弗若文學科，一若孔門六藝，僅爲文學科專書。後來弟子與儒者宗旨不同，又不善儒家，拘文牽義，故其末流遂至攻經，然此實非始師之旨也。何則？凡諸子兼出四科，始師本原相同，各有性情，以所近者爲學術，遂分爲各科，數傳以後，别家皆攻其所短，意氣所至，遂各主張偏駁，以其所短爲長。逮及日久，遂至大分，不可復合，如名家之『白馬非馬』是也。以字學論之，顔虞歐褚，其源皆出于北碑，真正古搨，彼此相同，不甚可别。亦如諸子同學孔子，三傳同解《春秋》，本源莫不相同。後來摹寫，肆實難臻，學偏至易，欲求自立門户，遂以偏駁爲中堅，專以形似立異，冀求自别，求異愈久，其真愈失。是如歐顔圭角愈翻愈甚，門户雖立，精神全亡，豈不深痛哉！子書如孟、墨好辯喜攻，專務攘外，内治空虚，此均依艸附木者也。唐儒韓愈于道鮮窺，顧謂儒墨必能相用，于學術大源，甚爲有見。匠人據弟子末流之虀言，遂坐墨子以好名攻孔，則是墨子背本自私也。背本自私，尚得爲墨子乎？至列、莊詬病詆孔子，以爲辯僞立説之旨，蓋在存孔子之真。墨及申、韓亦均攻孔，蓋亦旨同道家，冀正儒家之誤解。夫儒家立説，雖曰師法聖人，實多不得本旨。凡諸家所攻，其創説之源，必與孔子相合，儒者偏其一端，故啓諸家之詰斥。執一自封，以儒爲甚，此誼既明，庶幾明徹源流，弗以諸子攻儒爲惑，否則彼此是非，毫釐千里，誣罔之談，徒生迷惑，不如删之爲愈也。《四川國學雜志》一九一二年第四期。

大同學説

大同者何？不同也。化諸不同以爲同，是之謂大同。凡天下之物，莫不有類有群，自近及遠，由小推大，始于同，歸結于不同。飛以羽爲群，走以毛爲類。《易》曰：『方以類聚，物以群分。』《左傳》所謂『以水益水，以火益火』，《班志》所謂『以熱益熱，以寒益寒』。《論語》曰：『小人同而不和。』故凡人之智慧，世界之進步，皆以尚同爲初級。如人之交際，其始在家庭，父子兄弟，所謂家人骨肉之親，稍遠則爲鄉黨鄰里，又推之至于邦國，更至于天下。以同姓昆弟與異姓甥舅相較，則一親一疏，同姓同而異姓不同。與鄉黨較，則無論同姓異姓，皆屬血族，則甥舅爲同而鄰里不同。由鄉以推州縣，由州縣以推一省，更由一省以推之中國，由中國以推之黄種，由黄種以推之五種，其親疏之等以數十計。然而五種皆同爲人，是不同之中，有大同者在焉。名曰大同，其實皆不同也。又由人以推之動物禽獸，由動物以推之植物之草木，更由草木以推之礦物，形狀詭異，百有不齊，或有氣，或無氣，或有知，或無知。以天地父母言之，同在此世界中，不啻有甥舅兄弟之義焉。由人性以推物性，大同之中，各自形其不同，不同之至，即爲大同之至。更由人類以推鬼神，由六合以内以推六合以外，同與不同，無可究詰，而各隨人之分量以爲景像。《論語》曰：『君子和而不同。』《中庸》云：『參天地，育萬物。』化其同與不同之形迹，由聖賢以推至誠神化，其分量亦有數等，所謂『語大天下莫能載焉』者也。又自其小者言之，由一家以索之一身，由一身以分别臟腑肢體，三百六十節以配周天，五臟以配五宫、五土，九竅以配九野、九州，一日之中，呼吸一萬七千，以配萬物之數。莊子所謂『自其異者觀之，肝膽猶胡越也』。我有身，萬物莫不相同。蠻觸相鬭于蝸角之上，伏尸百萬，流血千里，而蝸不知。由微蟲以推至小微蟲，至于形不可見，聲不可聞。然既曰蟲也，則仍有手足以運動，口鼻以呼吸，耳目以視聽，內之九臟六腑，外之經絡部節，不能不謂其與我同也，所謂語小天下莫能破者也。通其小大之故，則何親何疏，何人何我，我之身可與天同量，微物亦爲我之具體焉。

經傳之所謂小康、大同者，則專就政術而言，小至無窮極，舉王伯以立説，大之不可究詰，舉皇帝以爲宗。道德行藝之所以分，在于大小；小康大同之所以別，專在同不同。王學之七君子，自其小者較之，則大不可加，因對大同，故謂之小康。皇帝亦非無進境，自小康較之，名曰大同，合數十百千之等級，而以二等分之，二者之示旨，又專在別同異。《論語》曰：『君子和而不同。』又曰：『君子周而不比，小人比而不周。』又曰：『君子不可小知，而可大受也；小人不可大受，而可小知也。』蓋天下之物理，皆喜異而惡同。男女同姓，其生不殖；草木接種，其子乃佳。電學之南北極，種學之血液，泰西通人，著爲專書，其理至爲明確，無事繁引。故人生知慧之塞與通，政術之優與劣，則皆由是而分。大抵王伯已有民胞物與之量，私心未能盡去，故囿于小康。皇帝貴異而不貴同，能化諸不同以爲同，所以爲大同。

嗟乎！吾中國學術之所以不振者，不惟非大同，並非小康。私心所至，積成一鄉之天下，所以敗壞不可救藥。今請譬之于醫。凡大都之市，所稱藥室者，本草上品、中品、下品，無毒有毒，皆求備焉，以應病者之求。欲其補偏救弊，起死回生，非毒藥不爲功。藥室備藥，而所以用藥之權，則在醫，故病者必求名醫，望聞問切，因病立方，君臣佐使，輕重生熟，絲毫不可苟。以學術言，六經六藝，如五穀六畜，人所常食之品也；九流諸子，則爲藥物。凡藥物皆取補偏救弊，生死肉骨，當危急之時，存亡在乎頃刻，衝鋒犯難，必須勇將。所以硝黃薑附，本爲毒藥，其所以貴之者，正取其毒。醫之所以救危存亡，亦其善用毒藥，如回陽之四物，救陰之承氣，一歲之中，所救死、所癒病以百千億萬計，雖有平常無毒久服輕身之參、芪、朮、枸杞、菟絲、黄荆、生地，皆退居無用之地。氣血不平然後病，藥必毒而後能醫人，此其理固易明也。毒藥雖能已病，并非教人如五穀之常服，亦非使人不求醫不問病，懵懵然如穀米魚肉常服之也。即如《墨子》，世所稱偏駁者，亦如硝黄桂附之有毒。考其《魯問》篇自言擇術而從，世主好戰黷武，吾則與之言兼愛；好歌舞、聲樂、奢侈，吾則與之言非樂、尚儉；祭祀不誠，怠惰自安，吾則與之言明鬼、非命；私心太重，吾則與之言尚同云云。就《墨子》所自言，其宗旨各條，皆爲救弊而設，因病立方，藥必精良，惟恐其毒之不厚。推之儒與名、法、縱横、小説、農家，同爲藥物，苟非病人，則以飲食自爲調養，其説皆在六經。不幸而有疾，則不能不求之藥室，六藝之外，所以别有九流，亦如飲食之外，别有藥物，一常一變，一經一權，天地之間，不能專言飲食而屏絶藥物，一定之勢也。乃今之言學術、言政治者，不講醫理，不審病勢，深惡諸子，以爲非聖人大中至正之道，流弊甚大，不可常服。故其處方也，必求一不寒不凉不升不降、雜凑平庸無毒諸藥，倡言于衆曰：『吾方中正和平，决無流弊，不惟有病可服，即無病亦可服；不惟此病可服，即他病亦未嘗不可服。』不審時勢，不論機宜，矜矜以防流弊爲宗旨，方其持論中正和平，亦自託于聖人之中庸，所謂非之無可非，刺之無可刺，偶有小效，遂群推服，以爲聖人復起，不易斯言。一時之業醫者，喜其便易，不必詳經絡，讀《本草》，言四診，但雜凑平淡藥方，改頭换面，遂覺投無不利，謬種流傳，牢不可破，殺人如麻，病家雖死，亦且無所怨，猶以爲其方和平，絶無流弊，其死也盡原于命盡，並非醫者之過，嗟乎！中正和平之醫生，充塞吾中國二十二行省，日以殺戮我人民。或者有識微見遠之士，大聲疾呼，以爲庸醫殺人，必倡明醫學，以挽回殺運；且此庸醫者，多學而未成，生計無聊，借此謀衣食，無足深責。一時名公巨卿，教師宿儒者，抱此庸醫殺人中正和平之方術，日以敗壞我國家，堵塞我聰明，在彼方自以爲内聖外王之學，旁觀者亦以爲孔子之道，即在于是，日日爲學術政治防流弊。試問今日之政治學術，其歸根究竟何如乎？蓋知流弊之害，而不知防流弊之害，且什倍千萬于所謂流弊也。在此輩惑于西人之强盛，好以西學新政號召于人。就其平日之宗旨而論，所謂西政西學，其弊或且什百倍于我中國之諸子。弊且實甚，更何論流弊，故雖盛推西人，而我中國之古子，方且斥以爲異端非聖，以此而言，西政西學，所謂羊質虎皮，不惟無益，而害且不可勝言。蓋其心摹力追，素奉以爲宗旨者，在九流之儒家。儒家者流，好甘忌辛，黨同伐異，實即孔子之所謂小康，而與大同相背而馳者。竊以爲閉關以前，彪然自大，崇尚小康之儒説，尚無大害。方今天下交通，中外一家，必須標明大同至公，宗以鎔化小康自私之鄙吝，乃能存國粹，强國勢，轉敗爲功，因禍爲福。

蓋以流弊言，天下無無弊之政治學。六家九流，太史公、班孟堅論其長並及其所短，固矣。《經解》一篇，言善學者之所長，並推論不善學者之流弊。不善學諸子，固有害于人心風俗，若《經解》所陳各經之流弊，不與六家九流同乎？此亦如藥物之有毒，端在醫者之善用，苟非良醫，不唯平和之藥足以殺人，即飲食酒肉因之而病死者，實繁有徒，然則將并飲食酒肉而盡廢之乎？故良醫以毒藥奏奇功，庸醫以常藥釀殺運；良相用諸子而得平安，如諸葛武侯教後生讀申、韓之類。愚者因六經而致敗亡。如王莽、王安石。故藥無論有毒無毒，在醫者之善用；學無論諸子六經，在讀者之善學。欲求世界大同，必先于學術中變大同，以六經爲主，以九流爲之輔，此吾中國學術之大同也。能化諸不同以爲同，推之治法，乃有大同之效。

以世界所有之物而論，則大同之學，比于瀛洋，孔子六藝，分派六洋，上下四旁，無所不通，化爲九家。以五大洲大小分派，中國之江河占其二。小洲占一，大洲占二。美蘇彝士河如墨家，中國河如名家，江如儒分爲八。孟與荀分占八派之二焉，以川江分占二家，則荀統嘉定以上，以孟爲金沙江。古語曰：『百川下海，藏垢納污。』含宏其量，不計清濁污垢，無所不容納，所以爲海。《莊子·秋水》篇以河伯與海若相見，河伯爲九流之一，海若比于聖人，未至海之前，河伯自大，以爲天下莫能與京，即九流各持門户。怡然自足，方自以爲大同；既見海若，相形見絀，乃知自爲小康，貽笑于方家。莊子藉河海以形容小大，所謂觀于海者難爲水，游于聖人之門者難爲言，謂九流不得聖人一體固不可。大抵吾中國數千年之學術，皆以江河爲瀛海，亦如河伯終身未嘗至海，不能以支流爲天下之大觀。

夫學至于江河，本自足以名家，特自以爲足盡水之量，則不免誣聖人而以小康自足。中國之稱聖賢，多舉孟子以概孔子。所謂孔孟，亦如所謂江海，江雖未嘗不大，比之于海，不過得其一支流。考六藝由小推大，窮天極地，無所不包。即以《論語》論，九家不過其中之一體，與儒相反對之墨家，其宗旨載在《論語》者，亦數十條。故推論『大哉孔子，博學而無所成名』，『天縱將聖，又多能焉』。孔子之自述，則曰『無可無不可』，『道不同不相爲謀』。至于儒墨，其局量褊淺，不足以登大聖之堂，黨同伐異，動輒相攻，好名争勝，同爲儒家，日尋干戈，著書立説，若天下至要之事，無有過于此者。三王孔子已名之爲小，若後世儒家者流，又爲小中之小，故其爲學，師心自用，動輒齟齬，誠所謂鄉曲之見，乃猶自託于聖人，豈不大可異哉！大同之皇帝，小康之王伯，出于六藝，爲至聖原始要終之全體。儒家以王自畫，不敢言大同，而專言小康，是或一道也，乃又攻伯。或曰『孔門五尺童子，羞稱五伯』，或曰『仲尼之徒，無道桓、文之事』。《論語》盛推管仲之功，《春秋》專言桓、文之事。凡一己宗旨之外，皆欲屏絶之，不唯與聖言相反對，《春秋》一經，亦皆在屏絶之内，此等褊狹私心，流爲學術，吾國儒者遂以孔子爲專言王學之聖人，所謂皇帝大同，故久絶此思想，于二伯之學術，亦以爲聖人所羞稱，喜同惡異，于族類則中外之界最嚴，于學術則人我之見尤甚，謬種流傳，至爲國家大害。毁教堂，甚至有拳匪之事。變法維新，久不能進步者，其無形之現象，實在于此。

故當今欲言變法自强，首在開士智；欲開士智，必先明聖人大同之宗旨。舊所傳之儒説，爲小康之小者，就其所宗法之孔子，據經立説，以恢張海涵之分量，以化其中外之防，人我之見，開拓其心智，移易其精神，使其自悟其舊來之學術，乃一隅之私説，與聖人大同之學南轅北轍，如水火，如霄壤，如冰炭，而後可徐引之至于道，藉以見全球皆大同之版土，衆生皆大同之人民，所有海内外政治學術，皆我分内所當考究。宗法聖人，推求海外，爲經傳所有之學術，初非崇奉外人，有背于先聖。且進而言之，民胞物與，黄種與不同姓之兄弟異種異族舅甥，折衷一是，惟善是從，種族之見化，人我之見消，智慧開通，學問自然增長。取人之所長，以證我之經義，發舊有之所伏，以推之全球，分纛揚鑣，固無所不可。若其致用之方，則專在《春秋》《尚書》二經。

蓋大同有天人，天學尚可緩，而專致力于帝學；人學有王伯之學，王學可緩，而切要者在于伯。方今中外開通，共球畢顯，言疆域則土圭之三萬里也；于五洲則五帝之分方萬二千里；畫爲九疇，則鄒衍之九九八十一也；編爲五書，則各方之利害得失也。儒家舊説，專詳中國之一隅，所謂五服五千里者，不過大同三十六州中之一州。以疆域州國、風土人情、政治宗教而論，當由《王制》以推《周禮》，由中國以推外國，大小雖殊，而其體國經野，設官分職，則叠矩重規，初無二致，驗小推大，不過擴充，固無所難。唯《尚書》所言皆帝學，大成一統，以後全球人民進化，道一風同，分用二十一曆，所謂協和于變，欲爲帝學立法，故不得不言其大成。

當今時局，諸國林立，無所統一。赤道以南，尚屬草昧，各親其親，各子其子，會盟征伐，互相雄長，不過比于隱、桓，所謂亂世，小康一統，尚屬未能，若大同《禮運》大同云云。更無論矣。凡欲有用于世界，亦當切合機宜，通經致用，其要皆在于《春秋》。一帝一伯，大小本屬齟齬，然三千里者，未嘗不可爲三萬里之小影。考《周禮》爲皇帝之書，司盟司約，君臣往來于諸侯，外交亦如《春秋》。蓋凡實據，無論大小，皆有分合二局之不同。《春秋》由分而合，五洲將來必至一統。唯見當割據時代，不能不因時立法，故以《尚書》之帝學開拓其版圖，而以《春秋》之見局以求其實用。三傳《公》《穀》詳于經例，而于邦交政事，不如《左傳》之詳明。故三傳之中，尤以《左傳》爲切要。

《春秋》既爲俟後之書，凡糾合諸侯以尊天子，中國實力舉行，考其義例，與今世界切合者尤多。既非述古，安知不爲今日世界大春秋之陳法？故學者宜先就三千里中，外以南北中分，方伯多在豫州，數十條大義，詳考其與今日世局相同，然後求諸國内政外交，以西史及政治各書證明經傳舊事。如弭兵會、維也納之會，屬地使館盟約，不下數百條，以今證古，以中統外，而詳考其異同文野之分別，凡今日諸國所已行之陳事，即將來成敗得失之歸宿，皆可于經傳中得其指歸。《左傳》文繁義雜，有天學《詩》《易》各經說，今當分門另編爲成書。凡《左傳》所未詳，而其見于他書者，并取以補傳之所不足。如内政之教育、用人、財政、兵制，外交之朝聘會同、盟約公法、行人辭令，以小學大，以大字小，諸大綱編爲成書。《周禮》行文五書，尤當仿其例，分門編纂，以爲周知天下之根本。《王制》《周禮》爲二經之傳記，在所必詳。至于《詩》《易》爲哲學，自願研究，固無不可，而欲求實用者，則《周禮》《左傳》尤爲切要。將來世運變遷，必不能出此程度，大約五百年以内，此法尚可通行。

又二書除政法以外，西人各種學術，大約皆于其中，細心推考，編録成書，亦爲當今之急務。中國舊說，多以經爲空言，求實用者多治史，又當畫經史之界，經非古文，乃未來之新經，以經傳爲主，略取中外史事，以爲補證，則用力少而成功多。經傳之與古史，程度相去甚遠，非謂史不可讀，要在有賓主、輕重、專博之分。以大同爲精神，以小康爲實用，因時制而爲此議，切要尤在化其自私自利之舊習，而以聖學大同爲歸宿云。

今之中西，風氣禮俗相反，學者遂願歧而二之。不知陰陽之分，文質之別，大在中外，小在一家一國一物，皆得言之。《顔氏家訓》當南北朝時，一人身仕兩朝，于南北學術、典禮、音聲、體質、風俗皆分判之。今讀其書，亦如今國史館所記外國事宜。自中國一統以後，南北混化，其形迹不能如當時之分劃之嚴密，中外再數千年，安知不如中國南北之分，久遠遂化一統。故自其異者觀之，肝膽猶胡越，自其同者觀之，無論中外即一隅，南北分王，亦若如水火冰炭之不相投，久而得合爲一。故讀外國之書，亦當以取法顔氏之意。此小大當其初莫不有分別，而終有小同大同之一日，則吾中國古者南北之分，實即今日中西之界，來者之視今，亦如今之視昔，世界大同，固可由中國之小同而决之者。《莊子》曰『大有大同異，小有小同異』，即此之謂也。《中國學報》一九一三年第八期。

經學改良表

祆教當明中葉號稱最盛，積久失真，兩《約》不免背道而馳，路德不辟患難，起而矯之，去僞闡微，别標門目。雖以教皇權力，舊黨環攻，無所撓屈，至今談其軼事，猶凛凛有生氣，誠不世出之偉人哉！新教雖未能折定一尊，然與舊教中分天下，或且過之，其始固一匹夫之力也。四譯既編《四變記》，因撮要編爲勢之盛衰，問于六藝，乳瓶金水，不能不望有路德其人者一振興之。吾國以經爲國粹，一表，以明新舊之所以不同。其于路氏之説有合與否，閲者自能得之，固無俟予之贅言。編竟識此，以明嚮往。光緒丙午，鄭可經記于中巖。

舊學宗旨	新經學宗旨
于作經之人不詳作者。或以爲帝王，或以爲伏羲、文王、周公、史臣。	專歸至聖。
六經作者分屬帝王史臣。	專歸至聖一人。
專以史讀經爲述古，樂道人之善。	以經爲新經，爲萬世立法。非古人之陳迹。
六經全爲中國一隅舊法，不免叠床架屋之病。	六經各主一時代，小大淺深各不相同。
《尚書》與《周禮》同爲中國史書。	《尚書》與《周禮》同爲六合以内之制。
《詩經》爲史臣所采各國政事民風。所言皆殷商、春秋上下四季，所謂采《春秋》、采時事。	《詩經》亦如《楚詞》，上天下地，多六合以外、萬世以後之事，非中國春秋以前所有。
《易》爲卜筮之書，經四聖而成。	由《乾》《坤》翻譯成書，故爲六合以外之天學，《繫辭》皆主之。
《儀禮》爲周公所作一隅之禮制。	《禮》爲春秋新制，非古所有。小爲中國，大爲全球，由一反三。後來海外皆仿此草訂禮制。
皇帝王伯舊樂皆中國以前所有，後來古樂全亡。	《禮》《樂》由春秋起，所有皇帝三王之樂，皆指後來。有皇帝之疆域，然後能用皇帝之樂。

续表

舊以經爲勸善之書，爲朝廷、鄉黨、士庶人通用。上爲史鑑，下爲格言。	經專爲俟聖而爲，皇帝王伯典章非士庶人所得用。修身格言，別有專書。
修身言行，皆于六經求之。	六經皆平治。
東漢以後學派，詳于聲音、訓詁，而無師法。	博士通經致用，詳于微言大義。
唐宋以後爲學究派，望文生訓，不必有師説，但能識字，即可治經。	先秦學必有師説，然後能治經，故無師之經皆不傳。
經爲古史，亦如史鑑，詢事考言，別無深義。舊法六經混同，其于本經斷章取義以求之。兩《經解》幾及千册，如十五國風之次第，與《周禮》鄭注七千里九州之説，幾無一人齒及，殊不可曉。	經爲新經，當就未有經以前考其制作之宗旨。既有經以後，詳其全經之意義，專治一經，于全經無文字之處，務求其師説。本經既已貫通，又詳考他經有所不用之故。
尋章摘句，一人可以遍治群經。	以專經爲主，不能兼通，或數人分治一經。
不問作者爲誰，不論一經宗旨，但就一句一章望文生訓，支支節節，故無通經之效。先秦以下言經者大抵皆中此弊。就行中略舉數十條、數百句，以爲行文典故之用，全經巨例宏綱，無人道及，故有句無章，有章無篇，有篇無全經。此二千年來經生之通弊也。	章句在其所略，必求本經之義意，與未有文字之先，如《春秋》何以有十九國，《國風》何以有十五風，《尚書》何以有二十八篇，詳人所略，略人所詳，專詳微言大義。

续表

惟六經皆我注脚，不求甚解，既已誤解，又從而駁之，疑經删經，此風日熾，以致成爲教而不學之風氣。	讀經專爲知聖。經爲盂，心爲水，盂方則水方，盂圓則水圓，學而不教，萬不能增長智慧，以求實用。
以經爲勸善之書，亦如《感應篇》《陰隲文》，但求淺近明白，故凡舊傳緯書，皆在屏絶之列。	孔子翻十二經，緯書與舊傳皆爲聖門傳授之橐鑰。如無緯與舊傳，而經萬不能通。
以古經爲家人言，凡童蒙、士農工商皆所共習，避難就易，不求深解。凡所論述，皆無謂之周旋，稍涉疑難，相率避去。	經專言平治，惟入大學堂以後，專門仕宦學，刻意求淺，求通疑難，《學記》所謂『如攻堅木』。
舊以六經爲芻狗糟粕，在昔爲莊、列所攻，在今爲西人所攻。	經專明俟後待行之旨。
舊先大後小，先文後野，以致爲西人所攻。	據經爲衰世而作，别有進化宗旨，與西人之説相同。
舊以馬、鄭爲宗祖，因《王制》《周禮》小大不同，以致所有典章制度，無一可通，無一可行，以致六經爲愚人之學，凡用功深者莫不迷惘。	經以大小分《王制》《周禮》，所有制度無可行。
儒家主仁義，以道家道德爲異端。	王伯仁義、皇帝道德，各主一宗。

续表

陰陽五行附會災異。	陰陽爲二后，五行爲五帝，統六合而言。
《詩》《易》魚鳥爲見物起興。	上飛下潛，察乎天地。
經學以聖人而止境。	聖人人學，天學爲至聖、至誠、至人、神人、真人、天人。
《大學》修身以前，專詳格致，老死不能盡其功。	以修身爲本，格致即知所先後。
道學終身用于修身，不能及平治，故《大學衍義》公言平治。	蒙學已詳修身，《大學》專詳平治，不立修身工課。
自正其心，自修其身。國自治，天下自平，如八股盛世話頭。	人人親親長長，而天下平。身屬一家之身，家屬一國之家，國家生聚教養之事爲最繁賾。
以良知、禪宗、靜坐爲工夫。專詳知中正迷罔，不可指實。	周公坐以待旦，不尚頑空，正鵠明白，但求中的，力巧不尚知致。
漢小學、宋格致，老死不出童蒙窠臼。	童蒙學派，壯夫不談。
宋明以禪宗爲内聖。	無我無固，形似心異。
儒者于經不言神怪。	《詩》《易》專詳上下天神、地示、人鬼。

续表

以天文、地理爲身外事。	《天文》《地形》全爲經説巨例。
專以儒家爲傳經，他屬異端。	諸子爲六藝支流，儒爲經之一小枝。
誦讀乃爲經學。	社稷人民即爲學，不專在誦讀。
以考據、校勘爲經學。	鈔胥派、刊工、鈔手，不足以言學。
以聲音、訓詁爲經學。	童蒙派惠、戴、段、王，不足以言學。
以紀事、考言爲經學。龔、章以史爲經。	《廿四史》《通鑑》不可以比經。
以多聞、識小爲經學。	《格致探原》《爾雅圖》不足以言經。
以頌美、歌唱爲經學。近人以詩爲唱歌課本。	教堂歌頌與經迥別。
以褒貶、美刺爲經學。朱子以書法學《春秋》。	《綱目》書法與經迥別。
以誥敕、奏議、古文爲經學。李氏以《文選》爲三代後經學。	古文雅正，不可與《尚書》同語。
以占驗、謡詞爲經學。前人以爲卜筮。	牙牌、靈棋不可與《易》同語。
以樂府、風謡爲詩學。	歷代樂章不可與《詩》同語。

续表

以時文、講章爲經學。	天懸地別。
以學究、法律爲經學。	南轅北轍。
不求知聖，惟欲學聖。	不許學聖，先求知聖。
因自以爲聖，故直斷傳記爲非聖言。	凡俗所駁斥，皆有精義，必立志求通，乃開知慧。舊皆自封。
自聖，故有道統之説。	至聖如天。諸子曾不得比于一星一辰。有一聖，天下萬世皆被其澤。若俗儒，則危亡尚不能究，何况比聖。
自聖，故以聖爲學而能。	人皆爲堯舜，孰是後來堯舜？況並無至聖可學之明文。以己推經，所以釀成今日世局。
自聖，故以古人無一知道。	宋元以下直如聾瞽，無與聞見。先秦、西漢諸大師親授微言，後儒信心蔑古，後二千年後起而攻之，是爲無知妄作。
自聖，故云抱道在躬。	以道爲一器物，可以把持懷藏。虛矯誇誕，妄自尊大，實則不知道爲何物。
自不生知，故不信生知。	撰《生知篇》詳發此旨。
自不前知，故不信前知。	撰《前知篇》詳發此旨。

续表

自不能綏動來和，故以學究求聖。	博士以仕宦説經，宋明以學究説經。以村學究爲孔子，是與博士如鄮同矣，何必尊孔尊經。
自不能拔萃出類，不信生民未有。	海上國粹諸公欲尊經而不得其詳，嗚呼難矣！
援周公以亂孔法。	魏默深不講經學，擬奏欲復周公先聖之祀，真爲無知妄作，目不識丁，大抵其人有迷惘之病。
以陳迹疑經。	六經由今始見施行，人學由王伯以皇帝，六合以内無不包。
以粉飾疑經。	皇帝典章皆屬俟後進化、先小後大，先野後文。退化。先大後小，先文後野。非樂道人之善。
以無用疑經。以音訓空理陳迹説之，古不可治今，中不可治外。	經專皇帝王伯政輔之學。臣工之學詳于傳記，自今以後，經方將大行。
以經爲美術，于政法史子外别立經學。	當舉經爲主，以統各科學。各科學皆經之一枝節。
崇信西説，以摩西以前實用經，後以不便而改。	經制合乎天理人情。未至其時不能行，已行不能改，皆外間僞説。

续表

以六書文字西之古法，改良精進乃成之。	六書專爲經而作。爲全球有一無二之專長，絶非外人後世所及，既與不能受，非聖不能作，故至今無别法。
中國無一人可師，一書可讀。	知俟後之旨，自然改觀。
以《春秋》爲一時之書，欲用當時不合，乃著書。	由一時推萬世，由萬世推萬萬世，不與天地同毁壞。
以孔子爲一隅之聖人，不如耶廣大。	由中國推全球，由全球推之上天下地，囊括天地。
以孔子爲哲學、政治、教育家。	至聖博學無名，廣大配天，不可以一譜求。

《四川國學雜志》一九一三年第七號。

廖平學術年譜簡編①

咸豐二年壬子（一八五二）二月初九日亥時，廖平生。

廖平，名登廷，字旭陔，又字勖齋，繼改名平，字季平。號四益，繼改四譯，晚年更號五譯，又更號六譯。初名其堂曰小世綵堂、曰雙鯉堂，五十前後曰則柯軒主人。四川井研青陽鄉鹽井灣人。明洪武二年，先世名萬仕者，由麻城入川，卜居井研治東觀音堂壩，後徙廖家嘴，再遷鹽井灣。歷明至清，族頗繁。凡十九世而至廖平。父復槐，字繼誠，經商自給。母雷氏，爲井研世族，雖在鄉曲，頗識大體，子五人，廖平排行第四。

十二月，洪秀全陷武昌，清廷命在籍侍郎曾國藩幫辦團練。

是年，魏源五十九歲，陳喬樅、陳立四十四歲，陳澧四十三歲，俞樾三十二歲，潘祖蔭二十三歲，王闓運二十一歲，張之洞十六歲，王先謙十一歲，孫詒讓五歲，皮錫瑞三歲。

咸豐三年癸丑（一八五三），二歲。

友人張祥齡（字子馥）生。

① 本譜主要依據廖宗澤《六譯先生年譜》（稿本）、巴蜀書社本《廖季平年譜》、李伏伽《年譜補遺》及其他相關著述資料。

嚴復生。

洪秀全太平軍攻陷江寧（今南京）。捻軍起事。

咸豐四年甲寅（一八五四），三歲。

劉文淇（孟瞻）卒，年六十六。劉氏治《左傳》，有《左傳舊注疏證》八十卷。

陳澧（蘭甫）《漢儒通義》成。

咸豐五年乙卯（一八五五），四歲。

友人顧印愚生。

魏源《書古微》成。廖平後來作《古學考》，認爲魏氏此書據《孟子》《史記》補《舜典》之非，仍誤于僞序。

咸豐六年丙辰（一八五六），五歲。

魏源卒，年六十三。源，字默深，湖南邵陽人，道光二十四年進士，官至内閣中書，晚年任高郵知州。著述主要有《書古微》《詩古微》《默觚》《老子本義》《聖武記》《元史新編》《海國圖志》等。廖平《今古學考》認爲魏源雖略知分别今古，惟仍僅據文字主張門面，而不知今古根源之所在。

咸豐七年丁巳（一八五七），六歲。

友人楊鋭（字叔嶠）生。

英法聯軍攻入廣州。

咸豐八年戊午（一八五八），七歲。

初讀于鹽井壪萬壽宫，塾師爲向春廷。

康有爲生。

咸豐九年己未（一八五九），八歲。

友人劉光第（字裴村）生。

雲南李永和、藍大順農民軍入蜀，分擾叙府、犍爲、雅州等地。

袁世凱生。

咸豐十年庚申（一八六〇），九歲。

李永和軍入井研縣，兵至鹽井灣。廖平隨家人避難于井研、仁壽之間。

宋翔鳳卒，年八十二。翔鳳字虞庭，一字于庭，江蘇長洲（今蘇州）人。其母爲莊述祖之妹，他常隨母至常州，得聞莊氏今文經學。嘉慶五年（一八〇〇）中舉人，選爲泰州學正，歷官湖南新寧、耒陽等縣知縣。咸豐九年以名儒參加宴鹿鳴，加銜爲知府。著有《周易考異》《尚書略説》《尚書譜》《大學古義説》《論語説義》《孟子趙注補正》。是常州今文學的代表人物。

是年，英兵入北京。皇帝幸熱河。

咸豐十一年辛酉（一八六一），十歲。

咸豐帝病逝于熱河，同治帝繼位，兩宮皇太后垂簾聽政。

胡林翼卒。

同治元年壬戌（一八六二），十一歲。

邵懿辰卒，年五十二歲。邵懿辰，字位西，浙江仁和（今杭州）人，道光十一年舉人，授内閣中書，後升刑部員外郎。出知濟寧府，後以治河無功解職。咸豐九年由安慶引疾歸，家居養親。十一年太平軍圍攻杭州，死于亂。邵氏深于經學，博覽典章，撰有《禮經通論》《尚書傳授同異考》《杭諺詩》《孝經通論》等。乾嘉今文學初有《公羊》，繼有《詩》《書》，至邵氏著《禮經通論》，以《儀禮》十七篇爲全古文，《逸禮》三十九篇爲劉歆僞造，于是始有今文《禮》。廖平于邵氏《禮經通論》備致推崇，謂爲二千年未有之奇書。

八月，清廷設同文館以造譯材，始注重洋務。

同治二年癸亥（一八六三），十二歲。

陳奐卒，年七十八。奐，字碩甫，號師竹，晚自號南園老人，江蘇長洲（今蘇州）人。咸豐元年舉孝廉方正。先後師事江沅、段玉裁，又曾從高郵王念孫、王引之學，與聞經學家法。畢生殫精竭慮，專攻經學，于《毛詩》用力最勤。著有《毛詩傳疏》《毛詩説》《毛詩九穀考》《毛詩傳義類》《鄭氏箋考徵》及《公羊逸禮考徵》。

太平天國翼王石達開入蜀，被總督駱秉章擒殺。

同治三年甲子（一八六四），十三歲。

自咸豐八年以來數年中，廖平先後從胡龍田讀于鹽井灣禹帝宫，從曾志春學于小黄冲廖榮高家，並從廖榮高學醫。又從何欽培學于董家砦。

曾國藩取江寧，洪秀全仰藥死，太平天國亡。

同治四年乙丑（一八六五），十四歲。

從鍾靈讀于舞鳳山。

同治五年丙寅（一八六六），十五歲。

孫中山生。羅振玉（字叔言）生。

左宗棠奏請設船廠于福州，曾國藩設金陵書局，召歸安周學浚（縵堂）、獨山莫友芝（子偲）、南匯張文虎（嘯山）、江都劉壽曾（恭甫）、海寧唐仁壽（端夫）、德清戴望（子高）、寶應劉恭冕（叔俛）等，校勘經籍。

同治六年丁卯（一八六七），十六歲。

娶同縣東林場李家山李英孝女。李氏時年十四歲。

據舊譜載，李氏晚年爲子孫言，廖平每偕李氏至外家，輒先李氏疾走，既遠，乃坐而讀書。李氏至，則又疾走，則又坐讀。

同治七年戊辰（一八六八），十七歲。

自同治五年至此三年中，讀于黃連橋一族人家，由鍾靈與其弟鍾嶽（字崧生）輪教。

章炳麟（太炎）生。

俞樾主西湖詁經精舍講席。

同治八年己巳（一八六九），十八歲。

王闓運始治《公羊》，作《春秋事比》《穀梁申義》。

陳立、陳喬樅卒，均六十一歲。陳立，字卓人，江蘇句容人。道光十四年中式，二十一年成進士。由庶吉士改刑部主事，累官雲南曲靖知府。受業于凌曙、劉文淇，著有《爾雅舊注》《説文諧聲》《白虎通疏證》等書。于《公羊》用力猶深，乃鈎稽貫串，成《公羊義疏》七十六卷，爲清代公羊學集成之作。陳喬樅，字樸園，一字樹滋，壽祺子，傳其父今文輯佚之學，著有《魯詩遺説考》《齊詩遺説考》《韓詩遺説考》《四家詩異文考》《今文尚書遺説考》《齊詩翼氏學疏證》《詩經集證》《禮記鄭讀考》《毛詩鄭箋改字考》《禮堂經説》等書。父壽祺，專輯西漢今文《尚書》及三家《詩》之遺説，著有《左海全集》。廖平對陳壽祺父子與陳立頗致推挹。《今古學考》曾言：『西漢長于師説，東漢專用訓詁，惠、戴以來多落小學窠臼。陳左海父子與陳卓人乃頗詳師説。』又稱其能『以古今分别禮説』。惟惜其僅『略知本源，未能瑩澈』。又曰：『陳左海以異字通假爲今古之分，亦不得已之舉。』

同治九年庚午（一八七〇），十九歲。

首次參加院試，不中。

同治十年辛未（一八七一），二十歲。

自同治八年至此三年中，讀于高屋基，塾師仍爲鍾靈。廖平不能强記，然善悟。同讀者有同縣楊楨（字静齋）。楊比廖平年長十歲，義兼師友。既與廖平同入學，後又同調尊經書院，先廖平三十年卒。廖平擬作之《官禮驗推》六卷、《史記經説補箋》十卷、《禹貢驗推釋例》四卷，均托名楊楨作（據舊譜）。

曾國藩、李鴻章奏請選聰穎子弟赴泰西各國學習技藝。

同治十一年壬申（一八七二），二十一歲。

始于井研縣鹽井灣三聖宫授徒。

再次參加院試，又不中。

是年九月，王闓運作《今古文尚書箋》成。

同治十二年癸酉（一八七三），二十二歲。

六月，張之洞奉旨充四川分試副考官。十月，簡放四川學政。

梁啓超生。

同治十三年甲戌（一八七四），二十三歲。

與楊楨授徒于舞鳳山。廖平篤好宋五子書及唐宋八家文，當即此數年間事。

二月，參加院試，廖平以《子爲大夫》文，爲閲卷者黜落，張之洞于落卷中搜得，拔置第一名秀才。以後廖平又屢蒙張之洞識拔，故于張氏頗有知遇之感。

四月，興文縣在籍侍郎薛焕偕通省薦紳先生十五人，投牒于總督吴棠、學政張之洞，請建書院，以通經學古課蜀士（張之洞《四川省城尊經書院記》）。

十一月，同治帝崩，光緒帝立，兩宫皇太后仍垂簾聽政。

光緒元年乙亥（一八七五），二十四歲。

春，尊經書院成，張之洞議定章程，擇蜀中高材生百人肄業其中。薛焕擬聘湘潭王闓運主講尊經，不至，乃不設山長，以錢塘錢保塘、錢保宣主持書院。設監院二人、襄校數人、齋長四人。齋長以諸生之學優年長者充之。書院初議不考課，惟分校勘、句讀各門，以便初學。後以官府意定爲課試。所課爲經、史、小學、辭章，尤重通經。

張之洞作《四川省城尊經書院記》，説明設立尊經書院宗旨，指導讀書門徑。《舊譜》言，張之洞未至蜀時，蜀士除時文外罕讀書，至有畢生不見《史》《漢》者。張氏以讀書相號召，刊行《書目答問》《輶軒語》二書，重鋟五經四史，風氣爲之一變。張祥齡《翰林院庶吉士陳君墓志銘》云：『同治甲戌，南皮張先生督學，提倡紀、阮兩文達之學，建書院于省會，選高才生百人，肄業其中，以《說文》及《提要》爲之階梯，購書數萬卷庋于閣。總督吴勤惠公復助之。川省僻處西南，國朝以來，不知所謂漢學。于是穎異之士如飢渴之得美食。數月，文風丕變，沛然若决江河。督部與督學尊異之，人人有斐然著述之思。』

光緒二年丙子（一八七六），二十五歲。

正月，赴成都應科試，以優等食廩餼，調尊經書院肄業。廖平後言：『丙子科試時，未見《說文》，正場題「不以文害辭」，注云：「狂」字，余文用「猘犬」之義，得第一。乃購《說文》讀之，逾四五日覆試，題「『文』作《說文》之『文』解。」乃摭拾《說文》《詩》句爲之，大蒙矜賞，牌調尊經讀書。文不足言，特由此得專心古學，其功有不可没者。』（《經話》甲編卷一）又曰：『予幼篤好宋五子書、八家文。丙子從事訓詁文字之學，用功甚勤，博覽考據諸書，冬閑偶讀唐宋人文，不覺嫌其空泛無實，不如訓詁書字字有意。蓋聰明心思，于此一變矣。庚辰以後，厭棄破碎，專事求大義，以視考據諸書，則又以爲糟粕而無精華，枝葉而非根本。取《莊子》《管》《列》《墨》讀之，則乃喜其義實，是心思聰明至此又一變矣。初學看考據書，當以自驗，倘未變移性情，其功猶甚淺也。』（《經學初程》）

是時，尊經同學有宋育仁（芸子）、張祥齡（子宓）、楊鋭（叔嶠）、范溶（玉賓）、岳嗣儀（鳳吾）、岳林宗、顏印愚（印伯）、毛瀚豐（霍西）、曾培（篤齋）、張森楷（式卿）、傅世洵、陳光明（朗軒）。廖平與張祥齡、楊鋭、毛瀚豐、彭毓嵩（籛孫）五人尤爲張之洞所器重，號『蜀中五少年』，交誼亦最篤。

四月，王闓運始作《公羊春秋箋》。

是年，跋宋人洪适《隸釋》，盛推洪書之全摹碑文，有功金石。作《爾雅舍人注考》《六書説》，載

《蜀秀集》。

輯《學海堂經解分編目録》。鈔李心傳《建炎以來繫年要録》及《東都事略》。此書爲張之洞所購，廖平請録一部，留存縣學。

冬，張之洞去任。廖平與同學送到新都，餞于桂湖而别。

是年，海寧王國維（静安）生。

光緒三年丁丑（一八七七），二十六歲。

肄業尊經書院。譚宗浚（字叔裕）繼張之洞爲學政，初至，問院中研精覃思之士，楊永清舉廖平及楊鋭數人以對。廖平自言：『余初治小學，一二年徧涉諸家之説。』（《舊譜》引《經學初程稿》）

光緒四年戊寅（一八七八），二十七歲。

肄業尊經書院。

冬，譚宗浚集尊經諸生課藝，刊爲《蜀秀集》，皆『二錢』之教，識者謂爲『江浙派』。廖平所作除上舉《爾雅舍人注考》《六書説》外，尚有《史記列孔子于世家論》《五代疆域論》《兩漢馭匈奴論》《滎波既豬解》《月令毋出九門解》。

十二月，經四川總督丁寶楨多次函約，王闓運從湖南來川，主講尊經書院。

光緒五年己卯（一八七九），二十八歲。

二月，王闓運至書院。出題課諸生，並示以讀經之法。其言曰：『六經之文，字無虚下。解經不同，先師嗤之。經字非獨無剩字，亦無煉字也。今願與諸生先通文理，乃後説經。文通而經通，然後可以言訓詁義理。夫讀《易》當先知一字有無數用法；讀《尚書》當先斷句；讀《詩》當知男女歌咏不足以頒學官；對君父一洗三陋，然後可以言《禮》。此非一二言可盡，即非一二月能奏效，而要宜先立志也。』院生喜于得師，勇于改轍。

三月一日，與張祥齡等人選入内院，常就王闓運請業，每至夜深。是時廖平與張祥齡均有志于《公羊春秋》。

改名平，字季平。登廷原係譜名，亦不廢。

五月，成都設立尊經書局。

六月十日夜，王闓運與廖平論文。王言：『古人文無筆不縮，無接不换，乃有往復之致。』次日，又爲講魏文帝《與吴質書》，謂：『「已成老翁」云云，通篇爲自視高材，自致千秋等作回復，以爲嘆逝則淺矣。』

八月，應優貢試，主司以『辭達而已』命題，廖平得陪貢第一名。同院生得貢者，有蘇世瑜、張問惺等。廖平云：『言之不文，行之不遠，此孔子之所教，宰我、子貢之所學。』大爲主司所斥，謂爲悖朱注。

九月，應鄉試，中第二十四名舉人。試題爲『上律天時，下襲水土』兩句，『諫行言聽，膏澤下于民』二句，『子謂子産善與人交，久而敬之』二章，『竹寒沙碧浣花溪，得溪字』。《湘綺樓日記》九月八日云：『今夜放榜，與季平坐談至三更。季平逃去轟醉，余就寢。半覺聞炮聲，起披衣。未一刻，報者已至。院中共中正榜二十一人，副榜二人，皆余所决可者。其學使所賞及自負能文者果皆不中。余素持場屋文字有憑之説，屢驗不爽也，……頃之，季平、篆甫、治棠、陳子京、吴聖俞、少淹等皆入謝，已鷄鳴矣。談久之，乃還寢。』

十一月十六日，王闓運歸湘潭。

光緒六年庚辰（一八八〇），二十九歲。

春，赴京會試，不第。在京日，嘗以《易》例請業張之洞。張告誡廖平：『風疾馬良，去道愈遠。』

二月，薛煥卒。煥，字覲唐，興文人，官工部侍郎，以乞養歸。尊經書院之創建、經費，皆賴煥一言決之。又將舊藏經史有用諸書畀書院刻之，自後蜀中書漸多，士知崇尚樸學，風氣爲開。郭嵩燾稱其『創置尊經書院，有關吏治及人才學校之源，其功尤偉』。

三月十五日，王闓運復從湘潭携眷妾久雲，女帉、滋、茙、紈，子代豐來川。

是歲讀書，始厭棄破碎，專求大義，漸取《莊》《管》《列》《墨》諸子讀之。專治《穀梁春秋》，纂《穀梁先師遺説考》四卷。以爲劉向爲《穀梁》大師，師説散見于《説苑》《新序》《列女傳》《漢書·五行志》《五經異議》《世本》者幾數千條。近人輯《穀梁》師説皆脱漏，乃采劉説及尹、梅、班、許等西漢師説，仿陳左海《三家詩遺説考》例，以爲此書，後因其説多收入所著《穀梁古義疏》，故原稿不存。

王闓運作《春秋例表》。

光緒七年辛巳（一八八一），三十歲。

肄業尊經書院。曾自言：『辛巳院課，考「酒齊」所用題最繁難，精思旬日，大得條理。壬秋師以爲勾心鬥角，考出祭主儀節，足補《禮經》之闕。同時著《轉注説》，旬月專精，五花八門，頭頭是道。』又作《釋字小箋》，主獨體無虚字之説，略盡取《説文》虚字而求其本義，均作實字解。將近二三萬字，乃爲人所竊去。後擬補綴成書，一爲《六書説》，二爲《四書分類》，三爲《緒論》，似未果。

二月，始注《穀梁春秋》。以爲《穀梁》范注依附何、杜，濫入子姓，略以攻傳爲能，而反立在學官。乃發憤自矢，首纂遺説，間就傳例推比解之。（《穀梁春秋經傳古義疏序》）

十月二十五日，王闓運携眷歸湘潭，擬不再至蜀。王氏曾致尊經院生書云：『貴州山川峻駛，氣少停迴，名利之心，未能淡遠。先聖所戒，欲速見小，略速必多誤，是以不達，小則易淺，安能更大。』

十一月，張之洞自内閣學士出爲山西巡撫。

光緒八年壬午（一八八二），三十一歲。

族人囑重修宗譜，以館事不得分身，乃草創凡例，請族祖小樓公代爲紀理。

與趙濬（孔昭）以小學相切磋。並與趙約：凡課作，引用處用墨書，新解用朱書，欲以朱書多少驗勤惰。

是年，館于龍茂道署。時縣人先後游學錦江、尊經兩書院者有龔煦春（熙臺）、吴嘉謨（蜀輶）、胡濬源（哲波）等，論文講藝，日夜不休。

是年，資州知州高培爵聘宋育仁主講藝風書院，課程一仿尊經，一時翕然從風。

陳澧卒，年七十三歲。

光緒九年癸未（一八八三），三十二歲。

春，赴京會試，不第。是年『計偕都門，舟車南北，冥心潛索，得素王、二伯諸大義』。（《穀梁春秋經傳古義疏序》）

五月，王闓運第三次入川。去年王在湘代郭嵩燾主思賢講席一年，今又因丁寶楨之强邀入川。

廖平參加會試後至太原謁張之洞。張仍以『風疾馬良』之語誡之，並以小學相勖。語次，廖平言通一經較治一省爲難，曰：『倘使《穀梁》書成，不羨山西巡撫。』在太原時，廖平欲作《語上篇》，以矯時流株守小學之弊，以無暇未果。張之洞盛推太原令德堂院長王霞舉，比之伏生、文中子。廖平同曾叔才、周桂溪往訪之。時廖平方推即位禮，舉以詢之，答語極瀾翻。詢以小學，則熟背《説文》如流。王意主守舊，不喜著作，故以舊説誤處挑之，意亦不以舊説爲然，特不肯輕改。其教人以誦讀《儀禮》《説文》爲日課，五日一臨講，先生將經文念一過，將注説略爲潤色，弟子終席不發一語，講畢而散。廖平乃悟北學之所以名，自此屢稱北學之善，欲以挽南學之弊。嘗言：『北學簡要，綱目在心，學者學之固易入手，用之尤端委了然，以其精而不博，最善初學。南學繁雜，竅要在泛博，覽觀既難于默識，臨事更亂于辨説，其博而不精，故非初學所宜。』又曰：『北學中材以下尚可勉爲之，南學則非上智不能譚。北學三年工夫便有規矩，南學則非三十年不能成家。』

冬，自太原返川。

錢保宣（徐山）卒。

光緒十年甲申（一八八四），三十三歲。

二月十二日，王闓運返湘。五月三日，復携二女帉、莪至成都。

四月，張之洞署兩廣總督，七月實授。

六月二十八日，張祥齡薦廖平可掌尊經書局，王闓運曰：『嗜利悻愎，非其材也。』

秋，成《穀梁春秋經傳古義疏》十一卷。錢塘張預爲廖平會試房師，序此書略云：『首明古誼，説本先師，推原禮證，參之《王制》。』廖平自序略云：『甲申初秋，偶讀《王制》，恍有頓悟，于是向之疑者盡釋，而信者愈堅，蒙翳一新，豁然自達，乃取舊稿重録之。』

冬，以作《穀梁古義疏》餘力，成《起起穀梁廢疾》《釋范》各一卷、《穀梁集解糾謬》二卷。廖平以爲何休《穀梁廢疾》自尊所習，操戈同室；鄭玄小涉《左氏》，不習《穀梁》，乃謬託主人以攻何，何既制言僄薄，立議矯誣，鄭則自負精通，反旗倒戈，使本義因以愈湮。乃條例何、鄭之説，而加以糾正，務申傳旨。又以范注較二家爲劣，故名以『糾謬』。

是年，廖平因欲改注《公羊》，乃綜括大綱，成《公羊何氏解詁十論》，以爲讀《公羊注》之階梯。王闓運嘗云：『看《洪穉存集》一過，乃知廖平《春秋十論》之意。』（《湘綺樓日記》丁亥六月二十三）

是年，廖平始以《王制》説《春秋》。擬《博士答劉子駿書》。

康有爲始演『大同』義。

劉師培生。

光緒十一年乙酉（一八八五），三十四歲。

春，以《王制》有經、傳、記、注之文，舊本淆亂失序，略爲考訂改寫，作《王制定本》一卷，以備作《王制義證》之用。按，此書後收入《六譯館叢書》，名《王制訂》。

四月，成《穀梁經傳章句疏凡例》四十一條，凡三易稿。

七月，成《公羊解詁續十論》。廖平于此書言今古學混亂之由，及學者應守家法。又言今古學之分在禮制，不在文字義理。又言今古學之宗旨，以爲古主法古，今主改制；古主《周禮》，適古、治國，今主《王制》，《王制》者百年無不變之法者；古爲孔子初年之説，今爲孔子晚年之説。

八月，編定《穀梁春秋内外編目録》三十七種，五十卷。其中内編書一種，即《穀梁古義疏》十一卷。外編書十一種：《起起廢疾》一卷，《釋范》一卷，《集解糾繆》二卷，《穀梁先師遺説考》四卷，《穀梁大義詳證》四卷，《穀梁傳例疏證》二卷，《穀梁外傳》二卷，《穀梁決事》二卷，《穀梁屬辭》二卷附《本末》一卷，《穀梁比事》二卷，《説穀梁瑣語》四卷。表二十五：《穀梁日月時例表》，《穀梁七等進退表》，《穀梁筆削表》，《穀梁褒貶表》，《穀梁善惡表》，《穀梁十八國尊卑儀注表》，《穀梁一見例表》，《穀梁三言例表》，《穀梁内本國外諸夏表》，《穀梁内諸夏外夷狄表》，《穀梁内内夷外外夷表》，《穀梁尊大夷卑小夷表》，《穀梁名號中外異同表》，《穀梁諸侯列數隱見表》，《穀梁來往表》，《穀梁加損表》，《穀梁從史表》，《三傳師説同源異流表》，《左傳變易今學事實傳例禮制三表》，《三傳異禮異例異事三表》。外編惟《起起廢疾》《釋范》有成書，《先師遺説考》已多收入《古義疏》中，原稿遂廢，餘均擬作未遂。

九月，爲貴築金椿（鶴籌）作《麗矚亭詞序》。

是年，鈔《異義今古學異同表》，始定今古異同之論。《今古學考》下云：『偶鈔《異義今古學異同表》，恍然悟博士同爲一家，古學又别爲一家。遍考諸書，歷歷不爽，始定今古異同之論。』又：『予初爲《今古學異同表》，范溶爲題其面曰「大鬧天空」。自東漢以來，其説久佚，今爲之一返其舊，覺雲垂海立，石破天驚，足以駭人聽聞也。』

仁壽蕭藩爲刊《起起穀梁廢疾》《釋范》二書。

光緒十二年丙戌（一八八六），三十五歲。

主講井研來鳳書院。

春，王闓運歸湘潭，此後不再至蜀。

二月，成《公羊解詁商榷》二卷，駁何注；又成《公羊解詁再續十論》。《六譯館叢書》中合前二十論名《何氏公羊解詁三十論》。自序略曰：『《解詁商榷》已成，將爲《古義疏》，因再作此十論。昔劉申受逢禄作《何氏解詁箋》，已多補正，特其所言多小節，間或據别傳以易何義。今之所言，多主大例，特以明此事自有所昉，不自今始耳。丙戌仲春。』

春，就舊作《轉注假借考》補爲《六書舊義》一卷，『以四象爲造字之法，形爲實字，意爲虚字，事在虚實之間。以轉注與假借三家名目全同，爲當時用財通名，轉注如今捐輸津貼股份公司，事一名多，所以馭繁。假借因無爲有，所以濟窮』。又云：『造字之序，始形，次事，次意，次聲，四門而止。聲又所以濟形、事、意之窮，故造字之主，祇前三門。後二門乃用字，非造字。』又曰：『象聲生于假借，象意生于轉注。略未造形聲字以前，則皆假借。未造會意字以前，則皆轉注。假轉意聲，祇争有本字、無本字之别。』

五月，四川總督丁寶禎卒，劉秉璋繼任。丁在川有惠政，蜀人思之。王闓運之主尊經，丁之力也。

六月，成《今古學考》。廖平有感于乾嘉以前經説混淆古、今學，使人失所依據，乾嘉之後學者雖知分古、今，然仍無歸屬，遂根據許慎《五經異義》而作此書，以禮制平分今、古。廖平自述著書宗旨曰：『故定爲今學主《王制》、孔子，古學主《周禮》、周公。……今、古兩家所根據，又多同于孔子，于是倡爲法古改制、初年晚年之説。……此《今古學考》張明兩漢師法，以集各代經學之大成也。』（《初變記》）此書主張『平分今古』，用東漢許、鄭法，上卷爲表，下卷爲説。上卷列表二十，回溯今、古文學源流，梳理今、古文學之界限和綫索。下篇于《經話》中取其論今古學者一百零六則，申論今學歸本孔子、《王制》，古學歸本周公、《周禮》之旨。此書是廖平經學初變的標志，影響巨大。光緒十五年（一八八九）俞樾與廖平會于蘇州，稱《今古學考》爲不刊之書。康有爲見此書，『乃盡棄其舊説』。（梁啓超《清代學術概論》）章太炎稱之曰：『善分别古今文，蓋惠、戴、凌、劉所不能上。』（章太炎《程話》）此書作于光緒十一年乙酉至光緒十二年丙戌間，光緒十二年丙戌由成都尊經書局刊行，爲《四益館經學叢書》之一。

是年八月，清廷續修《大清會典》。

秋，自鹽井灣遷居東林場戲臺下。

十二月，廖平以爲子者經之嫡嗣，《今古學考》既已明經，更欲治子。又以爲子家多亡，宗旨不立，其說往往見于他書。鈎沉繼絶，條分縷晰，欲以恢張九家舊學。略限以丁亥年三百六十日立其規模，以後隨時修改。略以經意讀子，更以子學説經，有相須，莫相妨。

是年，作《經學初程》。本書云：『予己卯治《公羊》……至今七年。湘譚師來主講，至今六載。所刊尊經課藝，皆湘譚之教。』王闓運主講尊經書院始于光緒五年己卯（一八七九），至丙戌已七年。《尊經書院初集》刊于丙戌，廖平此書或爲襄教尊經書院時作。署名吳之英同撰，但何爲廖著，何爲吳著，難以確指。該書論述經學門徑和治經次第。先言治經學的態度，要耐煩苦思，沉静思索，見識超曠，深通其意。再論治學次第，二十歲以前略讀小學，經文成誦，二十歲之後方可治經，先博後約。小學爲經學梯航，但不可以小學止。小學既通，則當習經。先治《書》《詩》《論》《孟》之後，再治較難之《易經》《孝經》。三禮、三傳文博義富，治經稍久，乃可漸問其途。三傳但因注例以見傳例，因傳例以見經例。《三禮》繁難，入手兼治必敗，當先專治一經。三論小學門徑，目録校勘，《説文》《爾雅》，音韻訓詁，先信後疑。四論經學初學門徑，讀一書便理會一書，先易後難，步步爲營，循序漸進。此書多爲廖平治學體會和經驗總結，誠爲初學者入門指南。

又作《十八經注疏凡例》。其目爲：《今文尚書》《齊詩》《魯詩》《韓詩》《戴禮》《儀禮記》《公羊》《穀梁》《孝經》《論語》《古文尚書》《周官》《毛詩》《左傳》《儀禮經》《孝經》《論語》《戴禮》，易學不在此數。廖平言：『予創爲今古二派，以復西京之舊，欲集同人之力，統著《十八經注疏》，以成蜀學。見成《穀梁》一種。然心志有餘，時事難就，故先作《十八經注疏凡例》，既以相約同志，並以求正高明，特多未定之説。一俟纂述，當再加商訂也。』（《今古學考》下）今《六譯館叢書》中之《群經凡例》，爲屢經改訂之本，或本非成于一年，與原目有出入。

又約集尊經同人撰《王制義證》。欲以《王制》爲經，取《戴記》九篇外，《公》《穀》傳、《孟》《荀》《墨》《韓》《司馬》，及《尚書大傳》《春秋繁露》《韓詩外傳》、緯候、今學各經舊注，並及兩漢經學先師舊説，至于《春秋》《孝經》《論語》《易》《禮》，尚須再輯。務使詳備，足以統帥經學諸經。更附録古學之異者，以備參考。一俟此書已成，再作《周禮義》，以統古學。（《今古學考》下）此書稿已及半，隨手散佚。後聞康有爲《孔子會典》即是此意，乃決意不作，特就《王制定本》將辨疑、證誤二門，編爲《王制訂本要注》四卷，專攻其異。今《六譯館叢書》中衹有《王制集説》一卷，無《王制集證》，《凡例》亦非以前之舊，當又是《要注》之改本。

又作《劉氏春秋古經章句考證表》。廖平《今古學考》列《左傳》爲古學，與二傳分，以傳中解經釋例之文爲劉歆羼補，改易筆削，故與博士立異。原傳乃《國語》，劉氏附益後，乃改爲編年。今即將劉氏所附益者録出，加以攻駁。

又以馬國翰輯佚書及諸輯本緯讖並存，殊乖其實。雜記灾祥爲讖，專言經典爲緯。乃同張祥齡采馬本專主經義者分別鈔録，別爲一書，使不與諸讖相雜。舊注未盡者，因命子姓別録古説，以相證明。所有脱缺，略用己説，成《古緯彙編補注》六卷。

是年，刻《春秋左傳古義凡例》于成都，此作專以《左傳》爲古學。

仁壽蕭藩欲刊《穀梁注疏》，廖平以稿尚未定，乃以《分撰兩戴記章句凡例》一卷付之。訂宗派類十五條，篇章類二十四條，義例二十七條，總例五條。

是年，宋育仁入都會試，薦名山吴之英主講資州藝風書院。是科宋成進士，入翰林。

光緒十三年丁亥（一八八七），三十六歲。

二月，四川總督劉秉璋聘錦江書院山長伍嵩生兼任尊經書院山長，札委廖平及富順王萬震任襄校。廖至成都，與喬樹枏、范溶、劉子雄、楊永清、王萬震、鄒增祜、僧雪岑、李滋然、藍光策、楊鋭、戴光等游從。

四月，多次與劉子雄談經，甚樂。謂殷無三年之喪，《周禮》當以王莽制參考。又與劉子雄、戴光約，劉治《王制》，戴治《周禮》，分封建、地理、官制、井田、兵、刑、禮、樂、食貨等門，證以周秦古説，次取西漢，又次取東漢，以二書爲今古學大綱，故急欲成之。

閏四月，張之洞創辦廣州廣雅書院，明年始落成。

閏四月八日，劉子雄來談，廖平欲以《書》《詩》《儀禮》皆爲今學，又以《冠》《昏》二記爲古學。

六月，成《王制周禮凡例》，以《周禮》爲劉歆僞作。又成《孝經凡例》。初十日，訪劉子雄，論《左氏》作僞之迹甚悉。

歸井研。新任學政高賡恩喜宋學，與山長伍肇齡合，不以廖平新説爲是。伍新刻《近思録》，高爲作序，痛詆漢學，有『寖樹藩籬，操末忘本，世儒之蠹』等語，蓋指廖平而言。山長伍嵩生于廖平歸後，即改其課堂章程，盡改廖法。

七月，成《穀梁春秋古義疏》十一卷。此書創始辛巳，至是七年而成。嘗語劉子雄：『何邵公十七年注《公羊》，時不逮其半。』劉謂此書：『已勝何氏，不必如此持久；它日或有删改，恐不如今日之妥。凡著書，既有定解，即不可易。』

九月，劉子雄嘗與朱德實（枕虹）、戴光臧否尊經書院人物，劉謂：『宋芸岩詩力弱，陳子元氣粗，不能用功，爲浮名所誤。用實功者廖平以外，未見其人。』朱論院中經生，舉廖平及王光棣、尹殿颺、戴光、吴雪棠、吴之英、胡從簡、周國霖、劉子雄，詞章則楊鋭、毛澂、胡延、戴光、周淡如、宋育仁、陳子元、范溶、吴昌基、崔映棠、劉子雄，朱亦與焉。

十月，始注《公羊》，一以《繁露》爲本，又據《白虎通》引《公羊傳》爲今本所無者，補百餘條。

十二月，作《續今古學考》自駁前説，謂周制全不可考，概爲孔子新制。《周禮》固爲僞託，即《左氏》之言《周禮》者，亦推例而得，以《周禮》同《王制》者多，異者不過數條，又無師説，故知襲今學而作，即《國語》亦是今學。又謂文王所演之《易》，即是孔子《繫辭》。劉子雄見《續今古學考》，謂不似經生語。

《井研藝文志》有《春秋圖表》二卷，《王制圖表》十卷，疑成于本年。此二書後經改併爲《春秋圖表》。《今古學考》下云：『《王制義證》中當有圖表。如九州圖、建國九十三圖、制爵表、制禄表。』《王制圖表》當即由此擴充者，今《春秋圖表》中猶存此數表，名目小異。

是年，廖平與劉子雄、戴光、周宇仁等過往甚密，見必談經論文。其談經多關制度之言，劉及院中人于廖説多否定而少許可。

光緒十四年戊子（一八八八），三十七歲。

是年，任尊經書院襄校。

二月，自家至成都，六月返家。

七月，自家赴德陽，爲德陽知縣陶聯三西席。過成都，與名山吴之英（伯朅，時任灌縣教諭）論學于尊經書院，深許其可，自此見人恒頌其學。

八月，成《公羊補義》十一卷，欲以《公羊》中兼采《穀》《左》，合通三傳，以成一家。戊子八月自序謂：『舊撰《穀梁注疏》，篤守本師。此編多采《穀》《左》以收闕義，傳所佚誤，別爲補傳，今通三傳以爲一家之言，意在折中聖經，輯補佚義，自比于巽軒。』又庚寅端午前二日自識云：『戊子作注，意在通三傳之義。己丑在粵，續有《左傳補正》之作。既三傳各自爲書，則《公羊》當自成一家，不必旁通于二傳，故删去通變之言，以爲墨守之學。易通變之名爲補證，庶可以告亡友劉舍人也。』

是年，成《知聖篇》一卷，附《孔子作六藝考》一卷、《闢劉篇》一卷、《周禮删劉》一卷。又成《公羊補義》十一卷。後《周禮删劉》附入《闢劉篇》，易名《古學考》。《知聖篇》《闢劉篇》爲經學二變的代表作。《知聖編》提要云：『平初作今古説，丙戌以後乃知古學新出，非舊法，于是分作二篇，言古學者曰《闢劉》，言今學者曰《知聖》。取宰我「子貢知足以知聖」之義。此編用西漢説，以六藝皆由孔子譯古書而成。（略）《詩》《易》爲百世而作。《春秋》書爲上考而作。由後推前，知制作全出孔子。宋以後專學《論》《孟》，故考證二書尤詳。或以六藝歸本孔子爲新創，不知莽、歆未出之先，無論傳記子史，皆以六藝傳于孔子，並無周公作經之説。故又編《孔子作六藝考》一卷，以證其實。』

冬，赴京應禮部試。此次取水道，《知聖編序》即作于黄陵峽舟次。張之洞時任粵督，電召赴粵，協助編纂《左傳疏》，以配清代十三經義疏。

江瀚（叔海）致書廖平，論《今古學考》。略謂：『今古各家皆誦法洙泗，殊途同歸，不宜妄分畛域，崇今抑古，造爲孔子晚年論定之説。康成之學，博大精深爲兩漢冠；囊括網羅，一洗前師之陋，正陳左海所謂通儒之識，豈可厚非？且所謂家法，即當時功令，彼欲邀求博士，自不能不篤守師説耳。又謂《王制》「簡不率教，屏之遠方」，及「泗洙不以聽」，皆非仁人之言，以爲今學之祖，尤所不解。』按此書十八年後廖平始見之，又六七年始作答。

光緒十五年己丑（一八八九），三十八歲。

二月，光緒帝始親政，以薛福成爲出使英法意比大臣。薛著《出使英法意比四國日記》。

四月，大挑二等，會試中第三十二名進士，房師張預，座主李鴻藻、崑岡、潘祖蔭、廖壽恒。以書『曆』作『歴』，罰停殿試，潘祖蔭力争之。廖平後來嘗言：『此次不犯磨勘，可入翰林。使竟入翰林，則戊戌政變，或將因楊叔嶠而遣戍也。』

六月，應張之洞召，赴廣州。途經天津，與王闓運相見。

七月，經蘇州，與俞樾相見。俞氏亟稱《今古學考》爲不刊之書，廖平語以已經改易，並三傳合通事。俞不以爲然，曰：『俟書成再議。』《吴虞日記》：『丈在蜀時，未敢自信其説；出游後，見王霞舉、俞蔭甫諸公，以所疑質之，皆莫能答，膽乃益大。』

七月，張之洞調爲湖廣總督，十一月莅任。

秋，至廣州，住于廣雅書局，以張之洞命纂《左傳》，始專力治《左氏》。在廣州欲刊《知聖篇》，或以發難爲嫌而止。東南士大夫因轉相鈔録，視爲枕中鴻寳，一時風氣爲之改變。

十月，張之洞聘朱一新主講廣雅書院。張又重申『風疾馬良』之誡。廖平在廣雅日，居室與朱一新、屠寄、陶濬宣諸人相鄰。一日，聞朱一新言：『講學問須自作主人，勿爲人奴隸。』因亟往問：『如何方能作主人？』以爲朱一新所言則仍爲奴隸之奴隸。

十月，友人劉子雄卒于北京，年三十二歲。子雄，字健卿，德陽人，戊子北闈舉人，官内閣中書。與廖平同住尊經近十年，多所切磋。工詞章，所著有《劉舍人集》及《日記》。

光緒十六年庚寅（一八九〇），三十九歲。

春，在廣州再度與南海康有爲相會。先是，康于沈子豐處得《今古學考》一書，引爲知己。至是，同黄季度過廣雅書局相訪，廖平以《知聖編》《闢劉篇》示之。康歸閲後馳書萬言相戒，指斥廖平好名騖外，輕變前説，急當焚毁，並要挾以改則削稿，否則入集。廖平答以面談，再决行止。後訪之城南安徽會館，談論移晷。康氏乃盡受廖平之學。

由廣州赴京補應殿試，得二甲七十名，賜進士出身。朝考三等，欽點即用知縣。以親老求改教職，部銓龍安府教授。

四月，潘祖蔭爲作《左氏古經説漢義補證》《公羊補義》兩序。

是年，成《左氏春秋古經説漢義補證》十二卷。廖平治《左傳》，著有《左氏古經説讀本》二卷、《左氏古經説漢義補證》十二卷、《左傳漢義證》二十卷，今存《左氏古經説義疏》十二卷。廖平以爲，從來言《左氏》者皆喜文采，詳名物，引以説經者少，因仿二傳之例，剌取傳中經解釋例之文，附古經下，引漢師舊説注之，略與傳别行。意在申明漢法，刊正杜義。又以《左氏》禮同《王制》，歸還今學，不用漢説。

五月四日，改訂《群經凡例》中之《公羊春秋補證凡例》二十四條。

七月，宋育仁爲廖平作《左氏古經説漢義補證》序。

秋，與宋育仁由水道返川。過蘇州，晤張祥齡。過湖北，謁兩湖總督張之洞，留連彌月，張又重申「風疾馬良」之言。歸家途中，聞江瀚得俞樾書云，康有爲《新學僞經考》已成書。康氏此書即本廖平之《闢劉篇》，而多失其旨。康書既出，天下震動，甫一年，遭清廷之忌，毁其板。

十月，潘祖蔭卒，年六十一歲。

是年，友人周國霖卒。國霖，字宇仁，新津舉人。在尊經書院時，穎悟冠儕輩，于廖平新説多所切磋。廖平初主今學無異説，古多異説。國霖以爲今多古少，廖平改從之。

光緒十七年辛卯（一八九一），四十歲。

春，赴成都，任尊經書院襄校，寓純化街王氏宗祠，未幾移與范溶同居。四月中，移入尊經書院。時山長爲邛州伍肇齡，同任襄校者爲陳觀潯。

六月，領憑赴龍安府教授任，往返月餘。

冬初，成《左氏長編》。先是，廖平約尊經同人就去年所作《左氏傳長編目録》分纂。冬初完成，由李岑秋、施焕將此稿並其他著作數種共四十册賫呈張之洞。

十月，增補《公羊補證》凡例十條。

十一月九日，父卒。廖平既奔喪，善化瞿鴻禨（子玖）來督川學，詢廖平近狀于尊經監院薛華墀，頗有欲聘其主講尊經之意。

是年，始專治《詩》《易》。成《中和解》二卷，自序云：『辛卯以後治《易》，專就本文推考義例，至于數十百條，辭義繁賾，編纂爲難，故先取中和例編爲此書。中和者，用《左傳》例，每爻變爲一卦，分長中少三局。以中卦十六合父母四卦爲中。長少三十二卦，合二卦爲一圖，故三十二爲十六圖，合長少父母八卦爲和。』

增《周禮删劉》八證爲十證。

康有爲講學于廣州長興里，《新學僞經考》刊行。

光緒十八年壬辰（一八九二），四十一歲。

二月，嘉定知府羅以禮聘先生主講九峰書院。廖平取《穀梁》舊稿重加修訂。時諸生除時文外無所知，廖平提倡樸學，治經者方有七八人。諸生中從學較久者，有李光珠、黄鎔、帥鎮華、胡冀、季邦俊等。

三月，因購書至成都，仍與吴之英同任尊經書院襄校。時尊經書院已非昔比，甚至有聚賭内院、放馬講堂者。廖平言其情于學政瞿鴻禨，加以整頓，頗有復興之象。以此遭忌，謗者亦衆。廖平在尊經日，命住院生領卷繳卷必親到講堂，以便講説題義及心得疑義。又命諸生作日記，一月一繳。住院生有三課不應者，即罰其膏火，以獎好學者。在院月餘，復同焦佩箴赴嘉定。

六月朔，始摘鈔《十三經注疏》，即名曰《十三經注疏鈔》。

六月二十一日，洪雅校官顧印愚因送考至嘉定，相與盤桓二十日。廖平囑顧爲子慶餘命字，顧字慶餘曰『師慎』，並爲詩以紀之。蓋廖平方以《左氏傳》授成學，而于漢師傳《左氏》者獨推重服子慎也。慶餘後來即以『師慎』爲名，而易字曰『慶餘』。

與新城王樹枏（晉卿）相見于凌雲山。王謂『《今古學考》啓人簡易之心，則經學不足貴』。（《經話》甲編）

十月，友人蕭藩卒。藩字西屏，仁壽人。與廖平及張祥齡、范溶交甚厚，嘗爲廖平刻《今古學考》《起起穀梁廢疾》《釋范》《分撰兩戴記章句凡例》。

成《杜氏左傳釋例辨證》四卷、《春秋左傳杜氏集解辨證》二卷、《五十凡駁證》一卷、《五十凡補證》二卷等書。今存《左傳杜氏集解辨正》一種。

是年，江瀚主講重慶川東書院。

是年，廖平始作《尚書備解》。是書創始于壬辰，成于戊戌。戊戌以後，致力于《詩》《易》者多。其《尚書》著作，除明文可考爲戊戌以後作外，當並歸入壬辰至戊戌數年中。《井研縣志·藝文一》有《尚書紀傳釋》十卷，以爲《尚書》傳説多在子史、兩《戴記》《逸周書》中。《尚書王魯考》二卷、《洪範釋例》二卷，以《洪範》爲全書通例，分别作表。《二十八篇爲備考》二卷，據《中候》十八篇之文，以爲經實祇十八篇。今文二十八篇，其中尚多分篇。又二十八篇各有取法，不能增損。百篇序與《毛詩序》同出僞撰，《書》先而《詩》後。舜事已包于《堯典》，當不别出《舜典》之名。《九共》即是《禹貢》，何容復重九篇。《大誓》乃《牧誓》之異名，《五子》非典謨之正體。且與《汝鳩》等四五十篇，名目不見引用。而《左傳》所引伯禽、唐叔諸名乃不登列，足見其僞。

康有爲始撰《孔子改制考》。

光緒十九年癸巳（一八九三），四十二歲。

正月，因與吴之英不和，辭尊經書院襄校職，薦南江岳森（林宗）繼任。岳森亦與吴之英不協。冬，岳森、吴之英均去職，廖平仍被委爲尊經書院襄校。

是年，井研知縣葉桂年延廖平修《井研縣志》，時清廷方修《會典》，詔求郡縣圖經。廖平以方旅食異方，又改訂三傳舊稿，乃薦吴季昌（權奇）、吴嘉謨（蜀猷）、董含章（貞夫）共事。

十月，湖廣總督張之洞奏設自强學堂于武昌。分方言、算學、格致、商務四齋，是爲官立分科學校之始。

是年，成《生行譜》二卷。此書爲廖平易學之初階。其書不用京氏八宫法，每卦内三爻爲生，外三爻爲行。一卦生三，故八别生二十四子息，八和生二十四子息。外卦則皆一人行，三人行于内爲客，故曰

『有不速之客三人來』。因取《左氏》爻變之例，每卦六變爻，每爻爲一卦，又六變合爲三十六卦。因編爲圖，縱横往復，悉有條理。按：此書現惟存《例言》一篇在《六譯館叢書》中。

又有《易象師法訂正》《尊卑大小釋例》二卷。又《井研縣志·藝文志》稱廖平著有《易例》十種，即：《十朋圖說》一卷、《序象繫詞》一卷、《六十四卦象補表》二卷（署曾上潮）、《易詩相通考》一卷、《貞悔釋例》二卷、《易通例》二卷、《上下經中外分統義證》二卷、《尊卑大小釋例》《中和解》《易字通釋》。又有廖承《三易正訛》二卷、廖師政《十翼疏證》四卷，皆廖平作。按：今存《貞悔釋例》二卷。

上張之洞書論《易》。謂聖人晚乃序《易》，《易》爲『六經』總源，又多斥前人爻變誤說。又答友人論文王作《易》書，力主經爲孔作，《十翼》爲弟子所述，以駁文王作《易》，孔子作《十翼》之舊說。

光緒二十年甲午（一八九四），四十三歲。

二月，以《易》一卦變七卦，與《春秋》合，始定州一方伯、七卒正。

三月，服闋，赴成都，就尊經書院襄校職。

門人汪兆麒（金坡）以縣丞分發湖北，因以《左氏漢義補證》及《尚書》稿數篇，命其賫呈張之洞。時《書》稿方成《帝典》《帝謨》《甘誓》《湯誓》《牧誓》，中統《戡黎》《微子》二篇，《金縢》、四嶽十二篇，名《尚書備解》。

四月，張之洞調署兩江總督。

是月，將《闢劉篇》改訂爲《古學考》。自序云：『丙戌刊《學考》，求正師友，當時謹守漢法，中分二派。八年以來，歷經通人指摘，不能自堅前説。謹次所聞，録爲此册。以古學爲目者，既明古學之僞，則今學大同，無待詳説。敬録師友，以不没教諭苦心，倘能再有深造，將再改訂。』此書所録改錯之師友，有伍嵩生、錢鐵江、周宇仁、陳錫昌、胡敬亭、胡哲波、楊静齋、董南軒、黄仲弢、李岑秋、劉介卿、康長素、蔣芰塘、楊静亭、王復東、范玉賓、張盟孫等十七人。

康有爲門人龍澤厚至蜀，以康所著《新學僞經考》《長興學記》見遺。廖平與康有爲書，略云：『龍濟之大令來蜀，奉讀大著《僞經考》《長興學記》，並云《孔子會典》已將成書。數萬寶塔，何其盛哉！二千年大魔煬竈，翳蔽聖道，經籍名存而實亡；得吾子大聲疾呼，一振聾聵，雖毁譽不一，然其入人心者深矣。後之人不治經則已，治經則無論從違，《僞經考》不能不一問，與鄙人《今古學考》永爲治經之門徑。』『昔年在廣雅，足下投書相戒，謂今、古學爲至善，以攻新莽爲好名；名已大立，當潛修，不可騖于馳逐。純爲儒者之言，深佩之。今足下大名震天下，從者衆盛，百倍鄙人，以子之矛，攻子之盾，久宜斂收，固不可私立名字，動引聖人自況，伯尼、超回，當不至是。按，康氏自號長素，即長于孔子之意；其門人陳千秋號超回，梁啓超號軼賜，麥華號駕孟，曹秦號越伋。如傳聞非虚，望去尊號，守臣節，庶不爲世所詬病也。』『又吾二人交涉之事，天下所共聞之。余不願貪天功以爲己力，足下之學，自有之可也。然足下深自諱避，致使人有向秀之謗。每大庭廣衆中，一聞鄙名，足下進退未能自安。淺見者又或以作俑，馳書歸咎鄙人，難于酬答，是吾兩人皆失也。天下之爲是説者惟吾二人，聲氣相求，不宜隔絶，以招讒聞。其中位置，一聽尊命：謂昔年之會如邵、程也可，如朱、陸也可，如白虎、石渠亦可。稱引必及，使命必通，得失相聞，患難與共。且吾之學詳于內，吾子之學詳于外，彼此一時，未能相兼，則通力合作，秦越一家，乃今日之急務，不可不深思而熟計之也。方今報館林立，聲氣相通，南北二宗，不自隔絶，其得失之效，智者自能知之。』

六月，日本據朝鮮，襲擊北洋水師。七月，清廷下詔向日本宣戰。日本連陷旅順、大連，威海衛、牛莊、榮城均失。

七月，給事中余晉珊劾康有爲「惑世誣民，非聖無法，同少正卯，聖世不容」，請焚《新學僞經考》。

九月，蒙文通生。

十月，孫中山在檀香山成立興中會。

是年，增《周禮刪劉》十證爲十二證。此書既出，張之洞、宋育仁屢以爲言，廖平持之益堅，幾至以干戈從事。

命門人纂録《春秋經傳滙解》四卷、《春秋比事》四卷、《春秋日月時例表》五卷，今均不存。

又撰成《詩圖表》二卷。此書圖表凡四十三，其中如《國風典制同春秋圖》《小統禹州表》《南北交通如二濟表》《東西往來如晉明夷表》，已主《詩》《易》相通，並及《春秋》《尚書》，已爲後來六變時《詩易合纂》之濫觴。

光緒二十一年乙未（一八九五），四十四歲。

正月，命李鴻章爲全權大臣，與日議和。三月，訂定馬關條約，朝野憤激。五月，台灣獨立，推唐景崧爲總統，不肯歸日本，旋敗。康有爲計偕入都，會馬關條約成，集合公車一千餘人上書，請拒和、遷都、練兵、變法。旋又上書請變法。

八月，在翁同龢等人支持下，由康有爲發起，侍讀學士文廷式出面組織强學會，入會者達數千人，陳熾爲提調，梁啓超爲書記員。嚴復作《論世變之亟》《原强》《救亡決論》《闢韓》各文，載于《天津日報》，大旨在尊民抑君，尊今叛古。張之洞見而惡之，謂爲『洪水猛獸』。

冬，辭九峰書院山長。廖平此數年間襄校尊經書院，並主講樂山九峰書院，常往來于成都、樂山之間。

十一月，張之洞還湖廣總督任。

十二月，命李鴻章爲致賀俄國加冕頭等專使大臣，並往德法英美諸國聘問。

光緒二十二年丙申（一八九六），四十五歲。

設帳于嘉定水西門某宅，從游者有李光珠、帥鎮華等，皆九峰書院門人。

正月，慈禧太后强迫光緒帝下令封閉北京强學會。

二月，作《論語彙解凡例》二十八條，其目爲：微言、受命制作、分類編纂、空言義理之誤、知聖、群經總例（《易》《詩》《書》《春秋》《禮》《樂》《孝經》《容經説》），包括九流、立教、文質、三統、素王素臣、商訂禮制、三公、周游聞政、觀人、及門、三德九德、譏時、改制、輯古説、附録集語、類記異同。又成《論語微言集證》四卷、《論語彙考》六卷、《論語集證》四卷。

五月，刑部左侍郎李端棻奏請自京師以及各省、府、州、縣皆設學堂，京師設大學。旨飭各省遵辦。

六月十四，與金鶴籌及門人王少懷、陳恪賓同游峨眉，作有《游峨眉日記》。廖平主以峨眉當西嶽，其言曰：『嶽以鎮州，今華乃在蜀數千里之外，又不與泰岱相對。就中國言，疑《禹貢》之華本指峨言。古幅員未廣，據目見以華當之，與以階文諸山當岷山同。若推考九州定制，則當今華爲嵩，而以峨爲西嶽，乃合經義。將來作《禹貢解》，用此説以俟采擇焉。』（《游峨日記》）

是年，成《經話甲編》二卷，收集十年間説經之語，其説不限于本年。前人説經之書，從無以『話』名者。廖平以經説體制尊嚴，瑣事諧語不便收録，因以『話』名，意取便俗。其中批評前人者，首爲據博士之説以證鄭君之誤；其次則亟言清人小學支離破碎之病，謂：『咸、道以前，但有小學，並無經學。』皆前人所不敢發者。

在樂山，王牧師贈《新約》，受而讀之。以爲耶穌教義不惟中土不得端倪，西人亦僅得糟粕。

梁啓超于上海辦《時務報》，並發表《變法通議》，盛倡民權之説。于是上海有農學會，廣東有粵學會、群學會、顯學會，湖南有南學會、校經學會，湖北有質學會，廣西有聖學會，陝西有味經學會，北京有知聖會，蘇州有蘇學會，及各地之不纏足會。嚴復譯英人赫胥黎《天演論》成。

康有爲著《孔子改制考》成。據《康南海自編年譜》，《孔子改制考》始作于光緒十八年壬辰（一八九二）。康譜于光緒二十二年丙申又云：『講學于廣府學宫萬木草堂，續成《孔子改制考》《春秋董氏學》《春秋學》。』光緒二十三年又云：『是冬，幼博在上海大同譯書局刻《孔子改制考》《春秋董氏學》《日本書目志》成。』而康有爲《孔子改制考叙》（作于光緒二十四年正月元日），言：『《孔子改制考》成書，去孔子之生二千四百四十九年也。』即光緒二十四年戊戌。蓋《孔子改制考》創始于光緒十八年，約完成于光緒二十二年，刻成于光緒二十三年冬，序作于光緒二十四年初。

光緒二十三年丁酉（一八九七），四十六歲。

春，家居致力于《易》。

三月，《湘學報》《蘇報》相繼設立，提倡改制變法。六月，長沙刊《湘學報》，揭素王改制之義。七月，張之洞電江標、陳寶箴糾正《湘學報》文字。電云：『《湘學報》宏通切實，擬發通省書院閱看，以廣大君子教澤。惟有一事奉商，《湘學報》卷首即有素王改制略，爾後又復兩見，此説乃近日公羊家新説，創始于四川廖平，而大盛于廣東康有爲。此説過奇，甚駭人聽。竊思孔子新周、王魯、爲漢制作，乃漢代經生附會增出之説，傳文並無此語，先儒已先議之。然猶僅就《春秋》本經言。近日廖、康之説乃舉謂六經皆孔子所自造，唐虞夏商周一切制度事實，皆孔子所定治世之法，託名五帝三王。此所謂素王改制也。是聖人僭妄而又作僞，似不近理。《湘學報》所謂改制或變法爲廖、康之怪，特議論與之相涉，恐有流弊。且《湘報》係閣下主持刊播，宗師立教爲學校準的，與私家著述不同，深恐或爲世人指摘，不無過慮。方今時局多艱，横議漸作，似尤以發明爲小，不倍之義爲亟。不指當時奉商可否，以後于《湘報》中勿陳此義，如報館主筆之人有精思奥義，易致駭俗者，似可藏之篋衍，存諸私集，勿入報章，則此報更易風行矣。』

夏，得宋育仁書，傳語張之洞告誡，不懌者累月。

秋，湖南巡撫丁寶箴、按察使黄遵憲、學政徐仁鑄、前學政江標及譚嗣同、熊希齡等，辦時務學堂，聘梁啓超爲總教習。梁、譚創南學會于湖南。善化皮錫瑞與譚嗣同、梁啓超等主持南學會講席，所爲講義，貫穿漢宋，融合新舊，尤助康、梁《公羊》改制之説。

十月，赴成都與宋育仁相見，宋再傳張語，仍曰：『風疾馬良，去道愈遠；繫鈴解鈴，唯在自悟。』並命改訂經説條例，不可講今古學及《王制》，並攻駁《周禮》，並謂『如不自改，必將用兵』。廖平爲之忘餐寢者累月。

十一月，與宋育仁書（即《與宋芸子論學書》），略云：『或以講今古學爲非，説《易》以主孔子爲大謬。並謂如不自改，必將用兵。間嘗考國朝經學，顧、閻雜有漢宋，惠、戴專申訓詁，二陳漸及今古，由粗而精，其勢然也。鄙人繼二陳而述兩漢學派，撰《今古學考》，此亦天時人事，非鄙人所能自主者也。初撰《學考》，意在分門别户，息争調合。及同講習四五年之久，知古派始于劉歆，由是改作《古學考》，專明今學。此亦時會使然，非鄙人所能自主者也。二者主于平分。李申耆、龔定庵諸先達，乃申今而抑古，則鄙人之説實因而非創也。』『夫兩漢舊學，墜緒消沉，鄙人不惜二十年精力，推而新之，且並群經而全新之。其事甚勞，用心尤苦。審諸情理，宜可哀矜。即使弟子學人，不紹箕裘，而匠門廣大，何所不容。』『自審近論雖新，莫非復古。若以門户有異，則學問之道，何能囿以一途。况至人宏通，萬不以此。反復推求，終不識開罪之所由。或以申明《王制》，則有妨《周禮》，不測之威，實源此出。』『今以遵鄭之故，强人就我，而不許鄙人以經説經，聽斷斯獄，亦殊未平允。』

又上張之洞書（即《上南皮師相論學書》），情詞較爲謙抑，但仍堅持己見，不願删改。略謂：『《今古學考》（略）不是古非今，亦不信今蔑古，初無流弊。惟古學久經盛行，今學不絶如縷，初謀中興，不得不畫分疆域。我不侵人，當謀自主。如古學主文王、周公，退孔子于十翼；今學則主孔子，以十翼爲弟子傳記。各守邊疆，古學殊不必奪人自主之權。』又曰：『《左氏》與《周禮》同義，故思治《周禮》，亦仿《左氏》之例先求攻之。故編十二證以求其病痛所在。（略）以爲非攻之竭其力，則治之爲不專。近年諸經已定，乃從事《周禮》，務舉平日之所攻擊雜駁萬不能通者，日求所以大同之。精思所至，金石爲開。近于九畿、九州、五等封諸條，皆考其踪迹，有以通之。（略）既將諸經統歸一是，則不必更立今古之名。是不言今古者，乃出于實理，非勉强不言而已。』『芸子傳諭云，不可講今古並《王制》，别以經題恒詢之。（略）專宗《王制》，議者久有異同，受業早思有以易之，無論何經，自有本説，雖非《王制》，而《王制》之制已在其中，不必别求助于《王制》。初欲以此接引後進，今盡改之。誠爲不言今古、《王制》，其立國也如故，非去此遂不足以自存也。』

十一月，館于華陽，成《左氏三十論》《續三十論》，意在匯通三傳。從敝麓中檢得樂山羅采臣（彦《鄉禮考》遺稿，囑門人資中郭景南潤色，後刊附《經話》中。

尊經書院爲刊《經話》甲編、《古學考》《群經凡例》《王制訂》《經學初程》《尊經題目》，合前刊《起起穀梁廢疾》《釋范》《兩戴記凡例》《今古學考》《公羊解詁三十論》《六書舊義》，名曰《四譯館經學叢書》。

作《五等封國説》《三服五服九服九畿考》。又作《五長禮制表》一卷、《十等禮制表》一卷。

輯《縱横家叢書》八卷。以爲吾國制義取士幾千年，致痺痿已極，因欲表彰從横，以救危亡。

宋育仁奉旨治四川商礦，兼任尊經書院山長，引廖平與吴之英爲都講。宋、吴等設蜀學會，並發刊《蜀學報》，廖平亦與其事。

十二月，康有爲上書請變法。

光緒二十四年戊戌（一八九八），四十七歲。

正月，資州知州鳳全聘主藝風書院講席，門人有陳國俊、陳國儒、郭樞威、李邦藩、李正文、胡翼、廖承銘、王肇光、隆鳳翔、駱成駫、古德欽、趙渭三等。

三月一日，在成都參加蜀學會成立典禮，會後列坐會講。臨會者有院長伍崧生、觀察羅星潭等。會中，一人樹義，以次質疑辯難。

是月，張之洞撰《勸學篇》成。書成，風行海内。大意在『正人心，開風氣』，提倡『中學爲體，西學爲用』。

四月，朝命各省改書院爲學堂。省會爲高等學堂，府爲中學，州縣爲小學。廿八日，康有爲以徐致靖之薦被召用。五月五日，詔廢八股取士之制，改試策論。于是開學堂，汰冗員，廣言路，改兵制，立商會。慈禧及親貴皆惡之。六月十八日，下詔定國是。康有爲、譚嗣同、楊鋭、劉光第、康廣仁、楊深秀、林旭、梁啓超勸光緒變法，行新政，廢慈禧太后。事爲慈禧所知。七月二十日，上諭楊鋭、劉光第、林旭、譚嗣同均賞加四品卿銜，在軍機章京上行走，參預新政事宜。八月，慈禧發動政變，殺譚嗣同、楊鋭、劉光第、楊深秀、林旭、康廣仁。康有爲逃往香港，梁啓超遁日本，光緒被幽于瀛臺。停止各省改設學堂，鄉會歲科試復舊，經濟特科罷。

秋，廖平在知州鳳全席筵上，聞北京政變訊，歸而語慶餘及任嶧曰：『楊叔嶠、劉裴村死于菜市口矣！』俯首伏案，悲不自勝。門人施焕自重慶急函至，謂清廷株連甚廣，外間盛傳康説始于廖平，請速焚有關各書。于是門人趙伯道將新成之《地球新義》稿焚毁。

十月，在藝風書院以『釋球』課同學，頗有切合，因彙集諸作編成《地球新義》二卷，即在資州先排印首卷十題。自序曰：『地球之説三百年矣，以新言之，何也？曰：言海舶廣輪則爲舊，引歸六藝則爲新。戊戌游學珠江，與二三群從論瀛海之廣，述舟車之力，歸而求之經傳，若有合焉，因分題論撰，各成一藝，共得百餘紙，合列傳、日記，用聚珍本排印。苦于貲，排印者得若干藝，五十餘葉，裝爲一册，名以《地球新義》。如續行合刊，則以此爲初編。竊積疑雖久，撰録不過旬月，知必缺略，不能盡發其藴，然嚆矢開前，後來踵事臻華，爲力甚易，海内通人知必有引而申之者矣。若以其無關經義，難歸實用，則鄒子瀛海之譚，昔人固早譏之。光緒二十四年孟冬月，四益主人序。』

是年，作《改文從質説》，刊于《蜀學報》。大旨謂改今日文弊之中國以從泰西之質。今日之事，貴在互相師法，我取彼形下之器，彼取我形上之道，然後各得其所。

是年，治諸子學。戊戌、庚子間，有《諸子凡例》二卷，《荀子經説新解》十卷，《老子新義》一卷附《化胡釋證》一卷，《莊子新義》四卷，《列子新解》四卷，《尸子經義輯證》二卷，《管子彙編今證》十卷，《公孫龍子求原記》一卷，《司馬法經傳新證》二卷，《陰陽彙輯》六卷附《凡例》一卷，《群經災異求微》二卷，《陰陽五行經説》四卷，以及廖成化《名家輯補》四卷，廖鵬《地形訓補釋》二卷附《八星之一總論説》一卷，雷謙《吕覽淮南經説考》四卷，鄢爔《九流分治海外考》一卷，曾上源《諸子出于四科論》一卷，董含章《家語溯源》四卷。于諸子之學亦先刊《凡例》，所列皆先秦諸子，入漢以後所收不過四五家。

戊戌、己亥之間，廖平既將《周禮》删改諸條陸續通解，乃定《周禮》爲海外大統之書。所作有《周官大統義證》六卷附《官屬表》一卷，《官禮驗推補證》一卷，《周禮兩戴大小統考》二卷，《大共圖考》二卷，《讀五禮通考札記》十卷。另有署名廖師政《古周禮説糾謬》二卷，廖成化《三禮駁鄭輯説》六卷，陳天榘《周禮紀聞》四卷。

又成《易經古本》一卷，附《十翼傳》二卷。又以爲孝主行習，無待高深，命及門采録傳記足相發明者，爲《孝經輯説》一卷。又欲編《孝經叢書》，列目十七種：《今文孝經注疏》《古文孝經注疏》《孝經釋文》《孝經舊傳》《孝經兩漢先師佚説考》《孝經緯注》《孝經儀節》《孝經廣義》《孝傳》《問孝》《曾子十八篇注》《孝經通禮》《孝經通論》《孝經附篇》《弟子職》《内儀》《古孝子傳》。又命侄師政爲《孝經廣義》二卷，門人曾上游爲《孝經一貫解》一卷、《孝經決事》《孝經大義》四卷、《孝經傳記解》四卷。

又欲恢復《容禮》，爲廖平經説大綱之一，作《容經解》一卷。命門人郭樞（季良）彙輯群經傳記言三德者，爲《三德考》四卷。

又作《祆教折中》三卷。上卷言中教主天，『天主』二字爲中外所同，所以化中人拘墟之見。中卷言聖經由一改三，分別儀度，不致一視同仁，毫無差等，即西書西事以相折，使西士知其教，外教雖有餘，比中教則不足。三卷論道儒宗旨大小不同，治全球不能專用儒法，道並行不相悖，以爲學教歸宿。並論回教、釋教皆外國因時治宜。道、儒乃詳政治，並以四科九流分別皇帝、王伯、大小。

又作《古今學考》二卷（一名《小大學考》），詳大統之説。所謂古今者，中國海外，上考下俟也。廖平以爲，先秦以前經説兼言海外，如《大戴禮》，鄒衍、群緯。博士如伏、韓，間有異聞。東漢以後，乃專詳海内。此篇上卷法古，下卷證今。搜采舊説，不厭詳盡。又曰：『或以孔子前知爲嫌，然《尚書緯》地有四游，鄒衍海外九州，《逸禮》之五方、五極，與今西説符合。（略）諸賢能知，又何疑于孔子。』（《井研縣志·藝文四》）

光緒二十五年己亥（一八九九），四十八歲。

二月，署射洪縣訓導，赴射洪。

四月，赴成都送考。時張之洞電召廖平赴湖北，廖平擬考畢往，不果。乃作一書並增補《地球新義》稿，命任嶧携至湖北獻之。張閲後以爲『穿鑿附會，趨時而作』，傳語『用退筆』。

五月，于前刊《地球新義》之外，又續得二十題，羅秀峰爲之再刻于成都。

六月，從成都歸井研。與吴蜀輶、龔熙臺、董南宣等共商《井研縣志》體例，並自撰各書提要備入《藝文志》。

十月，編録所著書爲《四益館經學目録》一卷，《廖氏經學叢書百種解題》四卷。編録始于秋間，至十月編録已定，乃爲之序，于二十年前爲學之變遷言之綦詳。

十一月，作《重刻日本影北宋鈔本毛詩殘本跋》，于治《詩》宗旨頗詳，略謂：『近來談瀛洲，論大統，大通《周禮》之説，乃知賦、比、興爲《國風》小名，即《樂記》之商、齊，如以賦、比、興爲僞，則《樂記》之歌商、歌齊亦爲劉歆羼補乎？』『《樂記》子貢問歌言，歌風、歌頌、歌大雅、歌小雅、歌商、歌齊爲六，亦與《詩》六義之數巧合。是賦、比、興爲《國風》分統之要義。不得此説，不惟無以解《樂記》之商、齊，而《國風》分應《三頌》亦無以起例，（略）特不可以三經、三緯解之耳。』『無思不服、思無邪、四海來格、海外有截，（略）皆爲帝道大統，是《詩》本義當爲九畿。』『以《尚書》傳箋據九畿、大九州以説《詩》，以今日論之，實爲正法。博士專據《禹貢》五服而言者，當非《詩》之正解。以宗旨論，傳箋固未誤也。』

《亞東報》十八號刊印紨室主人（章炳麟）《今古學辨義》一文，于廖平十年前舊説獻可替否，並深以防流弊爲言。

是年，成《周禮鄭注商榷》二卷、《翻譯名義》三卷、《王道三統禮制循環表》二卷、《四代無沿革考》二卷、《古制佚存》四卷，《論詩序》《續論詩序》《牧誓一名泰誓考》《十翼爲大傳論》《山海經爲詩經舊傳考》《忠敬文三代循環爲三等政體論》各文。又彙集尊經、九峰、藝風、家塾諸題，編爲《經課題目》二卷。《井研縣志·藝文二》提要稱其經學數變，遇有疑義，即標題以相考核。成書多而且速，實緣于此。擬作《博士會典》一卷、《海外通典》一卷。囑門人成都劉鼎銘撰訂《容經韻言》一卷、《婦容韻言》二卷。

自戊戌爲大統之説，截至本年，已成、未成之書，除已見前各種外，據《井研藝文志》及《四益館經學目録》所載，尚有《易經古義疏證》四卷、《詩緯古義疏證》八卷、《詩緯經證》二卷附《樂緯經證》一卷、《董子九皇五帝二王升降考》二卷、《顛倒損益釋例》二卷、《數表》四卷、《文質表》二卷、《詩經釋例》四卷、《學詩記聞》二卷、《説詩紀程》十卷、《詩易相通考》二卷、《學禮知新考》四卷、《大戴補證》四卷、《公羊先師遺説求真記》二卷、《三傳賸義》四卷、《三頌十五國託音取義表説》四卷、《諸緯經證》七卷、《經説求野記》二卷、《逸周書經説考》二卷、《皇帝三統五瑞表説》二卷、《五極風土古今異同考》四卷、《春秋驗推》四卷、《皇帝政教彙考》十卷、《釋周》一卷、《中外文質考》三卷、《海外用夏考》二卷、《全球古經政俗考》二卷、《帝系篇補釋》一卷、《魯齊學淵源考》二卷、《覺覺二篇》二卷、《三游紀略》一卷、《三傳事禮例折中表》三卷、《穀梁釋例》四卷、《孟子直解》七卷、《爾雅釋例》一卷、《經解輯證》六卷、《史記經説補箋》十卷、《前漢律曆志三元表説》一卷、《兩漢經説彙編》二卷、《禮三本補説》二卷、《太玄釋例》一卷、《大乙下行九宫説例》一卷、《天玉寶照蔣注補正》二卷、《疑撼經訂本》二卷、《地理辨正疏補正》二卷、《蔣注辨謬》一卷、《顛倒順逆釋例》一卷、《漢四家集注》八卷、《讀選札記》一卷、《雙鯉堂課鈔》一卷。

又命子師慎編《家學紀聞録》四卷、《家學求源記》二卷。《家學紀聞》所録有南皮、湘潭、邛州、錢塘、鐵江、徐山諸老之議論，江叔海、陸異之、周宇人、吴伯朅、岳林宗、楊敬亭、耿焕卿、楊雪門、董南軒、吴蜀尤、龔熙臺、吴叔籌之撰述，周炳煃、王崇燕、王崇烈、施焕、帥鎮華、李光珠、陳嘉瑜、黄鎔、賀龍驤、胡翼、白秉虔、彭堯封、李傳忠、羅煦、曾上源、李鍾秀、劉兆麟等之問難。外如《亞東報》《湘學報》《翼教叢編》，雖不爲廖平發，宗旨偶同，亦皆收録。《家學求源記》略仿《鄭志》，首標廖氏之説，次乃臚列經傳，子史、緯候、博士舊説以明之。序云：『求之今無一義不新，于古無一義不舊。』（《井研縣志·藝文四》）

是年，張之洞延通經之士纂《經學明例》。許同莘《張之洞年譜》：『按《經學明例》之作始于甲午前。門人廖平爲《左傳經例長編》，先撰數條以發其凡，而合川張森楷助之，先爲《史徵篇》，略采《史記》本紀、年表、世家各篇所用《左氏》之文及其解經之説，以折劉逢禄《左氏春秋考證》之妄。其有乖違，特申長義；必不可通，亦從蓋闕，意在申《左》，而以《詩》證之。見森楷所爲《合川縣志》。《易例長編》則屬之門人宋育仁。宋育仁在京，又屬王繩生、黄秉湘、曾鑒分纂。』

是年，山東義和團起。

光緒二十六年庚子（一九〇〇），四十九歲。

正月，送考至潼川。安岳袁顯仁、王心藏、李蔭濃執贄爲弟子，隨至射洪受業。

秋，自射洪歸省，適值《井研縣志》刊成，因爲之序。去年十二月，知縣高承瀛莅任，始促吴蜀輶等將《縣志》全稿筆削增減，以爲定本。今年四月開雕，至是工竣，廖平爲之序。又因《井研縣志》將付刊，廖平乃將歷年所著書編爲《四益館經學目録》一卷。又《縣志》提要及序跋皆出其之手，又命門人施煥、賀龍驤等將提要及序跋纂爲《廖氏經學叢書百種解題》四卷。

托爲門人作《答箌室主人書》。去年冬，箌室主人著《今古學辨義》，載《亞東報》。至是，乃托爲門人黄鎔、胡翼等作書答之。門人帥鎮華亦有《答箌室主人書》，于大統之説，言之較詳。然此書帥自言不出其手，與前書皆爲廖平自爲而托之門人。

八月，安岳聘主講鳳山書院。

十一月，成《齊詩驗推集説》十卷。此書初名《詩本義集説》，又名《詩經集説》《詩經取義》《齊詩徵緯義證》。以『齊詩』名者，蓋專宗帝德，以明大九州之義。注雜采傳記，用緯候，篇各立序，以發明編《詩》之意爲主。

是年，成《經話》乙集，收丁酉至庚子説經之語，專詳帝德。以《周禮》爲帝道專書，九畿諸公方五百里，鄭注地中赤縣神州，崑崙四極，皆爲大統而言。諸與《王制》異者，亦同《左傳》，皆爲原文。特其中間有記説之文。劉氏無所羼改，不過原文有散佚顛倒耳。又以《泰誓》即《牧誓》之異名，『十翼』出于傳經弟子，非孔子作。又據《史記》，儒家乃經生博士之專名，非孔子爲儒家。以儒家治中國，以道家治海外。道家乃《詩》《易》之遺意，專爲大統而言。《老》《莊》之小大各適，即《詩》《易》之小大往來、小大共球。歷考皇帝之文，以實《詩》《易》。六藝仍各爲一門，可以分劃。

湖南周文焕爲刊《穀梁春秋古義疏》，本擬並刻《公》《左》二存稿，未果。

據《井研縣志》，己亥之前所作之書尚有《詩文辭逆志表》二卷、《三家詩辨正》一卷附《毛證》一卷、撰《詩緯古義疏證》八卷、《詩緯經證》二卷附《樂緯經證》一卷、《皇帝王伯優劣表》一卷、《皇帝王伯統轄表》一卷、撰《博士會典》十卷、《海外通典》十卷、《董子九皇五帝二王升降考》二卷、《皇帝三統五瑞表》二卷。又近年讀史多所評論，義喜奇創，然不同苛文纖仄之習，蓋由經推史，自成一派。經住師政編爲《四益館史論》二卷。又有《四益館文編》十卷、《駢文》二卷、《師友跫音》八卷，均爲己亥以前之作。

是年，山東拳民以『扶清滅洋』爲名起事，焚教堂，殺教士。親貴載漪等招之至京，編爲義和團，殺日使館書記及德使。六月，八國聯軍陷大沽、天津，七月陷京師。慈禧太后擁光緒帝奔西安。十一月，與各國（德、奥、比、西、葡、法、美、荷、俄、日）議和。十二月，清廷下詔變法。

光緒二十七年辛丑（一九〇一），五十歲。

是年，在安岳鳳山書院，復兼任嘉定九峰書院山長，往來兩地。

三月，至安岳後，知縣陳鼎勛爲特建一室以處之，廖平顏所居室曰『談瀛精舍』。

是月，始以《楚辭》説《詩經》。以《楚辭》屈、宋與列、莊所學宗旨全同，騷爲詩餘，蓋實《詩》説先師，『舉《楚辭》以説《詩》，亦如《詩》《樂》諸緯，精確不移。』『大約除名物以外，所有章句言語，不出于《詩》，則出《列》《莊》。』諸篇皆以發明道德宗旨、風雅義例，歷舉《離騷》與《詩》相通之條。

五月十五日，重訂《知聖編》，即于安岳刻之。自跋云：『此册作于戊子，蓋纂輯同學課藝而成。在廣雅時，傳鈔頗多。壬辰以後，續有修改，借鈔者衆，忽失不可得。庚子，于射洪得楊絢卿茂才己丑從廣雅鈔本，略加修改，以付梓人。此册流傳不一，先後見解，亦有出入，然終以此本爲定云。』

是月，嘉定人以廖平説經過于穿鑿，控之于學政。

七月，清廷與八國訂立和約。詔行新政，設政務處，以李鴻章充督辦政務處大臣。兩湖總督張之洞、兩江總督劉坤一應詔會奏變法自强三疏。

八月初二日，清廷下詔，各省設大學，府、直隸州設中學，州、縣設小學，並多設蒙學，派遣學子出國留學。

十月，清廷詔從明年起，鄉、會試廢八股，改策論、經義。

是年，因《井研縣志》著録大統各書後，廖平復取其地輿諸説輯爲《大共圖》。政事、風俗、典章注《周禮》，名《周禮新義》，並推考義例注《詩》《易》二經。《周禮新義》又名《周禮皇帝治法考》，地官、夏官、秋官存稿殘缺不完。黄鎔《周禮訂本略注》即本其寫定之經文，而未用其注。又將舊作《王制》《春秋》兩圖表加以修補，統名《春秋圖表》。凡圖十，表二十，考一。

作《諸子宗旨》二卷。大意以孟、荀皆儒家，爲治中國之學。荀子言性惡，使人不驕傲，必須《禮》《樂》以自修，如禪宗之漸學，頗似程朱。《孟子》專言心學，推廣良知，堯舜可爲，如禪宗之頓悟，頗似陸王。實則學者成就，寬不可嚴。宋以下獨傳心學，積成一空陋無用之世界。若論寬猛相濟之義，《孟子》外宜以荀立學，不惟闢陳，且可化虛爲實。不唯與臨深履薄相協，且典章制度，漸學終勝于頓悟。至于貴民輕君，本儒家常義，非孟有而荀無。或乃因偶合西人，指孟爲大同，荀爲孽派。貴民輕君，《左》《國》實多其説，亦將指爲大同耶？（《家學樹坊》）

上張之洞書論《周禮》。略云：『竊自丁酉宋芸子太史傳諭：講求《周禮》，務須求通，不可攻訐。數年以來，專心致志，始悉《周禮》即外史所掌三皇五帝之書，兼治全球，與《王制》僅言中國方三千里者小大懸殊。鄭注訓周爲普遍，視《周禮》爲孔子皇帝政教之學，非周公之舊稿。故《大行人》帝幅，以九千里爲九州；大統皇幅，土圭之法以三萬里開方，得所依歸。昔日疑難，悉化腐朽爲神奇，一大一小，與《王制》並行不悖。且大地四游，升降三萬里，神州昆侖等説，鄭注早有明文。旁求古義，爲之疏解，不用《今古學考》舊説，以皇帝王伯分經，年内可以卒業。證以《詩》《易》，相得益彰。雖敵人炮利船堅，四面轟擊，自謂無隙可乘，洵乎爲天下之奇書，古今之絶作。然發凡指授，悉出裁成，奏凱旋歸，敢不布露以相告？又受業早年未定之説，爲外人所攘竊，變本加厲，流行失真；海内名宿，頗多指摘。《翼教叢編》等書，未能攻堅，反助其缺。特命兒子師慎編集《家學樹坊》二卷，以正其謬。獅子搏兔，顧無須全力。此篇一出，扶正學，挽狂瀾，苗雖似秀，不無真僞之分；盾不禦矛，庶免詿誤之累。現在《詩》《易》《周禮》六經皆已脱稿，餘者刊刻凡例，以俟後賢編纂。受業行年五十，從此不再治經，擬以餘力講求時務。以《周禮》五書十二教統括西政、西教，觀其會通一是，妙義紛披，得未曾有。目下西士傳教，爲中國一大患；孔教絶滅，《勸學篇》中之意焉。擬撰《祆教折中》三卷，近除中人仇教之患，遠引西士自新之途。既非援儒入墨，庶乎異道而同歸；血氣尊親之説，庶不致流爲虚談。謹呈序例、目録，伏乞鈞鑒。如其不乖于聖人，自可通行于中外。再呈全書，統祈斧削。西人政學各書，川中難購，每欲致力，其道無由。擬于到任後借差赴轅，盡讀新書，而領訓誨。稱心而談，頗嫌誇大；其言不讓，師席當亦莞爾而恕其狂愚。』

康有爲《春秋筆削大義微言考發凡》《中庸注》《孟子微》成。

李鴻章卒。

光緒二十八年壬寅（一九〇二），五十一歲。

在安岳。奉札代理安岳教諭。

四月，子師慎力疾補成《家學樹坊》二卷。此書宗旨：（一）辨明外間以素王改制爲有流弊之説；（二）斥標舉宋儒及帖括；（三）復興言語科以救時病。按，此書由侄師政編，子師慎補足。

五月二日，子師慎卒，年二十六歲。

是月，特授綏定府教授。冬，至綏定履新。安岳門人康映奎、何光國、張光博、劉正雅等均于是秋鄉試獲雋。

是年，成《知聖續編》一卷。廖平戊戌以後改『今古』爲『小大』，以《王制》屬王伯小統，《周禮》屬皇帝大統，于是經傳記載無不貫通。因本《詩》《易》再作《續編》。又以東南學者不知六藝廣大，倡言廢經，中士誤于歧途，無所依歸，徘徊觀望，不能自信。此篇之作，所以開中士之智慧，收異域之尊親。（《自序》）

宋育仁致書請與外國教友相約，研究道教真理，不立門户，不分主客。

因受佛教啓發，始知《書》盡人學，《詩》《易》則遨游六合以外。于是始創天人之説，因據以改正《詩》《易》舊稿。

九月，張之洞爲兩江總督。

康有爲《大同書》成。

光緒二十九年癸卯（一九〇三），五十二歲。

綏定知府聘廖平兼任綏定府中學堂監督。

二月二十二日，友人張祥齡卒于陝西大荔縣署。

三月，綏定舉人劉仕智摭細事控告廖平。

七月，刊《公羊春秋經傳驗推補證》于綏定中學堂。此書本名《公羊補義》，本年另創凡例，續有增補。凡例云：『守舊者空疏支離，時文深入骨髓。維新者廢經非聖，革命平權之風皆有深惡。』故是書于諸條詳加駁正，並附入《素王制作宗旨四十題》及《大統春秋條例》，乃易今名，又名《大統春秋公羊補證》。其以『大統驗推』名者，廖平以爲齊學恢宏，《公羊》與《齊詩》多主緯候，詳皇帝大一統，借方三千里之禹迹，寓皇帝規模，與今世界情形巧合，撥亂反正，小大相同。

擬編《則柯軒經學叢書提要》。

冬，四川學政吴郁生見《公羊補證》，遂以『離經叛道』附片揭參。奉旨革去廖平教職，交地方官看管。

十二月，日俄戰争在中國東北爆發，清廷宣布中立。

光緒三十年甲辰（一九〇四），五十三歲。

春，廖平在成都，下榻嘉定公學，勸葉秉誠舍史專經。

二月，由成都歸家。

三月十七日，母雷氏卒。雷氏爲井研世族，能識大體，撫育諸子，歷艱辛數十年如一日。于諸子極愛登樓及季平，常稱廖平爲『四先生』而不名。廖平事母亦極孝，愉色婉容，先意承志，如恐弗勝。偶聞噫噎，則惶恐無措。

五月，教授于距家十里之高洞寺，從游者有金碩甫、黄心绶、祝心魁、金庶咸、邵澄波、戴可經、范受生、廖明齋、廖宗彝、張敬修、廖叔武等十一人。

是年，編《群經大義》。張之洞《勸學編》憂慮當時有人倡言廢經，欲守約以存中學，其中列『經學通大義，切于治身心、治天下者謂之大義』爲守約第一條。《群經大義》『因以《白虎通義》爲藍本，略加排次，以應師命』（《群經大義序》），就《白虎通義》編爲《群經大義》，以應學校之急需。本書《凡例》曰：『今重訂目録，曰經總、曰書數、曰格致，以六藝爲主，爲修身；以《容經》爲主，爲小學；次倫理、次實業、次曲藝，爲中學以上，爲普通自治之學；次《王制》，爲法政學；次帝德、次皇道，爲高等大學。共分八門，分經分目，皆依是爲次。』今《群經大義》署名洪陳先編纂，實爲廖平托名。後又作《群經大義補題》附後，列《孝經》《春秋三經》《尚書》《周禮》《禮經喪服》《詩經》《樂經》《易經》《論語總論》等九項，『分經立題，以俟補撰』。此書爲廖平經學三變『小統大統』到經學四變『天學人學』過渡時期的著作，可窺廖平後期經學思想旨趣。

冬，上海成立國學保存會。

光緒三十一年乙巳（一九〇五），五十四歲。

仍授徒于井研高洞寺。

八月初五日，清廷以袁世凱、趙爾巽、張之洞、周馥、岑春煊、端方請，詔自丙午科始，所有鄉會試一律停止，各省歲科考試亦即停止。

八月，高洞寺諸門人赴省院試，因同赴省。在成都時曾與吴虞論學，于陳澧、王念孫、陳壽祺父子、陳立、孫星衍、張惠言、魏源、龔自珍、王闓運、康有爲、章炳麟，均有批評。吴虞記其言于日記，略云：『陳蘭甫調和漢宋，王湘潭謂之漢奸。近日朱蓉生（一新）、繆小珊（荃孫）即其一派。蓋略看數書，以資談助；調和漢宋，以取俗譽。《東塾讀書記》是也。又多藏漢碑數十種，以飾博雅；京師之爛派頭，大抵如此也。昔年游廣東，居廣雅書院室，與朱蓉生、屠京山（寄）、陶心雲（浚宣）諸人僅鄰。一日聞蓉生言，講學問須自作主人，勿爲人奴隸。因亟往問如何方能作主人。而蓉生所言，則仍奴隸之奴隸也。高郵王氏，惟談校勘，但便學僮，實不知學。故其所著之書，牽引比附，望文生義，絶不知有師説。俞蔭甫尚知《穀梁》一家喜用某字，王氏則不知也。陳左海（壽祺）父子（喬樅）所著書皆今學。陳卓人（立）所著書，有八分今學，二分古學；張南皮常囑予看卓人《公羊義疏》何如。予云：「專心講禮制，不知經例，以注《白虎通》之法注《公羊》，故凡傳中言禮制者，必詳征博引；至言經例處則承用舊説。」凡考據家不得爲經學家，真正經學家即當以經爲根據，由經例推言禮制。凡禮之條例，必由經而生，此乃爲專門經學。蓋十四博士所言，皆由經文而生，彼此不同。若不言經證，謂由經文而生之證也。但詳典禮，如説《公羊》而牽涉《詩》《易》舊説，則于本經爲贅説，每至矛盾矣。漢學乃惠、戴出死力探求而得者，如尋美洲之哥侖布也。清初諸老，皆宋學而參漢學者耳。清代今學，無成家者，孫淵如（星衍）以《今古文尚書疏證》合而爲一，此必不可通之説。晚年自悟其非，于是將原著《今古文尚書》中古文家説别提出爲一書，曰《尚書古文説》，而今、古文之説始分。陳左海父子則集爲《今文尚書歐陽夏侯師説考》，此本乃專爲今學。特其書又于文字專詳聲音訓詁，不知今、古典制之别。又其書但鈔古説，不能推考融爲一片，所謂明而未融。至于張皋文、魏默深、龔定庵，妄詆康成爲操、莽，實則于經傳少有心得。王湘潭于經學乃半路出家，所爲《春秋例表》，至于自己亦不能尋檢。世或謂湘潭爲講今學，真冤枉也。康長素本講王陽明學，而熟于廿四史、九通；蓋長于史學者，于經學則門外漢。章太炎文人，精于小學及子書，不能謂爲通經也。』（《吴虞日記》）

十月，河南巡撫奏設省城尊經學堂以保國粹。同月，清廷設立學部，國子監並入其中。

是年，上海創辦《國粹學報》。

日俄因争東三省利權，大戰兩年，日勝俄敗。東三省一切路礦、森林權利咸入日人之手。

清廷派員出洋考察憲政。

中國同盟會成立于日本。

光緒三十二年丙午（一九〇六），五十五歲。

二月，應九峰、尊經門人鄭可經、帥王佐、楊漢卿等邀請，至青神縣漢陽壩講學。在漢陽壩所命課題凡一百六十餘，大抵以天人小大之説爲多，其中有關時事及新出各書者，如《左氏古派法補》《輯荀子民權説》《春秋撥亂世今證》《孔子以前時勢略如今泰西考》《海外無宗廟議》《泰西各國官制異同表》《泰西姓氏學考》《西人政治學述意》《引法意支那諸條以釋春秋穀梁傳》《讀群學肄言分篇述義》《五大洲女俗通考書後》《天演論書後》等。

三月，清廷宣布教育宗旨：忠君，學孔，尚公，尚武，尚實。

是月，命門人編成《經學四變記》四卷。按，此書《自序》稱爲條例舊文，附以佚事。今本除初變、二變、三變、四變四文外，並無佚事，且非四卷，已非原稿。

四月，裁各省學政，設提學使。

是月，作《楚辭新解》，大旨以《楚辭》詳于上征下浮，專爲《詩》傳，其書在屈子以前，非屈子自作，屈子不過傳之而已。《漁父》《卜居》二篇指陳切實者，屈子自作，舊説全以爲離憂，皆屬誤解。

五月初二，回家過端午，節後赴成都。成都補習學堂王章祜監督聘廖平講經。廖平又兼任成都選科師範、成都高等學堂、成都府中學堂、成都客籍學堂、成都縣中學堂課程，共三十二點鐘。

七月，清廷宣布預備立憲。明年始定以九年之期實行立憲。改革官制，設資政院，諭禁鴉片，限十年内禁絶。

十一月，清廷升孔子爲大祀。

十二月，歸家。

是年，編成《群經總義講義》二册，以應學校之需。一册十六課，包括《雅言譒古》《論作述》《先野後文》《世界進化退化分經表》《大小六藝》《教育史》《開士智》《忠敬文三代循環爲三等政體》《禮失求野》《神權駁》《宗法非世族政治》《中外古今人表》《讖緯》《闕疑》《中國一人》《墨學道學均出孔子辨》。一册六評，包括《尊孔》《世界先野後文》（附《世界進化退化簡明表》）、《教化由小而大》（附《孔子前後皇帝王伯不同表》）、《論知行之分》《立德立功與立言之分》《俟後新經》（附《專經統各科學表》）。後附《左氏春秋十二要》《左氏春秋十論》《左丘明考》。

是年，作《大學平天下章説》《樂經説》《天人學考》《尚書周禮説集證凡例》。

是年，擬編之書有《蒙學修身課本》（專用《容經》）、《修身課本》（用《洪範》五事、六情、三德、六儀）、《經學王制課本》（兼用圖表，義例采《王制》凡例，古用《春秋》《尚書》經説，今用《會典》，間采西書，分經傳，用《王制訂》體例）、《山經天學釋例》（分象形、交通、祭典、巫祝、神游、降雲、天象）、《經學周禮課本》（分輿地、官制、西事、外交各門）、《西漢博士考》。

見于《四譯館書目》者有：《中國一人例》（就經傳所有心思耳目等字編爲此書）、《天下一家例》《釋射》《尚書疆域圖説》《道德真旨》（《道德發微》）、《天官書經説》《天學上下考》（《列莊上下釋例》）、《天人學考》（《小大天人學考》）、《經術由始皇始見施行考》（《戰國諸侯始行經術考》）等。

又輯《則柯軒叢書提要》，中分《靈》《素》《楚詞》《地形》《列》《莊》《讖緯》。輯《天學書目提要》，中分《易》《詩》《樂》、道、佛、鬼、神、《山經》《左氏》、圖書、符瑞。

是年，《廣益叢報》第二十五、二十六、二十七期連續刊登署名曾上珍、金銘勛、廖宗彝《代廖季平答某君論學》第一、二、三書。

是年，俞樾卒，年八十六歲。

光緒三十三年丁未（一九〇七），五十六歲。

正月，除母、妻喪，月底赴省。除仍在原任各校教授外，並在官班法政學堂、紳班法政學堂講《大清會典》。因取光緒二十九年重修本百卷摘爲四卷，名《會典經證》，以作講義，並草《會典學十要》。

五月，湖廣總督張之洞奏請以原經心書院故址改設湖北存古學堂。張氏以舊學既罷，學者不復知中國文字可貴，于是設存古學堂，以經史詞章爲主課，博覽子部學、算學、輿地學、外國史、政治、法律、理財、農工商實業、博物、理化諸學，爲通習課，人人須習體操，七年畢業。

是年，在選科師範講倫理，以近日課本非腐則謬，不足采用，乃自編《倫理約編》作講義。大旨在取外國先野後文之箴言，以合《公羊》撥亂反正之範圍。以孝、宗廟、扶陽抑陰、喪服、文字等爲題，每題次以十目。以爲：『欲明倫理學，雖知教化由小而大之理。』『俗解曰皇降而帝，帝降而王，王降而伯，教化由大而小。西人乃得以矛陷盾，謂中國孔子之教，由大而小，由文而野，所以日漸銷亡。』『今考古事，大抵此事當分爲二派，一曰史學派，一曰經學派。凡言上古、中古、近古之史事，亦如《黑蠻風土記》，此爲當日之實事。所言五帝三皇、堯舜三代，愈古愈文明，則爲經學派。蓋地球開闢情形，每州莫不相同。經説之皇帝，盡美盡善，較堯舜而猶有加者，此俟後之説也，世界初未有此文明。』『凡經皆創説，非古所有。』認爲中西倫理有彼此相同，不必損益者，勒爲西與經合各條。如：官天下、議院、知行合一、學堂分三級、地動天静、地球三萬里、音樂、重工重農、以腦主思、解剖、警察。

仿明黄道周《坊記集傳》之意，作《坊記新解》，用進化説，獨尊孔經，以撥全球之亂。

以舊作《春秋左傳杜氏集解辨正》付排印。是書又名《左氏集解辨證》《杜氏左傳集解辯證》《左傳集解辨正》，成于光緒十八年（一八九二），于光緒三十三年（一九〇七）、民國二十四年（一九三五）兩次刊刻，與《杜氏左傳釋例辨正》（又名《釋例評》）相輔而行。全書分上下二卷，釐爲十二篇，每公爲一篇，上卷含隱、桓、莊、閔、僖、文六公，下卷含宣、成、襄、昭、定、哀六公。爲針砭杜預以例説經之失而作，廖平認爲，東漢治《左傳》者于本傳義例所無之處，皆引《公》《穀》相證，而杜預力反二傳，譏漢師爲膚引，與范甯《穀梁集解》同。杜氏以『五十凡』爲周公舊例，不言『凡』爲孔子新例，以本傳明文斷新舊之别，既誤解《左傳》大例，又誤説文義，望文生訓。有鑒于此，遂于杜氏詮釋經、傳有未愜者，分別條録，指出其謬，悉加辯證。

作《朝議大夫張君祥齡曾恭人墓志銘》。

光緒三十四年戊申（一九〇八），五十七歲。

正月，由家赴省，仍任教各學堂、華陽縣中。補習學堂停辦。

二月初四日，皮錫瑞卒，年五十九歲。

五月二十二日，孫詒讓卒，年六十一歲。

秋，門人黄鎔成《經傳九州通解》一卷，用廖平之説，綴經中廣狹疆域之語，以《春秋》《王制》爲始基，以《尚書》《周禮》爲竟境，一名《春秋王制尚書周禮聖域大小考》。

成都府中學堂刊《左氏古經説》。廖平用作此校講議。按《井研縣志·藝文二》載《左氏古經説讀本》，提要謂『剌取全傳解經之説，别爲一書』，當時不加注，故衹二卷，謂之『讀本』。今略加注，故仍爲二卷，但非《左氏古經説漢義補證》原本。

八月，奕劻等奏進《憲法大綱》。十月，光緒帝崩，遺詔以載灃子溥儀入承大統，以載灃爲攝政王，尊慈禧皇太后爲太皇太后，旋崩。

宣統元年己酉（一九〇九），五十八歲。

是年，仍任教成都各學堂。

五月二十日，犍爲李源澄生。李于廖平晚年問學，爲廖氏關門弟子。

秋，提學使趙啓霖以廖平『三傳同出子夏』之説爲穿鑿附會，剥奪其教育權，遂停止各學堂課。或謂趙啓霖爲王闓運弟子，以廖説與王説參商，極不滿，致有此舉。（吴虞《六譯老人餘論》）章炳麟曾評此事云：『俗儒定其是非，考其殿最，何其倒也。余見井研廖平説經，善分今、古文，蓋惠、戴、凌、劉所不能上，然其餘誣謬猥衆，（原注：廖平之學與余絶相反，然其分别今、古文，確然不易。）吾誠斥平之謬，亦乃識其所長。若夫歌詩諷説之士，目録札記之材，亦多詆平之違牾，己雖無謬，所以愈于平者安在耶？充成都校師，發妄言，爲提學者所辱。或言平憤激發狂故然。若然，誰令平以經學大師屈身爲軨材下，縱後受賞，猶之辱也。平所説多荒唐，受辱則宜。然俗吏多不通方，異己即怪。曩令漢之杜、鄭，唐之劉知幾，宋之二程，以其學爲博士，亦乃爲主者所辱矣。所以名德之士，聚徒千人，教授家巷而不與辟雍、黌舍之事者也。由此言之，師者在官，作述在野，其爲分職，居然殊矣。』（《學林·程師》）

十月四日，東閣大學士張之洞病逝。尊經書院同學公祭，廖平獨痛哭，感相知之深也。

是年，成《尊孔篇》一卷。自序稱尊經四變，而尊孔宗旨前後如一。因散見各篇，尋覽爲難，乃綜核大綱，分爲四門：一曰微言，二曰寓言，三曰禦侮，四曰祛誤。分二十四題，著其梗概，並附略説數紙于後。

趙啓霖仿張之洞于湖北設存古學堂例，設四川存古學堂于成都，闢南門外楊遇春故宅爲校舍，延樂至謝無量任監督。

宣統二年庚戌（一九一〇），五十九歲。

春，携眷回井研，租小高灘蕭姓屋，庋書其中，時督家人翻曬。

撰《莊子新解》成。

十二月，清廷修正中學堂章程，分文科、實科。

宣統三年辛亥（一九一一），六十歲。

春，大病幾死。

尊經書院同學曾培（篤齋）任川漢鐵路公司總理，聘廖平任《鐵路月刊》主筆，因復至成都，居汪家拐，家眷同往。

四月，郵傳部尚書盛宣懷奏請鐵路收歸國有，四川士紳組保路同志會以反對之，罷市罷課。八月，四川總督趙爾豐捕爲首數人以禁之，清廷更命端方帶兵前往，激成民變。

八月十九日，革命黨人于武昌兵變，爆發武昌起義。四川繼之，設軍政府，蒲殿俊、羅綸任正副都督。旋蒲、羅均去職，尹昌衡繼任都督。軍政府設樞密院，廖平及諸暨樓藜然任正副院長。

冬，儀徵劉師培（申叔）至成都。劉從端方至川，端方在資州遇害，劉乃至成都，與廖平過從甚密。

四川軍政府設國學院，月出《國學雜志》一册，每周作一次學術講演。廖平、吴之英（院正）、劉師培（院副）、謝無量、樓藜然、曾瀛、楊光瓚、李堯勳、釋圓乘等均與焉。

十一月十三日，孫中山就任臨時大總統，以是日改用陽曆，爲民國元年元旦。

十二月二十五日，清帝遜位，袁世凱組織臨時政府，孫中山以和議成，讓位袁世凱。

民國元年壬子（一九一二），六十一歲。

是年，仍居成都汪家拐。

存古學堂更名四川國學館。謝無量辭館長職赴滬，劉師培繼任國學館館長，聘廖平主講經學。當時略仿尊經書院舊例，命學生作札記，每周繳閱一次，爲之批答。時吴之英、劉師培均住館中。師培好與廖平辯難，常至夜分，雖嚴寒不輟。

七月，教育部公布教育宗旨，注重道德教育，以實學教育、軍國民教育輔之，更以美感教育完成其道德。是年，教育部公布普通教育暫行辦法及各級學校令。

八月，蒙文通入四川國學院就讀，從廖平、劉師培問經學。

四月，成《人寸診比較篇》二卷。八月，又成《診皮篇》二卷、《診絡篇》一卷。

是年，授意門人李堯勳作《中國文字問題三十論》，先將題解刊于《國學雜志》。序略曰：『自有史以來，世界文字淘汰消滅不知幾千百種，獨中國六書字體行之最久且遠，異文羼雜，終歸同化。日本、高麗語言各異，同用漢字，日本屢議廢止漢文，卒不能行。乃生長于是邦，不究其本，輒附和一二歐人學漢文不便者，思變易之，遽謂歐西言文一致，易于科學，是豈然哉？』『中國六書形、聲、音畢具，望而即知，不必由音造，此大同文制也。至于方音，絶無妨礙。惟統一語言，審定音則，同趨官話，是當留意耳。』

劉師培與廖平書云：『《説文》伊從人尹，是阿衡以前本無伊字，《夏書》有伊洛，《禮》有伊耆氏，均出阿衡之前，當阿衡未尹天下之前，果爲何字？引而伸之，足爲尊著孔製六書之驗。又如「偰」字及「偓佺」二字，均爲以人名爲正詁，然必書取名之義，是知取名之義，字無正形；字有正形，因人而製，推之許書女部諸字，姬、姜皆水名，何字不從水而以女？厥例均同，亦足資尊説之助。』

作《中小學不讀經私議》。略謂：『古分大學、小學，小節小義，即《周禮》之六藝，大節大義，即六經。六藝爲海外普通科學，必小學通而後人格足。大學爲漢之博士，近之法政，所謂學焉而後入官者也。前清大學科目鈔自海外，幾全爲六藝小學。治科學確爲古法，經傳宏深，不適于幼童，因科舉而必責之誦讀，固爲失之，然傳記中有古小學專書，乃不分别，概曰不許讀經。童子無知，不自以爲程度不足，反倡言經不足學。讀經之效已見兩漢，至所以必令小學讀經者，以成誦貴在初年也。』

劉師培摘廖平《四變記》刊于《國學雜志》。《四變記》本四卷，即廖平丙午自序所稱，條列舊文附以佚事者。自摘刊本行，而四卷本遂佚。又《四變記》有三本，詳略不一，依例亦各殊：一四卷本，一已酉本，一未見。

是年，《四川國學雜志》第四號刊吳之英《寄井研廖平》長詩千餘言。序曰：『同進士季平廖平，井研人也，茂質灝氣，渾沌孤靈。與余同學十餘年，初治《春秋》公羊説，後兼明《三禮》，鋭思深入，輒撤藩籬，襲宧奥，據所有，作主人，叱喏指麾肆意焉，規切弗止也。漸有成書，恒自寶，不輕出。初刊例言，爲江南北、山東西學者傳誦，或徑述其法以撰説，是亦偏師横行者矣。英老矣，一卷空山，自鳴古趣，截截畸論，幸此年華，鬱久生情，懷吾故友，憾人事違異，離索邈深，不得抒肘張眉，長于紅鐙白酒間，辯覆短長，罄喜怒哀樂之意，長歌自遣，藉寄相思。知君罪君，故無忌爾。』並有『今文雖讓古文博，古文不及今文雅。倘能合勘俱可憐，縱然剖别已蹄筌。所以後師觀大略，至今密密二千年。篤生吾兄獨捷足，忽舞文法理舊獄』『每思君法我欲去，又憾我法君不與。擬革君法我用法，古人心情在何許』之句。

是年前後，潛心醫書，除攻駁《難經》、僞《脉經》外，于《靈》《素》中詳細推考，得古診法十二門，類經文而注之，以續秦漢之舊。有《古診法》十二種。自署楹聯曰：『燮理陰陽初諳人寸，掃除關尺進以皮膚。』

民國二年癸丑（一九一三），六十二歲。

二月，教育部欲統一國音，設讀音統一會于北京，召集各行省及蒙古、西藏、華僑代表出席。廖平及蔣言詩、王錫恩被推爲四川代表，由成都赴京。

旅京四川同鄉于湖廣會館發起歡迎會，請廖平講演，所講者爲孔學關于世界進化退化與小康大同之宗旨。大旨以經爲新作，所以俟後。帝王、周公皆屬符號，先小後大，先野後文。以駁經爲古史、專主退化舊説，並立《世界進化退化表》。民國九年門人黄鎔嘗爲之作箋釋，名《世界哲理箋釋》，收入《六譯館叢書》中。

北京人士又發起倫理會，延廖平定期講演，並擬本廖平之説編訂倫理教科書，發行《倫理雜志》。

在北京日，與康有爲書，時康在日本，仍望分工合作。略云：『憶昔廣雅過從，談言微中，把臂入林，彈指之頃，七級寶塔，法相莊嚴，得未曾有。巍然大國，逼壓彈丸，志欲圖存，别構營壘。太歲再周，學途四變，由西漢以追先秦，更由先秦以追鄒、魯。言新則無義不新，言舊則無義非舊。』『深望閲兵秣馬，分道守攻。大功告成，克副素志，敢不撰奉凱歌，歡迎大纛，亦世界未有奇樂耳。』

在京遇王樹枏，爲言對于文字主張，王氏以廖平持之有故，言之成理，然非有古用字母之實據不足以饜服人心。當時無以應。

四川國學院更名國學學校。夏，劉師培辭國學學校長職，偕妻何氏赴上海。

四月末，與江瀚在京相見，不及半日，又佳客滿座，言不及私。

六月初二日，作《答江叔海論今古學考書》。自序略云：『叔海作此書在二十五年之前，郵寄浮沉，久忘之矣。南北天涯，未及覆答，非敢有不屑之意。』于江書指《今古學考》妄分畛域、《王制》不應以放流之議歸之庠序，及博士家法不可考、鄭康成之學爲兩漢冠諸條，皆有所解答。

六月，重訂己亥所編《四益館經學叢刊目録》爲《四譯館書目》。因四變乃改『四益』爲『四譯』。

自壬寅始爲天人之説，至此時漸臻完備。《四變記》云：『天人之學，至爲精微，其精微分别之數，難以言盡。今就《戴記·大學》《中庸》列表以明之：《大學》爲「人學」，《中庸》爲「天學」。考《中庸》動言「至誠」「至道」「至聖」「至德」，于「聖」「誠」「道」「德」之上，别加「至」字，以見聖、誠、道、德，有「小」「大」「至」「不至」之分。考「皇帝之説」，每以「至」爲標目。《禮記》之所謂

「三無」,《主言》篇之所謂「三至」。故「人學」言「道」、言「誠」、言「德」、言「聖」。「皇」爲「天學」,人用其學而加「至」字以別之,所以見「帝」之有可加。「至道」「至德」,至極而無可復加,故謂之「至」。物極必反,一言「至」,則每與「小」者不同,如「至仁無親」之類。大約仁則親,仁之至盡則不親。「至」字一或作「大」,若《莊子》所謂「大智若愚」「大德無爲」「大孝不仁」是也。故「皇」與「帝」同言道德,而「皇」則加以「至」字。蓋「皇」與「帝」皆爲聖人名號宗旨,不能再加。同爲一等,又有優劣之分,所以天皇則加「至」字、「大」字①,以與人帝分優劣。至儒者不講「天學」,遂以聖人爲止境,于道家之所謂「天人」「至人」「神人」「化人」,皆以爲經外別傳,無關宏指。不識《中庸》言「至德」「至聖」「至誠」,《孟子》已言「神人」②,《荀子》已言「至人」,《易》言「至精」「至聖」「至神」「大人」。《中庸》曰「及其至也,雖聖人亦有所不知」「所不能」。明以見「聖人」之外,尚有進境。今故以經傳爲主,詳考「至人」「神人」「化人」「真人」「神人」「大德」「至誠」「大人」,以爲皇天名號,而以《靈樞》《素問》、道家之説輔之。以見聖人人帝之外,尚有天皇,此「天人學」之所分也。』『《春秋》言伯而包王,《尚書》言帝而包皇。《周禮》三皇五帝之説,專言《尚書》;《王制》王伯之説,專言《春秋》。言皇、帝、王、伯,制度在《周禮》《王制》,經在《尚書》《春秋》,一小一大,此「人學」之二經也。二經用史記體,深切著明,與《詩》《易》言無方體者不同。

---

① 大字:原作「大德」,據上下文意改。

② 按:《孟子》無「神人」一詞,惟《盡心》篇有「聖而不可知之之謂神」一語,「神」比「聖」高。蓋爲廖平所本。

亦如詞賦派、史記派。「人學」六合以内，所謂「絶地天通」「格于上下」，人而非天，故人神隔絶。至于《詩》《易》以上征下浮爲大例；《中庸》所謂「鳶飛于天，魚躍于淵」，爲「上下察」之止境。周游六漠，魂夢飛身，以今日時勢言之，誠爲力所不至。然以今日之人民，視草昧之初，不過數千萬年，道德風俗，靈魂體魄，已非昔比。若再加數千年，精進改良，各科學繼以昌明，所謂長壽服氣，不衣不食，其進步固可按程而計也。』

七月初，出京赴滬。與王闓運遇于天津。

八月，侄師政將所記存題目在《尊經題目》以外者，編爲《四益館經學穿鑿記》二卷。

八月二十八日，孔子誕辰日，孔教會在山東曲阜召開第一次全國大會，廖平與會，作講演，大意謂孔經言退化，實言進化之意，如倒景。文野進退標準，當以倫常爲主，不純在物質。

在上海，成《孔經哲學發微》一卷，付中華書局出版。該書分八個部分。一爲《尊孔總論》，認爲春秋以前字若繩紐，孔子正名，乃制六書翻經。二爲《撥亂》，認爲人服禮化，各有倫等，爲設六位以别禽獸，瀛土之士，未離質野，當廣孔氏之教，有以正之。三爲《務本》，認爲《大學》修身爲本，天下既平，精感神明，乃能止、定、静、慮，行先知後，與舊説異。四爲《流行》，認爲諸子九流皆出經術，各明一方，實非出乎二術。五爲《立言》，認爲六藝各有疆域，與時俱行，不徒爲中國取效朝夕。六爲《小大》，認爲《春秋》《王制》所以治中國，《尚書》《周禮》所以治海外。七爲《天人》，認爲六合以外，《詩》《易》主之，道釋之流，兹其由枬。八爲《宇宙》，認爲六緯所傳，天地成毁，來往變異，萬族之故，殊域遠鄙，播爲教學。其書有謝無量序。此書爲廖平經學的代表作。

冬，由滬返川。在宜昌遇王潛（字聘三），中江人，會試同年。相與談堪輿之學。

十二月，作《中外比較改良篇》。以爲尊孔保教，當就中外考其得失，不能各尊所聞，各行所知，否則立説雖極精微，敵乃入無人之境。又必須先舍去制義講章之腐語，心性道妙之懸言，專就日用倫常研究其利害堅脆。人有所長，不能負固不服；我有所長，又何必盡棄其學而學之。

是年，在上海得《聿修堂叢書》，其中有丹波元簡《脉學輯要》一卷，不以左右手分配臟腑，用隨診一手，不言寸、關、尺三部，不以脉象言病。廖平以其書于部位之誤一掃而空，爲唐以後未有之作。惟囿于《難經》僞法，以二十七名詞全歸兩寸，則立脉名之誤全在，因著《脉學輯要評》一卷。

友人顧印愚卒，年五十九歲。

民國三年甲寅（一九一四），六十三歲。

正月，赴成都，仍住汪家拐。四川民政公署長公署照會廖平接任國學學校校長。時學校半年無主，學生多星散，乃招新生以實之。所聘教員有曾瀛、陳文垣、羅元黼、黄鎔、季邦俊等。仍略仿書院之意，每日祇上課四鐘，學生須作日記。每季考課一次，科目爲《王制》《春秋》《尚書》《周禮》、國文、算術、地理，與部章所規定者迥異。學生不過數十人，惟圖書尚富，兼有尊經書院及存古學堂所置書數十萬卷。

二月，王潛自漢口致書論地學，附陳疑問十一條，廖平逐條答之。往來篇及問答，後合刊爲《地學問答》，收于《六譯館叢書》中。

秋，成《詩緯新解》一卷，黄鎔爲之補證。自序略云：『余十年前成《詩》《易》全經新注並疏，當時尚囿于大小學説，以《齊詩》多祖緯候，詳于天學，故于《詩》注題曰《齊詩學》。自丙午以後，天人之説大定，二經舊稿未及追改，亦不敢示人。自《尚書》《周禮》修改略備，《皇帝疆域考》陸續刊板，乃推及《詩》《易》，先于《楚詞》《列》《莊》《山經》《淮南》《靈》《素》，各有門徑，乃歸而求于

《詩》《易》，因請經華補證此篇，以示程途。』

八月，劉師培自京致書，以廖平『以經統釋』之説爲疑。廖平以昔年立『經統老釋』之説，曾鈔《子史精華・釋部》一卷，以明釋老相同之證，因再鈔一册遺之，命名《佛學考原》。

冬，成《楚詞講義》十課。此書本爲隨手編撰，供學校講授之用。大旨以《楚詞》乃秦博士作，《秦本紀》始皇卅六年，使博士爲《仙真人詩》，即《楚詞》。著録多人，故詞意重複，工拙不一，年遠歲湮，遺佚姓氏。及史公立傳，後人附會，多不可通。又僅掇拾《漁父》《懷沙》二篇，而《遠游》《卜居》《大招》悉未登述，可知非屈子一人作。而《漁父》《懷沙》因緣蹈誤，亦不過托之屈子。故《楚詞》本天學，爲《詩》《易》二經詩説序。又作《離騷釋例》一文，謂《楚詞》既爲大同之學，所有名物當以《莊子・齊物論》讀之，化不同以爲同，不復有美惡是非之見。又有《高唐賦新釋》一卷，以爲『高唐』即『高廣』，指天地，本言上征下浮。又當分爲二篇，序爲王言。『玉聞王』均當作『玉問王』。賦體爲一篇，宋玉所賦又爲一篇。

因范源廉、歐陽溥存、陸費逵之請，作《中華字典序》，主張與《文字問題三十論》同。惟因去年王樹枬之言，更舉出古用字母十六證。文中並斥主張以外國文譯經者，孔子翻經，必用雅言，六經六書相表裏經緯，絶非字母所能翻。如《易》之「乾元亨利貞」，《春秋》之『春王正月』『霣石于宋五』『六鷁退飛過宋都』，《書》之『曰若稽古帝堯』，《詩》之『關關雎鳩，在河之洲』，若以字母翻之，皆不能成語。吾國注疏傳説，解經即所以翻經，有此思想，同此文字，每經一條，雖數十百説而意義無窮，推闡不盡。海外無此名詞，無此讀法。先虚後實，以一二人單獨鄙陋之見翻經，與乞丐説皇帝無以異。

門人黄鎔爲增《漢志三統曆表》至民國十九年，共一統二十章，序而刊之。廖平十五年前嘗命子師慎編《漢志三統曆表》一卷。丙午，稿付黃鎔。原稿從東漢建武六年至于同治十三年。至是，鎔爲增至民國十九年。

因去年于上海得袁刻日本殘本隋楊上善《黃帝内經太素》，極爲珍秘。其書有《人迎脉口診篇》，言其與素所持論相合，因取舊作《人寸比類篇》，先列楊注，注不足則補以己意。《内經》之外，別立仲景、叔和、《甲乙》《千金》《外臺》五家比類表，以明《難經》出于叔和之後，更名《人迎脉口診補證》。舊作《診皮篇》，因《太素》卷十五有《尺診篇》，廖平以爲『尺』爲『皮』字誤，亦先列楊注，後録己說，兼正其誤說，更名《診皮篇補證》，以《仲景診皮法》《診皮名詞解》《釋尺》三種附之。

又成《診絡篇補證》二卷、《分方異治篇》一卷、《營衛運行補證》一卷。三書皆引楊注，補以己言。又成《難經經釋補證》二卷、《脉經考證》一卷、《靈素五解篇》一卷。以爲《難經》爲齊梁以後人所僞作，與高陽生《脉訣》同出一手，立意專診寸口，除診法一難至廿一難外，皆隨意雜湊。又以今本《脉經》尚有古法，其與古法違異者，乃全出《難經》與僞《脉經》五卷。《脉經考證》列爲一表，真者爲一類，真僞相雜者爲一類，僞者爲一類。

是年，作有《清湖北勸業道鄒君墓志銘》《清胡敬修先生暨德配彭夫人七十雙壽序》。

是年，第一次世界大戰爆發。

民國四年乙卯（一九一五），六十四歲。

在四川國學學校校長任。爲學生講授《傷寒》。又講《戰國策讀法》，仍爲表彰縱横、重視培養外交人才之意。重刊唐梓州趙蕤《長短經》中《是非篇》。

春，蒙文通作《孔氏古文說》，辨舊史與六經之別，廖平嘉之，刊于《國學薈編》第八期。

是年，成《地理辨正補證》四卷、《撼龍經傳訂本》一卷，均黄鎔爲之注。以治經之法治勘輿，仿《王制》《周禮》訂本，分經、傳、説三等級，舉大綱以張細目。按，此兩書見于《井研縣志·藝文四》，當時名曰《天玉寶照蔣注補證》及《疑撼經訂本》，托名董含章作。原爲廖平手批本，至是年始由黄鎔補成。

門人黄鎔補葺《書經大統凡例》六十八條。光緒丙午廖平在青神漢陽壩，曾本《周禮》證合《尚書》之旨，口授門人鄭可經，爲《書經大統凡例》，至是復由黄鎔加以補葺。

成《内經平脉考》，合《靈樞·本藏篇》《師傳篇》《通天篇》《陰陽二十五人篇》《論勇篇》《衛氣失常篇》《素問·血氣形志篇》，爲王典楊注卷，以馬注及丹波《素問注》，又補以己意。又成《平脉考》五卷、《三部九候篇補證》二卷。又作《素問靈臺秘典論新解》，以天下一人例之義説之。

重刊隋楊上善《黄帝内經太素》，後附《黄帝内經明堂》及清黄以周《黄帝内經明堂序》《舊校太素經校本序》《黄帝内經》《九卷》《靈樞集注序》《黄帝内經素問重校正序》。又以黄氏《九卷集注》《素問重校正》兩書均無傳本，擬仿黄氏例爲《靈樞隋楊氏太素注本》《素問隋楊氏太素注本》。其佚者據宋《新校正》所引《太素》及楊注佚文，依《靈》《素》原目分卷補入，以成完書。其中雜有後人校語者别録之，鈔寫脱誤，略爲考證。

友人譚焯（灼庵）藏日本康賴《醫心方》三十卷，爲宋太宗時卷子本，廖平借鈔之，以鈔本存學校中。又因《醫心方》引《千金方》不引《翼方》，斷爲二書非孫思邈一手所作。

命孫宗澤將《靈》《素》中言鍼脉病名篇彼此解釋者，彙爲《工解篇》一卷，附《瘧解補證》。蓋以《素問》以『問』稱，與《服問》《三年問》《曾子問》同例。《靈》《素》篇以『解』名，亦訓釋之取義。本書自相解釋，不必人之分篇作注。

是年所作文還有《楊少泉夢語序》《四川圖書館書目序》《清授榮禄大夫江蘇候補道賀君暨元配謝夫人合葬墓志銘》《省建秦蜀郡太守清封通佑王廟碑並頌》。

是年春，日本向我國提出二十一條。五月七日致最後通牒，迫我承認。冬，袁世凱將稱帝，以明年爲洪憲元年。蔡鍔自雲南起兵討之。

民國五年丙辰（一九一六），六十五歲。

在四川國學學校校長任，兼任華西大學國文及文學史教授。

二月，袁世凱被迫取消帝制，廢洪憲年號。護國軍興，各省響應。六月，袁世凱卒。黎元洪繼任大總統，民國復建。

四月，成《大學中庸演義》一卷。以《大學》爲皇帝學，專在治平，功用從修身始，不應于修身前加入正、誠、格、致四級。宋元學派困于格致，以七日格庭前竹，十年去一『矜』字不得之類。終身不至修齊，何論治平？欲講《大學》，不可不以天下爲志。欲知治法，不可不分先後。一言已明，不必求虚索隱，泛濫蒙混，以童蒙、物理、方名等事責之德行。『格致』如今西人科學，乃古蒙書專書，技藝仕宦，初不主之。舊説之誤，在以『格致』爲入德之門，成人之學，言行本末相反，正中顛倒之弊。今于《大學》既以修身爲主，不用宋人、西人『格致』之説，又以治國爲本，平天下爲末。所有修齊，皆屬比喻，化五爲三，直不啻化三爲一。

六月，黄鎔補編成《皇帝疆域圖表》，共爲四十二幅圖表。廖平己亥以前曾有《大共圖考》之作，未成。以後似續有增補。甲寅刊其三圖，以餘稿命黄鎔編輯，鎔每編成一圖，輒用作國學學校講義，至是卒業，共得四十二圖。每圖鎔皆詳爲解説，大統疆域，粲然大備。

九月廿六日，王闓運卒，八十五歲。

十一月初，尊經書院同人設奠于書院舊址，廖平爲文祭之，有曰：『文襄以鄉土之誼，祖述河間，專崇姬旦，中年從政，遂輟仰鑽。承襲舊聞，老而彌篤。嘗命撰《左氏長編》，既據作傳，不能不主聖修，非其本意，終弗善也。夫子以餘力箋注群經，提倡微言，主張董、何。西漢師傳，千鈞一髮。他編宗旨，雖不必盡同，若《公羊》一家，信爲偉業。無傳而明、日月不蒙諸條，至爲精審，莊、孔尚未窺其藩籬，餘子更目鄶無譏。受業造膝摳衣，頗與機要，避火畫水，投荒《穀梁》。石渠重光，無復知有魏晉。關中既建，大難以次削平。卌載專精，用分一絶。小隊偏師，逍遥河上。不敢摹擬《騷》《選》，自比淵、雲。侵犯神嚴，知難識小，自由才薄耳。（略）受業以蕞爾介居兩大，時論紛然，頗有同異。特妾婦之道，從一而終，轉益多師，古所不禁。況儒生傳經，亦如疇人製器，秘合差離，久而後覺。使必株守舊儀，禁新法，專己守殘，殊非師門宏通之旨。又凡真賞過喜，每多溢辭，難拘常解。割鷄本屬戲言，非助亦爲，甚至鳴鼓之命，取瑟之歌，亦别有微旨，否則天視之慟，比于庶幾。而何皇望文，屢見排于門外，學者即屬非賢，教者何以自聖？以古準今，其則不遠。』吴虞記廖平嘗評闓運云：『湘潭于經學乃半路出家，所著《春秋例表》，至于自己亦不能尋檢。世或謂湘潭爲講今學，真冤枉也。』（吴虞《六譯老人餘論》）

是年，成《診筋篇補證》一卷（附《十二筋病表》）、《診骨篇補證》一卷（附《中西骨格辨正》）、《仲景三部九候診法》二卷。廖平力主復古診法，以《内經》每以皮、絡、經三部九候診經脉。筋、骨淺深層次，分屬藏府及邪風傳移，最關緊要，故次第成《診皮》《診絡》《三部九候》《診筋》《診骨》及《人迎脉口診》《分方異宜》《内經平脉》《營衛運行》各篇，名《古經診法九種》。

民國六年丁巳（一九一七），六十六歲。

在四川國學學校校長任，兼任成都高等師範學校諸子學教授。

冬，辭國學學校校長職，宋育仁繼任。

是年，門人季邦俊補成《春秋三傳折中》一卷。廖平初解三傳，分疆畫界，一字不苟，積久貫通，乃作《春秋經傳滙解》，于異文先《穀》，次《公》，次《左》，三傳平列，不主一家，略采舊説，辨其異同。舊作《三傳異同四表》，首事實，次典制，三義例，四存疑，尚不爲三傳作調人。後來又有《三傳事禮例折中表》三卷，則直以平三傳之獄爲己任。當時似未成書，季邦俊乃就原稿加以整理並爲之注，以充學校講義。惟不惟分事、禮、例三門，似較原本爲簡。廖平嘗謂：『六經有小大天人之分，三傳無彼此是非之異。宏綱巨領，靡或不同，文字偶殊，不關典要。』（季邦俊序）

門人黄鎔據廖平《周禮定本》爲之注而刊之，名《周禮訂本略注》，與《書經宏道編》互相發明。成《傷寒古本考》《平脉法砭僞平議》《瘟病平議》《傷寒平議》《傷寒總論》《傷寒講義》《桂枝湯講義》。

是年，王先謙卒，年七十六歲。王先謙（一八四二—一九一七），字益吾，學人稱葵園先生。湖南長沙人。著名學者、湘紳領袖。曾官國子監祭酒、江蘇學政，湖南嶽麓、城南書院院長。校刻《皇清經解續編》，並編有《十朝東華録》《漢書補注》《後漢書集解》《荀子集解》《莊子集解》《詩三家義集疏》《續古文辭類纂》等。所著還有《虚受堂文集》等。

是年，張勛擁清帝復辟，旋爲馮國璋、段祺瑞驅逐，馮代總統。廣州非常國會舉孫中山爲大元帥，下令北伐。

民國七年戊午（一九一八），六十七歲。

正月，井研同鄉熊克武繼劉存厚爲四川總司令，楊庶堪任省長。廖平仍任高等師範課。

七月初，自成都偕門人鄭可經、季邦俊、侄師政歸井研析産，生平産業略盡。鄭可經曾欲爲廖平作年譜，已以一册子列干支年歲，仍未作成。

七月十九日，復至成都，教授高等師範。復任四川國學學校校長。

八月，四川國學學校更名四川國學專門學校。先是，四川存古學堂第一班學生于民國二年夏肄業期滿，教育部以不合部章，僅允以中等學校資格畢業。至是，因學生之請求，省署乃照專門學校章程改組國學學校，設文、哲、史三科，以經費缺乏，史學科暫緩設。咨部立案，更名四川國學專門學校。

十二月九日，侄師政卒于國專校，年五十二歲。時師政任省議員，寄寓校内。師政侍廖平極久，平頗爲悲痛。

十二月，孫宗澤畢業于四川國學專門學校。

是年，門人黄鎔推本廖平之説，成《尚書宏道篇》《中候宏道篇》。均不分卷，二書合《書經大統凡例》統名《今文新義》。本名《尚書緯説》。廖平以爲，《璿璣鈐》云：『孔子删經，以十一篇爲《尚書》，十篇爲《中候》。』尚者上也，上論帝王，有法古之義。候通侯。《開元占經》引作『中侯』，『中侯』謂『中鵠』。經立正鵠，以待後聖射中，有俟後之義。于《尚書》十一篇以《皇道》《帝典》《帝謨》《禹貢》《洪範》五篇，爲一皇四帝。《甘誓》《湯誓》《牧誓》爲三王。《高宗肜日》《西伯勘黎》《微子》爲殷三公二伯。于《中候》十八篇，以《顧命》《甫刑》《文侯之命》《鮮誓》《秦誓》爲周五篇。《顧命》居中，餘四篇如四岳，與《典》《謨》《貢》《範》相應。以《雒誥》《盤庚》《呂覽》《史記》説周用盤庚法，故《盤庚》稱誥，爲《周書》。《大誥》《康誥》《酒誥》《梓材》皆『王曰』，爲一類，爲成王六篇。《雒》居中，《盤庚》五方中央皆備，爲《大戴》之六府，餘四方四誥。以《金縢》《君奭》《多士》《多方》《召誥》《立政》《毋佚》七篇皆『周公曰』，爲周公七篇。《孟子》『周公兼三王，施四事，統四方、天地人爲七政』，即七篇舊義。《皇道》篇者，分《帝典》『乃命羲和』五節爲之，以當二十九篇之數，不取晚出《泰誓》之説。據各篇目注。每篇又分序、經、傳、記、説分寫之。

是年，將舊所批《禮記》付刊，名《禮記識》，凡二卷。又將舊作《易説》一卷付刊。作《唐珍廷先生八十晉一讌集序》。珍廷爲省議長唐宗堯之父，文中于古議院制言之甚詳。

廖平五變之説至是而備。其于六經分天人、大小，與《四變記》同而較爲詳備。歸重于六經皆孔作，孔作六經，必須造字。自撰《五變記》，黄鎔又爲之作《五變記箋述》。以爲六經皆孔子所作，凡經傳所稱引堯、舜、禹、湯、文、武、周公、帝德、王道、伯功，皆孔子一人之事。用以俟後，乃新經，非舊史。譯新經必須雅言，乃創爲六等文字。自劉歆顛倒五經，謂以五經爲古已有之，僞造三代鼎彝，于是孔子以前乃有六書文字，乃有六經，于是六經乃爲帝王陳迹。六經之爲新經，孔子已爲作爲述。舊史關鍵全在六書文字之是否孔作，孔子以前是否字母書。數年來搜討，證據繁複，説乃大定。

吴虞極推重廖平，然不敢聞其近説，是時教授國專，曾以自述命題，謂學生曰：『言文史心得均可，慎勿闌入廖先生學説也。』

成《傷寒古本訂補》，刊《傷寒雜病論古本》三卷。

民國八年己未（一九一九），六十八歲。

任四川國學專門學校校長。

一月十八日，第一次世界大戰的戰勝國（協約國）和戰敗國（同盟國）在巴黎凡爾賽宮召開和平會議，重新瓜分世界。

三月十七日，在家薙頭，晚餐時忽失箸，聲瘖掌攣，隨即昏迷，逾時始甦，十日後飲食漸復。自是以後，言語蹇澀，以半身不仁，行動眠食均非人不舉，寫作惟恃左手，然仍不廢著述及講授。當講時，常命孫宗澤書其稿于黑板，略説數語，語不清晰，則宗澤間爲翻之。

四月三十日，巴黎和會將德國在山東的權益判交日本。五月，北京各大學學生爲山東事件發生五四風潮。

十月底，聞政府有延請黄侃（季剛）來川作國專校長之説，國專學生劉慕山等藉以攻擊廖平，因函省署請辭，未准。乃懸牌不理校事。

劉師培卒，年三十六歲。

民國九年庚申（一九二〇），六十九歲。

春，復任四川國學專門學校校長職。

二月，孫宗澤入法文學校，廖平謂爲棄其所學而學之，阻之，不聽，怒甚。

秋，鈔《大學新解》。

民國十年辛酉（一九二一），七十歲。

任四川國學專門學校校長職。

二月初九日，廖平生日。門人黄鎔、楊虓、李光珠、黄炳彝、郭述皋、劉泌子、賀龍驤、王世仁、王志仁、胡淦、黄龍江、帥鎮華、周濂洸、李堯勳、季邦俊、鄭廉生、孫爾康、唐温源、李沅、陳國儒、帥正邦、鄭可經等爲文以壽，黄鎔執筆，于其四十年中學説變遷言之頗詳。

十月，柏毓冬作《六變記》，就黄鎔壽序而略有删補。是年，六變説成，易號六譯老人。將平生著作已刻者編爲《六譯館叢書》，統由存古書局印行。欲將《叢書》再付中華書局出版，藉資廣布，中華以卷帙太重謝之。嗣又以周刻《穀梁古義疏》似已絶版，擬但印此一種。已有成議，因加重訂，略增近來新義，並命門人趙遵路校之。

冬，門人柏毓冬、徐溥等創設國學會課，推廖平及宋育仁主之，應課者千餘人。

是年，廖平嘗云：『爲學須善變，十年一大變，三年一小變，每變愈上，不可限量。變不貴在枝葉，而貴在主宰，但修飾整齊，無益也。若三年不變，已屬庸才，十年不變，則更爲棄才矣。然非苦心經營，力求上進者，固不能一變也。』

嚴復卒，年六十九歲。

民國十一年壬戌（一九二二），七十一歲。

任四川國學專門學校校長職。

閏二月，作《文學處士嚴君家傳》，文中言以《内經》説《詩》《易》之故。

命孫宗澤纂集《莊子》、緯書中言孔作六經之文。嘗見宗澤讀龔定庵詩，曰：『此打油詩也。』

四月，國專發生學潮，驅教員，改科目。斥退爲首學生魏大猷等十四人。

閏五月，作《伍非百墨辯解詁序》。以爲《墨辯》即名學，孔子『必也正名』，即指此。

七月，辭國專校長職，駱成驤繼任。四川省政府每月致送廖平著述費一百元。

是年，作《何俶尹六十壽序》。

民國十二年癸亥（一九二三），七十二歲。

二月二日，偶不慎，跌傷後腦，流血甚多，旋愈。

五月，孫宗澤回井研，令將《公羊補證》中與革命有關之文字録出，作爲《外編》，未果。宗澤近來頗受新潮影響，廖平謂其擇術不正，恐致沉淪。

民國十三年甲子（一九二四），七十三歲。

三月，成都佛學社延廖平講演《詩》《易》，于是以近年《詩》《易》稿作講演稿，付佛學社排印，名《詩易合纂》。

九月，女幼平、子成劼、孫宗澤至成都，迎廖平回井研。

十月，門人黄鎔卒。

是年，嚴式誨（穀孫）重刻《穀梁古義疏》。

《東方雜志》廿一卷十二號載梁啓超《清代學者整理舊學之總成績》一文，于廖平著述僅及《公羊》，並言其誕怪，謂康有爲《新學僞經考》爲青出于藍。

是年，作《董貞夫墓志銘》《陳師長四十壽序》。

國民黨在廣州組織國民政府，發表《建國大綱》《三民主義》《五權憲法》。

民國十四年乙丑（一九二五），七十四歲。

三月，國民黨總理孫中山病逝。

重訂《知聖編》。

蒙文通作《議蜀學》一文，刊于《甲寅》第一卷二十一期。

熊克武被拘于虎門，廖平與趙熙聯名致電國民政府營救熊克武。時熊以卒兵入粵，被拘。

民國十五年丙寅（一九二六），七十五歲。

井研知事李先春延廖平于縣署内講《詩》《易》，即以正在改訂中之《詩易合纂》爲講稿。

是年，蔣中正就任革命軍總司令職，誓師北伐，國民政府遷都武漢，段祺瑞被鹿鍾霖逼走，張作霖入京，稱安國軍總司令。

民國十六年丁卯（一九二七），七十六歲。

二月廿八日，康有爲卒。廖平嘗稱：『康長素奇才博識，精力絶人。』又曰：『長素或亦儒門之達摩，受命闡發者乎。』又曰：『長素專講王陽明學，熟于廿四史、九通，蓋長于史學者，于經學則門外漢。』（吴虞《六譯老人餘論》）

十月，大病幾死，衣棺皆已具。十一月，始漸愈。

歲末，友人張森楷自成都來訪，相見甚歡，留至明年正月始去。

民國十七年戊辰（一九二八），七十七歲。

廖宗澤欲爲年譜，嘗就廖平詢問往事，廖平語以三數事，尊經五少年及送張之洞，會試被磨勘。宗澤見其言語極艱難，不欲苦之而止。

冬，張森楷卒于北京。

國民政府廢止春秋祀孔典禮。

民國十八年己巳（一九二九），七十八歲。

正月，孫宗澤與縣人李嵩高、丘挺生等創辦六譯公學于縣治東嶽廟，並擬建六譯圖書館，學校經費純恃募捐，復遭縣人之忌，至五月遂停辦，圖書館議亦中輟。

七月，經蒙文通介紹，仁壽陳學源、犍爲李源澄等三人來學，前後約兩月。

九月，女幼平赴上海入中國公學。

犍爲張榮芳、黄印清重刊《穀梁古義疏》。

民國十九年庚午（一九三〇），七十九歲。

改訂《詩易合纂》爲《易經經釋》三卷、《詩經經釋》一卷。

民國二十年辛未（一九三一），八十歲。

冬十月二十六日，友人宋育仁卒，年七十四歲。其學以通經致用爲主，尤工詞章。廖平授意宗澤爲挽聯，有『道不同不相爲謀』之意。

籌資印《六譯館叢書》。以《叢書》版存四川大學中國文學院，久未印行，深以爲憾，乃自行醵貲印數十部。

民國二十一年壬申（一九三二），八十一歲。

二月，重訂《六譯館叢書目録》：翻譯類三種，論學類八種，春秋類十四種，禮類七種，尚書類七種，詩類八種，樂類三種，易類十種，尊孔類六種，醫類診脉門十三種、傷寒門十三種，地理類五種，文鈔類四種，輯古類十五種。按，此目僅就已刊各書編定，曾經排印各書皆未闌入。近作《易經經釋》《詩經經釋》《上經下經考》《經學六變記》，及擬作未遂之《樂經新義》《樂記新解》《易經五運六氣考》《易緯歧義》《王啓玄注中引詩易考》九種在例外，舊稿未刊者亦未編入。

作《六變記》。此文與柏毓冬本《六變記》又有異同。文簡意晦，且首尾不完，蓋其精神此時已不能集中矣。

撰《八十自壽文》。

二月初九日，爲廖平誕辰，家人以徵文需時，擬入秋始慶祝。廖平不悦，乃從其意，于二月二十九日稱觴。是日，歡然受祝。先是，廖平汲汲改訂《六譯館叢書目録》，手自配置。祝壽後，因嚴式誨曾允刊其近著，急欲至成都促成之，並集資重刻《六譯館叢書》。宗澤等以年高不宜跋涉，不聽。

四月十日，赴成都，經樂山，止烏尤寺，爲方丈以下題字。忽大病，其子成勵、成劼亟輿奉以返。五月初二日巳時，卒于河咡坎旅次。

六月，井研旅省同鄉會呈准四川省政府，以廖平著述費移鎸遺著。

八月十二日，國民政府令：『宿儒廖平精研經術，綜貫百家，著述宏富，志行清潔，闡前聖之藴奥，以大同爲依歸，篤古潛修，洵堪矜式。兹聞溘逝，允宜優予褒揚。除將生平事迹、著作備存，宣付史館外，着由行政院轉飭財政部發予治喪費二千元，并派四川省政府委員一人前往致祭，用示國家崇禮碩儒之至意。』

八月十三日，孫宗伯等葬廖平于榮縣清流鄉陳家山祖塋。

十月九日，四川大學停課一天，召開廖平追悼會。川大校長王宏實主持，公推龔熙臺、陸香初、向仙樵諸先生講演。因廖平在學術界地位甚高，影響甚大，追悼會由四川黨政軍、四川大學、旅省井研同鄉會共同組織，規模堪稱空前。四川所有著名的軍閥、軍政要人以及許多民衆都送有挽聯。有民國官方的褒揚，亦有蔣介石、于右任、宋子文、吴佩孚、孫科、柏文蔚、陳立夫、戴傳賢、方聲濤等以個人名義哀挽。省内學者有曹經沅、王兆榮、朱青長、龔道耕、吴虞、向楚、林思進、龐俊、李思純等，省外學者則有劉節、顧頡剛等。其追悼會之發起人，堪稱極四川一時之盛：劉文輝、鄧錫侯、田頌堯、劉湘、楊森、劉存厚、向傳義、孫震、李家鈺、潘文華、王纘緒、王陵基、唐式遵、范紹增、蒲殿俊、方旭、曾鑒、尹昌齡、尹昌衡、劉咸滎、林思進、王兆榮、向楚、龔道耕、吴虞、李植、吴永權、周太玄、張錚、徐炯、朱青長、曾慎言等，皆爲當時政學要人名人。會後由四川大學編纂褒揚文件、追悼會紀事、誄哀祭文，成《六譯先生追悼録》一册，民國二十二年（一九三三）成都雲雪印字館印行。